북조선사회주의체제성립사

(1945~1961)

북조선사회주의체제성립사

(1945~1961)

초판 1쇄 발행 2005년 1월 31일
초판 4쇄 발행 2017년 11월 30일

지은이 서동만
펴낸이 윤관백
펴낸곳 도서출판 선인

등 록 제5-77호(1998. 11. 4)
주 소 서울시 마포구 마포대로 4다길 4 곳마루B/D 1층
전 화 02) 718-6252
팩 스 02) 718-6253
E-mail sunin72@chol.com

정가 · 48,000원
ISBN 978-89-89205-89-1 93900

· 저자와의 협의에 의해 인지 생략합니다.
· 잘못된 책은 바꾸어 드립니다.

북조선사회주의 체제성립사

1945~1961

서동만 지음

도서출판 선인

책을 내면서

이 책은 저자의 1995년도 일본 도쿄대종합문화연구과 국제관계론 전공 박사학위 논문『北朝鮮における 社會主義の成立 1945~61』(일문)을 토대로 수정, 보완한 것이다. 86년 일본 유학을 떠나 90년 석사논문을 쓰고 95년 초에 박사논문을 제출하여 귀국하기까지 만 9년을 거쳤다. 나이로 치면 30대의 대부분을 이 논문에 바친 결과인 셈이다. 20대 막바지에 늦깎이 유학생으로 일본에 가서 연구 이외에도 적지 않은 곡절을 겪었지만, 지금 지내놓고 보면 보람 있는 유학생활을 보냈다고 여기고 있다. 박사논문을 쓰기 위해 자료 수집이나 집필에서 겪었던 많은 어려움도 좋은 경험과 추억으로 남아 있고, 후배들에게 전해줄 수 있는 저자 나름의 노하우가 되어 있다.

다만 1995년에 쓴 논문을 2005년이 되어 겨우 우리 글로 세상에 내놓게 되니 스스로의 게으름에 대한 부끄러움은 물론이고 신세를 졌던 분들에 대한 송구스러움이 앞서게 된다. 누구보다도 논문지도를 해 주신 와다 하루키(和田春樹) 교수님과 이미 96년에 일부 초벌 번역을 해 주었던 한국정치연구회 북한분과의 여러 후배 연구자들에게 면목이 없다. 귀국 이후 여러 차례 책 출간 계획을 세우고 번역 작업을 진행했지만, 직장 사정이나 외부 활동에 망살된 나머지 작업을 지속할 수가 없었다. 저자는 학계에서 연구생활을 하다 2002년 대통령선거 과정에서 노무현 후보의 통일－외교정책 자문을 한 바 있고, 그 인연으로 2003년부터 2004년 2월까지 약 1년간 인수위 통일－외교분과 위원과 국정원 기획조정실장으로 공직에 몸을 담은 바 있다. 2004년 2월 공직 생활을 마치고 3월 상지대에 복귀하여 저자는 한 학기 동안 강의가 면제되는 혜택을 누리게 되었다. 지금까지 진행해 왔던 번역문을 전부 재검토하고 수많은 각주 내용을 일일이 북조선 1차 자료 원문과 대조하는 작업을 집중적으로 할 수 있었다. 또한 박사논문 집필 이후 새로 나온 연구 성과나 새로 발굴된 자료를 음미할 기회도 가질 수 있었다. 이 작업은 물리적으로는 논문을 거의 다시 쓰는 것과 다름없는 일이었다. 다만 부분적인 잘못을 바로잡거나 새로운 사실을 추가하기는 했으나, 원래 박사논문의 주요 내용이나 취지를 기본적으로 수정할 필요성은 느끼지 않았다. 그러나 거의 10년이 지나서야 출간을 하게 된 데에는 달리 변명의 여지가 없으며 저자의 게으름이나 소홀함에 모든 책임이 있다. 일찍부터 기꺼이 간행을 맡아 주겠다던 다른 일부 출판사들에게도 약속을 지키지 못한 데 대해 이 자리를 빌려 사과의 뜻을 표하고 싶다.

그런데 저자의 공직 경력이 직접 이 책 출간과 연관을 가진 것은 아니지만, 이 경험에 비추어 보건대 이전에 수행했던 학문 연구가 무력하거나 현실과 동떨어진 추상적인 것으로 생각되지는 않는다. 학계에서 입수할 수 있는 자료에 입각하여 착실하게 쌓아간 연구 성과를 통해 형성되는 북조선 인식이야말로 정책 분야나 정보 분야라는 현실세계에도 도움이 되는 가장 중요한 작업이라는 점을 더욱 절실히 느끼게 되었음을 밝히고 싶다. 하지만 논문의 서장을 다듬으면서 북조선의 현실을 둘러싼 상황에 관한 10년 전의 서술을 거의 고칠 필요가 없었던 데 대해서는 답답함을 금할 수가 없다. 또한 짧은 기간이나마 정부에 참여한 사람으로서 자괴감에도 젖어들게 된다. 위기에 처해 있는 북조선의 핵 문제를 타개하는 데 이 책 한 권이 무슨 도움이 된다고는 할 수 없지만, 이에 대한 기대와 바람만큼은 적어두고 싶다. 올해 연초에 김대중 전 대통령은 SBS TV와의 신년 대담에서 한국 경제의 미래를 낙관적으로 바라보았다. 과거 남한이 이루어냈던 '한강의 기적'을 생각하면 현재의 경제 침체도 충분히 극복해 낼 수 있을 것이라는 전망이었다. 그는 한 걸음 더 나아가 과거 한강의 기적에 기초를 둔 남한의 발전만으로는 부족하고, 향후 핵문제 타개와 함께 북조선이 이루어 내야 할 '압록강의 기적'과 결합이 되어야 한반도가 동북아로 뻗어갈 수 있다고 역설하였다. 이 간단 명료한 비유가 말해 주듯이 노무현 대통령이 제창하는 동북아시아시대는 남북이 함께 가야 가능한 것이다. 노 대통령의 참여 정부하에서 북조선이 본격적으로 개혁·개방의 길로 나아가며 한반도 평화와 동북아시아의 공동번영에 확고한 초석이 놓여지기를 마음으로부터 염원한다. 이 책은 북조선의 과거에 대한 역사 서술이지만 이러한 미래에 대한 함의로 이어지기를 바라며 쓴 것이다.

이 글을 쓰면서 박사논문과 관련해서 특히 기억에 남는 얘기가 몇 가지 있어 적어 보기로 한다. 사실 솔직히 말하면, 86년 일본 유학을 떠날 때에는 반드시 북조선 연구를 해야겠다는 분명한 목적이 있었던 것은 아니었다. 이미 국내에서 해방전후사 붐이 일어나고 있었고 북조선 연구도 할 수 있다는 막연한 생각이 있었지만, 구체적인 연구 주제에 관한 한 '무작정 상경' 식의 유학이었다고도 할 수 있다. 아마도 일본에서 와다 교수를 만나지 못했다면 북조선 연구를 하지 않았을지도 모르는 만큼, 그를 지도 교수로 택할 수 있었던 것이 북조선 연구를 지향하게 된 결정적인 계기였다. 따라서 86년 도쿄대 연구생 입학을 앞두고 와다 교수를 처음 만났을 때의 기억은 지금도 잊을 수가 없다. 당시 어느 유학생과 마찬가지로 저자도 연구 주제와 지도 교수 선정을 두고 고민을 하고 있었다. 러시아사의 대가이며 북조선 연구로 저명한 와다 교수도 고려 대상이었지만, 당초 '반한파' 교수로 지목되어 한국 여행도 못하고 기피 인물로 찍혀 있던 와다 교수를 감히 선택할 용기는 없었다. 이미 1970년대 이후 한국민주화운동을 지원하는 시민운동의 핵심활동가이기도 했던 와다 교수는 1980년 5·18 광주민주항쟁 이후 '일한연대운동'에 혼신의 힘을 쏟고 있었다. 전두환 정부하의 1986년에 그의 지도 아래 들어간다는 것은 신군부 정권에 대한 정면 도전으로 받아들여지기 쉬운 분위기였다. 더욱이 저자는 긴급조치 9호 위반 전력이 있는 요주의 대상자이기도 했다. 주위의 선배들이나 동료 유학생들도 만류하는 사람들이 많았다. 고민 끝에 일단 접해보고 상의한다는 생각에서 와다 교수를 처음 만난 자리에서 저자는 그때까지의 고민이 어디 갔나 싶게 와다 교수의 인격에 끌려 바로 지도교수로 받아들여달라고 요청하였다. 그 자리에서 와다 교수는 정치 상황을 보건대 반드시 현명한 선택일 수는 없다고 오히려 만류하였다. 실질적인 연구 지도만 받으면 되었지 지도 교수로 자기를 택했을 때의 곤란도 감안하라는 충고였다. 저자는 오히려 상대를 배려해 주는 와다 교수에 이끌려 그 자리에서 '떼를 써서' 승낙을 받았다. 이후 저자는 와다 교수를 지도교수로 택한 것을 평생에서 가장 잘한 결정 중 하나로 간주하고 있다. 와다 교수가 소장한 그 귀중한 자료의 이용은 물론이고, 소련, 중국을 중심으로 한 사회주의 연구의 방법론, 북조선 연구, 사료비판 등을 포함하여 저자는 학문의 초보에서 연구의 전문 영역에 이르기까지 거의 모든 것을 와다 교수로부터 배웠다. 와다 교수는 육친 이상의 자애와 학문적, 실천적 성실성과 엄격함으로 저자를 대해 주었고, 이것은 지금까지도 저자의 삶에 귀감이 되고 있다.

유학 시절 와다 교수를 만날 수 있게 주선해 주고 이후 현재에 이르기까지 북조선 연구에서 저자를 항상 격려, 채찍질해 준 조성우, 홍연실 선배 부부에게도 겨우 면목이 서게 되었다. 당시 광주 민주항쟁으로 체포되어 이루 말할 수 없는 고초를 겪고 석방된 뒤 일본에서 망명 아닌 망명생활을 하던 조성우 선배와의 교유도 와다 교수와의 만남만큼이나 힘겨운 일이었다. 일본에서 일본 시민운동과 한국 민주화운동의 중개역을 하며 평화운동, 통일운동을 지향하던 조성우 선배는 일본 내 한국유학생 중 가장 요주의 인사였다. 그러나 당시의 힘들었던 나날도 이제는 아름다운 '도쿄의 청춘'의 추억으로 남아 있다. 조 선배와 부딪치며 뒹구는 과정에서 깨우친 북조선, 남북 관계, 통일 문제에 대한 인식은 학문적이나 실천적인 면에서 밑거름이 되고 있다. 유학 시절에 맺어진 또 다른 소중한 관계는 원주 운동권과의 만남이었다. 저자는 당시 일본 죠치(上智)대에 유학 중이던 김병섭 군을 통해 원주의 대스승인 장일순 선생, 리더 중 한 분인 김군의 부친 김영주 선생을 사숙할 수 있게 되었다. 그 인연으로 한국의 평화운동, 환경운동, 생협운동 등 시민운동가들의 일본 방문 시 통역이나 안내를 하곤 했고, 이를 통해 한일 양측의 시민운동에 관해 산 공부를 할 수 있었다. 이 경험은 당시 한국 사회운동의 흐름이나 일본사회에 대한 인식을 깊게 하는 데 자양분이 되었다. 저자는 스스로에 대하여 당시 한국 운동권이 겪고 있던 이념적 혼란이나 진통에 휩쓸리지 않고 나름대로 균형을 잡을 수 있었다고 자부하지만, 이 평가가 타당한지와는 별개로, 그 주된 이유는 원주운동권과의 만남에 있었다고 생각한다.

저자가 훌륭한 지도교수를 만나 북조선 연구를 해 가는 과정은 비교적 순탄한 것이었지만, 때로는 넘어야 할 벽에 부딪친 적도 있었다. 가장 큰 것은 자료의 벽이었고 이를 넘어서는 데도 비교적 행운이 따랐다고 할 수 있다. 89년 2월경 석사논문을 쓰는 과정에서 1년 동안 도쿄대 세미나에서 출석한 바 있었던 가나가와(神奈川)대학의 가지무라 히데끼(梶村秀樹) 교수로부터 한번 집으로 오라는 연락을 받았다. 가지무라 교수는 당시 일본 내 조선사 연구의 대가로서 북조선 연구에서도 중요한 업적을 남기고 있었다. 또한 김희로 석방운동, 지문날인 반대운동 등 재일동포 인권운동의 지도적인 활동가이기도 하였다. 일본의 보수적인 명문가인 집안의 반대를 무릅쓰고 집에서 쫓겨나면서까지 조선사 연구에 투신했던 가지무라 교수는 와다 교수와 더불어 한일 관계에서 대표적인 양심적인 지식인 중 한 사람이었다. 히도쯔바시(一橋)대 박사과정 권혁태 군과 교수의 자택을 방문했을 때, 가지무라 교수는 몸을 가누지 못할 정도로 건강이 좋지 못한 상태였다. 가지무라 교수로부터 자기 서재에 가보면 북조선 자료들이 꽤 있을 터이니 원하는 것은 무엇이든 복사를 해도 좋다는 애기를 듣고는, 우선 감격을 했지만 무엇보다도 놀랐다는 것이 솔직한 심정이었다. 일본 학계의 풍토에서는 입수한 자료를 남에게 제공한다는 것은 스승과 제자 사이에서도 쉽지 않은 일이다. 이는 학계의 폐쇄성을 말해 주기도 하지만 그만큼 자료의 가치를 소중히 여긴다는 것이기도 하다. 그런데 이 대가가 서재를 일개 대학원생에게 개방한다니 꿈 같은 일이 생긴 것이다. 서재에서 그가 1950·60년대부터 당시에 이르기까지 북조선의 제1차 자료를 알뜰하게 수집해 왔음을 확인할 수 있었다. 저자는 몇 차례 가지무라 교수의 자택을 왕복하며 북조선에 대한 기본적인 제1차 자료를 비롯하여 농업협동화운동경험집, 김일성의 전후 경제 관계 연설집 등 귀중한 자료를 복사할 수 있었다. 저자가 소장하고 있는 1950·60년대 북조선의 기본 자료는 가지무라 교수 서재에서 얻은 것이 많다. 귀중한 자료를 얻은 것보다 이 일은 저자의 북조선 연구에 대한 더할 나위 없이 힘찬 격려가 되었다. 그런데 몸이 편찮은 정도로만 여겼던 가지무라 교수가 췌장암으로 입원했다는 소실을 들은 것은 그로부터 3개월 뒤였다. 그는 5월 29일 향년 53세로 타계하고 말았다. 그 소식을 접하고 장례식에서 느꼈던 아쉬움과 안타까움은 지금도 생생하게 남아 있다. 그의 컬렉션은 사후에 '아리랑도서관'에 소장되어 연구자들이 이용할 수 있게 되었다. 이 글을 빌려 삼가 고인의 명복을 빌며, 이 책 출간을 통해 은혜에 약간이라도 보답이 되었으면 하는 마음이 간절하다.

석사논문을 마치고 1990년 초부터 저자는 1950년대를 중심으로 북조선 연구에 매달려 볼 작정이었다. 노획문서를 이용한 해방 후 북조선 연구는 이미 국내외에서 활발히 이루어지고 있었는데 연구 공백이 가장 큰 곳이 1950년대였기 때문이었다. 그런데 일본에 많으리라고 여겼던 1950년대 북조선 자료, 특히 가장 기본적인 신문, 잡지를 일본 어디에서도 찾을 수 없었다. 와다 교수는 해방 후에서 6·25전쟁까지 노획문서를 중심으로 자료를 수집하고 있어 1950년대를 커버하는 데는 한계가 있었다. 기본적인 단행본은 가지무라 교수 서재에서 입수할 수 있었지만, 신문, 잡지 없이는 연구를 제대로 수행할 수 없었다. 총련 조직에서 자유로운 일부 재일동포 학자들에게도 수소문해 보았으나, 모두가 몇 차례 이사를 하며 유실되었다는 것이었다. 생각해 보니 50년대 일본도 전쟁을 겪고 난 직후의 넉넉지 못한 나라였다. 국가기관이나 연구기

관 모두 북조선 자료를 체계적으로 수집할 여유가 없었던 것이다. 이때
의 난감함은 일본 유학을 잘못 온 것이 아닐까 하고 근본적으로 회의할
정도였다. 그런데 1950년대 신문, 잡지를 찾아 헤매던 1990년 여름 일
본 국회도서관 서지실 구석에서 몇 쪽짜리 얄팍한 영문판 북조선 자료
목록을 발견하였다. 1960년대 초 미국 의회도서관에서 작성한 북조선
정기간행물 소장목록이었다. 로동신문, 민주조선, 근로자, 인민, 경제
건설, 당간부들에게 주는 참고자료 등 1950년대 북조선 신문, 잡지의
소장분이 기간별로 명시되어 있었다. 저자는 지푸라기라도 잡는 심정으
로 이 목록을 나침반으로 삼고 바로 1990년 9월 워싱턴 디씨로 날아갔
다. 도착 다음날 의회도서관에 가보니 북조선 자료가 거의 목록 그대로
소장되어 있는 것이 아닌가? 그로부터 6주간 체류하며 거의 매일 의회
도서관에 통근하여 수천 쪽의 자료를 마음껏 복사할 수 있었다. 단기간
이지만 워싱턴 디씨 근교의 국립공문서관에도 들러 '노획북한문서'도 일
부 복사할 수 있었다. 북조선 '최대의 적'을 통해야 북조선 연구 자료를
입수할 수 있다는 아이러니도 느꼈지만, 이때 직접 보고 실감했던 것은
바로 미국의 저력이었다. 의회도서관은 완전 개가식인데도 자료가 30
년 전 목록대로 남아 있다는 것은 그야말로 문화충격이었다. 언제나 도
서관에 가면 마음대로 자료를 볼 수 있으니 일부러 집에다 갖다놓거나
오려갈 필요가 없는 것임을 깨닫게 되었다. 더욱이 전쟁의 북새통에도
아시아의 조그만 나라의 적지에서 그 방대한 자료를 미국 본토로 실어
나를 생각을 하는 나라였다. 그러나 2003년 9월 미국 출장 도중 옛 생
각이 떠올라 의회도서관을 방문했을 때, 목격한 것은 1990년 당시 미국
의 모습이 아니었다. 의회도서관은 너무도 불편하기 짝이 없는 폐가식
으로 바뀌어 있었다. 9·11 테러 이후의 미국의 변화를 이보다 직접적
으로 느낄 수는 없었다. 이 책을 내면서 미국이 하루빨리 테러의 후유증
에서 벗어나 그 개방성과 넉넉함을 회복하기를 기대해 본다.

이 책은 유학 과정에서나 귀국 후 연구자 생활을 하면서 위에 언급

한 외에도 많은 분들의 도움으로 이루어졌다. 도쿄대대학원 국제관계론 전공과정 책임자로서 히라노(平野健一郎) 교수는 바쁜 학사일정 속에서도 박사논문 심사 일정을 최대한 앞당겨 주고 심사위원 인선에도 세심한 신경을 써 주었다. 논문 심사를 맡아준 도쿄대의 이시이 아키라(石井明) 교수, 이시이 노리에(石井規衛) 교수, 후루다 모토오(古田元夫) 교수 등에게도 뒤늦게나마 감사의 뜻을 드리고 싶다. 이시이 아키라 교수는 북조선의 인민민주주의 단계에 대해 중국의 신민주주의와 비교하여 귀중한 시사를 주었다. '당＝국가체제'에 관해서는 이시이 노리에 교수의 소련 연구에서 기본 개념을 배울 수 있었다. 아시아 사회주의와 민족주의의 관계에 관하여 후루다 교수로부터 베트남과 북조선을 비교할 수 있는 기회를 얻을 수 있었다. 쯔다주쿠대(津田塾大)의 임철 교수는 해방 전후사 연구, 인민민주주의 연구에서 중요한 가르침을 주었다. 또한 박사논문이 아직 끝나지 않았던 93년에 1년간 명문 여자대학인 쯔다주쿠대 국제관계학과에서 강의를 하도록 배려해 주어 생활, 경력 면에서도 큰 도움이 되었다. 임 교수는 재일동포로서 학교 선배로서 유학 생활에서 든든한 힘이 되었고, 재일동포사회, 일본 사회를 인식하는 데 유익한 토론 상대가 되어 주었다. 동유럽 인민민주주의 연구의 의미를 깨우쳐 준 같은 쯔다주쿠대학의 모모세 히로시(百瀨宏) 교수에게도 감사를 드린다. 친누나처럼, 그리고 술친구로서 한결같이 따뜻하게 대해 준 이순애 교수, 부군인 다카사키(高崎宗司) 교수에게도 사의를 표하고 싶다. 교도통신의 히라이(平井久志) 기자에게서는 북조선의 현실에 대한 귀중한 정보원(源)으로서 현실적 안목을 키우는 데 많은 도움을 받았다. 그와의 인연으로 94년 김일성 주석 사망 당시 평양에서 직접 송출되는 장례식 실황장면을 며칠에 걸쳐 일본 TBS TV 방송사에서 번역, 통역하는 일을 맡게 된 것은 다시 맛보기 힘든 경험이었다. 이때 TBS의 쯔가와(津川) 기자를 비롯하여 보도국 기자들로부터 많은 실감나는 취재담을 들을 수 있었다. 박사과정에서 장학금을 받게 해 준 이인호 선생, 강창성 선생에게도 늦었지만 감사를 드린다. 두 분은 저자뿐 아니라 같이 유학 중이던 아내에게도 장학금의 도움을 주었다. 권혁태, 김항곤, 전경·김용기 부부 등과의 사회주의, 북조선 세미나는 오래 지속되지 못하여 지금도 아쉬움으로 남아 있지만, 이때의 토론 내용들은 논문 작성에 토대가 되었다. 비록 북조선 연구는 아니었지만, '저팬 스터디' 그룹의 남기정, 양기호, 이원덕, 진창수 박사들과의 공동 세미나도 신선한 학문적 자극이 되었다. 도쿄대 유학 선배로서 김삼수, 유효종, 이종원 선배도 북조선을 둘러싼 현실 앞에서 낙망하곤 했던 저자에게 항상 격려를 아끼지 않았다. 당시 한겨레신문 도쿄 특파원이던 김효순 선배는 도쿄 근교 산으로 저자를 데리고 다니며 심신의 건강을 잃지 않도록 마음을 써 주었다. 김 선배는 장기수들과 오랜 수형생활에서 겪은 체험을 바탕으로 1960·70년대 남한 운동권에게 북조선 문제가 어떤 의미를 지니고 있었는지를 생생하게 들려주었다. 저자가 북조선 문제를 이해하는 데 편향에 빠지지 않고 중심을 잡을 수 있도록 하기 위함이었다. 도쿄 교외의 가까운 동네에서 김효순·김정자 선배 부부 가족과 저자 가족이 함께 지내던 나날이 이제는 아스라한 꿈처럼 느껴진다. 같은 시기 일본에 유학했던 대학 동기 고 김장권 교수의 우정도 잊을 수 없다. 아까운 인재가 너무 일찍 세상을 떠나 안타까운 마음을 금할 수 없다. 지금은 돌아가신 아버님과 생존해 계신 어머님은 박사논문이 완성되기까지 재정적 뒷받침을 해 주시며 늘 마음의 버팀대가 되어 주었다. 대학 시절부터 아버님과는 정치적, 사상적으로 늘 긴장, 대립 관계에 있었지만, 저자는 박사논문을 통해 아버님과 화해를 할 수 있었다. 생전에 아버님은 박사논문을 전부 읽고 무척이나 흐뭇해하였다. 책 출판으로 부모님에게 진 빚을 조금은 갚게 되었다는 생각에 마음이 홀가분해지는 느낌이다.

저자는 95년 귀국 후 한국정치연구회에서 동료, 후배 연구자들과 1년 이상 북조선 세미나에 참가하면서 박사논문의 장단점에 대해 많은 토론의 기회를 가질 수 있었다. 세미나를 조직하고 주선해 준 고 이수인 교수, 정해구 교수를 비롯하여 공부를 함께한 김용현, 김연철, 차문석,

김근식, 김갑식, 이주철, 진희관 박사들에게 마음으로부터 감사를 드린다. 당시 석사, 박사과정의 연구자들은 이제는 과정을 마치고 학계의 신예, 중견 연구자로서 활약을 하고 있다. 김연철, 김용현, 박정진, 윤여령, 이주철, 진희관, 차문석 등 연구자들이 일찍이 일부를 초벌 번역을 해 주었음에도 빨리 작업을 마치지 못한 점에 대해 다시 한 번 사과의 뜻을 표한다. 또한 귀국 후 박사논문 내용을 발표, 토론할 기회를 마련해 주고 더욱이 일부 내용을 역사비평지에 게재할 수 있는 기회를 마련해 준 역사문제연구소의 서중석 교수를 비롯하여 김성보, 김재용 교수 등 관계자 여러분에게도 감사를 드린다.

박사논문을 끝내고 귀국한 뒤에도 국내 북조선 연구의 상황은 반드시 자유로운 것은 아니었다. 국내의 '주사파 문제'는 차치하고라도 일본에서 북조선 연구를 했다는 것을 고운 시선으로 보기 어려운 시절이 계속되었다. 저자가 취직을 포함해서 '학문적 시민권'을 획득하는 데에는 여러 분들의 배려가 있었다. 이 분들에게도 일일이 감사의 뜻을 표해야 하지만, 보잘것없는 책 한 권을 때늦게 내면서 너무 많은 의미를 부여하면 오히려 누가 될 것 같아 이 책 안에서는 삼가기로 하였다. 저자는 2003년 5월 국정원 기조실장에 임명되는 과정에서 수구 언론 및 정치인들로부터 '친북 좌파'로 매도당하며 국회청문회에 끌려나가는 일을 겪게 되었다. 이 과정에서 지면을 아끼지 않고 저자를 지지해 준 한겨레신문의 김효순 편집국장, 프레시안의 이근성 고문, 박인규 대표에게도 깊은 감사를 드린다. 중앙일보의 권영빈 주필은 직접 박사논문을 읽고 저자의 이름까지 제목으로 하여 칼럼을 기고해 주었다. 환경운동연합의 최열 대표, 민교협의 손호철 교수, 민화협의 조성우 의장 등은 시민단체의 기자회견을 조직하고 직접 지지 성명을 발표해 주었다. 당시 국정원 내부 인트라넷의 의견란에는 수많은 일반 직원들이 압도적으로 성원하는 글을 올려 주었다. 이러한 분들에게 이 책을 출판함으로써 조금이나마 마음의 빚을 더는 느낌이다.

한편 원 논문을 보완하는 과정에서 충북대 김성보 교수로부터 로동신문 46·47년도 분, 동국대 김용현 박사로부터는 정로 46년도 이후 분을 입수할 수 있었다. 김광운 박사로부터는 일부 러시아 자료를 제공받고, 국사편찬위원회 소장 자료에 대해 조언을 받을 수 있었다. 정창현 기자는 교정지를 읽고 부족한 점을 지적해 주었다. 공직에서 복직한 뒤 올 한 해를 이 책 출간에 전념할 수 있게 마음을 써 준 상지대의 강만길 전 총장, 조석곤 교수, 교양학과 교수들에게도 감사드린다. 이 책은 이와 같이 많은 분들에게 신세를 지며 완성된 것이지만, 물론 내용과 관련한 모든 책임은 전적으로 저자에게 있다.

무엇보다도 이 책은 사랑하는 아내 고 강옥초의 희생과 헌신에 힘입어 이루어졌다. 저자가 유학 생활 동안, 그리고 이후에 겪었던 어려움을 아내는 삶의 반려로서 모두 받아 주며 묵묵히 감내해 냈다. 그는 아내로서, 엄마로서의 고달픔을 이겨 내며 자신도 유학생활에서 학위 논문을 완성하였다. 이후 가정과 학교생활을 함께 영위하면서 그는 누구보다도 모범적이고 성실한 아내, 엄마이자 연구자, 교육자였다. 하지만 얼마 전 그는 이 세상을 떠나고 말았다. 사무치는 회한과 그리움을 가눌 길이 없다. 이 책을 고인의 영전에 바치며 삼가 명복을 빌고자 한다. 박사논문을 작성할 때 저자의 무릎 아래로 기어다니며 재롱을 떨던 사랑하는 딸 화열은 이제 고등학생이 되었다. 엄마를 여읜 슬픔에도 의연한 자세를 잃지 않고 커 가고 있는 화열에게 이 책이 조그만 위안이라도 된다면 더 이상 바람이 없겠다. 마지막으로 부담이 되는 부피의 책 출판을 기꺼이 떠맡아 준 도서출판 선인의 윤관백 사장과 편집부에 감사를 드린다.

2005년 1월
저자 씀

차 례

제5장 '국가사회주의'와 당의 '일원적 지도(一元的 指導)' 체제 확립(1958~1961) | 765

서 장

과제와 방법

1 문제의 제기

올해로 한반도가 일제로부터 해방되어 미소의 분할점령에 들어간 지 60년을 맞이한다. 남북 사이에는 1948년 분단정부가 수립된 뒤, 6·25전쟁을 거쳐 1953년 7월 이래 휴전협정체제가 그대로 존속되고 있다. 조선민주주의인민공화국, 즉 북조선은 냉전시대에 동북아시아의 서측을 구성하여 온 한국, 일본, 미국에게 제2차 세계대전, 6·25전쟁, 베트남전쟁 등 모든 '전후' 처리로부터 제외된 채 남아 있다. 세계적인 냉전이 종언한 뒤인 현재에도 이러한 상태는 계속되고 있으며, 최근까지도 북조선의 핵개발 문제와 관련하여 한반도에는 대립과 긴장이 조성되고 있다. 소련―동유럽 사회주의가 붕괴한 이후 현재의 북조선은 대내외적으로 위기상태에 직면해 있다. 북조선에 대한 전후처리는 일정에 오르지 않은 채로 북조선 '붕괴론'이 열심히 주창된 바도 있다.

이와 같은 북조선과 관련된 상황 아래에서 북조선 연구는 많은 문제점을 안고 있었다. 오랫동안 북조선이라는 나라는 거의 실증적인 학문적 고찰의 대상으로부터 제외되어 왔다. 그것은 북조선의 외부뿐만이 아니라 내부의 자기인식에도 해당된다. 우선 여기에는 북조선 내부의 자기인식에 가장 큰 책임이 있다고 할 수 있다. 북조선에서는 자기라는 대상을 상대화시켜 본다고 하는 인식의 초보적 단계조차 곤란한 상태가 지속되어 왔다. 이러한 의미에서 외부의 인식이 갖는 문제점은 내부의 자기인식과 상당한 정도로 상관관계를 지니고 있다. 그러나 외부의 인식에도 그 자체의 문제가 있었음은 지금까지의 북조선 연구에서 노정되어 왔다. 외부의 북조선 연구는 냉전시대에도 실증적 연구가 축적되어 왔다고는 하지만, 각 연구 사이에 상호 관련 없이 각 연구가 독자적으로 자기주장을 전개해 왔다. 각 연구 사이에 명확한 쟁점이 형성되기가 어려웠고, 지극히 한정된 테마 이외에 북조선 연구에서 학문적인 논쟁은 매우 드물었다. 냉전은 외부와 내부 연구 사이에 존재했을 뿐 아니라, 외부 연구 사이의 관계도 제약했다고 할 수 있다. 연구자 사이의 의사소통 결여가 북조선 연구의 진전을 막아 온 중요한 원인인 것은 두말할 필요도 없다.

이러한 북조선 연구의 정체는 가장 기본적인 데서 드러나고 있었다. 현재의 북조선을 사회주의국가로 보는 데에는 적어도 전문적인 연구자 사이에 차이가 없다고 생각되지만, 구체적으로 사회주의체제가 언제 어떤 과정을 통하여 형성되어 왔는가에 관해서 정설이 있거나, 합의가 이루어졌다고는 할 수 없는 것이 북조선 연구의 현실이었다. '체제로서의 북조선사회주의를 어떻게 현실적으로 이해할 것인가'라는 문제의식을 가지고 북조선사회주의체제의 형성과정을 본격적으로 취급한 연구는 거의 존재하지 않았다.[1] 문제의 근원은 냉전시대에 지배적이던 전통적 연구로 거슬러 올라갈 수 있다.[2]

우선 이것은 북조선사회주의의 일반성 및 특수성과 관련해서 나타났다. 전통적 연구는 북조선의 정권 수립을 소련에 의해 이식된 '소비에트화'라고 이해하여, 구체적인 체제형성 과정에 관해 분석을 하지 않고, 안이하게 소련형 사회주의체제로 단정하였다. 1980년대 이후 전통적 연구의 한계를 비판하여 등장한 새로운 연구는, 반대로 북조선체제의 독자성이나 동구와의 차별성을 해명하는 데에 관심을 집중하였다. 이러한 연구는 '노획북한문서'의 공개와 때를 같이하여 시기적으로는 정권 수립 초기에서 6·25전쟁 발발까지를 주된 대상으로 하였다.

---

1) '체제로서의 사회주의를 어떻게 현실적으로 이해할 것인가'라는 문제의식 아래 소련을 연구한 기념비적 저작이, E. H. Carr, *Socialism in One Country, 1924~1926*, Vol. Ⅰ·Ⅱ·Ⅲ, McMillan, 1959, 제1, 2권의 일역, 南塚信吾譯, 『一國社會主義 : 經濟 1924~26』, 『一國社會主義 : 政治 1924~26』, みすず書房(東京), 1977·1974이다. 이 저작은 경제, 정치, 국제관계의 세 개 분야로 나누어 서술하고 있지만, 특히 정치편은 당내 투쟁, 소비에트 제도 등에 관하여, 경제편은 농업, 공업, 노동, 상업, 계획화 등에 관하여 체제형성 과정을 구체적으로 논하고 있다.

2) 이정식(스칼라피노와의 공저)의 연구가 전통적 연구를 대표하며, 서대숙도 부분적으로는 이 범주에 포함된다. 서명은 주를 참조.

해방 직후 밑으로부터 자발적으로 이루어진 지방인민위원회 결성 움직임이 정부 수립의 토대가 되었다고 하는 인식, 소련의 점령정책에 관한 부분석 해녕 등 상당한 성과가 얻어졌나.3) 그러나 중국, 베트남의 개혁, 개방노선이 등장 및 소련-동유럽의 붕괴라는 사회주의권의 급격한 변화는 이러한 움직임과는 완전히 동떨어진 세계처럼 보이는 북조선사회주의의 현상을 설명할 것을 시급히 요청하게 되었다. 여기서 북조선 분석의 대상은 갑자기 1960년대 말 이후 현재까지의 시기로 이동한다. 북조선의 '이상한 모습'을 어떻게 설명해야 하는가가 연구의 중심과제로 떠올랐다.

더욱이 이와 때를 같이하여 페레스트로이카 이후 소련 망명 조선인들의 증언, 중국 연변조선족의 연구나 자료 공개 및 증언이 대량으로 나오게 되면서, 김일성의 항일무장투쟁, 초기 권력 장악 과정 등에서 종래 숨겨져 온 많은 사실이 밝혀지게 되었다. 이러한 두 개의 흐름이 결합하여 시기적으로는 1945~48년까지의 정권 수립 과정과 1960년대 말 이후의 현상분석을 결합하여, 북조선체제의 전체상을 만들려는 움직임이 활발해졌다. 그 결과 북조선을 사회주의국가로 확인하는 일반적인 레벨에서의 기본적인 전제 작업 없이, 북조선사회주의의 특수성을 부각시키는 것이 지배적 연구경향이 되었다.4)

다음 문제는 북조선체제의 연속성 및 변화에 대한 견해와도 관련되

---

3) B·커밍스의 『한국전쟁의 기원』 제1권 및 와다 하루키의 초기 연구가 대표적이다. B. B. Cumings, *The Origins of the Korean War, Vol. I*, Princeton UP, 1981, 和田春樹, 「蘇聯の朝鮮政策 : 1945年 8~10月」, 『社會科學研究』 第33卷第4號, 1981, 「蘇聯の 朝鮮政策 : 1945年 11月~1946年 3月」, 『社會科學研究』 第33卷第6號, 1982年 3月. 와다의 초기 연구는 '노획북한문서'를 열람하기 이전의 것이지만, 인민위원회에 관한 관점은 커밍스와 공통점을 지니고 있다. 다만 소련의 점령정책에 관해 두 사람의 시각은 다르다.

4) 커밍스의 '코포라티즘', 와다 하루키의 '유격대국가', 스즈키 마사유키의 '수령제', 이종석의 '유일지도체계' 등이 대표적이다. 나중에 와다는 '유격대국가'를 '전쟁사회주의의 가장 순화된 극'이라고 규정하였다. 和田春樹, 『歷史としての社會主義』, 岩波書店, 1992, 153쪽.

고 있다. 전통적 연구는 소련점령 아래서 1945년부터 47년까지 동유럽에서와 같이 '소비에트화'가 완수되어 기본적인 체제형성은 완료하였다고 본다. 그 이후 6·25전쟁이나 1950년대 농업집단화 과정을 거치면서도 체제에 질적인 변화가 있었다고는 인정하지 않는다. 지도부 내 여러 정파의 제거를 통한 김일성 1인체제의 확립이라는 면에서 권력구조의 변화를 중시한다든지, 대소 관계에서 주체의 확립이라는 면에서 대외관계의 변화에 주목하면서도, 이미 확립된 체제의 제도적 변화를 인정하려 하지 않았다. 이러한 전통적 연구를 가장 강력히 비판한 연구도 1945년 8월부터 48~49년까지의 시기를 단계적으로 구분한 점에서 새로운 논점을 제기하였지만, 이 시기에 확립된 체제가 이후에도 본질적으로는 불변이라고 하는 관점을 보다 강력하게 주장하였다.5) 이러한 관점은 하나의 흐름을 만들기에 이르고 있다.6) 한편 이러한 '불변설'에 대해서는 체제형성 과정을 변화의 관점에서 파악하고자 하는 움직임도 나타나고 있지만, 대상이 정치구조에 한정되고 있는 점 이외에도 분석의 중점은 1960년대 말 이후의 변화과정에 두어지고, 사회주의체제 형성과정에는 이러한 변화에 대한 전사(前史)의 위치밖에 부여되지 않았다.7) 사회주의체제 성립 시점을 언제로 잡을 것인가, 실질적인 정권이 수립되는 1947년 전후로 해야 하는가, 농업집단화가 종료하여 통치체제가 재편되는 가운데 당내 분파가 제거된 1961년 전후로 해야 하는가,8) 나아가서 1960년대 말 이후의 질적 변화에는 어떠한 위치를 부여

---

5) 커밍스의 『한국전쟁의 기원』 제2권에서 제시되어 있다. B. Cumings, *The Origins of the Korean War*, Vol. II, Princeton UP, 1990, p.293.

6) 박명림, 『한국전쟁의 발발과 기원』, 고려대박사학위논문, 1994년, Charles K. Armstrong, *The North Korean Revolution 1945~1950*, Cornell University Press, 2003. 최근 김광운의 연구도 이 흐름에 속하고 있다. 『북한정치사연구 I－건당·건국·건군의 역사』, 선인, 2003.

7) 이종석, 『조선노동당의 지도사상과 구조변화에 관한 연구－주체사상과 유일지도체계를 중심으로 하여』, 성균관대학박사학위논문, 1993 ; 鐸木昌之, 『北朝鮮： 社會主義と傳統の共鳴』, 東京大學出版會, 1992.

8) 이 점과 관련하여, 초기 단계의 북조선체제를 '사회주의체제'로 보는 연구로는,

하는가, 현재의 북조선체제를 어떻게 규정하는가 등 북조선 연구에서 가장 기본적인 의문에는 충분히 대답하지 못하고 있었다.

이러한 의문에 종합적으로 대답하려 한 최초의 노력이 와다 하루키의 북조선사회주의에 관한 시론이었다.9) 와다는 북조선에서 1960년대 초에 '국가사회주의체제'가 완성되어, 1970년대 초 그 위에 '새로운 구조가 제2차적으로 만들어진 것'이라고 본다. 이 '새로운 상부구조'를 '유격대국가'라고 부르고, '국가사회주의체제 위에 구축된 제2차적 형성물'이라고 파악한다.10) 크게 보아 북조선의 체제형성에 관한 2단계론이라고 할 수 있다. 북조선사회주의의 일반성과 특수성의 문제를 새로운 각

박명림, 『한국전쟁의 발발과 기원』 제2권(나남, 1997), 제4·12·13장, 734~735쪽. 인민민주주의 단계 문제를 의식하면서 초기 북조선체제를 기본적으로는 사회주의(소비에트)체제로 보는 연구로서는, 류길재, 『북한의 국가건설과 인민위원회의 역할 1945~47』, 고려대 정외과 박사학위논문, 1995.

9) 和田春樹, 「遊擊隊國家の成立と展開」, 『世界』, 1993.10, 271·273쪽. 와다의 관점은 일본의 소비에트사 연구에서 축적된 성과에 입각해 있다. 이와 관련된 논의로서는, 鹽川伸明, 「ソフィエト史における黨·國家·社會」, 溪內謙外編, 『スターリン時代の國家と社會』, 木鐸社(東京), 1984, 同 『終焉の中のソ連史』, 朝日新書, 1993 ; 和田春樹, 「國家社會主義體制の段階論を」, 溪內謙外, 앞의 책, 同 『歷史としての社會主義』, 岩波書店, 1992 ; 藤田勇, 「現存社會主義の歷史的位置」, 藤田勇編, 『權威的秩序と國家』, 東京大學出版會, 1987 등을 참조. 중국에 대한 적용으로서는, 毛里和子編, 『毛澤東時代の中國』, 日本國際問題研究所(東京), 1990, 同 『現代中國政治』, 名古屋大學出版會, 1993 등을, '아시아사회주의' 일반과 관련된 문제의 제기로는, 古田元夫, 「ベトナムにおける『社會主義の道』の堅持」, 『社會主義を哲學する』, 大月書店(東京), 1992 등을, 동유럽에서 체제형성 과정의 일례로서는, 上垣彰, 『ルーマニア戰後經濟體制の研究 1944~89』, 東京大學大學院博士學位請求論文, 1993 참조.

10) '국가사회주의'라는 개념은, 사회주의를 사회주의이념이나 운동을 포함해서 광범히 정의하여 역사적으로 존재한 사회주의체제에 대한 올터너티브(alternative)를 인정하는 용어법이라고 생각된다. 소련, 동구 등에서 현존한 사회주의체제와 유고형과의 편차 등을 고려할 뿐 아니라, 서구자본주의 안에서 실현된 사회민주주의 정부도 포함시켜 사회주의를 논하는 입장이라고 할 수 있다. 和田春樹, 『歷史としての社會主義』, 岩波書店, 1992를 참조. 이 논문에서도 기본적으로 북조선에 대하여 적용하는 사회주의체제라는 용어는 '국가사회주의', 즉 '국권적(國權的) 사회주의'를 의미한다.

도에서 해결하고자 하는 시도이기도 하다. 다만 이러한 종합적인 시도
도 시기적으로는 6·25전쟁 당시 전시체제나 전후 1950년대의 농업집
단화 등 사회주의적 개조과정, 1958년부터 61년 전후 통치체제 재편과
정에 관한 구체적인 실증연구가 결여된 채로 이루어지고 있다는 문제점
을 안고 있다.11) 또한 권력중심부의 정치구조에 관심이 집중되어 당·
군관계, 공장관리체제, 농촌통치체제 등 체제의 근간이 되는 부분에 관
한 부문별 연구는 공백상태로 남아 있었다.

이 책은 이러한 기존 연구에 대한 반성을 통해 북조선사회주의를 변
화의 측면에서 규정하고, 북조선 사회의 근저에 있는 국가사회주의체제
를 북조선체제론의 기초에 두는 것을 기본시각으로 하였다. 구체적으로
는 1945년부터 61년에 걸쳐, 북조선사회주의의 제도적 형성과정을 몇
개의 부문별로 역사적으로 추적해 보기로 하였다. 여기서는 기본적으로
와다의 단계론적 인식을 출발점으로 하고 있다. 따라서 북조선사회주의
체제가 1961년 제4차 당대회를 전후하여 확립되었다고 본다. 다만 와
다가 국가사회주의의 형성으로 총괄한 단계를 더 자세히 구분하여 볼
필요성을 제기하고 있다. 요컨대 1945년부터 61년을 전후로 한 시기까
지의 전 기간에 걸쳐 사회주의체제의 성립과정을 몇 개의 단계로 나누
어 각 단계를 그 제도적 형성의 측면에서 취급하였다. 각 단계마다 권력
중심부의 정치구조 이외에, 군사부문, 공장, 농촌의 통치구조를 분석,
종합함과 동시에 전 기간에 걸쳐서 체제의 형성과정을 각 부문별로도
정리해 보았다. 이것은 북조선사회주의체제의 성격을 해명하기 위한 기
초작업의 의미를 가지고 있다.

---

11) 나중에 와다는 북조선체제의 형성과정을 좀더 체계화하여 한 권의 단행본으로
    발표하였다. 和田春樹, 『北朝鮮－遊擊隊國家の現在』, 岩波書店, 1998 ; 서동
    만·남기정 역, 『북조선－유격대국가에서 정규군국가로』, 돌베개, 2002.

2 기존의 연구와 자료

제1차 자료와 증언

북조선 연구를 둘러싼 상황적 제약은 자료 입수 및 사용상의 곤란으로부터 출발한다. 북조선의 공식문헌이 많은 사실의 개찬(改竄)으로 점철되어 있고, 그와 같은 문헌조차 양적으로 매우 모자란 것은 연구의 가장 큰 제약요인이 되어 왔다. 공식문헌에 대한 불신은 극에 달해 있고, 연구의 근거로 신뢰받지 못하고 있는 것이 현실이었다. 그러나 공식문헌은 현실을 정당화하려는 목적에 봉사하고 있다 하더라도, 거기에는 일정한 현실이 반영되어 있으며, 북조선 현실의 '내재적 논리'를 추적하는 데 빠뜨릴 수 없는 자료이다.

특히 사회주의체제의 운영에서 공식문서가 가지는 의의는 크다. 북조선에서도 정치과정은 일종의 '명분'정치의 양상을 보이고 있으며, 사회주의체제는 이데올로기 독점에 기초해 있는 만큼, 이것은 당연한 현상이기도 하다. 당대회나 중앙위원회 등 공식집회의 보고나 결정서, 당 역사와 관련한 각종 표현, 군 창설과 관련한 기념연설이나 논문 등에는 현실의 제반 관계가 반영되는 경우가 많다. 이러한 텍스트를 계통적으로 분석하는 것은 가장 기초적 작업이다. 이러한 표현에서 다양성의 존재 여부는 체제의 성격을 구분하는 중요한 표징이기도 하다.

더욱이 개찬은 그 나름대로 해당 시기의 상황적 배경이 작용하는 가운데 일정한 이유를 갖고 이루어진다고 하는 점에 주목할 필요가 있다. 개찬을 정당화해서는 안 되지만, 전부가 개찬이 아니라는 점도 인정하지 않으면, 개찬이 아닌 사실도 버리는 결과가 되기 때문이다. 시간이 지남에 따라 사실의 왜곡이나 개찬이 많아지는 면도 있지만, 양적으로는 공개되는 사실이 늘어나는 면도 있다. 오히려 개찬 그 자체도 설명되어야 하는 '사실'로서 적극적으로 대응하는 자세가 요구된다. 공표되지

않은 것, 개찬된 것의 이유나 배경을 탐색함으로써 설명의 단서가 발견
될 가능성도 있다.

이 책은 북조선 정권 수립 초기에서 1961년을 전후로 한 사회주의
체제 성립시기까지 전 기간에 걸쳐 일관해서 공식문헌을 기본 자료로
이용하였다. 가장 불신되고 있는 북조선의 공식자료를 써서 북조선의
체제형성 과정을 추적하는 작업이 가능하다고 하는 '입증' 이상으로 연
구상의 곤란을 타개하는 길은 없다고 생각된다. 나아가 공식문헌을 이
용하여 객관적 연구를 가능케 하는 것은 연구의 실증성을 확보하는 데
가장 기본적인 작업이기도 하다.12) 물론 공식문헌을 기본자료로 활용
한다는 것이 망명자들의 증언, 수기 등이나 관련국들의 정보보고서 등
을 경시한다는 뜻은 아니다. 공식문헌을 이러한 외부 자료와 상호 체크
함으로써 연구를 보다 풍부하게 할 수 있다.

우선 북조선 자료13)의 특징은 당내 공식 문헌의 배포, 공개 범위가
매우 협소하다는 데 있다. 이미 북조선 분국 창설 시점부터 내부 문서는
대외비로 취급한 것으로 보인다. 소련 공산당은 당정치국, 중앙위원회
결정서나 심지어 회의록도 공개하고 있던 데 반해, 북조선로동당은 초
기부터 당대회 회의록을 제외하고는 당중앙위원회 결정서도 대외비로
취급하고 있었다. 원래의 박사논문(이하 원 논문)이 집필될 당시에는
1945년 11월~46년 5월의 기간을 다룬 당결정집만이 '노획북한자료'
속에 포함되어 활용할 수 있었다.14) 또한 방선주가 편집한 조선공산당

---

12) 북조선 공식 자료의 효용성 및 활용 방법에 관해서는, 최완규, 「북한연구방법론
   : 연구시각, 자료, 이론틀」, 『계간 북한연구』, 1995년 봄, 이종석, 「제1부 북한연구
   어떻게 할 것인가」, 『현대 북한의 이해』, 역사비평사, 1995에 상세하게 나와 있다.
   또한 졸고 「북한연구에 대한 반성과 과제 : 1990년대 연구 성과와 문제점」, 『현대
   북한연구』 창간호, 1999.

13) '노획북한문서'를 중심으로 한 해방 후 시기 북조선 자료 해설로는, 김광운, 「북
   한 정치체제 형성 관련 1945~50년 출판물에 대하여」 ; 조성훈, 「미국 국립문서
   보관소 소장 북한 경제정책(1945~50) 자료 연구」, 정신연구문화연구원 편, 『해방
   전후사 사료 연구Ⅱ』, 선인, 2002.

14) 『黨의 政治路線 及 黨事業總結과 決定－黨文獻集(1)』, 正路社出版部, 1946.8.13.

문서도 긴요하게 활용할 수 있었다.15) 이후 원 논문 작성 당시에는 이용하지 못했지만, 1946년~56년 당중앙위원회 전원회의, 당중앙상무위원회, 당중앙정치위원회, 당중앙조직위원회의 결정집이 입수되어 국사편찬위원회 자료집에 수록되었다. 또한 1946~50년 당중앙상무위원회, 조직위원회의 사업계획서도 포함되어 있다.16) 이 결정집, 사업계획서들은 원 논문을 보완하는 과정에서 활용할 수 있었다.

이러한 당내 공식 문헌 못지않게 연설, 논문, 보고 등 다양한 형태로 나오고 있던 김일성 발언은 사료적으로 매우 중요한 비중을 차지하고 있다. 이미 체제 형성 초기부터 김일성은 최고지도자였기 때문에, 김일성은 다른 어떤 고위 간부도 쉽게 입 밖에 낼 수 없는 사실들을 말할 수 있었다. 김일성의 저작은 단행본 형태의 보고집, 연설집으로 간행되다가 1952년 탄생 40주년을 맞이하면서부터『김일성선집』형태로 간행되었다. 1980년부터 김일성 사후까지 출판된『김일성저작집』이야말로 북조선 내 다른 어떤 간행물보다도 가장 풍부한 사실의 보고이다. 김일성 사망 전인 1992년부터는『김일성전집』이 간행되기 시작하여 지금도 계속되고 있다. 다만 김일성의 발언은 공개 시점에 따라 내용이 수정된 것이 적지 않으며, 또 수정된 부분은 매우 정치적으로 민감한 사안일 경우가 많기 때문에, 그 의미를 잘 판별하여 최초 발표 시점의 텍스트나 신문, 잡지 등 다른 공식 문헌과 대조해 사용해야 한다.

다음으로 공식문헌 중 대외 간행물17)로서 기본적인 것을 개관하여 보면, 우선 당기관지로서 일간지『로동신문』(그 전신인『정로』), 잡지『근로자』, 정부기관지로서 일간지『민주조선』, 잡지『인민』의 네 개를

---

15)『朝鮮共産黨文件資料集』, 한림대아시아문화연구소, 1993.

16) 국사편찬위원회 편, 『북한관계사료집』1~41집(1980~2003). 미국국립공문서관에 소장되어 있는, 6·25전쟁 중 미군이 수집한 북조선 자료('노획북한자료')는 재미 사학자 방선주의 체계적인 수집 노력으로 중요한 것들은 이 국사편찬위원회 자료집에 수록되어 활용할 수 있게 되었다.

17) 신문, 잡지 등 북조선의 공식간행물들 중 기본적인 것들은 통일부자료실에서 마이크로필름 형태로 이용할 수 있다.

들 수 있다. 가장 중요한『로동신문』의 경우, '노획북한자료' 속에 1946
년부터 51년까지 분이 부분적으로 산재해 있고, 미국 의회도서관이
1952년부터 60년대 분까지 제작한 마이크로필름은 1954년 중반까지
가 매우 불충분하다.『로동신문』이 거의 갖추어진 상태로 이용할 수 있
는 것은 1954년 중반 이후 분이었다.『민주조선』의 경우는, 이보다 더
나쁜 상태로 '노획북한자료' 속에 1951년까지 분밖에 산재해 있지 않고,
거의 갖추어진 상태로 이용할 수 있는 것은 미국의회도서관이 1955년
중반부터 60년대 분까지 제작한 마이크로필름이다. 이 두 기관지의 공
백 분을 발굴하는 것이 북조선 연구의 과제였으나, 획기적인 것은 북조
선 연구자들 사이에서 '환상의 자료'로 일컬어지던 공산당 북부조선분국
기관지『정로』가 전현수의 노력으로 1945년 11월 1일 창간호부터
1946년 5월분까지 모스크바에서 발견, 입수된 일이다. 나아가 이종석
의 노력으로 북경과 연변에서 1946년 9월 창간 당시부터 전쟁 이전까
지의『로동신문』이 많은 결호는 있으나 상당 부분 발굴되었다.

　신문의 내용은 잡지를 가지고 보완하며 상호 체크할 수 있는데, 이
것도 전쟁시기인 1951년부터 전후의 1954년까지가 불충분하였다.『근
로자』의 경우, '노획북한자료' 속에 창간호로부터 전쟁이 발발한 1950
년까지는 완전히 갖추어져 있지만, 1951년부터 1953년까지는 몇 호밖
에 남아 있지 않았다. 미국 의회도서관에는 1954년 중반부터 거의 빠짐
없이 소장되어 있다.『인민』의 경우도『근로자』와 거의 같은 상태인데,
『인민』은 정치적 숙청의 영향으로 1957년도부터 폐간되었다. 불충분했
던『근로자』,『인민』도 1952~53년도 분이 모스크바의 국립도서관에서
입수되어 활용할 수 있게 되었다. 그 밖에 '노획북한문서' 속에는 1950
년부터 52년까지의『조선민주주의인민공화국내각공보』가 일부 남아 있
고, 이 자료를 가지고 전쟁시기의 정책을 조감할 수 있다.

　전후 복구건설이 궤도에 오름에 따라, 50년대 중반부터 몇 개의 정
책용 잡지나 학술잡지의 간행이 시작되어, 당내 숙청이 본격화할 때까
지는 정기간행물의 발간이 가장 활발한 시기를 맞이하였다. 이 시기에

는 당간부교육용으로『당간부들에게 주는 참고자료』가 간행되고, 경제
복구건설정책과 관련하여『경제건설』이 간행되었다. 앞의 것은 미국의
회도서관에 1958년 이후 분이, 뒤의 것은 1954년 중반 이후 분이 소장
되어 있다. 그러나 1961년부터『당간부들에게 주는 참고자료』는『당사
업』으로,『경제건설』은『경제지식』으로 각각 개칭되고, 내용의 수준도
질적으로 훨씬 저하하였다.

한편 과학원의 활동이 본격화함에 따라 역사분야에서『력사과학』,
경제분야에서『경제연구』, 법학분야에서『법학연구』등 학술잡지가 간
행되었다.『력사과학』은 약간의 결호가 있지만, 1955년 이후 분이 일본
의 몇 개의 도서관에 분산된 형태로 거의 망라되어 있다.『경제연구』는
모스크바의 국립도서관에 1956년에서 58년도 분까지 소장되어 있다.
『법학연구』는 가장 민감한 테마를 취급하고 있지만, 일본에 1956년 분
몇 호밖에 남아 있지 않다. 연안계, 소련계, 국내계 숙청이 본격화하는
1956, 57년경까지는 당내 다원성이 일정한 정도 유지되었기 때문에,
이러한 다수의 간행물을 상호 체크함으로써 당시의 북조선 상을 보다
풍부히 할 수가 있다. 일간지나 기관지 외에 이러한 학술잡지를 발굴하
는 작업도 앞으로 북조선 연구의 기본 과제이다.

다음으로 러시아나 중국의 자료는 공개된 것은 특정한 테마에 한정
되고 있었으나, 일부 연구자의 노력으로 점차 그 입수 범위가 확대되어
왔다. 러시아의 자료는 김일성이 하바로프스크로 이동해서부터 귀국하
기까지의 경위, 그리고 6·25전쟁의 발발과정에 집중되어 있었다. '동
북항일연군교도려(東北抗日聯軍敎導旅)', '88특별여단'의 전모가 밝혀
지고, 해방 이후 김일성과 소련의 관계도 해명되었다. 옐친 대통령이 한
국 정부에 전달한 구소련의 6·25전쟁 발발에 관한 자료는 개전의 경위
를 해명하는 데 결정적 의미를 가지고 있다. 중국 측 자료는 연변조선족
자치주로부터 항일무장투쟁, 국공내전에 대한 조선인의 참전에 관한 자
료나 연구가, 중국 자체로부터 6·25전쟁에 관한 자료나 연구가 공개되
어 있다. 이들 자료가 만주의 빨치산투쟁이나 연안의 독립동맹, 조선의

용군의 항일투쟁에서 기본적인 부분을 해명하는 데 기여한 바는 크다. 더욱이 6·25전쟁과 국공내전의 깊은 상관관계, 중국군의 6·25전쟁 참전 경위에 관해서도 상당 부분이 밝혀지고 있다. 이러한 주제와 관련해서는 소련이나 중국, 연변의 자료는 와다 하루키, 박명림의 연구를 통하여 대부분 정리되어 있다. 웨더스비가 주관하는 미국 우드로우 윌슨센터의 냉전사 프로젝트에서도 6·25전쟁과 관련한 러시아 자료를 꾸준히 발굴, 정리하여 공개하고 있다. 중국과의 관계는 이종석의 연구가 중국과 연변의 자료를 일정 정도 정리하고 있다.18)

소련 점령 시기 정보 보고서, 소련군 주요 인물들의 비망록, 일기를 중심으로 러시아 자료를 발굴하는 데에는 기광서, 전현수, 김성보 등 모스크바에 유학한 연구자들이 중요한 기여를 하였다.19) 우선 초기 소련군의 대한반도 정책, 대북 정책, 소련군 점령 기구의 전모 등 소련 측의 정책이나 입장을 밝혀주는 자료가 발굴되었다. 다음으로 북조선 지역의 정치 정세, 경제—사회 상황, 조선공산당 북부조선분국 창설 과정, 분국의 초기 상황, 초기 공산주의자들의 경력 등을 알려주는 자료들도 발견되었다. 또한 북조선의 정치과정은 물론이고 남조선의 정치 상황 및 좌익 세력과 소련군의 관계 등도 이들 자료들은 일정 부분 해명해 주고 있다.

페레스트로이카나 중국의 개방정책 이후 발표된, 소련과 중국에 망

---

18) 和田春樹, 『金日成と滿洲抗日戰爭』, 平凡社(東京), 1992 ; 이종석 역, 『김일성과 만주항일전쟁』, 창비, 1995 ; 同『朝鮮戰爭』, 岩波書店, 1995 ; 서동만 역, 『한국전쟁』, 창비, 1999 ; 同『朝鮮戰爭全史』, 岩波書店, 2002 ; 박명림, 『한국전쟁의 발발과 기원』 제1,2권, 나남, 1997 ; 이종석, 『북한과 중국 1945~2000』, 중심, 2000 ; The Cold War International Project, www.wilsoncenter.org.

19) 소련 자료는, 국사편찬위원회에서 이들 연구자들이 입수한 것들을 복사하거나 자체적으로도 수집하여 목록화하고 있다. 러시아국방성문서보관소, 대외정책문서보관소, 현대사자료연구보존센터, 국립도서관 등 소장처별로 목록이 분류되어 있다. www.history.org.kr 그러나 일부 정리된 것만을 열람할 수 있고, 많은 자료가 아직 열람 불가로 되어 있다. 러시아 자료들에 대한 부분적인 해설로는, 기광서, 「러시아연방 국방성중앙문서보관소 소재 해방 후 북한정치사 관련 자료 개관」, 정신연구문화연구원 편, 『해방 전후사 사료 연구Ⅱ』, 선인, 2002.

명, 탈출한 조선인 등의 수기나 증언도 제1차 자료를 보완하는 데 중요
한 역할을 하고 있다.20) 다만 중국 망명 조선인의 경우, 아직 본명이
아니라, 익명으로 증언이 발표되는 제약이 있다.21) 남한에서는 1950
년대에 '전향자', '탈출사', 파견되었다가 체포된 '공작요원' 등의 증언이
나 수기가 간행되어 있다. 한재덕, 김창순, 오기완, 김남식 등의 증언은
냉전시대 북조선 인식에서 큰 비중을 차지해 왔다. 이 글의 주제와 관련
해서 1990년대 이후 최고위급 망명자는 조국전선 부국장을 역임한 박
병엽(가명 ─ 신경완, 서용규, 황일호, 신평길)이며, 그의 증언은 일부 연
구자의 정리를 통해 몇 권의 책으로 간행된 바 있다.22) 1980년대 말,
1990년대에 현대사연구 붐을 타고 발표된 빨치산투쟁 참가자, 6·25전
쟁에 종군한 전 인민군포로 등의 수기도 많은 사실을 전해주고 있다. 상
황적 요인이나 개인적 사정에 따라 증언 내용이 좌우되는 경우가 많기
때문에, 이러한 증언에도 비판적으로 접근할 필요가 있다.

　미국, 일본, 남한의 자료나 증언도 참고가 된다. 미군 정보보고서는
1945~48년까지 북조선에 관한 귀중한 자료이기는 하지만, 여기에도
신중한 자료 비판이 요구된다.23) 미군 정보당국의 보고서는 한림대학
에서 4권의 자료집으로 간행되어 있다. 6·25전쟁 이후에 관해서는 공
개된 자료가 양적으로 매우 부족하지만, 일부가 공개된 국무성 정보보

---

20) 강상호, 「내가 겪은 북한 숙청」, 『중앙일보』 1993.1.11~10.12 연재, 『증언 : 김일성
　　을 말한다 ─ 유성철, 이상조가 밝힌 북한정권의 실태』, 한국일보사, 1991 ; 안성규,
　　「중국 망명한 연안파 거물들의 한과 충격 증언」, 『월간중앙』 1994년 5월호 등.

21) 여정, 『붉게 물든 대동강 ─ 전 인민군 사단정치위원의 수기』, 동아일보사, 1991.

22) 중앙일보사특별취재반, 『비록 : 조선민주주의인민공화국』(상)(하), 중앙일보사,
　　1992 ; 신경완 증언·이태호 기록, 『압록강변의 겨울』, 다섯수레, 1991 ; 유영구,
　　『남북을 오고 간 사람들』, 글, 1993 ; 정창현, 『곁에서 본 김정일』, 토지, 1999.

23) U.S. Military Government in Korea, *Intelligence Summary Northern Korea ; G-2 Weekly Report*
　　; Headquarters of Far Eastern Command, *History of the North Korean Army*, 31 July 1952
　　; U.S. Department of State, *North Korea : A Case Study in the Techniques of Takeover*,
　　Washington D.C. 1961 ; U.S. Department of State Office of Intelligence Research,
　　Intelligence Report.

고서를 사용하였다. 남한이나 일본에서 간행되어 있는 각종 인명사전24)은 중요한 정보원이지만, 많은 잘못이 있으므로 북조선 1차 자료와의 엄밀한 대조가 요구된다.

주요 연구의 개괄

문제를 제기하면서 이 논문의 논점과 관련하여 약간의 연구사를 추적하였지만, 더 넓은 범위에서 몇 가지 주요 연구를 개관해 볼 필요가 있다. 1980년대까지 북조선 연구는 서대숙, 이정식 등 재미한국인, 스칼라피노, 커밍스 등 미국인의 연구가 주도해 왔다. 미국 국립공문서관에 소장되어 있는 '노획북한자료', 의회도서관에 소장되어 있는 북조선의 신문, 잡지가 그들의 연구를 지탱해주었다. 일본에서는 재일조선인들의 북조선 공식연구 소개와 해설 작업 이외에, 오코노기 마사오(小此木政夫), 가지무라 히데키(梶村秀樹), 사쿠라이 히로시(櫻井浩), 스즈키 마사유키(鐸木昌之), 와다 하루키(和田春樹) 등 일본인, 재일한국인 임철(林哲) 등의 연구가 상당한 공헌을 해 왔다. 1980년대까지 북조선 연구는 미국, 일본의 해외연구가 남한 내 연구를 압도하였다. 남한에서는 80년대 후반 민주화, 통일운동의 고양에 따라, 해방전후사연구, 한국현대사연구의 붐, 북조선 원전 출판의 붐이 생기고, 젊은 연구자가 배출되는 계기가 되었다. 민주화의 일정한 달성, 소련-동유럽의 붕괴라는 국면을 거치면서 붐은 진정되고 견실한 연구 성과가 나오는 시기를 맞이하여 현재에 이르고 있다.

본 연구의 주제와 전반적으로 관련되는 기존의 연구는 이정식, 서대숙, 커밍스, 이종석, 박명림, 가지무라 히데키, 스즈키 마사유키, 와다 하루키, 김성보, 김광운 등 여러 연구이다. 우선 이정식(스칼라피노와의 공저)의 연구는 북조선만을 대상으로 한 저작 중에서는 양적으로 가

---

24) 공산권문제연구소 편, 『북한총감 : 1945~68년』, 1968 ; 霞關會, 『現代朝鮮人名辭典』, 1962 ; 『북한인명사전』, 중앙일보사, 1990.

장 방대한 것으로 아직 이것을 능가하는 저작은 나와 있지 않으나, 간행 시기(1973년)로 볼 때 냉전적 시각이라는 한계가 크다.25) 이른바 '전통적 연구'를 대표한다고 할 수 있다. 제1권은 식민지시대 공산주의운동 으로부터 체제 수립을 거쳐 1970년대 초의 정치현황까지 역사적으로 기술하였고, 제2권에서 북조선 사회의 여러 측면을 당, 정부, 이데올로 기, 군사, 농업 및 농민, 공업 및 노동자의 각 부문별로 나눠 서술하는 방법을 취하고 있다. 각 부문에 관해서는 1960년대 말에서 70년대 초 까지 당시의 현황을 중심으로 서술하는 데에 머물러 그 형성과정을 파 악하는 데에는 불충분하다. 이정식이 한홍구, 김남식과 공동 편집한 자 료집은 한국의 현대사연구 붐에도 크게 기여하였다. 이정식의 연구는 냉전 종언이라는 상황 변화 외에, 간행 후 20년 이상 시간이 경과했음 에도 불구하고, 다루는 분석범위의 넓이, 이용한 자료의 규모 등 여러 면에서 아직 중요성을 잃지 않고 앞으로 그 극복이 요청되고 있다.

서대숙은 공산주의운동사 연구의 업적 이외에도 냉전 상황의 어려 움 속에서도 빨치산파의 권력 장악이라는 관점에서 북조선 정치사를 정 리한 점에서 선구적인 논점을 제시하였다.26) 소련계에 관한 연구도 페 레스트로이카 이후 소련계 조선인 망명자의 증언이 나오기 이전까지는 선구적 의의를 가지고 있었다. 1945년부터 80년까지 당, 정부의 인사 를 정리한 레퍼런스는 중요한 자료로서 이용되고 있다.

커밍스의 6·25 전쟁에 관한 저작은 해방부터 6·25전쟁까지 남북 의 역사를 취급한 연구로서 그 양적 방대함에서 타의 추종을 불허하고 있다. 한국의 젊은 연구자에게 가장 큰 영향을 준 연구이다. 이 저작에 서 북조선에 관한 부분은 전체의 일부분이지만, 그의 다른 연구와 함께

---

25) R. Scalapino & Chong-Sik Lee, *Communism in Korea*, Ⅰ·Ⅱ, Univ. of California Press, 1972. 제1권의 국역, 한홍구 역, 『한국공산주의운동사』 1·2·3, 돌베게, 1986.

26) Dae-Sook Suh, "Communist Party Leadership", Dae-Sook Suh & Chae-Jin Lee ed., *Political Leadership in Korea*, UP of Washington, 1976, *Kim Il Sung : the North Korean Leader*, Columbia UP, 1988, *Korean Communism 1945~1980 : A Reference Guide to the Political System*, UP of Hawaii, 1981.

중요한 논점을 제기하고 있다. 코포라티즘론은 가족국가론, 수령제론, 유격대국가론의 형성에 자극을 준 선구적 문제제기였다.[27] 북조선 체제가 갖는 '혁명적 내셔널리즘'이라는 성격을 강조하고, 1960년대 초 '주체'가 성립한 당시의 북조선과 중·소의 관계는 이미 이 시기부터 나타나고 있었다고 간주한다. 1945년부터 50년까지 기간에 대하여 북조선과 중국, 소련의 관계 변화를 기준으로 시기 구분을 하는 새로운 논점도 제시하였다. 그러나 커밍스의 연구는 북조선 연구에 크게 기여한 만큼이나 문제점도 안고 있다. 커밍스는 체제 성립 이후 북조선체제의 본질은 변하지 않고, 그대로 현재까지 유지되고 있다고 본다. 초기부터 6·25전쟁에 이르기까지 북조선 체제가 보이는 '독자성'이 국제공산주의라는 제약 속에서 작용하였다고 하는 시대적 측면을 거의 무시하고 있다. 북조선지도부 내 세력관계의 변화, 분파의 존재와 김일성과 관계의 변화, 정치 구조와 사회와의 관계 변화 등이 경시되고 있다. 전쟁 이전 체제와 전쟁을 거쳐 농업집단화와 사회주의 개조를 완수하고 나서 성립한 체제를 동일시하고 있지 않은가 하는 의문이 생기고 있다. 변화와 연속이라는 양 측면을 어떻게 구별할 것인가가 과제라 할 수 있다.

가지무라 히데키의 북조선 연구는 주로 1950~60년대 농업문제에 집중되어 있다. 간행 시기의 시대적 한계에도 불구하고 가지무라의 농업협동조합에 관한 일련의 연구에는 협동조합의 국가화에 대한 비판적 시각이 포함되어 있다. 본 연구의 1950년대에 대한 관심은 가지무라의 선구적 업적에 의해 촉발된 바가 크다.[28] 그러나 본 연구는 '밑으로부터의 농업협동화운동'이라고 하는 그의 시각에는 비판적이며, 기본적으로 '위로부터의 농업집단화정책'이라고 하는 시각에 서 있다. 상당기간

---

27) B. Cumings, *The Origins of the Korean War,* Ⅰ·Ⅱ, Princeton UP, 1981·1990, "Corporatism in North Korea", *Journal of Korean Studies*, no. 3, 1983.

28) 梶村秀樹, 「朝鮮の郡協同組合經營委員會について」, 『東洋文化研究所紀要』 第41號, 1966年 10月 ; 「農業協同組合の里單位統合(1958年)に關して」, 『朝鮮研究』 第38號, 1965年 4月, 「北朝鮮における農業協同化運動(1953~58)」に關する 一考察」, 『朝鮮學報』 39·40號, 1966年 4月.

북조선 연구를 중단하고 있던 그는 아깝게도 북조선 연구를 재개하지 못하고 타계하였다.

스즈키 마사유키의 연구는 대부분이 시기적으로 1960년대 중반 이후를 대상으로 하고 있다.[29] '수령제'라는 개념을 확립하고 긴정일 후계체제가 '수령제' 확립과 밀접한 관계 아래 진행되었다는 사실을 실증한 점은 중요한 기여이다. 수령제 개념은 일부 한국의 연구자들 사이에서도 수용되고 있다. 단지 북조선사회주의의 본질적 성격을 전부 '유교적 전통'에 회귀시키는 것은 지나치게 단순한 환원주의라 하지 않을 수 없다. '당=국가체제'가 수령제로 변화하였다고 하는 논점을 제시하지만, 그 상호관계는 설명되고 있지 않다. 또한 정치적 상부구조 분석에 집중하고 사회와의 관계는 분석의 변수로 되어 있지 않다.

앞에서 언급했듯이 와다 하루키의 연구는 분석 대상이 전부 북조선의 체제형성에서 결정적인 시기인 만큼, 북조선의 체제성립 과정 전반에 관하여 새로운 논점을 제시하였다.[30] 김일성의 항일무장투쟁에 관한 연구는 북조선에서 만주파의 존재를 분별해 내는 데 결정적인 근거를 제공하고 있다. 또한 최근의 6·25전쟁에 관한 저작은, '노획북한자료'뿐만이 아니라, 소련이나 중국의 최신 공개자료를 활용하면서 분석의 범위도 남북한, 중국, 소련, 미국, 일본에 걸쳐 있고, 커밍스 이후 이 테마에 관한 가장 포괄적인 연구이다. 이 책에는 전 범위에 걸쳐서 와다 하루키의 연구가 상당 부분 수용되어 있다. 와다의 연구에 관한 평가는 구체적으로 책의 본문 안에서 이루어질 것이다.

이종석의 연구는 국내의 조선노동당 연구를 대표한다는 점에서 본 논문의 주제와 직접 관련된다.[31] 1961년 이전의 노동당의 구조를 분파

---

29) 鐸木昌之, 앞의 책, 同「北朝鮮における黨建設」, 櫻井浩編, 『解放と革命 : 朝鮮民主主義人民共和國の成立過程』, アジア經濟研究所(東京), 1990.

30) 和田春樹, 『金日成と滿洲抗日戰爭』, 平凡社(東京), 1992 ; 同「遊擊隊國家の成立と展開」, 『世界』 1993.10, 同 『朝鮮戰爭』, 岩波書店, 1995.

31) 이종석, 앞의 책.

연합적으로 이해하는 이종석의 논점은 이 논문도 공유하고 있다. 기본적으로 북조선 체제를 변화의 측면에서 바라본다는 점도 그러하다. 또한 항일무장투쟁 전통이 북조선 체제의 역동성을 설명하는 데 핵심적인 요소라는 시각도 중요하다. 이종석 연구의 핵심을 이루는 '유일지도체제'의 개념은 북조선 체제의 형성 과정에 대한 해명은 물론이고, 향후 변화를 전망하는 데 유용한 관점과 내용을 제공하고 있다. 북조선체제의 특징이자 동시에 문제점이기도 한 이 유일지도체제로부터 최소한 중국 정도의 집단성을 회복하는 것을 체제 생존의 제1차적 요건으로 보고 있다. 다만 조선노동당 연구에서는 주로 1970년대 이후 시기를 대상으로 하여 정치구조, 권력구조에 분석을 한정하고 있다. 총체적, 구조적 분석으로 발전하기 위해서는 정치 분야를 넘어서 경제, 사회까지 분석의 차원을 더욱 넓혀 갈 필요가 있다.

토지개혁, 농업집단화 등 농업분야에서 대표적인 김성보의 연구[32]는 소련 및 북조선의 새로운 자료를 발굴하여 과거 베일에 싸여 있던 많은 부분을 해명하였다. 특히 토지개혁을 둘러싼 정책결정 과정에서 소련의 역할을 밝히는 새로운 성과를 개척하였다. 토지개혁의 방식이 국유화가 아니라 '근로농민적 소농체제'로 귀결되는 과정을 밝힌 점이 중요하다. 또한 비주류파에 속하는 북조선 내 일군의 경제학자들 논문을 발굴하여 농업집단화를 둘러싼 노선대립의 토대가 되는 이론적 논의를 정리해 낸 것도 중요한 성과이다. 이와 같은 농업집단화의 논리뿐 아니라, 그 원칙과 특징, 농촌사회의 갈등과 변동 등 주요 측면을 농업경제학의 시야에서 분석해 낸 것도 새로운 시도였다. 이 글도 김성보의 시각을 상당 부분 공유하고 있으며, 새로운 성과는 보완 과정에서 반영시키고 있다. 다만 김성보의 연구는 토지개혁이나 농업집단화의 농업경제적 측면에 한정시킨 분석을 정치과정과의 연관하에서 재조명하는 것이 과제일 것이다.[33]

---

32) 김성보, 『남북한 경제구조의 기원과 전개－북한농업체제의 형성을 중심으로』, 역사비평사, 2000.

한편 초기부터 정부 수립에 이르기까지 북조선 체제의 형성 과정에 대해서는 최근 김광운의 방대한 저작34)이 간행되었다. 이 연구는 최근까지 입수된 북조선 공식 자료는 물론이고 러시아, 중국의 자료까지 폭넓게 활용한 것으로 그 양적 방대함만으로도 주목할 만한 연구이다. 무엇보다 김일성의 '동북항일연군계' 세력을 중심으로 북조선 체제 형성에 참여하거나 정치 무대에서 활약한 주요 인물의 경력이나 현직 등 인적 사항을 광범위하게 정리한 것이 중요한 성과이다. 이 연구의 특징은 체제 형성 초기부터 '김일성지도체계'가 확립된 것으로 보는 점에 있다. 이와 관련하여 당내 세력관계를 '동북항일연군계', 즉 빨치산파를 제외하고는 연안계, 소련계, 국내계 등 정파 간 관계를 토대로 분석하는 데 부정적이다. 또한 당─정─군 등의 간부 양성체계를 중심으로 기층간부의 육성과정에 많은 비중을 두고 있다. 그러나 동북항일연군계의 주도적 역할에 관해서는 군사, 보안 부문 이외에는 당시 자료의 제시가 부족하다. 왜 이 그룹의 당내 진출이 소수였는지에 대한 해명도 해결 과제가 된다. 또한 김일성지도체계가 집단지도적 성격을 띠고 있었는지의 여부 등도 설명되어야 한다. 나아가 당─정─군의 유기적 관계에만 주목한 나머지, 부문 간의 상호 분절적 관계는 무시하고 있다. 북조선의 조국전선부국장을 역임하고 망명한 박병엽의 증언이 많은 사실을 제공하고 있

---

33) 그 밖에 본 연구의 주제와 관련된 것으로 러시아 자료를 집중적으로 활용하여 초기 북조선체제 형성 과정을 정리한 것으로는 경제 분야에서 전현수, 정치 분야에서 기광서의 연구를 들 수 있다. 전현수, 「1947년 12월 북한의 화폐개혁」, 『역사와 현실』 제19호, 1996, 동 「산업의 국유화와 인민경제의 계획화 : 공업을 중심으로」, 『현대북한연구』 제2권 1호(1999). 기광서, 「해방 후 김일성의 부상과 집권과정」, 『역사와 현실』 제48호, 2003.6, 동 「1940년대 전반 소련군 88독립보병여단 내 김일성 그룹의 동향」, 『역사와 현실』 제28호, 1998.6, 동 「소련의 대한반도, 북한 정책 관련기구 및 인물분석 : 해방─1948.12」, 『현대북한연구』 제1호, 1999. 또한 소련의 정보 보고서를 집중적으로 활용한 것으로 러시아 연구자 란코프의 연구를 들 수 있으며, 특히 8월 종파사건에 관해서 소련 측 입장에서 많은 새로운 사실을 발굴하였다. 안드레이 란코프 / 김광린 역, 『소련의 자료로 본 북한현대정치사』, 오름, 1995.

34) 김광운, 『북한정치사연구 I ─건당·건국·건군의 역사』, 선인, 2003.

으나, 자료와의 상호 체크가 필요할 것이다.

이 밖에도 부분적인 주제와 관련하여 많은 연구가 축적되어 왔으며, 이러한 연구에 대해서는 이 책의 본문 안의 해당 내용 서술에서 평가해 보기로 한다. 이 책은 선행 연구들을 극복하고자 하는 시도이기는 하지만 많은 부분을 선행 연구의 성과에 의존하고 있기 때문에, 그 결점도 일정한 정도 공유하고 있음을 인정하지 않을 수 없다. 또한 원 논문을 보완하는 과정에서 나중에 나온 연구들로부터도 도움을 받았으며,35) 가능한 한 연구 성과를 반영하려고 노력하였다.

---

35) 앞에서 거론했던 연구들 외에도, 이 책의 주제와 직접 관련이 있는 것으로서 1960 년대 공장관리 체제에 관해서는, 김연철,『북한의 산업화 과정과 공장관리의 정 치 : 수령제 정치체제의 사회경제적 기원』, 성균관대학교박사학위논문, 1996, 북 로당의 당원구조에 관한 연구로서, 이주철,『북조선로동당의 당원과 그 하부조직 에 관한 연구』, 고려대학교박사학위논문, 1998, 발전전략의 측면에서 1950년대와 1990년대를 비교한 연구로서는, 김근식,『북한 발전전략의 형성과 변화에 관한 연구－1950년대와 1990년대를 중심으로』, 서울대학교박사학위논문, 1999, 북조 선의 공장관리체제와 노동정책을 중국, 소련과 비교한 연구로서, 차문석,『사회 주의국가의 노동정책 : 소련, 중국, 북한의 생산성의 정치』, 성균관대학교박사학 위논문, 1999, 1950~60년대 당·군관계의 변화에 관해서는, 김용현,『북한의 군 사국가화에 관한 연구 : 1950~60년대를 중심으로』, 동국대학교박사학위논문, 2001. 경제개발에 관한 연구로서, 梁文洙,『北朝鮮の經濟開發 : 經濟低迷メカニズム の形成と展開』, 東京大大學院經濟學博士論文, 1999.

3 구성과 방법

단계와 부문

북조선의 사회주의체제가 1961년 제4차 당대회 시기를 전후하여 확립되었다고 하는 인식 아래 해방 이후 이 시기에 이르기까지를 몇 개의 단계로 나누어 설명하고자 한다. 첫째 1945년 8월 일제 식민지지배로부터 해방되어 조선인에 의한 밑으로부터 자발적인 결사에 의해 권력의 공백이 메워지고 소련군 점령정책의 조정 아래 각 도를 중심으로 인민위원회가 만들어진 시기이다. 둘째는 위로부터 중앙집권적 움직임과 저변의 인민위원회 조직역량이 결합하여 토지개혁, 기간산업 국유화를 완수하고, 북조선로동당 창설을 통하여 '당=국가체제'가 성립하였지만, 광범한 사적 영역이 남아 있던 시기이다. 이것을 '사회주의로의 과도기'라고 부를지는 차치하더라도, '인민민주주의국가' 단계를 설정한다는 점에서 동유럽이나 북조선의 '인민민주주의 논쟁'에서 제시된 이론을 수용한다.[36] 다만 이른바 '사회주의로의 과도기'를 굳이 설정한다면 북조선에서는 전시체제를 통하여 그 계기가 만들어졌다고 본다. 셋째로 6·25전쟁을 기점으로 전시체제가 만들어지고 농촌 통치체제가 대폭 재편되는 시기이다. 넷째는 휴전 이후 1958년 농업집단화가 완료될 때까지 전후 경제복구건설과 전 사회의 사회주의적 개조가 완수된 시기이다. 다섯째로 1958년부터 1961~62년까지 '당의 일원적 지도체계'가 전 사회에 깔리는 시기이다. 정부기구, 군대, 공장, 농촌 등 전 부문에 걸쳐 중앙으로부터 지방 말단에 이르기까지 일원적 통치체제가 관철된다.

---

36) 林哲,「第2次世界大戰後朝鮮における民主主義民族戰線」, 津田塾大學,『國際關係學研究』第9號, 1983, 拙稿,「解放朝鮮における『人民民主主義論』の形成過程 : 1945~50年」, 東京大大學院國際關係論專攻修士論文, 1990.

이 논문은 1945년부터 1961~62년까지 기간을 이상 다섯 시기로 나누어 단계적으로 파악하면서, 동시에 매 단계를 부문별로 나눠 서술한다. 구체적으로는 정치적 세력관계의 변화과정을 기본 축으로 하면서, 당과 정부의 관계, 당과 군대의 관계, 공업부문의 관리체제, 농업부문의 농업생산체제 및 농촌지역의 통치체제 등 네 개 부문으로 나눠 분석한다. 사회주의체제에서 군대는 통치체제의 핵심이며, 특히 민족해방투쟁의 역사적 배경 아래 성립한 아시아 사회주의체제에서 당과 군은 불가분의 관계에 있다. 소련의 군사적 점령과 중국 국공내전의 직접적인 영향 아래 정권이 수립된 북조선의 경우, 항일빨치산 지도자로서 김일성의 존재 이외에도, 이후 6·25전쟁이나 만주파의 권력 장악 등 측면에서 군대는 체제형성 과정에서 핵심적인 위치를 차지하고 있다. 나아가 공장관리체제나 농촌 통치체제는 체제의 근간을 이루고 있는 만큼, 그 분석은 빠뜨릴 수 없는 부분이다. 종래 북조선 연구는 주로 정치사의 기술에 치우치고 그것도 내부 파벌 간의 정치투쟁에 집중하여 왔다. 특히 당·군관계, 공장관리체제, 지방통치체제에 관한 부분 연구는 매우 부족한 것이 현실이다. 부분 연구가 부족하기 때문에, 각 부문에 대한 부분 연구에 의거하여 그것들을 종합하는 연구는 더욱 어려워지고 있다.

이 논문은 각 부문에 대한 연구 공백을 메우면서 동시에 각 부문의 제도형성이 상호 간에 어떤 관계를 맺으면서 진행된 것인지를 전체적인 견지에서 종합하여 본다. 특히 세력관계나 정치투쟁이 제도형성과 어떤 관계를 지닌 것인지를 제도형성의 기능적 측면과 동시에 구체적인 역사적 과정을 통하여 살펴본다. 나아가 북조선사회주의체제가 기본적으로 소련의 영향 아래 소련을 모델로 하여 때로는 소련과 마찰을 일으키며 형성되어 왔고, 중국과는 그 영향을 받으면서 동시진행적으로 형성되어 온 만큼, 소련·중국과의 관계나 그 관계의 북조선 내부 투영 등도 하나의 변수로 취급한다.

특히 공장관리체제나 농업생산체제 및 농촌 통치체제를 분석하는 데 '당=국가체제'의 수립 및 그것과 사회단체의 관계가 어떻게 변용되어 왔는지를 중시한다. 이러한 방법은 일본의 소비에트사 연구 성과로부터 제시되어 중국의 정치경제체제 연구에도 적용되고 있다.37) 공업부문에서는 직업동맹의 성격이나 기능의 변화, 지배인이니 당조직괴의 관계를 축으로 하여 분석한다. 농업부문에서는 농민동맹의 변화, 농촌에서 당조직과 인민위원회의 관계 등에 주목하며, 전후에는 농업협동조합·당·인민위원회의 관계를 축으로 하여 설명한다.

그리고 전후에는 정치투쟁이나 제도형성 과정이 경제복구건설 과정과 농업집단화를 중심으로 한 전 사회의 사회주의 개조와 결부되어 진행된 만큼, 중공업중시노선이 어떤 우여곡절을 거치면서 변화해 갔는가, 또한 농업집단화는 어떤 기복을 보이면서 완수되었는가에 관해서도 별도로 분석한다. 농업집단화에 관해서는 곡물생산량의 목표 및 실적과 관련한 통계분석을 통하여 집단화의 성격이나 경제잉여의 이전 문제도 검토한다.

역사적 접근

이 연구에서는 기본적으로 사실의 시간적 계기에 따라 설명하여 가는 '역사적 접근방법'을 취하기로 한다. 사실에 대한 일반화보다는 사실의 복원을 우선으로 한다는 취지에서 논문의 상당 부분을 제1차 자료

---

37) 塩川伸明, 「ソフィエト史における黨·國家·社會」, 溪內謙外編, 앞의 책, 和田春樹, 「國家社會主義體制の段階論を」, 溪內謙編外, 앞의 책, 石井規衛, 「革命ロシアにおける, 『黨=國家』體制の成立」, 『社會運動史』 第9號, 1981年을 참조. 이러한 방법을 중국의 정치체제를 구분하는 데 적용한 연구로서는, 毛里和子, 「毛澤東時期の中國政治」, 同編 『毛澤東時代の中國』, 日本國際問題研究所, 1990, 同 『現代中國政治』, 名古屋大學出版會, 1993. 田中信行, 「中國—『黨政分離』と法治の課題」, 和田春樹·近藤邦康編, 『ペレストロイカと改革·開放: 中ソ比較分析』, 東京大學出版會, 1993도 참조. 그 밖에 '당=국가'와 관련한 연구로서, *W. Brus, Socialist Ownership and Political System,* RKP, London, 1975, 大津定美譯, 『社會化と政治體制』, 新評論(東京), 1982, 78~83쪽, J. Kornai, *The Socialist System: the Political Economy of Communism,* Oxford UP, 1992, p.39.

인용에 돌린다. 이론화나 일반화를 위한 기초작업이 되는 사실의 집적이 지극히 빈약한 것이 북조선 연구의 현상이다. 기본적으로 두 개의 작업은 병행하여 진행되어야 하지만, 특히 남한의 연구에서는 여러 이론의 무차별한 적용이 횡행해 왔다. 자료상의 제약 이외에도 냉전과 분단의 상황적 제약이 작용하는 가운데 실증 그 자체가 곤란했기 때문에, 이론의 힘을 빌려서 사실의 공백을 메우려 하는 경향이 지배해 온 것이다. 이러한 상태는 타개되어야 하지만, 그 전제가 되는 작업은 무엇보다도 사실의 발굴, 복원이다.

특히 중요한 결정이나 정책이 언제 결정되고 실시된 것인지는 어떠한 연구에서도 당연한 전제지만, 북조선 연구에서 그것을 정확하게 확정하는 것은 의식적인 노력을 필요로 하는 하나의 작업영역으로 되어 있다. 북조선 지도부 내 심한 대립으로 인해 기본적인 사실조차 숨겨지거나, 나중에 개찬되거나 하는 일은 비일비재하였다. 공산당분국 창설, 임시인민위원회 결성, 토지개혁 결정, 남북조선로동당 합당, 6·25전쟁의 선제공격 결정, 농업집단화 결정 등, 북조선뿐 아니라 한반도 전체의 운명을 결정지은 중요한 사건의 정확한 경위는 아직 불분명한 상태에 있다. 그 밖에 여러 가지 크고 작은 결정이나 사건에 대해서도 가장 기초적인 일시나 장소, 회의형식 등을 확정하는 작업이 필요하다.

나아가 북조선의 정치과정에서 중요한 특징의 하나는 일찍부터 '정치'와 '역사'의 결합이 나타난 점이다. 식민지시대 민족해방투쟁, 공산주의운동에서 정통성 문제는 운동의 지역적 분산성과 얽혀 그대로 세력관계에 투영되어 있었다. 코민테른과의 관계, 소련공산당이나 중국공산당과의 관계는 사태를 더 복잡하게 만들고 있었다. 조선공산당, 북조선로동당, 조선로동당 내 정치과정은 항상 역사해석 문제와 결부되어 있었고, 남로당파 숙청으로부터 시작된 당내 숙청에는 언제나 역사해석의 수정이 따르지 않을 수가 없었다. 북조선에서 사회주의체제 성립과정은 정치와 역사의 긴장관계가 무너지고, 정치에 대한 역사의 완전한 종속이 실현되는 과정이기도 하였다. 조선로동당 최초의 당사(黨史)는 당내 분파가 완전히 제거된 이후인 1964년에 간행되었지만, 그것도 명칭은 정식의 당사가 아니었고, 1979년에 와서 겨우 공식 당사가 간행되었다. 남북분단으로 조성된 남북 양측에서의 상황적 제약, 북조선에서 정지와 역사의 관계가 역사적 접근을 불가피하게 하고 있다고 할 수 있다.

당 · 정부의 인사에 관해서

로동당의 경우 초기의 많은 주요 당직자의 인사가 알려지지 않은 상태에 있다. 당대회 때에 위원장, 부위원장, 정치위원회, 검열위원회, 검사위원회, 중앙위원, 후보위원 명부를 발표하지만, 기타 당중앙본부의 집행부서나 지방당조직의 간부인사는 정식으로는 공표되지 않는다. 중앙위원 및 후보위원의 현직도 불명인 경우가 많다. 그러나 당내 인사 변동에는 당내 세력관계나 정책상의 변화가 직접 반영되어 있다. 이러한 로동당의 인사비밀주의가 권력 내부 사정에 대한 이해를 곤란하게 해왔다. 이 논문은 주요당직자, 내각의 상, 부상, 최고인민회의대의원의 인사나 직업 경력을 파악하는 데에 유념하여, 지금까지 밝혀지지 않았던 1950~60년대 초까지의 당내 인사를 거의 파악하였다. 당 결정집 속에 나오는 인사 내용 및 간부의 활동 상황은 가장 기본적인 자료이며, 그 밖에 공식 간행물 속에 기록된 집회 참석 사실이라든가 논문 발표 때의 직함을 확인하기도 하고, 공식간행물 이외에도 각종 증언이나 인명사전 등을 원용하여, 부표 형태로 작성, 논문 권말에 수록해 놓았다.

공산주의운동과 계파

북조선의 정치과정을 설명하는 데 과거 공산주의운동 경력이나 출신 배경을 주요 변수로 활용하는 방법에 대해서는 여러 견해가 있다. 남한 측의 전통적인 연구가 북조선의 정치과정을 설명하기 위해 전부를 파벌중심으로 해석하려는 경향이 심했기 때문에, 이러한 접근방식에는 반론도 강하였다. 그러나 공산주의운동에서 지역적 분산성이 공산주의운동 그 자체뿐 아니라, 해방 이후 북조선의 현실정치를 규정했다는 것은 하나의 정설로 되어 있다. 이 점은 김일성 스스로도 인정하고 있기 때문이다. 실제 이러한 측면을 전면 부정하는 연구는 존재하지 않는 것도 사실이다. 한편 북조선 측 공식역사는 '종파(분파)'의 존재를 인정하면서도 김일성을 중심으로 하는 '견실한 공산주의자'에 의해 종파가 극복되어 가는 과정으로 파악하여 이를 부정적 요소로 간주하고 있다. 이는 전형적인 목적론적 사관이다. 북조선의 역사서술은 '절대선(김일성)'과 '절대악(종파)'의 투쟁과정이라는 척도를 가지고 전부를 재단하여 사실을 있는 그대로 그리고 있지 않다.

이 책은 정치체제 변화에서 중요한 표징으로 분파의 존재를 적극적으로 받아들여 설명하고자 한다. 북조선분국 창설 자체가 의견 대립 속에서 타협이 성립한 경위가 있으며, 북조선로동당은 두 개의 당이 통합하여 만들어졌고, 마지막으로 조선로동당은 각각 3당통합과 2당통합을 거친 남조선로동당과 북조선로동당을 다시 통합한 연합정당인 것이다. 따라서 오히려 일정한 시기까지 존속한 북조선의 체제 내 '다원성'은 이러한 당내 정파의 존재에 의해 담보되어 있었다고 본다. 그리고 당내 숙청에 의한 다원성 소멸은 정치체제의 성격, 나아가 정치체제와 사회와의 관계의 성격도 변화시켰다고 본다. 이러한 견해에 대하여 북조선의 공식역사는 '종파유익설(宗派有益說)'이라고 심하게 비난하지만, '종파'의 존재야말로 체제의 일정한 자기 수정을 가능하게 한 긍정적 기능도 한 것이다. 단지 이 책도 '종파유익설'을 그대로 취하는 것은 아니다. 중국이나 소련의 영향, '주체' 문제의 제기 등이 복잡하게 얽혀 있었기 때문이다. 부정적이든 긍정적이든 사실은 사실로서 있는 그대로 설명하여 총체적으로 평가할 필요가 있는 것이다.

분파에 대해서는 와다 하루키의 용법을 따르기로 하지만, 김일성 등 유격대 출신자를 '만주파' 내지 '빨치산파', 연안에서 돌아 온 공산주의자들을 정치집단으로서 보스를 가지고 세력 확대를 꾀하는 '파벌'까지는 아니었다는 의미로 '연안계', 소련군정이 파견해 소련에서 돌아온 조선

인들을 같은 의미로 '소련계'라고 부르기로 한다. 국내에서 활동한 공산
주의자들에 대해는, 박헌영을 중심으로 단결해 있던 남로당 출신자들을
'남로파(南勞派)', 그 밖의 남로당 출신은 '남로계', 그 밖에는 '국내계'라
고 부르기로 한다.[38] 국내계에 대해서는 북조선 지역을 활동기반으로
한 경우, 북조선이라는 지역을 특정하였다. 연안계, 소련계는 둘 다 지
도자를 중심으로 결속하여 세력 확대를 꾀하는 성질을 가지고 있지 않
은, 비교적 느슨한 인적 결합이지만, 소련계는 북조선에서 활동하는 동
안에도 소련국적과 소련공산당적을 유지하며, 소련 측의 대북조선정책
을 매개하고 있던 점에서는 연안계와 구별된다. 중국의 경우 북조선의
내정에 대하여 거의 간섭하지 않았기 때문이다.

　　김일성과 항일무장투쟁에 관한 와다 하루키의 연구가 북조선 정치
에서 만주파의 존재를 판별하는 데 결정적인 근거를 제공했듯이, 다른
계파를 판별하는 데에도 식민지시대의 공산주의운동에 관한 연구의 뒷
받침이 불가결하다. 식민지시대 공산주의운동 출신이라고는 할 수 없는
소련계에 대해서는 소련에 도피한 조선인의 증언으로 거의 전모가 파악
되어 있으며, 연안계에 대해서도 중국 망명 조선인의 증언이나 연변자
치주의 연구로 밝혀지고 있다. 하지만 가장 늦어지고 있는 것이 국내계
를 판별하는 작업이다. 특히 북조선에 지역적 기반을 갖는 적색농조나
노조운동 출신자들이 북조선 정치에서 수행한 역할에 관해서는 거의 연
구가 이루어지지 않았다. 이 책은 복간되어 이용이 가능하게 된 『사상휘
보』, 『사상월보』 등 일본관헌 측 자료나 일본의 적색농조운동연구, 최근
남한에서 일정한 진전이 이루어진 식민지시대 좌익민족해방운동 연구
에 힘입어 이러한 작업을 시도한다.[39]

---

38) 和田春樹, 『金日成と滿洲抗日戰爭』, 349~383쪽.

39) 李起夏, 『韓國共産主義運動史 I』, 국토통일원조사연구실, 1976은 정부 내 대외
　　비자료이지만 1990년경에 공개, 복간되었다. 그 밖에 역사문제연구소 편, 『日帝
　　下社會運動人名索引集』(상·하), 驪江出版社, 1992, 한국역사연구회 편, 『日帝
　　下社會主義運動史』, 한길사, 1991, 지수걸, 『일제하 농민조합운동연구 : 1930년대
　　혁명적 농민조합운동』, 역사비평사, 1993 등. 일본에서는, 飛田雄一, 「永興農民

호칭과 용어에 관하여

이 책의 대상은 한반도의 북쪽, '북한'이라 불리는 지역, 내지 정부이다. 하지만 북한이란 호칭은 한반도의 북쪽, 헌법의 영토 조항에 따르면 대한민국의 북쪽을 가리키는 것으로 한국, 즉 남한에서만 쓰이는 자기중심적인 것이다. 남북기본합의서나 6·15공동선언에서 남과 북이 서로의 실체를 인정하고, 상대방의 공식 호칭을 명기한 바 있다. 남과 북이 이제는 자기중심적인 호칭만 고집할 것이 아니라, 상대방이 스스로 부르는 호칭도 서로 존중해 줄 필요가 있다. 조선민주주의인민공화국은 1948년 9월 이후 수립된 38선 이북 지역의 분단정부, 분단국가를 지칭하는 공식 호칭이다. 6·25 전쟁 이후는 휴전선 이북 지역이 된다. 북에서는 약칭으로는 '공화국', '공화국 북반부' 등의 호칭도 쓰이고 있다. 하지만 북에서 쓰이는 공화국이란 호칭을 쓰면, 영어 호칭(Republic of Korea)에서 나타나듯이 대한민국, 한국도 공화국 정체를 갖고 있기 때문에 혼란이나 오해를 일으키기 쉽다. 또한 조선이란 호칭도 쓰이고 있지만, 이는 북측 입장에서는 한반도, 조선반도 전체를 가리키는 의미도 포함한다. 따라서 조선이란 호칭을 쓰게 되면, 남한까지 포함하게 될 수도 있기 때문에, 적절치 않아 보인다. 여기서 그 호칭으로 남한에서 쓰는 한국, 한반도의 북쪽이란 의미의 북한 대신 조선, 조선반도의 북쪽이란 의미의 북조선이란 호칭을 쓰기로 하였다. 문맥에 따라서는 조선민주주의인민공화국, 북쪽, 이북 등 표현도 사용하였다. 남쪽에 대해서는 한국이나 남한, 대한민국 등을 그때 그때의 문맥에 따라 쓰기로 하였다. 다만 1948년 정부 수립 이전에 대해서는 남북 모두 조선이란 호칭이 일반적이었다는 점(예컨대 남조선민주의원, 입법의원 등)에서 남조선, 북

組合の展開－1930年代の赤色農民組合の一例」, 『朝鮮1930年代研究』, 三一書房(東京), 1982, 同「定平農民組合の展開－1930年代の赤色農民組合の一例」, 『朝鮮史叢』第5·6號合集, 1982, 同「明川農民組合の展開－1930年代の赤色農民組合の一例」, 『朝鮮民族解放運動史研究』第5號, 1988, 金翼漢, 「1930年代における朝鮮赤色農民組合運動－地方共産主義者の形成と活動」, 『朝鮮史研究會論文集』第30號, 1992.

조선으로 쓰기로 한다.

남한에서 일반적으로 쓰이는 '한국전쟁'에 대해서는 '6·25전쟁'으로 바꿔 부르기로 하였다. 한국전쟁은 'the Korean War'를 번역하면서 쓰게 되었지만, 한국은 대한민국의 약칭이기 때문에, 한반도 전체를 무대로 남북이 모두 당사자인 이 전쟁의 성격을 제대로 설명할 수 없다. 오히려 전쟁의 무대, 전장을 기준으로 한다면, '한반도 전쟁'이라고 부르는 편이 적절하다. 하지만 이것도 미국, 중국이 참전하고 소련, 일본이 개입한 국제전이란 성격을 담을 수가 없다. 이 점에서는 오히려 '동북아시아전쟁'이라 하는 편이 옳다. 그러나 이 명칭도 학계의 합의나 관행으로 볼 때에는 매우 생소해 보인다. 따라서 더 적합한 명칭을 찾을 때까지 잠정적인 것으로서 일부 연구자들이 제안한 대로 편의상 '6·25전쟁'으로 부르기로 한다. 이는 한국전쟁은 분명히 잘못된 명칭이기 때문에 더 이상 쓰지 않는 것이 옳다는 소극적인 생각에서 비롯된 것이며, 6·25전쟁이 가장 적합하다고 주장할 의도에서 나온 것은 아니다.

북조선 사회주의와 관련한 용어는 대부분이 소련이나 중국 것으로부터의 번역어이다. 공산주의운동 자체가 역사적으로 소련이나 중국과의 직접적 관련 아래 전개되었기 때문이며, 정권 수립 과정에서 파견된 소련공산당원인 소련계 조선인 및 중국공산당에 소속하여 활동했던 연안계가 선전, 교육 분야에서 주도적 역할을 했기 때문이기도 하다. 이 용어에 관해서는 별도의 연구를 요할 정도로 문제는 복잡하다. 이 책은 될 수 있는 한 북조선 말을 그대로 살리는 방침을 취하지만, 한국어로 정착한 말에 관해서는 남한 것을 쓰기로 한다. 몇 개 예를 들면, '령도'→'지도', '군중'→'대중', '출당'→'제명', '방양(榜樣)'→'본보기' 또는 '모범' 등이 있다. 그러나 인용할 경우 문맥상 의미가 명확한 때에는 그대로 쓴 경우도 있다. 그 밖에 '당단체'는 당의 하부조직을, '당사업'은 당의 여러 가지 활동을 의미하지만, 그 외에 적당한 대체어가 없기 때문에 그대로 썼다. 나아가 '교양'은 교육 및 선전의 의미를, '검열'은 감독이나 감사 등의 의미를 가지고 있으나, 이러한 예는 다른 용어를 가지고는 번역할 수 없는 독특한 말로 발전하였기 때문에 그대로 쓰기로 하였다. 그 밖에 지엽적인 예가 되겠지만, 대표적인 조직명이나 인명(성씨의 리, 로동당 등)에 대해서는 고유명사란 점에서 북조선에서 쓰는 대로 두음법칙을 적용하지 않고 '르' 표기를 살려 두었다.

제1장
해방과 인민위원회(1945~1946)

1 인민위원회와 조선공산당북조선분국

1) 분할점령과 공산당의 남북분립

1945년 8월 15일 일제의 항복은 조선 전 지역에 권력의 공백상태를 가져 왔다. 미소 양군이 진주하기 이전에 그 공백을 메운 것은 각 지역에서 밑으로부터 자연발생적으로 만들어진 자치조직이었다. 보안대, 치안대, 자치위원회, 건국준비위원회 등 여러 가지 명칭으로 불린 이들 자치조직의 활동은 주로 치안 확보와 일본인재산 접수에 중점이 놓여졌다.[1] 이러한 지방적 움직임과 함께 중앙에서도 전국적인 정치적 중심을 만들고자 하는 움직임이 활발해져, 중간·좌·우익민족주의세력과 공산주의세력의 연합체로서 건국준비위원회가 결성되고, 이어서 이것이 미군의 상륙을 앞두고 좌익 주도로 조선인민공화국으로 개편된 것은 주지의 사실이다.[2] 그러나 중앙의 정치적 움직임도 좌우세력 간의 관계가 유동하는 가운데 중앙의 조직적인 움직임과 지방의 자연발생적인 움직임은 분리되어 있었고, 그러한 상태에서 미소 양군이 남북조선에 진주하게 됨으로써 남북조선의 정치지형은 미소 양군 점령정책의 규정을 받아 크게 변해 간다.

소련군이 진주한 북조선 지역의 경우, 각 도 단위로 해당 지역의 행

---

1) 북조선에서 초기 자치조직의 현황에 관해서는, 森田芳夫, 『朝鮮終戰の記錄』, 嚴南堂書店(東京), 1979, 153~191쪽, B. Cumings, *The Origins of the Korean War*, vol. 1, pp.391~413 ; 김용복, 「해방 직후 북한인민위원회의 조직과 활동」, 『해방전후사의 인식 5』, 201~216쪽.

2) 건국준비위원회와 인민공화국에 관해서는, 林哲, 「第2次世界大戰後朝鮮における民主主義民族戰線」, 津田塾大, 『國際關係學硏究』 第9號, 1983 ; 「朝鮮人民共和國に關する若干の問題」, 『朝鮮史硏究會論文集』 第23集, 1986 ; 홍인숙, 「건국준비위원회의 조직과 활동」, 『해방전후사의 인식 2』를 참조.

정적 중심이 만들어지는 가운데 아직 전국적 중심과의 유기적 연계가
이루어지지 않은 상태에서 소련군의 진주를 맞이하였다.3) 각 도에 건
국준비위원회가 결성되어 있었지만, 자발적 움직임으로 중앙과의 밀접
한 관계가 결여되어 있었기 때문에, 소련군의 제안에 응하여 협상과정
에서 단체의 명칭을 변경해 갔다. 진주과정에서 소련군 점령정책은 함
경남도에서 조선인 자치조직이 결성되는 과정에서처럼 좌우세력의 균
형에 의거하여 밑으로부터 조선인의 요구를 받아들이는 형태로 실시되
기 시작하였다. 이러한 기준을 새로이 진주한 각 지역에도 적용하여, 좌
익이 우세하든가 균형이 잡혀져 있는 곳에서는 기존의 자치조직을 인정
하고, 우익이 우세한 곳에서는 좌우연합이나 좌익우세의 방향으로 조직
을 재편하여 행정을 위임하였다.4) '건국준비위원회', '집행위원회', '자
치위원회'와 같이 지역에 따라 다양하던 명칭도 도 수준에서는 '인민정
치위원회'나 '인민위원회'로 변해 갔다.5) 이것은 전반적으로는 좌익의
강화와 조직의 체계화라는 양상으로 나타난다. 소련군은 9월까지 38도
선 이북 전 지역에 진주하여, 각지의 인민위원회에 치안과 행정을 위임
하고, 또한 지역에 따라서는 조직작업도 지원하였다. 9월 말까지 함경
남도, 황해도, 평안남도, 평안북도, 함경북도, 강원도의 순서로 각 도인
민위원회가 조직되었다.6)

    특히 북조선 지역에서는 분할점령이라는 현실 속에서 소련군사령부

---

3) 38도선을 봉쇄하기 위한 부대가 파견되어 38도선이 폐쇄되는 것은 8월 25~26일
　경이었다. 和田春樹, 「蘇聯の朝鮮政策 : 1945.8~10」, 『社會科學研究』 第33卷 第
　4號, 119쪽.

4) 함경남도, 평안남도, 평안북도, 황해도, 함경북도의 각각의 케이스에 관한 와다
　하루키의 연구를 참조. 和田春樹, 앞의 논문, 118~123쪽.

5) '인민위원회'라는 명칭의 유래는 불명이지만, 초기에 자치조직에 대한 좌익세력
　의 통칭으로 쓰였고, '조선인민공화국'을 선언하고 나서 일반화되었다고 생각된
　다. '인민정치위원회'라는 명칭은 평안남도와 소련군 당국과의 협상을 통하여 도
　자치조직을 결성할 때, 공산주의자 측이 '인민위원회', 건국준비위원회 측이 '정
　치위원회'를 주장하여 양쪽을 절충한 것이다.

6) 주녕하, 「선거운동의 의의와 당의 당면과업」, 『근로자』 창간호, 1946.10, 80쪽.

가 위치한 평양이 소련 점령정책과의 관련 아래서 행정중심의 역할을 하게 되지만, 이것은 서울이라는 전 조선의 전통적인 정치적 중심으로부터 행정적 기능이 분리되는 것을 의미하였다. 조선인 사이에서 어디까지나 정치적 중심은 서울이지만, 점령 행정의 중심은 평양이라고 하는 분리현상이 초기의 북조선 정세를 규정했다고 할 수 있다. 소련군이 38도선 이북을 점령한 이후, 북조선의 정치과정은 소련 점령을 배경으로 행정중심이 된 평양에 새로운 정치적 중심이 형성되어 가는 과정이었다. 소련군 진주로부터 1946년 2월경에 이르기까지 북조선 정세는 행정적 중심과 정치적 중심의 병존이 두 개의 정치적 중심 형성으로 변하고, 점차로 평양이라는 하나의 정치적 중심으로 수렴해 가는 과정이었다. 독자성을 유지하고 있던 각 지역의 토착정치세력과 자치조직은 이렇게 중심이 이동 및 변화, 형성되어 가는 가운데 자체 사정에 따라 양 중심 사이에서 동요하면서 새로이 형성되어 가는 중심 속으로 통합되어 갔다.7)

종래 소련 당국의 북조선 지역에 대한 본격적인 정책구상에 관해서는 여러 가지 추측이 있었지만, 소련점령군에 대해 스탈린이 최초로 내린 지령문서가 공개되어 소련의 의도를 어느 정도 엿볼 수 있게 되었다. 1945년 9월 20일자로 스탈린(소련군최고사령관)과 안토노프 군참모총장으로부터 바실리예프스키 극동총사령관 및 연해주군관할구역군사평의회, 제25군군사평의회에 보낸 암호전보에는, 북조선 점령에 따른 소련군최고사령부의 7개 항목 지시가 열거되어 있다.8) 지시 속에는, 첫째로 "북조선 영토 내에 소비에트 및 그 밖의 소비에트정권의 기관을 수립

---

7) 물론 적극적으로 중심의 형성에 참가한 부분, 소극적이던 부분, 거부한 부분, 배제된 부분 등 여러 가지 경우가 존재하였다.

8) 「스탈린과 안토노프가 바실리에프스키 원수, 연해주군관구군사회의, 제25군군사회의에게」, 국방성문서관, 폰드 148, 목록 3225, 문서철 28, 42~59쪽. 『每日新聞』 1993.2.26. 종래에는 7개 항목 중, 제1, 2, 7항목의 내용이 공개되고 있지 않았다. 나머지 항목은, Institut Vostokovedeniya Akademii Nauk SSSR, *Otnosheniya Sovetskogo Soyuza c Narodnoi Koreei ; dokumenty i materialy, 1945~80*, Moskva : Izdatelstvo Nauka, 1981, p.13에 수록.

하지 않고, 또한 소비에트 질서를 도입하지 않을 것", 둘째로 "북조선에 반일적인 민주주의 정당, 단체가 광범한 연합에 기초를 둔 부르조아민주주의정권을 확립할 것", 셋째로 "이 점에 관하여 적군이 점령한 조선 각 지역에 반일적인 민주주의 단체, 정당이 형성되는 것을 방해하지 않고, 그 활동을 원조할 것", (…), 일곱째로 "북조선의 민간행정의 지휘는 연해주군관할구역군사평의회가 수행할 것" 등이 포함되어 있었다.9) 소련은 점령 초기에 소련에 우호적인 북조선만의 정권적 조직의 형성을 지시하고 있었던 것이다. 다만 여기에는 일정한 시기까지 미소 협조를 유지한다는 기조가 깔려 있었다. 조만식을 중심으로 한 민주당과의 통일전선을 내용으로 하여 광범한 정치세력을 결집한 민족통일전선에 기초를 둔 부르주아민주정권을 표방한 것은 그 때문이었다. 말할 필요도 없이 공산당이 통일전선의 중심이 되어야 한다는 것이 중요한 전제였다.

이러한 정책은 38도선과 관련해서 미군정에 대하여 소군정이 취한 태도에서도 엿볼 수 있다. 미군이 상륙한 다음 9월 하순 이후 점령통치의 필요성에서 미군사령관 하지가 소련군 측에 직접 교섭을 제안하고 있었으나, 소련군사령관 치스챠코프는 응답하지 않았다.10) 38도선 이북에서 이남 지역으로 귀환민의 이동 이외에 양 지역 간에는 전혀 상호교류가 이루어지지 않았다. 통일적인 재정정책이 마비상태가 된 것 이외에도, 철도·연안해운과 통신도 두절되고, 정상적인 교역도 중단되어 있었다. 남조선은 생활필수품 이외에 주로 석탄의 공급을 북조선에 구

---

9) 『每日新聞』, 앞의 호. 문서 공개에 대한 와다 하루키의 평가도 참조.

10) 접촉은 미군장교를 평양에 파견하여 이루어졌지만, 성과가 없었기 때문에, 다시 서울주재 소련영사를 사이에 세워 시도되었다. 1945년 9월 24일자, "Lieutenant General John R. Hodge to General of the Army Douglas MacArthur at Tokyo", *Foreign Relations of United States, 1945*, Vol. VI, pp.1054~1057, 9월 26일자, "The Acting Political Adviser in Korea (Beninghoff) to the Secretary of State", ibid, pp.1059~1060, 10월 11일자, "General of the Army Douglas MacArthur to the Joint Chiefs of Staff", ibid, pp.1071~1072, 10월 12일자, "Lieutenant General John R. Hodge to General of the Army Douglas MacArthur at Tokyo", ibid, pp.1072~1073, 10월 1일자, "The Acting Political Adviser in Korea (Beninghoff) to the Secretary of State", ibid, pp.1065~1066.

하고 있었다.11) 미소 협조의 표시로서 송전과 관개용수 공급은 계속되고 있었으나, 이것도 비용 지불 문제를 안고 있었다.12) 미군이 조선의 중심인 서울을 점령하고 있었기 때문에, 상호교류의 필요성은 더 통감했을 것이지만, 또한 거기에는 한반도 전체를 시야에 넣고 있는 미국의 정책적 입장이 반영되어 있었다. 소련군의 입장은 양국 정부 간에 합의가 이루어지고 정치적 관계가 성립할 때까지 점령군 당국 간에 군사적 차원의 회담은 있을 수 없다는 것이었다.13)

1945년 10월 8~10일 평양에서 치스챠코프의 제안으로 평안남도 31명, 평안북도 15명, 황해도 11명, 함경남도 11명, 함경북도 7명의 5도인민위원회 대표 75명이 모여, '5도인민위원회연합회의'를 열고, 농업생산과 식량성출문제, 군수공장의 민수공장으로의 개편, 금융재정 문제, 지방기구의 정비·통일 등에 관하여 토의했다. 인민위원회로 명칭이 통일되고, 면·군·시·도 인민위원회의 피라미드구조가 결정되었다.14) 이 회의에서 치스차코프는 "우리는 전 조선인민의 이익과 열망을 대변하는 부르주아민주주의정권을 창설함에 있어서 여러분들을 원조할 것이다"라고 연설하였다. 나아가 "나라의 경제·문화생활을 통치할 임무를 가진 북조선 각도 중앙의 창설에 관한 합목적성을 주의 깊게 고려하고 여러분의 생각을 제기할 필요가 있다"고 덧붙였다.15) 1945년 11

---

11) 1945년 9월 15일자, "The Acting Political Adviser in Korea (Beninghoff) to the Secretary of State", ibid, p.1051, 9월 26일부, "The Acting Political Adviser in Korea (Beninghoff) to the Secretary of State", ibid, p.1059.

12) Anna Louise Strong, In North Korea, New York, 1949, 「기행 : 북한, 1947년 여름」이라는 표제로 『해방전후사의 인식 5』에 번역, 수록, 518·534~536쪽.

13) 11월 3일자, "The Secretary of State to the Ambassador in the Soviet Union (Harriman)", *FRUS, 1945*, Vol.VI, pp.1106~1109. 하지는 소련군사령관에게는 이러한 문제에 대하여 협상할 권한이 주어지지 않았다고 판단하여, 국무성에서 주소대사 해리만을 통하여 소련정부에 교섭을 타진하게 된다.

14) 『조선중앙연감(1950년판)』, 196쪽 ; 和田春樹, 「北朝鮮における蘇聯軍政と共産主義者 : 1945.8~1946.2」(草稿), 3쪽.

15) 「바빌로프가 쉬킨에게」, 국방성문서관, 폰드 32, 목록 11306, 문서철 581, 585~592쪽 ; 기광서, 「러시아연방 국방성중앙문서보관소 소재 해방 후 북한정치

월 말 이전에 북조선 전역의 도·시·군·면까지 인민위원회 조직이 완료되었다.16)

이 5도대회를 전후하여 이후 북조선 지역의 방향을 좌우하는 중대한 회합이 진행되었다. 10월 5일부터 13일까지 북조선 지역을 관할하는 공산당조직을 만드는 문제와 관련하여, 남북조선 양 지역에 걸쳐 공산주의자들 사이에 격심한 정치투쟁이 전개된 것이다. 북조선 지역에 정권의 기초를 만든다는 정책이 결정된 이상, 그 작업의 일환으로 북조선 지역 독자의 당조직을 형성하도록 조건을 조성하는 것은 소련군이 당면한 가장 중요한 정책이었다.17) 이미 9월 11일 서울에 조선공산당이 재건되어 대부분의 지방 토착공산주의자는 서울중앙을 지지하고 있었다.18) 따라서 북조선 지역 독자의 공산당조직을 만드는 일은 공산당

사 관련 자료 개관」, 정신문화연구원편, 『해방전후사사료연구Ⅱ』, 118쪽.

16) 함경남도의 경우, 8월 31일까지 3시, 16군, 129면에 인민위원회가 조직되어, 9월 1일 도인민위원회가 결성되었다. 『조선중앙연감(1950년판)』, 196쪽.

17) 당시 소련군사령부정치위원 레베제프 소장은, 자기가 "처음부터 이북에 공산당이 필요하다"고 주장하여, 회의 때마다 "서울의 당과 관계없이 이북에 조직위원회를 만들어야 한다. 나중에 합치는 한이 있어도 이북에 조직위원회를 두자"고 제안했다고 증언하였다. 『비록 : 조선민주주의인민공화국』, 113쪽. 이것은 그 개인의 의견이 아니라 소련의 정책이었다. '조직위원회'는 러시아어 '오르그뷰로'의 번역어(Оргбюро)이다. 당시 작성된 모든 소련 측 문서에는 북부조선분국이 오르그뷰로로 표기되어 있다. 기광서, 「1940년대 전반 소련군 88독립보병여단 내 김일성 그룹의 동향」, 『역사와 현실』 제28호(1998.6), 261쪽.

18) 다만 지역에 따라 서울중앙의 장악 정도에는 차이가 있었다. 특히 8월 16일부터 9월 11일까지는 장안파와 재건파의 갈등도 지방에 파급되고 있었다. 소련군의 정책은 기본적으로 38도선 이남에 대해서는 서울중앙의 헤게모니를 인정하고, 이북에 대해서는 독자적인 조직형성을 꾀했다고 생각된다. 초기에 소련군의 점령은 남조선 지역에서는 박헌영을 중심으로 한 공산당중앙에의 구심력으로 작용하였으나, 북조선 지역에서는 원심력으로 작용하였다. 단지 북조선 지역에서도 소련군의 존재는 좌우세력의 경쟁관계에서는 좌익세력의 헤게모니를 강화하는 방향으로 작용했기 때문에, 반드시 토착공산주의세력에 마이너스로 작용했다고는 할 수 없다. 소련군의 대공산당 정책은 남북조선 전체에 걸쳐 좌익의 헤게모니를 강화해 가는 가운데, 북조선 지역에서는 빨치산파와 소련군 점령요원으로 파견된 소련계 조선인, 새롭게 소련군에 밀착한 일부 국내계 공산주의자를 중심으로 좌익세력을 주도하도록 하는 것이었다. 그러나 북조선 지역에 서울중앙과 별개의

의 남북분립이라는 형태로밖에 실현될 수 없는 성질의 것이었다. 소련의 정책을 배경으로 공산당의 남북분립을 주도적으로 추진한 것은, 자기 세력을 중심으로 공산당을 재건하기 위해 중국공산당 밑에 '조선공작단'을 만들어 귀국한 김일성 등 빨치산 그룹이었다.[19] 9월 19일 소련군과 함께 원산에 상륙한 그들은 귀국에 앞서서 북조선 각지에 설치된 소련군위수사령부의 부사령 직함을 가지고 해당 지역에 부임하도록 명령받고 있었다. 예컨대 김일성은 평양의 소련군위수사령부부사령 직함으로 북조선에 돌아왔다.[20]

더욱이 조선공작단의 존재는 연안의 중국공산당은 물론이고 모스크바의 소련공산당에서도 이미 인지되어 있었다. 조선공작단은 하바로프

중심세력이 형성되어, 그들이 서울중앙 지지파에 대한 우위에 섬에 따라, 남조선지역의 공산당 내 분파투쟁에서는 새로운 원심력이 작용하기 시작하였다.

19) 이 빨치산 그룹에 대해서는, 和田春樹, 『金日成と滿洲抗日戰爭』; 기광서, 「1940년대 전반 소련군 88독립보병여단 내 김일성 그룹의 동향」, 『역사와 현실』 제28호(1998.6); 김광운, 『현대북한정치사1』 등이 소련, 중국 측 자료를 활용하여 정리하고 있다. '조선공작단'의 존재에 관한 자료는, 彭施魯, 「在蘇聯北野營的五年」, 『黑龍江黨史資料』 第10輯, 이에 관한 설명은, 和田春樹, 『金日成と滿洲抗日戰爭』, 337~338쪽. 중국공산당의 신동북위원회 밑에 조직되어, 조선당조직이 건립된 뒤 중국공산당 밑에서 벗어나기로 되어 있었다. 책임자는 김일성, 당위원회서기 최용건, 멤버는 김책·안길·서철·김일·최현 등이었다.

20) 소련국방성 문서보관소에서 하바로프스크주둔 88특별여단 소속원들의 인사 파일이 공개되어 있다. 서류는 여단장 저우바오중(周保中)이 1945년 8월 24일 소련극동군총사령관 바실리에프스키원수에게 보내는 보고서 형식으로 되어 있지만, 여단소속 조선인빨치산의 북조선 상륙 시 임지가 기재되어 있다. 국방성문서관, 문서군 2, 목록 19121, 문서철 2, 11·14~15쪽. 이를 정리한 명부는, 와다 하루키, 『북조선─유격대국가에서 정규군국가로』, 65~67쪽; 기광서, 앞의 논문, 282~284쪽. 김광운, 앞의 책, 116~119쪽에 정리되어 있다. 1992년 6월 15일. 평양─김일성·전창철·강상호, 함흥─김책·리을설, 신의주─김일, 청진─안길, 진남포─김경석·리재운, 정주─최용진·김좌혁, 안주─오진우·최민철, 원산─서철·김룡연, 사리원─림춘추·김증동, 강계─최현, 개성─리영호·최인덕, 철원─태병렬, 길주─박성철, 혜산─류경수·리두익, 갑산─전문섭·조정철 등이다. 과거에 공작하던 지구, 또는 고향지방의 위수사령부 부책임자로 부임하도록 지시되어, 김일성·최용건은 고향인 평양, 김책은 함경남도, 박성철은 함경북도 등에 배치되었다고 한다. 林隱, 『北朝鮮王朝成立秘史』, 121~122쪽.

스크 88독립보병여단의 당 책임자 저우바오중(周保中)과 협의하에 조직된 것으로 당연히 중국공산당의 승인하에 이루어졌다. 김일성은 북조선에 귀국하기 전 소련군의 대일작전을 앞둔 시점에 모스크바를 방문하여 소련공산당의 비서 즈다노프와 면담을 한 바 있다.[21] 김일성이 모스크바에서 스탈린을 만났는지 자료상으로 확인할 수는 없으나, 김일성의 소련 방문은 빨치산 그룹과 중국공산당과의 합의를 소련공산당이 승인한 셈이 된다.[22] 그러나 앞에서 설명했듯이, 이미 북조선 각 지역에는 지방인민위원회가 행정과 치안을 담당하고 있었고, 공산당조직도 결성되어 있었다. 중국 동북 지역에서처럼 그들이 소련군의 점령요원으로 활동할 필요는 없었다. 그들은 각 지방의 공산당에 들어가서 활동하지 않을 수 없었다. 그들이 김일성을 중심으로 결속하여 하나의 세력을 형성한 것은 당연한 움직임이었다. 북조선의 공식문헌은 "지방당단체 사업을 방조하며, 대열 내 혼란상태를 극복·정리하며, 그들의 사상의지의 통일을 보장하기 위하여 공산주의적 핵심들을 각 지방에 파견"하고, "당창건" 방침을 침투시키기 위하여 김책, 안길, 김일 등을 지방에 파견하였다고 설명한다.[23] 기존 토착공산주의자의 역량이 약한 곳에서는 빨치산파의 영향력이 미쳤을지도 모르지만, 이들이 각 지방의 공산당조직에서 주도적으로 활동한 경우를 보여 주는 당시 자료는 찾을 수 없다. 이들은 거의 대부분이 치안조직인 보안대에 참가하고, 나중에 군 창

---

21) 김일성 『세기와 더불어(계승본)』 8, 451~455쪽. 그는 즈다노프 외에도 독일주둔 소련군총사령관이던 유명한 주코프 원수도 만났다고 회상하였다.

22) 전 소련공산당 국제부 일본과장 코발렌코는 1945년 9월 김일성이 모스크바 방문 시 스탈린을 만났다고 증언하였으나, 이는 들은 이야기이지, 실제 본 것은 아니었다. 『중앙일보』 1991년 10월 4일. 회상기에서 김일성은 즈다노프가 스탈린에게 자기와의 면담 내용을 보고하겠다고 회상하고는 있으나, 스탈린을 만났다고는 하지 않았다. 그러나 와다 하루키는 톨리아티, 토레즈, 노사카 산조 등 망명 공산주의자로서 민족지도자가 될 수 있는 인물이 스탈린과 만난 사실을 보건대, 스탈린이 김일성을 만난다는 것이 불가능한 일은 아니라고 본다. 와다 하루키, 앞의 책, 68쪽.

23) 한임혁, 『김일성 동지에 의한 조선공산당 창건』, 조선로동당출판사(평양), 1961, 34쪽.

설을 주도하게 된다.

이러한 공산당의 남북분립 과정과 그 내용은 북조선 역사에서 가장 중요한 분기점 중 하나이고, 불투명한 점이 많이 남아 있는 최대의 수수께끼이기도 하다. 이 대회에 관해서는 나중에 나온 회의록과 결정서를 통하여 그 내용을 파악할 수가 있었다. 그런데 당시 사실을 보도한 조선공산당북부조선분국 기관지『정로』가 발굴되기 전까지는, 이들 사료에서 당내 기밀유지 문제라고 추측되는 이유로 주요 참가자 이름이 삭제되어 있었기 때문에, 갖가지 해석의 여지를 남기고 있었다.24)

5도인민위원회연합회의가 열리기 전, 10월 5일 북조선에 독자의 공산당조직을 만들기 위한 회의에 대한 예비회의가 열렸다.25) 이미 이 시점에 5도인민위원회연합회의도 예정되어 있었고, 그 회의의 폐회에 맞추어 공산주의자만의 본회의도 결정되어 있었다. 예비회의에서 김일성은 '북조선 오르그뷰로'라는 소련식 표현도 써서 서울의 조선공산당중앙위원회와는 별개의 북조선당의 중앙기관으로서 '북조선중앙국'의 설치를 제의하였으나, 반대에 부딪쳐 합의에 달할 수는 없었다.26) 김일성은 서울의 박헌영과 타협을 꾀하여 서울중앙에 속하는 형태로 공산당분국을 만드는 데 합의하였다. 김일성과 박헌영의 타협에 소련의 의도가 작

---

24)『정로』창간호(1945.11.1)가 발굴되기 전까지는, 1945년 10월 박헌영계인 조선산업노동조사소가 편집한『옳은 노선을 위하여』가 유일한 사료였으며, 그 속에서 주요 보고자의 이름이 성 이외에는 전부「○○」으로 표기된 것이 혼란의 원인이 었다. 여기서는 1945년 11월 동경민중신문사의 전간본『옳은 노선』을 사용하였 다. 조선공산당북조선분국이 창설된 경위에 관해서 본 논문이 취하고 있는 입장 에 대해서는, 본 절의 4에 있는 보론에서 자세히 논하기로 한다.

25)『조선로동당력사교재』, 130~131쪽 ; 白峰 著 / 金日成伝飜譯委員會 譯,『金日成 伝』第2卷, 雄山閣(東京), 1969, 25~29쪽. 서용길(본명 박병엽)의 증언에 따르면, 예비회의는 5일부터 8일까지 열렸다고 하지만, 기록상 앞에 언급한 북조선의 공 식문헌에는 개최일인 5일만이 기술되어 있다.『비록 : 조선민주주의인민공화국』, 113쪽. 이 증언에 관해서는 본 절 4의 보론을 참조.

26) 와다 하루키가 10일을 예비회의로 간주하고 상정한 김일성의 제안은 5일에 되었 다고 생각된다. 和田春樹,「朝鮮共産黨北部朝鮮分局の創設」,『社會科學硏究』 제42권 제3호, 1990년 11월, 11~13쪽 및 본 절의 보론을 참조. 대립과정에 관해서 는, 白峰, 앞의 책, 25쪽.

용한 것은 말할 필요도 없다.27)

예정대로 5도대회가 폐회한 10월 10일 이 대회에 모인 각 도의 인민위원회・인민정치위원회의 대표자들 중 70여 명의 공산주의자들만이 별도로 모여, '서북5도당책임자 및 열성자대회'를 열었다.28) 김일성은 박헌영과의 합의를 가지고 대회에 임하고 있었으나, 북조선 지역의 국내계 공산주의자와 사전합의에 이를 시간적 여유는 없었다. 그만큼 김일성은 독자의 당조직을 서두르고 있었다고 할 수 있다. 참가자 사이에 대회에 대한 사전합의 없이 열렸기 때문에 당초부터 대회의 형식도 갖춰지지 않았고 대회는 난항하였다.29) 대회의 성립에 이르는 논쟁과정에서 공산당북조선분국의 설치를 지지하는 그룹과 '서울중앙'을 지지하여 분국의 설치에 반대하는 그룹이 대립한 것이다.30) 앞의 그룹에는 조선공작단을 만들어 당재건을 목표로 하고 있던 김일성, 김책, 안길, 김일을 중심으로 하는 빨치산파나 소련군과 함께 상륙한 리동화, 태성수 등 소련공산당적을 가진 소련계 조선인, 평안남도당을 중심으로 하여 해외 그룹에 호응하는 김용범, 박정애 등 국내계 공산주의자들이 포함되고, 뒤의 그룹에는 함경남도당을 중심으로하는 오기섭, 정달헌, 리주하 등 국내계 공산주의자가 속해 있었다.31) 박헌영과의 합의는 있었으

---

27) 분국이 서울중앙과의 사전 타협 아래 설치되었다는 것은 분명한 사실이지만, 실제 박헌영과 김일성이 대회 이전에 소련군 민정부 로마넨코 사령관의 임석하에 비밀회담을 하였다고 하는 박병엽(서용길)의 증언이 있다. 『비록 : 조선민주주의인민공화국』, 105~111쪽. 증언을 100% 확신할 수는 없으나, 양자 회담은 충분히 있을 수 있는 일이었다. 북조선의 문헌도 그 가능성을 시사하고 있다. 강영탁, 「1945년 10월 우리 당 창립대회에서 채택된 당정치로선과 조직로선에 대하여」, 『근로자』 1959.10.15, 32쪽.

28) 북조선의 공식문헌에서는 10일부터 대회에는 70여 명이 참가했다고 전하고 있다. 강영탁, 앞의 논문, 33쪽 ; 白峰, 앞의 책, 25쪽.

29) 박병엽의 증언에 따르면 대회에는 정식 보고자도 없었다고 하지만, 그것은 10일부터의 대회를 가리키는 내용이라고 생각된다. 『비록 : 조선민주주의인민공화국』, 115쪽.

30) 和田春樹, 앞의 논문, 12~17쪽.

31) 위의 논문, 14~17쪽.

나, 일단 대회에서 김일성은 타협을 예상하여 종전대로 '북조선중앙국'의 설치를 제안하여, 당연히 국내계 공산주의자들로부터 심한 반발에 부딪쳤다. 김일성은 분국 설치라는 타협안을 제시하여 합의를 구하였다. 당초 국내계 공산주의자들은 분국 설지 사체에도 반대하었지만, 박헌영과의 합의를 존중하여 조건투쟁으로 방침을 바꿔 갔다. 분국 내부에서 주도권을 쥠으로써 실질적으로 서울중앙에 종속시키고자 하는 전술이었다.[32] 정치노선, 조직노선, 장안파의 처리, 당대회의 개최, 당규약초안 작성 등 기본적인 문제 이외에 당증 발행 등 기술적 문제나 분국의 인사문제에 이르기까지 전반적인 사항에 대한 합의를 얻기 위하여, 회의는 3일간이나 계속되어 12일 겨우 최종합의에 달하였다.[33] 특히 인사문제도 난산이어서 제1비서에는 김용범, 제2비서에는 오기섭이 내정되어 타협이 성립하였다. 합의에 따라 분국 설치를 선포하는 대회를 다시금 개최하게 되었다.

다음날인 10월 13일 대표를 더욱 확대, 100여 명이 출석하여 '서북5도당책임자 및 열성자대회'가 정식으로 개최되었다. 이 대회에서 '조선공산당 북부조선분국'이 공식적으로 결성되었다.[34] 대회는 2회에 걸쳐

---

32) 10일부터의 대회가 심한 대립의 장이 되면서, 점차로 반대파의 전술이 바뀌었다고 하는 점은 북조선의 문헌이 인정하고 있다. 강영탁, 앞의 논문, 34쪽, 白峰, 앞의 책, 25·28~29쪽.

33) 소련군 보고서는 10월 1일에 북조선 지방위원회 비서 및 당 지도일꾼 회의가 열려 "북조선 당단체들을 지도하는 오르그뷰로를 창설하되, 이 오르그뷰로가 박헌영을 수반으로 하는 조선공산당 중앙위원회에 복종하도록 하자고 제의했다"고 전하고 있다. 또한 이 보고서는 10월 13일에 북조선의 공산당 대표자 회의가 열려 69명이 참석했다고 한다. 필자 미상, 「조선의 정치 정세에 관하여」(노문), 러시아현대사문서보관연구센터, 문서군 17, 목록 128, 문서철, 1119. 국사편찬위원회 『1947년 북조선정치관련보고서』(수집번호 : 0103012)에 수록. 이 문서 뒤에 별개의 것으로 1946년 8월경 작성되었다고 보이는 문서의 일부가 「북조선의 정당과 사회단체」란 제목으로 붙어 있으며, 여기에 분국 창설에 관한 내용이 들어 있다. 이 보고서는 당시 시점에서는 박헌영의 서울 중앙이 공식적으로 조선공산당의 중심이었음을 인정하고 있다.

34) 김광운은 10월 13일 창설된 공식적인 북부조선분국과 별개로 10월 10일 비공식적인 '오르그뷰로', 즉 '조직 뷰로'를 만들었을 가능성이 크다고 주장한다. 그리

개최되었다고도, 10일부터 13일까지 계속되었다고도 할 수 있지만, 결과적으로는 10~12일까지의 회의는 한 차례의 예비회의가 되고, 13일의 대회를 기준으로 하면 두 차례의 예비회의가 열린 셈이 된다. 13일 대회는 김용범의 사회로 임시집행부선거, "조선공산당책 박헌영동무"에 대한 축전 결의, 국제정세에 대한 강연, 당 및 공산주의자의 정치적 과업보고, 당조직문제 보고, 지방정권 및 도당사업 강화문제 보고, '조선공당북조선지방위원회' 선거 등 순서로 진행되었다.35) 우선 "국제당대표 네이메이꼽프"가 국제정세에 대한 강연을 하였다. 그는 소련군 장교였는데,36) 기본적으로 미소협조의 전망을 강조하고 있다. 다음으로 "오기섭 동무"에 의한 "당 및 공산주의자의 정치적 과업보고"는 정치노선에 관한 보고에 해당하는 것이었다. 국제정세에 관해서는, 앞서의 강연을 전적으로 승인한다는 이유로 생략되어 있지만, 당내의 좌경적 오류를 지적하는 형태로 미소협조의 계속을 강력히 주장하고 있다. 국내정세에

고 12월 17일 분국 제3차 확대집행위원회에서 김일성이 책임비서가 될 때까지 이 조직 뷰로와 북부조선분국의 2중 권력구조가 존재하였다는 것이다. 그는 분국 창설을 보도한 『정로』 11월 1일자의 표현을 이 주장의 근거로 제시하고 있다. 김광운, 『북한정치사연구1』, 155·169쪽. 그러나 이 설은 납득하기 힘들다. 여기 나오는 '중앙지도', '중앙'이란 표현은 박헌영이 주도하는 '중앙위원회'와 같은 뜻으로 쓰였다고 읽어도 문맥이 통하기 때문이다. 주 17에서 지적했듯이, 오르그 뷰로는 당시 줄곧 소련군이 분국을 지칭하던 러시아어 명칭이었다. 또한 실제 김일성이 주도하던 비공식 그룹이 존재했다 할지라도 중요한 것은, 그것이 드러내 놓고 분국 확대집행위원회를 제치고 '분국 중앙' 역할을 했는지, 그리고 조직 뷰로라는 명칭으로 존재했는지 여부이다. 김일성 그룹은 소련군 측 방침과 가장 가까웠던 세력인데도, 당시 소련 측 문헌 중 그러한 그룹의 존재를 인정한 것은 아직 발견되지 않는다.

35) 『정로』 1945.11.1, 「5도당원 및 열성자연합대회회의록」, 『옳은 노선』, 민중신문사 출판부전간(동경), 1946, 30~31쪽. 『정로』에는 아래에 나오는 보고자 성명이 명기되어 있으나, 『옳은 노선』에는 성만 나오고, 이름은 '○○동무'로 표기되어 있다.

36) 그는 소련군 제25군 산하 민정기관 소속 대위였다. 1947년 5월 민정기관이 민정국으로 확대, 개편되면서 상업조달부 책임을 맡고 있었다. 국방성문서관, 문서군 40, 목록 178427, 문서철 90, 기광서, 「러시아연방 국방성중앙문서보관소 소재 해방 후 북한정치사 관련 자료 개관」, 정신문화연구원편, 『해방전후사사료연구Ⅱ』, 113~114쪽.

관해서는, "조선의 현 단계는 자본주의단계이고, 이 단계에서는… 통일한 인민자주적 공화국을 건설해야 한다"고 규정하였다. 조선공산주의운동에 관해서도 언급하여 일제의 탄압 아래서도 지하에서 투쟁해 온 운동을 높이 평가하여, 해방 후는 박헌영을 중심으로 하여 그 토대 위에서 운동이 발전해 왔다고 말했다. "조선인민공화국 주권 만세"를 외쳐 '서울중앙'에 대한 지지를 분명히 하였다.37) 오기섭의 보고는 서울중앙의 노선을 확인, 지지하는 의미를 가지고 있었다.

대회 보고 중에는 "김영환 동무"가 했다고 하는 "당조직문제 보고"가 당 북조선분국의 설치문제를 거론하고 있는 점에서 가장 주목된다. 김영환은 김일성이 쓰던 가명으로 이 대회 직후부터 본명을 쓰기 시작하였다.38) 우선 김일성은 국제정세에 관해서는, 제2차세계대전이 "민주주의국가가 연합한 반파시스트전쟁"이라고 규정하여, "이번의 전쟁을 사회주의혁명전쟁"이고, "조선에서도 계급전쟁"이라고 주장함으로써 "금후 소련과 영·미국간에 반드시 전쟁이 일어난다"고 하는 이영, 최익한 일파의 주장은, "스탈린 동지의 국제정책을 부인"하는 것이라고 비난한다. "사회주의국가 소련과 자본주의국가 미국이 함께 들어 와 조선을 해방하여 주었다"고 하는 조선해방의 국제적 관련성에 대한 인식은 이러한 전쟁인식의 반영이었다.39) 보고는 이러한 국제적 조건과, "노동자계급의 단결이 없고, 반동부르죠아지는 청산되고 있지 않다"고 하는 국내적 조건을 배경으로, 당은 건설되고 나서 2개월에 지나지 않고, 당의 기반이 아직 취약하다고 하는 주체적 역량 부족에 대한 자기인식 아래, 자본가도 노동자도 참가하는 반파시스트통일전선 결성을 통한 "민족통일정권의 수립"을 제1차적 과제로 설정하였다. 그리고 현 단계는 "자본민주주의정권" 수립 단계에 있다고 규정한다.40)

---

37) 『옳은 노선』, 36~39쪽.

38) 김일성, 『세기와 더불어(계승본)』 8, 488쪽.

39) 『옳은 노선』, 43쪽.

40) 위의 책, 40쪽.

이상의 국제정세 인식은, 당조직문제 보고에서 언급한 국제당 대표에 의한 "국제정세에 대한 강연" 및 오기섭에 의한 "당 및 공산주의자의 정치적 과업보고"와 일치하고 있다. 이것은 미소협조 노선의 계속을 강조한 것이다. 또한 국제정세 인식과 결부되고 있는 혁명단계 설정에서도 오기섭의 보고와 일치하고 있다. 즉 박헌영의 8월테제 이래 서울중앙의 노선과 큰 차는 없었던 것이다.

다만 보고는 과거 공산주의운동에 관해 언급하면서, 공산주의운동의 실패원인으로서, "비조직적이고, 산만하고, 자연발생적이었던 것", "노동자의 이익을 대표하는 당이 존재하지 않고, 파벌투쟁만을 하고 있었던 것", "각 그룹이 일체가 되어 당을 재건할 계획을 가지지 않은 것", "국제적 조건도 불리했던 것" 등을 들어 국내운동을 엄격히 비판하고 있다. 특히 "조선의 운동은 해외내에서 자라 왔다"고 지적함으로써 오기섭의 보고와는 다른 인식을 보이고 있다.41)

나아가 김일성이 "조선공산당북부조선분국위원회설치 문제", "당규약 기초 문제", "당증 발행 문제", "당 전조선대회소집 문제" 등을 제의하여 전원일치로 통과되었다. 분국설치 이유에 관해서는, 첫째로 "우리조선은 소·미국양군의 지역적 진주에 따라, 국제적으로도 정치적으로도 특수성을 띠고 있다. 따라서 남북 양지역에도 양측의 지역적 특수성이 있다", 둘째로 "지리상, 또는 정치적으로도 중심지인 경성에 당중앙이 있어, 남부조선의 사업에 중점을 두는 것은 정치적 의의에 있어서 정당하다고 인정한다. 우리들은 북부조선의 특수성에 의하여 모든 행정, 기타 당의 정책을 실현하기 위해, 더욱이 당중앙과의 밀접한 지도와 연락이 요구되면서 동시에, 5도의 행정상 통제를 필요로 하기 때문에, 북부조선에 당북부분국을 설치할 필요가 있다고 하여, 당중앙에 직속한 분국을 설치한다"고 설명하였다. "이 분국은 당중앙에 직속하여 직영되는 것이며, 당중앙이 필요하다고 인정할 때는 언제나 중앙에서 처리할 권리가 있고, 분국은 복종할 의무가 있다"고 하는 조건부이기는 하지만,

---

41) 위의 책, 40~41쪽.

여기서 당중앙은 "남부조선의 사업에 중점을 두는 것"이란 표현은 '서울 중앙'의 통할범위를 남조선 지역에 한정한다고 하는 뉘앙스를 풍기고 있다.42) 또한 "당원자격규정", "당원의 의부", "입당수속", "낭의 소식제게", "당규문제", "기티 재정문제" 등을 담은 당규약 초안을 "경성에 보내 중앙에 도움이 되도록 한다"고 제안하거나, 당증을 북조선에서 중앙의 승인 밑에 발행하도록 제안하여 전원일치로 통과되었다. 한편 "당전국 대표대회"를 소집하는 것이 필요하다고 주장하면서도, "당대회는 국제 형제당의 지지를 받는 당이 되어야 한다"고 덧붙여 미묘한 여운을 남기고 있다. 당대회 소집문제는 소련 측과의 협의사항임을 암시했다고 할 수 있다. 김일성의 보고는 박헌영과의 타협선상에 서면서도 남부조선도 포함하여 당내 전반의 문제를 지적하고 있었다. 인민공화국 문제는 일절 언급하지 않은 것도 보고의 특징이었다.

"지방정권 및 도당사업 강화문제보고"에 대해서는 평안남도를 대표해서 "김○○동무"가 발언하여 당의 인민위원회사업을 반성하였다. 평안남도 대표는 인공에 대해서는 언급하지 않았다. 그러나 함경남도의 "이○○동무"가 함경남도의 상황에 관해서 보충 보고를 하고 "조선인민공화국 지지"를 표명하고 있다.43) 각 도당에 따라서 서울중앙 지지와 그렇지 않은 견해가 혼재하고 있었던 것이다.

전반적으로 각 보고의 내용도 타협적으로 되어 있었지만, 보고자도 서울중앙파와 평양중심파의 균형이 취해진 형태로 구성되어 있었다. 그런데 지방당의 보고를 넣은 것은 각 도당의 독자성을 존중하는 의미를 가지고 있었다. 분국 집행위원의 선출방식을 각 도 책임자에게 일임하여, 평안남·북도, 함경남·북도, 황해도의 5도와 평양시에 할당하는 식으로 17명을 선출하였는데, 이것은 분국이 각 도당의 연합체로 구성

---

42) 위의 책, 44~45쪽.

43) 위의 책, 46~47쪽. 이 부분의 인명은 『정로』의 보도 기사에는 나오지 않기 때문에 『옳은 로선』에 나오는 대로 인용하였다. 와다 하루키는, 앞 사람에 대해서는, 평안남도인민정치위원회부위원장 김유창이라 추측하고, 뒤 사람에 대해서는, 이주하나 이봉수로 추측하였다. 和田春樹, 앞의 논문, 24쪽.

되었음을 말해 준다. 분국 설치는 기본적으로는 서울중앙과의 타협으로 가능하였지만, 북조선 지역 각 도당과의 타협도 요구된 것이다. 분국 상임위원 5, 6명의 인선은 집행부에 일임되었다.44) 당시 소련군 측 자료에 따르면, 분국 집행위원 17명은 북조선 5개도와 평양시 대표별로 다음과 같다.45)

평안남도 : 김일성, 김용범, 장시우, 박정애, 윤상남

---

44) 『옳은 노선』, 47~48쪽.

45) 슈티코프, 「북조선 정치상황에 대하여」, 국방성문서관, 문서군 172, 목록 614631, 문서철 38, 19~20쪽. 김철(Ким Чер)이란 이름이 나오고 있으나, 이는 김일의 오기일 것으로 보인다. 기광서, 「해방 후 김일성의 정치적 부상과 집권과정」, 『역사와 현실』 제48호(2003년 6월). 슈티코프의 문건에서 김책은 빠져 있으나, 기광서의 논문은 박길룡의 저서를 통해 이를 보완하고 있다. 박길룡(Пак В.К.), 「조선로동당의 형성 1945~50」(소련과학아카데미, 아시아인민연구소, 1967)(로문), 33쪽, 국사편찬위원회, 『조선노동당의 형성』(수집번호 : 0103032)에 수록. 연안의 독립동맹에서 활동하던 무정도 제2비서에 선출되었다고 하는 증언이 있지만, 무정 등 연안 독립동맹은 아직 귀국하지 않았기 때문에 신빙성이 없다. 김창순, 『북한15년사』, 95~96쪽. 박병엽(서용길)의 증언에도 무정의 이름이 나와 있다. 『비록 : 조선민주주의인민공화국』, 116쪽. 그의 증언은 집행위원과 집행부서의 명부를 구체적으로 밝히고 있지만, 상당 부분이 소련 측 문헌과는 어긋난다. 집행위원에는 김일성·안길·김용범·박정애·주영하·장순명·강진건·오기섭·최경덕·김응기·송봉욱·이순직(이순근의 오기)·김교영·장종식 등이 선출되었다고 한다. 분국의 각 집행부서 책임자에 관해서는, 조직부장 주영하, 선전부장 김교영, 간부부장 이동화, 청년부장 김욱진, 노동부장 최경덕, 농민부장 이순근, 부녀부장 박정애, 교육부장 한설야, 총무부장 박정호로 결정되었다고 한다. 『비록 : 조선민주주의인민공화국』, 116, 123쪽. 기관지주필에는 소련계의 태성수가 취임하였다. 집행부서장에 관해서는 다른 설이 있다. 초대 조직부장은 소련계의 이동화였다고 한다. 林隱, 앞의 책, 121쪽. 주영하는 1946년 초까지 함경남도당비서, 1946년 5월경 함경남도인민위원장에 재직했기 때문에 평양에 상주했을 리가 없다. 磯谷季次, 『わが靑春の朝鮮』, 243·353·385쪽. 또한 이순근도 서울의 중앙인민위원회에서 활동하다 1945년 11월 북조선으로 왔기 때문에 아직 분국에 참가했을 리가 없다. 1945년 11월의 소련군 자료에 따르면, 조직부장 리동화, 선전부장 윤상남, 산업부장 정재달, 농민부장 김백, 통제위원회 위원 정화(주영하), 정시주(장시우), 김응기라고 한다. 김백은 김책의 오기일 가능성이 있으나, 확인할 수가 없다. 사포쥐니코프, 「전소련공산당(볼세비키)중앙위원회 디미트로프 동지 앞 1945.11.5.」(노문), 러시아현대사문서보관연구센터, 문서군 17, 목록 128, 문서철 47.

평안북도 : 김휘
함경남도 : 오기섭, 리주하, 정달헌
함경북노 : 허현보, 리주봉
황해도 : 최경덕, 김응기
강원도 : 정재달
평양시 : 리동화, 김책, 김일

분국 집행부서의 간부들은 다음과 같다.

제1비서 : 김용범, 제2비서 : 오기섭, 조직부장 : 리동화, 선전부장 : 윤상
남, 산업부장 : 정재달, 기관지주필 : 태성수

집행위원에는 반대파도 다수 포함되어 일부 요직을 차지하게 되었다.46)
대회에서는 "정치노선 확립 조직확대 강화에 관한 결정서"가 채택되
었다. 결정서는 조선해방의 두 개의 특수성(외래의 힘에 의한 해방, 사
회주의국가와 자본주의국가의 힘에 의한 해방)을 지적하면서 동시에,
"조선자본민주주의혁명의 기본과업은 토지문제"라고 규정하였다.47) 이
국제정세 인식이나 혁명단계 규정은 각 보고에 공통되는 내용이 그대로
반영되었다고 할 수 있다. 다만 "외래의 '힘'에 의해서 민족해방은 획득
하였지만, 통일한 주권은 아직 수립되어 있지 않다. 통일한, 유일한, 인
민의 의사를 대표한 조선인민공화국을 수립함으로써만 우리들의 과업
을 완전히 해결할 수가 있다"고 하고, "조선인민공화국 주권은 친일분자
및 반동분자를 철저히 제외, 숙청한, 그 밖의 전 민족을 망라"한, "전 인
민의 의사를 대표한 주권이 되어야 한다"고 요구하며, 당면과제는 "연합

---

46) 강영탁의 논문은, "야심적인 반당종파분자들의 시도가 어느 정도 관철됨으로써
    조직위원회의 구성에 그 주요 인물들이 다수 기어들어 중요한 자리를 차지하게"
    되었다고 쓰고 있다. 오기섭도 그중 한 사람으로 되어 있다. 강영탁, 앞의 논문,
    34쪽. 북조선의 공식문헌으로 분국의 인사에 관해서 기술한 것은 이 논문이 유일
    하다. 한임혁, 앞의 책, 53쪽에는 17명 중 김일성의 이름만이 명시되어 있다.
47) 『옳은 노선』, 50~51쪽 ; 『정로』, 앞의 일자.

군과의 친선을 꾀하며, 전 인민전선에의 통일을 기하는" 것에 두었다.48) 이것은 조선인민공화국에 대한 지지가 아니었다. 이제부터 이루어야 할 과제로서 그 지지를 유보한 것이다. 각 보고 속에서는 인공에 대한 지지도 있었으나, 또한 그것을 전혀 언급하지 않는 식의 비판도 있었기 때문에 절충하는 표현이 되었을 것이다.

또한 결정서는 "조선공산당은 설사 어리고 약하다고 해도 과거 20여 년간 일본제국주의의 모든 개량주의와 또 대열 내의 파벌적 기회주의와 타협주의와의 투쟁의 산물이다. 대회는 중앙에 충실히 복종할 것을 서약한다"고 하여 서울중앙에 속해 있음을 명확히 하였다. 대회의 성립과정에서 보아 당연한 결의였다. 나아가, "북부조선 각 도당부는 북부조선의 특수성을 보아 당의 볼셰비키화 활동의 민활과 사업의 확대강화를 위해 조선공산당 북부조선분국을 설치할 것"을 결정하였는데, 주목해야 할 것은 분국의 설치를 "북부조선 각 도당부"의 명의로 결의한 점이다.49) 기본적으로 분국은 각 도당의 연합체적 성격을 가지고 있음을 다시금 확인한 것이다.

대회에서 김일성은 분국의 책임비서로 선출되지는 않았다. 남북조선 전체에 걸쳐서 공산당의 위상이 아직 확실치 않던 상황이고, 김일성을 지지하는 세력의 역량도 김일성을 분국의 톱에 세울 만한 정도는 아니었을 것이다. 김일성이 이후 등장하는 모습을 보면, 그는 조선공산주의운동의 지도자보다는 민족의 지도자, 전 인민의 지도자로 선전되고 있었다. 그는 공산당의 입장에 얽매이지 않고 폭넓은 통일전선의 결성에 착수하고 있었다.50) 다만 김일성은 17명의 집행위원 중 한 사람이

---

48) 위의 책, 51쪽, 위의 신문.

49) 위의 책, 52쪽, 위의 신문.

50) 이 점은 김일성이 10월 13일 평안남도인민정치위원회가 주최한 환영회에 나타나 인사하고, 14일 평양시민의 앞에서 연설한 내용으로부터도 엿볼 수 있다. 한재덕, 『김일성장군개선기』, 민주조선사(평양), 1948년, 93~94쪽 ;『조선중앙연감(1949년판)』, 63~64쪽. 당시 김일성의 연설문이라고 생각되는 팸플릿인, 김일성장군술 『민족대동단결에 대하여』(조선공산당청진시당위원회, 1946.3.15 발행)도 참조. 분

되어 완전히 분국의 밖에 있은 것은 아니었다.51) 10월 23일 서울의 조선공산당 중앙위원회는 "총비서 박헌영"의 명의로 "서북5도당 책임자 및 열성자대회에서 조선공산당 북부조선분국 설립에 대한 결정"을 승인하고, 24일 이 사실을 분국 "책임자 김용범"의 이름으로 "각 도당부"에 통고하였다.52) 11월 5일 『해방일보』에는 "정치노선과 조직 확대강화에 관한 결정서"와 "우경적 경향과 그 분파행동에 대한 비판"의 두 개의 결정서를 게재하고, 같은 지면에 "조선의 청년영웅 김일성장군을 환영"이라는 소개 기사를 게재했다. 분국의 결성을 김일성이 정치무대에 등장했다는 사실과 결부시켜 받아들이는 견해였다. 동시에 박헌영 명의로 10월 30일자로 "조선공산당의 주장―조선민족통일전선 결성에 대해"라는 문서도 발표되어, "진보적 민주주의 제 단체 대표자의 집결로서 전조선민족통일전선이 결성되는 것이오, 따라서 인민공화국은 건설된다. 이 통일전선 기초 위에서 수립되는 인민정부는 조선민족의 이익과 총의를 대표할 수가 있으며, 인민의 지지를 받을 수 있는 것이다"라고 밝혔다.53) 인민공화국에 대한 북의 비판을 수용하는 의사표명이었다. 공산당분국의 탄생은 서울중앙과의 복잡한 타협 속에서 실현된 것이다.

분국의 창설은 공산당의 지역적 분립이 일단 관철되었다는 의미를 갖는다. 그러나 분국은 제대로 기능했다고는 할 수 없는 상태에 있었다. 이때를 회고하여 김일성은 1948년 북조선로동당 제2차 대회에서 다음과 같이 말하고 있다.54)

국 창설을 전하는 소련군 문서로서 현재 입수 가능한 가장 빠른 일자의 것 (1945.11.5)인 앞에 인용한 사포쥐니코프의 보고서에는 김일성의 이름은 전혀 등장하지 않는다.

51) 김일성이 분국의 밖에 머무르고 있었다고 한다면, 김일성이 12월 17일 제3차 확대집행위원회에서 책임비서가 된 것은 돌연히 외부에서 영입된 것이 되어 버린다. 김일성은 설립 당초부터 분국의 실력자 중 한 사람으로서 위치를 계속 유지한 것이다.

52) 『해방일보』 1945.11.15.

53) 『해방일보』 1945.11.5.

54) 『북조선로동당제2차전당대회회의록』, 56~57쪽. 북조선분국을 북조선중앙국으로

북조선중앙국이 건설된 초기에는 당내 각급 지도기관, 각급 당부에 많은 자유주의적 경향과 개인영웅주의적 경향과 종파주의사상에 물젖은 분자들이 기어 들어와서 당의 통일을 보장하는 투쟁을 전개하지 않을 뿐만 아니라, 당기관에서 자리다툼과 지방할거행동을 조장하여, 분파적 그루빠를 계속하였으며, 당내에 많은 친일분자들이 혼입하여 군중의 리익을 침범하며, 당과 군중을 분리시키는 해독 사업을 하고 있는 것을 방임하여 두었습니다.

분국 창립과 관련하여 빠뜨려서는 안 될 점은 추진파와 반대파가 합의에 도달한 바로 10월 12일 북조선 주둔 소련군 제25군 사령관 치스차코프의 성명이 발표된 것이다. 성명은 "모든 반일 민주주의 단체들의 결성과 그들의 활동을 허가"한다는 것이 핵심이었다.55) 치스챠코프의 성명은 바로 9월 20일자 스탈린의 전문 내용 중 세 번째 항목을 가시화한 조치였다. 성명을 분국 창립 전날이라는 시점을 택하여 발표한 데에는, 소련에 우호적인 부르주아민주정권을 수립하기 위한 반일적인 민주주의 정당, 단체의 광범한 연합, 즉 통일전선에서 그 중심은 당연히 공산당이 되어야 한다는 전제가 깔려 있었던 것이다. 여기서 분국 창설이 소련군의 정치일정에 따라 그 사전협의하에 진행되었음을 알 수 있다. 조선민주당의 창립은 이보다 늦게 11월 3일에야 이루어졌다.

그 명칭을 바꾸어 놓았다.

55)『조선중앙연감 1949년』, 58쪽. 이 점은 김광운의 지적에서 시사를 받았다. 다만 분국 창립을 둘러싸고 북조선의 공식입장이 창립 일자를 10월 13일에서 10일로 바꾼 이유를 소련군의 영향에 대한 '자력 창립'의 강조로만 보는 해석은 일면적이라 생각된다. 북조선의 공식 입장은 소련과의 관계가 아직 우호적이던 1948년부터 창립 일자를 얼버무리기 시작하며, 당초에는 초점은 분국이란 명칭의 수정에 있었기 때문이다. 적어도 1958년 시점까지는 박헌영의 조선공산당 서울중앙과의 관계 문제가 중요했을 것이다. 물론 1961년에 가서 최종적으로 창립 일자를 10월 10일로 확정한 데에는 이 자력 창립의 강조도 작용했을 것으로 볼 수 있을 것이다. 즉 시기에 따라 변화의 이유에 차이가 있었던 것이다. 이 점에 대해서는 본 절의 4. 보론을 참조할 것.

2) 인민위원회와 사회단체의 남북분립

이미 치스차코프가 북조선 5도인민위원회 연합회의에서 조심스럽게 '북조선 각도 중앙'을 창설할 것을 타진한 데서 보듯이, 이미 소련군 측은 북조선 지역을 단위로 한 중앙기관 설립의 필요성을 느끼고 있었다. 치스차코프는 이 회의 직후 "정치-경제 운영의 정상화"를 위한 기관 창설을 모스크바에 건의하였다.56) 그는 중앙화된 권력기관의 창설을 제안했으나 실현된 것은 좀더 느슨한 형태였다. 11월 19일 '북조선5도행정국'이 발족하여, 10개의 국이 조직되고, 각 국의 국장이 임명되었다. 사법국장 조송파, 재정국장 리봉수는 함경남도인민위원회, 교육국장 장종식은 평안남도인민정치위원회, 농림국장 리순근, 사법국부국장 최용달은 서울의 중앙인민위원회에서 불러들였다. 보안국장에는 만주파의 민주당부위원장 최용건이 취임했다. 산업국장 정준택, 교통국장 한희진은 무소속의 민족주의자이고, 보건국장 윤기녕은 민주당이 추천한 의사, 상업국장 한동찬, 체신국장 조영렬은 무명의 전문가였던 것 같다. 10국 중, 공산당 4명, 민주당 2명, 무소속 4명으로 연립의 모양을 유지했으나, 내용적으로는 빨치산파의 최용건을 넣으면, 공산주의자가 5국의 반을 점하고 있는 상태였다.57) 그런데 5도행정국 내 공산당 출신자의 우세는 그것이 각 도인민위원회를 토대로 만들어진 만큼, 각 도인민위원회 내 좌익의 우세를 반영한 것이지, 아직은 공산당분국이 5도행정국에 대해 직접 통제를 가한다는 것을 의미하지는 않았다.

한편 농림국장 리순근, 사법국부국장 최용달은 서울의 인민공화국 결성 당시 각각 중앙인민위원회의 교통부장대리, 보안부장의 요직에 취임했던 것으로 보아, 5도행정국은 북조선 지역 출신자에만 한정된 조직이 아니었다. 그들은 박헌영계로서 박에 의해 북조선에 보내졌다고 생

---

56) 국방성문서관, 문서철 172, 목록 614630, 문서철 9, 26쪽 ; 기광서, 앞의 논문, 118쪽.

57) 和田春樹, 앞의 논문, 9쪽.

각된다. 공산당북조선분국이 서울중앙의 권위를 인정한다고 하는 타협
선에서 발족한 것과 같이, 5도행정국도 서울의 중앙인민위원회와의 타
협 위에 성립하여, 그 표시로 리순근과 최용달이 파견되었을 것이다. 남
북의 공산주의자 사이의 관계에서는 상호갈등 속의 타협이지만, 북조선
지역의 인민위원회 내 좌우익 사이의 관계에서는, 민족주의자를 견제하
기 위한 공산주의자의 보강이었다. 그러나 공산당의 경우와 달리 거기
에는 서울중앙으로부터 결정적인 양보가 이루어지고 있었다.

북조선에서 5도행정국이 조직된 다음날인 11월 20일~25일 서울에
서 전국인민위원회대표자대회가 열렸다.58) 각 지방의 인민위원회 대표
자가 최초로 모인 중요한 대회였다. 이 대회는 선언 수준에 머물러 있던
'조선인민공화국'이 전국적 차원에서 지방인민위원회를 통할하는 통일
적 조직체로 인정될지 어떨지를 확인하는 의미를 가지고 있었다. 다만
이 대회에 북조선 지역에서는 함경남도, 황해도, 강원도이북의 대표만
이 참가하였다.59) 북조선에서 전날 '5도행정국'이 수립된 것은, 기본적
으로는 북조선 내 사정에 따라 각 부문 간, 각 지역 간의 행정을 조정,
연계할 필요성에서 조직된 것이지만, 시기적으로 북조선 쪽이 선제한
것은 '서울중앙'의 대회가 대표하는 지역의 범위를 남조선에 한정되게
하는 것을 의미하였다. 5도행정국은 공식적으로는 서울의 인민공화국
이나 중앙인민위원회와 소련군의 합의를 통해서가 아니라, 북조선의 각
도인민위원회와 소련군사령부 민정부와의 교섭을 통하여 발족하였다.
최초로 소련군의 인민공화국에 대한 의사 표시가 가시적인 모습으로 나
타난 것이다. 진주하고 나서 소련군 당국은 대외적으로 인민공화국에
관해서는 한 번도 언급한 적이 없었다.60) 전국인민위원회대표자대회에

---

58) 대회의 상세한 내용에 관해서는, 『전국인민위원회대표자대회회의록』(조선정판
    사, 1946.4)을 참조.

59) 위의 책, 87 · 179~200쪽.

60) 이 점은 미군의 정보보고서도 인정하고 있다. Intelligence Summary Northern Korea,
    17 December 1945, p.1.

서는 "인민공화국 사수"가 각 지방 대표들의 지배적인 의견이었다.[61] 그러나 함경남도 대표로서 참석한 흥남시인민위원장 한흥정은, "조선의 독립은 자주적 힘만으로 된 것이 아닙니다. 외래의 힘으로 달성된 것이다. 우리는 38도선 이남 문제로만 취급할 것이 아니라, 전면적으로 투의되지 않으면 안 된다"고 전제한 뒤, 인민공화국은 "우리의 이념"이지만, "냉정하게 사물을 파악"해야 한다고 주장하였다.[62] 서울중앙을 지지하는 북조선의 국내계도 북조선의 현실에 따라 인민공화국에 대해서는 지지를 유보하는 태도를 취하지 않을 수 없었을 것이다. 대회를 보도한 공산당기관지 『해방일보』는 사설을 통해 "38도 이북 참가자들이 대표의 자격이 아니고, 단순한 개인적 자격으로 모두 참가한 것은 붉은 군대가 얼마나 국제적 평화에 최선의 노력을 다하고 있는지를 우리들에 가르쳐 준다"고 논평하였다. 이미 이북의 참가자는 소련군 점령하의 5도행정국에 속해 있었기 때문에 그들이 개인적 자격일 수밖에 없음을 확인한 것이다. 대회에서 채택된 성명서는 "조선인민공화국은 조선인민의 동경의 국호이며 의욕의 단체이나, 미군정의 의사를 존중하며 그에 협조하는 의미에서 미군정으로부터 개명 교섭이 있은 후로부터는 '인민공화국'이라는 문자의 사용을 피하여 왔으며, 미군정이 존재하는 한 38도선 이남에서는 정부로서의 기능과 행동을 할 수 없으며, 또 하려고도 하지 않는다"고 단언하였다.[63] 이것은 이 시점에서 미소 간의 협조를 존중하는 소련의 입장이기도 하였다.[64] 공산당은 북부조선분국이라는 지역적 분립의 형태를 취하면서도, 명목적으로는 아직 전국적 통일체를 유지하고 있었던 데 반해, 정부를 자임한 인민공화국의 경우는 미소점령이라는 현실을 버텨 낼 수 없었다. 인민공화국은 이 대회를 기점으로

---

61) 『전국인민위원회대표자대회회의록』, 86~102쪽.

62) 위의 책, 98쪽.

63) 사설 「전국인민위원회대표대회의 성과」, 『해방일보』 1945.11.27.

64) 미소점령군 당국 간의 관계에서 보면, 인민공화국에 대한 인정을 유보하는 대신에, 북조선에서처럼 인민위원회에 행정을 맡기라는 요구의 성격도 가지고 있었다.

실질적으로 그 간판을 내리게 되어, 북조선에서 5도행정국에 행정이 맡겨졌듯이, '중앙인민위원회'에 대한 행정자치권만을 요구하게 되었다. 이후 인민공화국은 서울중앙의 정부 수립 노선을 상징하는 슬로건 이상의 의미를 갖지 못하게 되었다. 인민공화국은 자체의 인정 여하와 관련하여 공식적으로 서울의 미군사령부와 교섭을 계속해 왔지만, 소련군사령부와는 공식적 교섭을 일절 하지 않았다. 인민공화국은 소련에 대해서는 주체적이지 않았던 것이다.65) 이 대회를 기점으로 남북의 인민위원회는 유기적 연결 관계를 갖지 못한 채, 북조선의 5도행정국은 북조선에서 중앙집권적 정부 수립의 모체가 되고, 남조선의 중앙인민위원회는 실질적 자치행정기구로서 힘이 해체되는, 서로 상반된 길을 걷게 된다.

이 대회 얼마 전인 11월 15일 공산당북조선분국 제2차 확대집행위원회가 열려 정권문제에 대한 토의가 행해졌다. 현재의 북조선 공식문헌에 따르면, 여기서 인민공화국을 부정하는 김일성의 발언이 있었다고 한다.66) 시기적으로 보아, 이 회의에서 인민공화국에 대한 문제가 제기

---

65) 그러나 인민공화국을 장악한 남조선의 공산주의자와 소련의 '비공식적인' 접촉이 없었던 것은 아니다. 박헌영이 해방 직후부터 1946년 10월 북조선으로 도피할 때까지 서울주재의 소련영사관부영사 샤부신과 정기적으로 협의하고 있던 사실에 관해서는, 샤부신의 부인이 직접 증언하고 있다. 『비록 : 조선민주주의인민공화국』, 280~286쪽.

66) 북조선의 공식문헌에서 제2차 확대집행위원회가 처음으로 언급된 것은, 『당의 공고화를 위한 투쟁』(평양, 조선노동당출판사, 1956년), 39쪽인데, 이 문헌은 인민공화국에 대해서는 전혀 언급하지 않았다. 초기 당사를 정리하는 시기에 나온, 위찬길, 「조선공산당북조선조직위원회 제3차 확대집행위원회와 당의 조직적 강화에 있어서 그 의의」, 『근로자』 1958년 2월 1일에서도 취급되고 있지만, 이 논문은, 이 회의가 "민주주의민족통일전선을 시급히 결성하여, 각계각층의 인민대중을 조직, 단결시키며, 그 기초 위에서 북조선에 통일적인 인민주권을 수립할 데에 대한 구체적인 방침을 제시"했다고 하는 애매한 표현에 머무르고 있고, 인민공화국의 문제는 명시하지 않았다. 인민공화국을 부정했다고 밝힌 것은, 1964년도의 『조선로동당력사교재』, 142~144쪽부터였다. 『김일성저작집(1980년판)』 제1권에는, 이 회의에서 한 김일성의 연설이라는 문서가 수록되어 있다. 그러나 내용은 상당부분이 개찬되어 북조선임시인민위원회 수립이나 토지개혁 방침이 나오는 등 이 시기에는 있을 수 없는 내용이 포함되어 있다. 402~411쪽.

되었을 가능성은 있지만, 가령 김일성이 그러한 발언을 했다고 해도, 그의 의견이 통과되어 인민공화국이 정면으로 부정되었다고는 할 수 없다. 실제로는 5도행정국의 설치에 대해서는 행정상의 필요로 합의에 달하였지만, 5도행정국과 인민공화국과의 관계에 관해서는 의견이 대립하여, 서울에서 개최가 예정되어 있던 전국인민위원회대표자대회에 대한 참가 여부와 관련해서도 결론에 이르지 못했다고 생각된다. 그 결과 5도행정국과 인민공화국의 관계에 대한 결론은 유보되는 대신, 서울에서 간부를 받아들인다고 하는 타협이 성립하여, 서울의 대회에도 서울의 영향력이 강한 함경남도, 황해도, 강원도이북의 대표만이 개인자격으로 참가하게 되었을 것이다. 이것은 아직 분국의 영향력이 인민위원회 수준에서 북조선 전 지역을 장악하고 있지 못했다는 증거이다. 그러나 인민공화국으로부터 북조선 지역의 인민위원회를 분리하는 데 김일성을 중심으로 하는 공산주의자들이 일정한 성과를 올린 것도 사실이다. 이것은 소련군의 방침이 당의 수준에서 표명되었다고 보아도 좋을 것이다.

특히 이 회의에서는 공산주의청년동맹을 민주청년동맹으로 개편하는 중요한 방침이 제시되었다.[67] 공청을 민청으로 개편하는 방침은 이미 공산당분국의 창설 직후부터 김일성 자신에 의해 당 밖에서 제시되어 10월 말부터 조직작업이 진행되고 있었다.[68] 이 작업은 김일성 자신이 적극적으로 추진하였는데, 북조선 지역을 독자 단위로 한 공산당의 분국이 만들어진 이상, 통일전선도 우선 북조선 지역만을 단위로 결성한다고 하는 전략에 기초를 둔 것이었다. 서울의 박헌영 측이 주도권

---

67) 위찬길, 앞의 논문, 72쪽.

68) 10월 29일 김일성은 '민주청년열성자대회'에 참석하여 연설을 하고 있다.『김일성저작집』제1권, 374~382쪽. 1946년 1월 17일 채택된「북부조선민주주의청년단체대표자회의 결정서」에서는 1945년 10월 30일 김일성의 제안으로 조선민주청년동맹 조직준비위원회가 결성되었다고 주장하는데, 이 연설을 가리키는 것으로 보인다.『정로』1946.1.25.

을 쥐고 있는 노동자조직이나 농민조직의 경우, 당과 같이 '분국'의 형태로밖에는 북조선 독자의 조직을 만들 수 없었지만, 서울당중앙의 영향력이 약한 여성단체나 청년단체는 북조선을 중심으로 별도로 새로운 조직을 만들 수 있었다. 제2차 확대집행위원회에서 이 문제가 제기된 것은 분국 밖에서 추진되어 온 작업을 분국 안으로 가지고 들어오는 의미를 띠고 있었다. 오기섭을 중심으로 한 국내계는 맹반대였고, 함경남도에서도 거부하는 움직임이 강했으나, 이 방침은 관철되어 갔다.

11월 18일 북조선민주여성동맹이 결성되었는데, 북조선에 본부를 두는 사회단체로서는 최초의 케이스였다. 11월 25일 평양문화인직업동맹이 결성되어, 노동조합과는 별개의 단체가 만들어졌다. 11월 27일 북조선민주청년동맹원대회가 열려, 민주청년동맹이 정식으로 활동을 개시하게 되었다. 북조선에 본부를 갖는 두 번째 사회단체의 결성이었다.69) 좌익세력이 주로 노동자, 농민단체 결성에 주력하여, 청년단체나 여성단체의 결성이 늦어지고 있던 남조선에 대하여, 북조선 지역에서는 남조선 좌익의 영향력이 미치지 않는 부문에 눈을 돌려, 남조선의 중앙조직에 종속적이지 않은 청년단체와 여성단체의 결성을 서둘렀던 것이다.70) 11월 30일 조선노동조합전국평의회 북조선총국 결성, 12월 19일 북조선인민교원직업동맹 결성준비위원회 조직, 1946년 1월 25일 전국농민조합총연맹 북조선총국 결성준비위원회, 1월 31일 전국농민조합총연맹 북조선연맹 결성이 이어졌다. 이리하여 사회단체의 남북분립이 진행되면서, 북조선을 단위로 한 통일전선 결성도 준비되어 갔다.

---

69) 『해방 후 4년간 국내외 중요일지』, 정식 결성은 1946년 1월 17일 조선민주청년동맹북조선위원회로 출범하였다.

70) 남조선에서는 12월 11일 전국청년단체총동맹, 12월 22일 전국부녀총동맹이 결성되었다.

3) 분국 제3차 확대집행위원회

1945년 12월 초 소련에서 당, 행정 관계 전문가인 조선인 그룹이 추가로 도착하였다. 그들은 제1진, 2진보다 비중도 높고, 소군정에 의해 주로 정치적 역할이 기대되고 있었다. 그 중심인물은 허가이 이외에, 방학세, 박의완, 김재욱, 강상호, 김렬, 기석복, 김승화, 김택영, 김찬 등이었다.71) 그들의 입국과 함께 공산당 내 소위 '소련계'의 형성이 본격화했다고 할 수 있다. 특히 허가이는 원래 연해주의 포싯트 조선인 민족구의 콤소몰 제1서기, 당 제2서기로서 소련계 조선인 중 최고의 당간부이자 당전문가였다.72) 다음으로 방학세는 1935년부터 45년까지 소련 검사직을 경험한 인물로서 북조선에서는 계속해서 정보업무에 종사하게 된다.73) 나아가 12월 13일에는 연안 조선독립동맹의 주요 멤버가 귀국하였다. 김두봉, 무정, 최창익, 한빈, 김창만, 허정숙 등이며, 이 가운데 무정, 김창만, 허정숙 등 일부는 즉시 공산당에 입당하고, 나머지는 조선신민당을 결성하였다. 그들이 공산당 내 소위 '연안계'를 형성하게 되었다. 이미 도착한 만주파, 강화된 소련계, 새로이 참가한 연안계가 기존의 국내계에 대항하여, 김일성의 강력한 후원세력으로 등장하였다.

한편 당시 공산당이 농민대중의 지지를 확보하기 위해 주력하고 있던 것이 소작료 3·7제 투쟁이었다. 농민대중의 밑으로부터의 압도적 요구에 부응한 방침이기는 하였지만, 당연히 지주층과의 충돌이 뒤따르지 않을 수 없게 되어, 실시과정에서 강압적 방법에 의지하는 경향도 적지 않았다. 특히 공산당과 민주당의 통일전선에는 많은 갈등이 생겨, 소

---

71) 『비록 : 조선민주주의인민공화국』, 181~182쪽.

72) 허가이의 출신 및 활동에 관해서는, 란코프, 『소련의 자료로 본 북한현대정치사』, 오름, 1995, 166~186쪽 ; 안택원 「김일성의 라이벌, 허가이의 삶과 죽음」, 『신동아』 1991년 11월호를 참조.

73) 와다 하루키의 6·25전쟁에 관한 미간행 초고 「戰時下の北朝鮮」, 10쪽. 내무인민위원부 등 정보기관에 적을 두었다고도 전해지지만 여기에는 의문이 있다. 강상호, 「내가 경험한 북한의 숙청」(연재 제19회), 『중앙일보』 1993.5.17.

작료 3·7제의 실시와 관련해서 양 세력 사이에는 불신의 골이 깊어지고 있었다.74) 11월 7일에는 함흥에서 소규모 학생시위 사건이 일어나고, 11월 중순 공산당에 대한 주민의 불만이 폭발하여 발생한 용암포 사건이 하순에는 신의주의 학생시위 사건으로 확대되어, 소련군과 시보안부가 유혈 진압하지 않을 수 없는 사태로 악화되었다.75) 신의주사건은 당시 북조선 정세에 큰 충격을 주었다. 김일성 스스로 사태의 수습에 나서 시보안부장이 발포의 책임을 지고 처형되었다고 한다.76) 공산당이 사건에 대해 가졌던 인식은, 분국 제3차 확대집행위원회에서 한 보고에서 김일성이 말했듯이, "신의주에서 사회민주당이 조직한 중학생들이 무장을 하고 도당위원회를 습격"했다는 것으로 사건 배후에서 민주당계 세력이 공작했다고 하는 경계심을 강하게 품고 있었다.77) 1945년 12월 17~18일 분국 제3차 확대집행위원회에서 김일성이 책임비서로 선출되어 당권을 쥐게 되는 것은, 해외 출신 공산주의자의 증대에 따른 지지세력 확대를 기반으로 하고 있었지만, 당시 북조선 정세의 변화에 대한 대응이기도 하였다.

이 회의에서 한 김일성의 보고와 채택된 결정서는 당시 공산당의 당세나 내부 상태 등을 전해 주고 있다.78) 조직상황을 보면, 기본적으로 각 도·시·군에 당위원회가 조직되어 있었지만, 공장이나 제조소 및 농촌의 면에는 세포가 조직되어 있지 않았다. 당원 수는 김일성의 보고에는 4,530명인데, 채택된 결정서에는 7천 명으로 되어 있는 등, 아직

---

74) 북조선의 공식연구는, 3·7제를 반대한 것은 민주당이라고 비난하고 있다. 손전후, 앞의 책, 90~98쪽.

75) 신의주사건의 개요에 관해서는, 和田春樹, 「蘇聯の朝鮮政策 : 1945.11~1946.3」, 『社會科學研究』 第33卷第6號, 56~66쪽, 이 사건에 관한 지방농민조합 측의 견해는, 1945년 12월 8~10일 개최된 전국농민조합총연맹결성대회에서 평안북도 대표 김창준의 보고를 통해 알 수 있다. 사건의 배경에는 3·7제 실시에 대한 반발이 있다고 보고 있다. 『전국농민조합총연맹결성대회회의록』, 57쪽.

76) 和田春樹, 앞의 논문, 63~64쪽.

77) 『당의 정치노선 및 당사업 총결과 결정』, 4쪽.

78) 위의 책, 1~4·8·11~14쪽.

정확한 당원통계도 갖추어져 있지 않았다.79) 당원의 사회적 성분은 노동자 30%, 농민 34%, 지식분자, 상업가 및 기타가 36%였다. 당증도 통일적으로 발급되고 있지 않았고, 각 당조직마다 통일적인 입당절차도 정논되어 있지 않났. 일부 도당위원회는 분국에 당사업에 괸히어 정기적으로 보고하지도 않고, 일부 하부 당조직은 분국의 지시를 무시하거나 실행하지 않는 등, 지방당조직의 자율성도 강하였다. 특히 국내계 공산주의자의 힘이 강했던 함경남도가 대표적인 예로, 분국에서 함경남도의 어떤 시에 직원을 파견해도 도당위원회가 받아들이지 않거나, 공산청년동맹을 민주청년동맹으로 개편한다는 분국의 방침이 지켜지지 않는 상태였다. 황해도나 평안북도의 당위원회 안에는 각종 소그룹이 유지되고 있었다. 김일성의 보고에 따라 채택된 결정서는, 이러한 분국의 상태는 공산당의 도, 군, 면인민위원회에 대한 영향력이 약한 것, 공산당조직이 노동조합을 충분히 통제할 수 없는 것, 기타 정당이나 사회단체와의 통일전선사업에서 문제가 생기고 있는 것 등 여러 가지에 그 원인이 있다고 간주하고 있다.

분국은 평양시와 각 도당조직의 연합으로 결성되었으나, 당시 내부대립을 안고 있는 분국과 독자성이 강한 각 도당과의 관계에서 볼 때, 분국은 각 도당을 통제할 수 없는 상태였기 때문에 북조선 지역의 당조직을 통할하는 기능은 제대로 발휘되지 않았다. 김일성 보고의 내용은 오로지 당 내부사업 문제에만 집중되어 있고, 지방인민위원회 행정이나 산업부흥 및 관리, 당시 절정에 달하고 있던 3·7제 투쟁, 식량부족과 관련한 곡물성출사업 등 제반 문제에는 직접 언급하고 있지 않았다. 다만 "생산기업소의 개업, 철도운수업의 정돈, 농산물 성출 실행 및 기타 북조선의 정상적 경제 및 정치적 생활의 정리에 관한 당면과업들을 성과 있게

---

79) 당시 소련군 정보 보고서는 4천 5백 명으로 잡고 있다. 쉬킨, 「조회—북조선의 정치정세에 대한 보고 1945.12.25」, 러시아대외정책문서보관소문서군 013, 목록 7, 문서함 4, 차례 46(노문). 국사편찬위원회, 『러시아대외정책문서보관소의 1946년 북한정치, 경제, 사회현황 관련자료』(수집번호 : 0103001-0103007)에 수록.

해결하는 데 대중을 약하게 동원"했다고 지적하는 데에 그쳤다.[80]

이러한 여러 문제에 대해서는 각 도당이 지방인민위원회를 통하여 독자적으로 대응하고 있었던 것이다. 각 도당의 상태 전반을 파악할 수는 없지만, 예컨대 1945년 12월 26일 '조선공산당평남도 제1차 대표대회'에서 발표된 4개월간의 도당사업 보고 내용을 보면, "산업부흥사업의 협력", "소작료 3·7제 투쟁", "곡물수매사업의 협력", "당조직의 확대강화 사업" 등에 관해 자세히 총괄하고 있다. 당시 북조선 지역 전반이 처한 중요 현안문제를 취급하고 있는 평안남도당의 사업총괄 보고 내용은, 거의 같은 시기에 그와 같은 현안문제를 전혀 언급하지 않은 분국의 그것과는 매우 대조적이다.[81] 분국은 각 도당이나 인민위원회 사업에 관여할 정도의 역량을 갖추지 못하고, 각 도당에 대한 통제가 불가능했기 때문에, 각 도당별로 진행하고 있는 제반 사업의 실적을 모아 총괄하는 작업도 실행할 수가 없었다.

분국과 평안남도당, 평양시당 사이의 역량관계를 비교해 볼 수 있는 데이터로서 12월 25일 현재의 평양시당 소속당원의 "공작배치" 상황에 관한 통계를 입수할 수 있는데, 당기관에 배치된 상근당원 수 111명 중, 분국 15명, 도당 42명, 시당 20명이고, 나머지 34명은 4개 구당에 분산되어 있었다.[82] 이 숫자가 분국이나 평안남도당, 평양시당 내 상근당원 수 전체를 망라한 것인지 명확치 않지만, 일단 평양시내에 위치한 당기관이나 행정기관, 그 밖의 기관, 단체에 종사하는 당원은 조직원칙 상 평양시당 소속으로 되어 있기 때문에, 당기관의 규모를 엿볼 수 있는 하나의 기준은 될 것이다.

분국 제3차 확대집행위원회는 이러한 당내 상황을 근본적으로 전환하는 계기가 되었다. 회의에서는 일부 도당위원회가 분국을 무시하거나

---

80) 위의 책, 4쪽.

81) 「조선공산당평남도 제1차 대표대회 보고연설」, 『조선공산당문건자료집』, 60~74쪽.

82) 「평양시당부 제1차 공작 총결보고 초안」, 위의 책, 42쪽.

자기 사업과 하부 기관들의 사업에 대하여 분국에 보고하지 않는 등 당
내 규율이 없다고 비난하였다. "거대한 당적 및 정치적 의의"를 가진 사
업으로서, "단순한 기술적 사업으로 볼 것이 아니라, 인민의 근본이해를
옹호하지 않는, 당사업에 해독을 수는 당의 이류요소(異類要素)인, 적
대적 국수주의자, 친일분자 및 기타 탐욕자들을 당대열에서 숙청하여,
당대열을 강고시키는 수단"이라고 하여, 당원증 발급사업을 추진할 것,
각 도에 분국국원 1명, 도당위원회 제1비서 1명, 노동자 당원 1명의 3
명으로 위원회를 구성하여, 1946년 1월 15일까지 분국의 전 당원과 후
보당원에게 당원증을 발급하는 사업을 조직적으로 전개할 것을 결정하
였다.83) 나아가 1년 이상의 당 이력을 가진 보증인이 요구되고 있던 노
동자의 입당조건을 낮추어, 1년 미만 당력자 2명의 보증으로 입당할 수
있도록 하였다.84) 노동자, 농민계급을 중심으로 하여 당원 증대 운동이
전개되었다.85) 특히 이 회의에서 허가이는 분국 조직부부부장, 무정은
간부부장이 되어, 김일성을 중심으로 소련계와 연안계가 분국의 조직부
문을 장악해 가기 시작하였다. 김용범이 책임비서에서 제2비서로 내려
가고 오기섭은 조직부장이 되었다.86) 이와 함께 분국 자체의 조직 규모

---

83) 『당의 정치노선 및 당사업 총결과 결정』, 9~10・15쪽.

84) 위의 책, 3・16쪽.

85) 예컨대 평남도당에서는 이미 11월 하순부터 당원 증대를 꾀하여, 1개월 만에 당
원이 2배가 되었고, 연내 1만 당원 획득운동을 추진하여, 각 당원에게 2명씩 획득
할 것을 의무화하고 있다. 「조선공산당평남도 제1차 대표대회 보고연설」, 앞의
책, 68쪽.

86) 허가이가 조직부부부장이 된 사실에 대해서는, 『비록 : 조선민주주의인민공화국』,
191쪽, 무정의 간부부장 취임에 대해서는, 같은 책, 86쪽. 오기섭은 1946년 2월
북조선임시인민위원회 결성 당시 분국 조직부장이었기 때문에 이 회의에서 이
직책에 앉은 것으로 보인다. 「정당, 사회단체, 도−군인민위원회 협의회 자료
1946.2.16」, 국방성문서보관소, 민정국 문서철, 목록 106546, 문서철 7, 12쪽, 국사
편찬위원회, 『제정당, 사회단체, 지방인민위원회 대표자회의 자료』(수집번호 :
0103014). 와다 하루키에 따르면, 허가이는 노동부장이 되었다고 한다. 선전부장
윤상남, 정로 주필 태성수는 유임되었다. 와다 하루키, 앞의 책, 77쪽. 집행위원은
19명으로 늘어났다. 『정로』 1946.12.21. 1946년 8월 북조선공산당과 조선인민당의

도 확대되었다고 보인다. 각 도당의 연합이라는 분산적 구조를 가지고 있던 분국을 중앙집권화하는 작업이 본격화된 것이다.

한편 회의에서 채택된 정치노선은, "현 계단에서 북부조선당부의 일반정치 및 실지사업이 모든 인민적 민주주의적 정당과 정치적 단체들의 광대한 단합을 기초로 하야 인민적인 조선민주주의정권을 수립함에 협력하여야 할 것"이라고 하여, "인민적인 민주주의적 제 정당 및 정치단체로 결성된 통일전선을 극력으로 견고시킬 것"을 규정하였다. 동시에, "현 계단에서 진보적 민주주의를 원칙적으로 내세우면서, 친일분자와 민족반역자 및 내쇼널 파시스트를 제외한 민족의 일반 진보적 계급을 연합하야 민족통일전선을 결성하도록 투쟁할 것"이라는 10월 11일자 조선공산당중앙위원회 결의를 인용함으로써, 분국의 정치노선이 서울중앙의 노선과 같은 내용임을 재확인하였다.[87] 다만 김일성의 보고나 회의의 결정서에는 국제정세나 남북조선의 전반적 상황인식이 결여되어 있고, 조선인민공화국이나 서울의 당중앙을 포함한 조선공산주의운동의 전체 상황도 일절 언급하지 않았다. 회의에서 채택된 결정을 "조선공산당중앙위원회에 보고한다"고 하여 서울중앙에 대한 지지를 분명히 하면서도, 인민공화국에 대해서는 거부하는 자세를 취한 것이다.[88] 김일성의 보고는 신의주사건과 관련하여 민주당에 불신을 품으면서도 민주당과의 통일전선사업이 부족하다고 비판함으로써, 아직 민주당과의 통일전선정책을 견지할 뜻도 밝혔다.[89] 종래의 노선을 현상 유지하는 선을 넘지 않고 북조선 지역에 관심을 한정하여 분국의 강화에 최대 역점을 둠으로써, 북조선 지역의 통일전선 결성에 주력한다는 방침이었다.

합당 당시 허가이는 노동부장이었으나, 그가 이 직책을 언제 맡았는지는 확인할 수 없다. 사포쥐니코프, 「전소련공산당(볼세비키) 수슬로프 동지에게 1946.8.24」, 러시아현대사자료보관연구센터, 문서군 17, 목록 128, 문서철 205, 7쪽.

87) 『당의 정치노선 및 당사업총결과 결정』, 14쪽.

88) 위의 책, 18쪽.

89) 위의 책, 8쪽.

여기서 주목해야 할 것은, 12월 20일경부터 남북조선에 걸쳐 각 도 당대표대회가 최초로 개최된 사실이다. 각 도당이 결성되고 나서 이 시기까지의 사업을 총괄하는 대표대회가 열린 것은 전국대회를 목적으로 한 준비작업이었을 가능성이 크다. 대회의 개최를 확인할 수 있는 지역은 평양시, 평안남도, 전라북도이며 전국적으로 일률적으로 개최된 것인지는 불명이지만, 전라북도 당대표대회는 서울의 당중앙에 대하여 전국대회 개최를 강력히 요구하고 있는 점이 주목된다. 그런데 12월 17~18일 분국의 제3차 확대집행위원회, 12월 20일경을 전후해서 열렸다고 추측되는 평양시당 제1차 대표대회, 12월 25일 열린 평남도당 제1차 대표대회에서는 전국대회에 관해서는 전혀 언급되지 않았다. 이상한 것은 분국에 가장 가까운 입장이던 평양시와 평안남도 당대회가 조선공산당, 즉 서울중앙에 대한 지지는 분명히 하면서도, 분국에 관해서는 전혀 언급하지 않은 점이다. 북조선에서 김일성의 책임비서 취임은 이러한 당내정세와 어떠한 관련을 가지고 있을지도 모른다.

한편 분국의 내부 총괄이 당시 각 도당 수준에서는 어떤 영향을 미치게 한 것일까. 이에 관해서는 최근 평양시당 및 평남도당에 관한 자료를 참고로 할 수 있다. 분국이 위치하는 북조선의 정치중심지인 평양시당이나, 평양시를 둘러싸고 있는 평남도당의 상황은 중요한 정치적 의미를 가지고 있었다. 우선 평양시당의 현황을 파악하기 위해 평양시당과 인민위원회의 관계를 엿볼 수 있는 데이터로서, 평양시당 소속 당원의 행정기관 배치 현황에 관한 통계를 보면, 총 134명 중, 인민정치위원회 8명, 부청 7명을 합쳐서 순수 행정기관에 15명, 사법부 14명, 생산기관 10명이고, 나머지 95명이 보안기관에 종사하고 있었다.90) 당의 역량이 압도적으로 보안부문과 사법부문에 집중해 있는 것을 알 수 있고, 북조선 지역의 정치, 행정 중심으로서 평양의 비중을 고려하면, 행정이나 산업 각 부문 내 공산당의 역량은 크지 않았다고 할 수 있다.

---

90) 「평양시당부 제1차공작 총결보고 초안」, 『조선공산당문건자료집』, 42쪽.

12월 24일 평양시당 제1차 대표대회에서 현칠종이 한 해방 후 4개월간 공작에 관한 총결보고도 당시 공산당의 역량이 미약한 것을 솔직히 인정하고 있었다.

현칠종의 보고는 평양시당 상황에 국한된 내용이지만, 분국의 위상과 관련하여 평양의 지역적 차원을 넘는 정치적 의미를 가지고 있었다. 보고 속에서는 평양 지역의 공산주의운동이 처해 온 객관적 조건으로, 산업도시이면서 노동자의 힘이 약하고 산업자본가의 역량이 우세한 것, 기독교문화가 가장 보급된 지대이고 소상인의 경제적 기초가 강고한 지방인 것, 지주층을 중심으로 한 저명한 민족운동자가 많이 배출된 것, 이러한 이유로 공산주의운동이 지극히 미약한 것 등이 거론되었다. 그 주체적 결점으로서는, 광범한 대중운동의 경험이 모자라 최근의 국제혁명이론과 국제동향에 대한 인식이 부족한 것, 분파주의 잔재 및 상급당과 하급당과의 공작상 불일치가 존재하는 것, 지도부 대다수가 투쟁을 정지한 상태로 해방을 맞이하여 낡은 이론을 가지고 갑작스럽게 투쟁에 참가한 것 등을 들었다.[91] 보고는 평양시당이 강화되는 데에는 "제1차 중국공산당에서 우리 당에 전당한 동지들의 역할이 컸다"고 인정하고, 더욱이 "제2차 (연안) 중공당에서 우리 당에 전당한 동지들에 의하야 우리 당의 거인적 발전을 기대"한다고 하였다. "소련 경내에서, 중국 경내에서, 혹은 소련공산당의 영도 밑에서 장구한 시간을 두고 혈전하여 오다가, 고국에 오신 혁명동지들과 굳게 손잡고" 갈 것을 맹세하며, "해외에서 1차, 2차로 귀국한 전체 동지"와 "국내 지하실에서, 혹은 감옥에서 일제파시스트와 싸우고 있는 다수 동지"의 "두 힘이 당 주위에 튼튼히 묶이어 한 덩어리가 될" 것을 기원하였다.[92] 이 총괄은 새롭게 보강된 소련계와 막 귀국한 연안계로서 평양중심파가 세력을 늘리고 있던 시점에 이루어진 국내계 공산주의자의 자기비판이란 성격을 띠고 있다. 평

---

91) 위의 책, 45~46쪽.
92) 위의 책, 39 · 50~51쪽.

양시당의 이러한 세력관계가 분국 제3차 확대집행위원회에서 김일성의 책임비서 취임으로 직결되었을 것이다.

평남도당에서도 제1차 대표대회가 개최되고 총괄이 이루어졌다. "당의 결점"으로서, 첫째로 "당이 유일적 체계가 세지 못한 것", 둘째로 "당내의 불순분자의 혼입을 아직도 숙청하지 못한 것", 셋째로 "분파를 불허하는 의지의 통일체로서 당을 건립하지 못한 것", 넷째로 "규율을 높이지 못한 것" 등이 거론되었다.93) 당내 규율의 강화를 강조하는 점에서 분국 제3차 확대집행위원회 결정의 영향을 엿볼 수 있는 내용이지만, 평양시당과는 큰 차이를 나타내고 있다. 그것은 평양시당의 보고에서는 "조선공산당 만세"라는 슬로건을 내걸되, 인민공화국은 일절 언급하지 않은 데 대하여, 평남도당에서는 "조선노동계급의 선봉대인 조선공산당은 조선의 절대독립의 완성과 인민공화국 수립에 지식자 책임을 지고 역사적 등단을 한 것"이라고 평가하면서, "조선인민공화국 수립 만세", "조선공산당 만세"라고 끝맺고 있기 때문이다. 특히 두 보고 속에서 분국의 존재에 관해서는 일절 언급되지 않았다. 당초 평양시당이나 평안남도당은 분국 창설을 지지하였다고 생각되는 만큼, 당시 분국의 위상을 반영한다. 각 지방당 내부사업에 분국이 관여하는 데에는 한계가 있었던 것이다.

실증할 수 있는 자료는 남아 있지 않지만, 공산주의운동의 전통이 길고, 국내계의 아성이던 함경남도, 북도에서 공산당의 상황은 평양은 물론이고, 평안남도와도 질적으로 달랐다고 추측된다.94) 각 도당 사이에 존재하고 있는 역량상, 성격상 편차가 분국 창설 이래 이 시기까지 많이 남아 있었던 것이다. 분국은 평양이라는 약한 지역적 기반을 가지

---

93) 「조선공산당평남도 제1차 대표대회 보고연설」, 위의 책, 68~69쪽.

94) 이 점은 1946년 1월 모스크바 3상회의 결정을 둘러싸고 북조선 내 정치지형이 급격히 변화하기까지 공산당 북조선분국 기관지 『정로』에 평양시당과 평남도당 이외에 다른 도당에 관한 기사는 일절 게재되지 않은 사실에서 간접적으로 확인할 수 있다.

고 출발하였으나, 기존 국내계의 힘이 약하다고 하는 평양의 지역적 특
성이 거꾸로 해외 출신 세력이 공산당 내 정치적 헤게모니를 장악하는
데 유리한 조건으로 작용하였다. 국내계와 큰 마찰 없이 자기세력을 확
대할 공간을 확보, 중앙집권화를 위한 거점을 만들기 시작한 것이다.

　　김일성 자신은 1946년 9월 9일 평안남도당 열성자대회에서 "8·15
직후, 북조선에 있어 공산당 내에 불순분자가 혼입하여 있었으므로 말
미암아, 당의 위신을 떨어뜨린 일이 적지 아니하였다. 그러나 제3차 확
대집행위원회 이후에는 당내 불순분자를 숙청하고, 당이 대중 앞에 서
서 대중들이 요구하는 문제를 착실히 해결"할 수가 있었다고 말하고 있
다.95) 또한 북조선로동당 제2차 대회에서도 "북조선공산당 제3차 확대
위원회를 소집하고, 당내의 옳지 못한 조직적·정치적·사상적 경향들
과 날카로운 투쟁을 전개하여, 강력한 당이 처음으로 발족하기 시작"하
였다. "역사적으로 처음되는 당내 일대 혁신을 진행"하여, "이후 우리 당
의 사업이 제 궤도에 들어서게 되었다"고 평가하였다.96)

<별표> 남북 간의 당과 사회단체·통일 전선 조직을
둘러싼 갈등·협력과 경쟁

- 45년　9월　6일 조선인민공화국 선언
- 　　　　　　　조선공산당(서울중앙) 재건
- 　　10월 13일 조선공산당 북조선분국 결성
- 　　11월　5일 조선노동조합전국평의회(전평) 결성(남조선)
- 　　11월 15일 북조선분국 제2차 확대집행위원회
- 　　11월 18일 북조선민주여성동맹 결성
- 　　11월 19일 북조선행정10국 조직
- 　　11월 20~22일 전국인민위원회대표자대회 개최(남조선)
- 　　11월 25일 평양문화인직업동맹 결성

---

95) 김일성, 「북조선로동당 창립대회 총결에 관한 보고」, 『근로자』 창간호, 1946.10,
52~53쪽.

96) 김일성, 「북조선로동당 제2차 전당대회에서 한 당중앙위원회 사업결산 보고」,
『근로자』 1948.4.

- 　　　11월 27일 북조선민주청년동맹 결성
- 　　　11월 30일 조선노동조합전국평의회 북조선총국 결성
- 　　　12월　8일 전국농민조합총연맹(全農) 결성(남조선)
- 　　　12월 11일 전국청년단체총동맹 결성(남조선)
- 　　　12월 17일 북조선분국 제3차 확대집행위원회
- 　　　12월 19일 북조선인민교원직업동맹 결성준비위원회 조직
- 　　　12월 22일 전국부녀총동맹 결성(남조선)
- 46년　1월 25일 전국농민조합총연맹 북조선총국 결성준비위원회
- 　　　1월 31일 전국농민조합총연맹 북조선연맹 결성
- 　　　2월　8일 북조선임시인민위원회 수립
- 　　　2월 15일 민주주의민족전선 결성(남조선)
- 　　　4월 19일 북조선분국의 북조선공산당으로 개칭
- 　　　5월 25일 전평북조선총국의 북조선직업동맹으로 개칭
- 　　　7월 11일 전농북조선연맹의 북조선농민동맹으로 개칭
- 　　　7월 22일 북조선민주주의민족통일전선위원회 결성
- 　　　8월　7일 북조선공산당과 조선신민당의 합당대회준비위원회
- 　　　8월 28일 북조선로동당 창립

4) 보론 : 조선공산당북조선분국 창설에 관하여[97]

논의의 의의

10월 10일은 조선로동당의 공식적인 창립일이다. 북조선에서는 김일성, 김정일의 탄생일 다음가는 큰 명절이자 9월 9일의 정부 수립일보다도 의미가 큰 기념일이다. 조선민주주의인민공화국, 북조선은 이른바

---

97) 이 부분은 '조선공산당 북부조선분국' 창설을 둘러싼 쟁점을 따로 정리한 것이다. 이 논문을 작성할 당시에는 분국의 기관지 『정로』 창간호가 발견되기 전이었기 때문에, 기존 사료만 가지고는 창설 일자나 회의 보고자 신원 등을 확인하기 어려웠다. 그런데 현재는 『정로』 창간호가 발굴됨에 따라 많은 수수께끼가 해명되었다. 이미 밝혀진 사실을 다시 추적하는 느낌을 줄 수도 있으나, 이 사실이 갖는 중요성이나 북조선 당국이 얼마나 이 문제를 처리하는 데 고심했는지를 이해하는 데 도움이 되리라는 판단에서 그대로 싣기로 한다. 또한 북조선 연구자들이 겪어야 하는 고충을 있는 그대로 전할 수 있다는 점에서도 쓸모가 있을 것이라 여겨진다. 이 글은 『역사비평』 1995년 가을호에 게재한 바 있다.

'당=국가'이다. 당은 정치, 경제, 사회, 문화의 모든 영역에서 정부 이상으로 최고권한을 행사하는 조직이다. 또한 사회 역사적으로도 조선로동당은 조선민주주의인민공화국을 창출한 산파였던 것이다. 현재 공식 당사에서는 조선로동당의 전신이 되는 조직은 '북조선공산당 중앙조직위원회'로 불리고 있으며, 이는 '조선공산당 북부조선분국'이란 설립 당시의 명칭을 이후 역사해석의 변화에 맞추어 바꾼 것이다. 창립기념일로 10월 10일이 정식으로 확정된 것도 13주년에 해당하는 1958년의 일이었다. 조직 명칭과 창설 날짜가 확정되기까지 복잡다단한 과정은 조선로동당 역사에서 해방 이후 재건된 서울의 조선공산당, 그 맥을 잇는 남조선로동당이 부정되어 가는 과정이기도 하였다.

이 조선공산당 북부조선분국이 창설된 경위와 과정, 그 날짜는 현대사 연구에서 최대의 수수께끼 가운데 하나였다. 이유는 사실을 입증할 수 있는 제1차 자료가 불충분한 데 있었다. 우선 주된 근거가 되고 있던 1945년 10월 박헌영계의 조선산업로동조사소가 편집한『옳은 로선을 위하여』에 실려 있는 「5도당원 및 열성자연합대회회의록」에서는 주요 보고자의 이름이 성 이외에는 전부 "○○"로 표기되어 있다. 또한 당시 분국창설 사실을 알린 기관지『정로』창간호가 입수되지 못한 점도 문제 해명을 가로막은 결정적인 이유였다. 나아가서 이 문제에 관한 북조선의 공식설명도 1948년 북조선로동당 제2차 대회 이후 변화하기 시작하여 1956년 12월부터 58, 59년을 거쳐, 거의 현재와 같은 내용으로 확정되는 1964년까지 극심한 변화를 보이고 있었다. 이 시기에는 '조선로동당 북부조선분국' 창설문제는 조선로동당 당사 서술의 최대 난제였다고 할 수 있다.

이 때문에 창설문제를 둘러싸고 국내외의 연구자들 사이에서 많은 논란이 빚어졌다. 국내에서는 본격적인 논쟁이 일어난 적은 없지만 연구자에 따라 각기 다른 해석을 내리고 있었고, 일본에서는 본격적인 논쟁으로 발전하기도 했다. 이에 관해서는『정로』지가 발굴되어 문제가 일정 부분 해명되기까지 1990년에 발표된 일본 도쿄대학의 와다 하루키(和田春대) 교수 논문이 가장 포괄적인 문제 제기였다. 『정로』지 발굴로 외디외 논문은 몇 가지 잘못이 있음이 밝혀졌지만, 그의 논문은 자신의 초기 연구를 수정하면서 나카가와 노부오(中川信夫), 스즈키 마사유키(鐸木昌之) 교수의 연구를 비판한 다음, 쟁점을 정리히고 치밀한 텍스트 분석을 통하여 북조선의 공식성명이 변천해 온 경과를 더듬어감으로써, 전체의 구조와 의문점을 명확히 하였다고 평가할 수 있다.[98]

초기의 공식설명

우선 와다의 연구는 1949년도 시점까지 북조선의 공식성명이 초기 기본 자료의 선에 따라 유지되고 있었다고 확인하고 있다. 앞에서 말한 『옳은 로선을 위하여』, 서울의 조선공산당기관지 『해방일보』 제10호(11월 15일자), 1948년 평양에서 간행된 『해방 후 3년간 국내외 중요일지』, 1949년에 간행된 『해방 후 4년간 국내외 중요일지』(1949년, 국내편) 등에는 모두 1945년 10월 13일 '조선공산당 서북5도 당책임자 및 열성자대회'가 열려 '조선공산당 북부조선분국'이 "만장일치"로 설립되었다고 기재되어 있는 것이다. 그는 북조선 간행물에 게재된 분국의 기관지 『정로』 창간호(11월 1일자) 제1면의 사진판까지 판독하여 설립일자가 10월 13일임을 명확히 하고 있다.[99] 와다의 연구에 따르면, 10월 13일에 개최되었다는 사실은 1951년 당시의 소련 문헌에도 확인되고 있다.[100] 이와 같은 와다의 연구나 초기의 기본자료는 물론, 국내외의 다

---

98) 일본의 연구로는 和田春樹, 「蘇聯の 朝鮮政策 1945.8~10」, 『社會科學硏究』 第33卷 第4号, 1981 ; 中川信夫, 「8 · 15解放直朝鮮の左翼 — 朝鮮共產黨部北五道黨責任熱誠者大會を中心として」, 『アシア經濟』 第26卷 第1號, 1985.1 ; 鐸木昌之, 「解放直後における 金一成路線 — 史科料批判をとおしてみた'朝鮮共產黨部朝鮮分局'の創設と 金日成說」, 『アシア經濟』 第30卷 第2號, 1989.2 ; 和田春樹, 「北朝鮮分局の創設」, 『社會科學硏究』 第42卷 第3號, 1990.11. 국내 연구로는 이종석, 「북한지도집단과 항일무장투쟁」, 『해방전후사의 인식 5』, 한길사, 1989 ; 김주환, 「해방 직후 북한의 대미인식과 민주기지론」, 『역사비평』 1990년 봄호.

99) 언급한 각 사료를 참조할 것. 또한 和田春樹, 위의 글, 8~9쪽.

른 연구를 보아도, 13일 분국 설립대회가 개최되었다는 것은 부정할 수 없는 사실이라 생각된다.

그런데 북조선의 공식 견해는 1948년 북로당 제2차 대회 당시 김일성의 당사업 총결보고에서 최초의 변화가 일어나고, 1956년 북로당 제3차 대회 당시 김일성의 당사업 총결보고를 거쳐 10일에 개최되었다고 탈바꿈한 것이다. 와다 연구의 최대 공헌은 이처럼 13일 개최가 공인되었음에도 불구하고 무엇 때문에 그것이 10일 개최로 탈바꿈되었는지에 문제의 초점을 맞추고 그 해명을 시도하면서 의문점을 정리해 낸 데 있다. 와다의 연구는 북조선의 공식 견해가 13일 개최라는 사실을 변경한 이유를 13일 대회에서 조직문제 보고자가 김일성이 아니었기 때문으로 보고 있다. 그는 조직문제 보고자가 당시 분국의 제1비서로 선출된 김용범이라는 가설을 제시한다. 와다의 설명은 이 문제를 해명할 수 있는 결정적인 1차자료가 발굴되지 않는 한 반증될 수 없는 하나의 극을 이루고 있었다. 그러나 와다의 문제 제기는 핵심을 찌르고 있지만, 여기에는 1956년 12월부터 개시되어 1958, 59년을 거쳐 1964년에 이르는 공식설명의 변화과정 속에서 중간다리 역할을 했던 몇 편의 논문에 대한 검토가 결여되어 있다.

우선 와다 연구의 출발점이 되는 1948년 3월 북로당 제2차 대회에서 김일성의 보고 내용부터 검토해 보자.[101]

우리 당은 북조선 각지에 산만하고 조직체계가 서지 않은 각도 지방당들을 결속하여, 북조선의 모든 유리한 조건과 가능한 환경들을 리용하여, 적당한 정치적 임무들을 수행할 수 있는 강유력한 중앙조직기관이 북조선에 필요함을 인정하고, 1945년 10월 중순에 조선공산당 북조선중앙국을 설치하게 되었습니다. 당시 북조선 중앙국을 결성할 필요성은 누구에게든지 명백한 사실이었음에도 불구하고 당내 일부 동지들은 과거의 종파주의와 아무런 당적 생활을 해보지 못하고 상급과 조직에 복종하는 생활을 해보지

---

100) 和田春樹, 위의 글, 9쪽.

101) 「북조선로동당 제2차 전당대회 회의록」, 55쪽.

못한 과거 협소한 지방 그루빠에서 자기 이상은 아무것도 없다는 '천상천
하 유아독존'의 생활을 해나려 온, 마치 우물 안의 개구리들이 조그마한 우
물 범위의 하늘만 보던 그루빠 병수 노릇한 개인 영웅주의 사상에 물들어
조신 정치형세를 보지 못하고, 소위 '중앙을 지지한다'는 간판 하에서 북조
선중앙국을 건설함을 반대하고, 당을 과거 그루빠 식으로 한 지방씩 할서
하여 가지고 오랫동안 케케묵은 종파적 그루빠 생활을 연장시키려고 시도
하였습니다.

여기에서 김일성은 '5도당 책임자 및 열성자대회'에 대해서는 언급
하지 않고 '10월 중순'으로 날짜를 얼버무리고 있으며, '북부조선분국'을
'북조선중앙국'으로 바꿔 부르고 있다. 또한 당내 일부 동지가 '중앙국'
설치에 강하게 반대했다고 밝히고 있다. 다만 같은 보고 안에서는 '중앙
국'이란 명칭이 '분국'이란 명칭과 혼용되고 있었다. 앞에서 보았듯이,
1949년에 간행된 『조선중앙년감』에서도 아직 초기의 공식 견해는 유지
되고 있었다.

남로당계의 숙청과 전후 공식설명의 변화

이 문제를 둘러싼 변화는 남로당계가 숙청된 6·25전쟁 이후 시기
에 두드러진다. 『김일성선집(1954년판)』 제1권에서는 '북조선분국중
앙'이라는 명칭이 사용되고, 그에 대한 해석으로써 최영환의 「해방 후
조선혁명에 있어서 북반부민주기지」(『력사과학』 1955년 제10호)에서
는 "강력한 중앙조직기관으로서 조선공산당 북조선분국을 창설한 바,
즉 1945년 10월 중순 평양에 당중앙을 창설함으로써 통일된 당을 건설
하였다"고 설명되었다.102) 이것이 제3차 당대회 직전에 나온 박정애의
「당규약은 당원의 활동과 생활의 기초」(『근로자』 1956년 3월 25일호)
에서는 "1945년 10월 조선공산당 북조선중앙국을 창설하여 혁명적 당

---

102) 최영환, 「해방 후 조선혁명에 있어서 북반부민주기지」, 『력사과학』 제10호,
1955, 52쪽.

창건에 착수하였다"고 설명되었다.103) 분국이란 명칭을 그대로 사용하되 의미만을 당중앙으로 해석하다가 다시 명칭까지도 완전히 중앙국으로 바꾼 것이다.

이와 같은 변화는 1956년 4월 제3차 당대회에서 김일성이 한 당사업 총결보고에서 이루어진 더욱 큰 변화를 예고하는 것이었다. 여기서 김일성은 "조선공산당북조선조직위원회가 1945년 10월에 결성되었다"고 주장하여, 이후 '북조선분국'이란 명칭이 당 역사에서 완전히 사라지게 되었다.104) 북조선조직위원회란 1945년 당시에 쓰이던 러시아어 '오르그 뷰로'의 새로운 역어라고 생각된다. 1945년 당시의 역어는 분국이었으나, 분국이 갖는 중앙에 대한 종속적 의미 때문에 완전히 폐기해 버린 것이다. 제3차 당대회는 1948년의 제2차 당대회 이후 8년 만의 대회로서 남로당계 숙청을 총결하는 장이며, 김일성의 보고는 당 역사를 완전히 새롭게 쓰는 의미를 갖고 있었다. 제3차 당대회에서의 변화를 설명하기 위해 이 문제를 본격적으로 취급할 필요성이 제기되었을 것이며, 그 역할을 한 것이 『근로자』(1956년 12월 25일호)에 실린 리나영의 「조선공산당북조선조직위원회 제3차 확대집행위원회의 력사적 의의」이다. 이 논문은 북조선에서 최초로 이 대회의 모습을 사실적으로 기술한 글이다. 다만 1945년 10월의 5도열성자대회가 아니라 김일성이 책임비서가 된 12월 17~18일의 제3차 확대집행위원회를 다루는 가운데 이 문제에 대해 언급한다는 신중한 접근방식이었다. 남로당은 완전히 부정되었지만, 최창익·박창옥 등이 숙청당할지 어떨지 모르는 미묘한 시점이었다. 한편 김일성이 개인숭배 문제로 8월, 9월 전원회의를 거치면서 일대 격변이 일어난 당내 사정이 어느 정도 수습단계에 들어갔다는 표시이기도 하였다. 이 논문의 주지를 요약하면 다음과 같다.105)

---

103) 박정애, 「당규약은 당원의 활동과 생활의 기초」, 『근로자』 1956.3.25, 7쪽.

104) 「조선로동당 제3차대회에서의 당중앙위원회 사업총결 보고」, 『로동신문』 1956. 4.24.

105) 리나영, 「조선공산당북조선조직위원회 제3차 확대집행위원회의 력사적 의의」,

대회에서 김일성이 "당조직문제에 관한" 보고를 하는 가운데 "당중앙기관을 북조선에 창설할 것을 제기"하였지만 "당시 박헌영의 영향에 있던 일부 종파분자와 지방 할거주의자"가 "서울 중앙"을 지지한다는 간판 아래 "당을 분열시키는 것"이라고 반대하였다. 그러나 절대다수가 김일성의 당조직노선을 지지하였으므로 "종파분자들"은 "북조선당중앙"은 "'서울중앙'에 '식속'하고 거기에 '절대 복종'해야만 한다"고 주장하였다. 대회는 절대다수 열성당원들의 지지에 입각해서 김일성의 노선을 확인하고, "통일적 북조선중앙기관으로서 조선공산당북조선조직위원회를 창설"하였다.

요컨대 김일성이 북조선에 당중앙기관을 창설한다고 보고하고, 분파분자의 반대를 분쇄하여 자기노선을 관철시켰다는 뜻이다. 그러나 여기서 김일성이 조직문제에 관해 보고했다는 점은 결론이 지어졌지만, 대회 날짜는 여전히 모호하게 처리되었다. 이후 조직의 명칭은 '조선공산당북조선조직위원회'만이 통용되었다.

1958년 이후 공식설명의 구체화와 심한 변동

다음으로 이 대회 자체에 대해 본격적으로 설명되기 시작한 것은 1958년에 들어서 당내 연안계와 소련계 숙청이 일단락되고 있던 시점이었다. 『근로자』(1958년 1월호)에 게재된 박연백의 「조선로동당투쟁사연구자료 − 조선공산당북조선조직위원회 창건과 그 력사적 의의」는 대회 자체를 직접 다룬 최초의 논문이었다. 논문은 종전대로 대회에서 "김일성 동지는 당조직문제에 관한 중요 보고를 하였다"고 주장하고 있지만, 대회 날짜를 10월 13일로 잡고 있다.106) 『조선중앙년감(1949년판 : 국내편)』에서 10월 13일로 대회 날짜가 명시된 이래 공식 문헌에서 13일을 인정한 것은 이것이 처음이었다. 대회 전후의 모습을 전하는 내용은 리나영의 논문과 거의 변화가 없다.

『근로자』 1956.12.25, 17~18쪽.

106) 박연백, 「조선로동당투쟁사연구자료 : 조선공산당북조선조직위원의 창건과 그 력사적 의의」, 『근로자』 1958.1, 78쪽.

이것이 1958년 9월에 간행된 『조선통사(하)』에서는 10월 10일 대회가 열려 김일성이 조직문제에 관해 보고했다고 바뀌게 된다.[107] 그리고 같은 해 10월 10일 『로동신문』 사설을 통해 이날을 당 창건 기념일로 정했다.[108] 그렇다면 무엇 때문에 '13일 개최, 김일성의 당조직문제 보고, 그리고 북조선조직위원회 설치'라는 이 시점에서 공인된 사실을 굳이 변경했을까?

여기서 북조선의 공식 입장이 1949년 이후 박연백의 논문에 이르기까지 변화한 내용을 정리해 보면, 첫째 김일성이 조직문제 보고를 행했다고 하는 '새로운 사실'이 삽입된 점, 둘째 북조선분국이 북조선조직위원회로 명칭이 바뀐 점, 셋째 10월 13일 개최가 '10월경 개최'라는 모호한 시점이 되었다가 다시 '13일 개최'로 되돌아간 점으로 집약할 수 있다. 이것이 김일성이 조직문제 보고자였다는 사실의 '등장'을 늦추게 한 주된 이유였다고 보이기 때문이다. 즉 김일성이 조선공산당 창건자가 되어야 하는데, '분국'이라는 명칭이나 성격문제가 해결되지 않는다면, '서울중앙', 박헌영이 먼저 창건자로 되어 있는 사실을 부정할 수 없게 되는 것이다. 김일성이 당조직문제 보고자로 명시되기 시작한 것은 '북조선조직위원회'라는 명칭이 확립되는 것과 결부되어 있었다. 다음으로 세 번째 변화는 앞의 두 변화와 어떤 관계가 있는 것일까?

이 점에서 와다의 연구처럼 날짜 변경을 13일 대회에서의 '김일성 부재'와 관련시키는 추론이 있으나, 김일성이 보고자였다는 사실이 뒤늦게 등장했다고 해도, 이는 사실이 처음으로 명기된 것이지 종전 사실이 변경된 것은 아니다. 대회 모습이 처음으로 묘사되었을 때부터 김일성은 당조직 문제 보고자로 등장했던 것이다. 오히려 이 점은 본래 13일의 대회와 김일성의 조직문제 보고가 일체화되어 있었다는 반증이 되는 것이 아닐까? 김일성의 조직문제 보고가 1945년부터 13년 정도밖에

---

107) 과학원력사연구소, 『조선통사(하)』, 학우서방(도쿄), 1958, 16쪽.

108) 사설 「투쟁과 승리로 빛나는 우리의 당의 영광스러운 길」, 『로동신문』 1958. 10. 10.

경과하지 않은 1958년 당시 당내에서는 주지의 사실이라 특별히 강조할 필요도 없었을지 모른다. 박연백의 논문이 13일의 대회에서 김일성이 조직문제를 보고했다고 공식화한 것은 그 구체적인 내용은 따로 하더라도, 가장 기본적인 사실에 입각했다고 보인다.

따라서 김일성이 조직문제의 보고자였다는 사실이 뒤늦게 공표된 것은 김일성이 보고자가 아니었기 때문이 아니라, 오히려 김일성이 보고자였기 때문이라고 생각된다. 문제는 보고자의 신원이 아니라 보고 내용이나 성격이었던 것이다. 13일 대회의 성격이 박헌영을 조선공산당의 영수로 추대하고 서울중앙을 인정한 다음, 분국을 서울중앙에 속하는 형태로 설치한 것이라면, 거기서 김일성이 조직 문제를 보고를 통하여 분국 설치를 제안한 사실이야말로 북조선의 공식설명이 부정해야 하는 것이다. 북로당 제2차 대회에서 김일성의 설명은 당초 제안이 '북조선분국'이 아니라 '북조선중앙국'이었다는 뉘앙스를 풍기고 있다. 그러나 실제 결과는 서울중앙에 속하는 분국 창설이었으므로 김일성의 당초 제안은 실현되지 못했다. 분국 설치에 관한 보고자가 김일성이었다고 하면, 그것이야말로 김일성 자신에게는 굴욕이었을 터이며, 김일성의 권력이 강해지면 강해질수록 그 느낌도 깊어졌을 것이다.

그런데 대회 날짜는 1958년 1월 이후 가장 심하게 변한 부분이어서 이 점에서 앞의 두 변화와의 관련성과는 별도로, 그 자체의 문제점을 지니고 있었다고 봐야 할 것이다. 대회 날짜의 변화는 13일 대회에 이르기까지의 과정을 설명하는 문제와 얽혀 있다. 앞에서도 말했듯이 돌연 대회 날짜를 13일에서 10일로 바꾸고 정식으로 이날을 당 창건 기념일로 정한 이상, 그 배경에 대한 설명이 요청되었을 것이다. 『력사과학』(1959년 제5호)에 앞에서 말한 『조선통사(하)』에서 대회와 관련된 부분의 서술을 담당한 전석담이 「조선에 있어서 맑스−레닌주의 당 창건을 위한 김일성 동지를 비롯한 견실한 공산주의자의 투쟁」이란 논문을 집필하였다. 논문의 주지를 요약, 인용하면 다음과 같다.109)

김일성은 "당중앙지도기관을 북조선에 놓을 것을 제기"하면서 "전국적 당 대회를 소집"하고 "당중앙위원회를 선출하여 통일적인 당을 창건할 것을 제의"하였다. 그러나 박헌영, 리승엽은 "멋대로 조작한 '당중앙'을 고집"하고 "중앙위원회를 선출할 것을 거부"하여 "당중앙지도기관을 북조선에 두는 것에도 반대"하였다. 김일성은 "실제로 당중앙지도기관의 역할을 담당할 수 있는 조선공산당 북조선조직위원회를 창설함으로써 통일적 당의 창건을 실현할 방침"을 추진하였다. 박헌영, 리승엽은 "어쩔 수 없이 조선공산당 북조선조직위원회의 창설에 동의하지 않을 수 없었다." 그러나 그들은 "자기의 추종분자들을 부추겨 북조선조직위원회의 창설은 당의 '분열'시키는 것이라고 비방"하고 "지방할거주의자들"도 "'서울중앙'을 지지한다는 구실 아래 당중앙기관의 창설을 방해했다." "견실한 공산주의자와 당원 대중은 김일성 동지의 방침을 받들고 종파분자와 지방할거주의자의 책동을 분쇄"하여 "1945년 10월 10일 조선공산당 북조선조직위원회의 창립대회를 소집"하였다. "대회는 오기섭, 정달헌, 리주하, 주녕하 등의 종파분자들의 책동을 극복하고 김일성 동지가 제기한 로선과 방침을 채택"하였다.

내용의 중점이 대회 소집에 이르기까지의 과정에 놓여 있는 것이 특징이다. 특히 대회가 열리기까지 주된 투쟁 대상은 박헌영과 리승엽이었음을 강조하고 있다. 구체적인 내용의 진위를 전부 확인할 수 있는 방법은 없지만, 전국대회 소집을 요구했다는 주장은 사료상의 증거와 어긋나고 있다. 『옳은 로선을 위하여』에 수록된 대회회의록에서 '김○○동무'는 전국대회가 소련과의 협의사항임을 시사하고 있기 때문이다. 다만 주목되는 점은 대회 소집 이전에 박헌영과의 대립 및 협의과정이 개재되었다는 것, 북조선 지역 공산주의자와의 예비적 접촉이 있었다는 것을 인정하고 있는 사실이다. 그러나 대회 날짜를 10일 1일간으로 잡고, 대회에서의 대립과정에 대해서는 위에서 인용했듯이 매우 짧게 서술하고 있다. 또한 종파분자로 들었던 인물 가운데 주녕하는 당시 김일성에 협력적이었기 때문에 제외되어야 할 것이다.

---

109) 전석담, 「조선에 있어서 마르크스 레닌주의 당창건을 위한 김일성 동지를 비롯한 견실한 공산주의자의 투쟁」, 『력사과학』 제5호, 1959, 6쪽.

　　이와 같은 전석담의 논문이 안고 있는 부족함을 보완하는 좀더 구체적인 설명이 요구되었을 것이다. 『근로자』(1959년 10월 15일호)에 강영탁의 「1945년 10월 우리 당 창립대회에서 채택된 당 정치로선과 조직로신에 대하여」가 게재되이, 대회는 "10일부터 3일간 개최"되고 "당의 정치로선과 조직로선에 대한 김일성 동지의 보고를 청취하였다"고 설명되었다.110) 이 논문은 현재까지도 북조선의 공식설명으로는 가장 상세하며, 이후 설명의 원형이 되므로 좀더 깊게 검토될 필요가 있다. 우선 이 논문에서 주목할 것은 전석담의 논문과 같이 이미 대회 소집 이전에 분국 설치를 둘러싸고 전개된 대립의 모습이 상세히 그려지고 있는 점이다. 이 설명에 따르면, 김일성이 "소련 군대가 진주한 북조선이 혁명의 근거지가 되어야 한다는 점에서 출발하여 당중앙지도기관을 북조선의 중심지인 평양에 두어야 한다"고 주장하고 "합법적인 당중앙지도기관으로서 조선공산당 북조선조직위원회를 먼저 창설할 것"을 제기했지만 "종파분자들"이 "완고하게 반대"했다고 한다. 특히 "초기에 심지어는 박헌영 간첩도당은 당창건 문제에 관하여 호상 협의할 데 대한 김일성 동지의 제의조차 거절하였다"는 기술도 보이고 있다. 또한 "지방에서 활동하는 종파분자, 지방할거주의자들은 북조선조직위원회의 창설을 반대하면서 '당을 분열시킨다', 박헌영의 소위 '서울중앙'을 '지지'한다는 소동을 벌였다"고도 쓰고 있다. 이러한 기술은 대회 이전부터 상당한 논의과정이 진행되었음을 말해 준다. 일부 기술은 읽기에 따라서 나중에 가서는 박헌영과 김일성 사이에 협의가 있었음을 인정하는 표현이기도 하다. 당시 당내에서는 김일성과 박헌영의 협의를 아는 사람은 다 알고 있는 주지의 사실이었을지도 모른다. 그런데 이 논문은 전석담의 논문과 달리 대회의 모습을 상세하게 그리고 있다. 이 논문이 전하는 대회의 모습을 요약, 인용하면 다음과 같다.111)

---

110) 강영탁, 「1945년 10월 우리당 창립대회에서 채택된 당정치로선과 조직로선에 대하여」, 『근로자』 1959.10.15, 34쪽.

111) 강영탁, 위의 글, 31~34쪽.

10일부터 70여 명이 참가하여 대회는 열리고 3일간 계속되었다. 김일성의 보고를 청취한 다음 "종파분자들"이 저항하였으나 "그들의 가장 집요한 도전의 대상이 된 것은 북조선조직위원회의 창설에 대한 문제였다." 그들은 "조직의 창설은 '당의 분열'이라 비방하면서," "'서울중앙'을 합법적인 당중앙으로 인정할 것을 요구하였다." "그들은 이와 같이 발악하면서 구경에는 대회사업을 파탄시키려고 시도하였다. 대회에서는 심각한 사상투쟁이 전개되었다." "김일성 동지는 대회에서의 수차에 걸치는 발언과 개별 담화를 통하여 반대파들을 극복하고, 사태를 수습하며 대회사업을 성과적으로 결속짓기 위하여 인내성있는 노력을 다하였다." 어쩔 수 없이 "종파분자들"은 "조직위원회의 창설에 반대하기보다는 그 속에 들어가서 중요한 지위를 차지하며 그를 통하여 그 조직을 '서울중앙'의 '종속기관'으로 또는 '지방당기관'으로 전락시키는 것이 유리하다는 타산"에서 조직 창설에 동의하는 태도로 바뀌어갔다. "주요 문제에 관한 결정서"가 채택되고 "조선공산당 북조선조직위원회를 창설할 데 대한 김일성 동지의 제의를 접수하여 김일성 동지와 김용범 동지, 박정애 동지 등 17명으로 구성하였다." "조직위원회 제1비서에는 김용범 동지가 선거되었다." "야심적인 반당종파분자들의 시도가 어느 정도 관철"되어서 "그 주요 인물들이 다수 기어들어 중요한 자리를 차지하게 되었는 바 그 중에 오기섭은 당 제2비서의 자리에 들어앉게 되었다."

분국 인사에 대해 부분적이라도 기술한 것은 북조선 문헌 중에서 이 논문이 유일하다. 이 논문의 설명에 따르면, 10일에 대회가 열려 3일간이나 계속된 격론 끝에 분국 설치에 합의, 결정된 것이다. 문제의 13일은 무시되는 결과가 되었지만, 이 설명의 진의는 대회 개최일자를 13일에서 10일로 바꾸고 10일을 당 창건 기념일로 정한 이유가 단지 13일은 틀리고 10일이 맞다고 하는 사실의 수정은 아니라는 의미였다고 생각된다. 이 논문이 발표된 1959년 10월의 시점은 1945년부터 14년밖에 경과되지 않았으므로 대회의 경위는 당내에서는 널리 알려진 사실이었을 것이다. 따라서 변경의 중점은 사실보다 해석의 문제였다. 김일성이 주도하여 분국 설치의 합의를 이끌어 낸 노력이 중요하며, 당시 합의

한 형태는 분국이었지만 당초 김일성이 제안한 것은 '북조선중앙'이고, 당시의 반대파도 전부 '간첩'이나 '종파분자'로 숙청되었기 때문에 최종적으로 김일성의 당초 목적이 성취된 셈이므로 10일부터 12일까지의 회의가 진정한 내회라는 해석이다. 새로운 해석을 뒷받침하기 위해 새로운 사실도 일부 공개되었다. 그러나 해석의 변경은 사실의 왜곡을 수반하지 않을 수 없었다. 그것은 13일의 회의를 역사에서 지워버리고 13일의 회의 내용을 10일부터 12일까지의 회의 속에 끄집어 넣은 것이며, 또한 이미 당시 시점에 김일성의 노선이 관철되었다는 것이다.

　그러나 이 설명은 무엇 때문에 13일의 회의를 지워버렸는가 하는 의문을 품게 한다. 김일성의 노선이 관철되었다면, 13일까지 회의가 계속되었다고 하는 것으로 끝날 것이다. 결국 문제의 13일이 갖는 의미를 완전히 부정해야 한다는 강한 원망이 아예 13일 자체를 없애려는 무리를 빚어낸 것이 아닐까. 거꾸로 이 설명은 10~12일의 회의와 13일의 회의가 있었을 것이라는 추정을 가능케 한다. 즉 13일 대회라는 것은 이미 주지의 사실이므로, 역으로 10~12일의 회의와 13일의 회의라는 두 개의 회의가 있으며, 13일 회의의 결정 내용은 앞 회의에서 김일성이 제안한 것과는 다른 내용이라는 점을 부각시키게 되는 것이다. 따라서 이 '설'은 채택되지 않고 설명은 또다시 변화의 길을 밟게 된다. 어떻든 강영탁의 논문은 북조선의 공식설명이 심한 변화를 겪게 된 동기를 이해하는 데 결정적인 열쇠를 제공한다고 할 수 있다. 이후 당분간은 공식설명에서 기간을 명시하지 않고 10일 개최의 시점만을 명시하는 데 머무르게 된다. 한임혁의 「김일성 동지에 의한 조선공산당의 창건 : 조선로동당 력사연구 참고자료」가 그 잠정적 견해였다.112) 한임혁의 팸플릿은 내용적으로는 강영탁의 논문과 거의 차이가 없으며, 10일 회의가 열리기까지의 갈등과정이 기술되고 개최된 회의에서도 격렬한 대립이 벌어졌음을 밝히고 있다.

---

112) 한임혁, 『김일성 동지에 의한 조선공산당의 창건』, 조선로동당출판사(평양), 1961, 36쪽.

공식설명의 확정

이와 같은 모호한 상태는 공식적인 당사 서술에 임해서는 유지되기 어렵다. 제목으로 봐서 완전한 의미의 당사는 아니지만 그 준비작업에 해당되었다고 여겨지는 1964년에 간행된 『조선로동당 력사교재』의 단계가 되면, 더 명확한 설명이 요구되었다. 여기서는 5일부터 예비회담이 열리고 대회는 10일부터 13일까지 개최되었다는 도식이 등장한다. 다만 이 설명에 따르면 5일의 예비회담에서 '서울중앙'을 지지하는 분국설치 반대론은 "분쇄"되고 있으며, 본 대회에서는 "당조직 문제에 관한 김일성 동지의 보고를 청취하고 조선공산당 북조선조직위원회 창설에 대한 방침을 지지, 찬동하였다"고 되어 있다.113) 종전까지 유지되었던 본 대회 자체에서의 대립과정은 생략되고 그것이 순조롭게 진행된 듯이 기술되어 있다. 이와 같은 서술은 당 창립대회라는 공식성을 살리기 위한 서술상의 배려로 보인다.

대회 및 이에 이르는 과정에 대한 가장 종합적인 서술은 1968년에 간행된 백봉의 『김일성전』에서 나타나고 있다. 이 설명에 따르면, 5일의 예비회담에서 종파분자가 '북조선공산당 중앙조직위원회' 창건에 반대하였고, 마침내 10일에 대회가 열렸으나 여기서도 종파분자가 반대를 거듭해서 13일까지 계속된 대회에서 "종파분자의 책동은 분쇄"되고 "통일적인 중앙기관으로서 북조선공산당 중앙조직위원회를 창설하여 이를 내외에 선포하였다"고 한다.114) 예비회담뿐 아니라 대회 자체도 격렬한 대립의 장으로 묘사되어 『조선로동당력사교재』와는 다른 뉘앙스를 주고 있다. 조선공산당 북조선조직위원회라는 명칭이 북조선공산당 중앙조직위원회라는 명칭으로 바뀐 것은 조직의 당중앙으로서의 성격을 좀더 강조하기 위함이었다. 한편 북조선 공식설명의 최종판이라 할 수 있는

---

113) 『조선로동당력사교재』, 조선로동당출판사(평양), 1964, 130~134쪽.

114) 白峰 著·金一成傳飜譯委員會譯, 『金一成傳』 제2권, 雄山閣(東京), 1969, 25~29쪽, 원서는 1968년에 간행되었다.

1979년에 간행된 『조선로동당략사』와 1981년에 간행된 『조선전사』 제23권은 『조선로동당 력사교재』의 설명과 거의 차이가 없다.115)

공식설명에 대한 평가와 잠정적 가설

이상과 같이 변화해 온 북조선의 공식설명을 어떻게 평가할 것인가? 와다 하루키 교수는 5일 예비회의, 10~13일 본 대회라는 도식을, 10일 예비회의, 13일 본 대회라는 '사실'이 개찬되는 과정에서 완전히 새롭게 설정된 비약으로 간주하고 있다. 13일의 대회를 10일로 앞당기기 위해 10일의 예비회의를 5일로 앞당기고 앞당겨진 10일도 13일까지 늘렸다는 해석이다.116) 기본적으로는 각각 1일간의 예비회의, 대회의 두 단계를 설정하고 있다. 와다 교수의 이러한 해석은 1958년 1월부터 1959년 10월까지 복잡하게 변화했던 공식설명에 대한 검토가 빠져 있기 때문이라고 생각된다. 그러나 강영탁의 논문을 중심으로 일련의 공식설명을 검토해 보면, 그것이 본 대회였는지 어떤지의 여부는 어떻든 간에 10~12일 3일간의 회의를 상정하고 있으며, 또한 이 회의 이전에도 박헌영과의 대립과 협의를 포함하여 상당한 논의과정이 있었음을 시사하고 있다. 복수의 수일간 회의를 포함한 다단계의 논의과정을 설정할 필요성이 제기되는 것이다. 따라서 현재의 공식설명으로 거의 정착하게 된 『조선로동당력사교재』의 설명이 아무런 근거도 없는 비약은 아닌 듯하다. 당시 북조선 공식설명의 변화과정을 보면 관계자들이 이 문제를 해결하기 위해 얼마나 고심했는지가 역력히 드러난다. 그간의 변화과정이 역사를 왜곡시킨 점은 분명하지만, 그 과정에서 새로운 사실의 부분적인 공개도 이루어지지 않을 수 없었다고 여겨진다. 당시의 왜곡과정은 '사실'과의 관계를 차단한 채, 전면적으로 역사를 지어냈던 것은 아니며, 아직 나름대로 '사실'과의 접점이나 정합성을 유지하기 위해

---

115) 『조선전사』 제23권, 48~56쪽 ; 『조선로동당략사』, 조선로동당출판사(평양), 1979, 215~224쪽.

116) 和田春樹, 앞의 글, 12~13쪽.

노력했음을 말해 준다. 이런 점에서 1970년대 이후의 역사서술방식은
이전과는 다른 새로운 단계를 이루고 있으며, 정치체제의 변화에 있어
새로운 단계와 상응한다고 할 수 있다.

한편 앞에서 잠깐 언급했던 조직문제의 보고자가 누구였는지에 대
해 좀더 구체적으로 검토해보면, 와다 교수는『옳은 로선을 위하여』에
실린 '김○○동무'의 보고 원문과 나중에 당시 김일성의 보고문이라고
해서 1979년에 간행된『김일성저작집』제1권에 수록된 문헌을 치밀하
게 대조·분석하여, 전자는 김일성과 서로 다른 투쟁경험과 노선을 가
진 인물이 작성한 것으로, 후자는 완전한 창작으로 판단하고 있다.117)

<표> 북조선 공식설명의 변화과정

시기	명칭	보고자	대회일자
1945~59년	북조선분국	?	10월 13일
1948년 3월	북조선중앙국, 분국	?	10월중순
1955년 10월	북조선분국(당중앙)	?	10월
1956년 3월	북조선중앙국	?	10월
1956년 4월	북조선조직위원회	?	10월
1956년 12월	북조선조직위원회	김일성	10월
1958년 1월	북조선조직위원회	김일성	10월 13일
1958년 9월	북조선조직위원회	김일성	10월 10일
1959년 10월	북조선조직위원회	김일성	10월 10~12일
1961년 5월	북조선조직위원회	김일성	10월 10일
1964년	북조선조직위원회	김일성	5일예비회담, 10~13일대회
1968년	북조선공산당 중앙조직위원회	김일성	5일예비회담, 10~13일대회

즉 텍스트 분석에 따르면 보고자는 김일성과는 다른 인물이며 그 인
물은 제1비서로 선출된 김용범일 수밖에 없다는 가설을 제시하고 있다.
김남식 씨도 조직문제에 대한 보고는 당의 최고책임자가 하는 것이 관례

---

117) 和田春樹, 위의 글 20~21쪽.

이므로 제1비서가 된 김용범이 하는 것이 당연하다고 추정하고 있다.118)

그러나 가령 '김OO동무'의 보고가 소련 측 의견이나 분국 결성을 지지하는 다른 공산주의자의 노선이 반영된 집단적 산물이라 하여 반드시 보고자가 김일성이 아니라는 결론으로 이어지는 것은 아니다. 또한 와다의 연구가 『정로』 창간호의 사진판을 판독하여 13일 대회 당일의 사회자가 김용범이라고 밝힌 것은 커다란 연구상의 공헌이지만, 역으로 이 사실은 조직문제의 보고자가 김용범이 아니라는 점을 확인시키고 있다. 지엽적인 문제일지 모르지만 통상적 회의절차에서 보면 사회자가 보고자가 되는 예는 없다. 또한 이후 북조선로동당의 제1차, 제2차 대회의 경우를 보면 위원장인 김두봉을 제치고 실력자인 김일성이 중앙위원회 총괄보고를 하고 있으므로 김남식씨가 말하는 관례도 처음부터 달리 만들어지고 있었을지 모른다.119)

여기서 잠정적으로 초기의 기본자료와 북조선 공식설명의 변화과정에 입각해서 13일의 본 대회가 열리기까지의 과정을 가설적으로 정리해보면, 5일의 회의, 10~12일의 회의, 13일의 본 대회라는 다단계를 설정하지 않을 수 없게 된다.120) 즉 5일부터의 회의, 10일부터의 회의도 13일의 본 대회를 위한 예비회의의 성격을 갖는 회의였고, 그 가운데 어느 시점에서 박헌영과 협의가 있었다고 봐도 좋을 것이다. 5일의 회의부터 대립 속에서 격론이 벌어졌고 10일에는 김일성이 북조선 중앙을 주장하는 제안이 있었으나 관철되지 못했으며, 결국 내부의 타협을 거

---

118) 이정식·스칼라파노 저 / 한홍구 역, 『한국공산주의운동사연구 2』, 돌베개, 1986, 423쪽의 역자 주를 참조.

119) 사회는 창립대회의 경우 1일째는 김일성, 2일째는 김두봉, 3일째는 주녕하이며, 제2차 대회의 경우 거의 모든 진행을 위원장인 김두봉이 담당하고 보조 사회를 주녕하가 담당했다. 두 대회 모두 김일성 보고할 때 사회자는 김두봉이었다.

120) 이 대회와 관련해서는 『중앙일보』에 연재된 「비록 : 조선민주주의인민공화국」에 소개된 서용규(박병엽)의 증언이 있는데, 여기서는 5~8일 예비회의, 8일 밤 로마넨코 임석 하 김일성과 박헌영의 비밀회담, 10~13일 본 대회라는 순서로 되어 있으며, 본 대회도 격론이 오간 끝에 합의에 도달한 것으로 되어 있다(중앙일보사, 『비록 : 조선민주주의인민공화국』, 105~126쪽).

처 박헌영의 '서울중앙'에 속하는 형태로 분국 설치와 정치노선, 조직노선, 인사에 합의, 13일에는 본대회가 열려 만장일치로 의사는 진행되었다. 물론 조직문제 보고자는 김일성이었다.121) 1945년 당시에 만장일치로 진행된 13일의 본 대회만이 보도되고 회의록도 그 내용만이 편집, 수록된 것이다. 결국 13일 분국 창설은 5일부터 12일까지 1주일 이상의 긴 격론기간을 거치면서 지역적으로도 남북이 뒤얽힌 내부대립 속에서 이루어진 타협의 산물이었다. 다만 북조선의 공식설명에서 초기부터 항상 빠져 있는 결정적인 고리는 소련의 개입과 역할이다. 분국 설립을 결정하는 단계부터 모든 과정에서 소련의 의사가 결정적인 역할을 했다고 볼 수밖에 없으며, 이 점이 북조선의 공식설명에 입각해서 관련 사실을 정리한 이 글의 한계이기도 하다.

---

121) 대회의 사회자는 제1비서로 선출된 김용범이었고, 정치문제 보고자는 반대파를 대표하여 제2비서로 선출된 오기섭이 담당했다(和田春樹, 앞의 글, 17・19쪽).

2 초기의 산업관리체제

1) 인민위원회와 공장위원회

북조선 지역은 풍부한 지하자원과 수력자원 등의 자연적 조건, 대륙과 인접한 지리적 조건 때문에 1930년대 일제에 의해 중화학공업기지로 집중적으로 개발되어 왔다. 홍남·성진·청진 지역, 평양·진남포 지역, 원산 지역 등은 전 조선의 공업중심지였다. 따라서 해방 직후 공업지대의 공장운영은 소련군뿐 아니라, 각 지역 인민위원회의 가장 중요한 관심사가 되어 있었다. 전국 각지에서 주민들에 의해 치안유지와 민생안정을 위한 인민위원회가 자연발생적으로 조직되면서, 동시에 각 기업, 공장에서는 종업원 자신에 의한 접수가 이루어졌다. 통칭 '공장위원회'라고 불린 이러한 조직은 지방에 따라서 자치위원회, 운영위원회, 관리위원회, 경영위원회라고도 불렸다.[122] 이러한 종업원 자신에 의한 사업체 접수는 산업, 운수, 체신, 교육, 문화기관 등 거의 전 부문으로 확대되었다. 한편 각 지역에 조직된 인민위원회도 일본인 소유이던 재산을 처리하기 위한 대책을 세우고 있었다. 소련군이 북조선을 점령하고 나서 이미 조직되어 있던 각 도 인민위원회에 통치권을 맡긴 것은 주지의 사실이다. 소련군이 기업이나 공장에 대하여 초기에 취한 조치는 이미 진행하고 있는 상태를 추인하는 것이었다. 9월 14일 소련군사령부가 공포한 「인민정부 수립요강」을 보면, 제3항에 "일본인 소유공장에 대하여는 일본적 요소를 일소하고, 공장노동자와 기술자에게 관리시킨다. 기술부면에서 일본인이 필요한 경우, 이를 과도적으로 사역하지만, 조선인 기술자의 급한 양성이 필요하다"고 하고, 제5항에 "개인경영의 기

---

122) 박영근, 『우리나라에서의 공업관리조직 형태의 개선 강화』, 과학원출판사(평양), 1961, 12~13쪽 ;『조선전사』 제23권, 178~183쪽.

술기관은 허용하지만, 특별한 감시를 요한다"고 규정하였다.123) 아직 점령이 이른 시기였기 때문에 당시 진행되고 있는 자주관리의 움직임을 그대로 추인하는 내용이었다. 다만 점령군으로서 소련군은 일본인재산을 '적산'이라고 규정해 법적으로 접수하는 후속조치를 취하고, 실제의 관리권한은 인민위원회에 위임하였다고 생각된다.

각 도의 인민위원회가 '적산몰수위원회', '적산관리위원회' 등을 설치해 일본인 소유이던 공장·기업소·건물·재산 등을 접수하기 위한 조치를 취한 것은 이러한 소련군 방침에 따른 것이었다. 10월 16일 평안남도인민정치위원회는 「시정대강」을 발포, 그 속에서 "일본제국주의자 및 친일분자가 소유한 토지, 회사, 금융기관, 공장, 광산, 탄광, 운수, 교통, 상업소, 기타 일체의 생산기관과 재산은 몰수하여 국유"로 한다고 규정하였다.124) 각 도에서도 유사한 조치가 채용되었다고 생각되지만, 이 조치에 따라서 평안남도인민정치위원회는 이미 공장관리위원회가 장악하고 있던 공장을 자체의 관할 아래 소속시키고 관리자를 임명하며, 일제 때 공장의 이름도 조선명으로 고쳤다. 함경남도인민위원회는 대규모공장 24개, 중소규모의 공장, 기업소 224개를, 함경북도인민위원회는 160개의 공장, 기업소를, 평안북도인민위원회는 69개의 공장과 13개의 탄광을 각각 해당 부서에 소속시켰다.125) 인민위원회와 노동자조직이 접수한 공장이 소련군의 직접 관리 아래 들어간 경우도 있었다.126)

북조선의 연구는 해방 직후에 조직된 공장관리위원회의 움직임을, 첫째로 노동자에 의해 접수되어 지방인민위원회에 이관된 기업에서 조

---

123) 『노동자신문』 1945.9.22, Chong-Sik Lee, *Materials on Korean Communism : 1945~1947*, Honolulu, University of Hawaii, 1977, p.144에 수록. 김기석, 『북조선의 현상과 장래』, 조선정경연구사(서울), 1947, 81~82쪽.

124) 『해방 후 4년간 국내외 중요일지』, 11~12쪽.

125) 『조선전사』 제23권, 183~184쪽. 森田芳夫, 『朝鮮終戰の記錄』, 嚴南堂(東京). 북조선의 문헌에서는 소련군 정책과의 관련에 관한 설명은 일절 배제되어 있다.

126) 평안남도의 진남포제련소의 경우, 森田芳夫, 위의 책, 392~393쪽.

직된 것, 둘째로 초보적이지만 인민의 손에 장악된 기업의 관리조직 형태로서 기능을 수행하기 시작한 것 등 점에서, 10월혁명 직후 소련에서 실시된 사적 기업에 대한 '노동자통제'와는 구별하고 있다.127) 좌익세력이 강하던 인민위원회에는 노동자의 내표가 포함되어 있었던 만큼, 인민위원회와 공장관리위원회는 인적, 조직적 결합을 통한 협조관계에 있었다. 또한 많은 경우 이미 조직되어 있던 노동조합에 의거하여 공장위원회가 성립된 것이 아니라, 인민위원회나 공장관리위원회가 노동조합과 거의 동시적으로 결성되었기 때문에, 자주관리운동으로 발전하지 않았다. 초기의 노동조합과 공장관리위원회는 미분화상태였다고 할 수 있다. 구체적인 상황은 알 수 없지만, 1945년 12월 25일 평안남도당위원회 제1차 대표대회에서 초기에 노동자에 의한 "공장 관리권"을 인정한 것을 "조합주의"를 범했다고 자기비판한 사실에서 보면, 지역에 따라서는 노동자에 의한 자주관리운동이 전개되어 공장관리권을 떠맡았으나, 그 직후 부정되었다고 생각된다.128) 이 점은 소련군 점령정책의 방침이었을 것이다. 남조선에서도 노동조합의 전국조직인 전평이 '자주관리' 운동에 소극적인 태도를 취하였다.129)

　북조선 지역에는 1930년대 일제의 대륙병참기지 정책에 의해 중공업시설이 집중되어 있었기 때문에 소련군은 많은 관심을 기울였다. 일제의 항복과정에서 대부분의 중요 공장은 시설이 파괴되어 가동이 중단되었지만, 소련 점령당국은 자체의 전문가, 기술자를 동원, 그 조업 재개에 주력하였다.130) 11월 27일 나온 「북조선에서 중공업 기업의 최초

---

127) 박영근, 앞의 책, 13쪽.

128) 「조선공산당 평안남도 제1차 대표대회 보고연설」, 『조선공산당문건자료집』, 67쪽.

129) 현훈, 「노동자 공장관리에 대하여」, 『전국노동자신문』 1945.11.16・12.1・1946. 1.1・1.16 ; 中尾美知子, 「朝鮮解放と 全評勞動運動」, 『學習院大學東洋文化硏究所調査硏究報告』 제14호, 1982.3, 112~115쪽에서 재인용 ; 성한표, 「8・15 직후의 노동자 자주관리운동」, 『한국사회연구』 1984.2, 604~606쪽 ; 金三洙, 『韓國資本主義國家の成立とその特質 : 1945~53年─政治體制・勞動運動・勞動政策を中心として』, 東京大學大學院經濟硏究科博士論文, 1990.

가동에 관한 북조선소련군사령부의 명령」에 따르면, 기업운영에 관해
자세히 지시하고 있었다.131) 소련군의 해당 책임자에게 조업개시를 위
하여 기업의 가동 일정, 자재 및 기술 공급계획, 제품의 수송계획 등을
보고하고, 기술적 조언을 위한 전문가를 임명·배치하여, 식량·연료·
교통·통신상의 제반 조건을 보장하며, 운영자금을 확보하도록 지시하
고 있다. 가동된 뒤에도 재정 상황, 작업 진행상황 등을 보고하도록 지
시하고 있다.

전반적으로 기업이나 공장 운영은 조선인 종업원의 자치조직이 수
행하고 있었으나, 대규모 중공업 기업은 소련군이 운영에 개입하여 감
독하고 있었다고 할 수 있다.

2) 노동조합과 직업동맹

해방 후 전국 각지에서 자연발생적으로 노동조합의 조직이 추진되
었고, 북조선 지역에 한해서 보면, 8·15 직후 흥남·함흥·원산 지역
에서는 출옥자를 중심으로 과거 인맥이 부활, 인민위원회나 공산당 조
직과 함께 노동조합도 결성되어 갔다.132) 1945년 9월 7일 황해도 노
동조합 결성을 시초로, 10월 22일 각 탄광노동조합 대표자회의 개최,
10월 23일 평안남도 광산노동조합 결성, 28일 철도노동조합 결성이
잇달았다.133) 지방 노동조합의 결성은 각 지역 공산당 조직과의 밀접

---

130) B. V. Shchetinin, V Koree posle osvobozhdeniia, *Osvobozhenie Korei*, Moscow, 1976. 국역
시체치닌, 「해방 후 조선에서」, 『레닌그라드에서 평양까지 : 조선해방에 있어서
소련장성 11명의 회고록』, 함성, 229쪽.

131) Institut Vostokovedeniya Akademii Nauk SSSR, *Otnosheniya Sovetskogo Soyuza c narodnoi
Koreei ; dokumenty i materialy, 1945~1980*, Moskva : Izdatelstvo Nauka, 1981, pp.16~18.

132) 森田芳夫, 앞의 책, 378~380쪽 ; 磯谷季次, 『わが青春の朝鮮』, 影書房(東京),
1984, 242쪽.

133) 『해방 후 4년간 국내외 중요일지』, 9·12~13쪽.

한 관계 아래 진행되었고 일제하 적색노동조합운동이 강했던 곳에서 활발하였다. 특히 흥남, 원산 지역은 북조선 최대의 노동자층 집결지이며, 일제시대에 적색노조운동의 중심지로서 노동조합활동도 가장 활발하였다.

9월 26일 서울에서 10개 산별노조 대표 51명이 '조선노동조합전국평의회(가칭)준비위원회'를 결성하고, 30일 제1차 준비위원회를 열어 11월 10일까지 전평 결성 준비를 완료하기로 하였다. 준비위원회 위원장은 허성택, 부위원장은 박세영이었다. 북조선 지역을 대표하여 상임위원에 한상두, 김학걸, 조사부위원에 최경덕, 후보위원에 김덕영, 정달헌, 장순명, 김섬 등이 들어가 있었다. 전평 결성 움직임이 계기가 되어 각 산업별로 전국적 규모의 산업별 단일노조가 결성되었다. 예컨대 11월 1일 결성된 조선광산노동조합에는 전국 88개소 광산에서 가입을 하고 있고, 11월 3일 결성된 조선섬유노동조합은 서울, 대전, 대구, 부산, 전주, 광주, 함흥, 청진, 해주, 평양 등 남북조선 지역에 11개 지부를 마련하였다.134)

이러한 각 지역이나 산별의 움직임에 의해 1945년 11월 5~6일 서울에서 노동조합의 전국조직으로서 조선노동조합전국평의회(약칭 : 전평)가 결성되었다. 전평은 서울 조선공산당중앙의 영향 아래 있었다. 식민지시대 적색노동조합운동은 공산주의운동과 일체화하여 전개되었고, 전평 결성 주도자들은 그러한 운동으로부터 배출된 사람들이었다. 조선공산당 입장에서는 전평 결성은 당 외곽단체 결성의 일환이며, 민족통일전선 결성의 중요한 첫걸음이었다. 위원장은 박헌영의 측근으로 나중에 조선민주주의인민공화국 정부의 초대 노동상이 되는 허성택이었다.135) 대회에서 채택된 행동강령은 "매국적 민족반역자 및 친일파의 일체 기업을 공장위원회(관리위원회)에서 보관 관할권을 획득하자"

---

134)『전국노동자신문』1945.11.16, 中尾美知子・中西洋, 「米軍政・全評・大韓勞總」, 『經濟學論集』, 東京大, 49-4, 1984.1, 84쪽 재인용.

135) 부위원장은 박세영・지한종, 『해방일보』 1945.11.15.

고 결의하였다. 다만 몇 가지 안건토의에서 '노동자공장관리에 대한 건'을 제안 설명한 조직부장 현훈은, "공장을 접수하여 이것을 관리의 형식으로 분배하자는" "조합주의적인 소부르조아적 근성을 부식하는 것을 배제"해야 하며, "공장관리 접수 투쟁을 통하여" "인민정권 수립과정의 정치적인 문제와 연결시켜야 한다"고 주장하였다. 일반적 운동방침으로써는 노동자자주관리를 부정한 것이다. 이것은 미군정에 대한 협조노선을 취하고 있던 조선공산당의 방침에 따른 것이다.136) 대회에는 남북조선 각 지역에서 대표가 참가하여, 북조선 지역은 신의주, 해주, 함흥, 원산, 진남포, 개천, 성진, 청진, 흥남, 고원, 길주, 명천 등 지역으로부터 대표가 참가했다.(평양은 사정으로 불참) 북조선 지역을 대표한다고 보이는 멤버가 준비위원회 때와는 바뀌어 집행위원에 이규한, 유영기, 최기모, 김덕환, 김황일, 김섬, 현창형, 검사위원에 여권현, 임충석, 조훈 등이 들어갔다.137) 최경덕, 김덕영, 정달헌, 장순명, 김섬 등은 공산당분국 결성에 참가하여 각 도당이나 인민위원회에서 활동하고 있었다.138)

이 대회에서 채택된 결정서는 "북선에 있어서 지방정권이 완전히 조선인에게 부여, 장악되어 있으므로, 산업기관이 전적으로 조선민족과 그 일부인 노동자의 소유가 되었다 … 남선에 있어서는 아직 그렇지 못하므로, 우리는 민주주의문제를 구체적으로 내세우고 그의 급거 실현을 위하여 싸우고 있다"고 전제하면서, "남북조선의 노동운동이 현격한 차이가 있다는 것을 지적하고, 북부조선분국을 특설하여 조선노조전평 중앙의 직속 하에서 북부조선의 노동운동을 지도케 할 것"을 결정하였다.139) 이 항목에 의거, 북조선 지역의 조직화는 급속히 진행되어 11월 하순에는 각 산별 단일노조의 북조선위원회 결성이 이루어지고, 11

---

136) 위의 신문.

137) 위의 신문.

138) 최경덕·김덕영은 황해도, 정달헌은 함경남도, 장순명·김섬은 함경북도였다.

139) 『해방일보』 1945.11.15.

월 30일 평양에서 '조선노동조합전국평의회 북조선총국' 결성대회가 열
렸다. 14개 산별조직과 853개 분회(단위조합)에 속하는 19만 6백여 명
의 노동자가 망라되었다. 위원장 현창형, 부위원장 박수갑을 비롯하여
31명의 위원이 선출되었다. 내빈으로 전평 정·부위원장, 공산당북조
선분국 대표, 소련군 대표, 평안남도농민연맹 대표가 출석하였다. 특히
명예의장으로 "소베트 동맹의 영수이며 전 세계 무산계급의 최고지도자
인 스딸린 동무, 중국공산당의 영수 모택동 동무, 조선무산계급의 영도
자 박헌영 동무, 민족적 장군 김일성 장군이 추대"되었다.140) 대회에서
는 김일성보다 박헌영을 앞세우고 "조선인민공화국 만세"가 외쳐진 데
서 나타나듯이 아직 대회의 기조로 서울 조선공산당중앙의 노선이 견지
되고 있었으나, 이면에는 10월 13일 공산당북조선분국 창설과 11월 19
일 5도행정국 수립이라는 정세가 복잡하게 반영되어 있었다고 보아야
할 것이다.141) 당초의 '분국'이란 명칭이 '총국'으로 변한 것은 북조선의
독자성을 더 강조한 표현이라 할 수 있다.

　한편 기존의 '노동조합'과는 별도로 인텔리, 사무원들을 '직업동맹'이
라는 조직적 틀로 뭉뚱그리려는 시도가 이루어지고 있었다. 이것은 민
주청년동맹이나 여성동맹과 같이 북조선 독자의 통일전선을 결성하고
자 하는 움직임의 일환으로서 추진되었다고 생각된다. 11월 25일 평양
문화인직업동맹의 결성, 12월 19일 북조선인민교원직업동맹결성준비
위원회의 조직에 이어 2월 2일 평양시인민교원직업동맹이 결성되었
다.142) 기존의 노동조합과는 다른 새로운 움직임이 전평 북조선총국의

---

140) 『정로』 1945.12.5, 『조선전사』 제23권, 86쪽. 소련 측 자료에 따르면, 현창형은
　　 1905년생으로 1930년에 중국공산당원이 되고 1945년에 조선공산당원이 되었다
　　 고 한다. 전평의 집행위원으로 참가했기 때문에 남조선의 좌익세력과 관계가
　　 있었다고 생각되지만, 북조선 지역에서 활동하게 된 데에는 중국에서의 활동경
　　 험이 작용했을지도 모른다.

141) 대회에서는 긴급동의가 채택되어, "1. 조선무산계급의 지도자 박헌영 동지에게
　　 감사의 멧세지를 보내자", "2. 조선공산당의 민족통일전선에 대한 정치노선을
　　 절대 지지하자"는 등 내용이 포함되었다. 『정로』 1945.12.5.

142) 『정로』 1946.1.13, 『해방 후 4년 간 국내외 중요일지』, 15·17·27쪽.

결성 이전부터 개시된 점에 주목해야 한다.

12월 17일 공산당분국 제3차 확대집행위원회에서 한 김일성의 보고는 직업동맹 조직 움직임이 의식적으로 추진되었음을 시사해 준다. 김일성은 보고 속에서 '노동조합' 대신 '직업동맹'이라는 용어를 쓰고 있었다.143) 1946년 1월 13일 북조선인민교원직업동맹 결성이 준비 중이라는 기사가 보도된 뒤, 16일에는 소련의 직업동맹을 소개하는 글이 『정로』에 게재되었다.144) 당시 남조선의 좌익세력은 "노동자뿐만 아니라, 기술자, 사무원까지 포섭한다"는 의미로 직업동맹을 이해하여, 노동조합과의 차이를 의식하고 있었다.145) 김일성은 당지도기관의 직업동맹에 대한 지도가 약하다고 비판하여, 그 예로 직업동맹의 많은 지도적 직위를 비당원이 차지하고 있고, 직업동맹원 가운데 공산당원이 적다고 지적하였다. 또한 일부기업소에서 노동자들이 "동맹파업 비슷한 것을 조직"하여 "임금향상을 강요"했다고 비판했다. 당은 "노동계급의 기타 모든 조직체 중에 있어서 '고상한 형태의 조직'이며, 노동계급의 기타 모든 조직체를 지도할 단체"인데, "아직도 직업동맹 지도는 공산당의 사업이 아니며, 직업동맹은 당지도 하에서 사업할 것이 아니라고 논증하는 자들이 있다"고 주장하였다.146) 노동자 권익조직으로서 노동조합관을 부인하는 견해였다. 여기에는 당연히 막 결성된 참인 전평 북조선총국에 대한 비판의 의미도 포함되어 있었다고 생각된다. 다만 회의에서 채택된 보고와 같은 취지의 결정서에서는 '직업동맹'은 '노동조합'으로 수정되어 있었다.147) 보고를 둘러싼 토론과정에서 지적되어 수정되었을

---

143) 『당의 정치노선 및 당사업 총결과 결정』, 5~6쪽. 직업동맹은 러시아어 Professio nal'nii Soyuz의 번역어였다. 당시 소련 군정요원이나 소련계 조선인의 조언이 작용했을 것이다.

144) 「북조선인민교원직업동맹 결성준비－내달 상순경 대회 소집 예정」, 『정로』 1946.1.13, 「소련의 직업동맹」, 『정로』 1946.1.16.

145) 『조선해방연보』, 423쪽.

146) 『당의 정치노선 및 당사업 총결과 결정』, 5~6쪽.

147) 위의 책, 13쪽.

것이다.

초기에 노동조합, 인민위원회, 공장관리위원회의 조직화는 거의 동시에 진행되었기 때문에 주요 지도자의 경우 조직적으로는 역할이 겹친 경우도 많았을 것이다. 특히 공산주의자에게 이러한 예가 많았다고 추측된다. 전평 결성대회에서 박헌영과 김일성이 명예의장으로 추대된 것은 그 상징적 예이며, 지방으로 갈수록 유력 인물은 성격이 다른 복수의 조직에 동시에 참가하고 있었을 것이다. 공장관리에서 종업원의 자치조직, 즉 공장관리위원회가 주도적인 역할을 하였으며, 전평 결성대회에서도 확인되었듯이 노동조합은 공장관리위원회에 협조하는 방침을 취하고 있었다. 자주관리는 부정되었으나 공장관리 조직과 미분화상태로 노동조합이 공장관리에 참가하는 경우도 상당수 존재했다고 할 수 있다.

3 초기의 지방인민위원회와 농민위원회

1) 인민위원회 · 농민조합 · 농민위원회

해방 직후 전국적으로 지역주민의 자치조직이 여러 명칭 아래 결성되어, 해당 지역의 치안이나 행정을 담당하였지만, 농촌지역에는 농민의 자조·권익 조직으로 '농민조합'이나 '농민위원회'가 조직되었다. 당시 조선 전체인구의 7할을 농민이 차지하였고, 전 농가호수의 3.3%인 지주층이 전 경작면적의 58.6%를 소유하였다. 농민의 대다수가 소작농이고, 자작농은 불과 17.3%에 지나지 않은 실정이었다.[148] 토지문제 해결이 절박한 과제였던 만큼, 전국적으로 농촌지역에서 농민조직 결성이 가장 활발하였다. 당초 각 지역의 판단에 따라 농민조합 형태와 농민위원회 형태가 뒤섞여 있었지만, 인민위원회의 행정권 행사가 원활하고 농민조직의 기능이 순조로울 때까지는 농민위원회 형태가 주류가 되어 있었다.

원래 일제시대에 농민위원회는 빈농 중심의 비합법적 투쟁조직인 혁명적 농민조합에 대하여, 부농까지 포함하여 전 농민을 포괄하는 통일전선적인 대중조직을 의미하고 있었다. 이것은 1932년 9월 코민테른 집행위원회 제12차 총회의 결정에 따라 중국공산당중앙이 만주성당위원회에 보낸 '1월서간' 속에서 제시된 노선으로서, 1930년대 일본전국 농민조합 가운데 일부세력의 전술로서도 채택되었다. 농민위원회 노선은 국내에도 일정한 영향을 미치게 되고, 1930년대 적색농조운동이 활발하던 함경도의 명천, 정평, 문천 지역에서 농민위원회가 조직되어 있었다.[149] 해방 이후 농민위원회와 농민조합은 계승되지만 그 성격은

---

148) 『전국농민조합총연맹결성대회회의록』, 조선정판사, 1946, 80쪽.
149) 지수걸, 『일제하 농민조합운동연구―1930년대 혁명적 농민조합운동』, 역사비평

변화하였다. 농민조합에는 "농민해방의 정세가 아직 성숙되지 못한 초기에 있어서 개개의 농민들을 동원하는 빈·중농 중심의 조직체"라는 위치가 부여되고, 농민위원회에는 "농민의 기본적 혁명과제인 토지문제의 평민적 해결을 위하여 성숙한 정세 밑에서 선 농민(고용지·빈농·중농·부농)을 광범히 포섭하고 가장 결정적인 방법으로 민속히 동원, 행동할 수 있는 조직", 또는 "인민정권에로 곧 전화될 수 있는 핵심체"라는 위치가 부여되고 있었다.150) 계급적 성격은 그대로 유지되고 있으나, 농민위원회에는 농촌 자치권력의 맹아형태로서 성격이 더해졌다.

1945년 10월 초 서울의 조선공산당중앙위원회는 토지문제에 대한 결정을 내렸다. 결정의 내용은, 일본제국주의자와 민족반역자의 토지는 무상몰수하여 토지가 없는 농민이나 토지가 적은 농민에게 분여하며, 그 관리권은 '농민위원회'나 '인민위원회'에 줄 것, 하천·산림·소택, 그리고 수리조합은 국유로 하며, 관리권은 농민위원회나 인민위원회에 줄 것, 소작료는 3·7제로 잠정하며, 추수기에 전국적인 소작료인하 투쟁을 전개할 것 등이었다. 그러나 이 결정은 전국 토지를 국유화하여 농민에게 재분배할 것을 전제로 한 것이며, 조선인지주에 대해서도 대지주·고리대금업자의 경우 무상몰수하고, 중소지주의 경우 투쟁의 발전에 따른 해결을 조건으로 향후 경작면적 이외에는 몰수할 것을 정하는 등 논란의 여지를 남기고 있었다.151) 다만 결정이 인민위원회뿐 아니라 농민위원회에도 동등한 권한을 부여하고 있는 것은 주목해야 할 점이다. 각 지역에서 행정에 참가하고 있는 농민 자치단체를 '농민조합'의 발전한 형태로서 '농민위원회'라고 규정한 것이다.

이 서울중앙의 결정을 계승하여 북조선 분국 제1차 확대집행위원회

사, 150·297~298·337쪽 ; 김준엽·김창순, 『한국공산주의운동사』 제5권, 3~22쪽.

150) 이석태, 『사회과학대사전』, 문우인서관, 1948, 128쪽.

151) 「토지는 농민에게 적정분배—공산당의 토지문제에 대한 결의」, 『해방일보』 1945.10.3.

는 10월 16일 토지문제에 대한 결정을 내렸다.152) 이 결정은 서울 중앙위원회의 결정과는 미묘한 차이를 보이고 있다. 우선 문제의 여지가 있는 '국유'란 표현은 제거되고, 조선인지주에 대한 항목도 소작료 3·7제 이외에는 언급을 피하고 있다. 몰수의 대상은 동일하지만, 그 관리권의 경우 몰수한 토지에 대한 관리권은 언급하지 않고, 산림·하천·소택에 대한 관리권은 "지방정권"에 부여하였다. "일본제국주의자 및 친일적 반동지주"가 영유한 수리시설에 대해서는 "농민위원회 혹은 인민위원회의 공동관리"에 맡기고, 조선인지주가 경영하는 수리시설에 대해서는 수세를 "농민위원회 또는 인민위원회의 합의"로 결정하도록 하였다.153) 서울 중앙위원회의 결정 내용에 대한 우파의 반발을 고려하여 개혁의 내용을 완화하고 통일전선의 대상을 더 넓힌 것이다. 그러나 몰수토지에 대한 인민위원회의 관리권을 언급하지 않은 것은 토지소유에 대한 농민의 감정을 감안하여 국유라는 인상을 피하기 위함이었다. 농민위원회의 관리권을 수리시설만으로 한정하여 인민위원회보다 농민위원회의 권한을 더 축소한 것은 북조선분국과 농민단체의 관계를 감안했기 때문이었다고 생각된다.

그러나 남북조선 간에 미소점령정책의 차이에 따라 남조선 지역에서 농민단체의 토지 몰수나 관개시설 관리는 난관에 봉착하였다. 남조선의 좌익세력은 당면과제를 소작료 3·7제의 실시에 한정하게 되었다. 11월 13일 전국농민조합연맹 결성준비위원회는 "농민조합의 구성과 체계에 있어서 우리들은 반드시 정당한 길만을 밟아 왔다고는 볼 수 없다. 조직상의 결함은 농민의 일상 요구와 정치적 요구를 관철하는 데 여러 가지 지장을 많이 가져오고 있다"고 반성하고, "현 단계에 있어서 농민

---

152) 1945년 11월 조선산업노동조사소가 편집한 『옳은 路線』 속에는 출처 미상의 「토지문제결정서」라는 문서가 수록되어 있는데, 같은 문서가 "북조선공산당중앙조직위원회 제1차 확대집행위원회에서 채택"된 "토지문제에 대한 결정"이라는 표제로 『김일성저작집』 제1권에도 실려 있다.

153) 『옳은 路線』, 27~29쪽.

운동의 조직형태가 농민조합이 적당하다"고 규정하며, 농민조합에는 "빈농, 중농을 중심"으로 "부농도 반동에 서 있지 않는 한" 가입시킨다는 원칙을 세웠다.154) 이 방침에 따라 전국적으로 조직형태는 일단 농민조합으로 일반화되었다.155) 그런데 전반적으로 인민위원회니 농민단체의 기능이 순조롭던 북조선 지역의 경우, 농민위원회 형태를 그대로 유지한 지역이 많았다.156) 어떻든 전국적인 농민조직 결성 움직임에 맞추어 남북조선 각 도에는 11월 말, 12월 초경 도농민조합연맹의 조직이 거의 완료되었다.157)

한편 북조선에서 11월 19일 5도행정국이 수립된 뒤 농림국포고 제1호로 나온 「북조선농림국임시조치시정요강」은 지금까지 각 지방인민위원회 차원에서 독자적, 분산적으로 추진되어 온 농림·축산·수산행정을 농림국 관할 아래로 통합하는 조치였다. 이 요강은 "일본제국주의와 친일파 및 민족반역자인 조선인 공·사유 토지, 임야, 하천, 소택, 목장, 어장, 수리시설 등 몰수재산은 본 국의 처리가 있기까지, 각 인민위원회, 또는 각 농민단체가 이를 관리"한다는 것, "일본제국주의와 친일파·민족반역자인 조선인의 공·사유몰수 각종 원본은, 본 국의 처리방침이 있기까지, 각 도인민위원회 및 각 노동·농림단체가 이를 엄정 보관하되, 임의처분을 불허"한다는 것 등을 8월 15일까지 소급하여 시행

---

154) 『전국농민조합총연맹결성대회회의록』, 80쪽.

155) 남조선의 각 도에서 혼란이 생긴 경우, 이 방침에 따라 사태를 수습하게 되었지만, 농민위원회가 일반적인 경우에도 개칭하게 되었다. 『전국농민조합총연맹결성대회회의록』에 수록된 경상북도, 전라남·북도 대표의 발언을 참조. 북조선 지역에서도 공식적으로는 농민조합으로 개칭되었다. 손전후, 『우리나라 토지개혁사』, 과학백과사전출판사(평양), 1983, 85쪽.

156) 『전국농민조합총연맹결성대회회의록』에 수록된 북조선 각 도 대표의 발언을 참조.

157) 북조선 지역의 경우 함경남도 1945년 10월 25일, 평안북도 11월 25일, 평안남도 12월 8일, 함경북도 1946년 1월 10일. 손전후, 앞의 책, 87쪽. 황해도 11월 30일, 강원도 11월 29일, 『전국농민조합총연맹결성대회회의록』, 58~59쪽. 손전후에 따르면 황해도, 강원도연맹의 결성은 1946년 1월 11일, 18일로 되어 있다. 별표 「각도별 농민조합 현황」을 참조.

한다고 규정하였다.158) 이 조항은 각 지방에서 자연발생적으로 진행된 토지개혁 등 사태를 사후 승인하는 의미를 가지고 있었다. 이 내용에서 몰수된 일본인과 친일파 조선인의 토지·임야·수리시설 관리에 대하여 인민위원회뿐 아니라 농민조합이나 농민위원회 등 농민단체가 광범히 참가하고 있음을 알 수 있다. 다만 이 시기까지는 농민조합이나 농민위원회에 대한 공식 성격 규정은 이루어지지 않고, '농민단체' 같은 포괄적인 명칭이 쓰이고 있었다.

2) 전국농민조합총연맹

12월 8~10일 전국농민조합총연맹 결성대회가 열렸다. 이 대회는 남조선 좌익에게는 노동조합의 전국 조직인 전평을 결성한 데 이어 통일전선을 완성하기 위한 대중단체 결성에서 중요한 일보였다. 특히 전국인민위원회대표자대회가 대회에 부분적으로밖에 참가하지 않은 북조선 대표도 개인 자격으로 간주한다고 한 의미에서 반쪽 대회로 끝난 데 대하여, 반격의 성격을 가지고 있었다. 대회에는 남북조선 전 지역에서 대표가 참가하여 해방 후 지역적으로는 가장 넓은 범위를 망라한 집회가 되었다.159) 동시에 남조선에서 북조선 전 지역의 대표가 참가한 최후의 집회이기도 하였다. 대회에 참가한 각 지방대의원의 명부에 주목할 필요가 있다.160) 북조선 지역 대표의 경우 함경남도는 18명 중 12명, 함경북도는 26명 중 10명, 평안남도는 20명 중 7명, 평안북도는 19명 중 4명, 황해도는 24명 중 7명 가량이 과거 적색농조운동을 중심으

---

158) 「북조선농림국임시조치시정요강」, 『북한관계사료집Ⅴ』, 225쪽.

159) 11월 30일 현재 조직되어 있던 전국 21개 부와 218개 군의 239개 농민조합 중 38도선으로 인한 교통문제 때문에 북조선 일부 지역의 28개 군을 제외한 211개 농민조합의 대표 576명이 참가하였다. 『전국농민조합총연맹결성대회회의록』, 3쪽.

160) 명부는 『전국농민조합총연맹결성대회회의록』, 3~12쪽.

로 민족해방운동에 참가한 토착운동가임이 확인된다. 지역 편차는 해당 지역의 과거 운동이 갖는 강도 차이에 따른 것으로 이해되며 특히 함경남도가 두드러진다.161) 중앙준비위원에 북조선 지역의 토착운동 출신자는 7명으로, 김학걸(金鶴傑), 여권현(呂權鉉), 심창준(金昌俊), 김홍직(金弘直), 조훈(趙勳), 주진경(朱鎭景), 안초길(安初吉)이다.

대회에서는 인민공화국 지지를 분명히 하고, "박헌영 동지에게 보내는 멧세지"를 채택하여, "조선공산당의 수령이요, 조선근로대중의 총지도자"라고 극구 찬양하였다. 전북 대의원으로부터 "김일성 장군 환영준비위원회"를 조직하자는 제안이 나오자 "무정장군도 환영"하기 위해 "양장군 환영준비위원회"를 조직하자는 수정 제안이 나와 가결되었다.162) 남북조선의 토착 좌익세력이 의지를 보인 집회였지만, 여기에는 미소의 점령통치에 대한 위기의식이 반영되어 있었다. 우선 남조선에서는 미군정의 일제 통치질서 부활에 대한 강한 우려와 함께 지방인민위원회가 불법화됨에 따라 소작료 3·7제 실시조차 벽에 부딪치고 있는 상태에 대한 초조감이 생기고 있었다. 북조선에서는 3·7제는 지주층과의 충돌을 일으키면서도 순조롭게 진행되고 있었으나, 심각한 식량부족 사태에 대한 위기의식이 생기고 있었다. 식량부족은 소련군의 식량 조달이 큰 원인이었다.

한편 당시는 서울의 공산당중앙과 평양의 분국이 한계를 드러내고 있던 시기이기도 하였다. 북조선 지역의 참가자는 서울지지파가 중심이었다고는 해도 남북조선 공산당조직의 합의 없이는 실현되지 못했을 것이다.163) 북조선 지역에서는 신의주사건 등으로 내부의 혼란이 나타나

---

161) 『일제하사회운동인명색인집』(상)(하)에 게재된 인명과 대조하여 활동 지역이 일치하는 경우를 추출, 계산하였다. 활동 지역이 애매한 경우 등 각 지역에 1~2명의 오차는 있을 수 있다. 각 지역 대표의 성격에 관해서는 더 구체적인 분석이 요구되는데, 과거 민족해방운동에 관한 연구와의 관련 아래 이루어져야 할 것이다.

162) 『전국농민조합총연맹결성대회회의록』, 48~50·63~64쪽.

163) 임철은, 북조선의 거의 전 지역에서 참가할 수 있었던 것은 북조선 지역 농민조

기 시작하여 분국이 상황을 장악할 수 없던 상태이고, 서울중앙도 미군
정의 지방인민위원회 불법화 등 몰리고 있던 상태에서, 남북 간의 타협
하에 개최되었다고 생각된다. 특히 박헌영은 장안파와 노선투쟁은 넘길
수 있었지만, 새로이 자파 중심 당운영 방식 문제나 당대회의 미개최 문
제 등과 관련하여 서울 영등포지구당과 전라북도당을 중심으로 한 당내
반대파(이른바 '대회파')로부터 거센 비판에 직면해 있었다.164) 그러나
쟁점인 당대회 개최는 박헌영 한 개인의 문제가 아니고, 소련의 정책이
나 분국의 의도가 얽혀 있는 복잡한 문제였다. 이 점은 10월 13일 북조
선분국 창설 당시 김일성의 당조직문제 보고에서도 지적되고 있었다.
1946년 2월 이 문제와 관련하여 반대파의 요구를 받아들여 소집된 서
울의 조선공산당 내 회합에서 박헌영은 이때를 뒤돌아보며, 12월에 당
대회를 개최하려 했으나 할 수 없었고, 다시 1월에 당대회를 개최하려
했으나 불가능했다고 해명하였다. 그 이유를 "코민테른이 없고 당이 독
립적으로 해야 하지만, 당은 국제연관성이 있고, 조선의 특수사정과 북
선에는 소련군이 있으며 … 북선 일은 분국에서 독립적으로 하고, 나는
남선 일을 보는데, 분국과 의견을 맞춰 가야하며, 형제당의 의견과 국
제·국내 정세도 참고로 해야 하는 관계로, 지금 곧 대회를 못 여는 것"
임을 밝혔다.165) 전국적인 인민위원회대회도 개최할 수 없고, 남북을
망라한 당대회도 개최할 수 없는 상태에서 간신히 농민동맹 결성대회가

합에 대하여 공산당분국의 통제력이 미치지 못했기 때문이라고 보고 있다. 林
哲, 「解放直後の朝鮮における『民主基地論』─統一戰線論を手がかりに」, 『朝鮮
史硏究會論文集』 제31호, 1993.10, 70~71쪽. 다만 그러한 측면이 부분적으로는
작용하였다고 해도, 북조선 지역의 농민조합이나 농민위원회는 지역에 따라서
는 인민위원회와 겹치는 등 밀접한 관계에 있었던 만큼, 이미 전국인민위원회
대표대회에 참가를 일부 저지할 수 있었던 분국 측이 전 지역의 참가를 그대로
방임했을 리는 없기 때문이다.

164) 『조선공산당문건자료집』에 수록된 일련의 비판 문서를 참조. 특히 당대회 소집
　　과 관련해서는 12월 24일 개최된 전라북도당위원회 제1차 대표대회에서 나온
　　「전국대회 소집에 관한 보고─전북도 제1차 대회 결의서」를 참조.

165) 「중앙 및 지방동지 련석회의회의록」, 『조선공산당문건자료집』, 161·167~168쪽.

개최된 것이다.

대회에서 인민공화국 전면 지지가 두드러지게 눈에 띄는 것은, 북조선에서 인민위원회의 정착이 그대로 인민공화국의 장래로 이어지는 것은 아닌가 하는 기대감이 있었기 때문이다. 광범한 민족통일전신 결성에 기초를 둔 '진정한 정권'을 창출하기 위해 제2차 전국인민대표대회를 1946년 3월로 예정하고 있기도 하였다. 당시 남북의 분단이라는 사태는 누구도 상상하지 못했다. 북조선 지역에서도 12월 25일 공산당 평안남도위원회 제1차 대표대회에서 "조선인민공화국 만세"가 나왔다.[166] 인민대표대회에서 채택된 행동강령은, "토지문제 해결이 중심문제인데, 이것을 위하여 우리 민족이 당면하고 있는 가장 긴급한 임무는 하루빨리 민족통일전선을 결성하여 민족적 완전독립과 진정한 민주주의정권을 수립하는 데 있다"고 하여, 정권문제가 가장 중요한 과제라는 인식을 나타냈다. 특히 토지문제에 관해서는 "일본제국주의와 민족반역자 및 대지주의 토지는 이를 몰수하여 농민에게 분배하기"를 요구하고, "친일파에 속하지 않는 지주들도 일본제국주의의 약탈과 억압을 받아 왔다. 그러므로 그들의 생활도 안정성이 보장되어야 할 것"이라는 인식 아래, "양심적 조선인지주의 소작료는 3·7제로 실시하기"를 주장했다.[167] 토지개혁보다 정권 수립을 우선으로 하여 당분간은 3·7제를 목표로 한다는 방침이었다.

더욱이 보고에 따르면, 38도 이북 지역에서는 전반적으로 3·7제는 어느 정도 실현되어, 일부 지역에서는 농민의 토지에 대한 요구가 높아지고 있었다. 함경남도 대표는 "토지의 분배문제" 검토를 제기하고, 평안남도 대표도 농민의 토지에 대한 요구가 강하여 대책에 고심 중이라고 발언하였다. 이 점은 아직 3·7제 관철에 급급해 있는 남조선 대표의 보고와는 대조되는 것으로, 이미 앞에서 서술했던 것같이 대회에서 토

---

166) 「조선공산당 평남도 제1차 대표대회 보고연설」, 앞의 책, 74쪽.

167) 「전국농민조합행동강령」, 『전국농민조합총연맹결성대회회의록』, 86~93쪽에 수록.

지개혁 방침은 일본제국주의자와 민족반역자의 토지에 한정하고, 조선인토지에 대해서는 유보하여 3·7제 실시에 머물렀다. 아직 이북 지역에서도 토지문제는 전반적인 과제로는 될 수 없었고, 대회의 분위기는 남북 간의 통일성 유지를 우선시하고 있었다.

그러나 조직체계에서는 남북 간의 차이를 인정하는 조치가 취해졌다. 대회에서 채택된 결정서는 "남북조선의 현세에 현격한 차이가 있음을 지적하고, 북부조선에는 전국농민조합총연맹북부분맹을 특설할 것을 결의한다… 이 북부분맹은 총연맹의 직속 하에 그 특수사정에 따라 북부농민운동을 지도케 하기"로 결정하였다.168) 아직 서울중앙의 지도를 강조하는 명칭이지만, 이북 지역의 독자성을 용인하는 결정이기도 하였다. 하부조직의 성격과 관련하여, 대회의 '행동강령'은 8·15 이후 "전국 각지에는 농민조합 혹은 농민위원회라는 명칭 하에 농민운동이 전개되고 있다. 그러나 농민조직의 구성과 체계에 있어서 우리는 반드시 정당한 길만을 밟아왔다고는 볼 수 없다"고 반성하고 있다.169) 앞에서 설명한 조선공산당의 토지문제 결정서에서 농민조직의 기본형태를 일률적으로 '농민위원회'라고 규정한 것을 시정하는 내용이었다. 실제 전농 결성 이전까지 농민조직의 형태를 몇 차례나 '위원회'로, 다시 '조합'으로 변경하는 시행착오를 범하고 있었다.170) 이 반성에 따라서 "현 단계에 있어 농민운동의 조직형태가 일반적으로는 농민조합이 적당하며, 운동이 발전된 지역에 있어서는 농민위원회도 조직할 수 있다"고 규정되었다. 이에 따라 '전국농민조합총연맹규약'은 조직체계로서 도연맹을 설치하고, "군 단일의 농민조합, 또는 농민위원회"로 구성한다고 정하였다.171)

이미 대회의 토의과정에서 함경남도대의원이 하부조직을 농민조합

---

168) 『전국농민조합총연맹결성대회회의록』, 116쪽. 대회의 토론에서 함경남도 대의원으로부터 명칭을 '전농북부조선분국'으로 하자는 제안이 있었지만, 이견이 제기되어 상임위원회에 일임하게 되었다. 위의 책, 75~76쪽.

169) 「전국농민조합행동강령」, 위의 책, 90쪽.

170) 정희영, 「박헌영 동지에게 보내는 서간」, 『조선공산당문건자료집』, 96쪽.

171) 『전국농민조합총연맹결성대회회의록』, 83~86·90쪽.

으로 할 것인가, 농민위원회로 할 것인가의 문제를 검토하자고 제안하였는데, 이것은 남북조선의 사정 차이를 어떻게 취급해야 할 것인가의 문제를 제기한 것이다.172) 북조선 거의 전 지역에서는 인민위원회나 농민위원회가 주체가 되어 친일파와 민족반역자의 토지를 몰수하고, 소작료도 광범한 지역에서 3·7제를 관철시키고 있었다.173) 11월 15일 평안남도 대동군에 농민위원회가 결성되었다는 기록이 남아 있고, 12월 공산당북조선분국 제3차 확대집행위원회의 결정서도 농민위원회라는 명칭을 쓰고 있었다.174) 농민조합은 미군정과 대립관계에 있는 남조선의 사정을 반영한 명칭이고, 농민위원회는 농촌지역의 행정에 참가하고 있는 북조선의 사정을 반영한 것이다. 규약의 내용은 하부조직의 성격을 반영하는 명칭의 문제를 남북조선의 현지사정에 맡길 수 있다는 것이었다. 실제로도 남조선의 경우, 농민조합이라는 명칭이 일반화했지만, 북조선에서는 지역에 따라서 양쪽의 명칭이 혼용되고 있었다. 결성대회에 참가한 북조선 각 지역 대표의 경우, 비교적 인민위원회에 의한 행정이 정착하여 안정화한 함경남도·평안남도의 대표는 농민위원회라는 명칭을 쓰고, 일본군과 소련군과의 교전이 계속되어 지방인민위원회의 행정력이 약하던 함경북도, 지주의 세력이 강하고 좌우의 대립이 심하던 평안북도나 황해도의 대표는 농민조합이라는 명칭을 쓰고 있었다.175) 각 도내에서도 지방의 사정에 따라서 다른 명칭이 쓰이고, 두 가지 사이에 성격상 구별 없이 혼용되기도 하였을 것이다.

---

172) 위의 책, 56쪽.

173) 위의 회의록에서 각 도 대표의 보고를 참조할 것.

174) 「북부조선 당공작의 착오와 결점에 대한 결정서-조공북조선분국중앙 제3차 확대집행위원회에서의 결정」, 『당의 정치노선 및 당사업 총결과 결정』, 16쪽. 1946년 6월 남조선의 민주주의민족전선이 간행한 『조선해방연보』는 "농민운동의 발전 여하에 따라 남조선은 농민조합, 북조선은 농민위원회"가 되었다고 기술하고 있다. 『조선해방연보』, 175쪽.

175) 『전국농민조합총연맹결성대회회의록』, 54~60쪽.

3) 식량문제

해방 직후 조선의 농업문제는 기본적으로 토지소유 문제지만, 남북의 분할점령 이후, 특히 북조선 지역에서 심각해진 것은 식량부족이었다. 예컨대 각 도인민위원회 결성 이후 최초의 집회인 10월 8일 북조선 5도인민위원회연합회의에서는 첫째 의제로 "농산물 확충과 식량성출 문제"를 들고 있었다. 대도시 평양을 포함하고 있는 평안남도인민위원회는 10월 24일 「식량관리령」을 발포하였다.176) 다른 각 도도 사정에 따라서 식량관리령을 발포하고 모든 도가 곡물수매제를 실시했다. 농민위원회나 인민위원회가 주도하여 '식량성출운동'을 전개하였으나, 수매가격 문제 때문에 성과는 오르지 않아, 12월 10일에는 「곡물자유판매에 관한 허가령」이 포고되고, 만주지방에서 식량을 수입하지 않을 수 없는 상황이 되었다.177)

이러한 각 도의 식량사정은 전국농민조합총연맹결성대회에서 자세히 보고가 되고 있었다. 북조선 각 도로부터 보고는 "절박", "위급", "존망이 걸린 사활문제" 등 표현을 쓰면서 식량부족 문제를 긴급한 과제로 거론했다. 함경남·북도, 평안남도, 강원도이북의 대표가 자체 식량사정을 자세히 보고했다. 각 도 대표의 보고에 따르면, 함경북도의 경우 4개월분 식량밖에 확보할 수 없고, 함경남도의 부족량은 6개월분에 달하고 있으며, 평안남도도 거의 같은 상태였다. 강원도북부는 3개월분 식량밖에 확보하고 있지 못한 상태였다.178) 식량문제 해결을 위해서는 상대적으로 식량 생산량이 많은 북조선 서부 지역 도로의 협력이 필요하다고 호소되었다. 북조선 지역 내부에서도 각 도의 자기중심성 때문에 통일적인 대응이 이루어지지 않고 있음이 분명했다. 남조선의 협력이 불가결하다고 하여 남조선의 식량과 북조선에서 생산되는 비료의 교

---

176) 『해방 후 4년간 국내외 중요일지』, 10·13쪽.

177) 『조선해방연보』, 409쪽.

178) 『전국농민조합총연맹결성대회회의록』, 54~60쪽.

환도 제안되었다. 특히 대회에서는 남조선 지역에서 일본으로 가는 미곡 밀수출에 대해 깊은 우려가 표명되었다.

원래 곡창지대는 남조선이고 북조선 지역만으로 식량자급은 불가능한 상태인 데다가, 당시의 식량사정을 더욱 악화시킨 것은 소련 주둔군의 식량조달이었다.179) 예컨대 평안북도에서는 1946년 3월 말까지 곡물 수매량이 512,614석인데, 적군 인도량이 420,115석에 달하였고, 이후 9월까지의 배급 필요량 519,614석이 거의 부족한 상태였다.180) 강원도에서는 1945년도 성출량 1만 7,580톤에 대해 소련군 조달량이 전량을 차지하여, 3월부터 9월까지의 배급필요량 1만 3,192톤이 거의 부족하였다.181)

식량문제는 토지소유 문제라는 근본적 모순을 안고 있는 북조선의 농촌사정을 더욱 악화시켰다고 할 수 있다. 북조선에서는 소작료 3·7제가 어느 정도 실현되어, 농촌지역의 모순이 남조선에 비하여 완화되고 있었음에도 불구하고, 계속되는 식량부족 상황이 토지문제 해결을 더 절박하게 한 요인으로 작용했다.

그런데 식량문제에 관한 북조선 대표들의 보고는 소련군에 대해서는 일절 언급하지 않았다. 미군 측과의 교섭은 요구하면서 북조선 지역에서 소련군 측과의 교섭이나 미소 양 점령당국 간의 교섭은 일절 언급하지 않았다. 소군정은 조선인의 지방인민위원회에 행정을 위임한 상태였기 때문에, 남북의 인민위원회가 합의하여 미군정 측과 교섭한다면 사태는 수습될 것이란 판단이었을 것이다. 그러나 미군의 인식은 좌익세력의 자기인식과는 근본적으로 엇갈리고 있었다. 미군사령관 하지는

---

179) 1947년 당시 소련군 주둔비용은 북조선인민위원회 예산에서 지출되고 있었는데, 이는 점령 초기부터 계속되고 있었다고 생각된다. 유리 바실리비치 바닌, 「러시아대외정책문서보관소 소장 해방 직후 한국관계 자료」, 『역사비평』 1994년 봄, 360~361쪽.

180) 『평안북도인민위원회사법국사업보고서 1946년 4월』, 和田春樹, 앞의 논문, 13쪽에서 인용.

181) 『강원도검찰소사업보고서 1946년 4월 20일』.

인민공화국이 가장 강력한 '공산주의그룹'이고, '소비에트정치운동'과도 일정한 관련을 가지고 있다고 평가하고 있었다.182) 미군에게 한반도 안에서 협상 상대는 소련군밖에 없었다. 소련군 측도 북조선 지역의 인민위원회에 행정을 맡기고 있기는 해도, 남조선의 인민공화국을 인정한 것이 아니었다. 앞에서도 서술했듯이, 미군 측은 석탄이나 생활필수품의 교역·철도·통신·해운의 재개 등과 관련하여 소군정과의 교섭을 집요하게 요구하고 있었다. 11월쯤 미군 측은 북조선의 식량부족 사태를 예상하여 소군정과 협상 내용에 남조선으로부터 미곡 제공을 포함시키고 있었다.183) 일절 교섭에 응하지 않던 소군정이 처음 반응을 보인 것은 12월 23일 소련부영사 콘스탄치노프가 미군 측 요구에 답하여 트럭 2대분의 화학제품을 평양에서 날라 온 일이다. 그는 추가적인 교역의 가능성도 암시하였다.184) 소련 측의 태도 변화는 12월 23일 모스크바 3상회의 개최와 관련되어 있었다고 여겨지지만, 식량부족 상태를 방치할 수는 없다고 판단하여 물자교역을 위한 교섭에 나서려고 했을지도 모른다.

<별표> 각 도별농민조합현황(1945년 11월)

도연맹	군자부	면지부	마을부락반	가입자수
전라남도	14	110	3,019	369,414
전라북도	12	103	2,075	301,645
경상남도	15	182	1,877	459,759
경상북도	17	127	2,598	275,913

---

182) 11월 25일자 "Lieutenant General John R. Hodge to General of the Army Douglas MacArthur at Tokyo", *FRUS*, 1945, Vol. VI, pp.1133~1134.

183) 4~5백만 부셸의 미곡을 제공할 수 있다고 어림하고 있었다. 1945년 11월 3일자 "The Secretary of State to the Ambassador in the Soviet Union (Harriman)", 12월 27일자 "The Acting Political Adviser in Korea (Beninghoff) to the Secretary of State", *FRUS*, 1945, Vol. VI, pp.1108 · 1151~1152.

184) 12월 25일자 "The Acting Political Adviser in Korea (Beninghoff) to the Acting Political Adviser in Japan (Atcheson), *FRUS*, 1945, Vol. VI, pp.1148~1149.

도연맹	군자부	면지부	마을부락반	가입자수
충청남도	12	97	1,890	212,563
충청북도	6	57	1,750	116,978
경기도	15	134	3,239	193,549
강원도	21	179	1,857	175,852
황해도	17	227	981	204,277
평안남도	14	140	1,640	173,545
평안북도	19	178	1,600	179,424
함경남도	15	135	1,979	450,746
함경북도	11	76	783	199,532
계	188	1.745	25,288	3,222,937

출처 : 『조선해방연보』, 167쪽.

4 소 결

　해방 직후 북조선에는 일제의 항복에 따른 권력의 공백을 아래로부터 자발적으로 생겨난 "느슨한 인민위원회체제"가 메우고 있었다. 소련 점령정책의 목표는 일찍부터 북조선에 한정된 정권조직을 만들어 내는 것이었다. 소련군은 기본적으로 권력의 폭력적 부분을 장악하면서, 그 밖의 행정은 인민위원회에 맡길 수 있었다. 일종의 '이중권력' 상태였다고 할 수 있다. 북조선행정10국이 만들어지고 나서 위로부터 부문별 통제가 개시되었지만, 각도 인민위원회의 지역적 독립성이 유지되고 있었다. 행정체계는 도·시·군·면 단위까지 정비되고, 리 차원에서는 촌락의 공동체적 자율성이 살아 있었다. 정치적으로는 민족주의자 조만식을 수반으로 하는 공산주의자와 우익민족주의자의 연립시대였다. 산업부문에서 일본인 소유이던 대부분의 중요기업, 공장은 인민위원회가 접수하였으나, 실질적으로는 해당 '공장위원회'의 자치 아래 놓여져 있었다. 농촌에서는 농민조합이 '농민위원회'로 발전, 지방인민위원회와 함께 일본인 소유의 관개시설이나 토지를 관리하였다. 농민위원회에는 빈농뿐 아니라, 지주, 부·중농층까지 포함되어 있었다.

　해방 이후 남북의 공산주의자를 포함해서 어떤 정치세력도 미소의 분할점령이라는 현실을 극복해 낼 수는 없었다. 1945년 10월 13일 공산당북조선분국이 창립되어 공산주의자의 지역적 분립이 개시되었다. 분국 창립에는 소련 점령당국의 의사가 크게 작용하였으며, 이를 주도한 것은 김일성을 중심으로 한 빨치산 그룹, 소련군 점령요원으로 북조선에 온 소련계 공산주의자, 북조선 내부에서 이에 호응한 일부 국내 공산주의자 그룹들이었다. 이에 대하여 서울의 조선공산당 중앙의 노선을 지지한 국내 토착 공산주의자들이 저항하였으나, 김일성은 서울의 박헌영과 북조선 내 토착 그룹과 타협을 통하여, 분국이란 형태로 독자의 공산당 조직 창설을 관철시킬 수 있었다. 10월 19일 북조선만의 행정기구로 북조선 행정10국이 조직되고, 서울의 조선공산당중앙이 주도한 '조선인민공화국'도 실질적으로 1945년 11월 20일 스스로 '나라'의 간판을 내리게 되며, 관할 범위도 남조선에 한정되었다. 대중단제 쪽은 서울중앙의 헤게모니가 더 강했으나 점차 남북조선을 경계로 분리되어 갔다.

분국은 각도 공산당조직의 연합형태로 만들어졌고, 자체의 역량은 대단한 것이 아니었다. 분국 창립 이후 북조선의 공산주의자는 서울중앙 지지자와 북조선 독자노선 지지자 사이의 갈등이 심하고, 각지 지방조직의 독자성도 강했기 때문에, 당내 통제는 매우 곤란하였다. 전체적으로 인민위원회나 대중단체 내 좌익세력은 강했으나, 분국의 내적 갈등이나 대중성 결여 때문에 이들 조직을 통제할 수는 없었다. 신의주사건을 계기로 김일성은 귀환한 연안계와 증강된 소련계의 지지를 얻어 1945년 12월 17일 분국 제3차 확대집행위원회에서 책임비서에 취임하여 북조선 당조직의 중앙집권화를 추진하여 갔다. 김일성의 빨치산파를 비롯하여 연안계, 소련계 등 해외 출신 공산주의자들은 국내 출신 공산주의자들에 대하여 김일성의 강력한 지지 세력이 되었다. 하지만 1945년 말 당시 조선민주당에 비하면 공산당의 당세는 그리 크게 성장하지 못하였으며, 여전히 자체의 독자성을 유지하고 있던 북조선 각 지역의 당 조직이나 인민위원회 조직에 대한 통제력에도 한계가 있었다.

북조선 당조직의 중앙집권화와 병행하여 김일성은 북조선 지역을 단위로 한 통일전선을 조직하기 시작하였으며, 이는 남조선 사회단체의 영향력이 상대적으로 약한 부문부터 이루어졌다. 남조선의 전평, 전농의 강력한 헤게모니하에 있던 노동자, 농민 조직보다 청년단체, 여성단체로부터 북조선 독자의 조직이 추진되었다. 이와 더불어 공산당분국과 유사한 형태로 서울의 중심성을 인정하는 방식으로 북조선 지역을 단위로 한 노동자, 농민단체의 결성도 진행되어 갔다. 또한 노동조합과 다른 성격을 갖는 '직업동맹'이란 명칭의 노동 단체도 교원직업동맹을 시발로 조직되기 시작하였다.

한편 1945년 가을부터 남조선 지역의 식량부족 사태에 직면하여 전통적으로 남조선에서 식량공급의 상당 부분을 의존하던 북조선의 식량사정은 극도로 악화되고 있었다. 여기에는 북조선 점령 소련군이 주둔지인 각도에서 자체적으로 식량조달을 하고 있었던 것이 크게 작용하였다. 남조선의 미군 측과의 협상을 계속 거부해 오던 소련군 측은 1945년 말 물자 교역을 위한 협상에 응하였으나, 미국 측이 식량 제공을 할 여유가 없음을 알게 되자, 미국과의 협상을 중단하였다. 북조선5도행정국이 만주 지역에서 식량을 구입하기 시작함에 따라 남북 간 식량을 통한 경제적 연계는 단절되어 갔다.

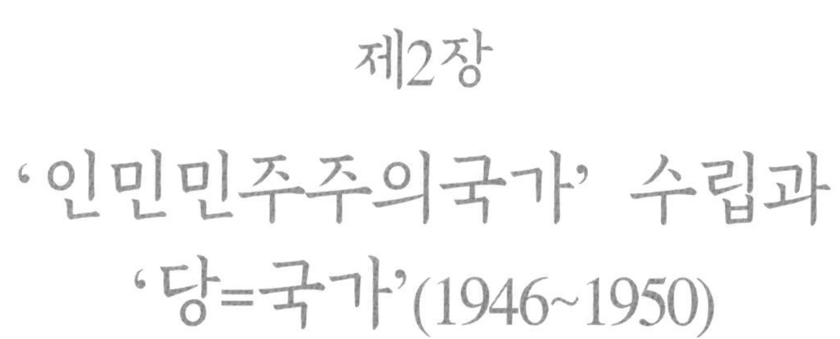

제2장

'인민민주주의국가' 수립과 '당=국가'(1946~1950)

1   중앙집권화와 당의 성장

1) 북조선임시인민위원회의 수립

1945년 12월 28일 모스크바 3상회의 결정의 발표가 조선에 전해지면서 해방 후 정치정세는 새로운 전기를 맞이한다. 모스크바 3상회의의 결정은, 미국이 제안한 10년 이내의 '신탁통치안'에 대하여 소련이 신탁통치의 형식을 유지하면서 그것을 내용적으로는 '조선임시정부 수립안'으로 바꾼 것이었다.[1] 5년 이내의 신탁통치 실시라는 조건은 있지만 그 핵심은 오히려 조선임시정부를 즉시 수립한다는 것, 그를 위해 '미소공동위원회'를 열어 조선 내 민주주의 제 단체와 협의한다는 것에 있었다. 그러나 회의 결정을 받아들이는 문제와 관련하여 우파는 '신탁통치안'이라 해서 반대하고, 좌파는 일종의 '후견제하의 임시정부안'이라 해석하여 지지로 돌았다. 격렬한 '찬탁', '반탁'의 대립 속에서 반탁(신탁통치반대)운동은 미군정의 지원 아래 '반소·반공'운동으로 변질해 간다. 이미 남조선에서 실질적인 통치기구 수립 구상을 가늠하고 있던 미군정은 국면의 전환에 맞추어 이승만과의 협력하에 2월 15일 반탁운동의 중심조직체를 정권 수립의 모체로서 '민주의원'에 통합하는 데 성공하였다.[2]

---

1) 모스크바 3상회의와 신탁통치문제에 관해서는, 최상룡, 『미군정과 한국민족주의』, 나남출판사, 1988 ; 이완범, 「한반도신탁통치문제 : 1943~46」, 『해방전후사의 인식 3』 ; 和田春樹, 「ソ連の 朝鮮政策 : 1945年 11月~1946年 3月」, 『社會科學硏究』 第33卷 第6號, 1982년 3월을 참조.

2) 이미 11월 20일 시점에 서울의 정치고문 랭던은 국무장관에게 신탁통치구상에 회의를 표명하고, 귀국한 김구의 임정세력을 중심으로 하여 남조선만의 단독정권을 의미하는 '통치위원회 The Governing Commission'을 만들게 하는 안을 제안하고 있었다. 이에 대하여 국무성은 소련이 동의할 수 없는 통치위원회의 구상을 도입하기보다 소련과의 교섭을 우선시하는 정책을 취하여 모스크바 3상회의에

1945년 11월 이후 이승만, 김구 등 우익민족주의자와의 합작을 꾀하다가 실패했던 좌익 측은 신탁통치 문제를 계기로 '좌우통일공작'이 불가능하다고 판단, 좌익계 정당·사회단체를 결집하여 대응하였다. 이미 '인민공화국노선'을 추진하면서 좌절을 맛본 박헌영의 조선공산당은 남북의 좌익세력을 망라한 통일전선조직체를 만들어 냄으로써, 서울중앙의 헤게모니 아래 조선임시정부 수립에 임하려고 했다. 1월 18일 '민주주의민족전선'의 결성을 발표하고, 31일 김일성, 김두봉, 한빈, 최용건, 김책, 강기덕, 최창익 등 7명의 북조선 지도자를 포함한 24명의 준비위원을 결정했다.3) 그러나 남북조선을 망라한 전국 통일전선체가 남조선 공산주의자의 주도하에 결성되는 것은 분할점령의 반을 맡고 있는 소련점령군도 용인할 수 없는 일이었다. 박헌영으로서는 또 한번 분할점령이라는 현실에 부딪치는 결과가 되었다. 만주파와 연안계도 박헌영의 헤게모니를 받아들이지 않았다.4) 2월 1일부터 시작된 준비위원회 회의에 한빈, 강기덕 이외에 북의 지도자는 참석하지 않았다.5)

이미 북조선에서도 새로운 상황이 전개되고 있었다. 1945년 11월 말 시점에 북조선 주둔 소련군은 토지개혁을 위한 준비작업을 개시하고 있었다. 1945년 12월 말 시점에서 소련 극동군은 북조선 독자의 정권기관 창설과 토지개혁을 구체화하는 구상을 하고 있었다.6) 당초부터

임했지만, 결과적으로 남조선 정세의 변화는 랭던의 안이 실현된 모습이 되었다. 11월 20일자 "The Acting Political Adviser in Korea (Langdon) to the Secretary of State", FRUS, 1945, Vol.Ⅵ, pp.1131~1132, Bruce Cumings, *The Origins of the Korean War : 1945~1947*, Prinston U.P. 1981, pp.184~187 ; 和田春樹, 앞의 논문, 73~77쪽.

3) 『해방일보』 1946.2.6, 『민주주의민족전선대회회의록』, 조선정판사, 1946, 19~20쪽.

4) 和田春樹, 「解放前後史硏究の視覺と課題」, 『朝鮮史硏究會論文集』第24號, 1987.3, 16~18쪽.

5) 『민주주의민족전선대회회의록』, 20~21쪽.

6) 로마넨코, 「북조선의 토지개혁에 대한 제안」 1945.11.30, 국방성문서관, 민정국 폰드, 목록 433847C, 문서철 1, 216~218쪽 ; 쉬킨, 「북조선의 정치정세에 대하여」 1945.12.25, 대외정책문서관, 폰드 013, 목록 7, 파일 4, 순서 46, 12~13쪽. 이 부분에 대해서는, 본 장의 제6절의 1에 나오는 토지개혁에 관한 서술을 참조할 것.

스탈린의 지시나 북조선 주둔 소련군의 방침은 북조선 지역에 자신의 이익을 보장해 줄 독자적 질서를 구축함으로써 한반도 전체의 통일정부 수립의 토대로 삼는다는 것이었다. 그것은 행정상 필요도 작용하여 느슨한 형태의 5도행정국으로 가시화되었다. 그러나 이 시점에 와서 소련은 남조선 지역 우익 세력이 소련의 개입을 인정해야 한다는 점에서 미소 간의 합의를 통한 통일정부 수립을 지지하지 않을 것이란 판단을 내리고 있었다. 또한 신의주 사건을 겪고 나서 북조선 지역 정세에 대해서도 공산당을 비롯한 좌익의 우세를 낙관할 수 없는 상황이었다. 이러한 정세 인식은 12월 김일성의 분국 책임비서 취임에 이미 반영된 바 있다. 따라서 소련 주둔군은 북조선 지역을 단위로 정권기관을 만들려는 계획을 더욱 구체화시켜 가게 된다. 다만 9월 20일자 스탈린의 지시보다 한 발 더 나아간 것은 좀더 근본적인 개혁 조치를 통하여 대중의 지지를 확보함과 동시에 우익 세력의 경제적 기반을 해체하고, 이를 통일정부 수립의 강력한 물적 토대로 기정사실화한다는 데에 있었던 것이다.7) 물론 이미 소련이 분단정부 수립으로 방향을 정한 것은 아니며, 어디까지나 미소 협조를 통해 통일정부 수립에 임한다는 기조는 유지하고 있었다. 소련은 38도선 이북 지역에 자기 이익을 보장해 줄 정권기관 설립을 원하면서도 미국과 협조 기조를 깨는 데에는 큰 부담을 느끼고 있었다.8)

　　1946년 1월 2일 공산당북조선분국 책임비서 김일성, 전평북조선총국 위원장 현창형, 평남농민위원장 이관엽, 여성동맹위원장 박정애, 민

---

7) 김성보, 앞의 책, 125쪽.

8) K. Weathersby, Soviet Aims in Korea and the Origins of the Korean War, 1945~1950 : New Evidence from Russian Archives, *Cold War International History Project Working Papers* No.8, pp.20~22. 웨더스비는 북조선 지역을 단위로 한 정권 창출을 원하면서도 미소 간의 협조를 유지해야 한다는 소련의 딜레마를 해결해 준 것은 우익 세력의 완강한 신탁통치 반대 입장이었다고 한다. 그리고 이 해결은 서울의 조선공산당이 신탁통치 반대에서 모스크바 3상회의 지지로 선회하도록 함으로써 실현된 것이라고 한다. 이는 조선공산당이 한반도 전체를 시야에 둔 통일전선을 지향했던 계획을 포기해야 하는 것을 뜻하였다.

주청년동맹위원장 방수영, 조선독립동맹 대표 김두봉의 연명으로 「조선에 관한 모스크바삼국외상회의 결정에 대한 북조선 각 정당·사회단체의 공동성명서」가 발표되었다.[9] 모스크바 3상회의 결정을 환영한다고 한 다음, "우리는 제민주주의정당과 단체 또는 전 조선의 모든 진정한 애국주의자들과 민주주의자들을 망라한 민주주의적 민족통일전선을 결성하자고 주장한다. 이 통일전선의 기초 위에서 조선의 민주주의적 임시정부가 수립되어야 할 것이다"라고 호소했다. 1월 3일에는 북조선행정국장회의가 열려 행정10국장과 사법국 부국장의 11명 연명으로 같은 취지의 지지성명을 발표했다.[10] 그러나 민주당의 조만식은 모스크바결정을 받아들이기를 거부하여, 평안남도 인민위원장직을 사임한 뒤, 소군정에 의해 연금되어 버렸다.[11] 공산당분국과 민주당과의 통일전선은 실질적으로 파탄하였다. 이후 조만식 이외의 민주당지도부는 거의 남조선으로 도피하는 길을 택했다.

북조선의 지도자들은 본격적으로 남조선과 독자적인 움직임을 보이고 있었다. 1월 29일 공산당분국 책임비서 김일성, 독립동맹 주석 김두봉, 조선민주당 부당수 최용건, 전평북조선총국 위원장 현창형, 여성동맹위원장 박정애, 조소문화협회 부위원장 황갑영, 민주청년동맹북조선위원회 위원장 김욱진, 평안남도 인민위원장 홍기주, 민주당 평양시위원회 부위원장 강량욱, 조선농민조합북조선연맹 준비위원장 이관엽 등 북조선 제정당·사회단체 대표자 10명은 「타스통신의 보도를 보고 전조선동포에게 격하는 각 정당, 사회단체의 공동성명」을 발표했다. "위대한 소련이 과연 우리의 가장 친근하며 청렴한 벗으로 되어 있으며 또는

---

9) 『정로』 1946.1.3, 『미소공동위원회에 관한 제반자료집(증보판)』, 북조선민주주의민족통일전선중앙위원회서기국편(평양), 1947, 13~15쪽.

10) 사법국부국장은 최용달이다. 『정로』 1946.1.3 『해방일보』 1946.1.21.

11) 민주당의 3상회의결정에 대한 반대와 소군정의 대응에 관해서는, 和田春樹, 「ソ連の朝鮮政策: 1945年11月~1946年3月」, 81~88쪽을 참조. 1월 22일 평안남도인민위원장에는 민주당 소속의 목사 홍기주가 취임하였고, 2월 24일 민주당 당수에는 부당수 최용건이 선출되었다. 『해방후 4년간 국내외중요일지』, 7쪽.

벗으로 되고 있음을 조선민중은 또 다시 확신하게 되었다… 그것은 자기의 일생을 민족들의 해방을 위하여 투쟁한 위대한 스탈린이 소련의 영도자인 까닭이다… 소련의 무장적 방조가 없었다면, 우리가 일본의 노예의 기반 밑에서 해방될 수 없었으며, 또 우리가 현재나 가까운 장래에 소련의 경제문화적 방조가 없이는 빠른 속도로서 발전될 수 없다"고 강조하고, "북조선의 인민들은 모스크바 3상회의 결정을 지지한다… 조선민중은 민족의 반역자들과 기만자들을 따라가지 않을 것이다. 조선인민은 자유스럽고 민주주의적이고 독립적인 조선을 창설함에 방해하는 반역배를 소탕할 것이다"라고 선언하였다.12) 조만식의 과거 '친일경력'을 폭로하는 선전이 전개되며 조만식은 남조선의 이승만, 김구와 함께 '민족반역자'로 간주되어 갔다.13) 1월 31일 아직 준비위원회였던 조선농민조합북조선연맹의 결성대회를 마지막으로 노동자, 농민, 청년, 여성 등 북조선의 사회단체는 모양을 갖추어 북조선 지역의 통일전선체를 만들기 위한 조직적 기반이 갖춰지게 되었다. 그러나 각 도인민위원회는 통일된 움직임을 보인 것이 아니었다. 평안남도 인민위원회는 민주당 측 반대에 부딪쳐 조만식을 배제하는 강제조치를 통해 위기를 간신히 넘겼으나, 다른 인민위원회의 경우 1월 27일 황해도인민위원회에서 3상회의 지지성명을 낸 이외에 아무런 반응이 나오지 않았다.14) 다른 인민위원회에 비해 황해도인민위원회는 가장 우파가 강했던 지역이란 점에서 문제는 신탁통치의 지지, 반대 여부가 아니었다. 3상회의 결정을 지지하더라도 남조선의 민주주의민족전선과 행동을 함께할 것인가, 북조선 지역 독자의 움직임에 가세할 것인가의 문제를 둘러싸고 갈등이 생긴 것이다.

우선 지금까지의 흐름을 보는 한, 북조선 독자의 통일전선체를 만들

---

12) 『정로』 1946.1.31, 『미소공동위원회에 관한 제반자료집(증보판)』, 20~23쪽.

13) 林哲, 「解放直後の北朝鮮における『民主基地論』」, 『朝鮮史硏究會論文集』 第31號, 1993.10, 72쪽.

14) 『해방후 4년간 국내외중요일지』, 23쪽.

어 대응하는 것도 하나의 방법일 수 있겠지만, 북조선임시인민위원회, 즉 행정조직, 정권기관의 창설이라는 모습으로 나타난 것은 각 도인민위원회를 하나로 묶어 낼 필요성이 제기되었기 때문이다. 또한 남조선에서 전국적 조직을 자임하는 통일전선체가 만들어지는 이상, 똑같이 통일전선체의 모습을 갖추어 대응하는 것도 북조선의 독자성을 주장하는 데 적합지 않았을 것이다. 더욱이 북조선 각 지방에서 소련의 후원하에 나름대로 안정된 질서를 구축하고 있던 인민위원회는 중요한 자산이었다. 그리하여 북조선의 공산주의자는 남조선과 정반대의 코스를 밟은 것이다. 남조선의 공산주의자가 인민공화국 간판을 버리고 통일전선체로 대응한 데 대하여, 북조선 측은 먼저 통일전선체를 만드는 순서를 밟지 않고 일거에 통일전선체로서의 성격을 겸한 정권기관을 만들어 나갔다. 결성 직후에 임시인민위원회에 대한 위치 부여를 둘러싸고 혼란이 생긴 것은 이러한 형태상의 문제 때문이기도 하였다.

거기에는 미소 간의 협의에 앞서 북조선만의 정권적 조직을 만들어 내 기정사실화한다는 소련의 의도와 함께 북조선의 내부사정도 작용하고 있었다. 앞에서 서술했던 것 같이, 그것은 심각한 식량부족 사태였다. 1945년은 대풍작이었음에도 불구하고, 원래 곡창지대는 남조선이고 북조선만으로는 식량자급이 어렵다는 기본조건에다 소련점령군이 식량을 현지조달하고 있던 것이 사정을 더욱 악화시켰다.15) 이미 이 문

---

15) 공산당의 내부 공식문서도 이 점을 인정하고 있다. 「조선공산당 평남도 제1차 대표대회 보고연설」, 『조선공산당문건자료집』, 68쪽. 서울 주재 소련영사관원도 소련 내 식량사정 때문에, 소련군의 식량을 현지에서 조달하지 않을 수 없었음을 인정했다고 한다. Intelligence Summary Northern Korea, 18 February 1946, p.6. 당시 미군정보보고서에 따르면, 소련군의 병력 규모를 약 20만 명 이상으로 추정하고 있었다. Intelligence Summary Northern Korea, 1 December 1945, p.5. 시기적으로 나중에 나온 정보에는 약 4만 명이었다는 설도 있다. US. Department of State, North Korea …, p.12. 그러나 4만 명 정도의 병력이었다면, 식량문제가 생길 리가 없었다. 한 연구는 소련군 제25군의 총병력을 약 10만으로 추정하지만, 이 병력이 전부 북조선에 진주하였는지는 확정하지 않았다. Erik Van Ree, *Socialism in One Jone : Stalin's Policy in Korea*, Berg, 1989, p.53. 어쨌든 소련군의 진주 병력 규모에 관한 공식통계는 존재하지 않는다.

제는 1945년 10월 5도대회 때의 첫째 의제였고, 12월 전국농민조합총
연맹결성대회에 참가한 북조선 대표들은 이 문제의 해결을 필사적으로
호소하고 있었다. ‘식량성출운동’이 전개되어 일제시대의 곡물수집기구
에 의존하지 않을 수 없는 상황이 소성뇌었나.16) 그러나 권위를 가진
중앙행정기관이 존재하지 않는 상황에서 식량성출 실적은 전반적으로
좋지 않았다.17) 각 도인민위원회는 도 바깥으로 곡물 반출을 엄금하게
되고, ‘지방주의’가 큰 문제로 대두되었다.

　　그런데 식량사정은 북조선뿐 아니라 남조선에서도 발생하고 있었
다.18) 1945년 가을의 추수는 국내 소비량 이외에 1백만 석을 수출할
수 있을 정도로 대풍작이었다. 일제 때의 가격통제 대신에 10월 미군정
이 도입한 곡물자유시장체제에서 야기된 지주독점의 시장체제 아래 남
조선에서는 투기, 매점, 인플레가 횡행하게 되었다. 특히 1945년에는
미곡수확량의 4분의 1이 일본으로 밀수출되었다.19) 1946년 2월 급기
야 미군정은 미곡의 자유매매를 취소해 배급제를 실시한다고 발표하지
만, 실제 배급량은 전쟁 말기 배급량의 반밖에 되지 않았다. 미군정은
식량위기를 해결하기 위하여 일제시대의 미곡수집체제를 부활시켰다.
1945년 11월에는 일제 당시의 동양척식회사가 부활해 신한공사로서
업무를 수행하기 시작하고, 1946년 1월에는 마을 유지와 시·군·면의
관리, 경찰로 구성되는 지역위원회에 미곡수집 권한이 맡겨졌다. 농민
할당을 통해 강제수집이 강행되었다. 남조선에는 ‘식량조달위기’가, 북

---

16) 해방 후 북조선에서도 식량문제를 해결하기 위하여 일제의 식량수집기구이던
　　‘식량영단’을 계승한 ‘식량관리국’을 설치, ‘성출미’의 입고·출고·배급할당을
　　취급하고 있었다. 이 기구는 1946년 5월 폐쇄되었다. 북조선임시인민위원회 결정
　　제18호 「북조선임시인민위원회의 식량관리국 폐쇄에 관한 결정서」, 『북한관계
　　사료집Ⅴ』, 317쪽.

17) 북조선의 주요 곡창지대인 평안남도도 12월 20일경 곡물수매 실적은 예정량의
　　20%에 지나지 않았다. 「조선공산당 평남도 제1차 대표대회 보고연설」, 앞의 책,
　　68쪽.

18) 남조선의 식량문제에 관해서는 Bruce Cumings, op. cit, pp.201~209.

19) 전농 결성대회에서도 각 도 대표는 이 문제를 우려하고 있었다.

조선에는 '식량위기'가 발생한 것이다.

1월 16일부터 2월 5일까지 개최된 미소공동위원회 예비회의에서 미소 양군 대표 사이에 이 문제는 가장 중요한 쟁점으로 제기되었다. 그러나 회의 직전인 12월 27일 서울의 정치고문 베닝호프는 국무장관에게 보내는 서간에서 "현시점에서 가령 1945년의 작황이 좋았다고 해도, 얼마간의 미곡이라도 보낼 수 있다는 전망은 전혀 없는 상태이다"라고 보고했다.[20] 이미 이 시점에 남조선의 식량사정은 심각한 위기에 처하여, 당초 소련에 미곡을 제공하려 한 계획을 취소하고 회담 의제에서 배제하지 않을 수 없었던 것이다. 단지 식량사정 악화에 대해 거론한 이유에 미군정의 정책 실패는 포함되지 않았다. 북조선의 식량 사정에 관해서는 소련군이 "상당수의 병력을 북조선에 주둔시키고 있고, 현지에서 조달하여 생활하고 있기 때문에, 가까운 시기에 지역 내에서 식량부족 사태를 일으킬 것이다"라고 예측하면서, 소련 측이 미국 측에게 미곡을 확보하는 데 관심을 가질 것으로 보고 있었다.

미군 측 예측대로 회담에서 소련군 대표 슈티코프는 현물 바터 방식에 따라서 북조선의 전력·석탄이나 원자재 및 다른 상품과의 교환조건으로 남조선에 미곡을 요구하고, 미곡이 보내지지 않는 한 어떠한 상품의 교역에도 응할 수 없다고 주장하였다. 미군 측은 미곡을 인도하는 것이 불가능한 상태라고 답하여 교역문제는 결렬되었다.[21] 미군대표단은 경제교류 문제가 해결되기 이전에는 일절 정치문제의 교섭에 들어가지 않는다는 방침을 가지고 회담에 임하고 있었다.[22] 회담에서 미군 측은 "가능한 한 최대로 영토를 개방시키고 교통이나 공공사업 같은 중요시설을 통합하여, 단일의 행정체계로 통합한다"는 방향에서 임하였고, 소

---

20) 1945년 12월 27일자 "The Acting Political Adviser in Korea (Beninghoff) to the Secretary of State", *FRUS*, 1945, Vol.Ⅵ, pp.1151~1152.

21) Intelligence Summary Northern Korea, 5 February, p.2, 18 February 1946, p.1.

22) 1946년 1월 22일자, "General of the Army Douglas MacArthur to the Joint Chiefs of Staff", *FRUS*, 1946, Vol.Ⅷ, p.613.

련 측은 "따로 분리되어 있는 두 개의 군사적 책임지역 간의 교류와 조정의 문제"라고 하여 대응하였다.[23] 예비회담은 한정된 범위에서 교통, 일반인의 통행, 우편물의 교환에만 합의하고 폐회되었다.

미군 측은 예비회담 후 "소련이 최소한 조선의 북반부에 내하어 징기적 점령을 기도하는 것은 분명하다 … 소련은 영토를 개방시켜, 조선을 하나의 경제·정치적 단위로 취급하고자 하는 미국 측의 모든 노력에 반대하는 것이 분명하다"라고 분석했다.[24] 그러나 북조선 지역에서 구하는 식량문제 해결에 미군 측이 전혀 대응할 수 없었던 것은 미군정 농업정책의 실패를 소련 측에 강하게 인상지우는 계기가 되었다. 소련 측은 교역문제의 결렬을 계기로 식량문제를 남조선에 의지하지 않고 북조선 지역만으로 해결할 수 있는 근본적 조치를 강구하게 되었다고 생각된다.

이렇게 "미소공동위원회로 임하는 소련의 전략, 박헌영의 서울중앙에 대항하는 북의 공산주의자의 입장, 북조선 내부의 사회정치 상황이 삼중으로 작용"하여 북조선임시인민위원회를 결성하기 위한 준비작업이 추진되어 갔다. 북조선의 공식 견해에 따르면, 2월 초 각 민주주의 정당·사회단체 대표들을 중심으로 발기위원회가 조직되었다.[25] 김일

---

23) 회담 경과에 관해서는, 1946년 2월 15일자 "The Acting Political Adviser in Korea (Beninghoff) to the Secretary of State", FRUS, 1946, Vol.Ⅷ, pp.633~636, Intelligence Summary Northern Korea, 5 February 1946, pp.1~5, 합의문의 전문은, Intelligence Summary Northern Korea, 18 February 1946, pp.8~12. 미군 측은 38도선을 개방하여 교통과 공공시설을 단일 행정체제에 통합하는 일종의 기능주의적 통합전략에 기초해 있고, 소련 측은 군사적으로 별도로 분리된 양 통치지역 간의 정치적 교섭과 교류의 문제로 취급하고 있었다.

24) 1946년 2월 15일자 "The Acting Political Adviser in Korea (Beninghoff) to the Secretary of State", FRUS, 1946, Vol.Ⅷ, p.636.

25) 1946년 2월 초에 "각 민주주의정당, 사회단체 대표들을 중심으로 북조선 중앙행정기관 창설을 위한 발기위원회를 조직하고 준비사업을 진행하였다"고 설명한다. 홍진규, 「북조선임시인민위원회의 창건을 위한 당의 투쟁」, 『근로자』 1958.3, 110쪽. 이 발기위원회의 존재를 중시하는 국내 연구로는 김광운, 앞의 책, 261·264쪽.

성은 2월 6일 임시인민위원회 창립을 위한 연설에서 "중앙행정기관, 즉 북조선임시인민위원회 조직에 대한 의견을 누구보다도 먼저 민주주의적 제당과 기타 사회단체들의 지도자들이 제출"하고, "이 목적으로 정당들과 사회단체들의 지도자들이 발기부를 조직"하여 "발기부의 의견을 소련군사령관에게 진정한 결과에 반의가 없을 뿐 아니라 환영"했다고 설명하였다.26) 이는 대외적으로는 소련군의 정책보다도 북조선 내부의 견해가 이니셔티브를 취했음을 강조하기 위함이었다.

1946년 2월 7일 북조선의 정당·사회단체 간부, 도인민위원회 위원장, 행정국장 등 32명이 모여 북조선임시인민위원회 결성에 합의하게 된다.27) 이 회의는 다음날인 2월 8일 회의에 대한 예비회의의 성격을 지니고 있었다. 이 회의에서 김일성은 북조선 지역의 지방자치기관과 경제, 정치, 문화생활의 지도개선 및 북조선임시인민위원회 결성의 필요성에 관한 보고를 하였다. 임시인민위원회 결성에 관한 결의가 채택되고 과제 토론과 결의 채택이 이루어졌다. 오기섭의 제안에 따라 이 회의 참석자들은 "제기된 문제들을 충분히 토의 결정하기 위하여 제 정당, 제 사회단체, 5도행정국, 북조선 각 도인민위원회 대표들을 망라한 확대협의회를 1946년 2월 8일에 소집하고자 하오니 귀하의 허가"를 요청한다는 서한을 채택하였다. 소련군 정보 자료는 이 회의 참석자 명단을 범주별로 구분하여 상세히 작성하고 있다.28)

공산당(2) : 김일성, 오기섭

---

26) 『정로』 1946.2.10. 북조선의 공식 연구는, 2월 초에 "공산당을 비롯한 민주주의 정당, 사회단체 대표들로서 발기위원회가 조직되어 활동을 개시"하였다고 전하고 있다. 『조선전사』 제23권, 141쪽.

27) 和田春樹, 앞의 논문, 13쪽.

28) 「정당, 사회단체, 도-군인민위원회 협의회 자료」(노문), 국방성문서보관소, 민정국 문서군, 목록 106546, 문서철 7. 국사편찬위원회, 『제정당, 사회단체, 지방인민위원회 대표자회의 자료』(수집번호 : 0103014)에 수록. 자료에는 러시아어로 표기된 명단 외에 한글 및 한자로 필사한 명단도 수록되어 있다. 여기에서는 발음이 애매한 러시아어 표기를 한글 및 한자와 대조, 작성하였다.

민주당(2) : 홍기황, 강량욱
독립동맹(2) : 김두봉, 최창익
전평북조선총국(2) : 현창형(위원장), 박수갑(부위원장)
농민연맹북조선총국(2) : 강진건(위원장), 현칠종(부위원장)
북조선여성동맹(1) : 박정애(위원장)
북조선민주청년동맹(1) : 박일훈(부위원장)
종교단체(1) : ?(ТЕ ЧЕН-СУ)(가톨릭교회 부책임자)
조소문화협회(1) : 박선준(총무부장)
행정10국(10) : 최용건, 정준택, 리순근, 리봉수, 한동찬, 장종식, 조송
　　　　　　　파, 조영렬, 양태원(재판업무 고문), 한낙규(검찰업무 고
　　　　　　　문)
도인민위원장(6) : 홍기주(평남), ?(ПАК ЕН-ЕН)(평북), 도용호(함남),
박두환(함북), 김덕영(황해), 한영(강원도)
개인초청(2) : 최용달(사법국 부국장), 노응하(산업국 기획부장)

대표자 면면을 보면, 도인민위원회와 주요 사회단체를 망라하고 있
다. 하지만 신원이 불확실한 가톨릭교회 부책임자가 종교단체를 대표해
서 참석했다는 것은 조만식이 연금되고 민주당 지도부가 대거 월남한
데 따라 기독교 측의 동의를 얻기 어려웠기 때문일 것이다. 교통국장 한
희진, 보건국장 윤기녕은 병으로 불참했다고 적혀 있지만, 정치적 이유
는 아니었을 것이다.

다음날 2월 8일 138명이 참석한 본회의, 즉 '북조선 각 정당·사회
단체, 행정국 및 각 도·시·군인민위원회 대표 확대협의회'가 열려 북
조선임시인민위원회 수립이 정식으로 결정되었다.29) 8일 본회의에서
는 김두봉이 개회를 선언하고, 김일성이 「목전(目前) 북부조선 정치정
세와 북조선임시인민위원회의 조직문제에 관한 보고」를 하였다. 김일성
은 "북부조선의 행정상·인민생활상 절실히 요구되는 제 문제를 해결하
며, 모스크바 3상회의 결정을 실천에 옮기며, 민족통일전선의 기초 위

---

29) 『정로』 1946.2.10. 『해방후 5년간 국내외중요일지』, 27쪽 ; 『해방일보』 1946.2.26.
　; 和田春樹, 「ソ連の朝鮮政策 : 1945年 11月~1946年 3月」, 91쪽.

에 장차 세워질 민주주의조선임시정부 건설을 촉성하기 위하여 '북조선임시인민위원회' 수립의 필요성을 역설"하였다.30) 그러나 회의에서 채택된 결정서에는 "북조선의 일체 경제, 정치 및 문화생활의 향상과 민주주의적 지방행정기관의 지도사업을 개선할 목적으로 북조선 중앙행정기관으로 북조선임시인민위원회를 형성하기로 결정"한다고 표현되어, 모스크바회의나 민족통일전선과 관련성은 삭제되어 있었다.31) 김일성의 보고와 관련하여 격론이 오고 간 결과, 임시인민위원회가 갖는 중앙행정기구로서 성격만이 합의되었을 것이다. 더욱이 임시인민위원회 창설을 보도한『정로』2월 10일자 기사에서는 관련 부분이 포함되어 있으나, 같은 일자에 게재된 김일성 보고문 텍스트에는 빠져 있었다.32) 채택된 결정서의 내용에 맞추어 보고의 원문이 수정되어 게재되었다고 생각된다.33) 다만 같은 일자『정로』에 실린 김일성의 보고문 밑에는 "인민의 이익에서 출발하고 인민의 이익을 위하여 복무하는 인민의 정권을 수립하자!", "북조선의 굳건한 민족통일전선은 전국민족통일전선의 모범이 되며 그 기초가 된다", "북조선인민위원회 성립은 전국적 통일임시정부의 수립을 촉성하는 것이다", "먼저 북조선에 철저한 민주정치를 세움으로써 전국의 모범이 되자!", "전 세계 피압박민족의 지도자이며 그 위대한 영도자인 스딸린 대원수 만세!", "조선인민의 사랑하는 영웅이며 북조선임시인민위원회 위원장 김일성 장군 만세!" 등 구호를 담은 '표어'가 붙어 있었다. 이를 둘러싸고 복잡한 사정이 얽혀 있었음을 짐작할 수

---

30)「당면한 제 문제를 해결, 장건(將建)될 임시정부 촉성─정당, 사회단체, 행정국, 인민위원회 대표확대협의회에서 결정」,『정로』1946.2.10.『해방 후 5년간 국내외 중요일지』, 28쪽. '노획북한문서' 속에 있는 임시인민위원회의 성립을 전하는 삐라에도 같은 내용이 포함되어 있다고 한다. 林哲, 앞의 논문, 73쪽.

31)『정로』1946.2.10,『조선중앙연감(1950년판)』, 37~38쪽.

32) 김일성의 초기연설집에 들어 있는 당시의 보고 원문에도 중앙행정기구로서의 내용만이 포함되어 있다. 김일성,『중요연설집 : 민주주의인민공화국 수립의 길』, 1947, 4~14쪽.

33) 林哲은 서로 다른 두 개의 텍스트가 존재한다고 지적하고 있다. 앞의 논문, 73쪽.

있다.

이 대회와 관련해서 소련군 정보 보고서는 참석자들의 현직, 정당 소속 등을 상세히 담은 명단을 작성하고 있었다.34) 이 명단에 따르면, 모스크바 3상회의 결정 지지성명에 참가하시 잃있던 함경남도, 함경북도, 평안북도, 강원도 인민위원회 대표들도 다수 참석하고 있다.35) 이미 예비회의에 참석한 오기섭은 공산당분국 대표로, 정달헌도 함남인민위원회 대표로 참석하였다. 당연히 격론이 오갔을 것이다.

그런데 표어의 구호에는 임시인민위원회를 통해 김일성을 전 조선의 지도자로 내세우려는 의지가 담겨 있었다. 이와 함께 김일성의 보고나 결정서에서 가장 강조된 것은 친일파와 반민주주의 분자의 숙청, 다음으로 토지개혁의 실행이었다. 김일성은 일본제국주의와 민족반역자 및 조선인대지주들의 수중에 있던 토지와 삼림을 국유화하는 기초에서 토지를 농민들에게 무상분배할 것을 준비하여 실시할 것임을 밝혔다. 이 내용은 결정서에도 그대로 반영되었다. 소련주둔군뿐 아니라 임시인민위원회 결성 추진파들에게도 임시인민위원회의 최우선 과제는 토지개혁이었고, 이미 결성 시점에 예정된 스케줄이었다고 할 수 있다.

---

34) 「정당, 사회단체, 도－군인민위원회 협의회 자료」(노문), 국방성문서보관소, 민정국 문서군, 목록 106546, 문서철 7. 이 명단에서 러시아어로 표기된 이름들은 소속, 출신지 등에 대한 분류가 정확치 않으며, 철자도 잘못된 경우가 많다. 또한 한글, 한자 이름이 별도로 작성되어 있어 도움이 되지만, 다수가 소속이 적혀 있지 않다.

35) 파악이 가능한 이 지역 대표들은 다음과 같다. 함경남도－都容浩(함남인민위원장), 鄭達憲(함남인민위원회), 韓鴻庭(흥남시인민위원회), 韓雪野(〃), 崔進泰(노조함남 대표), 文錫九(함남인민위원회), 朴昌熙(흥남시인민위원회), 兪英基(〃), 韓英錞(노조함남 대표), 李華林(흥남시인민위원회), 柳榮俊(농위함남 대표), 徐精奎(〃). 함경북도－朴斗煥(함북인민위원회), 朴志成(〃), 黃錫鍵(〃), 金在水(함북성진인민위원회), 李鶴洙(함북인민위원회), 李柱鳳(〃), 裵明薰(노조함북 대표), 金禹贊(함북성진인민위원회). 강원도－한영(강원도인민위원장), 리학(강원도인민위총무부장), 황창갑(강원도인민위원회), 리겸렬(강원도농민위위원장), 최봉수(강원도인민위건설부장), 김○이(강원도철원군인민위원장), 림무산(강원도김화군인민위원장), 리기영(강원도인민위교육부장), 리윤필(노조강원도평의회위원장), 한홍조(강원도농총부위원장), 리병구(강원도○○군인민위부위원장), 오계윤(강원도통천군인민위원장).

회의 둘째 날인 9일에 임시인민위원회 위원 23명이 선출되었다. 그 멤버는 행정국장 9명(사법국장 최용달, 재정국장 이봉수, 교육국장 장종식, 농림국장 이순근, 보안국장 최용건, 산업국장 이문환, 교통국장 한희진, 상업국장 한동찬, 보건국장 윤기녕, 체신국장 조영렬만 제외), 정당 대표 6명(공산당 : 김일성·무정, 독립동맹 : 김두봉·방우용, 민주당 : 홍기황·강량욱), 사회단체 대표 6명(노동조합 : 현창형·강영근, 농민연맹 : 강진건, 여성동맹 : 박정애, 민청동맹 : 방수영, 문예동맹 : 이기영), 도인민위원회 대표 2명(평남인민위원회 : 홍기주, 황해인민위원회 : 김덕영)이었다.36) 이것은 통일전선 조직으로 보이게 하는 인선 내용이었다. 도인민위원회는 일부만이 대표되어 3상회의 지지성명을 낸 평안남도와 황해도만이 들어갔다.37) 말할 필요도 없이 정달헌, 오기섭 같은 국내계도 들어가 있지 않았다. 다만 사법국 부국장 최용달은 이때에 국장이 되어 있었고, 이순근도 농림국장으로 임시인민위원이 되었다. 다른 국내계와 달리 두 사람은 임시인민위원회 결성지지 입장을 취했기 때문일 것이다. 그런데 당시의 인선 내용에 대하여, 서울의 공산당중앙위원회 기관지『해방일보』는 정당·사회단체·도인민위원회의 대표를 제외하고 위원장·부위원장·서기장·행정국장 등 행정기구에 해당하는 간부 이름만을 보도하였다. 서울 공산당중앙의 착잡한 감정을 드러내는 자세였다. 조직구조상 이 23명의 임시인민위원회는 의결기구였다고 생각된다.38) 그러나 임시인민위원회는 위와 같은 통일전선적 성격을 띠는 의결기구와 중앙집권화를 추진하기 위한 강력한 행정집행기구의 두 부분으로 구성되어 있었다. 위원장 김일성(공산당), 부위원장 김두봉(독립동맹), 서기장 강량욱(민주당)이 선출되었으며, 최

---

36)『정로』1946.2.10.

37) 함경남·북도, 평안북도는 배제된 것인지, 스스로 보이코트한 것인지 확실치 않다.

38)『해방일보』1946.2.26. 의결기구로서 역할은 실제 크지 않았을 것이다.『조선중앙연감(1950년판)』,『조선중앙연감』(1949년판)에도 집행기구 외에 임시인민위원 23인의 인선 내용은 게재되지 않았다.

용달이 사법국 부국장에서 국장으로 승격하고, 산업국장의 정준택이 이문환으로 교체된 이외에 행정10국의 국장은 전원 유임되었다.39) 성립 당초 규약이 제정되었다고 추측되지만, 위원장, 부위원장, 서기장의 3인이 구성하는 상무위원회를 '최고책임기관'으로 한다는 것 이외에는 불명이다.40) 공산당과 독립동맹의 연립적 성격이 두드러진다고 할 수 있다.

결과적으로 임시인민위원회 결성은 2월 7~9일 3일에 걸친 회의 끝에 성사된 것이다. 특히 회의 개최를 둘러싸고 상당한 우여곡절이 있었음을 짐작케 하는 것은 임시인민위원회 결성 방침을 결정해야 할 공산당분국 집행위원회가 사전에 열리지 못한 사실이다. 김일성이 죽기 직전인 1992년 간행된 『김일성전집』 제3권에는 2월 5일 분국 "상무집행위원회"가 열려 김일성이 임시인민위원회 수립을 주장했다는 연설문이 수록되어 있다.41) 다만 상무집행위원회란 기구가 분국 내에 존재했는지는 당시 기록으로는 확인할 수 없다. 새로이 간행된 『김일성전집』에는 당의 공식회의로 확대집행위원회 외에 이 한 차례의 상무집행위원회와 한 차례의 부장협의회가 나올 뿐이다. 어떻든 임시인민위원회를 결성하기에 앞서 미리 분국의 최고의사결정기구인 확대집행위원회에서 결의하지 못했다는 것은 분명하다. 당내에 이견이 심했기 때문에 사전에 분국의 결의라는 절차는 피해갔을 것으로 추측된다.

그리고 이 7~9일 회의에 관한 소련군 문서를 보면, 소련군 민정국이 상당히 치밀한 준비계획을 세워 정당, 사회단체, 각 지방 인민위원회 대표들의 수송은 물론 이들의 숙박, 식사, 회의장 입장, 회의 진행, 경비, 차량 동원까지 관장했음을 알 수 있다.42) 회의 참가자들의 숙소는 소련

---

39) 和田春樹, 「解放前後史硏究の視覺と課題」, 17쪽.

40) 『조선인민보』 1946년 4월 12일자에, 행정사무가 확대되어 '최고책임기관'을 3명 제로부터 5명제로 변경했다고 하는 기사가 게재되었는데, 이것은 3명의 상무위원회가 새로운 규약에 의해 5명의 상무위원회로 바뀐 사실을 가리키는 것이라고 여겨진다.

41) 「북조선림시인민위원회를 수립할 데 대하여─북조선공산당 중앙조직위원회 상무집행위원회에서 한 연설 1946.2.6」, 『김일성전집』 제3권, 82~89쪽.

군 기관지 조선신문사 편집국 건물, 식당은 소련군 장교회관이었다. 당초 민정국 참모장 이그나토프 대좌가 작성하여 치스차코프 사령관의 허가를 요청한 계획서에는 김일성의 보고에 이어 민정국의 레베데프 소장이 연설을 하고 참가자들과 토의도 하기로 일정이 짜여져 있었으나, 확정된 계획에서는 소련군의 역할은 빠져 있다. 참석자들의 반응을 의식하여 검토 과정에서 김일성, 김두봉 등 조선인이 주도하는 내용으로 수정되었다고 여겨진다. 어떻든 이는 임시인민위원회 결성을 준비하고 이를 성사시키는 데 소련군이 깊이 개입했음을 보여 주는 증거가 된다.

　무엇보다도 참석자 면면을 보면, 도-시-군 인민위원회를 망라해서 참석시키기 위해서 소련군이나 추진파가 세심한 신경을 썼다는 것이 드러난다. 소련군 민정국이 집계한 통계에 따르면, 총참석자 138명의 소속별 숫자는 다음과 같다.43)

> 조선민주당-6명, 공산당-6명, 한국민주당-2명, 독립동맹-3명, 직업동맹(전평북조선총국)-10명, 농민동맹(전농북조선연맹)-12명, 여성동맹-6명, 민주청년동맹-5명, 종교단체-3명, 조소문화협회-2명, 도인민위원회-30명, 군인민위원회-22명, 시인민위원회-18명, 행정10국-12명, 개인자격-1명

　각 정당·단체의 대표는 거의가 책임자, 부책임자, 주요 간부 등을 중심으로 한 해당 조직의 지도부였다. 인민위원회에서는 함경남·북도, 평안남북도, 강원도, 황해도 등 북조선 6도 인민위원회의 지도부가 거의 망라되어 있으며, 군인민위원회는 해당 도의 주요 군 대표로 선정하고 있다. 시인민위원회는 평양, 진남포, 강계, 흥남, 원산 등 5개 도시 대표가 선정되어 있다. 이 회의 참석자들은 나름대로 당시 소련군 점령하에

---

42) 「정당, 사회단체, 도-군인민위원회 협의회 자료 1946.2.16」, 국방성문서보관소, 민정국 문서철, 목록 106546, 문서철 7, 72~75쪽, 국사편찬위원회, 『제정당, 사회단체, 지방인민위원회 대표자회의 자료』(수집번호 : 0103014).

43) 위의 자료, 33쪽.

서 형성된 인민위원회 질서를 대표하는 인물들이었다고 평가된다. 참고
로 소련군이 작성한 도인민위원회 대표 명단만을 보면 다음과 같다.44)

> 함경남도 : 도용호(공, 인민위원장), 김대봉(공, 산업부장), 문서구(공,
> 선전부장), 한설야 (공, 기관지주필), 장해우(공, 도검찰소장)
> 함경북도 : 박두환(공, 인민위원장), 박지성(공, 인민위부위원장), 이주봉
> (공, 보안부장), 이학수(무, 교육부장)
> 평안남도 : 홍기주(민, 인민위원장), 이주연(공, 인민위부위원장), 강천식
> (공, 인민위원), 김한근(공, 인민위원), 윤공흠(공, 인민위
> 원), 김명우(공, 인민위원회)
> 평안북도 : 박용엽(무, 인민위원장), 이원곤(공, 산업부장), 김상죽(무,
> 교육부장), 이황(공, 도검찰소장), 장지민(공, 보안부장)
> 황해도 : 김덕영(공, 인민위원장), 최명현(민, 도재판소장), 김응순(무,
> 인민위부위원장), 박정목(공, 기획부장), 홍성룡(공, 인민위부위
> 원장), 차용제(공, 보안부장)
> 강원도 : 한영(공, 인민위원장), 황창갑(공, 도당책임비서), 최봉수(공,
> 건설부장), 리기영(무, 문화선전부장)

소련 민정국은 정당 소속을 공산당 89명, 민주당 9명, 한국민주당
2명, 무소속 38명으로 계산하고 있다. 독립동맹을 무소속으로 간주하
거나, 명단에 일부 잘못이 있거나, 또한 내용도 반드시 정확하다고는 할
수 없다는 문제점은 있으나, 대체로 공산당 소속이 압도적이었음은 부
정할 수 없을 것이다. 물론 참석자들 중에는 임시인민위원회 결성 방침
에 대한 지지자도 있지만, 반대자나 부분 반대자도 상당수 끼어 있었을

---

44) 위의 자료, 37~38쪽. 시인민위원회 대표들은 다음과 같다. 평양－한면수(공, 부위
원장), 박선일(무, 부장), 홍성약공, 부장), 박근모(무, 부장), 김관식(공, 부장), 진남
포－림성도(공, 위원장), 장희두(공, 불명), 장충이(무, 불명), 강계－주정옥(무, 시
위원장), 주정순(무, 교원), 이금순(공, 도당부녀부장), 흥남－한홍정(공, 시위원장),
이화립(공, 조직부장), 박창희(공, 검찰소장), 원산－한일무(공, 시당책임비서), 최
율(무, 보안부부부장), 태성수(공, 부위원장), 최진태(공, 전기노조위원장). 자료에
서는 강계시 인민위원장이 한홍정으로 되어 있으나 잘못이기에 바로 잡았다. 위
의 자료, 39~40쪽.

것이다. 그리고 이러한 성향의 복잡성은 공산당 분국 내에서 오히려 심했을 것이다. 사전에 분국 내 공식 의사결정기구에서 토의가 되지 못한 만큼, 이들은 일단 회의에 참석하여 이견을 제시하는 쪽으로 방향을 잡았을 것이다.

공산당 분국의 임시인민위원회에 대한 결정은 결성된 지 1주일 뒤에 이루어지게 되었다. 2월 15일 공산당북부분국 제4차 확대집행위원회가 열려 김일성의 보고에 의거하여, "우리 당은 북조선인민위원회의 성립으로써 북조선 민족통일전선을 완성하였고, 이것을 기초로써 이것을 모범으로써 전국 민족통일전선의 결성을 촉성할 것이며, 또 모스크바 3상회의 결정에 의하여 장차 성립될 진보적인 민주주의임시정부의 수립에 대하여 그 기초와 준비를 만들어 놓은 것이다"라고 결의했다.[45] 임시인민위원회 수립 시에는 할 수 없었던 민족통일전선으로서 위치 부여를 관철시킨 것이다. 더욱이 주목해야 할 것은 함경남도당 책임자들을 '종파주의자'로 지목한 사실이다. "'중앙을 지지한다'는 간판 밑에서 분국이 성립되는 때부터 그를 반대하였고, 분국과 중앙과의 이간을 기도하였고, 분국의 정확한 지도—이는 당중앙노선이라는 것을 알아야 한다—를 거부함으로써 자기네 종파를 꾸미는 데 열중하였다"고 비난되었다.[46] 함경남도 당책임비서 정달헌은 평안북도 인민위원장에 임명되어 자기 지반으로부터 분리되었다.[47] 또한 선전공작 부문이 가장 낙후되었다고 비판되고, 그 원인은 국내계 선전부장 윤상남의 "종파의식", "관료주의" 행사, "무질서한 태만"에 있다고 지적되었다.[48] 분국 선전부장은 연안계의 김창만으로 교체되고, 선전부장대리에도 같은 연안계의 허정숙이 취임했다.[49]

---

45) 『당의 정치노선 및 당사업 총결과 결정』, 20쪽.

46) 위의 책, 20쪽.

47) 和田春樹, 앞의 논문, 14쪽.

48) 위의 책, 21쪽. 윤상남은 1932년 12월 평안남도 「진남포 ML파공산당 재건사건」의 주모자로 투옥된 국내계 공산주의자이다. 이기하, 앞의 책, 1146~1147쪽.

회의에서 채택된 결정서는 임시인민위원회가 "우리 당이 영도하는 정권이요, 이것은 오늘 우리 당의 엄중한 사업의 하나이다. 당은 이에 대한 영도를 가강(加强)히 하며, 그 사업완수를 위하여 어떠한 노력이라도 아끼지 않아야 할 것"이라고 결의하였다.[50] 또한 "광산, 공장, 농촌에 있어서 노동영웅운동을 조직할 것이며, 노동자, 농민 가운데 있어서 혁명적 경쟁을 발동함으로써, 산업부흥 사업에 있어서 일대 추진력이 되도록 할 것", "지금 북조선에 있어서 가장 엄중하게 제기되는 식량문제 해결에 당은 책임지고 적극적으로 참가해야 하며, 당은 이 사업을 직접 장악할 것", "토지문제"에 관해 "조사"할 것 등도 결의하였다.[51] 임시인민위원회 결성을 사전에 결의하지 못하고 사후 승인해야 했을 만큼 분국의 내부 사정은 복잡했으나, 일단 결성이 되고 나자 인민위원회 사업에 관여할 정도로 자신감을 갖기 시작한 것이다.

김일성은 임시인민위원회 수립을 통하여 서울중앙파를 '종파주의'라고 규정할 수 있을 정도로 당내 헤게모니를 굳혔다고 할 수 있다. 제3차 확대집행위원회까지는 분국의 결정 내용을 서울의 '당중앙위원회'에 보고할 것을 결의하고 있지만, 이 제4차 확대집행위원회에서는 분국의 지도가 '당중앙노선'이라고 자임하여, 서울중앙에 대한 보고 의무는 언급하지 않는다. 분국이라는 명칭은 아직 유지하고 있었으나, 형식상으로도 서울중앙으로부터 완전 독립한 것이다.

임시인민위원회의 성립은 사후에 서울에도 전해졌다. 그러나 서울의 공산당 중앙위원회는 민주주의민족전선 결성의 와중에 있었다. 민전 결성이 일단락되고 나서, 겨우 『해방일보』 2월 22일자에 조선공산당 중앙위원회 이름으로 성명이 나와 임시인민위원회 결성에 대한 견해가 발표되었다. 성명은 "북조선임시인민위원회가 수립되어 13명 위원을 선거한 바, 구성으로부터 보아 가장 민주주의적 조직이다. 모스크바결정

---

49) 和田春樹, 앞의 논문, 18쪽.

50) 『당의 정치노선 및 당사업 총결과 결정』, 23쪽.

51) 위의 책, 24쪽.

을 가장 잘 실천한 실례이다"라고 위치시켜 모스크바결정과의 관련을 인정하였지만, 민족통일전선으로서 위치 부여는 피하고 있었다. 나아가 성명은 "남조선에 명실상부한 민주주의기관은 민주주의민족전선을 제외하고 또 없다", "이 남조선의 민주세력과 북조선의 민주전선이 연계가 성립하는 날, 남북의 통일은 민주를 원칙으로 실현된다"고 하였다.52) 위원 수를 13명으로 보도한 것도 위원장·부위원장·서기장·행정 각 국장만을 합하고 다른 정당·사회단체·인민위원회 대표들은 뺀 수이며, 행정기구로서 성격만을 인정하고 통일전선으로는 인정하지 않은 태도이지만, 그것을 정면으로 부정하지도 않은 애매한 표현이었다. 또한 22일에 발표하면서 그 시점을 2월 10일자로 한 것은 공산당 중앙위원회가 결정을 내리기 전에 먼저 15일 분국 제4차 확대집행위원회 결정이 이루어졌기 때문에, 당중앙으로서 체면을 유지하기 위한 형식으로 앞으로 거슬러 올라가 발표 시점을 취한 결과로 보인다. 임시인민위원회 결성 사실은 『해방일보』 2월 26일자 제2면에 처음 실렸는데, "북조선중앙행정기관"이라고 하여 위원장, 부위원장, 서기장, 각 국장 등 집행부서만을 보도하였다.53) 같은 호 제1면에는 "조선민족의 위대한 지도자 박헌영 동지 만세!"라는 구호가 한가운데를 장식했다. 조선공산당의 지도자가 박헌영이라는 것은 당연한 사실이기 때문에, 지금까지 『해방일보』에 게재된 적이 없던 구호였다. 김일성에게서 조선공산주의 운동의 헤게모니를 둘러싸고 도전을 받은 데 대한 반응이었다.54) 한편 김일성은

---

52) 『해방일보』 1946.2.22.

53) 총무국장 최창익으로 보도하였으나, 이것은 오보라고 생각된다. 『해방일보』 1946.2.26.

54) 당시 이른바 '대회파'로서 결집한 남조선 내 서울중앙에 대한 반대파는, 박헌영에게 당대회 소집과 당운영 전반에 관해 토의할 것을 요구하여, 2월 19~20일 비공개리에 '중앙 및 지방 동지 연석간담회'를 열게 하였다. 이 회의 결과, 21일 반대파는 김일성을 위원장, 중앙 측 3명, 분국 3명, 각 도 2명씩으로 하는 당대회준비위원회를 구성하도록 건의서를 제출하였다. 「중앙 및 지방 동지 연석간담회 회의록」, 『조선공산당문건자료집』, 173~174쪽. 당대회 소집과 관련하여 당내 헤게모니 다툼은 남북 지역에 걸쳐 전개되고 있었다. 다만 김일성과 박헌영 사이에

분국 제4차 확대위원회 결정에 따라서 임시인민위원회 결성 당시의 결정 사실이나 서울당중앙의 의견을 무시하고 임시인민위원회의에 통일전선의 위치를 부여하는 작업을 추진해 갔다. 앞에서 서술한 구호나 선전 삐라 속에도 결성 당시의 결정 사실과는 다른 내용이 포함되어 있었으나, 김일성 스스로 그것을 기정사실화시켜 갔다.55) 이렇게 사태가 진행되어 가는 가운데 북조선 내 헤게모니와 전 조선공산주의 세력 내 헤게모니가 결정적으로 김일성 쪽으로 기운 것은 토지개혁을 통해서였다.

이처럼 유동적이던 임시인민위원회의 성격이나 규약이 확정된 것은 토지개혁 실시가 결정된 다음날이었다. 3월 6일 임시인민위원회 제4차 회의에서 사법국장 최용달의 제안에 따라 채택된 「북조선임시인민위원회 구성에 관한 규정」은, 임시인민위원회를 "북조선에 있어서의 중앙행정주권기관으로서 북조선의 인민·사회단체·국가기관이 실행할 임시법령을 제정, 발포할 권한을 갖는다"고 규정했다. 임시인민위원회는 의결기구와 집행기구가 일체화되어 있었다.56) '최고책임기관'이라고 하여 위원장, 부위원장, 서기장에 위원 2명을 추가, 5명의 상무위원회를 구성하기로 하였다. 추가된 2명은 행정국 중 최대의 부서인 산업국장 이문환과 보안국장 최용건이었다.57) 새로운 규정에 따라서 상무위원회는

　　는 헤게모니 다툼을 전개하면서도, 서로 상대방 측 지역에는 간섭하지 않는다는 타협도 성립할 수 있었다고 생각된다. 이것은 소련의 입장이기도 하였을 것이다. 이 타협에 따라서 각각의 지역에서 반대파를 제압할 수 있었다.

55) 2월 18일 『조선신문』과의 인터뷰에서 김일성은, 임시인민위원회의 과업을 잘 수행함으로써, "북조선에서 민족통일전선을 모범적으로 결속하여, 조선민족이 당면한 정치적, 경제적, 문화적 제과업을 북조선에서 착착 정돈하여, 전체로서 조선문제의 전반적 해결을 용이하게 하고, 민주주의민족통일정권의 수립을 촉성한다"고 말했다. 『해방일보』 1946.3.7.

56) 「북조선임시인민위원회 구성에 관한 규정」은, 『북조선법령집』(북조선인민위원회사법국편, 1947), 7~9쪽에 수록. 여기서는 3월 6일 회의를 임시인민위원회의 제2차 회의로 하고 있지만, 최근 문헌에서는 제4차 회의로 바꾸고 있다. 『김일성저작집(1980년판)』 제2권.

57) 『조선인민보』 1946.4.12.

임시인민위원회 폐회 중 '최고행정주권기관'이란 위치를 부여받아 고도의 중앙집권적 체제를 갖추게 된다. 5명의 파별구성을 보면, 김일성과 최용건은 만주파, 민주당의 강량욱은 김일성의 인척이고, 독립동맹의 김두봉은 연안계, 이문환은 무소속인 전문가이기 때문에, 만주파와 연안계의 양파연립이었다. 임시인민위원회에는 "각 국과 각 도인민위원회 등의 틀린 결정을 시정 또는 정지"하는 권한이 부여되었다. 이것은 부문별로 권한이 분산되어, 지방의 독자성이 강하던 행정10국과 도인민위원회 체제를 위로부터 수직적으로 통합하기 위한 상무위원회 중심체제라 할 수 있다.

3월 6일 새로이 선전부, 기획부, 총무부 등 세 개의 부가 추가로 설치되었다.[58] 선전부장에 오기섭, 기획부장에 정진태, 총무부장에게 김승훈이 임명되었다.[59] 서울중앙파라고 생각되는 오기섭, 김승훈이 임명된 것은 지금까지 북조선의 독자노선에 반대해 온 그들이 토지개혁에 대해서는 지지를 표명했기 때문일 것이다. 이것은 서울 '당중앙'이나 민전 측이 토지개혁에 대해서는 지지로 태도를 바꾸었을 가능성을 짐작케 한다. 이 점에서 직전까지 민전의 중앙위원으로 서울에서 활약하고 있던 정진태가 기획부장에 임명된 것은 민전 측과의 타협의 결과였을지도 모른다.[60] 다만 부장은 국장과 달리 임시인민위원으로서 의결권이 없

---

58) 김일성, 「교육부문 앞에 제기되는 몇 가지 과업에 대하여-북조선임시인민위원회 제4차 회의에서 한 연설」 1946.3.6, 『김일성저작집』 제3권, 111~112쪽.

59) 『조선중앙연감(1950년판)』, 197쪽에는 총무부장 리주연으로 되어 있으나, 1946년 7월 간부부가 신설되어 김승훈이 임명되고 나서의 일이었다. 「북조선임시인민위원회 간부부 신설에 관한 결정서」, 『북한관계사료집Ⅴ』, 18쪽.

60) 오기섭은 토지개혁을 선전하는 개인저작을 남기고 있다. 오기섭, 『북조선토지개혁법령의 정당성』 1947.7.20 간행, 『북한관계사료집Ⅶ』, 363~421쪽. 정진태는 최용달, 이강국과 같은 그룹의 경성제대 출신으로 1938년 원산노조사건으로 투옥된 국내계로서, 해방 후 인민공화국의 중앙인민위원, 1946년 2월 15~16일 민전 결성대회에 참가, 중앙위원이 된 서울중앙파이다. 2월 중순경에 민전에서 활약하고 있던 그가 어째서 북조선임시인민위원회에 참가한 것인지는 불명이다. 『북조선인민회의 제1차 회의 회의록』, 53쪽. 『전국인민위원회대표자대회 회의록』, 103쪽, 『민주주의민족전선결성대회 회의록』, 12·80쪽. 『해방일보』 1946.3.7. 김승훈

는 단순한 행정직에 지나지 않았다. 격하된 오기섭의 정치적 지위를 말해 준다. 이미 임시인민위원회는 서울의 민전에 대하여 우위에 서게 된 것이다. 행정10국이나 3부의 책임자는 보안국장을 제외하고 전원이 국내 출신자이지만, 만주파와 연안계, 소련계가 상부위원회나 공산당분국을 통하여 임시인민위원회를 장악했다고 볼 수 있다.

2) 토지개혁과 당조직의 확대·정비

해방 직후 공산당의 당원 수는 적었으나, 민주당이나 청우당은 어떤 사람이든 받아들여 당원 수를 급속히 확대하였다. 공산당의 당원 수가 2~3만밖에 안 될 때, 민주당의 당원 수는 30만 명이나 되었다. 또한 신민당도 조직되면서 급속히 세를 확장하여 상당한 당원 수를 확보했다.[61] 공산당의 양적 성장에서 중요한 계기가 된 것은 4월 10일 토지개혁을 총괄하기 위해 열린 분국 제6차 확대집행위원회였다. 이 회의에서는 「김일성동지의 『토지개혁사업의 총결과 금후 과업』의 보고에 대한 결정서」, 「당조직에 대한 결정서」, 「간부에 대한 결정서」 등 세 개의 결정서가 채택되었다.[62]

김일성은 토지개혁을 총괄하여, 첫째로 토지개혁이 "모스크바삼국외상회의가 결정한 조선민주주의 과업 실행의 초보"라는 것, 둘째로 그 국제적 의의는, "동방민주주의의 역사적 창시이며, 동방민주주의 건설

은 이주하, 장시우, 현칠종과 함께 1926~27년 조선공산당만주총국 동만구역국에서 활동하였고, 1932년 모스크바 동방노동력자대학을 졸업한 뒤, 1935년 서울적색노조사건으로 투옥된 사람이다. 이기하, 앞의 책, 1273~1276쪽. 김준엽·김창순, 앞의 책, 제4권, 305쪽, 제3권, 138쪽. 「동방노력자대학 조선인출신자의 인적사항과 활동경력」, 한국역사연구회편, 『일제하사회주의운동사』, 613쪽.

61) 김일성, 「조선로동당규약개정 초안에 대한 조선로동당 중앙위원회 정치위원회에서 한 결론」, 1956.1.21, 『김일성저작집』 제10권, 19쪽.

62) 『당의 정치노선 및 당사업 총결과 결정』, 49~58쪽.

에 모범과 방양(傍樣)"이 되며, 국내적 의의는, "북조선민주주의의 기초가 될 뿐 아니라, 또 전 조선민주주의 건설의 기초가 된다"는 것을 밝혔다. 특히 국내적 의의로서 주목되는 것은, "금번 북조선의 '토지개혁'은 봉건제도와 잔재의 근거지인 북조선 농촌을 민주주의근거지로 전변시켰다… 금번의 북조선의 '토지개혁' 후, 민주주의의 거인적 진보와 농촌의 민주적 발전과 농민생활의 향상 및 산업의 번영 등은 남조선 민주역량의 촉진제로 되고 있는 것이다. 조선인민은 민주주의의 조선을 건설하기 위하여, 반드시 '토지개혁'의 민주주의를 철저히 시행한 북조선인민위원회와 같은 임시정부를 요구하며, 또는 이 '개혁'을 과단 실행한 인민 총의를 대표한 북조선임시인민위원회가 통일임시정부의 핵심이 되고 방양이 되어야 할 것을 요구하는 것"이라고 주장한 점이다. 나아가 김일성은 "토지개혁은 민주주의통일전선이 잘 구성된 기초 위에서 집행되었다"고 전제한 다음, "북조선의 통일전선은 남조선과 같이 종파적 대립투쟁이 아니라, 실제 투쟁에서 굳게 단결되어 '토지개혁' 사업에 적극 참가하였다"고 남조선의 통일전선을 비판하였다.[63] 또한 회의의 토론에 대한 결론 속에서, 남조선에서는 소작료의 3·7제조차 완전히 실행할 수 없었을 뿐 아니라, 토지문제에 대한 정확한 강령도 나오지 않았다고 비판하였다.[64] 남조선 좌익에 대한 북조선의 우위를 선언한 것이다. 김일성은, "과거에는 38도선의 책임을 공산당에 지워 가지고 38도선을 없이하자고 선전하더니, 지금은 남풍을 보내기보다도 북풍이 무서워서 말하지 않고 있다"고 미군정과 남조선의 우익에 대해 기염을 토하였다.[65]

임시인민위원회의 토지개혁에 대한 총결은 4월 13일 제1차 확대위

---

63) 조공북조선분국 책임비서 김일성, 「토지개혁사업의 총결과 금후 과업─조공북조선분국중앙 제6차 확대집행위원회에서의 보고」, 『당의 정치노선 및 당사업 총결과 결정』, 25~27쪽.

64) 「토지개혁 토론에 대한 김일성 동지의 결론」, 위의 책, 45쪽.

65) 위의 책, 46쪽.

원회에서 진행되었다. 토지개혁 실시에 임해서는 임시인민위원회가 전면에 나서고 공산당분국은 그 결정을 나중에 따른다는 순서였지만, 총결에 임해서는 그 반대가 되었다. 공산당의 임시인민위원회에 대한 통제가 강화되는 표시였다. 토지개혁에는 "모스크바 3상회의에서 결정된 조선의 민주주의적 발전을 위한 경제적 토대를 만들어 놓았다"는 위치가 부여되었다.66) 북조선을 전 조선의 민주주의근거지로 한다는 분국의 총결 내용은 직접 반영되지 않았으나, 임시인민위원회의 내부정리, 숙청을 진행할 것을 결의하였다.

분국 제6차 확대집행위원회의 주된 목적은 토지개혁의 여세를 몰아 북조선뿐 아니라 조선공산당을 비롯한 남조선의 여러 정치세력을 압도하도록 당내 정비와 당세 확대에 주력하는 것이었다. 미소공동위원회가 열리는 와중이었기 때문에, 조선임시정부 결성에 임하여 남북조선에 걸쳐 최대의 역량을 과시할 필요가 있었다. 김일성도 보고에서 말했듯이, 당원 수뿐 아니라 당의 위신도 토지개혁을 통하여 비약적으로 증대하였다. 당은 총력을 기울여 토지개혁에 착수했다고 할 수 있다. 당간부, 당원은 상급기관에서 하급기관까지 총출동하여 토지개혁에 참가했다.67) 그렇지만 당은 토지개혁의 주도자라기보다 수익자였다. 사전에 토지개혁 실시를 결의하는 당의 공식집회는 열리지 않았다. 토지개혁이 진행되는 동안 평안북도당의 3,272명을 선두로 전체적으로 9,058명의 당원이 신규 가입하였지만, 만족할 만한 수준이 아니었다.68) 회의는 "토지개혁에서 얻어진 역량을 당의 기본역량으로" 만들도록 각 농촌의 빈농과 고농층에 침투하여 세포를 조직하고, 각 공장이나 각 마을에도 세포를 조직하는 사업을 대대적으로 전개하기 위하여, 5월 1일 메이데이

---

66) 「토지개혁 총결보고에 대한 결론 요지」, 김일성, 『민주주의인민공화국수립에의 길』, 북조선인민위원회선전부(평양), 1947년, 23~24쪽.

67) 김일성, 「'토지개혁' 사업의 총결과 금후 과업―조공북조선분국중앙 제6차 확대 집행위원회에서 보고」, 『당의 정치노선 및 당사업 총결과 결정』, 27쪽.

68) 위의 책, 29쪽.

를 계기로 당원 확대에 박차를 가하도록 결정하였다. 특히 이러한 당원 확대를 위해서는 조직사업에서 '관문주의'적 경향과 당원교육을 소홀히 하는 경향을 퇴치해야 한다고 강조되었다.[69] 빈농층을 적극 가입시켜 농촌세포를 강화하는 조치가 취해짐과 동시에, 도당별로 산만하게 되어 있는 하부 당조직체계가 통일적으로 정비되었다. 농촌의 면위원회는 정 (正)당원 50명, 세포 3개 내지 5개 이상일 때 조직하고, 그 이하일 때는 면에 군에서 파견된 조직원 1명을 두기로 하였다. 면위원회의 간부은 5 명 내지 9명, 면상무위원회는 3명 내지 5명으로 구성하여, 그중 비서 1명, 조직책임자 1명, 선전책임자 1명의 상근자로 당무를 집행시키고, 필요에 따라서 상무위원 이외에 2명의 직원을 채용할 수 있도록 하였 다. 당공장위원회는 대규모공장의 정당원 100명 이상의 경우에 조직하 고, 위원회는 3명 내지 7명으로 구성, 상근자는 비서 1명, 기술서기 1 명을 두기로 하였다. 세포는 정당원 3명 이상일 경우에 조직하고, 15명 이하일 때는 책임자 1명, 15명 이상일 때는 3명 내지 5명으로 세포위원 회를 구성하는데, 각각 상근으로 하지는 않기로 하였다. 면위원회와 공 장위원회 상근자의 급료도 결정하였다.[70] 간부의 임면과 이동 등 인사 에 관하여 각 도·시·군당에 어느 정도의 재량권이 부여되었지만, 반 드시 사전에 상급당의 허가를 얻어 집행하도록 하였다. 특히 38도선 이 남 출신의 간부를 채용할 필요가 있을 때에는 각 도·군당에서 임의로 처리하던 종래의 관행을 금하고, 반드시 분국의 사전심사를 거쳐 그 배 분에 따르도록 하였다. 당간부 인사는 각 군, 시당의 부장이상은 분국에 서, 각 시, 군당 과장 이하 각 면의 간부까지는 도당에서 허가하도록 하 였다.[71] 이러한 지방 당 조직체계를 정비하고 간부 인사를 통제함으로 써 중앙당은 아직 남아 있던 지방당의 독자성을 완전히 억누를 수 있었 다.

---

69) 위의 책, 42쪽.

70) 「당조직에 대한 결정서」, 위의 책, 55~57쪽.

71) 「간부에 대한 결정서」, 위의 책, 58쪽.

이와 같이 지방조직 체계나 간부 인사에 대한 중앙의 통제력이 강화
됨에 따라 당원 수도 비약적으로 성장했다. 1946년 4월 20일 현재 2만
6천여 명에서 북조선로동당 창립 직전인 8월에는 27만 6천 명으로 증
가했다.72) 토지개혁 후 불과 4개월 사이에 당세는 10배 이상으로 확대
된 것이다. 이 과정 속에서 북조선분국은 4월경 '북조선공산당'이란 명
칭을 쓰기 시작하여, 남조선의 공산당중앙에 대한 독자성을 분명히 했
다.73) 당의 성장 추세를 보면, 이미 신민당과의 합당 이전에 대중정당
화하여 북조선뿐 아니라 남북조선을 통틀어 최대 규모의 정당으로 만들
려는 방침이 서 있었다고 여겨진다. 1946년 5월 20일자 소련군 정보
보고서에 따르면, 공산당의 당원 수는 4만 3천 명, 신민당 1만 5천 명,
민주당 14만 1천 명, 청우당 98명이었다.74) 당원 수에서 적어도 민주
당을 능가하기 위해서도 급속히 그 확대를 꾀해야만 했던 것이다. 토지
개혁은 이러한 당 대중화의 기점이 되고, 신민당과의 합당은 이에 박차

---

72) 손전후,『우리나라 토지개혁사』, 267쪽. 신민당원 수는 9만 명이었다고 한다.『조
    선로동당력사교재』, 185쪽.

73)『정로』1946년 4월 20일자에 조선공산당북조선분국 책임비서 김일성 명의로 토
    지개혁 총결에 관한 보고가 게재되고,『정로』4월 26일자에 미소공동위원회 코
    뮈니케 제5호에 관한「북조선공산당중앙의 청원서」가 게재되었다.『조선중앙연
    감(1949년판)』, 234쪽에서는 4월 19일 '북조선공산당'이 미소공동위원회 코뮤니
    케 제5호에 대한 성명을 발표했다고 확인하고 있으나,『해방 후 4년간 국내외중
    요일지』, 45쪽에는 이 성명이 20일 '조선공산당 북조선분국' 명의로 발표했다고
    되어 있다. 이『 … 중요일지』에 따르면, 5월 18일 미소공동위원회의 휴회에 대한
    성명에서 '북조선공산당'이란 명칭이 처음으로 쓰인 것이 된다. 당 내부 문헌으
    로는 5월경 나왔다고 생각되는「북조선공산당 중앙위원회 제2차 선전부장회의
    총결보고 요지」가 처음이다.『당의 정치노선 및 당사업 총결과 결정』, 65쪽. 그러
    나 북조선공산당 명칭을 쓰면서도『정로』표제에는 발행처를 여전히 북부조선분
    국 기관지로 하고 있는 것을 보면, 정식으로 당명을 고치는 공식 절차를 밟지는
    않은 듯하다.

74) 치키치코,「소련 점령 지역 내 정당 및 사회단체에 관한 보고 46.5.20」(노어), 러시
    아현대사문서보관연구센터, 문서군 17, 목록 128, 문서철, 205. 국사편찬위원회
    『1946~47년 조선정치현황관련문서』(수집번호 : 0103029)에 수록. 청우당의 당원
    수는 지나치게 적기 때문에 착오일 가능성이 높다. 이 문서는『동아일보』1993년
    5월 4·7일자에 보도된 바 있다.

를 가하는 조치였다. 더욱이 북조선로동당의 창립은 남조선의 공산당중앙으로부터 독자성을 확립하는 데 그치지 않고, 명실상부하게 북조선에 당의 중심을 두기 위한 전략이기도 하였다. 1947년 작성된 소련군 정보문서에 따르면, 공산당분국의 당원 수는 1945년 12월 15일 6천 명, 1946년 5월 4만 3천 명, 7월 10만 명, 8월 16만 명이었다.[75] 8월 26일 북로당 창립 직전 27만 6천 명이기 때문에, 7월부터 2.7배로 성장한 것이 되며, 특히 이 보고서의 '8월 16만 명'이란 숫자를 8월 초 시점이라 가정하면, 8월의 1개월 사이에 10만 이상이 신규 가입한 셈이 된다. 7월경부터 신민당과의 합당이 계획되어 대대적으로 당원 가입이 추진되었음을 알 수 있다. 양당 합당을 전후하여 "캄파니아적인 모집식" 입당이 이루어져, 당세는 "양적으로 급속히 성장했지만, 충분히 준비되지 않은 많은 사람들이 입당했다"는 사실은 북조선의 공식문헌도 인정하고 있다.[76] 같은 보고서에 따르면, 신민당의 경우 1946년 3월 15일 1만 1천 명, 6월 26일 3만 5천 명이기 때문에, 합당 직전의 9만 명과 비교하면, 공산당과 거의 같은 비율인 약 2.6배 성장한 셈이 된다. 통계의 시점 문제나 그 신빙성 문제 때문에 숫자를 그대로 받아들일 수는 없으나, 당원의 대대적 확대라는 전반적 추세는 충분히 반영하고 있다. 이러한 당원의 급증은 밑으로부터 호응 없이 위로부터 동원만으로는 가능한 일이 아니기 때문에, 토지개혁을 통하여 북조선 전 지역에서 공산당의 권위가 확립되었음을 말해 준다.

이미 임시인민위원회 결성 시점에서 개시된 것이지만, 토지개혁이 완료된 뒤 김일성을 조선공산주의운동의 최고지도자로, 조선민족 전체의 지도자로 추대하는 작업이 본격화하였다. 1946년 5월경 분국 선전부장 김창만은 다음과 같이 주장했다.[77]

---

75) 필자 미상, 「조선의 정치 정세에 관하여」(노어) 중 「북조선의 정당과 사회단체」에 관한 부분, 러시아현대사문서보관연구센터, 문서군 17, 목록 128, 문서철, 1119. 국사편찬위원회, 『1947년 북조선정치관련보고서』(수집번호 : 0103012)에 수록.

76) 6·25전쟁의 후퇴시기에 당원에 대해 많은 책벌이 남발된 이유를 이 대대적인 입당에서 찾고 있다. 『로동신문』 1956.7.30.

김일성, 박헌영, 무정 동지 만세!의 구호를 쓴 곳이 있다(평북). 당의 영도자 문제이지만, 조선에는 아직 당수가 없다. 당의 역사가 불과 1년도 못 되는 당에 영수가 생겨날 리 없다. 영수는 인공으로 만들어지는 것이 아니다. 오늘 쓰딸린 동지가 세계 근로대중의, 세계 인민의 수령이 되기까지에는 쓰딸린 동지의 장구한 투쟁과 공로가 있는 것이요 … 중공당 당수 모택동 동지는 20여 년 투쟁을 경과한 오늘에 와서 비로소 중공의 영수로 안정한 것이다. 북조선당에 있어서 그 동안 노선을 바로잡고, 각종 정책을 정확하게 세우고, 당을 정말 근로대중 속에 건립하는 데, 일성(日成)동지의 결정적인 영도를 우리는 똑똑히 인식하여야 한다 … 민주주의조선 임시정부 수립을 앞두고 이 정부의 최고지도자로 일성 동무를 추대하게 되는 것은 결정적이다.

이러한 김일성 추대작업은 임시정부 수립문제를 협의하는 미소공동위원회를 전후하여 추진된 것이다. 김창만의 발언에서 보면, 소련공산당에는 스탈린이란 지도자, 중국공산당에는 모택동이 존재하듯이, 조선에도 그러한 인물에 해당하는 지도자를 세워야 한다는 인식이 있었음을 알 수 있다. 당시 김일성의 경쟁자로서 박헌영과 무정이 강하게 의식되고 있었던 것이다. 토지개혁이 김일성의 이름으로 실시되었던 것같이 이후 '제민주개혁'을 포함하여 모든 조치가 김일성의 이름으로 완수된다.

그런데 남북조선 전체의 기대 속에서 1946년 3월 20일 개최된 제1차 미소공동위원회는 5월 6일 무기 휴회에 들어갔다. 이미 소군정에 강한 의심을 품고 3상회의결정 자체에 반대하는 우익세력을 민주의원을 통해 결집함으로써, 모순된 입장에 있던 미군정이 공동위원회를 합의로 이끌어 내기는 불가능하였다. 4월 18일 통일임시정부 수립을 위한 협의에 참가할 수 있는 정당, 사회단체 등의 참가 요건을 밝힌 제5호 성명을 발표하여 일시 타협점이 찾아질 수 있을 것 같던 위원회는, 결국 모스크바 3상회의 결정에 반대하는 세력(남조선의 우익)을 협의대상에 포함시킬 것인가 여부를 둘러싸고 일치점을 찾아내지 못한 채로 결렬되고

---

77) 『당의 정치노선 및 당사업 총결과 결정』, 67~68쪽.

말았다.78) 5월 19일 평양에서는 '민족반역자타도 대중시위대회'가 열려, 김일성은 연설에서 미소공동위원회의 실패는 미국 측의 무성의와 김구, 이승만 등의 파괴적 책동에 의한 것이라 비난하고, 특히 지금까지 비난을 자제해 온 미국에 대해서는 "군정통치"라는 간판 밑에 "총독통치제도"를 수립하여 일제보다 가혹한 탄압정치를 가하고 있다고 격렬하게 공격했다.79) 같은 날 북조선의 4개 정당도 성명을 발표했다. 4월 19일에 이어 분국은 대외적으로 다시금 '북조선공산당'이라는 명칭을 확인하며, '조선민족의 민주주의근거지'인 북조선의 '인민정권', 즉 북조선임시인민위원회를 광범한 민족통일전선의 기초 위에 발전시킬 것을 주장했다.80) 공산당분국 내에 머물고 있던 '민주주의근거지론'이 전면에 부상함과 동시에, 대외적으로 남조선의 조선공산당중앙에 대한 독자성도 선언된 것이다.81) 토지개혁 실시를 통해 첫발을 내디딘 '민주주의근거지' 건설에도 박차가 가해지게 되어, 1946년 6월부터 8월에 걸쳐 노동법령, 농업현물세제, 남녀평등권령, 중요산업국유화 등 '제민주개혁'이 잇달아 실시에 옮겨졌다. 공산당의 독립에 이어, 5월 전평북조선총국이 북조선직업총동맹으로, 7월 전농북조선연맹이 북조선농민동맹으로 개편되었다. 남조선에 있는 본부의 하부분국이라는 형태로 성립되어 있던 사회단체는 완전히 북조선 독자의 조직으로 탈바꿈했다.

---

78) 미소공동위원회의 경과에 관해서는, 최상룡, 앞의 책, 심지연,『미소공동위원회연구』, 청계연구소, 1989년을 참조.

79)『김일성선집(1954년판)』제1권, 104~115쪽.

80)『미소공동위원회에 관한 제반자료집(증보판)』, 53~57쪽.

81) 그러나 이 즈음에 김일성이 주장한 민주주의근거지론은 당시 북조선의 신민당이나 천도교청우당이 낸 성명의 입장과는 달랐다. 분국의 강한 자기중심적 입장에 대하여 신민당과 청우당의 성명은 남조선의 민전이 처해 있는 입장을 배려하면서 민족 전체의 관점을 의식하는 내용이었다. 林哲, 앞의 논문, 80~81쪽.

3) 북조선민주주의민족통일전선 결성과 북조선로동당 창립

북조선민주주의민족통일전선의 결성

북조선공산당과 조선신민당과의 합당과 관련하여 주목해야 하는 것은, 그 직전 '북조선민주주의민족통일전선'이 결성된 사실이다.[82] 7월 22일 각 정당·사회단체대표회의가 개최되어, 북조선민주주의민족통일전선위원회의 결성에 관한 김일성의 보고에 따라 해당 결정서와 규정이 채택되었다.[83] 위원은 다음과 같은 정당, 사회단체의 대표 17명으로 구성되었다.[84]

> 북조선공산당책임비서 김일성, 조선민주당당수 최용건, 조선신민당위원장 김두봉, 천도교청우당위원장 김달현, 북조선직업총동맹위원장 최경덕, 북조선농민동맹위원장 강진건, 북조선민주여성동맹위원장 박정애, 북조선민주청년동맹위원장 김욱진, 조소문화협회위원장 리기영, 북조선예술총동맹위원장 한설야, 북조선불교총무원장 김세율, 북조선소비조합 위원장 장시우, 북조선반일투사위원회위원장 김홍작, 북조선교육문화후원회장 장종식, 북조선공업기술총연맹위원장 리병제, 북조선보건연맹위원장 리상빈, 북조선건축동맹위원장 김응상

위원장은 북조선공산당 책임비서 김일성, 민주당 당수 최용건, 신민당 위원장 김두봉, 천도교청우당 위원장 김달현이 윤번으로 맡게 되었다. 각 도에서 군에 이르기까지 지부조직을 설치하여, 도 조직은 7월 28일까지 군 조직은 8월 5일까지 완료하도록 하였다.[85] 김일성은 보고에서 조직 결성의 목적을, 첫째로 이승만, 김구 등 "민족반역자에 대한 투

---

82) 결성의 배경이나 정치적 의의에 관해서는, 林哲, 위의 논문, 80~85쪽을 참조.
83) 『조선해방연보』, 453쪽.
84) 『조선중앙연감(1950년판)』, 46쪽.
85) 『조선해방연보』, 455쪽.

쟁을 통일적으로 더욱 강력히 전개할" 것, 둘째로 "각 계층의 인민들을 더욱 광범히 동원하며 단결"시킬 것, 셋째로 "20개조 정강을 기초로 하는 민주주의조선임시정부를 세우기 위하여 분투할" 것, 넷째로 "인민위원회를 더 튼튼히 강화"하기 위하여 "각 정당, 사회단체들의 공동한 협의기관"을 만들 것 등에 있다고 말했다. 특히 넷째 목적과 관련하여, "각 정당, 사회단체의 대표자가 더 좀 원만하게, 좀 더 친밀하게, 늘 정상적으로 문제를 토의하며 사업을 진행하기 위하여", "유기적으로 연결할 수 있는 조직체가 필요"했으나, 그동안 "늘 임시 필요에 의하여 모여서 상의하였을 뿐"이며, "한 개 조직"으로서의 "상설적인 협의기관을 갖지 못하였다"고 인정하고, "민주주의민족통일전선 기초 위에 인민위원회가 창립되었지만, 이는 정권이고 각 정당, 사회단체들의 협의기관은 될 수 없다"고 설명했다.86) 앞에서 서술했듯이, 임시인민위원회가 상무위원회를 중심으로 하는 고도의 중앙집권적 기구이기 때문에 당연히 협의체로서의 기능이 잘 수행되었을 리는 없었다. 여기서는 일체화되어 있던 정권조직과 전선조직의 분리로 설명되고 있지만, 실제로는 위로부터 전선조직의 창설이었다. 또한 "남조선 인민들에게 호소하여, 북조선과 같은 민주개혁을 급속히 수행하도록 노력하기 위하여서도" 필요하다는 이유가 들어지고 있는데, 대남 통일전선의 기능을 수행하기 위해서도 임시인민위원회 같은 북조선 지역 중심의 행정기구와는 성격이 다른 별도의 기구가 요구된 것이다.87)

이미 직업동맹, 농민동맹, 여성동맹, 청년동맹, 소비조합, 예술동맹 등 사회단체들은 북조선공산당의 통제를 받고 있었다. 이 여섯 개의 주요 사회단체 대표는 전원 공산당원이었다. 교육문화후원회장 장종식도 공산당원이고, 조소문화협회위원장 리기영은 무소속을 유지했지만 유명한 좌익작가였다. 민주당, 청우당, 신민당도 더 이상 독자의 정치적 견해를 가질 수는 없게 되었다. 북조선민주주의민족통일전선위원회가

---

86) 김일성 『조국의 통일독립과 민주화를 위하여』 제1권, 89~98쪽.
87) 위의 책, 98쪽.

결성된 이후, 북조선의 모든 사회단체는 말할 것도 없고, 이 3당의 정치적 의사 표명도 전선조직의 틀 안에서 이루어지게 되었다. 특히 북조선민주주의민족통일전선의 조직적 특징은 군까지 지방 지부를 설치한다는 점이었다. 군소정당의 지방조직 활동도 해당 지역 전신조직 지부의 범위를 넘어설 수 없다는 것이다. 더욱이 채택된 결정서에는 "조선인민의 위대한 령도자 김일성 위원장"이라고 명기하여, 김일성을 북조선만이 아닌 전 조선의 지도자로 삼는 데 북조선의 여러 정치·사회세력이 합의했음을 표명하였다.

북민전위원회 결성 다음날인 7월 22일 신민당의 김두봉이 북조선공산당 김일성에 보내는 서신으로 합당 문제를 제기한 것은 우연이 아니었다.88) 북조선공산당과 신민당의 합당은 전선조직의 결성을 통하여 여러 정치·사회세력의 결집을 꾀하면서 좌익 정치세력을 통합하고, 그것을 중심으로 하여 전선조직의 구심력을 높이기 위한 조치이기도 하였다. 그러나 이 배경에는 소련의 정책적 의도도 작용하고 있었다. 양당 합당이 제안되기 직전 김일성과 박헌영은 비밀리에 소련을 방문하여, 스탈린과 직접 면담하는 자리에서 스탈린의 합당 '제안'에 동의한 것이다.89) 두 사람은 귀국하고 나서 서둘러 북조선에서는 북조선공산당과 신민당과의 합당을, 남조선에서는 조선공산당, 인민당, 남조선신민당의 3당 합당을 추진하게 된다. 이미 4월 22일 독일의 소련 점령지구에서는

---

88) 『… 중요일지』, 65쪽.

89) 이 비밀 방소 사실에 관해서는, 소련제25군사령부 정치위원 레베제프 소장과 박병엽의 증언이 있으나, 내용에 대해서는 간접적 전언에 그치고 있다. 『비록 : 조선민주주의인민공화국』, 235~238쪽. 당시 남조선 주재 소련영사 샤부신이 동행, 통역을 담당했다고 하는 샤부신 부인, 샤부시나의 증언도 있는데, 저명한 조선사학자이기도 한 이 샤부시나의 증언이 가장 구체적이다. 부인의 회상록을 열람한 와다 하루키의 설명에 따른다. 와다 하루키, 앞의 책, 83~84쪽. 여기서 스탈린은 김일성과 박헌영에게 공산당을 사회민주당 같은 정당과 합당, 또는 개조할 수 없는지에 대해 의견을 물었지만, 두 사람이 협의해 봐야 한다고 대답하자, 스탈린은 그것은 인민과 협의해야 할 사항이 아니라 우리들이 결정해야 할 문제라고 주장했다고 한다.

공산당과 사회민주당의 합당대회가 열려 사회주의통일당이 결성되었다. 소련의 정책이라는 관점에서 보면, 동독의 예가 북조선에도 적용되어 동독과 북조선의 경험이 동유럽 전체에서 모범의 역할을 하였다고 할 수 있다. 계급정당으로부터 폭넓게 근로대중을 망라한 대중정당을 목표로 하는 정책이었다.

당시 북조선로동당이 창립된 후, 당기관지에서는 당과 사회단체의 관계에 대하여, "제사회단체들도 당의 방조와 지도를 얻음으로써, 그의 능동적 활동을 기할 수가 있는 것이며, 따라서 또한 그의 목적을 달성할 수 있는 것이다. 소위 사회단체의 '독립'이라든지 '중립'을 운운하는 것이 있다면, 이는 기회주의이론이며, 현하 북조선에서의 민주주의민족통일전선을 약화시키는 것이다"라고 규정하고 있었다.[90] 나아가 당과 통일전선의 관계에 대해서는, "근로인민 대중의 이익을 대표하여 옹호하는, 그의 선봉적 최고 조직인 로동당은 북조선민주주의민족통일전선의 지도적 핵심이며, 주력이다. 그러므로 우리 로동당은 북조선에 있어서 뿐만 아니라, 전 조선적으로 민주주의민족통일전선의 기간이 되며, 주력이 되고 있다"고 설정하고 있었다. 또한 "로동당의 역량의 확대강화는 곧 민주주의민족통일전선을 올바른 방향으로 조직하고 영도할 수 있는 유일한 보장"이라고도 표현되었다.[91] 로동당은 북조선뿐 아니라 남북조선에 걸쳐 중심적 역할을 하는 최대의 정치세력을 지향하고 있었다.

북조선로동당의 창립

북조선공산당과 조선신민당의 통합은 내용적으로는 공산당의 이니셔티브로 추진되었으나, 표면적으로는 신민당의 제안에 공산당이 답하는 식으로 진행되었다.[92] 이것은 신민당 내 반발이 있었기 때문일 것이

---

90) 「북조선로동당의 조직적 기본원칙」, 『근로자』 1946.11, 8쪽.

91) 학민, 「민주주의민족통일전선과 로동당」, 『근로자』 1947.2, 33~35쪽.

92) 1946년 8월 당시 소련군 보고서가 통합 과정 및 관계자들의 발언 내용을 전하고 있다. 사포쥐니코프, 「전소련공산당(볼셰비키) 수슬로프 동지에게 1946년 8월 24

다. 우선 김일성과 김두봉, 최창익의 개별 협의에서 통합이 합의되었다. 이에 따라 7월 23일 신민당 지도부 회의[93]가 열려 토론 끝에 통합을 결정하고, 그 필요성을 제안하는 서한을 공산당 김일성에게 보내기로 하였다. 7월 24일 북조선공산당이 신민당에 보내는 회신을 채택하자, 이를 받아 다시 신민당의 지도부 회의가 회답 내용을 토의하였다. 여기서 김두봉은 "국제정세가 가장 진보적인 민주정당을 통합할 것을 요구하고 있다"고 말했다. 김민산은 신민당의 일부 당원이 부당하다고 생각할 수 있어, 합당의 역사적 의미를 당원에게 설명할 필요가 있다고 주장하였다. 최창익은 공산당의 회신을 좀더 폭넓게 토의할 필요에서 7월 27일 지방당 간부들도 참석하에 중앙위원회 전원회의를 소집할 것을 제의하였다.

한편 7월 27일 북조선공산당 중앙위원회 정기 전원회의가 열렸다. 김일성은 보고에서 "우리의 임무는 남조선 인민이 북조선 인민과 같은 환경에서 살도록 하는 데 있다. 이를 위해서는 우리 인민의 모든 진보적 계층에 의거하는 당이 필요"하며, "우리 당과 유사한 신민당과 합당함으로써 이 과업을 더 쉽게 수행할 수 있다"고 말했다. 그는 "우리의 영향을 북조선에 그쳐서는 안 되며 남조선 전역에도 미쳐야 한다"고 다시금 강조하였다. 회의에서는 "로동당의 구성은 어떠한 것이어야 하는가?", "신민당에 불순분자가 있는데 어떻게 하나?", "로동당에서 당적 검열이 실시될 것인가?", "공산당 파벌이 생길 것인가?" 등 복잡한 질문이 쏟아졌다. 하지만 회의는 김일성의 보고를 전적으로 지지하고, 상정된 강령규약 초안에 동의하며, 합당사업계획을 승인하였다.[94] 이어서 같은 27일

일」(노문), 문서군 17, 목록 128, 문서철 205. 국사편찬위원회, 『1946~47년 조선정치현황관련문서』(수집번호 : 0103029)에 수록. 국내 문헌으로는, 『조선해방연보』, 455~458쪽. 김주현, 「북조선로동당의 탄생」, 『근로자』 창간호, 1946.10.

93) '지도부 회의'는 소련군 정보 보고서의 표현이며, 정식으로는 '상무위원회 회의'였다. 당시 중앙상무위원은 김두봉(위원장), 최창익(부위원장), 임해(간부부장), 윤세평(선전부장), 김민산(조직부장), 변동윤(비서처장) 등 6명이었다. 「신민당중앙확대위원회 개략」, 『북한관계사료집 26』, 33쪽.

신민당 중앙확대위원회도 열렸다. 김두봉은 합당이 전체 당대회에서 결의할 문제이지만 객관적 정세에서 볼 때 이를 최소한으로 해야 한다는 것, 당원의 절대다수가 찬동할 것을 확신하고 상무위원회에서 이를 제기한 것, 신민당 강령과 공산당의 최저강령이 합치하는 현 단계에서는 통합이 민주조선 건국에 유익하다는 것 등의 설명을 하였다. 합동의 구체적 형식, 명칭, 종파성에 대한 대책, 성격 등 "절실한 질의, 응답"이 있은 뒤, 회의는 합당 과정에서 공산당과 동일 보조를 취하기로 한 상무위원회의 통합 안을 원안대로 통과시켰다.[95] 공산당 전원회의에서는 오기섭이 당명을 로동당으로 할 것을 제안하였다. 신민당에서도 로동당 등 몇 가지 명칭이 제안되었다. 합당 결정은 신속하게 이루어져, 7월 28~30일 북조선공산당과 조선신민당을 합당하기 위한 '양당연석중앙확대위원회'가 열리고 양당 합당 방침에 합의하였다. 다만 양당 중앙위원회에서 갖가지 민감한 문제점에 대한 토의가 있었기 때문에 합당 작업은 이후 거의 한달 간 지방당 차원까지 합의를 거치는 절차를 밟았다.

　8월 28일부터 30일까지 3일간 북조선로동당 창립대회가 개최되었다. 당원 수는 공산당 약 27만 6천 명, 신민당 약 9만 명, 합계 36만 6천여 명이었다.[96] 창립대회에는 북조선 6도의 각 도당대회에서 선출된 801명의 대표가 참가하였다. 연령별로는 20~30세가 229명(28%), 31~40세가 417명(52%), 41~50세가 129명(17%), 50세 이상이 26명(3%)으로서 40세까지가 80%, 40대까지가 97%를 차지하는 젊은 정당이었다. 31~40세까지의 30대가 반 이상으로 34세의 김일성을 비롯하여 이 연령층이 당의 주력이었다. 사회성분별로는 노동자 183명(23%), 농민 157명(20%), 사무원 385명(48%), 기타 76명(9%)이었다. 입당연월별로는 해방 이전 당원 수 62명(7%)과 해방 후 당원 수 739명(93%)의 두 개의 범주로만 분류하였다. 다만 해방 이전 당원이

---

94) 사포쥐니코프, 앞의 보고서.

95) 「신민당중앙확대위원회 개략」, 앞의 책, 33~34쪽.

96) 『조선로동당력사교재』, 185쪽.

당적별로 1928년 해산한 조선공산당이나 해외의 중국공산당, 나아가 소련공산당의 어느 쪽을 의미하는지는 분명히 하지 않았다. 식민지시대에 국내외에서 '반일투쟁'이나 '혁명사업'에 참가한 사람은 427명(53%)이고, 그 가운데 국내에서 '반일투쟁'에 직극 참가한 사람은 373명(46%)이었다. 앞의 수에서 뒤의 수를 뺀 54명이 만주파, 연안계, 소련계 등 해외 출신인 셈이 된다. 그중 일제에 체포된 감금자 수가 291명, 투옥자 수가 263명이었다.[97]

김일성은 보고[98]를 통하여, 북조선의 민주개혁이 "동방제민족국가에 대하여 그 모범이 되는 것이요, 그 선도적 역할"을 한다고 하고, "북조선은 조선의 민주주의개혁의 책원지가 될 뿐만 아니라, 전 동방에 있어서 민주주의 발원지의 역할을 하고 있는 것"이라고 기세를 올렸다. 나아가 "조선의 민주주의화와 완전독립은 북조선과 같이", 그 민주개혁의 토대 위에서만 가능하다고 하며, "오늘 조선은 서로 상극되는 두 가지 로선으로 걸어 나가고" 있기 때문에, "남조선에도 북조선과 같이 철저한 민주주의적 개혁을 실시하며, 그럼으로써 통일적인 완전독립 국가를 세워야 한다"고 주장했다. 남북조선 각각의 지역 내 대립이 북조선에서의 민주개혁의 승리와 남조선에서의 반동의 강화에 의해 남북조선 간의 지역적 대립으로 전화했다는 인식을 보였다. 김일성은 남조선의 정세에도 언급, "미군정 하의 남조선의 모든 혼란과 반동은 우리 민족대열 내부의 불통일에서 그 중요한 원인을 찾을 수 있다"고 하여, "반동세력들의 의도대로 우리 진영은 서로 분열되었으며, 서로 당파 싸움을 하고 있다"고 비판했다. 분명히 남조선 내 좌익에 대한 비판임과 동시에 그에 대한 자신의 우위를 표명한 것이다.

김일성은 합당에 의한 로동당 창립의 목적이 "민주주의조선의 완전

---

97) 1~5년 징역 149명, 6~10년 71명, 10년 이상 26명, 최고인 18년 복역자 1명이었다. 대표자격심사위원회 보고는 박일우가 하였다. 『북조선로동상창립대회회의록』, 14~15쪽.

98) 위의 책, 16~28쪽.

독립 국가를 건설하는 데 있어서 그 주력이 되며, 민주주의민족통일전선 가운데 있어서 그 주동력이 된다"는 것에 있다고 밝혔다. 특히 양당 합당을 방해하는 문제점으로서, 우선 "어떻게 신민당과 합치느냐"는 발언에서 나타나는 공산당원들의 독선적이고 배타주의적 태도나, 공산당의 "신민당화", "소자산계급화"라고 비판하는 "좌경적 표현"을 거론했다. 또한 합당을 거부하는 또 하나의 경향으로서, "당내에서 대량적으로 숙청할 것이다"라는 소문을 들었다. 그러나 "종파주의적 경향과의 투쟁"이나 "당내의 사상적 통일"을 높일 필요성에 대해 간단히 언급은 하였지만, 내부 갈등 문제는 그다지 건드리지 않고 통합의 의의를 강조하는 데 시종하였다. 전체적으로 남북조선 간의 대립적 정세의 발전이나 남조선 내 모순의 심화를 강조한 반면, 북조선 내부의 갈등과 관련해서는 결속의 분위기를 강조한 것이다.

김두봉도 보고[99]에서 국제정세를 언급, "사회주의체제와 자본주의체제와의 근본적 대립에는 하등의 본질적 변화가 없으며, 또한 제국주의 대 식민지, 반식민지의 모순도 근본적으로 해결되지 않았다"고 대립을 강조하는 인식을 보였다. 김두봉도 합당 과정에서 생긴 문제를 거론하여, 신민당원들 사이에서 "량당이 합동하는 것은 공산당이 과거에 있어서 과실을 범했기 때문에, 또한 신민당의 정책이 옳았기 때문"이다, "공산당에는 무식한 사람이 많이 모이고, 신민당에는 유식한 사람이 많이 모인다", "공산당은 강대하고, 신민당은 상대적으로 약한데, 합동하게 되면, 간부 자리를 모조리 빼앗길 위구가 있다", "오늘에 있어서는 신민당원들을 그대로 받아들이지만, 불원한 장래에 당원심사가 있을 것이며, 대규모의 숙청이 있게 될 것이다"는 등의 우경적 불만이 있음을 지적했다. 김두봉은 김일성과 같이 "군중적인 숙청은 절대로 있을 수 없다"고 당원들을 안심시켰다.

위원장이 된 김두봉이나 연안계의 무정, 국내계의 오기섭도 포함하

---

99) 위의 책, 28~39쪽.

여 대회에서 발언자들은 입을 모아 "우리 민족의 위대한 령도자 김일성 장군 만세!"를 외쳤다. 평안북도 대표 박병서처럼 "우리의 유일한 령도자 김일성 동무를 내세워야 할 것입니다. 만일 김일성 동무를 깎는 자가 있다면, 그는 반동분자요, 반역자"라고 하는 식의 극단적인 찬양도 있었지만,100) 여성동맹위원장 박정애는 이러한 박병서의 발언조차도 "좁은 범위로 로동당의 지도자로만" 간주하는 것이라고 비판하고, "김일성 동지는 북조선인민의 지도자뿐만 아니라, 전 조선인민의 지도자입니다. 그러므로 또한 우리 로동당의 지도자입니다"라고 덧붙였다.101) 이것은 김일성을 '소(小)스탈린'으로 받드는 것이었다. '위대한 령도자'로 불린 김일성은 "우리 북조선에서 민주주의 과업을 실시"한 것은 "오직 전 세계 피압박민족의 은인이며, 조선민족의 해방자인 위대한 스탈린 대원수의 덕택이다"라는 찬사를 잊지 않았다.102)

대회는 남조선에서 공산당, 인민당, 신민당의 3당 합당에 관한 최창익의 보고에 따라서 결정서를 채택하여, 강진, 김철수, 김근, 서중석, 리정윤, 문갑송의 6명을 종파분열분자라고 비난, 그들을 제명한 남조선공산당의 결정이 옳다고 결의하였다.103) 분국 결성 당시 '재건파'로부터 분국 승인을 받은 대가로 '장안파'를 비난한 경우와 달리, 이번에는 북조선로동당이 완전 우위에 서서 남조선 좌익의 상황을 '재단'한 것이다.

김일성은 중앙위원에는 중앙위원회, 각 도 인민위원회, 보안기관에서 일하는 사람들을 망라해야 한다고 하면서, 역량이 있어도 중앙위원회에 들어가지 않고 지방에서 사업하는 것이 더 바람직한 사람은 적당히 그렇게 해야 한다고 정수 43명을 제안했다. 중앙위원을 출신 경력별로 분류해 보면 다음과 같다.104)

---

100) 위의 책, 43쪽.

101) 위의 책, 55~56쪽.

102) 위의 책, 67쪽.

103) 최창익의 보고는, 위의 책, 95~97쪽, 결정서는, 위의 책, 100~101쪽.

104) 중앙위원 명부는, 위의 책, 110쪽에 수록. 중앙위원의 과거 경력별 분류에 관해

· 만주파(4명) : 김일성, 김책, 안길, 김일
· 연안계(19명) : 김두봉, 최창익, 김창만, 허정숙, 무정, 리춘암, 김려필, 박효삼, 윤공흠, 김민산, 박훈일, 박일우, 김교영, 명희조, 한빈, 임해, 리종익, 김월송, 임도준

서는, 和田春樹, 『金日成と滿洲抗日戰爭』, 363~364쪽을 참조했다. 그런데 그 정확한 신원을 둘러싸고 논란이 많은 인물은 임해이다. 이 책에서 와다는 임해를 국내 출신으로 분류하고, 필자는 원래의 박사논문에서 일본 출신 '임해(任海)', 즉 임길봉으로 간주했으나, 이는 잘못이었다. 이 점에서 김광운의 지적은 옳았다. 그런데 김광운은 3명의 임해가 존재했다고 주장하지만, 최용건과 같이 빨치산 활동을 했다는 림해는 문헌 자료상 실증되지 않은 인물이다. 김광운은 동일인물을 서로 다른 두 인물로 혼동하고 있다고 여겨진다. 또 다른 '임해'는 만주에서 무장투쟁을 하다가 모스크바동방노력자대학에 유학한 뒤, 연안에 파견되어 중공 중앙위 조선민족지부 위원, 이어서 조선독립동맹 중앙집행위원을 역임한 '림해(林海)'만이 있을 뿐이다. 김광운, 『북한정치사연구 1』, 375쪽. 림해는 주춘길(朱春吉)의 이명으로 조선독립동맹 제1진으로 귀국하여 조선신민당의 중앙집행위원 겸 간부부장을 역임하였다. 그는 1946년 2~3월경부터 김일성 직속으로 대남사업의 책임자(5호실 실장)가 되어 남조선에 파견된 연안 출신 성시백의 상부 선으로 활동한 인물이다. 그는 북로당 창립대회, 제2차 대회 당시에는 당중앙위원으로서 대남사업을 담당하는 공식적인 연락부장이 되었다. 1949년 6월 남북로동당 합당 이후 조국보위후원회에서 인민군 지원임무를 담당하다가, 전시기에는 2군단군사위원, 37사단장을 지냈으며, 1952년 주녕하의 후임으로 주소대사, 귀국 후 1954년 당연락부장, 1957년 이후 상업상, 무역상을 역임했다. 김중생, 『조선의용군의 밀입북과 6 · 25전쟁』, 명지출판사, 2000, 123쪽, 「당중앙본부 9~10월 사업계획서」, 『북한관계사료집 17』, 200쪽. 림해의 대남연락부장 역할에 대해서는, 유영구, 『남북을 오고 간 사람들』, 도서출판 글, 1993, 18쪽. 김광운, 『통일독립의 현대사』, 지성사, 1995, 199 · 300쪽. 그는 조선신민당 시절 및 북로당 창립 시에는 임해, 즉 任海로 표기하였으나, 1948년 북로당 제2차 대회 때는 림해, 즉 林海로 표기하였다. 북로당 창립대회와 제2차 대회 회의록에서 각각 임해와 림해로 달리 표기된 것은 이 때문이며, 림해로 바꾼 이유는 동명이인으로 농민부부부장 임해가 있었기 때문일 것으로 추측된다.『북조선로동당창립대회회의록』, 110쪽, 『북조선로동당제2차전당대회회의록』, 265~268쪽. 그가 주춘길 대신 임해(림해)란 이름을 쓴 이유는 귀국한 뒤 조선신민당의 간부이면서 북조선공산당의 대남사업을 담당한 데다가 활동상 고도의 비밀을 요하는 데 따른 위장이었을 것으로 추측된다. 일본 출신 임해(任海)는 농민부부부장이었지만 당중앙위원에는 들지 못하였다. 두 사람이 대외적으로 분명히 구분되는 것은 1950년도 『근로자』에 각각 림해(1월 31일호, 2월 28일호)와 임해(6월 30일호, 7월 15일호) 명의로 논문을 실었기 때문이다. 림해는 인민군 관계를 주제로, 임해는 경제 분야를 주제로 각각 쓰고 있다.

　·소련계(8명) : 허가이, 박창식, 김영태, 김렬, 김재욱, 한일무, 태성수, 전성화
　·국내계(10명) : 주녕하, 박정애, 장순명, 한설야, 최경덕, 강진건, 장시우, 오기섭, 리순근, 장종식
　·불명·기타(2명) : 정두현, 김욱진

　만주파, 연안계, 소련계 등 해외 출신자가 31명으로서 국내 출신자를 압도했다. 연안계가 19명으로서 가장 많은데, 연안 출신자 속에 비교적 중견 간부요원이 많았던 점 이외에, 김두봉이 위원장이 된 것도 마찬가지 이유이지만, 합당에 대한 불만을 누그러뜨리기 위해 신민당에 대한 배려도 작용하였다고 생각된다.105)

　당 규약에 따르면, 당중앙위원회는 "일상적 정치지도를 위하여", 중앙위원 중에서 5명의 정치위원회를 구성하여 정치위원 속에서 정치위원장 1명, 부위원장 2명을 선출하도록 하며, "중앙위원회의 회의와 회의 간에 일상적 당사업을 지도하고 집행하기 위하여", 11~13명의 상무위원회를 선출하기로 하였다.106) 정치위원의 수를 한정하여 당위원장에게 '정치위원장'이란 위치를 부여한 것은 정치위원회에 의한 집단지도체제의 성격을 갖도록 함이었다. 위원장에 신민당위원장 김두봉, 부위원장에 빨치산파의 김일성과 국내계를 대표하는 주녕하가 선출되었다. 정치위원은 김두봉, 김일성, 주녕하, 최창익, 허가이의 5명으로서 만주파, 연안계, 소련계, 국내계가 망라되었다. 상무위원은 김두봉, 김일성, 주녕하, 허가이, 최창익 등 정치위원에 김책, 태성수, 김교영, 박정애,

---

105) 합당 전 1946년 10월 26일 현재 조선신민당 간부로서 중앙집행위원 김두봉, 최창익, 김민산, 임해(任海), 명희조, 김려필, 김월송, 김교영, 리종익, 중앙검사위원 임도준, 황해도당위원장 리춘암이 중앙위원이 되어 11명이며, 그 밖에 중앙집행위원 방우용은 검열위원이 되었다. 「조선신민당 중앙집행위원 명단」, 「조선신민당 중앙검사위원 명단」, 『북한관계사료집』 26, 51~53쪽. 신민당 간부들 중에는 반드시 연안 출신이 아니면서 국내 출신인데 참가한 사람도 소수가 있었을 것으로 여겨지며, 이 점에서 연안계는 범연안계의 성격을 가지고 있다. 리종익, 김월송, 임도준 등이 이 예에 속할 것이다.

106) 박창옥, 「북조선로동당규약해설」, 『근로자』 1947.3, 59쪽.

박일우, 김창만, 박효삼, 오기섭을 포함, 13명이었다. 정치위원과 상무위원에서는 각각 4 대 1, 10대 3으로 중앙위원의 경우보다도 해외 출신자의 비중이 컸다. 검열위원이 11명으로 많아진 것은, 중앙위원에 소수밖에 반영되지 않은 국내계의 불만을 해소하기 위함이었다. 연안계 2명(진반수, 방우용), 소련계 2명(리동화, 김찬) 이외에, 나머지 전원이 국내계(김용범, 김승훈, 최용달, 김채룡, 박춘섭, 유영기, 박응익의 7명)였다.107) 당의 역학구조는 표면적으로는 각 정파의 연합체제이지만, 실질적으로는 만주파, 소련계, 연안계의 주류체제로서 국내계에 대한 헤게모니가 관철되고 있었다. 중앙위원의 서열로 보면, 상위 제26위까지 주녕하, 박정애, 장순명의 3명을 제외하고 전원이 만주파, 연안계, 소련계의 해외 출신자였다. 연령적으로도 해외 출신자들은 확인 가능한 18명 중 14명이 30대였다.108) 당중앙본부에는 10개의 부서가 마련되었다.109) 창립대회 당시 당중앙기구의 부서장은 일부가 불명이지만 다음과 같다.110)

---

107) 검열위원장에 김용범, 부위원장에 진반수, 상무위원에 김용범, 진반수, 방우용, 최용달, 리동화가 선출되었다. 『로동신문』 1946.9.1, 김주현, 앞의 논문, 48쪽.

108) [부표 2 : 역대 당대회 간부직업명]을 참조.

109) 박창옥, 앞의 논문, 59쪽.

110) 창립대회에서 대표자격심사위원회 보고를 한 박일우는 간부부장이 되었다고 생각된다. 박일우가 간부부장을 역임한 사실에 관해서는, 『북조선인민회의 제1차 회의 회의록』, 48쪽. 조직부장 허가이에 대해서는, 『결정집-1946.9~1948.3 북조선로동당중앙상무위원회』, 11쪽, 선전선동부장, 김창만, 같은 책, 51쪽, 농민부장 박창식, 같은 책, 25쪽, 청년사업부장 김영태, 같은 책, 41쪽, 중앙당학교장 전성화, 같은책, 54쪽. 박일우가 보안간부훈련대대부의 책임을 맡게 된 최용건의 후임으로 임시인민위 보안국장이 되자, 간부부장에는 연안계 허정숙이 임명되었다. 1946년 12월 당시 허정숙 간부부장에 대해서는, 같은 책, 67・74쪽. 창립 당시 노동부장은 불명이며, 1947년 2월 김황일이 잠시 노동부장 직함을 가졌다가, 바로 1947년 4월 한국모가 노동부장으로 등장하고, 김황일은 다시 노동부부부장의 직함으로 되돌아간다. 같은 책, 132・197쪽. 다만 한국모 노동부장 이전까지 당중앙상무위원회는 산업, 노동관계 사업 대부분의 책임을 김황일에게 맡기고 있다. 왜 1947년 2~4월까지 상무위원회 결정집이나 다른 공식문서에 노동부장은 나오지 않는지 수수께끼이다. 김황일은 1953년 8월 전원회의에서

조직부장 : 허가이, 간부부장 : 박일우(→ 허정숙),   선전선동부장 : 김창만, 노동부장 : 불명(→ 김황일, 한국모), 농민부장 : 박창식, 문화인부장 : 한설야, 부녀사업부장 : 박정애, 청년사업부장 : 김영태(→ 정철우), 총무부장 : 장지민, 재정부장 : 변동윤(→ 김교영), 당기관지주필 : 태성수, 중앙당학교장 : 전성화(→ 김승화)

주요부서의 부부장에도 중요한 인물들이 임명되어 있었다.111)

조직부부부장 : 리상조, 선전선동부부부장 : 박무, 박창옥, 노동부부부장 : 김황일, 농민부부 부장─ 임해, 문화인부부부장 : 안막, 중앙당학교부교장 : 김승화

당노동부장이 된다. 김광운은 창립대회 당시 노동부장 김황일, 그 직후 농민부장 리유민이라 하고 있으나, 이는 사실과 다르다.

111) 부부장들에 대해서는, 김황일, 같은 책, 70쪽, 리상조, 같은 책, 106쪽, 박무, 27쪽, 박창옥, 137쪽, 안막, 92쪽. 중앙위원 임해(림해)와 마찬가지로 부부장으로서 논란이 되고 있는 인물은 임해이다. 그는『로동신문』1947년 8월 31일자에 농민부부부장 임해(任海)라는 한자 이름으로 나온다. 고준석은 이 임해(任海)가 농민부장이었다고 증언하고 있으나, 앞의 상무위원회 결정집에도 농민부부부장으로만 나올 뿐이다. 高峻石,『金日成體制の形成と危機』, 99쪽, 同『朝鮮 1945~50 : 革命史への證言』, 268~269쪽, 앞의 결정집, 76쪽. 다만 이 당중앙상무위원회 결정집을 보면, 농업 및 농민 관계 사업의 대부분을 임해에게 맡기고 있었다. 농민부장 박창식은 1946년 10월 평양시당의 선거 사업에 파견되어 11월 평양시 인민위 부위원장이되고 그 후임자가 임명된 흔적은 없다. 임해는 그 임명 여부에 관계없이 실질적인 농민부장 역할을 했던 것으로 보인다. 노동부장과 농민부장을 사실상 부부장이 대행한 이유에 대해서는 추가적인 자료 발굴이나 증언을 필요로 한다. 한편 김광운은 초대 간부부장을 허정숙이라 주장하고 있으나, 창립대회 당시에는 박일우였고, 그가 바로 임시인민위 내무국장이 되자 허정숙이 후임 간부부장이 되었다. 또한 김광운은 박창식의 후임 농민부장을 리유민이라 하지만, 당시 자료에 농민부장은 박창식, 리유민은 황해도인민위원회의 부위원장, 서기장으로 나올 뿐이며, 리유민 농민부장은 1948년 제2차 당대회 이후이다. 박창식에 대해서는,『로동신문』1946년 10월 16일, 「평양시당단체의 선거선전사업 정형에 대하여 북조선로동당 중앙상무위원회 제9차 회의 결정서 1946년 10월 21일」, 35쪽,『법령공보』(북조선림시인민위원회사법국편) 1946년 제9호, 1쪽. 리유민에 대해서는,『로동신문』1946년 10월 26일·11월 21일. 김광운, 앞의 책, 384·417쪽.

당기구의 근간인 조직부문과 선전부문은, 소련계가 조직부장과 기관지주필, 연안계가 간부부장과 선전선동부장을 장악, 분담하게 되었다. 특히 조직부장의 소련계 독점, 간부부장의 연안계 독점은 6·25전쟁이 정전한 뒤까지도 계속되었다. 공산당 분국 시기로부터 1954년경까지 역대조직(지도)부장은 리동화, 허가이, 김렬, 박영빈, 역대 간부부장은 무정, 박일우, 허정숙, 리상조, 진반수였다. 이 점과 관련하여 주목되는 것은, 중국공산당이나 소련공산당에서 공산당분국이나 로동당으로의 전당(轉黨)이 대규모로 이루어져 당의 강화에 크게 기여한 사실이다. 우선 중국공산당원이던 연안독립동맹원, 조선의용군의 입북은 말할 필요도 없고, 국공내전 참가부대 소속의 조선인 중공당원이 북조선 측 필요에 따라 전출되어 인사이동 형식으로 전당 절차를 밟아 북조선 내 직무에 취임하는 경우도 적지 않았다.112) 또한 소련 군정요원으로 몇 차례에 걸쳐서 북조선에 파견된 소련계 조선인은 소련공민이고, 그 가운데 상당수는 소련공산당원이었다. 이러한 전당 사업과 관련, 돌아온 조선인 중국공산당원의 경우, 중공당적 포기와 조선로동당 가입이 의무가 되어 있었다. 이것은 북조선에 파견되면서 자동적으로 조선로동당원의 자격이 주어지고 이중당적과 국적이 인정된 조선인 소련공산당원의 특권성과 대조적으로 당시 북조선에서 소련공산당의 중국공산당에 대한 우월성을 나타내고 있다.113) 이것은 1928년 코민테른으로부터 승인이 취소되어 조선공산당이 해산됨에 따라서, 일국일당주의 원칙 아래 각 지역의 공산당에 소속하여 공산주의운동을 전개하지 않을 수 없었던 식민지시대의 유산이 그림자를 드리우고 있는 예라 할 수 있다. 어쨌든 당시 소련공산당 및 중국공산당과 북조선로동당과의 관계에서 소련공산당적자와 중국공산당적자의 우월성이 작용하여, 그것이 만주

---

112) 인민군정치장교이던 최태환의 증언, 『역사비평』, 앞의 호, 364쪽.

113) U. S. Department of State, North Korea : A Case Study of … , p.121. 소련계 조선인의 이중국적 문제는, 소련계 숙청이 본격화한 1957년 12월 16일 양국 간에 '이중국적자의 공민권 문제의 조절에 관한 협약 및 영사협약'이 조인되고 나서 해소되었다. 당적 문제도 소련계의 숙청과 관련, 해소되었다고 추측된다.

파, 연안계, 소련계가 국내계에 대하여 우위를 확립하는 데 하나의 요인이 된 것은 부정할 수 없을 것이다.

또한 주목해야 할 것은, 지방에서 사업하는 것이 바람직한 사람은 적당히 그렇게 해야 된다고 하는 김일성의 발언이 시사하는 것 같이, 각 도인민위원장은 전원이 중앙위원에 뽑히지 않은 점이다. 당시 각 도인민위원장이 거의 국내계 거물들이기 때문에 국내계의 중앙위원 진출을 제한하기 위한 방책이었다. 이것은 독자성이 강한 각 도인민위원회를 누르고 중앙집권화를 추진하기 위해서도 필요한 조치였다. 1946년 11월 당시 각 도인민위원장은, 평양시－한면수, 평안남도－홍기주(민주당), 평안북도－정달헌, 함경북도－문태화, 함경북도－김영수(소련계), 황해도－김응기, 강원도－최봉수였다.114) 당농민부장에서 1947년경 평양시인민위원회부위원장이 된 박창식만이 중앙위원으로 선출되어 있었다. 국내계가 많던 임시인민위원회의 국장, 부장도 일부만이 중앙위원의 하위 순번에 들어갈 수 있었다. 선전부장 오기섭(후에 노동부장), 농림국장 리순근, 교육국장 장종식 등이며, 사법국장 최용달, 간부부장 김승훈은 검열위원이 되었다.115) 보안기관이나 당시 창설 작업이 진행 중이던 군대에서도 몇 명이 중앙위원이 되었다. 김책(평양정치군사학원장), 무정(보안간부훈련대대부부사령관), 리춘암(황해도보안부장 겸 황해도당부위원장), 안길(보안간부훈련대대부참모장), 김려필(?), 김일(보안간부훈련대대부문화부사령관), 박효삼(보안간부학교장) 등 서열 제11위로부터 제17위까지는 평양학원, 보안간부훈련대대부, 보안간부학교 등 군 창설을 위한 모체기관의 주요간부, 또는 치안을 담당하는 보안기관의 간부였다고 생각된다.116) 대부분이 만주파나 연안계임을

---

114)「각 도·평양특별시인민위원회위원장·부위원장·서기장의 임명 승인에 대한 결정서」,『북한관계사료집Ⅴ』, 75쪽.

115) 장시우는 소비조합위원장에서 상업국장이 되고, 박일우는 보안국에서 군사부문이 분리되면서 최용건의 후임으로 보안국장이 되었다.

116) 군 창설 당시 주요 간부에 관해서는 유성철의 증언을 참조『비록:조선민주주의 인민공화국(하)』, 71~72쪽,『증언:김일성을 말한다』, 64~67쪽. 리춘암은 황해도

알 수 있다. 이어서 각 도당위원장이 늘어서 있다. 장순명(함경북도당위원장), 김렬(함경남도당위원장), 김재욱(평안남도당위원장), 윤공흠(평안북도당위원장), 한일무(강원도당위원장), 김민산(?), 박훈일(황해도당위원장) 등으로 소련계인 김영수가 인민위원장이던 함경북도의 국내계 장순명을 제외하고 전원이 소련계와 연안계였다.117) 그들에게는 국내계의 각 도인민위원장을 견제하는 역할이 주어졌다.

북조선로동당이 결성되어 북조선 내 좌익을 망라함으로써, 거대한 정치세력으로 성장하였으나, 상대적으로 민주당이나 청우당 등 다른 정당은 왜소화하고 군소정당으로 전락하여 로동당의 위성정당화하게 되었다. 이리하여 북조선에서 경쟁정당체제의 시기는 종언을 고했다. 북조선로동당은 "전 조선을 시야에 두고", 북조선뿐 아니라 남조선에 대해서도 "자기의 위치와 지도성을 명확히 했다"고 할 수 있다.118) 남북공산당 간의 관계에서 보면, 서울중앙-평양분국이라는 조선공산당의 기존관계를 일단 남북조선로동당 간의 형식상 대등한 관계로 전환시켜, 장차 평양을 중앙으로 하는 하나의 로동당으로 통합해 간다는 방향에 기초한 거대전략이었다. 이것은 실질적으로는 남북공산당 간의 힘의 관계에서 주도권이 북쪽으로 옮겨가고, 조선공산주의운동의 지도자가 박헌영에서 김일성으로 바뀌었다는 현실의 반영이었다. 소련의 방침이라는 '권위' 없이는 실현 불가능한 움직임이기도 하였다. 7월 29일 신민당이 북조선공산당에 합당을 제의한 데 이어 8월 3일 남조선에서는 인민당이 공산당과 남조선신민당에 합당을 제의한 것은 이미 남북좌익 간에 협의된 수순이었다.

보안부장에서 38도선경비대의 황해도경찰대장이 되었다고 추정된다. Intelligence Summary Northern Korea, 16 February 1947, p.22.

117) 각 도당위원장 명부에 관해서는, 『북조선인민회의 제1차 회의 회의록』에 나온 약력을 기준으로 하였다. 함경북도의 경우, 소련군 진공 때 일본군과의 교전이 오래 계속된 결과 도인민위원회 결성이 가장 늦어지고 있었다. 그 때문에 소련군 당국과의 교섭상 필요에 따라 소련계가 도인민위원장이 되었다고 생각된다. 김민산의 직책은 불명이지만, 각 도당위원장 범주 속에 들어가 있기 때문에 평양시나 다른 도당의 부위원장이었다고 추측된다.

118) 林哲, 앞의 논문, 89쪽.

2 정부 수립과 '당 국가'

1) 북조선인민위원회와 인민회의의 수립

지방인민위원회선거

북조선민주주의민족통일전선과 북조선로동당이 창립되고 나서 즉시 착수한 것은 지방인민위원회 선거사업이었다. 9월 5일 임시인민위원회 제2차 확대위원회가 개최되어, 「면·군·시·도인민위원회 선거에 관한 규정」, 「도·시·군·면·리인민위원회에 관한 규정」이 채택, 제정되고, 11월 3일 선거를 실시하기로 예정하였다. 특히 선거규정 제36조에는 "제민주주의정당과 사회단체는 그 정당과 그 사회단체의 공동후보를 추천할 권리를 가진다"고 되어, 민주주의민족통일전선의 공동후보 추천방식이 채택되었다. 또한 '친일분자'에 대해서는 선거권과 피선거권을 박탈하기로 하였다.119) 임시인민위원회에 선거라는 합법성을 부여함으로써 정부 수립으로 향하기 위한 본격적인 수순이었다. 중앙으로부터 지방에 이르기까지 북조선로동당을 중심으로 한 통치체제를 관철시키기 위한 의도이기도 하였다.

각 시·군·면까지 선거선전실이 설치되는 등 2개월간 대대적인 선전작업을 거쳐 11월 3일 도·시·군인민위원회 선거가 실시되었다. 전조선에 걸쳐 최초의 근대적 선거라는 의의를 가지고 있었지만, 공동입후보자에 대한 찬부만을 묻도록 흑백함에 투표하는 방식이 사용되었다. 비밀투표가 아니고 실질적인 공개투표였다. 총유권자 451만 6천 120명 중 450만 1천 813명, 99.6%가 투표에 참가, 민족통일전선의 공동

---

119) 『북조선법령집』, 9~11·26~30쪽. 당초는 면인민위원회까지 선거를 실시할 예정이었지만, 면은 리와 함께 실시하도록 방침이 변경되었다.

입후보자에게 찬성한 것은 도인민위원선거에서 97%, 시인민위원에서 95.4%, 군인민위원에서 96.9%를 기록했다.[120] 전체 3,459명 중 북조선로동당 1,102명(31.9%), 민주당 351명(10.1%), 청우당 253명(7.3%), 무소속 1,753명(50.7%)이었다.[121] 1947년 1월 7일 북조선임시인민위원회 제22차 회의에서는, 2월 24~25일 리(동)인민위원회 선거, 3월 5일 면인민위원회 선거를 실시한다고 발표했다. 리인민위원회 선거의 경우, 등록된 유권자총수 385만 9천 319명 중 투표참가자는 385만 3천 684명, 99.8%였다. 면인민위원회의 경우, 등록된 총유권자수 362만 5천 516명 중 투표 참가자는 362만 5천 516명, 99.98%였다. 다만 리인민위원회 선거의 경우, 5만 3천 314명을 선출하는데, 후보자수는 5만 6천 623명이고, 당선자에 대한 찬성투표율은 86.63%, 반대율이 13.37%였다. 면인민위원회의 경우, 입후보자에 대한 찬부투표가 되어, 96.2%가 찬성투표, 3.8%가 반대투표를 하였다.[122] 리인민위원회의 경우, 입후보자수가 정원을 초과하고 반대표도 상당수가 나온 것은, 리인민위원회에 대해서는 중앙으로부터의 통제가 관철되지 않았기 때문이다. 아직 리 수준까지 행정은 촌락자치의 성격이 강하다는 증거라 할 수 있다.[123] 리인민위원회 선거에서 각 시·도별 반대율을 보면, 평안남도 18.89%, 평안북도 9.34%, 함경남도 11.84%, 함경북도 0.61%, 황해도 22.3%, 강원도 11.84%였다. 특히 평안남도와 황해도가 두드러진다. 면인민위원회 선거의 경우도, 평안남도(6.5%)와 황해도(6.3%)의 반대율이 높았다.[124] 토지개혁에

---

120) 김일성, 「북조선 민주선거의 총결과 인민위원회의 당면 과업」, 『근로자』 1946. 11, 11쪽.

121) 여성이 453명, 13.1%였다. 김두봉, 「북조선 민주선거의 총결과 로동당의 당면과업」, 『근로자』 1946.11, 34쪽.

122) 주녕하, 「면 및 리(동)인민위원회위원 선거의 총결에 대하여」, 『인민』 1947.4, 26~38쪽.

123) 면인민위원회 선거의 경우에도, 18개 선거구에서 24명의 후보자가 과반수에 미달하여 낙선, 재선거가 실시되었다. 주녕하, 앞의 논문, 34쪽.

대한 불만이 이들 지역에서 강했던 현실의 반영이다.

정당별 비율을 보면, 리인민위원의 경우, 로동당 60.05%, 민주당 7.43%, 청우당 4.83%, 무소속 27.69%이고, 면인민위원의 경우, 로동당 55.8%, 민주당 8.3%, 청우당 6.8%, 무소속 29.1%였다.[125] 도·시·군인민위원에 비하면, 면·리인민위원 가운데 로동당의 비율이 2배 가까이까지 증가하였다. 당의 양적 성장을 위하여 더 이상 타당에 대한 배려를 이유로 로동당원의 진출 요구를 억제할 수 없게 되었을 뿐 아니라, 이미 로동당원이 압도적 비율을 차지하더라도 당연한 현실로 받아들여지게 되었기 때문이라고 생각된다.

1946년 9월경 지방인민위원회 선거가 실시되기 전, 지방인민위원 전체의 평균 사회적 성분을 보면, 노동자 5.7%, 농민 71.8%, 사무원 및 인텔리 15.8%, 수공업자 2.1%, 상인 4.6%였다.[126] 1947년 3월까지 새로이 선거에 의해서 선출된 각급 지방인민위원 전체(6만 9천 217명)의 사회적 성분을 평균해 보면, 노동자 5.98%, 농민 79.89%, 사무원 및 인텔리 12.47%, 기업가 및 수공업자 0.36%(250명), 상인 1.25%(866명), 전(前) 지주 0.29%(31명)이었다. 수공업자와 상인의 비율이 급격히 줄고 있음을 알 수 있다.

북조선인민위원회·인민회의의 구성

1947년 2월 17~20일 북조선 도·시·군인민위원회 대회가 개최되었다. 전년도 11월 3일 실시된 도·시·군인민위원회위원 선거에서 뽑힌 3,459명의 각급 인민위원으로부터 3명에 1명의 비율로 선출된 각 도 대표 147명, 군 대표 889명, 시 대표 88명, 로동당, 민주당, 청우당

---

124) 위의 논문, 30~32쪽.

125) 위의 논문, 32~34쪽.

126) 도부터 리까지 합쳐서 평균한 통계밖에 발표되지 않았다. 김일성, 「로동당의 창립과 당면 제과업에 대하여—1946년 9월 26일」, 『김일성선집(1954년판)』 제1권, 273쪽.

의 3당 및 직총, 농맹, 민청, 여맹의 4단체의 대표 각 3명씩 35명 등 1,186명(결석 29명)이 참가했다.[127] 각 지역 대표의 정당별 구성을 보면, 로동당 579명(50.0%), 민주당 137명(11.8%), 청우당 122명(10.5%), 무소속 321명(27.7%)이었다.[128] 지방인민위원의 정당별 비율인 로동당(31.9%), 민주당(10.1%), 청우당(7.3%), 무소속(50.7%)에 비하면, 로동당의 몫이 훨씬 우선적으로 대표되어 있다. 대표총수 1,186명에 대하여 5명의 비율로 참가자에 의한 비밀투표를 통하여 북조선인민회의 대의원 237명이 선출되었다. 로동당 88명(37.2%), 민주당 30명(12.7%), 청우당 30명(12.7%), 무소속 89명(37.4%)이었다.[129] 도·시·군 인민위원 중 민주당과 청우당의 비율에 비해, 인민회의 대의원 중에서 양당의 비율이 높아진 것은, 도·시·군인민위원회 선거에서 로동당 출신자의 비율이 지나치게 높다고 민주당이나 청우당에서 불만이 생겼기 때문이다.[130] 이 대회 회의록에는 237명의 간단한 약력이 붙어 있다.[131] 로동당 소속 88명 중, 만주파 3명(김일성, 김책, 최용건), 연안계 9명(김두봉, 최창익, 박일우, 허정숙, 조영, 무정,

---

127) 숫자는 『해방후 4년간 국내외 중요일지』, 102쪽, 『해방 후 조선 : 강의요강』, 126쪽에 의거하였는데 약간의 오차가 있다. 대회 참가자는 제24차 북조선임시인민위원회에서 통과된 「북조선 도·시·군인민위원회 대회 소집에 대한 결정서」와 「북조선 도·시·군인민위원회 대회 대표 선거에 대한 규정」에 따라 선출되었다. 『북조선법령집』, 2쪽.

128) 『해방 후 조선 : 강의요강』, 127쪽에 의하자면, 합계 1,159명으로서 3,459명의 3분의 1과는 약간 차이가 있다.

129) 『북조선 도·시·군인민위원회 대회 회의록』, 『북한관계사료집 Ⅷ』에 수록, 168쪽.

130) 선거 직후 1946년 12월 25일 열린 조선민주당 제6차 중앙위원회 확대회의에서 당수 최용건은, 민주당원들이 로동당원들과 도처에서 감정적으로 대립하고 있는 것을 지적하여, 로동당이 민주당에 대하여 우월감을 가지고 있다는 선입관에 원인이 있다고 말했다. 각 기관에 민주당원이 많이 들어갈 수 없었던 데 대해 불평불만을 품고 있다는 점도 지적하고 있다. 『북한관계사료집 Ⅷ』, 8~9쪽.

131) 『북조선 도·시·군인민위원회 대회 회의록』, 앞의 책, 144~160·167쪽. 별표의 명부를 참조.

김창만, 윤공흠, 박훈일), 소련계 6명(김재욱, 박창식, 김렬, 김영수, 박영성, 한일무) 등 17명 이외에는 대부분이 국내계였다.132) 북로당 중앙위원 43명 중 25명, 검열위원 11명 중 2명이 인민회의대의원이 되었지만, 중앙위원과 대의원의 겸임자 25명 중 14명이 위의 만주파, 연안계, 소련계였다. 국내계 대의원이 압도적으로 많았다고 해도 북로당 중앙위원와 인민회의 대의원 겸임자는 해외 출신자보다 적은 11명이었다. 북로당 창립 당시, 각 도인민위원장은 당중앙위원에서 배제하는 방침을 취하였기 때문이다.

그러나 인민회의대의원을 구성하는 데 각 도인민위원회와 민족통일전선위원회의 추천에 의해 선출하는 방법을 취했기 때문에, 각 도인민위원회나 직총, 농맹, 여맹 등 사회단체의 요구도 상당히 반영되었다고 생각된다. 이미 당중앙위원회나 임시인민위원회, 사회단체의 중앙기구에서 활약하고 있는 저명한 공산주의자들 이외에, 함경북도, 평안북도, 황해도, 강원도에서는 지방의 토착운동 출신자들이 여러 명씩 뽑혔다.133) 이 4도의 인민위원장들은 과거 오랫동안 좌익운동을 지도하고,

---

132) 김용범(당검열위원장), 리주연(인민위총무부장), 장시우(인민위상업국장), 한면수(평양시인민위원장), 송참렴(평남인민위부위원장), 김섬(안주군당위원장), 주녕하(당부위원장), 한설야(당문화인부장), 리강국(인민위외무국장), 오기섭(인민위노동국장), 한병옥(민족통일전선서기장), 장종식(인민위교육국장), 리봉수(인민위재정국장), 정달헌(평안북도인민위원장), 최경덕(직총위원장), 채룡성(의주군인민위원장), 고성창(신의주시인민위원장), 문태화(함경남도인민위원장), 문석구(함흥시인민위원장), 리장균(흥남시인민위원장), 조영웅(면인민위원장), 장해우(북조선검찰소장), 문회표(인민위양정부장), 강진건(농맹위원장), 장순명(함경북도당위원장), 김응기(황해도인민위원장), 리수연(재령군인민위원장), 리순근(인민위농림국장), 박정애(여맹위원장), 김기천(평산군인민위원장), 최봉수(강원도인민위원장), 최용달(인민위사법국장), 한영숙(원산시여맹위원장), 안몽룡(원산시인민위원장), 김동명(강원도인민재판소장), 김원섭(강원도직맹비서), 리종권, 안삼원(철원군인민위원) 등이다. 각인의 경력은 주로『북조선 도·시·군인민위원회 대회 회의록』, 앞의 책, 144~160쪽에 의거하였지만, 불충분한 경우, 김준엽·김창순, 『한국공산주의운동사』 제1~5권, 이기하, 『한국공산주의운동사』 제1권, 역사문제연구소 편, 『일제하사회운동인명색인집』(상)(하), 梶村秀樹·姜德相編, 『現代史資料·別卷』 등도 참조하였다.

해방 후 지방인민위원회나 공산당 결성을 주도한 사람들이었다. 대조적인 것은 함경북도로서 도당위원장 장순명 외에 지방의 토착운동 참가자는 선출되지 못했다는 점이다. 이것은 도인민위원장이 소련계 김영수였던 점과 관련이 있을 것이다.

2월 21일 제1차 회의에서 북조선인민회의 상임위원회가 구성되어, 의장 김두봉(로동당), 부의장 최용건(민주당)·김달현(청우당), 서기장 강량욱(민주당), 상임의원에 앞의 4명 외에 김책(로동당), 강진건(농맹 ; 로동당), 박정애(여맹 ; 로동당), 최경덕(직총 ; 로동당), 리기영(문예총 ; 무소속), 김제원(일반농민 대표 ; 로동당), 김상철(로동자 대표 ; 로동당) 등 10명이었다. 7 대 4의 비율로 압도적으로 로동당이 우위를 보이고 있고, 그중 김제원, 김상철을 제외한 8명은 북조선민주주의민족통일전선위원회의 중앙위원이기도 하였다.

이 회의에서 채택된 「북조선인민위원회에 관한 규정」에 따르면, "북조선인민위원회는 제반 결정 및 지시의 권한과 북조선인민회의 휴회 중 북조선의 각 국가기관, 사회단체 및 공민에게 적용할 제반 법률을 제정할 권한을 가진다"고 되어, "제반 결정, 지시 및 법률을 채택하는 경우, 출석위원 과반수의 찬성을 얻어야 한다"고 명시되었다.134) 북조선인민회의가 최고기관으로 되어 있지만, 실질적 입법, 집행의 권한은 인민위원회가 행사하게 되어 있었다. 인민회의는 명목적인 사후 추인기관에 지나지 않았다. 다만 이전의 임시인민위원회와의 차이는, 임시인민위원회가 5명의 상무위원회에 권한이 집중되어 있던 데 대하여, 이번 경우에는 22명의 인민위원회 회의에 의결 권한을 주고 있는 점이다. 상무위원회는 폐지되어, 각 국장, 부장이 의결권을 갖도록 권한이 분산, 강화되었다. '위로부터의 개혁'을 단행하기 위한 '비상체제'로서 임시인민위

---

133) 가장 두드러진 곳이 함경남도로 주녕하, 오기섭, 정달헌, 리봉수, 문회표 외에, 문태화, 문석구, 리장균이 선출되었다. 강원도에 편입된 원산시까지 포함시켜 보면, 함경남도 지역의 역량이 얼마나 컸는지를 짐작할 수 있다.

134) 『북조선인민회의 제1차 회의 회의록』, 37~38쪽.

원회의 성격이 선거 절차라는 합법적 근거를 획득함으로써, '상시체제'
로 이행되었다고 할 수 있다. 이미 당을 통한 인민위원회 통제가 가능하
게 되었기 때문이다.

　회의 2일째 북조선인민위원회 위원장에 김일성이 선출되어, 위원회
인선이 위원장 김일성에 위임되었다. 위원장 김일성(로동당), 부위원장
김책(로동당)·홍기주(민주당), 사무장 한병옥(로), 기획국장 정준택(로),
산업국장 리문환(무), 내무국장 박일우(로), 외무국장 리강국(로), 재
정국장 리봉수(로), 교통국장 허남희(무), 농림국장 리순근(로), 체신
국장 주황섭(청), 상업국장 장시우(로), 보건국장 리동영(민), 교육국
장 한설야(로), 로동국장 오기섭(로), 사법국장 최용달(로), 인민검열
국장 최창익(로), 양정부장 송봉욱(로), 선전부장 허정숙(로), 간부
부장 장종식(로), 총무부장 김정주(청)였다.135) 22명 중 민주당 2명,
청우당 2명, 무소속 2명의 6명을 제외하고 16명이 로동당에 속해 있
었다. 만주파가 2명(김일성, 김책 ; 최용건을 포함해서 3명), 연안계
3명(박일우, 최창익, 허정숙)이고, 국내계가 압도적으로 많았다. 소련
계는 한 사람도 들어가지 않았다. 단지 소련계는 상세한 것은 불명이
지만, 예컨대 보건부국장 리동화와 같이 몇 사람이 부국장직에 앉게
되었다고 생각된다. 외무국이 신설된 것은 북조선인민위원회가 대외적
으로도 실질적 정부의 역할을 하게 된 것을 의미하였다. 건국준비위원
회에 참가, 인민공화국 서기장으로서 1945년 11월 전국인민위원회
대표자대회를 주도하고, 1946년 2월 민주주의민족전선 사무국장을 역
임하다 북으로 도피한, 서울의 인민공화국, 민전의 대표적인 이론가
리강국이 외무국장으로 영입된 것은 그 상징적 효과를 노렸기 때문이
다.136) 5도행정국에 서울의 인민공화국으로부터 리순근과 최용달이

---

135) 위의 책, 47~50쪽. 1948년 2월 7일 제4차 회의에서 일부 부서가 승격, 또는 신설
　　되어, 도시경영국장 리병제, 선전국장 허정숙, 민족보위국장 김책이 임명되었
　　다.『조선중앙연감(1950년판)』, 203쪽.

136) 리강국은 남조선 민전의 사무국장이던 1946년 9월경 미군정의 체포령을 피하여
　　월북하였다.

영입되었던 때와는 상황이 역전되어, 남조선에서 도피해 온 사람을 북쪽이 받아들인다고 하는 '민주주의근거지'의 과시였다. 이미 1946년 10월 박헌영도 북조선에 도피하여 남로당을 지도하고 있었지만, 리강국은 북조선의 인민위원회가 남북조선의 인민위원회를 대표한다는 하나의 상징이었다.

외무국의 신설에서 나타나듯이 북조선인민위원회는 대내외적으로 실질적인 정부로서의 기능을 수행했다. 1947년 당시 북조선인민위원회는 인민위원장 김일성과 외무국장 리강국 명의로 여권을 발행하고, 소련정부와 조·소해운회사의 설립과 관련하여 3개 항구의 양도에 관한 협약을 맺고 있었다.137) 이미 1946년 8월 산업국유화 조치에 맞추어 1946년 10월 30일자로 소련군사령부는 과거 일본인 소유이던 여러 산업기업, 수력발전소, 은행 및 그 밖의 대상물을 임시인민위원회에 양도하고 있었다.138) 9월 20일 임시인민위원회는 대외무역 창구를 일원화하기 위해 '무역위원회'를 설치했다. 산업국유화에 맞추어 무역의 국가독점을 실시하는 조치였다.139) 북조선인민위원회가 남조선에 대한 자체의 독자성을 과시한 것은, 1947년 3월 19일 김일성 명의로 미군정장관 브라운 소장 앞으로 남조선에의 송전문제에 관한 서간을 보내, 송전

---

137) 방선주, 「1946년 북한 경제통계의 일연구」, 『아시아문화』 제8호, 1992.12, 1~2쪽.

138) 「과거 일본정부 소유였던 제 산업기업, 수력발전소, 은행 및 기타 대상물을 북조선 소련군사령부 대표단이 북조선임시인민위원회에 양도할 데에 관한 법령」, 1946.10.30, *Otnosheniya Sovetskogo Soyuza c narodnoi Koreei*, pp.25~26에 수록. 본국에 송환된 일본인이 북조선에 남긴 동산이나 부동산 등의 재산은, 약간 늦게 1947년 10월 21일 북조선인민위원회에 양도되었다. 「본국에 송환된 일본인이 북조선 영토에 남긴 재산을 북조선 소련군사령부 대표단이 북조선인민위원회에 양도할 데에 관한 법령」, 1947.10.21, op. cit, pp.31~32.

139) 「북조선임시인민위원회 무역위원회 조직에 관한 결정서」, 『북한관계사료집 Ⅴ』, 35쪽. 위원장 유도승, 부위원장 도용호, 위원에 박의완, 로응하, 곽한생이 임명되었다. 유도승, 박의완은 소련계이고, 도용호는 해방 직후 함경남도인민위원장을 역임한 인물, 로응하는 흥남인민공장 지배인이었다. 흥남 지역에서 생산되는 화학제품이 소련과의 교역관계에서 큰 비중을 차지하고 있음을 엿보게 한다. 무역 업무는 1947년 1월 상업국으로 통합되었다.

분에 대한 전기요금 지불의 교섭을 요구한 것이다.[140] 미군정은 이 제
안을 인민위원회의 존재를 인정하도록 요구하는 정치적 공세로 받아들
여 교섭을 거부하였고, 정식 교섭당사자는 어디까지나 점령책임자로서
소련군사령부라는 입장을 취했다.[141]

2) 북조선로동당 제2차 대회와
　　조선민주주의인민공화국의 수립

당의 거대화와 당내갈등

당창립대회 이후에도 당원 수는 계속 불어났다. 합당 당시 36만 6천
명이던 당원은 줄곧 증가하여, 1개월 후에는 40만 명, 1946년 11월 말
에는 60만 명이 되었다.[142] 창립 1주년째인 1947년 8월 김일성은 70
만 당원을 갖는 '대중적 정당'이 되었음을 선언했다.[143] 북로당 제2차
대회 직전인 1948년 1월에는 75만여 명에 달했다.[144] 나아가 1949년

---

140) Intelligence Summary Northern Korea #33, 16–31 March 1947, pp.9~10.

141) 제2차 미소공동위원회가 결렬되고 나서 이 문제는 다시 쟁점이 된다. 남북의 단
독정부 수립이 거의 확실해지는 1948년 3월 16일 소련군사령관은 미군사령관
앞으로, 북조선주둔 소련군은 더 이상 미군 측과 북조선인민위원회 사이의 중
개자 역할을 할 수 없기 때문에, 북조선의 발전소에 책임을 지고 있는 북조선인
민위원회와 직접 교섭할 것을 요구한다는 내용의 서간을 보냈다. 미군 측은 북
조선인민위원회를 교섭 당사자로 인정하지 않는다는 입장으로 일관했고, 이에
대해 북측은 김일성 명의로 서간을 보내, 4월 15일까지 해결되지 않으면 송전을
중단하겠다고 선언하였다. 1948년 5월 7일 인민위원회부위원장 김책의 최후통
첩을 끝으로 5월 14일 남조선에의 송전은 중단되었다. G-2 Weekly Summary
#137, 23-30 April 1948, #139, 714 May 1948.

142) 김일성, 「로동당의 창립과 당면 제과업에 대하여−1946년 9월 26일」, 『김일성선
집(1954년판)』 제1권, 305쪽 ; 김두봉 「북조선 민주선거의 총결과 로동당의 당면
과업」, 『근로자』 1946.11, 40쪽.

143) 김일성, 「창립 1주년을 맞이하는 북조선로동당」, 『근로자』 1947.8, 27쪽.

144) 이 숫자는 김일성의 보고에서 제시되고 있다. 『북조선로동당 제2차 전당대회

2월 12~13일 당중앙위 제5차 회의 당시에는 80여만 명에 달한다. 불과 2년 반의 기간에 2배 이상 증가한 것이다.[145] 북조선의 공식인구는 1946년도 925만 7천 명, 1949년도 962만 2천 명이므로, 1949년에 당원 비율은 총인구비 8.3%에 달하고 있었다.[146] 당원의 증가는 그만큼 당기구의 확장과 당의 거대화로 이어지고, 당의 비약적인 양적 성장은 당원의 질적 저하라는 문제를 가져왔다.

한편 여러 민주개혁이 실시됨에 따라 중앙으로부터 지방에 이르기까지 각급 인민위원회나 각종 경제기관, 사회단체 등 관리기구도 비약적으로 확장되었다. 친일파를 철저하게 배제하는 원칙이 관철되는 가운데 방대한 정권기구의 관리는 대다수 간부에게 최초의 경험이었던 만큼 결코 용이한 작업이 아니었다. 게다가 중요산업 '국유화'조치에 의해 모든 기간산업이 인민위원회 관리 아래 들어갔다. 거의 일본인 소유이던 생산시설, 즉 방대한 '재산'의 소유와 관리도 거의 모든 간부에게는 최초의 경험이었다. 그러나 실질적인 정부가 수립되었다고 해도 아직 정식 정부는 아니었다. 인민위원회가 선거에 의해 법적으로 고정되었으나, 소련군 점령 하이고, 남북조선에 걸쳐 통일정부를 세워야 하는 과제도 남아 있었다. 국가건설이 본격화되어 실질적인 정부가 만들어져 있었지만, 그 전도는 불투명한 상태였다.

기업, 공장의 관리를 맡고 있는 간부에게는 책임의식이 확립되어 있지 않고, 공유물의 횡령이나 재정낭비가 만연해 있었다. 임금의 평균주의가 지배하고, 노동자의 생산규율도 느슨해지고 있었다.[147] 인민위원

회의록』, 59쪽.

145) 허가이, 「북조선로동당 하급당단체(세포·초급당·면당)의 9개월간 사업총결에 관한 총화와 당지도사업의 강화에 대하여」, 『근로자』 1949.3.15, 4쪽. 1949년 6월 남북조선로동당의 합당을 통해 당원 수는 더 불어났다고 생각된다.

146) 북조선의 인구통계에 관해서는, 북조선인민위원회기획국, 『1946년도 북조선 인민경제통계집』(평양), 1947.12, 방선주, 「1946년 북한경제통계의 일연구」, 『아시아문화』 제8호, 1992.12, 4~5쪽으로부터 재인용, 『1946~60年 朝鮮民主主義人民共和國人民經濟發展統計集』, 日本朝鮮研究所(東京), 1965을 각각 참조.

회에는 일제시대의 '관료주의 유산'이 남아 있고 무사안일주의가 팽배해 있었다. 행정기관에는 불필요한 인원이 불어나고 있으며, 국가재산만을 낭비하는 '무뢰배'가 넘치고 있다고 비난될 정도였다.148) 평양 시내에는 각종 단체가 속출하고, "민주단체란 이름 아래 거대한 사상·정치적 상부구조망"이 만들어져 쓸데없는 인원을 거느리고 있었다.149) 도나 군 인민위원회도 모르는 각종 세금이 농민에게 부과되어, 함경북도의 경우, 세금이 17 내지 22종목에 달하고 있었다. 연말이 가까워져도 세금징수율은 60%에 지나지 않았다.150) 해방 직후 계속되어 온 식량문제도 아직 심각한 상태였고, 곡물수매사업도 부진을 면하지 못했다.151)

이러한 문제에 대하여 지도부 내에는 두 가지 접근방식이 모색되고 있었다. 하나는 허가이 등 소련계에 의한 당조직을 통한 접근방식이고, 또 하나는 김두봉, 최창익, 김창만 등 연안계에 의한 더 포괄적인 접근방식이었다. 우선 허가이를 중심으로 한 소련계의 접근방식은 당조직을 정비, 순화하고, 그 당조직을 움직여 사회 전체를 쇄신한다는 것이었다. 자기들이 직접 경험하여 지식을 가지고 있는 소련이라는 '당=국가'를 모델로 사회 전체를 일신하려는 의도였다. 그들에게는 당조직이야말로 국가의 근간이었던 만큼, 당원의 질적 저하는 가장 심각한 문제점으로 보였다. 이 문제에 대처하기 위해 당조직부장 허가이가 주도한 것이 '유일당증수여사업'이었다.152) 이미 그는 분국 제3차 확대위원회 이후, 당내 '분파분자', '불순분자'를 숙청하기 위해 당증수여사업을 효과적으로

---

147) 김두봉, 앞의 논문, 50~55쪽.

148) 김일성, 「북조선민주선거의 총결과 인민위원회의 당면과업」, 『근로자』 1946.11, 20쪽 ; 김두봉, 앞의 논문, 47~48·55쪽. 예컨대 평양시인민위원회의 직원은 1,106명인데 급사가 51명으로 각 과장은 1~3명의 급사를 쓰고 있었다.

149) 김두봉, 앞의 논문, 48쪽.

150) 김일성, 앞의 연설, 20·27쪽.

151) 김일성, 앞의 연설, 23~24쪽 ; 김두봉, 앞의 논문, 49~50쪽.

152) 허가이, 「로동당 유일당증 수여에 대하여」, 『근로자』 1946.11, 59~66쪽.

활용한 경험이 있었다. 당시 허가이는 조직부부부장으로서 그 방법을 도입했다. 1946년 9월 25일 제2차 중앙확대위원회에서 한 보고에서 허가이는 "당증허여사업은 단순한 기술적 사업이 아니다"라 하며, "당내에 숨어 있는 불순분자, 재물을 탐하는 분자들을 숙청하며, 당내의 사상통일을 더 높여서, 당대렬을 더 강화하는 사업"이라고 위치시켰다.153) 지방에서 당 확대 사업에서 오류를 범한 사실로서 '당을 조합화'하는 경향이 있다고 지적하여 노동계급 성분의 비율을 높일 것도 강조했다. 지도방식에서는 '검열사업(즉, 감독)'을 강화하여, 당원 간에 '비판과 자기비판'을 일상적으로 진행할 것을 주장하였다. 당증사업은 지방인민위원회 사업이 완료하고 나서 도당부가 중심이 되어 11월~12월 말 진행하도록 하였다.

그러나 당증 수여를 통한 단속은 그가 생각한 대로는 진행되지 않았다. 허가이는 당의 양적 확대에 브레이크를 걸려고 하였으나, 당원 수는 계속 불어나기만 하였다. 그는 11월 28일 당 제3차 중앙확대위원회에서 다시 문제를 제기하는 보고를 하였다.154) 당원은 도·시·군인민위원회 선거기간을 통해 더욱 증가하였다. 허가이는 당원의 성장추이를 8월 1일을 100%로 하면, 9월 1일 현재 207%, 10월 1일 260%(9월 1일에 비해 25% 성장), 11월 1일 283%(10월 1일에 비해 9% 성장)가 되었다고 추산했다. 그는 당원의 사회적 성분을 11월 1일 현재 노동자 22%, 농민 63%, 사무원 12%, 상인 및 기업자 1.2%, 기타 1.7%로 보고하고, "이익만 보는 착취자들이 1.2%나 당내로 잠입하게 되었다"고 비난했다. 이것은 무분별한 당원확대 정책에 대한 비판이고, 노동자 비율이 낮은 데 대한 초조함이기도 하였다. 허가이는 "공산당과 신민당이 합동하여, 근로인민의 로동당이 구성되었다 하여, 전 근로인민을 당에 흡수하려고" 한 나머지, "당 장성에 있어서 많은 오류와 과오들을 범

---

153) 위의 보고, 62~66쪽.

154) 허가이, 「당장성과 당조직 및 당정치사업에 대한 제과업―북조선로동당 제3차 중앙위원회에서 보고」, 『근로자』 1947.2.

했다"고 양당 합당과정을 통해 이루어진 당원확대 정책에 대하여 통렬
한 비판을 가했다. 과업 달성을 위해 목표숫자를 세워 하부에 책임수량
을 할당하거나, 타당에 가입하지 않은 인민은 전부 흡수하라고 지시한
것, 당원의 가족, 친척을 가입시키기도 하고, 해당 직상이나 기관 안에
서 책임 달성을 할 수 없으면 다른 직장이나 가두에서 모집한 것, 청원
서, 이력서나 보증도 없이 모집한 것 등 다양한 문제점을 지적했다. 허
가이는 "조직계통에 의거한 상부기관의 지도와 검열"을 가장 중시하여,
사업방식으로서 "무자비한 비판과 자기비판"을 강조했다. 각급 당단체
는 "당 내부(당 장성, 교양 등) 문제만"이 아니라, 국가건설의 정치, 경
제에 대한 중요한 문제들"도 취급해야 한다고 주장했다.155) 회의에서
는 허가이의 보고에 따라서 유일당증 수여에 관한 결정서가 채택되었
다. 제2차 중앙확대위원회 결정을 변경하여 유일당증수여사업을 각 도
당위원장의 책임 아래 1946년 12월부터 47년 2월 20일까지 실행하도
록 하였다. "당내에 가입한 이색분자(지주, 기업가, 간상배, 근로인민의
락후분자)"나 "사업과정에서 락후분자"에 대해서는 "당대열에서 끊어 버
릴 것", 세포조직을 강화하여, 정권기관 및 사회단체 안에서 활동하는
당원을 "엄밀히 검열, 통제할 것"이 결정되었다.156) 세포조직을 강화하
기 위해 세포를 단위로 하여 직접 "당원심사"를 하도록 하였다.157)
1946년 겨울부터 47년에 걸쳐 약 4만에서 6만 명의 당원이 당에서 추
방되었다고 한다.158)

　　한편 당조직 계통을 통한 이러한 방식보다도 더 폭넓은 해결책이 제

---

155) 위의 보고, 40~41쪽.

156) 북조선로동당중앙본부조직부, 『유일당증수여에 관하여』, 『북한관계사료집 I 』,
　　　177~182쪽.

157) 「북조선로동당유일당증수여사업 지도세칙─북조선로동당 제14차 중앙상무위
　　　원회 승인」, 앞의 책, 180~187쪽. 이 문서는 숙청 대상을 7종류에 나눠 상세하
　　　게 정하는 등 대단히 엄격한 내용으로 되어 있다.

158) U. S. Department of State, *North Korea : A Case Study in the Techniques of Takeover*,
　　　Washington D. C., 1961, p.14.

시되고 있었다. 정부 수립을 향한 중요한 첫걸음인 지방인민위원회 선거를 계기로 이 대책을 통한 내부체제 정비에 착수되었다. 11월 3일 임시인민위원회 제3차 확대위원회에서 한 보고 속에서 김일성은 북조선이 직면한 전반적인 문제를 언급하면서, "전 인민적"이고 "대중적"인 "건국정신총동원"으로 "사상의식을 개변시키기 위한 투쟁"을 전개할 것을 제창했다.159) 이 회의에서는 선거선전 사업을 위해 각 시·도·군·면·리·기업소·학교 등에 설치되어 있던 '선거선전실'을 '민주선전실'로 존속시킬 것이 결정되었다.160) 그런데 이 운동은 연안계가 주도한 것이었다.

허가이가 당증수여 사업을 다시금 주장한 11월 28일 같은 제3차 중앙확대위원회에서는 김두봉도 보고를 하여, 임시인민위원회에서 한 김일성의 보고 내용을 체계화한 형태로 명칭도 새롭게 하여 '건국사상총동원운동'을 제창하고 나섰다.161) 김두봉은 이 회의에서 운동을 제창하고, 건국사상총동원운동에 관한 특집이 실린 임시인민위원회기관지『인민』 1947년 1월호에 「건국사상총동원운동과 그 대상」을 발표하였다.162) 같은 연안계인 최창익도『근로자』 1947년 2월호에 「건국사상운동을 재음미하면서」를 발표하였다.163) 당시 당선전부장은 김창만이고, 임시인민위원회선전부장 리청원도 북조선인민위원회가 발족함과

---

159) 김일성, 「북조선 민주선거의 총결과 인민위원회의 당면과업」, 『근로자』 1946.11, 21쪽.

160) 북조선임시인민위원회결정 제107호, 「선거선전실을 민주선전실로 존속시킬 데에 관한 결정서」, 『북한관계사료집 V』, 66쪽.

161) 김두봉, 「북조선 민주선거의 총결과 로동당의 당면과업」, 『근로자』 1946.11. '건국사상총동원운동'에 관해서는, 鐸木昌之, 「北朝鮮における党建設」, 櫻井浩 編, 『解放と革命－朝鮮民主主義人民共和國の成立過程』, アジア經濟研究所 (東京), 1989에 수록, 84~87쪽 참조.

162) 임시인민위원회 제3차 확대위원회에서 한 보고를 발췌한 김일성, 「건국사상총동원운동제요」, 앞에 인용한 김두봉, 「건국사상총동원운동과 그 대상」, 리청원, 「건국사상총동원운동의 사회적 근원」이 게재되었다.

163) 최창익, 「건국사상 운동을 재음미하면서」, 『근로자』 1947.2.

동시에 연안계인 허정숙으로 교체되었다. 선전부문은 당·정양면에 걸쳐 완전히 연안계가 장악하게 되었다. 운동의 명칭에서 보더라도 선전부문이 전면에 나서는 성격을 지니고 있었다. 더욱이 북조선인민위원회에는 정권기관에서 국가재산의 횡령, 탐오, 낭비현상을 적발하는 인민검열국이 신설되었는데, 국장에는 최창익이 취임하였다. 건국사상총동원운동의 내용과 직접적인 관계를 갖는 부서였다.

이 운동에는 연안계가 소련계의 '사업작풍'을 견제한다는 의미도 포함되어 있었다. 조직부문을 쥐고 있는 소련계 허가이는 당증수여 사업을 통하여 위로부터 당적 검열의 강화, 당내 비판과 자기비판의 강화, 당내 불순분자의 숙청이라는 수단에 호소하고 있었으나, 연안계는 일대 사상운동을 수반하는 대중운동을 수단으로 문제를 해결하려 하였다. 불순분자를 배제하여 조직의 순화를 꾀하는 방식에 대하여, 조직의 확대를 유지하면서 성원의 사상적 자기개조를 목표로 하는 방식이 제시된 것이다. 건국사상총동원운동이 당증수여 사업을 끌어안는 형태로 두 가지는 동시에 진행되었다.

김두봉은, 논문에서 "북조선인민은 가혹한 유혈적 투쟁이 없이 붉은 군대의 방조로 말미암아" 해방되었고, "불과 1년 동안에" 여러 민주개혁이 "거대한 성과를 달성"하였기 때문에, 이러한 성과의 의의를 인식하지 않고, 이제부터 "아무러한 난관이나 저해도 없을 것"이라고 속단하여, 건국사업과 관련한 "난관들의 심각성과 투쟁의 격렬성"을 알지 못하고 있다고 간주하였다. 그 결과, "일본제국주의의 관료국가기관에 대하여 취하던 기만적 사기적 행동을 청산치 못하고", "인민위원회에 대하여서도 기만적 사기적 행동을 감행"하고 있어, 정권기관, 산업기관, 사회단체 등 도처에서 "국가와 전체 인민의 이익을 자기의 개인적 이익에 종속"시키는 풍조가 생겨나고 있다고 한탄하였다. 그는 "반동분자들과 구축당한 지주들과 자본가들이 노동자와 농민에게 주어진 토지와 공장을 다시 탈취하려고 시도하고 있다"는 것을 인민에게 인식시켜야 한다고 강조하고, "국제반동세력에 의거하여 정권을 장악하려 하는 민족반역자와

반동분자의 음모"에 경계심을 갖도록 촉구하였다.164) 행정기관과 경제
기관 내 "관료주의분자", "불순분자", "건달꾼" 등의 숙청, 행정기관의 인
원축소 및 간소화, 곡물수매사업의 조직화, 식량절약운동의 전개, 국가
재정의 낭비, 횡령 및 국가재산 절취에 대한 투쟁, 국가재정규율의 확
립, 생산에 대한 책임의식의 확립, 임금의 평균주의를 지양한 "도급제"
의 실시, 생산돌격운동의 전개 등 과업이 제시되었다.165)

건국사상총동원운동은 인민의 사상교양사업을 중심으로 전개해야
한다고 하여 선전부문에 역점이 두어져 추진되었다. 건국사상총동원운
동은 북조선 최초의 대중운동으로서 구체적으로는 문맹퇴치운동, 곡식
헌납운동, 생산돌격운동의 세 개가 중심이 되어 전개되었다. 사상교양
은 문맹퇴치운동과 병행하여 그것을 이용하는 방식으로 이루어졌다.
1946년 12월부터 본격화되어 48년 3월경까지 2백만 명 이상의 문맹
자가 퇴치되었다.166) 1946년 12월 10일 황해도 재령군 농업현물세완
납경축대회에서 자가소비용을 제외하고 미곡을 헌납한 황해도 재령군
농민 김제원(金濟元)을 본보기로 전국적으로 '김제원애국미운동'이 전
개되었다. 김제원 애국미운동을 통해 모인 재원을 바탕으로 최초의 종
합대학인 김일성대학이 설립되었다.167) 생산돌격운동은 정주군 기관
구 철도기관사 김회일(金會一)을 본보기로 1947년 1월부터 '김회일운
동'으로 펼쳐졌다.168) 이 운동은 생산돌격운동이 본격화하는 기점이
되었다.

김일성을 선두에 내세우면서 연안계가 전면에 부상한 배경에는 당
시 국공내전의 격화와 함께 북조선과 만주 지역 사이에 군사적, 경제적

---

164) 김두봉, 「북조선 민주선거의 총결과 로동당의 당면과업」, 『근로자』 1946.11, 동
「건국사상총동원운동과 그 대상」, 『인민』 1947.1.

165) 김두봉, 위의 글.

166) 『조선중앙연감(1949년판)』, 134~135쪽.

167) 위의 책, 98쪽. 김제원은 이 공적이 인정되어, 1948년 9월 최고인민회의대의원으
로 선출되었다.

168) 위의 책, 97쪽. 6·25전쟁 후 김회일은 철도상, 교통상을 역임하였다.

연계가 깊어지고 있던 정세가 작용하고 있었다.[169] 1946년 6월 중순
중국공산당 동북국은 “조선북부를 남만(南滿)작전 지원의 후방기지로
한다는 방침”을 세우고 평양에 요원을 파견, ‘동북국주조선변사처(駐朝
鮮辦事處)’를 설치히였디.[170] 북조신은 국공내전에서 중공 측의 ‘배후
지’, ‘해방구’로서 역할을 하였다.[171] 북조선도 적극적으로 국공내전을
지원하였다.[172] 원래 중국공산당 당원이던 만주파와 연안계가 북조선

---

169) 주로 미군 측 정보보고서에 의거, 커밍스는 당시 국공내전의 전개과정과 관련하
　　여 북조선, 소련, 중국의 만주 지역을 둘러싼 관계 변화를 배경으로 이 문제를
　　분석하고 있다. Bruce Cumings, *The Origins of the Korean War*, Vol. 2, pp.350~355,
　　중국 측 자료에 의거한 분석으로서, 和田春樹, 「朝鮮戰爭に關して考える(上)」,
　　『思想』 1990.8, 18~22쪽.

170) (1)부상병의 철퇴와 치료휴양, (2)조선을 회랑으로 하는 남북만의 연락, 대련과
　　그 밖의 근거지와의 물자교류·인원수송, (3)조선에서 원조의 획득과 작전물자
　　의 매입, (4)중조 간의 협력과 무역촉진, (5) 재조화교 공작의 원조 등을 목적으
　　로 하였다. 和田春樹, 앞의 논문, 20쪽. 丁雪松等 「回憶東北解放戰爭期間東北
　　局駐朝鮮辦事處」, 『遼瀋決戰』(上)(人民出版社, 1988年)의 서술에 의한다. 미군
　　정보에 따르면, 1946년 여름에 북조선 측 6명, 중국의 동북항일련군 측 6명, 소
　　련군장교 2명으로 ‘군사합작위원회’가 구성되어, 북조선 측 의장을 무정이 맡았
　　다고 하나 확인할 수 없다. Intelligence Summary Northern Korea #37, May 31 1947.
　　1947년 5월 17일 북조선인민위원회와 중공 측이 ‘상호원조협정’을 체결하였다
　　고 하는 미군 측의 ‘미확인’ 정보도 나와 있다. Intelligence Summary Northern
　　Korea #44, 1-15 Sept. 1947.

171) 특히, 안동, 통화가 함락되었을 때, 신의주 등 일부 북조선 지역은 동북민주연군
　　의 병원과 물자 피난소가 되었고, 국민당군이 남만을 점령했을 때, 북조선 지역
　　은 북만의 중공 해방구와 대련을 잇는 이동 루트가 되었다. 和田春樹, 앞의 논
　　문, 20~21쪽.

172) 미군 정보에 따르면, 1946년 가을부터 북조선에서 병력이 파견되기 시작하여,
　　1947년 5월 당시 만주 중공군부대의 15~25%가 “소련에 의해서 훈련된 북조선
　　인”이었다고 한다. Intelligence Summary Northern Korea #36, May 16 1947. 커밍스
　　도 미군정보에 의거, 1947년 4월경 김책의 지휘하에 3만 명의 병력이 만주에 파
　　견되었다고 주장한다. Bruce Cumings, op. cit, p.359, Intelligence Summary Northern
　　Korea #39, 15-30 June 1947, p.15. 노획북한문서 속에 들어 있는, 북조선에서 이
　　홍광지대에 편입되어 국공내전에 참전한 병사의 이력서에 의거하여 미군 정보
　　의 정확함을 입증하고자 하는 연구도 있다. 박명림, 『한국전쟁의 발발과 기원』,
　　고려대대학원박사학위논문, 1994년, 539쪽. 그러나 和田春樹는 병력의 파견에
　　관해서는 확인할 수 없다고 주장, 의료요원이 자원해서 참가한 정도로 보며, 이

로동당의 지도부를 형성하고 있었기 때문에 이러한 결합은 자연스러운 것이었다. 특히 1946년부터 만주파와 연안계가 주도하여 개시한 군대 창설 작업을 통해 이 시기가 되면 만주 정세와의 밀접한 관련 아래 급격히 병력을 증강시키고 있었다.173)

건국사상총동원운동을 통하여 자신감을 갖게 된 연안계는 당사업 방식에서 독자의 몫을 주장하기 시작했다. 이는 마오쩌뚱식 '대중노선'을 북조선에 적용한 것으로 당선전부장 김창만이 주도하였다. 우선 김일성의 발언 내용을 통하여 변화는 생기고 있었다. 김일성은 북로당 창립 1주년을 맞이하는 기념논문을 1947년 8월호 『근로자』에 게재하였다.174) 집필에는 김창만이 관여했을 것이다. 김일성은 종래의 "당사업 작풍"에 문제를 제기하여, "군중을 조직하며 인도하는 대신에 명령하여 군중을 가르치며, 군중과 같이 군중 속에서 같이 호흡하는 대신에 군중은 모른다고 뒤떨어졌다고 욕하며, 군중과 한 덩어리가 되지 못하고 군중을 이탈하는 현상"을 "관료주의"라고 비판하였다. 더욱이 "군중 속과 하급당원들 속에 들어가서 그들에게 해석하며, 그들의 심정을 연구하며, 그들을 이끌고 목적 달성의 길로 나아가는 작풍을 세워야 한다. 명령할 것이 아니라, 이신작칙(以身作則)하여 군중과 한 덩어리가 되어, 그들이 모른다고 시비와 비방할 것이 아니라, 그들과 접근하고 그들을 가르치는, 가장 군중의 친우가 되도록 하는 사업작풍을 가져야 한다"고 주장하였다. 마오쩌뚱 '영도방법(領導方法)'을 거의 옮겨 놓은 것 같은 내용이었다.175)

이를 뒷받침하는 이론적 작업은 김창만이 적극적으로 수행하였다. 『근로자』1947년 12월호에 게재된 「대중과의 긴밀한 련락은 간부의 지

주장이 타당하다고 생각된다. 和田春樹, 「朝鮮戰爭に關して考える(上)」, 『思想』 1993.5, 48쪽.

173) 본 장의 제3절의 1에 있는 군 관련 서술을 참조.

174) 김일성, 「창립 1주년을 맞이하는 북조선로동당」, 『근로자』 1947.8, 40~41쪽.

175) 中共中央政治局, 「指導方法に關する決定」 1943.6.1, 日本國際問題研究所編, 『中國共産黨史資料集』 第11卷, 416~420쪽.

도적 중요 요소이다」라는 표제의 권두논문은 김창만의 직접적인 영향하에 집필된 것이다.176) 논문은 대중노선을 표방하는 위의 김일성 논문 내용을 인용하면서 거기에 멈추지 않았다. "사업상 중요무기의 하나인 검열괴 독촉시업도 고중과의 련락이 없이, 군중의 원소가 없이는 그의 완전을 기할 수 없다", "우리 당은 군중을 지도함에 있어서 감독식으로 지도하는 것을 절대로 허용하지 않는다. 우리 당은 이런 감독식 형식주의적, 관료주의적 사업방식과는 무자비하게 투쟁하는 것이며, 이와 같은 사업작풍은 사업을 진전시키는 것이 아니라, 오히려 사업을 정체케 하는 것이다"라고 주장하였다. "유감하게도 아직 일부 지도자들 속에는 군중과는 아주 분리되어, 군중 속에서 사업하는 것이 아니라, 사무실에서 사업하며 구체적 지도사업을 보장할 줄 모르는 간부가 더러 있는 것"이라고까지 지적하였다. 분명히 소련계가 자랑하는 '검열식' 사업방식을 '관료주의'라고 지적하는 비판이었다.

   같은 호에는 김창만 자신의 논문 「리론과 실천」이 게재되었다. 그 논조는 더욱 통렬하고 노골적인 소련계 비판이었다.177) 그는 "맑스-레닌주의 학리를 연구하는 태도와 그 실천문제", 즉 "리론과 실천의 연계문제"와 관련하여 "오늘 조선의 현실에서, 당내에 있어서도 두 가지의 서로 근본적으로 대립되는 태도를 발견할 수 있다"고 전제한 다음, 그 하나는 "다른 나라 인민들의 투쟁경험을 배우며 리용하는 데 있어서, 그 『결정서』와 『지시문』을 베껴다 옮겨 놓는 것"이고, 다른 하나는 "다른 나라 경험을 그 시대, 그 환경과 조건에 비추어 비판적 태도로써 고찰하며, 독립적으로 그 경험을 심사함으로써, 그들을 실제사업의 거울로 삼는 것이요, 그 무기로 삼는 것이다"라고 분류하였다. 앞의 경우에 관해서, "그들이 떠들어대는 『리론』은 추상적이며 맹목적이다", "리론과 조선문제와는 어떤 연계가 있는 것인가"를 묻지 않는 연구이고, 또한 "조

---

176) 권두론, 「대중과의 긴밀한 련락은 간부의 지도적 중요 요소다」, 『근로자』 1947. 12, 2~7쪽.

177) 김창만, 「이론과 실천」, 『근로자』 1947.12, 8~23쪽.

선인민의 독립과 민주를 위한 투쟁 가운데서 제기되는 리론문제, 책략 문제 등을 해결하기 위한 리론연구가 아니다"라고 비난하였다. 즉 "그들의 유일한, 그리고 독특한『재주』는 맑스-레닌주의를 죽은 공식(교조)으로 만드는 것"이라고 하며, 그들을 "가짜 맑스주의자"라고 매도하였다. "맑스-레닌주의의 진리와 조선인민의 민주독립운동의 구체적 실천과 결합"시키는 뒤의 것이야말로 "진정한 맑스-레닌주의적 태도"라는 주장이었다.

김창만은 "자칭『리론가』,『맑스주의자』,『권위자』로 뽐내는 행세식『맑스주의자들』이 우리 당의 정치, 사상, 교육, 리론 향상을 위한 투쟁에 끼치는 영향이 적지 않은 것을 우리는 한시도 망각할 수는 없다"고 경고하였다. 그의 결론은 "외국의 경험을 조선 현실에 비추어 독창적으로 고찰하며 이용하는, 리론과 실제의 결합에 있어서, 맑스-레닌주의의 보편적 진리와 오늘 조선운동의 구체적 실제와의 결합에 있어서, 가장 모범적이며, 전형적으로 되는 김일성 동지의 사상방법과 사업방법을 따라 배워야 하며, 그로써 당내 사상·이론 교양사업의 지침으로 삼아야 한다"는 것이었다. 김일성을 '조선의 마오쩌뚱'으로 만들기 위한 선전 전략이었다. 중국 방식을 활용한 소련계 비판은 단순한 중국 모방이 아니라 연안계가 당내 민족주의적 지향을 대변하고 있었음을 뜻한다.178)

민족해방운동에서 중국 지역 내 무장투쟁에 대한 역사적 평가작업도 추진되었다. 이 작업은 역사가이기도 한 최창익이 주도하였다. 그는

---

178) 암스트롱은, 이 시기에 북조선 체제의 '혁명적 민족주의' 지향이 특히 문화 분야에서 강하게 나타나고 있었음을 확인하고 있다. 이데올로기, 교육, 문학, 영화 등 문화 형성의 전반에 걸쳐서 이러한 지향성이 드러나고 있었다는 것이다. 나아가 이 측면에서 1945~50년의 초기 체제 형성 시기와 주체 노선이 가시화하는 1950년대 후반~60년대 시기와의 연속성을 주장하고 있다. 이것은 토지개혁을 비롯한 일련의 민주개혁을 수반하는 체제 형성이 소련점령군에 의해 이식된 것이 아닌, 조선인 자신의 의식적 노력에 의해 추진된 '혁명'이었기 때문이라고 본다. 찰스 암스트롱,「북한 문화의 형성 : 1945~1950」,『현대북한연구』제2권 제1호, 1999, Charles K. Armstrong, the North Korean Revolution, 1945~50, Cornell University Press, 2003.

『근로자』1947년 9월호에 논문을 게재하여, “김일성 장군을 영수로 한 중국동북지방에 있어서의 항일유격전”은 “조선민족해방의 원동력으로서 커다란 세계사적 의의를 가지고 있다”고 위치시키고, 나아가 중국 화북, 화중의 조선독립동맹과 조선의용군의 무장부쟁을 김일성의 유격전과 결부시켰다. 그는 “북조선에 있어서 위대한 애국자이며, 조선민족의 영명한 령도자이신 김일성 장군”이란 호칭을 썼다. 최창익의 결론은, “역사발전에 있어서 탁월한 지도자의 역할을 잊어서는 안 된다”는 것, 즉 “스탈린을 떠나서 소비에트 러시아 사회주의건설과 반파쇼 세계대전을 논할 수 없듯이, 김일성장군을 떠나서 새로운 조선역사의 창건을 이야기할 수 없다”는 것이었다.179) 김일성의 항일무장투쟁을 부각시키는 작업은 1948~49년『력사제문제』지를 통해 구체화되어, 1949년 10월『조선민족해방투쟁사』를 간행함으로써 결실하였다.180)

　이러한 움직임에 대한 소련계의 견제도 이미 개시되고 있었다. 1947년 9월호 이후『근로자』는 결호가 계속되다가 12월호가 되어 속간되었다. 이 호부터 책임주필은 태성수에서 박창옥으로 교체되었다. 같은 소련계라 해도 실무가인 태성수에 비하여 정치적 성격이 강한 박창옥의 등장은 연안계에 대한 강력한 견제로 작용했다. 당선전선동부장으로서 기관지 편집을 지도하는 입장인 김창만과 실무책임을 지는 태성수의 대립이 태성수의 사임으로 연결되고, 이것이 연안계에 대한 소련계의 공격으로 발전한 것이다. 대립은 3개월간 기관지의 공백상태를 초래했을 정도로 심각하였다. 그 배경에는 국제공산주의운동에서 냉전의 본격화라는 중요한 움직임이 작용하고 있었다. 1947년 9월 22~27일 폴란드에서 유럽 주요 공산당회의가 개최되어, 유럽공산당·로동당정보

---

179) 최창익, 「인민은 력사의 추진력」, 『근로자』 1947.9, 13~23쪽.

180) 리청원, 「김일성장군 빨치산투쟁의 력사적 의의」, 『력사제문제』 제2집, 1948.8 ; 최창익, 「조선민족해방투쟁에 대한 사적 고찰」, 같은 잡지, 제6집, 1949.5 ; 윤세평, 「8·15해방과 김일성장군의 항일무장투쟁」, 같은 잡지, 제11집, 1949.9, 『조선민족해방투쟁사』, 김일성종합대학, 1949.10, 日譯『朝鮮民族解放鬪爭史』, 三一書房(東京), 1952.

국, 즉 코민포름이 결성된 것이다. 동유럽의 움직임은 북조선을 직격하고, 중국의 국공내전 전황과 얽히면서 영향을 미치게 되어 극히 미묘한 정세가 조성된 것이다.

1948년 1월호 『근로자』에는 권두논문으로서 「간부들의 사상·정치적 수준을 제고시키자」라는 표제의 논문이 게재되고, 동시에 김창만의 논문 「당사업 령도방법에 있어서 몇 가지 문제」가 게재되었다. 앞의 논문은 박창옥의 영향 아래 집필된 것이 확실했다.181) 권두논문은 "우리 당 지도간부들은 북조선민주개혁의 위대성과 민주사상의 열성적 선동자로 되어야 할 것이며, 선진당들의 과학적 선진사상의 전파자로 되어야 한다"고 단언하였다. 일부 간부의 "자존, 자만성"은 "정치적으로 사상적으로 몽매한" 것이고, 그 원인은 "정치적으로나 리론적으로 무지"한 데 있는 것으로 단정한다. "일부 간부들 속에 남아 있는 정치적 낙후성을 극복하기 위해서는 사상·정치적 수준을 제고"시켜야 하고, "자만성과 자존심을 청산"하는 "근본적 투쟁"을 전개해야 한다고 하며, "간부들을 정치적으로 교양"하기 위해 "우리 당의 가장 강력한 무기인 비판과 자기비판을 이용"할 것을 주장한다. 논문의 결론은, "선진이론으로의 무장은 정치·경제적 과업을 성과적으로 해결하는 전제조건"이고, "맑스—레닌주의적 선진과학은 위대한 힘을 가지고 있으며, 우리 당의 각개 당원들이 가져야 할 전투적 무기"라는 것이었다. 김창만의 주장은, "정치적으로 뒤떨어진", "무지에 기인한", "자존심과 자만성"에 지나지 않기 때문에, "선진적 과학", 즉 소련의 맑스—레닌주의를 더 확실히 배워야 한다는 의미였다.

김창만은, "정확한 령도는 반드시 『군중 가운데서 와서 군중 가운데로 가는』 령도방법"에 근거해야 한다는 종래의 주장을 되풀이하면서, "소수 적극분자를 그 중심으로 하는 령도핵심을 형성"하여, "이 령도핵심과 광대한 군중과를 밀접히 결합하는 령도방법"을 확립해야 한다는

---

181) 권두론, 「간부들의 사상·정치적 수준을 제고시키자」, 『근로자』 1948.1, 2~9쪽.

새로운 논리를 폈다. 사실은 이 논리도 마오쩌뚱의 ‘령도방법’ 속에 포함되어 있는 ‘령도의 골격’, ‘령도의 중핵’을 설정하는 논리로부터 배워와 그 강조점만 변경시킨 것이었다.182) 이 논리는 “령도핵심”은 “자연생장적으로 완성되지 않는 것”이므로 “계획적이고 의식석으로” 키워야 한다는 정책으로 이어진다. 그러나 김창만의 이번 논문부터는 이전의 논문에서 나타났던 것 같은 민족주의적 내용이나 소련계에 대한 비판의 논조는 완전히 사라져 버렸다.

김창만의 논조 변화는 즉시 다음호『근로자』에 반영되었다. 김일성의「북조선로동당 평안남도 순천군당 제2차 당대표대회에서의 연설」이 게재된 것 말고는, 전체 내용이 코민포름 결성 시 소련의 말렌코프 연설을 비롯하여 코민포름 기관지『항구평화와 인민민주주의를 위하여』의 제1・2・3호에 게재된 유고슬라비아의 카르델리, 폴란드의 고물카, 불가리아의 체르벤코프, 체코슬로바키아의 슬란스키, 프랑스공산당의 쟈크・뒤클로, 루마니아의 게오르기우・테지 등의 논문으로 짜여진 것이다.183) 김일성은, “우리 당이 배워야 하는” 것은 “맑스－레닌주의적 과학”이고, “오로지 맑스－레닌주의적 과학만이 우리들에게 우리 조국과 인민을 위하여 옳은 길을 가르쳐 준다”고 말했다. 그는 세포사업의 강화를 주장하여 그 중심이 되는 “열성적 핵심을 양성”하는 사업으로, 군당이나 면당에서 “세포핵심이 되어야 하는 열성분자”를 각 세포마다 3~4명씩 선발하여 정기적으로 강습을 실시하도록 지시하였다.184) 군중노

---

182) 김창만,「당사업령도방법에 있어서의 몇 가지 문제」,『근로자』1948.1, 10~22쪽. 군중 속에는 반드시 “비교적 적극적인 사람들, 중간상태에 있는 사람들, 비교적 뒤떨어진 사람들”의 세 부류 사람이 있다는 마오쩌뚱의 논리를 빌린 것이지만, 북조선의 영도핵심론에는 기본적으로 특정 집단의 중심성과 그 집단으로부터 일반 인민에게로 향한다는 톱－다운적 의미가 내재되어 있다. 中共中央政治局,「指導方法に關する決定」,『中國共産黨史資料集』第11卷, 417쪽. 마오쩌뚱과 김일성의 대중노선을 비교한 연구로는, B. Cumings, *The Origins of the Korean War*, *Vol. 2*, 1990, pp.352~355, B. Cumings, “Kim’s Korean Commnunism”, Problems of Communism(March－April 1974)

183)『근로자』1948.2.

선적 표현은 사라져 버리고 김창만과 박창옥의 주장을 절충하는 내용이
었다.

이 대립은 연안계의 패배로 귀착하여, 당선전부장 김창만, 간부부장
리상조, 평안북도당위원장 윤공흠, 부위원장 양계 등 연안계 소장간부
가 해임, 좌천되었다.185) 아직 소련군이 주둔하고 있는 상태에서 당조
직부문은 허가이가 쥐고 있었다. 제2차 당대회를 앞에 두고 당선전부장
에는 박창옥이 취임하였다. 1948년 4월호부터『근로자』의 책임주필은
소련계 기석복으로 교체되었다.

북조선로동당 제2차 대회

1946년 5월 무기휴회에 들어 간 미소공동위원회는 1947년 5월 재
개되었으나, 제2차 미소공동위원회도 제1차 회의 때와 같은 문제에 부
딪쳐 실패로 끝나고, 이후 남북조선은 각각 분단정부 수립을 향해 치닫
게 된다. 이미 이 시기에는 국제적으로 미소 간에 의견의 일치가 이루어
지거나, 국내적으로 좌우 간에 타협점이 발견되거나 어느 쪽의 가능성
도 사라졌다. 제2차 공동위원회가 결렬된 뒤, 미국은 조선문제의 해결
을 유엔에 상정하고, 소련은 미소양군의 철퇴를 통한 이른바 조선인민
에 의한 자주적 해결안을 제안하였다. 1947년 9월 유엔에 상정된 미국
측 안은 유엔조선위원회 감시 아래 선거를 실시하고 국회를 구성하여
통일정부를 수립한다는 것으로 미국 측이 압도적으로 우세한 유엔에서
결의되었다. 이에 따라 유엔조선임시위원단이 1948년 1월 서울에 도착
하였으나, 북조선 입북은 거부되어 남조선만의 단독선거가 명백해졌다.

---

184) 김일성,「북조선로동당 평안남도 순천군당 제2차 당대표대회에서의 연설」,『근
로자』1948.2, 11~12쪽.

185) 김창만은 사동의 정치간부학교교장, 리상조는 상업성관리국장으로 좌천되었다.
김창순,『북한15년사』, 106·112쪽. 윤공흠은 해직되었지만 나중에 박일우의 내
무국으로 받아들여져 38선경비대장에 임명되었다. 장준익,『조선인민군대사』,
69쪽.

5월 10일로 예정된 선거에 반대하기 위하여 남로당은 2월 7일을 기하여 '2·7구국투쟁'이라 불리는 폭동을 일으켜, 이후 남조선에서는 빨치산투쟁이 확대되고 정세는 내란상태로 악화되었다.

북조선에서도 남조선의 움직임에 대처하는 식으로 정부 수립으로 나아가는 수순을 차례차례로 밟아 간다. 1947년 11월 18일 열린 북조선인민회의 제3차 회의에서 「조선임시헌법 제정에 관한 결의」가 채택되고, 1948년 2월 7일 북조선인민회의 제4차 회의에서 임시헌법제정위원회가 작성한 헌법초안이 제출되어, 2월 10일 「조선임시헌법초안」이 발표되었다. 남조선에서 단독정부 수립에 대한 반대 움직임이 좌익뿐 아니라 중간파나 우익세력까지 휘몰아가며 격렬해짐에 따라, 1948년 3월 25일 북조선민주주의민족통일전선 제26차 중앙위원회는 '남북조선 민주주의정당·사회단체지도자연석회의'를 제안하였다. 남조선의 좌익세력뿐 아니라 단독정부 수립에 반대하는 남조선의 중간파, 우파 민족주의세력과의 합작을 꾀하는 전략이었다.

1948년 3월 27~30일 북조선로동당 제2차 대회가 열렸다. 1948년 1월 1일 현재 당원총수는 75만여 명, 창립 시의 190.3%에 달한다고 보고되었다. 노동자 성분은 7만 3천여 명에서 14만 3천여 명, 빈농은 10만 5천에서 37만 4천여 명으로 성장하였다. 당세포수도 1만 2천으로부터 2만 8천여 개로 증대, 전국 각 농촌, 직장에 세포가 조직되었다. 각 도당, 평양시 당대표회에서 선출된 999명의 대표 중 990명이 대회에 참가하였다.[186)

대회에서는 부위원장 김일성이 보고를 하였다. 그는 명목은 부위원장이지만 북조선로동당의 실질적 대표이자 전 조선공산주의운동의 대표이기도 하였기 때문이다. 김일성은, 우선 국제정세를 "민주세력과 반동세력"의 투쟁으로 위치 지으면서, 미국을 "국제반동세력의 선두에 선 제국주의세력"으로, 소련을 "국제민주력량의 강력한 힘의 원천"이자 "주

---

186) 『북조선로동당 제2차 전당대회 회의록』, 59~60·184쪽.

동적 역량"으로 각각 규정하여 '양진영대립론'에 의거한 인식을 밝혔다.[187) 여기에는 1947년 9월 코민포름 창설회의에서의 즈다노프 연설이 반영되었다고 할 수 있다. 국내정세에 대해서도 "조선문제는 오직 우리나라의 일개 국에 국한된 문제로만 되는 것이 아니라, 전후의 국제정세에서 조성된 민주와 반민주의 투쟁의 일환"이라고 파악하였다. 이미 남조선 내부 상황은 악화 일로를 걷고 있었기 때문에 이러한 인식은 두 정세의 자연스러운 결합이기도 하였다. 당시 토의되고 있던 "조선민주주의인민공화국림시헌법초안"을 "북조선 인민들이 해방 이후 두 해 동안 걸어온 길과 그들이 전취한 권리를 헌법적으로 총화, 확보하여, 전조선 인민들에게 우리 조국의 나갈 길을 가리켜주는 력사적 문건"이라고 위치시켜 북조선 주도의 "민주주의통일국가 수립"을 촉진할 것을 주장하였다. 그 작업의 일환으로서 이미 북민전 이름으로 4월 14일 평양에서 개최하자고 제안한 '남북조선민주주의정당·사회단체대표연석회의'를 다시금 제안하였다.[188)

김일성은 '인민위원회 정권형태'에 대하여, "인민과 혈연적으로 연결된 새 형태의 정권기관"이며, "낡은 부르죠아 사회의 소위『의회적 민주주의』정권형태가 아니라 … 전혀 새로운 정권형태"라고 새로운 규정을 부여하였다. 특히 여러 민주개혁의 실시가, "우리 북조선을 조국이 민주주의적으로 발전할 튼튼한 기지로 전변시켰으며, 미제국주의자들의 식민지예속화정책으로부터 우리 조국을 구원하는 강력한 민주세력의 기지로 전변"시켰다고 자랑스럽게 말했다. 최초로 '민주기지'라는 표현이 등장한 것이다.[189) 특히 "동방아세아 여러 나라들 중에서 … 처음으로 실시된 토지개혁"을 "식민지적 토지소유제도와 봉건적 토지소유관계가 지배하고 있는 … 동방제피압박민족에게 앞길을 가리켜주는 등대"라고 그 위치를 부여하고, 산업국유화에 관해서는, "동방제국에서 프로

---

187) 위의 책, 28~35쪽.
188) 위의 책, 35~43쪽.
189) 위의 책, 43~44·49쪽.

레타리아를 얽매어 놓은 자본주의 철쇄의 고리를 우리 북조선에서 처음 마사놓은 영예스러운 위대한 사변"이라고 규정했다. 나아가 로동당 경제정책의 기초를 "경제의 국가적 부문과 조합적 부문과 개인적 부문의 발전을 국가적 부문의 우세와 지배적 역할을 가진 조건 히에서 결합시키는 원칙"이고, "생산과 무역 및 금융에 대한 계획적 원칙과 국가적 관리에 대한 원칙"이라고 하였다. 주목해야 할 것은, 상업, 수산업, 지방산업 같은 부문에서 국가적 비중을 더 높이는 것이 가능함에도 불구하고, "당지도일꾼들의 협소한 편견적 사업작풍에 의하여" "국가적 비중이 형편없이 락후"되고 있다고 비판한 점이다. 개인상공업의 자유를 보장한다고 강조하던 종래의 정책과는 달라지고 있었다. 이 발언은 국내계가 책임을 지고 있는 인민위원회 상업국, 농림국, 산업국에 대한 비판이었다. 앞으로의 경제발전에 대해서는, "국영부문의 비중을 더 높게 장성"시키는 방향에서 "인민적 민주주의로선으로 발전되는 일을 보장"해야 한다고 말했다.190)

　김일성의 보고 내용 가운데 무엇보다도 중요한 것은 당건설에 관한 부분이었다. 1945년 10월 중순 "조선공산당북조선중앙국"을 결성했다고 주장하며, 일부 "종파주의자와 개인영웅주의자"가 "조선 정치형세를 내다보지 못하고 소위『중앙을 지지한다』는 간판 하에서" 그에 반대했다고 비난하였다. 그들은 중앙에 복종하지 않고 어느 한 지방에 할거하여, 개인영웅주의적 행동을 하며, 당을 사분오열시켜 종파를 계속하려 했다고 규탄하였다. 또한 공산청년동맹을 민주청년동맹으로 재조직하는 정책도 고의로 파탄시키려고 꾀했다고 하였다. 이러한 종파분자들이 당의 지도기관에 앉아 있었기 때문에, 당의 실정은 조직규율도 서지 않고, 조직체계도 수립되지 않았으며, 당원통계나 당문건의 정리, 입당 원칙조차도 없었다고 한탄하였다. 김일성은 제3차 확대집행위원회 이후 당이 일대혁신을 단행하고, 전당에 걸쳐 당원을 심사, 당증을 수여하는 사업

---

190) 위의 책, 46~53쪽. 1947년도 상업총판매고에서 민영판매고가 84.5%, 지방산업에서 민영이 87% 이상, 수산업에서 민영이 85%를 차지한다고 지적되었다.

을 통하여 중앙으로부터 세포에 이르기까지 정연한 조직체계를 갖추기 시작했다고 말하였다.191) 오기섭을 비롯하여 함경남도 그룹을 겨냥한 발언이었다. 창립대회에서도 분국 설치 반대그룹에 대한 비판을 삼가고 있었는데, 이 시점에 그들을 비난하기 시작한 것은, 국제적, 국내적 대립이 격화하면서 북조선 단독정부 수립의 방향이 확실해짐에 따라, 결과적으로 분국 설치 노선이 옳았다는 확신을 가지게 되었기 때문이다.

김일성은 당의 정책에 반대하는 사람을 "미국제국주의에 매수된 친일파, 민족반역자 등 일체의 반동분자", "반동지주층과 모리간상배, 극소수의 악질적 기업주, 상인", "미국제국주의자에 의해 매수된 일부 악질적 장로, 목사"의 세 범주로 간주할 수 있게 되었다.

김일성은 보고에서 비난 대상에 대한 구체적인 지명은 피하고 있었으나, 토의 순서에서 소련계의 한일무, 김렬, 김찬, 허가이가 전면에 나서 국내계 비판을 펼쳤다.192) 한일무는 서울중앙파가 가장 강하던 원산이 위치한 강원도당위원장으로서, 김렬은 국내계의 세력 기반이던 함경남도당위원장으로서, 허가이는 종파분자를 처리하는 조직부문의 총책임자로서 국내계 비판의 선봉에 섰다. 한일무는, 원산 지역을 "종파의 소굴"이라고 단정, 종파주의자가 기댈 곳이 리주하에서 최용달로 교체되었다고 비난하고, 오기섭, 정달헌, 최용달, 리강국의 과오를 지적, 자기비판을 요구하였다. 김렬은 "종파의 진짜 근거지"는 함남이라고 하여 공산당 함경남도당의 오기섭, 정달헌이 북조선분국의 조직을 부인한 것, "로농소비에트의 조직을 주장"하여 "빈농위원회를 조직"하는 등 좌경적 오류를 범한 것 등을 지적하였다. 검열위원회가 함경남도당에서 제명된 사람을 복당시켰다고 해서 장순명을 비판하였다. 김찬은 재정국과 상업국, 산업국의 사업을 비판하고, 농림국에 대해서도, "생산합작사"나 "소비조합" 이외에는 인정되어서는 안 되는데, "수산조합", "축산조합", "야채조합" 등 일제시대의 잔재를 조장하고 있다고 비판하였다.

---

191) 위의 책, 55~57쪽.
192) 위의 책, 70·84~87·110~112·126~130쪽.

비판은 장시우, 리순근뿐 아니라, 리봉수, 리문환에게도 향해졌다.

　연안계 중에서는 박훈일이 토지개혁에서 우경적 오류를 범했다고 황해도 실무책임자 무정과 당시 도당책임비서 최경덕을 비난하였다. 산업국, 상업국, 사법국의 사업을 비판하고, 선전국장 히정숙도 비판하였다. 소련계 중에서도 박창옥은 한일무, 김렬, 김찬과는 약간 다른 방향에서 직업동맹의 단체계약 사업을 비판하였다. 직업동맹위원장 최경덕을 가리키는 비판이었다.193)

　공격이나 비난의 도마 위에 올려진 국내계들도 발언하였다.194) 장시우는 김일성의 상업국에 대한 지적이 옳다고 받아들였다. 다만 상업부문에는 발전도 있었다고 변명하였다. 리순근도 수산업에서 국영부문의 비중이 낮다고 자기비판하고, '수산조합' 문제도 잘못되었다고 받아들여 '수산합작사'로 전환할 것을 약속하였다. 그렇지만 농업생산에는 큰 성과도 있었다고 주장하였다. 최용달은 구체적인 통계숫자를 동원하여 판사, 삼심원, 법률학원생의 출신 성분에 노동자, 농민의 비중이 높아졌다고 제시하며, 사법부문에서 많은 발전이 있었다고 주장하였다. 지적된 사법부문에서의 일부 문제점을 인정하면서도, 간부정책에서 친일분자 등용 문제는 선거라는 절차에 기초를 둔 이상, 자기만의 책임이 아니라고 강조하였다. 특히 한일무의 '원산종파' 비판은 받아들일 수 없다고 하고, 오히려 한일무 쪽이 리주하와 가까운 사람들을 무조건 배제하고 있다고 반박하였다. 오기섭은 "황당무계한 력사적 기존 전통에 얽매여, 중앙을 지지한다는 미명 하에서…공산당분국의 특수한 역할과 과업을 바로 인식하지 못하고, 그를 실천에 옮기지 못한 행동은…죄악인 것이며 범죄인 것"이라고 인정하였다. 또한 제4차 확대위원회에서 비판되었음에도 불구하고, 그것을 진심으로 받아들이지 않았기 때문에 다시 직업동맹 문제에 대한 오류를 범했다고도 "고백"하였다. 그러나 직맹 문제 이후로는 오류를 범한 적은 없다고 변명하고, 직업동맹의 단체

---

193) 위의 책, 94~97・112~115쪽.
194) 위의 책, 99~100・118~122・134~138・144~148쪽.

계약 문제는 박창옥, 한일무, 김렬의 비판을 전면적으로 받아들일 수는 없다고 말함으로써 비판받아야 할 것은 최경덕 쪽임을 암시하였다. 또한 황해도에서 "위대한 아버지"라고 불린 무정도 자기비판해야 한다고 연안계가 비판을 면하는 데 대해 항의를 표시하였다. 그들의 발언에 대하여 허가이는 오기섭, 최용달, 리순근, 장시우의 자기비판은 자기의 과오를 인정하지 않는 태도로써 잘못된 사상을 완전히 청산하지 않고 있는 증거라고 비난하였다. 같은 소련계인 김재욱과 김렬이 가한 국내계 비판의 강도가 약하다고 지적할 정도였다.195)

국내계 중에서도 주녕하가 직업동맹에 관한 논문과 관련하여 오기섭을 비판하고, 농림국의 사업방식이 관료주의적이라고 리순근을 거론하며, 일제잔재 요소에 양보했다고 최용달을 공격하였다. 그는 직업동맹의 문제를 전면적으로 오기섭의 오류 탓으로 돌려 최경덕을 옹호하였다. 최경덕도 주녕하의 원호를 받아 박창옥의 지적은 올바르지 못하고, 노동계급의 일부 낙후분자의 사상은 오기섭이 대표하고 있다고 돌려 쳤다. 정달헌은 장시우, 리순근, 최용달, 오기섭과 달리 철저하게 자신의 과오를 자기비판하였다. 그는 완전히 굴복한 모습이었다. 장순명은 주된 비판 대상은 아니었지만, 스스로 "종파의 한 사람"이라고 하며, 1925년 조선공산당에 가입하여 "화요파의 영향 밑"에 있었다고 고백하고, "공청문제"는 강원도나 함경남도뿐 아니라 함경북도에도 있었고, 지방주의도 함경남도뿐 아니라 함경북도에도 있었다고 인정하였다. 또한 분국조직 당시 그것에 반대하여, 서울만을 바라다보고 있었다고 전면적으로 자기비판하였다. 그는 "종파문제가 오늘 당대회에서만 비판하고 그칠 것이 아니라, 앞으로 더욱 반종파투쟁이 있어야 한다"고 하였다. 그는 자기비판의 모범을 보이는 역할을 하였다.196)

김일성은 이 문제에 결론을 지으면서 오기섭, 정달헌, 최용달에 초점을 맞추고, 이들의 "자기비판이 옳지 못하고 토론 내용이 없다"고 다

---

195) 위의 책, 149~151쪽.
196) 위의 책, 154~160·168~171쪽.

시 비난하였다. 또한 "남조선에서 온 동지들"에도 언급하여, "남조선로동당에도 한 몫 있으니까 남조선로동당에 충실한 채 하고 남북로동당 간에 리간 행동"을 취한다고 지적하며, "지금 38도선 때문에 당이 둘로 되었지만, 우리 낭은 한 개의 당이며 북조신로동딩에시 쫓겨 나간 지기 남조선에서 용납될 수는 절대 없다"고 경고하였다.197) 김일성의 본심을 노골적일 정도로 솔직히 드러낸 발언이었다. 그러나 허가이가 서울파와 관계가 적은 리순근, 장시우, 최용달까지 비판 대상으로 삼은 데 대하여, 주녕하의 옹호 덕분에 최경덕은 비판을 면하고 김일성도 비판 범위를 축소하였다. 어떻든 철저한 '국내계 때리기' 대회였다.

당중앙위원회 총결 보고와 토론이 끝난 뒤, 대회 3일째 후반 순서로서 당간부부장 진반수가 대표자격심사 결과를 발표하였다. 대회의 순서에 들어가기 전에 발표하는 것이 통례인데 대회 도중에 발표하는 것은 이례적인 일이었다.198) 사회성분별로는 노동자 461명(46.6%), 농민 269명(27.0%), 사무원 232명(23.4%), 기타 28명(3.0%)이었다. 직업별로는 당기관 일꾼 221명(22.3%), 정권기관 일꾼 162명(16.4%), 사회단체 일꾼 63명(6.4%), 생산기술자와 지배인 56명(5.7%)으로서 소위 '카드르'199)에 해당하는 층이 50%를 넘어서고 있었다. 대표를 연령별로 보면, 26세까지 88명(8.9%), 27~30세가 192명(19.4%), 31~40세가 540명(54.3%), 41~50세가 143명(14.4%), 50세 이상이 27명(2.7%)이었다. 30대가 중심을 이루는 젊은 정당으로서 창립대회 당시 특징은 여전히 유지되고 있었다. 당력별로는 창립 당시는 입당 시기를 해방 전후의 두 개 범주로만 나누었지만, 이번에는 더 세분하여 해방 전 64명(6.5%), 1945년 8월 15일~46년 7월 28일 584명

---

197) 위의 책, 176~179쪽.

198) 위의 책, 184~187쪽.

199) 카드르(kadr, 영어의 cadre)란 러시아어로서 당, 정부, 사회단체 등 기관의 상근직원으로서 각급 수준에 따라 해당 당 조직의 인사 대상이 되는 광범위한 상층, 하층 간부들을 가리키는 용어임.

(59.0%), 1946년 7월 29일~8월 27일 41명(4.1%), 1946년 8월 28일~12월 31일 245명(24.7%), 1947년 1월 1일~12월 31일 56명(5.7%)이었다.[200] 창립 이전과 이후 입당자의 비율은 약 6 대 4였다.

국내외에서 "무장폭동"이나 "지하공작" 등 "민족해방을 위해 투쟁"한 사람들이 253명(참가 대표의 25.6%)이고, 체포, 감금된 사람들이 206명(20.8%)이었다. 민족해방운동 참가자는 창립 당시의 427명(53%)에서 대폭 감소하고, 체포, 감금자도 291명(36%)에서 상당수 감소한 것을 알 수 있다.[201] 과거 투쟁경력보다 교육이나 실무능력이 더 중시되게 된 결과이지만, 정치적으로는 국내계의 지지기반이 크게 축소한 것이기도 하였다. 창립대회 당시 성립한 만주파, 연안계, 소련계의 주류체제로부터 오는 당연한 귀결이며, 이 대회의 분위기가 그대로 반영된 현상이기도 하였다. 또한 창립 이후 지방당 간부의 상당수가 교체된 것을 엿볼 수 있다.[202] 대회의 4일째에 당중앙위원 67명, 후보위원 20명을 선출하였다. 당원총수의 증가도 반영하여 양자를 합치면 창립대회 때 중앙위원수의 2배로 불어났다.[203] 이들을 과거 경력별로 분류해 보면 다음과 같다.[204]

---

200) 양당 합당이 발표될 때부터 창당할 때까지 대량의 입당자가 있었기 때문에 따로 집계했다고 생각된다.

201) 1~5년 100명, 5~10년 55명, 10년 이상 17명이었다.

202) 로동당 소속 북조선인민회의대의원 88명 중 47명만이 대표로서 참가하고 있지만, 이 숫자도 국내계의 축소와 관련이 있을지 모른다. 위의 책, 187쪽.

203) 위의 책, 231~239쪽. 창립대회 때 후보위원은 뽑지 않았다.

204) 和田春樹, 앞의 책, 364~365쪽을 참조. 다만 여기서는 림해는 연안계, 장철, 박영성은 소련계로 분류하였다. 테크노크라트와 모범노동자·농민의 범주도 새로 설정하였다. 갑산계는, 1930년대 초부터 압록강 대안의 함경남도 갑산군에서 적색농민조합운동을 전개하는 동안, 1936~37년경 김일성의 무장투쟁에 호응, 갑산공작위원회를 결성, 이후 조국광복회지회로 발전하고, 보천보 전투 당시 김일성부대에 협력하다 검거된 그룹을 가리킨다. 「惠山事件判決書」, 金廷枉編 『朝鮮統治史料』 第6卷, 韓國史料研究所, 1970 ; 「咸鏡南道國境地帶思想淨化工作槪況」, 『思想彙報』 第20號, 1939.9 등을 참조.

* 중앙위원(67) *
- 만주파(6) : 김일성, 김책, 김일, 강건, 김광협, 김경석
- 갑산계(2) : 리송운, 박금철
- 연안계(18) : 김두봉, 최창익, 박일우, 김교영, 김민산, 진반수, 박훈일, 허정숙, 무정, 박효삼, 림해, 조영, 김웅, 박무, 리권무, 김한중, 리유민, 리종익
- 소련계(16) : 허가이, 박창옥, 김재욱, 김렬, 한일무, 리희준, 김승화, 기석복, 태성수, 박창식, 리동화, 방학세, 김영수, 장철, 박영성, 김찬
- 국내계(13): 주녕하, 박정애, 김황일, 최경덕, 강진건, 한설야, 장순명, 김응기, 리북명, 장시우, 오기섭, 리순근, 장시우
- 테크노크라트(2): 정준택, 정일룡
- 모범노동자·농민(8) : 최숙양, 최재린, 리중근, 김고망, 김상철, 송제준, 김직현, 김태련
- 기타·불명(2) : 정두현, 김광빈

* 후보위원(20) *
- 갑산계(1) : 리효순, · 연안계(2) : 하앙천, 고봉기, · 소련계(3) : 채규형, 박동초, 남일, · 국내계(1) : 최봉수, · 일본계(1) : 김두용, · 테크노크라트(2) : 강영창, 리지찬, · 모범노동자·농민(5) : 박원술, 리영화, 박영화, 최광렬, 리규한, · 기타·불명(5) : 김진여, 장위삼, 김태화, 계동선, 리영섬

창립대회 때 중앙위원으로부터 재선자는 30명이고, 37명이 새로 선출되어 후보위원 20명과 합하면 57명이 새 얼굴이었다. 만주파는 안길이 사망한 대신 강건이 들어가고, 김광협, 김경석이 추가되어 4명에서 6명으로 불어났다. 김일성은 국내계에 갑산계라는 직계를 형성하기 시작하여 중앙위원에 2명, 후보위원에 1명이 뽑혔다. 연안계는 중앙위원 2명과 후보위원 2명을 추가하여 약간 불어났지만, 거의 같은 수준을 유지하였다고 할 수 있다. 다만 연안계는 주요 인물이 교체되었다. 김창만, 리춘암, 김려필, 윤공흠, 명희조, 한빈 등 6명이 탈락하고 8명이 새로 선출되었다. 앞에서 언급했듯이, 대회 직전 당선전부장 김창만, 당간

부부장 리상조, 평안북도당위원장 윤공흠, 부위원장 양계가 반소적이라는 이유로 좌천되어 있었다. 소련계는 8명에서 중앙위원 16명과 후보위원 3명으로 대폭 증가하였다.205) 이 제2차 대회에서 소련계는 당내 헤게모니를 쥐게 되었다. 국내계는 전 대회의 중앙위원이 거의 재임되어 3명이 증가했지만, 인민위 사법국장 최용달이 탈락한 사실이나 전체 중앙위원수의 증가비율 등을 고려하면, 축소에 가까운 상태였다.206) 대신 등장한 것이 기술자 출신의 테크노크라트와 생산 증대에 기여한 모범노동자·농민 출신자들이었다. 과거의 투쟁경력보다도 경제관리, 공장운영이나 공업 및 농업생산에서의 기능이 중요한 기준이 된 것이다. 특히 모범노동자·농민 출신자의 진출은 과거 적색노조나 농조운동 출신 국내계의 진출을 억제하여, 그 비중을 상대적으로 저하시키기 위한 인선이었다.

다음날 31일 당중앙위원회 제1차 정기회의가 소집되어 당기구 구성과 그 인선이 결정되었다. 위원장 김두봉, 부위원장 김일성, 주녕하는 유임되었다. 최고결정기구인 정치위원회는 7명(김두봉, 김일성, 허가이, 김책, 최창익, 박일우, 주녕하)으로 구성, 빨치산파의 김책과 연안계의 박일우가 추가되었다. 김책은 인민위 부위원장으로서 빨치산파 가운데 제2인자의 지위를 굳혔고, 박일우는 연안계의 새로운 실력자로 부상하였다. 상무위원 15명은 만주파 3명(김일성, 김책, 김일), 연안계 4명(김두봉, 최창익, 박일우, 진반수), 소련계 4명(허가이, 박창옥, 김재욱, 기석복), 국내계(주녕하, 박정애), 테크노크라트 2명(정준택, 정일룡)이었다. 오기섭이 상무위원에서 탈락한 대신, 북조선의 대표적인 국내 출신 테크노크라트 2명이 뽑힌 것이다. 당부서의 책임자도 결정되었는데, 이번에도 정식으로는 발표되지 않았다. 개별적으로 이름이 알려진 경우나 그 밖에 증언 및 자료를 토대로 정리해 보면 당부서는 다음과

---

205) 박창옥, 리희준, 김승화, 기석복, 방학세, 박영성, 남일 등이 중요인물이다.

206) 황해도인민위원장 김응기, 강원도인민위원장 최봉수가 인민위원장으로서 처음 중앙위원과 후보위원에 뽑혔다.

같이 정해졌다.207)

　　조직부장 : 허가이, 간부부장 : 진반수, 선전선동부장 : 박창옥, 노동부장 :
　　박영싱, 농민부장 : 리유민, 재정경리부장 : 김교영

　허가이가 조직부장직을 계속 유지하고 연안계의 김창만이 맡고 있
던 선전선동부장직을 소련계의 박창옥이 차지하여, 당의 선전부문도 소
련계가 장악하였다. 『로동신문』, 『근로자』의 책임주필은 태성수에서 같
은 소련계인 기석복이 이어받았다. 노동부장 박영성도 소련계였다. 연
안계는 세가 위축되면서도 중앙위원 수에서 현상유지를 하고 당부서에
서도 간부부장, 농민부장의 요직을 맡았다.
　소련계가 전면에 나서서 국내계 두들기기를 전개한 것은, 남조선 좌
익세력과의 연계하에 정부 수립을 눈앞에 두고 있었기 때문이었다. 남
조선의 남로당세력과 북조선의 국내계가 결합하는 것을 미리 차단하는
효과를 노린 것이었다. 이미 분국이 창설될 때 김일성은 두 그룹의 연계
에 부딪쳐 쓴 맛을 본 경험이 있었다. 한편 대회 이전부터 연안계가 견
제되고 있던 점과 관련하여 북조선 내부에 한해서 보면, 1947년 9월 코
민포름 창설에 따른 소련의 대동유럽정책의 변화도 일정한 영향을 미치
고 있었다. 허가이의 초안에 따라 채택된 대회의 결정서는 다음과 같은
내용을 포함하고 있었다.208)

　　"부르조아적 및 협액한 민족주의적 사상의 각종 표현과 지방할거적 및 종
　　파적 잔재와의 무자비한 투쟁 속에서 당대렬은 정치적으로, 조직적으로 더

---

207) 북로당 제2차 대회 직후 작성된 당내 문서를 보면, 각 사업부서의 책임자가 바뀌
　　어 있음을 확인할 수 있다. 「북로당 중앙본부 4~5월 사업 중심방향」 및 「북로당
　　중앙본부 4~5월 사업 계획서」와 그 이전 분을 비교할 것, 『북한관계사료집 17』,
　　172~175쪽. 간부부장 리상조→진반수, 선선선동부장 김창만→박창옥, 노동부
　　장 한국모→박영성, 농민부장 임해→리유민. 다만 임해는 농민부부부장에서
　　농민부장이 되어 있었는지, 되었다면 어느 시점인지는 확인할 수 없다.
208) 『북조선로동당 제2차 전당대회 회의록』, 245~248쪽.

욱 강화되었다", "민주주의 총력량과 행동을 통일시키는 국을 조직한 중구라파 및 동남구라파의 공산당과 로동당들의 사업을 전폭적으로 찬성하며 환영한다", "소련과 새 민주주의국가들의 제성과를 깊이 연구하며, 이것을 인민 속에 광범히 보급시켜야 할 것이며, 그들의 우수한 경험과 우수한 전통을 섭취하여, 우리나라 민주건설의 실지사업에 이용해야 한다", "해방운동 력사에 있어서의 선진 정당들의 투쟁경험과 역할을 모든 당원들에게 광범히 가르쳐 주어야 할 것"이다.

"부르조아적 및 협액한 민족주의적 사상의 각종 표현 … 와의 무자비한 투쟁"이라는 표현은 대회에서 직접 거론되지는 않았으나, 연안계에 대한 비판이었다. 김일성이 보고에서 국영부문의 비중을 높이자고 강조한 것도 이러한 영향의 일환이었다. 그러나 "국영부문의 증대"라고 해도 '사회주의화'라는 단계로 들어서는 것은 아니었다. 더욱이 북조선로동당의 경우, 동유럽 같은 숙청에는 발을 들여 놓지 않았다. 오기섭에 대한 모욕적인 비난에도 불구하고 그는 중앙위원직을 유지하였다. 이미 대회 이전에 연안계 몇 사람이 좌천되어 있었으나, 대회에서 연안계에 대한 비판은 일절 이루어지지 않았다. 만주파, 연안계, 소련계의 세력균형이 유지되고 남조선로동당도 건재한 상황에서 균형을 무너뜨리는 사태는 피할 수 있었다. 무엇보다도 남북 분립과 분단정부 수립이라는 엄중한 정세는 당내 결속을 우선시켜 당내 분열을 불러일으킬지도 모르는 숙청은 회피된 것이다.

대회에서 주도권을 쥔 소련계는 그 세력을 더 늘려 당무 전반을 장악하게 되었다. 1948년 9월 조선민주주의인민공화국 정부가 수립된 뒤인 9월 24~25일 열린 당중앙위원회 제3차 회의에서 허가이는 당부위원장이 되었다.209) 주녕하는 새 정부의 교통상이 되었으나, 북조선의 국내계를 대표해 온 주녕하의 정치적 위치는 종언을 고했다. 이미 1948년 8월 남북조선로동당 연합중앙위원회가 설치되고, 남북로동당의 통합이 모색되고 있었다. 박헌영 앞에서 주녕하의 존재감은 엷어질 수밖

---

209) Dae-Sook Suh, *Korean Communism*, pp.319 · 358.

에 없었다. 이 당중앙위 제3차 회의에서 허가이를 위원장, 김일성·허가이·김렬·박창옥·박영성의 5명을 성원으로 하는 당조직위원회도 설치되었다.210) 당조직위원회는 중앙상무위원 중에서 구성되고 상무위원회 사업의 일부를 담당하게 함으로써 "집단적 지도원칙"을 더욱 강화하는 방향에서 활동한다는 것이 그 설치 의의였다. 조직위원회는 당중앙 간부부에서 취급하는 간부 비준, 당기관 내 직원들의 봉급 규정, 인원 및 부서 결정, 예산범위 내 당재정경리 문제, 당중앙본부 내 일상적 행정문제 등을 다루게 되었다. 당의 인사, 예산뿐 아니라 일상적 당행정까지 포함하는 광범하고 강력한 권한이 부여된 것이다. 김일성 이외에는 전원이 소련계였다. 김렬, 박영성은 당상무위원에도 새로 선출되었다. 허가이가 겸임하고 있던 조직부장직에 김렬, 검열위원장직에 장순명이 취임했다.

최고인민회의선거와 조선민주주의인민공화국의 수립

김구, 김규식 등 남조선의 우익, 중간파 민족주의자도 참가한 가운데 4월 19~23일 남북조선제정당·사회단체연석회의가 개최되었다. 북측 주도로 회의는 진행되어 남조선 단독정부 수립에 반대한다는 입장을 결의하였다. 27~30일 연석회의에 참석한 15명의 남북 요인만이 모여 '남북조선제정당·사회단체지도자협의회'를 갖고, "외국군대가 즉시 철거할 것", "외국군대가 철거한 이후, 내전이 발생해서는 안 될 것", "전조선정치회의를 소집하여 조선인민의 각계·각층을 대표하는 민주주의 임시정부를 즉시 수립할 것" 등을 다시금 결의하였다.211) 그러나 단독정부로 향하는 흐름은 가속화되고, 남조선에서 5·10선거는 강행되어 8월 15일에는 대한민국 정부가 수립되었다. 북조선에서도 남북연석회

---

210) 「당중앙조직위원회 사업에 대하여—당중앙정치위원회 제24차 회의 결정서 1948년 10월 27일」, 『결정집 : 1947.8~1953.7 당중앙정치위원회』, 2~3쪽.

211) 『남북조선제정당·사회단체연석회의회의록』, 『북한관계사료집 Ⅵ』에 수록, 304~367쪽.

의가 개최되고 있는 가운데 4월 22일 북조선인민회의 제25차 상임위원회가 열려, 조선민주주의인민공화국 임시헌법초안을 심의하기 위해, 28일 북조선인민회의 특별회의를 개최하기로 결정하였다. 28~29일 회의가 열려, 헌법초안이 "전조선 입법회의에서 승인되어야 한다"고 만장일치로 통과되었다.212) 4월의 연석회의에 참가했다가 그대로 북조선에 잔류한 남조선 대표들과 북조선 제정당·사회단체 대표가 참석하여, 6월 29일~7월 5일 '제2차 남북조선정당·사회단체지도자협의회'를 개최, 남북조선 양 지역에서 선거를 실시하여, 남북조선 대표에 의해 조선중앙정부를 수립할 것을 결의하였다.213) 김구와 김규식은 북쪽의 초청에 응하지 않고, 7월 19일 "반쪽의 국토 위에 국가를 세우고자 하는 의도는 같다"며, "이제부터 남북은 상호 경쟁적으로 국토를 분열시켜 동족상쟁의 길로 진행할 것"이라고 경고하고, "민주적 자주통일의 국가를 건립"하기 위해 "최후까지 노력한다"는 성명을 발표하였다.214) 7월 9~10일 북조선인민회의 제5차 회의가 개최되어 조선민주주의인민공화국헌법 실시와 최고인민회의선거 실행을 결정하였다.215)

북조선에서는 1948년 8월 25일 인구 5만 명에 대의원 1명의 비율로 212개의 선거구 전체 유권자 4,526,065명 중 4,524,932명, 99.97%가 선거에 참가, 민주주의민족통일전선이 추천한 공동입후보자에게 전체 선거 참가자 가운데 4,456,621명, 98.49%가 찬성 투표하여 212명의 최고인민회의대의원을 선출하였다.216) 남조선의 경우, '비밀선거'에 의해 인민대표자대회에 참석할 대표를 선출하는 방법을 취하여,

---

212) 『북조선인민회의특별회의회의록』, 『북한관계사료집 Ⅷ』에 수록, 219~340쪽을 참조.

213) 『조선중앙연감(1950년판)』, 219쪽, 『해방후 … 중요일지』, 180~183쪽. 『비록 : 조선민주주의인민공화국(하)』, 368~374쪽.

214) 송남헌, 『해방3년사 2』, 까치, 1985, 366~367쪽.

215) 『북조선인민회의 제5차 회의 회의록』을 참조.

216) 『조선민주주의인민공화국 최고인민회의 제1차 회의 회의록』, 34~35쪽. 『비록 : 조선민주주의인민공화국(하)』, 386~391쪽.

해주에서 열린 '남조선인민대표자대회'에 1,080명의 대표를 선출하고, 이 중 1,002명이 참가, 인구 5만 명에 1명의 비율로 간접선거에 의해 360명의 대의원을 선출하였다.[217]

이리하여 9월 2일부터 9일까지 6일간의 일정으로 최고인민회의 제1차 회의가 개최되었다.(3일과 5일 휴회)[218] 제1일 회의에서 572명의 대의원에 대한 자격심사위원회 보고가 있었는데, 정당·사회단체별로 보면, 북조선 지역 대표의 경우, 북조선로동당 102명(전체의 17.9%), 북조선민주당 35명(6.1%), 북조선청우당 35명(6.1%), 나머지 40명은 전체 무소속 114명 속에 포함되었다. 북조선 지역 대표에 대해서는 사회단체 대표는 집계되지 않고, 세 정당 이외에는 무소속으로 처리되었다. 남조선 지역 대표의 경우, 남조선로동당 55명(9.6%), 인민공화당 20명(3.5%), 전평 27명(4.8%), 전농 28명(4.9%), 근로인민당 20명(3.5%), 사회민주당 11명(2.0%), 신진당 11명(2.0%), 민주한독당 10명(1.8%), 민주독립당 20명(3.5%), 기타 제 군소정당, 사회단체 84명, 무소속 64명이었다.[219]

민족해방투쟁에 참가하여 "일제에 의하여 체포되어 감금된" 대의원은 248명, 전체의 43.3%이고, 국내외에서 "무장투쟁 또는 비밀공작 등으로" 민족해방투쟁에 참가한 대의원은 287명, 전체의 50.2%였

---

217) 위의 회의록, 34~35쪽. 비밀선거는 7월 15일부터 8월 10일까지 실시되어, 전체 유권자 8,681,746명 중, 6,730,407명이 참가했다고 보고되었다. 『남조선인민대표자대회자료』, 『북한관계사료집 Ⅵ』에 수록, 158쪽. 『비록 : 조선민주주의인민공화국(하)』, 374~386쪽.

218) 이하 서술은 『조선민주주의인민공화국 최고인민회의 제1차 회의 회의록』을 참조.

219) 위의 회의록, 37~38쪽. 군소정당, 사회단체는, 조선민주애국청년동맹 7명, 조선민주여성동맹 9명, 조선문화단체총연맹 6명, 전국유교연맹 6명, 기독교민주동맹 7명, 민중동맹 8명, 근로대중당 7명, 민족자주연맹 6명, 남조선청우당 5명, 민족대동회 2명, 건민회 6명, 호국청년회 1명, 한국독립당 3명, 건국청년회 2명, 학병거부자동맹 2명, 전국불교도총연맹 2명, 불교청년회 2명, 애국부녀동맹 1명, 민족자주여맹 1명, 조선농민당 1명.

다.220) 미군정하에서 체포된 경력이 있는 대의원은 158명, 남조선 선출자의 43.8%이고, 판결을 받은 사람은 147명, 남조선 선출자의 40.8%였다. 연령별로 보면, 20~30세가 73명, 12.8%, 31~40세가 223명, 39.0%, 41~50세가 174명, 30.4%, 51~60세가 77명, 13.4%, 61~70세가 21명, 3.7%, 71세 이상이 4명, 0.7%이고, 40대까지와 50대 이상이 거의 절반씩이었다. 학력별로 보면, 대학·전문 정도가 227명, 39.6%, 중학 정도, 147명, 25.8%, 소학 정도, 198명, 34.6%였다. 직접적인 비교가 되지는 않지만, 북로당 제2차 대회의 대표 구성을 참고로 하면, 민족해방운동 참가자나 감금자, 상대적으로 고령자 및 고학력자의 비율은 남조선 출신자 쪽이 높다고 생각된다. 특히 북조선인민회의 대의원 237명 가운데 최고인민회의의 북조선 대표 212명 속에 재선된 것은 70명에 지나지 않았다. 이 대폭 교체의 이유는 확실치 않으나, 제2차 당대회에서 있은 '국내계 때리기'와 관련이 있다고 추측된다.

과거 경력별로 보면, 만주파가 3명에서 6명(김일성, 김책, 최용건, 김일, 강건, 최광)으로 늘었는데, 김일성을 제외하면 그들은 창설된 인민군의 대표였다. 연안계는 그대로 9명이지만, 무정, 김창만, 윤공흠이 탈락하였다.(리유민, 김민산, 김한중이 새로 선출되었다.) 소련계는 6명이 그대로 재선된 데다 10명을 추가, 16명으로 늘어났다.(허가이, 박창식, 고희만, 방학세, 리동화, 김재욱, 김영수, 남일, 김렬, 김찬, 박영성, 박창옥, 태성수, 한일무, 박일영, 리청송) 국내계는 제2차 당대회에서 비판된 오기섭, 리강국, 최용달, 비판을 면한 장시우, 장순명, 최경덕이 재선되었으나 상당수가 탈락하였다. 오기섭, 리강국, 최용달은 대의원은 되었지만, 주요 직무로부터는 완전히 배제되었다. 리순근, 리봉수, 장종식, 한병옥, 문회표 등 인민위 국·부장급, 한면수, 정달헌, 문태화, 최봉수 등 평양시·각 도인민위원장, 기타 각 지역 토착간부들도

---

220) 1년 이하 감금자 68명, 1~5년 114명, 5~10년 50명, 10년 이상 최고 19년까지 16명이었다.

대거 탈락하였다.221) 북조선으로 옮겨 온 남로당계가 과거 관련을 가지고 있던 북조선의 토착세력 속에 뿌리내리는 것을 막기 위함이었을지도 모른다. 여전히 최고인민회의대의원 안에서 국내계가 다수를 차지하지 않을 수 없기 때문에, 그들이 하나의 세력으로 결집되지 않도록 분산, 분단시킨 것이라 여겨진다.

회의 모두에 최고인민회의 의장에 허헌, 부의장에 리영, 김달현이 선출되었다. 제5일째에는 최고인민회의상임위원회가 구성되었다.222) 위원장 김두봉, 부위원장 홍남표, 홍기주, 서기장 강량욱, 상임위원 강진건, 성주식, 구재수, 리구훈, 박정애, 김창준, 장순명, 장권, 유영준, 박윤길, 라승규, 최경덕, 리능종, 김병제, 리기영, 강순, 조운이 선출되었다. 21명 중 북조선 출신이 9명(김두봉, 홍기주, 강량욱, 강진건, 박정애, 장순명, 박윤길, 최경덕, 리기영), 남조선 출신이 12명이고, 위원장, 부위원장 1명, 서기장은 북조선 출신이었다. 최고인민회의 의장에 남로당의 허헌이 선출된 대신, 상임위원장에 북로당의 김두봉이 선출되었다. 최고인민회의의 상설위원회로서 23명의 법제위원회가 조직되었는데, 위원장에 허헌, 위원에 김달현, 리영, 윤징우, 김렬, 계동선, 김수일, 박일영, 유영윤, 김민산, 오영, 한일무, 강규찬, 조영, 김상주, 정성언, 리만규, 전찬배, 정종식, 김세율, 신진우, 황욱, 김한중이었다. 남조선 12명, 북조선 11명이었다.(북조선 출신은 김달현, 김렬, 계동선, 박일영, 김민산, 한일무, 조영, 정성언, 전찬배, 김세율, 김한중). 최고인민회의의 주요 직책 구성에서는 남조선 출신 우위가 유지되고 있었다. 최고인민회의 상임위원은 북로당 4명, 남로당 4명으로 합계 8명이었다. 군소정당에 비해 남북로동당이 두드러지지 않도록 하기 위한 배려가 작용하고 있었다.

제6일째에 초대내각도 구성되었다. 수상, 부수상 3명, 각료 18명(2

---

221) 본 장의 제2절의 1에 있는 북조선인민회의에 관한 서술을 참조, 비교할 것. 제5일째에는 최고인민회의상임위원회가 구성되었다.

222) 위의 회의록, 382~384쪽.

명 겸임), 합계 20명의 명단이 발표되었다.[223]

> 수상 : 김일성, 부수상 : 박헌영 · 홍명희 · 김책, 국가계획위원장 : 정준
> 택, 민족보위상 : 최용건, 국가검열상 : 김원봉, 내무상 : 박일우, 외무상 :
> 박헌영, 산업상 : 김책, 농림상 : 박문규, 상업상 : 장시우, 교통상 : 주녕
> 하, 재정상 : 최창익, 교육상 : 백남운, 체신상 : 김정주, 사법상 : 리승엽,
> 문화선전상 : 허정숙, 노동상 : 허성택, 보건상 : 리병남, 도시경영상 : 리
> 용, 무임소상 : 리극로

남조선민전 대 북조선민전이 10 대 10의 비율로 배분되었지만, 북
로당은 10명 중 8명, 남로당은 10명 중 5명이었다.(북민전 ; 북로당－
김일성, 김책, 정준택, 박일우, 장시우, 주녕하, 최창익, 허정숙, 민주당
－최용건, 청우당－김정주, 남민전 ; 남로당－박헌영, 박문규, 리승엽,
허성택, 리병남, 민주독립당－홍명희, 인민공화당－김원봉, 근로인민당
－백남운, 신진당－리용, 건민회－리극로). 북조선민전은 북로당이 완
전 장악하고 있었던 데다, 남조선민전의 경우, 김일성의 권유에 응해 월
북한 홍명희나 남로당 결성에 참가하기를 거부, 근로인민당을 결성한
백남운은 박헌영보다 김일성에 가까운 인물이고, 나머지 3명도 남로당
에 대해 독자성을 갖는 인물이었다. 수상, 국가계획위원장, 민족보위상,
내무상, 산업상, 재정상 등 요직도 북로당이 차지했다.(민주당 당수 최
용건은 만주파). 내각은 공식적으로는 "일계급의 이해나 일당의 이해를
대표하여 구성된 것이 아니고, 전 조선인민의 각 계, 각 층과 각 당, 각
파의 대표에 의해 구성"된 "연립내각"이란 성격을 부여받고 있었으
나,[224] 북로당 우위 내각이고, 이후 남북로동당 합당을 고려하면, 압도
적으로 로동당 우위 내각이었다. 북로당 소속 8명은 전원 중앙위원이
고, 그 가운데 6명이 상무위원, 4명이 정치위원이었다. 남로당 소속도

---

223) 위의 회의록, 395~413쪽.

224) 허가이, 「조선민주주의인민공화국 최고인민회의 선거총결과 당단체의 당면과
    업에 대한 보고」, 『근로자』 1948.10, 32쪽.

리병남을 제외하고 4명이 중앙위원이었다.

부상(차관)은 거의 전원이 남북로동당 출신이었다고 추측된다.[225]

> 국가계획위부위원장 : 불명, 민족보위부상 : 김일·무정·한일무, 국가검열부상 : 공률, 내무부상 : 리필규·방학세, 외무부상 : 권오직, 산업부상 : 정일룡·리종옥·고희만, 농림부상 : 김재욱, 상업부상 : 김광수, 교통부상 : 박의완, 재정부상 : 김찬, 교육부상 : 남일, 체신부상 : 박세영, 사법부상 : 리종갑, 문화선전부상 : 김오성, 노동부상 : 박임선, 보건부상 : 류기춘, 도시 경영부상 : 리주봉

소련계가 한일무, 방학세, 고희만, 김재욱, 박의완, 김찬, 남일 등 7명으로 많았던 것은, 내각의 상직이 국내계 우선 원칙으로 배치되어 그 대신 부상직이 주어졌기 때문이다. 남로당계도 권오직, 김광수, 박세영, 리종갑, 김오성 등 다수가 기용되었는데, 내각에서 북로당에 비해 상대적으로 열세이던 남로당계의 불만을 해소하기 위함이었을 것이다.[226] 최고재판소소장 김익선, 최고검찰소검사총장 장해우도 북로당이었다. 부소장 김동철, 부총장 채규형은 북로당의 소련계였다.

그러나 정부 수립 이후 내각과 당의 관계는 명확치 않다. 1948년 8월 '남북조선연합중앙지도기관'이 조직되었지만, 내각까지 통제하는 북조선 전체의 최고의사결정기구 역할을 수행했는지 어떤지 전혀 알려지지 않고 있다. 내각에는 남북로동당이 함께 참가하여 전 조선을 대표한다고 표방하고 있었으나, 로동당은 여전히 남북 양 지역으로 분리되어 있었던 것이다. 북로당의 당무는 소련계가 장악하고, 대남사업은 박헌

---

225) [부표 3 : 내각상·부상, 기타 고위간부직업 경력]을 참조.

226) 권오직, 김광수, 박세영, 김오성은 남조선 선출 최고인민회의대의원으로서 월북 직전까지의 행적이 밝혀져 있으나, 리종갑의 경우, 경성 콤그룹의 일원이었던 경력을 봐서 남로당계로 추정하였다. 일찍부터 북조선임시인민위원회에 참가한 북조선 지역 출신자는 정일룡, 리종옥 정도였다. 류기춘, 리주봉은 지역적 관련은 불명이지만, 국내 공산주의운동 출신자이기 때문에 로동당 소속임에는 틀림없다. 공률과 박임선에 관해서는 알려진 바가 없다.

영을 중심으로 한 남로당 지도부가 관장하고 있었기 때문에, 남북조선 연합지도기관은 양당의 중심적인 상무위원이나 정치위원이 남북조선 정세에 관한 협의와 조정, 합당작업 등에 한정된 업무를 처리했다고 보인다. 북조선 지역 행정에 관한 내각 업무는 기본적으로 북로당의 통제를 받고 있었다고 생각된다.

남북로동당의 합당

북조선의 공식 견해에 따르면, 남북조선제정당·사회단체연석회의가 개최된 뒤, '남북조선로동당지도부'는 두 개의 당에 대한 통일적인 지도를 보장할 목적으로 양당의 합당문제를 토의하였다. 그 결과 1948년 8월 2일 해당결정서를 채택하여 '남북조선로동당 연합중앙지도기관'을 조직하고, 그것을 '조선로동당 중앙위원회'라 부르기로 결의하였다고 한다.[227] '연합지도중앙기관'은 양당의 중앙위원회를 각각 독자적으로 유지한 상태에서 구성된 양당 정치위원회 차원의 협의기구였다고 생각된다. 이 통합기구가 만들어진 것은 원칙적으로는 남북조선 전 지역에 걸쳐 유일한 대표성을 주장하는 조선민주주의인민공화국을 수립하는 이상, 당도 둘로 나뉘어 존재하는 상황은 용인될 수 없었기 때문이다. 통합된 하나의 로동당 지도하에 조선민주주의인민공화국 정부가 수립되었다는 원칙을 관철하고자 하는 목적이었다. 공화국 정부 내각에는 남북조선로동당원이 각각 참가하게 되었기 때문에 하나의 정부가 두 개의 로동당에 의해 지도된다고 하는 모순된 상황을 해소해야 했던 것이다. '당의 유일성'이라는 공산주의자의 입장에서는 남북조선로동당의 연립정부라는 발상은 있을 수 없었다. 다음으로 남북조선로동당뿐 아니라 남조선의 중간 제 세력도 규합하여 정부 수립에 임하였기 때문에, 양 지역의 제반 문제를 구체적으로 협의, 조정하는 장치도 필요하게 되었다.

---

227) 김일성, 「남북조선로동당을 조선로동당으로 합당할 데 대하여―남북조선로동당중앙위원회연합전원회의에서 한 보고」 1949.6.30, 『김일성저작집』 제5권, 122쪽 ; 『조선로동당력사교재』, 241쪽.

가장 먼저 연합중앙지도기관이 착수한 과업은 최고인민회의대의원 선거사업이었다.228)

1949년 6월 30일 양당 중앙위원회는 조선로동당 중앙위원회로 통합하여 '연합중앙지도기관'은 조선로동당 중앙위원회 정치위원회로 개편되었다.229) 양당은 조선로동당으로 통합하였으나, 그것은 북조선공산당과 신민당의 통합과는 달리 완전히 위에서만 이루어진 통합이고, 상층부를 중심으로 한 통합이었다. 양당은 지역적으로 분립되어 있던 조직이기 때문에, 공산당과 신민당의 통합과 같이 지방 하부조직 간에 통합 과정상 문제는 생기지 않았지만, 부문 간에 문제는 생겼을 것이다. 특히 군사부문은 분립한 채로 남아 있었다. 남북조선로동당의 합당은, 지역적으로 남반부에서 밑으로부터의 혁명을 목표로 하는 남로당과, 북반부에서 소군 점령하에 위로부터의 혁명을 수행하여 집권당이 되고 이어서 혁명의 전국적 확대를 꾀하는 북로당이라는, 이질적 부분의 결합이었다. 다만 남로당파는 기본적으로는 조선로동당의 '대남사업'을 담당하면서, 그 '대북사업', 즉 집권당으로서의 사업에도 일부 참가할 수 있었다고 생각된다. 당의 집행부서에서 남로당이 진출한 분야가 농업 분야였다. 당농민부장에 리구훈, 부부장에 박경수가 취임한 것은 남한 지역의 토지개혁에 대비한 인사였다. 그러나 남로당계라고 해도 농민부장 리구훈, 부부장 박경수는 북조선 지역의 사업을 관장하고 있으며, 이 점에서 다른 부서와 차이가 있는 것은 아니었다.230) 특히 농업상 박문규,

---

228) 그러나 양당이 통합할 때까지 내각 운영과 연합중앙지도기관 및 북로당과의 관계에 관해서는 전혀 밝혀지지 않고 있다. 다만 북로당의 결정집이나 중앙본부 사업계획서를 보면, 조선민주주의인민공화국 정부는 북로당의 지도, 즉 북로당의 정치위원회나 상무위원회, 조직위원회의 지도 아래 운영되었음을 확인할 수 있다.

229) 김일성, 앞의 책, 124쪽.

230) 1949년 6월 이전(북조선로동당)과 이후(조선로동당)의 중앙본부 사업계획서를 비교해 보면, 남로당 출신 당 간부들의 활동 내용을 알 수 있다. 「북조선로동당 중앙본부 4~5월 사업 중심 방향」, 「북조선로동당 중앙본부 4~5월 사업계획서」와 「당중앙본부 9~10월 사업 계획서」, 「당 중앙본부 11~12월 사업계획서」을

농민부장 리구훈 모두 남로당 출신이란 점에서 농업 부문은 당-정 모두가 거의 남로당 출신에게 맡겨졌다 해도 지나친 말이 아닐 것이다. 외교도 남로당 출신을 배려한 분야 중 하나였다. 외무상 박헌영, 부상 권오직 모두 남로당이며, 이 시기에는 당내 외교부서가 설치되지 않았다는 점에서 남로당 출신에게 맡겼다고 할 수 있다.231) 물론 북로당 입장에서는 남로당을 매개로 하여 조선민주주의인민공화국의 전국적 확대를 위한 정당성을 획득할 수가 있었기 때문에, 이 점에서 보면 통합은 남로당이 북로당의 대남사업부가 되어 북로당에 흡수된 것이었다. 남로당은 '조선로동당남반부당'으로 개칭되었다.232)

남로당의 참여로 조선로동당의 내부 권력구조는 종래의 정파연합적 성격을 더욱 강화하게 되었다. 당내에 갑산계를 포함한 만주파, 연안계, 소련계, 북조선 국내계 이외에 '남로파'가 형성된 것이다. 특히 박헌영은 정부, 당의 명실상부한 제2인자가 되고 남로파가 북조선 지역을 포함하는 당내 기반을 확보함으로써 김일성의 라이벌로서의 위치를 굳히게 되었다.233) 당 운영은 철저하게 정파 간의 균형과 견제에 따라 이루어졌다고 생각된다. 통합에 따라 상대적으로 소외된 북조선 국내계의 일부는 남로파와 제휴하는 등, 당내 세력관계도 한층 복잡하게 되었다. 더욱이 만주파, 연안계, 소련계로 이루어졌던 주류체제에도 변화가 나타났다. 개정된 당규약에 따르면, 중앙위원회는 "정치지도를 위하여 위원 중

비교해 볼 것, 『북한관계사료집』 172~177·187~213쪽. 명칭이 '북조선로동당 중앙본부'에서 '당 중앙본부'로 바뀌어 있다.

231) 6·25 전쟁과 관련하여 스탈린과 마오쩌뚱에 대한 교섭을 김일성과 박헌영이 공동으로 수행한 점을 감안할 때, 외교 분야는 김일성과 박헌영의 분담 체제였다.

232) 高峻石, 『南朝鮮勞働党史』, 219쪽.

233) 1948년 1월 슈티코프는 남북조선로동당 통합 구상을 하며, 통합중앙위원회를 구성하여 그 위원장을 박헌영으로 하는 건의를 모스크바에 한 바 있다. 「슈티코프가 스탈린에게」(노문), 국방성문서관, 문서군 172, 목록 614633, 문서철 3, 9~10쪽, 기광서, 「해방 후 김일성의 정치적 부상과 집권과정」, 『역사와 현실』 제48호, 2000.6, 274~275쪽. 박헌영은 소련군 수뇌부 입장에서도 김일성의 라이벌일 수 있는 거물이었다.

에서 정치위원회를 선거하고, 정치위원 중에서 전당위원장, 부위원장 및 당중앙위원회비서들을 선거"한다고 되어 있다. 이는 당내 의사결정에서 비서들의 역할을 추가함으로써 종래보다 집단지도적 성격을 강화하는 것이었다. 남북조선로동당의 통합으로 위원장에 김일성, 부위원장에 박헌영, 허가이가 선출되었다. 당무 전반을 통괄하는 당비서직이 신설되어 제1비서 허가이, 제2비서 리승엽, 제3비서 김삼룡이 선출되었다.234) 김일성은 당위원장이 되었지만, 정치위원회의 집단지도적 성격은 더욱 강화되고, 당무를 통괄하는 비서직이 신설되었기 때문에, 당위원장의 권한은 분산되었다. 당정치위원회도 개편되어 김일성, 박헌영, 김책, 박일우, 허가이, 리승엽, 김삼룡, 김두봉, 허헌의 9명이 되었다. 상무위원회는 폐지되어 조직위원회로 통합되고, 김일성, 박헌영, 김책, 박일우, 허가이, 리승엽, 김삼룡, 김두봉, 허헌의 정치위원에 최창익, 김렬이 추가되어 11명으로 구성되게 되었다. 소련계 일색의 조직위원회가 정파별로 안배되어 개편되는 대신, 비서직을 신설, 허가이를 제1비서로 함으로써 소련계의 당무 장악을 보장했다고 할 수 있다.235) 정치위원회는 북로당 대 남로당이 5 대 4의 비율이고, 중앙위원은 북로당 3분의 2, 남로당 3분의 1의 비율이었다.236) 당 주요부서인 조직부장, 선전선동부장, 간부부장은 유임되었지만, 농민부장에 리구훈, 노동부장에 김인춘, 조국전선을 지도하기 위해 신설된 사회부장에 김응기가 임명되었다. 리구훈은 남로계이고 김응기는 북로당 출신이었다.237)

---

234) 김삼룡은 박헌영, 리승엽의 지시를 받아 대남사업을 서울에서 총지휘하였다.

235) 당정치위원회, 조직위원회의 명부에 관해서는, Dae-Sook Suh, Korean Communism, pp.321~322를 참조. 합당 당시 당규약은, 『당열성자들에게 주는 주간보』 제1호, 1950.8.13, 1~12쪽에 수록되어 있다.

236) 중앙위원의 남북비율에 관해서는, 高峻石, 『金日成體制の形成と崩壞』, 113쪽. 더욱이 남로당계 중앙위원의 상당수는 남조선에 머물러 있었기 때문에 그 격차는 더 컸을 것이다.

237) 리구훈은 전농의 부위원장, 남로당농민부장을 역임한 남로계, 김응기는 황해도 인민위원장을 역임한 북조선 국내계이다. 김인춘은 전시에 교통성정치국장을 역임했으며 소련계로 추측된다.

당시 남북로동당의 합당 사실은 일절 공개되지 않았다.238) '조선로동당강령·규약'을 발표한 것은 6·25전쟁이 발발하여 서울을 점령한 직후인 1950년 7월 당중앙 정치위원회 결정이었다.239) 북로당 기관지『근로자』도 1950년 7월 15일호까지는 북로당중앙위원회 기관지로서 발행되고, 7월 31일호부터 조선로동당중앙위원회 기관지로 발행되었다.

합당 사실이 정식으로 발표되지 않았지만, 그것을 엿볼 수 있는 최초의 표시는『근로자』1949년 12월 31일호에 나타났다.240)「로동당중앙위원회 정기회의에서 진술한 제보고」라는 표제하에, 김일성의「수개국공산당 보도국 회의 총결에 관한 보고」, 허가이의「2개년 인민경제계획 실행을 위한 투쟁에 있어서 산업부문 내 당단체들의 사업개선 방침에 관한 보고」, 박헌영의「당원들의 사상 정치교양사업 강화와 당단체들의 과업에 관한 보고」가 게재되었다.241) 여기서 김일성은 코민포름의 노선을 조선에 적용하여 "우리 당의 과업"을 몇 가지 제시하였다. "모든 민주주의적 애국적 력량"을 조국전선 산하에 총집결할 것, "공화

---

238) 이 사실을 공식문헌에서 최초로 기술한 것은『조선중앙연감(1951~1952년판)』이었다.

239)『당열성자들에게 주는 주간보』제1호, 1950.8.13, 1~12쪽.

240) 북로당 기관지『근로자』에 남로당 지도자의 논문이 게재되기 시작한 것은, 조국전선이 결성되고 나서였다.『근로자』1949년 7월 31일호에 권오직,「남조선 인민의 구국투쟁과 파멸해가는 리승만 매국『정권』」, 8월 31일호에 박헌영,「8·15해방 4주년 기념보고」, 리승엽,「조선인민의 장성된 민주력량은 조국통일을 위한 투쟁을 반드시 승리에로 인도한다」, 9월 30일호에 김오성,「남조선에서의 노예교육과 미제국주의의 식민지문화정책」, 10월 15일호에 리승엽,「반동의 지반을 소탕함으로써 평화적으로 조국의 통일을 달성하자」, 홍남표,「『유엔조선위원단』의 보고서에는 무엇이 은폐되어 있는가?」, 11월 15일호에 리기석,「리승만 도당은 요시다 반동정부와 결탁하고 있다」등이다. 다만 남로당부위원장으로서 해주에서 유격대를 지휘하고 있던 리기석을 포함하여 그들은 공화국 정부 안에서 중요 직책에 취임한 사람들이었다. 외무부상, 부수상 겸 외무상, 사법상, 문화선전부상, 최고인민회의상임위부위원장 등으로 그들의 등장이 바로 남북로동당의 합당을 알리는 것은 아니지만, 그들이 북로당 기관지에 이름을 올렸다는 것은 큰 상징적 의미를 가지고 있었다.

241)『근로자』1949년 12월 31일호. 3명에게는 직함이 붙어 있지 않았다.

국북반부의 민주기지를 더욱 튼튼케 하는 북반부 인민경제건설을 맹렬히 전개"할 것, "남반부 도처에서 일어나는 인민유격운동을 광범히 전개"할 것, "우리 당의 핵심인 로동계급의 통일을 강화할 것", "제국주의와 파시즘의 진영으로 넘어간 티토 도당들을 폭로, 배격"할 것 등으로 남북조선 양 지역을 포괄하고 있었다. 그는 "남반부 로동계급의 유일한 당인 우리 당"이라는 표현을 쓰고 있었다.242) 박헌영은 당사상사업과 관련하여 남북조선 양 지역의 현황에 관해 보고하였다. 그는 "우리 당은 남북조선의 상이한 조건 하에서 일하지 않으면 안 된다. 북반부와는 정반대로 남반부에서 우리 당은 전고미문의 테러 질서 하에서 완전히 비합법적으로 존재, 활동하고 있다"고 전제한 다음, 북반부에서 "당중앙"의 간행물로서『로동신문』,『근로자』와 6종의 지방당보를 들고, 남반부에서는 "당중앙"의 간행물로서『해방일보』,『근로인민』,『대중신문』을 들었다. 당사상사업에서 북조선 지역의 일부 도당, 군당을 비판하면서 "남반부 당단체"에 대해서도 비판을 가하고 있다.243) 그도 당사상사업의 과제를 남북 양 지역에 걸쳐서 상세히 지적하였다. 김일성과 박헌영의 보고에서는 남북조선의 로동당이 하나가 되어 양 지역을 통할하고 있음을 짐작할 수 있다. 이 시점에서 김일성과 박헌영은 무력통일이라는 방향에서 합의하고 동일한 목표를 향하여 경쟁하면서 협력하는 관계에 있었다. 그런데 허가이의 보고는 북조선의 경제문제로 일관하고 있었다. 허가이의 최대 관심사는 북조선의 체제를 굳히는 데에 한정되어 있어, 그 관심 범위는 "국토완정"까지 시야에 넣은 한반도 전체에는 미치지 못했다고 할 수 있다. 로동당의 통할 범위가 전 한반도로 넓어짐에 따라, 종래 북조선 지역의 당무에 전념하고 있던 허가이의 영향력은 김일성이나 박헌영에 비해 상대적으로 축소되지 않을 수 없었을 것이다.244)

---

242) 위의 책, 17~23쪽.

243) 위의 책, 47~58쪽. 간행 중인 당기관지로서『노력인민』,『노력자』,『전진』도 열거되었다.

이 정기회의에서는 "조직문제"도 토의되어 일부 도당위원장의 인사변동이 있었다고 생각된다.245) 상세한 내용은 발표되고 있지 않지만, 그 이전에 교체된 것도 포함하여 당시 각 도당위원장과 인민위원장의 명단은 다음과 같다.246)

- 평양시당위원장 : 김덕환, 평양시인민위원장 : 김성학
- 평안남도당위원장 : 박영성, 평안남도인민위원장 : 송창렴
- 평안북도당위원장 : 허빈, 평안북도인민위원장 : 리유민
- 함경북도당위원장 : 고봉기, 함경북도인민위원장 : 김영수
- 함경남도당위원장 : 박영, 함경남도인민위원장 : 김민산
- 자강도당위원장 : 김승섭, 자강도인민위원장 : 리효순
- 황해도당위원장 : 계동선, 황해도인민위원장 : 김응기
- 강원도당위원장 : 림춘추, 강원도인민위원장 : 정연표

평안북도와 함경남도인민위원장에 연안계, 자강도인민위원장에 갑

---

244) 전쟁 발발 후 구성된 군사위원회에 허가이가 포함되지 않은 것은, 전쟁에 대한 직접적 개입의 증거를 남기고 싶어 하지 않은 스탈린의 정책 이외에, 이러한 허가이의 책임 영역과 관련되어 있었다고 추측된다.

245) Dae-Sook Suh, *Korean Communism*, p.287.

246) 『최고인민회의 제3차 회의 회의록』, 『근로자』, 『인민』, 『해방 후 4년간 국내외 중요일지』, 『북한인명사전』 등을 참조하여 작성하였다. 1951년 1월 31일 김책이 사망했을 때, 발표된 장의위원회 명단에는 뒤에서 16번째까지 각 도당·평양시 당위원장, 인민위원장이 열거되어 있는데, 이 명단도 참조하였다. 이 가운데 인민군후방국장이 된 함경북도인민위원장 김영수를 교체하여 임명된 허현보(허국봉의 이명), 후퇴 당시 도주했다고 비판, 철직된 강원도당위원장 림춘추 대신 임명된 최광렬, 인민군후방국장에서 철직되어 황해도당위원장으로 좌천된 김열 이외에, 이전과 변함이 없다고 생각된다. 『근로자』 1951.2.25, 28쪽. 『김일성의 비서실장 고봉기의 유서』, 천마출판사, 1989, 40·51~52쪽도 참조, 대조하였다. 김덕환(『근로자』 1951.1), 김성학(『근로자』 1951.1), 박영성(『근로자』 1951. 1), 송참렴(1949.4.19. 회의록), 허빈(1950년부터 재직 ; 『민주조선』 1956. 11.16), 리유민(1949.4.19. 회의록), 고봉기(『근로자』 1951.1), 김영수(1949.4.19 회의록), 박영(『근로자』 1950.4), 김민산(1949.4.19. 회의록), 김승섭(『근로자』 1950.5), 리효순(1949.2. 일지), 계동선(『근로자』 1950.6), 김응기(1947.1. 도·시·군인민위원회 대회 회의록), 림춘추(1949.6. 인명사전), 정연표(1949.4.19. 회의록).

산계가 취임함으로써 국내계의 인민위원장을 소련계나 연안계 등 해외 출신 도당위원장이 견제한다고 하는 구도에는 변화가 생겼다.247) 하지만 당위원장과 인민위원장에는 반드시 각각 다른 계파의 인물을 임명하여 서로 견제시키고 있었다.248) 한편 신실된 자강도에는 갑산계의 인민위원장, 강원도에는 빨치산파의 당위원장이 취임했다. 남한 지역의 경우, 6·25전쟁 발발 직전인 6월 초순 무력남침에 호응하도록 각 도당위원장과 인민위원장을 새로 임명, 파견했다고 한다.249)

이와 같이 1949년 말에는 합당과 관련, 완전 비공개 방침이 변화했다고 생각되지만, 그 배경이나 실태는 확실치 않다. 1950년 1월 15일호부터 중앙당 간부에 대해 "로동당중앙본부"의 직함이 등장하고, 지방당 간부에 대해서는 "북조선로동당"의 직함이 그대로 쓰였다.250) 4월 30일호부터는 지방당 간부에 대해서도 "로동당"의 직함이 쓰이기 시작하였다.251) 당중앙위원회 부서의 통합작업이 1949년 말쯤이면 완료하고, 지방 도당 차원의 통합에 따른 조정작업이 1950년 4월쯤이면 완료했기 때문이라고 추측된다. 당시 남한은 거의 내란상태로 구남로당 조직이 완전히 지하로 들어가고 서울지도부가 붕괴하였기 때문에, 남북 양 지역에 걸친 통합작업에는 상당한 시간이 걸렸을 것이다.

합당 이후 조선로동당의 운영에 관해서는 아직까지 거의 알려진 바가 없는데, 기본적 의사결정은 김일성, 박헌영, 허가이, 김두봉의 4거두

---

247) 박영성·허빈·김영수·박영은 소련계, 리유민·고봉기·김민산은 연안계이다. 연안계는 평양시당위원장 서휘, 평안북도당위원장 윤공흠, 황해도당위원장 박훈일이 교체되었으나, 일정 수는 유지하고 있다.

248) 평양시당위원장 김덕환은 전평 결성 때 집행위원을 역임한 국내계이고, 평양시 인민위원장 김성학은 전례로 보아 민주당이라고 생각된다. 황해도당위원장 계동선의 과거 경력은 불명이다.

249) 김남식, 앞의 책, 440~441쪽.

250) 1950년 1월 15일호 로동당중앙본부조직부부부장 서응선, 2월 15일호 선전선동부부부장 윤군창, 3월 31일호 농민부장 리구훈.

251) 4월 30일호 함경남도당위원장 박영, 5월 31일호 자강도당위원장 김승섭, 6월 30일호 황해도당위원장 계동선.

에 의한 합의구조하에 이루어졌다고 생각된다. 그러나 1949년 6월 30일 합당 이후 6·25전쟁 발발까지 1년간 당내 공식 의사결정기구로서 당중앙위원회는 한 차례만 열렸을 뿐이다. 합당 당시 회의를 제1차 회의로 잡는다면, 1949년 12월 15~18일 개최된 "로동당 중앙위원회 정기회의"가 유일한 것으로 제2차 회의가 된다.252) 합당 이전까지 북로당 시절에는 3개월에 한 번 정도로 거의 정기적으로 개최되어 온 당중앙위원회가 1년간 한 차례밖에 열리지 않은 것은, 우선 아직 당 운영이 정상궤도에 오르지 않았기 때문이었을 것이다. 거기에는 남로당 출신 중앙위원 다수가 남한에 주재하여 당중앙위원회에 정상적으로 참가할 수 없는 상황도 작용하였을 터이지만, 남북로동당 출신 중앙위원들이 함께 모여 주요 결정을 하는 관행이 확립되지 않았음을 말해 준다. 또한 남북로동당의 통합이라 해도 당중앙본부의 집행기구까지 통합된 것이 아니었기 때문이라고 생각된다. 그 대신 당정치위원회나 조직위원회 등 최고위지도자들만의 비공개회의가 중요 의사결정의 장이 되었을 것이다. 다음으로는 이미 남북 정부 간에 심한 대립이 계속되는 가운데 로동당에서는 선제공격에 의한 무력통일의 방침이 서 있었기 때문에, 당 운영에서 철저한 비밀주의가 지배하게 된 결과이기도 하였다. 특히 대남통일방안 제안 등 눈에 띄는 행동에서는 조국전선이나 최고인민회의가 전면에 나서게 되었다.

조국통일민주주의전선의 결성

남북조선로동당의 통합에 앞서 5월 14일 남로당, 근로인민당, 천도교청우당, 사회민주당, 남조선민주여성동맹, 전평 등 남조선의 정당·사회단체는 북조선민주주의민족통일전선에 대하여 남북조선의 전선 조

---

252) 당 내부 문건인 중앙위원회 결정집에는 1949년 12월 18일자로 당중앙위원회 제2차 회의 결정서 3건이 수록되어 있다. 다음 번 중앙위원회 제3차 회의는 전쟁이 개시된 뒤인 12월 21~23일 개최되었다. 『결정집 : 당중앙위원회 1946.9~1951.11』, 103~126쪽, 『근로자』 1949.12.31.

직을 통합하여 조국통일민주주의전선을 결성하자고 제의하였다.[253) 6월 28일 평양에서 남북조선의 71개 정당·사회단체 대표 704명이 참가한 가운데 조국통일민주주의전선이 결성되었다. 이것이 남북조선로동당 통합의 전조였다. 이러한 순서는 북조선민주주의민족통일전선이 결성되고 나서 북조선공산당과 신민당이 통합된 때와 같았다. 전선조직의 남북통합은 조선민주주의인민공화국 정부가 남한으로 확대된다는 것을 선언하는 조직적 조치였다. 이것은 북조선 통일전략의 근본적 전환과 결부되어 있었다. 우선 남조선 민전에 의한 남한의 정권 탈취를 실현하여 남북 간의 통일을 꾀한다는 순서가 아니라, 북조선의 주위에 남북의 정치세력을 총결집하여 남쪽의 대한민국 정부를 타도한다는 목표를 전면에 내세운 것이다. 지금까지 유지해 온 남한 좌익세력의 지역적 독자성을 포기하고, 조선민주주의인민공화국으로 완전히 합류하는 것을 의미하였다. 이때가 되면 남한을 무력 해방하는 노선이 내부적으로는 굳혀지게 된다.

조국전선은 남로당의 독자성 포기라는 양보를 대가로 전선 조직에서 남조선민전 측의 우세를 보장하는 선에서 구성되었다. 결성대회에서 뽑힌 공동의장단은 김두봉, 허헌, 김달현, 리영, 유영준, 정노식, 리극로 등 7명으로 북조선 측 2명, 남조선 측 5명이고, 북로당 1명에 대해 남로당 3명이었다.(서기국장 : 김창준, 기관지주필 : 홍순철). 27명의 중앙상무위원은 북조선과 남조선이 12 대 15이며, 그중 북로당 8명, 남로당 7명이었다.[254) 중앙위원 99명은 북조선민전 50명, 남조선민전 49명으로 구성되었다. 그러나 그 직후 남북로동당이 합당되었기 때문에, 의장단 중 4명, 중앙상무위원 중 15명, 중앙위원 중 40명 이상이 로동당이었다. 전선조직 안에서 로동당의 비중은 압도적으로 높아졌다.

---

253) 조국전선의 결성과정 및 지도부 명단에 관해서는, 『조국통일민주주의전선자료 Ⅰ(결성대회)』, 『북한관계사료집 Ⅵ』, 213~313쪽을 참조.

254) 중앙상무위원 명단은, 김일성, 김두봉, 허헌, 박헌영, 김달현, 김원봉, 리영, 리용, 최용건, 박창옥, 라승규, 홍명희, 리극로, 김병제, 최경덕, 강진건, 박정애, 한설야, 리기영, 유영준, 김남천, 강량욱, 현정민, 서창섭, 리구훈, 리종만, 정노식.

로동당의 통합이 전선조직의 통합보다 늦어진 것은 다른 군소정당의 반발 감정을 고려했기 때문일지도 모른다.

이미 1949년 신년사에서 김일성은 "오늘 공화국 남반부의 인민들 앞에 제기되는 임무는 전체 애국적 진보적 민주력량을 조선민주주의인민공화국의 기치 하에 집결시키어 국토의 완정과 완전자주독립국가를 쟁취하기 위한 구국투쟁을 더욱 광범히 전개함"에 있다고 주장하였다. "국토의 완정"과 "완전자주독립"의 실현은 "미제국주의자의 식민지화정책"과 "매국적 괴뢰정부"를 타도, 분쇄하는 것과 동일시되었다.[255] 김일성은, "남조선 매국노 중 어떤 놈들"은 "북벌을 운운하고 있으며, 내란을 부르짖고 있으며, 동족상쟁을 부르짖고" 있다고 경고하고, "동족상쟁과 내란을 부르짖지만 놈들"이 "우리 공화국 기치 하에 결집된 전체 조선인민의 처단과 심판을 받을 날이 오래지 않을 것"이며, "이 강토에서 그들의 자취가 영원히 없어지게 될 날이 오래지 않을 것"이라고 기염을 토하였다.

3) '당＝국가' 및 당·정관계의 특질

당세포의 조직상황

이미 중앙의 임시인민위원회 차원에서는 '당＝국가체제'의 골격을 갖춘 북조선로동당은 이 체제하에 사회 전체를 포괄하기 위해 농촌이나 공장으로 조직을 확대해 갔다. 김일성은 제2차 당대회에서 1946년 8월 창립 당시 면당 수는 4백여 개였다고 보고하였는데, 1945년 8월 15일 현재 북조선 전체의 면은 749개, 읍은 43개, 읍과 면을 합쳐 792개이므로 창립 당시 면당은 전체의 약 반수를 넘는 면밖에 설치되

---

255) 김일성, 「1949년을 맞이하면서 전국 인민에게 보내는 신년사」, 『조국의 통일독립과 민주화를 위하여』, 289~305쪽.

지 않았다. 또한 창립 당시 1만 2천여 개이던 당세포 수가 1947년 말 2만 8천여 개로 성장하여 각 직장과 농촌 전체에 조직되었다고 보고하였지만, 창립 당시 당세포는 농촌 리 이하에서는 전 지역의 반도 포괄할 수 없었다.[256)

그러나 이후 당조직은 급속히 확대되어, 지방인민위원 선거를 통해 전 지역을 망라하게 되었다고 할 수 있다. 당조직 부문을 담당하고 있는 허가이는 당시의 조직 상황에 대해 "생산직장, 농촌, 어촌, 중요 국가기관, 학교에 이르기까지 조국통일과 민주건설의 튼튼한 성책으로 되는 곳에는, 그 어느 곳을 물론하고, 우리 당의 세포와 당원이 없는 곳이 없게 되었으며, 그를 기초로 한 수많은 초급당부들이 성장하였다 … 근로인민의 선봉대인 우리 당이 광범한 대중 속에 튼튼히 뿌리박았으며 … 조국건설의 각 분야에서 결정적 역할을 하고 있다는 것을 말해 준다"고 쓰고 있다.[257) 당초급단체(세포)가 급속히 확대함으로써 '초급당부(기초 당조직)'는 창립 당시에 비해 1949년 5월 현재 2,659%로 성장했다는 숫자도 제시되었다.[258)

당 '세포핵심·열성자'의 조성

그러나 대중정당화 정책을 채용함으로써 인구의 상당비율을 당원으로 흡수하게 된 북조선로동당에는 곤란이 생기고 있었다. 그것은 당원의 사상적, 정치적 수준이 질적으로 저하되고, 당원에 대한 평가절하가 생겨나고 있던 점이다. 이를 시정하기 위한 정책이 '세포핵심·열성자'를 육성하는 것, 즉 당원의 차별화정책이었다. 이 정책은 1948년 1월 24일 순천군당 제2차 대표회에서 내린 김일성의 지시에서 개시되고 있다. 김일성은 "군당부나 면당부는 세포핵심이 되는 열성분자들을 매세

---

256) 『북조선로동당 제2차 전당대회 회의록』, 60쪽.

257) 허가이, 「북조선로동당 하급당단체(세포·초급당·면당)의 9개월간 사업총결에 관한 총화와 당지도사업 강화에 대하여」, 『근로자』 1949.3.15, 4쪽.

258) 김태진, 「당조직지도사업에 있어서 초급당부의 역할」, 『근로자』 1949.7.31.

포에 2~3명씩 선발하여 정기적 강습을 조직하는 사업을 전개해야 한다"고 하여 이 방침이 1949년 2월 당중앙위 제5차 회의에서 정식으로 결정되었다.259) 당중앙위 제5차 회의의 결정에는 "가장 우수한 당열성자들로 세포의 핵심을 구성하고, 시·군당부 위원장들의 직접 지도 하에서 그들의 사상, 정치적 리론수준을 향상시키며, 당사업에 대한 경험과 방법을 가르쳐 주기 위한 단기강습을 정기적으로 조직하며, 실지 당사업을 통하여 배울 수 있는 온갖 조건을 지어 줄 것"이라는 내용이 들어가 있다.260) 세포핵심·열성자 양성사업에 관해서는 강원도당의 예가 구체적으로 소개되어 있는데, 다른 지방당에도 일반적으로 적용되었다고 생각된다.261) 도당위원회는 열성당원을 위한 강습을 정기적으로 15~20일간씩 계속 조직하여 적당한 당적 과제를 분담하였다. 당의 중요사업 토의에는 열성자들의 회의를 소집하고, 일상적 당사업과 정치적 캄파니아사업에 그들을 직접 동원, 참가시켰다.262) 도당위원회 제8차 회의 결정에 의해 2개월에 1회씩 3일간학습을 시·군당에서 조직하고, 시·군당에서 1개월에 1회씩 세포위원장 및 핵심당원을 소집, 월간 진행사업을 총괄하였다.

그러나 이 정책에는 문제점도 많았다고 지적되고 있다. 우선 '핵심'의 선발기준 문제인데, 면당, 초급당, 세포에서 제출하는 명부에 따라 기계적으로 선정하는 경우가 많았다고 비판되고 있었다. 일부 생산직장 당단체의 분세포에서는 기계적으로 직장위원장, 과위원장, 분조위

---

259) 김일성, 「북조선로동당 평남도 순천군당 제2차 대표회에서 진술한 연설」, 『근로자』 1948.2.20, 11~12쪽.

260) 한일무, 「세포핵심-열성자 양성사업 지도에서 얻은 몇 가지 경험」, 『근로자』 1949.4.30, 39쪽.

261) 평안남도당에 관해서는, 김재욱, 「중앙위원회 제5차 회의 결정 실행을 위한 평남도 당단체의 투쟁」, 『근로자』 1949.5.15, 31쪽, 함경남도 리원군의 경우에 관해서는, 「당생활보도-당세포핵심·열성자와의 사업경험」, 『근로자』 1949.5.31, 89쪽을 참조.

262) 한일무, 앞의 논문, 35·40쪽.

원장, 분세포위원장 등으로 핵심을 구성하고, 경우에 따라 세포위원만으로 구성한 당단체도 있었다. 핵심당원을 비밀로 취급, 그들에게 '특수임무'를 부여한 경우도 생겼다. 일부 농촌세포에서는 세포와 군당 간의 연락원으로 간주하기도 하고, 인민반장만으로 구성한 사실도 지적되고 있다.263)

중앙당 부서 및 지방당 내 상근자수

북로당 창립과 함께 중앙당은 본부 및 하급 당부의 상무인원을 정하고 있었다. 중앙 및 도, 시, 군, 면, 공장별로 '책임일꾼' 및 '기술일꾼'의 인원을 다음과 같이 상세히 규정하고 있다.264)

1. 당중앙본부 : 책임일꾼 - 112명, 기술일꾼 - 36명
2. 당중앙검열위원회 : 책임일꾼 - 10명, 기술일꾼 - 2명
3. 도당부 : 책임일꾼 - 47명, 기술일꾼 - 17명
4. 시당부
    (ㄱ) 제1급(평양시) : 책임일꾼 - 28명, 기술일꾼 - 11명
    (ㄴ) 제2급(도소재지 및 대도시) : 책임일꾼 - 26명, 기술일꾼 - 11명
    (ㄷ) 제3급(기타 도시) : 책임일꾼 - 20명, 기술일꾼 - 10명
5. 구역당부(평양시) : 책임일꾼 - 17명, 기술일꾼 - 6명
6. 군당부
    (ㄱ) 제1급 : 책임일꾼 - 21명, 기술일꾼 - 6명
    (ㄴ) 제2급 : 책임일꾼 - 20명, 기술일꾼 - 6명
7. 면당부
    (ㄱ) 제1급(당원 2,000명 이상) : 책임일꾼 - 4명, 기술일꾼 - 2명
    (ㄴ) 제2급(당원 2,000명 이하) : 책임일꾼 - 3명, 기술일꾼 - 1명
8. 공장당부, 기타
    (ㄱ) 흥남비료공장 : 책임일꾼 - 3명, 기술일꾼 - 1명

---

263) 위의 논문, 39쪽.

264) 「당중앙본부 및 하급 당부의 인원수와 봉급에 대하여 - 조선로동당 중앙상무위원회 제20차 회의 결정서 1946.9.20」, 『결정집 1946.9~1948.3 북조선로동당 중앙상무위원회』, 7~9쪽.

(ㄴ) 철도, 대학 당부 : 책임일꾼 − 1명, 기술일꾼 − 1명

북로당 창립 당시 중앙당이나 도당의 규모가 그리 크지 못했음을 알 수 있다. 공장의 경우에도 대규모 공장인 홍남비료공장에나 겨우 소수의 상근 인원을 배치할 정도였다.

그러나 당원 수가 급증하고 당이 포괄하는 활동 범위가 급속히 확대됨에 따라 상근 인원수도 빠른 속도로 증가되어 갔다. 특히 당원 중 노동자 성분의 증대에 힘을 쓴 결과, 당원이 100명을 넘는 생산 직장이 많아져 공장에 대한 당 조직사업을 강화하게 되었다. 당원 100명이 넘는 공장, 광산, 제작소, 농촌 내에 당위원회를 조직하기로 하고, 당원이 1,000명 이상 되는 대공장에는 5~7명의 상무위원회를 선거하기로 하였다. 그리고 공장의 규모에 따라 일정한 수의 '상무일꾼'을 두기로 하였다. 100~250명은 유급 상무일꾼 1명, 250~400명은 2명, 400~1,000명은 3~4명, 1,000명 이상은 5명을 두도록 하였다.[265]

부서에 관해 보면, 1947년에 부녀부, 청년부가 폐지되어 일시적으로 1949년에 부활하였지만, 지방당에는 설치되지 않았다.[266] 1948년 제2차 당대회에서는 문화인부도 폐지되었다. 그런데 1949년에는 조국전선과 관련된 사회단체를 담당하는 사회부가 만들어졌다. 사회부는 대남사업을 포함하여 통일전선조직을 담당하고, 사회단체에 대해서는 조직부가 중심이 되어 전체를 통괄하되, 농업 및 공업생산과 관련해서는 농민동맹은 농민부, 직업동맹은 노동부가 관할하고 있었다고 생각된다. 그러나 중앙이나 지방에 군사부문과 산업부문을 독립적으로 담

---

265) 「당단체의 지도기관 조직에 대하여−조선로동당 중앙상무위원회 제22차 회의 결정서 1947년 2월 7일」, 『결정집 1946.9~1948.3 북조선로동당 중앙상무위원회』, 130~131쪽. 미국 정보당국이 파악한 숫자는 도당 150여 명, 군당 35~40명, 공장 당의 경우 결정집에 나오는 당의 결정 내용과 거의 동일하다. *North Korea : A Case Study* …, pp.20~21. 강원도인제군당의 경우에는 32명이었다. 「북조선로동당강원도인제군당상무위원회회의록제1호」, 『북한관계사료집 Ⅱ』, 12~13쪽.

266) North Korea : A Case Study …, pp.20 · 22.

당하는 부서는 설치되지 않았다.267) 1948년 5월경 지방의 군당에서
는 '농민부'와 '노동부'가 폐지되고, 해당 부문에 대한 '책임지도원제'로
교체되었다.268)

'당조(黨組)'의 설치

'당=국가체제' 형성에서 가장 중요한 조치는 정부기관이나 사회단
체 안에 '당조(fraction)'를 설치하는 것이다. 해당 기관 내 핵심간부들
로 구성된 이 당조를 움직여서 중앙당 및 각급 당은 이 기관을 당의 의
사대로 활동하도록 할 수 있었던 것이다. 1947년 2월 7일 당중앙상무
위원회는 선거를 받는 각급 인민위원회, 근로－사회단체, 기타 선거를
받는 기관에 당조를 설치할 것을 결정하였다.269) 당원 3명이 있는 경
우로 한정하되, 해당 기관 중 중앙기관의 당조는 당중앙본부, 각급 도기
관은 도당부, 각 시, 군 기관은 시, 군 당부의 지도 아래 활동하도록 하
였다. 당조위원장은 해당 기관의 책임자를 뽑도록 하였다. 선거를 통해
선출되어야 하는 각 단체나 기관의 성격으로 보아, 책임자와 당조위원
장을 일치시키는 것이 업무 수행에 효율적이었을 것이다. 예컨대 강원
도인제군의 경우, 민청은 1947년 3월 25일(3월 22일 군당 지시), 여맹
은 4월 12일, 농민동맹은 4월 15일, 소비조합은 6월 16일, 직업동맹은
3월 30일에 각각 당조를 결성하였는데, 결성 당초부터 당의 결정대로
사회단체의 해당 책임자가 당조위원장을 겸임하였다.270) 당조 설치는

---

267) ibid., p.22.

268) 「북조선로동당강원도인제군당상무위원회회의록제11호」,『북한관계사료집 Ⅱ』,
    245쪽.

269) 「당조 조직에 대하여－조선로동당 중앙상무위원회 제22차 회의 결정서」,『결정
    집 1946.9~1948.3 북조선로동당 중앙상무위원회』, 129쪽. 미군 정보당국도 1947
    년경부터 당원 3명 이상의 지방정권기관 및 사회단체 내에 '당조'를 두기 시작
    하였음을 확인하고 있다. North Korea : A Case Study …, p.21.

270) 당중앙 상무위원회 제21차 회의의 결정이었다고 한다.『북한관계사료집 Ⅳ』에
    수록된 각 사회단체의 당조회의 회의록을 참조할 것.

지방인민위원회 대의원선거가 완료한 뒤 개최된 1947년 3월 15일 당중앙위 제6차 회의와 관련되어 있다고 생각된다. 이 회의에서 김일성은 1947년도 인민경제계획 수행을 위해 "생산돌격운동"에 각 사회단체를 적극 동원하도록 주장하고, 나아가 인민위 노동국장 오기섭의 직업동맹에 대한 견해를 엄격히 비판하고 있다.271)

당조 설치는 공식적인 당규약상 규정은 아니었다. 1948년 3월 27~30일 열린 제2차 당대회에서 당내 부서로서 '청년부', '문화인부', '부녀부'의 폐지가 확인되지만, 그 주된 이유는 사회단체 내 당조 설치에 있었다. 다만 당조에 관한 규정은 새로운 당규약 안에는 들어 있지 않고, 그 설치 사실만이 대회의 토론에서 확인되고 있다.272) 1948년 9월 24~25일 당중앙위 제3차 회의에서 채택된 「『조선민주주의인민공화국 최고인민회의 선거 총결과 당단체의 당면과업』에 대한 결정서」에서도 '당조'의 존재는 확인된다.273) 당조회의는 해당 조직의 상무위원회 회의가 열리기 전에 비공개로 소집되어, 상무위원회의 방침을 사전에 토의, 결정하게 되어 있었다.274) 지방정권기관에는 당조가 설치되어 있으나, 당조가 적극적으로 기능하기보다는 오히려 해당 차원의 당상무위원회에 지방정권기관의 책임자가 위원으로 속해 있었기 때문에, 당상무위원회의 지시와 조정을 통하여 당의 통제를 받고 있었다.275) 중앙의

---

271) 김일성, 「일부 당단체 사업에서 나타나는 오류와 결함을 퇴치할 데 대하여-북조선로동당중앙위원회 제6차 회의에서 한 보고」 1947.3.15, 『김일성저작집』 제3권, 김일성, 「대중지도방법을 개선하여 금년도 인민경제계획의 수행을 성과적으로 보장할 데 대하여-북조선로동당중앙위원회 제6차 회의에서 한 결론」, 앞의 책. 오기섭은 당기관지 『정로』에 논문을 발표, 비판되었으나, 다시 임시인민위 기관지 『인민』에 같은 논지의 논문을 발표하여 파문을 불러일으켰다. 오기섭, 「북조선임시인민위원회 로동행정부의 사명」, 『인민』 1946.1.

272) 대회 4일째 김민산의 토론 내용에 나와 있다. 『북조선로동당 제2차 전당대회 회의록』, 206~207쪽.

273) 『근로자』 1948.10.20, 42쪽. "각 성들과 지방인민정권기관 내의 당단체와 당조들의 사업을 강화힐 것을 당중앙상무위원회에 위임한다"고 결정되고 있다.

274) 북조선로동당 강원도 인제군 민청, 농민동맹, 여성동맹, 소비조합, 직업동맹 등의 당조 회의록을 참조할 것, 『북한관계사료집 Ⅳ』에 수록.

각 성 내에도 당단체가 조직되어 있지만, 당조와 같이 직접 성의 업무를 통제하는 권한은 주어지지 않았다. 중앙의 각 성에는 당원이 비교적 많기 때문에, 해당 부서 정무원의 당생활을 통제하는 것이 당단체의 주요 기능이었다. 중국공산당과 같이 정부의 해당 부문별로 당의 전문부서, 이른바 '대구공작부문(對口工作部門)'이 설치되어 행정부문을 지시, 통제하는 방식은 채용되지 않았다. 이것은 내각이 '연립내각'이란 성격을 띠고 있었고, 인민위원회의 각 국장이나 정부 수립 이후 내각의 각 상 중에는 비로동당 출신자도 포함되어 있었기 때문이다. 더욱이 최고인민회의에는 당단체도 조직되지 않았다. 상임위원장이 상징적 국가원수에 해당하고, 최고인민회의의 권위가 인정된 면도 있지만, 대의원들이 각 당의 연합으로 구성되어 비로동당 출신자의 비율이 높기 때문에 직접적으로 당단체를 설치하는 것은 피했을 것이다.

당에 의한 정권기관, 사회단체간부 임명(노멘클라투라)

'당=국가체제'의 핵심적 특징은, 당이 정부기관이나 사회단체 등 자체적으로 간부 선발 절차를 갖고 있는 조직의 인사권을 장악하는 데 있다. 북조선의 인민위원회체제는 일제 총독부기구의 완전 철폐와 일제잔재의 청산에 따른 권력의 공백 속에서 완성되었기 때문에, 북조선로동당뿐 아니라, 북조선 사회 전체가 간부 부족에 허덕이고 있던 점이 당의 인사권 장악을 보다 용이하게 하였다. 당의 주요 역할은 초기부터 '민족간부'의 양성이었다. 예컨대 당조직을 갖지 않는 군대의 경우도, 평양학원이나 보안간부학교 같은 군사관계 교육기관에는 반드시 당조직이 설치되었다. 당은 가장 중요한 간부의 공급원이었기 때문에, 정권기관, 기업, 사회단체의 인사권을 쥐는 것은 어떤 의미에서 자연적인 현상이기도 하였다.

---

275) 「북조선로동당강원도인제군서화면당열성자대회회의록」, 『북한관계사료집 Ⅳ』, 586쪽.

로동당은 창립 직후부터 초보적인 '노멘클라투라' 시스템을 구축하려 하고 있었다. 1946년 10월 21일 중앙상무위원4회는 「간부 배치 및 이동에 관하여」 결정을 내리고 있다. 이 결정은 중앙당 간부부에서 취급하고 중앙상무위원회의 비준을 요하는 범주, 도당 간부부에서 취급하고 도당상무위원회의 비준을 요하는 범주 등 2개 수준으로 다음과 같이 간부를 구분하고 있다. 다만 군대에서 일하는 간부는 하급당부에서는 다루지 못하게 하고 있었다.276)

Ⅰ. 중앙당 간부부부 취급, 중앙상무위원회 비준
   (ㄱ) 당단체
   1. 중앙당부 : 각 부장, 부부장, 과장, 지도원
   2. 도당부 : 위원장, 부위원장, 부장, 부부장
   3. 시(구역)당부 : 위원장, 부위원장
   (ㄴ) 사회단체과 사회단체
   1. 중앙조직 : 위원장, 부위원장, 부장, 부부장

Ⅱ. 도당 간부부 취급, 도당상무위원회 비준
   (ㄱ) 당단체
   1. 도당부 : 과장, 지도원
   2. 시, 군당부 이하 : 부장, 부부장, 과장, 면당, 공장당의 위원장, 부위원장
   (ㄴ) 사회단체
   1. 도조직 : 위원장, 부위원장, 부장, 부부장, 과장
   2. 시, 군조직 이하 : 위원장, 부위원장, 부장, 면위원장, 부위원장

이 결정은 내각 부처나 인민위원회 등 정부 인사에 관해서는 규정을 두고 있지 않다. 아직 중앙당의 인사권한을 초보적인 수준에서 당이나 사회단체에 한정하고 있음을 알 수 있다.

---

276) 「간부 배치 및 이동에 관하여─조선로동당 중앙상무위원회 제9차 회의 결정서」, 『결정집 1946.9~1948.3 북조선로동당 중앙상무위원회』, 38~39쪽.

다만 일찍부터 당은 선거로 뽑게 되어 있는 지방인민위원회 간부인 사도 좌우하고 있었다. 예컨대 1946년 11월에 강원도 인제군 당상무위원회는 관할 내 면당위원장을 면인민위원장, 면인민위원장을 면당위원장으로 인사 이동시키고 있었다.[277] 사회단체의 경우, 지방조직에서는 해당 조직 내 당조가 관할지역 내 간부의 임명권을 쥐고 있었다. 단지 관할지역 당상무위원회의 비준이 전제로 되어 있었다.[278]

그러나 당의 인사권한은 지속적으로 확대되어 내각, 각급 인민위원회, 군대까지 포괄하게 됨에 따라 노멘클라투라 시스템은 확대, 정비되어 갔다. 중앙 차원에서 노멘클라투라 시스템이 존재함을 분명히 보여주는 매우 상세하고 체계적인 '간부직명표'는 1949년도 것을 찾을 수 있다. "로동당중앙본부"가 1949년에 작성한 「간부 배치 및 이동에 대한 규정」이라는 문서가 북한노획문서 속에서 발견되어 『북한관계사료집1』에 수록되어 있다.[279] 이 규정은 총칙에서 "각 급 지도기관 책임간부들은 선거로써 배치되나, 상급기관의 비준으로 확인되며, 각 급 기관 간부들은 규정된 상급기관의 결정과 허락이 없이는 배치, 이동, 해임, 철직시킬 수 없으며, 또는 당 책벌을 줄 수 없다"고 정하고 있다. "선거 받는 간부들"에 대해서는 "취급하는 상급기관 간부부와의 협의로써 추천"하여 선거한 뒤, "해당 상급기관의 비준"을 받아야 하고, "선거 받지 아니하는 간부들"에 대해서는 "배치, 이동 전에 비준"을 받아야 하도록 정해졌다.

간부 배치와 이동에 관한 비준의 범위를 당중앙정치위원회, 당중앙조직위원회, 당중앙간부부, 도당위원회, 시(구역)·군당위원회의 5개 수준으로 순위를 매기고 있다. 우선 첫째 범주의 내용에 관해서는 규정

---

277) 군당위원회까지는 확인되지만, 도 수준의 실태에 관해서는 확실치 않다.

278) 「북조선로동당강원도인제군 민청당조 제2차 회의 회의록」, 『북한관계사료집Ⅳ』, 8~10쪽, 「… 제23차 회의 회의록」, 앞의 책, 52~53쪽, 「북조선로동당강원도인제군 농민동맹당조 제8차 회의 회의록」, 앞의 책, 294~296쪽, 「제12차 회의록」, 앞의 책, 302~304쪽, 「제19차 회의록」, 앞의 책, 313~314쪽, 「제21차 회의록」, 앞의 책, 322~326쪽.

279) 「간부 배치 및 이동에 대한 규정」, 『북한관계사료집 Ⅰ』, 555~560쪽.

에서 생략되어 있지만, 둘째 범주, 즉 "당중앙 간부부에서 취급하고, 당 중앙 조직위원회의 비준을 요하는 간부"는 "회의에서 토의, 비준하는 간부"와 "조직위원들이 문건을 회람하여 비준하는 간부"로 순위가 나누어지고, 셋째로 "당중앙본부 간부부의 동의를 요하는 간부", 넷째로 "도당 간부부에서 취급하고 도당위원회의 비준을 요하는 간부", 다섯째로 "시(구역)·군당위원회의 비준을 요하는 간부"가 구체적으로 정해져 있다. 둘째 범주에 당중앙본부의 부부장, 도·평양시당위원장, 정부 각 성의 부상, 도·평양시인민위원장이 속해 있기 때문에, 첫째 범주에는 당중앙위원회의 부장급, 정부의 상급 이상이 속해 있다고 생각된다. 각 범주마다 당단체, 정권기관, 교육·문화·보건기관, 경제기관 및 협동단체, 사회단체, 인민군대·경비대·보안대의 부문별로 해당 직무가 자세히 기재되어 있다. 문서상으로는 첫째 범주 이외에 북조선의 모든 간부가 이 규정의 적용을 받게 되어 있다.

이러한 체계적인 규정이 언제부터 실시되기 시작했는지는 분명치 않지만, 1948년 9월 당중앙위 제3차 회의에서 설치된 '조직위원회'와 관련되어 있다고 생각된다.280) 허가이를 중심으로 하는 소련계의 영향력 확대 속에서 소련식의 노멘클라투라가 그대로 도입되었을 것이다. 당중앙조직위원회가 당중앙간부부를 직접 위로부터 통할하는 식으로 되어 있기 때문이다. 이 규정의 내용을 보면, 당조직위원회의 설치 목적이 연안계가 장악하고 있는 당간부부의 권한을 위로부터 통제하는 데에 있었음을 알 수 있다. 특히 민족보위성이나 내무성의 간부, 즉 인민군장교나 내무간부까지 망라시킨 의미는 컸다고 할 수 있다. 그러나 이 규정이 액면 그대로 운용된 것인지 아닌지는 확인할 수 없다. 앞에서 설명했듯이, 남북로동당이 합당한 이후 당조직위원회의 성원은 완전히 교체되었고, 당구조의 정파연합적 성격은 더 짙어졌기 때문이다. 오히려 각 부문이나 부서별로 각 정파의 영향력이 강하였고, 특히 산업성, 민족보위

---

280) 조직위원회에 관해서는 앞의 주 91)에 있는 해당 설명을 참조할 것.

성, 내무성의 경우, 그와 같은 경향이 두드러졌다고 여겨진다. 예컨대 만주파의 김책이 상으로 있는 산업성은 허가이와 갈등을 일으키면서 유일관리제를 실시하여 당의 영향력을 축소시키고 있었다. 민족보위성이나 인민군부대 내에는 당딘체가 조직되지 않고, 인민군은 당의 군대가 아니라 김일성의 항일무장투쟁 전통을 표방하는 군대가 되어 있었다. 나아가 인민군사령관은 군 창설 이래 만주파의 민주당위원장 최용건, 당의 정치적 통제를 의미하는 문화부 책임자도 만주파의 김일이었다. 내무성은 임시인민위원회 보안국, 인민위원회 내무국 시대를 거치며 정보 분야 이외에는 연안계의 박일우가 장악하여, 지방내무서 안에 당단체가 조직되는 것도 늦어지고 있었다.

3 인민군의 창설과 당·군관계

1) 조선인민군과 항일무장투쟁의 전통

김일성이 북조선의 정치무대에 등장한 시점에서 '김일성 장군'이란 명칭이 쓰인 사실에서 나타나듯이, 그가 '민족의 지도자'로 추대된 주요 경력은 항일무장투쟁이었다. 탈식민지사회인 북조선에서 항일투쟁 경력만큼 중요한 정통성의 기반은 없었다. 김일성의 전우인 88특별여단(동북항일연군교로려) 출신의 유격대원들은 그 수는 많지 않았지만, 당시 북조선 내 어떤 분파보다도 내적 응집성이 강하고 김일성에 대한 절대적 충성심으로 굳게 뭉쳐 있었다. 횡적 연계 없이 소련군과의 관계에 의해서 맺어져 있던 소련계나 내적 구심점 없이 분열해 있던 연안계에 비해, 그들은 하나의 세력으로서 '만주파' 또는 '빨치산파'라고 불릴 수 있는 충분한 조건을 갖추고 있었다.

인민군의 창설은 소련군과의 협의 아래 만주파를 중심으로 소련계의 군인도 포함한 하바로프스크의 88특별여단 출신자들이 주도하고, 연안계의 군인이 참가한 형태로 진행되었다.[281] 항일무장투쟁이라는 군사적 경력과 일시 소련 영토로 피신함으로써 소련 극동군의 비호 아래 놓여졌다는 조건이 결합하여, 만주파는 군 창설을 주도할 수 있었다. 소련군의 점령을 배경으로 소수의 소련계를 매개로 하여, 김일성 등 만주항일빨치산 출신자와 연안의 조선의용군 출신자의 두 개 그룹이 인민군의 모체가 되었다.

---

281) 「비록 : 조선민주주의인민공화국」, 『중앙일보』 1992.4.13. 군이 창설되면서부터 확대해 가는 과정을 미군정보당국도 면밀히 추적하고 있었다. "The Evolution of the Armed Forces of the North Korean Peoples Commmittee : August 1945-June 1947", Intelligence Summary Northern Korea, #39, 30 June 1947.

우선 '만주파'를 형성하는 김일성을 중심으로 한 '동북항일연군교도려' 대원들은, 당 관계에서는 1945년 7월 말 새로 개편된 중국공산당동북위원회 내 '조선공작단'을 만들고, 군사적으로는 소련점령하의 북조선시역 내 '소련군경비사령부' 부사령 직책을 얻어 조선에 돌아왔다.[282) 인민군 창설과정은 북조선 지역의 통치차원에서는 소련군 점령 하 '군권'의 접수과정으로 특징지을 수 있다. 소련군 점령 통치는 김일성을 중심으로 한 빨치산 출신자들이 군과 보안기관 창설을 거의 독점적으로 주도하도록 조건을 보장하였다. 1945년 10월경 연안에서 돌아온 조선의용군의 무장부대는 점령 당국의 지시로 입북이 저지되어, 무장 해제된 채로 일부만이 돌아올 수 있었다. 다만 조선의용군 출신자들은 군 창설 과정에서 주요 병력원이었다.[283) 북조선에서 군 창설작업은 1946년 중반부터 개시되었다.[284)

소련군의 점령정책은 북조선 지역 내 물리적 폭력의 독점으로 개시되었다. 1945년 10월 12일 소련군 제25군 사령관의 성명서에 의해

---

282) 和田春樹, 『金日成と滿洲抗日戰爭』, 336~344쪽. 『중앙일보』 1992.6.15.

283) 서대숙, 『북의 지도자 김일성』, 청계연구소, 1989, 62~63 · 94쪽. 『비록 : 조선민주주의인민공화국』, 중앙일보사, 1992, 148~155쪽. 커밍스는 그의 저작 『한국전쟁의 기원』 제1권에서는, 해외무장부대의 입북 저지는 미소 간의 합의사항이었다고 본다. Brus Cumings, *The Origins of the Korean War*, Vol. 1, p.413.

284) 군 창설 과정에 관해서는, 직접 관여한 소련계 유성철의 증언이 가장 정확하다고 할 수 있다. 한국일보편, 『증언 : 김일성을 말한다』, 64~66쪽, 『비록 : 조선민주주의인민공화국(하)』, 68~73쪽. 남한 정부 측 연구는, 국방부전사편찬위원회, 『한국전쟁사』 제1권, 1977, 미군 측 자료는, 초기 것으로서, "The Evolution of the Armed Forces of the North Korean Peoples Commmittee : August 1945-June 1947", Intelligence Summary Northern Korea, #39, 30 June 1947, 6 · 25전쟁 당시 것으로서, Headquarters of Far Eeast Command, History of the North Korea Army, 31 July 1952. 남한 정부 측 연구는 미군 측 정보자료에 주로 의거하고 있다. 기본적으로는 이 두 가지에 의거하면서, 망명 조선인의 증언도 참조한 연구로서, 장준익, 『북한인민군대사』, 서문당, 1991년이 있다. 최근 연구로는 김광운, 「전쟁 이전 북한 인민군의 창설 과정」, 국방부군사편찬연구소편, 『한국전쟁의 새로운 연구 1』, 2001, 3~54쪽, 『북한정치사연구 1』, 선인, 2004, 553~592쪽을 들 수 있으며, 빨치산파를 중심으로 연안계, 소련계 등 인민군 창설 주체의 인적 자료를 폭넓게 정리하였다. 북조선 측 연구는 지극히 부족하지만, 『조선전사』 제24권, 120~138쪽.

난립되어 있던 각종 치안조직, 무장조직이 전부 해산되고, 각도인민위원회에 '보안대'가 설치되었다.285) 11월 5도행정국이 창설될 때, 각도의 보안대를 관할하는 '보안국장'에는 만주파의 최용건이 취임해 있었다. 보안국 산하에는 각도의 보안대 이외에도 1946년 1월 무장한 경비조직으로서 '철도보안대'가 창설되었다. 초기에 만주파와 연안계는 주로 보안기관의 창설과 확대에 참가하고 있었다. 더욱이 1945년 11월 정치 및 군사간부의 양성을 목적으로 하는 '평양학원'의 창설 준비가 진행되어, 1946년 2월 23일 개원되었다. 초대원장은 만주파의 김책이었다.286)

군 창설작업은 소련군의 점령정책과 밀접한 관련하에 진행되었다. 1946년 5월 미소공동위원회가 결렬된 직후 소련공산당 중앙위원회는 북조선 지역에서 이후 전개할 정책에 관하여 일련의 결정을 내려 해당 부처에 지시하였다. 이 중에 군사 관련 사항이 포함되어 있는데, 연해주군관구 군사회의가 제안한 다음의 부대 편성을 조선인들이 수용하도록 지시하고 있다. 그것은 (1) 철도경비대, (2) 만주와의 국경선을 경비하기 위한 국경경비사단, (3) 민족지휘간부를 양성하기 위한 군관학교(500명 수용) 등이었다. 나아가 철도경비대, 국경경비사단, 군관학교를 무장시키기 위하여 필요한 소련군 무기를 북조선임시인민위원회에 판매하는 조치도 포함되었다.287) 문면을 보면, 이미 연해주군관구 군

---

285) 「북조선주둔소련제25군사령관의 성명서」, 『조선중앙연감(1949년판)』, 58쪽.

286) 김책의 사망과 관련한 약력 소개, 『근로자』 1951.2.25. 김일성, 「평양학원개원식을 축하하며－평양학원개원식에서 한 연설」 1946.2.23, 『김일성저작집』 제2권, 70~80쪽. 다른 문헌에서는 창설일을 1945년 11월로 잡고 있다. 『력사사전(하)』, 583쪽. 부원장 겸 교무주임은 소련계 기석복이었다. 교육과정은 소련계 조선인과 소련군 교관이 가르치는 러시아어, 정치사상, 군사교리가 중심이고, 그 설치 목적은 반드시 군사적인 것만이 아니고, 정치간부, 장래의 군사간부나 소련군과의 연락요원 양성 등 다목적적이었다. 『한국전쟁사』 제1권, 676쪽.

287) 소련공산당(볼세비크)중앙위원회결정 「조선에서의 미소공동위원회 사업에 대하여」(노문), 대외정책문서보관소, 문서군 07, 목록 11, 문서함 18, 문서철 280, 91~94쪽.

사회의가 제안한 내용을 추인한 것이다. 이것은 아직 보안기관과 미분화 상태였던 철도보안대나 평양학원 같은 교육기관을 군사조직으로 재편성하는 것을 의미하였다. 또한 만주와의 국경을 경비하기 위하여 본격적으로 군사조직을 신설하는 것이기도 하였다.

임시인민위원회가 결성되고 나서 1946년 3월 전문적인 군사간부를 양성하기 위해 '중앙보안간부학교'를 창설할 준비가 개시되어, 7월 정식으로 개교하였다.288) 7월 8일자 임시인민위원회결정 제35호 「보안간부학교 설립에 관한 건」에 의하면, "보안대 인재를 양성할" 목적 아래 '심사위원회'를 구성, 위원장에 무정, 위원에 최용건, 김책, 김웅, 장종식이 선임되어 있다. 직원은 학교장, 부교장(정치지도자), 부교장(훈련책임자), 경리부장, 기타 직원으로 이루어지고, 교원은 소련군사령부 소속 인원으로부터 초빙하도록 하였다.289) 보안대 간부를 양성한다는 목적이나 보안간부학교라는 명칭은 치안 유지라는 명목으로 군사적 성격을 숨기기 위한 위장이었다. 교장은 조선의용군 참모장을 역임한 황포군관학교 출신인 박효삼, 군사부교장은 빨치산파인 박성철, 정치부교장은 조선의용군 출신인 김강이고, 전술학부장 유성철, 포병학부장 정학준, 사격학부장 박길남, 통신학부장 리종인은 전원 소련계로 88여단 출신이었다.290) 한편 평양학원의 군사반과 정치반이 분리되어, 정치반은 중앙당학교로 발전하고, 군사반은 정치장교양성학교로 개편되었다.291) 6월 6일자 임시인민위원회 결정 「중앙정치간부학교 신설에 관한 건」에 의해, "민주조선 건국사업에 필요한 간부의 배양을 목적"으로 하여, 임시인민위원회총무부장이 신입생 모집계획을 세우고, "학교설

---

288) 『조선전사』 제24권, 125쪽.

289) 『북한관계사료집 Ⅴ』, 665쪽.

290) 유성철의 증언에 따른다. 『증언 : 김일성을 말한다』, 65~66쪽, 『비록 : 조선민주주의인민공화국(하)』, 72쪽.

291) 장준익, 앞의 책, 49쪽. 제2대 교장은 빨치산파 안길이었다. 북조선의 사회과학출판사에서 1971년 간행한 『력사사전』에는 초대 교장으로 되어 있지만 이는 잘못이다.

비, 학과교육 사업 등에 대하여 적군사령부에 원조를 요청"하게 되었다. 교장에는 연안계의 박효삼이 임명되었다.292) 보안간부학교 개교 준비와 동시에 군 창설을 위한 준비작업도 추진되었다. 1946년 8월 15일 '보안간부훈련소'란 간판 아래 '보안간부훈련대대부'가 설립되었다. 보안간부훈련소는 어디까지나 군대라는 인상을 주지 않기 위한 표면상의 위장이고, 실체는 보안간부훈련대대부였다. 북조선 측 공식문헌에서는 '보안간부훈련대대부'라는 명칭을 일절 쓰지 않고, '보안간부훈련소'에 '정규무력의 핵심부대'라는 위치를 부여하고 있으나, 이는 당시의 공식 명칭을 그대로 따른 것에 지나지 않는다.293) 보안간부훈련대대부의 창설에는 빨치산파, 연안계, 소련계가 참가하였다. 훈련대대부사령관에게는 빨치산파인 임시인민위원회 보안국장 최용건, 부사령관 겸 문화부사령관에 빨치산파인 김일, 부사령관 겸 포병사령관에 연안계인 무정, 참모장에 빨치산파인 안길이 취임했다. 사령관 고문은 소련군 스미르노프 소장이었다.294) 훈련소라는 명목으로 평양, 개천, 신의주, 정주, 회령, 나남, 청진 등에 '분소'가 설치되고, 그 밑으로 대대, 중대, 소대, 분대가 편성되었다.295) 이 분소가 연대 부대편성으로서 초기에는 7개 연대가 설치되었다고 생각된다.296)

특히 주목해야 할 것은 군 창설 작업이 남북분립뿐 아니라, 만주 지

---

292) 박효삼은 보안간부학교장이 되면서 교체되었다고 생각되지만 그 후임자는 불명이다.

293) 『조선전사』 제24권, 127~128쪽. 다만 '보안간부훈련대대부'라는 명칭은 북조선의 문헌에서도 확인되고 있다. 『력사사전』, 1181쪽, 안길이 '보안간부훈련대대부참모장'을 역임했다는 기술. 당시 미군의 정보보고도 '보안간부훈련소'라는 조직으로 파악하고 있었다. "The Evolution of the Armed Forces of the North Korean Peoples Commmittee : August 1945~June 1947", Intelligence Summary Northern Korea, #39, 30 June 1947.

294) 뮤성철의 증언. 『증언 : 김일성을 말한다』, 66쪽, 『비록 : 조선민주주의인민공화국(하)』, 71쪽.

295) 『조선전사』 제24권, 128쪽.

296) 『비록 : 조선민주주의인민공화국(하)』, 73쪽.

역의 군사정세와 깊은 관련 아래 추진된 사실이다. 1946년 7월부터 1947년 6월까지 국민당군은 전면적인 공격을 전개하여, 동북의 중요도시는 물론, 산동성이나 연안까지 점령하였다. 북조선 지역은 동북의 국민당군 점령지역과 38도선 이남의 미군 점령지역 시이에 끼인 꼴이 되어 있었다.297) 앞에서 언급했듯이, 이미 미소공동위원회 결렬 이전에 연해주군관구 군사회의가 본격적인 군부대로서 국경경비사단의 설립을 제안한 것이나, 초기 군주둔기지가 조중 국경지대를 향해 설치된 것은 이러한 정세를 반영하고 있다. 38도선 경비부대는 보안국, 이후의 내무국 소속으로 군조직과는 별도로 편성되어 있었다. 1947년 초 조중 국경지대의 북조선 측 지역은 국공내전에서 중공군을 위한 '배후지' 역할을 하였으며,298) 김일성은 물자 및 의료 서비스를 적극 제공하였다.299) 만주 지역 군사정세가 악화됨에 따라 1946년 말 북조선의 군대는 급속히 증강되었다. 해방 직후 귀국한 다른 동료와 떨어져서 만주 지역의 치안유지에 임하고 있던 빨치산파나 국공내전에 참가하고 있던 연안계 군인들은 1946년부터 일부가 북조선에 귀국, 당, 인민위원회, 군 요직에 취임하여, 군이나 보안기관의 창설, 정비, 강화에 크게 기여하였다.300)

---

297) Cumings, *The Origins of the Korean War*, Vol. 2, pp.327~328. 중국 동북 지역의 군사정세에 관해서는, 김성용, 「최근의 중국정세」, 『근로자』 1949년 3월 31일호를 참조.

298) Intelligence Summary Northern Korea, 6 November 1946. Cumings, op. cite., pp.355~364. 미국 정보에 의거한 커밍스는 대규모 병력 지원이 있었다고 하지만, 당시 미군 정보는 잘못된 것이었고, 기본적으로 병참 지원이지 병력 지원이 이루어진 것은 아니었다. 아직 미소 간에 협조 기조가 유지되고 있었고, 소련의 대중국 파트너는 국민당이었다. 여전히 소련군 점령하에 있는 북조선임시인민위원회가 군대를 파견한다는 것은 이 시점에서 있을 수 없는 일이었다.

299) 종래 북조선 측은 이러한 지원 사실을 일절 언급하지 않다가, 1992년부터 『김일성전집』을 간행하면서 이들 사실을 밝히는 김일성 발언들을 수록하기 시작하였다. 김일성, 「중국인민들의 혁명투쟁을 적극 지원하자」 1945.9.15, 『김일성전집 2』, 19쪽, 「북조선에 거주하고 있는 화교대표들과 한 담화」 1947.9.3, 『김일성전집 6』, 261쪽, 「중국인민의 투쟁을 도와주는 것은 우리의 국제주의적 임무이자」 1948.10.23, 『김일성전집 8』, 385쪽.

300) 이들 간부급들 이외에도 동북 지역의 많은 중국공산당계 조선족 청년들이 군, 보안기관을 비롯하여 북조선 체제 건설작업에 대거 참여하였다. 이들은 수천

소련군 소속 빨치산파인 강건(강신태)은 김창봉, 림춘추, 임철과 함께 연길에서, 김광협은 모란강에서 귀국하여 군 창설에 참가한다.301) 중국공산당 소속 동북조선의용군 지도간부들도 귀국하여, 박효삼, 김웅, 리익성, 리근산, 김연, 주연 등은 군 창설에 관계하고, 박일우는 당간부부장을 거쳐 임시인민위원회 보안국장, 리상조는 당조직부부부장, 나중에 당간부부장, 박훈일은 황해도당위원장이 된다.302) 빨치산파가 군대에 집중된 반면, 상대적으로 인적 자원이 풍부하던 연안계는 군대뿐 아니라 보안기관이나 당에도 진출하였다. 박일우가 보안국장이 된 점이 상징하듯이, 초기에 연안계는 상대적으로 보안기관에 집중되었다고 생각되지만, 보안기관, 내무기관 안에서도 정보계통은 소련계가 쥐고 있었다. 대표적인 인물은 내무국정보처의 책임자 방학세, 부책임자 김파였다.303) 국공내전이 격화됨과 동시에 점차로 병력을 증강하고 있던 보안간부훈련대대부는 임시인민위원회가 인민위원회가 됨에 따라, 1947년 5월경 내부적으로는 '인민군'으로 불리게 된다.304)

만주 지역과 북조선 지역의 밀접한 관련은 북조선로동당의 내부에도 영향을 미치게 된다. 중국으로부터 군인들의 귀국은 당관계에서 보면, 중국공산당에서 북조선로동당으로의 전당을 의미하였다. 군 창설

명에 달했다고 한다. 이종석,『북한─중국 관계 1945~2000』, 중심, 2000, 113쪽.

301) 강신태는 소련군 연길경비사령부부사령, 김광협은 모란강경비사령부부사령이었다. 和田春樹, 앞의 책, 340~341쪽.

302) 귀국 당시의 직책은, 동북조선의용군사령원 박효삼, 정치위원 박일우, 제1지대 지대장 김웅, 정치주임 주연, 제3지대 지대장 리상조, 참모장 김연, 정치주임 리근산, 제5지대 지대장 리익성, 정치위원 박훈일 등이다. 和田春樹,「朝鮮戰爭について考える(上)」,『思想』1990.8, 8~9쪽, 장준익, 앞의 책, 428~446쪽. 양쪽 모두,『혁명회상기 리홍광지대』, 료녕민족출판사, 1986,『조선의용군제3지대』, 흑룡강조선민족출판사, 1987에 의거하고 있다. 이 밖에 조선인민군에 참여한 연안계 군인들에 관한 인적 자료를 비교적 풍부하게 정리한 연구로는, 김중생,『조선의용군의 밀입북과 6·25전쟁』, 명지출판사, 2000을 들 수 있다.

303) 북조선인민위원회내무국의 편제와 주요 간부에 관해서는, Intelligence Summary Northern Korea, 1-15 July 1947.

304) 그러나 대외적으로는 1948년 2월 조선인민군이 창설될 때까지 인정하지 않았다.

당시처럼 주요 간부만이 아니고 일반 간부의 이동도 개별적으로 수시로
이루어지고 있었다. 예컨대 국공내전 참가부대 소속의 조선인 중공당원
이 북조선 측 필요에 따라 전출되어, 인사이동과 같은 형식으로 전당 수
속을 밟아 북조선 내 직무에 취임하는 경우도 적지 않았다.[305] 공산당
분국이나 로동당의 간부부장에는 창립 초기부터 6·25전쟁시기까지 연
안계(무정, 박일우, 허정숙, 리상조, 진반수)가 취임해 있었는데, 이는
중국공산당과의 관계가 주요 요인이었다고 여겨진다.

　　미군 정보당국은 1947년 5월경의 군간부 명단을 상세하게 파악하
고 있었다. 다만 빨치산파를 거의 소련군 출신으로 이해하여 빨치산파
와 소련계는 구별하지 않았다.[306]

- 본부 : 사령관(최용건), 부사령관 겸 포병사령관(무정), 참모장(안길),
  문화부사령관(김일), 후방부사령관(최홍극), 작전부장(유신), 간부부
  장(리림), 통신부장(박영순)·부부장(리청송), 공병부장(황호림)·부
  부장(박길남), 정찰부장(최원)
- 제1사단(개천) : 사단장(김웅), 부사단장(김봉률), 참모장(최광)
  제1연대 : 연대장(리권무), 참모장(김대홍)
  제2연대 : 연대장(최원)
  제3연대 : 연대장(최춘국)(최현에서 교체), 부연대장(서철)

---

305) 최태환의 증언,『역사비평』, 1988년 가을호, 364쪽. 이 전당사업과 관련, 주목해
　　야 할 것은 돌아온 조선인 중국공산당원의 경우, 중공당적 포기와 조선노동당
　　가입이 의무 지워졌다는 사실이다. 이것은 자동적으로 조선노동당원 자격이 주
　　어지고, 이중당적과 국적이 인정된 조선인 소련공산당원의 경우와 대조적으로
　　당시 북조선 내 소련공산당의 우월성을 나타내고 있다. U.S. Department of State,
　　North Korea : *A Case Study in the Techniques of Takeover*, Washington D.C., p.121. 소련계
　　조선인의 이중국적문제는, 소련계 숙청이 본격화한 1957년 12월 16일 양국 간에
　　'이중국적자의 공민권문제의 조절에 관한 협약 및 영사협약'이 조인되고 나서
　　해소되었다. 당적문제도 소련계 숙청과 관련, 해소하였다고 생각되지만, 그 구
　　체적 시기는 불명이다.

306) 이름이 영문표기상 부정확한 경우에는 추정하여 고친 것도 있다. Intelligence
　　Summary Northern Korea, 1-15 August 1947, G-2 Weekly Summary, 6-23 July 1948,
　　6-13 August 1948. 보안간부훈련대대부 본부의 간부에 관해서는, 장준익, 앞의
　　책, 53~54쪽의 명부와 대조하였다.

　　제4연대 : 연대장(허봉복)
　・제2사단(나남) : 사단장(강건), 문화부사단장(림해), 참모장(리익성)
　　제1연대(회령) : 연대장(강치흠)
　　제2연대(나남) : 연대장(리수봉)
　　제3연대 : 연대장(허봉학)
　　제4연대 : 연대장(류경수), 참모장(장평산)
　　(제3사단− 미확인 : 문화부사단장− 주연)
　・독립혼성여단(평양) : 여단장(김광협)
　　제1대대장(함흥)(전문섭), 제2대대장(성진)(유영구), 제3대대장(평양)
　　(김창봉), 포병대대장(박우섭), 포병대대장(최인덕), 박격포대대장(김
　　려중)
　・중앙경비대대(평양) : 대대장(강상호)
　・평양학원 : 원장(기석영), 부원장 겸 문화부주임(전창철), 군사부주임
　　(심태산), 제1훈련대대장(주도일)307)

　　부대편성과 관련해서 유성철은 1948년 인민군이 창설될 때까지 연대편성만 이루어지고 사단편성은 되지 않았다고 증언하지만, 위의 명단은 당시 군 내부의 흐름을 엿볼 수 있는 정보이기는 하다.308) 이름을 분류하여 보면, 만주파 22명, 연안계 10명, 소련계 6명, 불명 3명이다.309) 만주파가 압도적이며, 그들 대부분은 야전지휘관으로 순수 전투부대 이외에 평양 등 대도시의 경비도 담당하고 있었다. 소련계의 경우, 야전지휘관은 거의 없고, 주로 본부에서 기술계통이나 소련군과의

---

307) 평양학원은 1947년 5월경에는 군관학교라 불리고 있었다. Intelligence Summary Northern Korea, #37, 31 May 1947.

308) 『비록 : 조선민주주의인민공화국(하)』, 73쪽. 만주의 군사적 정세에 신경을 곤두세우고 있던 미군의 정보가 북조선의 군병력 규모를 과장하고 있던 것은 사실이다.

309) 만주파 : 최용건, 안길, 김일, 박영순, 최광, 김대홍, 최춘국, 최현, 서철, 강건, 허봉학, 류경수, 김광협, 전문섭, 김창봉, 박우섭, 최인덕, 김려중, 강상호, 전창철, 심태산, 주도일. 연안계 : 무정, 유신, 리림, 김웅, 리권무, 림해, 리익성, 강치흠, 유영구. 소련계 : 최홍극, 리청송, 황호림, 박길남, 최원, 김봉률. 불명 : 허봉복, 리수봉, 기석영. 기석영은 소련계 기석복을 잘못 쓴 것일지도 모른다.

연락을 담당하였다.

이렇게 창설된 인민군은 기본적으로 소련군을 모델로 한 '정규군형' 군대였다. 군대 편성의 노하우나 각종 병기, 물사 공급에 이르기까지 소련군의 지원 아래 군이 건설되었기 때문이다. 또한 소련군 편제에 속하게 된 만주파의 소련 하바로프스크 주둔 시 경험도 작용했을 것이다. 그들에게는 소련군이야말로 전 세계에서 가장 선진적 군대였을 것이다. 군대조직은 말할 필요도 없고, 군사학교 조직에도 정치적 통제를 의미하는 '문화부(副)지휘관'이 배치되어 있었다. 그러나 뒤에서 설명하겠지만, 군대 내부에 당조직이 만들어진 것은 아니었다. 만주파는 군편제상으로는 소련군에, 당계통상으로는 중국공산당에 속하는 복잡한 존재였다. 여기에 중국공산당의 군사통제방식에 익숙해 있던 연안계가 가세한 것이다. 초기의 군사편제방식과 관련해서는 복잡한 갈등이 조성되었다고 추측된다. 북조선의 공식연구는 다음과 같이 전하고 있다.310)

> 특히 그 때 군사교육기관에 기어들었던 종파사대주의자들과 교조주의자들의 책동으로 하여 학교 교양사업에서는 더욱 커다란 난관이 조성되었다. 이자들은 학교교육에서 덮어놓고 '일본식'이요, '연안식'이요 하면서 이것도 저것도 아닌 범벅교육을 떠벌이고 있었다.

한편 연안의 조선독립동맹의 군사조직으로서 조선의용군은 일부가 무장 해제된 채로 귀국하였지만, 그 주력은 귀국 도중, 중공중앙의 새로운 방침에 따라 1945년 11월 동북조선의용군을 편성하였다. 그들은 중공의 '동북민주연군', 나중에는 '동북야전군'에 소속하여 1949년까지 국공내전에 참가하였다.311) 1948년 이후 중공군이 국민당군을 괴멸시키고 동북지방을 탈환하여 차례차례 해방구를 확대시켜 가면서, 만

---

310) 『조선전사』 제24권, 125쪽.

311) 和田春樹, 「朝鮮戰爭について考える(上)」, 18~19쪽, 장준익, 앞의 책, 428~446쪽. 『혁명회상기 리홍광지대』, 료녕민족출판사, 1986, 『조선의용군제3지대』, 흑룡강조선민족출판사, 1987.

주정세와 관련한 한반도의 상황은 급변하였다. 이번은 중공 측이 장악한 만주와 38도선 이북의 북조선이 일체화되어 남한을 공격하는 형세가 되었다.312)

북조선 지도부가 무력통일을 모색하기 시작한 배경에는 중국혁명의 승리가 결정적으로 작용하였다. 남경 해방 후 1949년 7월과 50년 4월 두 차례에 걸쳐 국공내전 참가 조선인부대가 김일성의 요청에 따라 중국에서 북조선으로 인도되어 인민군의 주력을 형성하였다.313) 첫 번째로는 먼저 인민해방군 소속 제166사의 총원 1만 2천 명이 1949년 7월 심양에서 출발, 북조선으로 들어가 조선인민군 제6사가 되었다. 사단장은 방호산이었다.314) 또한 인민해방군 제164사의 약 7천 5백 명이 7월 장춘을 출발, 북조선으로 이동하여 인민군 제5사가 되었다. 사단장은 김창덕이었다.315) 두 번째로는 1950년 1월 다시 김일성의 요청에 따라 인민해방군 각 부대로부터 조선인병사 약 1만 5천 명이 호남성의 정주에 집결, 인민해방군 제15사와 1개 독립여단으로 편성되어 4월 북조선을 향해 출발하였다. 제15사는 그대로 조선인민군 제12사가 되었

---

312) Cumings, *The Origins of Korean War*, Vol. 2, pp.327~328.

313) 와다 하루키에 따르면, 조선인부대의 이동은 "조선인의 귀국이 아니고, 중국동북을 고향으로 하는 사람들에 의한 중국혁명의 확대"이며 "중국공산당의 명령에 의한 행동"이었다. 和田春樹, 「朝鮮戰爭について考える(上)」, 『思想』 1990.8, 18~20쪽, 同 「朝鮮戰爭について考える(中)」, 『思想』 1993.5, 48~50쪽.

314) 원래 조선의용군 제1지대에서 동북민주연군 리홍광지대, 동북야전군 제1군단 독립4사, 마지막으로 인민해방군 제166사로 개편되어 갔다. 사령원 김웅, 정치위원 방호산, 참모장 안빈에서, 사령원 왕자인(최인), 정치위원 방호산, 참모장 로철용으로 바뀌고, 왕자인이 귀국하면서 한인 왕효명이 사령원이 되었다. 정치위원 방호산이 인솔하여 북조선에 들어갔다. 和田春樹, 「朝鮮戰爭について考える(上)」, 19쪽, 同 「朝鮮戰爭について考える(中)」, 『思想』 1993.5, 49쪽.

315) 원래 조선의용군 제3지대에서 동북민주연군 독립제8단, 동북야전군 제1군단 독립11사, 마지막으로 인민해방군 제164사로 개편되어 있었다. 지대장 김택명(리상조), 부지대장 리덕산(김창덕), 정치위원 주덕해, 참모장 김연에서 사령원 리덕산, 정치위원 주덕해로 교체되었다. 앞의 논문의 주를 참조. History of the North Korea Army, Headquarters of Far East Command, 31 July 1952, p.59, 장준익, 앞의 책, 456쪽.

다. 사단장은 도고부(일명 : 전우), 참모장은 만주파로 국공내전에 참가
한 지병학이었다. 독립여단은 연안계의 리권무가 사단장이던 제4사단
에 편입되어 제18연대가 되었다.316) 국공내전 참가 부대는 기본적으로
중국인민해방군과 경험을 공유한 '인민선생형' 군대이지만, 인민군의 정
규군 편제 속에 편입되었다.

그러나 북조선의 군 형성에서 남북분립이란 정세도 본격적으로 작
용하기 시작하였다. 미소에 의한 남북조선의 군사적 점령을 위한 '분할'
은, 제1차 미소공동위원회가 결렬됨으로써 점차로 '분열', '대립'으로 악
화되고 있었다. 이 의미에서 인민군의 창설, 강화 과정은 '민주기지노선'
의 심화, 발전과정이기도 하였다. 1948년 2월 8일 '조선인민군' 창설이
정식으로 선언되고 9월 9일 조선민주주의인민공화국 정부가 정식으로
수립되었다. 9월 10일 최고인민회의는 미소 양국정부에 대하여 즉시 군
대를 철수하도록 요청하는 성명을 발표하고, 소련 정부는 이를 받아들
여 소련군은 군사고문단을 남기고 1948년 12월까지 전군을 철퇴시켰
다. 1948~49년에 남조선 정세는 거의 내란화하여, 북조선의 '무력'에
남로당의 '유격전'이라는 새로운 요소가 추가되었다.317) 이 비정규전이
소강상태에 들어가고 나서 정규군에 의한 전면 기습공격이 개시되어 전
쟁이 발발한 것이다. 따라서 인민군을 중심으로 한 북조선의 '무력'에 대
해서는 정규군형 군대, 인민전쟁형 군대, 유격전형 군대의 세 가지 요소

---

316) 여정,『붉게 물든 대동강』, 동아일보사, 1991, 14쪽, 和田春樹,「朝鮮戰爭につい
　　て考える(中)」, 49~50쪽.

317) 남로당은 1947년 중반부터 중견 간부를 월북시키고 있었으며, 일부 중앙간부는
　　모스크바고급당학교에 유학시키고, 그 밖의 간부는 평양강동군에 정치학원을
　　만들어 교육했다. 1947년 9월 설립된 '강동정치학원'은 1949년에 들어서 게릴라
　　요원 양성으로 그 성격이 변하였다. 1949년 9월 당시 원장은 소련계의 박병률,
　　정치부원장은 남로파의 박치우, 군사부원장은 빨치산 출신의 서철이었다. 그러
　　나 운영과 교육의 실권은 남로파가 장악하여 '김일성 만세' 대신에 '박헌영 만
　　세'를 외치고 남로당의 중앙당학교라고 불릴 정도였다. 이 학원 출신자들은
　　1949년 '9월공세' 때 대거 남파되었으나 거의 전멸당한 뒤, 학원은 1950년 초에
　　해산되었다. 김남식,『남로당연구』, 돌베개, 1984, 395~398쪽 ; 김점곤,『한국전
　　쟁과 노동당전략』, 박영사, 1973, 223~230쪽.

를 고려해야만 한다. 앞의 두 가지는 인민군의 정규군 편제에 포함되어 있었지만, 세 번째는 그 외부에 놓여져 있었다. 특히 무장투쟁의 전통과 관련하여 창군이념을 비롯한 인민군의 이데올로기 형성과정에서 세 가지 요소 간의 상호관계는 결정적 의미를 가지고 있었다.

인민군의 창군이념에 관한 최초의 표현은, 1948년 2월 8일 창건 기념 열병식에서 한 김일성의 연설이었다. 김일성은, 인민군은 "로동자, 농민을 비롯한 근로인민의 아들딸들로써 조직된" "인민을 위하여 복무하는 인민의 군대"로서, "과거 일제의 가혹한 탄압하에서 우리 조국과 인민의 해방을 위하여 반일무장투쟁에 일생을 바쳐온 진정한 조선의 애국자들을 골간으로 하여 창설"되었다고 말했다.318) 항일무장투쟁 일반을 포함하는 포괄적 표현이었다. 또한 인민군 창건과 소련의 관계를 강조하는 것은 당시 공식 선전매체 속에서 일반화되고 있었으나, 여기서 김일성은 소련의 역할에 관해서는 언급하지 않았다.319)

인민군 창건 이후, 『력사제문제』지 등을 통하여 김일성의 항일유격투쟁 업적을 역사화하는 작업이 본격화하여, 그 속에서 항일무장투쟁의 전통을 김일성의 빨치산투쟁으로 단일화하고자 하는 시도도 나타났다. 이러한 시도가 인민군의 창건이념 속에 반영되기 시작한 것은 창건 1주년을 맞이한 1949년 2월이었다. 당시 민족보위성문화부상 겸 문화훈련국장으로서 군내 정치사업의 책임자인 빨치산 출신 김일은 『근로자』에 기념논문을 게재, 조선인민군이 "진정한 인민군대"인 이유는, "일본제국주의자들과의 투쟁에서 단결되고 장성되고 강화된 빨치산 부대가 우리 군대의 전투적 핵심으로 된 점"에 있으며, "조선에 있어서의 빨치산운동의 지도자"는 "일본제국주의를 반대하는 투쟁에서 조선의 애국자들과

---

318) 김일성, 「조선인민군 열병식에서 진술한 연설」, 『조국의 통일독립과 민주화를 위하여』 제2권, 73~85쪽.

319) 당초는 '김일성 장군의 인민유격대'라는 명칭이 쓰이고 있었지만, 1948년 2월 이후 소련계가 당중앙을 장악하고 소련계의 박창옥이 선전부장이 되고 나서, 러시아어의 '빨치산'이라는 표현이 도입되어 '김일성 장군 빨치산부대'라는 명칭이 일반화되었다는 설명이 있다. 和田春樹, 앞의 책, 156~157쪽.

밀접한 련결을 가진 영명한 김일성 장군"이라고 주장했다. 더욱이 "김일성 장군은 유격대 전투를 통하여 자기인민들 앞에 전투적 력량을 보였으며, 현재 우리 군대의 공고한 핵심으로 되는 새로운 간부들을 양성"하였고, "조신인민군대 군관들은 인민들 속에서 나와", "누구보다도 민지 빨치산투쟁에 참가한 사람들"이라 말하여, 인민군지휘관의 성격을 규정하였다.320) 그는 인민군이 강력한 것은, "세계에서 가장 선진적이고 위력 있는 군대, 소비에트 군대의 선진적 군사과학의 모범을 받았기" 때문이며, "스탈린적 군사과학을 본받고 소유하는" 것이 전체 군인에게 "영예롭고 영광스러운 일"이라고 하였다.321) 그러나 항일무장투쟁의 전통에서 김일성 부대의 투쟁을 전체가 아니라 일부로 위치시키려 하는 서술도 병존하고 있었다. 당시 민주청년동맹의 강연자료 중 인민군을 테마로 한 팸플릿에는 다음과 같이 쓰여 있다.322)

> "우리들이 조선인민군대를 론하자면, 우선 우리 인민군대의 근원인 김일성 장군의 영웅적 항일유격대를 비롯하여 여러 혁명적 선렬들의 유혈적 항일무장투쟁을 상기하여야할 것이다." "조국과 인민의 해방을 위하여 항일무장투쟁에 몸을 바치어 고귀한 경험을 가지고 있는 김일성 장군 빨치산부대와 기타 수많은 애국자들을 골간으로 하고 창설되었기 때문이다."

여기서는, 이어서 "조선인민군대의 요람인 김일성 장군 항일유격대의 역사적 의의"라는 절이 따로 마련되어 이에 대한 별도의 설명을 하고 있으며, "김일성 장군의 빨치산부대는 오늘 조선인민군대의 핵심을 형성하고 있으며, 따라서 조선인민군은 김일성 장군의 빨치산부대의 산아"라고도 덧붙여지고 있다. 하지만 김일성의 항일유격대가 "여러 혁명적 선렬들의 유혈적 항일무장투쟁"의 일부로 간주되고 있었음에는 틀림

---

320) 김일, 「조선인민군은 진정한 인민의 군대이다 ─ 조선인민군 창립 1주년을 맞이하여」, 『근로자』 1949.2.15, 41~42쪽.

321) 김일, 앞의 논문, 43쪽.

322) 『민청강연자료 제2집 : 인민군대와 청년』, 청년생활사(평양), 1949.4, 36・42쪽.

없다.323) 당시 인민군 내에는 민청단체만 조직되어 있었고, 민청이 군 초모사업에서 중요한 존재였던 만큼 이러한 견해는 널리 받아들여지고 있었다.

남북노동당이 합당하고 국공내전 참가 부대도 인도된 시점인 1950년 2월 인민군 창건 2주년은, 전쟁 개시가 임박했던 만큼, 군사적으로 각별한 의미를 가지고 있었다. 당기관지『근로자』1950년 1월 31일호와 정부기관지『인민』1950년 2월호는 각각 군 창설 2주년 특집을 짜고 있다. 필자나 내용은 당시 북조선 지도부 내에서 김일성의 항일무장투쟁을 조선인민군과 관련하여 어떻게 위치시키고 있었는지를 그대로 반영하고 있다. 필자들을 보면, 최용건, 강건, 김일은 인민군 내 빨치산파를, 김강은 연안계를 대표하여 집필하고, 박헌영, 리승엽, 리기석은 남조선의 빨치산투쟁을 대변하고 있었다. 현정민은 군내 유일한 대중조직인 민청조직을 대표하고, 림해나 김일수는 후방주민의 군지원에서 중요한 역할을 하고 있던 조국보위후원회 사업을 대표하였다. 소련을 테마로 한 논문을 합치면, 당시 북조선 '무력'의 여러 가지 구성요소가 다 모여 있었던 것이다.324)

우선『인민』의 권두언과『근로자』의 권두언에서는 김일성의 항일빨치산투쟁에 관하여 미묘한 표현의 차를 나타내고 있다.『근로자』에서는, "인민군대의 위력의 원천은, 그가 영웅적 김일성 장군 빨치산부대의 법적 계승자인 것"에 있으며, 인민군은 "우리 민족의 절세의 애국자이며, 조선인민의 수령인 김일성 장군 항일빨치산부대의 애국적 혁명

---

323) 위의 자료에는 '정의의 군대'로서 쏘베트 군대의 특성과 기능을 먼저 설명하고, 다음으로 조선인민군의 특성에 대해 설명하고 있다. 또한 조선인민군이 "위대한 쏘베트 군대의 동지적 원조 밑에 빛나는 제반 민주개혁을 성과적으로 실시한 토대 위에서 1948년 2월 8일 그 력사적인 탄생을 보았다"는 구절을 덧붙이고 있다. 위의 책, 22 · 35쪽.

324) 소련군이나 스탈린의 군사학설을 극구 찬양하는 논문을 소련계인 문화훈련국장 김일, 남로계인 리기석, 소련계인 최고재판소부소장 김동철이 쓴 것은 스탈린의 일정한 영향력을 짐작케 한다. 그러나 만주파나 연안계는 소련군을 찬양하는 논문을 직접 집필하지는 않았다.

가들을 골간으로 하고, 그의 선진적 애국사상과 혁명전통과 고귀한 투쟁경험을 토대로 하여 창건되었다"고 되어 있다.325) 『인민』에서는 권두언의 순서를 박헌영의 논문 다음에 배열하고 있다. 인민군은, "백절불굴의 정신으로 조국과 인민의 해방을 위하여 반일무장투쟁에 일생을 바쳐온 진정한 애국자들을 골간으로 구성되었으며, 반일무장투쟁의 영용한 조직자이었으며, 또 그 실천자였으며, 우리 민족의 절세의 애국자이신 김일성 장군 빨치산부대의 혁명적 전통을 계승"했다고 되어 있다. 앞의 표현과 달리 김일성 빨치산부대를 반일무장투쟁 중 하나로 위치시키고 있으며 '수령'이란 호칭도 쓰지 않았다.326) 『인민』지의 최용건의 논문은, 조선인민군은 "조국과 인민의 해방을 위하여 불요불굴의 투쟁을 계속하여 온 애국자들의 혈통을 계승하였으며, 특히 우리 민족해방투쟁사상에 영원히 빛날 김일성 장군 빨치산부대의 찬란한 전통을 계승하였으며, 일생을 조국과 인민의 해방을 위한 사업에 바쳐온 진정한 애국자들을 골간으로 구성된 군대이다"라고 씀으로써, 김일성 빨치산부대를 무장투쟁의 전부로 위치시키지는 않았다. 만주파로서 그는 김일성을 "우리 민족의 경애하는 수령이시며, 조선인민군의 조직자이며, 지도자"라고 부르고 있었지만, 민족보위상으로서 또한 조선민주당위원장으로서 인민군 내에 병존하는 복수 요소를 포괄하려는 태도를 견지하였다고 할 수 있다.327)

민족보위성문화부상 김일도 『인민』에 논문을 게재하였다. 김일도 김일성을 "조선인민의 경애하는 수령"이라고 불렀다. 김일성 부대에 관하여는 다음과 같이 쓰고 있다.328)

---

325) 권두언, 「조선인민군창건 2주년에 제하여」, 『근로자』 1950.1.31, 7쪽.

326) 권두언, 「조선인민군창건 2주년에 제하여」, 『인민』 1950.2, 36쪽.

327) 최용건, 「조국통일독립의 강력한 담보로 되는 조선인민군은 적을 소탕하기에 항상 준비되어 있다」, 『인민』, 앞의 호, 41·45쪽.

328) 김일, 「조선인민군은 신형태의 군대이다」, 『인민』, 앞의 호, 58~59쪽. 『근로자』에도 같은 '김일'의 논문이 게재되어 있지만, 이 사람은 金一이 아니라 소련계인 민족보위성문화훈련국부국장 金日이다. 오로지 스탈린의 군사학설을 해설

우리 인민군대의 특성은··· 우리 민족의 민족적 영웅, 김일성 장군의 반일 유격대의 혁명적 애국심과 고귀한 투쟁경험들과 혁명적 전통을 계승한 데 있다. 일본제국주의의 야수적 통치 밑에서도 진정한 애국자들은 해내, 해외에서 직접 총칼을 손에 잡고 일본제국주의를 반대하여 투쟁하였다. 특히 김일성 장군이 지도하신 만주에서의 반일빨치산부대의 불멸의 공훈은 우리 민족해방투쟁사상에 찬란히 빛나고 있는 것이다. 이러한 애국자들과 혁명가들을 골간으로 하여 우리 조선인민군대는 조직되었다.

최용건의 표현과 거의 닮았지만, 순서를 바꿔 김일성유격대를 먼저 거론함으로써 김일성의 빨치산부대가 전체를 포괄하는 것처럼 하고 있다.

특히 주목해야 할 논문은 『근로자』지에 실린 인민군총참모장 강건의 것이다.329) 그는 김일성을 수령이라 부르지는 않았지만, "인민의 태양이었고, 지도자이었고, 명철한 선생인 동시에 친근한 벗"이라고 극구 찬양하였다. 그는 김일성부대에 대하여 다음과 같이 단언하였다.

"김일성장군 항일인민유격대의 단결은 김일성 장군을 령도자로 한 확고부동의 단결이었다. 장군의 포용력과 애정은 태양 같이 빛나고 있었다. 장군의 주위에 뭉친 대원들의 장군에 대한 신임과 복무심, 헌신성은 그들로 하여금 죽음을 사양치" 않게 하였다. 인민군은 "김일성장군 항일인민유격대의 고귀한 혁명전통을 토대로 창건되었으며, 또 실지로 김일성장군의 직접 지도 밑에 창건되었으며, 또한 김일성 장군 항일유격대에서 그와 함께 일생을 혁명적 유격투쟁에 바쳐 온 진정한 조선의 애국자, 혁명가들을 골간으로 하여 창건되었다. 그러므로 조선인민군은 명실 공히 김일성장군 항일인민유격대의 혁명전통을 계승한 산아이다··· 인민군대는 지금 김일성장군의 지도를 받들고 함께 싸운 전우들과 그의 혁명적 부대원들에 의해 지

한 내용으로만 이루어져 있다. 김일, 「프로레타리아트독재 시기에 있어서의 무력의 강화에 대한 레닌—쓰딸린의 학설」, 『근로자』 1950.1.31.

329) 강건, 「김일성 장군 항일유격부대는 조선인민군의 전투적 골간이다」, 『근로자』 1950.1.31, 17·23~24쪽. 강건은 2월 6일자 『로동신문』에도 논문 「김일성장군 반일빨치산부대의 애국조직을 계승한 우리 인민군대」를 쓰고 있다. 와다 하루키는 1933년 '조선인민혁명군의 창건'이라는 김일성에 관계되는 최초의 신화가 이 논문을 통하여 확립되었다고 한다. 和田春樹, 앞의 책, 158~159쪽.

도되고 있다."

더욱이 인민군에 복무하고 있는 "전투적 골간"이라고 하여 최용건, 김일, 최현, 김광협의 이름을 직접 들고 있다. 만주파 이외의 부분에 대해서도 배려하는 것 같은 포괄적이고 애매한 표현은 전혀 쓰이지 않았다. 여기서 인민군의 유일한 전통으로서 김일성항일유격대만을 인정하는 원형을 볼 수 있다.

그러나 다음에 실린 군내 정치사업의 부책임자인 민족보위성문화훈련부국장 김강의 논문은 강건의 것과 대조적이다.[330] 그는 인민군과 김일성부대와의 관계에 관해서, 위의 『민청강연집』과 『인민』의 권두언에 나온 것과 같은 표현을 쓰고 있다. 김일성의 항일무장투쟁만이 무장투쟁 전통의 전부가 아니라고 하는 연안 출신 군인들의 기분을 대변하였을 것이다. 김일성에 대해서도, "우리 민족의 절세의 애국자"라는 표현을 한 차례 썼을 뿐 그 외에는 "김일성 수상"이라는 명칭을 그대로 쓰고 있다.

연안계인 민주청년동맹위원장 현정민은 논문에서, 인민군은 "김일성 장군의 항일빨치산부대를 그 골간으로 하여 창건되었다"고 분명히 하면서도 다음과 같이 쓰고 있다.[331]

> 중국인민의 수령이며 인민해방군의 지도자인 모택동은, 인민해방군이 승리한 주요 동인은 인민전쟁의 원칙에 뿌리를 박고 … 해방군대 내에서 혁명적 정치사업을 고상한 수준에 올려 세운 데 있다고 말했다. 이와 같은 고귀한 경험을 섭취한 인민군대에서는, 『광범한 정치사상교육을 항상 강력히 전개』하라는 김일성 장군의 지시를 받들고 군무자들의 정치도덕적 교양에 막대한 고려를 돌리고 있다.

---

330) 김강, 「조선인민군은 조선인민의 절대한 지지와 원호 속에서 장성 강화되고 있다」, 『근로자』 1950.1.31, 44쪽.

331) 현정민, 「인민군대는 근로청년들의 정치-기술 및 전투적 학교이다」, 『근로자』 1950.1.31, 53·55쪽.

모택동에 대해서는 '수령'이라고 불렀으나, 김일성에 대해서는 그렇게 부르지 않았다. 중국혁명의 승리와 혁명 참가 조선인부대의 인도는 연안계 군인의 사기를 고양시켰을 것이다. 그것이 김강과 같이 김일성 빨치산부대를 항일무장투쟁의 일부로 위치시키거나, 현정민과 같이 김일성을 수령이라고 부르는 데 소극적인 자세를 취하게 한 것이다. 그러나 연안계 군인들은 자기의 항일투쟁 경력을 인민군에서 또 하나의 독자적인 혁명전통으로 위치시킬 수는 없었다. 중국혁명과 관련한 인민군의 증강은 무엇보다도 인민군의 상징으로서 김일성의 권위를 높였다. 또한 중국공산당원이던 김일성과 중국공산당의 관계에서 보면, 국공내전 참가부대를 연안계가 전부 장악했다고도 할 수 없었다. 또한 당내 국내계에 대한 대항관계에서 김일성과 연안계는 협력관계에 있었다. 이러한 배경 아래 만주파 군인들은 김일성을 수령이라 부르는 작업을 적극적으로 밀고 나간 것이다. 특히 해방 후 국내 토착공산주의자의 대표를 자임하면서 해외세력과 헤게모니를 다투어 온 남로파의 무장력인 남한 빨치산이 괴멸하면서 상대적으로 정규무장력으로서 인민군과 김일성의 권위는 더욱 부각되었다.

박헌영의 논문은 1월 9일 조국전선 중앙위원회 전원회의에서 한 보고였다. 그는 남한의 빨치산은 "남조선 인민의 속에서 인민을 기초하고 조직되어 무진장한 원천을 가지고" 있으며 "1949년 가을 이래 남반부 빨치산들의 지시 밑에서 일어난 남반부 농민들의 무상몰수, 무상분배에 의한 토지를 위한 투쟁은 광범한 지역에서 확대되고 있습니다. 농민들의 이 토지혁명과 련결된 남반부 빨치산들의 투쟁은 확고부동한 인민적 근거를 갖게" 되었다고 하며, 남반부 빨치산을 "조국의 군대이며, 인민의 군대이며, 정의의 군대"라고 그 위치를 승격시켰다. 남한 빨치산을 인민군에 버금가는 '군대'로 위치시키고 싶은 기분이었을 것이다. 그는 남한의 빨치산투쟁에 관해서만 언급하고 조선인민군에 관해서는 전혀 언급하지 않았다. 그는 남한의 전 인민이 빨치산투쟁에 참가하여, 빨치산투쟁을 남조선 전역에 확대하도록 호소하고 있었다.332) 그러나 박헌

영의 이러한 기분은 현실적인 것이 아니었다. 이 시점에 남한의 빨치산
투쟁은 1949년의 '9월총공세'에서 무리를 범한 데다 남조선 정부의 동
계 토벌작전에 직면하여 거의 괴멸상태에 빠지고 있었던 것이다. 이 회
의에서는 그동안의 남한 빨치산투쟁의 성과와 관련하여 토의가 진행되
었다고 생각된다.

대남사업 책임자인 당 제2비서 리승엽의 논문은 빨치산투쟁의 현상
에 관해서는 똑같이 과장되어 있지만, 인민군과의 관계에 관해서는 더
현실에 가까웠다. 조국전선 회의에서 토의된 결과가 반영되었을 것이
다. 그는 북조선에서 건설되고 있는 "민주기지는 남반부 빨치산을 가장
크게 고무"하고 있으며, "조선인민군의 용감한 위력은 남반부 빨치산들
의 용기와 투지를 고무, 격려하며, 승리에 대한 자신감을 항상 굳게 하
는 가장 큰 력량"이라고 썼다.333) 이러한 인식은 리승엽뿐 아니라 권두
언과 김일수의 논문의 속에서도 나타나고 있었다.334) 이미 리승엽은
1950년 1월 15일에 남한의 빨치산투쟁에 관해서, "우리 유격대의 고상
한 애국주의는 우리 민족의 영웅인 김일성 장군의 영용한 빨치산의 피
와 연결되어 있다"고 쓰고 있었다.335) 남반부 빨치산에 대한 역량평가
에 근거하여 '남조선 해방'의 주력이 남반부 빨치산으로부터 북반부 인
민군으로 이전된 것이다.336)

---

332) 박헌영, 「남조선 현 정세와 애국적 정당, 사회단체들의 임무」, 『인민』 1950년
2월호, 22·30쪽.

333) 리승엽, 「남반부 빨치산들의 영용한 투쟁에 대한 거족적 원호사업을 강화하자」,
『인민』, 위의 호, 72쪽.

334) 김일수, 「조국보위후원회 사업과 군무자가족 원호사업의 강화는 조선인민군의
무장력을 부단히 장성, 강화시킨다」, 『인민』, 위의 호, 37·79쪽. 예컨대, "북반
부 민주기지의 일층 더한 발전과 조선인민군의 강력한 무장력은 남반부 인민들
의 빨치산투쟁에 대한 둘도 없는 고무자이며, 격려자"라는 문장.

335) 「조국통일을 위한 남반부 인민유격투쟁」, 『근로자』 1950.1.15, 26쪽. 같은 표현
이 2월 28일호『근로자』에도 게재되었다. 당시 남한 지역의 현지 당책임자 김삼
룡의 논문 속에도 들어 있다. 「남반부의 현 정세와 남반부 제정당·사회단체의
과업」, 『근로자』 1950.2.28, 30쪽.

336) 이 직접적 결과가 앞의 주에서 언급한 바 있는 강동정치학원 폐쇄였다고 생각된

이 인민군 창건 2주년을 기점으로 해서 김일성에 대한 수령 호칭은 일반화되어 갔다. 이번에는 남로당파 쪽이 적극적이었다. 리승엽은 1950년 3월 31호 『근로자』지에서 김일성을 "우리 민족의 수령"이라고 불렀다.337) 박헌영도 5·1절 기념 평양시 경축대회에서 한 보고의 말미에서 "조선인민의 경애하는 수령이며, 민족적 영웅, 공화국 내각수상 김일성 장군 만세!", "전 세계 근로인민의 위대한 수령이시며, 스승이시며, 조선인민의 해방의 구성이시며, 가장 친근한 벗이신 쓰딸린 대원수 만세!"라고 외쳤다.338) 전 남로당위원장이자 최고인민회의의장으로서 조국전선의장단의 한 사람인 허헌은 6월 19일 조국전선 결성 1주년을 맞이하여, "우리 인민의 경애하는 수령이며, 민족적 영웅이신 김일성 장군의 령도를 받들어 조국통일민주주의전선의 주위에 굳게 집결"할 것을 호소했다.339)

이상이 인민군 창설로부터 6·25전쟁 전야에 이르기까지 북조선 내각 무장력의 자기표현이었다. 각 요소 간의 표현방식 차이나 그 변화 모습은 그 내부관계가 간단치 않았음을 보여 준다. 뒤에 가서 그 갈등은 폭발하게 되었으나, 1950년 2월을 전후로 한 시점에서 각각은 통합되어 가는 양상을 보이고 있었다. 그 요인은 무엇보다도 무력통일이라는 목표에 대한 일치였다.

다. 폐쇄 후 강동정치학원에서 서철 등 요원이 참가하여 빨치산파인 오진우를 교장으로 하는 '제3군관학교', 일명 '회령군관학교'가 신설되었다. 여기서는 초급지휘관을 양성하려 하였으나 제1기생을 배출하고 폐교되었다. 「강동정치학원과 지리산유격대」, 『역사비평』 1988년 가을호, 353쪽. 종래 이 회령군관학교는 빨치산양성학교로 알려져 왔으나, 이 학교 출신자인 육철식의 증언은 이 설을 부정하고 있다.

337) 「원쑤들의 『동기토벌』을 완전 실패시킨 영용한 남반부 인민유격대와 그들의 당면 임무」, 『근로자』 1950.3.31, 22쪽.

338) 「5·1절 평양시 경축대회에서 진술한 박헌영 동지의 보고」, 『인민』 1950.5, 21쪽.

339) 허헌, 「조국통일민주주의전선의 기치 밑에 통일위업에 더욱 힘차게 전진하자」, 『인민』 1950.6, 22쪽.

2) 창군 당시 당·군관계의 특질

북조선의 로동당 내에 군사관계 전담부서가 없었던 것은 당·군관계에서 중요한 특징이지만, 지금까지 거의 주목을 받지 못하였다. 특히 남북 각각의 정권에서 군이 가지는 비중과 남북대립이 점점 더 군사적 성격을 띠어 가고 있던 당시 정세를 고려하면 더욱 그렇다. 조선인민군은 이 면에서 보더라도 처음부터 로동당의 군대라고 할 수는 없었다. 군내에 로동당단체가 조직되지 않았을 뿐 아니라 북조선에서 군은 당세포가 조직되어 있지 않은 유일한 곳이었다. 군은 당의 계통적 통제로부터 면제되어 그 자율성이 최대한 보장되어 있었다.340) 북로당 창립 직후인 1946년 10월 당중앙상무위원회는 "보안훈련소, 철도경비대는 북조선 인민의 민주개혁을 보장하는 전 인민의 군대인 바 이 군대의 당군화를 방지하고 군대의 통일적 통솔권을 보장하기 위하여 직접 당조직을 두지 않을 것"을 결정하였다.341) 이는 군을 처음부터 사회 내, 권력기구 내에서 우월한 존재로 키우기 위한 정책이었다고 생각된다. 이 점에서는 내무성도 당적 통제로부터는 예외적 존재로 취급되어,342) 1951년 9월경에 가

---

340) 초기 당군 관계에 관한 연구로는, Lee, Suck-Ho, *Party-Military Relation in North Korea : A Comparative Analysis,* Research Center for Peace and Unification of Korea, 1989 ; 최완규, 「조선인민군의 형성과 발전」, 『북한체제의 수립과정 : 1945~1948』, 경남대극동문제연구소, 1991 ; 김용현, 『북한의 군사국가화에 관한 연구 : 1950~80년대를 중심으로』, 동국대박사학위논문, 2001 등이 있다. 김용현은 당군 관계의 측면에서 6·25 전쟁 이전까지 조선인민군을 '통일전선의 군대'로 보고 있다.

341) 「군대 내 당조직에 대하여—북조선로동당 중앙상무위원회 제9차회의 결정서 1946.10.21」, 『결정집 1946.9~1948.3 북조선로동당 중앙상무위원회』, 39~40쪽. 이 결정은 이 조치에 관한 집행과 검열의 책임을 김책에게 위임하고 있다. 군대 창설 작업은 물론, 군내 정치사업에 관한 빨치산파의 주도권을 엿볼 수 있다. 1949년 당시 민족보위성정치보위부장교이던 최태환의 증언도 군내 당조직이 없었다는 사실을 뒷받침하고 있다. 「6·25전쟁 발발의 실상을 밝힌다 : 8로군 출신 방호산사단 정치보위부 최태환의 증언」, 『역사비평』 1988년 가을호, 375쪽.

342) 1948년 1월 당중앙상무위원회는 북조선인민위원회 내무국 경비처, 각종 보안대 내 당조직은 지역의 시(구역), 군당부에서 분리하여 독립적인 당조직으로서 당

서나 다른 부서와 같은 정도로 당의 통제를 받게 되었다.343)

따라서 조선인민군 내에는 군관학교와 일부 부대를 제외하고는 당단체는 말할 필요도 없고, 당세포도 조직되어 있지 않았다.344) 군대 내에서는 문화부가 당원사업을 담당하고, 중대 이상 각급 부대의 정(正)지휘관에게는 문화부 부(副)지휘관이 배치되어 있었다. 민족보위성 안에 문화훈련국이 설치되어 민족보위성 문화부상이 그 임무를 담당하였다. 군사지휘체계에 따른 명령계통과 문화부를 통한 명령계통이 병존했지만, 그것은 군사지휘자와 정치위원에 의한 '이원통수체계'가 아니고 '단일지휘제(또는 '군사단일제')'하의 문화부사업(정치사업)이라는 형태를 취하고 있었다.

조선인민군을 창건할 당시 모델로 한 것은, 내전 때 '정치코미싸르'가 상징하는 '소비에트' 군사제도가 아니라, 이미 '단일지휘제'로 이행하여 정규화한 소련 군사제도였다고 할 수 있다. 당시 자기선전에서도 조선인민군은 '조선민주주의인민공화국'의 정규군으로 만들어졌다는 점이 강조되고 '조선로동당'의 군대라고는 일절 불리지 않았다. 전쟁 직전까지 인민군에 관한 문헌이나 선전자료 속에서 로동당에 관해 언급한 것은 거의 보이지 않는다.345) 드문 경우로서, 1950년 5월에 간행된 인민

중앙에 직속시키는 조치를 취하였다. 「내무국 경비처, 각종 보안대 내 당조직에 대하여－북조선로동당 중앙상무위원회 제52차회의 결정서 1948.1.5」, 『결정집 1946.9~1948.3 북조선로동당 중앙상무위원회』, 365쪽.

343) 「내무기관 내 당정치사업 조직에 대하여－조선로동당 중앙조직위원회 제71차회의 결정서 1951년 9월 1일」, 『결정집 1949.7~1951.12 당중앙조직위원회』, 282쪽. 인민군이 당의 군대가 되면서 총정치국을 통한 당적 통제를 받게 된데 준하여, 내무성에도 정치국이 설치되고, 과거처럼 각급 지방 내무서는 다시 해당 지방 당의 통제를 받게 되었다.

344) 김일성, 「인민군대 내에 조선로동당단체를 설치할 데 대하여－조선로동당 중앙위원회 정치위원회에서 한 결론」 1950.10.21, 『김일성저작집』 제6권, 1980, 145쪽. 군사장교를 양성하는 제1군관학교와 정치간부를 양성하는 제2군관학교, 그리고 중국공산당 아래에서 국공내전에 참가한 뒤 인도된 부대에는 당단체가 조직되어 있었다. 최태환의 증언, 『역사비평』, 앞의 호, 375쪽.

345) 앞에 인용한 『인민』, 『근로자』 등에 게재된 문헌을 참조할 것.

군 내 정치선전용 교재에서는, "조선인민군의 형성을 가져온 조건"이라
고 하여, 첫째로 "위대한 소련군"이 일제로부터 조국을 해방하고 "형제
적 원조"를 준 것, 둘째로 "우리 민족의 민족적 영웅 김일성장군"의 지도
아래 창설된 것, 셋째로 "인민정권의 수립", "민주개혁의 실시", "민족경
제의 부흥·발전"의 토대 위에 창설된 것, 넷째로 인민군의 필요성이
"인민대중 속에서 자각되어" 만들어진 것, 다섯째로 "민주주의 제정당·
사회단체가 방조"하고 특히 "북조선로동당"이 "각 방면에서 막대한 원조
를 주었다"는 것 등이 들어졌다. 당에 대해 언급하되 여기에서는 통일전
선적인 발상을 엿볼 수 있다.346) 인민군의 정치통제시스템이 소련군을
모델로 하여 만들어졌다고 하더라도, 군내에 당단체나 세포가 조직되지
않은 채로 정치사업이 당중앙위원회의 직접적 통제를 받지 않고, 민족
보위성문화부상과 문화훈련국에 위임되어 있던 점에서 소련군과도 달
랐다. 그것은 직접적인 당의 통제라고는 말할 수 없는 것이었다. 다만
소련군에 콤소몰(공산청년동맹)이 조직되어 있는 것 같이 민주청년동
맹의 단체는 연대에서 중대까지 조직되어 있었다.347) 아직 명목적으로
는 의무병제가 아니고 지원병제를 채택하고 있던 당시 민청은 병사 모
집에서도 중요한 역할을 담당하고 있었다. 특히 상징적인 사실은 민족
보위상 최용건이 조선민주당위원장을 겸임하고 있었다는 점이다. 또한
인민군의 상징인 김일성이 조공분국, 북조선로동당의 헤게모니를 쥐고
있었다고 해도, 1949년 6월 남북로동당이 합당할 때까지는 로동당의
위원장이 아니었다. 인민군에는 민주당원도 로동당원도 입대할 수가 있
어 입대 시에는 당원증을 문화부에 반납하게 되어 있었다.348) 더욱이
인민군과 공식적 관계를 맺고 있는 단체는 1949년 7월 인민군 원호사
업을 위해 조직된 조국보위후원회이지만, 이것은 조국통일민주주의전

---

346) 민족보위성문화훈련국, 『정치상학교재(종합편)』, 1950.5, 4~6쪽.
347) 「군대 내 민청조직에 관하여―북조선로동당 중앙상무위원회 제9차회의 결정서
    1946.10.21」, 『결정집 1946.9~1948.3 북조선로동당 중앙상무위원회』, 40~41쪽.
348) 최태환의 증언, 『역사비평』 1988년 가을호, 375쪽.

선의 산하단체였다. 이 후원회는 점차로 그 활동 영역을 확대, 인민군에
대한 병기헌납운동이나, 주민에 대한 민간군사훈련 및 군사동원을 위한
보조업무도 담당하였다.349) 표면적으로는 인민군에서는 로동당보다는
대중단체로서의 민청이나 통일전선체로서의 조국전선과의 관계가 중시
된 것이다.

군에 대한 통제는 김일성을 정점으로 하면서 민족보위성를 통하여
만주파를 중심으로 거의 자기완결적으로 이루어졌다고 생각된다. 당에
군사담당 부서가 없고 당에 관한 문제는 민족보위성 문화부상에 위임되
었으며, 부상에는 빨치산파의 김일이 취임하여 군내 정치사업의 자율성
이 유지되고 있었다.350) 군 창설은 소련의 군사원조와 소련군사고문단
의 지원을 배경으로 하여 빨치산 출신인 만주파가 주도하였다. 만주파는
그 대부분이 군에 진출, 연안계를 한편에서 견제하면서 그 협력을 얻고,
소련계의 실무적 지원을 받았다. 병력과 지휘관의 구성 면에서 김일성빨
치산부대와 조선의용군을 모체로 하고 있던 인민군은, 점차로 "김일성장
군의 항일빨치산투쟁의 전통을 계승"하여 "김일성장군의 항일빨치산부
대를 골간으로 하여 창건"되었다고 선전하게 되며, 실제로도 적어도
1949년 중반까지는 항일빨치산 출신인 만주파가 인민군 지휘계통을 장
악하고 있었다.351) 그러나 로동당은 여러 요소, 여러 정파의 복합체로
서 출발하였고, 더구나 만주파는 그 속에서 미미한 세력밖에 가지고 있
지 않았다.352) 당내 세력관계와 인민군 내 세력관계가 서로 불균형상태

---

349) 조국보위후원회는 8월 말에 농촌의 마을 단위까지 지부조직을 완료, 2만 5천여
개의 초급단체와 269만 1천여 명의 회원을 망라하게 되었다. 조국보위후원회에
관해서는,『조선전사』제24권, 280~286쪽, *North Korea : A Case Study of* …, p.69를
참조.

350) 인민군의 모체인 보안간부훈련대대 때부터 김일은 문화부 사업을 전담해 왔다.

351) 和田春樹,『金日成と滿洲抗日戰爭』, 366~370쪽. 와다는 1948년 12월과 49년 2
월의 훈장 수여자 명부를 근거로 군 및 내무기관에서 만주파의 지배적 위치를
확인하고 있다. 명부는『해방 후 4년간의 국내외 중요일지』, 217~218쪽에 수록.

352) 和田春樹, 앞의 책, 366쪽.

였던 것, 당내 일부 정파가 군 창설을 주도한 것 등 요인이 작용하여 당과 군을 제도적으로 분리한 것이다. 시기적으로도, 인적 구성에서도 인민군은 당에 의해 만들어진 것이라기보다 당과 동시에 성장하였다.

엄격한 규율을 요구하는 인민군을 당의 통제에 맡기기에는 당내에 너무나도 많은 이질적 요소가 혼재하고 있었던 것이다. 물론 당과 군은 밀접한 관계에 있었다. 북조선로동당 창립 당시 중앙위원 서열 제11위로부터 제17위까지 김책(평양정치군사학원장), 무정(보안간부훈련대대부부사령관), 안길(보안간부훈련대대부참모장), 김일(보안간부훈련대대부문화부사령관), 박효삼(보안간부학교장) 등 군 창설의 모체가 되는 평양학원, 보안간부훈련대대부, 보안간부학교의 주요간부들이 들어가 있었다.353) 인민군 창설이 정식 선포된 직후 열린 제2차 당대회에서는 현역 군인 7명이 67명의 중앙위원 속에 들어가 군 창설에 관계가 있는 김일성, 김책, 박일우를 더하면 낮은 비율이 아니었다.354) 군장교의 대다수가 당원이고 군 자체가 엄격한 당적 규율과 통하는 계급조직이었다. 그러나 이것은 당내에 대한 군사부문의 반영이지 당이 군을 직접 통제했다고 할 수 있을 정도는 아니었다. 제2차 당대회에서도 군을 대표한 발언자는 나오지 않았다. 바꾸어 말하면, 당은 상대적으로 군을 통제할 수 있을 만큼 강하지 않았다.

그러나 만주파의 군 장악과 엄격한 군사단일제 밑에 유지되고 있던 인민군의 통일성에 이질적 요소가 들어오게 되었다. 하나는 남한에서 빨치산투쟁이 본격화하여 남로당이 군사화된 이후인 1949년 9월 남북로동당이 합당한 것이고, 또 하나는 국공내전에 참가한 조선인부대가 인도되어 연안계가 군내에 강력한 기반을 갖게 된 것이다. 이것은 당이 군에 더 접근하는 계기는 되었으나, 당의 군에 대한 관계를 더 복잡하게 하는 면도 있었다.

---

353) 본 장의 제1절의 3에 있는 북로당창립대회에 관한 서술을 참조.

354) 김일, 강건, 무정, 박효삼, 김광협, 김웅, 리권무. 만주파 3명, 연안계 4명. 서열은 만주파 쪽이 높다.

3) 인민위원회와 인민군

조선인민군은 정부 수립 이전 북조선인민위원회 시대에 창설되었다. 명칭에서 나타나듯이 '북조선'의 인민군이 아니라 '전 조선'의 인민군을 자부하여 출범하였다. 명목적으로는 북조선인민위원회에 속하는 군대여야 했지만, 양자 간의 제도적 관계는 분명치 않았다. 1946년 2월 북조선임시인민위원회 설립 당시 보안국장은 최용건이었지만, 그가 1946년 8월 인민군의 전신으로 만들어진 '보안간부훈련대대부' 사령관(포병부사령 : 무정, 문화부사령 : 김일, 참모장 : 안길)이 되자 후임 보안국장에는 박일우가 취임하였다. 원래 임시인민위원회 보안국은 치안업무를 주로 담당하면서 군사관계도 겸하고 있었다. 군 창설을 주도한 만주파나 연안계 간부는 전부가 보안대에 속해 있었지만, 이 시점에 보안국에서 군사기구는 분리되며, 특히 만주파의 대다수는 군대에 들어가게 되었다. 명목적으로는 보안간부훈련소가 보안국에 소속하는 형태로 되어 있었지만, 실질적으로는 보안훈련대대부는 인민위원회에서 독립해 있었던 것이다. 지방인민위원회 선거를 거쳐 1947년 2월 임시인민위원회가 정식으로 북조선인민위원회가 되었을 때, 치안과 38도선 경비를 임무로 하는 내무국이 설립되고 보안국은 없어졌다. 북조선인민위원회부위원장에 김책, 내무국장에 박일우가 취임하였다. 인민위원회 내 군사부문은 위원장 김일성의 전관사항으로 김책이 보좌하였다고 생각되지만, 명목적으로도 정식 군사담당 부서는 없어지며, 기구상으로 인민위원회는 이후 인민군 창설과정에서 분리되어 있었던 것이다. 남북조선이 각각 미소군 점령 아래 놓여져 있는 상태에서 내외정세가 복잡하게 전개되어 군의 창설작업은 극비리에 진행되었기 때문이다.

그러나 주목해야 할 것은, 북조선인민회의 결성 당시 통과된 「북조선인민회의에 관한 규정」의 초안 제9조에 상임위원회는 "북조선의 군사최고지휘관을 임면 또는 경질한다"고 정해진 점이다.[355] 최용건의 상

---

355) 「북조선인민회의에 관한 규정」의 초안은, 『북조선도·시·군인민위원회대회회

임위원회부의장 취임은 보안간부훈련대대사령관직과 관련되어 있으며, 김책이 상임의원이 된 것도 군대의 모체를 만주파가 장악하기 위함이었다. 실질적인 집행기구인 북조선인민위원회보다 명목적인 의결기구인 북조선인민회의 상임위원회 밑에 두는 섯이 군대의 장악에 더 용이했을지 모른다. 그러나 확정, 발표된 「북조선인민회에 관한 규정」에서는 군사최고지휘관에 관한 조항은 삭제되었다. 이것은 군사부문의 존재를 숨길 뿐 아니라, 군사부문의 독자성을 강화하는 것이기도 하였다. 인민위원회 내에 내무국만이 존속한 것은, '보안간부학교'나 '보안간부훈련대대부'같은 명칭에서도 알 수 있듯이, 초기 군사기구를 경찰기구로 위장하기 위함이었다.

인민위원회 내 군사담당 부서는 인민군이 창건되기 직전인 1948년 2월 민족보위국이 설치되면서 부활하였다. 1948년 2월 6~7일 개최된 북조선인민회의 제4차 회의(제2일째)에서 북조선인민위원회부위원장 김책이, "해방 후 근2년 반 동안에 우리 북조선에 있어서 이미 실시된 여러 가지 민주개혁들의 성과는 날로 발전함에 따라, 우리 강토와 우리 인민의 자유를 보위하는 역사적 임무를 담임하고 민족보위국을 설치하는 것이 타당하다고 인정하여, 1948년 2월 4일 제58차 북조선인민위원회에서 이를 결정하였다"고 짧게 보고하여, 민족보위국의 설치를 승인할 것을 요청했다. 만장일치로 '북조선인민위원회의 민족보위국 설치에 관한 결정서'가 통과되었다. 나아가 북조선인민회의상임위원회의 부의장 김달현이 "1948년 2월 5일 제21차 북조선인민회의 상임위원회에서는 동국장에 북조선인민위원회부위원장 김책 선생을 임명하여 겸임케 하였다"고 보고하여, 이 임명도 만장일치로 가결되었다. 그러나 조선인민군의 창설에 관해서는 전혀 보고되지 않았다.356) 조선인민군의 창건이 최초로 공식적으로 세상에 알려지게 된 것은 다음날 2월 8일 인민군

의록』, 『북한관계사료집 Ⅷ』, 140~142쪽에 수록되어 있다. 공개된 텍스트는, 『북조선법령집』, 1쪽에 수록되어 있다.

356) 『북조선인민회의 제4차 회의 회의록』, 조선인민출판사(평양), 1948, 159~168쪽.

창건을 선포하는 '조선인민군열병식'에서였다. 총사령관 최용건, 참모장 강건이었다. 1948년 9월에 조선민주주의인민공화국이 수립되어, 민족보위상에는 최용건, 인민군총참모장에게는 강건이 취임하였다. 인민군은 인민위원회의 외부에서 만들어져 인민위원회에 버금가는 위치가 부여된 것이다.

인민군과 인민위원회와의 관계는 입법기구에서 군사예산의 취급방식에서도 나타나고 있었다. 당시 군사예산의 내역은커녕, 총예산 내 비율조차 입법기구에서 전혀 공개되지 않았다. 1947년 5월 15~16일 개최된 북조선인민회의 제2차 회의에서는 1947년도 종합예산안이 보고, 토의되고, '행정비' 항목(예산의 24.1%)안에서 '보안기관'에 4.7%가 할당되었지만, 그 가운데 얼마만큼이 군사부문에 돌려졌는지 등은 밝혀지고 있지 않다. 이것이 6·25전쟁이 휴전할 때까지 유일한 발표가 되었다.357) 1948년도 북조선인민위원회의 예산안에 관해 보고·토의된 자리인 북조선인민회의 제4차 회의에서는 국가운영비(예산의 31.1%)라는 항목 이외에 치안이나 군사관계에 관해서는 전혀 언급되지 않았다.358) 정부 수립 후 최초로 '국가종합예산'이 보고, 토의된 최고인민회의 제3차 회의(1949년 4월 19~23일)에서도 재정상 최창익의 보고 속에서 '국가운영비 및 보위비' 예산액의 총액이 명시되었을 뿐이다.359) 회의록에는 '국가운영비 및 보위비'라고 명기되어 있던 항목도 공식매체나 선전자료에는 '국가운영비'로 명칭이 바뀌었다.360)

---

357) 행정비를 작년도의 34%에서 24.1%로 절감하고 있다고 보고되었다. 행정비 항목에는 인민위원회 17.3%, 보안기관 4.7%, 사법기관 0.8%, 교화소 1.0%, 세관 0.3%가 들어가 있다. 『북조선인민회의 제2차 회의 회의록』, 민주조선출판사(평양), 1947, 52쪽.

358) 1947년도의 38.1%보다 낮아졌다고 보고되었다. 『북조선인민회의 제4차 회의 회의록』, 110~125쪽.

359) 총액 69억 2천 1백 96만 8천 원으로 총예산의 34.0%. 총세출예산액이 전년 대비 44.7% 증가한 데 대하여, 전년 대비 37% 증가했다고 하였다. 『조선민주주의인민공화국 최고인민회의 제3차 회의 회의록』(평양), 1949, 23쪽.

360) 재정상 최창익, 「조선민주주의인민공화국 1948년도 국가종합예산 총결과 1949

　6·25전쟁 발발까지 당이나 정부 안에서 군에 관해 논의된 흔적을 보이는 자료는 전혀 공개되고 있지 않다. 전쟁 전에 간행된 김일성의 연설집이나 전후 편집된 몇 가지의 선집, 1980년부터 결정판으로 간행되어 있는 저작집 등 어디에도, 전쟁 전 당이나 정부의 공식회의에서 군에 관해 언급한 김일성의 연설은 전혀 실리지 않았다. 그 대신 김일성이 군부대나 군사학교를 방문하여 한 연설은 상당수 게재되어 있다. 이 사실은 편집의 결과라기보다는 실제의 반영이라고 생각된다.

　이처럼 인민군은 당과 인민위원회나 정부 밖에서 자율적 존재로서 만들어졌다. 미소군 점령하의 남북 분단과 대립의 상황, 정식 정부 수립 이전이라는 군의 창설 시기, 소련군 점령통치의 존재와 소련의 군사원조 등 정부 수립 이전의 군에 대한 상황 제약요인은, 정부 수립 이후에는 중국혁명의 전개와 만주를 매개로 한 북조선과의 군사적 연계, 국공내전 참가 조선인부대의 인도, 남한에서 내전의 격화 등 새로운 요인이 더해지면서 한층 더 복잡해졌다. 또한 여러 정파의 연합체로서 로동당의 내부사정도 군을 공식적인 정치적 통제로부터 분리시킨 요인이었다. 이러한 상황 전개 속에서 인민군에는 특별한 지위가 주어졌다고 할 수 있다. 그러나 군은 당과 정부의 정책에 거역하고 폭주할 수 있는 존재가 아니라 잘 통제되어 있었다. 다만 그것은 당과 정부 기구에 의한 공식적인 제도적 통제가 아니고 당, 정부의 지도부와 군 수뇌부의 인적 결합에 의해 확보된 군대 내부의 자율적 통제였다고 할 수 있다. 물론 '비공식적' 결합이라 하더라도 그것은 항일빨치산투쟁이라는 민족해방투쟁의 전통에서 '공식성'을 확보함으로써, 제도적 통제에 못지않은 군내 헤게모니를 유지할 수 있었다.

　년도 국가종합예산에 관한 보고」, 『인민』 1949.5, 9·16쪽.

4 당과 산업부문, 노동계급

1) 직업동맹의 성격과 위치

2월 8일 결성된 임시인민위원회에는 전평북조선총국 위원장 현창형이 위원으로 선출되었다. 조직은 1946년 2월 25일 현재 16개 산업별, 941개 분회의 약 26만 명으로 성장하였다. 토지개혁이 거의 종료될 단계인 1946년 3월 30일 전평북조선총국 제1차 확대집행위원회가 열려, 북조선의 독자성을 더욱 명확히 하기 위해 조직 명칭을 '북조선로동총동맹'으로 개칭하였다.[361] 이미 이때가 되면 북조선로동총동맹은 서울의 전평으로부터 완전히 독립한 별개의 조직이 되어 있었다. 한편 1945년 11월부터 진행되고 있던 '직업동맹'의 조직 작업도 본격화하였다. 1946년 4월 5일 북조선인민교원직업동맹이, 1946년 5월 20일 평안남도사무원직업동맹이 결성되었다.[362] 북조선임시인민위원회 창립과 토지개혁 실시를 배경으로 북조선의 지역적 독자성을 강화하는 움직임과 노동조합을 직업동맹화하는 움직임의 두 가지가 결합하여 완전히 새로운 조직이 결성되어 갔다.

5월 25일 북조선로동총동맹은 제2차 확대집행위원회에서 50만 명의 조직원을 망라하는 '북조선직업동맹'으로 개편되었다. 그 행동강령에는 "로동규율과 국가법률의 준수, 실천에 모범이 되어… 건국증산운동을 계획적으로 수행할 것을 임무로 한다"는 내용이 포함되었다.[363] 이 개편은 북조선 지역 대중단체들이 남조선으로부터 완전 분리 독립할 뿐 아니라, '노동조합'으로부터 '직업동맹'으로 성격을 전환한다는 것도 의

---

361) 민주주의민족전선편, 『조선해방연보』, 문우인서관, 1946, 422~423쪽.

362) 『해방 후 4년간 국내외 중요일지』, 43·52쪽.

363) 『조선해방연보』, 423~424쪽.

미하였다. 위원장은 당시 공산당분국 황해도당책임비서 최경덕이었
다.364) 그 밖의 간부는 부위원장 박수갑, 비서부장 양영순, 조직부장
최기모, 문화부장 최호민, 노력임금부장 한국모 등이었다.365)

그러나 북조선에서 노동자층의 조직적 역량이 강했던 만큼, 직업동
맹으로의 개편은 쉬운 일이 아니었다. 북조선 지역의 노동조합 조직이
서울의 전국조직 전평으로부터 독립하는 것이 농민동맹보다 늦어진 이
유는, 상대적으로 강력한 노동자조직에 중앙적 통제를 가하기가 어려웠
기 때문이다. 구체적인 과정을 직접 알려주는 사료는 없지만, 어느 정도
짐작할 수 있게 해 주는 사건이 발생하고 있었다. 그것은 북조선인민위
원회 노동국장 오기섭이 『인민』 1947년 1월호에 「북조선임시인민위원
회로동행정부의 사명」이란 논문을 게재하고, 나아가 그 직후 『로동신문』
에 「국가와 직업동맹에 관하여」라는 논문을 써서 논란을 불러일으킨 사
건이다.366) 오기섭은 『인민』에 게재된 논문에서, "직업동맹은 과거나 현
재를 불구하고 로동계급의 리익를 위하여 투쟁하는 로동자의 집합체"라
고 정의한 다음, 직업동맹은 노동법령의 목적을 실행할 수가 없고, 그것

---

364) 최경덕은 함남 함흥, 함주 지방을 중심으로 한 1935년 4월 '제2차조선공산청년
　　동맹사건'의 수모자로 투옥, 8년형을 선고받은 국내계 공산주의자이다. 직업동
　　맹 결성 당시 부위원장인 박수갑은 같은 사건 관련자였다. 이 사건의 직접적 계
　　기가 된 1932년 9월 '제1차조선공산청년동맹사건'의 수모자는 오기섭, 류축운
　　등이며, 관련자로는 유영기, 한최욱 등이 있다. 이기하, 『한국공산주의운동사 1』
　　(서울, 국토통일원), 1075~1082쪽. 최경덕은 1953년 1월 주녕하가 남로당파에 연
　　루, 숙청될 때 함께 숙청되었다. 『북한총감』, 1051쪽.

365) 『조선해방연보』, 424쪽. 한국모는 1952년 3월경 당중앙위 노동부장이 되었다.

366) 이 사건에 관해서는 김창순이 증언하고 있으나, 다른 자료와는 시기상 차이가
　　있다. 김창순은 1946년 9월 『로동신문』에 논문이 게재되어, 같은 해 11월 당중
　　앙위원회 제4차 확대회의에서 이 문제가 거론되었다고 말했다. 『북한15년사』,
　　108~111쪽. 그런데 제6차 회의에서 한 김일성의 결론은 오기섭의 논문을 문제
　　삼아, 오가 2개월 전에 같은 논지의 논문을 썼기 때문에 임시인민위원회 상무위
　　원회에서 비판되었음에도 불구하고, 그것을 받아들이지 않고 다시 신문에 논문
　　을 썼다고 비판하고 있다. 2개월 전의 논문이란 현재 확인 가능한 『인민』 1947
　　년 1월호상의 논문을 가리킨다고 생각되기 때문에, 김일성저작집 쪽이 옳을 것
　　이다.

은 "오직 해방된 인민이 자기의 통치권을 이용하여야만 될 수 있다"고 하면서, "직업동맹은 로동자와 사무원의 리익을 위하여 자기를 관철할 때까지 투쟁할 것이며, 그것이 그의 의무이며 권리이지만, 로동법령의 집행기관은 될 수는 없다"고 그 임무를 밝혔다. 더욱이 직업동맹과 국가기관과의 구별을 더 명확히 하여, "현하 조선에 있어서 국가기관이 아니고, 사회단체인 직업동맹은 로동법령의 실행을 방조하며 협력은 할지언정, 그의 집행기관은 될 수 없다. 그러나 직업동맹의 방조와 협력이 없이는 로동행정은 그 효과를 이룰지 못할 것이다"라고 주장했다. 그는 해방된 조선에서 "기업주와 로동자가 우의적 협조, 민주주의적 원조의 관계로 되어야 할 것이다. 그러나 로동자는 언제든지 자기계급의 이익을 위하여 투쟁의 무기를 버려서는 안 될 것이며, 그 투쟁방식이 생산수단이 착취의 대상만 되고 있는 영미식 자본주의국가의 방식이 되어서는 안 되는 동시에, 생산수단이 전부 국가의 수중에 있는 소련의 방식이 되어서도 안 될 것이다"라고 하여, 노동계급 이익의 독자성이나 국가와의 갈등의 가능성을 단계적 성격으로 파악하고 있었다. 그러나 노동행정의 책임자로서 노동자의 권리의 한계에 관해서도 언급하여, 직업동맹은 노동자와 사무원의 이익을 위해 투쟁하더라도 권리의 역사성과 경제적 제한성을 무시하는 오류를 범해서는 안 되고, 국가도 역사단계와 생산력발전의 정도를 고려하지 않고서 노동행정을 집행해서는 안 된다고 덧붙였다.[367] 이 논문이 게재되자, 1947년 1월 임시인민위원회 상무위원회에서 오기섭의 이론은 '트로츠키주의적 이론'이라고 비판되었으나, 오기섭은 이 비판을 받아들이지 않고 다시 같은 논지의 논문을 3월 13일자『로동신문』에 게재하였다.[368] 이 논문의 원문은 입수할 수 없지만, 당중앙상무위

---

367)『인민』1947.1, 47~51쪽.

368) 김일성, 「대중지도방법을 개선하여 올해 인민경제계획 수행을 성과적으로 보장할 데 대하여―북조선로동당 중앙위원회 제6차 회의에서 한 결론」1947.3.15,『김일성저작집』제3권, 186~187쪽. 「『북조선인민정권하의 북조선직업동맹』이라는 제목하에서 오기섭 동무가 범한 엄중한 정치적 오류에 관하여―북조선로동당 중앙상무위원회 제28차 회의 결정서 1947.3.19」,『결정집 1946.9~1948.3 북

원회 결정서의 비판 내용으로부터 인용하면 다음과 같다.[369]

> (북조선이) 빈궁과 식량부족 등 형편 하에서 대중의 의식 중에 어느 정도 불가피적으로 당해 기업의 운영과 그 곳에서 로동하는 로동자 간에 마찰과 의견대립과 분쟁이 있을 것을 예견하여야 하겠다. …… 북조선의 이러한 (국유화된) 조건하에서도 자본과 로동의 리익의 대립은 남아 있는 것이며, 직업동맹이 각 방면으로 로동대중의 리익을 옹호하는 것은 가장 중요한 과업의 하나 …… 우리 북조선에서 로동자의 일부가 식량부족 및 생활곤란 문제로 인하여 인민정권하에서 개별적 기관과 마찰 및 분쟁 사건을 당한다면 직업동맹은 로동자에게 최대한으로 유리하게 사업할 것이다.

사회주의 단계와 구별되는 인민민주주의 정권하에서 노동자의 조직체로서 직업동맹의 독자성을 더욱 분명히 드러냈다고 볼 수 있다.

그러나 3월 15일 당중앙위원회 제6차 회의에서는 오기섭의 논문이 문제가 되어, 당부위원장 주녕하가 이에 관해 보고를 하였다. 주녕하의 지적은, 오기섭이 자본주의사회의 노동조합 이론을 북조선에 적용하여, 북조선노동자의 투쟁대상이 마치 국유화된 산업경제기관인 것처럼 주장함으로써 노동자를 고의로 선동했다는 것이다.[370] 김일성은 회의의 결론에서 오기섭을 추궁하여, 오의 이론은 국영기업소 내에도 자본과 노동 사이에 계급적 이익의 대립이 존재한다고 인정하는 것이고, 노동자가 인민정권을 상대로 투쟁해야 한다고 주장하는 것이라고 반박하였다. 나아가 김일성은 해방 직후 오기섭이 함경남도에서 한 활동이나 토지개혁 당시 평안북도에서 범했다는 오류도 찾아내 비난하였다.[371] 이 회의에서 한 김일성의 결론에 따라 3월 19일 당중앙상무위원회에서도 이 문제를 직접 거론하여 오기섭을 정면 비판하는 결정서를 채택하였다.[372] 이 회의에서 오기섭을 당중앙상무위원 직에서 해임하고 자신의

조선로동당중앙상무위원회』, 171~174쪽.
369) 위의 결정집, 171~173쪽.
370) 김창순, 위의 책, 109쪽.
371) 김일성, 앞의 책, 185~187쪽.

오류를 인정하는 서면 진술을 제출하도록 결정하였다. 또한 각 도당과 직업동맹에서도 이 결정서를 토의하여 사상 교양사업을 광범히 전개하도록 하였다. 이 사건은 직업동맹의 성격과 관련하여 그 독자성이 공식적으로 부정되었다는 의미를 갖는다.[373]

그런데 북조선의 산업부문에서 중요한 특징은 만성적인 노동력 부족이었다. 이 문제는 6·25전쟁을 통해 더욱 심각해지는데, 이미 해방 후부터 일종의 소여조건으로서 계속 작용하고 있었던 것이다. 우선 일제의 항복으로 일본인이 귀국하고, 남조선 농촌에서 북조선의 공업지대로 징용되어 왔던 대량의 노동자가 귀향하였다. 토지개혁 당시 월남자도 무시할 수 없는 숫자였다. 또한 나중에 가서는 군대의 징집과도 관련이 있었다고 생각된다. 북조선의 병력 증강에는 중국인민해방군 소속 조선인부대의 이관도 큰 기여를 하였지만, 병력의 70%는 약 3년이라는 짧은 기간에 북조선 내에서 양성된 것이다. 노동력 부족상태를 보면, 예컨대 1946년부터 49년까지 흥남비료공장의 노동생산성은 2.1배로 성장하였으나, 같은 기간 노동자의 절대 수는 5백 명밖에 증가하지 않았다.[374] 1948년부터 흥남비료공장을 확장, 개축하는 공사가 진행되어, 노동자수가 급속히 증대하지만, 노동력 확보는 지난한 과제였다. 토지개혁의 결과, 농촌으로부터의 자연 이농은 거의 사라졌기 때문에, 노동력을 산지 농민이나 화전민의 이주 조치, 도시에서의 조직적 모집을 통해 확보하지 않을 수 없었다. 신규 노동자 가운데는 노동규율에 적응하지 못하거나, 또한 수입이 나은 곳을 구해 공장을 떠나는 사람들이 적지 않아, 노동력의 유동은 여전히 큰 문제였다.[375] 여성 노동력의 유입은 노동력 확보의 중요수단이 되어, 1949년 12월 현재 1,221명, 전 종업원의 12.7%에 달하였다.[376]

---

372) 앞의 결정집, 174쪽.

373) 이 문제는 제2차 당대회에서 재연되었다.

374) 리국순, 「흥남비료공장 로동자들이 걸어 온 승리의 길」, 과학원역사연구소근세 및최근세사연구실편, 『력사론문집 제4집(사회주의건설편)』, 과학원출판사(평양), 1960, 211쪽.

375) 리국순, 위의 논문, 209~210쪽.

　　당시 노동력 부족이 얼마나 심각했는지는 1948년 7월 인민위원회 내무국장, 산업국장, 사법국장이 공동으로 낸 광산 노동자를 모으기 위한 지시를 보면 잘 알 수 있다. 지시에 따르면, 채굴 가능한 200개 이상의 광산 중에서 탄광과 시멘트 공장만이 가동하고 있어, 이미 조업 중인 철광조차 노동력이 부족하고 조업상태가 좋지 않았다. 대책은, 소련으로의 노동자 파견을 제한할 것, 부랑자를 일소할 것, 모든 실업자를 감시할 것, 38도선 이남으로의 월경을 금지할 것, 사기업을 독려하여 광산지역에 종업원을 보내는 선전선동사업을 전개할 것, 정치적, 경제적 이유에 의한 수감자 이외에 교화 대상자는 광산으로 보낼 것, 감시 대상자에 대하여 광산으로 보낼 구실을 만들 것 등으로 대단히 엄격한 내용이었다. 지시는 각 도인민위원장, 각 도내무서장, 38도선 지역의 경비대대장, 해안경비대장, 각 도검찰소장, 군검찰소장 앞으로 되어 있고, 거의 강제노동에 가까운 조치를 강구하고 있었다.[377] 1949년도 경제계획 실행에서도 가장 큰 애로로 '노동력 문제'가 거론되고 있었다. 부족이 예상되는 노동력을 확보하기 위하여, 전 지역에 걸쳐 산간지대 화전민의 이주, 도시 무정직자의 동원, 여성노동의 이용 등 몇 가지 구체적인 정책이 제안되고 실시되었다.[378] 물질적 유인도 중요한 수단으로 강구되어, 도급임금제 실시와 주택 보장은 노동자 확보를 위해 적극적으로 추진되었다.[379] 이러한 노동력 부족상황은 노동입법과 직업동맹의 위상에 깊은 영향을 미치게 된다.

---

376) 『로동신문』 1950.1.7. 리국순, 위의 논문, 213쪽.

377) G-2 Weekly Summary #160, 1-8 October 1948, pp.29~30.

378) 임해, 「1949년 인민경제계획 제1·4분기 예정숫자 실행에 있어서의 몇 가지 경험과 금후 과업에 대하여」, 『인민』 1949.5, 35쪽 ; 윤행중, 「2개년 인민경제계획과 1950년도의 보다 높은 성과를 위하여 제기되는 몇 가지 문제」, 『인민』 1950.1, 29~34쪽.

379) 비료공장 노동자를 위한 주택건설은 1947년 이후 전쟁 직전까지 2천 4백 세대에 달하였다. 도급제 노동자의 경우, 1개월 평균 4~5킬로그램의 식량이 추가 지급되었다. 리국순, 앞의 논문, 212쪽 ; 윤행중, 앞의 논문.

2) 산업부문의 당

공산당은 분국 창설 때부터 기본성분인 노동자계급 출신 당원의 비율을 높이기 위해 필사적이었다. 북조선은 아직 농민이 압도적 비중을 차지하고 있는 사회였으나, 일본이 남긴 공업기반 때문에 상대적으로 많은 수의 노동자를 가지고 있었다. 특히 북조선의 대공업지대인 함경남도 흥남, 원산 등 지역은 일제 치하부터 강력한 적색노동조합운동의 전통을 지니고 있었다. 함경남도는 국내 토착공산주의자의 가장 강력한 세력기반이었다. 예컨대 북조선로동당 창립 직후인 1946년 9월 6일 현재 흥남비료공장 내 당원 수는 3,678명으로 전 종업원의 3분의 1이었다.[380] 1948년 7월 24일 현재 당원 수는 4,401명, 그중 3,549명, 즉 80% 이상이 노동자였다.[381] 1949년 12월 현재 생산직장 내 당원 비율은 거의 50%에 달하였다.[382]

이와 같이 공장 내 당원 비율이 높았을 뿐 아니라, 당은 산업부문에 많은 관심을 기울이고 있었다. 이미 1946년 2월 15일 분국 제4차 확대집행위원회에서는 '노력영웅운동'이나 '생산경쟁운동'의 전개를 결의하고 있었다.[383] 특히 1947년도 인민경제발전계획이 발표되면서 공장, 기업소의 당단체와 농촌의 당단체에도 예정계획 완수에 대한 책임이 부과되었다. 일상적으로 매당원에게 책임량 완수를 검열, 독촉하여, 당원들이 '경쟁운동'이나 '생산돌격운동'의 선두에 나서서 농촌에서는 '모범농민', 공장에서는 '모범노동자'가 되도록 하는 방식이었다.[384] 해당 생

---

380) 역산하면 전 종업원 수는 11,034명이다. 리국순, 위의 논문, 177쪽.

381) 1948년 당시 종업원 수 8,403명을 기준으로 계산하면 52.4%가 된다. 리국순, 위의 논문, 194쪽. 1958년도 현재 전 종업원 중 당원은 45%. 1958년 3월 31일 현재 제대군인 수는 2,414명이다. 리국순, 위의 논문, 232쪽.

382) 허가이, 「2개년 인민경제계획 실행을 위한 투쟁에 있어서 산업부문 내 당단체들의 사업개선 방침에 관한 보고」, 『근로자』 1949.12.31, 29쪽.

383) 『당의 정치로선 및 당사업 총결과 결정』, 24쪽.

384) 권두론, 「현단계에서의 당사업에 대하여」, 『근로자』 1947.3, 28~29쪽.

산기관이나 인민위원회에 부과된 계획목표를 완수하도록 필요한 조치를 취하는 것은 당단체의 주요임무가 되었다. 가장 강조된 수단은 각급 당단체가 매당원들에 대해 실시하는 검열과 독촉이었다.[385]

주요 공장에 대해서는 중앙으로부터 별도의 주의가 기울여졌다. 일례로 흥남지구 노동자에 대한 당사업은 중앙의 직접적 관심사로서 북로당중앙상무위원회가 흥남지구에 대하여 특별히 토의, 채택한 결정은, 1946년 11월 25일「흥남시 당단체의 사업상황에 대하여」, 1947년 5월 10일「흥남비료공장 산업재정계획 실행에 대한 당단체의 협조상황에 대하여」, 1947년 9월 16일「흥남인민공장 내 군중문화사업상황과 당단체의 역할에 대하여」, 1948년 6월 14일「흥남비료공장 내 당성장과 신입당원 훈련에 대하여」, 1948년 6월 26일「흥남인민공장생산계획의 실행 협조에 관한 함흥 철도부의 수송계획 실행상황에 대하여」 등이다.[386] 당의 정책은 이 지역의 생산활동을 활성화시키는 일뿐 아니라, 지구 내 고참 노동자를 간부로 등용, 당과 국가로 대거 진출시키는 데에도 향해졌다. 매년 다수의 노동자들이 지방 당 및 정권기관 간부, 생산기업 간부, 사회단체 일꾼으로 등용되고, 1947년에도 수백 명이 각 분야의 간부로 진출하여, 고참 노동자수는 감소해 갔다.[387] 전쟁 전 북조선로동당의 주요 특징 중 하나는 산업부문을 담당하는 부서가 보잘 것 없었다는 점이다.[388] 간부나 기술자가 절대 부족한 상태에서 산업부문

---

385) 위의 논문, 31쪽. 그러나 이미 공장 당이나 농촌 당세포가 공장 관리기관이나 행정기관을 대행하고자 하는 경향이 있다고 주의를 촉구하고 있었다. 행정이나 생산기관과 당기관을 혼동해서는 안 된다고 하여, 군, 면당부나 공장당부의 위원장이 군, 면인민위원장이나 공장지배인의 역할을 대행하고자 하는 것은 당적 입장을 망각한 행위라고 비판되었다. 당단체는 '정치적 지도기관'으로서 해당 기관의 사업을 협조, 원조하는 방식을 취해야 한다고 권해졌다.

386) 리국순, 앞의 논문, 184~185쪽.

387) 위의 논문, 185·194쪽. 비료공장의 초대 공장장으로 뒤에 1952년까지 지배인을 역임한 주종의는 1954년 건재공업부상, 공장 기사장 려경구는 1957년 과학원화학연구소장, 제3, 4기 최고인민회의대의원이 되었다.

388) 소련 측 자료에 따르면, 북조선분국 창설 당시 산업부가 설치되었다고 하지만,

을 지도하는 역량을 당내까지 배치할 여력이 없었기 때문이다. 유일관리제 실시가 늦어진 이유도 공장을 지휘할 지배인 수가 모자랐기 때문이다. 이미 1945년 12월 5도행정국 시대에 나온 산업국 지시는, 국유기업 관리자와 기술자 임면에 중앙의 허가를 받도록 하고 있었다.[389] 정부 수립 후 산업성에서 각 공장에 내린 지시 사항을 보면, 매우 상세한 부분까지 미치고 있었다. 이것은 모자라는 소수의 기술 인력을 중앙에 배치하여, 많은 공장을 동시에 지도시키고 있었던 데 따른 결과였다고 생각된다.[390] 이미 1947년도 인민경제발전계획을 실행할 때, 독립채산제와 유일관리제의 실시가 필요하다는 주장이 제기되었으나, 기술, 경제, 재정문제에 정통한 인력이 충분히 확보될 때까지는 곤란하다는 판단이 내려지고 있었다.[391]

경제부문에 대해 중앙에서는 정부 내 성, 국이 실권을 쥐고 있었다. 공업부문 전체를 분할하지 않고, 인민위원회 시기에는 산업국, 정부 수립 후는 산업성이라는 일개 부서의 관할 아래 둔 이유도 관리, 기술 인력의 부족에 있었다.[392] 당의 생산에 대한 통제도 당노동부를 통하여 간접적으로 직업동맹의 생산경쟁운동을 독려하는 것이 주된 수단이었

실제 활동이 어떠했는지는 전혀 불명이다. 북조선로동당 창립 이래는 노동부만이 설치되어 있었다. 북로당 창립 이후 전쟁 시기까지 노동부장을 역임한 김황일, 한국모, 김인춘 모두 당시에는 당중앙위원에 끼지 못했다는 사실이 노동부의 위상을 말해 준다.

389) 「산업국 임시조치 시정요강」, 『북한관계사료집 Ⅴ』, 155쪽.

390) North Korea : A Case Study of …, pp.61~62.

391) 민생, 「경제건설 지도사업에서의 몇 가지 문제」, 『근로자』 1947.7, 20~21쪽. '경제자립제'와 '단일주임제'라는 용어가 쓰이고 있었다. 아직 소련의 용어가 정착하지 않았기 때문일 것이다.

392) 북조선임시인민위원회 산업국은 거대한 부처였다. 산업국에는 매 공업부문마다 전문적인 관리부서를 두고 있었다. 서무부, 노동간부부, 기획부, 감리부 등 직능부서 외에 전기처, 건재공업처, 광업처, 흑색공업처, 유색금속처, 화학공업처, 경공업처, 지방산업부 등 생산관리부서를 두고 있었다. 손전후, 『산업국유화경험』, 사회과학출판사(평양), 1985, 107~108쪽, 전현수, 앞의 논문, 96쪽. 이러한 산업국의 위용은 당노동부의 빈약한 기구와 대비된다.

다. 직접 생산과 관련된 당 노동부 사업은 중앙이나 도 차원의 생산계획과 관련된 거시적 지표의 달성을 독려하는 수준에 머물고 있었다.393) 대규모 공장에는 공장당위원회가 구성되어 있었으나, 공장당위원회는 기본적으로 초급 당단체이기 때문에 시당, 군당의 일부로 간주되어, 지역적 지도체계에 따라 공장 소재지의 시당이나 군당으로부터 지시를 받고 있었다. 중앙당 노동부는 중앙에서 지방에 이르기까지 경제부문 전반을 관장할 만한 기구나 인원을 갖추지 못하였기 때문에, 경제부문 별 지도체계는 존재하지 않았다. 더구나 시, 군 당단체가 공장 당단체를 지도할 수 있을 정도의 인적 역량이나 경제지도 능력을 갖춘 것도 아니었다. 기업지배인의 지위는 해당 기업의 당위원장보다 높았기 때문에, 산업성에서 지배인에 내리는 지시가 상급 당단체에서 기업·공장 당단체에 내리는 지시보다 지위, 권한상 우선했다고 할 수 있다.394) 공장 당단체의 활동은 주로 정치선전사업에 치중되어 있었다. 공장 내 유급 당상근자의 수는 당원 100~200명당 1명, 250~400명당 2명, 400~1,000명당 3명, 1,000명 이상 5명을 기준으로 배치되었다.395)

---

393) 1946년 창립 이래 50년도까지 북조선로동당 중앙상무위원회 각 시기별 사업계획서를 참조할 것.『북한관계사료집 17』, 137~262쪽.

394) 당이 관할하는 간부 배치상 중요도에서 보면, 1급 기업소의 지배인, 기사장, 1급 생산운수 직장의 당부위원장, 1급 기업소 부지배인, 2·3급 기업소 지배인, 1급 이하 생산운수직장의 초급당부위원장, 1·2급 생산직장의 직맹위원장, 1·2급 제외 생산직장의 직맹위원장 등 순서로 되어 있다. 「간부 배치 및 이동에 대한 규정」,『북한관계사료집 Ⅰ』, 555쪽. 북조선의 국영기업소는 종업원의 수에 따라 제1급에서 제6급까지 분류되고 있었다. 제1급 : 3,000명 이상, 제2급 : 800~2,999, 제3급 : 300~799, 제4급 : 200~299, 제5급 : 100~199, 제6급 : 99명까지. G-2 Weekly Summary #139, 7-14 May 1948, p.18.

395) 「당단체의 지도기관 조직에 대하여 - 조선로동당 중앙상무위원회 제22차 회의 결정서 1947년 2월 7일」,『결정집 1946.9~1948.3 북조선로동당 중앙상무위원회』, 130~131쪽. 미국 정보당국이 파악한 숫자도 결정집에 나오는 당의 결정 내용과 거의 동일하다. North Korea : A Case Study … , pp.20~21. 전후 1961년 당시에도 당원 1천 7백 명과 40개 세포를 거느리고 있던 제1급 기업소인 대안전기공장의 경우, 유급 당상근자는 위원장, 부위원장, 지도원 2명을 합쳐서 4명밖에 없었다. 김일성, 「새로운 경제관리체계를 내올 데 대하여 - 조선로동당 중앙위원회 정치

그러나 중앙이나 대기업에서 산업성이 지녔던 우위가 산업 전체에 걸쳐 유지된 것도 아니었다. 개별 기업 수준에서는 기술적, 경영적으로 능력이 있는 지배인이 배치되지 않은 곳에서는 당조직이 우위에 서는 경우도 적지 않았을 것이다. 지배인 우위라는 원칙이 공식적으로 확립된 것은 아니었다. 현장에서 기업운영은 지배인과 당조직 간의 구체적인 역량관계에 의해 좌우되고 있었다고 여겨진다.

　기업운영에서 당과 정부의 관계를 애매하게 하는 요인도 존재하고 있었다. 많은 기업이 당에 의해 직접 운영되고 있었던 것이다. 미군 정보보고서에 따르면, 1946년 8월 산업국유화 조치 이후, 북조선에는 네 개 범주의 기업이 존재했다고 한다. 정부(인민위원회)에 의해 소유, 운영되는 것, 노동당에 의해 운영되는 것, 정부와 관련이 있거나 그 통제를 받는 단체에 의해 운영되는 것(협동단체), 그리고 개인기업이다.396) 북로당 창립 직후인 1946년 9월 당중앙상무위원회는 당 경영하에 있는 공장 및 기업의 경영비에 관하여 재정부장이 비준할 수 있는 상한액수를 정하고 있다.397) 당기업소가 언제 어느 정도 규모로 운영되어 왔는지는 불명이지만, 당이 급성장함에 따라 당이 인민위원회나 사회 각 부문을 장악하기 이전 단계에서 비대화한 당기구를 유지하는 데 방대한 자금이 요구되었기 때문일 것이다. 당재정을 자체적으로 조달해야 하는 상황에서 아직 소유관계가 완전히 확립되지 않은 일본인 소유의 기업 등을 접수하기도 하고, 인민위원회의 협조 아래 양도받았다고 추측된다. 이러한 현상은 중앙당이나 도당 수준에서 가장 두드러졌다고 생각되지만, 지방당의 경우도 재정의 상당 부분을 상부에 의존하지 않고, 독자적으로 조달해야 하였다.398)

위원회 확대회의에서 한 연설」, 『김일성저작집』 제15권, 455쪽.

396) Intelligence Summary Northern Korea #41, 15-31 July 1947, pp.287~288.

397) 「재정관리에 대하여－조선로동당 중앙상무위원회 제2차 회의 결정서 1946.9.7」, 『결정집 1946.9~1948.3 북조선로동당 중앙상무위원회』, 1쪽.

398) 1946년 9월 강원도 인제군 남면 당은, 반일투사후원회가 양조장을 운영하여 그 수익금으로 당과 기타 사회단체의 경비를 보조하도록 하고, 여성동맹은 인민식

따라서 당시까지 각급 당부가 자율적으로 제각기 운영하고 있던 기업체를 통일적으로 관리할 필요성이 제기되었다. 우선 9월 25일 당중앙위원회 제2차 회의에서는 1947년 1월부터 당재정을 중앙집권제로 하여 중앙당 재정부가 통일적으로 통할하기로 결정하였다. 이는 아직 각급 당단체가 자체적으로 충당하고 있던 당재정을 중앙으로 통합하는 조치였다. 이에 따라 각급 당단체가 직접 운영 혹은 관리하는 일체 기업체를 중앙 당 재정부가 통일적, 종합적으로 운영하기로 하였다.[399] 다만 아직 당재정의 중앙집권화에는 한계가 있어 군당부로 그치고, 면당부는 상당 기간까지 당경비를 자체에서 해결하기로 하였다.[400]

구체적인 숫자를 공식 자료로부터 확인할 수 없으나, 1948년 1월 당시에도 상사거래의 약 40%가 노동당에 의해 관리되고 있었다고 한

당을, 직업동맹은 숯 제조업을 운영하여 자체 경비를 조달하도록 결정하고 있었다. 「제2차 각 사회단체연석회의 회의록 : 남면당부」를 참조. 1949년 9월경 강원도 인제군당상무위원회에서는 군당위원장이 당 재정운영을 위해 38도선 이남 지역에 대하여 감초 판매를 했다는 이유로 해임되었다고 보고되고 있다. 이 회의에서는 해임된 군당위원장의 전임 위원장도 "당재정을 확보하기 위한 사업이다 해서 모리간상배와 결탁하여 불법적으로 대남 장사를 하는 큰 오류를 범"했음에도 불구하고, 이러한 행동을 되풀이했다고 지적하고 있다. 「북조선로동당강원도인제군당상무위원회 회의록 제59호」, 『북한관계자료집 Ⅲ』, 542쪽. 대남 밀무역과 관련하여 책임을 추궁하는 내용이지만, 북로당이 군당 차원에서 재정문제를 안고 있는 사실을 엿볼 수 있다.

399) 「당재정에 관하여−당중앙위원회 제2차 회의 결정서 1946.9.25」, 『결정집 1946.9~1951.11 당중앙위원회』, 4~5쪽.

400) 이 결정은 제대로 지켜지지 않은 듯하여, 9월 16일 당중앙상무위원회는 아직 기업체와 관련을 맺고 있던 일부 당단체에게 일체 그 관계를 끊도록 하는 결정을 내리고 있다. 「당재정 랑비와 재정규률에 대하여 북조선로동당 중앙상무위원회 제43차 회의 결정서−1947년 9월 16일」, 『결정집 1946.9~1948.3 북조선로동당 중앙상무위원회』, 283~285쪽. 또한 당기업체 운영에서도 중앙집권화는 한계를 나타내어, 1948년 3월 당기업체를 중앙당재정경리부가 통일적으로 지도, 감독하되, 그 운영은 해당 도당부에 위임하여 경영하게 할 수 있도록 하였다. 다만 도당부는 계획 이상의 소득이 생긴 경우 그 반은 중앙당에 납부하고 반은 도당부가 사용할 수 있게 하였다. 「당재정에 대하여−당중앙위원회 제1차 회의 결정서 1948년 3월 31일」, 『결정집 1946.9~1951.11 당중앙위원회』, 62~63쪽.

다.401) 앞에서 서술한 1949년 당시의 「당간부 이동·배치에 관한 규정」에 따르면, 당간부부에서 취급하며 당중앙조직위원회의 비준을 받는 간부의 범주 속에 "당재정경리부에서 관리하는 3급 이상 당기업소의 지배인"이 속해 있다. 분명히 산업성 규정에 따라 "당기업소"의 급수도 정해지고 있었다.402) 간부규정에서 취급될 정도였기 때문에 당기업소는 상당수 존재했다고 추측된다. 당기업소는 당의 재정상 이유로 운영된 것으로서 당의 산업정책과 직접적 관련을 갖는 것은 아니었다. 그러나 이것이 기업 전체에 대하여 일관된 원칙 적용을 늦춘 이유의 하나였다는 것은 분명하다.

노동조합의 '직업동맹화'가 갖는 의미에 관해서는 앞에서도 언급했지만, 한편 당과 직업동맹의 관계에 관해 살펴보면, 우선 공산주의자에게 대중단체는 공산당의 외곽단체로서 당의 지도, 통제 대상으로 간주된다는 것은 말할 필요도 없다. 북조선에서 직업동맹도 그 예외가 아니었고, 초기부터 당과 대중의 유기적 연결을 보장하는 '전달벨트' 또는 '인전대'라 불리고 있었다. 한 예로서 북로당 창립대회에서 직업동맹위원장 최경덕은, "당은 한 계급, 또는 인민의 전위부대이기 때문에, 그 자체가 대중적 사회단체와는 차이가 있다", 따라서 "전위부대로서의 정당" 주위에는 "광범한 대중을 묶어세운 대중적 사회단체가 외곽으로 서지

---

401) 대내외교역이 포함되어 있었다고 생각된다. 각 지역별로 11개 회사를 통하여 이루어졌다고 한다. 함북실업회사, 함북무역회사, 동서실업회사, 동서무역회사, 강원실업회사, 강원무역회사, 평북실업회사, 평북무역회사, 조선무역회사, 조선곡물회사, 국양대두회사. G-2 Weekly Summary #120, 26 December 1947-2 January 1948, p.23. 강원실업회사의 설립 경위에 관한 정보도 보고되고 있다. 원래 인민위원회 산업국과 개인의 합자로 산업성 공인하에 남북교역에 종사하고 있는 원산의 상사회사가 1947년 7월 강원도당위원회의 회의에서 정부를 희생시키고 개인 이익을 추구한다고 비판되어 회사가 폐쇄되고, 강원도당위원회의 직접 지시를 받는 강원실업회사라는 새로운 회사가 설립되어 종래의 영업을 계승하였다고 한다. G-2 Weekly Summary #123, 16-23 January 1948, pp.26~27. 그러나 전체 규모를 확인할 수 있는 증거는 발견되지 않는다. 남북교역이나 대외교역의 경우, '정치공작상' 운영한 경우도 있었을 것이다.

402) 『북한관계사료집 Ⅰ』, 559쪽.

않으면 안 된다"고 하며, 대중적 정당으로서 북로당이 창립되었다고 해도, "대중적 사회단체를 불필요로 하는 것은 아니다"라고 주장하였다. 그는 많은 공장과 광산에서 "생산돌격운동"이 전개되고 있으며, "조선 민주건설"에서 가장 중요한 과세는 "생신부흥과 산업건설"로서 직업동맹의 역할이 크다고 하였다. 나아가 이 과제를 수행하기 위해 당은 "대중단체에 옳은 로선을 주어야 한다", "푸락치를 통하여 그것을 제 때에 옳게 검열하고 원조해야 한다", "그 강화를 위하여 우수한 간부 배치에 유의해야 한다", "그 대중적 교양사업을 옳게 조직하고 지도해야 한다"는 등 주장을 하였다.403) 1947년 초부터 대중단체 속에 '당조'가 조직된 것은 이러한 인식에 바탕을 둔 조치였다.

그런데 직업동맹은 대중단체 중에서도 가장 강력하였다. 예컨대 지방 차원의 자료가 남아 있는 강원도인제군 직업동맹의 경우, 1947년 3월 당조 결성 당시 당조위원장은 직업동맹에 관해 "당으로서는 군로동당이 제1당이고, 우리 연맹은 제2당이라고 볼 수 있으며, 사회단체로서는 군내 최고기관"이라고 하는 자기인식을 보이고 있다.404) 북로당 제2차 대회에서 중앙위원, 후보위원, 검사위원 구성을 보면, 직업동맹 간부나 현장노동자가 다수 선출되고 있는데, 다른 대중단체보다 훨씬 높은 비율을 차지하고 있었다.405) 그러나 1947년 초에 인민위원회와 직업동맹의 관계와 관련하여 논란이 있었듯이, 당과 직업동맹의 관계에도

---

403) 『북조선로동당창립대회회의록』, 52~53쪽.

404) 「북조선로동당강원도인제군직업연맹당조 제1차 회의 회의록」, 『북한관계사료집 Ⅳ』, 482쪽. 그러나 이 지역은 농촌이고 직업동맹의 조직력도 약해서 그 활동은 대중단체 가운데 가장 뒤떨어져 있었다. 「북조선로동당강원도인제군직업연맹당조 제3차 회의 회의록」, 『북한관계사료집 Ⅳ』, 484쪽.

405) 직업동맹 간부 : 당중앙위원 3명, 당후보위원 2명, 당검사위원 1명, 현장노동자 : 중앙위원 4명, 후보위원 3명. 농민동맹의 경우, 중앙위원에 위원장 강진건 1명, 검사위원에 부위원장 현칠종 1명, 재지농민으로서 중앙위원에 안악군 농민 송재준 1명, 민청동맹의 경우, 중앙위원에 위원장 김욱진 1명, 후보위원에 상무위원 리영섬 1명, 여성동맹의 경우, 중앙위원에 위원장 박정애, 부위원장 조영의 2명.

아무 문제도 생기지 않은 것은 아니었다. 북로당 제2차 대회에서 소련
계인 당선전부장 박창옥은, 직업동맹 간부들이 단체계약을 체결할 때
잘못을 범하고 있다고 하며, "일부 락후한 로동자들의 꼬리를 따라서,
로동계급의 리익을 옹호하는 체 하면서, 사실은 로동계급의 리익에 반
대하는 일을 하고" 있으며, "운영 측에 대하여 쓸데없는 간섭과 과중한
요구까지 하고" 있다고 비판하였다. 박창옥의 비판은 국내계 비판의 일
환으로서 직업동맹위원장 최경덕을 겨냥한 것이다.406) 회의록에서는
박창옥이 오기섭을 지명하여 비판한 기록은 나와 있지 않지만, 발언에
나선 오기섭은 직업동맹에 관한 자기 논문의 사상적 근거가 "북조선당
의 특수한 역할에 대하여 동요하는 사상에서 발원하였다는 박창옥 동지
의 지적은 매우 정당하다"고 받아들였다. 다만 자기는 논문 문제가 발생
한 이후는 완전히 바뀌어 단체계약 문제에서는 오류를 범하지 않았다고
반론하였다. 즉 자기는 "직맹에서 또는 관리 측이 국가적 견지를 떠나
국가재산을 아끼지 않고 로동자의 생활 확보의 투쟁 대상으로 체결된
일체의 단체계약은 로동국장의 직권으로 남김없이 등록을 거절하도록"
하였다고 하여, 오히려 직맹에 책임이 있다고 주장하였다.407) 앞에서
설명했지만, 1947년 1월의 오기섭 논문을 둘러싸고 논란이 재연된 것
이다. 다만 이번은 입장이 변하여 오기섭이 직맹을 공격하게 된 것이다.

　　이 박창옥의 비판과 오기섭의 반론에 대하여 주녕하가 발언에 나섰
다. 1년 전에 오기섭이 『로동신문』에 발표한 논문은, "북조선 로동계급
내에 아직도 부분적으로 잔존하는 불평분자─소부르조아적 낙후분자의
사상"을 대표하는 것으로, 직업동맹 간부들은 이 경향에 대하여 투쟁하
지 않고 "친목적으로" 활동하였으며, 단체계약 체결에서 나타난 경향이
이 사실을 증명한다고 비판하였다. 그는 1948년도 생산계획을 실행하기

---

406) 토지개혁 당시 황해도당책임비서였던 최경덕은 황해도 지역 토지개혁의 실행
　　총책임자였던 무정과 함께 토지개혁 실행 때 좌우경적 오류를 범했다고도 비판
　　되었다. 『북조선로동당제2차대회회의록』, 113쪽.

407) 위의 책, 137쪽.

위해 1947년도에 배출된 "많은 모범로동자들"을 중심으로 각 직장에서 "락후한 분자들"과 투쟁해야 한다고 주장하였다. 이어서 발언에 나선 직업동맹위원장 최경덕은, 박창옥이 마치 단체계약이 노동계급을 나태하게 만드는 방향에서 이루어진 것저럼 지직한 것은 옳지 않다고 반박하고, "주녕하 동지가 말한 바와 같이 로동계급 내 일부 락후한 분자들의 사상을 오기섭 동지가 대표"하고 있다고 지적하였다. 더욱이 1947년도 인민경제계획의 실행에서 나타난 책임 회피 현상에 대해서는 직업동맹뿐만 아니라 산업국 간부들도 책임을 저야 한다고 변명하였다. 이러한 대회 석상에서 벌어진 설전을 정리해 보면, 박창옥이 당의 입장에서 단체계약과 관련하여 직업동맹의 사업을 비판하면서, 그 책임자인 최경덕을 오기섭 등 국내계에 대한 비판과 같은 범주에 포함시키려고 한 데 대하여, 오기섭은 단체계약의 조정자인 노동국장의 입장에서 직맹문제와 자기에 대한 비판을 분리시키려고 하였다. 그러나 주녕하가 박창옥의 직맹 비판 책임을 오기섭에게 전가하는 논리를 전개하자, 최경덕이 주녕하로부터의 "구원 발언"에 편승, 단체계약의 문제를 "직맹 내 락후분자"의 탓으로 돌리고, 그 근원을 오기섭에서 찾으면서, 단체계약의 당사자로서 산업국에도 부분적 책임을 지우고 있었다고 해석할 수 있다.[408]

결국 김일성은 토론의 결론에서 직업동맹에 관해서는 오기섭의 논문만을 거론, 비판하였다. 최경덕은 주녕하의 비호 덕분에 이 대회에서 집중적으로 비판의 도마 위에 오른 오기섭, 최용달, 리강국, 정달헌, 장시우, 리순근 등 국내계의 범주에 포함되는 곤경을 모면했던 것이다. 그러나 이 문제는 국내계를 비판하는 일환으로 직업동맹의 사업방식을 문제 삼음으로써, 강력한 대중단체인 직업동맹을 억누르면서 당중앙위원에 반영되어야 할 노동자 대표의 성격을 한정짓는 이중의 효과를 거두었다. 당중앙위원에 상대적으로 노동자의 권익을 중시하는 과거의 적색노조운동 출신자보다는 생산실적이 좋은 모범노동자를 발탁하는 배경

---

408) 위의 책, 155~156·163~164쪽. 최경덕은 황해도의 토지개혁 문제와 관련하여 당시 도당선전부장이 무정을 "아버지"라 부른 것이 문제라고 책임을 회피하였다.

으로 작용한 것이다.

직맹이 당의 통제를 받으면서도 직맹의 독자성은 어느 정도 유지되어 직맹 간부가 당중앙위원 등 대의기구에 선출된 것은 직맹의 위상을 보이는 일면이기도 하였으나, 직맹 간부가 당노동부의 상근간부가 되기도 하고 당노동부의 상근간부가 직맹 간부가 되면, 그 의미는 달라진다. 제2차 당대회 이후 이러한 현상은 눈에 띄게 증가했다. 이미 1947년경부터 직맹 간부가 당간부로 선발되어 가는 데 대하여 직맹으로부터 반발이 생기고 있었지만, 오히려 이러한 현상은 점차 일반화되어 당연한 것으로 인정되었다. 사회단체에는 "당간부를 양성하는 학교"라는 위치가 부여되었다.409) 우선 당노동부장 박영성이 1948년 9월경 직맹의 중앙상무위원을 겸임하고 있었고, 1950년 12월 당노동부장이 된 한국모는 직맹의 부장 출신이었다. 1948년 8월경 지방당 차원에서도 당, 인민위원회, 사회단체 간의 간부 이동은 상호 구별 없이 빈번히 이루어지고 있었다.410)

3) 경제전문가, 기술자, 노동자 출신의 정치적 진출

기술인력 부족과 기술자 출신의 두각

해방 후 일본인의 철수는 심각한 기술인력의 부족을 가져왔다. 일제시대에 기술자의 거의 대부분은 일본인이었기 때문이다. 북조선의 공

---

409) 김일성, 「사회단체에 대한 지도를 강화할 데 대하여―북조선로동당 중앙위원회 제10차 회의에서 한 결론」 1947.10.13, 『김일성저작집』 제3권, 487쪽.

410) 1948년 8월경 강원도인제군당상무위원회가 승인, 결정한 관내 인사이동 상황을 보면, 군당 조직부지도원 → 기업소 직맹위원장, 군당 선전선동부지도원 → 인민학교 교원, 면민청 책임자 → 군당 선전선동부지도원, 면당 통계원 → 군소비조합 과장, 군민전 서기장 → 군인민위원회 과장, 군인민위원회 과원 → 군당 과원, 군산림 직맹위원장 → 군인민위원회 선전과원 등으로, 당, 인민위원회, 사회단체 간에 인사상의 벽은 없어지고 있었다. 1948년 8월 30일 「북조선로동당인제군당상무위원회회의록 제21호」, 『북한관계사료집 Ⅱ』, 540쪽.

식통계에 따르면, 1947년도 당시 공업기술자의 부족 상황은 고급기술자 5백여 명, 중급기술자 1천여 명에 달하였다.411) 이미 1946년부터 기술인력 확보대책이 취해지고, 8월 17일 임시인민위원회결정 제62호 「기술자확보에 관한 결정서」와 산업국지령 「설정서의 시행에 관한 건」은, 전문학교 졸이나 중학교 졸 정도 이상의 기술자는 조선인, 일본인의 국적을 가리지 않고, 기술을 필요로 하는 기관에 종사할 의무를 지닌다고 규정하여, 정당이나 사회단체 등 기술을 사용하지 않는 사업에 종사하는 기술자는 기술 관련 직장에 재배치하도록 결정하였다. 각 도인민위원회는 공업기술자연맹과 협력하여 관내 기술자를 등록시킬 것, 국유기업 책임자는 "일본인 기술자에 대하여 무익한 민족적 감정을 일소하고, 그들에게 국유산업 부흥에 적극 협력시킬 책임을 진다"고 명시되었다. 기술자를 후대하여, 특히 일본인 기술자를 우대하기 위한 구체적인 주택, 임금조건 등도 정해졌다.412) 1947년도 북조선 인민경제계획에 따르면, 고급기술자 1,262명 중 105명, 중급기술자 중 245명이 일본인이었다.413) 미국무성의 조사에 따르면, 1948년까지 북조선 전역의 각 공장에서 약 5백 명의 일본인 기술자가 잔류하여 일하고 있었다.414) 기술인력 양성사업은 생산기업소 내 기술교육체계 확립, 각종 기술학교, 양성소 설치 등 조치를 통해 적극적으로 추진되었다.

따라서 일제하에서 고등교육을 받아 기술자로 일하고 있던 전문가들은 북조선임시인민위원회에 등용되어 일찍부터 인민위원회나 당내에서도 두각을 나타냈다. 대표적인 인물은 임시인민위원회, 인민위원회의 산업국장 리문환(남만공업전문졸, 전기기술자), 5도행정국 산업국장, 임시인민위원회 계획부국장, 인민위원회 기획국장이 되어, 정부 수립과

---

411) 정준택, 「1947년도 인민경제발전에 관한 예정숫자 실행에 대한 전망」, 『인민』 1947.4, 42쪽.

412) 『북한법령집 제4집』, 232~233쪽.

413) B. Cumings, op. cit, p.338.

414) *North Korea : A Case Study of* …, p.61.

동시에 초대 국가계획위원장이 된 정준택(경성고등공업 졸, 성흥광산 장), 인민위원회 산업부국장, 초대 산업부상이 된 정일룡(기술자), 리종옥(만주하얼빈공대 졸, 청진방적공장 지배인), 임시인민위원회 교통부국장, 인민위원회 교통국장 허남희(용산철도학교 졸, 철도기술자) 등이다.415) 정준택과 정일룡은 1948년 3월 북로당 제2차 대회에서 중앙위원이 되고 중앙상무위원에도 뽑혔다. 이 제2차 대회에서는 중앙위 후보위원에 강영창(성진제강소 기사→1955년 4월 금속공업부상, 1955년 11월 금속공업상), 리지찬(수풍발전소 기사→1952년 5월 중공업성전기국장, 1955년 12월 전기성부상) 등 기술자가 뽑혔다.416) 그 밖에 기술자 출신의 경제전문가로서 주요인물로, 김두삼(려순공대졸, 흥남비료공장 기획부장, 본궁화학공장 지배인→1952년 11월 중공업상, 1954년 3월 전기상), 백홍권(국영기업지배인→산업성관리국장, 중공업부상, 1952년 5월 화학건재공업상, 1954년 3월 국가계획위부위원장, 당공업부장), 고희만(소련계, 성진제강소 지배인, 공업기술연맹부위원장→1953년 10월 중공업부상, 1957년 1월 당산업부장), 문만욱(신의주펄프공장 지배인→1953년 10월 경공업부상, 1955년 11월 경공업상), 오동욱(본궁화학공장 기사→중공업성화학공업부장, 과학원 과학공업연구소장, 1958년 3월 화학공업부상) 등이 있는데, 이들은 1956년 제3차 당대회에서 중앙위원이나 후보위원으로 뽑힌다.417) 주목해야 할 것은 정부 수립과 동시에 경제실무 경험이 전혀 없는 김책이 공업부문 전체를 관장하는 산업상에 임명된 사실이다. 기간산업 전체가 국유화되었지만, 경제의 계획화가 아직 초보적 수준이던 당시에는 국가계획위원회의 권한도 그만큼 강하지 않았기 때문에, 최소한의 경공업과 중공업 부문의 분할도 없이 공업 전체를 망라하고 있는 산업성은 가장 강력한 행정부서였다. 김일성이 가장 신뢰하는 빨치산 동지 김책이 취

---

415) 『북조선도・시・군인민위원회대회회의록』, 『북한인명사전』 등을 참조.

416) 『북한인명사전』, 『現代朝鮮人名辭典』 등을 참조.

417) 위의 책을 참조.

임한 것은 그와 같은 산업성의 위치를 시사해 준다. 거대한 권한을 갖는 산업성을 통할하는 데에는 경제적 실무지식 이상의 정치력이 요구되었다고 할 수 있다.[418] 뒤에서 언급하겠지만, 유일관리제 도입에 관련하여 이견이 생긴 것은, 소련계 히가이를 중심으로 한 당 측이 김책의 산업성이 권한을 확대하는 것을 꺼려했기 때문이라고 여겨진다. 산업성은 중화학공업을 주된 기반으로 하고 있었던 만큼, 그 속에서 전후 중공업 중시론자들이 대거 성장하여 중공업중시노선을 추진하는 모체의 역할을 하게 된다.

노동운동가와 노동자 출신자

원산, 흥남을 비롯하여 함경남도 지방은 일제시대에 적색노동조합운동의 중심지로서 국내계 공산주의자의 가장 강력한 기반이었다. 해방 직후 이 지역의 인민위원회나 공산당 조직을 주도한 대표적 인물은 오기섭, 정달헌, 리주하, 주영하, 리봉수 등이고, 해방 직후 남조선에서 박헌영과 함께 활동하다 월북한 최용달, 리강국, 정진태 이외에, 남조선에서 노동조합전국조직인 전평 결성에 참가한 최경덕, 김황일 등도 이 지역과 연고를 가지고 있었다. 북조선에는 일제시대로부터 계승한 공업기반 때문에 광범한 노동자층이 형성되어 있었고, 강력한 노동조합도 조직되어 있었다. 이것은 북로당 제2차 대회에서 선출된 중앙위원 및 후보위원 구성에 반영되어 있다. 당부위원장에 주녕하, 중앙위원에 김황일, 최경덕, 오기섭 등 당활동가 이외에, 직업동맹 간부로서는 위원장 최경덕, 상무위원 김상철, 박영성이 중앙위원(3명), 상무위원 박원술, 리규한이 후보위원(2명), 상무위원 양영순이 검사위원(1명)이 되었다. 대회에서 채택

---

418) 커밍스는 대소 경제교섭에서 김책의 역할을 적극적으로 평가한다. 소련에게 김책은 만만치 않은 교섭 상대였다고 한다. 김책은 빨치산투쟁 당시 소련령으로의 도피를 계속 거부하다가 마지막으로 도피에 합류했기 때문에, 소련군이 달가워하지 않는 경력을 갖고 있었다. B. Cumings, op. cit, p.345, 和田春樹,『金日成と滿洲抗日戰爭』, 296~297쪽.

된 결정서는 일제시대부터 "기본 생산로동자로 동일한 직장에서 오랫동안 사업에 종사한 로동자"를 지도적 지위에 등용한다고 하였는데, 그 결과 생산에 많은 실적을 올린 '모범노동자'를 중앙위원이나 후보위원으로 발탁하고 있었다. 중앙위원(5명)에 김고망(사동탄광 모범노동자), 김직현(아오지탄광 노동자), 최숙량(성흥광산 노동자), 리중근(함남고원선 철도기관사), 김태련(길주펄프공장 노동자) 등, 후보위원(4명)에 리영화(흥남비료공장 모범노동자), 박원술(신창탄광 채탄부, 모범노동자), 박영화(황해제철소 노동자, 공장당 간부), 최광렬(덕산탄광 모범노동자, 북조선인민회의대의원) 등이다.419) 이 가운데 김고망, 리중근, 리영화는 1950년에는 직맹 중앙위원도 겸하고 있었다.420)

무명의 생산현장 노동자를 발탁한 것은, 북조선 지역의 공업기반이나 노동운동의 전통을 감안하여 노동자 출신을 상당한 비율로 등용하지 않을 수 없는 상황에서, 노동계급 중시의 명분을 활용하면서 노동조합 조직에 기반을 갖고 있는 국내계 공산주의자의 진출을 견제한다는 복합적 이유 때문이었다고 볼 수 있다. 이것은 북조선에서 강력한 노동자 조직의 힘을 반영하고는 있으나, 그것이 하나의 정치적 세력으로 결집되지 못하고 서로 절단되었음을 말해 준다. 모범노동자 출신들은 하나의 그룹을 만든 것도 아니고, 제2차 당대회에 등장하고 나서는 곧 중앙무대에서 사라져 갔다.

1930년대 원산대파업 당시 참가자인 최용달, 정진태, 리강국은 말할 필요도 없고, 1945년 9월 전평의 조직 준비사업에 참가하고 있던 한상두, 정달헌, 김덕영이나 1945년 11월 전평 결성 당시 집행위원이던 현창형(전평 북조선총국 위원장), 최기모(북조선직업동맹 초대조직부장),

---

419) 리중근, 리영화에 관해서는 『최고인민회의 제3차 회의 회의록』, 66쪽, 김고망, 김직현, 최숙량에 관해서는 『근로자』 1949.3.15, 5~6쪽, 박원술에 관해서는 『인민』 1948.10, 162쪽, 최광렬에 관해서는 『북조선도・시・군인민위원회대회회의록』, 『북한관계사료집 Ⅷ』, 146쪽, 김태련에 관해서는 『최고인민회의 제3차 회의 회의록』, 194쪽을 참조.

420) 『조선중앙연감(1950년판)』, 240쪽.

유영기, 김섬, 1945년 11월 전평 조직작업에 참가한 데 이어 전농의 조직작업을 주도한 조훈, 김학걸 등도 제외되어 있었다. 이미 정달헌은 자기 기반인 함경남도당 책임비서로부터 격리되어 평안북도인민위원장으로 좌천되었고, 북로당 창립대회 때 검열위원이던 최용달, 유영기는 당 지도부에서 탈락하였다.421) 특히 북로당 제2차 대회에서 오기섭, 정달헌, 최경덕, 리주하, 최용달, 리강국 등이 직접, 간접으로 비판 대상이 된 것은, 함남 지역을 중심으로 한 과거 적색노동운동 출신자들의 정치적 진출이 봉쇄되는 결과를 가져 왔다. 반대로 직맹 중앙위원에 선출된 당내 고위간부는 간신히 구제된 위원장의 최경덕 이외에, 허가이, 주녕하, 박정애, 박영성, 김황일 등이었다. 그들이 당에서 직맹에 대하여 직접적인 영향력을 행사했다고 생각된다. 특히 김황일이 당중앙위원 서열 제14위로 두각을 나타낸 것은, 흥남, 원산 등 함남 지역을 대표하면서 동시에 오기섭, 정달헌 등 국내계의 거물 공산주의자를 견제한 주녕하가 당부위원장이 된 것과 같은 정치적 의미를 가지고 있었다.422)

---

421) 북로당 제2차 대회에서의 발언을 보면, 김섬은 평안북도 대표로서 농촌사업에 관해 발언하였다. 그는 1947년 2월 당시 북조선인민회의대의원으로서 안주군당 위원장이 되어 있었다. 그는 경성 콤그룹의 함남지역책이었기 때문에 함남에서 먼 평북의 농촌으로 좌천되었다고 생각된다. 최기모는 황해도 대표로서 등단, 노동사업에 관해서는 언급하지 않고, 자기도 오기섭, 정달헌 등 국내계 공산주의자와 같이 과거의 수공업적 방식으로부터 탈피할 수 없었고, 분국 결성이나 농민동맹 결성, 공청의 민청으로의 개편에 반대한 사람들 가운데 하나였다고 자기비판을 하였다. 두 사람 모두 노동조합 활동에서는 제외된 결과일 것이다. 『북조선로동당제2차대회회의록』, 115~116 · 143~144쪽.

422) 김황일은 리주하와 함께 1931년 '조선질소회사적색노조사건'에 관련, 투옥되었다. 『思想月報』 第3卷 第1號, 11쪽. 그는 1953년 8월 당노동부장, 1954년 9월 자강도당위원장, 1955년 2월 당산업부장이 되었고, 1956년 제3차 당대회에서 중앙위원 서열 제13위였다.

5 '유일관리제'의 실시

1) 공업관리체계의 중앙집권화과정

북조선에서 소련의 기업관리체계인 이른바 '유일관리제'가 언제부터 실시된 것인지는 확실치 않다.423) 해방 후 각 공장, 기업소는 각 도인 민위원회가 접수하여 그 감독을 받았다고 해도, 잠정적 자치기구로서 공장위원회의 실질적인 관리 아래 놓여 있었다고 할 수 있다.424) 각 지방 사정에 따라 여러 가지 방식의 분권적 관리체제는 점차 중앙집권화되어, 1945년 11월 북조선5도행정국이 설치됨과 동시에, 산업국의 관리 아래로 정리되기 시작하였다. 12월 8일 「산업국 임시조치 시정요강」은 소련군사령부 명령에 의해 북조선 각 도 국유기업의 운영방침, 관리

---

423) 러시아어 edinonachalie의 번역어로서 '단독책임제'라고도 번역되어, '기업장책임제' 또는 중국의 경우 '일장제(一長制)'라 불리는데, 북조선의 경우 초기부터 유일관리제라고 불리어 기업이나 정부기관뿐 아니라 군대에 대해서도 사용되었다. 소련의 경우에 관해서는, Hiroaki Kuromiya, Edinonachalie and the Soviet Industrial Manager, 1928~1937, *Soviet Studies*, Vol.36, No.2, April 1984, 塩川伸明, 『「社會主義國家」と勞動者階級－ソビエト企業における勞動者統轄 1929~1933年』, 岩波書店, 1984, 下斗米伸夫, 『ソビエト政治と勞動組合－ネップ期政治史序説』, 東京大學出版會, 1982을 참조. 중국의 경우에 관해서는, 川井伸一, 「ソビエト官僚制と中國共産黨：一長制の導入と摩擦」, 『アジア研究』 第27卷第4号, 同 「一長制論再考：1954年~55年の論議を中心として」, 高木誠一朗·石井明編, 『中國の政治と國際關係』, 東京大學出版會, 1984 수록, Franz Schurmann, *Ideology and Organization in Communist China*, Univ. of California Press, 1968, William Brugger, *Democracy and Organization in the Chinese Industrial Enterprise*, 1948~1953, Cambridge UP, 1976.

424) 미군 정보문서는 1946년 8월경 "이전에 일본인 소유이던 공장이, 우리 지역에서처럼 운영을 위임받은 전문기업인에 의해 운영되는 대신, 위원회나 노동자 및 관리자 조직에 의해 운영되고 있다"고 파악하고 있었다. "The Acting Political Adviser in Korea(Langdon) to the Secretary of State", *FRUS*, 1946, Vol.Ⅷ, pp.724~725.

자 선정, 운영자금과 각종 자재의 조달, 교류 등은 산업국의 허가를, 기술자의 재배치는 산업국의 직접 지시를 받도록 하고, 각 도인민위원회 산업부관리국 및 국유기업은 산업국의 모든 명령에 복종하도록 규정하였다.[425]

북조선임시인민위원회가 수립되면서 중앙집권화는 한층 더 진행되지만, 그것은 기존 공장관리위원회의 실질적 관할권을 인정한 다음 이루어진 조정과정이었다. 1946년 2월 8일 결성 때 채택된 결정서 제7항에는 "로동운동을 적극 방조하여, 광산, 기업소와 운수업기관에 공장위원회 및 제작소위원회의 광범한 조직망을 설치할 것"을 규정하였다.[426] 1946년 8월 10일 일본인과 민족반역자 소유의 산업, 교통, 운수, 체신, 은행 등에 대한 국유화조치를 계기로 각 도인민위원회 관할하에 있는 각 공장, 기업소는 임시인민위원회 산업국의 통일적 관리체제 밑으로 들어가게 되었다. 북조선 전 산업의 90% 이상에 달하는 1,034개의 공장, 기업소가 국유화되었다.[427] 그러나 1946년 11월경까지는 각 공장 내에서 공장관리위원회가 실질적인 권한을 장악하고 있었다고 생각된다. 김일성은 1946년 11월 25일 북조선임시인민위원회 제3차 확대위원회에서, "열성분자들과 숙련로동자들을 대담히 선발하여 공장관리인으로 등용"할 것, "공장위원회를 강력하게 추동하여" 공장을 감독하고, 국가재산의 낭비, 부당 지출 등을 막도록 할 것을 주장하고 있다.[428] 11월 30일 북조선임시인민위원회결정 제123호 「산

---

425) 「산업국 임시조치 시정요강」, 『북한관계사료집 Ⅴ』, 155쪽.

426) 『해방 후 4년간 국내외 중요일지』, 29쪽. 『조선중앙연감(1950년판)』, 37~38쪽. 임시인민위원 23명 중에는 전평 북조선총국위원장 현창형이 들어가 있다.

427) 북조선 경제의 국유화 상황과 계획경제 실태를 소련 문서를 풍부하게 활용하여 정리한 연구로서, 전현수, 「산업의 국유화와 인민경제의 계획화 : 공업을 중심으로」, 『현대북한연구』 제2권 제1호, 1999. 일제의 소유였다가 소련군 통제하에 놓이게 된 기업소를 비롯한 제기관들 모두가 일시에 북조선임시인민위원회에 이관된 것은 아니다. 121개 광산은 국유화 대상에 포함되지 않았고, 송환된 일본인들의 막대한 소유재산도 그러하였다. 1947년 10월이 되어서야 일본인들 재산 중 일부가 북조선인민위원회에 이관되었다. 전현수, 앞의 논문, 95쪽.

업국 기구개정에 관한 건」, 제124호 「국영기업장 관리령」이 공포되어, 탄광을 제외한 국영기업소는 산업국의 부문별 기구에 의해 관리, 운영되게 되었다. 각 도의 지방분권적 관리조직은 완전히 제거되었다.429) 국영기업장 관리령은 기업책임자의 책임과 권한을 구체적으로 규정, 그 책임사항으로서 생산책임량 완수, 독립채산 실시를, 산업국장 승인 하의 권한사항으로 직제 제정, 직원 정원 및 배치, 운영방침, 사업계획, 예산의 수립, 기업 확장 등을 부여하였다. 단 기업 직원 중 부장 이상 임면 등 인사권은 산업국장에게 맡겨졌다.430) 1946년 말까지 기업소의 소정인원 정원수를 임시인민위원회 재정국에 등록하여 통제를 받도록 하고, 노동자 및 사무원의 임금을 통일적으로 제정하였다.431) 경제의 중앙집권적 계획을 위해 임시인민위원회 내 종래의 기획부가 기획국으로 개편되고, 각 도인민위원회에는 기획부, 시·군인민위원회에는 기획과가 설치되었다.432) 이리하여 행정적 명령경제체제 방식으로 경제를 운영하기 위하여 모든 경제부문에 대한 계획기관 망이 마련되었다. 그러나 제도적 정비만으로 중앙집권적 관리가 정착했다고는 할 수 없다. 기술인력뿐 아니라 기업을 관리할 수 있는 생산 간부의 부족이 심각하였다. 1946년 11월 30일 임시인민위원회결정 제122호 「생산기업장 지배인강습소의 설치에 관한 결정서」가 공포되어, 김일성대학에

---

428) 김일성 「북조선 민주선거의 총결과 인민위원회의 당면 과업-북조선임시인민 위원회 제3차 확대위원회에서 한 연설」, 1946.11.25, 『근로자』 1946.11, 25~26쪽.

429) 박영근, 『우리나라에서의 공업관리조직형태의 개선 강화』, 과학원출판사(평양), 1961, 17쪽. 탄광만은 산업국 산하의 지역석탄관리국에 의해 관리되었다.

430) 「국영기업장 관리령」, 『북한관계사료집 Ⅴ』, 186~187쪽.

431) 박영근, 앞의 책, 18쪽. 1946년 8월 18일 임시인민위원회결정 제66호 「북조선 로동자 및 사무원 봉급에 관한 결정서」, 『북한법령집』 제4권, 대륙연구소(서울), 1990, 299쪽, 1946년 12월 3일 임시인민위원회 포고 제20호 「각 행정기관·국영기업소 및 공리단체 소요인원 정수등록에 관한 건」, 『북한법령집』 제2권, 14~16쪽.

432) 1946년 12월 23일 북조선임시인민위원회결정 제136호 「북조선임시인민위원회 기획국 설치에 관한 건」, 『북한관계사료집 Ⅴ』, 81쪽.

기업소 지배인 강습소를 설치, 기존 기업지배인의 재교육을 위한 2개
월 강습과정 및 생산부문이나 사회단체 중견 간부로부터 새로운 지배
인을 양성하기 위한 6개월 강습과정을 실시하기로 하였다.433) 이 강습
소에서 중앙집권적 기업관리, 나아가 뒤에 실시하게 될 '유일관리제'를
담당할 새로운 인력이 배출되었다.

2) 유일관리제와 당의 행정대행

독립채산제와 유일관리제

중앙국가기구의 수준에서 각 도인민위원회에 분산되어 있던 권한을
중앙으로 집중하는 조치와 함께, 행정적 명령경제체제를 기업의 수준에
서 관철시키기 위한 제도적 정비도 요청되었다. 독립채산제와 유일관리
제는 명령경제체제하에서 기업 관리운영체제의 두 축이라고 말해진다.
북조선에서는 중요산업국유화 조치가 취해지고 나서 당내에서 일찍부
터 유일관리제와 독립채산제를 중시하고 있었다.

북조선에서는 1947년부터 인민경제계획이 수립됨에 따라 우선 독
립채산제를 실시하기 위한 준비작업에 착수하여, 1948년부터 독립채산
제를 확립하기 위한 구체적 조치가 취해졌다.434) 이것은 경제계획에
의해 생산목표가 할당된 매기업 차원에서 계획과제를 책임 수행시킨다
는 측면을 갖고 있었다. 그러나 독립채산제가 쉽게 정착한 것은 아니었
다.435) 격심한 노동력 부족과 빈번한 노동력 유동에 따르는 노동규율

---

433) 2부제로 실시하여 제1부 정원 40명, 제2부 정원 80명으로 하고, 교원은 김일성대
학의 교원이나 임시인민위원회 산업국원 중 기술자, 전문가로 하였다. 특수기
술 과목의 담당기사는 소련군사령부에 청원, 초빙하기로 하였다. 『북한관계사
료집 Ⅴ』, 666~667쪽.

434) 박영근, 앞의 책, 28~29쪽.

435) 김찬, 「독립채산제 문제와 유일관리제」, 『근로자』 1948.12, 여기서는 독립채산
제를 실시하는 데 따른 근본적 문제로서 그 조건인 유일관리제의 무시를 들고

의 이완, 기업, 공장을 관리, 운영할 수 있는 간부나 기술인력의 부족, 분권적 자치관리로부터 중앙집권적 관리로의 급속한 이행 등 여러 요인이 작용하여, 기업관리에서 무규율, 무책임은 전반적인 현상이 되었다.

유일관리제는 이러한 전반적 무질서와 무규율을 시정하기 위해 실시되었다.436) 또한 중요산업국유화 조치에 따라 주요 기업체의 대부분이 임시인민위 관할 아래 들어감에 따라 이를 관리할 체제를 갖추는 것도 시급한 일이었다. 상부의 산업국에 기업 관리운영의 권한이 집중됨에 따라 생산과제 수행이라는 책임만을 지고 있던 하부의 기업지배인에게 더 많은 권한을 부여하여, 기업장 단위로 노동자에게 규율을 강제시킬 수 있도록 하기 위한 목적이었다. 따라서 당내에서 유일관리제는 일찍부터 강조되고 있었다. 국유화 조치 직후인 1946년 10월경 당중앙상무위원회는 국영기업에서 단체계약 체결과 관련하여 관리인들이 유일관리제를 제대로 이해하지 못하고 있다는 지적을 하고 있다.437) 무엇보다도 1947년부터 계획경제를 실시하기 시작하였지만, 실제 국영산업의 실적은 예상을 크게 밑돌고 있었다. 1947년 1~4반기 국영산업 생산실적을 보면, 예정숫자 실행의 생산능률은 계획의 76%밖에 달성하지 못하였다. 당중앙상무위원회는 1947년도 경제계획의 예정숫자를 달성하기 위해서는 유일관리제를 철저히 실행하고, 독립채산제를 보장하기 위한 정연한 재정계획이 수립되어야 한다고 결정하고 있다.438) 또

있다.

436) 노동규율을 확립하기 위해 유일관리제의 철저한 실시를 처음으로 주장한 논문은 김장열, 「2개년 인민경제계획과 로동규률」, 『인민』 1949.9, 83쪽. 정일룡, 「기업소에서의 로동규률과 유일관리제의 강화를 위하여」, 『인민』 1950.1. 산업성부상 정일룡도 노동규율의 확립을 유일관리제의 실시와 직접 결부시키고 있다.

437) 「단체계약 체결진행에 대한 정형 보고에 관하여―북조선로동당 중앙상무위원회 제7차 회의 결정서 1946.10.8」, 『결정집 1946.9~1948.3 북조선로동당 중앙상무위원회』, 20쪽.

438) 「국영산업 제1―년도 인민경제 부흥과 발전에 대한 예정숫자에서 상반년 총결에 대한 북조선인민위원회 결정 실행에 있어서 당단체의 협조에 관하여―당중앙위원회 제9차 회의 결정서 1947년 7월 25일」, 『결정집 1946.9~1951.11 당중앙

한 당중앙위원회는 1947년도 상반기 경제계획 실행실적을 총결하면서
도 유일관리제와 독립채산제의 실시를 강조하고 있다.439)

그러나 이러한 당 내부 문건을 보아도, 유일관리제 실시를 강조만
히고 있지, 그 실행상황이나 문제점, 나아가 해결방안을 구체적으로 지
적하고 있지는 못하였다. 유일관리제는 내부적으로 강조되고 있었을 뿐
이지, 이를 전반적으로 실시하기 위한 여건을 갖추지는 못했던 듯하다.
계획경제를 실시할 만한 경험은 물론이고, 무엇보다도 국영기업을 관리
할 수 있는 인적 자원이 부족하였다. 이 시점에서는 아직 유일관리제를
국영기업을 전반적으로 관리할 공식체계로 인정했다고는 보기 어렵다.
대외적으로 북조선의 공식문헌에서 '유일관리제'라는 표현이 최초로 등
장한 것은, 『근로자』 1948년 12월호에 게재된 당시 소련계 조선인으로
서 중앙은행총재 겸 재정성부상 김찬의 논문 「독립채산제 문제와 유일
관리제」였다. 이 논문은 제목과는 달리 유일관리제에 관해서는 글의 말
미에 약간 언급한 정도로, 아직 독립채산제를 위한 필요수단으로밖에
취급하지 않았다.440) 유일관리제를 전면적으로 도입, 실시하는 데는
매우 신중했다고 할 수 있다.441)

위원회』, 38~41쪽. 1947년 상반기에도 산업생산실적에서 국영기업은 88%에 머
물렀으나, 2~4반기에는 1~4반기에 비하여 생산실적이 급격히 향상되었다고
평가하였다.

439) 「1947국영산업 제1~4반기 예정숫자 실행결과에 대하여―북조선로동당 중앙상
무위원회 제34차 회의 결정서 1947.5.17」, 『결정집 1946.9~1948.3 북조선로동당
중앙상무위원회』, 217~221쪽.

440) 김찬, 앞의 논문, 91쪽.

441) 김찬은 독립채산제 실시와 관련한 주요수단으로서 '생산협의회'를 들고 있다.
생산협의회는 기업 내 기술자, 기사, 노동자로 구성되며, 지배인이 직업동맹과
협의하여 소집하는 기구로 규정되었다. 그 기능은 정기적으로 소집되어 생산과
관련된 구체적인 문제에 대해 협의하는 것이었다. 생산협의회는 생산기술 향상
을 목적으로 생산과 관련된 구체적 과제를 해결한다는 점에서, 전체 기업에 공
통되는 문제를 해결할 것을 목적으로 하는 기업의 '종업원총회'와는 구별되는
존재였다. 김찬, 앞의 논문, 83쪽.

'당의 행정대행' 문제

당단체가 사회 전체의 구석구석까지 조직되어 당사업 범위가 행정, 경제, 사회의 전 부문에 미치게 됨으로써, 원래의 사업명령 계통과 당명령 계통의 이중적 계통이 확립되자, 양계통 간의 역할 구분이나 권한의 우열 등 여러 문제가 발생하였다. 이른바 '당=국가체제'의 보편적 현상이 일찍부터 북조선에서도 생기고 있었던 것이다. 이미 1947년도 인민경제발전계획이 발표되어 공장, 기업소의 당단체와 농촌의 당단체에 예정 계획을 완수시킬 책임이 부과되면서, '당의 행정대행' 문제는 당내에서 지적되기 시작하였다. 나아가 이 문제가 본격적으로 거론되어 비판받은 것은, 2개년 인민경제계획이 실시된 1949년 초부터였다.[442] 『근로자』 1949년 1월 15일호에 당조직부장 김열이, 다음 호인 1월 31일호에는 함경남도당위원장 박영이 논문을 게재, "당이 관리기관 사업을 대행하고자 하는 경향"을 문제 삼고, "당사업을 행정화"하여 "행정관리 측에 간섭"하는 방식을 비판하였다.[443] 뒤에 가서 설명하겠지만, 이 문제는 유일관리제의 실시 여부와 얽히면서 당내 갈등으로 이어진다. 2월 12~13일 당중앙위원회 제5차 회의에서 허가이와 김책의 보고를 통하여 이 쟁점은 공식화되고, 결론에서 김일성도 이 문제를 인정하였다.[444] 당이 행정에 간섭하거나, 그것을 대행해서는 안 된다는 경고는 당의 매체를 통해 빈번해졌다. 이러한 경고는 이미 그와 같은 현상이 일

---

442) 권두론, 「현단계에서의 당사업에 대하여」, 『근로자』 1947.3, 31쪽.

443) 김열, 「당사업 지도방법에 대한 몇 가지 문제」, 『근로자』 1949.1.15, 13·15쪽 ; 박영, 「중앙위원회 제3차 회의 결정 집행을 위한 함남도 당단체의 투쟁」, 『근로자』 1949.1.31, 53쪽.

444) 허가이, 「북조선로동당 하급 당단체(세포·초급당·면당)의 9개월간 사업총결에 관한 총화와 당지도사업의 강화에 대하여」, 『근로자』 1949.3.15, 김책 「조선민주주의인민공화국 1949~50년도 2개년 간 인민경제계획 실시에 있어서의 당단체의 과업에 대하여」, 앞의 책 수록. 김일성, 「당단체 사업을 개선, 강화할 데 대하여—북조선로동당 중앙위원회 제5차 회의에서 한 결론」 1949.2.13, 『김일성 저작집』 제5권, 62~64쪽.

상화되었다는 사실의 반증이기도 하였다. '당=국가체제'의 전형인 소련을 모델로 국가건설이 진행되어 왔고, 당이 국가도 포함하여 사회 전체를 지도하는 '전위조직체'라고 위치가 지어진 이상, '당의 국가화'는 피할 수 없는 것이지만, 그것은 공식적으로는 인정되지 않았다. 당에는 국가행정도 지도할 수 있는 '특별한' 위치가 주어지고 있으나, 동시에 당은 국가와 같이 권력에 기초를 둔 행정명령의 방법을 쓰지 않고, 사회단체로서 대중의 자발적 동원방식을 써야 한다는 원칙이 견지되었다. 당의 행정 간섭이나 대행의 문제는 기본적으로 제도의 문제가 아니라, 당활동방식의 문제로 취급되었고, 또한 그 원칙이 견지되는 한 그럴 수밖에 없었다.

유일관리제를 둘러싼 논란

1949년에 들어와서 유일관리제는 우선 당 측에서 제기되기 시작하였다. 소련계인 함경남도당위원장 박영은, 도당단체의 당사업 경험에 관한 논문에서 "당이 관리기관 사업을 대행하려 하는 경향"을 엄격히 비판, 1948년도 인민경제계획 실행과정에서 얻은 경험은 "생산직장 내 당단체를 강화하며, 유일관리제를 확립하고, 관리 측 명령계통을 엄격히 수립함으로써, 생산을 보장할 수 있다는 당중앙위원회의 방침이 정확하였다는 것을 확증"한다고 주장하였다.[445] 유일관리제에 관한 당중앙위원회의 방침이 있었는지 어떤지는 분명치 않지만, 이것이 당사업 차원에서 유일관리제를 주장한 최초의 예이다. 함경남도는 북조선에서 가장 중요한 공업지대였던 만큼, 박영의 언급은 영향력을 가지고 있었다고 할 수 있다. 특히 당의 관리대행에 대한 비판의 일환으로 유일관리제를 강조한 것은 유일관리제 실시에 대하여 당 측에서 반발했을 가능성을 시사한다. 박영의 논문은 유일관리제 실시와 관련하여 당내에 갈등이

---

445) 박영, 「중앙위원회 제3차 회의 결정 집행을 위한 함경남도 당단체의 투쟁」, 『근로자』 1949.1.31, 53쪽.

생기고 있었을 가능성을 암시하였다. 이때까지 "유일관리제를 확립한다
는 당중앙위원회의 방침"이 공개적으로 발표된 적은 없기 때문이다.

1949년에 들어서서 경제건설에서 당단체의 역할과 관련, 당의 행정
사업 대행에 대한 비판이 활발해지자, 앞에서 언급했듯이 2월 12~13
일 당중앙위 제5차 회의에서도 중심의제의 하나로 제기되었다. 이 회의
에서는 허가이와 김책이 보고를 하고, 김일성이 결론을 맺었다.446) 허
가이의 보고 내용은 문제의 소재를 "당사업의 행정화"에 있다고 보고,
광범한 당조직과 당원을 정치적으로 발동하기보다 행정사업과 같이 상
부로부터의 지시, 명령에 의해 행정적으로만 움직이려 한다고 비판하였
다.447) 그는 당의 행정대행이나 간섭 등 월권의 문제는 언급하지 않고,
원인을 당의 사업방식 문제로 받아들이고 있었다. 이에 반해서 산업상
김책은, 당단체의 주요 결점의 하나는 "행정사업을 직접 대행"하는 데
있다고 지적하여, 생산직장당단체의 결점 중 하나는 "상급 당기관의 지
지와 결정"을 보다 중시하고, "행정기관의 결정과 지시"를 소홀히 취급
하는 경향이라고 비판하였다.448) 그는 허가이와 달리 사태를 당 측과
행정 측 사이의 권한의 한계 문제, 즉 어느 쪽의 권한이 우위인가의 문
제로써 파악하고 있었다. 그러나 김일성의 결론 내용은 허가이의 의견
을 그대로 받아들인 것이었다. 그는 "당단체들은 모든 생산단위에 빠짐
없이 당원들을 배치하여, 당원이 없는 생산단위가 없도록 하며, 특히 어
렵고 힘든 생산부문에 우수한 당원들을 배치해야" 한다고 말했다.449)
이 회의에서 당사업의 책임을 지고 있는 허가이를 포함하여 아무도 유
일관리제 실시를 주장하지는 않았다. 1949년 2월 당중앙위원회 제5차
회의에서 결정된 방침은 경제부문에 대한 당의 지도를 더욱 강화하는

---

446) 허가이, 앞의 글, 김책, 앞의 글, 김일성, 앞의 글, 『김일성저작집』 제5권, 49~70
　　쪽.
447) 허가이, 앞의 글, 7~9쪽.
448) 김책, 앞의 글, 32쪽.
449) 김일성, 앞의 책, 62~63쪽.

것이었다. 허가이의 주장이 관철된 것이다.

제5차 회의 후 수풍발전소, 황해제철소, 흥남비료공장 등 52개 주요 공장, 기업소에 당중앙위원회의 '당조직원제'를 실시하게 되었다. 당중앙에서 파견된 당조직원에게는 해당 공장, 기업소의 딩위원장을 겸임하여, 당의 조직, 사상사업과 경제사업에 대한 지도 등 당사업 전반을 직접 장악, 지도할 권한이 부여되었다.450) 당조직원은 명칭에서 나타나듯이 당조직위원회에 직속한다고 보이는데, 당조직위원회를 장악하고 있는 허가이가 주요 기업에 대하여 영향력을 직접 행사하는 것을 의미하였다. 그것은 무엇보다도 유일관리제 실시를 주장하는 움직임에 역행하는 조치이고, 이들 기업에 대한 제1차적 책임부서인 산업성에 대한 견제이기도 하였다. 당시 당조직위원이던 허가이, 김열, 박창옥, 박영성이 제5차 회의 방침에 따라 당조직위원회를 통해 이 제도를 추진했을 것이다.

이리하여 생산부문 내 당사업의 책임을 지는 당노동부장 박영성도 『근로자』 1949년 4월 15일호에서 당중앙위 제5차 회의와 관련, 생산부문 내 당단체의 행정대행이나 지배인에 대한 간섭을 비판하였지만, 아직 이때에는 '유일관리제'에 대해서는 언급하지 않고 있었다.451) 한편 당시 당사업에 관해 가장 활발히 발언하고 있던 박창옥, 김재욱, 김열과 그 밖의 소련계 당간부도 마찬가지였다. 1948년경부터 당사업을 장악해 온 소련계의 다수는 유일관리제를 당 영향력의 축소로 받아들여 이를 지지하지 않았다고 생각된다. 유일관리제란 공업부문의 공장, 기업소 전체를 관장하는 산업성의 권한 확대를 의미했기 때문이다. 다만 같은 소련계라 해도 김찬은 재정부문의 실무책임자로서, 박영은 공업지역의 당책임자로서 유일관리제의 필요성을 적극적으로 주장했을 것이다.452)

---

450) 『조선전사』 제24권, 185~186쪽.

451) 박영성, 「생산직장 내 당단체들은 어떻게 사업할 것인가」, 『근로자』 1949.4.15일.

452) 소련계라 해도 하나로 결속한 것은 아님을 말해 준다. 특히 박영은 도당위원장의 입장이면서 허가이가 대표하는 당의 입장을 비판한 것이 주목된다.

다시 박영이 유일관리제를 거론하고 나섰다. 그는 『근로자』 1949년 5월 31일호에서 "유일관리제 원칙을 철저히 준수하여 관리측 명령계통을 철저히 확립함으로써 직장규률을 강화하며, 행정간부들의 사업을 일상적으로 적극 방조하여야 한다"고 썼다.453) 그는 생산직장 내 당단체가 유일관리제를 침범하는 사례를 구체적으로 들고 비판하여, 자기 담당지역인 흥남의 5대공장에서는 그와 같은 경향과 "사상투쟁"을 한 결과, 관리명령 계통이 확립되기에 이르렀다고 주장하였다.454) 당내에서 박영에 동조하여 유일관리제를 지지하는 의견을 편 것은, 10월이 되어서 신임 당노동부장 김인춘이었다. 그는 흥남비료공장 당단체는 전체 노동자에게 '유일관리제'의 철저한 집행과 행정규율을 강화하는 사업에 당적 관심을 기울인 결과, 증산목표를 수행했다고 하였다.455) 그는 직업동맹사업을 간섭하거나, 대행하는 경향을 물리치고, 독자성을 보장해야 한다고도 썼다.456) 전임 당노동부장 박영성의 사업방식에 대한 비판이었다. 박영성의 해임은 시기적으로는 남북로동당의 합당을 계기로 이루어진 것이지만, 그 이유는 노동부문의 제반 문제에 대한 책임 및 유일관리제 실시와 관련되어 있다고 생각된다. 그는 1948년 9월 당중앙위원회 제3차 회의에서 당상무위원이 되고, 조직위원회가 신설되자, 조직위원이 되었으며, 직업동맹의 중앙상무위원, 소비조합총연맹의 중앙상무위원도 겸직했던 만큼, 그의 사임은 정치적 의미를 띠고 있었다. 신임 당노동부장 김인춘은 당중앙위원도 아니었던 만큼, 이 인사는 당노동부의 위상 저하이기도 하였다. 1948년 9월 박영성이 당조직위원에 취임한 것은 허가이의 세력 확대와 밀접히 연결되어 있었기 때문에, 당의 행정대행이 전반적인 문제로 떠오르고 있는 상황에서 박영성의 교체는 허

---

453) 박영, 「당정치사업을 강화함으로써 경제과업을 정치적으로 보장하자」, 『근로자』 1949.5.31, 19쪽.

454) 박영, 위의 논문, 21쪽.

455) 김인춘, 「4·4분기 계획량 초과 달성을 위한 당단체의 투쟁」, 『근로자』 1949.10.31, 65~66쪽.

456) 김인춘, 위의 논문, 72쪽.

가이의 상대적 후퇴를 뜻하였다. 흥남비료공장이 대표적인 경우로 예시
된 것은 흥남 지역이 갖는 비중을 말해 준다.

　그러나 『근로자』지를 통해 유일관리제에 관한 논의가 진행되고 있
는 사이에, 관리 측이나 그것을 대변하는 입장인 정부 측에서는 유일관
리제에 대해서는 침묵하면서 독립채산제의 완전한 실시만을 주장하였
고, 겨우 1949년 9월경부터 유일관리제를 주장하는 의견이 나오기 시
작하였다.457) 당사자인 산업성이 전면에 나서지 않은 것은 이 쟁점이
매우 미묘한 정치적 성격을 띠고 있었기 때문일 것이다.

유일관리제의 전면적 실시

　유일관리제를 공식정책으로 표명한 것은, 1949년 11월 19일 산업
부문, 경제 및 직맹 열성자대회에서 한 김일성의 연설이었다.458) 김일
성이 연설에서 유일관리제를 언급한 것은 이것이 처음이었다. 연설에서
는 산업부문의 여러 문제점을 지적하고, 그 개선을 위해 노동력 유동성
방지와 노동규율 확립, 유일관리제 실시 등을 주장하였다. 이후 유일관
리제는 기업관리체계로서 공식성을 획득하였다.459) 김일성이 당중앙

---

457) 최고인민회의 제2차 회의에서 한 국가계획위원장 정준택의 보고는 독립채산제
　　를 완전히 실시할 것만을 주장하였다. 정준택, 「조선민주주의인민공화국 북반
　　부의 인민경제 부흥발전을 위한 1948년 계획 실행 총결과 1949~50년 2개년계
　　획」, 『인민』 1949.2, 66쪽. 같은 내용은 재정부상 리장춘의 논문 「2개년 인민경
　　제계획과 기업재정」, 『인민』 1949년 4월호에서도 보인다. 노동규율의 확립을 위
　　해 유일관리제의 철저한 실시가 요구된다는 것을 처음 주장한 논문은, 김장열,
　　「2개년 인민경제계획과 로동규률」, 『인민』 1949.9, 83쪽. 방침이 확정된 후 정부
　　측을 대표하는 견해는, 산업부상 정일룡의 「기업소에서의 로동규률과 유일관리
　　제의 강화를 위하여」, 『인민』 1950.1.

458) 「산업부문, 경제 및 직맹 열성자대회에서 진술한 김일성 수상의 총결 연설」,
　　『근로자』 1949.11.30, 로동당중앙본부선전선동부, 『새로운 환경과 새로운 조건
　　에 있어서 새로운 사업방식』, 조선로동당출판사(평양), 1950, 조선로동당중앙본
　　부선전선동부, 『로력 류동성의 방지를 위하여 무엇을 해야 할 것인가』, 로동당
　　출판사(평양), 1950.

459) 정일룡, 「기업소에서의 로동규률과 유일관리제의 강화를 위하여」, 『인민』

위원회라는 공식집회가 아니라 대중집회를 택하여 발언한 것은, 당내에서 허가이와의 직접적 충돌을 피하고, 당 밖에서 그 실시를 기정사실화하기 위함이었다.

여기서 김일성은 산업의 일부 부문에서 계획목표가 달성되지 못한 것을 비판하고, 그 가장 주된 이유를 격심한 노동력의 유동성에서 구하고 있다. 예컨대 야금부문에서는 1949년 초부터 9개월간 많은 새로운 노동자를 받아들였지만, 같은 기간에 공장을 떠난 노동자도 적지 않았다. 황해제철소의 경우, 1949년 8월 공장에 들어간 노동자는 7백 명인데, 주택이나 식사 조건의 미비로 2~3일 안에 4백 명이 공장을 떠났다. 그 대책은 두 방향에서 취해졌다. 첫째로 노동자에 대한 물질적 조건의 보장이었다. 도급임금제의 실시는 이미 1947년부터 중시되어 왔지만, 다시금 그 중요성이 강조되어 탄광노동, 조강노동 등 일부 중노동의 임금 등급을 높이는 조치가 취해졌다. 노동자를 위한 주택건설이 한층 적극적으로 진행되었다. 더욱이 노동자를 위한 식료공급을 원활히 하도록 기업소 내에 '노동공급부'를 설치하여, 기업마다 소채, 목축 등 부업경영을 의무화했다. 둘째로 공장 내 질서를 확립하기 위해 유일관리제를 전면 실시할 것, 노동규율을 확립하기 위해 노동 내부질서 표준규정을 제정할 것 등 조치가 이어졌다.460)

김일성은 "유일관리제라 함은 상으로부터 기능공에 이르기까지 계획의 량적 및 질적 실행을 보장하는 전 사업과정에 대한 완전한 책임을 져야 한다는 것을 의미"한다고 정의하고, "상부 지도자의 지시와 명령을 두말없이 제 기한에 실행하는 사업작풍을 확립하여야" 한다고 주장하였다. 그는 사회주의단계와의 관련을 의식하여, "유일관리제와 엄격한 규률은 인민민주주의 원칙에 위반되는 것이 아니라", "민주주의인민공화국의 산업발전은 유일관리제의 원칙과 엄격한 로동규률을 준수함으로써만이 가능"하다고 이를 정당화하였다.461) 유일관리제는 당과의 역할

1950.1.

460) 위의 연설, 『근로자』 1949.11.30, 3~6쪽.

관계, 직업동맹과의 관계 등 문제가 있어 신중히 도입되고 있었으나, 이 시점에서 공식화되어 당 차원에서는 1개월 뒤인 12월 18일 당중앙위원회 제2차 정기회의에서 허가이의 보고 및 이에 관한 토의에 기초하여 채택된 결정서를 통해 확인된다.

김일성이 낸 방침에 따라 유일관리제 실시를 위한 제반의 제도적 정비가 꾀해졌다. 우선 종래의 1947년 8월 20일 북조선인민위원회 노동국이 공포한 「기업소, 사무소 내부정리규칙」을 1950년 1월 31일 내각결정 「국가기관, 사회단체, 협동기관, 기타 일반기업소 및 사무기관의 노동자, 사무원에 대한 로동 내부질서 표준규정」으로 개정하였다.462) 노동자에게 노동수첩 소지를 의무화하고, 채용 및 해고사항을 기입시켜, 직장책임자에게는 수첩의 소지자만을 채용하도록 하였다. 노동자의 의무를 상세히 규정하여, 노동규율의 위반자에게는 감금까지의 책벌을 적용시키고, 결근이나 지각 등 근무태만에는 식료배급량의 삭감을 가지고 대처하도록 하였다. 노동자의 이동을 제한하여 노동규율을 더욱 엄격히 하는 조치였다. 직장책임자의 의무로는 "로동규률을 공고히 하여, 철저한 유일관리제를 실시할 것"을 규정하였지만, 이것은 노동자에 대한 권한의 강화를 의미하였다. 특히 새로운 표준규정은 그 적용에서 직업동맹의 권한을 전혀 명시하지 않은 점에서, 그 실시에 직업동맹의 동의를 조건으로 한 종래 것과 근본적인 차이를 보이고 있다. 유일관리제가 전면적으로 실시됨에 따라 무엇보다도 직업동맹의 권한이 약화된 것이다.

1950년 3월 15일에는 내각결정 「단체계약 체결에 관한 결정서」가 공포되어, 새로운 「표준단체계약서」에 기초를 둔 단체계약 체결이 의무화되었다.463) 새로운 단체계약의 체결은 국가적 생산계획의 실행 및

---

461) 위의 책, 7쪽.

462) 1947년 8월 20일 노동국규칙 제8호 「기업소, 사무소 내부정리규칙」, 『북한법령집』 제4권, 279~282쪽, 1950년 1월 31일 내각결정 제27호 「국가기관, 사회단체, 협동기관, 기타 일반기업소 및 사무기관의 로동자, 사무원에 대한 로동 내부질서 표준규정」, 앞의 책, 283~287쪽.

초과실행이 그 제1차적 목적이 되어, 단체계약의 내용에는 생산량 증가율, 노동생산성 증가율, 원가 저하율, 설비이용 증가율 등 국가생산계획의 과제가 구체적으로 규정되었다. 또한 노동자 과실로 인해 최저의무의 생산정량을 완수할 수 없는 경우, 그 생산제품의 수량과 질에 따라 임금을 지불하도록 하였다.464)

당초 유일관리제 실시의 필요성은 노동력 부족상황에 따르는 노동규율 이완이나 높은 노동유동성 등 문제를 해결하기 위하여 산업부문의 내부사정으로부터 제기되었지만, 이 시기에 와서 실시를 단행한 것은 지도부 내에서 전쟁 개시 방침이 굳혀지고 있었기 때문이라고 추측된다. 전쟁에 대비하여 고도의 동원체제를 유지하기 위해서는 새로운 산업관리방식이 요구되었을 것이다. '유일관리제'라는 명칭이 산업부문뿐 아니라 군대에도 적용된 것은 그 관련성을 짐작케 한다. 아직 북조선과 소련 및 중국의 교섭이 전쟁 개시에 완전히 합의한 단계는 아니었지만, 적어도 북조선 지도부 내에서는 그 방침이 대세가 되었다고 생각된다. 유일관리제 실시에 반대해 온 허가이도 실시를 받아들이게 된 것이다.

유일관리제와 당

1949년 12월 18일 당중앙위원회 정기회의에서 허가이는 보고를 통해 경제부문에 생기고 있는 여러 문제를 엄격히 지적하고, 당이 경제문제에 더 주의를 기울이도록 촉구하였다.465) 이것은 수상 김일성이 11

---

463) 1950년 3월 15일 내각결정 제56호 「단체계약 체결에 관한 결정서」, 『북한법령집』 제4권, 270~278쪽.

464) 최저의무의 생산정량을 정하고, 거기에 임금을 연동시킨 것은, 1949년 12월 27일 내각결정 제196호 「로동자 임금적용에 관한 규정」이다. 앞의 책, 308~311쪽. 새로운 단체계약에서는 직맹의 권한이 약화되었다고는 해도 아직 광범한 권한이 남겨져 있었다.

465) 허가이, 「2개년 인민경제계획 실행을 위한 투쟁에 있어서 산업부문 내 당단체들의 사업개선을 위한 방침에 관한 보고」, 『근로자』 1949.12.31. 이 회의에서 허가이의 보고에 따라 해당 결정서가 채택되었다. 『근로자』 1950.6.30, 109쪽.

월 30일 산업부문, 경제 및 직맹 열성자대회에서 제기한 문제를 당 차
원에서 재확인하고, 그 해결을 위해 당이 경제부문에 더욱 주력할 것을
주장한 것이다. 김일성의 연설이 유일관리제 강화를 주장한 데 대해, 허
가이의 보고는 유일관리제 강화를 전제로 하고는 있었지만, 유일관리제
는 거의 언급하지 않고, 당 역할의 확대만을 강조하였다. 당 역할의 확
대와 유일관리제의 강화 사이에 있을 수 있는 모순은 말하지 않고, 당이
경제부문에 대한 활동을 적극화함으로써 유일관리제를 강화하는 데 노
력해야 한다는 논리를 전개하였다. 1949년 초부터 유일관리제가 논의
되는 가운데 당의 실권자로서 그가 침묵을 지켰던 것은 그것을 지지하
는 입장이 아니었음을 말해 주지만, 그 실시가 확정된 이상 유일관리제
에 의해 당의 권한이 손상되지 않도록 한 것이다.

그러나 당 역할의 확대를 주장했다고 해도, 허가이의 보고는 종래
산업부문 내 당사업에 대한 자기비판의 성격을 띠지 않을 수 없었다. 그
는 상급당의 결정이나 지시를 전하고, 규정상의 통계를 접수하는 것만
으로 당사업이 끝났다고 간주하는 것, 생산이 뒤떨어지더라도 원인을
추궁하지 않거나, 당원들에게 생산과제 수행을 위해 구체적 과업을 분
담시키지 않는 경향을 비판하였다.466) 그런데 그가 주장하는 당 역할
의 확대는 구체적으로 당활동방식상의 새로운 제도화나 당부서 편제상
의 변화를 수반하는 것은 아니었다. 그는 변화를 촉구하면서 생산실적
을 높이기 위해 바람직한 당활동방식을 다음과 같이 구체적으로 지시하
고 있다. 생산문제를 당분조에서 공장당위원회에 이르기까지 모든 당단
체의 토의대상으로 할 것, 각 생산부문에서 당원들의 주도적 역할을 보
장하고, 노동규율의 준수나 생산계획과제 수행에서 당원들이 모범을 보
이도록 할 것, 당원으로서 노동규율 위반이나 불합격품 생산 등으로 손
해를 준 경우, 국가법령이나 당규율 위반자로서 엄중히 처벌할 것, 공장
에서는 교대반이나 주요 직장, 작업에 당원의 역량배치를 적절히 하여,

---

466) 허가이, 앞의 보고, 30쪽.

생산의 각 부문에서 당의 영향력이 미치도록 할 것, 직접 생산에 참가하고 있는 노동자 당원을 적극적으로 당사업에 참가시킬 것, 당원들이 선두에서 전체 노동자나 기술자를 광범하게 증산경쟁운동에 참가시키고, 운동을 더욱 활성화할 것, 불량품 생산이나 무단결근, 근무태만, 직장이탈 등을 공개적으로 비판하는 대중정치사업을 전개할 것 등이다. 특히 중요한 지시사항은 생산직장 내 당원들의 당에 대한 충실도는 생산책임의 실행 여하로써 평가하도록 하고, 2개년 인민경제계획 완수를 모든 당단체의 첫째 과업으로 삼아, 생산기업소가 월간, 각 4분기 및 연간계획을 반드시 완수하도록 보장하는 것이었다.467) 즉 생산실적과 당간부 인사를 결부시키는 정책이었다고 할 수 있다.

어떻든 이 정기회의에서 채택된 결정서는 유일관리제를 엄격히 준수할 것을 강조하였다.468) 따라서 생산부문에 대한 당사업 강화는 유일관리제 강화라는 원칙을 전제로 진행되었다. 행정기관 내 초급 당단체는 해당기관 내 사업상황과 결산사업의 보고를 기관 책임간부로부터 청취하여 지시를 내리는 사업방법을 취하는 것은 금지되고, 그것은 당사업이 행정사업에 간섭, 대행하는 행위로 간주되고 있었으나, 이 원칙은 생산기업소의 경우에도 적용되었다고 여겨진다.469) 이와 같이 생산부문에서 당 역할 확대는 그 구체적 제도화가 뒤따르는 조치가 아니었다. 생산을 향상시키기 위한 주요 조치로서 당단체가 당원들을 각 생산부문에 적절히 배치하도록 지시한 점에서, 당단체가 기업 내 당원에 대한 인사문제에 영향을 미치고 있음을 알 수 있다. 다만 기업 내 최종적인 인사권은 구체적으로 상급 관리기관의 성·국이나 유일관리제의 책

---

467) 허가이, 위의 보고, 36~38쪽.

468) 「2개년 인민경제계획 실행을 위한 투쟁에 있어서 산업부문 내 당단체들의 사업개선 방침에 대하여─당중앙위원회 제2차회의 결정서 1949.12.18」, 『결정집 1946.9~1951.11』, 113쪽.

469) 서응선, 「당 초급단체 사업방법에 대한 몇 가지 문제」, 『근로자』 1950.1.15, 36~37쪽 ; 박두일, 「사무기관 내 초급 당단체 사업에 대한 몇 가지 문제」, 『근로자』 1950.2.15.

임자로서 지배인이 나눠 갖고 있었다고 보인다.

허가이의 보고에 따라 1949년 12월 당중앙위 정기회의에서 채택된 '방침'에 의해 생산부문 내 당세포가 전면적으로 재조직되었다. 당초급단체(세포, 분세포)를 하나의 생산직장 내에서도 과, 세원, 작업반, 및 교대별로 조직하기로 하였다. 당활동을 생산에 연결시키기 위해 당단체의 조직원칙을 생산조직에 맞추는 조치였다.470) 세포조직에 대한 권한을 통하여 생산부문의 당단체 책임자는 기업 내 당원에 대한 인사에 영향을 미칠 수 있었을 것이다.

해당기관의 행정책임자와 당위원장의 권한관계에 관해서는, 이미 당중앙상무위원회결정 「사무기관 내 북조선로동당단체사업」(일시 불명)이 제정되어 있었다.471) 당사업의 행정기관 대행문제가 빈번히 발생하면서, 이에 대처하기 위한 지침으로서 당중앙에서 나온 것으로 해석된다. 이 결정은 원래 생산직장 및 농촌의 초급 당단체와 사무기관 내 초급 당단체의 활동상의 특성을 엄격히 구분하는 조치였다. 우선 행정, 경제기관사업은 해당급 당기관(시, 또는 도당)이나 그 상급 당기관에 의해 그 기관 내의 당원인 책임자를 통하여 지도, 감독하게 되어 있었다. 해당기관의 전체 문제에 관해 그 책임간부를 호출하여 사정을 청취하고, 그에게 직접 지시를 내리는 사업방법을 취해서는 안 되도록 하고 있었다. 행정, 경제기관의 책임자가 해당기관의 당위원장보다 상위에 있었기 때문에, 해당 당위원장이 직접 행정내부사업을 검열할 권한은 없었다. 이에 대해 생산직장 및 농촌 당단체의 경우, 해당 직장 및 농촌 내 사업계통 전체에 대한 문제를 취급, 해당기관의 관리, 지도문제를 직접 책임당원에게 위임할 수 있게 되어 있었다.472) 다만 유일관리제 실시에 따라 공장당위원회의 경우, 앞의 경우와 같은 사업원칙에 따르게

---

470) 박윤민, 「면 당부 및 초급 당부 사업 강화를 위한 강원도 당단체의 조직적 지도 사업」, 『근로자』 1950.6.30, 110쪽.
471) 박두일, 앞의 논문, 116~119쪽.
472) 박두일, 위의 논문, 117~118쪽.

되었다. 공장당위원장이 직접 공장 내부사업을 검열하는 방법은 취할 수 없게 한 것이다.

생산부문에서 유일관리제가 공식 선언되면서 당의 행정대행 문제는 더욱 비판받게 되었다. 그것은 활동방식의 문제로 파악되었기 때문에, 당연히 '옳은 방식'이란 무엇인가가 문제되지 않을 수 없었다. 행정대행에 반대되는 당의 '옳은 활동방식'이란 '정치적 지도방식'이라 불렸다. 그것은 "광범한 대중에 대한 정치공작"이라고도 말해지고, 경제기관의 사업에 대한 쓸데없는 간섭이나 대행으로부터 벗어나는 것이 경제에 대한 올바른 당 지도방법으로 정의되었다. 산업부문 내 당단체에 가장 절실한 과제는 "당 정치사업과 경제사업을 옳게 결합하는 것"이라고 주장되었다.[473]

3) '증산경쟁운동'과 공장관리체계

증산경쟁운동의 개시

대중적 규모로 증산경쟁운동이 언제 개시된 것인지는 확실치 않지만, 북조선임시인민위원회가 결성된 이후였다고 생각된다. 기록상으로는 1946년 2월 7일 철도노조 평양분회에서 종업원대회를 열고, '생산돌격주간'을 설정, 해방 후 저하한 생산을 만회하기 위해 광범한 생산경쟁운동을 내세우고 있다.[474] 공산당분국 차원에서는 2월 15일 제4차 확대집행위원회의 결정서에서 '노동영웅운동'을 조직하기로 하였다.[475] 같은 해 3·1절을 기념, 생산돌격운동이 행해졌다는 기록도 있다.[476]

---

473) 윤군창, 「당 정치사업과 경제사업을 옳게 결합시키자」, 『근로자』 1950.2.15, 24쪽.
474) 『해방 후 4년간 국내외 중요일지』, 27쪽.
475) 『당의 정치노선 및 당사업 총결과 결정』, 24쪽.
476) 김민도, 「민주주의 로동규률의 강화에 대하여」, 『근로자』 1948.7, 76쪽.

5월 2일에는 5·1절을 기념, 북조선임시인민위원회가 '모범노동자, 단체'를 표창하였다. 5월 25일 북조선노동총동맹이 '북조선직업동맹'으로 개편되고, 그 행동강령에는 "로동규률과 국가법률의 준수, 실천의 모범이 되며 … 건국증산운동을 계획적으로 수행할 것을 임부로 한다"는 내용이 포함되었다.477) 8월 28일 북조선로동당 창립대회에서 직업총동맹위원장 최경덕은 많은 공장, 광산에서 "생산돌격운동"이 전개되고 있고, "현재 조선민주건설과업의 가장 중요한 조건"인 "생산부흥과 산업건설"에서 "직업동맹의 역할이 크다"고 말했다.478) 이 시기까지는 운동이 각 기업, 공장수준에서 직업동맹 주도 아래 분산적으로 실시된 것으로 보인다.

같은 해 11월 25일 북조선임시인민위원회 제3차 확대위원회에서 김일성은 "생산돌격운동"을 광범히 전개한다고 발언했는데, 이것이 전국적 사업으로서 증산운동에 대하여 김일성이 처음으로 언급한 예이다.479) 12월 2일 북조선로동당 제14차 중앙상무위원회 결정 「사상의식 개혁을 위한 투쟁전개에 관하여(건국사상총동원운동)」가 발표되어, 6일부터 운동이 전국적으로 펼쳐졌다.480) 1947년 1월 16일 평북 정주지구 철도종업원대회가 열려, 기관사로서 채탄운동을 발기한 김회일을 기념, '김회일채탄돌격대'를 조직하여, 채탄돌격운동을 강화한다는 결정서를 채택하였다. 20일에는 김일성이 김회일과 정주 철도종업원에게 격려 서신을 보내고, 22일에는 직업동맹상무위원회가 열려, 건국사상총동원운동과 결부시켜 '김회일운동'을 광범히 전개할 것을 결정하였다. 김회일은 북조선에서 최초로 증산운동의 상징으로 받들어졌다.481) 이

---

477) 『조선해방연보』, 423~424쪽.

478) 『북조선로동당창립대회회의록』, 53쪽.

479) 김일성, 「북조선민주선거의 총결과 인민위원회의 당면 과업－북조선임시인민위원회 제3회 확대위원회에서 진술한 연설」 1946.11.25, 『근로자』 1946.11, 26쪽.

480) 건국사상총동원운동에 관하여는, 본 장 제2절의 2에 있는 해당 서술을 참조.

481) 『해방 후 4년간의 국내외 중요일지』, 97~98쪽. 북조선의 '스타하노프'이던 김회

후 생산돌격운동은 인민위원회 차원에서 국가적 사업으로 본격화되어, 3월 22일 북조선인민위원회 제30차 회의에서 보고를 통해 김일성은 공장, 기업소의 상호 간, 하나의 공장 안에서는 부문과 부문 간, 하나의 부문 안에서는 개인과 개인 간에 경쟁을 조직하여, 모범적 부문과 적극분자를 표창한다는 방침을 밝혔다.[482] 1947년부터 인민경제계획이 수립되고 계획경제가 실시되기 시작하여 산업 각 부문별로, 각 부문 내 공장, 기업별로 구체적인 생산과제가 하달됨에 따라, 생산목표를 완수하기 위해 생산돌격운동이 본격화된 것이다. 1947년에는 3·1절 기념, 5·1절 기념, 8·15해방 기념, 연말 등 매분기의 기념일, 명절에 맞추어 '증산돌격운동'의 형식이 정례화되었다.[483]

증산돌격운동이 정례화됨에 따라, 노동자, 사무원의 자발적 운동이라는 성격을 넘어 인민위원회가 직접 관여하게 된다. 1947년 7월 12일 북조선인민위원회결정 제53호「흥남비료공장 및 수안광산 로동자, 기술자 및 사무원의 해방 2주년 기념 증산돌격운동의 전개, 호소에 대한 결정서」는 흥남비료공장과 수안광산에서 발기한 증산돌격운동을 전 산업, 교통, 체신 등 각 부문 공장, 광산, 직장의 노동자, 기술자, 사무원에 제기하여, 이에 호응하는 일대 증산돌격운동을 전개할 책임을 인민위원회의 각 관계 국장에게 지우고, 각종 매체를 총동원하여 선전할 책임을 선전부장에게 지우기로 하였다.[484] '모범노동자', '모범농민'이라는 칭호가 정식으로 제정되어 영예와 물질적 포상이 주어지고, 운동의 선두에 내세워졌다. 5·1절에는 채탄부 박원술, 기관사 리중근 등이 '모범노동자'로 표창되었다.[485] 임금지급에서 '도급제'는 증산경쟁운동과

일은 뒤에 철도부상을 역임, 1953년 7월부터 철도상이 되었다.

482) 김일성, 「인민위원회의 선거 총결과 금후의 중심 임무 — 북조선인민위원회 제30차 회의에서 진술한 보고」 1947.3.22, 『조국의 통일독립과 민주화를 위하여』 제1권, 322쪽.

483) 조몽우, 「공화국 로동법의 발전」, 『우리나라 법의 발전』, 국립출판사(평양), 1960, 127쪽.

484) 『북한법령집』 제3권, 176쪽.

밀접히 결부되어 실시되었다. 도급임금제 및 상금제를 위한 일련의 입법적 조치가 강구되었다.486)

1946년부터 개시된 증산경쟁운동은 1947년에는 더욱 확대되어, 1948년경에는 북조선 내 거의 모든 중요 공장, 기업소에서 거의 모든 노동자를 망라하게 되었다.487) 1948년도 증산운동의 특징은 연간계획의 '기간단축운동'이란 형태로 진행된 점이다. 이후 증산경쟁운동의 목표를 계획기간 단축을 통해 생산목표를 초과 완수하는 데 둔다는 형태가 일반화되었다.488) 증산경쟁운동의 주도자는 어디까지나 직업동맹으로서 일반적으로 직업동맹의 해당 직장위원회가 발의하여 운동은 개시되었다. 특히 노동자, 기술자가 공장, 광산, 기업소의 운영관리에 직접 참가하는 일반적 형식의 하나로 규정되고 있던 '생산협의회'를 정기적으로 소집하는 것이 그 주요 조직수단이었다.489) 생산경쟁운동은 직

---

485) 『해방 후 4년간 국내외 중요일지』, 112~113쪽. 1947년 말까지 북조선인민위원회와 인민회의에서 포상된 '모범노동자'는 5,509명에 달하였다. 김민도, 「민주주의 로동규률의 강화에 대하여」, 『근로자』 1948.7, 76쪽.

486) 1947년 5월 29일 북조선인민위원회결정 제37호 「산업운수부문의 도급제 및 로동능률의 제고를 위한 특별배급제와 상금제에 관한 결정서」, 1948년 3월 19일 인민위원회결정 제127호 「건설부문에서의 도급제 및 상금제를 실시할 데 관한 결정서」, 1948년 6월 8일 인민위원회결정 제147호 「도급임금제, 상금제 및 식량특별배급제에 관한 결정서」 등. 『우리나라의 법의 발전』, 128쪽.

487) 1946년 3·1절 기념 증산운동에 비해, 1947년 8·15해방 기념 증산운동의 경우, 참가 직장 564.5%, 참가 인원 485.6%, 증산계획에 대한 실적이 137%에 달하였다. 김민도, 앞의 논문, 76쪽. 1948년도에는 인민경제계획이 발표되면서, 흥남인민공장 2만여 명의 노동자가 계획의 1개월 이상 단축 실행을 호소하고, 이에 호응, 1,490개 공장, 기업의 28만 8,021명이 참가하였다. 최호민, 「근로인민의 창발성과 생산경쟁운동」, 『인민』 1949.4, 28쪽. 1950년도에는 함남지구 공장, 기업의 노동자가 발기하고, 이에 호응, 1천여 개 공장, 기업소의 30여만 명의 노동자가 개인과 개인, 작업반과 작업반, 기업소와 기업소 간에 경쟁을 진행하였다. 최호민, 「증산경쟁운동은 인민경제계획 실행의 승리를 보장하는 전 인민적 애국운동이다」, 『근로자』 1950.5.15, 37쪽.

488) 조몽우, 앞의 책, 128쪽.

489) 최호민, 「기업소들에서 생산경쟁운동의 옳바른 조직을 위하여」, 『인민』 1950.4, 34쪽. 1948년 1년간 흥남비료공장 노동자들은 직업동맹 직장위원회의 발의로

업동맹의 가장 중요한 임무가 되어 직맹에 대한 평가는 증산경쟁운동의 성과에 달리게 된다.[490]

　그러나 증산경쟁운동은 공장 내 당단체에게도 주요 관심사가 되었다. 1948년도 흥남비료공장의 증산경쟁운동과 같이 공장 내 질소계 당분세포로부터 운동을 발기하는 경우도 생겼다.[491] 1948년 3월 제2차 당대회에서는 몇 개의 당단체로부터 증산경쟁운동 경험이 소개되었다.[492] 상부의 시·군 당단체나 공장 당단체는 직장 내 당원을 재배치함으로써, 즉 생산과정의 중요부분, 또는 생산상 애로에 우수당원을 배치하거나, 당세포회의에서 적극적으로 이 문제를 거론하고, 생산협의회를 각 과·계별로 정상적으로 진행하며, '모범노동자'를 선두에 세우기도 하는 등 방법을 쓰고 있었다.[493] 1948년도에 모범노동자로서 표창된 인원의 78%(899명)가 로동당원이었다.[494]

　당시 "레닌－스탈린에 의해 발전된 사회주의경쟁의 경험과 방법", 즉 스타하노프운동이 상징하는 소련의 생산경쟁운동이 "귀중한 지침"이 되고 있다고 말해졌듯이, 증산운동은 소련을 모델로 추진되어 단기간에 정착했다고 할 수 있다.[495] 그러나 운동과 관련하여 여러 문제점이 지

　776회의 생산협의회를 진행하였다. 최호민, 「근로인민의 창발성과 생산경쟁운동」, 『인민』 1949.4, 28·36·38쪽.

490) 최호민, 「기업소들에서 생산경쟁운동의 옳바른 조직을 위하여」, 34쪽, 정가원, 「인민경제실행에 있어서 직업동맹 단체들의 역할」, 『근로자』 1950.3.31, 34쪽.

491) 정가원, 「흥남시 당단체의 증산경쟁운동의 조직 경험」, 『근로자』 1949.1.15, 138쪽.

492) 『북조선로동당제2차전당대회회의록』을 참조할 것. 성진제강소로부터 리주형의 보고, 79~81쪽, 황해제철소로부터 박영화의 보고, 87~89쪽, 문천군당에서 전태범의 보고, 102~106쪽.

493) 정가원, 앞의 논문, 139·141쪽, 『북조선로동당제2차전당대회회의록』을 참조.

494) 김책, 「조선민주주의인민공화국 1949~50년도 2개년 간 인민경제계획의 실시에 있어서 당단체의 과업에 대하여」, 『근로자』 1949.3.15, 20쪽.

495) 최호민, 앞의 논문, 29~30쪽, 동 「증산경쟁운동은 인민경제계획 실행의 승리를 보장하는 전 인민적 애국운동이다」, 39쪽.

적되고 있었다. 이것은 '행정명령형' 경제체제의 문제점이기도 하였다. 매시기별로 생산책임량 완수가 지상목표가 된 만큼, 월초와 월말, 분기 말과 분기 초의 노동생산능률과 제품생산 사이에 현저한 격차가 생기고, 이러한 '생산의 계절성'은 기계의 혹사, 원료와 자재의 낭비, 노동규율과 생산질서의 이완을 가져오는 결과가 되었다.496) 1949년 11월~12월 김일성이나 허가이 등 정부와 당의 지도자들도 지적했듯이, 공장 내 질서의 확립이 급선무로 요청되고 있었다.

생산경쟁운동을 더욱 강화함에 따라, 관리 측, 직맹, 당 등 각각의 수준에서 추진되고 있던 지도체계도 통일화할 필요성이 제기되었다. 1949년 12월 8일 내각결정 제182호「증산운동에 관한 결정서」가 공포되고 그 부속규정으로서「증산경쟁위원회의 조직운영에 관한 규정」이 제정되어, 증산경쟁운동을 효과적으로 진행하기 위해 기업소관리책임자 및 직맹의 책임사항이 구체적으로 명시되었다. 직맹 차원에서도 제57차 직맹상무위원회는「증산경쟁운동에 대한 몇 가지 지도요령」을 작성, 산업성 및 교통성과의 협의하에 공동명의로 발표하였다.497) "증산경쟁운동을 조직 지도하며, 이것을 검열 총결하기 위하여, 공장, 기업소, 관리기관 및 사회단체의 대표자들로서 기업소, 공장, 또는 직장, 역 및 기관구들에 증산경쟁위원회를 조직하기로 한다"고 하여, 증산경쟁위원회에 운동의 "총참모부"라는 위치를 부여하였다.498) 관리 측, 당, 직맹이라는 각각 별개의 사업영역과 활동체계를 가지고 노동자 대중과도 각각 고유의 관계를 맺는 삼자가 일체가 되어 증산경쟁운동을 이끌어 나간다는 것이었다.

---

496) 최호민,「증산경쟁운동은 인민경제계획 실행의 승리를 보장하는 전인민적 애국운동이다」, 42~43쪽.

497) 최호민,「기업소에서 생산경쟁운동의 옳바른 조직을 위하여」,『인민』1950.4, 39쪽.

498) 1949년 12월 8일 내각결정 제182호「증산운동에 관한 결정서」,『북한법령집』제3권, 182~188쪽, 최호민, 앞의 논문, 33쪽.

지배인, 당, 직맹 삼자 간 협의관계의 성립

증산경쟁위원회 구성에서 나타나듯이 공장 내 의사결정과정에서는 지배인, 당, 직맹 삼자 간의 협의관계가 중요하였다. 1950년 초에는 소련의 이른바 '트레우골리니크(treugolinik)'[499]과 흡사한 관계가 성립해 있었다고 생각된다. 당시 유일관리제가 도입되어 직맹의 권한은 약화되었다고 해도, 아직 생산에서 그 역할은 중요하였다. 『근로자』 1950년 3월 31일호에 게재된 직맹부위원장 정가원의 한 논문은 당시 직맹의 위상을 잘 설명해 준다. 논문에서는 "직맹과 국가의 목표가 합치하고 있다고 하여, 직업동맹이 국가기관이라고 말하는 것은 결코 아니다. 직맹 —이는 대중적이며 자발적인 사회적 단체이다"라고 규정하여 직맹의 독자성을 강조하고 있다.[500] "생산협의회"를 통해 노동자를 기업소의 관리, 운영에 참가시키는 것이 직맹의 역할이라고 하며, 그 권한에는 노동법령의 정확한 준수를 보장하는 것, 사회보험, 노동보호 문제, 주택, 식량문제 및 생활시설 문제 등 사업에 대한 사회적 협조와 검열을 실시하는 것 등이 포함되었다.[501] 물론 노동자의 이익을 대표하는 측면이 유지되면서도 유일관리제의 실시와 관련하여 노동자에게 국가 생산과제를 수행하도록 독려하는 성격이 짙어지고 있었다. 직맹의 임무는 단체계약에 규정된 노동자의 생산의무를 실행하도록 보장하는 것이며, 직맹의 업적은 국가에서 위임된 생산계획을 수행하는 데서 그 역할로 평가되었다. 바꾸어 말하면 직맹에 대한 평가는 증산경쟁운동의 성과에 달려 있었다.[502]

---

499) 영어의 triangle에 해당하는 러시아어로 삼각관계에 비유한 것임.

500) 정가원, 「인민경제계획 실행에 있어서 직업동맹단체들의 역할」, 『근로자』 1950. 3.31, 32쪽.

501) 정가원, 위의 논문, 33쪽. 당시 생산협의회는 직장교대반별, 작업별로까지 조직, 진행되어, 새로운 노동규준량을 정하는 등 생산에서 뺄 수 없는 집회형식이 되어 있었다. 위의 논문, 37쪽.

502) 위의 논문, 33~34쪽.

6　토지개혁과 당·인민위원회·농민위원회

1) 토지개혁의 의사결정과정

1945년 12월 8~10일 전국농민조합결성대회에서는, "토지농업문제의 근본적 해결은 오직 우리들의 주체적 투쟁역량의 성장 여하에 달려 있다 … 따라서 우선 당면해야 할 것을 논의할 필요가 있다"고 전제한 다음, 일본제국주의자, 민족반역자의 토지를 몰수하여 빈농에게 분배할 것, 친일파와 민족반역자가 아닌 조선인 지주의 소작료는 3·7제로 할 것을 결정하였다.503) 이 대회의 결정서는 '조선인민공화국' 지지를 전면에 내걸고 있던 만큼, 남조선 정세와 서울 조선공산당중앙의 입장을 반영한 내용이 되어 있었다.504) 이미 이것은 북조선에서는 많은 지방에서 현실적으로 관철되어 있었으나, 미군정이나 지주세력의 반대에 봉착한 남조선에서는 이제부터 실현해 가야 할 목표였다. 전국농민조합은 남조선 정세에 당면 과제를 맞추어 목표 수준을 낮게 잡고 있었다. 이 시기에는 아직 본격적인 토지개혁은 일정에 오르지 않았다고 볼 수 있다.

북조선에서 토지개혁이 단행되기까지에 이르는 의사결정과정은 많은 부분이 아직 베일에 가려 있다. 관련 자료가 부족한 것은 물론이고, 북조선 측의 공식설명조차도 불명확한 점이 많기 때문이다. 이러한 상황에서 일부 연구자들의 노력으로 소련 자료의 발굴과 활용을 통해 이를 조명해 주는 연구의 진전이 이루어졌다.505) 입수할 수 있는 러시아

---

503) 「전국농민조합행동강령」, 『전국농민조합총연맹결성대회회의록』, 88쪽.

504) 「전국농민조합총연맹대회결정서」, 위의 책, 114~115쪽.

505) 이 점과 관련하여 중요한 연구 성과는 김성보, 『남북한경제구조의 기원과 전개 —북한농업체제 형성을 중심으로』, 역사비평사, 2000, 102~150쪽.

자료에 따르면, 북조선 주둔 소련군 측이 토지개혁에 관한 구상을 하기 시작한 것은 1946년 11월 말 시점이었다. 소련주둔군 민정사령관 로마넨코는 11월 30일자로 북조선 지역에 한해 대지주의 토지를 몰수할 것을 내용으로 하는 토지개혁안을 상부에 제출하였다. 이는 일본인 지주와 40 정보 이상 소유한 조선인 지주의 토지 몰수를 제안하였다. 이 개혁안은 1946년 10월 3일 결의된 조선공산당 중앙위원회의 토지개혁 강령과 대체로 일치한다는 점을 밝히고 있다.[506] 이 제안은 농업전문가들에 의한 철저한 현장 조사에 기초하여 토지개혁 방안을 준비할 필요가 있음을 주장하였다. 특히 토지개혁은 파종이 시작되는 1946년 3월 말 이전에 끝나야 한다는 견해도 밝히고 있다. 11월 말 시점은 소련이 한반도의 전후 질서를 둘러싼 미소 간의 협상을 본격적으로 대비할 때였다. 또한 11월 23일 신의주에서 발생한 반공학생 사건도 소련의 정책에 영향을 미쳤을 것이다. 소련군이나 김일성은 이 사건의 배후에 지주 세력인 사회민주당이 개입했다고 보며 상황에 대해 상당한 우려를 느끼고 있었다. 이미 보았듯이 신의주 사건의 수습을 진두지휘한 김일성은 12월 17일 공산당분국 제3차 확대집행위원회에서 책임비서가 되어 이후 공산당 분국의 중앙집권화를 추진해 간다.

토지개혁에 관한 소련군의 구상은 1945년 12월 말에는 더욱 구체화되어 간다. 모스크바 3국외상회의 개최를 앞둔 시점이었다. 1945년 12월 25일 소련군 최고사령부 쉬킨 대장은 외무인민위원부 부위원장 로조프스키에게 보고한 문건에서 북조선 지역의 정치 상황에 대하여 우려를 표명하며 몇 가지 제안을 하고 있다.[507] 보고는 소련군이 조직한 행정10국이 해당 경제 분야에 대한 지도를 제대로 못하고 있으며, "단

---

506) 로마넨코, 「북조선의 토지개혁에 대한 제안 1945.11.30」(노문), 국방성문서관, 민정국 문서군, 목록 433847C, 문서철 1, 216~218쪽. 김성보, 위의 책에서 인용.

507) 쉬킨, 「조서—북조선의 정치정세에 대한 보고 1945.12.25」(노문), 대외정책문서관, 문서군 013, 목록 7, 파일 4, 순서 46, 11~13쪽, 국사편찬위원회, 『러시아대외정책문서보관소의 1946년 북한 정치, 경제, 사회현황 관련 자료』(수집번호 : 0103003-0103007)에 수록.

일한 행정중앙이 없는 것이 정치정세에 심각한 영향을 주고 있다"고 지적하였다. 특히 1945년 9월 훈령에서 언급된(앞에서 서술한 스탈린 지시) "북조선에서 민주주의 정당, 사회단체의 광범한 블록에 기초한 부르주아 민주주주의 정권 장설을 위한 노선이 대담하게 관철되지 못하였다"고 반성하고 있다. 따라서 우선 소련군이 철수할 경우 소련의 이익을 보장해 줄 공고한 경제적, 정치적 진지를 아직 쟁취하지 못했으며, 이를 위하여 "민주적이고 민족적인 간부들을 양성해야 할 것"을 주장하였다. 다음으로 빠른 시일 안에 북조선 경제를 복구하고 민족 간부를 양성하기 위해서는 "북조선 영역 내에서 권력을 집중화하여 조선의 민주적 활동가들에게 넘겨주어야 할 것"을 제안하였다. 나아가서 북조선의 "인민민주주의적 운동의 발전이 대지주의 토지소유로 지장을 받고 있으므로", "가까운 시일 안에 농업개혁이 실현되어야 할 필요성"을 제기하였다.

그리고 로마넨코의 제의에 따라 1945년 12월에 북조선의 각 지역에서 전문가들은 농가실태조사를 실시하였다고 한다.508) 이 조사 결과로 당초 로마넨코가 40정보로 설정한 대지주의 기준이 조선 실정에는 맞지 않는다는 것이 확인되었다. 대체로 5정보 이상을 가진 토지 소유자들이 지주의 성격이 강하다는 것이며, 이는 실제 토지개혁 방안에 반영되었다.

이처럼 소련군의 토지개혁 방침은 모스크바 3상회의 결정을 앞두고 북조선의 중앙권력기관 창설과 함께 준비되고 있었다. 토지개혁과 관련하여 내부 검토에 머물러 있던 소련의 정책은 모스크바 3상회담의 내용이 전해진 직후인 1946년 1월 2일 「북조선주둔 소련군사령관 명령서 제2호」로 개시된다. 명령은 북조선주둔 소련군사령관 치스차코프와 참모부장 펜코프스키 명의로 "북조선 내 토지면적 조사 진행에 대하여, 북조선 각 도에 있는 토지면적 및 가축 수를 통계하며, 동시에 토지 사용

---

508) 김성보, 앞의 책, 132~133쪽.

에 대한 성질을 정할 목적"으로 다음과 같이 명령하고 있다.[509]

1. 전 농호를 각각 조사하여, 각종 토지 사용자들의 소유지(농민, 소작농, 지주, 사원소유지, 기타)와 일체 국유지, 이전 일본인소유지를 세밀히 조사, 등록할 것.
2. 농림국장과 각 도인민정치위원회장은 이 조사 진행과 각 도에 의한 합계 작성을 1946년 2월 15일 전에 완료함을 보장할 것.
3. 각 도 군경무사령관은 조사 진행을 정기에 완료하도록 각방으로 협조할 것.

이 명령서는 당시 공식 매체에는 공개되지 않은 문서로서 내부지령이었다고 생각된다. 이것은 소련군이 모스크바 3상회의 결정에 기초를 둔 임시정부 수립과 관련하여 토지개혁 준비에 일보 내딛었음을 의미한다. 아직 그 내용은 토지개혁을 즉시 실시하기보다는 준비적인 성격의 것이지만, 실시 방침에 따른 조치였다.

46년 1월 6일 모스크바 3상회의 결과에 대하여 북조선 지역에서 최초의 지지 성명이 발표되는데, 농민단체로서는 '평안남도농민위원회'가 참가하였다.[510] 1월 25일 '전국농민조합연맹북부조선총국준비위원회'가 결성되고, 1월 29일 '조선농민조합북조선연맹준비위원회' 명칭으로 북조선의 다른 정당, 사회단체와 공동으로 모스크바 3상회의 관련 성명이 발표되었다.[511] 준비위원장은 평안남도농민위원회 위원장 리관엽이었다. 그는 평안남도인민정치위원회의 공산 측 위원이고, 전국농민조합총연맹 결성대회에 평안남도 대표로 참석한 바 있다. 그 명칭 변화로부터 남조선 중앙조직과의 관계와 관련하여 우여곡절이 있었음을 추측할 수 있다.

---

509) 『조선공산당문건자료집』, 75쪽.

510) 『조선중앙연감(1949년판)』, 59쪽.

511) 「전 조선동포에게 격한다!」, 『북한관계사료집 Ⅰ』, 28~29쪽, 『해방 후 국내외 중요일지』, 24쪽, 『조선해방연보』, 172쪽.

1월 31일 '전국농민조합총연맹 북조선연맹'이 결성되었다. 형식상 서울중앙을 인정하는 명칭이지만, 당초 명칭보다 북조선의 독자성을 분명히 하여, 실질적으로 북조선 독자의 조직임을 명시했다고 할 수 있다. 여기서 단위조직의 성격이 성식으로 '농민위원회'로 규정되었다. 집행위원은 강진건, 리태화, 현칠종, 리관엽, 임충석 등 21명이었다. 위원장, 부위원장이나 다른 집행위원 등의 명단에 관한 기록은 없으나, 국내계 토착운동가들이 다수를 차지하였다고 생각된다.512) 이후 조직은 통칭 '북조선농민연맹'이라 불리게 되었다. 전농 결성대회에서 남북조선의 일체성을 강하게 호소하고 있던 농민조직이 북조선의 독자성을 강화시키게 된 것은, 앞에서 언급했듯이, 남조선의 농촌상황이 악화한 사정도 작용했을 것이다.

2월 8일 북조선임시인민위원회가 수립되었다. 김일성은 보고를 통하여 "일본제국주의와 민족반역자 및 조선인 지주들의 … 토지와 삼림을 국유화하는 기초에서 토지개혁", 즉 "소작제도를 없이하고 토지를 농민들에게 무상분배할 것을 준비하여 실시할 것"이라고 말했다.513) 그러나 9일 채택된 결정서에는 "최단기간 내에 일본침략자 및 친일적 반동분자에게서 몰수한 토지와 삼림을 정리하며, 적당한 방법으로 조선인 대

---

512) 『조선해방연보』, 172쪽. 임충석은 전평 결성 때 검사위원으로 선출되었고, 리관엽은 평안남도 대표로서 전농 결성을 주도하였으며, 리태화도 함경북도 대의원으로서 전농대회에 참가, 중앙집행위원이 되었다. 『해방일보』 1945.11.15, 『전국농민조합결성대회회의록』, 9 · 10 · 38 · 58쪽. 3명 모두 평안남도, 함경남 · 북도의 토착운동가들이었다. 『일제하사회주의운동인명색인록』(하)를 참조. 현칠종은 박헌영에 의해 서울에서 파견되어 평양시당책임비서를 맡고 있었다. 김학준, 『이동화평전』, 민음사, 1987, 142~143쪽, 「평양시당부제1차공작총결보고초안」, 『조선공산당문헌자료집』, 39쪽. 토지개혁 종료 후 1946년 4월 당시 이 조직의 위원장은 강진건이었다. 강진건은 1885년생으로 만주에서 농민운동에 종사하다, 1930년 체포, 종신형을 언도받고, 해방 당시까지 복역하였다. 해방 이후 청진농민조합위원장이었다. 소련군제25군민정국 「조선의 정치정세에 관한 보고서」 및 『북한인명사전』 참조. 그는 서울의 인민위원회대표대회 및 전평이나 전농과는 관계가 없는 인물이다.

513) 김일성, 「목전 정치형세와 북조선임시인민위원회의 조직문제에 관한 보고」, 『중요보고집 : 조선민주주의인민공화국 수립의 길』, 10쪽.

지주의 토지와 삼림을 국유화시키며, 반분(半分)소작제를 철폐하며, 무
상으로 농민에게 분여하는 것으로서, 토지개혁의 준비 기초를 세우기
위하여 노력할 것"이라고 되어 있다.514) 결정서는 토지개혁의 대상으
로서 조선인 지주 일반을 대지주로 축소시킴으로써 김일성의 보고보다
는 완화된 내용이 되어 있었다. 하지만 몰수 토지를 '국유화'한다는 급진
적 원칙은 견지되고 있었다. 앞에서도 언급했듯이, 이미 임시인민위원
회 결성 시점에 그 지지 기반을 굳히기 위해 토지개혁을 실시한다는 방
침은 서 있었다고 할 수 있다.515)

　　2월 15일 조공북조선분국중앙 제4차 확대집행위원회가 열려, 김일
성의 보고에 따라 「『목전 당내정세와 당면과업』에 관한 결정서」가 채택
되었다. 결정서는, "토지문제에 관하여, 최단기간 내에 토지의 지목과
등별, 인구수와 로동력의 여하한 형편 등을 자세히 조사할 것이며, 또
토지에 관하여 농민대중의 의견을 절실히 수집하여, 농민대중의 의견과
요구에 의하여 토지문제를 정리하도록 노력할 것"을 결정하였다. 결정
서 내용은, 주로 막 수립된 참인 임시인민위원회의 위치 규정, 나아가
서울중앙을 지지하고 있는 함남도당의 "종파활동"이나 선전부장 윤상남
에 대한 비판에 중점이 놓여지고, 토지개혁에 관해서는 식량문제에 이
어 총 12항목 중 10번째로 거론된 데 지나지 않았다.516) 토지개혁이
이 회의의 주된 토의 대상이 아니었던 점은 있으나, 토지개혁의 준비에
착수한다는 신중한 자세가 견지되고 있었다. 공산당 분국 내의 이견은
만만치 않았을 것으로 짐작된다.

　　하지만 임시인민위원회 결성은 토지개혁과 동전의 양면과 같은 관
계를 가지고 있었으며, 토지개혁을 위한 준비작업은 급속히 진행되어

---

514) 『해방 후 국내외 중요일지』, 29쪽.

515) 2월 18일 『조선신문』과의 인터뷰에서 김일성은 토지개혁의 대상을 일제, 민족
　　반역자, 조선인 대지주에게 한정할 방침을 확인하고 있었다. 『해방일보』 1946.
　　3.7.

516) 『당의 정치노선 및 당사업 총결과 결정』, 19~24쪽.

갔다. 이에 박차를 가한 것은 농민들의 토지개혁 청원운동이었다. 당시 2월 25일자 『정로』지에는 2월 18일 개최된 평안남도 성천군 농민대회, 순천군 농민대회, 강동군 농민대회에 대한 기사가 실려 있다.[517] 대체로 지주의 토지를 무상 몰수하여 국유화하고 무상 분배하라는 요구가 기본이며, 이는 분국의 방침과 입장을 같이하는 것이다. 당시 농민들의 토지에 대한 욕구는 절실한 것이었으며, 농민들의 토지개혁 청원도 광범위한 지역에 걸쳐 전개되었다.[518] 그런데 당시 『정로』지 보도는 이들 3개 군 농민대회에 한정되어 있다. 이들 지역은 토지개혁 추진파와 밀접한 관련을 가진 것으로 보인다. 특히 이들 3개 군 농민대회 개최 및 이에 대한 『정로』지 보도 시점은 북조선농민연맹의 농민대표대회 개최를 앞두고 계획적으로 선택되었을 가능성이 있다.[519]

소련군 측도 본격적으로 움직이기 시작하였다. 연해주관구의 메레츠코프와 슈티코프는 1946년 2월 4가지 항목을 내용으로 하는 토지개혁 방안을 본국에 보고하고 있다.[520] (1) 5정보 이상의 토지를 소유한 조선인 지주의 토지를 국유화할 것, (2) 수확의 절반을 지주에게 바치는 소작제를 전면 금지하고 모든 토지를 국유화할 것, (3) 모든 일본인 토지와 조선인 반역자의 토지를 몰수할 것, (4) 지주들의 영향력을 배제하기 위하여 그들에게 토지를 분여할 경우 다른 군에서 하도록 할 것

---

517) 『정로』 1946.2.25. 이 3개 군 농민대회가 똑같은 2월 18일 개최되었다는 점에서 자연발생적인 움직임으로만 보기는 어려울 것이다.

518) 북조선의 대표적인 연구는 농민들의 토지개혁 청원운동이 북조선 전역에 걸쳐 일어나고 있었다는 사실을 중시하지만, 구체적 사례를 든 것은 평남과 함남에 한정되어 있다. 손전후, 『우리나라 토지개혁사』, 100~102쪽. 이 부분에 관해서 좀더 많은 자료 발굴이 요청된다.

519) 북조선의 연구는, 함경북도 당의 예를 들어 당시 농민들의 3·7제 요구 움직임에 대하여, 선전원, 당원, 민청원들을 파견하여 이 움직임이 토지개혁 청원운동으로 전환하도록 계획적으로 정치사업을 했다는 점을 적극 평가하고 있다. 손전후, 앞의 책, 99쪽.

520) 메레츠코프─슈티코프, 「북조선에서 토지개혁에 대한 제안 1946.2」, 국방성문서관, 문서군 379, 목록 166654, 문서철 1, 김성보, 앞의 책, 137쪽에서 인용.

등이다. 이는 앞에서 언급한 농가실태 조사를 토대로 한 것이다. 토지개혁 대상 지주의 소유지 기준을 40정보에서 5정보로 낮춘 것이다.

소련 연해주군관구의 견해는 토지 국유화 원칙이란 점에서 북조선분국의 입장과 같았지만, 외무인민위원부는 이와 견해를 달리하고 있었다. 외무인민위원부는 소련 점령하에 들어간 동유럽 국가들에서의 토지개혁 경험에 비추어 토지 국유화 방식에 부정적인 입장을 취하였기 때문이다.521) 외무인민위원부의 로조프스키 차관은 토지의 무상 몰수에는 동의하되, 몰수 범위를 제한할 것을 주장하게 된다. 나아가서 토지개혁과 관련된 의사결정과 관련해서도 중요한 방침을 제시한다. 로조프스키는 자신의 토지개혁 방안을 토대로 하여 법령 초안을 작성하고, 메레츠코프와 슈티코프에게 조선의 정치활동가 그룹을 통하여 이 법령을 조선농민대회의 심의에 부치도록 위임할 것을 건의하였다. 또한 두 사람에게 북조선임시인민위원회와 농민대회에서 제출될 법령 초안에 대한 모든 수정사항을 요약하고, 자신들의 결론을 당중앙위원회의 비준에 올리도록 위임할 것도 건의하였다.522) 연해주군관구 및 북조선 분국의 "무상몰수-무상분배에 의한 토지국유화 방안"에 대하여 외무인민위원부의 "무상몰수-유상분배에 의한 토지사유화 방안이 대립"하는 가운데,523) 소련은 북조선농민연맹 대회를 통한 농민들의 토지개혁 요구를 북조선임시인민위원회가 수용한다는 코스를 예정하고 있었다. 당연히 북조선의 토지개혁 추진파도 이를 수용했을 것이다.

2월 23~27일 북조선농민연맹의 농민대표대회를 준비하기 위한 분과위원회가 열렸다. 분과위원회는 각각 토지문제, 농업생산, 식량문제

---

521) 김성보, 앞의 책, 138쪽. 동유럽 국가들은 파시스트들의 토지는 무상 몰수하지만, 일반 대지주의 토지는 유상 매수하는 방식이 일반적이었으며, 토지소유를 국유화하기보다는 농민 소유권을 인정하는 '인민민주주의적 방향'이었다.

522) 로조프스키, 「토지개혁 법령 초안의 심의 문제에 관하여 1946.3」(노문), 대외정책문서관, 말리크차관 문서군, 목록 8, 파일 6, 순서 81, 김성보, 앞의 책, 139~140쪽에서 인용.

523) 김성보, 앞의 책, 140쪽.

로 나뉘어 진행되었다. 이어서 28일 중앙 및 도·시·군 대표 총 150명 중 137명과 기타 내빈 23명, 방청객 19명 등 179명이 참석한 가운데 본대회가 개최되었다. 제1일째에는 김일성의 보고에 따라 북조선임시인민위원회의 사업과 정책 방향을 승인하는 결정이 채택되었다. 3월 2일 대회 제2일째에는 농림국장 리순근의 토지문제에 관한 사업보고와 이에 대한 토론이 진행되었다.524) 3월 3일의 제3일째에는 리순근이 토지문제 해결에 대한 보고를 하고, 사법국장 최용달, 분국 평남도당 책임비서 장시우도 발언을 통하여 토지문제 해결에서 "우리의 력량으로 자신 있게 목적을 달성할 수 있는 역사적 임무에 당면했다"는 논리를 전개하였다.525) 이어서 토지개혁에 관한 대회의 결정서가 채택되었다.526) 결정서는 "긴급한 토지개혁 실시의 필요에 대한 북조선인민위원회의 성명을 시인하며 환영"하고, "북조선임시인민위원회가 토지개혁에 대한 법령을 제정할 시에 아래와 같은 우리 요망을 고려할 것을 요청한다"고 하며, 6개 항목의 요구조건을 제시하였다. 주된 내용은, (1) 일본인, 조선인 변절자에게 속한 토지를 몰수할 것, (2) 전체 토지를 소작을 주거나 고용노동으로 경작하는 조선인 지주의 토지, 사원과 종교단체의 토지를 몰수할 것, (3) 고용농민, 토지 없는 농민, 토지 적은 농민들에게 무상으로 분여하여 "영원한 소유로 넘겨줄 것", (4) 고용자와 농민의 모든 부채를 취소할 것, (5) 전 관개시설과 산림을 인민화(국유화)할 것 등이다. 대상이 '조선인 대지주'로 한정되어 있던 종래의 방침을 전환, '조선인 지주'로 확대하는 급진적 방침을 확인하고 있다. 다만 조선인 지주를 대상으로 하고 무상몰수, 무상분배 방식을 취한 점에서는 급진적이었지만, 소유의 면에서는 종래 국유 원칙을 수정하여 토지소유권을 농민에게 분여한다는 완화된 내용이었다. 이것은 농민들의 토지 소유 욕구를 수용하여 토지사유화 원칙으로 선회한 것이었다.527)

---

524) 『정로』 1946.2.27·3.4, 『조선해방연보』, 173~174쪽.

525) 『정로』 1946.3.6.

526) 「북조선농민연맹대표대회결정서」, 『정로』 1946.3.7, 『조선해방연보』, 174쪽.

그런데 주목해야 할 것은, 요구조건의 마지막 항목에 "북조선임시인민위원회의 요망에 응하여, 토지개혁에 대한 법안을 작성하기 위한, 13명의 성원으로써 위원회를 선정한다"고 한 점이다.528) 법안 제정의 명의는 북조선임시인민위원회이지만, 그 작성 주체는 농민연맹이 되어야 한다는 요구였다. 결정서가 채택될 때 "토지문제 해결에 대한 건의안을 북조선인민위원회에 제출할 것을 만장일치로 가결"하고 그 법안작성위원까지 선출하였다.529)

분과위원회로부터 대회 결정서 채택 및 법안작성위원 선출까지 1주일 이상의 기간에 걸쳐 이루어졌기 때문에, 이 농민연맹대회야말로 토지개혁에 대하여 전면적으로 토의되어 밑으로부터 갖가지 의견이 표출된 장이었다고 생각된다. 김일성도 4월 10일 조공분국 제6차 확대집행위원회에서 토지개혁을 총결하면서, 법령이 농민의 요구를 반영했다는 근거로 "토지개혁 법령은 농민대회에서 토론되었다"는 점을 들고 있다.530) 1946년 10월 남조선민전이 간행한 『조선해방연보』도, "밑으로부터의 토지개혁의 요망이 최종적 형태로 결집된 것은 3월 3일 전국농조북조선농민연맹대표대회의 결정서"라고 매우 중시하고 있다.531) 그러나 당시 토지개혁을 둘러싸고 찬반론이 엇갈렸다고 추측되지만, 그 내용을 전하는 제1차 자료는 존재하지 않는다. 북조선의 공식문헌은 이

---

527) 김성보, 앞의 책, 140~141쪽.

528) 채택된 결정서 내용 중 건의안을 작성하기 위한 법안작성위원회가 구성되었다는 것만이 우선 『정로』 1946년 3월 6일자에 보도되고, 결정서 전문은 3월 7일자에 게재되었다. 『조선해방연보』, 174~175쪽.

529) 「토지문제의 건의안 북조선임시인민위원회에 제출키로 가결─전국농조북조선연맹대표대회 승리적 성과」, 『정로』 1946.3.6. 법안작성위원 13명은 도별로 선정되었다. 위원장─강진건, 함남─유영준(柳榮俊)·김창각(金昌珏), 함북─이제○(李齊○)·김승룡(金昇龍), 강원─임대준(任大準), 황해─송덕배(宋德培)·김창번(金昌번), 평남─심성봉(沈成鳳)·박춘록(朴春祿), 평북─김봉서(金鳳瑞)·김상백(金상伯).

530) 『당의 정치노선 및 당사업 총결과 결정』, 31쪽.

531) 『조선해방연보』, 411쪽. 이 책의 174쪽에 "토지개혁 법안 실시와 중대한 관련성이 있다"고 하여 결정서 전문을 게재하였다.

렇게 쓰고 있다.532)

> 당시 일부 사람들은 나라가 남북으로 갈라져 있고, 공산당의 력량이 아직 충분히 강화되지 못 하였기 때문에, 토시개혁을 실시하는 것은 시기상조라고 하면서 주저하였다 … 그들은 근로대중 속에서 우리 당의 영향력이 급속히 확대, 강화되고 있고, 또한 농민들의 혁명적 기세가 높아 가고 있는 사실을 옳게 타산하지 못하였다.

한편 2월 27일에는 임시인민위원회 제2차 회의가 소집되어, 식량문제에 대한 김일성의 보고에 따라 임시인민위원회결정 제2호「식량대책에 대한 결정서」가 채택되었다. 이미 미소공동위원회의 예비회담에서 남조선으로부터 식량조달은 불가능하다는 것이 판명되고 있었다. 식량문제 해결에서 북조선 독자의 길로 한발 내디딘 것이다. 3월 1일부터 노동자, 사무원과 그 가족에 대한 식량배급제를 실시하기로 결의되어, 노동의 경중을 기준으로 1명당 배급량까지 정해졌다. 밀주, 떡, 엿의 제조, 사료 사용 등이 엄격히 금지되었다. 면인민위원회, 보안서, 농민조합, 노동조합 등의 대표로 '성출완수돌격대'를 조직하여, 농민에 대한 '성출' 할당량을 기한 내에 완납시키는 조치를 취했다. 성출을 완료하지 않고 여유곡물을 보유한 경우, 몰수하도록 하였다. 각 도인민위원회 보안부와 농민위원회 대표들로 긴급식량대책위원회를 조직하고, 각 도를 관할하도록 하였다. 보안대가 식량조달의 전면에 나서게 된 것이다.533) 더욱이 임시인민위원회 농림국과 검찰소에 최종 책임이 위임되었는데, 이것은 식량문제 해결에 형사적 강제조치가 발동되는 것을 의미하였다. 성출에 응하지 않고 식량을 은닉한 경우, 5년 이하 징역에 처

---

532) 『조선로동당력사교재』, 160쪽. 다음과 같은 기술도 있다. "당시 반당반혁명종파분자들은 … 북조선에서 토지개혁을 실시하는 것은, 『시기상조』라거나, 『나라의 분열을 영구화한다』고 하여 토지혁명을 반대하는 등, 모든 책동을 감행하였다." 『조선전사』 제23권, 140~141쪽.

533) 식량조달에 보안대가 광범하게 동원되고 있던 사실은 미군정보보고서가 확인하고 있었다. Intelligence Summary Northern Korea, 5 March, 1946, p.3.

하는 엄중한 조치였다.534) 특히 주목해야 할 것은 이 회의에서 현물교
환의 방법으로 중국 동북지방으로부터 쌀을 구입할 것을 결정한 사실이
다.535) 남북조선 간의 경제적 연계가 차단되는 대신, 만주 지역과의 연
계가 확대되는 기점이었다.536)

북조선농민연맹 대회에서 선출된 법안작성위원회는 바로 법안을 마
련하여 북조선임시인민위원회에 제출하였다. 3월 5일 12시부터 오후 6
시까지 '북조선임시인민위원 및 각 국장의 연대회의'가 개최되어, 농림
국장 리순근의 토지개혁법령안에 대한 보고가 행해진 뒤, 토의를 거쳐
임시인민위원회위원장 김일성과 서기장 강량욱 명의로 「북조선토지개
혁에 관한 법령」이 공포되었다.537) 인민위원 중에는 각 행정국장도 포
함되어 있었으므로, 최대로 잡으면 인민위원 정원 23명이 참가한 것이
된다. 원래 인민위원 속에 농민연맹 대표는 1명이었다.538) 농민연맹대
회로부터 계산하면, 2일 뒤의 전격적인 공포였다. 실제 농민연맹대회에
서 선출된 13명 위원회가 법령 초안을 작성, 제출했다고 보이지만, 이

---

534) 북조선임시인민위원회결정 제2호 「식량대책에 대한 결정서」, 『북한관계사료집
V』, 315~316쪽.

535) 김일성, 「당면한 식량 문제를 해결할 데 대하여―북조선임시인민위원회 제2차
회의에서 한 연설」, 『김일성저작집』 제2권, 92쪽. 이미 이러한 쌀 구입은 1945년
부터 부분적으로 이루어지고 있었지만, 중앙의 결정으로 집중적이고 대량으로
실시된 것이 중요한 의미를 갖는다. 한 예로 1945년 12월경 소련군사령부는 평
안남북도, 함경남·북도의 4개도 인민정치위원회에 대하여 중국 동북지방에서
식량을 구입할 수 있도록 만주화 2천 3백만 원을 융통해 준 바 있다. 『정로』
1945.12.21.

536) 식량 배급제는 일제시대인 1941년경부터 계속되었는데, 이 상태는 현재까지도
개선되지 못했기 때문에, 식량에 관한 중앙통제권은 계속 중요한 통치수단으로
남게 되었다.

537) 『정로』 1946.3.7. 『정로』로부터의 전재라는 형태로 『해방일보』 1946년 3월 12일
자, 나아가 『조선인민보』 1946년 3월 13일자에도 보도되었다. 이에 대해 남측
좌익이 보인 최초의 공식 반응으로써, 3월 15일 『해방일보』에 「토지문제 해결
에 대하여」라는 3월 10일자 조선공산당중앙위원회의 성명이 게재되었다.

538) 和田春樹, 「解放前後史研究の時角と課題」, 『朝鮮史研究會論文集』, 1987.3,
17쪽.

미 법령 공포 일정은 예정되어 있었다고 생각된다. 농민연맹이란 결정 주체와는 반드시 일치하지 않는 별도의 의사결정 루트가 존재했다고 보아도 좋을 것이다.

법령이 공포된 뒤, 6일 공신당, 민주당, 청우당, 신민당, 북조선농민연맹, 전평북조선총국 등 북조선 지역 14개 정당·사회단체가 협의회를 갖고 이를 지지하는 공동성명서를 발표하여, 토지개혁법령 실행에 "전 인민위원회, 농민위원회가 전적으로 지지하며 방조하도록" 호소하였다.[539] 3월 7일 임시인민위원회결정 제4호로서 「『북조선토지개혁에 대한 법령』에 관한 결정서」가 채택되었다. 결정서에서는, "각 촌·동에서는 면인민위원회의 대표자가 참석하여 농민회의를 소집하고, 토지개혁에 대한 법령을 토의하고, 각 촌·동에 5~9인으로 토지개혁실시위원회를 조직할 것"이 정해졌다. 또한 "농민위원회가 작성한 토지개혁 실시책은 면인민위원회의 승인이 있어야 실행될 수 있음. 면인민위원회와 농민위원회 간에 의견 차이가 생겼을 때, 이 토지개혁 실시계획안을 군인민위원회의 토의에 전달하며, 부득이한 경우에는 도인민위원회에 회부할 것인바, 도인민위원회에서 최후결정권을 가짐"이라고도 결정하고 있다.[540] 이것은 토지개혁 실시 주체 간의 권한 및 책임의 상하관계를 명확히 한 조항이었다고 생각된다. 그러나 문안만을 보면, '토지개혁실시위원회'를 3월 5일자 법령에 명시된 '농촌위원회'와 동일시하고, 법령에서는 "고용자, 토지가 없는 소작인, 토지가 적은 소작인의 총회"였던 것을 단순히 "농민회의"로 하고 있다. 나아가 주목해야 할 것은 "토지개혁실시위원회"를 "농민위원회"와 동일시하고 있는 점이다. 농민위원회는 당시 '농민조합'과 혼용되고 있던 명칭이기 때문에, 촌락 수준에서 토지개혁 주체를 기존의 농민위원회로 한다는 해석이었다. 새롭게 조직되

---

539) 「북조선토지개혁에 대한 공동성명서」, 『정로』 1946.3.8. 필자 미상, 「조선의 정치 정세에 관하여」(노어), 러시아현대사문서보관연구센터, 문서군 17, 목록 128, 문서철, 1119, 55쪽, 국사편찬위원회, 『1947년 북조선정치관련보고서』(수집번호 : 0103012)에 수록.

540) 『북한관계사료집 Ⅴ』, 232~233쪽, 『북한법령집』 제2권, 276쪽에 수록.

어야 하는 농촌위원회의 성격이 규정되지 않은 채로 법령이 공포되고, 특히 기존 농민위원회와의 관계가 논란이 된 결과, 북조선농민연맹 측 요구가 반영되었다고 생각된다. 토지개혁 실시 결정이 급속히 진행된 데 따른 혼선이었다.

여기서 놓쳐서는 안 될 것은, 사전에 공산당북조선분국 내 공식적인 의사결정기구인 집행위원회가 소집되지 않았다는 사실이다. 2월 15일 '제4차 확대집행위원회'의 다음 회합인 '제5차 집행위원회'는 임시인민위원회가 토지개혁 법령을 공포하지까지는 열리지 못하였다. 김일성을 중심으로 한 추진파가 농민연맹대회에서 토의의 추이를 지켜본 결과, 분국 내 의견 조정이 어렵다고 판단하여, 직접 실행 주체인 임시인민위원회를 소집, 토지개혁을 강행하였다고 추측된다. 아직 형식적으로는 분국 내 의사결정은 서울중앙과의 조정이라는 절차를 필요로 했기 때문이다. 2월 8일 임시인민위원회 결성 때에도 사전에 공산당분국 집행위원회의 결정이 이루어지지 않은 채, 2월 15일 제4차 확대집행위원회에서 사후 승인된 것과 같이, 분국의 공식 의사결정기구는 북조선 전체의 문제를 결정할 수 있을 정도의 힘을 갖는 '최고의사결정기구'가 아니었던 것이다. 토지개혁은 임시인민위원회 결성 이후 준비작업이 진행되어 오다 마지막 단계에서 북조선농민연맹대회에서 표출된 '밑으로부터'의 요구를 토대로 하여 바로 북조선임시인민위원회를 통해 '위로부터' 전격적으로 실행에 옮겨졌다고 생각된다.

3월 6일 토지개혁 법령이 발표된 시점 이후에 열렸다고 추정되는 분국 '제5차 집행위원회' 회의에서는 임시인민위원회 농림국장 리순근이 "토지개혁에 관한 보고"를 하고, 김일성이 "토지법령에 대한 해석보고"를 한 다음, 해당 결정서가 채택되었다. 결정서는 "금번 북조선임시인민위원회에서 공포된 토지개혁법령은 현 단계에 있어서의 국제적, 국내적인 모든 정세로 보아 가장 적응한 것으로서 북조선 분국은 승인하며, 절대 지지를 표명하는 동시에 그 법령의 실행을 결의한다"고 하였다. 이 문안은 이 회의가 토지개혁의 내용과 그 실행을 사전 결정하기 위한 것

이 아니라 이미 임시인민위원회가 공포한 법령을 사후 승인하고 지지하
기 위한 것이었음을 확인해 주고 있다.541)

　결정서는, 토지개혁이 "진보적 민주주의정부를 수립하여, 모스크바
삼국외상회의 결정을 우리 조선에 구체화"하는 것이라고 전제한 뒤,
"1945년 8월 15일 직후에 있어서 주장된 토지개혁과 차이가 있는 것이

---

541) 종래 이 결정서의 내용은 알려지지 않았으나, 방선주가 원문을 발굴하였다. 「조
　　선공산당북조선분국 제5차 집행위원회 결정서」, 한림대학아시아문화연구소 편,
　　『조선공산당문건자료집 1945~46』, 223~226쪽. 인용한 문장에서 드러나듯이,
　　분국 제5차 집행위원회는 토지개혁 법령이 공포된 뒤 개최되었음에 틀림없다.
　　그러나 지금까지 북조선의 공식설명은, 분국 제5차 집행위원회가 먼저 열려 토
　　지개혁 방침을 정하고 나서, 거기에 따라 임시인민위원회가 토지개혁 법령을
　　공포하였다고 한다. 당초 북조선의 공식문헌은 토지개혁의 의사결정에서 농민
　　동맹과의 관련만 언급하고, 분국과의 관련에 관해서는 전혀 언급하지 않았다.
　　분국에 관해서는 토지개혁 실행과정에서 주도적 역할을 했다는 측면에 초점이
　　맞춰져 있었다. 『해방후조선－강의요강』, 85~86쪽, 내무성보안간부학교 편,
　　『해방후조선』 제2분책, 33·38쪽, 『조선중앙연감(1949·1950년판)』. 처음으로
　　이 쟁점에 관해 언급한 것은, 김량제, 「조선로동당투쟁사연구자료 : 북조선에서
　　토지개혁 실시를 위한 우리 당의 투쟁」, 『근로자』 1958.4, 77쪽이지만, 이 논문
　　은 농민동맹에 관해서는 전혀 언급하지 않고, "벌써 토지개혁 법령을 발표함에
　　앞서 1946년 3월 4일 당중앙위원회 제5차 집행위원회에서 토지개혁 실시를 보
　　장할 데 대한 문제를 심중히 토의, 결정"하였다고 설명하였다. 제5차 집행위원
　　회의 날짜를 3월 4일로 잡고 있는데 이것은 개찬이다. 다만 이 설명은 1958년
　　9월 간행된 과학원력사연구소 편, 『조선통사(하)』, 31~32쪽에서는 채택되지 않
　　고, 종래의 기술이 답습되었다. 그러나 최초의 당사로서 1964년 간행된 『조선로
　　동당력사교재』, 161~162쪽부터는 2월 하순 농민동맹대표대회에서의 토의－3
　　월 초 분국 제5차 확대집행위원회의 결정－3월 5일 임시인민위원회의 법령공
　　포라는 의사결정 순서를 확정하였다. 분국 제5차 확대집행위원회에 관해 일시
　　를 밝히지 않고, "1946년 3월 초에 있은 조선공산당북조선조직위원회 제5차 확
　　대집행위원회는 토지개혁을 즉시 실시할 것을 결정하고 그 기본방침을 제시하
　　였다"고 서술하였다. 이 설명이 현재까지 지속되고 있으나, 농민동맹대표대회
　　의 역할을 거의 무시하고, 농민들의 자발적 토지청원운동을 중시하는 기술로
　　되어 있다. 『조선전사』 제23권, 141쪽, 손전후, 『우리나라토지개혁사』, 105쪽. 더
　　욱이 1992년 간행된 『김일성전집』 제3권에서는 3월 4일 분국 제5차 확대집행위
　　원회에서 토지개혁 실시를 확정하는 김일성의 결론이란 문서가 수록되었다. 이
　　것은 나중에 만들어 낸 문서로 간주된다. 「토지개혁을 실시할 데 대하여－북조
　　선공산당 중앙조직위원회 제5차 확대집행위원회에서 한 결론 1946.3.4」, 『김일
　　성전집』 제3권, 190~196쪽.

며, 그것은 새로운 국제적, 국내적 정세에 의하여 제기되는 것"이라고
그 배경을 설명하고 있다. 국제정세에 관해서는, 소련을 "가장 진보적
민주주의국가"라고 규정하여, "38도선 이북에 붉은 군대가 진주함으로
써 북조선에 가장 철저한 민주주의정책을 실행할 수 있는 가능성과 조
건을 만들어 주고 있다"고 하였다. 국내정세에 관해서는, "해방 이후 날
이 갈수록 친일파, 민족반역자 및 지주배들의 반동적, 파시스트적 행위
의 노골화를 지적하지 않으면 안 된다"고 하였다. 특히 이승만, 김구를
"파시스트배"라 규정하고, "공산당을 반대하고, 모스크바삼상회의결정
을 반대하는 동시에, 소련을 반대"하는 "반공, 반소분자"라고 격렬하게
비난하였다. 토지개혁의 목적은 "민족반역자와 친일파들의 악행을 폭로
시킬 뿐만 아니라, 민주주의를 반대하는 반공, 반소분자들의 경제적 근
거를 완전히 숙청"하는 데 있다고 밝혔다. 나아가 당내에는 "현 토지개
혁 법령이 종래의 토지문제에 관한 주장보다 급진적이라고 오인함으로
써 본 법령실행을 악행하는 동요분자도 있을 것"이므로, "토지법령 실시
를 계기로 당내의 불순분자들과 실천을 통하여 철저히 싸우며 그들을
정리"하고, "로동자, 고용로동자, 빈민을 많이 당내에 흡수함으로써, 당
의 성분을 개조할 것"을 결정하였다. 또한 "금번 토지개혁을 통하여 인
민위원 령내에 잠재하고 있는 반동성을 가진 비민주주의적 분자들을 철
저히 숙청"하고, 그들이 "토지개혁에 있어서 동요되고, 반동에 이를 가
능성이 있음을 예상하여, 과감하게 그 동요와 반동에 있는 분자를 처리
하며, 로동자와 농업로동자, 빈농민들을 정권기관에 다수 등용해야 할
것"을 결정하였다.542) 변화한 국제, 국내정세에 맞추어 통일전선의 대
상을 축소하고, 종래 방침보다 급진적인 개혁을 단행함과 동시에, 당내,
인민위원회 내 성분 개조를 꾀한다는 내용이었다.

---

542) 「조선공산당북조선분국 제5차 집행위원회 결정서」, 『조선공산당문건자료집』,
223-2, 26쪽. 그 밖에 각 도에 책임공작원을 파견한다는 내용도 포함되어 있다.
결정서에서 이름은 복자로 되어 있으나, 예컨대 황해도에는 무정, 평안남도에
는 김책, 평안북도에는 오기섭이 파견되었다.

그런데 분국의 결정 내용은 '농민위원회'를 중시하는 입장에 대한 반격이기도 하였다. 분국 제5차 집행위원회 결정에 따라, 6일 평안남도당 제3차 확대집행위원회가 열려, "군중단체, 특히 농민위원회의 성분을 개조하고 통일화하기 위하여, 농민위원회 내의 지주, 부농 성분을 일소해야 할 것", "촌 정권부터 개조하여 로동자, 고용자, 빈농을 많이 등용하고, 진정한 인민의 정권을 확립"할 것을 결의하고 있다.543) 당초와 같이 농민위원회를 개혁의 주체로 하기는커녕, 농민위원회 자체도 개혁 대상으로 한다고 하는 선언이었다.

3월 8일 농림국장 리순근 명의로 "북조선임시인민위원회위원장 김일성 비준"의 "토지개혁법령에 관한 세칙"이 공포되어, 이 문제에는 결론이 지어졌다. "각 농촌의 고용자, 토지 없는 소작인, 토지 적은 소작인의 총회에서 거수로 그 농촌의 인구수에 따라서 … 농촌위원회를 조직한다"는 것이 확인되고, "면인민위원회는 각 농촌위원회의 성원을 승인할 것이며, 농촌위원회는 면인민위원회의 지도 하에서 공작하여야 한다"는 것, 농촌위원회가 작성한 토지분여안은 "면인민위원회의 승인을 받아야 한다"는 것이 결정되었다.544) '농촌위원회'가 기존의 농민단체와는 관계없이 완전히 새롭게 조직된다는 점을 확인하면서, 토지개혁 실행의 책임과 권한이 기본적으로 인민위원회에 있고, 농촌위원회가 인민위원회의 감독 아래 놓여진다는 것을 분명히 한 것이다. 3월 7일의 결정서는 "토지개혁실시위원회"를 각 촌, 동에 조직한다고 정하고 있었지만, 세칙은 이에 관해서는 규정하지 않았다. 실제로는 토지개혁 수행과정에서 각 도, 군, 면 단위로 "인민위원회 확대회의"가 열려, 도, 군, 면까지 각 인민위원회의 임시적인 토지개혁수행위원회로서 "토지개혁실행위원회"가 조직되었다.545)

---

543) 「조선공산당 평남도 제3차 확대위원회 결정서」, 위의 책, 188~191쪽.

544) 「토지개혁 법령에 관한 세칙」, 『북한관계사료집 Ⅴ』, 233~238쪽, 『북한법령집』 제2권, 277~281쪽에 수록.

545) 손전후, 『우리나라 토지개혁사』, 126~137쪽.

앞에서 언급했듯이, 3월 3일 북조선농민연맹대표대회가 열려, 북조선임시인민위원회에 토지개혁을 요청하는 결정서가 채택되지만, 공식적으로는 이것이 토지개혁에서 최초의 기점이 된다. 북조선농민연맹의 요청이라는 형식을 취한 것은, 밑으로부터 농민의 요구라는 명분을 확보하기 위함이었다. 토지개혁은 북조선임시인민위원회 법령으로 공포되었기 때문에, 공식주체는 중앙과 지방의 인민위원회였다. 다만 토지개혁 과정에서 주목되는 것은, 촌락 수준의 농촌부락에서 토지개혁 주체를 주민선거에서 선출되는 '농촌위원회'로 한 사실이다. 농촌위원회는 러시아혁명 당시 '빈농위원회'와 유사한 조직이었다고 생각되지만, 행정조직으로서의 인민위원회와 달리 "고용농민, 토지 없는 소작인, 토지 적은 소작인" 등 토지분배 대상자로 구성되는 순수 농민조직이었다.546) 인민위원회의 역할은 도·군·면까지였지만, 그것은 당시 인민위원회의 행정범위가 면까지밖에 미치지 않고, 리 차원에서는 부락 자치에 맡겨지고 있었기 때문이다. 리인민위원회는 아직 조직되지 않았다.

2) 토지개혁의 실시과정

토지개혁 실시과정에 관해서는 자료상 제약 때문에 아직 상당 부분이 해명되지 못한 상태에 있다. 현재 시점에서 당시를 엿볼 수 있는 자료는 몇 가지에 한정되고 있다.547) 토지개혁은 1개월도 채 안 되는 사

---

546) 「북조선 토지개혁에 관한 법령」을 참조.

547) 우선 3월 13일 허정숙 명의로 분국선전부에서 간행된 팸플릿 『토지개혁에 대한 해석』에는 「북조선인민위원회의 『토지개혁법령』에 대한 선전대강」과 「북조선 토지개혁에 대한 해석」이라는 두개의 문서가 포함되어 있다. 『북한관계사료집 Ⅴ』, 351~363쪽에 수록. 이 『해석』은 3월 16일자 『정로』의 부록 제1, 2면에 게재된 것으로 보인다. 손전후, 『우리나라토지개혁사』, 151쪽. 다음으로, 실시 후 4월 10일 열린 분국중앙 제6차 확대집행위원회에서 나온 보고나 결정으로서, 조공북조선분국책임비서 김일성, 「『토지개혁』사업의 총결과 금후 과업－조공북조선분국중앙 제6차 확대집행위원회에서 보고」, 「토지개혁 토론에 대한 김일

이에 급속히 완수되어, 대규모의 유혈적인 충돌 없이 비교적 평화롭게
종료되었다. 대표적인 대규모 항의사건으로 함흥 학생시위가 발생했으
나, 전국적으로 확산되지는 않았다.[548] 96만 3,657정보의 토지가 몰
수되어, 68민 2,760호의 농가에 분여되었다. 북조선 6도에 1민 1,500
여 개의 농촌위원회가 조직되어, 9만 697명의 빈고농이 위원으로 뽑히
고, 농촌 말단에서 토지개혁의 실행 주체가 되었다.[549] 이러한 토지개
혁 과정상 특징에는 몇 가지 이유가 작용하였다.

우선 농민 측의 주체적 요인이 크게 작용하였다. 농촌의 군, 면 단위
까지 인민위원회가 조직되고, 리에는 거의 전 지역에 농민위원회(농민
조합)가 조직되어 있었다. 지방 인민위원회나 농민위원회 주도 아래
3·7제 투쟁이 어느 정도 관철되어, 일제와 민족반역자의 소유토지에

성 동지의 결론」,「김일성 동지의『토지개혁사업의 총결과 금후 과업』의 보고에
대한 결정서—조공북조선분국중앙 제6차 확대집행위원회에서 결정」,「당조직
에 대한 결정서—조공북조선분국중앙 제6차 확대집행위원회에서의 결정」,「간
부문제에 대한 결정서—조공북조선분국중앙 제6차 확대집행위원회에서 결정」
등이고, 이상 일련의 문서는『당의 정치노선 및 사업총결과 결정』, 25~58쪽에
수록되어 있다. 또한 4월 13일 열린 임시인민위원회 제1차 확대위원회에서 한
김일성의 결론 요지를 들 수 있다. 김일성,「토지개혁 총결보고에 대한 결론요
지—1946년 4월 13일 북조선임시인민위원회 제1차 확대위원회에서」,『중요보
고집—조선민주주의인민공화국 수립의 길』, 북조선인민위원회선전부(평양),
1947. 나아가 실시 이후의 선전 팸플릿으로서, 오기섭,『북조선 토지개혁 법령
의 정당성』(1946.6.5 발행),『북조선 토지개혁의 력사적 의의와 그 처음 성과』(강
연자료 제4집, 1947년)이『북한관계사료집 V』, 363~421쪽에 수록되어 있다. 그
밖에 실시 당시 민주청년동맹 평안남도위원회의 선전 삐라(별장) 2장도 위의
책, 350~351쪽에 수록되어 있다. 북조선에서 나온 토지개혁에 관한 가장 포괄
적 연구인, 손전후,『우리나라토지개혁사』에는 많은 제1차 사료가 인용되어 있
으나, 이것은 주의 깊게 재해석될 필요가 있다.

548) 각지에서 토지개혁에 저항하다 진압된 예가 기록되어 있지만, 조직적이고 장기
적인 움직임이나 대규모 저항으로 확대된 경우는 생기지 않았다. 함흥 시위사
건에 관해서는, 磯谷季次,『わが青春の朝鮮』, 368쪽,『비록 : 조선민주주의인민
공화국(하)』, 38~42쪽, 和田春樹,『ソ連の朝鮮政策 : 1945.11~46.3』, 98~99쪽
등을 참조.

549) 농민동맹중앙위원회『토지개혁 결산·총결 보고』1946년 4월 5일, 손전후, 앞의
책, 145쪽에서 재인용.

대한 몰수, 분배도 상당히 진행되고 있었다.550) 밑으로부터 자율적이고 독자적으로 형성된 광범한 자치조직의 존재야말로 가장 중요한 정치적 조건이었다. 다만 앞에서 설명했듯이 당(분국)조직의 역량은 아직 큰 역할을 발휘할 수 있는 상태가 아니었다.551)

다음으로 지주층의 상당 부분이 남조선으로 피신했고, 토지개혁에 저항적 내지 소극적이던 대표적 정치세력인 민주당의 지도부도 당수 조만식이 연금되자, 지도부는 남조선으로 도피한 다음이었다. 이미 우익세력의 정치적 중심은 북조선에는 존재하지 않게 되었다. 남조선이라는 배후지의 존재가 북조선의 계급투쟁을 흡수·완화하였고, 그 흡수·완화된 만큼 그대로 남조선에서 좌우대립 격화로 이어졌다. 임시인민위원회는 토지가 몰수된 지주에 대해서는 해당 지역에서 영향력 유지를 막기 위해 북조선 내 다른 지방으로 이주시키는 정책을 폈지만, 그것은 남

---

550) 강정구는, 토지개혁 이전의 이러한 움직임을 "시민사회 내에서 일어나고 있던 것에 대한 사후적 승인"이라고 간주하고, 기본적으로는 토지개혁 자체도 그 연장선상에서 파악한다. 즉 시민사회에서 앞선 혁명을 수용하여, 그것을 북조선의 전역으로 확대하며, 체계적으로 수행한 것이라고 한다. 그 근거로서 임시인민위원회가 아직 중앙집권화한 관료기구가 아니었다는 점, 이 시기에 공산당분국이 농민 동원을 주도할 정도의 역량을 가지고 있지 않았다는 점, 소련의 정책은 직접적 개입이 아니라 북조선 정세에 '구조적 한계'만을 부여하였다는 점 등을 들고 있다.『좌절된 사회혁명』, 열음사, 1989, 303~348쪽, 강정구에 대한 비판으로서는, 류길재「북한정권의 형성과정 : 인민위원회의 조직과 활동에 관한 연구」,『북한체제의 수립과정 : 1945~48』, 경남대극동문제연구소, 1991을 참조. 강정구의 논리는 토지개혁이 급속히 평화적으로 수행되었다고 하는 측면을 부분적으로 설명해 주지만, 토지개혁 이후 농촌사회의 변용을 포함하여 통치체제 전반의 확립과정에 관해서는 해명할 수가 없다. 거론된 근거가 개별적으로는 일정한 타당성을 가진다고 해도, 상황적 맥락에서 상호 관련성이나 북조선 내 정치적 세력관계 등이 무시되어 있다. 예컨대 농민위원회와 농촌위원회의 관계 문제, 당·인민위원회·농민위원회의 삼자관계 문제 등이 무시되고, 남북조선 좌익 간의 대응 차이, 토지개혁을 단행한 김일성을 중심으로 한 추진세력과 농민동맹지도부의 관계, 소련군의 북조선 공산주의자에 대한 규정력 여하 등 제반 요인의 설명이 결여되어 있다.

551) 이 점에 관해서는 다른 연구도 지적하는 바이다. 류길재, 위의 논문, 79~80쪽 ; 강정구, 위의 책, 326쪽.

조선으로의 도피를 조장할 의도가 포함된 정책이기도 하였다. 더욱이 38도선을 경계로 소련군이 점령하고 있었기 때문에, 방해를 목적으로 남조선 지역에서 개입하는 것도 불가능하였다. 그러나 소련군이 토지개혁에 직접 개입했다는 증기나 증언은 일절 존재하지 않는다. 소련군의 점령정책은 토지개혁의 의사결정과정에서 결정적인 역할을 했다고 할 수 있고, 토지개혁 실행과정에서는 직접적 개입이 아닌 외부의 개입을 막는 외적 조건을 형성하였다. 또한 소련군이 정권의 폭력적 부분을 계속 장악하고 있었다는 점은 북조선 내부에서 대립이 폭력화하는 사태를 봉쇄하는 데 결정적인 조건이었다.[552] 미소 간에 모스크바 3상회의 합의가 이루어진 직후였고, 임시정부 수립을 위한 협의 절차로서 미소공동위원회 개최를 앞둔 시점이었기 때문에, 미소 간의 협조 기조도 유지되고 있었다. 아직 직접적이든 간접적이든 미소관계는 상대 측 점령정책에 대하여 간섭할 상황이 아니었다. 그러나 토지개혁 과정상의 성격을 규정하는 조건이 갖추어졌다고 해도, 임시인민위원회가 결성됨으로써 북조선 지역에서 강력한 중앙집권화를 목표로 하는 정치적 중심이 형성되었다는 점이이야말로 토지개혁 실행의 제1차적 요인이었음은 말할 필요도 없다.

실시 과정에 동원된 인원을 기준으로 하면, 지방인민위원회와 농민동맹의 역량이 가장 크게 발휘되었다. 토지개혁에 관한 북조선의 대표적인 연구서 속에 동원 인원에 관한 통계가 제시되어 있는 평안북도의 경우, 총계 10,965명 중 당에서 944명(8.6%), 인민위원회는 2,495명(22.7% : 도−304명, 군−800명, 면−1,391명), 보안관계자 676명(6.2%), 노동조합 821명(7.5%), 농민동맹 2,639명(24.1%), 민청

---

552) 토지개혁과 관련하여 월남을 포함해서 1945년부터 48년까지 북조선에서 남조선으로의 인구이동에 관해서는, 박명림의 분석을 참조. 박명림은 이러한 인구이동이 북조선의 체제형성과정을 특징짓는 결정적인 요인으로 보고 있다. 박명림, 『한국전쟁의 발발과 기원』, 349~356쪽. 소련군의 물리적 폭력 독점에 관한 지적은, 和田春樹, 「北朝鮮におけるソ連軍政と共産主義者 : 1945年 8月~1946年 2月」[草稿], 14쪽.

3,105명(28.3%), 여성동맹 285명(2.6%)이 동원되었다. 보안관계자도 인민위원회 속에 포함시키면, 인민위원회가 전체의 28.9%로 가장 많고, 민청, 농민동맹의 순으로 되어 있다. 당은 8.6%에 지나지 않았다.553) 평안북도는 토지개혁 과정에서 입당자가 가장 많았고, 당의 동원 실적이 다른 도에 비해 가장 좋았기 때문에, 통계가 공개되었다고 생각된다. 다른 도의 경우, 평안북도보다는 밑돌았을 것이다. 특히 각 도의 활동상황에 관해서는 "각 도당위원회의 지도 아래" 도인민위원회 확대회의가 열려 해당 조치가 취해졌다고 전해지지만, 평안북도와 함경남도 이외에는 도당 차원의 조치에 관해 구체적인 내용을 보여 주는 증거나 자료는 존재하지 않는다.554) 또한 모든 군에서 "각 군당위원회의 지도 아래" 군인민위원회 확대회의를 열어 구체적 대책을 세우고, 면과 리에 지도성원을 파견했다고 하지만, 군당 이하의 활동상황에 관해서도 그 실태를 전하는 자료나 증거는 제시되고 있지 않다.555)

4월 10일 토지개혁을 총괄하고 금후 대책을 토의하기 위하여 분국 제6차 확대집행위원회가 열렸다. 토지개혁 과정에서 당의 역할에 관하여, 김일성은 "분국집행위원들을 각 도에 파견하여, 전 도 '토지개혁' 사업을 지도하며 집행케 하고, 각 도위원들은 각 군에 분공하여 직접 '토지개혁'의 각종 사업에 참가, 지도하였다. 각 군위원들은 각 면, 리에 내려가서 친히 '토지개혁' 사업에 착수, 지도하였다. 당은 이 사업 개시로부터 상급기관으로 하급기관까지 총출동하여 '토지개혁' 사업의 선두에 서서 인민위원회를 협력하여 '토지개혁' 사업에 착수하였다"고 총괄하

---

553) 손전후, 앞의 책, 132쪽.

554) 위의 책, 127쪽. 평안북도당위원회는 제4차 확대집행위원회를 열어, 제1차로 150명의 도당일꾼을, 다른 정당·사회단체로부터 191명을, 도인민위원회에서 173명을 농촌지도성원으로 파견했다고 한다. 위의 책, 131쪽. 함경남도당위원회는 제41차 확대상무위원회를 열어, 도당간부 20명, 함경남도노력자학교학생 120명, 원산노력자학교학생 150명, 원산시당간부 20명, 각 정당·사회단체일꾼과 인민위원회직원에 의해 조직된 '토지개혁지도대'를 군·면·리에 파견했다고 한다. 위의 책, 133쪽.

555) 위의 책, 129쪽.

고, "모든 사업의 순리 보증은 당원의 핵심작용과 선봉대적 모범작용에
있었다"고 강조하였다. 다만 6도 전체에서 토지개혁 과정을 통해 9,058
명이 신규 입당한 실적 이외에 당의 역할에 관한 구체적인 내용은 제시
할 수가 없었다.556) 당원의 핵심작용과 선봉대적 모범작용이란 격려를
위한 의례적 언사에 지나지 않았다. 오히려 토지개혁이 "순리롭게 승리
적으로" 완수된 "중심원인"으로는, 첫째로 3·7제 투쟁이나 농민 대표의
결의 등에서 나타났듯이 그것이 농민의 밑으로부터 요구에 기초를 둔
개혁이었다는 것, 둘째로 인민이 직접 참가하는 가운데 각 도인민위원
회가 결성되고 농민조합, 노동조합 등 사회단체가 조직되어, 농민에게
토지를 획득할 정치적 준비가 충분했다는 것, 셋째로 민주주의통일전선
이 잘 구성된 기초 위에서 집행되어, 300여 만의 조직대중이 총동원된
것, 넷째로 노동자, 농민의 견고한 연대하에 진행된 것, 다섯째로 "농촌
정권조직의 기초"로서 "농민위원회"를 통하여 농민 스스로 전면에 나서
"반동분자와 민족반역자를 숙청하는 민주주의 승리의 기본동력이 되었
다"는 것 등이 상세히 열거되었다.557)

　다섯째로 들은 '농민위원회'는 '농촌위원회'의 잘못이었다고 생각되
지만, 단순한 오기라기보다 실제 농민위원회가 큰 역할을 한 사실에서
비롯된 혼동이었을 것이다.558) 당시 신문 보도는 평안북도의 상황에
관해, "결론적으로 보아 해방 이후 즉시 농민조합을 조직하여, 농민 해
방에 대한 정치적 훈련을 경험하고, 예비지식을 많이 얻은 마을은 토지
개혁을 실시하는 데 대단히 용이하고, 농민조합 활동이 강하지 않았던
마을은 역시 실천 상 곤란을 적지 않게 경험했다"고 전하고 있는데, 이

---

556) 김일성, 앞의 책, 27쪽.

557) 위의 책, 30~33쪽.

558) 이 회의에서 한 보고와 결론이 최초로 게재된 『김일성선집(1954년판)』 제1권,
　　 74쪽에서는 '농촌위원회'로 수정되어 있다. 김일성은, 평안북도 선천군에서 민
　　 주당원에게는 토지를 분여하지 않고, 농민위원회 회원이 되지 않으면 토지를
　　 분여하지 않는다고 하기 때문에, 민주당원이 민주당을 탈퇴하여 농민위원회에
　　 가입한 사실을 지적하고 있다. 위의 책, 37쪽.

러한 평가는 다른 지역에도 적용된다고 할 수 있다.559)

당시 당조직 상황으로 보아 토지개혁 실시과정에서 중앙(분국)으로부터 통제가 먹혀들고 있던 곳은 각 도당과 각 도당 내에서도 일부 군당까지였다고 생각된다. 제6차 확대집행위원회에서 채택된 당조직에 대한 결정서 내용을 보더라도, 아직 지방당의 조직체계도 통일되지 않은 상태였다. 각 도당 안에서도 독자적으로 판단을 내려 해당 지역 내 군당에 지도성원을 파견할 수 있을 만한 역량을 갖춘 곳은 위에 들었던 두 개의 도 정도였을 것이다. 다른 도당은 도인민위원회 활동의 틀 안에서 움직이지 않을 수 없었다. 토지개혁은 도에서 면 단위까지는 기본적으로 인민위원회 조직을 통하여, 리 차원에서는 농민위원회(또는 농민조합)가 토대가 된 농촌위원회를 통하여 완수된 것이다.

회의의 보고에서 당에 대해 가한 김일성의 비판 내용은 토지개혁 실시과정에서 이루어진 당의 역할을 짐작케 한다. 김일성의 보고에 따르면, 농촌지역에서 당의 위신이 높아졌다고 해도, 전반적으로 당조직의 확대를 추진할 수는 없었다. 특히 평안남도당은 책임비서 장시우가 토지개혁 과정에서 당원을 흡수하지 말고 실시 후에 흡수하도록 지시했다고 비판되며, 함경남도도 토지개혁 도중 당원 확대에 대한 구체적 조치가 취해지지 않았다고 지적되었다.560) 황해도에 대해서도 같은 비판이 가해졌고, 평안북도당 이외에 눈에 띌 만한 당원의 성장은 보이지 않았다.561) 이것은 당의 조직체계가 농촌 말단까지 미치지 못하는 당의 조직 역량상 한계로부터 초래된 결과였다. 적어도 각 농촌에 세포 한 개는 존재할 필요성이 제기되어, 토지개혁 과정에서 "최대의 충성과 적극성을 발휘한 빈농과 고농을 당에 흡수하는 것"이 급선무로 제기되었다.562)

---

559) 『평북신보』 1946.3.21, 손전후, 앞의 책, 143쪽에서 재인용.

560) 김일성, 앞의 책, 35쪽.

561) 「김일성 동지의 『토지개혁 사업의 총결과 금후 과업』의 보고에 대한 결정서—
    조공북조선분국중앙 제6차 확대집행위원회에서의 결정」, 앞의 책, 52쪽.

이 때문에 제6차 확대집행위원회에서 「당조직에 대한 결정서」가 별도로 채택되어 당 조직체계가 정비, 개편되었다.563) 토지개혁 실시 후 총력을 기울인 것은 당원 확대였다. "당은 토지개혁에서 얻어진 역량을 당의 기본역량으로 만들어야 한다"고 하여, 각 농촌의 빈농과 고농층 속에 깊이 들어 가 세포를 조직하고, 각 공장과 리, 동에 세포를 두는 등 세포 조직사업을 대대적으로 전개하도록 결정하였다. 특히 5월 1일을 기념하여 당원 모집 캄파니아를 벌이기로 하였다.564)

다음으로 지방인민위원회에 대한 정비, 숙청이 중요 과제가 되었다. 회의에서 채택된 결정서는 토지개혁 과정에서 함경남도인민위원회는 대부분 사보타지하는 경향이 있었다고 지적하였다.565) 김일성은, 3·7제나 '곡물성출'에 반대하고, 토지개혁에도 적극적이지 않은 "비민주의분자", 아직 인민위원회 내에 존재하는 "지주분자와 탐관오리" 등의 "이색분자와 불순한 성분"을 농촌위원회 안에서 토지개혁에 모범이 된 간부로 교체시켜야 한다고 주장하였다.566) "내부의 불순분자"를 빠른 기간 안에 숙청하기 위하여 임시인민위원회에 "검사위원회"를 조직하기로 결정하였다.567) 당의 결정에 따라 임시인민위원회는, "인민위원회 내에서 무능력하고 부패한 탐관오리분자와 관료주의분자, 명령주의분자와 반민주주의적 반동분자"를 정리, 숙청하고, 민주주의분자를 흡수하기 위하여, 5월 15일 이내에 각급 지방인민위원회를 정리하는 작업을 하기로 결의하였다.568)

---

562) 위의 책, 35쪽.

563) 위의 책, 55쪽.

564) 위의 책, 42쪽.

565) 「… 결정서」, 앞의 책, 52쪽.

566) 김일성, 앞의 책, 41~42쪽.

567) 「… 결정서」, 위의 책, 54쪽.

568) 김일성, 「토지개혁 총결 보고에 대한 결론 요지―1946년 4월 13일 북조선임시인민위원회제1차 확대위원회에서」, 『조국의 통일, 독립과 민주화를 위하여』 제1권, 33쪽. 한편 인민위원회를 대신하여 당조직이 전면에 나서 토지개혁의 실행

그러나 당세포 확대나 인민위원회 정비는 농촌위원회를 통하여 획득한 빈농과 고농층을 중심으로 이루어졌다. 당면한 초점은 농촌 말단에 조직되어, 토지개혁의 실질적 담당자 역할을 한 농촌위원회를 어떻게 할 것인가에 있었다. 김일성의 보고와 결론에서도 나타나듯이, 이 문제를 둘러싸고 많은 논란이 있었다고 생각된다. 구체적으로는 농촌위원회, 농민위원회(농민조합), 인민위원회의 삼자관계로서 표출되었다. 김일성은 이 확대집행위원회에서 한 결론을 통하여 "농촌위원회 문제"에 대해 별도로 언급하고 있다.569)

> 농촌위원회가 구장, 리장 등의 행정조직을 대표하겠는가? 이것은 부적합하다. 이것을 그냥 없이하지는 말고 농민위원회와 합해야겠는데 … 농민위원회 중 불순분자, 지주, 부농 성분을 내보내고, 농촌위원회 사람으로 보충해야 한다. 이것은 토지개혁 시의 투쟁 성적을 그대로 살리는 것이며, 정권을 감독할 수 있는 것이다.

빈농과 고농층 중심의 농촌위원회와 과거의 지주나 부농층도 들어가 있는 농민위원회를 통합하여, 빈농과 고농층을 중심으로 농민위원회의 성분을 개조한다는 방침이었다. 그러나 그 이유는 계층적인 것만이 아니었다. 형식적으로는 새롭게 조직된 농촌위원회가 토지개혁을 주도했다고 하더라도, 실질적으로 농촌위원회는 농민위원회가 모체가 되어 구성되어 대부분 지역에서 농민위원회와 겹쳐 있었던 것이다. 농촌위원회를 "농촌 정권조직의 기초"로 위치시킨 것처럼, 농촌위원회를 그대로 리인민위원회로 개편하는 안도 있었으나, 그렇게 되면 농민위원회의 비

을 담당하거나(함경남도의 일부 지역과 평안남도 대동군), 인민위원회가 아니라 공산당 조직 내에 토지개혁실시위원회를 설치한(평안북도 의주군) 사실을 지적하여, 지방 인민위원회에 대한 당조직의 행정대행을 비판하면서, 동시에 인민위원회 내에 당의 '뿌락찌아' 조직을 강화할 것도 주장하였다. 김일성, 앞의 책, 41쪽.

569) 「『토지개혁』토론에 대한 김일성 동지의 결론」, 『당의 정치노선 및 사업 총결과 결정』, 47쪽.

중이 지나치게 커지고, 아직 농민위원회는 그 계급성분상 안심할 수 있는 존재가 아니었다. 먼저 농민위원회의 구성 성분을 개조해야만 하였다. 4월 중순 북조선농민연맹 제3차 확대집행위원회가 열려, 지방 농민위원회에 대한 "검열사업"을 진행하기로 결정하였다.570) 리 차원에서 농민위원회로부터 지주나 부농 성분을 청산하는 작업임과 동시에, 그러한 계층 성분은 아니더라도, 주로 토지개혁에 소극적이던 부분을 제거하는 작업이기도 하였다.

농민위원회의 개조작업은 "당은 농촌에 뿌린 당의 『씨』를 보존하며, 농촌당의 성분을 개선하여, 농촌당을 빈농과 고농의 기초 위에 확대, 강화"하기 위한 기초작업으로 인식되고 있었다. 더욱이 이 작업은 "전 당의 확대와 공고 사업에 새로운 기초를 수립할 것"이라고 간주되었다.571) 김일성은 회의 결론에서 군당위원회에 농민부를 설치할 것인지에 관해서는 "뒤에 대답하겠다"고 유보하고 있는데,572) 강원도 인제군의 경우 1946년 6월경 군당 농민부가 상부로부터 각종 지시를 받고 있는 사실에서 볼 때, 이 회의가 아니더라도 이 시기에 군당 농민부를 설치하는 결정이 내려졌다고 생각된다.573) 앞에서 언급했듯이, 분국 제6차 확대집행위원회를 계기로 지방당 조직체계가 통일되고, 대대적인 당원 확대사업이 전개되었다.574) 이처럼 분국의 당원 확대는 토지개혁을 통해 확립된 인민위원회 행정체계 위에 올라타는 식으로 이루어지고, 농촌 말단에 자율적으로 형성된 농촌위원회를 파고들어 가는 내용으로 확보되었다.

6월 27일 농업현물세제가 공포된 뒤, 이를 지지하기 위하여 7월 11일 제3차 북조선농민대표자대회가 열려, '북조선농민연맹(즉, '전국농

---

570) 손전후, 앞의 책, 263쪽.

571) 김일성, 앞의 책, 40쪽.

572) 위의 책, 47쪽.

573) 북조선로동당강원도인제군당농민부, 『농민부사업철』, 1946.

574) 본 장 제1절의 1에 있는 당기구 확대에 관한 서술을 참조.

민조합총연맹북조선연맹')'은 남조선의 중앙조직으로부터 명칭상으로도 완전 독립, '북조선농민동맹'으로 개칭되고, 단위 조직의 명칭도 농민위원회에서 '농민동맹'으로 바뀌었다.575) 이후 자치조직으로서의 그 성격은 생산조직이나 동원조직으로 변화했다. 9월 9일 「북조선관개시설관리령」이 공포되어, 임시인민위원회 농림국에 관개관리부를 설치하고, 과거 수리조합 소유의 관개시설에 대한 관리를 이관하는 조치가 내려졌다.576) 종래 농민위원회가 관리하고 있던 관개시설도 거의 이관되었다고 보아도 좋을 것이다. 더욱이 1947년 1월 28일 당중앙상무위원회 제21차 회의에서는 농촌자위대를 농민동맹으로부터 분리, 지방 보안기관으로 이관하고, 2월 7일 제22차 회의에서는 농촌자위대를 해산하였다.577) 3월 14일 북조선농민동맹 제4차 중앙확대위원회는 면, 군, 도 지도기관 선거를 실시하여, 동맹원증 교부사업을 진행하기로 결정하였다. 1개월 동안 진행된 선거와 맹원증 교부를 통해 리에서 중앙에 이르기까지 각급 농민동맹 위원 대다수가 빈고농 성분으로 교체되었다.578) 군농민동맹에 당조가 설치된 것은 그 직후였다.579)

3) 북조선로동당의 창립과 농촌통치체제

초기 국가형성에서 6·25전쟁 시기까지의 지방행정

북조선의 지방행정에서 리 단위까지 행정체계가 깔리게 된 것은 토

---

575) 앞의 『농민부사업철』, 『조선해방연보』, 175쪽.

576) 「북조선임시인민위원회관개시설국가경영결정서」, 『북한관계사료집 V』, 277~281쪽.

577) 손전후, 앞의 책, 263쪽.

578) 리, 면, 군, 도위원의 경우, 거의 80% 이상, 중앙위원의 경우, 73%가 빈고농이었다. 손전후, 위의 책, 264~265쪽.

579) 강원도인제군의 경우 4월 15일이었다. 「북조선로동당강원도인제군농민동맹당조제1차 회의록」, 『북한관계사료집 Ⅳ』, 279~281쪽.

지개혁 과정을 통해서였다. 토지개혁 법령의 내용을 보면 알 수 있듯이, 인민위원회는 면 단위까지밖에 존재하지 않았다. 최초로 리인민위원회까지 행정 지시가 내려진 것은, 5월 25일 임시인민위원회농림국 지령 「상전(桑田)관리령 시행세칙」이며, 7월 4일 임시인민위원회 결정 「1946년 추파(秋播)맥류 준비에 관한 결정서」였다.580) 나아가 처음으로 리인민위원장에게 구체적 책임사항이 하달되는 것은 6월 27일 임시인민위원회결정 제28호 「농업현물세에 관한 결정서」에 따라 작성된 7월 5일 「현물세징수서 수교 및 현물세 납부규칙」이었다.581) 토지개혁 과정을 통해 상부의 행정력이 농촌부락까지 침투하여, 토지개혁 완료 후 4월부터 6월에 걸쳐 리인민위원장이 임명되는 등 리행정체계가 정비되고, 이 시기에 겨우 새로운 세제 실시가 가능하게 되었다고 생각된다.

중앙과 지방 행정에 관한 체계적 규정이 갖추어지는 것은 1946년 9월경이었다. 9월 5일 임시인민위원회 제2차 확대위원회에서 임시인민위원회 결정 제69호로서 "북조선임시인민위원회와 지방인민위원회의 유기적 관계를 명확히 하여 통일성을 확정"한다는 목적으로 「북조선도·시·군·면·리인민위원회에 관한 규정」이 채택, 공포되었다.582) 북조선공산당과 신민당이 통합, 북조선로동당이 창립되어 권력의 소재가 확정된 뒤, 지방인민위원회 선거를 실시하여 임시인민위원회를 법적으로 굳히기 위함이었다. 리－면－군－시－도의 계열에 따라 각 지방인민위원회의 상부 인민위원회에 대한 복종관계가 처음으로 법률로 정해

---

580) 『북한관계사료집 Ⅴ』, 256~257·269~270쪽.

581) 면인민위원장이 리인민위원장을 경유하여, 매 농호에 현물세 징수서를 수교하게 되며, 현물세 납부 진행의 조직 및 감독은 리인민위원장에게 일임되었다. 앞의 책, 321~323쪽. 부락은 자연마을을 말하는데, 일반적으로 리는 하나의 부락이나 지리적으로 근접한 몇 개의 부락으로 구성되어 있다. 행정구역으로서 리는 자연지리적인 생활단위로서 성격이 강하다고 할 수 있다. 여기서 리와 부락은 각각 행정구역과 자연지리적 구역을 말하지만, 공간적으로는 거의 같은 의미로 쓰고 있다.

582) 기획부장 정진태의 초안에 관한 보고에 따라 채택되었다. 『북조선법령집』, 9~12쪽.

졌다. 각급 인민위원의 인구 당 선출비율, 상무위원 수, 부서, 직무 등이 규정되었다. 다만 직무 내용은 전반적인 틀을 정해 둔 데 지나지 않고, 지방 인민위원회도 임시적인 성격이 강하였다. 부서도 군인민위원회까지밖에 규정되지 않고, 면인민위원회에는 사무상 사정으로 계원을 두기로 하는 데 그쳤다. 리인민위원회에 위원장, 부위원장, 서기장을 두기로 하고 있지만, 아직 이 시기에는 리 행정의 상당 부분이 촌락자치에 맡겨지고 있었기 때문에, 3명이 전부 배치되었다고는 생각하기 어렵다.

1947년 3월에 작성된「북조선 도·시·군·면·리인민위원회에 관한 규정 실시요강」은 총 39개 항목에 걸쳐 지방행정 전반에 관해 상세히 규정하여 양적으로도 방대한 법령이다.583) 이것은 1946년 10월 북조선임시인민위원회 시기에 작성되어 실시되고 있던「요강」을 북조선인민위원회 발족에 맞추어 일부 수정한 것이다.584) 이 요강에 따르면, 지방 농촌행정의 중심을 군에 두고, 군 행정까지에 관해서는 그 사업 내용을 매우 상세히 규정하고 있다. 그런데 군의 하부인 면에 관해서는 독자의 정책결정 권한을 부여하지 않고 있다. 일반적으로 면 행정은 군의 명령과 지시를 받아 최말단 집행 단위인 리에 전달하는 중간단계로서 그 위치가 부여되고 있었다. 리에 관해서는 1946년 10월 당시 요강에서는 규정되지 않았는데, 이것은 당시 리 차원의 행정은 거의 촌락자치에 맡겨지고 있었기 때문이라고 추측된다. 1947년 3월 작성된 요강에 리 행정 조항이 들어가지만, 상부 인민위원회의 명령과 지시를 해당 지역에서 집행에 옮기는 단위로 규정되어 있었다. 정원은 3명 이내로 되어 있으나, 1952년 12월 지방 행정구역이 개편될 때까지 유급직원은 리인민위원장 1명밖에 임명되지 않았다. 리인민위원장도 1947년 2월의 리(동)인민위원회 선거를 통하여 대부분의 경우 그 지역 출신자가

---

583) 북조선인민위원회결정 제16호「북조선도·시·군·면·리인민위원회에 관한 규정 실시요강 및 정원에 관한 결정서」,『북한관계사료집 Ⅴ』, 101~132쪽.

584) 북조선임시인민위원회결정서 제99호「북조선도·시·군·면·리인민위원회에 관한 규정 실시요강」,『북한관계사료집 Ⅴ』, 38~65쪽.

뽑혔다고 보아도 좋을 것이다. 촌락자치에 의존하는 상황은 적어도 6·25전쟁 시기까지 계속되고 있었다고 추측된다. 특히 리 행정의 주요 측면으로써 그 재정은 확립되고 있지 못하였다. 1949년 1월 현재 강원도 인제군의 경우, 리인민위원장에게 급료를 지불하지 못하고, 리 주민의 금품을 징수하여 조달하고 있었다. 금품 징수 대신에 주민의 노동력 제공을 통한 생활보장 방식으로 바꾸고 있었으나, 기본적으로 리인민위원장이 생활을 주민에 의존하거나 스스로 조달해야 하는 상태는 계속되고 있었다. 더욱이 리인민위원장의 급료뿐만 아니라 각종 사무비도 세외부담금으로 농민에게 부과되고 있었다.[585]

　리 행정의 촌락자치적 성격은 지방인민위원회 선거 규정에서도 잘 나타나고 있다. 1946년 11월 3일 도·시·군인민위원회 선거가 실시되고, 1947년 2월 24~25일 리(동)인민위원회 선거, 3월 5일 면인민위원회 선거가 실시되었지만, 리(동)인민위원회 선거방식은 도·시·군·면인민위원회의 선거방식과 달랐다. 도·시·군·면인민위원회 선거의 경우, 선거 15일 전까지 제 정당·사회단체에 의한 후보자 추천을 완료, 약 15일간의 선거운동 기간을 가지게 되어 있었으나, 리인민위원회 선거의 경우, 선거 당일이나 전날에 유권자 과반수 참가에 의한 '리선거자 총회'를 열어, 참가자가 직접 후보자를 추천한 뒤, 당일이나 다음날에 투표를 실시하게 되어 있었다.[586] 선거자 총회에는 상급 인민위원회와 정당·사회단체 대표도 참가할 수 있게 되어 있었기 때문에, 그들 주도로 후보자 추천이 진행되었다고 생각되지만, 선거자 총회란 리민 총회를 의미하

---

585) 리인민위원장은 조소문화협회, 적십자사, 애국투사후원회, 소비조합, 임야관리위원회 등 제 기관, 단체의 직무도 겸임하고 있던 만큼, 이와 관련된 비용도 주민의 세외 부담으로 되어 있었다. 그 밖에 리인민위원회 용지대, 토지대장 정리비, 공민증 교부사업비, 리농민동맹서기 보수 및 사무비, 부락농민동맹분회 용지대, 민주청년동맹초급단체 사업추진경쟁운동비 등 명목으로 세외 부담이 부과되고 있었다. 「북조선로동당강원도인제군당상무위원회회의록 제34호」, 1949. 1.11, 『북한관계사료집 Ⅲ』, 101~104쪽.

586) 북조선임시인민위원회결정 제147호 「북조선 면 및 리(동)인민위원회위원 선거에 관한 규정의 건」, 『북한관계사료집 Ⅴ』, 86~95쪽.

고 있으므로, 리인민위원 선출을 촌락자치에 맡기는 셈이었다.

11월 3일 도·시·군인민위원 선거가 실시되었는데, 그 사회성분별 비율은 노동자 14.5%, 농민 36.4%, 사무원 30.6%, 문화인 9.1%, 종교가 2.7%, 기업가 2.1%, 상업자 4.3%, 전지주 0.4%였다.[587] 사무원 및 인텔리(문화인, 종교가를 포함)가 42.4%에 달하고 있는 것이 주요 특징이지만, 도·시·군인민위원 수준까지는 행정기관, 당, 경제·문화기관, 사회단체 등에 종사하는 상근직원(카드르)이 대거 진출했기 때문으로 보인다.

1947년 2~3월 면·리인민위원이 선거된 뒤, 사회성분별로 보면, 리인민위원의 경우, 농민 86.74%, 노동자 4.70%, 사무원 6.90%, 인텔리 0.32%, 종교가 0.13%, 기업가 또는 수공업자 0.24%, 상인 0.92%, 전지주 0.04%이고, 면인민위원의 경우, 농민 58.0%, 노동자 8.3%, 사무원 29.1%, 인텔리 2.3%, 종교가 0.3%, 기업가 또는 수공업자 0.3%, 전지주 0%였다.[588] 면인민위원의 경우, 카드르층의 진출이 군 단위 이상에는 못 미치면서도 30% 이상으로 상당한 비중을 차지하고 있으나, 리의 경우, 농민이 압도적 비중을 차지하고 있어 농촌부락의 자치적 성격은 그대로 유지되고 있었다고 해석할 수 있다.

지방당 조직체계

앞에서도 설명했듯이, 당조직은 토지개혁 이후 급속히 확대되었다. 1946년 8월 북조선로동당 창립 당시 지방당 조직은 토지개혁 직후 확립된 조직체계와 큰 변함이 없었다. 그런데 당원 수가 증가함에 따라 당위원회 설치의 기준이 되는 해당 지역 단위의 당원 상한이 크게 늘어났다. 50명을 기준으로 설치하게 되어 있는 면당위원회의 경우, 이미 당

---

587) 김일성, 「북조선민주선거의 총결과 인민위원회의 당면 과업」, 『근로자』 1946.11. 30, 13~14쪽.

588) 주녕하, 「면 및 리(동)인민위원회위원 선거의 총결에 대하여」, 『인민』 1947.4, 32~34쪽.

원 수 50명 미만의 면은 없어지고 모든 면에 조직되었다.589) 당세포는 3명에서 5명으로 기준이 바뀌고, 세포위원회는 15명에서 20명으로 변하였다. 여전히 세포위원회에 상근자는 두지 않았다. 리인민위원회에 대응하는 당조직은 리의 세포위원회이지만, 위원장, 부위원장은 상근자가 아니었다. 도·시·군당까지의 지방당 부서는 당중앙위원회의 부서와 같이 조직부, 간부부, 선전선동부, 노동부, 농민부, 문화인부, 부녀사업부, 청년사업부, 총무부로 세분되어 있었다. "하급 당기관은 국가, 경제, 사회단체의 광범한 사업을 포괄"하여, "도·시·군·면당위원회가 간섭하지 않는 도·시·군·면 내의 경제, 문화, 사회생활의 방면은 없다"고 말해지고 있었으나, 지방이나 하급 당기관은 어디까지나 "정치적 지도기관"이라고 하여 인민위원회나 사회단체의 사업을 대행해서는 안 되었고, 두 가지 계선 사이의 구분은 엄격히 지켜지고 있었다.590)

1948년 북조선로동당 제2차 대회에서 지방당, 하급당 체계에 약간의 변화가 생겼다. 당원 수 5명마다 세포, 20명마다 세포위원회를 조직하는 데에 변함은 없지만, 당원 수가 100명 이상 되는 생산, 기업, 운수, 직장, 사무기관, 리(농촌)에는 시·군당부의 결정에 따라 ‘초급당위원회’를 구성하게 되었다.591) 초급당위원장은 상근자였다고 생각된다. 도당의 부서는 기본적으로 중앙당과 같지만, 시·군당의 부서는 당중앙위원회가 지정하도록 하였다.592) 세분화된 군당 이하의 지방당 부서를 축소하기 위함이었다.

1948년 5월경 군당에서 농민부, 노동부는 폐지되었다.593) 당의 행

---

589) 당원 수 300명을 기준으로 하여 그 이상인 때에는 면당대표회, 이하인 때에는 면당총회가 최고기관이 되었다.

590) 박창옥, 「북조선로동당규약해석」, 『근로자』 1947.3, 55·57~58쪽.

591) 필요에 따라 초급당위원회 밑에 ‘분세포’, 세포 밑에 ‘분조’를 조직할 수 있게 되었다. 「북조선로동당규약」, 『북조선로동당제2차전당대회회의록』, 263쪽.

592) 위의 책, 262쪽.

593) 「북조선로동당강원도인제군당상무위원회회의록 제10호」, 『북한관계사료집 Ⅱ』, 245쪽.

정대행이 문제가 되었기 때문이지만, 농민부, 노동부 인원이 조직부에 흡수된 만큼, 조직부의 권한이 강화되는 것이기도 하였다. 군당 이하 지방 당조직은 선전부문 이외에는 조직부 관할 아래 들어가는 것을 뜻하였다. 당농민부는 농민사업을 외곽단체인 농민동맹을 통해 수행하였다. 1948년 2월 현재 군당 농민부의 상근자 수는 부장, 부부장, 지도원 2명으로 합계 4명이었다.594) 오히려 군당 농민부가 폐지되는 대신, 농민동맹의 기구는 확대, 개편되었다. 1948년 5월 당시 농민동맹의 상근자 수는 강원도 인제군의 경우 11명이었다.595) 각 면에 대한 '책임지도원제'가 새롭게 마련되었다.596)

농민동맹

농촌지역에서 농민동맹의 조직 상황에 관해서는 강원도 인제군의 자료가 입수 가능하기 때문에 그것을 참고로 하면, 1947년 1월 현재 농가인구 33,395명 중 농민동맹원은 14,634명으로 조직률은 43.8%란 통계가 있다. 오차는 있지만 다른 통계에 따르면, 1947년 1월 현재 동맹원 총수 14,245명 중 로동당원 수는 4,256명(29.9%)이었다.597) 1947년 12월 26일 현재 농가인구 31,055명 중 농민동맹원은 14,082명(조직률 45.3%), 그중 로동당 3,998명(28.4%), 민주당 226명(1.6%), 무소속 9,858명(70.0%)이었다.598) 다만 1947년 초 면·리

---

594) 「북조선로동당강원도인제군당상무위원회회의록 제1호」, 위의 책, 13쪽.

595) 「북조선로동당인제군농민동맹당조제21차회의록」, 『북한관계사료집 Ⅳ』, 325쪽. 군위원장 1명, 조직문화부장 1명, 통계원 1명, 경리·서기 1명, 각 면책임지도원 1명씩 계 4명, 각 면위원장 1명씩 계 3명. 다만 면위원장 중에는 재정 사정상 무급자도 있었던 것 같다.

596) 「북조선로동당강원도인제군당상무위원회회의록 제10호」, 『북한관계사료집 Ⅱ』, 245쪽, 「북조선로동당강원도인제군당상무위원회회의록 제13호」, 위의 책, 298쪽.

597) 강원도인제군당부의 『농민부통계철 1946~48년』에 수록되어 있는 「인제군농민위원회조직상황조사표 1947년 1월분」 및 「농민동맹원 중 로동당원 통계표」를 참조.

인민위원회 선거 당시 통계에 따르면, 총유권자 수 17,810명 중 동맹원 16,374명(91.9%)으로 농민동맹의 조직률은 성인 인구를 기준으로 하면, 90% 이상에 달하고 있었다.[599] 선거라는 정치적으로 민감한 시기였던 만큼 평시에 비해 맹원 수가 급증했다고 추측되기 때문에, 14,082명을 기준으로 하면 79.1%, 14,634명을 기준으로 하면 82.2%가 되어, 평시의 조직률은 약 80% 수준이었다고 할 수 있다. 정당별 비율도 거의 같은 수준을 유지하여, 최고인민회의대의원 선거 실시 당시 1948년 8월 21일 현재 총유권자 수 16,859명 중 로동당 4,351명(25.8%), 민주당 193명(1.1%), 청우당 1명, 무소속 12,314명(73.1%)이었다.[600]

한편 농민동맹원의 인민위원회 진출 비율을 보여 주는 농맹원 중 면·리인민위원 수를 보면, 1947년 3월 7일 현재 인제군 내 면인민위원 66명 중 42명(64.0%), 리인민위원 183명 중 166명(90.7%)이 농민동맹원이었다.[601] 일반 농민동맹원 내 로동당원의 비율도 상당히 높은 수준이지만, 간부가 될수록 높아져 1949년 1월 10~15일 실시된 농민동맹 리위원회 위원 선거에서 뽑힌 29개 리의 위원 총 199명 중 로동당 175(83%), 무소속 24(17%)였다.[602] 1월 25일 농민동맹 면위원회 위원 선거에서는 4개 각 면위원 총수 40명 중 로동당 32(80%), 민주당 3(7.5%), 무소속 5(12.5%)였다.[603] 그 직후 실시된 군위원회

---

598) 「인제군농민동맹조직상황표 : 1947년 12월 26일 현재」, 위의 자료.

599) 「농맹원유권자조사표」, 위의 자료.

600) 「유권자성분별분석통계표」, 북조선로동당인제군당부『선거사업통계철 1948년 8월 25일』. 농민동맹원 수는 총유권자 수보다 적기 때문에, 농민동맹원 중 로동당원의 비율도 높아지게 된다. 1947년 3월에 비해 유권자 총수가 감소한 것은, 월남자나 화전민의 공장노동자로의 이주사업 결과였다고 생각된다.

601) 「농맹원리인민위원조사표」 및 「농맹원으로서 면인민위원당선자수조사표」, 위의 자료.

602) 「북조선로동당인제군당부농민동맹당조 제37차 회의록」, 『북한관계사료집 Ⅳ』, 368~371쪽.

603) 「북조선로동당인제군당부농민동맹당조 제38차 회의록」, 위의 책, 372~374쪽.

위원 선거에서는 군당 간부부가 결정한 '복안(腹案)'이 군농민동맹 당조
회의에 제출되자, 군위원 19명, 후보위원 6명, 검사위원 5명의 명부를
작성, 선정하여, "가령 이 복안대로 나오지 않을 때" 책임자에게는 "당적
책임을 추궁"한다고 경고되고 있었다.604) 군·면·리 농민동맹위원의
선거 결과를 보면, 면·리위원의 경우 80% 이상이 로동당이고, 군위원
의 경우 거의 전원이 로동당 소속이었다고 보아도 좋을 것이다.

농민동맹의 정치적 지위는 토지개혁 직전에 절정에 달하고, 그 이후
는 저하 일로를 밟게 되었다. 간부의 당내 비중을 보면, 북조선로동당
창립대회에서는 위원장 강진건 1명이 중앙위원, 제2차 당대회에서는
위원장 강진건, 중앙위원 최재린이 당중앙위원, 부위원장 현칠종, 한흥
국이 당검사위원에 올랐을 뿐이다.605) 강진건은 고령으로 상징적 존재
에 지나지 않고, 농민동맹의 실질적 리더는 현칠종이었던 만큼, 그 위상
은 직업동맹에 비하면 훨씬 낮았다고 볼 수 있다. 농민동맹은 당과 인민
위원회에 지방의 기층간부를 공급하는 공급원으로서 역할을 하였다.

농촌지역에서 주요 조직은 당, 인민위원회, 농민동맹이지만, 초기에
당 우위가 확립되었다. 특히 그것은 당이 모든 간부에 대한 인사권을 장
악함으로써 선거로 뽑히는 경우에도 후보 추천권을 독점하는 형태로 이
루어졌다. 선거로 선출되는 간부라고 해도 '민주집중제' 원칙을 적용, '임
명직' 간부와 '선출직' 간부를 구별 없이 서로 인사 이동시켜, 사실상 임명
제와 대동소이한 결과를 가져왔다. 당, 인민위원회, 농민동맹은 각각 성
격이 다른 조직인데도 당에 의한 임명이라는 점에서는 차이가 없었다.
예컨대 1946년 11월에 강원도 인제군당상무위원회는 관할 내 면당위원
장을 면인민위원장, 면인민위원장을 면당위원장으로 인사 이동시키고
있었다.606) 1948년 3월경 인사이동의 예를 보면, 군당문화인부부부장

---

604) 「북조선로동당인제군당부농민동맹당조 제39차 회의록」, 위의 책, 376~378쪽.

605) 1949년 당시 농민동맹의 간부 명부에 관해서는, 『조선중앙연감(1950년판)』, 241
　　쪽을 참조. 그 밖에 황해도 안악군의 '모범농민' 송제준이 중앙위원으로 뽑혀
　　있었다. 『근로자』 1949.2.28, 123쪽.

→ 노동부장, 군당선전선동부교양주임 → 선전선동부부부장, 군당청년
사업부지도원 → 선전선동부교양주임, 전매소수매과장 → 소장, 리농민
동맹위원장 → 전매소수매과장, 군당당증과장 → 소비조합검사위원장,
도당학교수료생 → 소비조합총무과장, 군당선선신동부부부장 → 강위로
동신문군주재기자 등과 같은 식이었다.[607]

　　나아가 지방 당조직이 완전히 확립된 시기인 1948년 9월경 인제군
당의 인사이동 예를 보면, 군당조직부지도원 → 기업소직업동맹위원장,
군당선전선동부지도원 → 인민학교교원, 면당통계원 → 군소비조합선전
조직과장, 군민전서기장 → 군인민위원회노동과장, 군인민위원회선전
과원 → 군당기요과등사원, 임산사업소직업동맹위원장 → 군인민위원회
선전과원 등이다.[608] 당을 중심으로 하여 당으로부터는 인민위원회,
소비조합, 직업동맹, 인민학교 등 어떠한 조직에도 들어가고 나오며, 당
이외의 각 조직 상호 간에도 이동이 이루어지고 있다.

4) 농업생산체제의 변화

　　토지개혁이 진행되는 가운데 1946년 3월 15일 북조선인민위원회결
정 제7호 「춘계파종준비에 대한 결정서」가 나와 최초로 계획적 영농에
대한 지시가 내려졌다. 일제시대 최고수확연도인 1939년도 파종면적을
기준으로 하여 작목별 재배계획 면적이 각 도에 할당되었다. 각 도인민
위원회에는 3월 25일까지 계획면적을 확보하도록 지시되었다. "농구와
축력은 그 소유자의 여하를 불구하고, 부락 내, 혹은 부락과 부락 간에
상호 공동 이용케 할 것"도 권장되었다.[609] 이 결정서에 따라 강원도의

---

606) 「북조선로동당인제군서화면당열성자대회회의록」, 『북한관계사료집 Ⅳ』, 586쪽.
607) 「북조선로동당인제군당상무위원회회의록 제2호」, 『북한관계사료집 Ⅱ』, 78쪽.
608) 「북조선로동당인제군당상무위원회회의록 제21호」, 위의 책, 540쪽.
609) 북조선인민위원회결정 제7호 「춘계파종준비에 대한 결정서」, 『북한관계사료집

경우, 4월 9일 공산당북조선분국 강원도당부에서 각 군당부로, 20일 군에서 각 면으로 「춘계파종 준비에 대하여」란 지시가 내려갔다. "부락 단위로 부락회의를 조직하고, 파종면적을 정확히 조사하며, 작물 재배계획을 세워, 토지에 적절한 작물을 심을 것", "생산계획안에 따라 각종 작물의 책임 생산량을 알리며, 생산책임제를 실시할 것"이 지시되었다. 더욱이 지시 속에는 "농민위원회의 성년, 청년, 부녀 속에 우수한 분자들로써" "생산의 선두에서 농민의 모범이 될" "생산돌격대"를 조직하여, 그 상황을 보고할 것도 포함되었다.610)

그러나 임시인민위원회 결정서에 의해 각 도에 할당된 계획면적은 하나의 기준에 머무르고, 도당부의 지시에서 나타나듯이, 부락 차원의 계획과 실행은 농촌 부락의 자율성에 맡겨질 수밖에 없었다고 생각된다. 나아가 7월 4일에는 추경과 추계파종 작업에 대해서도 계획면적이 시달되었다.611) 실행된 것은 각각 계획의 17.7%, 65%에 지나지 않았다.612) 전반적인 생산계획을 세워 "계획적 영농"을 실시한다고 해도, 강제성을 띤 것은 아니었다. 아직 기초적 통계조차 갖추지 못한, 계획영농을 위한 준비단계였다고 할 수 있다.

한편 춘기 실파(實播)면적을 조사하는 데 기본 실행단위는 '인민반'이었다. 인민반 단위의 통계를 집계하여 부락 단위, 리 단위, 면 단위로 순차적으로 집계하여 가는 방식을 채용하고 있었다.613) 이 인민반은 인민위원회의 사회적 협조단위로서 전국적으로 조직된 것이었지만, 농촌지역에서는 '농민위원회'의 부락 수준 말단조직인 '농민반'과 겹쳐 있었다.614)

V』, 238~241쪽.

610) 북조선로동당인제군당부농민부, 『농민부사업철 1947년』을 참조.

611) 북조선임시인민위원회결정 제44호 「1946년도 추파맥류 준비에 관한 결정서」, 『북한관계사료집 V』, 269~270쪽.

612) 강진건, 「1947년도 농업증산과 농민동맹」, 『인민』 1947.4, 62쪽.

613) 위의 『농민부사업철』을 참조.

614) 1946년 7월 10일 '북조선농민대표 확대위원회'가 열려 '농민위원회'를 '농민동맹'으로 개칭하였다. 위의 『농민부사업철』을 참조.

1946년 6월 27일 북조선임시인민위원회결정 제28호 「농업현물세에 관한 결정서」가 공포되어, 수확고의 25%에 해당하는 현물세 징수가 확정되었다. 결정은 징수 책임을 도인민위원장에게 맡기고 있다.615) 최초의 현물세 징수가 개시되었으나, 9월 5일 임시인민위원회 제2차 확대위원회가 열려, 각 도인민위원회가 하급 인민위원회에 대한 "장악 지도력이 부족"하기 때문에 징수 성적이 "대체로 양호하지 못하였다"고 중간 총결하며, 9월 20일까지 납부를 완료하도록 독려하였다. 특히 강원도와 같이 "수확 예상량 사정도 없이 부락에 징수를 일임한 것은 가장 옳지 못한 처리"라고 비판하였다. 아직 농민들 중에는 일제시대의 공출과 현물세를 혼동하여, 경작면적, 수확고의 허위보고, 납세의 태만 등 사태가 생기고 있다고 지적하였다.616) 조기현물세 징수의 경험이 작용하여, 만기현물세 징수를 위하여 "현물세완납 열성대운동"이 추진되었다. 각 시·군·면·리에 열성대를 조직하여 대원을 각 부락에 배치하고, 각 대원에게 몇 호씩 농가를 담당시키는 '책임제'를 시행하였다.617) 1947년부터는 현물세 부과 책임의 수준을 더 내려 리인민위원장에게 맡기도록 하는 조치를 취하였다. 이 결정에 따라 리인민위원장에게는 "일상적으로 관내 매 농호의 파종면적과 지질별 차이를 정확히 파악하여, 매 농호에 대한 농산물의 공정한 수확고를 사정"할 것, "일상적으로 매 농호의 농업현물세 납부상황을 감독하여야 하며, 소정한 기일 내에 완납하도록 제 대책을 강구"할 것이 지시되었다.618) 이후 현물세 납부

---

615) 현물세징수 업무 담당부서로서 중앙에 임시인민위원회량정부, 도에 량정부, 군에 량정과, 면에 량정계원이 설치되었다. 북조선임시인민위원회결정 제28호 「농업현물세에 관한 결정서」, 『북한관계사료집 V』, 318~319쪽.

616) 북조선임시인민위원회결정 제73호 「밀·보리·감자 등 조기수확물의 현물세 징수에 관한 북조선임시인민위원회 제2차 확대위원회 결정서」, 위의 책, 344~346쪽.

617) 북조선임시인민위원회결정 제108호 「현물세완납 열성대운동에 대한 결정서」, 앞의 책, 353~354쪽.

618) 북조선임시인민위원회 농림국규칙 제8호 「농업현물세 개정에 관한 결정서에 대한 세칙」, 앞의 책, 380~382쪽.

결과는 전체적으로 양호해졌다고 할 수 있다. 새로운 세제를 실시하기 위하여 새로운 행정체계가 마련된 만큼, 행정적 지체나 일시적, 부분적인 혼란이 있었지만, 기본적으로 농민도 토지개혁의 연장선상에서 받아들이고 있었다고 생각된다.

그러나 중앙의 행정력이 농민으로부터 저항에 부딪친 것은 양곡수매사업이었다. 8월 20일 임시인민위원회는 1946년 8월부터 47년 5월까지 소비조합이 총 15만 톤의 양곡을 매입할 계획을 세워, 각 도에 수매량을 할당하였다. 농민의 생활필수품과 곡물을 교역하는 방식이었다.[619] 그러나 본격적으로 매입사업을 개시하고 나서 1개월 뒤인 12월 26일 현재 수매량은 계획의 8%라는 저조한 실적을 보이고 있었다.[620] 1946년 말까지 총 15만 톤 중 70%인 10만 5천 톤을 매입할 계획인데, 실제 수매량은 2만 4,991톤에 지나지 않았다.[621] 전국적으로 평균한 이 숫자는 강원도 인제군 서화면의 경우 12월 11일 현재 실적이 계획의 3%에 지나지 않았기 때문에 실증되고 있다.[622] 임시인민위의 결정서는 "배정량은 개괄적 숫자"이고, "매개 농가에 이르기까지 의무적인 수량을 부담시키는 것이 아니지만", 소비조합이 "매호 농가들에게 양곡수매량을 할당하는 등 명령주의, 관료주의적인 옳지 못한 방법으로 사업을 집행"하였다고 비판하였다.[623] 실제로 지방에서는 군에서 면으로, 면에서 리로 의무량이 할당되고 있었다.[624] 더욱이 결정서도 인정하고

---

619) 북조선임시인민위원회결정 제63호 「북조선소비조합의 양곡수매에 관한 결정서」, 앞의 책, 343~344쪽.

620) 북조선임시인민위원회결정 제140호 「양곡수매에 관한 건」, 위의 책, 362~364쪽.

621)『북조선통신』1947년 12월 하순호, 16쪽.『조선전사』제23권, 413쪽에서 재인용.

622) 전량 달성은 불가능하다고 보고되어, 결국 군의 할당량이 1,087석에서 605석으로 하향 조정되었다. 「북조선로동당강원도인제군서화면당부·각정당·사회단체대표자연석대회제5차회의록」.

623) 「양곡수매에 관한 건」, 앞의 책, 363쪽.

624) 「서화면연석대회제5차회의록」, 및 「북조선로동당인제군남면인민기관·정당·사회단체대표자연석회의제5차회의록」, 앞의 책.

있듯이, 당초부터 교역 물자도 부족하고 가격조건도 좋지 않았다.[625] 결정서는 그 책임을 하부기관에 전가하고 있었다고 하지 않을 수 없다. 1947년 1월부터 "건국사상총동원운동에 결부시켜, 농민들의 애국적 지성(至誠)에 호소하여, 절대적으로 자원석 원칙 하에서" 사업을 전개하도록 지시하였다.[626] 이후에도 양곡수매사업은 계속 부진하여, 1948년 12월 6일 현재 인제군 전체의 양곡 수매 실적은 계획의 15%에 지나지 않았다.[627]

주민을 동원하여 전개한 대규모 공사도 주민으로부터 반발에 부딪치고 있었다. 강원도 인제군의 경우, 1947년도 군내 관개공사는 계획의 28%밖에 진행되지 않았다. 1948년도 2월부터는 인민반을 단위로 각 리에 인원을 할당, 주민을 동원시켜, "돌격운동"이라고 하며 당과 농민동맹, 민주청년동맹, 여성동맹에 매 맹원, 당원을 하루 이상 의무적으로 동원시키도록 지시하였다.[628] 그러나 10월경 동원 실적을 보면, "유상동원"은 거의 계획을 달성하였으나, "무상동원"은 계획의 약 6%밖에 실행할 수 없었다. 전체 공사의 80% 진척을 예상한 계획에 대하여 공사는 35%밖에 진척되지 않았다.[629]

1947년도부터 농업생산에서 계획적 방식이 본격적으로 도입되기 시작하였다. 1947년부터 "인민경제계획"이 실시되어 농업생산에 관한 목표가 설정되었다. 1946년도의 경험과 통계에 따라 이루어진 것이다.

---

625) 「양곡수매에 관한 건」, 위의 책, 363쪽.

626) 위의 자료, 363쪽. 이 '건국사상총동원운동'의 배경 중 하나가 곡물수매가 부진하다는 것이었다고 생각된다.

627) 매 농가의 경지면적과 수확고에 따라 자기 소비량을 제외한 숫자를 파악하지 않고 있다고 비판하고 있다. 「북조선로동당인제군당상무위원회회의록 제30호」, 『북한관계사료집 Ⅲ』, 9~12쪽.

628) 「북조선로동당인제군당상무위원회회의록 제1호」, 『북한관계사료집 Ⅱ』, 18~19쪽.

629) 무상동원 대 유상동원의 비율은 6.6 대 1이기 때문에, 공사에 차질이 생기지 않을 수 없었다. 「북조선로동당인제군당상무위원회회의록 제26호」, 위의 책, 661~662쪽.

1947년 2월에 발표된 계획안에 따르면, "북조선을 량곡이 부족되던 지대로부터 량곡의 여유가 있는 지대로 전환"시킨다고 하여, 1947년도 곡물 총수확고 목표가 1946년 실적보다 34만 6448톤 많은, 18.2% 증가에 두어졌다.630) 경지면적과 지질별로 매 농호에 "파종면적, 파종곡류, 생산수량" 등을 사전에 사정하여 생산계획을 주게 되었다.631) 면 수준에서는 인민경제발전의 "예정숫자"를 초과 수행해야 한다는 지시가 내려 매 농호에 "생산책임량"을 할당하기 위해 농지조사가 실시되고 있었다.632) 특히 곡물증산을 위해서는 개간에 의한 경지면적 확장이나 이모작에 의한 파종면적 확대가 선결조건이기 때문에, 춘경작업에 주력하도록 독려되었다. 그러나 추경에서는 전 면적의 28%에 대한 계획을 세우는 데 머무르고, 그 실적도 계획면적의 48%에 지나지 않았다.633) 중앙에서 농업생산계획이 세워졌다고 해도, 그것이 하부까지는 침투하지 못했다고 할 수 있다. 개인소유에 기초를 둔 소농경리가 지배적이기 때문에, 상부로부터의 지시에 대해서는 농민 측의 저항도 컸을 것이다. 1947년 4월경 김일성은 인민위원회 간부들이 개인경리의 특성을 고려하지 않고, 농민에게 일률적으로 생산계획을 강제시키는 경향에 대해 경고하였다.634) 이미 1946년도부터 퇴비제조나 제초작업에 단기적으로 "생산돌격대"를 조직하도록 하며, 전통적 방식을 계승하여 축력을 상

---

630) 경작면적은 1946년도 대비 30만 172정보, 15.5%의 증가가 예정되었다. 김일성, 「1947년도 북조선 인민경제발전에 관한 보고」, 『조국의 통일독립과 민주화를 위하여』 제1권, 265~267쪽.

631) 리순근, 「1947년도 농산계획과 그 실행에 대하여」, 『인민』 1947.4, 55쪽, 강진건, 앞의 논문, 62쪽.

632) 우선 고공품(藁工品)에 관한 생산 책임량이 할당되었지만, 실적은 23%밖에 되지 않았다. 『북조선로동당인제군북면 제24차 위원회회의록』.

633) 김책, 「만기현물세 징수사업과 1949년도 농산물증산 준비에 대한 당단체의 과업－북조선로동당 중앙위원회 제3차 회의에서 한 보고」, 『근로자』 1948.10, 49쪽.

634) 김일성, 「영농사업을 잘하며 인민정권기관들의 사업을 개선할 데 대하여－북조선인민위원회 제34차 회의에서 한 결론」 1947.4.26, 『김일성저작집』 제3권, 246~247쪽.

호 부조적으로 이용하도록 했으나, 아직 본격적인 노동력의 조직화는 추진되지 않았다.635) 1948년 2월 6~7일 열린 북조선인민회의 제4차 회의에서 김일성은, 농촌에서 축력이나 노동력 부족을 해결하기 위하여 "공동로역(勞役)"을 조직할 필요성을 강조하는 있는 대의원의 토론에 대하여, "아직 농촌에서는 농민들이 개인적으로 토지를 소유하고, 개인 적으로 생산하는 것을 요구하고 있다"고 하며, "공동로역"은 필요하지 않고, "농촌에서 좋은 관습으로 되어 있는 '품마시'를 더욱 광범히 장려 하는 것이 좋다"고 주장하였다.636) 1948년도부터 면·리인민위원회에 의해 전통적인 상호부조적 노동력 이용방식을 적극적으로 살리고, 특히 축력 부족을 타개하기 위하여, 유축농가를 중심으로 하여 수 개의 농호 가 소겨리반〔結牛班〕을 조직하여, 기경작업이나 종자의 유무상통, 파종 까지 상호 원조하여 영농하도록 집중적으로 독려되었다. 수확고 판정에 서 가장 기초적인 자료가 되는 파종면적을 조사하기 위해서도 매 농호 로부터 신고를 받기보다는, 소겨리반을 통해 통계를 수집하도록 하였 다.637) 적어도 춘경작업은 전체 논과 밭에 대하여 계획적으로 실시되 고, 전 기간에 소겨리반이 동원되고 있었다.638) 다만 소겨리반은 전통 적으로 농민 사이에서 써 온 방식이지, 새로운 노동력의 조직화는 아니 었다. 위로부터의 행정적 지시와는 다른 계절적 조절이나 독려 차원을 넘어서는 것은 아니었다. 1948년도는 농산물 생산계획이 전면적으로 실시된 시기이지만, 생산계획이라 해도 의무적인 것이 아니고, 하나의 기준에 지나지 않았다.639) 기준의 제시는 하나의 압력이지만, 실제 생

---

635) 북조선로동당인제군당부농민부, 『농민부사업철 1947년』을 참조.

636) 『북조선인민회의 제4차회의 회의록』, 조선인민출판사, 1948, 107쪽. '품앗이'는
　　　전통적인 상호부조의 공동노력 조직을 일컫는 고유명사이고, '소겨리〔結牛〕'는
　　　전통적인 상호부조의 축력 이용조직을 가리키는 것이다.

637) 이수태, 「1948연도 인민경제계획 실행에 있어서의 새 경험과 과업(이)—농림수
　　　산부문」, 『인민』 1948.9, 71쪽.

638) 김책, 앞의 논문, 49쪽.

639) 농업집단화 시기에 김일성은, "지난 날 개인농민경리가 지배하였기 때문에 계

산작업에서는 토지개혁에 따른 농민의 밑으로부터의 자발적 호응이 더 크게 작용하고 있었다고 할 수 있다. 1948년도 곡물수확량은 대풍작으로 1947년 대비 129%에 달하여, 해방 후 3년 만에 일제 때 최고 수준을 초과 달성하였다고 발표되었다.[640] 그러나 이 1949년 2월 9일 내각결정 제10호 「1949년도 농작물 파종사업 실행 대책에 관한 결정서」를 보면, "각 급 인민위원회는 기계적 할당방식을 퇴치하고, 각지의 기후풍토를 참작하여, 적지적작의 원칙 하에서 국가의 요청에 합치되는 방향으로, 2월 말일 이내로 계획을 리까지 시달하는 동시에, 리에서 농민대회를 소집하고, 이에 대하여 충분한 토의를 거듭한 후, 농민에게 생산 목표를 정확히 주지시킬 것", "무축 농호에 대한 축력 조절과 그 보수를 지대별로 적절히 실시함으로써 축력 리용에 결함이 없이 조기 춘경을 제때에 실행하도록 축력반을 조직, 지도할 것", "농촌로력을 조직하는 데 있어서 기계적인 작업계획과 무원칙한 농민 호상 간의 로력 방조를 퇴치하고, 적절한 보수와 품앗이 방식을 실시할 것" 등이 지시되고 있다.[641] 1948년도부터 본격화된 농작물 생산계획에 대해서는 농민의 반발이 강했음을 엿볼 수 있게 하는 표현이다. 또한 소겨리반의 조직에서도 전통적인 공동작업 방식에 대하여 행정조치를 써서 인위적으로 손을 대려고 한 데에는 개인경리의 특성상 무리가 있었을 것이다. 실질적으로 촌락자치가 계속되고 있었기 때문에, 행정력이 미치지 못한 면도 작용했다고 여겨진다.

1949년도 곡물수확량은 격심한 한발 때문에 전년에 비해 감소하여

획경제를 실시할 수 없었습니다. 그래서 그전에는 군인민위원회에서 농민들에게 구체적인 농업생산계획을 주지 않고, 대체적인 생산목표만 주었습니다"라고 주장하였다. 김일성, 「새 환경에 맞게 군인민위원회사업을 개선 강화할 데 대하여—도·시·군인민위원회 위원장강습회에서 한 연설」 1957.7.12, 『김일성저작집』 제11권, 201쪽.

640) 1949년 2월 9일 내각결정 제10호 「1949년도 농작물 파종사업 실행대책에 관한 결정서」, 『북한법령집』 제2권, 408~413쪽.

641) 위의 책, 408~413쪽.

절대량은 발표되지 않고, 1939년도 대비 수준만이 발표되었다.[642]
1950년 1월 25일 내각결정 제20호「1950년도 농작물 파종사업의 실행 대책에 관한 결정서」에는, "각 급 인민위원회로 하여금 토양, 기후조건들을 엄밀히 고찰한 후, 이에 각각 적합한 물사들을 재배케 히는 원칙에서 1950년 2월 말일 이내로 실행계획서를 작성하여, 농호에 시달케 하는 동시에, 농민들로 하여금 그 실행대책에 대하여 토의, 결정케 할 것", "조기춘경을 제때에 완필하기 위하여 무축농호에 대한 축력 리용을 합리적으로 조절하여, 소겨리반을 1950년 3월 10일까지 조직, 완료할 것", "자급비료 증산에 있어서 질적으로 연간 생산계획을 완수키 위하여, 자급비료 생산목표량(정당 답에는 15톤, 전에는 10톤)을 매개 농호에 1950년 3월 말까지 철저히 제시"할 것 등이 지시되었다.[643] 이처럼 기본적으로는 6・25전쟁 발발까지 농업생산체제에서 새로운 변화 없이 종래 방식이 유지되고 있었다.

---

642) 1950년 1월 25일 내각결정 제20호「1950년도 농작물 파종사업 실행대책에 관한 결정서」,『북한법령집』제2권, 415~421쪽. 1939년은 식민지시대에 최고 수준을 기록한 해였기 때문에 이 연도와 비교한 것이다. 1949년은 37년도 대비 109.7%로 발표되었다.

643) 위의 책, 415~421쪽.

7 소 결

모스크바 3상회의 결정에 따른 미소공동위원회 개최를 앞두고 남북조선 지역의 이후 진로를 엇갈리게 하는 조치가 단행되었다. 이미 모스크바 3상회의 개최 이전에 소련군은 북조선 지역을 단위로 하는 정권조직 창설과 그 지지기반 확대를 위한 토지개혁을 구상하고 있었다. 소련 점령당국의 후원하에 김일성을 중심으로 한 평양 중심파가 이 구상을 주도적으로 실현에 옮겨갔다. 다만 북조선임시인민위원회 결성이나 토지개혁 실시 등 북조선의 운명을 좌우하는 중요한 정책결정은 공산당분국이 전면에 나서서 주도할 수 없었다. 분국은 내부 대립이나 대중성의 부족 이외에 조직적 역량을 볼 때에도 그와 같은 사태를 주도할 수 없었다. 결정은 소련군과의 긴밀한 연계하에 김일성을 비롯한 평양 중심 그룹에 의해 비공식 루트를 통해 단행되었다고 할 수밖에 없다.

북조선임시인민위원회 결성은 통일전선조직과 행정조직의 성격을 겸하고 있었으며, 모스크바 3상회의 결정에 따른 전 조선임시정부 수립을 위한 토대를 만든다는 의도하에 추진되었다. 이는 남조선의 조선공산당 중앙이 주도하는 통일전선체인 민주주의민족전선과 분리되어 북조선 지역만을 단위로 한 독자적인 노선을 간다는 것을 의미하였다. 이미 임시인민위원회 결성 시점에 토지개혁도 예정된 것이었다. 토지개혁은 북조선임시인민위원회의 지지기반을 굳히고 조선임시정부 수립에서 주도권을 확보한다는 의도하에 추진되었다. 토지개혁은 북조선농민연맹대회의 결의라는 농민들의 아래로부터의 토지소유 열망을 토대로 하여 임시인민위원회가 위로부터 전격적으로 단행한 혁명적 조치였다. 토지개혁은 단기간에 비교적 순조롭게 완료되었다.

공산당 분국은 토지개혁 이후 인민위원회 조직에 올라타는 형태로 급속히 성장하였다. 분국은 토지개혁 이전까지 당세도 미약하고 대중적 지지도 넓지 못하였다. 내부적으로도 각 지방의 독자성이 매우 강하여 중앙의 통제가 제대로 작용하지 못하는 상태였다. 토지개혁 이후 급성장하며 대중적 권위를 확립하는 과정에서 분국은 남조선의 서울중앙으로부터 독립하여 북조선공산당으로 자칭하게 되었다. 토지개혁을 시발점으로 이후 일련의 '민주개혁'은 김일성의 이름으로 실시되었다. 토지개혁 직후부터 김일성을 조선공산주의운동의 리더뿐 아니라, 전 조선의 지도자로 옹립하는 작업이 추진되어 갔다.

북조선로동당 창립은 '당=국가'를 지향하는 거대 정당의 출현이자, 전 조선에 걸쳐 최대 정치세력 형성을 겨냥한 것이었다. 북로당 창립과 함께 북조선에서 복수의 정당 간의 경쟁체제는 끝이 나고 '일당제' 체제가 성립하였다. 북로당 내부의 세력관계는, 소수의 만주파, 다수의 연안계와 소련계 등 해외 출신을 중심으로 하는 주류파가 국내계를 누르고 있었다. 지방 통치기구는 해외 출신 도당위원장이 국내계 도인민위원장을 견제하는 모습이 되어 있었다. 1946년 말 지방인민위원 선거를 실시하여, 1947년 2월 성립한 북조선인민위원회 및 인민회는 사실상의 정부 수립을 뜻하였다. 이 체제는 권력분립의 이념을 부인하고, 소비에트제도를 모델로 한 의행합일(議行合一)의 권력집중체제였다. 북조선인민회의는 북로당, 민주당, 청우당, 무소속의 연립을 유지하였으나, 집행기구인 인민위원회는 북로당이 압도적 다수를 차지하고 있었다. 이리하여 1947년 초에는 거대한 북조선로동당을 권력의 중심으로 하는 '당=국가체제'가 완성되었다고 할 수 있다.

그런데 북로당은 정파 간의 연합형 정당이어서 정치적 경쟁이나 다원성은 북로당 내부에서 소멸하지 않고, 더욱 복잡한 형태로 전개되고 있었다. 1946년 8월 북로당 창립대회, 1948년 3월 제2차 대회에서 선출된 중앙위원 명단을 기준으로 보면, 다수의 연안계, 소련계와 소수의 연안계가 주류파를 구성하며, 비주류가 된 국내계를 억누르고 있었으나, 정파 간의 일정한 균형은 유지하고 있었다. 당내에는 이견과 갈등이 상존하며 표출되고 있었다. 연안계 주도로 건국사상총동원운동을 추진한 것이나, 소련계가 연안계의 민족주의에 대해 비판을 가한 것이 그 예이다. 그것을 일사불란한 체제라고 할 수는 없으며, 내부적으로 다양한 이

질적 요소를 품고 있는 분절된 체제였다. 당에 의한 통제방식도 일률적이지 않고, 부문에 따라 상이한 모습을 보이고 있었다.

특히 군대의 경우, 창설 단계에서 당과 인민위원회 바깥에서 자율적인 통제가 이루어지고 있었다. 군대 창설은 만주파가 주도하였으며 군대 내에는 당조직을 두지 않았다. 이 점에서 조선인민군은 당의 군대가 아니었다. 남북조선로동당의 합당, 국공내전 참가 조선인부대의 인도 등으로 인해 당·군관계는 더욱 복잡해지며, 성격이 다른 세 가지 타입의 군대가 병존하는 형태가 되었다. 산업부문에서도 유일관리제 실시와 관련하여 김책의 산업성과 허가이의 당조직위원회가 대립을 노정하였다.

남북로동당의 합당으로 당의 정파연합적 성격은 더욱 강화되었다. 기존의 연합형 정당 북로당에 또 하나의 연합형 정당인 남로당이 결합한 것이다. 남북로동당의 합당 작업은 정부 수립을 앞두고 개시된 것이며, 조선민주주의인민공화국은 남북조선로동당의 협력 속에서 성립한 것이다. 박헌영은 정부와 당의 제2인자 위치를 굳히고, 조선로동당 내에서 남로당계는 상당한 비중을 차지하게 되었다. 남북로동당의 통합은 남북 전선조직의 통합과 연관되어 있었으며, 이는 남한 지역까지 조선민주주의인민공화국의 질서를 확대한다는 ‘국토완정’ 방침을 실현하기 위함이었다. 이 점에서 북로당 입장에서 합당은 남로당을 흡수통합한 것이었다. 합당으로 정파연합적 성격이 더욱 강화된 체제 운영은 김일성, 박헌영, 허가이, 김두봉 등 각 정파의 거두에 의한 내부 합의구조에 따라서 이루어졌다고 생각된다.

북조선 경제는 다른 탈식민지사회에 비하면, 중공업의 비중이 훨씬 높은 특징을 가지며, 일찍부터 국가기간 산업은 국유화되어 계획경제가 실시되었다. 그러나 생산액이나 인구의 비중에서 보면, 이 시기의 북조선은 기본적으로 농업국가였다. 농업부문이나 중소상공업은 거의 전적으로 사적 경영이 지배적이었다. 공업부문에서 국영 비중이 컸다고는 해도, 소유의식에서 사회주의화가 시도된 적도 없었다. 남조선의 자본주의적 체제와 대립하는, 서로 다른 체제였음은 확실하지만, 그렇다고 해서 ‘국가사회주의체제’라고도 할 수 없는 것이었다. 이러한 의미에서 전쟁 이전까지 북조선을 '당=국가체제'가 위에 올라서 있는 '인민민주주의국가'라고 위치시킬 수 있다.

'당=국가체제' 속에서 직업동맹이나 농민동맹을 중심으로 하는 사회단체에는 당의 전도벨트라는 위치가 부여되어 그 자율성을 상실하였다. 이것은 사회단체 내에 조직된 '당조'를 통해 관철되고 있었다. 다만 직업동맹에는 단체계약 체결, 노동보호사업 등 노동자의 권익단체로서 일정한 권한이 주어져 있었다. 유일관리제를 실시함에 따라, 공장 내에서는 지배인을 정점으로 하여 당위원장, 직업동맹위원장의 삼각구조가 성립하였다. 여기에는 북조선의 공업기반이나 노동력 부족상황 등 요인도 작용하였다. 그러나 직업동맹에 비하여 농민동맹은 토지개혁 이후 현저히 약화되었다. 초기 농촌지역의 농민위원회가 자치조직으로서 인민위원회와 기능이 중복됨에 따라, 권익조직으로서 자기 정립을 하기 전에 인민위원회에 흡수되어 버렸기 때문이라고 여겨진다. 북조선에서 국가와 사회의 관계를 보면, 국가의 힘이 압도적으로 강하였다. 식민지시대에 조선총독부체제하에서 시민사회의 발달이 지극히 취약했던 데 더하여, 해방 직후 폭발적으로 성장한 주민들의 자발적 조직도 단기간의 국가 건설 과정에서 급속히 행정조직에 흡수되었기 때문이라고 생각된다.

'당=국가체제'의 핵심을 이루는 '노멘클라투라 시스템'은 북로당 창립 이후부터 형성되기 시작하여 1948~49년경에는 중앙에서 지방에 이르기까지 체계적으로 간부인사를 통제하고 있었다. 그러나 당=국가체제는 농촌의 촌락 수준까지는 침투할 수 없었다. 소농경영이 지배하는 농촌에서 리 수준의 행정은 일정한 정도로 촌락 자치에 맡겨져 있었다. 리 수준에서는 행정간부나 당간부는 자기 생활을 주민에게 의존하여 지낼 수밖에 없었다. 공권력에 의한 주민의 무상 노력동원에는 한계가 있었으며, 농업생산에서 노동의 조직화도 회피되고 있었다. 양곡수매사업도 중앙행정권력의 의사대로는 진행되지 않았다.

제3장

6·25전쟁과 전시체제(1950~1953)

1 6·25전쟁과 정치세력관계의 변화

1) 군사지휘체제와 선제공격에 관한 의사결정과정문제

6·25전쟁은 1950년 6월 25일 38선 전 지역에 걸쳐 조선인민군이 전면공격을 개시함으로써 발발하였다. 그것은 발발 시점에서는 38선 이북 지역에 수립된 조선민주주의인민공화국의 통치영역을 확대함으로써 한반도 전역의 '완정(完整)'을 목표로 한 내전이었다.[1]

1950년 6월 26일 최고인민회의 상임위원회는 정령 '군사위원회조직에 관하여'를 채택하여, 위원장 김일성 아래 부수상 겸 외무상 박헌영, 부수상 홍명희, 전선사령관 김책, 민족보위상 최용건, 내무상 박일우, 국가계획위원장 정준택 등 6인을 군사위원으로 선출하였다. 일체의 주권을 군사위원회에 집중시켜 전체 인민과 주권기관, 정당, 사회단체 및 군사기관은 그 결정과 지시에 절대복종해야 한다고 결정했다. 군사위원회에는 공화국 내각의 각 성 및 국을 비롯하여, 그 밖의 국가중앙기관과 각 도·시의 지방군정부가 배속되었다. 지방군정부는 각 도 또는 시인민위원회위원장을 위원장으로 하여 인민군 대표 및 내무기관 대표로 구성되었다. 최고인민회의 상임위원회 결정에 따라 김일성이 인민군 최고사령관에 임명된 것은 군사위원회 구성 직후인 7월 4일이었다.[2]

---

1) 당시 남한의 이승만도 북진통일을 외치고 있었다. 단지 선제공격을 가할 능력을 가지고 있는 쪽은 북조선이었다. 하지만 내전이라 해도 이 전쟁은 북조선에 대한 중국, 소련 등의 강력한 지원이 있었다는 점에서 국제전으로의 확대가능성이 내재해 있는 전쟁이었다. 북조선군이 맥아더의 인천상륙작전에 의해 괴멸상태에 빠져 후퇴할 때, 한국군이 어떠한 주저도 없이 38선을 넘어 북진한 것은 미국의 정책이라는 배경이 있었다고 하더라도 내전의 논리로 보아 당연한 사태였다.

2) 『조선중앙연감(1951~52년판)』, 84쪽. 러시아정부가 공개한 6·25전쟁 관련 문서에는 1950년 7월 1일 「핀시로부터 평양대사 앞의 전신」, 즉 스탈린이 슈티코프

6월 27일에는 최고인민회의 상임위원회 정령(政令)「전시상태에 관하여」가 선포되고,3) 7월 1일에는 정령「조선민주주의인민공화국 전지역에 동원을 선포함에 있어서」가 발표되어, 동원의 적용 지역, 대상자, 실시 시기 등이 명확해졌다. 일정한 연령에 달한 청년들을 병역의무자로 규정하여 징병제를 선포한 것이다. 이리하여 중앙집권적인 전시동원체제가 확립되어 갔다.

물론 최고인민회의는 소집되지 않았지만, 최고인민회의 상임위원회의 정령은 계속 발표되었다. 전반적인 시책에 관해서는 군사위원회의 결정이 주된 발표형식이었지만, 군사문제에 관해서는 최고사령관 명령이 발포되었고, 점령지역의 행정에 관해서는 내각결정이라는 형식도 사용되었다. 남진 기간에는 내각의 기능이 정상적으로 발휘되고 있었다고 할 수 있다. 단지 경제 분야에서는 전시생산체제의 확립에 주력했다. 생산뿐 아니라 전시원호사업에도 광범위한 대중이 동원되었다.

군사위원회는 그 인적 구성에서 볼 때 전시행정과 군사 양면에 걸친 최고의사결정기구였지만, 당의 최고의사결정기구인 정치위원회는 별도로 독자적으로 움직이고 있었을 것이다. 전쟁 중에도 당의 정비, 강화에 힘을 쏟고 있었고, 당중앙위원회 전원회의가 중요 시기마다 전쟁 수행 상황에 대해 총괄하는 공간으로서 지속적으로 활용되고 있었다.4) 군사위원 중 김일성, 박헌영, 김책, 박일우 등 4명이 당정치위원을 겸임했지만, 소련계로서 당정치위원 겸 조직담당비서(제1비서)인 허가이는 군사위원이 되지 못했다. 당조직을 장악하고 있던 허가이가 1951년 11월

____

대사에게 보낸 전신 지시가 들어 있다. 여기서 스탈린은 김일성에게 수상과 최고사령관을 겸임하는 것이 바람직하다고 권하고 있다. 이때는 이미 서울이 함락되어 승리의 분위기가 지배적이게 된 때였다.

3) 제1조「전시상태는 조선민주주의인민공화국의 국가보위를 위해 사회질서 및 국가안전을 보장하기 위하여, 국토의 일부 또는 전역에 선포한다」. 제2조「전시상태가 선포된 지역에서 국가보위, 사회질서 및 국가안전을 위한 국가주권기관의 일체 기능은 해당 도 혹은 시 지방군정부에 속한다」.

4) 1950년 12월의 당중앙위원회 제3차 전원회의, 1951년 11월의 제4차 전원회의, 1952년 12월의 제5차 전원회의.

당 중추로부터 좌천되면서, 이후 군사위원과 당정치위원은 실질적으로 일치하게 되었다. 군대의 경우는 최고사령관 김일성, 전선사령관 김책, 민족보위상 최용건이 군사위원회에 들어가 있었기 때문에, 소련군사고문단의 영향을 제외하고는 이 위원회의 통제 아래 놓여졌다. 특히 전쟁 발발과 동시에 군단에는 군사위원이 임명되어 부분적으로 정치위원 제도가 도입되었지만, 명칭이 시사하는 바와 같이 이것은 당의 대표가 아닌 군사위원회의 대표를 의미하였다.

개전 전후의 군 지휘 계통에 관해서는 세 계통으로 나눌 수 있다.[5] 우선 인민군 최고사령관 김일성, 민족보위상 최용건, 문화부상(文化副相) 김일, 전선사령관 김책, 총참모장 강건(부참모장은 연안계의 최인. 1950년 9월 8일 강건의 전사로 참모장대리 유성철, 1950년 10월 후임 총참모장 남일) 등 군 최고수뇌부는 만주파가 장악하고 있었다.[6] 민족보위성 내에는, 작전국장 유성철, 공병국장 박길남, 통신국장 리종인, 병기국장 서용선, 후방국장 정목, 정찰국장 최원, 해군사령관 한일무, 해군총참모장 김원무, 포병사령관 김봉률, 포병참모장 정학준 등이 포진했지만, 일부는 88특별여단 출신의 소련계 조선인들이었다.[7] 과거 그들은 주로 정보업무에 관계했고, 대규모 군사작전 능력이 없는 사람들로서 군 행정요원이었다. 이들은 소련군사고문단 등 소련과의 연락이 주요 임무였을 것이다. 서부전선에는 제1보조지휘소(제1군단)가 설치되어, 사령관 김웅(연안계), 문화부사령관 김재욱(소련계), 참모장 황성복(소련계), 예하 제1사단장 최광(만주파), 제3사단장 리영호(만주

---

5) 和田春樹, 「朝鮮戰爭について考える(中)」, 『思想』 1993.5, 36~42쪽.

6) 단지 최용건은 미군의 개입 가능성을 우려하여 전면공격에 소극적이었다. 따라서 그는 전선에 배치되지 않았으며, 대신 전선사령관에 산업상 김책이 임명되었다고 한다. 개전 시기에 민족보위상 최용건은 전혀 전쟁을 지휘하는 위치에 설 수 없었다. 그가 전선에 투입된 것은 38선 이북 지역에 새로운 군지휘부를 구성할 무렵인 후퇴 시기에 서부지역사령관에 임명되고 나서였다. 유성철의 증언에 따른다. 『증언: 김일성을 말한다』, 한국일보사, 1991, 79·93·98쪽.

7) 유성철, 「피바다의 비화」, 『고려일보』 1991.5.31.

파), 제4사단장 리권무(연안계), 제6사단장 방호산(연안계), 제105전차사단장 류경수(만주파) 등이 배치되었다. 동부전선에는 제2보조지휘소(제2군단)가 설치되고, 사령관 무정(연안계), 문화부사령관 림해(연안계), 참모장 김광협(만주파), 예하 제2사단장 리청송(88여단 출신 소련계), 제5사단장 김창덕(연안계), 제12사단장 전우(연안계) 등이 배치되었다. 여기서 실제 군작전은 연안계 군인들이 담당하였으며, 소수의 만주파 군인들도 참여하였다.[8]

그런데 공식적인 군사지휘체제가 바로 전쟁 발발의 의사결정과정을 해명해 주는 것은 아니다. 6·25전쟁 당시 북조선에서 '공격'의 내부결정이 어떤 절차를 밟아 이루어졌는가에 대해서는 완전히 베일에 덮여 있다. 전쟁 발발의 경위에 관한 기존 연구도 북조선과 중국 및 소련과의 관계 즉, 스탈린, 마오쩌뚱, 김일성의 관계에 초점이 좁혀져 있고, 북조선 내부에 관해서는 박헌영의 남로당계와 김일성의 북로당계의 대립으로 설명하려는 추측이 있었을 뿐이다. 최근 중국 측에서 부분적으로 자료를 공개함으로써, 국공내전에 참가한 조선인부대의 이관 등이 알려져, 중국혁명과 6·25전쟁의 깊은 관계가 부각되고 있다. 또한 페레스트로이카 이후 소련 측의 자료공개 과정에서 스탈린의 군사원조가 상세하게 밝혀지고, 1950년대 후반 소련에 망명한 과거 북조선 고위층들의 증언이 잇따르면서 소련의 군사원조를 배경으로 한 북조선의 선제공격

---

8) 『증언 : 김일성을 말한다』, 79~80쪽 ; 林隱, 『金日成王朝成立秘史』, 165~167쪽 ; 여정, 『붉게 물든 대동강』, 36쪽. 임은의 저서는 유성철의 증언에 기초를 둔 것이지만, 그 후 발간된 유성철의 증언과는 차이가 있다. 여정은 동부전선에 직접 참전하였기 때문에 제2군단의 경우는 그의 증언에 의거하였다. 제1군단의 경우, 임은과 여정이 일치하고 있다. 단지 제2보조지휘소에 관해서는 당초 사령관 김광협, 참모장 최인이었지만, 남진이 늦었다는 질책을 받아 사령관에 무정이 임명되고, 김광협은 참모장으로 강등되었다는 설도 있다. 제2사단장 리청송, 제12사단장 전우도 최현와 최춘국으로 교체되었다고 한다. 장준익, 앞의 책, 244쪽, 佐佐木春隆, 『朝鮮戰爭 (中)』, 原書房, 249쪽. 사단장의 교체에 관해서는 유성철이나 여정의 증언과 일치한다. 여정, 위의 책, 15~16쪽 ; 『증언 : 김일성을 말한다』, 88~90쪽.

설은 이제 공식적인 사실로 확인되고 있다. 게다가 1994년 6월 2일 러시아정부가 남한정부에 건네준 6·25전쟁 관련문서가 일부 공개됨으로써 소련·중국·북한의 관계를 중심으로 한 6·25전쟁 발발 경위는 어느 정도 명확해지게 되었다. 그러나 아직노 북소선 내부의 구체적인 전쟁 결정 과정에 관해서는 미지의 영역으로 남아 있다. 북조선의 공식입장이 '북침'에 대해 '조국을 수호한다'는 정당방위의 반격인 한, 현 시점에서 이 부분이 밝혀질 가능성은 거의 없다.

공식적으로는 6월 25일 로동당중앙위원회 정치위원회와 내각비상회의가 김일성의 발의로 열려 "조성된 엄중한 사태에 대처하여 적들에게 반공을 가할 단호한 대책을 취하였다"고 기술되어 있다.[9] 우선 6월 25일 새벽의 내각회의에 관해서는 전 내무부상으로서 당시 남강원도당 부위원장이었던 강상호의 증언이 있다. 그는 내각수상 김일성의 집무실에 들어가자 "김일성을 비롯한 각료와 당중앙의 정치위원들이 모여 있었다. 나는 무슨 일인지 몰랐지만, 김일성이 '2시 전에 38선 전 지역에서 남조선군이 공세에 나섰다는 보고가 있었기 때문에 나는 최고사령관으로서 반격을 명령하였다. 이 회의는 나의 반격명령을 비준하는 내각회의다. 내각의 결정이 없으면 전쟁을 할 수 없기 때문에 여러분의 생각을 묻고 싶다'고 말하므로 전원찬성으로 가결하였다"고 전하고 있다.[10] 공식적인 전쟁 결정은 남한의 침략에 대한 반공을 명분으로 내려졌다. 이것이 스탈린과 김일성의 합의였고, 실제로 6·25전쟁은 북조선의 준비된 선제 기습공격에 의해서 발발하였다.[11] 이 사실 판단에 따른다면, 공식적인 전쟁 결정과는 별도의 공격명령의 의사결정과정이 존재한 셈

---

9)『조선전사』제25권, 71쪽.

10) 강상호는 1945년 해방과 동시에 입국하여 1950년대 말 소련으로 망명한 소련계 조선인이다. 饗庭孝典·NHK 取材班,『朝鮮戰爭』, 61쪽.

11) 6·25전쟁 발발의 원인이나 배경에 관한 최근의 연구로는 和田春樹,「朝鮮戰爭について考える(上)」,『思想』1990年8月, 同「朝鮮戰爭について考える(中)」,『思想』1993年5月을 참조. 박명림,『한국전쟁의 발발과 기원』, 고려대 박사학위 논문, 1994.

이 된다. 6월 25일의 내각비상회의는 이미 기습 선제공격이 이루어진 후, 사후 정당화를 위한 절차에 지나지 않았다. 이전부터 계획적으로 진행시켜 온 선제공격 준비는 내각의 공식 의사결정과정과는 별도로 비밀리에 이루어졌다고 할 수 있다.12) 당의 정치위원과 조직위원을 겸임하는 내각구성원과 주요 각료들은 내각 안에서도 최고 의사결정에 관여하는 비공식적인 내부 그룹을 형성하고 있었고, 그들이 극비의 개전 준비 작업에 직접 관계하고 있었다고 생각할 수 있다.13)

당의 최고의사결정기구인 정치위원회에 대해서 말하자면, 그것은 평상시에도 고도의 비밀성을 띠고 있었던 데다가, 전쟁 개시의 의사결정과 관련된 토의는 주로 정치위원회를 중심으로 이루어졌다고 볼 수 있다. 이미 남북로동당 합당 이후 중앙위원회는 1949년 12월 15~18일 한 차례밖에 열리지 않았다. 전쟁 직전 정치위원은 김일성, 박헌영, 김책, 박일우, 허가이, 리승엽, 김두봉, 허헌 등이었다. 조직문제를 총괄하는 조직위원회가 설치되어 있었지만, 정치위원이 조직위원을 겸임하였기 때문에, 이들 외에 최창익, 김열을 추가하면 당시 그들이 당내 최고의사결정자였다. 전쟁 발발 과정에서 주동자는 김일성과 박헌영이었다. 이들 두 사람은 전쟁지원의 약속을 끌어내기 위해 이인삼각으로 스탈린 및 마오쩌뚱과의 교섭에 임하였다. 스탈린과 최초로 군사지원에 관한 직접 교섭과정을 갖기 위해, 두 사람은 모스크바로 동행하여, 1949년 3월 5일 스탈린과의 회담에 동석하였다. 최후로 전쟁지원의 확약을 얻기 위한 교섭에서도 두 사람은 1950년 3월 30일 모스크바에서 열린 스탈린과의 회담에 동석하였고, 5월 13일 북경에서 마오쩌뚱과의

---

12) 스탈린과 김일성의 전쟁준비와 관련한 협의 내용에 관해서는 앞에 서술한 러시아정부가 공개한 문서, 엘친의 군사보좌관 볼코고노프의 구소련 국방성 비밀문서에 기초를 둔 연구에 부분적으로 해명되어 있다. 볼코고노프, 『스탈린』, 세경사, 1993.

13) 수상 김일성, 부수상 겸 외무상 박헌영, 부수상 겸 산업상 김책, 민족보위상 최용건, 내무상 박일우, 재정상 최창익, 사법상 리승엽, 최고인민위원회 상임위원장 김두봉 등.

회담에도 동석하였다. 1949년 초부터 전쟁 발발까지 평양과 모스크바와의 연락을 담당한 슈티코프 대사는 언제나 김일성, 박헌영과 토의하고 반드시 두 사람의 의견을 스탈린에게 전하였다. 이러한 관계는 전쟁기간에도 계속되어, 유엔군의 인천상륙에 의해 인민군이 궁지에 몰릴 때, 병력파견을 요청하는 9월 29일자 스탈린에게 보낸 서신에도 두 사람은 연서하고 있다. 전쟁이 휴전단계에 들어온 뒤 마지막 회합이 된 1952년 9월 4일 스탈린과의 회담에도 두 사람은 중국의 펑떠화이와 동석하였다.14)

한편 김일성과 박헌영을 중심으로 하는 전쟁추진론과는 달리 최용건와 김두봉 등의 신중론이 있었다는 설도 있지만, 사실 여부뿐 아니라 지도부 안에서 이 논의가 어느 정도 영향력을 가지고 있었는지는 알 길이 없다.15) 최용건이 신중론을 취한 것은 전쟁의 초기과정에서 그가 중요 직책으로부터 배제되었던 사실을 통해 유추할 수 있지만, 최용건 이외에 관해서는 확인할 수 없다.

군내에도 정식 의사결정과정과는 다른 별도의 명령계통이 존재하고 있었다. 당시 인민군 작전국장 유성철의 증언에 따르면, 구체적인 전투계획은 소련고문단이 작성한 것으로 1950년 5월 초순쯤 총참모장 강건의 감독하에 자신과 포병사령관 김봉률, 포병사령부 참모장 정학준, 공병국장 박길남 등이 함께 조선어로 재작성하였다고 한다. 여기에 참여한 사람들은 전부 소련 출신들이고, 군의 요직에 대부분 진출한 연안계 인물들은 비밀 누설을 막기 위해 제외하였다고 한다.16) 그러나 작전계획이 수립된 후 그 실행을 위해 야전사령관이 참가한 작전회의는 별도로 이루어졌을 것이다. 전투계획의 입안, 작성, 운용 등 각 단계가 비밀

---

14) 러시아정부가 한국정부에 건네 준 6·25전쟁 관련 문서의 공개발췌문 참조. 그 밖에 『조선일보』 1994.7.21~27 ; 『동아일보』 1994.7.21~23 ; 볼코고노프, 앞의 책, 363~384쪽.

15) 신중론을 지도부 내의 하나의 흐름으로 확대 해석하는 입장으로는 박명림, 앞의 책, 100~110쪽을 참조.

16) 『증언 : 김일성을 말한다』, 76쪽.

유지를 위해 철저히 분리되어 있었다. 즉 공격계획은 군 내부에 있더라도 극히 한정된 일부 고위간부에게만 전해질 수 있는 성격의 것이었다. 주소대사를 역임한 리상조도 증언에서 김일성이 전쟁을 "북조선지도부, 즉 전체 로동당대회 등의 승인 절차도 거치지 않고 도발했다"고 비난했지만, 이것은 의사결정과정상의 비공식성을 지적한 것이다.17)

이 공격명령의 의사결정과정을 밝히는 일은 이후의 중요한 과제이다. 위와 같이 선제공격 명령이 내각과 당의 공식적인 의사결정과정과는 동떨어진 별도의 의사결정과정에 의해, 군내에서도 일부 비공식적인 명령계통에 의해 내려졌다고 하면, 이것은 단지 비밀을 요하는 군사작전상의 성격을 나타내는 것뿐 아니라, 당시 군의 통수관계, 군에 대한 당적, 정치적 통제관계, 나아가서 체제 자체의 성격을 반영하는 것이다. 어떤 면에서 보면 전쟁 결정으로부터 공격명령에 이르는 의사결정과정상의 비밀은 군대 창설과정이나 당·군관계, 정·군관계의 연장선상에 있었다고 할 수 있다. 군대의 창설과정은 말할 것도 없고, 국공내전 참가 조선인부대의 이관, 국공내전과 북조선과의 관계, 군사비 등 군과 관련된 일체의 문제가 당중앙위원회나 최고인민회의 등의 공식적인 회의에서 논의된 흔적은 없다.

2) 무력통일의 실패와 전쟁의 중간종괄

전쟁은 북조선 측의 전격전 전술이 주효하여 인민군의 일방적인 우세하에 진행되었고, 개전 3일째인 6월 28일 인민군은 서울을 완전히 장악하였다. 27일 미국은 즉각 참전을 결정, 유엔의 결의에 따라, 7월 7일 유엔군사령부의 설치가 결정되어 전쟁은 국제전으로 확대된다. 8월 1일 낙동강 교두보까지 미군과 한국군을 몰아넣은 인민군은 낙동강 방어선을 돌파할 수는 없었다. 그리고 9월 15일 맥아더의 인천상륙작전에

---

17) 위의 책, 175쪽.

의해 보급선이 차단되고, 괴멸상태에 빠지게 되었다. 6월 28일 인민군에 의한 서울 점령으로부터 9월 28일 유엔군에 의한 서울 탈환까지 약 3개월간이 북조선 측에 의한 남한 점령기간이라고 할 수 있다. 이후, 단번에 진황은 역진되어 인민군은 일빙적으로 패주하였고, 유엔군 및 남한군이 북진하여 10월 26일 압록강변까지 도달하였다. 10월 25일 중국인민지원군이 참전하면서 전황은 다시 역전되어, 미군과 남한군에 타격을 주고, 12월 6일 조중연합군은 평양을 탈환하였다. 북조선지도부는 겨우 상황을 수습하여 적의 점령으로부터 회복한 지역의 안정을 꾀할 여유를 얻을 수 있었다.

1950년 12월 21일부터 23일까지 자강도 강계시에서 당중앙위원회 제3차 전원회의가 소집되었다.[18] 당중앙위원회가 전면에 나서 북조선 체제 전체의 진로를 결정하는 장으로 사용된 것은 이 회의가 처음이었다. 전시 상태에서 최고인민회의나 조국전선중앙위원회는 한 번도 소집되지 않았다. 전쟁이 종결될 때까지 당중앙위원회만이 북조선 전체를 대표하는 공식회의로 기능하였다. 김일성은 이 회의에서 지금까지의 전쟁과정을 총괄하는 보고를 해야 하였다.[19] 연설은 "남북조선로동당이 합당한 연합중앙위원회가 열리고 나서 벌써 1년이 지났다"는 발언으로 시작되었다. "남북조선로동당 전 당원의 의사를 대표하여 당을 통일하는 역사적인 중앙위원회를 연 …… 결과, 당의 통일적 중앙을 가질 수 있게 되어, 통일된 당중앙의 지도하에, 민주주의적 제정당·사회단체와 함께, 조국의 평화적인 통일을 목표로 부단히 강력한 투쟁을 전개해 왔다"는 모두 발언이었다.[20] 남북조선로동당 합당을 위해 '연합중앙위원

---

18) 이 회의까지 '정기회의'라는 명칭이 쓰였다. 단지 직전의 정기회의는 1949년 12월 15일부터 18일까지 열렸지만, 회수는 붙여지지 않았다. 제3차라는 것은 남북조선로동당을 통합한 1949년 6월의 '연합중앙위원회'를 제1기로 하여 그 3번째가 된다는 의미를 확정한 것이다.

19) 이 보고는 「현정세와 당면의 과업」이라는 제목으로 김일성, 『자유와 독립을 위한 위대한 해방전쟁』, 조선로동당출판사(평양), 1951년 3월에 발표되었다.

20) 위의 책, 130~131쪽.

회'가 개최되었다는 사실이 대외적으로 공표된 것은 이 회의가 처음이었다. 이것은 김일성이 박헌영과 전쟁 책임 문제를 두고 피차 상처를 입지 않기 위한 타협에 이른 것을 의미한다. 이미 1950년 10월 21일에 열린 당중앙위원회 정치위원회에서 박헌영은 인민군 총정치국장에 임명되어 있었다.[21] 책임을 묻는다면, 김일성과 박헌영의 연대책임이 된다는 것을 처음부터 확인한 것이다. 남북의 제 사회단체 간의 통합을 결정한 것도 이 전원회의에서였다.[22] 합당 무렵과 비교하면 김일성의 처지는 눈에 띄게 몰리고 있었다. 실질적으로 1949년 6월 남북로동당의 합당은 북조선로동당에 의한 남조선로동당의 흡수였기 때문이다. 1950년 7월 처음 발표된 조선로동당의 강령·규약도 북로당의 강령·규약으로부터 당명만을 바꾼 것에 지나지 않았다. 합당 사실조차 발표하기를 꺼려한 김일성이 이 시점에 와서 대등한 합당임을 인정하지 않을 수 없었던 것은 그의 난처한 입장을 말해 준다. 더구나 이것은 제1차 진공 때에는 침묵을 지키고 있던 남한의 빨치산투쟁이 오히려 후퇴 시기에 노출된 각 지방당 조직 및 인민군 패잔병과 결합함으로써 활기를 띠게 되었다는 사정과 무관하지 않았다. 특히 리현상을 중심으로 한 '남부군'이 맹위를 떨쳐 중국인민지원군과 인민군의 제2차 진공에 맞추어 제2전선을 형성하려고 기세를 올리고 있었다. 말할 필요도 없이 총지휘자는 리승엽, 최고책임자는 박헌영이었다.[23]

---

21) 제3장 제2절의 3에 있는 '인민군 내 당단체 설치'에 관한 서술을 참조.

22) 「남북 근로단체들의 통합에 대하여-당중앙위원회 제3차 회의 결정서 1950.12. 21~23」, 『결정집 1946.9~1951.11 당중앙위원회』, 126쪽. 이 결정에 따라 1951년 1월 20일부터 22일까지 북조선의 직업총동맹과 남한의 조선노동조합전국평의회가 통합하여 조선직업총동맹을, 2월 11일 남북의 농민동맹이 통합하여 조선농민동맹을, 1월 20일부터 21일까지 남북의 여성동맹이 통합하여 조선민주여성동맹을, 1월 17일부터 18일까지 남북의 민주청년동맹이 통합하여 조선민주청년동맹을, 3월 10일부터 11일까지 북조선의 문학예술총동맹과 남한의 남조선문화단체총연맹이 통합하여 조선문학예술총동맹을 각각 결성하였다. 『조선중앙연감 (1951~52년판)』, 480쪽.

23) 남조선 빨치산투쟁에 관해서는 김남식, 앞의 책, 460~462쪽.

애당초 개전이나 남진 자체는 책임을 물을 수 없는 성질의 것이었다. 미국의 선동에 의한 리승만군의 북침에 대해 인민군이 반격하였다는 개전의 명분을 채택하고는 있었지만, 무력통일의 방침에 관해서는 소련 및 중국의 지원 동의하에 북조신의 최고지도부가 합의한 것이기 때문이다. 따라서 쟁점은 무력통일에 실패한 점, 게다가 통일은커녕 북조선조차 빼앗길 위기를 가져온 점에 관해서였다. 전쟁 책임의 초점은 우선 낙동강전선까지 국군을 몰아냈으면서도 결국 돌파에는 실패하여 반격의 시간적인 여유를 준 데 있었다. 특히 적의 후방에서 대중봉기와 빨치산투쟁이 일어나지 않은 것과, 그 후 유엔군에게 인천상륙을 허용하여 인민군의 괴멸적인 붕괴와 후퇴를 가져와, 북조선의 거의 전 지역이 일시 점령된 것이었다. 앞의 건에 관해서는 지도부의 상황 판단 실패와 동시에 특히 박헌영이 대표하는 남로당계의 책임이고, 뒤의 건에 관해서는 누구보다도 최고사령관 김일성의 책임이었다.

김일성은 자기의 과오도 인정하지 않았지만, 박헌영에게도 직접적인 책임 추궁을 하지 않았다. 김일성은 우선 남한 빨치산투쟁에 관해 "남조선의 우리 당조직은 주민들을 급속히 동원하여 광범위하게 빨치산투쟁을 조직하지 못하여 그 결과 우리 인민군이 작전을 관철하는 데 추가적인 곤란이 발생한 것이다. 이 시점에서 당정치위원회는…… 자기의 결정으로 당중앙위원회의 최강력한 성원의 지휘 하에 빨치산부대를 특별히 조직하여 파견하였다. 그러나 허성택 동지를 포함한 빨치산부대 지휘관들은 당의 지시대로 적의 후방에서 싸우지 않았다"고 지적하였다. 단지 이 흐름은 발표된 공식 언술에서는 생략되어 "허성택 같은 중앙위원들이 빨치산 투쟁 조직에 관한 당중앙의 지시를 실행하지 않은 것에 대해 비판했다"는 표현으로 바뀌었다.24) 박헌영의 책임을 암시한

---

24) 모스크바의 현대사자료연구보존센터에 첨삭 없이 러시아어로 번역된 공식문서가 소장되어 있다. 「조선로동당 중앙위원회 전원회의에서 한 김일성의 보고 1950년 12월 21일」(노문), 문서군 17, 목록 137, 문서철 731, l. 13~14쪽. 和田春樹「朝鮮戰爭について考える(下)」, 『思想』, 1993년 7월, 149~150쪽에서 재인용. 김일성, 앞의 책, 140~141쪽.

다는 반발이 있어 허성택에게만 책임을 지우는 표현으로 수정하였을 것이다. 그러나 비판의 대상이 된 허성택은 처벌받지는 않았다.25) 다음으로 인천상륙의 허용 및 인민군의 괴멸적인 붕괴와 후퇴에 관해서는 예비병력의 미비, 예상되는 곤란에 관한 계산과 준비의 부족, 해방 지역에 대한 방어조직의 불충분 등 때문이었다고 간단히 언급하였을 뿐이다. 특히 "적과 우리의 역관계와 기술상의 큰 격차 때문에 우세한 적의 진공을 완전히 저지할 수 없었다"고 원인을 유엔군의 우세함으로 돌렸다.26)

이렇듯 김일성은 미묘한 초점을 피하면서 3단계의 전쟁과정 전체를 정리하여 책임을 묻는 방식을 취했다. 후방보급에 문제가 있었다고 해서 인민군후방국장인 김열이 비판을 당해 면직처분을 받았고, 원문에 발표되지 않았지만 특수공업국장이 총살되었다.27) "비행기가 없으면 적과 싸울 수 없다는 패배주의경향"을 가지고 있었다고 해서 인민군 내 민족보위성 문화담당 부상(副相) 김일의 해임이 발표되었다. 명령을 수행하지 않고, 전투과정에서 많은 손실을 가져왔다 해서 제2군단장 무정이 면직되었다. 무정은 해임된 후에도 후퇴 당시 혼란 속에서 아무런 법적 절차도 없이 부하를 총살했다고 비난받았다. 자신의 안전에만 급급해 부하를 버리고 비겁하게 행동했다고 해서 사단장 김한중, 최광이 해임되었다.28) 당간부에 대해서는 후퇴 시 적의 공격에 당황하여 당원과 주민을 버리고 도망쳤다고 해서 북강원도당위원장 림춘추가 제명되었다. 피점령지에 남아서 지하활동을 계속하라는 당의 지시를 이행하지 않았다고 해서 남강원도당위원장 조진성, 경기도당위원장 박광희도 비

---

25) 허성택이 노동상에서 해임된 것은 1952년 5월이었다. 그는 교통부상으로 강등되었지만 남로당계 숙청에서는 빠졌고, 1956년 박헌영을 비판한 것이 높이 평가되어 1957년 9월 석탄공업상이 되었다. 그러나 그도 이후의 숙청 회오리에 말려들게 되어 1959년 이후 행방불명이 되었다.

26) 김일성, 앞의 책, 140, 142쪽.

27) 앞의 김일성 보고(노문), I, 22쪽. 和田春樹, 앞의 논문, 150쪽에서 재인용. 김일성, 앞의 책, 148쪽.

28) 김일성, 앞의 책, 149~150쪽.

난받았다. 그 밖에 내무성, 교통성, 교육성, 선전성도 후퇴 시의 무질서를 노정하였다고 비판받았다.[29] 김일성은 자신과 박헌영도 포함하여 최고지도부의 책임을 직접적으로 언급하는 대신에 각 정파의 간부 및 전선지휘관 등에게 균등히게 책임을 지우는 방식을 택했다. 김열은 소련계, 무정·김한중은 연안계, 조진성·박광희는 남로계, 김일·임춘추·최광은 만주파였다. 또한 김일성은 간부나 지휘관의 용기 문제로 책임을 돌리고 체제문제는 언급하지 않았다. 김일의 해임은 10월에 결정된 군내 당단체의 조직과 결부되고 있는데, 후퇴와 관련된 책임문제로서 그 개편에는 언급하지 않았다.[30]

앞에서 언급했듯이 이 전원회의에서 남북 사회단체의 통합이 결정되었지만 가장 중요한 직업동맹과 농민동맹의 위원장에는 남로당계인 현훈과 리구훈이 각각 선출되었다. 직업동맹의 중앙위원회는 남측의 전평에서 56명, 북측의 직맹에서 41명, 합계 97명으로 구성되어 남측의 수가 더 많았다.[31]

김일성은 "이번 전쟁을 통해 누가 참된 당원이고, 누가 사이비당원인가가 분명히 폭로되었다. 평화롭고 순조로운 조건 하에서 급속히 성장한 우리 당원 전부가 근로인민의 참된 전위당의 당원은 될 수 없다. 전쟁은 불순분자, 비겁자, 이색분자를 가차없이 폭로하고 적발하였다. 이러한 분자들을 당의 대열로부터 일소하여, 대열강화를 위한 활동에 매진해야 한다"고 주장하였다.[32] 그는 철저한 당원의 숙청을 강조하였지만, 이는 허가이의 요구에 응한 반응일 것이다. 12월 23일 당중앙위

---

29) 위의 책, 159~61쪽. 이미 12월 11일 이들 정부부서에 대한 인사조치가 취해지고 있었다. 내무성 부상 겸 보안국장 박용삼, 문화선전성 부상 태성수가 해임되었다. 남일이 인민군총참모장이 되어 자리가 빈 교육성 부상에 박영빈이 임명되었다. 교통성에는 정치국이 설치되어, 교통성부상 겸 정치국장에 김인춘이 임명되었다. 『조선민주주의인민공화국내각공보』 1950.12.11.

30) 和田春樹, 앞의 논문, 150쪽.

31) 『조선인민군』 1951.1.25.

32) 김일성, 앞의 책, 181쪽.

원회 조직위원회 제48차 회의가 열려, 「전시환경에서 당조직사업에 대하여」란 결정이 채택되어, 전당적인 '당원재등록사업' 실시가 결정되었다.33) 당시 당조직위원장은 허가이였다. 후퇴 및 소개사업과 관련하여 "비당적 행위"를 한 당원들, 후퇴과정에서 "당증을 유기, 파기, 매몰, 소각"한 당원, 인민군대 "도피자들"에 대해서는 이유 여하를 불문하고 당규율 위반자로 취급하고 출당까지 시키도록 하고 있다. 이어서 1951년 1월 23일에는 당중앙조직위원회 49차 회의가 열려, "전선에서 당문건을 유실한 당원들", "후퇴과정과 적 강점기간에 있어서 당문건을 유실한 당원들"에 대하여 당적 책벌을 가하기 위한 별도의 결정이 채택되었다.34) 매우 엄격한 조치를 취하기 위한 절차였다. 북조선의 공식서술에 따르면, 이 사업은 당내의 "이색분자를 적발, 숙청하고 후퇴시기에 일부 당원이 범한 과오를 비판, 시정하는 강한 사상투쟁과 결부시켜 진행되었다"고 한다.35)

3) 허가이의 실각

1951년 6월 중순 전선이 38선 근처에서 교착상태에 들어가, 7월 10일 정전회담이 시작되었다. 현 상태로 쌍방의 세력범위가 굳어질 것이 분명해졌다. 피점령 상태로부터 탈환하여 통치질서를 회복하는 과정에서 많은 문제가 생김에 따라 다시 통치 전반을 총정리할 필요가 제기

---

33) 「전시환경에서 당조직사업에 대하여—조선로동당 중앙조직위원회 제48차 회의 결정서 1950.12.23」, 『결정집 1949.7~1951.12 당중앙조직위원회』, 255~260쪽.

34) 「전선에서 당문건을 유실한 당원들에 대한 당적 문제 취급에 대하여—조선로동당 중앙조직위원회 제49차 회의 결정서 1950.1.23」, 「후퇴과정과 적 강점기간에 있어서 당문건을 유실한 당원들에 대한 당적 문제 취급에 대하여—조선로동당 중앙조직위원회 제49차 회의 결정서 1950.1.23」, 『결정집 1949.7~51.12 당중앙조직위원회』, 각각 264~265 · 266~268쪽.

35) 『조선로동당력사교재』, 272~273쪽 ; 『조선전사』 제26권, 267~268쪽.

되었다. 무엇보다도 허가이가 주도한 당원재등록 사업 과정에서 많은
무리가 범해지고 있었다. 먼저 1951년 10월 9일 당중앙정치위원회가
열려 시정하기 위한 대책이 마련되고 있었다.[36] 이 회의에서는 "전쟁
전 당의 로동자 성분 비율만 따지면서 로동자 성분 비율이 저하될까 두
려워서 애국주의적 근로농민을 우리 당에 많이 받아들이지 않는 것은
가장 옳지 못한 일"이라고 지적하였다. 이 회의는 광범한 근로농민을 끌
어들이는 동시에 "당의 대중적 성격"을 고려하여 근로농민, 전사, 군관,
또는 인텔리들을 계속 받아들일 것을 결정하고 있다. 이는 명백히 허가
이의 조직노선을 수정하는 조치였다. 특히 당원 확대를 위하여 종래 20
세로 되어 있던 입당 연한을 18세로 낮추도록 결정하였다. 김일성은 허
가이를 중심으로 소련계가 장악하고 있던 조직위원회를 피하고, 정치위
원회를 통해 허가이에 대한 공격을 개시한 것이다.

나아가 1951년 11월 1일부터 2일까지 당중앙위원회 제4차 전원회
의가 소집되었다.[37] 이 회의에서 김일성은 첫날 보고를 하고, 다음날
결론을 내리면서 당조직담당 제일비서 허가이를 '관문주의자', '징벌주
의자'라고 비판하였다.[38] 직접적인 과오를 범했다고 허가이를 문제 삼
은 부분은 그의 책임하에 적의 점령지로부터 탈환한 지역에서 하부 당
원들에게 가해진 무차별적인 징벌이었다. 그는 당시 60만 당원 중 45만
명을 징벌에 처하였다.[39] 특히 유엔군 점령기간 중 많은 당원이 신분을

---

36) 「당장성에 대하여—당중앙정치위원회 제100차 회의 결정서 1951.10.9」, 『결정집
   1947.8~53.7 당중앙조직위원회』, 24~27쪽.

37) 이 회의에서 최초로 '정기회의' 대신에 '전원회의'라는 명칭이 쓰였다. 전원회의
   는 총회라는 의미로 러시아어 пленум(plenum)에 해당하는 말이다. 당규약상 중앙
   위원회를 3개월에 한 번 정기적으로 개최하기로 되어 있었지만, 그것을 지킬 수
   없었기 때문에 명칭을 바꾸었다고 생각된다.

38) 이 회의에서 김일성이 한 보고는 『조선중앙연감(1951~52년판)』, 53~61쪽, 『김일
   성선집』 제3권, 1954년, 289~317쪽에 수록되어 있는데, 보고와 결론이 동시에 수
   록된 것은 『김일성저작선집』 제1권, 1967, 297~319·320~332쪽.

39) 김일성, 「평안북도 당단체의 과업—평안북도 당단체에서의 연설 1956.4.7」, 『김
   일성선집』 제4권, 1960, 384~385쪽.

숨기기 위해 당원증을 버리거나 없애기도 하여, 새로운 당증을 교부하는 과정에서 이것이 문제가 되었다. 김일성은 징벌을 받은 총당원의 80~85%가 당증관계 때문이고, 심하게는 평안남도 순천군당의 경우 징벌을 받은 세포위원장 164명 중 154명이 당증관계가 원인이었다고 주장하였다. 평안북도 운산군이나 용강군의 예와 같이 군당에서 출당(黜黨) 결정된 80% 이상이 도당에서 부결되는 등 그 부작용이 심각하였다.40) 김일성은 1951년 9월 1일 당중앙조직위원회에서 이러한 잘못된 징벌을 시정하는 결정을 채택하였지만 실행되지 않았다고 비난하였다. 대표적인 예로 황해도당은 대상자의 16.3%에 대해 징벌을 시정하지 않았다.41)

여기서 김일성은 당내의 전반적인 경향으로 허가이를 비판하였지만, 구체적인 예로 비난 대상에 올린 지방당은 거의 소련계가 도당위원장에 재직하고 있는 곳이었다. 평안남도당(위원장 : 박영성), 황해도당(위원장 : 김열), 함경남도당(위원장 : 박영), 인민군당(총정치국장 : 김재욱) 등으로 그들은 허가이의 방침을 추종하는 측근이었던 것으로 보인다. 이후 그들은 개별적으로 개인적인 이유로 해서 해당 당책임자직에서 면직되거나 숙청되었지만, 이는 허가이라는 후원자를 잃은 배경과 무관하지 않을 것이다.42)

그러나 김일성이 허가이를 공격한 주된 목적은 당조직에서의 '관문주의(關門主義)'를 비판하고 당원을 대폭 늘리는 데 있었다. 로동당 창립 때부터 '당박사'라고 불린 허가이는 조직부문을 장악하여 당건설에서 절대적인 영향력을 행사하였다. 그의 당에 관한 사고방식은 노동자계급

---

40) 김일성, 「당조직사업에 있어서 몇가지 결점에 대하여-조선로동당 중앙위원회 제4차 전원회의에서의 보고」, 『김일성저작선집』 제1권, 301~302쪽.

41) 김일성, 위의 책, 303쪽.

42) 박영은 1953년 4월 당중앙위원회의 지시를 자신의 것으로 바꿔치기하였다고 해서 개인영웅주의자 혐의로 숙청되었다. 김열은 1954년 5월 탐오·낭비분자로 비판받아 중 공업부상으로 좌천되었다. 김재욱은 전후 농업부상으로 좌천되었다. 박영성은 1952년 12월경 김일로 교체되었고, 이후는 행방불명이다.

‘성분’ 비율을 중시하는 소련식 엘리트 중심의 전위정당이었다. 이에 대해 김일성은 계급성분보다는 폭넓은 대중적 기반을 중시하는 대중정당을 만들고자 하였다.[43] 당시 로동당은 북조선의 현실을 반영하여 창립 1주년도 되지 않은 상태에서 빈농이 압도적인 다수를 차지하는 대중정당으로 성장하여 약 70만 당원을 확보하게 되었다.[44] 하지만 소련의 대중정당 정책을 북조선의 현실에 적응하면서도 허가이는 당내의 ‘기본성분’을 유지하고 당내규율을 엄격히 하기 위해 고삐를 늦추지 않았다. 그는 대중정당 정책을 통해 당내에 들어온 ‘이색분자’, ‘낙후분자’를 추방한다는 방침을 일관되게 추구하였다.[45]

전쟁을 계기로 양자의 입장은 충돌하기에 이르러 김일성은 이 전원회의에서 허가이의 당조직 방침 자체를 정면 비판하였다. 그는 북조선의 인구 구성을 보면 농민이 80% 가량 차지하고 있기 때문에 이와 같은 사회적, 경제적 구조를 무시하고 노동자 비율이 저하하는 것을 두려워하여 근로농민을 당에 흡수하지 않는다면, 당은 대중적인 정당으로 성장할 수 없다고 주장하였다. 즉 노동자계급은 그 역사가 짧기 때문에 현재 공장에서 일하고는 있지만, 어제의 농민이던 노동자를 맑스·레닌주의로 교육하는 것이나, 이제부터 노동자로 발전해야 할 근로농민을 당에 받아들여 교육하는 것이나, 그다지 차이가 없다는 것이었다.[46] 김일

---

43) B. Cumings, The Origins of the Korean War, Vol. Ⅱ, pp.299~302 ; 서대숙, 앞의 책, 110쪽.

44) 주녕하,『로동당 창립 1주년과 조선의 민주화를 위한 투쟁에 있어서 그 역할』, 로동당 중앙본부 선전선동부(평양), 1947.『북한관계사료집 Ⅰ』에 재수록, 250쪽.

45) 로동당중앙위원회 조직부,『유일당증 수여에 관하여』, 1946년 11월 6일자는 당시 당조직부장 허가이의 주도 아래 작성된 것으로 그와 같은 허의 방침을 잘 나타내고 있다.『북한관계사료집 Ⅰ』, 177~187쪽에 재수록. 평북도당의 경우 1948년부터 1956년까지 1만 8천여 명이 출당되어 매년 평균 총당원의 약 15%인 2,250명이 추방되었다. 김일성, 「평안북도당단체의 과업-평안북도당단체에서 한 연설」 1956.4.7,『김일성선집』제4권, 1960, 384쪽.

46) 김일성, 「당조직사업을 개선할 데 대하여-조선로동당 중앙위원회 제4차 전원회의에서 한 결론」,『김일성저작선집』제1권, 1967, 320~323쪽.

성은 몇몇 지방당 및 부문당을 구체적인 예로 들면서 여러 가지 부당한
이유를 붙여 사실상 당의 문호를 닫고 있다고 비난하였다. 평남 강서군
당의 경우 군내 77%에 해당하는 세포가 전혀 입당활동을 하지 않았다.
평북 박천군당은 농민성분에 대해 1개월에 평균 17명 이상은 입당시키
지 않도록 제한하고 있었다. 교통성 내 일부 당단체는 상반기에 단 1명
도 입당시키지 않았다. 인민군 내 일부 당단체는 당강령·규약을 암기
하지 못한 장병은 기계적으로 입당을 거부하였다. 함경남도 혜산군당은
상반기에 212명의 입당청원자 중 77.4%를 교육 부족이라는 이유로 부
결시켰다. 기타 많은 당단체가 강제부역이나 교육 부족 등의 이유로 입
당을 거부하였다.47) 관문주의라고 비판받은 도당이나 부문당도 대부분
소련계가 책임자인 곳이었다. 위에서 언급한 평남도당, 황해도당, 함남
도당, 인민군당 외에 평북도당(위원장 : 허빈), 교통성당(부상 겸 정치
국장 : 김인춘) 등이 있었다.

　　허가이는 당부위원장과 제1비서 및 조직부장에서 부수상으로 좌천
되었다. 당정치위원직은 유지하였지만 당내실권자로서 그의 시대는 막
을 내렸다. 허가이 한 사람이 차지하고 있던 직위는 분산되어 비서에 박
정애·박창옥, 조직부장에 박영빈이 취임하게 되었다. 남로계 허헌이
사망하자 정치위원직을 박정애가 승계하였다. 당의 통일전선 정책이 비
판되어 통일전선 담당 사회부장에는 일본 출신 김천해가 임명되었다.48)
갑산계의 리효순이 조직위원으로 선출되었다.49) 여전히 박창옥 등 소
련계의 영향력이 강하였지만 그들은 김일성과 대등한 관계는 아니었다.
이것은 소련계의 중심이 없어진 것을 의미하고 소련계 상호 간의 관계
에 있어서도 후유증이 컸을 것이다. 특히 허가이에 대한 비판과 그의 지

---

47) 김일성, 「당조직사업에 있어서 몇 가지 결점에 대하여—조선로동당중앙위원회
　　제4차 전원회의에서 한 보고」, 앞의 책, 301~303쪽.
48) 러시아현대사자료연구보존센터, 문서군 17, 목록 137, 문서철 731, l. 110쪽. 和田
　　春樹의 6·25전쟁에 관한 미발표 초고 「戰時下の北朝鮮」, 26쪽에서 인용.
　　Dae-sook Suh, *Korean Communism*, p.288.
49) 和田春樹, 위의 논문, 26쪽.

위 약화는 스탈린의 양해 없이는 있을 수 없는 것이었다.[50] 소련 측의 의사는 김일성을 중심으로 결속하여 난국을 타개할 수밖에 없다는 것이었다. 더구나 박정애는 분국창설 당시부터 김일성에게 충성을 다해 온 인물로 김일성을 극도로 찬양하는 데에서 타의 추종을 불허하는 존재이고, 리효순은 일제 때부터 국내에서 김일성의 무장투쟁과 관계를 맺은 김일성의 수족과 같은 존재였다. 김일성은 허가이에게 맡겨 온 당사업 부문에서 자신의 발판을 구축하기 시작하였다.

로동당은 제명된 사람들 대부분을 복당시키고 새롭게 농민층을 대거 입당시키는 조치를 취했다.[51] 입당에 관한 규약상의 규정도 일부 수정되어 입당기준이 완화되었다.[52] 1년 뒤인 1952년 12월 15일 제5차 전원회의까지 징벌을 받은 당원의 69.2%가 징벌에서 해제되었다. 총당원의 40%에 해당하는 45만 명이 신규 입당하여 당원 수는 약 1백만 명에 달했다.[53] 김일성은 새로운 권력기반을 획득하여, 1950년 말에서 1951년 초까지 전쟁 책임으로 궁지에 몰린 입장에서 반격에 착수하고 있었다. 그는 1950년 12월 제3차 전원회의에서 비판한 빨치산파의 김일을 평남도당위원장에 복권시킬 수 있었다.

---

50) 위의 논문, 27쪽.

51) 「당단체들의 조직사업에 있어서 몇 가지 결점에 대하여－당중앙위원회 제4차 전원회의 결정서 1951.11.1~4」, 『결정집 1946.9~51.11 당중앙위원회』, 127~135쪽.

52) 『조선로동당력사교재』, 282쪽.

53) 김일성, 「로동당의 조직적·사상적 강화는 우리 승리의 기초－조선로동당중앙위원회 제5차 전원회의에서의 보고」, 『조선중앙연감(1953년판)』, 『북한연구자료집』 제2집에 수록, 310~311·323쪽. 김일성은 신규당원의 약 반수가 겨우 문자를 해독할 수 있는 교육수준이라고 인정하였다.

2 6·25전쟁과 당·군관계

1) 당내 군사적 비중 증대와 여러 군사적 구성요소

전쟁 발발을 전후하여 상당수의 간부가 군에 동원되었다. 그들은 군의 행정직, 특히 많은 사람들이 군의 정치간부직에 취임하였다. 이것은 전시체제에서 부족한 간부인원을 보충하는 의미도 컸지만, 결과적으로는 당을 군에 더욱 접근시키는 효과를 가져왔다. 우선, 빨치산파는 대부분이 초기부터 군 창설에 관여하여 군에 진출해 있었다.54) 군 외부에 보직을 갖고 있던 소수의 인물들 중 김일성은 수상으로 최고사령관이 되고, 만주파 군인이지만 정부 내 부수상, 산업상, 당내 정치위원을 겸임하고 있던 김책은 전선사령관이 되었다. 김일은 초기부터 군의 정치책임자가 되어, 민족보위성 문화부상 겸 전선사령부 군사위원이 되어 있었다. 중앙위원 김경석은 문화부사단장이 되었다. 소련계는 당조직부장 김렬이 인민군 후방총국장이 되었고, 농림부상 김재욱이 제1군단 문화부군단장이 되었다가, 군내 정치부 설치와 동시에 박헌영의 후임으로 인민군 총정치국장이 되었다. 교육부상 남일은 후방 지역 군사위원에서 강건이 전사한 후 인민군 총참모장에 임명되어 휴전교섭에 들어갈 때 정전회담 수석대표를 겸임하였다. 재정부상 겸 중앙은행 총재 김찬은 제2군단 군사위원, 강원도당위원장 한일무는 해군사령관, 함경북도 인민위원장 김영수는 인민군 후방총국장, 김일성대학 러시아문학교수 정률은 인민군 병기조달국 차장이 되었다. 연안계는 내무상 박일우가 조중연합사령부 부사령원, 당간부부장에서 상업성 관리국장, 부상으로 좌천되었던 리상조는 인민군 부총참모장 겸 정찰국장, 황해도당위원장 박

---

54) 앞에서 기술한 각 사단장 외에 제13사단장 최용진, 제15사단장 박성철, 38경비 제1여단장 오백룡, 제3여단장 최현, 제766유격부대장 오진우 등이다.

훈일이 내무성 경비국장, 평북도당위원장에서 해임되어 38경비대장으로 있던 윤공흠이 인민군 총정치국 선전부장, 당선전부장에서 내각간부학교장으로 좌천되어 있던 김창만은 인민군총사령부 동원국장, 당연락부장 림해가 제2군단 문화부군단장, 당부부상 서휘는 후방사령부 문화국장, 이미 문화훈련국 부국장으로서 군의 정치사업에 관계하고 있던 김강은 제12사단 문화부사단장이 되어 있었다. 만주파와 소련계의 견제를 받아 무정, 박효삼 등 일부만이 군의 고위직에 진출하고 있던 연안계는 1949년부터 국공내전에 참가하고 있던 조선인부대가 들어옴에 따라 군의 요직, 특히 정치간부 직으로 대거 진출한 것이다. 국내 갑산계의 대표적 인물인 당중앙위원 박금철은 민족보위성 문화지도원에서 문화부사단장이 되었다.[55]

게다가 더욱 주목해야 할 점은 남조선 내 당사업을 담당하여 대중봉기 전술을 취하고 있던 남로계도 이미 1948년 중반 무렵부터 남조선의 상황이 거의 내전상태에 들어감에 따라 유격전을 지휘하고 있었던 사실이다. 북로당과의 통합 이전에 남로당 내에는 군사부가 설치되어 통합 후 남로계의 영역이던 조선로동당의 남반부 지역당은 유격전의 지도부가 되어 있었던 것이다. 이미 전쟁 발발 이전 1950년 초쯤 빨치산부대는 거의 괴멸상태에 빠져 있었지만, 남로계의 당사업, 즉 대남사업의 성격은 군사적 색채가 짙어지고 있었다.[56]

---

55) 여정, 『붉게 물든 대동강』; 중앙일보사 편, 『조선민주주의인민공화국(하)』; 『조선민주주의인민공화국내각공보』; 『로동신문』; 林隱, 『北朝鮮王朝成立秘史』; 한국일보사 편, 『김일성을 말한다』; 장준익, 『조선인민군대사』 등을 참조하여 정리하였다.

56) 빨치산 출신의 만주파가 조선인민군의 창설을 주도하여 정규군을 장악하고 있는 반면, 군사경력이 전무한 남로계가 오히려 빨치산투쟁을 지휘하게 된 것은 아이러니였다. 남한 빨치산 요원을 교육하는 강동정치학원에서 군사교관으로 만주파 서철이 관여한 외에 만주파가 빨치산투쟁에 관여한 흔적은 거의 없었다. 당시의 문헌에도 인민군의 지휘계통을 장악하고 있던 만주파의 군인이 남한의 빨치산투쟁에 관해 언급한 흔적은 전혀 발견되지 않는다. 1948년부터 남한에서의 투쟁이 유격전으로 전변한 것은 1차적으로 남한 상황의 내적 발전과정에 의한 것이지만, 남로계의 만주파에 대한 경쟁관계, 즉 군사적 배경이 없는 심리적 열등관계로부

그러나 유격전의 성격상 남조선의 빨치산부대는 철저하게 당의 통제를 받는 '당의 군대'였다. 1948년 8월에 남북조선로동당 연합중앙위원회가 만들어지고, 1949년 6월에 조선로동당에 통합되었지만 그것은 상층부를 중심으로 한 통합이었고, 특히 군사부문은 예외였다. 남북조선로동당의 합당은, 지역적으로 38선 이남에서 밑으로부터의 혁명을 목표로 하는 남로당과 38선 이북에서 소군정하에서 위로부터의 혁명을 수행하여 집권당이 되고, 이어서 혁명의 전국적 확대를 꾀하던 북로당과의 결합이었다. 북로당의 입장에서는 남로당을 매개로 하여 조선민주주의인민공화국의 전국적 확대를 위한 정당성을 획득할 수 있었다. 이 점에서 통합은 남로당이 북로당의 대남사업부가 되어 북로당에 흡수되는 결과가 되었다. 단지 군사적 측면에서는 당의 통제, 즉 북로당의 통제가 아니라 남로당의 통제를 받고 있던 남한의 유격부대는 정규군으로서 엄격한 군사단일제하에 놓여 있던 인민군으로 통합될 수는 없었다. 유격부대를 정규군으로 통합하는 것은 이미 전쟁이 상당히 진행된 이후인 1950년 말에서 1951년 초에 걸친 인민군의 제2차 남진 무렵이었다. 중국인민지원군과 조선인민군의 남진에 맞춰 제2전선의 역할을 부과하면서, 기존의 도당 직속체제를 무시하고 군사활동만을 목적으로 하는 '유격지대'로 개편시키는 조치가 내려진 것이다. 제도적 측면에서 보면 남한의 유격부대는 완전한 의미에서 당적 통제하에 두는 것도, 정규군의 통제하에 두는 것도 불가능한 어정쩡한 존재였다. 남로계 숙청 배경의 일면은 그 군사적 측면에 있었다고 할 수 있다.

이와 같이 로동당 내 각 정파가 자체의 군사적 기반을 준비하면서 그 군사적 성격을 강하게 띠고 있던 점에서, 북조선 측에서 보면 6·25전쟁은 이상적으로는 연안계의 협력 아래 만주파가 장악하고, 소련계가

터 유발된 측면이 있었을지도 모른다. 또한 중국의 국공내전이 남한정세에 미친 영향도 무시할 수 없다. 남로당 기관지 『노력인민』 1948년 1월 24일자에 게재된 「인민해방군의 공세 이행에 따라 중국혁명 최후단계로—모택동씨의 내외 정세 보고」 기사 참조. 리승엽, 「원수들의 '동기토벌'을 완전 실패시킨 용감한 남반부 인민유격대와 그들의 당면 임무」, 『근로자』 1950년 3월호 참조.

실무적으로 지탱하고 있는 정규군형의 군대, 연안계가 지휘하고 있던 인민전쟁형의 군대, 남로계가 목표로 한 유격전형의 병력 및 대중봉기형의 지하조직을 결합하려고 한 것이다.57) 그러나 북조선의 군사제도는 이러한 복합적 요소를 융합시켜 하나의 유기체로 만들어 내는 데 성공적이지 못했다. 거시적으로는 미소냉전의 심화, 국공내전의 파급, 남한정세의 내전화를 배경으로 하여 각 정파가 공통적으로 군사화하면서 내전 개시로 일치되어 갔지만, 내부적으로 각각은 서로 다른 상황과 배경 아래 분절되어 있는 것이 현실이었다. 인민군은 정규군의 내부에 인민전쟁형의 군대를 일부 포괄하는 형태를 취하고, 비정규군인 유격전형 부대를 외부에 두고 있었다. 국공내전 과정에서는 '당의 군대'이던 인민전쟁형군이 정규군화되어 기존의 정규군형 군과 병존하고 괴멸상태에 빠져 있던 유격부대는 군으로서 취급되지 않았다. 당군 관계의 측면에서 볼 때, 북조선 무력의 여러 구성요소는 통일된 제도하에 묶여진 것이 아니었다.

남한에서의 유격전은 평지의 당조직이 노출, 파괴되면서 전개되어 산지에서 고립된 채 괴멸되어 갔다. 6·25전쟁은 남한에서 빨치산부대가 거의 토벌되고 유격전이 완전히 소강상태에 들어간 시점에서 북조선 정규군의 전차를 동원한 전격전적인 기습공격에 의해 발발하였다.58) 조선인민군의 기본 군사전략은 제2차 세계대전 시절 독·소전의 경험을 쌓은 소련군의 전법에 기초를 둔 기동타격전과 포위섬멸전이었다. 인민전쟁형 군대의 풍부한 전투경험을 결합했다 하더라도, 낙동강전선까지의 초기 공격은 정규전의 우세에 의한 일방적인 승리과정이었다. 대중봉기나 유격전에 따른 호응은 일어나지 않았다. 북조선군 측에 잠재되어 있던 복합적 요소가 드러난 것은 오히려 후퇴과정에서였다. 연안계 장군들

---

57) 당내 각 정파의 군사화라는 관점에서 보면 6·25전쟁은 로동당 내의 각 정파의 합의에 따라서 개시되었다고 할 수 있다. 대중봉기를 바라고 있는 남로파가 개전에 소극적이었다고 하는 설은 객관적인 현실과 일치하지 않는다.

58) 남한에서의 유격전의 실패와 6·25전쟁과의 상관관계에 관해서는, 김점곤, 『한국전쟁과 노동당전략』, 박영사, 1973, 239~262쪽.

이 지휘한 인민전쟁형 부대는 병력을 유지하면서 한국군을 패퇴시켜 질서 있는 후퇴작전을 수행한 반면, 다른 부대들은 급속히 붕괴하여 갔다. 6·25전쟁의 영웅 방호산부대나 리권무 부대의 선전은 지극히 상징적이었다. 그리고 제2차 빨치산투쟁이 전개되어 유엔군 후방에서 제2전선이 형성되었지만, 그 주력은 후퇴에서 잔류한 병력과 점령지역에서 완전히 노출된 좌익조직이 입산하는 과정에서 자연발생적으로 결합된 것이다. 이번에는 정규군의 일부가 가세하여 일시적인 위세를 떨쳤지만, 전반적인 양상은 전쟁 이전과 같이 고립된 싸움이었다. 이전의 경험과 유격전의 성격상, 유격전의 지휘는 남로파가 계속 담당하였다. 만주파의 빨치산투쟁 경험은 남한에서는 전혀 살려지지 못했다.

단지 유격전다운 유격전이 전개된 것은 북조선 지역에서였다. 유엔군이 북조선의 일부 지역을 점령한 것은 극히 짧은 기간이었지만 이 유격전은 각 지역의 인민위원회 또는 당조직이 주도하였다. 중국인민지원군이 참전하고 나서 단기간에 놀랄 만한 승리를 거둔 요인으로는 중국 측의 치밀한 전술적 준비 외에 현지주민과의 밀접한 관계를 들 수 있고, 유엔군의 배후에서 진행된 유격전도 중요한 역할을 하였다.[59] 본격적인 인민전쟁형의 군대와 유격전형 부대가 결합된 것은 이 무렵이었다.

그러나 초기 중국인민지원군의 승리가 즉시 그 결정적인 우월성을 증명한 것도 아니었다. 두 번째의 서울 점령 이후, 중공군의 전술도 유엔군의 압도적인 화력과 장비 앞에서는 한계에 부딪치지 않을 수 없었다. 오히려 이 패배를 통해 사령관 펑떠화이는 인민전쟁형 군대의 한계를 뼈저리게 느낀 것이다.[60] 이것이 북조선의 군당제도나 군지휘편제에 반영되어 중국의 제도를 그대로 도입하게 되지는 않았다.

---

59) Brus Cumings & John Holliday, KOREA : the Unknown War, Viking Press, 1988. 차성수·양동주 역, 『한국전쟁의 전개과정』, 태암사, 1989, 123·128쪽.

60) 平松茂雄, 『中國と朝鮮戰爭』, 勁草書房(東京), 1988, 159쪽. 6·25전쟁의 경험은 중국인민해방군이 근대적인 정규군으로 변모해 가는 데 결정적인 계기가 되었다.

2) 전쟁 발발 전후 군내 정치조직의 변화

기본적으로 전쟁 발발 시까지 군내 정치사업은 문화부를 통해 이루
이졌디. 1949년 5월 무렵 문화부가 대대까지 설치되고, 5월 27일자 내
각결정 제60호에 의해 중대까지 문화부(副)중대장제가 실시되었다. 이
결정에서는 "중대장은 중대의 총지휘자이고, 문화부중대장은 그 정신적
인 지도자이다"라고 규정하였다. 문화부중대장은 중대장과 문화부대대
장에게 복종하여, 언제나 중대장과 교대할 수 있도록 준비되어 있어야
했다. 문화부중대장의 임무는 중대원에 대한 정치선동 사업과 선전문화
교양사업으로서 중대 내 정치사상 상태 및 군사규율과 질서를 책임지는
것이었다. 또한 군대 내에 조직되어 있는 민주청년동맹사업을 지도하는
것도 중요한 임무 중의 하나였다.[61] 단지 이 문화부에 의한 정치적인
통제 권한은 제한적인 성격을 띠고 있었다. 사단장, 연대장, 대대장 등
의 명령이나 지령에 문화부대장의 부서(附書)를 의무화하는 '정치위원
제'와 같은 '부서제'를 채택하지 않고 있었다. 문화부사업에 관해서는 문
화부사단장의 서명이 필요했지만, 그것은 포병 병과에 관해서는 포병부
사단장의 서명이 필요했던 것과 같았다. 형식적으로 문화, 포병, 후방의
3병과는 같이 취급되고 있었다.[62]

한편 내무성 관할하에 38선, 해안, 철도, 국가중요기관, 공장, 산업
시설 등을 지키는 '경비대'에는 당세포와 당단체가 이미 설치되어 있었
다.[63] 내무성 경비대도 군사편제를 갖춘 준군사조직인 만큼, 내무성 경
비대에만 당단체가 조직된 이유는 알 수 없지만, 오히려 이것은 북조선
내 모든 중요기구·조직에 당단체가 조직되어 있음에도 불구하고 인민

---

61) 1949년 5월 27일 내각결정 제60호 「조선인민군 내에 중대 문화부중대장제의 설
　　치에 관한 결정서」의 각조 참조, SA 2012, BOX 5.

62) 1950년 5월 16일부 제825부대 참모부명령 「부대기밀문헌의 취급에 관하여」를 참
　　조, SA 2012, BOX 5.

63) 김일성, 「부대의 당정치사업을 강화하기위하여－경비대 문화간부회의에서 행한
　　연설」 1948.10.21, 『김일성저작집(1980년판)』, 제4권, 459~477쪽.

군에만 당단체가 없었다고 하는, 즉 인민군의 특별한 위치를 부각시키는 사실이다.64) 내무성에 대한 당의 통제는 늦어져 1949년 10월 20일 시·군(구역) 내무기관에 초급당위원회를, 분주소에는 분세포를 설치하고, 시·군(구역) 내무서에는 초급당위원장을 겸임하는 문화부서장제를 설치하였다.65) 당적 통제와 관련하여 내무성의 경우, 당단체조차도 조직되지 않은 민족보위성보다는 뒤떨어지지만 특수한 위치가 부여되었다. 각 부서 내 당단체는 경찰이나 경비대와 같이 지방조직을 갖는 경우도 당중앙위원회의 직접적인 통제 아래 놓여지고 지방당의 수평적인 통제로부터는 제외되어 있었지만, 1950년 8월 당중앙위원회 지시에 따라 정치보위부(비밀경찰)를 제외하고는 전 부서 내 당단체가 지방당의 통제를 받게 되었다.66)

조선인민군의 내부조직, 특히 당에 관한 1차 자료는 거의 없지만 한정된 자료를 통하여 더듬어 보자. '노획북한문서' 중에는 국공내전으로부터 북조선에 이관되어 원산에 주둔하고 있던 인민군 제825군 부대의 문서철이 포함되어 있다. 부대장은 전우, 문화부대장은 김강, 참모장은 지병학이었다.67) 다른 자료에 따르면 이 부대는 인민군 제12사단이다.68) 제825군부대라는 명칭은 작전수행상의 별칭이었다. 이 부대는 강원도 인제 지역으로 이동하여 전쟁 발발과 동시에 7월쯤 원주 지역으로 남하하여 낙동강전선까지 투입되었다.69)

---

64) 내무성경비대는 38선의 경비를 담당한 '38선경비대'의 3개 여단 이외에 철도보안 여단, 국경경비여단 등 5개 여단에 달하고 있었다. 38선경비대는 전쟁 발발과 동시에 3개 사단으로 개편되어 전선에 투입되었다. 「비록 : 조선민주주의인민공화국」, 『중앙일보』, 연재 1992년 4년 16일자.

65) 『조선전사』 제24권, 204쪽.

66) North Korea : A Case Study … , p.23. 이때쯤에는 경비대도 인민군에 편입되어 있었다.

67) 이 문서철은 '노획북한문서' SA 2012, BOX 5에 들어 있다.

68) 和田春樹, 「朝鮮戰爭について考える(中)」, 49~50쪽.

69) 이 부대에 소속되어 6·25전쟁에 참전한 인민군 간부의 수기가 간행되어 있다. 여정, 『붉게 물든 대동강 : 전인민군 사단 정치위원의 수기』, 동아일보사, 1991,

　우선 제825군부대에 대한 상부의 지령문이 있다. 1950년 5월 18일 조선인민군 제528군부대장 김일 명의의 '조선인민군 부대 내 군사규율의 강화에 대하여'라는 지령은 내용을 살펴볼 때, 단위부대에 대한 지령이 아니라 전군에 관련된 것이다.[70] 김일은 당시 민족보위성 문화부상 겸 문화훈련국장의 직위에 있었기 때문에, 제528군부대라는 것은 문화훈련국의 작전상 별칭이었다고 볼 수 있다. 이 지령은 6월 '로동당원과 민청단체'는 '당문건검열회의'에서 군사규율을 강화하기 위해 로동당원과 민청동맹원의 임무에 관한 문제를 취급해야 하며, 군사규율을 위반한 당원과 맹원에 대해 동지적 비판을 전개, 필요한 경우, 엄격한 당적, 맹적 책임을 추궁해야 한다고 지시하였다. 5월 22일에도 같은 명의의 '1950년도 하기 전투정치훈련 계단에서 전투정치훈련을 보장하기 위한 정치문화교양사업에 대하여'라는 지령은 민족보위상의 명령에 의거하고 있다. 즉, 5월 1일자 민족보위상 명령에 따르면, 1949~50년도의 동기 훈련 기간 중 많은 부대의 문화부가 '로동당원과 민청단체'에 대한 지도 사업을 불충분히 하여, 그들의 '전위적 역할'이 충분히 이루어지지 않았다고 지적한 뒤, 이 명령에 의거하여 각 부대는 전투정치훈련과 군사규율의 교육에서 '로동당원과 민청단체'의 역할을 높여 그들의 모범성을 발휘시킬 것, 각급 부대는 '당증검열회의'와 '민청열성자대회'를 소집하여 그들의 선봉적 역할을 강조할 것 등을 지시하고 있다. 위의 지령이 당단체가 조직되어 있지 않은 일반 부대들도 대상으로 한 것이라면, 당 사업을 수행하기 위한 당원의 집회는 당문건검열이라든가 당증검열과 같은 우회적인 명목 아래 열리고 있었음을 알 수 있다.[71]

　다음으로 상부로부터의 명령에 기초한 것이라고 생각되는 부대 내

10~16쪽.

70) 「조선인민군 부대 내 군사규율의 강화에 대하여」, SA 2012, BOX 5.

71) 「1950년도 하기 전투정치훈련 계단에서 전투정치훈련을 보장하기 위한 정치문화교양사업에 대하여」, SA 2012, BOX 5. 이 점은 최태환의 증언과도 일치하고 있다. 당세포가 조직되어 있는 부대라도 눈에 띄는 당활동은 새로 입대하는 병사들에게 위화감을 주지 않도록 피하고 있었다고 한다. 『역사비평』, 앞의 글, 375쪽.

의 지령문으로서, 1950년 5월 27일자 문화부대장 김강의 지령은 "중국 공산당에서 로동당으로 전당(轉黨) 하는 사업을 통하여 부대 내의 정확한 당원통계를 장악하고, 당원과 당사업을 보장하기 위해 각 연대 및 독립대대에 당서기를 선정할 것"을 지시하고 있다.72) 당서기는 1개 부대에 1명씩, 성분, 출신, 경력 등을 엄격히 심사하여 선정하도록 하였다. 또한 문화부대장의 6월 14일자 지령은 "로동당 중앙본부의 지시에 기초한 1950년 6월 10일부 문화훈련부상의 지령 제38호에 의해 사단관할 당단체사업을 조직·지도하고 강화할 목적으로 임명한 사단당위원회의 구성"에 대하여 그 명단을 부대 내에 알리고 있다. 위원은 전부 8명으로, 사단장, 문화부사단장, 참모장의 순으로 되어 있고, 8명의 위원 이외에 위원장이 임명되어 있었다. 이것은 국공내전에 참전하여 북조선에 이관된 부대의 경우, 이미 군내 당조직이 중국공산당의 군당제도에 따라서 편성되어 있었기 때문에 새로운 조선인민군의 편제를 따르면서 이전 것대로 당위원회의 제도를 유지시키려고 한 조치라고 생각된다. 단지 사단당위원장은 하급 부대의 당서기와 같이 실무적인 보직에 지나지 않았고, 당사업은 문화부대장이 장악하고 있었다고 볼 수 있다.

위에서 언급한 바와 같이 1949년 7월과 50년 1월의 두 번에 걸쳐 국공내전에 참가한 동북야전군 소속 조선인부대가 북조선 측에 인도되어 조선인민군의 전방 주력사단으로 재편성되었다.73) 그 안에 포함된

---

72) 「1950년 5월 27일자 문화부대장의 지령」, SA 2012, BOX 5.

73) 와다 하루키 저 ·서동만 역, 『한국전쟁』, 90~94쪽. 이 주제에 관한 본격적인 연구로는, 김중생, 『조선의용군의 밀입북과 6·25전쟁』, 명지출판사, 2000, 염인호 「해방 후 중국 동북지방 조선인 부대의 활동과 북한 입국」, 국방부군사편찬연구소, 『한국전쟁사의 새로운 연구 2』, 2002, 이종석, 『북한─중국 관계 1945~2000』, 중심, 2000, 113쪽. 이들 부대의 이동과 인민군 편입이 갖는 정치적 성격을 어떻게 보아야 할 것인가를 둘러싸고는 견해가 엇갈린다. 와다는, 이들 부대는 중국 공산당 소속이며, 중화인민공화국 수립으로 중국 공민이 된 이상, 중공의 지시, 명령에 따른 '파견'으로 간주한다. 이들의 고향은 중국 동북 지역이며, 전쟁이 끝나면 다시 돌아갈 사람들이었고 실제로 그러했다는 것이다. 염인호, 이종석은 북조선 정부와 조선로동당의 '소환'에 따른 '귀국'으로 간주한다. 그러나 중국 동북 지역에서 자발적으로 혹은 당의 요청으로 귀국하여 북조선 체제 건설에 참여한

사단들은 제12사단보다 중요한 부대들로서 개성 방면에 배치되어 서울로 진공한 제4사단(사단장 : 리권무), 해주, 사리원 방면으로 배치되어 서부전선의 주력이 된 제6사단(사단장 : 방호산), 동해안 방면을 담당한 제5사단(사단장 : 김창덕) 등이 있었고, 최소한 이 4개 사단에는 당위원회가 조직되어 있었다고 보아도 좋을 것이다. 종래 북조선 측은 중국내전 참가 조선인부대의 이관에 대해 일절 공식적으로 인정한 적이 없었다. 단지 『김일성저작집(1980년판)』 제5권에 수록된 「인민군대는 현대적 정규무력으로 강화 발전되어야 한다」는 문서는 김일성이 1949년 7월 29일 인민군 제655군부대 장교회의에서 한 연설로 그는 첫머리에서 "동지들은 조선민족으로서 중국인민을 지원하여, 중국인민의 해방전쟁에 참가하고 조국에 돌아왔다"고 말하여 그 사실을 밝히고 있다.[74] 여기서 김일성은 현대전은 무장뿐만 아니라 전투방법에서도 과거의 전쟁과는 다르기 때문에 유격전을 기본으로 싸우던 때의 전술과 전법만을 가지고서는 이길 수 없다고 전제한 뒤, 이 부대가 실제 전투의 경험을 가지고 있지만 현대 병기를 장비한 정규전 경험을 가지고 있지 않다고 지적하였다. 특히 이 부대원들은 전투경험은 쌓고 있으나, 조선인민군처럼 정규화된 군대생활의 경험이 없기 때문에, 이 측면에서는 인민군 내에서 정규군 생활을 먼저 시작한 군인으로부터 배워야 한다고 주장하였다. 인민전쟁형 군대로서의 귀환부대에 대하여 현대적인 정규군으로서의 조선인민군의 우위를 강조하여 군생활과 전술에서 기존 인민군의 제도에 따르도록 역설한 것이다.

그런데 6·25전쟁이 발발하고 나서 군내 당조직의 역할이 강조되기 시작하였다. 1950년 7월 16일 인민군후방사령부 문화국장 서휘가 발한 「부대 내에서 로동당원의 역할을 높이기 위한 당적 사업의 강화에 대하

경우와 이들 부대의 이관은 성격을 달리한다고 보아야 할 것이다. 다만 어떠한 경우든 당시 존재했던 '프롤레타리아 국제주의 정신'에 따라 이루어진 것이며, 이는 나중에 형성되는 국가 간 관계의 틀만을 적용해서는 제대로 이해하기 어려운 문제이다.

74) 『김일성저작집』 제5권, 201쪽.

여」라는 지령은 "부대의 골격이고 핵심인 로동당원과의 당적 사업을 백방으로 강화함으로써 그들의 자원성, 열성, 모범성을 가일층 높여 급속한 시일 내에 부대의 전투력과 규율을 강화하기 위하여" 당사업과 관련한 구두 지시를 내리고 있다.75) 각 중대, 소대별로 '당원(전사, 하사, 군관)협의회의'를 수시로 열고, 대대와 연대에서는 '군관당원협의회의'를 수시로 진행하며, 각 연대, 대대, 중대, 소대별로 '군대직위별 당원협의회의'를 조직하는 것이 주된 내용이었다. 당원협의회의에서 토의되는 문제는 항상 "우리 민족의 영명한 수령인 김일성장군의 이름과 결부시켜" 부대 앞에 제기되는 일체의 임무를 당적으로 토의할 것, 부대 대열조직과 전투조직에 당역량을 정확하게 배치하여 당원의 골간적, 핵심적 역할을 보장할 것, 중대들은 소대별로 3~4명씩 핵심당원을 선발·장악하여 지휘관의 명령실천에서 선봉으로 활약케 할 것, 부대 내에서 당사업은 해당부대의 문화책임자가 책임을 지고 각 연대의 문화지도원 즉 조직지도원은 주로 당사업을 담당할 것 등이 규정되었다. 이 지령은 후방부대를 대상으로 한 것이지만, 이미 당단체가 조직되어 있는 부대에서도 이 지령에 맞춰 당사업을 진행하도록 규정되어 전 군에 걸쳐, 문화부사업=당사업이 되도록 당이 전면에 나서는 형태가 되었다. 그러나 이 시점에는 아직 '당원협의회의'라는 느슨한 당원조직 단계였기 때문에, 일사불란한 명령계통을 수립하기 위해 당위원회와 당세포에 기초를 둔 당통제조직을 만들 수는 없었다. 더구나 군내 문화부대장에 관한 규정에서 나타나는 바와 같이, 아직 군내 정치조직에 관한 체계적인 규정은 정비되지 않았으며, 일부 부대 내의 당조직활동도 임시적인 지령의 형태를 통해 행해지고, 군내 정치사업은 문화부를 근간으로 수행되었다.

이 부대도 전투에 본격적으로 참가하게 되어, 7월 24일자 「대동산 허천강」이라는 암호명의 문화부지령은 "전투에서 우수한 전투원을 당에 입당시키는 사업을 활발히 추진하여, 전체 전투원을 당의 영향 아래 끌

---

75) 「부대 내에서 로동당원의 역할을 높이기 위한 당적사업의 강화에 대하여」, SA 2012, BOX 5.

어넣어" 사기를 고양시킬 것, 각급 문화간부는 급히 입당문서를 비준, 즉시 문화부로 제출할 것 등을 지시하고 있다.76) 또한 전투에서 당원의 활동상황, 각 전투에서 당원의 일반적 동태, 처벌을 받은 당원의 명부와 간단한 사유, 공훈을 세운 당원의 명부와 간단한 내용, 전사한 당원의 명부와 간단한 사유, 부상한 당원 수 등을 항목별로 보고할 것도 제시하고 있다. 전투가 확대됨에 따라서 병사의 사기고양책으로 로동당에 입당하는 것이 일종의 특전과 같이 활용된 것이다.

그러나 당조직의 역할이 강조되었다고 하더라도, 아직 전쟁 이전의 정치조직 편제상의 기본 틀은 유지되고 있었다. 전쟁 개시와 동시에 군사위원회가 설치되고 나서 '전선지휘기관'에 '군사위원'을 파견한 것이 기존 문화부 중심의 통제방식과 다른 정치적 통제계통을 받아들인 것이지만, 군사위원의 존재를 확인할 수 있는 곳은 전선사령부와 군단사령부 수준까지였다.77) 군단에 배치된 군사위원에게는 부서의 권한이 주어지고, 본격적인 의미에서의 정치위원제가 채택되었다고 생각된다. 그러나 군사위원은 그 명칭이 시사하는 바와 같이 군사위원회의 대표이지 직접적인 당의 대표는 아니었다. 사령부와 군단 수준의 문화부책임자를 군사위원으로 파견, 혹은 재임명함으로써 당중앙위원회의 지시를 받게 되어 있는 문화부의 통제계통을 군사위원회에 의한 정치적 통제계통으로 바꾸는 조치였다고 추측할 수 있다. 단지 군사위원에 의한 통제는 전선사령부나 후방사령부, 군단까지이고 그 이하 수준의 통제방식은 그대

---

76) 「1950년 7월 24일자 : 대동산허천강」, SA 2012, BOX 5.

77) 『조선전사』 제25권, 162~163쪽, 제26권, 89쪽. 여정, 유성철 등의 수기에는 여러 군직위를 가진 인물들이 등장하지만, 군정치간부는 사령부나 군단 소속의 경우만 군사위원의 직위 명칭이 붙여지고, 사단 이하는 문화부사단장, 부연대장 등의 직위 명칭이 붙여졌다. 단지 개전 초기에 사령부는 전선, 후방의 두 사령부, 군단도 제1, 제2의 두 개 군단밖에 없었다. 전선사령부 군사위원 김일, 제1군단 군사위원 김재욱, 제2군단 군사위원 림해 등이다. 미군 정보에 의하면, 제2군단 군사위원으로 재정부상 김찬, 후방사령부 군사위원으로 교육부상 남일, 당조직부장 김열 등이 파견되었다고 한다. U. S. States Department, North Korea : A Case Study of …, p.114 ; 장준익, 앞의 책, 237쪽.

로 유지되었다. 당의 실권을 쥐고 있는 허가이가 군사위원회에 들어가지 않은 것은 이러한 통제계통의 문제와 관련이 있는지도 모른다. 이러한 군내 정치조직상 큰 변화를 가져온 계기는 인민군의 패주와 중공군의 참전이었다.

3) 인민군 내 정치기관 및 당단체의 설치

중공군의 참전으로 북조선 체제가 거의 존망의 위기에 몰려 있던 전쟁 상황은 역전되었다. 그런데 북조선과 중국 간에는 몇 가지 쟁점을 둘러싸고 적지 않은 갈등이 조성되었다. 그중 하나가 조중연합사령부 설치를 둘러싼 북조선-중국 관계였다.[78] 1950년 10월 2일 남한군, 유엔군이 38선을 넘음과 동시에 중국은 10월 8일 참전을 결정하여, 19일에는 4개 군, 12개 사단이 압록강을 넘었다. 10월 21일 중국인민지원군사령원 겸 정치위원 펑떠화이는 김일성과 직접 회견, 인민지원군 사

---

78) 6·25 전쟁의 발발 과정이나 진행과정에 관해서는 소련 붕괴 이후 구소련의 내부 문서가 공개되고 중국 측도 일부 문서를 공개함으로써 그동안 베일에 가려져 있던 많은 부분이 해명되었다. 특히 우호적으로만 알려져 있던 북조선-중국 관계도 적지 않은 갈등을 빚고 있었다는 것이 조명되기 시작하였다. 와다 하루키는 공개된 러시아 자료와 일부 중국 자료를 활용하여 일찍부터 이 점에 주목하였다. 와다 하루키 저·서동만 역, 『한국전쟁』, 199~204쪽. 와다의 연구는, 杜平, 『在志願軍總部』, 解放軍出版社, 1989 ; 洪學智, 『抗美援助戰爭回憶』, 解放文藝出版社, 1990 ; 齊德學, 『朝鮮戰爭決策內幕』, 遼寧大學出版社, 1991 ; 衡學明, 『生死三八度線-中國志願軍在朝鮮戰場始末』, 安徽文藝出版社, 1992 등 회상기나 연구를 활용하고 있다. 최근 중국의 연구는 북조선과 중국 관계의 이러한 측면을 그동안 밝히지 않던 제1차 자료를 활용하여 더욱 구체화시키고 있다. 梁鎭三(Liang Zehnsan), 「전쟁기 중국지도부와 북한지도부 사이의 모순과 갈등」, 국방부군사편찬연구소편, 『한국전쟁사의 새로운 연구 2』, 2002, Shen Zhihua, Sino-North Korean Conflict and Its Resolution during the Korean War, *Cold War International History Project Bulletin, Issue 14/15.* 량젠산은 셴지화(沈芝華)의 필명으로 두 논문은 거의 같은 내용이다. 이 논문은 기본적으로 중국의 공식 연구인 軍事科學院軍事歷史研究部, 『抗美援助戰爭史』 第二卷, 軍事科學出版社(北京), 2000와 기조를 같이하고 있다. 이 『抗美援助戰爭史』의 편집책임자는 자이떠쉬에(齊德學)이다.

령부에 "조선인 동지가 있었으면 좋겠다"고 해서, 김일성으로부터 박일우를 부사령원 겸 부정치위원으로 두는 데 대해 동의를 얻어 냈다. 25일에는 중공 중앙에 의해 지원군의 인사가 통지되어, 박일우는 전체 4명의 부사령원 중 1명, 2명의 부정지위원 중 1명, 2명의 딩부시기 중 1명으로 임명되었다.[79] 당시 조선인민군은 완전히 괴멸상태에 빠졌기 때문에 실질적으로 이미 참전 시점에서 펑떠화이가 전권을 쥐고 있었다. 전쟁이 내전으로부터 미·중전쟁으로 전환한 것이다.

당초 김일성은 중국군이 참전해도 군통수권은 북조선 지도부가 장악하게 될 것이라고 생각했으나, 중국의 참전 규모가 수십만이 될 것이란 소식에 접하자, 사태가 간단치 않음을 깨닫게 되었다. 그런데 펑떠화이는 북조선 측에 작전지휘를 맡기는 것은 있을 수 없는 일로 보고 있었다. 그는 북조선군의 지휘체계가 매우 조잡하며 북조선 지도부가 장기적인 전략도 없이 모험주의적 성향이 강하다고 평가하고 있었다. 다만 10월 21일 김일성과 펑떠화이가 처음 만났을 때에는, 궤멸된 뒤 새로 편성된 북조선군이 아직 중국 동북 지역에서 훈련 중이라 전선에 투입될 수 없는 상황이었다. 따라서 이때에는 군사지휘권 문제는 논의가 이루어지지 못하였다. 그러나 전쟁 상황이 변화함에 따라 쌍방 군대의 지휘통수권 문제는 시급한 사안으로 떠오르게 되었다. 우선 북조선군이 중국군을 오인 사격하는 사건이 속출하였다. 또한 물자공급, 교통, 수송 등 면에서 통일적인 지휘, 협조 체계가 없기 때문에 많은 혼란이 일어나고 있었다.

펑떠화이는 북조선 주재 중국대사관을 통해 김일성에게 작전 중 협조와 지휘통수권 문제를 제기해 줄 것을 요청하고 북조선군의 지휘본부가 중국인민지원군 지휘본부 가까이에 설치되기를 희망하였다. 또한 11

---

79) 王焱主編, 『彭德懷』, 人民出版社(北京), 1998, 445쪽 ; 량젠산, 앞의 책, 588~590쪽. 박일우의 직책은 중국인민지원군 내 제3인자의 대우였다. 또한 박일우는 현직 내무상으로 보안계통에서만 일했고 군사에는 관계하지 않았기 때문에, 이 인사는 조선인민군을 무시하는 조치로 보았을 것이라고 한다. 와다, 앞의 책, 200쪽.

월 7일 그는 박일우를 통해 김일성을 직접 만나 이 문제를 논의하였다. 그러나 3일간의 만남에서 김일성은 조중 간의 연합작전 문제에서 참모진과의 연락 및 정보교환만 강조할 뿐, 쌍방이 총지휘본부를 가까이 설치하는 것은 물론 이것이 연합형태로 발전하는 데에는 더욱 반대하였다. 나아가 펑떠화이는 전선에서 중국군 사단과 북조선군 사단이 마주치는 경우가 두 차례나 생겨 연합작전 수행을 요청했으나, 김일성은 반대하였다.[80] 마오쩌뚱은 더 이상 상황을 방치해서는 안 된다는 생각으로 중국군과 북조선군 최고지휘관이 직접 만나 지휘통수권 문제를 논의, 조정할 것을 요구하며 모스크바의 동의를 얻으려고 움직였다. 11월 15일 김일성과 슈티코프는 중국 측의 요청에 응하여 중국군 총지휘본부에 도착하였고, 까오깡(高崗)도 선양에서 와서 합류하였다. 3인이 만난 자리에서 펑떠화이는 지휘통수권 문제에서 이니셔티브를 발휘하여 자신의 구상을 내놓았다. 즉 김일성, 슈티코프, 자신이 3인 지도부를 구성하여 군사문제에 관한 협의와 작전지휘의 통일성을 확보하자는 것이었다. 이에 대해 김일성은 아무런 반응을 보이지 않았고, 슈티코프는 모스크바로부터 지시가 도착하지 않았다는 이유로 바로 태도를 표명하지 않았다. 이미 11월 13일 마오쩌뚱은 스탈린에게 타전하여 펑떠화이의 구상을 전하며 동의를 구하고 있었다. 펑떠화이의 구상은 바로 마오 자신의 견해이기도 하였다. 3인 작전지휘부에게 군의 조직편성, 작전, 후방침투 및 군사작전 수행과 관련된 제반 정책을 맡겨 상호 의견 조율을 통해 일치단결한 전쟁 수행을 도모하자는 내용이었다. 이에 따라 북조선군과 중국군이 작전상 서로 유기적으로 단결한다면 상당한 병력의 연합군(북조선군의 편성체제는 보존)으로 거듭나게 된다는 것이었다. 11월 17일 마오쩌뚱은 까오깡과 펑떠화이에게 중국이 작전지휘권을 행사하는 것에 스탈린이 전적으로 지지했다고 타전하였다. 또한 김일성과 슈티코프에게도도 전보를 통해 통보하며 펑떠화이에게 김일성의 반응을 살

---

80) 『抗美援助戰爭史』 第二卷, 167쪽 ; 량젠산, 앞의 책, 590~591쪽.

펴보라고 지시하였다.81) 스탈린은 중국과 북조선이 연합 군사조직을
만들 필요성은 인정하되, 소련이 직접 가담하는 것은 피했을 것이다. 이
는 미국과의 직접 대결을 초래할 것이기 때문이었다.

스탈린의 의시가 분명해지지 12월 3일 김일성은 베이징으로 기서
마오쩌뚱과 회담을 가졌다. 이 시기는 중국인민지원군이 유엔군을 결정
적으로 패주시킨 이후이기도 하였다. 김일성은 마오에게 전했다. 스탈
린이 전보를 통해, 중국군과 북조선군 사이에 반드시 통일된 지휘체계
를 구축해야 하며, 중국인민지원군이 전투경험이 풍부하기 때문에 중국
의 동지가 정(正)이 되고 조선의 동지가 부(副)가 되어야 한다고 말했
다고 말이다. 김일성은 이미 북조선의 조선로동당 정치위원회도 이에
찬성했다고 덧붙였다.82) 조중연합사령부 설치에 서로 합의하자, 마오
쩌뚱은 연합사령부의 사령원 겸 정치위원 펑떠화이, 부사령원 떵화(鄧
華)를 추천했고, 김일성은 김웅을 부사령, 박일우를 부정치위원으로 추
천하였다. 이후 연합명령은 펑떠화이, 김웅, 박일우 3인의 서명으로 집
행할 수 있도록 결정하였다. 작전문제 및 전선과 관련된 모든 활동은 연
합사령부의 관할하에서 해결하도록 하며, 후방 동원, 훈련, 군사행정,
경비 등 사항은 북조선이 직접 관할하기로 하였다. 연합사령부는 중국
인민지원군 사령부와 조선인민군 참모부의 두 기구로 구성되었으며, 이
들은 같은 곳에 위치하게 되었다. 연합사령부가 설치된 사실은 대외적
으로 공개하지 않기로 하였다. 회담 이후 저우언라이(周恩來)는 「중조
연합지휘부 성립에 대한 중조쌍방합의문」을 작성하였다.83) 7일 김일성
은 귀국하여 펑떠화이와 며칠 안에 연합사령부 구조를 만들기로 합의하

---

81) 『抗美援助戰爭史』第二卷, 167쪽 ; 량젠산, 앞의 책, 591~592쪽.

82) 『抗美援助戰爭史』第二卷, 168쪽. 와다는 그동안 버티고 있던 김일성이 연합사
령부 설치로 움직이게 된 것은 스탈린의 의사 표명이 있었기 때문으로 해석하였
다. 와다, 앞의 책, 202쪽.

83) 합의문 전문은 『周恩來軍事活動紀事』下卷, 168~169쪽 ;『抗美援助戰爭史』第
二卷, 168~169쪽에 수록. 량젠산, 593~594쪽, Shen Zhihua, p.14 ; 和田春樹,「朝鮮
戰爭について考える(下)」, 147~148쪽.

고, 더 이상 군사지휘 문제에 관여하지 않기로 하였다.84)

1951년 4월 중국 동북 지역에서 훈련 중이던 조선인민군 부대가 귀국하여 인민군은 전부 7개 군단의 병력을 보유하게 되었다. 이중 4개 군단은 연합사령부 지휘하에 작전에 참가하였고, 3개 군단은 인민군 총사령부의 직접 지휘를 따르게 되었다. 1951년 1월 초 2개 사단의 소련 공군이 참전하게 된 시점에서 4월 초 중국 공군은 5개 사단 규모, 북조선 공군은 3개 사단 규모를 갖추게 될 예정이었다. 북조선과 중국은 3월 연합사령부 구성 원칙에 의거하여 조중공군연합사령부를 설치하였다. 다만 정치적 고려에 따라 소련 공군은 조중연합사령부에 참가하지 않는다.85)

중국인민지원군은 이후 북조선을 존망의 위기로부터 구하고, 1958년 10월까지 북조선에 주둔하면서도 가급적 북조선 내정에 간섭하려 하지 않았지만, 마오쩌뚱 및 펑떠화이와의 합의 내용은 김일성에게 굴욕적이었을 것이다. 군사지휘권은 주권의 가장 핵심적인 부분이란 점에서 작전지휘권의 이관은 조선인민군최고사령관으로서의 권위가 손상되는 것은 물론이고, 조선로동당위원장으로서의 위신도 상처를 입는 것이었기 때문이다.86) 김일성은 중국 측의 조중연합사령부 설치 제의에 대하

---

84) 『彭德懷年譜』, 465쪽, 량젠산, 594쪽, Shen Zhihua, p.14에서 인용.

85) 『周恩來軍事活動紀事』下卷, 168~169쪽, 량젠산, 594~595쪽에서 인용. 중국 측에서 류전(劉震)이 사령원, 창깐쿤(常乾坤)이 부사령원, 북조선 측에서 연안계 왕련이 부사령원이 되었다. 4월에는 중조연합철도운수사령부가 설치되었다. 사령원, 정치위원은 중국 측에서 나왔지만, 5명의 부사령원 중 2명은 북조선의 남학룡, 김황일이었다. 齊德學, 앞의 책, 184~185쪽, 와다, 앞의 책, 218~219쪽.

86) 펑떠화이는 김일성에게 전쟁의 책임을 지는 것은 김일성 아닌 자신이라 말하고, 또한 전쟁은 자신과 맥아더의 싸움으로 김일성이 끼어들 여지가 전혀 없다고 얘기했다고 한다. 문화혁명 당시 펑떠화이가 홍위병으로부터 받은 비난 중 하나는 6·25전쟁 기간 중 김일성에 대해 강대국 쇼비니즘을 행사했다는 것이었다. 와다, 앞의 책, 213쪽 ; "Wicked History of Peng Dehuai", Current Background, No. 851 (April 26, 1968), 8~9쪽. 1966년 소련 외무성의 문서도, 펑떠화이가 김일성의 군사 능력에 대해 사정없이 낮은 평가를 표명했으며, 대국주의적 태도가 있었음을 인정하고 있다. K. Weathersby, New Findings on the Korean War, Cold War International

여 한 달 반을 끌다가, 스탈린이 의사 표명을 하자 겨우 동의한 것이다.

우선 연합사령부의 편성은 중국인민해방군의 군당 및 정치위원 제도를 전제로 한 것이고, 조선인민군 편제와의 불일치가 문제가 될 수밖에 없었다. 중국인민해방군의 정치위원은 군내에서 공산당의 전권대표를 의미하였다. 이 당시 중공군의 정치위원 및 군당제도는 정치위원이 군사지휘관과 동렬 혹은 우위에 서는 '이중통수제'에 가까웠다.[87] 북조선의 경우 위에서 언급한 바와 같이 '군사단일제'를 견지하고 있었다. 또한 연합사령부의 조선 측 정치책임자가 연안계의 박일우인 것도 로동당 내 역학관계상 중요한 요소였다. 박일우는 로동당의 정치위원 및 내무상으로서 최고의사결정기구인 군사위원회 위원이었고, 그 위에 연합사령부 내에서 조선인 중 최고정치책임자가 된 것이다.[88] 게다가 조중연합사령부의 설치 및 지휘권의 이관이라는 것은 기존 조선인민군의 정치사업방식과의 관계조정을 필요로 한 데 머물지 않고, 당내에서 지금까지 인민군의 정치사업에 관해 전면적인 재검토를 요구하게 되었다. 이에 대한 대응으로서 인민군 내에 로동당 단체를 조직하는 조치가 취해진 것은 김일성이 펑떠화이와 처음 회견하여 박일우를 중국인민지원군의 부사령원겸 부정치위원으로 임명하는 데 동의한 10월 21일이었다. 사태는 절박하게 진행되고 있었다. 이 결정에 이르기까지의 경위에 관해서는 거의 알려져 있지 않지만, 이와 관련하여 1950년 10월 21일에 열린 당중앙위정치위원회에서 한 김일성의 결론이라는 문서가 『김일성저작집(1980년판)』 제6권에 게재되어 있다. 당시 당정치위원은 김일성, 박헌영, 김책, 허가이, 박일우, 리승엽, 김두봉, 허헌 등이었다. 여기서 김일성은 후퇴과정에서 일부 군인들이 일시적인 난관 앞에 굴복·

History Bulletin, Issue 3 (Fall 1993), 16쪽.

87) 川島弘三, 『中國黨軍關係の研究(上)』, 慶應通信(東京), 1988, 63쪽.

88) 박일우와 관련한 중요한 조치는 1951년 3월 내무성 산하의 비밀경찰기구인 사회안전국을 사회안전성과 분리, 독립시킨 것이다. 사회안전상에는 내무부상 겸 사회안전국장 소련계 방학세가 임명되었다.

동요하여 많은 후방군부대 내에도 무규율과 무질서가 존재하였다고 비판한 뒤, 이러한 결함은 군내에 당단체가 없는 점과 관련이 있다고 지적하였다. 그는 규율과 질서를 강화하여 전투능력을 높이기 위해서나, 양적으로 급격히 증가한 인민군대를 질적으로 강화하기 위해서도, 군내에 당의 영도적 역할을 높이는 것이 필요하고, 그 때문에 부대 내에 당단체를 만들어 정치기관을 조직해야 한다고 말했다. 나아가 각급 부대 당단체의 지도기관 선거사업을 진행하여 이것이 군사규율을 강화하기 위한 중요한 정치사업이 되도록 해야 한다고 강조하였다.[89] 이것은 만주파의 민주당위원장 최용건이 민족보위상, 같은 만주파 김일이 문화부상에 있으면서 당의 직접적인 통제 밖에 놓여져 있는 인민군에 대한 종래의 정치적 통제방식을 비판하고, 그것을 개조한다는 의미였다.

이 정치위원회에서「조선인민군 내 정치부제의 실시와 로동당 단체의 조직에 관한 결정」이 채택되었다.[90] 이 결정에 따라 민족보위성 문화훈련국은 총정치국으로, 군단에서 대대까지 각급 부대 문화부는 정치부로 개편되고, 군단부터 중대까지 각급 부대에는 정치부(副)대장 직제가 마련되었다. 중대에는 당세포, 대대에는 대대당위원회, 연대에는 연대당위원회가 만들어지고, 해당 정치부가 당단체를 지도하게 되며, 사단과 군단, 총정치국에는 당조직 문제를 심의하기 위해 비상설 위원회로서 '당코밋치아'를 두게 되었다.[91] 이후 1951년 초부터 사단당 30~

---

89) 김일성, 「인민군대 내에 조선로동당 단체를 마련할 데 대하여ㅡ조선로동당 중앙위원회 정치위원회에서의 결어(1950.10.21), 『김일성저작집』 제6권, 145~52쪽.

90) 김재욱, 「조선인민군은 조국해방전쟁 과정에서 더욱 단련, 성장하여 조선인민의 강력한 무장력이 되었다」, 『로동신문』 1952.2.7.

91) 「조선인민군내 당단체사업 규정 : 1950년 11월 29일 로동당중앙위원회 비준」, 북한연구소편, 『북한군사론』, 1978, 527~531쪽에 전문 수록. 김일성, 앞의 책, 145~152쪽. 이 규정에는 당원 및 군무자에 대한 처리 권한이 계급별로 구체적으로 정해져 있다. 군단장·군사위원ㅡ딩중앙위원회, 사단장·군단정치부장·총정치국장 임명 당원ㅡ총정치국장의 승인 아래 총정치국 당코밋치아, 연대장·부사단장·여단장ㅡ군단정치부장의 승인 아래 군단 당코밋치아, 대대장·부연대장ㅡ사단정치부장의 승인 아래 사단 당코밋치아, 중대장·부대대장ㅡ정치부연

40여 명의 정치군관이 배치되었다.92)

새로운 기구로서 이 기구가 취급하는 중요한 내용은 군단장과 군사위원 등의 문제는 당중앙위원회에서, 그리고 연대, 사단, 군단, 사령부 수준의 군고위간부 문제는 총정치국장 승인 아래 당고밋치아에서 취급한다는 것이다. 군사위원회에 의한 정치적 통제방식을 단절시키고 당중앙위원회 아래로 바꾸는 방식이었다. 총정치국 내 당코밋치아의 성원은 총정치국장의 제의에 따라 당중앙위원회가 비준하고, 전시하 사단, 군단 당코밋치아의 성원은 총정치국장이 임명하게 되었다. 군사위원회에 전체를 집중시켜 군에 대한 통제도 완전히 수중에 넣고 있던 김일성은 군사적 지휘권을 중국에 인도하고, 정치적 통제권도 빼앗긴 셈이 되었다. 민족보위성 총정치국장에는 문화부상 겸 문화훈련국장 김일이 철직되고 당부위원장 박헌영이 임명되었다.93) 전반적인 국면을 타개하기 위해 김일성은 기본적으로 박헌영과의 타협을 통해 상황을 타개하려고 하였다. 단지 군당(軍黨)제도의 채택과 관련하여 갈등이 노정되고 있었다. 김일성은 후일 이 상황을 회상한 적이 있다.94)

전쟁시기에 군대 내에서의 정치사업의 방법 문제를 가지고 허가이, 김재욱, 박일우가 쓸데없이 서로 싸운 일이 있습니다. 쏘련에서 나온 사람들은 쏘련식으로, 중국에서 나온 사람들은 중국식으로 하자고 하였습니다. 이렇게 쏘련식이 좋으니 중국식이 좋으니 하면서 싸웠습니다. … 우리 인민군대를 강화하며 전투에서 승리하기 위하여 정치사업을 하는데 무슨 식이든지 간에 이 목적을 달성하면 되는 것입니다. 그러나 허가이와 박일우는 이런 것을 가지고 서로 시비하였습니다. 이것은 당내에서 규률을 약화시키는

대장의 승인 아래 연대당위원회. 『북한군사론』, 528~529쪽.

92) North Korea : A Case Study of …, p.45.

93) 여정, 앞의 책, 42~43쪽 ; 강상호, 「내가 경험한 북한숙청」 연재 제9회, 『중앙일보』 1993.3.8.

94) 김일성, 『사상사업에서 교조주의와 형식주의를 퇴치하고 주체를 확립할 데 대하여―당선전선동 일군들 앞에서 한 연설』 1955.12.28, 조선로동당출판사(평양), 1960, 11~12쪽.

것 밖에 되지 않습니다. 당시 당중앙은 쏘련 것도 배우고 중국 것도 배우고 다 배워서 우리나라 실정에 맞는 정치사업의 방법을 창조하여야 한다고 하였습니다.

그러나 김일성이 위와 같이 주체적일 수 있는 입장은 아니었다. 중국식이고 소련식이고 간에 우선 만주파의 정치사업 방식에 대한 비판이 전제되어 있었던 것이다. 1951년 7월 당시 총정치국 당코밋치아의 성원을 보면, 리희준(내각간부국 부국장 : 소련계), 리주봉(도시경영부상 : 국내계), 서응선(당조직부 부부장 : ?), 리림(군간부국장 : 연안계), 김학인(군검찰국장 : 소련계), 방호산(제6사단장 : 연안계), 강재기(?), 석산(군안전국장 : 만주파), 김덕산(제5사단장 : 연안계) 등이다. 김덕산은 김창덕 곧 리덕산을 잘못 쓴 것이다. 만주파는 군내 보안책임자인 안전국장 석산밖에 들어가지 않았다. 구성은 소련계 2인, 연안계 3인이었다.[95]

이때 채택된 방식은 총정치국을 중심으로 한다는 점에서 기본적으로 소련식인데, 이미 연안계의 박일우가 조중연합사령부의 조선 측 정치책임자로 결정되었기 때문에, 중국의 영향력 증대를 견제하려 한 소련 측의 의사가 작용하였을 것이다.[96] 방호산과 김창덕은 박일우와의 밀접한 관계 때문에 임명되었다고 생각된다. 1945년 11월 동북조선의용군의 정치위원은 박일우, 제1지대 정치위원은 방호산, 제3지대 부지대장은 김창덕이었다. 각각 제6사단장과 제5사단장이던 방호산과 김창덕은 인민군 내 인민전쟁형 군대를 대표하여 박일우의 추천에 따라 당코밋치아에 들어갔을 것이다.[97] 연안계의 리림, 방호산, 김창덕 등은

---

95) 명부에 관해서는 러시아현대사자료연구보존센터, 문서군 17, 목록 137, 문서철 730, l. 김학인, 석산에 관해서는 임은, 앞의 책, 165쪽. 김창덕이 당코밋치아 위원장이었다고 하는 증언이 있다. 『김일성의 비서실장 : 고봉기의 유서』, 71쪽.

96) 소련의 군당제도에 관하여는 Roman Kolkowicz, *The Soviet Military and the Communist Party*, West View Press, 1985를 참조.

97) 1955년 4월 당중앙위 전원회의에서 방호산이 숙청될 때 김일성은 김창덕, 박일우, 방호산 세 사람 간의 관계를 언급했지만 그 기원은 6·25전쟁 당시까지 거슬러

국공내전에 참가한 역전의 용사들로 중국식 군당제도에 익숙한 간부였지만, 모스크바 동방노력자대학 출신으로서 소련식 군당제도에도 지식을 갖고 있다는 점이 높이 평가되었을 것이다. 소련식을 채택하게 된 데에는 허가이의 역할이 컸다고 생각되지만, 남한의 빨치산투쟁을 지도한 박헌영의 경험이 평가받게 된 것은 이러한 역학관계가 작용한 결과일지도 모른다. 1951년 7월쯤에는 박헌영의 후임 총정치국장으로 소련계 김재욱이 임명되었지만, 이 인사의 배경에도 중국식에 대한, 즉 박일우에 대한 견제가 작용하였을 것이다.[98]

그런데 당시 군내의 당사업방식을 구체화한 「조선인민군 내 당단체 사업 규정」은 당규약상의 규정이 아니었다. 인민군 내에 당단체가 조직되었다고는 해도 인민군이 당에 속한다는 공식노선이 존재하는 것이 아니라 당중앙위원회가 인민군 내의 당조직문제를 총정치국에 위임하는 형식을 취하고 있었다. 당단체의 1차적인 목적은 군사지휘관에게 협조하는 것으로서 군사유일제를 침범해서는 안 되었고, 규정 제10조는 "당단체와 당위원회는 자기 지휘관이나 상급지휘관의 사업보고 등의 명령을 토의할 수 없고, 지휘관이 부대에 제기한 과업을 어떻게 잘 실행할 것인가 하는 문제를 토의, 결정한다"고 되어 있다.[99] 단위부대 수준에서는

올라갈 수 있다고 생각된다.

98) 1951년 7월 27일 당중앙정치위원회는 김재욱의 보고를 받고 「인민군 내에 있어서 로동당 당조직 설치의 총화 및 정치기관들의 사업 정형에 관하여」라는 결정을 내리고 있다. 러시아현대사자료연구보존센터, 문서군 17, 목록 137, 문서철 730, l. 96~101쪽. 이 시점에서 박헌영의 교체는 그의 세력 약화를 뜻하는 것은 아니었다. 와다, 앞의 책, 257~258쪽. 1951년 9월 김재욱의 이름으로 조선인민군 총정치국이 간행한 『군사단일제를 강화함에 있어서 군대 내 로동당단체의 제과업 : 지휘관 및 정치간부에게 주는 참고자료』라는 팸플릿이 '노획북한문서' 속에 들어 있다. 인민군 창설일을 기념하여 1952년 2월 7일 『로동신문』에는, 김재욱의 논문 「조선인민군은 조국해방전쟁의 과정에서 단련, 성장하여 조선인민의 강력한 무장력이 되었다」가 게재되어 있다. 이후 1958년까지 총정치국장에는 소련계가 임명되었다. 다만 1951년 12월경 인민군총정치국 부국장에는 김일성의 심복인 갑산계 박금철이 재임하고 있었다. 이미 김일성은 총정치국 내에도 상당한 영향력을 회복하고 있었다고 볼 수 있다.

군사단일제라는 원칙 아래 군지휘 계통의 자율성이 유지되고 있었다.

새로운 제도가 용이하게 정착한 것은 아니었다. 군내 당사업방식과 관련하여 문제가 생기고 있었다. 1951년 3월 6일 열린 인민군 군단·사단 정치부장회의에서 한 연설에서 김일성은 일부 정치간부가 군사지휘관과 협의 없이 정치사업을 하고 있다고 비판하고, 정치간부는 지휘관의 명령이 철저히 집행되도록 당적으로 보장해야 한다고 강조하였다.100) 군사단일제를 정착시키려는 노력은 지속되었다. 7월 27일 당정치위원회는 「인민군 내에 있어서 로동당 당단체 설치의 총화와 정치기관들의 사업 정형에 관하여」 총정치국장 김재욱의 보고를 듣고 해당 결정서를 채택하고 있다. 결정서에서는 군내 당단체 조직 이후 그 운영방식과 실태를 지적하고 군사단일제 강화에서 개선방향을 찾고 있다.101) 1951년 9월 김재욱 명의로 조선인민군 총정치국이 간행한 팸플릿에 군사단일제 강화와 관련하여 그 개략적인 내용이 잘 정리되어 있다.102)

"확고한 군사단일제가 없이는 어떠한 현대적 정규전에 대하여서라도 말할 수 없다". "단일책임자인 지휘관은 그가 지휘하는 부대에서 전체 권리를 소유해야 한다는 것은 당연한 것이다". 지휘관이 명령을 내리면, "당단체는 이 명령을 완수하는 데 자기의 모든 사업을 복종시켜야 한다". "일부 당단체들이 범하는 바와 같이 명령의 정당성 여부와 실천 여부를 토의할 것이

---

99) 「조선인민군 내 당단체사업 규정」, 『북한군사론』, 528쪽. Lee, Suck-Ho, Party-Military *Relation in North Korea : A Comparative Analysis*, Research Center for Peace and Unification of Korea, 1989, pp.177~178.

100) 『김일성저작집』 제6권, 314~330쪽.

101) 「인민군 내에 있어서 로동당단체 설치의 총화와 정치기관들의 사업정형에 관하여 — 조선로동당중앙정치위원회 결정 1951.7.27」(노문), 러시아현대사자료연구보존센터, 문서군 17, 목록 137, 문서철 730, ㅣ. 96~101쪽, 국사편찬위원회, 『소연방외무부총부비서 이바노프가 당중앙위원회 그리고리얀에게 보내는 1951년 조선노동당 정치회의 및 조직위원회 결정집』(수집번호 : 0103009)에 수록.

102) 김재욱, 『군사단일제를 강화함에 있어서 군대내 로동당단체들의 제과업 : 지휘관 및 정치일꾼들에게 주는 참고자료』(조선인민군총정치국, 1951.9), SA 2016, Box 5, No. 114.

아니라, 오직 지휘관의 명령을 어떻게 더 훌륭하게 완수할 것인가에 대하여 토의하여야 한다". "명령은 토의를 위하여서가 아니라, 집행을 위하여 부여된다는 군법을 똑똑히 파악하여야 한다". "당단체는 전투에 있어서 지휘 정형과 전투 과업에 대한 부대의 집행 정형들에 관해 지휘관들의 보고를 청취한다. 이것은 완전히 옳지 못한 일이다. 지휘관은 자기의 군무활동에 대하여 비판을 받지 않는다. 그는 상급지휘관 앞에서, 정부 앞에서 책임을 지는 것이다". "당단체가 부대의 지휘관과 협의 없이 사업을 수행하는 경향을 시정하여야 할 것이다". "여하한 조직체라 할지라도 그의 사업계획을 지휘관이 비준하여야 하며, 당단체 사업계획은 정치부 책임자가 비준하고, 지휘관의 동의를 반드시 받아야 한다".

단위부대 수준에서는 군사지휘관과 정치장교 사이에 많은 마찰이 생기고 있었음을 알 수 있다. 분명히 여기서는 군사지휘관을 당조직보다 상위에 위치시킴으로써 군사단일제를 견지하고자 하는 의도가 포함되어 있었다.

4) 김일성의 반격과 박일우의 탈락

인민군 내 당단체가 조직되고 부대가 재편성되면서 전쟁이 진행되는 가운데 1951년 11월 당중앙위원회 전원회의에서 허가이가 비판되고 당원확대정책이 전개됨으로써 인민군이 원칙상 당의 군대라는 사고방식도 점차로 정착하게 되었다. 총정치국장 김재욱은 1952월 7일 인민군 창건 4주년을 기념하는 연설에서 "조선인민의 승리의 지도자이며 조직자인 조선로동당은 조선인민군의 력사적 승리를 보장하였다"고 말했다. 그는 당중앙위원회의 지도 아래 인민군 총정치국은 산하 각급 정치기관과 당단체의 모든 역량을 집중·동원하여, 군내 당의 영향력이 강화되고 군내에서 당의 위신이 확고부동한 위치를 차지하게 되어 병사들은 로동당의 정확한 영도에 전적으로 의탁하게 되었다며 그간 군내 정치사업의 성과를 평가하였다.103) 여기서도 군사단일제의 원칙이 무너진 것은 아니고, 당단체의 역할을 높이는 것은 군사단일제를 강화하기 위해서라는 전제가 있었다. 하지만 군내 당원수가 그간 양에서 비약적으로 성장하여 부대지휘나 전투수행에서 무시할 수 없는 요소가 된 것이다.

이미 개전 초기에 '화선입당' 정책이 추진된 데 관해서는 위에서도 말한 바 있지만, 인민군 내 비당원병사에게는 당에 입당하는 것이 획득할 수 있는 유일한 영예이고, 수많은 전투원이 전투에서 용감성을 발휘함으로써 전선에서 입당할 수 있었다. 김재욱도 말했듯이 돌격을 전개하여 부여된 임무를 결사적으로 완수하는 것이 화선입당의 청원방법이었다.104) 일반당원 특히 농촌당원의 경우 1951년 12월 제4차 당중앙위 전원회의에서 '관문주의'가 비판된 이후 당원 확대정책에 따라 그 수가 급격히 불어나 1년간 40% 이상 성장하였지만, 당원 확대정책이 가장 적극적으로 추진된 곳은 군으로, 6·25전쟁 기간 중 인민군 내 입당자 수는 14만여 명에 달했다.105) 전사자 및 기존당원의 포함 여부 등 숫자가 군인당원의 총수와 어떤 관계가 있는지는 불분명하지만, 이 기간 중 입당자 총수 40여만 명과 비교하면 약 3분의 1 비율이고, 휴전 당시 조선인민군 병력 총수 28만 4천여 명을 기준으로 보면 절반 정도를 차지하고 있기 때문에, 군내 당원비율은 일반의 경우보다 훨씬 높았다고 추측할 수 있다.106) 군관(장교)의 경우 절대다수가 당원이었던 것으로 보인다. 전쟁기간 중 '공화국 영웅' 칭호를 받은 사람들의 76%가 로동당원이었다는 통계로 보아도 군내 당원의 역할을 짐작할 수 있다.107) 말할 필요도 없이 군내 당원수의 증가는 김일성의 위신을 높이

---

103) 김재욱, 「조선인민군은 조국해방전쟁 행정에서 더욱 단련 장성되었으며 조선인민의 강력한 무장력으로 되었다」, 『로동신문』 1952.2.7.

104) 김재욱, 위의 글.

105) 군내 입당자 수에 관해서는 리권무, 『영광스런 조선인민군』, 조선로동당출판사(평양), 1958, 52쪽.

106) 휴전 당시 총병력 수에 관해서는 『북한총람』, 538~543쪽.

107) 리권무, 위의 책, 51쪽.

는 데로 이어졌다.

당의 강화에도 불구하고 군사단일제를 원칙으로 하는 한, 당지도와의 관계는 계속해서 마찰을 일으킬 수밖에 없었다. 여전히 일부 군관과 상녕들은 낭세포회의에도 참가하지 않고, 딩조직의 통제를 싫어히는 경향이 생기고 있었다. 이는 정치간부가 군사단일제를 침범하는 것과 관련이 있었다. 1952년 7월 7일 당중앙위 정치위원회에서는 이 문제가 토의되었다. 김일성은 이 회의의 결론을 통해 정치간부는 군사지휘관의 명령하달에 간섭할 것이 아니라, 그것이 정확하게 전달되어 실행되도록 도와야 한다고 말하여, 다시 '군사유일관리제'를 강조하였다. 그는 이미 인민군총정치국이 군사유일관리제를 위반하는 현상을 비판했음에도 불구하고 아직 시정되지 않았다고 지적하였다. 이 무렵에는 허가이의 좌천에 따라 당정치위원회 안에서 김일성의 발언권은 강화되어 있었다. 김일성은 군내 정치사업을 개선하는 대책으로 '군사위원'의 역할을 높일 것과 8~9월에 중대 당세포로부터 연대 당위원회에 이르기까지 당조직 지도기관의 총괄 및 선거를 실시할 것을 제안하였다. 김일성은 군사위원이 "당과 정부의 전권대표"로 "해당 단위의 당 정치활동과 군사활동을 지도 · 통제하는 책임을 지고 있다"고 규정, "매월 군사위원회를 열어, 부대의 당 정치활동 상황과 전투준비, 군사훈련, 부대관리 상황 및 군인의 정치적 · 도덕적 상태 등을 분석하여, 필요한 대책을 세워야 한다"고 주장하였다.[108]

군내에 정치기관과 당조직을 설치할 당시, 사단, 군단, 총정치국에는 당조직 문제를 심의 · 결정하기 위하여, 비상설위원회로서 '당코밋치아'를 설치하기로 하고, 정치부장과 당코밋치아에 군사지휘관의 여러

---

[108] 「인민군내 당정치사업을 강화하기 위한 몇 가지 과제에 관하여 ─ 조선로동당중앙위원회 정치위원회에서 한 결론」, 『김일성저작집』 제7권, 304~315쪽. 이 김일성의 결론에 기초하여 결정서가 채택되었다. 그 주요 내용은 김일성의 결론과 거의 일치한다. 「인민군대 내 당정치사업 진행 정형과 그 강화를 위한 금후 제대책에 대하여 ─ 당중앙정치위원회 제25차 회의 결정서 1952.7.7」, 『결정집 1947.8~53.7 당중앙정치위원회』, 63~70쪽.

문제를 심의할 수 있는 강력한 권한을 주었다. 만주파의 군내 정치사업 방식이 비판된 시기인 만큼 앞에서 언급한 총정치국 당코밋치아의 예에서 나타난 바와 같이, 대개의 경우 만주파는 정치부장이나 당코밋치아 성원으로부터 배제되어 있었을 것이다. 따라서 만주파 지휘관 중심의 '군사위원회'를 설치, 상설화시키고 그 권한도 당과 군사활동의 양면에 걸쳐 포괄적으로 규정한 것이다. 이것은 김일이 해임되면서 총정치국이 설치되고, 군내에 당단체가 조직되는 등 군내 정치적 통제권을 잃은 만주파가 이제까지 당내 세력관계의 변화를 배경으로 군사위원회를 강화하여 각 단위의 정치부 및 당코밋치아보다 군사위원회를 해당 단위에 대한 정치적 통제의 중심에 두는 조치였을 것이다. 동시에 각 단위의 군사위원회는 중앙의 군사위원회에 직속되어 있기 때문에, 군내 정치적 통제의 최고권한을 총정치국이 아닌 중앙의 군사위원회에 두는 의미이기도 하였다. 김일성 자신이 군에 대한 정치적 통제권을 되찾고자 하는 의지를 표명한 것이다.

한편 군사위원회를 통한 만주파의 군내 정치통제 강화와 군내 당원 수의 비약적인 성장을 배경으로 하여 1952년 8~9월 인민군에서 각급 당조직 지도기관의 총괄 및 선거가 실시되었다.[109] 실제 선거가 어느 정도 규정된 절차대로 실시된 것인지는 전혀 불명확하지만 다른 일반 당이나 인민위원회의 선거가 전시라는 상황 때문에 전혀 실시되지 않았음에도 불구하고, 군에서만 선거가 실시되었다는 사실에서 얼마나 군내 당조직의 인사에 신경이 쓰였는가가 드러나는 것이다. 이 무렵 김일성은 군내 당통제권을 어느 정도 되찾았다.

그 후 군과 관련한 중요한 움직임이 발생하고 있었다. 1953년 2월 박일우가 조중연합사령부 부정치위원에서 소환되었다. 대신 부사령원의 직함으로 민족보위상 최용건이 파견되었다. 이 인사는 중국 측의 승인 없이는 있을 수 없는 일이었다.[110] 이 무렵 중국 측의 정책은 김일

---

109)『조선전사』제27권, 91쪽.

110) 和田春樹, 앞의 논문, 38쪽. 杜平,『在志願軍總部』, 解放軍出版社(北京), 1989,

성을 중심으로 하여 휴전교섭에 임하기로 정해져 있었던 것이다.111)
1953년 3월 내무성이 사회안전성과 통합되어 사회안전상 방학세가 내
무상이 되면서 박일우는 해임되었다.112) 박일우가 조중연합사령부 부
정치위원이 되고 나서부터 실질적인 업무는 내무부상 리필규가 내무성
대리로서 맡아왔지만, 직위는 그대로 유지하고 있었다.113) 임시인민위
원회 보안국장 시절부터 내무기구의 최고위직을 계속 유지해 온 그야말
로 내무성의 산파이며 그 상징이었다. 1953년 3월 박일우는 체신상에
임명되었으나 이것은 권력의 중추로부터 밀려났음을 의미하였다. 김일
성은 군에 대한 통제권을 대내적으로 완전히 되찾은 것이다.

　　1952년 11월부터 1953년 3월 사이에 박일우의 내무상 해임과 관

　　19~20쪽에 의한다.

111) 정전회담과 관련하여 중국, 소련, 북조선의 관계에 관해서는 和田春樹, 앞의 논
　　　문, 29~30·32~35쪽 ; 同 「朝鮮戰爭について考える(下)」, 157~159쪽. 1951년
　　　6월쯤 스탈린은 휴전교섭을 마오쩌뚱이 지휘하도록 요청하고, 김일성에 대해서
　　　도 반드시 마오쩌뚱과 협의하에 교섭에 임하도록 요구하여 김일성의 동의를 얻
　　　고 있었다. 러시아정부의 6·25전쟁 관련 공개문서를 참조할 것.

112) 내무성과 사회안전성이 통합된 시기에 관해 한 북조선의 공식문헌은 1952년 10
　　　월로 언급하고 있다. 한길언, 「위대한 조국해방전쟁과정에 있어서 조선민주주
　　　의인민공화국 인민정권의 가일층의 강화·발전에 대한 역사적 고찰」, 조선민주
　　　주의인민공화국과학원, 『법학론문집』 제2집(평양), 1955, 155쪽. 미국무성 정보
　　　문서도 통합시기를 1952년 10월로 보고 있다. 박일우의 해임에 관해서는 미국
　　　무성도 주목하고 있었다. U.S. Department of State, Office of Intelligence Research,
　　　Intelligence Report No. 6559 : *Factionalism in the Leadership of the North Korean Regime*, 3
　　　January, 1955, p.6. 이 자료가 종래 통합시기를 1952년 10월로 잡는 근거가 된
　　　『북한총람 : 1968년』의 설명에 기초가 된 것 같다. 그러나 와다 하루키는 포획문
　　　서 속에 있는 사회안전상 방학세와 내무성 대리부상 리필규가 서명한 1952년
　　　12월 5일자 포고문을 근거로 종래의 설을 수정하여, 소련에서 통합이 되고 나
　　　서, 이에 따라 1953년 3월 통합되었다고 본다. 와다 하루키 저·서동만 역, 『한
　　　국전쟁』, 317~318쪽.

113) 리필규는 1946년 3월 함경남도 보안부장을 역임한 국내계 공산주의자로서 북조
　　　선인민위원회의 내무국 부국장으로부터 내무상 대리에 이르렀다. 『思想月報』
　　　第4卷 第2號의 「咸南朝鮮國內工作委員會事件」 참조 ; 磯谷季次, 『わが靑春の
　　　朝鮮』(東京), 影書房, 1984, 366쪽 ; Intelligence Summary Northern Korea, 1-15 July
　　　1947, p.25 ; 『조선민주주의인민공화국내각공보』 1952.5.30, 254·263쪽.

련한 인사조치가 취해지고 있었다. 내무성과 사회안전성이 통합됨과 동시에 상업성에서 분리된 무역성이 신설되어 당간부부장 진반수가 무역상, 부상 리주연이 상업상에 임명되었다. 간부부장 직은 공석으로 남고, 연락부장이 된 박금철이 남로당계 숙청을 주도하며 사실상의 간부부장 역할을 하게 된다. 이 인사 조치로 연안계 간부부장 시대는 종말을 고했다.114) 이미 1952년 초 무렵부터 박금철은 급부상하고 있었다. 같은 해 2월 23일 '위대한 소비에트군대 창건 34주년 평양시 기념대회'에서 그는 인민군 '고급군관'의 직함으로 보고하였다.115) 총정치국 부국장이던 박금철은 군사위원회를 상설화하기 전인 1952년 7월 당중앙 정치위원회에서 박헌영과 김재욱을 비판하였다고 한다.116) 1952년 10월 6일부터 14일까지 열린 소련공산당 제19차 대회 대표단으로는 박정애, 박영빈, 배철, 김일, 박금철이 파견되었다.117) 그들은 그 보고를 위해 각 도당열성자대회에 참가했고, 박금철은 11월 24일 함경남도당열성자대회에 참가 보고하였다.118) 박금철은 1951년 11월 당조직위원이 된 리효순, 1952년 6월 최고검찰소 검찰총장이 된 리송운과 함께 당과 정부 내에서 김일성의 손발 같은 역할을 한 것으로 보인다. 한편 1952년 11월에는 부수상에 재정상 최창익과 중공업상 정일룡이 승진하고, 후임 재정상에 평양시당위원장 윤공흠, 중공업상에 부상 김두삼이 임명되었다. 표면적으로는 단순한 부분 내각개편이지만 연안계의 분리를 가져온

---

114) 박금철이 간부부장이 되었다는 설도 있다.『김일성의 비서실장 : 고봉기의 유서』, 55쪽. 하지만 당시 공식 기록을 보면, 박금철은 연락부장이 되었다. 간부부장이 된 사실이 공식기록상 확인되는 것은 1954년 3월 당중앙위 전원회의이다. 일부 증언에서 남로당계 숙청과 허가이 비판을 당내에서 주도한 사람들이 박정애, 박창옥, 박영빈, 박금철이라고 한다. 林隱, 앞의 책, 188, 201쪽. 연락부장은 남도당계 숙청을 진두지휘하는 직책이었던 만큼, 박금철이 공석 중인 간부부장에 해당하는 직책을 수행한 것은 사실일 것이다.

115)『로동신문』1952.2.24.

116)『김일성의 비서실장 : 고봉기의 유서』, 52쪽.

117) 和田春樹,「朝鮮戰爭について考える(上)」, 34쪽 ; Pravda, 8 October 1952.

118) 보도에서는 그에게 어떤 직함도 붙어 있지 않았다.『로동신문』1952.12.4.

결과가 되었다. 박일우와 진반수가 권력중추로부터 탈락하는 대신에 같은 연안계 최창익과 윤공흠이 승진한 것이다.119) 이들 4명이야말로 연안계 안에서도 정치적인 실력자들이었다.120)

119) 남로파의 숙청과 관련하여 연안계 사이에 견해의 불일치가 생겼지만, 그것은 이미 1952년 11월 이후의 인사에서부터 싹트고 있었던 것으로 보인다. 제3절 3에 있는 남로파 숙청에 관한 서술 참조. 기구개편에 관해서는, 한길언, 앞의 논문, 154~156쪽. 인사에 관해서는, Suh Dae-sook, *Korean Communism*, pp.467~469·481 ; 「내각의 기구 및 성원 변동표」, 『북한총람 : 1968년』을 참조. 각주 50)에서 언급했듯이, 기구개편과 인사의 시기는 반드시 정확하지만은 않다. 『북한총람 : 1968년』과 서대숙의 연구도 각각 달라 서대숙은 진반수의 무역상 취임을 1953년 4월로 잡고 있다.

120) 1938년 코민테른은 모스크바 동방노력자대학 졸업생인 방호산, 진반수, 림해(주춘길), 박훈일, 리림, 전우, 장복, 리권무, 김창덕 등 9명을 중국 연안에 파견하였고, 이후 진반수는 연안에서 활동해 왔다. 진반수는 1948년 3월 제2차 당대회 이래 당간부부장을 역임하였다. 당간부부장은 전당(轉黨)사업과 관련하여 중국 공산당과의 중요한 접점이었다. 1944년 중국공산당 중앙 직속 조선민족지부가 설치될 때, 박일우, 방호산, 윤공흠, 림해, 주덕해를 성원으로 하는 지부 위원회가 만들어지고 박일우는 서기에 임명되었다. 여정, 앞의 책, 45~46쪽, 김창록 외, 『주덕해─조선민족의 큰 별, 잊혀진 혁명가의 초상』, 실천문학사, 1992, 104쪽. 한편 최창익은 독립동맹의 부주석, 신민당 부위원장으로서 연안계의 중요한 지도자였다.

3 전쟁의 정치·군사적 귀결

1) 군사이데올로기의 추이

이미 설명했듯이 인민군은 창건작업을 만주파가 주도하여, 처음부터 지휘계통을 완전히 장악하고 있었다. 그것은 제도적으로 군을 당의 통제 밖에 둠으로써 가능하였다. 김일성의 항일빨치산투쟁의 전통에 따라서, 김일성의 빨치산전우들을 골간으로 해서 만들어졌다는 것은 조선인민군의 대전제였다. 인민군이 소련의 정규군을 모델로 하여 만들어진 것을 스스로 자랑으로 여길 정도로 소련군의 영향도 컸지만, 인민군은 창건 당초부터 '김일성장군의 군대', '빨치산전통의 군대'였다. 김일성은 당조직보다는 빨치산 출신 전사들을 지휘계통의 축으로 삼음으로써 군에 대한 통제를 확립함과 동시에 군을 자신의 가장 중요한 권력기반으로 삼을 수 있었다. 중국 국공내전에 참가한 조선의용군계의 조선인부대가 이관되어 인민군의 주력이 되면서 새로운 요소가 들어오게 되지만 이것은 또 하나의 무장투쟁 전통으로서 독자적인 소리를 내지 못하고 김일성의 무장투쟁에 의해서 대표되지 않을 수 없었다. 남로당파는 자기가 담당하고 있던 남조선의 유격투쟁이 거의 소탕되고 나서 그것을 김일성무장투쟁 전통의 일부로서 위치시킬 수밖에 없었다.

매년 2월 8일 인민군창건기념일을 전후하여 군의 요인들이 기념식에서의 보고나 당과 정부의 공식 매체에 게재하는 기념논문 등에는 당시의 군사이데올로기가 집약되어 있다. 전쟁 전에도 그러했듯이 특히 인민군과 항일무장투쟁 전통과의 관계에 대한 표현은 중요한 의미를 가지고 있었다. 이것은 만주파의 군내 헤게모니와 동전의 양면과 같은 관계에 있었다. 인민군과 항일무장투쟁의 관계에 대한 표현에 중대한 변화가 생긴 것은 1950년 10월 인민군 내에 당단체가 조직되어 정치통제

방식이 변화함에 따라, 김일이 민족보위성 문화부상에서 해임되고 박헌영이 인민군 총정치국장이 되면서부터였다.

다음 해인 1951년 2월 8일 인민군창건 3주년기념 평양시경축대회에서는 총정치국장 박헌영이 보고를 하였다.[121] 박헌영은 "우리 인민군은 김일성 장군의 직접 지도 하에서 조국의 독립과 자유를 위하여 백전불굴의 항일무장투쟁을 계속 전개한 진정한 애국투사들로 그 골간을 구성"하였다고 창군이념을 말하고, "우리 인민군은 자기가 창건된 후 처음 진행하는 이번 전쟁에서 진정한 의미의 근대적 정규군으로 발전"했다고 강조하였다. 그러나 인민군 내의 당조직을 대표하는 박헌영은 당에 관해서는 일절 언급하지 않았다. 그는 "공화국 정부와 우리의 경애하는 수령이신 김일성 장군 주위에 더욱 튼튼하게 단결"해야 한다고 하면서 "적 후방에서 활동하는 용감한 남녀빨치산들은 자기들의 투쟁을 적극화하여 더욱 확대, 강화"할 것을 호소하였다. 마지막에는 "우리 인민의 경애하는 수령이시며 조선인민군최고사령관이신 김일성 장군 만세!", "세계 근로인민의 수령이시며 우리 민족의 해방자이시며 친근한 벗이신 위대한 스탈린 대원수 만세!"라고 외쳤다. 박헌영는 철저하게 김일성과 자신을 일체화하는 전쟁 직전의 자세를 견지하였다.[122]

그러나 『근로자』 1951년 2월호에는 박헌영의 연설문과 함께 그 옆에 김일 밑에서 민족보위성 문화국장을 역임한 소련계 김일의 인민군

---

121) 『근로자』 1951.2, 29~47쪽.

122) 당시 전황을 보면, 중국의 참전으로 도움을 받아 인민군의 제2차 남진이 진행되어 서울을 재점령한 뒤, 북위 37도선까지 최남하한 시점이었다. 이미 1950년 11월부터 계속 진공 여부를 둘러싸고 펑떠화이와 소련대사 슈티코프의 대립이 생겨 슈티코프는 소환되어 있었다. 김일성과 박헌영은 함께 계속 진공론의 입장을 취하여 박헌영은 신중론이던 허가이와 논쟁을 벌이고 있었다. 러시아정부의 6·25전쟁 관련 문서의 발췌문을 참조. 박헌영은 군내 정치사업에 관해서도 "쓰딸린 대원수께서는 『군대 내 정치위원은 자기 군대의 정치적 및 도덕적 지도자이며 군대의 물질적 및 정신적 리익에 첫째가는 옹호자이다. 만약 사령관이 군대 내의 어른이라면 정치위원은 자기 군대의 아버지이며 사랑하는 인물이 되지 않으면 안 된다』고 말씀하시였습니다"라고 인용했을 뿐이다. 박헌영, 앞의 논문, 46쪽.

창설 기념논문이 게재되었다.123) "우리 당기관들과 당원들은 전선에
서, 후방에서, 빨치산대렬에서 투쟁의 선봉대"로서 "우리 당원들은 군대
내에서 강철 같은 규률과 조직성과 질서의 유지자이며 안내자"라는 위
치를 부여하며, "인민군대의 거대한 승리와 앞으로의 승리는 우리 당의
사업과 밀접히 련결되고 있으며, 우리는 그의 령도 하에 조국해방전쟁
을 승리로써 종결할 것"이라고 결론지었다. 특히 김일성에 대해서는 '최
고사령관'이라고도 하지 않고 이름과는 떨어져서 '수령'이란 호칭을 한
차례만 사용하는 등 대단히 소극적인 표현을 쓰며, 항일무장투쟁과 인
민군과의 관계에 대해서도 전혀 언급하지 않았다. 박헌영과는 완전히
다른 표현이었다. 소련이나 허가이의 입장이 반영되었을 것이다.

그런데 후퇴와 반격, 후퇴를 거듭하고 전선이 고착되면서 전쟁 개시
직전에 고조되는 것 같던 김일성 항일빨치산투쟁의 강조는 눈에 띄지
않게 되었다. 전쟁 중 뛰어난 전투능력을 보인 것은 김일성 빨치산부대
출신 지휘관들의 부대보다는 연안계 지휘관들의 부대였다. 대표적인 인
물이 이중영웅 칭호를 받은 방호산과 영웅 칭호를 받은 리권무였다.
1952년 2월 인민군창건 4주년을 맞이하여『로동신문』에는 리권무부대
를 극구 찬양하는 기사가 실렸다.124) 기념논문은 전선사령관 김웅과
박헌영의 후임으로 총정치국장이 된 소련계의 김재욱이 썼다. 연안계인
김웅은 인민군의 힘의 원천으로서, 첫째로 인민군이 "김일성 장군의 항
일유격대의 빛나는 전통을 계승하였으며 또한 오랜 항일무장투쟁의 시
련을 받은 애국투사들로써 그의 골간을 구성"하였다는 것, 둘째로 "세계
에서 가장 선진적이며 진보적인 쏘베트 군사과학으로 교양·훈련"되어,
"쏘베트 군대의 피로써 얻어진 조국전쟁 시기의 고귀한 경험을 섭취"하

---

123) 김일, 「위대한 조국해방전쟁에서 발휘한 영웅적 조선인민군의 혁혁한 위훈」,
    『근로자』 1951.2, 48~57쪽. 이 김일(金日)은 총정치국의 부국장이 되었다고 추측
    된다. 김일(金日)과 김일(金一)은 북조선에서는 조선어 전용이고 한자로 표기하
    지 않기 때문에 착각하기 쉽다. 북조선의 공식매체는 한자를 일절 쓰지 않는다.
124) 「위대한 조국해방전쟁에서의 리권무 군부대의 혁혁한 위훈」, 『로동신문』
    1952.26.

였다는 것, 셋째로 "조선근로자들의 선봉대인 조선로동당"과 "영명한 수령 김일성장군"의 영도에 의거하고 있는 것을 들었다.[125] 그러나 앞에서 설명했듯이, 김재욱은 인민군에 대한 당의 지도적 역할을 강조하였으나, 항일무장투쟁의 전통에 관해서는 전혀 언급하지 않았디.[126] 1년 전 소련계 김일의 논문과 같은 논조에 따른 표현이었다. 당내에서 허가이의 세력이 약화되었어도 이러한 사고방식은 유지되고 있었다. 소련의 물적 지원은 절대적이었기 때문이다.

그런데 인민군 중에서는 연안계 지휘관이 지휘한 국공내전 참전부대가 다른 부대보다 선전하였지만, 전체적으로 중국인민지원군을 중심으로 한 조중연합군은 제4차 전역에서부터 고전하기 시작하여, 1951년 4~5월의 제5차 전역에서는 참담한 피해를 입고 있었다. 연합사령관 평떠화이 군의 압도적 화력과 장비 앞에서 인민전쟁형 군대의 열세를 뼈저리게 느끼고 있었다. 6·25전쟁에서 얻은 근대적 정규전의 경험은 중국인민해방군이 소련의 군사원조를 얻어 근대화하는 계기가 되었다.[127] 이것은 조선인민군이 공유한 경험으로 이미 평떠화이보다 앞서 낙동강 전선에서 김일성 자신이 맛보고 있었다. 전선이 교착상태에 빠져 전쟁이 정전교섭의 국면에 들어감에 따라 이러한 평가는 점차 힘을 얻게 되었다. 1952년 12월 24일 인민군 '고급군관회의'에서 김일성은 "1948년 2월에 창건된 우리 인민군은 소비에트군대의 제 원칙에 입각하고, 그의 풍부한 경험을 참작하여 조직"되었고, "레닌의 교시는 인민군을 건설함에 있어 로동당과 공화국 정부의 실제적 사업의 토대로 되었다"고 단언

---

125) 김웅, 「조선인민군은 필승불패의 력량으로 장성 강화되었다」, 『로동신문』 1952.2.5.

126) 제3장 제2절의 4에 있는 주 41), 42)를 참조. 김재욱, 「조선인민군은 조국해방전쟁 행정에서 더욱 단련 장성되었으며 조선인민의 강력한 무장력으로 되었다」, 『로동신문』 1952.2.7.

127) 平松茂雄, 앞의 책, 157~211쪽. 동시에 중국인민지원군 자체가 6·25전쟁을 통하여 근대적 정규군으로 변모해 갔다. 참전 당시 빈약한 병기와 장비밖에 가지고 있지 않던 인민전쟁형 군대가 정전 시에는 새로운 경험과 장비로 무장한 정규군의 면모를 갖추고 있었다.

하였다. 그는 "로동당의 지도 하에 우리 인민군은 전쟁 행정에서 군사예술을 소유한 단련된 군대로 되었다"고 당의 지도를 강조하였지만, "소비에트군대의 풍부한 전투경험을 부단히 섭취"하며 인민군을 육성하고 있다고 덧붙이는 것을 잊지 않았다.[128] 또한 김일성은 인민군은 "조직과 활동"에서 "세계에서 가장 선진적인 소비에트 군사과학과 전쟁과학에 의거하고 있다"고 말한 뒤, 전쟁기간 중 인민군의 양적·질적 성장을 강조하였다. 인민군 병력은 전쟁 초기에 비하여 3배로 증가, 각 보병사단의 화력은 1951년에 비하여 160%로 성장하여, 군의 기계화에 있어서도 병사 한 사람당 마력은 1951년에 비하여 3배로 불어났다. 주목해야 할 것은 1952년에 지휘관의 45%가 군사교육기관에서 재교육을 받았다는 사실이다.[129] 군의 성장을 지탱한 것은 말할 필요도 없이 소련의 군사원조였다. 4년 전 조선인민군 창건열병식에서 인민군의 창건을 항일무장투쟁 전통과만 결부시키고 소련과는 관련시키지 않았던 기세와는 완전히 달랐다.

그러나 김일성은 그 자신과 인민군 자체를 부정하는 것과 같은 의미가 된다는 점에서 항일무장투쟁의 전통을 부정한 것은 아니었다. 그것은 항일무장투쟁의 전통 속에 흡수시키고 있던 인민전쟁형 요소를 잘라버리는 것을 뜻하였다. 1953년 2월 8일 인민군창건 5주년을 기념하여 김일성에게는 원수의 칭호가 수여되었다. 차수의 칭호를 받은 최용건은 기념식 보고에서, "조선인민군은 김일성 원수 항일유격투쟁의 빛나는 혁명적 전통과 선진적 소비에트군대의 제원칙과 그 풍부한 경험에 따라서 조직되었으며, 김일성 원수는 우리 인민군을 선진적 맑스·레닌주의 사상과 백전백승의 스탈린적 군사과학과 소비에트군대의 고귀한 전투경험으로 무장된 군대로 만들기 위해 노력하고 있다"고 말했다.[130]

---

128) 「인민군대를 강화하자」, 『조선중앙연감(1953년판)』, 74쪽.

129) 김일성, 위의 책, 77~79쪽.

130) 최용건, 「조선인민군 창건 5주년기념 평양시 경축대회에서 한 보고」, 『인민』 1953.2, 『資料朝鮮問題研究』 第6號, 朝鮮問題研究所(東京), 1953에 수록, 46~47쪽.

이후 군내 연안계의 존재를 암시하고 있는 표현은 사라지고 무장투쟁의 전통은 김일성 항일유격투쟁의 전통으로 단일화되었다. 그러나 당이 전면에 내세워지고 강조 순위에서 항일빨치산 전통은 뒤에 놓여졌다. 동시에 항일빨치산전통은 소비에트군대 및 군사과학과 동렬에 세워졌다.

2) 김일성의 권력기반 강화

'남조선 해방'이라는 목적에서 보면 6·25전쟁은 참담한 실패였다. 전쟁 기간 중 미군 참전으로 인한 후퇴와 인민군의 괴멸적 붕괴, 소련의 소극적 지원 태도, 중국군 참전에 따른 지휘권 이관 등을 통하여 군내에서 김일성의 위치는 일시적으로 동요하였지만, 그는 이러한 변화를 잘 극복해 내고 오히려 권력기반을 굳히게 되었다. 북조선의 군인과 인민들은 김일성을 "세계 최강의 제국주의세력"과 대결하는 상징으로 삼고 전쟁을 완수하였다. 전쟁이 곤란해질수록, 미국 공군의 폭격에 의한 파괴가 심해지면 심해질수록, 오히려 김일성을 중심으로 한 결속은 굳어지지 않을 수 없었다. 전쟁의 책임자는 누구보다도 김일성 자신이었으나 그는 그 책임을 각 정파의 유력자들에게 전가할 수 있었다. 전쟁 기간 중 피점령 과정의 후유증을 극복하고 당세도 회복하여 인민군 병력은 양적으로 3배나 증가하고 군내 당원수는 그것보다 훨씬 높은 비율로 성장하였다. 전쟁 기간 중 급속히 성장한 당과 군은 김일성의 확고한 권력기반이 되었다.

1952년 4월 15일 김일성은 탄생 40주년을 맞이하였다. 이에 앞서 당중앙정치위원회는 김일성 탄생 40주년을 기념하여 그를 찬양하는 일련의 조치를 결정하고 있다. 정치위원회는 그에 대하여 조선인민의 "영광스러운 지도자이며 수령이며, 조선로동당과 조선민주주의인민공화국의 창건자이며 조직자이며 … 조국해방전쟁에서 승리의 조직자이며 고

무자"란 긴 수식어를 붙였다. 그의 활동을 담는 보고, 강연, 해설을 조직하고 출판물에는 그에 대한 약사, 논문 등을 발표하고 특집호를 꾸미도록 하였다. 나아가 최고인민회의 상임위원회 정령으로 고향 및 활동 지역에 기념 유물도 설치하도록 하였다.131) 최초의 공식전기『김일성장군의 략전』이 당기관지『로동신문』4월 10일자에 발표되고 각지에서 학습이 진행되었다. 이 작업은 허가이를 비판하여 소련계의 실력자가 된 선전선동부장 박창옥이 주도했다고 생각된다. 더욱이 박창옥을 포함하여 박헌영, 박정애, 최창익 등 당시 당·정부의 최고지도자들이 그의 탄생을 기념하는 논문을 발표하였다.132) 4월 12일 최고인민회의상임위원회는 그의 고향 만경대와 항일전적지 보천보에 기념관, 최초의 활동지 혜산진에는 김일성고급중학교를 설립하기로 결정했다.133) 1948년 3월 제2차 당대회 당시 김일성을 찬양하는 분위기를 억누르는 데 주도적인 역할을 한 것은 박창옥이었다. 허가이의 좌천은 당내 세력균형의 일각이 무너진 것을 의미하여, 이것은 박창옥의 변화로 이어졌다.

　이어서 박일우가 내무상에서 해임되고 조중연합사령부로부터 소환됨으로써 내무기관과 군부 내에서 김일성에 대한 견제력은 제거되었다.

---

131) 「김일성 동지 탄생 40주년에 제하여—당중앙정치위원회 제117차 회의 결정서 1952년 3월 27일」, 『결정집 1947.8~53.7 당중앙정치위원회』, 54~55쪽.

132) 박창옥, 「김일성 동지는 조선로동당의 창건자이며 조직자」, 『로동신문』 1952. 4.12. 박헌영, 「김일성 동지의 탄생 40주년에 제하여」 1952.4.15, 2쪽. 박정애, 「김일성 동지는 조선인민의 수령」, 4월 15일, 3쪽. 최창익, 「김일성 동지는 항일유격투쟁의 조직지도자이다」, 4월 18일. 그러나 각자 김일성에 대해 찬양하는 표현에는 미묘한 차이가 나타나고 있다. 박창옥은『김일성략전』의 간행을 주도한 당선전선동부장으로서, 박정애는 김일성의 측근 중의 측근으로서 김일성에 가장 충실한 태도를 보여 주었다. 최창익은 김일성을 극구 찬양해도 '수령'이라고는 부르지 않았다. 박헌영은 '수령'이라 부르고는 있었으나 전혀 찬양하는 태도가 아니었다. 박헌영의 이러한 태도는 1951년 2월 인민군 총정치국장이 된 직후 시점에서 김일성에 보인 태도와 비교하면 근본적인 변화였다. 두 사람 사이에 패인 골은 깊어지고 있었다. 和田春樹, 앞의 논문, 30~32쪽, 이정식·스칼라피노, 앞의 책, 538~541쪽을 참조.

133) 『로동신문』 1953.4.13.

이러한 세력관계의 변화는 김일성의 최대 라이벌인 박헌영 숙청을 가능
하게 한 조건이 되었다. 허가이, 박일우의 좌천에 이어 박헌영 숙청은
당내에서 김일성에 버금가는 거물 실력자가 모두 제거된 것을 뜻하였
다. 허가이는 당내 실권을 쥠으로써, 박일우는 조중연합사령부 내에서
조선인으로서 최고 지위에 있다는 군사적 위치로써, 박헌영은 과거 조
선공산주의운동의 영수이자 남반부당의 책임자로서, 각각 김일성을 견
제할 수 있었던 인물들이었다. 아직 연안계, 소련계 등 정파는 존속했으
나 개인적으로 김일성의 라이벌이 될 수 있는 인물은 정치적으로 제거
된 것이다. 그들의 탈락 과정은 그들이 차지하고 있던 몫만큼 김일성의
권력이 확대하는 과정이기도 하였다. 동시에 그들의 제거는 소련, 중국
의 명시적 혹은 암묵적 양해 없이는 있을 수 없는 일이었다.

　　1952년 12월에 원수 칭호가 제정되고 1953년 2월 8일 인민군창건
5주년에 김일성은 공화국 최초의 원수가 되어 '김일성 장군'에서 '김일성
원수'로 바뀌어 불리게 되었다. 최용건이 다음 계급인 '차수'가 되었다.
1953년 5월부터는 『김일성선집』이 간행되기 시작했다. 김일성의 연설
집은 전쟁 이전부터 시기마다 몇 종류가 간행되었지만 정식의 선집 형
태는 이것이 처음이었다.[134] 1953년 7월 28일 정전과 동시에 그는 공
화국영웅 칭호와 국기훈장 제일급을 수여받았다. 그의 이름 앞에는 "조
선인민의 영광스러운 수령이며 항일빨치산투쟁의 전설적 영웅이며 우
리 인민군의 강철의 령장인 김일성원수"라는 수식어가 장식되었다. 김
일성 개인은 민족의 지도자라는 초기의 상징적 위치로부터 당이나 정부
와 나란히 서는 권력 원천의 하나가 되었다.

---

134) 미군이 압수한 '노획북한문서' 안에는 다음과 같은 김일성의 연설집이나 보고
　　집이 있다. 『민주조선 독립에의 길』(북조선로동당중앙위원회, 1947.3.10), 『조선
　　민주공화국 수립의 길』(북조선인민위원회선전부, 1947.11.1), 『민주공화국 수립
　　을 위하여』(로동당출판사, 1948.1.20), 『김일성연설집』 제1권(북조선인민위원회
　　선전부, 1948.8.30), 제2권(조선민주주의인민공화국문화선전성, 1949.8.5), 『조국
　　의 통일 독립과 민주화를 위하여』 제1·2권(국립인민출판사, 1949.8.5), 『자유
　　와 독립을 위한 위대한 해방전쟁』(로동당출판사, 1951.3.12) 등.

3) 6·25전쟁의 책임문제와 박헌영 및 남로당파 숙청

남로파의 숙청은 조선노동당의 주요 구성 정파 중 하나를 제거한 데 머물지 않고, 결과적으로는 정전의 주요 장애를 제거해 주었다. 1952년 말부터 정전의 성립이 명확해지면서 남로파가 담당하고 있던 비정규전으로서 유격전은 점차 그 의미를 잃어 가고 있었다. 전쟁 개시 이후 남한 빨치산부대의 개편과정을 보면, 앞에서 서술했듯이 1950년 말에서 51년 초에 걸친 인민군의 제2차 남진 시기에 유격부대를 정규군으로 통합하는 작업이 시도되었다. 중국인민지원군과 조선인민군의 남진에 맞추어 제2전선 역할을 하도록 기존 도당 직속체제를 무시하고 군사활동만을 목적으로 하는 '유격지대'로 개편시키는 조치가 이루어졌다. 1951년 4월 인민군총참모부 내에 유격대 지휘부서로서 작전국 직속의 '유격지도처'가 설치되었다. 책임자는 남로파의 전경상북도당위원장 배철이었다. 그러나 이것은 잠정적 조치에 지나지 않았고, 1951년 7월부터 전선이 38도선에서 교착되고 정전회담이 개시되면서 유격대 편제는 장래의 정전에 대비하여 당사업을 주로 하는 지구당체제로 개편되었다. 1951년 8월 31일에는 당정치위원회 결정「미해방지구에서 우리 당사업과 조직에 대하여」가 채택되어, 각 유격부대를 지하당 재건을 위해 지구당으로 개편하도록 지시하였다. 미해방지구 당단체와 유격대의 조직사업을 지도하기 위해 당중앙에 연락부를 설치, 유격지도처의 사업을 관장하도록 하였다. 또한 당간부 및 유격대지도자를 교육, 훈련하기 위하여 1천여 명의 인원을 훈련하는 간부훈련소를 설치하기로 하였다. 당비서 리승엽의 총지휘 아래 남로파의 연락부장 배철, 부부장 박승원, 윤순달이 임명되고 10월에는 간부훈련소인 '금강정치학원'이 만들어졌다.135)

그러나 리승엽 등 남로파가 장악하고 있는 당연락부는 소속기구를

---

135) 김운석편,『북한괴뢰전술문헌집』, 대한반공단, 1957, 441~453·359~367쪽 ; 김남식, 앞의 책, 462~470쪽 ; 和田春樹, 앞의 논문, 22~23쪽.

확장하고 금강정치학원을 중심으로 수천 명의 남조선 출신자를 모아 군사훈련을 확대하였다. 그들은 애향심과 박헌영에 대한 충성으로 굳게 단결하고 더욱이 독자의 군사적 기반을 갖추고 있었기 때문에 김일성에게는 우려할 만한 존재였다.136) 또한 이러한 세력 확대는 정전을 의식하여 취한 조치였지만 정전을 앞둔 시점에서 미묘한 문제이기도 하였다. 당시 포로송환문제는 정전회담의 진행을 지연시키는 최대의 쟁점이었고, 남한에 잔존하는 유격부대는 주목의 대상이 되지 않을 수 없었다. 유격부대를 안고 있는 입장에서 남로파는 정전교섭과 관련하여 강경한 자세를 취하지 않을 수 없었을 것이다. 이 점은 정전의 조기 성립을 바라는 소련, 중국의 입장에서도 달갑지 않은 요소였을 것이다.137) 이미 1951년 8월 유격전으로부터 지하당 공작으로의 전환, 즉 대남사업의 군사적 성격으로부터의 탈피가 지시되어 있었으나 정전 이후 대남사업의 구체적 방향을 둘러싼 견해는 간단히 합의에 도달할 수 있는 성질의 것이 아니었다. 전쟁 책임의 소재와 관련하여 당내에서 어떤 논의가 이루어졌는지는 전혀 불명이지만, 정전과 관련한 대남사업의 방향 문제는 이것과 직결되어 있었다고 할 수 있다.

　결과적으로 말할 수 있는 것은, 남로파의 숙청은 위와 같은 모든 난제를 일거에 해결해 주었다는 것이다. 우선 인민군의 명령계통 바깥에 놓여 있던 독자의 무장집단이 아무런 저항 없이 제거되었다. 남한의 잔존 유격부대는 정전회담의 의제도, 포로송환의 대상도 되지 못한 채 괴멸되어 갔다. 미제국주의의 스파이라는 죄명으로 6·25전쟁의 책임문제도 남로파에 씌울 수 있게 되었다.138) 숙청의 군사적 의미는 북조선

---

136) 김남식, 앞의 책, 477쪽.

137) 정전교섭에 대한 남로당파의 강경자세와 김일성의 입장의 차이에 관해서는, 和田春樹, 앞의 논문, 33쪽, 남로당파의 강경론이 소련과 중국의 입장에서 볼 때 갖는 의미에 관해서는, 위의 논문, 33~35쪽.

138) 남로파의 숙청재판에 관한 북조선의 공식기록은, 조선민주주의인민공화국최고재판소, 『미제국주의의 고용간첩 박헌영, 리승엽 도당의 조선민주주의인민공화국 정권전복음모와 간첩사건 공판문헌』, 국립출판사(평양), 1956에 수록.

무력 중 하나의 요소를 구성해 온 유격전형 부대의 종식이었다. 이 숙청 재판의 죄명 중 하나가 "무장폭동에 의한 정권전복음모"였다는 것은 그 군사적 성격을 말해 준다. 남로당파의 숙청은 북조선 최초의 스탈린식 정치재판극이었다. 북조선의 경우 동유럽과 달리 6·25전쟁 이전 냉전이 본격화한 시기에도 정치적 숙청은 피할 수 있었다. 내부의 파벌대립과 소련의 영향력에도 불구하고 분단이라는 엄한 정세로 인한 긴장상태는 그와 같은 숙청의 여지를 주지 않았다. 정파 간의 연대의 끈이 유지되어 있었고 어느 하나의 파벌을 배제할 수 있을 정도의 강력한 정치적 중심도 아직 형성되지 않았다. 그러나 각 정파 사이의 단결의 끈을 끊어 버린 것은 6·25전쟁의 실패였다. 막대한 희생을 치른 전쟁에 대한 책임 문제는 공산주의자로서의 '동지적 관계'를 초월하는 정치적 사활 문제였다. 동시에 6·25전쟁은 소련과 중국이 계획단계에서부터 개입한 국제전이었던 만큼, 전쟁 책임 문제도 국내에 한정될 수 있는 것이 아니었다. 6·25전쟁의 준비단계에서 전쟁에 대한 지원을 얻어내기 위하여 스탈린, 마오쩌뚱과의 교섭을 주도한 것은 북조선 지도부 내에서는 김일성과 박헌영 두 사람이었다. 내부적으로는 말할 필요도 없고, 소련과 중국의 입장에서도 '전쟁실패'의 책임을 문제 삼는다면, 이 두 사람 이외에 다른 책임자는 있을 수 없었다. 하지만 김일성은 스탈린 및 마오쩌뚱과 공유하는 부분이 박헌영보다는 훨씬 많았다. 국공내전 참가 조선인 부대의 이관, 인민군부대의 무장에 대한 직접적 지원과 그 밖의 군사적 지원, 전쟁계획 수립을 위한 소련고문단의 파견 등 전쟁준비 과정 전체에 걸쳐 김일성은 스탈린 및 마오쩌뚱과 뗄 수 없을 만큼 밀접히 얽혀있었다. 북조선 내부에서도 김일성은 만주파뿐 아니라 군대의 또 하나의 축인 연안계와도 공유하는 부분이 많았다. 김일성이 책임을 지기에는 내외적으로 파급될 범위가 너무 넓었다. 결과적으로 남로파가 희생양이 된 것은 소련과 중국을 전쟁실패의 책임으로부터 분리하는 형태로 전쟁 책임의 문제를 처리하기가 쉬웠기 때문이다.

남로파에 대한 숙청은 1952년 12월 15일부터 18일까지 열린 당중

앙위 제5차 전원회의에서 이미 예고되어 있었다. 이 회의에서 김일성은
「로동당의 조직적·사상적 강화는 우리 승리의 기초」라는 제목의 보고
를 통하여 "자유주의적 경향들과 종파주의적 잔재들"을 공격하였다. 그
는 "사유주의적 경향"에 내하여, 진척관계, 동창관계, 친구관계, 동향관
계, 또는 북조선 출신이나 남조선 출신 등을 찾아서 그들을 개인적으로
끌어들이고 잘못이 있더라도 그것을 묵과하는 것이라고 비난하였다. 나
아가 "종파주의 잔재"에 대해서는, "당내에는 종파는 없다고 하지만, 종
파주의자들의 잔재는 아직 남아 있다"고 지적하며, "종파주의자 잔여를
그냥 남겨 둔다면, 인민민주주의 국가들과 우리의 형제적 당들의 경험
이 가르쳐 주는 바와 같이, 그들의 출로는 결국 적의 정탐배로 변하고
만다는 사실에 대하여 우리 당은 심심한 주의를 돌리지 않을 수 없다"고
경고했다.139) 소련계인 당선전선동담당비서 박창옥의 토론과 당조직
지도부장 박영빈의 제안에 따라서 이 김일성의 보고를 지침으로 하여
전 당적으로 제5차 전원회의 문헌토의사업을 전개한다는 결정서가 채
택되었다.140) 특히 회의에서는 박정애가 조직문제에 관한 보고를 하고
일부 당직이 개편되었다.141) 진반수가 간부부장에서 물러나고 간부부
장은 공석으로 남게 되었다. 남로당파 배철이 맡고 있던 연락부장 후임
에는 박금철이 임명되었다.142) 이는 김일성 직계가 남로당파의 거점이

---

139) 김일성, 「로동당의 조직적·사상적 강화는 우리 승리의 기초－조선로동당 중앙
위원회 제5차 전원회의에서 진술한 보고」, 『조선중앙연감(1953년판)』, 『북한연
구자료집』 제2집에 수록, 315~317쪽.

140) 강상호, 「내가 경험한 북한숙청」 연재 제13회, 『중앙일보』 1993.4.6. 남로당파의
숙청에 관해서는 여러 증언이 나와 있지만, 강상호의 증언이 가장 상세하다. 소
련계 조선인인 강상호는 1953년 8월부터 내무성부상 겸 정치국장으로서 숙청에
관여했다. 그 밖에 김남식, 『남로당연구』, 477~511쪽, 신경완 증언·이태호 기
록, 『압록강변의 겨울』, 다섯수레, 1991, 142~150쪽.

141) Dae-Sook Suh, op. cit., p.288.

142) 간부부장 직을 공석으로 남겨 둔 것은 사실상 박금철이 간부부장 역할도 하도록
한 조치였다고 해석된다. 1954년 3월 당중앙위원회 전원회의 결정에서 박금철
은 연락부장에서 결원 중이던 간부부장이 되었다. 「조직문제에 대하여－3월 전
원회의 결정서 1954.3.20~23」, 『결정집 1954년도 전원회의, 정치－상무위원회』,

던 대남 사업 전반을 장악할 뿐 아니라 남로당파의 숙청작업 자체도 직접 추진한다는 것을 뜻하였다. 박금철은 당내에서 박창옥과 함께 남로당파 숙청에서 중책을 맡게 된다. 박창옥이 당비서로 한 계단 승진함에 따라 후임 선전선동부장에는 소련계인 부부장 최철환이 임명되었다.[143] 1953년 1월 당중앙위원회는 유엔군 측의 '신공세'에 대처, 전체 당조직과 당원에게 '결사전'을 호소하는 편지를 보내고, 이 편지를 토의하는 사업이 '제5차 전원회의 문헌토의사업'과 결부되어 진행되었다.[144] "적으로부터 새로운 공세"가 임박했다고 하는 긴장된 분위기 속에서 문헌토의사업은 자기비판과 상호비판을 통해 자유주의분자와 종파주의 잔재를 폭로·고발하는 형식으로 이루어졌다. 이 과정에서 주로 남로당파에 대한 이른바 '당성검토'가 진행되는 사이에 박헌영, 리승엽을 중심으로 조일명(조두원), 림화, 박승원, 리강국, 윤순달, 배철, 리원조, 백형복, 조용복, 맹종호, 설정식 등이 체포되었다.

『근로자』 1953년 1월호에는 52년 11월 재정상으로 승격한 윤공흠이 당중앙위원회 제5차 전원회의의 의의에 관한 논문을 게재하였다. 그는, "종파분자들의 말로는 결국 자멸의 길밖에는 더는 없다. 우리들은 결국 그들이 적의 정탐배로 변할 수도 있다는 것을 똑똑히 알아야 한다 … 세계혁명운동의 력사는 우리에게 종파분자들의 말로를 산 경험으로 보여 주고 있다. 뜨로쯔끼, 부하린, 뤼꼬브, 지노뷔에브, 까메네브 도배와 체코슬로바키아의 슬란스끼 도배들은 결국 적의 정탐으로 되어 인민의 심판을 받지 않았는가!"라고 썼다.[145] 이에 반해 1956년 제3차 당대회 이후 간행된 당 내부 문헌은, 박일우의 태도에 관해서는, "박헌영 도당의 잘못된 사업이 비판받는 데 대해, 오히려 그들을 비호하여, 조국

4쪽.

143) 최철환은 『로동신문』 1952년 4월 17일자에는 당선전선동부 부부장, 1953년 3월 9일자에는 부장의 직함으로 등장하였다.

144) 『조선로동당력사교재』 298~299쪽 ; 『조선전사』 290~291쪽.

145) 윤공흠, 「당중앙위원회 제5차 전원회의 문헌은 우리들의 행동강령이다」, 『근로자』 1953.1, 61쪽.

통일이 달성되기 전에는 그들의 반당적 행위조차 묵과해야 한다고 하는 반당적이고 반혁명적인 입장을 취했다"고 비난하고 있다.146) 김일성이 노린 대로 연안계는 분열하고 있었다. 김두봉도, 최창익도 침묵하고 있었다. 앞에서도 설명했듯이, 박일우가 조중연합사령부에서 소환된 것은 이 직후인 2월 5일이었다. 2월 7일 최고인민회의상임위원회는 김일성에게 원수의 칭호를 수여하였다. 이 칭호는 무엇보다도 김일성이 6·25전쟁 실패의 책임으로부터 면제된다는 것을 내외에 선언하는 의미를 가지고 있었다. 나아가 전쟁 책임 문제를 둘러싼 김일성과 박헌영의 대립에서 김일성의 승리를 상징하는 것이기도 하였다. 남로파의 체포는 비밀리에 이루어졌다. 단지 2월 15일 이후 주녕하, 림화, 김남천, 조일명, 리원조, 리강국 등을 비난하는 사설이나 논설이 『로동신문』에 게재되기 시작했다.147)

　『로동신문』 3월 12일호에는 소련의 알렉쎄이·체피츠까의 "인민민주주의국가들에서의 계급투쟁에 관하여"라는 논문이 전재되었다. "제국주의반동은 온갖 수단과 방법을 사용하여 자기 밀정들, 간첩 및 반역자들을 공산당 내에 잠입시켰다… 공산당 및 로동당들의 각성은 웽그리아의 라이크 도당, 불가리아의 꼬스또브 도당, 알바니아의 죠제 도당, 체코슬로바키아의 슬란스끼 도당, 파란의 고물까, 쓰또할쓰끼 도당 등 간첩음모 도당의 죄악적 흉책을 제 때에 파탄시키는 데 도움을 주었다"고 쓰여 있었다.148) 이 시기에는 남로파의 체포와 그 처리 방침이 결정되

---

146) 『당의 공고화를 위한 투쟁』, 조선로동당출판사(평양), 1956, 85쪽. 이 문헌은 허가이의 태도에 관해서는, "내각에 전직되고 나서도 … 박헌영 도당의 반당적이고, 반국가적인 간첩행위에 대하여 전연 주의를 기울이지 않고, 방관적인 태도를 취했다"고 비난하였다. 위의 책, 85쪽.

147) 사설 「당 앞에 솔직하지 않은 사람은 우리들의 대렬에 설 자리가 없다」, 『로동신문』 1953.2.15, 사설 「당내 민주주의의 강화」, 『로동신문』 1953.2.16, 이상은 이정식·스칼라피노, 『한국공산주의운동사』 제2권, 549쪽에서 인용. 또한 「민주주의중앙집권제란 무엇인가」, 『로동신문』 1953.2.22 참조.

148) 코민포름 기관지 『공고한 평화를 위하여 인민민주주의를 위하여』지에 실린 논문을 전재한 것이다. 『로동신문』 1953.3.12.

어 있었다. 그 뒤에는 소련의 권위도 따르고 있었다.

남로파 검거와 숙청의 집행은 소련계의 내무상 방학세가 총지휘하였다.149) 방학세는 내무성과 사회안전성이 통합된 뒤 권한이 확대된 내무성의 책임자가 막 된 참이었다. 당내에서는 소련계의 당선전선동담당비서 박창옥과 조직지도부장 박영빈이 숙청사업을 주도하였다. 각 기관·단체에서 문헌토의를 위한 회의가 끝나면, '자유주의분자'나 '종파주의분자'로 폭로된 대상자를 당에서 추방하라는 청원서를 중앙당에 보내도록 하고, 박영빈이 책임자이던 당조직지도부는 이러한 청원서를 참고로 검거 대상을 선별, 내무성에 이관하는 절차가 밟아졌다. 허가이가 좌천된 후 당내 소련계의 제1인자로 부상하고 있던 박창옥은 각종 선전매체를 총동원, 남로파의 주요간부를 폭로·비난하는 작업을 진두지휘하였다.150) 숙청작업에서 소련계가 중심적인 역할을 했다는 사실은 당내 역학상의 요인을 넘어 스탈린과의 깊은 관련을 짐작케 한다.151) 또한 당연락부장이 된 박금철의 역할도 컸다고 여겨진다.

위에 들은 남로당파 핵심간부 이외에도 소환되어 있던 주중국대사 권오직, 주소련대사 주녕하, 남로계의 소설가 리태준, 김남천 등도 검거되었다. 문헌토의사업은 당의 세포회의에서 당원 개개인에 대한 '당성검토'라는 형식으로 진행되었다. 소속당원이 개별적으로 김일성 보고의

---

149) 강상호, 앞의 글, 연재 제19회, 『중앙일보』 1993.5.17. 방학세는 1935년부터 45년까지 소련의 검사를 역임한 자로서 해방 직후부터 정보업무에 종사, 정부 수립 후에는 내무성정치보위국장, 1952년 3월 사회안전상을 역임했다. 和田春樹, 앞의 논문, 21, 39쪽.

150) 강상호, 앞의 글, 연재 제16회, 『중앙일보』 1993.4.26.

151) 6·25전쟁의 계획단계부터 개입하고 있던 스탈린 입장에서도 '남조선 해방'에 실패한 책임을 추궁하지 않으면 안 되었을 것이다. 1930, 40년대의 소련 내부 숙청과정이나 전후 동구의 숙청과정을 거쳐 온 스탈린과 소련지도부의 의식구조에서 보면, 실패의 책임은 '북조선 내부에 있는 제국주의의 스파이'로 귀착하지 않을 수 없었을 것이다. 거의 같은 시기에 같은 형태로 숙청문제에 직면한 일본 공산당의 경우와 비교하면, 소련과의 관련 가능성은 더 짙어진다. 6·25전쟁 발발의 배경으로서 소련·중국·북조선·일본 등 각 공산당 간의 국제적 관련에 관해서는, 和田春樹, 「朝鮮戰爭について考える(中の2)」, 『思想』 1993.6 참조.

정신에 따라서 자기의 과거 당생활을 고백하고, 하나하나 검토·비판한 뒤, 다른 당원의 과거 생활에 관해 자기가 알고 있는 것을 비판, 폭로하는 순서로 이어졌다. 자기비판과 검토는 과거 남로당과의 관계 속에서 박헌영 등의 영향을 어떻게 빈고, 어떻게 추종한 깃인지에 초점이 맞추어졌다. 당성검토회의는 "뼈를 깎고 간을 녹이는 것 같은 심각한 분위기" 속에서 진행되었다.152) 당조직 전체에 걸쳐 자기비판과 상호비판을 통해 '불순분자'를 찾아낸다는 것은 당 창립 이래 최초의 사태였다. 당연히 이러한 방식을 관철시킨다는 것은 전시하의 상황을 고려하더라도 용이한 일이 아니었다. 반발이나 소극적인 태도도 예상될 수 있었다.

여기서 주목해야 할 것은 1952년 12월 22일 최고인민회의상임위원회 정령으로 지방행정구역의 전면 개편이 단행되었다는 사실이다. 북조선 지역에서 종래의 도·군(시)·면·리 행정체계 중에서 면을 폐지, 도·군(시)·리 체계로 지방행정구역을 개편하는 조치가 1952년 12월 말에서 1953년 3월에 걸쳐 단시일 내에 수행되었다. 지방 행정, 당직에 대한 전면적인 인사조치가 뒤따르고 있었다. 신임 당연락부장 박금철의 역할은 여기서 발휘되어 전후 갑산계 진출을 위한 중요한 기반이 되었다고 추측된다. 이미 1951년경부터 행정개편의 준비작업이 진행되어 왔지만, 이 시기에 실행에 옮겨진 것은, 문헌토의사업을 통해 지방의 하부 당·정권기관에 대한 단속을 더 효과적으로 추진하기 위해서였다. 행정구역 개편작업은 지방의 당과 행정간부에게는 문헌토의사업을 독려하는 의미를 가지고 있었다. 특히 간부이동이 대폭 단행되어 신규 임명된 리급 간부의 대부분이 현지 사정에 생소한 타 지방 출신자였다.153)

1953년 6월 4일 당중앙 정치위원회에서 김일성은 '제5차 전원회의 문헌토의사업'의 진행이 불충분하다고 하여 그것을 다시 하도록 지시하였다. 그는 "제5차 전원회의 결정이 마치 박헌영, 리승엽 간첩 도당을 제

---

152) 申敬完, 앞의 책, 145쪽.

153) 내각사무국장 한국모, 「리인민위원회의 사업 강화를 위하여」, 『인민』 1953.3, 47~48쪽, 『資料朝鮮問題研究』, 朝鮮問題研究所(東京), 1953年 第7號에 수록.

거하는 데만 목적이 있는 것처럼 생각하면서 그들을 적발 폭로하였으니 이제는 다 된 것같이 옳지 않게 인식"하고 있다고 지적하여, 전원회의의 과업이 불철저하고 소극적으로 수행되고 있다고 비난하였다.154) 중앙 기관에서 집중적으로 행해져 온 숙청작업을 하부기관, 조직까지 확대하고, 숙청의 범위도 박헌영, 리승엽을 중심으로 한 그룹뿐만 아니라 남로당 조직원과 그 관련자 전체로 확대한다고 하는 뜻이었다. 숙청작업은 '제5차 전원회의 문헌재토의사업'으로 고쳐 불리며 더욱 박차가 가해지게 되었다. 6월 중순부터 당중앙위원회에서 지도그룹이 하부조직에 파견되고, 각 도·시·군당단체에서도 지도그룹이 조직되어 초급 당단체에 파견되었다.155) 북조선로동당 창립 이후 처음으로 당중앙이 직접 하부조직 단속에 착수한 것이다. 이것은 농업집단화와 관련하여 1955년부터 본격화하는 이른바 '중앙당 집중지도'의 효시였다. 남로당 관련 최고인민회의대의원 360명, 금강정치학원생 1천여 명, 기타 전남로당원 5백 명 등 2천여 명이 새로운 조사·검토대상이 되었다.156) 남로계의 상당수 하부조직원도 당·정부 내의 현직으로부터 추방된 것이다.

정전협정 조인 직후인 7월 30일 박헌영을 제외한 체포된 리승엽 등 12명은 "조선민주주의인민공화국정부 전복음모와 반국가적 무장폭동 및 선전선동에 관한 건"으로 검사총장 리송운에 의하여 최고재판소에 기소되었다. 박헌영는 자신의 죄를 인정하기를 계속 거부하였다. 재판은 8월 3일부터 개시되어 초고속으로 심리가 진행되고 4일째인 6일에 판결이 언도되었다.157) 이 재판을 전하는 "평양특별시 군사법정 제1공판 미제

---

154) 김일성, 「당을 질적으로 공고히 하며 공업생산에 대한 당적 지도를 개선할 데 대하여 ─ 조선로동당 중앙위원회 정치위원회에서 한 결론」 1953.6.4, 『김일성저작집』 제7권, 491~497쪽.

155) 『조선전사』 제28권, 32쪽. 자강도당위원회의 경우, 시·군당 레벨에서 529명을 지도그룹의 성원으로 차출하였다.

156) 강상호, 앞의 글, 제25회, 『중앙일보』 1993.6.28.

157) 조선민주주의인민공화국최고재판소, 『미제국주의의 고용간첩 박헌영·리승엽 도당의 조선민주주의인민공화국정부 전복음모와 간첩사건 공판문헌』, 국립출

국주의 간첩 리승엽 등 12명의 도당"이라는 표제의 기사가 8월 10일자 『인민일보』에도 상세히 게재되었다.[158] 중국공산당도 이 재판을 양해한다고 하는 표시였다. 재판은 5~9일에 열린 당중앙위 제6차 전원회의에 맞추어 공개리에 진행되었다. 기소 및 판결내용은, 그들은 미국이 고용한 간첩으로서 미국의 첩보기관에 군사·정치·문화사업에 관한 중요 기밀정보를 제공하기 위하여 당과 정부의 고위직에 잠입한 자들이며, 미제의 군사작전에 호응하여 무장폭동을 일으키고 정부를 전복시켜, 박헌영을 중심으로 한 미제국주의의 괴뢰정권을 조직하려고 했다는 것이었다. 무엇보다도 미제의 간첩이라는 점이 가장 강조된 것이다. 리승엽, 조일명(조두원), 림화, 박승원, 리강국, 배철, 백형복, 조용복, 맹종호, 설정식에 사형·전재산몰수, 윤순달에 징역15년·전재산몰수, 리원조에 징역15년·전재산몰수가 언도되었다.[159] 박헌영에 대한 기소가 늦어진 것은, 그가 죄를 인정하기를 거부했을 뿐 아니라, 당부위원장, 부수상 겸 외무상으로서 남로당계로부터 절대적인 지지를 얻고 있는 그의 재판으로 인하여 일어날 내외의 파문을 피하기 위함이었다. 박헌영에 대한 재판은 2년 4개월 뒤인 1955년 12월 2일에 이루어졌다.[160]

남로당계에 대한 숙청작업은 제5차 전원회의 문헌재토의사업이 한창 진행 중이던 1953년 8월 5~9일 열린 당중앙위 제6차 전원회의에서 총괄되었다.[161] 이 전원회의를 전하는 「조선로동당중앙위원회 통보」

판사(평양), 1956.

158) 『人民日報』 1953.8.10, 4쪽.

159) 앞의 공판문헌을 참조.

160) 위의 공판문헌을 참조. 『로동신문』 1955년 12월 18일에도 박헌영 재판기록이 게재되어 있다.

161) 당중앙위원회 제6차 전원회의에 관한 공식발표문은, 「조선로동당중앙위원회 통보」라는 형식으로 『로동신문』 8월 11일자에 게재되었다. 『資料朝鮮問題研究』 1953年 第9號에 전재되어 있다. 이것은 제6차 전원회의 결정서 내용을 정리한 것이다. 「박헌영의 비호하에서 리승엽 도당들이 감행한 반당적, 반국가적 범죄행위와 허가이의 자살사건에 관하여─전원회의 제6차 회의 결정서 1953년 8월 5~9일」, 『결정집 1953년도 전원회의, 정치─조직─상무위원회』, 35~46쪽.

가『로동신문』8월 11일자에 게재되었고, 같은 기사는『인민일보』8월 13일자 제1면에 전재되었다. 재판의 연장선상에서 이 당중앙위원회 전원회의 결정도 중공 측은 신속하게 양해하였다.162) 박정애의 보고에 따라「박헌영의 비호 아래 리승엽 등의 도당이 감행한 반당적·반국가적 범죄행위와 허가이의 자살사건에 관한」결정서가 채택되었다. 조직문제에 대해서도 결정서가 채택되어 남로계나 박헌영과 관계가 깊은 남조선 출신자 다수가 당중앙위원, 후보위원으로부터 추방되었다.163) 박헌영, 주녕하, 장시우, 김오성, 안기성, 김광수, 김응빈 등이 "반당적, 반국가적 파괴·암해분자, 종파분자"라 하여 중앙위원으로부터, 권오직이 후보위원으로부터 제명되었다. 구재수, 리천진, 조복례, 리주상도 중앙위원으로부터 제명되었다. 당검열위원장 장순명, 부위원장 리기석이 해임되었다. 남로당계로서 리영섬, 황태성, 박경수, 류축운, 윤형식이 후보위원으로부터 중앙위원으로 승격하였다. 중앙위원인 최원택, 강문석이 당상무위원이 되어 남로당계의 명맥을 유지하게 되었다. 장순명은 국가중재원장, 리기석은 인민검열위원장, 나중에 도시경영상이 되어 살아남았다. 내각 안에는 남로당계로서는 리기석과 보건상 리병남, 농업상 박문규 3명만이 잔존하였다. 남로당계가 숙청된 공백은 북조선에 기반을 가지고 있는 '새로운 국내계'가 메우기 시작하였다.

한편 이 회의에서는 1953년 7월 2일 허가이가 자살한 것이 처음으로 밝혀졌다. 부수상직에 좌천되어 있던 허가이는 새로운 비판을 당하고 있었다. 박정애의 보고에 기초하여 작성된 제6차 전원회의 결정서에 따르면 부수상직에 좌천되어 있던 허가이가 미군의 폭격으로 파괴된 거주지에 대한 긴급 복구공사를 지연시켰기 때문에, 당정치위원회에 의해 비판되었으나, 그것을 받아들이기를 회피하고 자살의 길을 택했다고 한다. 나아가 허가이는 "반당적이며 반국가적인 간첩, 파괴·암해분자들

---

162)『人民日報』1953.8.23, 1쪽.

163) 조직문제와 관련한 인사조치 내용은,『해방 후 10년 일지(1945~55)』, 172쪽,『資料朝鮮問題研究』1953年 第9號에도 나와 있음.

의 그루빠를 적발, 폭로하는 사업에 있어서도 하등의 관심을 가지지 않
고 방관적 태도를 취하였다"고 하여, 그의 자살행위는 "당과 조국과 인
민에 대한 변절적 행동"이라고 비난되었다.164) 허가이의 자살은 남로
파의 숙청에 대한 그의 태도와 관련하여 소련의 당으로부터 버림받았다
는 절망감의 발로였다고 추측된다.

---

164) 앞의 결정서, 『결정집 1953년도 전원회의, 정치―조직―상무위원회』, 39~42쪽,
    와다 하루키 저·서동만 역, 『한국전쟁』, 318~319쪽.

4 전시생산체제와 지방통치체제의 변화

1) 전시산업체제로의 이행과 전시노동입법

6·25전쟁은 계획적인 선제공격의 준비 아래 개시되었기 때문에, 북조선의 전시체제로의 이행도 단기간 내에 신속히 이루어졌다. 6월 27일 최고인민회의상임위원회정령 「전시상태에 관하여」가 선포되고, 7월 1일 같은 정령 「조선민주주의인민공화국 전 지역에 동원을 선포할 데에 관하여」가 나오게 되어, "1914년부터 32년 사이에 출생한 전체 공민"에 대하여 7월 1일부터 동원령을 내릴 수 있게 되었다.[165] 7월에는 1950년도 3·4반기 인민경제계획의 수정계획을 채택, 생산, 운수, 기본건설, 자재 배분 및 노동력 배치 등 인민경제 전반에 걸쳐 재검토가 이루어졌다. 병기공장의 생산을 강화하며, 국영공업으로 병기 및 부속품생산을 조직할 대책이 수립되고, 긴급하지 않은 일련의 공사는 중단되었다. 군대에 대한 식량과 필수품 공급의 비중이 증대되고, 연료 및 자재는 군수공업에 전적으로 공급하도록 재할당되었다.[166]

7월 6일 군사위원회결정 제6호 「전시로동에 관하여」가 선포되었다. 이 결정은 직업동맹의 제의라는 형식을 취하고 있는데, 노동계급의 자발성을 강조하여 '전시증산운동'으로 발전시키기 위한 목적이 있었기 때문이다. 이 결정에 따라 직장 책임자의 권한으로 필요한 경우 2~4시간 이내의 시간외 노동을 시키고, 정기적·보충적 휴가도 보류할 수 있게 되었다. 또한 노동자, 사무원의 자의적 직장 이탈, 작업 이탈 및 결근 등에 대하여 일정한 형사 책임을 지우고, 일체의 노동규율 위반에 대한 책임추궁을 회피하거나 태만히 하는 직장책임자에게까지 법적 책임을

---

165) 『조선중앙연감(1951~52년판)』, 82~83쪽.

166) 위의 책, 449쪽.

부과하였다.167) 각 공장에서 전시증산운동이 전개되어 8시간 노동을 12시간 노동으로 연장하고, 3교대제를 2교대제로 개편하였다. '시간외 노동 및 공휴일 노동운동'이 펼쳐지고, '전선돌격대운동', '전선작업반운동', '청년작업반운동', '2인분, 3인분 초과생산운동' 등 갖가지 명칭의 증산경쟁운동이 전개되었다.168) 7월 26일 군사위원회결정 제23호「전시의무로력동원에 관하여」가 공포되어 전시 노동조건은 더욱 엄격해졌다. "18세 이상 55세 미만의 남자는 국가의 지시 없이는 임의로 그 거주지역에서 이동할 수 없다"고 자유 이동이 금지되고, "국가의 지시에 의해서 전쟁에 필요한 생산과 복구사업에 의무적으로 동원"되며 위반자는 엄벌에 처해지게 되었다.169) 북조선에서는 전쟁 전에 군대복무는 명목적으로는 지원제를 유지하고 있었으나, 7월 30일 군사위원회명령 제35호로 "군인적령자에 대한 정확한 등록과 군인동원사업의 원활을 기하기 위하여", "18세로부터 37세까지의 전체 남자에 대하여" 8월 10일까지 군사증을 교부하기로 하였다.170) 실질적인 징병제로 이행하는 조치였다고 생각된다. 북조선의 공식문헌에 따르면 '전선탄원운동'이 펼쳐지고 7월 11일 현재 북반부 지역에서 74만여 명, 8월 15일 현재 84만 9천여 명의 근로자와 청년학생이 전선에 출동했다고 한다.171)

해방 후부터 노동력 부족 상태는 전쟁 전의 북조선경제를 규정하는 기본조건이지만, 이 사정은 전쟁을 거치면서 더 심해졌다. 기업소, 공장에서 많은 노동자가 동원되어 전쟁 중 희생되었다. 예컨대 흥남 비료공장에서만도 1950년 9월 말 전체 종업원의 약 60%을 넘는 2,422명이

---

167) 조몽우, 「공화국로동법의 발전」, 『우리나라 법의 발전』, 국립출판사(평양), 1960년), 136~137쪽. 군사위원회결정 제35호에 따라 '철도의 군사화'를 실시하기로 하여, 군사위원회명령 제109호에 따라 철도운수노동자에게는 군대 규율이 적용되게 되었다. 위의 책, 137쪽.

168) 『조선전사』 제25권, 215쪽, 『조선통사(하)』, 189~190쪽.

169) 『조선민주주의인민공화국내각공보』 1950.8.31.

170) 위의 글.

171) 여성이 23만여 명이었다. 『조선전사』 제25권, 212쪽.

전선에 출동하여 1951년 12월 말 현재 종업원 수는 1,690여 명, 그중 노동자는 1,389명에 지나지 않았다.[172] 전쟁의 영향은 전후의 노동자 구성에서도 나타나 1958년 8월 31일 현재 전체 종업원 안에서 제대군인 수는 2,414명에 달하였다.[173] 가중된 노동력 부족 상황은 한층 더 엄격해진 노동규율에 의해서 유지될 수 있었다.

1950년 초부터 실시된 '유일관리제'가 공장 내 질서가 전시체제로 이행하는 것을 순조롭게 하였다.[174] 이미 약화되어 있던 직업동맹의 권한은 일련의 전시 노동입법에 의해 거의 정지되었다고 할 수 있다. 더욱이 지배인, 당, 직업동맹이 일체가 되어 추진한 전시동원체제 아래 직업동맹의 권익단체로서의 기능은 거의 유명무실화하였다. 직업동맹은 정치선전자나 전시증산운동의 조직자로서 역할에 충실할 수밖에 없었다.

한편 전시체제가 가장 철저하게 시행된 것은 철도부문이었다. 1950년 11월 철도운수를 군사화할 데 관한 군사위원회명령 제109호가 공포되었다. 철도운수 부문에 군대와 같은 규율과 질서를 세우기 위한 조치가 채용되었다. 철도 일꾼에게 군복을 입히고, 군대와 같은 의무를 갖게 하며, 군사적 규율, 규정을 제정하였다.[175] 1951년 1월에는 교통성 안에 정치국을 설치하여 직접 당 중앙의 통제를 받도록 하였다.[176] 인민군 내에 당 단체가 조직되어 그것을 관할하는 총정치국이 설치된 데 상응하는 조치였다.[177] 1951년 1월 18일 나온 교통성 규칙 제1호「철도

---

172) 리국순,「흥남비료공장 로동자들이 걸어온 승리의 길」, 과학원력사연구소 근세 및 최근세사연구실편,『력사론문집 제4집 (사회주의건설편)』, 과학원출판사(평양), 1960, 216・218쪽, 흥남비료공장의 노동자 증가 상황 및 구성에 관해서는, 위의 책, 229~230쪽.

173) 위의 책, 232쪽.

174) 북조선에서 유일관리제의 실시 경위 및 이와 관련된 직업동맹의 위치 변화에 관해서는, 제2장의 제4절, 5절을 참조.

175)『조선전사』제26권, 305쪽.

176) 위의 책, 305쪽.

177)『내각공보』1950년 12월 31일. 교통성 부상 겸 정치국장에는 당 노동부장 김인춘이 임명되었다.

운수일꾼들의 규률규정」은 엄격한 내용을 포함하고 있었다. "상부명령에 대하여 하급일꾼들이 공공연히 복종하지 않거나 반항하는 경우에는, 상부책임자는 규률적 책벌을 적용할 수 있으며, 강제수단을 강구할 수 있다"고 되어, 상, 부상, 각 철도관리국장, 공장지배인 및 철도분국장, 각 역구장에게 20일 이내의 "영창구류"를 강제할 권한이 부여되었다.[178] 군대와 같이 영창제도를 마련한 데서 철도의 군사화라 할 수 있지만, 노동관계의 측면에서 보면 노동규율 내에 형법적 강제를 적용한 최초의 예이기도 하다.

한편 주민생활 전반도 비교적 용이하게 전시체제에 적응했다고 할 수 있다. 식량배급제는 1946년 2월부터 본격적으로 실시되어 노동자, 사무원이나 그 가족에 대해서는 노동강도를 기준으로 일정한 양이 공급되고 있었다. 이미 1946년 중반부터 임시인민위원회에 양정부가 설치되어 양곡의 수매와 배급을 관할하고 있었다.

내각 내의 경제관련 부서도 전시환경에 맞추어 크게 개편되었다. 1951년 7월 전쟁으로 파괴된 인민경제를 급속히 회복시키기 위하여 산업성을 세 개의 성—중공업성, 경공업성, 화학건재공업성—으로 분할하는 정령이 채택되어 같은 해 11월 중공업성, 12월 경공업성이 신설되고 다음 해 5월 화학건재공업성이 신설되었다.[179] 산업성이 분할되면서 국가계획위원회를 강화하는 조치가 취해졌다. 1952년 1월 10일 내각결정 제3호로 국가계획위원회에 관한 새로운 규정이 제정되었다. 기존 인민경제계획의 입안뿐 아니라, 각 경제부문과 부서를 조정하여 파괴된 인민경제의 복구, 건설 상황 및 각 부서의 경제계획 실행 상황을 감독, 검열하는 방대한 권한이 주어졌다. 그 밖에 각 부문 기업소의 생산능력과 그 이용률, 물적 자원의 존재 및 그 이용 상황을 검열하며 잉

---

178) 『내각공보』 1951.3.15.

179) 산업성에서는 전기부문도 분리되어 내각직속 전기국으로 개편되었다. 한길언, 「위대한 조국해방전쟁과정에서의 조선민주주의인민공화국 인민정권의 가일층의 강화, 발전에 대한 력사적 고찰」, 『8·15해방 10주년기념 법학론문집』 제2집, 조선민주주의인민공화국과학원(평양), 1955, 153~154쪽.

여물자를 적발하고 재분배하는 권한도 부여되었다.180) 2월에는 국가
계획위원회 내의 중앙통계국을 자주적 행정단위로 개편, 도·시·군인
민위원회 계획부서 내의 통계부서를 직접 중앙통계국에 종속시켜 중앙
집권적 통계체제를 확립하였다. 이것도 국가계획위원회를 강화하는 조
치의 일환이었다.181) 산업상으로 전선사령관으로 임명되었던 김책이
사망한 뒤 거대한 권한을 가진 산업성이 분할되면서 국가계획위원회가
경제 부서의 중추로서 등장한 것이다.

전쟁 발발과 함께 정준택은 국가계획위원장으로서 군사위원회 위원
이 되고, 정일룡은 1951년 2월 김책이 사망한 후 군사위원회 위원 겸
산업상, 산업성이 중공업성과 경공업성으로 분리되자 중공업상, 1952
년 11월 부수상(64년까지 유지)이 되었다. 이 두 사람이 전시 경제체
제의 최고책임자가 되어 이후 북조선 최고의 경제전문가로서 부동의 위
치를 굳히게 된다. 리종옥은 정일룡에 이어 산업성 제일부상, 경공업성
이 분리 신설되자 경공업상이 되어 정일룡에 이어 당내 최고의 공업경
제 전문가가 되었다. 화학건재공업상에는 산업성 관리국장을 역임하고
중공업 부상이 된 백홍권이 임명되었다. 정일룡의 후임 중공업상에는
흥남의 본궁화학 공장장 김두삼이 임명되었다.182) 그들은 식민지시대
의 기술자 출신으로 북조선 테크노크라트의 제일세대로서 6·25전쟁
을 통해 그 지위를 완전히 굳혔다고 할 수 있다. 북조선의 공업시설은
만주사변 이후 일본의 대륙침략을 위한 병참기지로서 건설되어 그들은
식민지하의 전시 통제경제를 직접 경험하였고 해방 후는 소련의 계획경
제를 배웠기 때문에, 그들에게 전시체제로의 전환은 친숙한 작업이었
을 것이다.

---

180) 『내각공보』 1952.1.15.

181) 한길언, 앞의 논문, 155쪽.

182) 霞山會編, 『現代朝鮮人名辭典』(東京), 1962, 공산권문제연구소편, 『북한총감
　　　1945~68』, 1968 참조. 이들은 테크노크라트로서 전후 경제건설 과정에서 중공
　　　업중시노선을 추진하는 세력 기반을 형성하게 된다.

　　근로단체에도 변화가 생겼다. 남북근로자단체의 통합에 관한 당중앙위원회 제3차 정기회의 결정에 의해 1951년 1월 20~22일 '조선직업총동맹'의 단일조직이 결성, 현훈이 위원장, 원동근·문두재가 부위원장이 되었다.[183] 남북근로자단체의 통합은 당시의 정세가 반영되어 남한 전평의 우위를 보장하는 선에서 이루어졌으므로 직업동맹을 강화할 수 있는 계기였다. 현훈, 문두재는 전평 출신이고 직맹의 중앙위원 97명 중 56명이 전평 출신이었다.[184] 그러나 1953년 2월부터 개시된 남로당파의 숙청은 직업동맹에도 심각한 영향을 미치게 되었다. 우선 박헌영, 리승엽의 숙청에는 직접적으로 전평 출신자들이 말려들지 않을 수 없었다. 박헌영 재판 당시 증인의 한 사람으로서 전평의 집행위원으로 서기부 책임자를 역임한 한철이 남조선의 노동운동에서 박헌영이 범한 '범죄사실'을 고발하고 있다.[185] 한철은 1947년 8월 남조선의 노동조합 대표로서 북의 대표 최경덕과 함께 모스크바를 방문한 실력자였다.[186] 한철의 고발은 그와 박헌영, 리승엽뿐 아니라 전평 출신자들에 대한 취조에 기초를 둔 내용이었을 것이다. 사태가 전평 출신자 전반으로 파급했다고 추측해도 좋을 것이다. 1953년 5월 현훈은 생산협동조합중앙위원장이 되고 이후 연안계의 서휘가 새로운 직맹부위원장이 되었지만, 직업동맹위원장은 1955년까지 공석으로 남아 있었다. 남북 근로단체가 통합된 후, 전임위원장인 최경덕은 조국전선 서기국부국장이 되었으나, 1953년 말

---

183)『조선중앙연감(1951~52년판)』, 480쪽. 현훈, 문두재는 1945년 11월 전평 결성 당시, 집행위원 및 조직부 간부로서 남조선에서 활동 중 월북, 1948년 9월 남한 선출의 최고인민회의대의원이 되었다. 1932년 5월 흥남적색노조사건 관련자였던 원동근은 1955년 11월 전기부상, 1955년 12월 직업동맹중앙위원이 되었다.

184) 북조선직업동맹의 중앙위원 44명 중 41명, 전평 중앙위원 81명 중 56명이 새로운 중앙위원으로 선출되었다.『조선인민군』1951.1.25.

185) 조선민주주의인민공화국최고재판소,『미국제국주의고용간첩 박헌영, 리승엽 도당의 공화국정권전복음모와 간첩사건 공판문헌』, 국립출판사(평양), 1956, 73~74쪽.

186) 和田春樹,「朝鮮戰爭について考える(中の二)」,『思想』1993.6, 28쪽. 리인동도 동행하였지만 그는 살아남아 전후 직업동맹부위원장을 역임하였다.

주녕하의 숙청에 연루, 숙청되었다고 한다.187) 남로당파 숙청의 영향은 북조선의 직업동맹 출신자에게도 미치고 있었다.

전쟁 시기를 통하여 가장 약화된 것이 직업동맹이라 할 수 있다. 전시 노동입법의 내용을 보아도 알 수 있듯이, 직업동맹의 주요권한은 거의 정지되었으며 그것이 인사에도 반영되고 있었다. 당 노동부장에는, 김인춘이 전시 중 1950년 12월 교통성 부상 겸 정치국장이 되자, 그 후임으로 직맹 결성 당시 임금노동부장이었고 47년 당노동부장을 역임했던 한국모가 다시 취임, 전시기의 당내 노동사업을 담당하였다. 제2차 당대회까지 그도 당 중앙위원이나 후보위원에 낀 적은 없었다.188) 전쟁 전 유일관리제를 실시하면서 약화되고 있던 당·노동부장의 위치는 전시기에도 변함이 없었다.

2) 전시농업생산체제

전시농업생산체제로의 이행

농업에서 전시체제로의 개편은 공업부문보다 훨씬 늦어지고 있었다. 그것은 농업생산의 계절적 특성에도 기인하지만, 기본적으로 농업은 공업과는 달리 아직 근로농민적 소유 관계에 입각한 소농 체제를 유지하고 있었기 때문이다. 무엇보다도 전황과 관련해서는 북조선지도부의 관심이 남한 점령지역에서 새로운 통치체제를 창출하고 토지개혁을 실행하는 데 집중되고 있었기 때문이다.189) 북조선 농촌의 청장년은

---

187) 『북한총감』, 1050~1051쪽.

188) 한국모는 이후 내각사무국장, 중공업부상, 국제무역촉진위원회부위원장, 금속공업부상 등을 역임하였다.

189) 남한 지역의 점령정책에 관해서는 별도의 연구를 필요로 하며 이 논문의 대상에서 벗어난다. 김성칠, 『역사 앞에서―한 사학자의 6·25일기』, 창작과 비평사, 1993 ; 권영진, 「북한의 남한점령정책」, 『역사비평』 1989년 여름 ; 장미승, 「북한의 남한점령정책」, 한국정치연구회 편, 『한국전쟁의 이해』, 역사비평사, 1990 ;

인민군병사의 주된 공급원이었을 뿐 아니라, 북조선의 지방행정요원도 상당수가 남한에 파견되어, 상대적으로 북조선 지역에 대한 관심은 소홀해지고 있었다.190)

7월 30일 군사위원회명령 제38호「농업증산 및 농업현물세징수에 관하여」는 "이 엄중한 시기에 있어서 일부 지방정권기관들에서는 행정규률이 해이한 형편에 있으며, 농업증산 및 농업현물세 징수사업들은 완전한 전시태세로 개편되지 않고 있다"고 지적하고 있다. 최후방지역 자강도는 파종면적이 작년 동기보다 12.4%, 전방지역의 황해도는 0.5%가 미달되었다고 비판되었다.191) 여성노동력 및 노소노동력을 적극 이용하여 군사 및 국가동원으로 인한 노동력부족을 보충하고, 나아가 도시주민과 학생을 동원하도록 지시하고 있었다. 8월 22일 군사위원회명령 제65호「자급비료증산에 대하여」는 흥남비료공장이 폭격을 당하여 화학비료 생산능력이 저하하고 남한 지역에도 공급해야 할 상황에서 퇴비 등 자급비료 증산에 농민을 총궐기시킬 것을 명하였다. 함경북도와 자강도의 실적이 지극히 불량하다고 비판되었다. 9월 1일 내각결정 제152호「1950년도 농산물생산계획의 실행상황에 관한 결정서」는 1949년도 추경면적이 대폭 불어나고 1950년도 춘경실적도 양호하기 때문에 수확고의 증가가 예상된다고 하면서도, 많은 미(未)이앙면적이나 미파종면적이 남아 계획 실행에 지장이 생기고 있다고 지적하였다. 이 결정은 농촌경영부문을 급속히 전시체제로 개편하도록 재촉하고 있다.192) 특히 자급비료 생산에 대한 '긴급대책'을 세워 1951년도 농업

김주환, 「한국전쟁 중 북한의 대남한정책」, 최장집 편,『한국전쟁연구』, 태암, 1990,『조선전사』제25권, 283~336쪽 ; 和田春樹,「朝鮮戰爭について考える(下)」,『思想』1993.7, 139~144쪽 등을 참조.

190) 7월 15일부터 9월 13일까지 점령지역에서 도·시·군·면·리인민위원회가 '부활'되었지만, 위원장은 해당 지방 출신이고, 서기장이나 부위원장에는 주로 북조선에서 파견된 요원이 취임했다고 한다. 김남식,『남로당연구』, 448~449쪽.

191)『내각공보』1950.8.31.

192)『내각공보』1950.9.30.

생산에 지장을 주지 않도록 '비상조치'를 취할 것을 명하였다. 그리고 도시민, 부녀자, 학생을 동원하여 추수 캄파니아를 조직하도록 재촉하였다. 같은 일자의 내각결정 제153호 「1950년도 조기작물 현물세 징수정형과 만기작물 현물세 징수준비에 관한 결정서」에는 8월 25일 현재 조기작물 현물세의 징수실적은 1949년에 비해 127.9%에 달했다고 발표되었다. 이 시기까지는 전쟁 승리의 분위기도 작용하여 행정적 노력 없이도 농민의 자발적 납부에 의해 좋은 실적을 거둘 수 있었다고 생각된다. 단지 부분적으로 할당량의 저(低)판정, 곡물의 보관상 유실, 폭격에 의한 곡물 손실의 발생 등 문제점을 지적하고, "전시체제로 개편하지 못하고, 평온한 시기와 같이 사업하려고 하는 안일무사한 사상적 경향과 전쟁승리에 도취하여 허영과 기분으로" 사업하고자 하는 태도에 원인이 있다고 비판을 가하고 있다. 자급비료생산에 노력을 기울일 것, 노동력 부족을 보충하기 위해서 농촌 바깥으로부터 협조노동력을 동원할 것 등 이외에는 예년과 다른 큰 변화는 보이지 않았다. '전시체제'로의 개편이 재촉되었지만, 마음의 태세가 강조되었을 뿐이며 구체적인 방침이 제시된 것은 아니었다.

그러나 농업생산과 관련한 정부의 조치는 이 시기까지뿐이고 전황이 급변하여 9월 15일 인천상륙작전 이후 북조선군이 일방적으로 퇴각, 거꾸로 북조선의 대부분 지역이 유엔군과 국군에 점령되는 사태가 조성되었다. 북조선 농업에서 본격적인 전시생산체제가 깔리는 것은 중국군이 참전하여 피점령지역을 탈환한 이후의 일이었다.193) 피점령기간 중 통치체제의 근간이 동요했을 뿐 아니라, 대량 파괴와 인적, 물적 손실에 의해 농업생산 기반 자체가 위기에 처하였다. 예컨대 평안남도에서는 1950년 9월부터 51년 1월 사이에 역우가 60.9%로 감소하고 황해도 재령군에서는 19.7%로 격감하였다. 농촌 노동력도 평안남도 개천군

---

193) 북조선의 공식통계에 따르면, 1950년도의 곡물생산고가 1946년에 비해 155.3%로 증가하여, 전전 최고수확연도인 1946년 생산수준을 넘었다고 하지만 믿기 어렵다. 『조선중앙연감(1953년판)』, 536~537쪽, 『조선전사』 제25권, 220쪽.

조양면에서는 15세 이상의 노동인구가 1950년 3월부터 51년 2월 사이에 33.4% 감소하였다. 강원도 연천군에서는 역우가 1950년 9월부터 51년 2월 사이에 47.5%로 격감, 노동력은 1950년 2월부터 1년간 약 40%가 감소하였다.[194] 역축의 피해는 북조선 전 지역에서 약 60% 이상에 달하였다.[195] 많은 농촌주민이 희생되고 대부분의 청장년은 전선에 동원되어 농촌 노동력의 대부분은 여성과 노약자가 차지하게 되었다. 1949년도 총인구 중 남녀 비율이 49.7 : 50.3이었으나 1953년도 말에는 46.9 : 53.1로 여초(女超) 비율이 훨씬 증가하였다. 북조선의 공식통계에 따르면 1949년도 총인구 962만 2천 명이 1953년도에는 849만 1천 명으로 감소하고 있다.[196] 이는 약 113만 1천 명의 감소이며 인구의 자연증가를 감안하면 약 272만 명 이상의 손실, 즉 1949년도 인구비로 28.4%가 이동하거나 죽은 결과가 된다.[197]

피점령지역을 탈환하고 나서 농촌지역에서 통치체제를 회복하고 농업생산체제를 확립하는 것이 체제 그 자체의 사활문제가 되었다. "식량

---

194) 당중앙본부농민부부부장 박경수, 「전시하 춘경 파종사업의 성과적 보장을 위한 농촌 당 단체들의 전투적 과업」, 『근로자』 1951.2, 107~108쪽.

195) 『조선중앙연감(1951~52년판)』, 457쪽.

196) 『朝鮮民主主義人民共和國國民經濟發展統計集 1946~63』, 日本朝鮮研究所(東京), 1965, 6쪽. Nicholas Eberstadt, *Korea Approaches Reunification* (UP of California, 1994), 국역 『한반도통일로 가는 길』, 한국경제신문사, 1994, 108쪽.

197) 인구의 자연 증가분에 관해서는, 1956년부터 59년까지의 인구증가비율을 계수로 쓴 와다 하루키의 계산방식에 따른다. 和田春樹, 『朝鮮戰爭』, 岩波書店(東京), 1995, 서동만 역, 『한국전쟁』, 창작과비평사, 1999, 325~330쪽. 이 통계는 민간인 약 200만 명, 군인 약 50만 명이 사망했다고 하는, 커밍스의 숫자와 가깝다. 커밍스, 『한국전쟁의 전개과정』, 202~203쪽. 대량의 인구가 북쪽으로부터 남쪽으로 이동했다고 하지만, 정확한 통계는 존재하지 않는다. 어떤 연구는 40~65만 명으로 추정한다. 토지개혁 때, 월남하지 않은 지주나 부농층, 기독교도 등 북조선정권을 거부하는 사람들, 유엔군의 점령기간 중 협력했기 때문에 보복을 피해 피난한 사람들을 포함하여 정치적 이유가 가장 컸다. 한편 미군에 의한 융단폭격이나 핵무기 투하위협을 피하여 피난한 사람들도 상당수에 달하였다. 조형·박명선, 「북한출신월남민의 정착과정을 통해서 본 남북한사회의 변화」, 『분단시대와 한국사회』, 까치, 1985에 수록, 커밍스, 앞의 책, 143~146쪽.

을 위한 투쟁은 조국을 위한 투쟁이며, 전선의 승리를 보장하기 위한 투쟁이다", "한 알의 곡물도 더 생산하며, 한 치의 땅도 묵이지 말자"는 구호 밑에 전 당과 정부의 역량이 농촌지역에 투입되었다. 김일성 스스로도 "금년도 파종은 전선이다 … 파종전선에서 승리한다면 전선에서의 승리를 의미하는 것"이라고 독려하였다.198) 본격적인 전시 농촌대책이 나온 것은 1950년 12월 12일 내각결정 제183호 「1951년 농작물파종사업 실행대책에 관한 결정서」였다. "생산계획의 기계적 할당방식을 퇴치하고, 각지의 기후와 토양을 참작하여, 적지적작(適地適作)의 원칙 위에서 국가의 요청에 부합되는 농산계획을 수립하여, 2월 15일 이내로 이를 리까지 시달할 것이며, 리에서는 농민대회를 소집하고 충분히 토의한 뒤, 농민들로 하여금 각자 정확한 생산목표를 세우도록 지도할 것"이라고 결정되었다. 축력 부족에 대한 대책으로서 각 지역의 역축을 조사하여 도, 군, 면, 리 사이에 여유가 있는 곳에서 부족한 곳으로 이동시켜 이용시키는 조치가 채용되었다. 리 수준에서는 축력을 공동 이용하는 소겨리반을 적극 조직하도록 하였다. 노동력 부족에 대해서는 정권기관, 기업소, 정당, 사회단체의 사무원과 노동자, 학생, 후방군인으로 구성되는 춘경대를 1951년 3월까지 조직, 춘경주간을 설정하여 총동원하도록 하는 대책이 세워졌다. 특히 이 시기에는 화학비료의 생산이 완전히 정지되었기 때문에 비료대책에 힘을 기울여 자급비료 생산을 종전의 2배를 목표로 광범한 대중운동으로 실시할 것이 결정되어 반기별로 구체적인 생산계획이 세워졌다.199) 각 도에서는 1951년 1월 말에서 2월 초에 걸쳐 농민 열성자대회가 열리고 이어서 군, 면 농민 열성자대회와 리 농민총회가 진행되었다. 이러한 집회를 통하여 구체적인 영농계획목표가 맹세되었다.200) 1951년 2월 19일 내각지시 제638호 「1951년

---

198) 「김일성 장군의 평남도 내 농민들과의 담화」 1951.3.15, 『조선중앙년감(1951~52년판)』, 42쪽.

199) 『내각공보』 1950.12.31.

200) 『조선전사』 제26권, 297쪽.

도 춘기파종준비사업 실시에 관하여」와 「1951년 춘기파종지도 요강」이
나와 1950년 12월 31일의 내각결정이 더 구체화되어 지시되었다.[201]
방향은 거의 동일하였지만, 계획을 리까지 지목별로 시달하도록 하고,
"농민들 자신이 생산목표를 가지도록 하되, 국가가 요구하는 작물 면적
은 농민들에게 강요함이 없이 자진 확보하도록 선전, 해설할 것"이 지시
되었다. 내각결정에는 품앗이반에 대한 내용은 없지만, 새로이 "소겨리
반을 중심으로 하여 품앗이반을 적당히 조직할 것"이 지시되었다. 주목
해야 할 것은 "제시한 일체 사업들을 철저히 실천하도록 조직 지도하기
위하여", 각 도에 "내각전권대표"를 파견하기로 결정한 사실이다.[202]
나아가 2월 25일 이전에 각 전권대표와 각 도인민위원장은 정권기관 및
정당·사회단체 간부에게 사업 내용을 주지시킨 다음, 각 군·면·리에
파견하도록 하였다.

농촌 내의 소겨리반(축력공동사역반), 품앗이반(노력상호부조반),
농촌 외부로부터의 노력협조대가 공동노력조직의 기본형태로 확정된
것이다. 품앗이반, 소겨리반의 조직과 운영에는 농촌 초급 당단체가 적
극 참가하게 되었다. "매반에 반드시 영농에 모범적이고 책임성과 집행
력이 강한 당원과 열성농민이 적절히 배치되어", "이 핵심분자들의 애국
적 헌신성에 의하여 농민들을 적극 동원한다"고 하였다.[203] 원래 소겨
리반과 품앗이반은 계절적으로 운영되는 임시적인 노력조직이지만,
1951, 52년의 영농을 진행해 가는 사이에 지역에 따라서는 연중 유지,
운영되는 항상적인 노력조직으로 고정되어 갔다.[204] 구성원도 전통적

---

201) 『내각공보』 1951.2.20.

202) 황해도 송봉욱－농림부상, 평안남도·평양 리용석－농림부상, 평안북도 김창하
　　－농림수산기술총연맹위원장, 자강도 현칠종－농민동맹부위원장, 강원도 박경
　　수－당농민부부부장, 함경남도 문석구－농림부상, 함경북도 김관식－농림성산
　　림국장.

203) 박경수, 앞의 논문, 『근로자』 1951.2, 113쪽.

204) 金漢周, 『朝鮮における農業協同化運動』, 外國文出版社(平壤), 1958, 13쪽. 함
　　주군당위원장 진상원, 「춘기파종의 성과적 보장 위한 우리 군당위원회의 지도

인 친족 단위나 마을 인근주민의 범위를 넘어서 조직되었다. 농작업은 격심한 노동력과 축력 부족이라는 조건 이외에도 심한 공습폭격으로부터의 위험 속에서 진행되었기 때문에 공동노력조직은 농민에게는 불가피한 선택이었다.205) 또한 이것은 춘경, 춘기파종, 풀베기작업, 수해나 한해 방지, 조기작물 수확, 추경, 추기파종, 만기작물 수확 등 잇단 영농작업이나 관개공사, 그 밖의 노력동원을 위해 위로부터의 캄파니아가 항상적으로 추진된 결과이기도 하였다. 소겨리반과 품앗이반은 국가노력 동원을 위한 기본 단위로도 되고 있었다.206) 노동력의 조직화가 진행되면서 농업부문에서도 '증산경쟁운동'이 추진되었다. 1951년 4월 13일 '농업증산경쟁운동'에서 우수한 성과를 올린 시, 군, 또는 리에 '승리의 기'를 수여할 데 대한 내각결정이 나오게 되었다.207) 종래 산업부문에서만 실시되어 온 증산경쟁운동은 개인경영을 존중한다는 이유로 농업부문에 대해 적용하는 것은 피하고 있었으나, 전시라는 조건하에 처음 도입된 것이다.

전권대표 방식

앞에서 언급했듯이 기존의 당 및 행정의 지휘명령체계를 넘어선 전권대표의 파견이 농업정책을 수행하기 위한 방식으로 일상화하였다. 원래 '전권대표 방식'이 최초로 도입된 것은 전쟁 발발 후 남한을 점령, 토

사업」, 『로동신문』 1952.4.12, 「품앗이반 조직운영 사업에서 얻은 몇 가지 경험 —평남 순천군 운흥리 세포에서」, 『로동신문』 1952.8.4.

205) 박경수, 「금년도 춘기파종 및 이앙사업은 난관과의 투쟁 속에서 승리하였다」, 『근로자』 1951.7, 55쪽. 북조선의 공식문헌에 따르면, 함경남도, 강원도, 황해도, 평안남도 등 공습이 심한 지역에서는 28만 2천 개소의 대피호를 파거나 야간을 이용하여 작업을 계속했다고 한다. 『조선중앙연감(1951~52년판)』, 466쪽.

206) 『로동신문』 1952.8.4.

207) 내각결정 제253호 「농업증산경쟁운동에서 우수한 성과를 쟁취한 시(구역)군, 또는 리에 『승리의 기』를 수여할 데 관하여」, 『내각공보』 1951.4.15, 『조선중앙연감(1951~52년판)』, 452쪽, 『조선전사』 제26권, 300쪽.

지개혁을 실시하고 나서 1950년 8월 18일 "공화국남반부에서 공정한 농업현물세의 부과 및 그 징수를 보장하기 위하여", 각 도의 "책임전권위원"을 임명하면서부터였다.[208] 남한의 점령정책으로서 적용된 방식이 이번에는 북조선 자체에 활용된 깃이다. 북조선 지도부의 위기의식이 얼마나 컸는지를 알 수 있다. 북조선 지역에 처음 파견된 전권대표 7명 중 4명이 남한에 파견된 경험이 있는 농업관계 간부였다. 아직 농촌통치 체제가 원상회복되지 않은 상태에서 긴급한 농업생산을 실행하기 위한 비상조치였다. 그러나 비상조치로서 도입된 전권대표의 파견은 주요 농작업마다 그 독려와 검열을 위해 계속해서 도입하지 않을 수 없었다. 3월 30일 직접 파종사업을 지도하기 위하여 "군사위원회 전권대표의 파견"을 군사위원회 서기장에게 위임하고, 파종사업이 종결한 뒤, 또 5월 31일 춘기 파종상황을 점검, 총괄하고 문제점을 보완하기 위하여 내각전권대표를 파견하였다.[209] 나아가 8월 9일 자급비료생산을 독려하기 위하여 각 도에 내각전권대표를 파견하고, 각 도전권대표와 각 도인민위원장은 8월 15일 이전에 정권기관 및 정당·사회단체의 중요 간부를 선발, 각 시·군에 파견하도록 결정하였다.[210] 1개월도 안 되어 9월 1일 만기작물의 추수로부터 현물세의 부과·징수 및 보관에 이르기까지의 사업을 보장하기 위하여 각 도 및 시·군에 내각전권대표를

---

208) 내각결정 제148호 「공화국남반부지역에서 농업현물세제를 실시할 데 관한 결정서」, 『내각공보』 1950.8.31. 서울·경기도 박경수ー당농민부부부장, 충청남도 김정일 당농민부부부장, 충청북도 김관식ー농림성산림국장, 전라남도 한홍국ー농민동맹부위원장, 전라북도 문석구ー농림부상, 경상남도 김일호ー농림성농산국부국장, 경상북도 현칠종ー농민동맹부위원장, 남강원도 최민산ー국가검열성농림수산검열처장.

209) 내각결정 제238호 「1951년도 파종준비와 그 진행정형에 관하여」, 『내각공보』 1951.4.1, 내각결정 제284호 「1951년 파종총화와 당면과업에 대하여」, 『내각공보』 1951.6.15.

210) 내각지시 제762호 「자급비료증산에 관하여」, 『내각공보』 1951.8.31. 평양·평안남도 김관식, 평안북도 현칠종, 자강도 허금산, 강원도 최영근, 황해도 박경수, 함경남도 한홍국, 함경북도 림철웅.

파견할 것을 내각사무국장에게 위임하였다.211) 이후 전쟁 시기 전체에 걸쳐 이 방식은 계속 활용되었다.212)

한편 노동단체와 같이 농민단체도 남한의 전농과 북조선의 농민동맹이 통합, '조선농민동맹'의 단일조직이 되었다. 위원장은 남한 전농의 부위원장과 위원장을 역임, 북로당 농민부장으로 있던 남로당계의 리구훈이 선출되고, 현칠종, 김시재, 한홍국이 부위원장이 되었다.213) 다만 이 통합이 농민동맹의 위치에 어떠한 영향을 주었는지 그 흔적은 발견할 수 없다. 남로당파가 숙청되고 나서 리구훈도 최고인민회의상임위원으로 좌천되고 위원장에는 전임 위원장 강진건이 복귀하였다. 리구훈의 후임 당농민부장에는 남로계의 당농민부부부장 박경수가 임명되어 1954년 11월 농림부상이 될 때까지 재직하였다.214) 박경수는 1953년 8월 이전까지는 당중앙위 후보위원이었기 때문에 농민부장의 정치적 위치는 높았다고는 할 수 없다. 전시 농정은 농림상 박문규, 당농민부장 박경수, 농민동맹위원장 리구훈 등 남로당계가 주도했는데, 그들은 해방 이후 조선에서 손꼽는 농업전문가이기도 하였다.

---

211) 내각결정 제325호 「1951년 만기작물 추수 및 농업현물세 징수사업의 보장대책에 관하여」, 『내각공보』 1951.9.1.

212) 예컨대, 1952년 중반에도 '내각전권대표'의 파견을 내각사무국장에게 위임하고 있다. 내각결정 제129호 「1953년도 비료대책에 관하여」, 『내각공보』 1952.7.31.

213) 『조선중앙연감(1951~52년판)』, 480쪽.

214) 박경수는 『근로자』 1951년 2월호에는 농민부부부장, 『로동신문』 1952년 6월 30일호에는 농민부장의 직함으로 등장하고 있다. 박경수는 전농 창설을 주도하여 선전부 책임자가 되고 조선협동조합중앙연맹의 산파역으로 그 위원장을 역임하였다. 그는 1950년 8월 남한점령지역에서 농업현물세제를 실시하기 위한 책임전권위원으로 서울·경기도 지역에 파견되었고 점령지역 토지개혁의 실무책임자 중 한 사람이었다. 그는 1953년 8월 당중앙위 전원회의에서 남로당파 숙청의 공백을 매우는 인사를 통해 당중앙위 후보위원에서 중앙위원으로 승격되었다. 「조선로동당중앙위원회 통보」, 『로동신문』 1953.8.11, 『資料朝鮮問題硏究』, 朝鮮問題硏究所(東京), 1953년 제9호에 전재.

3) 농민 시장과 농업집단화의 맹아

전시하에 조직된 농촌의 공동노력 형태는 전통적인 상호부조 조직에 기초를 둔 것이었지만, 그것이 전국적으로 행정력을 동원하여 항상적 형태로 고정되었다는 점에서 질적으로 새로운 측면이 나타나고 있었다. 이것은 전후 농업집단화 과정에서도 농촌노력 조직의 출발점이 되어 가장 초보적 형태의 농업협동조합으로 변모할 수 있는 기반이 된다. 나아가 강원도를 중심으로 전선지역에는 '전선공동작업대'가 조직되어 전투환경에서도 작업을 계속하는 노력조직이 생겨났다. 1951년부터 강원도의 철원, 평강, 금화, 고성군 등 전선 인접지역에서는 '전선돌격대', '전시공동노력대' 등 여러 명칭을 갖는 80여 개의 전선작업대가 조직되었다.215) 1952년에는 이러한 공동노력 조직이 행정적 노력에 의해서 전선공동작업대로 개편되었다. 청장년 농민이 가족을 후방에 소개시키고 50명 정도의 인원으로 하나의 공동작업대를 조직하여 토지를 공동으로 경작하면서 전시생산과 전선원호사업을 수행하였다. 내용적으로는 토지를 통합하여 역축, 농기구를 공동으로 소유하고 분배는 노동의 질과 양에 따라 실시하는 등 협동조합적인 것도 많았다.216) 전쟁 말기에 전선작업대는 75개, 924호의 농가에 1,160명의 인원, 1,286정보의 경지면적을 포괄하게 되었다.

1952년 12월 20일 당중앙위 정치위원회 제140차 회의 결정 「빈농민과 영세어민의 경제상황과 그 개선대책에 대하여」는 빈농민과 영세어민의 생활을 개선하기 위하여 부업생산협동조합을 조직하도록 장려하고 국가가 재정적, 물질적 원조를 주었다. 이 부업생산협동조합의 일부는 부업뿐 아니라 농업도 공동 운영하게 되었다. 1953년 7월 현재 협동조합은 174개(그 가운데 농업협동조합 102개, 부업생산협동조합 72개)에 달하여 2,400호의 농가가 망라되었다.217) 그 지리적 분포를 보

---

215) 『조선전사』 제26권, 300쪽, 제27권, 212쪽.

216) 『조선전사』 제27권, 212~213쪽.

면 평안남도 7, 평안북도 32, 자강도 10, 황해도 12, 강원도 80, 함경남도 24, 함경북도 9로서 전선지역인 강원도에 압도적으로 많았다. 이것은 전선공동작업대가 거의 협동조합으로 개편되었기 때문이다.[218]

한편 농업집단화와 관련해서는 토지소유 관계에 있어서 이른바 '경작권지(耕作權地)'가 급증하였다. 토지개혁 후 토지소유자가 직접 경작할 수 없게 된 토지에 대해서는 이를 지방 인민위원회에 이관하여 그 경작권을 토지가 적은 농민에게 분여하는 등 국가적 관리제를 실시하였다. 이는 실질적으로는 국유지와 같은 성격을 가졌는데 '경작권지'라 불리고 있었다.[219] 여기에는 전쟁 전부터 국유지를 개간한 경우, 전쟁 당시 '적에게 협력한 반역자', 남쪽으로의 '도주자' 등 토지가 몰수된 경우, 전시기에 파괴되어 버려진 토지를 복구한 경우 등이 포함된다. 1953년 7월 현재 53만 정보, 전체 농민 경영 면적의 4분의 1을 훨씬 넘어서고 있었다.[220]

전쟁으로 인한 파괴로 생산 전반이 저하하는 가운데 소련, 동구나 중국 등 사회주의권으로부터의 경제원조가 인민 생활에 있어서 커다란 역할을 하면서 경제 전반에 걸쳐 국영 및 협동조합 경제의 비중이 높아질 수밖에 없었던 것은 당연한 현상이다. 이미 1946년부터 배급제가 시행되고 있던 식량 이외에 생필품 전반에 걸쳐 배급제의 범위가 확대된 것도 충분히 이해할 수 있는 일이다. 다만 농업생산에 있어서는 아직 소농 체제가 유지되고 있었기 때문에 시장의 기능은 유통에 있어서 여전히 중요한 역할을 하고 있었다. 이 점에서 전시 경제에 관한 북조선의 한 연구는 의미 있는 시사를 던져 주고 있다.[221]

---

217) 위의 책, 272쪽, 金漢周, 『朝鮮における農業協同化運動』, 13쪽.

218) 『조선전사』 제27권, 272~273쪽, 金漢周, 위의 책, 14쪽.

219) 金漢周, 앞의 책, 8쪽, 김한주, 『우리나라에 있어서 마르크스·레닌주의 농업강령의 승리적 실현』, 조선로동당출판사(평양), 1960, 45~46쪽.

220) 홍달선, 「우리나라에 있어서 농촌의 사회주의적 개조」, 『8·15해방15주년기념 경제논문집』, 과학원출판사(평양), 1960, 70쪽.

221) 김광순, 「우리나라 인민민주주의 제도의 확대 공고화를 위한 조선로동당의 경

1956년 당시 김일성 대학 경제학부 부장이었던 김광순은 한국 전쟁 당시 국영공업이 극심하게 파괴당한 조건에서 "소상품 생산의 자연발생성의 작용이 강화되었다"고 보고 "폭격으로 폐허로 화한 대소 도시들에서는 시장이 개설되어 이것이 주민들에 대한 생산물 공급에 있어서 큰 역할"하게 되었으며 "폐허 위에서 소상업과 소상품 생산이 소생하게 되었다"고 말하고 있다. 그는 전시하의 주민 생활상에 대하여 "농민들은 시장에서 자기 생산물을 실현하고 그 대신 일용 필수품과 약간의 생산기재를 구득"하였고 "도시 소시민들은 '등짐장사'를 하여 생계를 유지하였으며 농민들이 등에 지고 온 곡물과 기타 농산물에 의거하여 생활하고 있었다"고 묘사하고 있다.

생산에 관한 국가적 통제가 강화되는 가운데 다른 한편으로는 주민 소비생활에 있어서는 주민의 자율성이 더욱 증대되는 역설적인 상황이 발생하고 있었던 것이다. 이것은 전시 경제에 관한 공식 통계에서도 뒷받침되고 있다.[222] 사회총생산액의 소유 형태별 구성을 보면 1949년도에는 사회주의 경제 형태(국영＋협동조합)가 47.6%(43.7＋3.9), 소상품 경제형태가 44.2%, 사자본주의가 8.2%인데 대해 1953년도에는 각각 50.5%(45.1＋5.4), 46.6%, 2.9%였다. 사자본주의 형태가 크게 감소하였지만 소상품 형태는 오히려 증가하고 있다. 소상품 형태에는 농업이 압도적인 비중을 차지하며 따라서 소상품 형태가 증가한 것은 공업 대 농업의 비중에서 1949년 47 : 53이던 것이 1953년 42 : 58로 전시기를 거치면서 농업의 비중이 더욱 증대되었기 때문이다. 사자본주의 형태가 크게 감소한 것은 전쟁으로 인한 파괴나 경제활동의 마비, 혹은 남한으로의 도피 등이 작용한 결과라고 해석된다.

이와 관련하여 매우 흥미 있는 통계가 있다. 위에서 인용한 『조선중앙년감(1961년판)』에는 소매상품 유통액에 관한 통계가 나와 있다.[223] 1949년도 상품유통 총액 3억 6천 8백만 원, 그중 국영 및 협동

제정책」, 『경제연구』 제2호, 1956, 55~56쪽.
222) 『조선중앙년감(1961년판)』, 336쪽.

단체가 1억 8천 1백만 원(8천 9백만＋9천 2백만), 개인상업이 1억 8천 7백만 원인데 대해 1953년에는 각각 8억 1천 1백만 원, 3억 9천 9백만 원(1억 9천 1백만＋2억 8백만), 4억 1천 2백만 원으로 되어 있다. 총 유통액은 가격 기준이기 때문에 전시 인플레가 반영된 것이라고 생각되므로 이를 비율로 비교해 보면 전쟁 전인 1949년도에 국영 및 협동단체 상업 49.2%, 개인상업 50.8%에서 전쟁 후인 1953년도에는 각각 49.2%, 50.8%로서 거의 변화가 없었다. 국영상업의 비중이 24.2%에서 23.6%로 약간 감소했을 뿐이다. 그런데 자연발생적으로 유통기능을 담당하며 광범하게 형성되었던 농민시장에 관해서는 별도로 범주를 설정하고는 있으나 통계는 잡히고 있지 않다. 따라서 개인상업과 농민시장을 합친 사적 상업의 비중은 상업 전체에서 차지하는 공적인 부문보다 훨씬 컸을 것으로 짐작된다.224)

4) 체제의 동요와 지방통치체제 개편

피점령지역의 탈환와 주민정책

인천상륙작전 이후, 9월 28일 서울을 탈환한 유엔군은 10월 19일 평양을 점령하고, 10월 26일 압록강변의 초산까지 진격하였다. 10월 25일 중국인민지원군이 참전함으로써 전세는 역전되어 조중연합군에 의해서 12월 5~6일 평양이 탈환되고 12월 중순 유엔군은 총퇴각, 12월 말까지 전쟁 개시 당시의 북조선 영역은 완전 회복되었다. 10월 초

---

223) 『조선중앙년감(1961년판)』, 344쪽.

224) 위의 『조선중앙년감(1961년판)』의 같은 면에는 '소매상품유통액의 소유형태별 구성(%)'라는 통계 숫자가 실려 있으나, 본문에서 인용한 유통액과는 전혀 비율이 맞지 않는다. 1949년도 국영 및 협동단체 56.5%, 개인 상업 43.5%, 1953년도 각각 67.5%, 32.5%이다. 위의 유통액수 통계는 이 연도에만 등장하고 사라지며 이후 연감에는 이 비율 통계만이 실리게 된다. 이것은 필자로서는 아직 풀 길이 없는 수수께끼이다.

순부터 12월 중순까지의 2개월 남짓한 기간이 유엔군의 북조선 점령기 간이라 할 수 있다. 인민군에 의한 남진이 단기간에 낙동강까지 밀고 내려간 것처럼, 북조선 지역의 군사적 장악도 순식간에 이루어졌다. 북조선 측의 전면적인 퇴각전술에 의한 것이기도 했지만, 인민군의 대열이 전면 붕괴한 이상 어쩔 수 없는 것이기도 하였다. 이미 3개월 이상이나 대량파괴 전쟁이 계속되어 남한 지역에서는 점령과 후퇴과정에서 쌍방에 대량의 주민학살이 행해지고 증오감은 극에 달하고 있었다. 북조선 지역에 대한 유엔군과 국군의 점령정책은 지극히 가혹한 성격을 띠지 않을 수가 없었다.[225] 그러나 점령정책은 체계적으로 준비된 것도 아니라면, 주민을 포용하기 위한 회유적 성격의 것도 아니었다. 지극히 단기간에 서둘러 만들어졌고 이미 남한 지역에서 일어난 증오와 대립의 연장선상에 있었다. 그것은 5년간 북조선에서 진행된 현실을 철저하게 부정한다는 발상에 입각해 있었다. 우선, 북조선에서도 통치 주체의 교체에 따른 대량의 보복이 가해졌다. 특히 유엔과 한국정부 간의 한반도 이북 관할권을 둘러싼 갈등은 점령행정체계상의 혼란을 가져와 사태를 더욱 악화시키고 있었다.

　6·25전쟁 당시, 북조선의 정권과 주민에게 가장 큰 경험은 군사적 피점령과 탈환을 통해서 토지개혁 당시에는 맛볼 수 없었던 '반혁명' 상황에 직면한 것이다. 전면전쟁에 의해 '혁명'을 전 한반도로 확대하려 한 군사적 시도는 국제전으로 확대하여 정규전의 패배로 인한 군사적 피점 령으로 반전하였지만, 북조선주민에게 피점령이라는 현실은 단순한 군사적 패배뿐 아니라 토지개혁이라는 혁명에 대하여 뒤늦게 찾아온 반

---

225) 북조선점령정책에 관한 자료나 연구는 6·25전쟁 관련 분야 중에서 가장 부족하다. 커밍스·할리데이, 『한국전쟁의 전개과정』, 97~120쪽이 이 분야를 개척하였으며, 和田春樹 저 / 서동만 역, 175~186쪽도 미국의 국무성 자료와 한국 신문을 활용하여 당시 상황을 추적하고 있다. 이 밖에 김창우, 「한국전쟁 초기 미국의 전쟁정책과 북한점령」, 최장집 편, 『한국전쟁연구』, 태암, 1990, 임재동·최정미, 「미국의 전쟁전략과 전쟁정책」, 한국정치연구회 편, 『한국전쟁의 이해』, 역사비평사, 1990 등 참조.

혁명이기도 하였다. 북조선주민 가운데 다수의 협력자가 나온 것은 사실이었다. 단지 피점령은 군사적 패배와 반혁명이라는 양면적 성질을 띠고 있었다. 북조선 체제 아래 억압되어 있던 사람들 이외에 공포감에 사로잡힌 이탈자가 다수 발생하였다.

사태에 대한 대응을 어렵게 한 것은 이러한 피점령의 성질이었다. 그리고 집단적 보복, 무차별한 파괴, 주민학살은 유엔군과 국군이 후퇴하는 과정에서 생겨났다. 후퇴 이후는 미군기의 공중폭격에 의한 초토화 작전이 북조선주민의 적개심을 고조시켰을 뿐이었다. 그러나 대량의 이탈자가 발생한 것은 북조선의 지도부에게는 두려워할 만한 사태였다. 더구나 '남조선 해방'의 기치하에 혁명을 수행한다는 자신감을 가지고 개시한 전쟁이었던 만큼, 거꾸로 일시적이기는 해도 순식간에 일방적인 반혁명의 상황에 직면한 것은 큰 충격이었다.

북조선의 지도부는 당과 지방인민위원회 조직을 복구하면서 피점령 기간 중 일어난 사태에 대하여 수습에 착수하게 된다. 앞에서 서술했던 것 같이 전시 상황을 총괄하여 대책을 세우기 위해 당중앙위원회 제3차 정기회의가 열리고 김일성은 후퇴 시기의 문제점을 지적한다.226) 김일성은 "적지 않은 청우당원들과 민주당원들이 적들과 합류하여 또는 소위 치안대, 멸공단 등 반대단체에 가입하여 우리의 로동당원들과 열성자들을 도처에서 학살, 모욕, 탄압한 사실"을 심각하게 받아들였다. 그러나 김일성은 이러한 것은 "청우당이나 민주당에 잠입한 반동분자들의 소행"이기 때문에 "우당들과의 통일 전선을 파괴"해서는 안 된다고 말했다. 명분상으로는 로동당의 통일전선 상대이던 청우당이나 민주당에서 대량의 협력자가 나왔고 이에 대해 통일전선의 해소도 포함하여 비난의 소리가 높아지자, 그 대응에 난처해하고 있었던 것이다. 그러나 이것은 적개심을 완화하거나 유화책을 취한다는 뜻은 아니었다.

계속해서 김일성은 "적들은 인민을 기만하며 공갈하며 점령지대에

---

226) 金日成, 앞의 책, 182~183쪽.

많은 반동단체들을 조직하였다. 이 반동단체의 악질분자들은 적들과 합류하여 온갖 폭행과 만행을 감행하였다"고 하며, "해방된 지역의 피해인민들이 이러한 악질반동에 대하여 복수하려 하는 것은 극히 정당한일"이라고 인정하였다. 그는 대책으로서 일반주민이 반농단체에 참가했다고 하여 아무런 법적인 절차나 심사도 거치지 않고 멋대로 숙청한다면 중대한 잘못이라고 훈계하며 면밀히 법적인 절차를 거쳐서 처리하고인민의 의견과 여론에 따라서 인민 자신이 심판하도록 조직해야 할 것이라고 주장하였다. 결정된 방침은 우선 이탈자가 상당수 나왔으므로처벌대상을 좁힐 필요가 있다는 것, 다음으로 무질서하게 주민에 의해보복이 가해져서 부작용이 생기는 것을 막자는 것이었다.

나아가 1951년 1월 당선전선동부장 박창옥은 다음과 같이 더욱 솔직하게 이탈자문제가 심각함을 인정하였다.227)

"일부지방들에서는 적들의 기만정책에 의하여 근로 성분을 가진 인민들이적의 편으로 넘어가 직접적으로나 간접적으로 조국과 인민을 반역한 범죄적 죄악을 범한 사실들"이 있다. "일부 지역들에서는 극소수의 사실이었지만, 토지개혁의 혜택을 받은 농민들 중에서 일부 락후한 농민들이 적의 편에 가담하여 로동당원들과 그 가족들을 학살한 사실"도 있다. "일부 지방들에서 우리 당일꾼들은 적의 학살로부터 인민의 구호를 받지 못하고, 비참히 희생을 당하게 된 사실들"도 있었다. "일부 락후한 인민들은 야수적 학살과 만행"에 위협받고 "원자탄을 사용한다"든가 "진달래꽃이 피는 봄이 돌아오면 다시 진공하여 온다"는 "악선전"에 기만되어 "우리의 승리에 대한신심을 잃어버리고 동요하기 시작하였다."

이 내용이 게재된 박창옥의 논문은 1951년 1월 21일 당중앙 정치위원회 제74차 회의에서 한 보고에 기초하여 작성되었다고 생각된다. 이회의에서는 각급 당단체, 특히 농촌 당단체에서 대중정치사업을 강화하기 위한 대책이 강구되고 있다. 이와 같이 피점령 기간 중의 문제에 대

---

227) 박창옥, 「현단계에 있어서 대중정치사업의 강화」, 『근로자』 1951.2, 96~97 · 102쪽.

해서는 첫째로 '적에 대한 협력자'를 체계적이고 조직적으로 처벌할 것, 둘째로 광범한 대중정치선전사업을 전개할 것의 두 가지 방향에서 대책이 수립되고 있었다.228)

우선 당중앙위원회 제3차 정기회의 결정에 따라 1951년 1월 5일 군사위원회결정 제42호 「적에게 림시 강점당하였던 지역에서의 반동단체에 가담하였던 자들을 처벌함에 관하여」, 1월 5일 군사위원회결정 제192호 「미국제국주의와 그 주구 리승만 매국도당들과 결탁하여, 그들의 편으로 도주한 민족반역자들의 물산을 등록하며, 이를 처분할 데 관한 결정서」가 공포되었다.229) 앞의 것에 대한 부속규정으로 1월 10일 「군중심판에 관한 결정」이 공포되었다.230) 전국 각지에서 적극적인 협력자나 점령정책에 가담한 사람들에 대해서는 현지 공개재판이 대대적으로 조직되어 적개심을 부채질하는 분위기 속에서 진행되었다. 당 공식문헌은 "반혁명분자들에 대한 전면적인 공세를 조직"하였고 "반혁명분자들에 대한 정치적 공세는 치열한 계급투쟁이었다"고 쓰고 있다.231) 소극적인 협력자나 추종자에 대해서는 '두문(杜門)'이나 '근신' 등 사회적 제재를 적용하여 자유외출이나 왕래를 금지하였다. 두문이 적용된 사람에 대해서는 "상의와 대문에 두문 표식을 하는 동시에 그의 행동을 감시"하는 조치가 취해졌다.232) 나아가 1951년 4월 17일 최고인민회의상임위원회정령 「미국제국주의자와 그의 주구 리승만 매국역도들과 결탁하여 인민을 탄압하고, 애국자를 무참히 학살한 악질적인 반국가적 범죄자들을 처단함에 관하여」가 발표되어 "악질분자들을 사형 및 전부

---

228) 박창옥, 위의 글, 참조.

229) 한락규, 「공화국 형사입법의 발전」, 『우리나라 법의 발전』, 196~198쪽, 『조선중앙연감(1951~52년판)』, 105쪽.

230) 김남식, 「북한의 공산화과정과 계급노선」, 『북한공산화과정』, 고려대아세아문제연구소, 1972, 139~141쪽에 전재. 내각지시 제657호 「군중심판회에 관한 규정의 시행요강」, 『내각공보』 1951.4.1, 52~64쪽.

231) 『조선로동당력사교재』, 273쪽, 『조선전사』 제26권, 275~279쪽.

232) 내각지시 제657호 「군중심판회에 관한 규정의 시행요강」, 앞의 책, 57쪽.

의 재산몰수에 처하며 그 형은 교형의 방법에 의하여 군중 앞에서 집행하고 이 죄의 판결에 대하여는 상소, 또는 항의할 수 없도록" 규정하였다. 이 정령은 황해도 '신천학살사건' 가담자나 그 밖의 학살가담자에게 적용되었다고 한다.233)

유급민주선전실장

한편 1951년 1월 21일 당중앙 정치위원회 제74차 회의에서는 「인민 속에 대중정치사업을 강화할 데 대하여」란 결정을 채택하여 이 결정에 기초를 둔 조치로서 1951년 3월 12일 내각결정제224호를 채택, 농촌주민 속에서 대중정치사업을 강화하기 위하여 '유급민주선전실장' 제도를 실시하였다. 이것은 종래 무급직이던 농촌의 민주선전실장직을 유급으로 바꾸고 거기에 당원을 배치한다는 내용이었다. 이 조치에 따라서 전국 농촌에 5천여 명이 새로이 배치되었다.234) 이것은 농촌 통치체제 정비에서 가장 중요한 조치였다. 규정에 따르면 민주선전실장은 "인민의 실상을 파악하며, 인민의 여론을 종합, 분석하여, 인민의 요구를⋯ 상부에 반영"시키는, 그 "지역의 통신원의 임무"를 수행한다고 하였다. 고급중학 졸업이나 각종 정치학교 졸업 자격을 요건으로 해당 군 인민위원장의 신청에 의거하여 도인민위원장이 임명하게 되어 있었다.235) 민주선전실에는 농촌에서 대중정치문화사업의 중심이자 전초

---

233) 한락규, 「공화국 형사입법의 발전」, 199~200쪽.

234) 한길언, 「위대한 조국해방과정에 있어서 조선민주주의인민공화국 인민정권의 가일층의 강화 발전에 대한 력사적 고찰」, 『8·15해방 10주년기념 법학론문집 : 제2집』, 조선민주주의인민공화국과학원(평양), 1955, 149쪽, 『조선전사』 제26권, 275쪽.

235) 민주선전실에 관해서는, 1951년 8월 30일 내각결정 제321호 「농촌(리)민주선전실에 관한 규정의 승인에 관하여」, 『내각공보』 1951년 9월 12일, 문화선전성문화국 편, 『군중문화사업 지도요강』(간행 시기 미상)을 참조. 민주선전실장은 상당한 요직으로 정전 직전 당시 급료는 군당위원장보다 많았다. 사상 담당의 리당부위원장과 리당위원, 리인민위원회위원 이외에도 당의 학습강사, 조소문화협회와 조선유적유물보존위원회의 리위원장도 겸임하였다. 김진계, 『조국―어

기지로서의 위치가 부여되어 당과 정부의 모든 시책을 전달, 침투시키는 기능이 주어졌다. 민주선전실장에는 매인민반에 선동원을 선발, 배치하는 권한이 부여되었다.236) 민주선전실을 중심으로 하여 선동원을 동원, 호별방문, 담화, 좌담, 강연, 보고, 독보 등 각종 선전방법을 통하여 정치선전사업이 수행되었다. 농촌부락에 벽보판, 게시판을 붙여 전황이 전해지도록 하고, 라디오의 집단청취도 이루어졌다. 그 밖에 영화상영, 대중오락사업도 전개되었다.237) 민주선전실은 1950년 하반기의 3,794개에서 1951년 2·4반기의 1만 2,833개로 증가하였다.238)

유급민주선전실장은 1952년 12월부터 리당부위원장이 겸임하게 되었다. 이것은 행정계통적으로는 문화선전성 관할하에 있는 농촌민주선전실을 당의 직접적 통제하에 두는 것을 의미하였다. 지방행정구역의 개편사업과 관련, 리당위원장이 상근제로 배치되면서 리당위원장과 민주선전실장은 농촌의 리 수준까지 당의 통제력이 직접 미치게 하는 매개체가 되었다.239)

반탐오·반낭비·반관료주의투쟁

피점령지역을 탈환한 초기의 주민정책은 지극히 가혹한 것이었다. 앞에서 설명했듯이 1951년 11월 당중앙위 제4차 전원회의에서 통치체제를 수습하는 과정에서 생긴 여러 부작용을 시정하기 위한 대책이 토의되었다. 이 회의에서 김일성이 제시한 '반관료주의투쟁'은 다음 해 2월 1일 도·시·군인민위원회 및 당 지도간부 연석회의에서 한 김일성

느 북조선 인민의 수기』, 현장문학사, 1990, 203~204쪽.

236) 대부분이 당원으로 1개 리에 약 20여 명의 선동원이 선발되었다. 김진계, 위의 책, 200쪽.

237) 박창옥, 앞의 논문, 105~106쪽.

238) 『조선전사』 제26권, 290쪽. 1952년 8월 유급민주선전실장 1명이 인근의 2개소의 선전실에 대한 책임을 맡았다. 각 선전실에는 1명의 무급실장도 배치되었다. 『조선전사』 제27권, 18쪽.

239) 한길언, 앞의 논문, 172쪽.

의 연설을 계기로 전당적으로 전개되었다.240)

　김일성은 우선 일부 지방정권기관 간부들이 "일제사상 잔재"를 청산하지 않고 있다고 지적하며, 인민에 의해 뽑힌 인민의 대표인 것을 잊고 일제시대 관리식으로 인민에 대해 행동하고 있다고 비판하였다. 대금을 지불하지 않고 수매사업을 추진하고 현물세도 일제시대의 공출식으로 징수하는 행위 등을 거론했다. 다음으로 많은 간부들에게 "관료주의적 작풍"이 나타나고 있다고 비난하였다. 인민을 설복하는 방법이 아니라 명령하고 강제하는 행동으로 인민에서 이탈하고 있다고 경고하였다. 특히 김일성은 현물세 징수에 대하여 농민들에게 할당식으로 부당하게 부과하고 있다고 통렬한 비판을 가하였다. 간부들이 춘기부터 미파종면적을 파종했다고 허위 보고하고 그 보고에 따라 현물세가 부과되어 수확 때 판정한 결과 실제 수확량과 차이가 생기더라도 당초의 부과량대로 평균분배식으로 징수하는 예가 대표적으로 들어졌다. 수해 때문에 현물세를 전혀 징수할 수 없는 경우에도 숫자를 채우기 위해 쌀을 사서라도 내라고 독촉하는 예도 들어졌다. 추경에 대해서도, 일부지방에서 간부들이 추경의 목표를 완수하지 못하고도 100% 완수했다고 허위 보고한 예나, 농민의 이해를 고려하지 않고 일방적으로 강제하여 농민들도 실제로 실행하지 않고서 허위 보고하는 예 등이 지적되었다. 또한 도로복구공사 같은 노력동원에 간부는 일절 참가하지 않고 주민만을 동원하라고 명령하는 것도 관료주의로 비판되었다. 나아가 김일성은 부패하여 간상배와 거래하거나, 국가물자를 훔쳐 내 팔거나, 국가재산을 낭비하는 등 부정행위도 엄중히 비난하였다. 또한 국가기관에 재정규율이 강화되자 지출 부족분을 인민에게 부정 할당하여 세외부담을 시키는 예도 거론되었다.

　김일성이 제기한 반관료주의운동은 반탐오, 반낭비운동의 성격도

---

240) 김일성, 「현계단에서의 지방정권기관들의 임무와 역할－도·시·군인민위원회 위원장 및 당지도일꾼 연석회의에서 진술한 김일성동지의 연설」, 『로동신문』 1952.2.19.

겸하고 있었다. 김일성은 이 연설에서 이례적으로 마오쩌뚱을 인용하였는데, 이 반탐오·반낭비·반관료주의운동은 중국에서 1951년 9월부터 펼쳐진 '3반·5반 운동'을 참고로 한 것이었다.『로동신문』 2월 25일자는 중국의 운동을 상세히 전하고 있다.241) 당시의 반관료주의 투쟁을 독려하고 있는 논문에는 다음과 같이 쓰여 있다.242)

> 모든 지도가 반드시 대중 속에서 나와 대중 속에로 돌아가는 방향에서 실현되어야 할 것이다. 모든 지도간부들은 분산되고 계통이 서지 않은 대중의 각종 의견을 종합해서 이를 깊게 연구한 후, 그것을 계통화시켜 가지고, 다시 그것을 대중에게 선전하고 설명해서 대중의 의견으로 함과 아울러 대중으로 하여금 그것을 견지케 하며, 동시에 대중의 행동을 통하여 그 의견이 정확한가 안 한가를 검열해 보아야 한다. 그리하여 대중 속에서 종합된 의견을 또 다시 대중 속에서 견지케 하여야 한다.

마오쩌뚱의 대중노선에서 나오는 표현을 그대로 옮겨 놓은 것이다. 중국식의 대중노선이 전면에 나오게 것은 아니지만,243) 그것이 강조된 것은 운동이 전시하에서 이반되고 있는 당, 정부의 간부와 일반 인민의 관계를 회복하고자 하는 시도임과 동시에 지금까지 당무를 장악해 온 허가이식의 '활동작풍'에 대한 비판이기도 하였기 때문이다.244) '관료주의'란 허가이식을 상징하는 말이었다고 할 수 있다.

---

241) 「중국에서의 반탐오·반랑비·반관료주의운동」,『로동신문』1952.2.25.

242) 김철수,「책임일꾼들의 지도수준 제고를 위한 몇 가지 문제」,『로동신문』1952. 4.10. 동「반관료주의 투쟁은 전 당적, 전 인민적 과업이다」,『로동신문』1952. 2.24, 동「반관료주의 투쟁을 강력히 추진하자」,『로동신문』1952.8.31.

243) 아직 국제공산주의운동에서 스탈린의 권위는 절대적이었기 때문에, 당시 문헌에는 표면적으로는 언제나 스탈린으로부터의 인용이 두드러지며 마오쩌뚱에 대한 인용은 공공연하게 이루어지기 어려웠다.

244) 허가이는 1951년 11월 당중앙위원회 제4차 전원회의에서 당사업에서 '책벌주의', '관문주의' 오류를 범했다하여 당부위원장 및 당조직담당비서직에서 해임되고 부수상으로 좌천되었다. 이에 대한 상세한 설명은, 和田春樹 저 / 서동만 역, 앞의 책, 261~265쪽, 제3장의 제1절의 3.을 참조.

2월 22일 당중앙위 조직위원회 제92차 회의가 열려, 전 당, 정권기관 간부를 김일성의 '2월연설'을 실천하는 데 조직, 동원하기로 결정하였다. 2월 하순부터 4월 하순까지 각 도, 시(구역), 군당위원회 전원회의, 초급당총회, 각 기관, 기업소의 종업원회의, 리민총회, 내무, 안전 기관의 회의, 각 사회단체의 전원회의가 열려 반관료주의 투쟁을 전개하기 위한 토의가 진행되었다. 예컨대 평안북도당위원회에서는 1952년 4월 17~18일 시, 군, 당 및 정권기관 연석회의를 소집하여 구체적 대책을 강구, 5월에는 룡천군에 대한 집중지도를 진행, 6월 중순에는 도, 시, 군, 면, 리인민위원회에서 자기사업을 검토, 총화시키고, 6~7월에는 내무, 검찰기관 및 사회단체에서 당회의를 통하여 '사상투쟁'을 전개하도록 하였다.245) 8월 2~3일 당중앙위 정치위원회 제128차 회의에서는 2월 연설의 관철 상황을 총괄하고, 반관료주의 투쟁을 전 당, 국가적으로 전개한다고 것을 결정하여 모든 당단체가 다시 동원되었다.246) 당중앙의 방침으로 "국가와 인민의 재산을 좀 먹는 탐오, 랑비, 횡령, 절취자들을 당 및 국가기관들의 통제와 검열, 제지를 일방으로 하고 하부에서 일어나는 비판과 자기비판과 전 인민적 감시를 타방으로 한 투쟁의 압착기에 압축할 것"이 결정되었다.247)

북조선의 문헌은 김일성 연설의 철저한 실천을 위해 "당과 정권기관으로부터 인민들을 리탈시키는 일부 간부들과 국가일꾼들의 관료주의적 사업작풍들이 무자비하게 비판되고 국가와 인민의 재산을 절취, 횡령, 랑비하는 일체의 비당적, 반국가적 범죄행위들이 적발, 폭로, 숙청되었다"고 전하고 있다.248) 예컨대 함경남도 당단체의 경우, 김일성 보

---

245) 『조선전사』 제27권, 96쪽.

246) 위의 책, 96면, 「『현계단에 있어서 지방 정권기관들의 임무와 역할』에 관한 김일성동지의 연설 집행정형에 관하여—당중앙위원회 제128차 회의 결정서 1952.8.2」, 『결정집 : 1947.8~53.7 당중앙정치위원회』, 조선로동당중앙위원회, 70~75쪽.

247) 위의 책, 75쪽, 현정민, 「김일성동지의 2월교시 실천을 위한 투쟁의 계속 강화」, 『근로자』 1955.2, 리효순 「2월연설의 역사적 의미」, 『인민』 1955.2.

고문에 대한 연구, 토의사업과 결부시켜 당회의, 군중집회, 보고, 강연, 해설 등 다양한 형식과 방법을 적용함과 동시에, "관료, 탐오분자의 죄행을 서슴지 않고 공개적으로 폭로함으로써 대중 속에서 그들을 고립시켰으며, 그러한 분자들을 증오, 멸시하는 사회적 분위기를 조성"함으로써 투쟁이 개시된 3개월 동안 함흥시당위원회 내에서만 수백 명이 자기의 과오를 자백했다고 한다.249)

중국의 '3반 · 5반 운동'의 경우, 상공업, 유통부문에 집중되어 '반탐오 · 낭비'의 측면이 강했지만, 북조선의 경우 '반관료주의'의 측면이 강하였다. 비판 대상은 검찰, 내무기관에 집중되어 있었다. 대표적인 예로 최고재판소검사부총장 채규형, 내무성제일국장 박정만에 대하여 사형판결이 언도되었다.250) 채규형은 소련계로서 허가이의 측근이었다고 한다.251) 반탐오 · 반낭비 · 반관료주의 운동이 진행된 1년간 평양시와 각 도당위원장, 인민위원장도 대폭 교체되었다.252)

평양시당위원장 : 김덕환→ 윤공흠, 평양시인민위원장 : 김성학→ 정연표
평안남도당위원장 : 박영성→ 김일, 평안남도인민위원장 : 송참렴→ 유임
평안북도당위원장 : 허빈→ 유임, 평안북도인민위원장 : 리유민→ 김승섭
함경북도당위원장 : 고봉기→ 한상두, 함경북도인민위원장 : 허국봉→ 유임
함경남도당위원장 : 박영→ 현정민, 함경남도인민위원장 : 김민산→ 유영기
자강도당위원장 : 김승섭→ 현정민→ 양계, 자강도인민위원장 : 리효순→ 유임
황해도당위원장 : 김열→ 리상조, 황해도인민위원장 : 김응기→ 송봉욱
강원도당위원장 : 김인춘→ 김원봉, 강원도인민위원장 : 정연표→ 문태화

---

248) 리효순, 위의 논문, 38쪽, 림해, 「역사적 2월연설은 인민정권 강화를 위한 투쟁의 지침」, 『인민』 1956.2, 39쪽.

249) 현정민, 앞의 논문, 57쪽.

250) 사설 「관료 · 탐오분자에 대한 인민의 준엄한 심판」, 『로동신문』 1952.7.3.

251) 林穩, 『北朝鮮王朝成立秘史』, 自由社(東京), 1982, 187쪽, 『김일성의 비서실장 :고봉기의 유서』, 천마출판사, 1989, 50쪽.

252) 이 인사에 관한 유일한 증언은, 고봉기, 위의 책, 52쪽이지만, 직명이 거의 잘못되어 있다. 당시의 신문, 잡지, 기타 인명사전을 참조하여 재구성하였다. 직명의 상세한 출처에 대해서는 [표 1 : 당 · 인민위원회 · 사회단체의 간부 직력]을 참조.

유임된 평안남도인민위원장, 함경북도인민위원장, 자강도인민위원장, 황해도인민위원장, 평안북도당위원장과, 문책인사에 따른 후속 이동인 강원도인민위원장, 자강도당위원장 이외에는 전원이 교체되었다. 8개도(평양시)당위원장 중 6개가 문책성 해임이며 박영성, 박영, 김열 등 소련계의 해임이 눈에 띄는데, 이것은 허가이의 몰락이 그대로 반영된 인사였다. 연안계는 리유민, 고봉기, 김민산이 해임된 대신, 윤공흠, 현정민, 양계, 리상조가 기용되어 여전히 높은 비중을 유지하고 있다.253) 1948년 3월 제2차 당대회를 전후하여 소련계의 비판에 의해 좌천된 바 있던 윤공흠, 리상조도 컴백하였다. 주목할 것은 정연표, 한상두, 허국봉, 유영기, 김원봉 등 식민지시대의 적색 농조나 노조운동 출신으로서 북조선에 지역적 기반을 가지고 있는 국내계가 진출한 사실이다. 이반하는 민심을 수습하여 통치체제를 회복하기 위해서는 토착적 기반을 가지는 그들의 역량이 필요하게 된 것이다. 유임된 국내계 송봉욱이나 갑산계 리효순, 내각양정국장에서 이동된 국내계 전 함경남도인민위원장 문태화, 일본 출신이지만 해방 직후부터 평안남도에서 활동해 온 송참렴을 더하면 국내 출신자가 해외 출신자를 훨씬 웃돌게 되었다. 1951년 11월 당중앙위 제4차 전원회의에서 리효순이 당조직위원, 1952년 6월에는 리송운이 최고검찰소검사총장이 되고 1952년 초부터 같은 갑산계 박금철이 급부상한 것도 이러한 흐름의 일부였다고 생각된다.254)

---

253) 소련계, 연안계, 국내계, 만주파 등의 분류 방법 및 그 연구상 의의에 대해서는, 和田春樹, 『金日成と滿洲抗日戰爭』, 平凡社(東京), 1992, 이종석 역, 창작과비평사, 1994 및 서장의 '공산주의운동과 계파' 부분을 참조. 박영은 개인영웅주의자로 숙청되고, 박영성의 이후 행적은 불명이다. 김열은 중공업부상이 되지만, 1955년 12월 부패, 탐오분자로 숙청되었다. 소련계의 몰락에 반해 연안계의 리유민, 고봉기, 김민산은 이후에도 요직을 역임, 제3차 당대회에서 당중앙위원이나 검사위원에도 뽑혔다.

254) 갑산계 박금철의 당내 위치가 급부상하게 된 사실은 남로당계 숙청에서 매우 중요한 의미를 갖는다. 그는 1946년 북조선로동당 창립 시부터 당간부부장직은 줄곧 연안계가 차지해 온 관례를 깨고 1953년경부터 당연락부장으로서 간부부

지방당, 인민위원회에 관해서는 자강도와 황해도의 상황이 알려지고 있다. 자강도당의 경우, 도내무부장, 희천군당위원장, 희천군인민위원장이 대표적인 탐오분자로 적발, 파면되어 9개 군당위원회전원회의에서 67명이 탐오·낭비분자로 적발, 폭로되었다. 강계시 당위원회가 지도한 도·시급 각 기관과 생산직장 내 초급당단체회의에서 214명이 적발, 폭로되고, 그 밖에 1,130명이 자기 과오를 반성, 자기비판했다고 한다.255) 황해도당의 경우, 1951년부터 53년까지 다수의 군인민위원장, 당위원장이 낭비, 탐오분자로 적발되었는데, 특히 군당위원장 48명이 책벌, 철직되었다고 한다.256) 신천군에서는 농민들의 고발에 의해 '불순한' 인민위원장 16명이 적발, 폭로되고, 그 밖에 신계군당위원장, 은율군인민위원장이 관료·탐오분자로 적발되었다고 한다.257) 그러나 당내에서는 "전 당적이고, 전 인민적 운동으로 전개"하여 적지 않은 성과를 거두었다고 평가하면서도 "다수의 경우, 군중들의 고발에 의하여서가 아니라 상부로부터의 검열에 의해서 적발"되었고 대중의 발의가 느슨하여 거의 동원되지 않았다고도 비판하고 있었다. 그 원인은 "대중에 대한 해설, 선전사업이 미약"하며 또한 "밑으로부터의 정당한 비판을 억압"하며 때로는 "복수적 태도를 취하는 일부 간부의 관료주의"가 남아 있기 때문이라고 지적되었다.258)

구체적인 예를 들자면, 김일성의 연설이 행해진 직후, 지방의 면, 리 인민위원회 사업에 대한 내각이나 상급 인민위원회의 지시를 정확히 실행시키기 위하여 중앙 및 각 도, 군급 간부를 면, 리에 파견하는 '5개월 공작지도원'제가 시행되었다. 이것은 1951년부터 본격화한 전권대표의

장 역할을 하게 되었다. 제3장 제2절의 4를 참조.

255) 자강도당위원장 현정민 「관료주의·탐오·랑비를 반대하는 투쟁에서의 몇 가지 경험」, 『로동신문』 1952.7.3.

256) 리효순, 「간부사업은 당조직사업의 기본문제이다」, 『로동신문』 1956.5.20.

257) 황해도당위원장 김열, 「반관료주의 투쟁 행정에서 얻은 우리 도당단체의 몇 가지 경험」, 『로동신문』 1952.8.12.

258) 김철수, 「반관료주의 투쟁을 강력히 추진하자」, 『로동신문』 1952.8.31.

파견을 상례화한 것이었다. 많은 부작용이 생기고 있었다. '일제관리식', '관료주의적 지도'가 그대로 적용되었다고 비판되고 있다. 예컨대 황해도 남연백군 연안면 봉남리에 파견된 어느 지도원은 고공품 생산을 보장하지 않는다고 하여 현지 산부를 때린 적이 있고, 평안남도중화군 내에 파견된 어느 간부는 아무런 준비도 없이 회의만을 빈번히 소집하고 주민에게 욕설로써 사업하고 있었다. 또한 일부 지도원 중에는 면, 리 간부의 수준이 낮다고 하여 독단적으로 사업을 집행, 위원장의 역할을 대리하는 경향도 나타났다. 한 예로서 황해도 금천군 토산면 부압리에 파견된 지도원은 자기가 위원장 역할을 하고 리위원장에게는 연락원 역할을 시키면서 나아가 인민군대 원호미란 명목으로 주민으로부터 불법적으로 징수한 양곡을 횡령하였다. 배치된 공작지에 시기에 맞추어 도착하지도 않고 사적인 일로 돌아다니면서 자기 임무를 수행하지 않은 경우도 적발되었다.259) 이러한 현상을 시정하기 위하여 내각지시 제73호는 파견된 지도원을 군인민위원장이 장악, 검열하여 정기적으로 도와 내각에 보고할 것, 지도원은 직접 리인민위원장의 사업을 대행하지 말고 지방인민위원회의 자주성을 살리도록 할 것, 각 도인민위원장은 사업에 충실치 않은 지도원을 소환하여 교체할 것 등을 규정하고 있었다.260)

1952년 5월 28일 내무성은 18세 이상의 모든 주민에게 새롭게 공민증을 재교부하였다. 전쟁을 통하여 크게 변동한 인구를 조사함과 동시에 잠입한 간첩을 적발하고 월남자도 찾아내는 등 단속이 목적이었다.261)

지방당 및 인민위원회의 복구와 지방행정구역 개편

당원 확대 정책과 함께 지방통치체제를 복구, 정비하기 위한 이러한 조치는 직면한 상황에 대한 즉각적인 대응이었고 체계적인 처방이 되지

---

259) 내각지시 제73호 「면·리인민위원회에 파견한 지도원의 사업수준을 높일 데 대하여」, 『북한법령집』 제1권, 대륙출판사, 1990, 671쪽.

260) 위의 책, 672면.

261) 내무성령 제2호 「공민증에 관한 규정」, 『내각공보』 1952.5.30.

는 못하였다. 더 근본적이고 제도적인 조치가 강구되어 갔다. 그것은 1952년 12월 22일 최고인민회의상임위원회정령에 의해 공포된 지방행정구역을 전면적으로 개편하는 조치였다.

지방행정체계를 개편할 필요성은 피점령 상태로부터 북조선 지역을 탈환하여 지방당과 인민위원회조직을 복구하는 과정에서 제기되었다고 생각된다. 1951년 1월 무렵 김일성은 점령으로부터의 ‘해방지역’에서 인민정권기관을 복구하기 위한 조치로서 인민정권기관에 대담하게 새로운 간부와 여성간부를 등용하여 “전쟁이 끝나기까지 정권기관 일꾼과 인민위원회 위원을 임시로 임명위임제에 의해 배치”해야 한다고 발언하고 있다. 다만 리인민위원회에 대해서는 “선거해도 좋다”고 말했다.262) 이 ‘임명위임제’는 평상시에는 선거에 의해 뽑히는 지방정권기관 간부에 대하여 전시의 특수사정으로 인해 임명이라는 방법을 적용하는 조치였다고 할 수 있다. 김일성의 발언으로부터 그 임명의 범위는 군·면까지였다고 추측된다. 리인민위원회의 경우 선거의 가능성을 인정한다는 것은 중앙으로부터 리까지는 간부를 임명할 여력도 없기 때문에 리 수준에서는 촌락의 자율에 맡길 수 있다는 의미였을 것이다. 이 지방통치체제를 복구하는 과정에서 중앙으로부터 통치력이 직접 리까지 미치도록 할 필요성과 중앙의 능력의 한계를 동시에 절실히 느꼈다고 할 수 있다.

행정적 초급기관인 리인민위원회 사업을 강화할 목적으로 이미 1951년 말부터 준비작업으로 내각결정 제390호「지방행정구역변경 준비사업에 관하여」를 채택, ‘지방행정구역변경준비위원회’가 조직되어 1952년 11월 27일에는 내각결정 제213호로서 그 내용을 최고인민회의상임위원회에 제출하였다. 이렇게 하여 북조선 지역에서 종래의 도·군(시)·면·리 행정체계 가운데 면을 폐지, 도·군(시)·리의 체계로 하는 지방행정구역으로 개편하고, 또한 공장, 광산, 임산, 어촌의 특수

---

262) 김일성, 「조선로동당의 금후 사업방침에 대하여―조선인민군 련합부대 및 중국 인민지원군부대 지휘관·정치일군 련석회의에서 한 연설」 1951.1.28, 『김일성 저작집』 제6권, 285쪽.

리에는 노동자구를 설치하는 조치가 시행되었다.[263] 1952년 12월 말에서 53년 초에 걸쳐서 개편사업은 단시일 내에 수행되었다.[264] 그 결과 약 7백 개 이상의 면이 폐지되고 군은 종래의 91개로부터 168개로 불어났다. 리는 1만 120개로부터 3,659개로 통합, 정비되어 군중심지에는 168개의 읍이 설치, 41개의 노동자구가 신설되었다.[265]

지방 행정, 당직에 대한 전면적인 인사조치가 뒤따르고 있었다. 더구나 선거가 실시된 것이 아니기 때문에 군·리의 간부는 중앙이나 도의 임명에 의해서 배치, 이동되었다. 이 조치의 결과 종래 촌락자치의 성격이 강하던 농촌 최말단 행정이 중앙의 직접적 영향하에 들어가게 되었다. 리의 경우 인민위원회에는 상근 유급직원이 리인민위원장 1명밖에 배치되지 않았으나, 새로운 체제 아래서는 5~6명이 되었다. 당에는 상근 유급간부가 1명도 없었으나, 당부위원장과 민주선전실장의 2명이 전임이 되었다. 이미 1951년 말경부터 준비작업이 진행되어 왔지만, 이 시기에 실행에 옮겨진 것은 '문헌토의사업'을 통한 지방의 하부 당·정권기관의 단속을 더 효과적으로 추진하기 위함이었다. 행정구역 개편작업은 지방의 당과 행정간부에게는 남로당계 숙청을 위한 문헌토의사업을 독려하는 의미를 가지고 있었던 것이다.[266] 특히 간부이동이 대폭 단행되고 리 급 간부의 대부분이 현지 사정에 낯설은 타 지방 출신자였다.[267] 유엔군에 의한 북조선점령 기간 동안 체제에 대한 충성심

---

263) 한길언, 앞의 논문, 171쪽.

264) 1952년 12월 27일 내각에 '지방행정개편실행중앙지도위원회'가 설치되어 전체 사업을 지도하고 군조직위원회와 리, 읍, 로동자구조직위원회가 각각 해당 지역의 개편사업을 집행하였다. 한길언, 위의 논문, 171쪽.

265) 1개의 군이 2개로 분할되고, 3개의 리가 1개로 통합된 결과가 되었다. 『조선전사』 제27권, 100~101쪽, 「지방행정구역개편 통계표」, 『조선중앙연감(1953년판)』, 517쪽.

266) 남로당계 숙청과 문헌토의사업에 대해서는, 강상호, 「내가 경험한 북한 숙청」, 『중앙일보』 1993.1.11~10.12, 전 35회 연재.

267) 내각사무국장 한국모, 「리인민위원회의 사업강화를 위하여」, 『인민』 1953.3, 47~48쪽, 『資料朝鮮問題研究』 1953년 제7호, 朝鮮問題研究所(東京)에 전재.

에 의심을 받은 지역에 다른 지방 출신이 새로운 간부로 대거 파견되었다고 보아도 좋을 것이다.

이 개편사업과 관련하여 열린 앞서의 11월 27일 내각전원회의에서 한 김일성의 결론에 따르면 리에는 정당, 사회단체 간부로 '리인민위원회 조직위원회'를 구성, 리인민위원회 선거가 실시될 때까지 리인민위원회 역할을 하도록 하고 리인민위원회 선거는 1953년 가을로 예정하고 있었다. 종래 유급간부로서는 위원장 1명만이 배치돼 있던 리인민위원회 기구정원은 위원장 1명, 서기장 1명, 생산지도원 1명, 세납과 재정 담당지도원 2명, 민주선전실장 1명 등 계 5~6명의 유급간부를 두기로 하였다. 새로운 리인민위원회위원장은 군인민위원회의 과장급 간부로 하는 것을 기본으로 수준이 어린 사람도 선발, 양성하도록 하였다.[268] 그러나 리인민위원회 선거는 1956년 11월까지는 실시되지 않았다. 이 개편사업의 규모를 고려하면 결국 전쟁 이래 대부분의 인민위원회는 명목상으로도 임명제로 운영된 것이다. 다만 김일성이 이 회의에서 리에 대해서는 선거의 여지를 남겼다는 것은 그 의미는 명확치 않지만 농촌 최말단 행정단위에서는 아직 촌락자치의 기능에 어느 정도 의존할 필요성을 인정한 것인지도 모른다.

5) 전후 사회주의 건설에의 함의

전후 사회주의 개조의 조건 형성 및 전시체제 존속 문제

6·25전쟁 당시 북조선 정권과 주민에게 가장 큰 경험은 군사적 피점령과 탈환을 통해 토지개혁 당시에는 맛보지 못했던 반혁명 상황에 직면한 것이다. 상황을 수습하기 위해 '군중 심판' 등의 제재수단이 널리

---

268) 김일성, 「지방행정체계와 행정구역을 개편할 데 대하여－조선민주주의인민공화국내각 제21차 전원회의에서 한 결론」 1952.11.27, 『김일성저작집』 제7권, 379~381쪽.

활용되었다. 이러한 주민 서로 간의 증오라는 내부적 요인에다가 미군의 융단 폭격에 가까운 공습으로 북조선 전역이 혹심하게 파괴되고 폭격에 대한 공포심이나 적개심이 극에 달한 점 등 외부적 요인이 더해짐으로써 6·25전쟁은 북조선 주민들에게 남한 주민 못지않게 임청난 심리적 상처를 남겼다. 북조선의 특징은 이러한 심리적 상흔을 포함하여 전쟁의 경험이 제도적으로 고착되었다는 데에 있다.

전쟁을 통해 광범한 사영 상공업이 몰락하고 다수의 주민이 남으로 이동하였다. 토지개혁 이후 제2차 인구이동이라고도 할 만한 것이었다. 계층적으로 지주나 부농, 사영 상공업자가 많았다고 추측해도 무리는 없을 것이다. 북조선사회의 주민구성은 이전보다 훨씬 동질화되었으며 전쟁을 통하여 사영 부문의 비중은 현저히 감소하였다. 무엇보다도 전쟁에 의해 완수된 것은 이남 지역과의 심리적, 인적 단절을 포함한 총체적 단절이었다. 사회주의로의 이행을 막고 있던 이남 지역과의 끈이 끊어져 버렸다는 의미에서 북조선에서 사회주의 단계로의 이행을 위한 토대는 전시기에 마련되었다고 할 수 있다.

한편 전시 노동관계의 특징으로 가장 중요한 것은 단체계약을 정지시킨 데 있다. 그 밖에 노동력의 이동을 제한하는 조치와 노동 규율에 대해 형법적 수단을 적용하는 조치가 중요하다. 이러한 전시 노동관계는 전후에도 계속 유지되어 1954~56 전후 복구 건설 3개년 계획이나 1957~61년 제1차 5개년 기간 중에도 존속하였다. 1956년경부터 직업동맹위원장 서휘를 중심으로 단체계약을 부활, 전시 노동관계를 평시 관계로 정상화시키려는 시도가 있었으나 '8월 종파사건'으로 서휘가 중국으로 망명하고 그 후유증으로 숙청이 직업동맹 내부로까지 확대되자 중지되고 만다. 1958년에도 직맹위원장 한상두 아래 일시적으로 단체계약을 재개하려는 시도가 있었으나, 1959년 '천리마운동'이 전면화하면서 유야무야된다. 1962년경 확립되는 북조선 공장관리의 기본체제인 '대안의 사업체계'에서는 직업동맹이 근로자의 권익단체에서 사상교양 단체로 그 위치가 변질된다. 그리고 마침내 1964년 김일성은 "부르죠아

잔재"라는 이유로 단체계약을 완전히 폐지시켰다.

전시 농업생산체제나 지방행정체계의 변화는 전후 농업집단화에 있어서 중요한 조직적 기초를 형성하였다. 6·25전쟁 이전까지는 어느 정도 촌락의 자율성이 유지되고 있었으나 농촌 민주선전실 설치 및 면을 폐지하는 지방행정 체계 개편 조치로 중앙의 행정적 통제력이 농촌 말단에까지 미치게 되었다. 이는 1954년 초부터 전면 개시되는 농업집단화를 추진할 수 있는 조직적 기반이 된다. 전시 농촌행정에서 점령 당시 남한 지역을 대상으로만 한정되었던 전권대표 파견방식이 항상 활용됨으로써 나중에 농업집단화의 강력한 추진수단이 되는 '중앙당 집중지도'의 효시가 마련되었다. 또한 6·25전쟁 과정에서 경작권지가 급증함으로써 경지 면적의 4분의 1 이상에 대한 처분을 국가가 좌우할 수 있게 되었다. 나아가 대부분의 저수지가 파괴된 결과, 관개 시설의 복구나 건설을 위해서 대규모 농촌 노동력이 동원될 필요가 있었으며 이러한 점도 농업집단화를 용이하게 하는 배경으로 작용하였다. 전쟁으로 농촌 경제가 극도로 피폐해짐으로써 농업생산을 위해서는 국가의 물적, 인적 지원에 크게 의존하지 않을 수 없었다는 조건도 농업집단화에는 유리하게 작용하였다. 계층적으로 보면 전쟁 시기에 많은 농민들이 경제적으로 영락함으로써 빈농층이 현격하게 증대하였으며, 집단화 초기에 이들 빈농층의 광범한 호응이 집단화 추진에 결정적인 지지 기반으로 작용하였다.

생산 면에서는 전전에 이용되고 있던 전통적인 노력부조 형태가 1년 내내 조직되고 노력의 조직화가 본격화되어 농작업이 위로부터의 지시나 캄파니아에 의해 계획적으로 진행되게 되었다. 일부 전선지역에는 공동작업대가 조직되고, 많은 농촌에 부업협동조합이 조직되어, 전후 농업집단화의 맹아가 된다. 그리고 전후 농업집단화 과정에서 북조선 지도부는 제대군인 및 전쟁 유가족을 농업협동조합관리위원장을 중심으로 한 농촌 하층간부로 대거 등용 내지 투입하는 정책을 폈다. 이른바 '사회주의 농촌 진지' 구축의 인적 토대는 이러한 계층을 중심으로 이루어진 것이다.

　전시 체제는 항상 물자 부족에 허덕이게 마련이고 기본 생필품은 배급제에 의존하지 않을 수 없게 된다. 이것은 자본주의 체제에도 예외가 아니지만 북조선의 경우 전쟁 시기에 확대된 배급제가 전후 복구 건설이나 이후 1960, 70년대를 거치면서도 완화되지 않고 거의 그대로 유지되었다. 1954년도 개시된 3개년 계획의 당초 목표에 주요 생필품의 배급제를 폐지한다는 항목이 들어 있었고 1958년도에는 소비품에 대하여 국정 유일가격에 의한 판매제로 이행하며 식량을 제외하고는 배급제가 철폐되었다고 공식적으로 선언되었으나, 실질적으로는 '공급제'란 명칭하에 배급제는 거의 그대로 존속하게 되었다.[269] 이것은 나중에 인민 소비생활이 더욱 개선된 후에도 변화하지 않았다. 여기에는 경제적인 물자 부족 상황보다는 통치수단으로서의 의도가 더 크게 작용하지 않았나 하는 추측을 가능하게 한다.

　권력 관계에서 지방 도인민위원장, 당위원장 급 간부에 과거 적색노조, 농조를 중심으로 한 국내 공산주의운동 출신자가 특히 소련계를 제치고 등용된 점은 과거 주류파를 이루었던 연안계, 소련계 등 해외 출신자들이 전후에는 비주류파로 밀려나는 계기가 된다. 이들 국내 출신자는 전전에는 연안계, 소련계 등 해외 출신에게 눌려 견제 당하여 고위직에는 진출할 수 없었으나, 전시기 민심수습 차원에서 북조선에 토착적 기반을 갖는 간부들이 각 도당위원장이나 인민위원장에 다수 기용되었다. 갑산계의 전면 부상은 이를 선도하는 역할을 하였다. 남로당파 숙청의 공백도 그들이 더욱 진출할 수 있는 기회를 제공하였다. 1955년 12월경 '주체'를 제기하게 된 인적 토대는 전쟁 과정에서 형성되고 있었다고 할 수 있다.

---

269) 1950년대 북조선의 배급제의 변화 추이에 대해서는, 김연철『북한의 산업화 과정과 공장 관리의 정치(1953~70)』, 성균관대학 박사학위 논문, 1996, 66~70쪽.

전시체제의 성격을 둘러싼 북조선 내 논의

이상 전쟁 시기의 변화가 전후 농업 집단화를 중심으로 사회주의 개조를 위한 조건 형성이었다는 측면에 대해 주로 언급하였으나 사회주의 개조의 방향 및 그 속도를 둘러싸고 북조선 내부에 격렬한 노선 대립이 있었음은 주지의 사실이다. 이러한 대립은 6·25전쟁 시기 북조선체제의 경제적 변화도 포함하여 당시 북조선 사회의 단계나 성격을 어떻게 규정할 것인가 하는 문제와도 직접적인 관계가 있었으나 이 주제는 그동안 외부 연구자들에게 거의 주목받지 못했다.270) 이 논쟁은 전후 경제복구 건설을 둘러싼 중공업중시 문제, 농업집단화 추진 과정에서 그 실시의 템포나 방식 문제 등을 둘러싼 논쟁으로 이어졌고, 과도기와 프롤레타리아 독재 문제를 둘러싼 논쟁과도 깊은 관련을 갖고 있었다. 여기서는 당시 논의 과정에서 주목할 만한 견해를 견지했던 김광순과 송예정의 입장을 간단히 소개함으로써, 1950년대의 전후 경제 복구 건설 과정에서 당시 승리했던 주류 노선에 대해 패배는 했으나 대안적인 모색이 이루어졌다는 사실을 평가할 필요성을 지적하고자 한다.

당시 북조선학계에는 6·25전쟁 당시 북조선의 정책을 소련의 내전 시기 경험과 비교해서 '전시공산주의 정책'으로 규정하는 통념이 있었던 듯하다. 그런데 앞에서 인용한 바 있는 경제학자 김광순은 이에 대해 의문을 제기하며 과감한 주장을 펴고 있다. 김광순은 전쟁 과정에서 "전체 인민 경제를 전시 체제로 개편하고 그에 대한 국가적 통제를 강화시키는 일련의 대책들을 실시"했다고 인정한다. 다만 그는 "이러한 전시 경제 정책은 당시 어떤 사람들이 막연하게 생각하듯이 전시공산주의적 정책으로의 전환이 일어난 것을 의미하는 것은 아니었다"고 주장한다. 김광순은 소농체제하에서 시장이 여전히 중요한 기능을 하고 있음을 중시하였으며 이러한 점을 근거로 전시 경제 운영을 전시 공산주의적인 것

---

270) 남한에서는 이 논의에 대해서 김성보가 본격적으로 문제를 제기한 바 있다. 이하 서술은, 김성보『북한 농업개혁론과 농업변동』(연세대 대학원 사학과 박사학위 논문, 1997년), 215~221쪽을 많이 참조하였음.

이 아니라 "시장적 연계"를 이용했던 러시아의 "신경제정책(NEP)"적인 것으로 파악하였다.271)

　그는 레닌의 신경제정책의 요체를 "자유상업과 시장적 연계를 이용하지 않고서는 극노로 쇠퇴한 농업의 향상을 기대할 수 없으며," 자유상업은 "소농 경영에 대하여 강력한 활력소의 역할"을 할 수 있고, "자유상업이 농업에 활기를 띠게 하고 농업의 향상은 다시 공업과 운수의 활기 증진에 영향을 줌으로써 전체 인민 경제가 소생하고 향상될 것"이라는 점에 있다고 보았다. 그는 레닌의 신경제정책을 인민민주주의 국가들이 사회주의로 이행하는 과도기에 취할 정책으로 간주하고 사회주의 국영공업과 소생산이 공존하는 경제 구조하에서는 이들 다양한 생산부문 간에 시장을 통한 연계가 있어야 한다고 보았던 것이다.272) 김광순은 북조선의 경제정책도 국가공업과 소생산 간에 "상당한 기간에 걸쳐 시장적 연계를 원활하게 리용함으로써 생산적 련계만으로써는 미치지 못하는 것들을 보충"해야 한다고 주장하였다.273) 농업협동화에 대한 그의 입장은 농업협동화 추진 과정에서 자유 시장을 존속시키면서 소농경영의 발전도 동시에 장려해야 한다는 것으로 해석할 수 있다.

　이러한 측면을 더욱 강조한 것으로 송예정의 견해를 들 수 있다. 다만 송예정은 전시기 북조선의 경제정책을 네프적인 것으로 보는 입장에는 비판적이었다. 그는 유럽의 인민민주주의 각국이나 네프 당시 소련에 있어서 "사자본주의적 요소들의 기업 활동이 활발한 사회주의 건설과정에서 배제되어 가는 사자본주의적 요소들의 활동이라면, 북조선에서의 그것은 일정한 범위 및 기간 내에서만 배제되어 가는 것이 아니라 오히려 장려되며 어느 정도의 국가적 원조까지도 받는 그러한 기업활동"이라

---

271) 김광순, 「우리나라 인민민주주의 제도의 확대 공고화를 위한 조선로동당의 경제정책」, 『경제연구』 제2호, 1956년, 55~56쪽.

272) 김광순, 「레닌의 신경제정책에 관한 학설과 그의 세계사적 의의」, 『경제건설』 1954.6, 120~121쪽.

273) 김광순, 위의 논문, 133쪽.

고 차이를 지적하였다.274) 네프는 기본적으로 사회주의 단계의 정책이 며 선행했던 전시공산주의라는 "비상사태로부터 정상적인 상태로 전환, 재편성"되는 의미를 갖는 데 대해,275) 북조선 체제는 아직도 유럽 "인민 민주주의 국가들에서의 인민민주주의적 발전의 첫 단계에서 벗어나지 못하였다"는 것으로 그 사회단계의 차이를 강조한다.276)

송예정의 입장은 전후 경제건설에서 "사자본주의적 요소들의 생산 능력을 최대한 활용"함으로써 "피폐한 인민 경제의 급속한 부흥 발전을 촉진해야 할 경제적 필연성"이 있다는 것이었다.277) 또한 농업정책에 서는 본격적인 급진적 농업집단화가 아니라 "생산수단에 대한 농민적 소유를 전제로 하며 어디까지나 자유의사에 기초"한 "부분적", "점진적" 집단화를 추진하는 것이었다.278) 이는 소농 체제, 시장적 연계 등을 중 시하는 데서는 김광순의 견해보다 적극적인 것이었다. 앞에서도 언급했 듯이 이러한 송예정의 주장은 북조선 사회발전단계에 대한 그의 독자적 인 견해에 입각한 것이었다. 그는 남북분단이란 조건하에서 "조선 혁명 의 과제"는 "통일과 반봉건 혁명"의 과제를 해결해야 하는 것이며, 따라 서 북조선 사회의 발전도 "새로운 사회주의 단계로 진입"하는 과제에는 아직 직면하고 있지 않다는 견해를 일관되게 주장하였다.279)

---

274) 송예정, 「소련 군대에 의하여 일본 제국주의 기반으로부터 해방된 이후에 있어 서의 북조선 사회경제의 제 개혁(하)」, 『근로자』 1952.8, 42쪽.

275) 송예정, 위의 논문, 42쪽.

276) 송예정, 「조선에서의 인민민주주의의 발생과 발전」, 『인민』 1954.8, 22쪽.

277) 송예정, 『근로자』 1952.8, 43쪽.

278) 송예정, 『인민』 1954.8, 26쪽.

279) 송예정, 위의 논문, 26쪽. 그는 1952년부터 일관해서 북조선 체제가 '프롤레타리 아 독재'가 아닌 '인민민주주의독재'임을 주장해 왔고 1956~57년 당시 북조선 학계에서 전개된 '과도기와 인민민주주의' 논쟁에서도 같은 입장을 펴다가 '반 당종파 분자'로 몰려 숙청당하게 된다. 과도기 논쟁에 대해서는, 송예정 「공화 국 북반부에서의 사회-경제적 발전의 력사적 제 조건과 맑스-레닌주의 리론 의 몇 가지 명제에 대하여」, 『인민』 1956.11. 리석채, 「『공화국 북반부에서의 사 회경제적 발전의 력사적 제조건과 맑스-레닌주의 리론의 몇 가지 명제들에 대 하여』(『인민』 1956.11)에 대한 몇 가지 의견」, 『근로자』 1957.1 참조.

　　이러한 북조선 내 논의는 6·25전쟁의 참혹한 파괴에 따른 경험에도 불구하고 전후 북조선의 사회주의 개조를 포함한 경제 발전 과정에서 이른바 '중공업 중시-급진적 농업집단화-자유시장의 철폐'로 요약되는 '주류 노선' 외에도 다른 대안이 모색되고 있었다는 증거가 된다.[280] 이는 경제적으로 국가적 비중이 증대되고 정치적으로는 위로부터의 통제가 강화된 전쟁 시기의 변화가 그 이후 북조선 체제의 발전 방향을 규정한 점도 중요하지만, 그러한 측면을 절대화해서는 안 되며 다른 방향의 가능성도 일정 부분 존재했음을 평가할 필요성을 시사해 준다.

---

280) 이 문제에 대해서는, 졸고, 「1950년대 북한의 정치 갈등과 이데올로기 상황」, 김성보 「1950년대 북한의 경제건설 논쟁과 귀결」, 각각 역사문제연구소학술심포지엄 『북한 사회주의체제의 역사성과 개혁의 전망』 발표논문, 졸고 「북한의 전통과 근대」, 『한국의 근대와 근대성 비판』, 역사비평사, 1997 참조.

5 소 결

전시체제의 특징은 군사위원회를 정점으로 하는 중앙집권적 측면에 있었다. 다만 당내 다원성은 유지되고 있었으며, 김일성의 위치도 전쟁 책임의 소재와 관련하여 심하게 흔들리고 있었다. 김일성의 위치가 가장 불안정했던 것은 1950년 10월경이었다. 북조선을 대표하는 공식적인 최고의사결정기구의 기능은 당중앙위원회 전원회의가 전면에 나서서 수행하였다. 정규전형, 인민전쟁형, 유격전형 등 세 가지 형태의 군대가 통합된 것은 전쟁 과정에서였다. 인민군 내에 당단체가 조직되어 총정치국이 설치되면서 인민군은 정식으로 '당의 군대'가 되었다.

중국인민지원군의 참전으로 전쟁은 내전에서 미중 전쟁으로 확대되었다. 한국군의 작전지휘권이 유엔군으로 이관된 것과 마찬가지로 북조선과 중국 사이에 조중연합사령부가 창설되어 인민군의 작전지휘권도 연합사로 넘어가게 되었다. 김일성은 중국 측이 제안한 조중연합사령부 설치에 응하지 않다가 스탈린의 동의가 표명되자, 겨우 설치에 합의하였다. 수십만의 중공군이 참전하자, 김일성은 상당한 경계심과 위기의식을 가졌을 것으로 생각된다. 인민군최고사령관이자 조선로동당 위원장으로 김일성의 심정은 굴욕적이었을 것이다. 전세 역전으로 인한 위기상황을 김일성은 개전 시와 마찬가지로 박헌영과의 협조를 통해 수습해 갔다. 박헌영이 당의 군대가 된 인민군의 총정치국장에 취임한 것은 이러한 관계의 반영이었다.

그러나 김일성은 전쟁이 진행되는 과정에서 점차 자신의 힘을 회복해 갔다. 1952년 4월 김일성의 40회 탄생일에는 당의 거물들이 모두 김일성을 찬양하는 글을 공식 매체에 발표하였다. 김일성의 공식적인 선집 간행이 계획되고 김일성의 기념물이 각지에 세워지며, 김일성의 수령 호칭이 일반화된다. 전쟁 전과는 다른 김일성 개인숭배 현상이 본격적으로 확대되기 시작하였다. 한편 이후 허가이의 몰락과 자살, 박일우의 좌천, 박헌영의 숙청을 통하여 김일성의 라이벌이 차례차례 제거되었다. 김일성은 몰리고 있던 입장에서 반격에 성공하여 당, 정부에 버금가는 또 하나의 권력의 원천이 되었다.

남로당파의 숙청은 북조선에서 이루어진 최초의 스탈린식 숙청재판이었다. 그 발단에는 상황적으로 스탈린이 개입했을 것으로 여겨진다. 6·25전쟁의 개전에는 스탈린, 마이쩌뚱이 개입하고 있었던 만큼, 전쟁 실패의 책임은 그대로 넘어갈 수 없는 문제였다. 전쟁 개시는 김일성과 박헌영의 협력으로 추진된 것이지만, 김일성 쪽이 박헌영보다는 스탈린, 마오쩌뚱과 공유하는 것이 많았다. 또한 김일성은 휴전을 서두르고 있었으나, 박헌영은 남한 지역 내 빨치산 부대를 의식하여 휴전에 소극적이었던 것으로 추측된다. 중국이 이 재판을 바로 양해한 데서 숙청이 휴전협상과 깊은 관계에 있었음을 엿볼 수 있다.

전시기의 민심수습 차원에서 북조선에 지역적 기반을 갖는 과거 적색 농조, 노조운동 출신 국내계 공산주의자들이 각 도당이나 인민위원장에 대거 기용되었다. 갑산계의 부상도 그 일환이었다. 남로당파 숙청으로 생긴 권력의 공백은 그들 다수가 진출할 수 있는 기회를 제공하였다. 연안계 간부부장 시대가 끝나고, 연락부장이 된 갑산계 박금철이 사실상의 간부부장 역할도 하며, 세력 교체에서 중요한 역할을 수행한 것으로 보인다.

공업부문에서 전시체제로의 이행은 이미 전쟁 전에 도입된 유일관리제에 의해 순조롭게 실현되었다. 노동관계에서 이동의 자유가 제한되고 노동규율을 확립하기 위하여 형사적 조치가 도입되며, 단체계약이 정지되는 등 전시 노동입법은 엄격한 것이었다. 그러나 농촌에서 전시 생산체제로의 이행은 개전 초기의 전승 분위기 때문에 늦어지고, 피점령 상태에서 벗어나면서 가능해졌다. 전쟁 전부터 활용되고 있던 전통적인 노동력 부조형태, 즉 품앗이반이 연중 내내 조직됨으로써 노동력의 조직화가 본격화되었다. 농작업이 위로부터의 지시나 캄파니아에 의해 계획적으로 진행되었다. 일부 전선지역에는 공동작업대가 조직되고 많은 농촌에 부업협동조합이 조직되어, 전후 농업집단화의 맹아가 된다. 전시 농촌행정에서는 점령 당시 남한 지역에 대하여 적용되었던 전권대표 파견방식이 항상화되었다. 농촌에 대한 정치적 통제나 행정적 조치는 엄격하였지만, 경제적으로는 극도의 물자부족 상황으로 인하여 주민생활의 상당 부분은 '자연경제'에 의존하지 않을 수 없었다. 북조선의 경제학자들은 전시 경제정책을 소련 내전기의 '전시공산주의' 정책보다는 시장 역할을 활용한 '네프적'인 것에 가깝다고 평가하고 있었다.

6·25전쟁 당시 북조선의 정권과 주민에게 가장 큰 경험은 군사적 피점령과 탈환을 통해 토지개혁 당시에는 겪지 못한 반혁명 상황에 직면한 일이다. 상황을 수습하기 위하여 군중심판 등의 제재수단이 광범하게 활용되었다. 통치체제를 정비하기 위한 주요조치로서 1951년 3월 농촌주민들 사이에서 대중정치사업을 강화하기 위하여 유급민주선전실장제도를 실시하여, 전국 농촌에 5천여 명의 노동당원이 배치되었다. 이후 지방행정체계의 개편과 함께 유급민주선전실장은 리당부위원장을 겸임하게 되었다.

나아가 더욱 근본적인 제도적 조치가 강구되어, 1952년 12월 지방행정구역의 전면적 개편이 단행되었다. 종래의 도-군(시)-면-리 행정체계 중 면 단위가 폐지되어, 도-군(시)-리를 체계로 하는 지방행정구역으로 바뀌었다. 개편작업은 1952년 12월 말에서 1953년 초에 걸쳐 남로당파 숙청의 계기가 된 「당중앙위 제5차 전원회의 문헌토의사업」과 동시에 진행, 단시일 안에 수행되었다. 이 조치의 결과, 종래 촌락자치의 성격이 강하던 농촌 최말단행정이 중앙의 직접적 영향 아래 들어가게 되었다. 행정체계 개편과 관련하여 진행된 간부배치에서 상당수의 간부가 이동되어 대부분의 간부가 연고가 없는 지방에 재배치되었다.

전쟁을 통해 광범한 사영상공업이 몰락하고 수백만의 주민이 남으로 이동하였다. 토지개혁에 이어서 '제2차 인구이동'이라고도 할 만한 것이었다. 계층적으로 지주나 부농, 사영상공업자가 많았을 것이다. 북조선 사회의 주민구성은 전쟁 이전보다 훨씬 동질화되었다. 전쟁을 거치면서 사영부문의 비중은 현저히 감소하였다. 무엇보다도 전쟁에 의해서 완수된 것은 이남 지역과의 심리적, 인적 단절을 포함한 총체적 단절이었다. 사회주의로의 이행을 막고 있딘 이남 지역과의 끈은 끊어져 버렸다. 이러한 여러 가지 의미로 북조선에서 사회주의로의 과도기는 전시기에 개시했다고 할 수 있다.

제4장

전후 경제복구건설과 사회주의적 개조(1953~1958)

1 전후 정치 역학관계의 변화와 소련계 비판

1) 전후 초기 정치세력관계의 재편

　　남로당파에 대한 숙청작업이 1953년 8월 5~9일에 열린 당중앙위 제6차 전원회의에서 총괄되어 당내 세력관계는 크게 바뀌었다. 박일우가 좌천되고 허가이는 자살하며 박헌영이 숙청되고 나자, 김일성에 도전할 만한 거물은 없어졌다. 연안계와 소련계가 그 세를 유지하고 있었지만, 그들을 내부적으로 결속할 수 있는 중심인물은 없어졌다. 최고 의사결정기구인 당 정치위원회의 위원은 김일성, 김두봉, 박정애, 박창옥, 김일 5명으로 구성되었다. 김두봉은 정치역량이 없는 명목상의 인물이었고, 다른 3명 중 박정애는 김일성에 대한 절대적인 추종자였으며, 김일은 빨치산파로서 김일성의 심복이었다. 소련계의 새로운 최고실력자가 된 박창옥은 허가이에 비해서는 정치적 비중이 덜한 인물이었다. 당 조직구조도 완전히 개편되었다. 당내 집행기구의 중추로서 당 조직전문가인 허가이가 창설했다고 말해지는 제1, 제2, 제3 비서직과 조직위원회가 폐지되었고, 비서인 박정애, 박창옥, 김일은 부위원장에 임명되었으며, 상무위원회가 부활되었다. 상무위원에는 정치위원 5명 이외에, 박영빈, 최원택, 최창익, 정일룡, 김황일, 강문석, 김승화, 김광협, 박금철, 남일이 선출되었다. 당위원장하에서 당무상의 실권을 제1비서에 두었던 종래의 구조는 완전한 당위원장 중심체제로 바뀌었다. 당 선전선동부장에 김창만, 노동부장에 김황일, 사회부장에 김민산, 사회과학부장에 리청원이 임명되었다. 남로당파 숙청 과정에서의 역할을 반영하여 박창옥이 부상하였고, 상무위원에 박영빈, 김승화, 남일이 선출되는 등 소련계의 진출이 두드러졌다.1) 그러나 전쟁 전인 1948년 초 소련계 박

창옥에 의해 선전선동부장에서 밀려났던 연안계 김창만이 선전선동부
장에 복귀하고, 사회부장에 연안계 김민산이 임명된 것은 연안계를 이
용한 소련계에 대한 견제였다고 할 수 있다. 또한 이 회의에서 연락부장
박금철이 상무위원으로 되었고, 김황일이 상무위원 겸 노동부장이 되는
등, 남로당파가 숙청된 공백을 북조선에 기반을 갖고 있던 새로운 국내
계가 메우기 시작했다.2)

내각은 노동당 이외에 북조선의 군소정당과 남조선의 중간파들에
대한 배려가 이루어지고, 어느 정도 통일전선적인 측면을 유지하고 있
었을 뿐, 당에 비해 커다란 변동은 일어나지 않았다. 남로당파가 체포된
직후인 1953년 3월 소폭의 내각 개조가 이루어졌다. 박헌영의 후임 외
무상으로 소련계 남일, 리승엽의 후임 인민검열위원장에 역시 남로당계
인 리기석이 임명되었고, 체신상에는 내무상과 당 정치위원에서 해임되
었던 박일우가 임명되었다. 1953년 7월에는 박헌영, 허가이의 후임 부
수상에 민족보위상 최용건(겸임)과 철도상 박의완(이동)이 임명되었
다. 1953년 7~8월 당시 내각의 구성원들을 보면, 수상 김일성(빨치산
파), 부수상 5명에는 홍명희(민주독립당), 최창익(연안계), 정일룡(테
크로크라트), 박의완(소련계), 최용건(빨치산파 : 민주당), 국가계획위
원장 정준택(테크노크라트), 민족보위상 최용건, 내무상 방학세(소련
계), 외무상 남일(소련계), 인민검열위원장 리기석(남로계), 철도상 김
회일(테크노크라트), 재정상 윤공흠(연안계), 체신상 박일우(연안계),
사법상 리용(신진당), 노동상 김원봉(인민공화당), 보건상 리병남(남

---

1) 당중앙위 제6차 전원회의에서의 개편 내용에 대해서는,『조선중앙년감(1953년판)』,
   385쪽을 참조.『資料朝鮮問題硏究』1953년 9월호, 1쪽에 수록, 중국의『人民日
   報』1953년 8월 13일자에도 게재.

2) 박금철은 1953년 11월경부터 숙청된 배철의 후임 연락부장직을 맡으며 실질적으
   로는 공석 중인 간부부장 역할도 수행한 것으로 추측된다. 그는 인사부문에서 남
   로파 숙청과 관련하여 연락부를 전면 개편하는 작업을 지휘했으며, 이는 간부부
   장의 가장 중요한 임무였을 것이기 때문이다. 박금철의 연락부장 취임에 대해서
   는 몇 가지 증언이 있다. 유영구,『남북을 왕래한 사람들』, 도서출판 글, 1993, 108
   쪽 ; 신경완 증언 · 이태호 기록,『압록강변의 겨울』, 다섯수레, 1991, 188쪽.

로계), 교육상 백남운(근로인민당), 문화선전상 허정숙(연안계), 농업상 박문규(남로계), 국가건설위원장 김승화(소련계), 중공업상 김두삼(테크로크라트), 화학건재공업상 백홍권(테크노크라트), 경공업상 리종옥(테크노크라트), 상업상 리주연(국내계·북), 무역상 진반수(연안계), 무임소상 리극노(조선건민회), 주황섭(조선청우당)이었다. 27명 중 노동당 이외의 인물은 8명이었고, 6명이 남한 출신에 할당되었다. 로동당은 빨치산파 1명, 소련계 4명, 연안계 5명, 남로계 3명이었고, 그 밖에 국내의 북조선 출신자 7명은 리주연을 제외하고는 전부 테크노크라트였다.[3]

1953년 12월 20~22일 최고인민회의 제6차 회의에서 상임위원회도 일부 개선되었다. 내각과 같이 최고인민회의도 기본적인 골격을 유지했다. 의장 리영(근로인민당), 부의장 리유민(연안계), 홍기황(민주당), 상임위원회 21명은 김두봉(위원장 : 연안계), 김응기(부위원장 : 국내계·북), 리극노(부위원장 : 조선건민회), 강량욱(서기장 : 민주당), 강진건(국내계·북), 성주식(인민공화당), 리구훈(남로당), 박정애(국내계·북), 김창준(남조선기독교민주동맹), 장순명(국내계·북), 장권(사회민주당), 류영준(남로계), 라승규(민중동맹), 김병제(남조선청우당), 리기영(북·무), 최원택(남로계), 원홍구(북·무), 강응진(근로인민당 : 사망→리만규), 전윤도(?), 유해붕(사회민주당), 문두재(남로계)였다.[4] 의장단과 상임위원 24명 중, 로동당은 10명이었지만, 그중 국내계·북 4명, 남로계 4명, 연안계 2명이었고, 비로동당 14명은 주로 남한 출신자에게 할당되었다. 마찬가지로 최고인민회의는 통일전선의 역할을 맡고 있었다. 이와 같이 내각과 최고인민회의 인사에서 남한 출신을 배려할 수밖에 없었던 것은 남로당 숙청의 후유증이 컸기 때문이었다.

1953년 12월 18~19일 당중앙위 제7회 전원회의가 개최되어, 각급 당 단체의 지도기관결산·선거를 1954년 1월 20일부터 4월 5일까

---

3) [부표 3 : 내각상·부상, 기타 고위간부직업 경력]을 참조.

4) 『로동신문』 1953.12.23. Suh Dae-Sook, Ibd., p.393.

지 실시하기로 결정했다.5) 우선 이 결정을 내린 중요한 이유는 전시하에서 정기적인 선거가 불가능했을 뿐만 아니라, 많은 간부가 희생되는 등 임지를 이동시켰기 때문이었다. 게다가, 이미 숙청된 남로당파 간부가 차지하고 있던 당내 직위를 메울 필요성도 크게 작용했다. 1952년 12월부터 53년 초에 걸쳐서 지방행정구역이 개편되어 지방인민위원회와 지방당의 체계가 변화했음에도 불구하고, 그 직후 선거가 실시되지 않았던 것은 남로당파 숙청이 진행되고 있었기 때문이었다. 1953년 가을경에 리인민위원회 선거를 실시할 예정이었지만 실행되지 않았다. 따라서 당 지도기관결산·선거는 전쟁 발발 이후 최초의 전국적인 범위에 걸친 선거였다고 할 수 있다. 게다가 당 수준에서도 이 선거는 제2차 당대회를 앞두고 1948년 1월 5일부터 2월까지 실시된 각급 당단체 결산·선거 이후 5년 만의 일이었다.

보통 이 전원회의를 제7차 회의라고 명명했던 것은 남로당의 숙청과 관련해서 당 정통성과 역사 문제에 대해 결론이 내려지지 않아 지연되었음을 의미한다. 앞에서 언급했던 당 중앙위 제6차 전원회의에서 「당규약 개정위원회」가 김일성(위원장), 박정애, 박창옥, 김일, 박영빈, 리기석, 김황일, 정일룡, 김광협, 리권무, 한설야, 강문석, 황태성, 김열, 고봉기, 김승화, 박금철의 17명으로 구성되어 있었지만, 그 목적은 이러한 복잡한 문제를 해결하는 데 있었다. 빨치산파 3명(김일성, 김일, 김광협), 갑산파 1명(박금철), 소련계 4명(박창옥, 박영빈, 김열, 김승화), 연안계 2명(리권무, 고봉기), 국내계(북) 4명(박정애, 김황일, 정일룡, 한설야) 이외에, 리기석, 강문석, 황태성 등 남로당계가 포함되었었던 것도 포괄적인 해결을 시도한 인선이었다. 다만 연안계가 2명에 지나지 않았고, 상무위원 김두봉과 최창익이 들어오지 않은 것은 어떠한 이유에서건 이견을 표명했기 때문일지도 모른다. 당 규약 개정위원회의 논의 내용과 성과는 발표되지 않았고, 규약 개정은 1956년 제3차 대회까

---

5) 「각급 당지도기관들의 결산-선거 실시에 관하여-전원회의 제7차 회의 결정서 1953.12.19」, 『결정집 1953년도 전원회의, 정치-조직-상무위원회』, 45~46쪽.

지 이루어지지 않았다.

남북조선 로동당이 합당해서 '조선로동당'이 창설된 것은 1949년 6월 24일 비공개리에 개최되었던 '남북조선로동당 연합중앙위원회'에서였다. 앞에서 언급했던 것처럼 당시 당대회는 개최되지 않았고, 합당 사실조차 발표되지 않았다.6) 여기에는 남북 대립이라는 엄격한 정세뿐 아니라, 조선공산주의운동의 정통성 문제, 조선공산당과 북조선분국을 포함한 남북로동당의 기원 문제가 그 이유로 작용했다고 생각된다. 이 연합중앙위원회를 기점으로 제1차 중앙위 전원회의가 되고, 1953년 12월 전원회의가 제7차로 순번이 매겨졌던 것이다. 따라서 당대회와 중앙위원회를 개최하려고 하면, 우선 그것을 몇 차 대회와 회의로 해야 하는가가 문제가 되고, 여기에는 조선로동당의 기원에 관한 복잡한 측면이 얽혀 있었다. 남로당을 미제의 스파이로 단죄한 이상, 조선로동당의 출발을 남북로동당의 합당에서 구할 수도 없었지만, 또한 그것을 전면적으로 부정한다는 데 당 내부가 합의할 수 있는 것도 아니었다. 다음 1954년 3월 21~23일 당 중앙위 전원회의에서는 소련식 명명방식을 채용하여 '몇 차'라는 명칭 대신에 개최 시기가 '몇 월'인가에 따라 명칭이 붙여지게 되었지만, 이것은 당 기원 문제에 결론이 내려질 때까지의 잠정적인 조치였다.7)

한편 각급 당 단체 선거를 실시할 수 있게 되었다고 해서 정세가 안정된 것은 아니었다. 먼저 남로당계가 대거 숙청되어 그들이 간부직에서 큰 비중을 차지하고 있던 조국통일민주주의전선이 제대로 기능을 발휘할 수 없게 되었다. 게다가 피점령 기간에 생긴 후유증 때문에 조국전선 내부의 청우당과 민주당, 그 밖에 기업가, 상인들과의 통일전선도 순

---

6) 제2장 제2절의 2에 있는 남북로동당 합당에 관한 서술을 참조.

7) 1955년 12월 2~3일 당 중앙위 전원회의에서 '조선로동당 제3차 대회'의 소집을 의제로 함으로써 이 문제에 결말이 지어졌다. 북조선로동당 제1차, 2차 대회가 조선로동당의 제1차, 2차 대회로 되고, 남북로동당이 합당한 집회는 당대회 역사에서 삭제되었다.

조롭지 않았다. 이른바 '우당(友黨)'과의 통일전선은 1950년 12월 당 중앙위 제3차 전원회의, 1951년 11월의 제4회 전원회의에서도 반복해서 지적되었듯이, 제대로 이루어지지 않았기 때문에, 1953년 12월 제7차 전원회의에서는 특히 이 문제를 의제로 상정해야만 하였다. 이 전원회의에서 당부위원장 김일이 「통일전선사업을 개선·강화할 데에 대하여」라는 제목으로 보고를 하였고, 김일성이 이에 대해 결론을 말했다. 김일성은 청우당원 등 우당 당원을 차별하지 말고 각종 협동단체에 가입시키고 그 간부들을 경제기관에 등용하도록 권하였다. 나아가 기업가·상인 및 기독교 교인과의 통일전선에도 적극적으로 힘써야 한다고 주장하였다.8) 피점령과 탈환을 거치면서 농촌지역에서는 주민들 사이에 복수극이 자행되어 그러한 감정의 응어리를 해소시키는 것은 매우 어려웠다. 피점령 시기에 유엔군 측에 협력해서 처벌된 사람들과 월남자 가족에 대해서 적대시하는 등 차별 경향이 강하였다. 이 제7차 전원회의 결정9)에 기초해서 농촌지역에서 이러한 경향을 엄격히 금지시키라는 지시가 내려졌다.10)

1948년의 최고인민회의 대의원선거와 1949년의 지방인민위원회 대의원 선거에서는 민전의 공동입후보제를 채택하고 있었기 때문에, 통일전선 문제는 새로운 대의원 선거와 직결되어 있었던 것이다. 비록 겉

---

8) 김일성, 「통일선전사업을 개선·강화할 데 대하여－조선로동당 중앙위원회 제7차 전원회의에서 한 결론」, 『김일성저작집』 제8권, 196~207쪽.

9) 「조국통일전선 사업을 강화할 데 대하여－전원회의 제7차 회의 결정서 1953.12. 19」, 『결정집 1953년도 전원회의, 정치－조직－상무위원회』, 46~48쪽.

10) 1953년 12월 당시 평안남도 안주군 평율리의 경우, 총 농가 수 3백여 가구 중 피점령 시 '치안대'에 들어가 협력했던 사람들이 약 20%, 자진해서 월남한 사람들이 약 10% 정도였다. 김진계 구술·김응교 기록, 『조국－어느 '북조선 인민'의 수기』, 현장문학사, 1990, 224~230쪽. 김진계는 남로당원으로서 월북, 6·25전쟁에 참가하여 제대한 후, 1950년대에는 평안남도 안주군 평율리 민주선전실장, 1960년대에는 평안남도 당 농업부 지도원을 맡았다. 1964년 이후 대남 공작원으로서 수 차례 남한에 파견되어 활동하던 중 1970년대에 체포되어 무기징역을 언도받고 18년간 복역한 후 1988년 71세의 고령자로 석방되었다.

으로 보이기 위한 선전 목적이었지만 선거를 치르려면 청우당과 민주당 출신자에게도 대의원 중 일정 비율을 할당해야만 했다. 더욱이 제1기 최고인민회의 대의원 총수 572명 중 360명이 남한 지역 대표였기 때문에 새로운 최고인민회의를 구성하려 한다면 남한 지역 대표를 추대해야 할지 여부를 결정해야 하였다. 그러나 남한 선출 대의원 대부분이 숙청된 이 시점에서 그 결정을 내리기란 쉽지 않았을 것이다. 결국 당대회는 개최하지 않고 각급 당 단체를 선거하는 데 그친 부분적인 것이었지만, 당의 기반을 굳히는 작업을 우선적으로 실시하고, 인민위원회를 개선함으로써 체제의 정당성을 확보하는 작업은 뒤로 미루게 되었다.

공식적인 통일전선기구인 조국통일민주주의전선의 조직개편은 당, 내각, 최고인민회의 개편보다 약간 지체되어 1954년 5월에 실시되었다. 개편은 당시 진행 중인 제네바 회의와 관련된 '평화통일 방안' 전략을 전개하기 위한 일환이기도 했다. 이후 북조선당국은 적극적으로 평화통일의 선전공세에 나서게 되었다. 종래 5명이던 의장단이 보강되어 김원봉, 리영, 리극노, 김창준, 홍기황, 김달현, 김천해, 류영준, 정로식, 리종만 등 10명이 되었다.[11] 북조선의 민주당과 청우당 출신인 홍기황, 김달현, 일본 출신의 김천해를 제외하고 모두 남한 출신이었다. 다만 남로당계는 의장단에 여성인 류영준과 서기국장인 홍증식 정도였다.

2) 새로운 국내계 세력의 대두

앞에서 언급한 것처럼, 1953년 8월 당 중앙위 전원회의에서 남로계 숙청의 공백을 메우기 시작했던 것은 새로운 국내계였지만, 특히 두드러지게 대두한 세력이 갑산계였다. 1948년 4월 제2차 당대회에서 갑산계는 박금철, 리송운이 당 중앙위원의 하위 서열, 리효순이 후보위원의

---

11) 이기하, 『한국공산주의운동사 III』, 591쪽, 霞關會 편, 『現代朝鮮人名辭典』, 1962
   에 나오는 해당 인명에서 재구성하였음.

하위 서열에 선출되어 거의 주목을 받지 못하던 존재였다. 1952년 12월 전원회의에서 김일성의 직계였던 박금철이 인민군총정치국 부국장에서 발탁되어 당 연락부장이 되었다. 간부부장 진반수가 교체되었지만 공석으로 남았으며, 이는 장기간 지속되어 오던 연안계 간부부장 시대의 종언을 뜻하였다. 그는 남로계 숙청에 관여하면서 실질적으로는 간부부장 역할도 수행했다고 여겨진다. 박금철은 1954년 3월 전원회의에서 정식으로 당간부부장이 되면서 당 정치위원회에 들어오게 되고, 11월 전원회의에서는 소련계 박영빈을 대신해서 당 조직지도부장이 되어 당내에서 가장 두각을 나타냈다. 그의 진출과 함께 창당 이래 소련계와 연안계가 같이 담당해왔던 당 조직부문도 김일성 직계가 장악하게 되었다. 1949년 2월 이후 자강도 인민위원장을 맡아오던 리효순은 1951년 11월 당 조직위원으로서 중앙에 진출하여, 1954년 10월 당 검열위원장, 1955년 8월 국가검열상을 역임하였으며, '반탐오·반낭비운동'에서 수완을 발휘하면서 1955년 12월에는 당 간부부장에 발탁되었다. 리송운은 1952년 6월부터 56년 1월까지 최고검찰소 검사총장, 1956년 4월부터 1960년 2월까지 평양시당위원장을 역임하였다. 이들은 전후 당내 조직부문과 규율부문의 핵심을 장악하였고, 연안계와 소련계의 영향력을 감소시키는 데 결정적인 역할을 수행하였다.[12] 이들은 남로계 숙청에 관여하여 그 과정에서 세력기반을 구축하였던 것이다.

갑산계 이외의 국내계로서 한상두는 1952년부터 함경북도 당위원장을 역임하였고, 1954년 11월부터 박금철의 뒤를 이어 당 간부부장, 1955년 12월부터 조직지도부장을 역임하였다. 그는 함경북도 지역 적색농조운동 출신자를 대표하는 존재가 되었다.[13] 또한 제2차, 제3차

---

12) 갑산계에 대해서는 「중국공산당의 조선 내 항일인민전선결성 및 일지사변후방교란사건」, 姜德相· 梶村秀樹, 『現代史資料』第30卷, 「惠山事件判決書」, 金正柱編, 『朝鮮統治史料』第6卷, 和田春樹, 『金日成と滿洲抗日戰爭』, 174~196쪽, 이준식, 「항일무장투쟁과 당건설운동－조선민족해방운동을 중심으로」, 『일제하 사회주의운동사』, 한길사, 1991, 427~479쪽 등을 참조할 것.

13) 한상두에 대해서는, 『思想彙報』第1호, 5면, 제2호, 46~47쪽에 나오는 「적색북청

당대회를 통해 당 검사위원장을 맡아왔던 리주연도 전시, 전후 시기에 부상한 북조선의 국내계를 대표하는 존재였다. 그는 북로당 제2차 대회 이후 오랫동안 당 검사위원장을 맡아오면서 1952년 10월 상업부상에서 장시우를 대신하여 상업상, 1954년 11월에는 최창익을 대신히여 재정상이 되었고, 1958년 3월에는 부수상이 되었다.14)

특히 6·25전쟁 시기와 정전 후부터 도당위원장과 도인민위원장에는 과거 일제시기 적색 농조와 노조운동에 참가했던 사람들이 대거 등용되었다. 그들은 해방 직후 지방인민위원회와 당 건설에 주도적으로 참가했지만, 북로당 창립 이후 소련계와 연안계에 압도되어 당 고위직에는 진출할 수 없었다. 더욱이 남북로동당 통합 이후에는 남북의 국내 세력을 남로계가 대표해 왔다고 할 수 있다. 허가이의 자살과 박일우의 좌천 및 남로계의 숙청에 따른 정치적 공백은 그들에게 상승의 기회를 제공했던 것이다. 정연표(강원도인민위원장, 평양시인민위원장), 리태화(평안남도인민위원장), 김승섭(평안북도 인민위원장), 한전종(평안북도 인민위원장, 농업상), 함경북도 인민위원장을 차례로 역임한 허국봉(폴란드주재 대사, 외무부상), 유승철(농업부상), 김학걸, 황순천, 유영기(함경남도 인민위원장), 정동철(양강도인민위원장), 김황일(당노동부장, 자강도당위원장, 당산업부장), 유철목(개성시당위원장, 황해남도당위원장, 수산상), 허학송(갑산계 : 개성시당위원장, 황해남도당위원장), 황해남도 인민위원장을 차례로 역임한 백순제, 전태환, 박성삼(황해북도 인민위원장), 송봉욱(농업부상, 황해북도인민위원장, 재정상), 김원봉(강원도당위원장, 당건설운수부장), 강원도인민위원장을 차례로 역임한 문태화, 윤상만, 개성시인민위원장을 차례로 역임한

농민조합 덕성지부재건협의회사건」을 참조할 것. 북조선 정권에서 고위직에 오른 조훈, 조성모도 같은 사건의 주모자였다.

14) 그는 1949년 12월부터 52년 2월까지 초대 주중대사도 역임하였다. 리주연에 대해서는 김준엽·김창순, 앞의 책, 제3권, 57~65쪽, 신간회 관련, 제4권, 304쪽, 「조선공산당 동만구역국 사건」, 『思想月報』 제3권·제8권, 11쪽, 「단천 농민조합협의회 사건」을 참조할 것.

리달진, 김명호 등이다.15) 그 밖에 조성모(최고재판소장, 최고검찰소 검사총장), 황세환(최고재판소장), 조훈(내각산림국장, 농업부상), 한홍정(내각양정국장, 수매양정부상), 김재규(내각기계공업국장, 기계공업부상), 권영태(내각양정부장, 당부부장, 조국전선중앙상무위원), 박경득(건설부상), 원동근(직맹부위원장, 전기부상), 박기호(국가검열부상), 류기춘(보건부상), 박용숙(사법부상) 등도 이러한 범주에 속한다.

민족해방운동의 주도적인 참가자는 아니지만, 전후에 급속하게 두각을 나타낸 국내 출신의 주요 인물로서 김만금(당조직지도부부부장, 평안남도당위원장, 농업상, 당농업부장), 리일경(평안남도인민위원장, 자강도당위원장, 당선전선동부장), 김태근(문화선전부상, 함경북도당위원장, 인민군총정치국장, 당건설운수부장), 현무광(함경남도당위원장, 당중공업부장)을 들 수 있다.16) 도당위원장과 인민위원장에서 당과 내각의 고위직으로 상승한 그들도 새로운 국내계를 대표하고 있었다. 이와 같이 새로운 국내계가 도당, 인민위원장직을 통해 부상한 배경에는 농업집단화의 추진이 있었다. 북조선 농촌에 뿌리 깊은 기반을 갖고 있는 그들의 협력 없이는 집단화를 성공적으로 수행할 수 없었기 때문이다. 한편 소련계의 허빈, 서춘식, 박창식, 연안계의 고봉기, 현정민, 리유민, 조영, 김용진 등은 숙청되기까지 전후 오랫동안 도당위원장, 인민위원장에 재임했다.17) 그들은 해외 출신이었지만, 장기간 지방행정에 종사하면서 어느 정도 국내에 뿌리를 내리게 되었다. 따라서 그들은 1956년 8월 종파사건 이후 당, 정부 내 연안계, 소련계의 중심 인물들이 숙청된 뒤 숙청의 주요 표적이 되었다.

1953년 8월 당중앙위 제6차 전원회의는 전후 경제복구노선을 확정하기 위한 장이기도 하였다. 이 회의에서 김일성이 제기했던 중공업우선 노선 및 농업집단화 착수 방침이 통과는 되었으나, 당내 반대에 부딪

---

15) [부표 1 : 당·도인민위원회·사회단체 간부직업 경력]을 참조.

16) 위의 표.

17) 위의 표.

쳐 그 실행은 여의치 않았다. 이러한 경제건설노선 및 농업집단화를 둘러싼 당내 대립은 전후 당내 세력관계를 규정하는 중요한 쟁점이 된다. 박헌영 숙청에서 김일성에 협력적이었던 소련계 박창옥과 연안계 최창익, 윤공흠 등이 새로운 생점을 둘러싸고는 빈대파로 돌아서게 되었다. 1954년 3월 당 중앙위 전원회의에서는 당과 내각 인사도 반대파를 강화하는 방향으로 일부 개편되었다. 특히 국가계획위원장에 취임한 박창옥은 소련의 정책을 대변하는 입장에 서 있었다. 1954년 3월 전후 3개년 계획이 채택되었을 때에는 소련의 원조가 필수적이라는 배경과 소련의 말렌코프 신노선의 영향도 작용하여 반대파의 경공업중시노선이 관철되었다.18) 그러나 김일성은 1953년 11월 중국 방문에서 중국의 농업집단화에 고무되어 1954년 1월에는 농업집단화 추진을 기정사실화하였으며, 3개년 계획의 내용 속에 일단 점진적인 추진방침을 포함시키는데 성공하였다.19)

김일성은 당과 내각의 인사에서도 중공업우선론자의 비중을 유지하고, 박금철을 당 정치위원회에 포함시킬 수 있었다. 3개년 계획이 확정된 이후에도 김일성은 산업부문에 대한 당의 권한을 확대하고, 지방당 조직을 움직여 농업집단화의 실적을 올림으로써 당초의 자기 노선을 관철시켜 나갔다. 1954년 11월 1~3일 당 중앙위 전원회의는 농업집단화를 대중적인 단계로 확대하기로 결정한 중요한 집회였다. 1954년 10월 30일 최고인민회의에서는 지방주권기관구성법이 채택되어 지방인민위원회-인민회의 체계에 대한 법적 정비가 이루어졌다. 농업협동화의 대중적인 확대-곡물 국가수매의 전면 실시-농촌 당 조직의 선거-지방통치체계의 개편을 축으로 한, 북조선 농촌을 근저로부터 변화시키려는 야심적인 계획이 준비되고 있었다.20) 이 당 전원회의에서는 일대 대중

---

18) 제4장 제4절의 1에 있는 중공업중시노선과 관련된 언급을 참조할 것.
19) 제4장 제4절의 1에 있는 농업집단화의 의사결정과정에 관한 서술을 참조할 것.
20) 상세하게는 제4장 제4절의 1에 있는 농업집단화의 대중적 전개에 관한 서술을 참조할 것.

운동을 전개하기 위한 당직 개편도 이루어졌다. 갑산계의 당 간부부장 박금철이 당 조직지도부장이 되었고, 그 위치도 현저하게 강화되었다. 국내계(북)의 함경북도 당위원장 한상두가 당 간부부장에 발탁되었다. 소련계의 당 조직지도부장 박영빈이 선전선동부장이 되었지만, 이는 소련계가 당 조직부문에서 손을 떼게 되었음을 의미했다. 당 농민부가 농업부로 바뀌고, 연안계의 박훈일이 농업부장으로 되었다. 농민부가 농업부로 바뀐 것은 농민동맹 사업 등 농촌 조직사업 분야가 그 업무에서 분리되어 조직지도부로 이관되었기 때문이다. 노동부가 폐지되는 대신에 산업부가 신설된 것도 직맹동맹에 대한 관할 권한이 조직지도부로 이관되었음을 뜻했다. 조직지도부는 경제부문까지 영향력을 확대하게 되었다. 전 노동부장이던 김황일이 산업부장으로 복귀하였다. 사회과학부장에는 연안계의 선전선동부장 하앙천이 수평 이동되었다.[21] 박금철, 한상두, 김황일과 1954년 3월 전원회의에서 검열위원장이 된 리효순의 대두는, 앞에서 언급한 것처럼, 김일성을 지지하는 새로운 국내계가 당 지도부 내에서 형성되었음을 말해 주고 있다. 더욱이 소련에서도 흐루시초프가 등장하여 종래의 중공업중시노선으로 회귀하는 모습을 보여 주고 있었다. 당중앙위 11월 전원회의 이후 2년간 농업협동조합의 수는 3배 이상으로 증가, 1954년 말까지 전국적으로 1만 98개가 되었고, 총 농가수의 31.8%, 총 경지면적의 30.9%가 망라되었다. 그러나 11월 1일부터 시작된 양곡수매사업은 무리가 따라 농민의 반발을 초래하였고 부득이 중단해야만 하였다. 다양한 수습책들이 논의되면서 농업집단화의 속도도 늦춰졌다.[22]

---

21) 앞의 부표를 참조.

22) 제4장 제6절의 2에 있는 농업집단화의 대중적 전개에 관한 서술을 참조할 것. 또한 제7절의 1에 있는 곡물생산량통계와 관련한 서술도 참조할 것.

3) 사회주의혁명의 선언

한편 '전사회의 사회주의적 개조'가 현실적인 일정에 오르게 된 1954년 11월 당 중앙위 전원회의를 전후로 '혁명단계'의 규정을 둘러싸고 당내에 여러 가지 견해들이 분출하였다. 북반부에서만의 사회주의혁명은 남반부와 어떤 관련을 갖는 것인가, 조선 전체로 볼 때 혁명단계를 어디에 위치시킬 것인가, 북조선만의 사회주의 혁명 추진은 조국통일에 어떤 영향을 미치는가 등 복잡한 논점들이 부상하였다.23) 사회주의 혁명에 대한 논쟁은 직접적으로는 농업집단화의 대중적 전개를 둘러싸고 이루어졌다. 연안계는 조국이 통일되지 않았기 때문에 공화국북반부에서만 사회주의적 개조를 실시하는 데 반대한다는 논리를 주장하였고, 소련계는 동유럽국가들을 예로 들면서 공업도 없는 폐허 위에서 사회주의적 개조를 실시하는 데 반대하며 자본가를 이용하자고 주장했다고 한다.24) 11월 전원회의에서는 '당강령 작성위원회'를 '재조직'하여 25명

---

23) 김일성, 「농촌경리의 금후 발전을 위한 우리 당의 정책에 관하여─조선로동당 중앙위원회 전원회의에서 한 결론」 1954.11.3, 『김일성저작집』 제9권, 128 · 135쪽. 김일성, 「현 계단에 있어서 우리 당의 혁명의 성격과 제1차 5개년 계획의 기본방향에 대하여─조선로동당 중앙위원회 정치위원회에서 한 결론」 1954.12.29, 앞의 책, 199~204쪽.

24) 김일성, 「조선로동당 중앙위원회 제5기 제5차 전원회의에서 한 결론」 1972.10.23~26, 『김일성저작집』 제27권, 463~466쪽. 이 반대론을 대표하는 논문으로서, 송예정, 「조선에서의 인민민주주의의 발생과 발전」, 『인민』 1954.8, 11~26쪽. 송예정은 다음과 같이 기술하고 있다. "이러한 새로운 요소의 출현이 아직 조선에서의 혁명이 새로운 단계로 비약, 진입하였다는 것을 의미하지 않는다는 것이다. 북조선 인민경제에서의 사회주의적 쎅또르의 비중과 역할이 일단 제고된 것은…반제 민족해방 전쟁의 전 과정이 수반한 것이다. 오늘날 당의 정책은 진보적 부르죠아지까지를 반제 민족통일전선에 포섭하면서 그의 기업적 활동을 허용하는 정책이다", "조선혁명은 아직 반제적, 전 인민적 민주주의혁명이며, 따라서 북조선에서도 사회주의건설이 직접 제일 전면에 나서고 있지 않는다", "농촌에서의 협동화의 진전으로 말하면, 그것은 생산수단에 대한 농민적 소유를 전제로 하며 어디까지나 자유의사에 기초하여 부분적으로, 점차적으로 되기 때문에, 거기에 아무런 무리가 없다". 앞의 책, 25~26쪽.

의 위원을 선출하였다.25) 25명의 명부는 발표되지 않았지만, 1953년 8월 당 중앙위 제6차 전원회의에서 구성된 17명의 '당규약 개정위원회'를 명칭만 변경해서 재구성한 것이다. 순조롭게 기능하지 못했다고 여겨지는 이전의 위원회를 새로운 쟁점이 부상함에 따라 재가동시켰던 것이다. 그러나 이 문제는 농업집단화의 추진속도, 경제복구 노선의 문제와 결합되어 정치적 대립으로 이어질 요소도 안고 있었다. 새로운 위원회도 결론을 내놓지 못하고 강령 작성은 지연되었다.

양곡수매사업 문제는 이와 같은 당내 갈등을 더욱 더 심화시켰다고 생각된다. 1955년 4월 1~4일 당 중앙위 전원회의는 양곡수매사업에서 범한 과오 때문에 사회주의적 개조를 추진하는 데 부득이하게 양보하지 않을 수 없었던 김일성이 반격을 개시한 기점이었다. 나아가 사회주의적 개조를 둘러싼 다양한 논쟁에도 결말을 짓는다는 의미를 갖고 있었다. 이 회의에서는 김일성이 「당원들 속에서 계급 교양사업을 더욱 강화할 데 대하여」 및 「관료주의를 퇴치할 데 대하여」라는 2개의 주제에 관해서 각각 보고하였고, 박창옥이 「경제 절약, 재정 및 자재의 통제 규율과 반탐오·반랑비투쟁의 강화에 대하여」라는 주제로 보고하였다.26) 이 회의와 동시에 김일성 명의로 혁명단계에 관한 당 중앙의 공식 테제가 발표되어 문헌토의 사업의 연구문헌으로 채택되었다.27) 회의의 마지막 날인 4일에 김일성은 3개의 주제에 관해 결론을 말했고,28) 그에 관한 결정이 채택되었다.29)

---

25)『로동신문』1954.11.4.

26)『로동신문』1955.4.5. 한천일, 「당중앙위원회 4월 전원회의 문헌을 더욱 깊이 연구하자」,『근로자』1954년 5월호, 19쪽. 김일성, 「당원들 속에서 계급교양사업을 더욱 강화할 데 대하여―조선로동당 중앙위원회 전원회의에서 한 보고」1955.4. 1,「관료주의를 퇴치할 데 대하여―조선로동당 중앙위원회 전원회의에서 한 보고」1955.4.1,『김일성선집(1960년판)』제4권.

27) 김일성, 「모든 힘을 조국의 통일·독립과 공화국 북반부에서의 사회주의 건설을 위하여―우리 혁명의 성격과 과업에 관한 테제」1955.4, 앞의 책.『조선로동당력사교재』, 340쪽.

28) 김일성, 「사회주의혁명의 현 계단에 있어서 당 및 국가사업의 몇 가지 문제들에

김일성 명의로 당 중앙의 공식 테제가 발표된 것은, 당 창립 이후 이번이 처음이었다. 김일성 자신이 직접 2개의 보고를 담당할 정도로 이 전원회의를 중요시했던 것이다. 그는 보고와 테제를 통해서 북반부 사회 전체의 사회주의적 개조에 전면적으로 돌입한다고 선언하였다. 김일성은 이미 1946년 북조선임시인민위원회가 수립되어 토지개혁, 주요 산업 국유화 등 갖가지 민주개혁이 실시된 결과, "반제반봉건적 민주주의 혁명의 과업은 북반부에서 완전히 수행되고, 공화국 북반부는 식민지 반봉건사회로부터 새로운 인민민주주의 사회로 전변되었으며, 사회주의에로 이행하는 과도기에 점차 들어서게 되었습니다"라고 혁명단계를 소급해서 규정했다.30) 전국적으로는 "조국의 민주주의적 통일과 완전한 민족적 독립을 달성하여야 할 반제반봉건적 민주주의혁명의 과업이 그대로 남아있습니다"라고 기술하고 있지만, "사회주의에로의 점차적 이행은 북반부 사회경제발전의 필연적 요구"이며 "오직 북반부에 사회주의를 건설하여야만 민주기지를 더욱 강화하여 조국의 통일독립을 촉진할 수 있습니다"라고 주장하였다. 나아가 "통일된 후에도 북반부의 사회주의적 력량은 파괴된 남반부 경제를 부흥, 발전시키며 장차 전국적으로 사회주의를 건설함에 있어서 주도적 력량으로 될 것입니다"라고 정당화하였다.31)

대하여―조선로동당 중앙위원회 전원회의에서 한 결론」 1955.4.4, 앞의 책.

29) 다음 두 개의 결정서가 채택되었다. 「당원들의 계급적 교양사업을 일층 강화할 데 대하여―4월 전원회의 결정서 1955.4.1~4」, 「경제절약, 재정 및 자재 통제 규률과 반탐오, 반랑비 투쟁 강화에 대하여―4월 전원회의 결정서 1955.4.1~4」, 『결정집 1955년도 전원회의, 정치―상무위원회』, 각각, 2~17 · 18~23쪽.

30) 김일성, 앞의 책, 197~198 · 215쪽. 김일성은 그와 같은 소급 규정에 대해서 "해방 직후에 조선에서 사회주의를 건설한다고 떠들었다면 누가 그것을 인정하였겠는가"하고 반문하고, 이미 전쟁 전부터 "사회주의에로의 과도기의 임무를 수행하여 왔"지만, "당시의 형편에서는 사회주의건설 사업을 전면적으로 전개할 수 없었습니다"라고 회고하였다. 1946년 당 강령을 채택할 때에는 "우리의 최종 목적이 서술되지 않았"는데, "당시에는 우리나라의 모든 사정에서 보아 그렇게 서술하는 것이 필요하였으며, 또한 적당하였습니다"라고도 말했다. 김일성, 앞의 책, 258~259쪽.

김일성은, 사회주의적 개조는 점진적으로 추진하지만 여기에는 첨예한 계급투쟁이 따른다고 강조하였다. 우선 농업집단화는 개인농민의 토지소유권을 이전하는 것을 의미하기 때문에 필연적으로 저항이 따를 것으로 예상되었다. 곡물수매사업이 농민들의 격렬한 반발에 부딪치며 우려는 현실로 나타나고 있었다. 특히 첨예한 계급투쟁을 강조하게 된 데는 1954년 말에서 55년 초에 걸친 양곡수매사업의 경험이 크게 작용하였다. 원래 소농 경영 및 소상품 생산과 곡물 유통은 직접적으로 연결되어 있는 만큼, 농업집단화와 함께 개입상공업의 사회주의적 개조도 현실적인 일정에 오르게 되었다. 개인상공업을 협동경리에 편입시키거나, 노동자, 사무원으로 개조하는 정책이 취해지는 한편, 농업집단화를 위해서 소농 경영 및 소상품 생산과 유통 부문의 연계를 차단하는 것이 가장 중요한 과제가 되었다.

또한 전사회의 사회주의적 개조가 일정에 오르게 된 이상, '새로운 생산관계'에 적합한 소유의식을 확립하는 것도 절실한 과제가 되었다. 우선 국영기업과 협동단체 내에서 재정규율과 통제를 강화하는 것이 중요했다. 나아가 개인상공업이 아직 허가되고는 있었지만, 사회주의적 개조에 장애가 되는 사적 소유욕과 소유관념을 직접적으로 재생산하는 근원이기도 하였기 때문에, 구체적인 소비 및 생활과정을 통해서 일반노동자, 사무원에게 미치고 있던 개인상공업자의 영향을 차단하는 것도 요구되었다. 따라서 김일성은 이른바 '반탐오·반랑비 운동'을 제창했다.32)

당시 국가검열상은 최창익, 부상은 서휘로서 반탐오·반낭비 운동을 지도하는 내각 측 책임자의 위치에 있었고, 당 검열위원장은 리효순으로서 당 측 책임자의 위치에 있었다. 이미 전쟁 기간인 1952년 당시 연안계 최창익은 재정상으로서 중국의 삼반·오반(三反·五反) 운동을

---

31) 김일성, 앞의 책, 200~201·215~217쪽.

32) 김일성, 「사회주의혁명의 현계단에 있어서 당 및 국가사업의 몇 가지 문제에 대하여―조선로동당 중앙위원회 전원회의에서 한 결론」 1955.4.4, 『김일성선집(1960년판)』 제4권, 276쪽.

참고로 하여 재정규율을 확립하기 위하여 반탐오·반낭비 운동을 추진한 경험을 갖고 있었다. 초기의 운동은 최창익이 주도했을 것이다. 그러나 반탐오·반낭비 운동을 둘러싸고 당과 정부 내에 이견이 생기게 되었다. 운동 개시 후 4개월 만인 8월 5일 최창익이 국가섬열상에서 경질되고 당 검열위원장 리효순이 국가검열상이 되어 운동을 총지휘하게 되었다.[33]

한편 김일성은 마르크스·레닌주의를 조선의 구체적인 현실과 결부시켜 연구하는 것을 당내 선전활동의 기본방향으로 제시하였다. 김일성은 "남의 나라의 것을 우리나라 현실에 기계적으로 적용하는 교조주의적 오류", "남의 나라의 투쟁경험을 그대로 답습하는 독경주의적 태도"를 비판하고, "우리나라의 혁명 문제, 우리나라의 정치, 경제적 문제들을 정확히 분석하며, 우리 투쟁에서 행동의 지침으로 삼기 위하여", 마르크스·레닌주의와 다른 나라의 경험을 학습하는 것이라고 주장하며, "당 학습에서 자체의 것을 많이 배우는 문제가 중요하다"고 강조하였다.[34] 전당적으로 "마르크스·레닌주의를 조선 현실에 창조적으로 적용하는 것"이 모토가 되었고, "창조적 적용의 규범"으로서 김일성 선집 학습이 권장되었다.[35]

---

33) 뒤에서 서술할 반탐오·반낭비운동 항목을 참조할 것. 1955년 7월 주소대사에서 돌아온 연안계 림해가 8월에 당 검열위원장이 되어 1955년 12월 당중앙위 전원회의에서 사후 인준되었을 것이다. 림해는 『로동신문』 12월 18일자에 당 검열위원장 직함으로 등장한다.

34) 『김일성선집(1960년판)』 제4권, 230~231·260~262쪽.

35) 이후 이 주제는 당 공식매체의 논설이나 논문에 가장 빈번하게 등장하게 된다. 예컨대 리호, 「계급적 의식의 제고는 당의 주요과업이다」, 『로동신문』 1955.4.29, 사설 「계급교양사업의 강화를 위한 당 단체들의 과업」, 『로동신문』 1955.5.20, 한천일, 「당중앙위원회 4월 전원회의의 문헌을 더욱 깊이 연구하자」, 『근로자』 1955.5, 22·29쪽, 라병순, 「당내 계급적 교양사업을 강화하기 위한 당 단체의 지도사업의 개선」, 앞의 책, 75~76쪽, 리창수, 「계급적 교양의 강화와 출판물의 질적 개선을 위한 몇 가지 문제」, 『근로자』 1955.6, 권두언, 「맑스-레닌주의 리론의 창조적 습득을 위하여」, 『근로자』 1955.10, 3~10쪽. 「력사가는 김일성 선집을 깊이 연구하자」, 『력사과학』 1955년 제4호, 「계급적 교양사업을 더욱 강화하기

4) 종파문제의 내연과 민족해방운동 해석을 둘러싼 갈등

이 1955년 4월 전원회의에서 한 결론을 통해서 김일성은 '당내 종파주의적 요소'에 언급하여 당내 종파 문제를 제기하였다.36) 지금까지 중공업중시노선, 농업집단화와 사회주의적 개조정책을 둘러싸고 당내에 분출된 김일성에 대한 반대의견을 경고하는 의도였다. 그러나 이 시점에서 김일성의 문제 제기가 통하지는 않았다. 또한 당내 소련계와 연안계는 그것을 저지할 만한 힘을 갖추고 있었다. 당시 이 회의에서 한 김일성의 보고와 결론은 일절 발표되지 않았고, 어떤 공식매체에서도 '종파문제'는 등장하지 않았다.37) 이 회의에서 남로당계 강문석, 연안계

위한 투쟁에 있어서 력사가들의 전투적 과업」,『력사과학』1955년 제5호. 소련계는 이에 소극적인 태도를 나타냈지만, 전체적으로는 매우 적었다. 강상호, 「로동당원은 맑스레닌주의로 무장한 정치 활동가이다」,『로동신문』1955.5.3.

36) 김일성의 결론에 의거한 것으로 여겨지는 이 4월 전원회의 결정서 중 하나인 「당원들의 계급적 교양사업을 일층 강화할 데 대하여」에서는 "과거 항일민족해방투쟁 시기에 조선공산당을 망쳐먹은 엠－엘파, 화요파, 북풍회, 콤그룹 등 종파주의자들이 당의 통일을 반대하며, 당내 단결을 파괴하는 악습들이 아직도 일부 당원들 속에 남아 있다"고 지적하고 있으나, 외부에 발표되지는 않았다. 앞의 결정집, 7쪽.

37) 『김일성선집(1960년판)』 제4권에 이 회의에서 한 김일성 보고라는 문서가 게재되어 공개되었다. 1958년 당내 숙청이 완료된 시점의 상황에 맞게 고쳤을 가능성이 있지만, 그 분위기는 충분히 느낄 수 있다. 이 보고에 따르면, 김일성은 우선 1920년대에 창립된 조선공산당이 파괴된 원인이 각종 파벌의 발생에 있다고 지적하며, "오늘 우리 당내에는 과거에 엠엘파, 화요파, 북풍회, 콤그룹 등 각종 종파적 그루빠에 참가하였거나, 또는 심지어 그 지도자 노릇을 하던 사람들까지도 있습니다"라고 주장하였다. 그는 "과거에 파벌투쟁에 참가했던 적지 않은 사람들은 …… 옛날 버릇을 완전히 청산하지 못하고, 기회만 있으면 과거 종파에 참가하였던 사람들끼리만 모여 앉아 쏠라닥쏠라닥 장난을 하고 있습니다"라고 비난하였다. 김일성은 직접적인 지명은 피하고 대표적인 경우로서 이미 숙청된 박헌영을 들먹였지만, 이것은 최창익을 비롯한 몇 명의 고위간부를 암암리에 공격하는 발언이었다. 다음으로 김일성은 "우리 당내 혁명활동가들은 쏘련, 중국, 남반부 등 여러 곳에서 왔거나, 혹은 국내에서 투쟁한 사람들로써 구성되어 있는데, 흔히 종파분자들은 이것을 자기의 종파적 목적에 리용하려고 합니다"하고 지적하였다. 남반부 출신의 대표적 경우로서 숙청된 리승엽을, 소련 출신의 대표적 경

방호산이 숙청되었다. 그중에서도 강문석의 숙청은 남로당계 속에서도 박헌영파 이외에 다른 부류가 존재하고 있다는 견해를 수정, 남로당의 전통 그 자체를 당에서 배제한다는 신호였다. 오로지 김일성이 과거 공산주의운동과 관련해서 종파문제를 제기했던 것은 사신감의 표현이었다. 앞에서 언급한 것처럼, 이미 갑산계를 중심으로 당내 중추 부서를 장악하고 있었고, 김일성의 주위에는 새로운 국내계가 광범위하게 형성되기 시작했던 것이다. 김일성이 문제제기를 한 성과로서 이 회의에서는 민주당 내에 머물고 있던 빨치산파인 부수상 최용건이 로동당에 입당하여 갑자기 당 정치위원이 되었다.[38] 이후 갑산계와 빨치산파의 당내 입지 강화가 조선공산주의운동사에 대한 수정작업과 결부되어 개시된다.

코민포름의 기관지인 『항구적 평화와 인민민주주의를 위하여』 1955년 4월 15일호에 김일성 명의로 「레닌의 학설은 우리의 지침이다」라는 논문이 발표되어, 당기관지 『근로자』 4월 25일호, 과학원력사연구소간행 『력사과학』 1955년 제6호(6월 20일 간행)에 전재되었다.[39] 이

우로서 자살한 허가이를 예로 들었다. 연안계의 대표적인 경우로서 체신상으로 좌천된 박일우를 언급하면서 그가 6·25전쟁의 영웅으로서 당시 군사대학장이었던 방호산을 종파적 목적으로 이용했다고 비난하였다. 더욱이 당중앙위 상무위원 강문석을 "남반부의 대표적 인물로 자처한다"고 비난하였다. 세 번째로 "지방할거주의적 분자"의 "사상 잔재가 남아 있다"고 지적하며 "10년 전 일"이라고 전제한 뒤, 과거 오기섭이 "함경남도 홍원 지방 출신 사람들로 한 그루빠를 만들려고 하였다"고 언급하였다. 김일성, 앞의 책, 263~271쪽. 그런데 당시 문헌에 따르면, 김일성이 종파문제를 제기하며 박헌영, 허가이, 박일우를 비판한 것은 1955년 12월 2~3일 당중앙위 전원회의에서였다. 『당의 공고화를 위한 투쟁』, 조선로동당출판사, 1956, 93~94쪽. 『김일성선집』이 간행된 1960년 이후의 공식문헌도 이 점에서 마찬가지이며, 위에 인용한 텍스트 내용과 같은 사실은 언급하지 않고 있다. 1964년에 간행된 『조선로동당력사교재』, 『대중정치용어사전(1964년판)』, 1979년 간행된 『조선로동당약사』, 1981년에 간행된 『조선전사』 제28권 등을 참조할 것. 따라서 김일성이 이러한 발언을 한 것은 사실일 수 있으나, 외부에 공개할 수 있는 여건은 되지 못했다고 볼 수 있다.

38) 최용건이 당 정치위원이란 직함을 가지고 최초로 공식석상에 나타난 것은 5월 초 평안남도 당열성자회의였다. 『로동신문』 1955.5.3.

문서는 당시의 공식적인 당 역사인식을 나타낸 것이다. 다만 직접 국내 매체에 발표하는 것이 아니라, 해외에 발표된 것을 국내에 들여오는 형태가 된 것은 복잡한 정치적 의미가 내포되어 있었기 때문이다. 1949년 최창익이 주도하여 편찬했던『조선민족해방운동사』가 공식적인 민족해방운동사 내지 공산주의운동사로 정착하였고, 이것이 1951년 11월 발표된「공화국내각수상 김일성 원수의 연설 및 논설 축하문－10월 혁명과 조선인민의 민족해방투쟁」, 1952년 4월 김일성의 40세 탄생일을 기념해서 발표되었던『김일성장군략전』으로 이어지며 이 시점까지의 공식사관을 대표해 왔으나, 남로당계 숙청이라는 정세를 반영한 새로운 공식사관이 만들어지게 된 것이다.40)

논문은, 1925년에 창립되어 28년에 해체된 조선공산당은 "우리나라 민족해방운동의 고무자"가 되었지만, "우리 인민의 투쟁에 대한 진정한 혁명적이며 레닌적인 지도를 보장하지 못하였다"고 평가하였다. 1930년대 초부터 "우리나라의 많은 지방들에서와 중국 동북의 여러 지역들"에서 시작된 항일빨치산투쟁을 민족해방운동의 "새로운 단계"로 보며, 1936년 5월 결성된 조국광복회를 "조국해방을 위한 공동투쟁의 기치 밑에 조선의 모든 애국적 력량을 동원, 집결하는데 있어서 커다란 역할을 하였다"고 민족통일전선의 중심으로 위치시켰다. 지금까지는 연안 조선독립동맹의 존재가 부각되지 않았다는 점을 제외하고는 1949년 당시 최창익의 서술을 답습했다. 그러나 "해방 후에 재생된 조선공산당은 1946년 신민당과 합당하여 조선로동당으로 되었다"고 기술하여, 박헌영이 중심이 되어 서울에서 재건한 '조선공산당중앙'의 존재를 부정하였다.41) 조선공산당 시절부터 운동에 참가했던 사람들이 당내 중추에 자

---

39) 김일성,「레닌의 학설은 우리의 지침이다」,『근로자』1955.4.『김일성선집(1960년판)』제4권, 287~299쪽.

40) 조선력사편찬위원회편,『조선민족해방운동사』(평양), 1949, 朝鮮歷史研究會譯(東京), 三一書房, 1952.「공화국내각수상 김일성 원수의 연설 및 논설축하문－10월 혁명과 조선인민의 민족해방투쟁」,『김일성선집(1954년판)』제4권, 1~26쪽.『김일성장군략전』,『로동신문』1952.4.10.

리잡고 있는 한, 당 역사서술 문제는 정치적 역관계와 직접 결부될 수밖에 없었다. 특히 정치적으로 민감한 초점은 1925년부터 28년까지 조선공산당에 대한 평가문제(긍정적·부정적 평가의 문제, 화요계, M·L계 등 당내분파의 문제), 1930년대 항일무상투쟁 세력의 구성 부분의 문제(김일성의 빨치산투쟁의 대표성, 독립동맹의 비중, 중국공산당과의 관계, 김일성 부대와 국내농민, 노동운동과의 관계 등), 해방 후 공산당 재건과 분국 창설 및 노동당 창립과의 관계(서울의 재건파 조선공산당과 남로당계의 로동당과의 관계), 그리고 1920년대의 조선공산당, 1930년대의 항일무장투쟁과 조국광복회, 해방 후의 로동당 창립의 세 가지 계기간 상호 연결관계 및 정통성 문제 등이었다.

　이 논문은 당내 세력관계를 반영한 타협의 산물이었고, 내용을 둘러싼 이견이 존재했다는 것도 확실하다. 예컨대, 역사학자 허갑의 「조국광복회창건 20주년」이라는 논문이 『근로자』 1955년 5월 25일자에 게재되었다. 이 논문은 조선공산당을 비교적 긍정적으로 평가하면서 조국광복회를 중요시하여, 조국광복회의 국내 지부 중 "제일 유력한 조직의 하나"로서 "갑산공작위원회"를 부각시켰다. 다만 해방 후 당 재건 문제는 건드리지 않았으며, 해방 전후 공산당의 연관관계에 대해서도 언급을 회피하고 있다.[42] 그러나 문화선전상 허정숙은 『근로자』 1955년 6월 25일자에 논문을 게재하여, "맑스·레닌주의적, 혁명적 당의 창건은 김일성 동지에 의하여 이미 국내외에서 그의 토대가 확립되어 … 그에 기초하여 우리 당은 해방과 동시에 곧 창건되기 시작하였다"고 썼다.[43] 해방 전후 공산당의 조직적 관계를 김일성을 매개로 하여 연결시키는 논리였던 것이다.

---

41) 김일성, 「레닌의 학설은 우리의 지침이다」, 『김일성선집(1960년판)』 제4권, 291~294쪽.

42) 『근로자』 1955.5, 46~59쪽. 1957년 허갑은 리청원, 김정도와 함께 최창익 계열로 간주되어 숙청되었다. 제4장 제2절의 4에 있는 해당 서술을 참조할 것.

43) 허정숙, 「소비에트군대에 의한 조선의 해방과 조선 인민의 창조적 투쟁」, 『근로자』 1955.6, 40쪽.

그런데 소련계로 보여지는 박형식은『근로자』1955년 8월호에 게
재한 논문에서 "조선인민의 경애하는 수령 김일성 동지에 의해 조직되
었으며, 령도된 항일무장유격대는 … 반제 반봉건적 민족해방투쟁의 봉
화를 높이 들었다. 그러나 조선인민의 민족해방투쟁 력량은 당시에 아
직 일제를 능히 타승할 수 있는 그런 정도에까지 장성, 성숙되지 못하였
다. 착취로부터 해방된 노동자, 농민의 군대인 소비에트군대는 프롤레
타리아 국제주의의 기수로서 조선 인민을 일제의 기반으로부터 해방시
켰다"라고 기술하면서 해방 후 공산당의 조직 문제는 언급하지 않았
다.44) 김일성의 무장투쟁과 해방 전후 공산당의 조직적 관계를 직접적
으로 연결하는 논리에 이견이 있다는 것을 넌지시 암시하고 있는 표현
이었다.

연안계의 입장에 가까워 보이는 송예정은『근로자』1955년 10월호
에 게재된 논문 속에서 1925년에 창건된 조선공산당은 "비록 일시적이
나마 조선에 있어서 민족해방운동의 고무자로 되었다"고 긍정적으로 평
가하는 한편, "1930년대의 항일무장투쟁은 중국 동북지방을 중심으로
중국 인민의 해방투쟁과 직접적인 혁명적, 전투적 연계를 맺고 있었는
데, 1930년대 항일무장투쟁의 강력한 생활력의 중요한 원천의 하나는
그가 강력한 국제주의적 련계 속에서 있었다는 데 있다"고 하면서, 해방
후 "김일성 동지를 수반으로 하는 조선의 견실한 공산주의자들은 조선
근로계급들 중의 가장 성실한 부분을 규합하면서 조선공산당을 조직하
였다"고 썼다.45) 이것은 해방 후 재건된 서울의 조선공산당 중앙을 당

---

44) 박형식, 「프롤레타리아 국제주의와 조선혁명」,『근로자』1955.8, 40쪽.

45) 송예정, 「세계 민주력량의 지지는 우리 혁명 승리의 위력한 담보」,『근로자』
1955.10, 22쪽. 그는 1956년 11월 당시 인민민주주의논쟁에서 '프롤레타리아독재
론'을 부정하고 '연합독재론'을 주장하여 1957년 초부터 심한 비판의 대상이 되
어 숙청당했다. 그 밖에 송예정의 이론적 저작으로는 「조선에 있어서 인민민주
주의의 발생과 발전」,『인민』1954.8, 「현단계에서의 우리나라의 경제정책의 성
격」,『경제연구』1956년 1호, 「공화국북반부에서의 사회·경제발전의 력사적 조
건들과 맑스-레닌주의 리론의 몇 가지 명제에 대하여」,『인민』1956년 11월 등
이 있다. 인민민주주의논쟁에 관해서는 「조선혁명의 성격에 관한 토론」,『민주조

역사에서 배제하는 대신, 1925년의 조선공산당에서 1946년의 북조선 노동당까지의 연속성을 인정하여 M·L계의 조선공산당−독립동맹의 무장투쟁−공산당분국 및 신민당으로 이어지는 최창익 등의 연안계와, 항일빨치산투쟁 조국광복회 공산당 북조선분국으로 이어지는 김일성의 만주파 및 갑산계를 결합하는 논리였다.

김일성의 논문을 지침으로 하여 역사학계에서 민족해방운동사를 체계화하는 작업은 1953년 8월부터 54년 11월까지 당 사회과학부장을 역임하고 당시 과학원상무위원, 사회과학부문위원장, 역사학연구소장을 겸임하고 있던 리청원이 주도하였다. 그는 1947년 북조선인민위원회 선전부장을 역임하고 1948년 8월『력사제문제』제2집에「김일성 장군의 빨치산투쟁의 역사적 의의」라는 논문을 집필, 일찍부터 김일성의 항일빨치산투쟁을 역사화하는 데 선봉에 섰던 북조선 제일의 역사가였다. 그는『력사과학』1955년 제9,10호에「반일민족해방투쟁에 있어서 프롤레타리아트의 헤게모니를 위한 투쟁」을 집필하고 1955년 말 단행본『조선에 있어서 프롤레타리아트의 헤게모니를 위한 투쟁』을 간행하였다.46) 이 저작은 최창익이 주도했던『민족해방투쟁사』이후 당시를

선』1956.12.28. 리석채,「(공화국북반부에서의 사회·경제발전의 력사적 조건들과 맑스−레닌주의 이론의 몇 가지 명제에 대하여)『인민』1956년 11월호에 대한 몇 가지 의견」,『근로자』1957.1,「조국의 평화적 통일독립과 공화국북반부에서의 사회주의건설과 관련된 몇 가지 이론적 문제에 대하여」,『근로자』1957.1. 김후선,「≪조국의 평화적 통일과 공화국북반부에서의 사회주의건설≫에 관한 과학토론회에서 제기된 몇 가지 이론적 착오에 대하여」,『력사과학』1957년 제2호. 황장엽,「조선에 있어서 사회주의적 토대와 상부구조의 발생과 발전의 특수성」,『력사과학』1958년 제1호. 김후선,「반당종파분자들의 반맑스주의적 사상의 반동성과 해독성」,『력사과학』1958년 제3호 등을 참조.

46) 그러나 김일성의 입장에서 보면 리청원의 저작은 많은 문제점을 안고 있었다. 리청원,「반일민족해방투쟁에 있어서 프롤레타리아트의 헤게모니를 위한 투쟁(하)」,『력사과학』1955년 10호. 김석형,「위대한 강령적 문헌을 깊이 연구하자」,『력사과학』1958년 제1호를 참조. 과거 그의 성공의 발판이 되었던 논문과 저작이 1956년 8월 종파사건 이후에는 오히려 실패의 원인이 되어 심한 비판 대상이 되었고, 1957년 중반에 숙청되었다. 1957년 이후 리청원에 대한 비판의 경위에 관해서는 도진순,「북한의 종파문제와 1920년대 민족해방운동에 대한 인식」,『역사

대표하는 민족해방운동사, 공산주의운동사였다. 리청원의 작업에 기초해서 잠정적인 당사도 편찬되어 1955년 11월 당 간부용의 『정치학교용 참고자료』로서 간행되었다.47)

역사해석에서 김일성과 최창익은 협력관계를 유지함으로써 북로당 창립 이후 6·25전쟁을 겪으면서도 항일무장투쟁의 해석에 관해 보조를 맞추어 북조선 공식역사의 기초를 쌓아 왔다. 그러나 이 시기에 민족해방운동의 해석을 둘러싸고 당내에 갈등이 발생하고 1920년대 조선공산당의 파벌문제가 제기됨에 따라, 표면적인 대립으로까지는 확대되지 않았지만, 이러한 협력관계에도 금이 가게 되었다고 생각된다.

5) 「주체」의 제기와 소련계 비판

그런데 1955년 4월 혁명단계에 관한 테제에서 김일성이 제기한 "맑스·레닌주의를 조선 현실에 창조적으로 적용한다"는 명제는 정치적으로는 소련계, 그중에서도 특히 박창옥에 대한 비판이었다. 그러나 아직 종파를 문제 삼아서 비판한다는 것은 당내 세력관계에서 볼 때 힘든 일이었다. 먼저 1955년 10월 21일 '당 및 정부 지도간부회의'에서 김일성은 국가계획위원회를 공격 대상으로 삼고 공업부문에서의 과오들을 비판하였다.48) 국가계획원위회가 하부와 다른 부서에 군림하는 관료주의적 사업방식과 투자 대상을 집중시키지 않고 분산시키는 평균주의적인 경향이 지적되었다. 김일성은 국가계획위원회의 권한을 축소하는 한편, 그것

비평』 1989년 가을호, 리청원의 약력에 관해서는, 임영태, 「북으로 간 맑스주의 역사학자와 사회경제학자들」, 앞의 책.

47) 『정치학교용참고자료』, 조선로동당출판사(평양), 1955.11, 일역, 『朝鮮解放運動史』, 湖北社(東京).

48) 김일성, 「인민경제계획을 세우는 데서 나타난 결함들과 그것을 고치기 위한 몇 가지 과업에 대하여」, 『김일성저작집(1980년판)』 제9권. 제4장 제4절의 3에 있는 경제부문에서의 소련계 비판에 관한 서술을 참조.

을 통제·견제하기 위해 당중앙위원회의 경제관련 부서를 확대하여 중공업부, 경공업 및 유통부, 건설운수부로 개편할 것을 주장하였다.49)

1955년 12월 2~3일 당 중앙위 전원회의가 비공개리에 개최되었다. 그러나 전원회의에 대해서는 12월 7일이 되어서야 비로소 보도되었다. 「당중앙위원회(1954년) 11월 전원회의 결정의 집행상황에 대해서」 김일이 보고를 하고 이에 대한 토론이 진행되었으며, 또한 김일성의 "중요발언이 있었다"고 보도되었다. 그러나 보고나 '중요발언'의 내용은 발표되지 않았다. 특히 회의에서는 "제3차 당 대회 소집에 관한 문제"가 다루어졌다. 그러나 당시의 보고와 결론, 구체적 결정사항 등은 현재까지도 일절 발표되지 않고 있다.50) 다만 전원회의가 보도된 12월 7일자 『로동신문』에는 「책임간부들은 4월전원회의 결정 리행에 솔선 나서야 한다」라는 제목의 사설이 게재되었다. 사설은 반탐오·반낭비투쟁과 반관료주의 투쟁 속에서 "최근에 적발된 일부기관 책임 일꾼들의 이러저러한 오류가 각성된 군중의 압력에 의해서 드러났다"고 밝히고, "자기들에게는 모든 것이 용허되어 있으며, 자기들은 당과 국가의 질서와 규률을 무시해도 좋고, 국가법령을 위반하고 무례한 짓을 하고 전횡을 다할 수 있다고 생각하는, 그러한 '특수한 존재'들이 더는 우리 대렬에 있을 수 없게 해야 한다"고 경고하였다.51) 표면적으로는 부정행위가 적발되었다고 하고 있으나, 3단에 걸친 장문의 사설이 당 중앙위 전원회의의 진행 사항과 함께 게재되었기 때문에, 사설과 중앙위 전원회의의 연관성에 대해서는 누구도 짐작할 수 있는 것이었다.

당시 공식매체에는 일절 보도되지 않았지만, 이 전원회의 결정서에 따르면 이미 전원회의 직전에 체신상에서 해임되어 있던 연안계 박일우

---

49) 김일성, 위의 책, 438~440쪽. 제4장 제5절의 4에 있는 당 경제부서의 변화에 관한 서술을 참조.

50) 『로동신문』 1955.12.7. 당 중앙위 전원회의 관련문헌이 전혀 발표되지 않은 것은 이례적인 일이다.

51) 『로동신문』 1955.12.7.

는 "반당적 종파행동을 감행"한 "반당적 분자"로서 당에서 제명, 숙청되었다. 소련계 김열도 중공업부상에서 해임되고, '반당적, 반국가적, 반인민적 범죄행위를 감행'했다고 하여 제명, 숙청되면서 인민재판에 회부되었다.52) 박일우는 종파문제 제기와 관련된 숙청 대상이며, 김열은 반탐오·반낭비투쟁의 상징적 대상이었다.

나아가 제3차 당대회 일정이 결정되었던 만큼, 회의는 정치적으로 대단히 민감한 회의로 당연히 당의 기원과 역사문제가 제기될 수밖에 없었다. 여기서 종파문제가 제기되어 박헌영, 허가이, 박일우가 비판된 것이다.53) 이 회의에서 최용건, 박금철이 당부위원장으로 승격하였고, 당 간부부장 한상두가 조직지도부장, 국가검열상 리효순이 당 간부부장이 되었으며, 연안계 전 소련대사 림해가 당 검열위원장이 되었다. 특히 선전선동부장 박영빈은 해임되고, 리일경이 그 후임이 되었다. 10월에 행해진 국가계획위원회 비판이 반영되어 경공업상 리종옥이 당 공업부장이 되면서 박창옥을 견제하는 임무를 맡았다.54)

그러나 이 회의에서 주목해야 할 것은 김일이 제기한 농업집단화의 양적 확대 방침이 실현되지 못하고, 개인농을 농업협동조합의 제1형태

---

52) 「박일우의 반당적 종파행위에 대하여—12월 전원회의 결정서 1955년 12월 2~3일」, 「김열의 반당적 범죄행위에 대하여—12월 전원회의 결정서 1955.12.2~3」, 『결정집 1955년도 전원회의, 정치—상무위원회』, 각각 51~56·57~59쪽. 결정서에 따르면, 박일우는 박헌영, 리승엽을 비호할 뿐 아니라 조국통일이 달성될 때까지는 그들의 "반당적 행위도 묵과"해야 한다는 입장을 취하였다고 한다. 그는 "박헌영, 리승엽 도당들과 완전히 결탁하여 당을 반대하는 공동전선을 취하여 왔다"고까지 비난되었다. 박일우, 김열의 숙청 사실은 대외적으로는 1956년 9월 간행된 『당의 공고화를 투쟁』, 94쪽에 게재되었다. 박일우는 표면적으로는 개인적인 '범죄행위'를 범했다는 혐의로 체포되었다고 한다. 여정, 앞의 책, 55쪽.

53) 『당의 공고화를 위한 투쟁』, 94쪽.

54) 「조직문제에 대하여—12월 전원회의 결정서 1955년 12월 2~3일」, 『결정집 1955년도 전원회의, 정치—상무위원회』, 60쪽. 부장직들은 당정치위원회의 제의에 따라 결정한다고 되어 있다. 박영빈이 해임된 것은, 그를 비롯하여 소련계에 대한 비판을 개시하기 위한 전조이거나, 혹은 이미 정치위원회에서 비판이 개시되고 있었던 것일 수도 있다.

인 노력협조반으로 적극 가입시키는 방침이 채택되었다는 사실이다. 당시 농정 실패의 책임을 둘러싼 당내 대립은 국가계획위원회와 농업성, 즉 박창옥과 김일의 공동책임으로 귀결되었으며, 이는 사실상 김일에 대한 문책이자 김일성의 집단화 방침에 차질이 생기는 것을 뜻히였다. 이것이 대대적인 소련계 비판으로 이어지는 요인이 되었다.55) 이미 이러한 당 인사를 앞두고 일부 내각 개편이 이루어졌다. 11월 29일자로 국가검열상에 직업총동맹위원장인 김익선, 경공업상에 부상 문만욱, 금속공업상에 부상 강영창, 박일우의 후임 체신상에 김창흡이 임명되었다. 김익선은 리승엽 재판 당시 최고재판소장으로서 그의 국가검열상 임명은 박헌영 재판을 대비한 인사였다.56) 후임 직맹위원장에는 연안계 서휘가 선출되었다.57)

새로이 개최되는 당대회를 제3차로 잡은 것은, 북조선로동당의 창립대회를 제1차, 북조선로동당 제2차 대회를 제2차로 하고, 남북로동당의 합당을 역대 대회로부터 배제한다는 뜻이었다. 조선공산주의운동사에서 한 축을 이루던 서울 조선공산당중앙의 재건, 남로당의 결성, 남북로동당의 합당으로 이어지는 역사적 사실을 조선로동당사에서 말소하는 것이었다. 12월 14일 최고인민회의 상임위원회는 연기되고 있던 박헌영 재판을 실시하기 위해서 재판부를 구성하였고, 15일에 재판이 열렸다. 재판부는 부수상 최용건을 재판장으로 하고, 국가검열상 김익선, 당 검열위원장 림해, 내무상 방학세, 최고재판소장 조성모로 구성하며, 최고검찰소 검사총장 리송운이 검사로서 관여하였다. 재판부는 빨치산파, 갑산계, 국내계(북), 연안계, 소련계를 망라하는 형태가 되었다. "조선의 자주독립을 반대하고 공화국의 인민주권을 전복할 목적으로, 조국에 반역하고 미제국주의에 복무한 간첩 행위와 반혁명적 모략,

---

55) 제4장 제4절의 3에 있는 경제부문에서의 소련계 비판에 관한 서술 및 제4장 제6절의 3에 있는 농업집단화와 관련된 서술을 참조할 것.

56) 『로동신문』 1955.12.1.

57) 『로동신문』 1956.1.17.

선전선동 행위 및 리승엽 등 반혁명 도당의 무장폭동 음모의 실현을 비호, 보장" 해 왔다는 이유로 박헌영에게 사형 및 전재산 몰수가 언도되었다.[58] 1955년 12월 19일자 『인민일보』는 "조선최고재판소 특별법정 미국간첩 배신자 박헌영에게 사형판결"이라는 제목하에 조선중앙통신 보도를 전재하였다. 같은 날짜의 『프라우다』도 "조선의 배신자에 대한 재판"이라는 제목하에 같은 기사를 게재하였다.[59] 중국공산당도 소련 공산당도 결국 박헌영 재판을 받아들인 것이다. 중국과 소련의 태도는 사건의 발단으로 보아 당연한 귀결이기도 하였다. 당시 김일성과 소련 계의 미묘한 관계도 박헌영 재판에 대해서는 영향을 미칠 수 없었다. 김일성과 대립하게 된 박창옥 자신이 박헌영 숙청의 주도자였고, 처음부터 소련의 배경이 작용하고 있었다.

김일성은 여세를 몰아서 소련계 비판에 적극적으로 나섰다. 경제부문에서 박창옥을 비판하는 데는 한계가 있었고, 김일의 과오와 얽힌 면이 있었기 때문에, 경제부문을 우회하여 좀더 근본적으로 사태의 본질에 접근한다는 방식이었다. 12월 27일 당 선전선동부문 책임일꾼회의가 개최되어, 문화예술총동맹위원장 겸 작가동맹위원장 한설야의 주도하에 문학부문에서의 '사상적 오류'가 비판되었다. 28일 회의에 참가했던 간부들을 앞에 두고 김일성은 중대한 연설을 행하여 사상사업 전반에 대해 비판을 가하였다.[60] 김일성은 당의 사상사업이 "교조주의와 형식주의에 빠져", "주체가 없다"고 단언하였다. 그는 '주체'를 강조하여 다

---

58) 『로동신문』 1955.12.18.

59) 『인민일보』 1955.12.19, Pravda, 19 December. 소련 외무성이 박헌영 사형에 반대하는 압력을 가하고 있었다는 강상호의 증언이 있지만, 이러한 사실로 볼 때 소련의 압력에는 한계가 있었던 것이다. 강상호, 「내가 경험한 북한 숙청」, 연재 제35회, 『중앙일보』 1993.10.12. 김일성이 소련계 비판을 하고 나서자, 소련 측이 그에 대한 압력수단으로서 박헌영 재판에 대한 문제를 제기했을 가능성은 있지만, 이미 소련도 박헌영의 '범죄사실'을 공식적으로 인정한 이후가 되며 설득력을 가질 수 없었을 것이다.

60) 이하의 내용에 관해서는, 김일성, 『사상사업에 있어서 교조주의와 형식주의를 퇴치하고 주체를 확립할 데 대하여』, 조선로동당출판사(평양), 1960에서 인용.

음과 같이 정의하였다. "우리는 어떤 다른 나라의 혁명도 아닌 바로 조선의 혁명을 하고 있는 것입니다. 이 조선혁명이야말로 우리 당 사상사업의 주체입니다. 그러므로 모든 사상사업을 반드시 조선혁명의 리익에 복종시켜야 합니다. 우리가 쏘련공산당의 력사를 연구하는 것이나, 중국혁명의 력사를 연구하는 것이나, 맑스─레닌주의의 일반적 원리를 연구하는 것이나 다 우리 혁명을 옳게 수행하기 위해서 하는 것입니다". 무엇보다도 직접적인 공격은 박창옥과 박영빈을 향하였다. 전 선전선동부장 박창옥이 조선문학운동의 역사, 그중에서도 특히 일제시대의 KAPF(조선 프롤레타리아문학동맹)를 부인하였고, 그 결과 "우리나라의 력사와 현실을 연구하지 않았기 때문에, 부르죠아반동작가인 리태준과 사상적으로 결탁"하였다고 비난받았다. 선전선동부장 박영빈도 "소련에서는 국제긴장상태를 완화하는 방향이니, 우리도 미제국주의를 반대하는 구호를 집어치워야 하겠다"고 하며, "우리 강토를 불태우고 무고한 인민들을 대량적으로 살륙"한 미제국주의자에 대한 "혁명적 경각성을 무디게 하였다"고 비난받았다. 허가이, 박일우, 김재욱에 대해서도 군대내 정치사업의 방법을 둘러싸고 "쏘련에서 나온 사람들은 쏘련식으로, 중국에서 나온 사람들은 중국식으로 하자고 하였습니다"라고 비난하였다.

　무엇보다도 당선전부의 간부들이 "모든 사업에서 기계적으로 쏘련의 본을 따려고 한 사실"이 문제였으며, 그 결과로 광주학생사건, 6·10만세사건, 3·1운동, 농민운동 등 "조선인민의 반일투쟁에 관한 기사를 신문에 소개하는 것까지 금지"하였다고 비판받았다. 선전부문 전반에 걸쳐 문제가 제기되어 중앙당학교에서 조선역사 강의가 소홀하게 되었다는 점, 교과서를 편찬하는 데 조선의 문학작품보다 다른 나라의 문학작품을 많이 실었다는 점, 당이 창건되고 나서 10년이 넘었는데도 자신의 당사도 가지고 있지 못하다는 점, 조선의 역사와 민족문화에 관한 체계적인 연구에 착수하지 못했다는 점 등이 지적되었다. '소련에서 배운다'는 것은 해방 이후 북조선 국가건설에서 지상명제였으며, 1948년부

터 당시까지 선전부문은 대부분 소련계가 장악하고 있었을 정도로 선전
부문은 '소련식'의 폐해를 가장 지적하기 쉬운 분야였다. 1948년 초 연
안계 김창만이 박창옥으로 교체된 후, 당 선전선동부장은 대부분 소련
계가 담당하였고, 당과 정부 기관지의 주필도 대부분 소련계가 맡아 왔
다. 문화선전상은 정부 수립 때부터 연안계 허정숙이 맡아왔으나, 부상
으로는 기석복, 정률 등 소련계가 맡고 있었다. 연안계도 선전부문에 진
출하고 있었으나, 소련에 관한 지식과 러시아어 능력에서 소련계에 뒤
처질 수밖에 없었다.61)

나아가 김일성은 중국공산당과 같이 '정풍운동'을 전개해야만 했다고
주장하였다.62) '소련식' 비판을 일대 대중운동으로 확대하는 의도가 있
었다고 추측된다. 1956년 1월 초 당 상무위원회에서 문예사업에서 과오
를 범했다는 이유로 박창옥·박영빈이 비판을 받고, 당 정치위원에서 해
임되었다.63) 박창옥은 국가계획위원장에서도 해임되어 보직 없는 부수
상으로 남게 되었고, 이미 당 선전선동부장에서 해임되어 있던 박영빈은

---

61) 당 선전선동부장은 1948년 초에서 56년 1월까지 소련계 박창옥, 최철환, 박영빈
으로 이어진다. 1953년 8월부터 1954년 11월 사이에 연안계 김창만, 하앙천이 일
시적으로 맡고 있었으나, 부부장직에는 소련계 리문일, 기석복이 앉았다. 당기관
지『로동신문』과『근로자』의 주필은 태성수, 기석복, 박창옥, 리문일 등 모두 소
련계였다. 정부기관지인『민주조선』과『인민』의 주필은 1951년 4월까지 연안계
류문화였으나, 이후 소련계 기석복, 장하일이 맡았다. 조소문화협회 기관지인
『조선문화』(박길룡), 작가동맹 기관지인『문화전선』(정률), 교원직업동맹 기관지
인『교원신문』(태성수), 인민군 기관지인『조선인민군』(서춘식) 등 주요매체의
주필도 간행 초기부터 상당 기간 소련계가 담당하여 그 기초를 놓았다.

62) 김일성, 앞의 책, 22쪽.

63)「문학예술 분야에서 반동적 부르죠아 사상과의 투쟁을 더욱 강화할 데 대하여―
상무위원회 결정 1956.1.18」,『결정집 1956년도 전원회의, 정치―상무―조직위원
회』, 49~58쪽. 결정서에 따르면, 박창옥은 초기에는 허가이에 이용당했으나, 나
중에는 당조직 노선을 옹호하여 투쟁하며, 허가이와 대립하였고, 박헌영, 리승엽
도당들과의 투쟁도 올바르게 전개하였다고 한다. 그러나 박창옥과 박영빈은 당
의 중요한 직위에 등용되자 달라졌다. 나아가 박창옥은 박영빈, 기석복, 전동혁,
정률 등을 자기 주위에 끌어넣으며, 사상 및 문화예술 분야에서 비당적 입장을
취하였다. 이들은 박헌영, 리승엽 도당의 영향하에 있던 림화, 김남천, 리태준 등
반당적 작가들을 비호, 지지하고, 이들에 대한 비판을 억압하였다고 한다.

당중앙위원에서도 제명되고 상업부상으로 좌천되었다. 소련계 비판은 문학 분야가 직접 발단이 된 만큼, 그 조치도 가장 가혹하였다. 기석복, 정률이 직접 책임을 추궁당하여 문화선전부상에서 해임되었고, 기석복은 당중앙위원에서노 제명뇌었다. 기석복(평론가), 정률(시인)과 전동혁(평론가) 등 3명은 작가동맹중앙위원회에서 제명되었다.64) 박창옥의 후임 국가계획위원장에 중공업우선론자인 리종옥이 임명되었다. 두 사람 모두 국내 출신이었다. 더욱이 선전부문의 정책을 바꾸는 상징으로서 황해남도당위원장인 김창만이 교육상에 기용되었다. 과거 경력을 볼 때 김창만 기용은 박창옥에 대한 공격을 의미하는 것이었다. 철저한 소련계에 대한 억압이었다. 한편 당 조직부문에서 강력한 직책인 평양시당위원장에 갑산계인 최고검찰소검사총장 리송운이 임명되었고, 황해남도 당위원장에 연안계인 평양시당위원장 고봉기가 하향 이동되었다. 후임 검사총장에 조성모, 최고재판소장에 부소장인 황세환이 선출되었다. 두 사람 모두 적색농조운동 출신이었다. 연안계인 당 상업재정협동단체부장 김용진은 순수 당료 출신의 정두환으로 교체되었다.65) 당 공업부장에는 국가계획위 부위원장인 백홍권이 임명되었다.66)

　4월의 제3차 당대회를 앞둔 1956년 1월 시점에 당내 역관계는 김일성 직계를 중심으로 해서 안정된 모습을 보인다. 당 정치위원은 김일성, 김두봉, 박정애, 김일, 최용건, 박금철로 소련계는 완전히 배제되었고, 김두봉을 제외하고 김일성 직계들이 차지하였다. 부위원장은 박정애, 최용건, 박금철 등 정치위원 3명이었다. 당 중앙위 간부직 중 조직지도

---

64) 위의 결정서, 앞의 책, 57~58쪽, 『당의 공고화를 위한 투쟁』, 95쪽, 『로동신문』 1956년 2월 15일. 문학 분야에서 기석복, 정률 비판에 관해서는, 김재용, 『북한 문학의 역사적 이해』, 문학과 지성사, 1994, 139~142쪽, 이들 숙청의 기원이 되는 남로당계 작가 숙청에 관해서는, 같은 책, 133~138쪽, 동 「북한의 남로당계 작가 숙청」, 『역사비평』 제27호, 1994년 겨울.

65) 자강도 당위원장 리일경이 선전선동부장이 되었기 때문에, 김용진이 그 후임이 되었다.

66) 백홍권은 기술자 출신의 테크노크라트였다. 霞關會編, 『現代朝鮮人名辭典』을 참조.

부장 한상두, 간부부장 리효순, 선전선동부장 리일경, 공업부장 백홍권, 상업재정협동단체부장 정두환, 검사위원장 리주연 등은 갑산계와 북조선의 국내계 외에는 테크노크라트와 당료로서 국내 출신이었으며, 농업부장 박훈일, 검열위원장 림해 등 2명만이 연안계였다.[67] 소련계를 철저히 배제하면서 연안계에 대해서는 부분적인 배려를 하였으나, 전체적으로 국내 출신이 진출하고 있었다.

1956년 1월 1일『로동신문』신년호에는 조선의 민족적 상징인 백두산 천지와 함께 김일성을 극구 찬양하는 작가 홍순철의 시가 게재되었다.[68] 1월 13~14일 '평양시당 산하 문학·예술·선전·출판부문 열성자회의'가 소집되고 작가동맹위원장 한설야가 보고를 통해 당 상무위원회 결정 내용을 공개하였다. 다만 소련계 비판은 아직 당내 논의 수준에 머물렀고, 비판 내용은 공식매체에는 일절 발표되지 않았다.[69] 소련 측 반응을 지켜보면서 신중하게 준비하고 있었던 것으로 생각된다. 아직 '주체'라는 말도 사상사업에 한정되어 있었던 것으로 일반화되지는 않았다. 박창옥, 기석복, 정률에 대한 비판도 림화, 김남천, 리태준 등 이미 숙청된 남로당계열 작가를 비호했다는 '간접적'인 이유 때문으로 되어 있었으며, 그들의 '직접적'인 오류 때문은 아니었다. 그러나 정풍운동을 전개하고자 했던 김일성의 의도는 중대한 장애에 봉착하게 되었다. 소련에서의 스탈린 비판이 북조선에도 김일성의 개인숭배 비판으로 영향을 미치기 시작했던 것이다.

---

67) 박훈일, 림해는 중국공산당 중앙으로부터 모스크바 동방노력자대학에 파견되었다가 1938년 중국공산당에 복귀하였고, 1944년 설치된 중공중앙 직속 조선민족지부에 속해 있었기 때문에, 연안계 내에서 독립동맹 출신과는 다른 그룹이었다고 볼 수 있다. 여정, 앞의 책, 45~46쪽.

68)『로동신문』1956.1.1. 민족주의에 대한 강조가 김일성에 대한 극존칭과 결합된 것은 북로당 창립대회 이래 있어 왔던 일이다.

69) 한설야의 보고가 보도된 것은 2월 15일자『로동신문』, 2월 25일 간행된『근로자』1956년 2월호였다.

<table>
<tr><td>2</td></tr>
</table>

개인숭배 비판과 「8월 종파사건」

1) 개인숭배 비판

1956년 2월 2일 소련공산당 제20차 대회에 참가하기 위해 당 부위원장 최용건, 당 간부부장 리효순, 황해북도 당위원장 허빈, 주소대사 리상조 등 4명의 대표단이 출발하였다.[70] 소련공산당 대회는 2월 14일 개막되었고 이를 알리는 기사가 『로동신문』과 『민주조선』 2월 16일자에 게재되었다. 이 대회에 맞추어 『로동신문』 2월 15일자에는 사설 「문학, 예술 분야에 잔존하는 부르죠아 사상의 여독을 철저히 청산하자」 및 사설의 근거가 된 1월 23~24일 '평양시 당 관하 문학·예술·선전·출판부문 열성자 회의'에서 작가동맹위원장 한설야가 한 보고 전문이 게재되었다. 『민주조선』 2월 16일자에 『로동신문』 사설과 같은 취지의 사설인 「문학, 예술분야에서의 부르주아 사상 여독과의 투쟁을 강화하자」가 게재되었다. 소련계 비판을 공개하는 시점을 소련공산당 대회에 맞추는 의도적인 조치였다. 2월 16일에는 당상무위원회가 열려 대중정치사업에 관한 개선 대책이 강구되었다. 채택된 결정서는 평남도당위원회의 대중정치사업에 관한 것이었으나, 분명 소련계 비판을 의도한 내용이었다. 평남도당단체의 대중정치사업이 "많은 경우에 주체를 상실하고", "맑스─레닌주의의 진리를 우리나라 현실에 창조적으로 적용하도록 진행할 대신에 교조주의적이며 형식적으로 진행되었다"고 비판하였다. 대책으로서 "맑스─레닌주의의 진리를 우리나라 현실에 창조적으로 적용하면서 대중 속에 특히 근로대중에게 우리 조국의 유구한 력사와 찬란한 민족문화, 용감하고 근면한 우리 인민의 생활풍습과 우리 선렬들의

---

70) 『민주조선』 1956.2.3.

애국전통, 아름답고 풍부한 자원을 가진 우리 조국과 영웅적 조선 인민의 투쟁과 기개 등을 깊이 해석, 침투시킬 것"을 강조하였다.71) 김일성의 1955년 12월 사상사업에 관한 연설의 선에 따른 방침이었다.

주목할 점은 『로동신문』 2월 16일자에 당 부위원장 박금철의 장문의 논문이 게재된 사실이다. 같은 일자에는 14일 대회에서 발표된 흐루시초프 보고의 요지가 함께 게재되었다. 박금철은 당내 종파문제를 제기하였다. 이 문제는 1955년 4월 김일성이 제기하였으나, 당내에서 관철시킬 수 없었던 쟁점이며, 박헌영 숙청 이후 표면화된 것은 이번이 처음이었다. 종파문제에 관한 박금철 논문의 요지를 정리해 보면, 다음과 같다.72)

"오늘 우리 당내에는 종파는 없으며, 또 있을 수도 없다. 그러나, 과거 무원칙한 파벌투쟁을 하던 잔재들은 완전히 청산되지 않았다." 과거의 무원칙한 파벌투쟁 때문에 1928년에 조선공산당이 해산되었던 경험이 있다. "오늘 우리 당내에는 이러한 파벌투쟁에 참가하였거나, 또는 그 중요 간부로 있었던 자들도 있다". 해방 후에도 "과거 엠·엘파의 화신인 장안파, 대회파"와 "과거 화요파를 중심으로 한 박헌영 일파들"이 파벌투쟁을 계속하여 혁명투쟁에 막대한 장애를 주었다. "박헌영 도당들의 반당적 파괴행위는 당 중앙위원회 제5차 전원회의를 계기로 하여 폭로, 청산되었다. 그러나 아직 일부 동무들은 이 악당들의 영향과 엠·엘파 및 기타 파벌적 잔재들을 완전히 청산하지 못하고 있다".

분명히 소련계 비판의 범위를 넘어서 과거 공산주의운동 출신자들에게 압력을 가하려는 의도였다. 과거 엠엘파에 속했던 대표적인 인물이 최창익인 만큼, 비판의 범위는 연안계까지 파급되었다. 다만 이례적

---

71) 「대중정치사업의 개선 대책에 관하여—상무위원회 결정 1956.2.16」, 『결정집 1956년도 전원회의, 정치—상무—조직위원회』, 62~67쪽.

72) 이하의 인용은, 박금철 「당의 공고화를 위한 투쟁에서 당원들의 당성 단련」, 『로동신문』 1956.2.16. 박금철 논문은 신문 제2면 전체와 제3면 하단의 2단까지 차지하는 긴 글이다.

으로 박금철 논문은 개인숭배 문제를 언급하고 있다. 북조선에서 개인
숭배 문제가 제기된 것은 이것이 처음이었다. 이 주제와 관련된 곳의 요
지는 다음과 같다.

> "물론 맑스-레닌주의는 력사발전에 있어서 개인의 역할을 무시하거나 과
> 소평가하는 것은 아니며, 또 할 수도 없다". "인민의 탁월한 지도자는 무엇
> 보다 력사발전의 합법칙성을 남보다 더 잘 파악하고 남보다 더 멀리 내다
> 봄으로써", 광범한 대중을 승리로 조직, 동원하는 역할을 맡는다. "맑스,
> 엥겔스, 레닌, 스탈린이 전 세계 무산계급의 지도자로 된 것은 바로 이러
> 한 때문이며, 오늘 전체 조선 인민이 김일성 동지를 무한히 존경하며 사랑
> 하고 있는 것도 그가 항상 우리를 승리에로 정확히 인도하고 있기 때문이
> 다". "이러한 지도자들의 령도는 당 로선과 정책으로써 당 조직을 통하여
> 실현"되며, "당 로선과 당 조직을 떠나 무원칙한 개인적 관계나 일종의 환
> 상으로써 개인을 숭배한다는 것은 반맑스주의사상"이다. "이러한 경향들은
> 개인영웅주의자들이 리용할 수 있는 좋은 지반으로 될 뿐이다."

박금철은 "개인영웅주의자"의 한 예로 해방 직후 분국창립 노선에
반대했던 오기섭을 들면서 그는 자신의 과오를 인식하고 시정했다고 면
책하였으며, 나아가 "소부르조아적인 개인영웅주의자"의 한 예로 허가
이를 들었다.[73] 스탈린을 맑스, 엥겔스, 레닌과 분리하지 않고 김일성
도 그 속에 포함시키는 이유는 명확하게 스탈린 비판 이전의 인식이었
다. 개인숭배를 다른 실각했던 인물과 사망한 인물에게 전가시키는 수
법은 베리야 숙청 후 소련의 방식과 흡사하다.[74] 이미 최창익 등이 김
일성의 개인숭배에 대해서 문제 제기를 했는지, 혹은 그들이 그렇게 할
우려가 있어서 선제, 예방하기 위한 것인지는 명확치 않지만, 소련에서
나오기 시작한 개인숭배 비판 움직임이 북조선에서도 좌시할 수 없는

---

73) 박금철, 위의 논문.

74) 소련의 경우와 비교하기 위해서는, 和田春樹, 「スターリン批判·1953~56」, 東
    京大社會科學硏究所編, 『現代社會主義-その多元的諸相』, 東京大學出版會(東
    京), 1977, 15~19쪽을 참조.

내부 문제가 되고 있었던 것이다. 박금철 논문의 저의는 5월로 예정된 제3차 당대회를 겨냥해서 소련계 비판을 당내 종파문제와 결부시키는 한편, 스탈린 사후 부분적으로 전개되어 오던 소련의 개인숭배 비판 움직임이 북조선으로 파급되는 것을 봉쇄하기 위한 것이었다.

그러나 소련계 비판과 당내 종파 비판의 움직임은 더 이상 전개되지 않고 여기서 멈춰 버렸다. 소련공산당 대회 기간 중『로동신문』에는 타스통신 발로 대회속보 기사가 연일 전해졌고, 대회에서의 주요보고도 대부분 전문이 게재되었다.75) 흐루시초프의 보고와 수슬로프의 연설에서는 개인숭배에 대한 비판이 약간 언급되어 있으며, 미코얀의 연설에서는 상당히 강한 어조로 개인숭배가 비판되었다. 대회의 분위기는 충분히 전달되고 있었다고 볼 수 있다.76) 대회에 대한 반응은『로동신문』과『민주조선』2월 23일자에 나타났다. 제1면에「소련공산당의 풍부한 경험은 우리투쟁의 지침이며 고무력」이라는 제목의 조선중앙통신발 기사가 게재되어, "(소련공산당이) 중앙위원회로부터 초급단체에 이르기까지 집체적인 령도의 원칙을 성과적으로 강화하고 … 무엇보다도 주요한 문제를 집체적으로 토의, 해결한 것은 … 우리들의 앞으로의 투쟁에 무한한 힘을 주고 있다"고 쓰고 있다. 이 날 기사에서부터 김일성에 대한 '수령'이란 호칭이 완전히 사라졌다.77) 흐루시초프의 유명한 비밀 보고가 발표된 것은 25일이었지만, 이미 소련에서의 개인숭배 비판 분위기는 북조선에 전해지고 있었던 것이다. 가장 상징적인 변화는 흐루시초프 비밀 보고가 나온 후, 27일『로동신문』에 게재된 당 부위원장 박정애의 논문에서 나타났다. 박정애는 1946년 북로당 창립대회 때부터 선두에 서서 김일성 '개인숭배'를 이끌어 왔을 뿐 아니라 북조선의 어느 누

---

75) 흐루시초프의 공식보고는『로동신문』2월 16일자에 요지가, 23일, 24일자에 전문이 게재되었고, 수슬로프의 연설 전문이 22일자, 미코얀와 말렌코프의 연설 요지가 25일자, 불가닌의 보고 전문이 26일자에 각각 게재되었다.

76) 소련공산당 제20차 대회의 상세한 전말에 관해서는, 和田春樹,「スターリン批判・1953~56」, 앞의 책, 69~88쪽.

77)『로동신문』,『민주조선』1956.2.23.

구보다도 그녀의 발언과 논문은 김일성 찬양의 모범이었으나, 다름 아닌 그녀의 논문에서도 수령이라는 말이 깨끗이 사라진 것이다.[78]

김일성을 찬양하는 문구가 완전히 없어진 한편, 앞에서 언급한 박금철 논문, 박징애 논문에 뒤이어『로동신문』2월 29일자에 당 선전선동부장 리일경의 논문, 3월 12일자에 당 조직지도부장 한상두의 논문이 게재되었고, 제3차 당대회를 향하여 당 역사를 김일성을 중심으로 하여 정통화, 체계화하는 작업은 계속되었다.[79] 소련의 개인숭배 비판 움직임이 파급되었지만, 당내에서 굳혀진 김일성의 지위는 부동의 위치를 계속 지키고 있었던 것이다. 3월 중순에는 7일간 전국 예술인 열성자대회가 중앙 및 지방의 예술단체 관계자, 배우, 작가, 시인, 작곡가 등 총 1천 8백여 명이 참가한 가운데 각 부문별로 진행되었다.[80] 이 대회를 보도하는 기사 바로 옆에 기석복의 자아비판서도 게재되었다.[81] 이 집회는 3월 14일 귀국한 소련공산당대회 참가대표단의 보고를 청취하기 위해서 20일 소집이 예정되어 있던 당 중앙위원회를 앞두고 개최된 것이다. 참가자들은 "외국 선진 당들의 투쟁경험을 학습하는 것이 우리의 혁명사업에 창조적으로 적용하기 위한 것처럼… 조선의 민족적인 바탕에 외국의 훌륭한 것을 창조적으로 연구, 도입하여, 더욱 훌륭한 민주

---

78) 박정애,「당 규약은 당원들의 활동과 생활의 기초」,『로동신문』1956.2.27. 흐루시초프의 비밀보고가 있은 뒤에 채택된 소련공산당 제20차 대회 결정서가 박정애의 논문과 함께 게재되었다.

79) 리일경,「사상사업의 개진을 위하여」,『로동신문』1956.2.29, 한상두,「당 건설에서의 몇 가지 문제」,『로동신문』1956.3.12. 이 일련의 논문 속에서 추진된, 김일성의 항일무장투쟁 – 조국광복회 – "조선공산당 북조선중앙국" – 북조선로동당의 흐름으로 이어지는 당 노선의 정통화 작업은 제3차 당대회에서 한 김일성의 보고를 통해 공식화된다.

80)『로동신문』1956.3.19. 여기서는 남로당계의 저명한 작곡가 김순남이 집중적으로 비판받았다.

81) 기석복의 비판서는, 한설야의 보고가 가한 자신의 오류에 대한 비판을 접수한다고 하면서, "당은 박창옥, 박영빈 동무들에게 나의 오류에 대하여 비판할 것을 지시하였으나, 이 동무들은 이를 집행하지 않은 결과, 나로 하여금 가족적 분위기 속에 잠기게 하였다"라고 고백하였다.

주의적 민족예술을 창조하는 것, 예술창조 사업에서 교조주의를 퇴치하고 주체를 바로잡는 것이 가장 중요한 것이다"라는 취지에서 토론하고, "예술발전을 위하여 항상 심심한 배려를 들려주시는 경애하는 수령 김일성 원수의 교시에 충실할 것을 강조하면서 결의문을 채택하였다"고 보도되었다.82) 소련공산당대회 방침에 대하여 조선로동당 주류가 명확한 거부감을 표명한 것이었다. 박정애도 중단했던 수령 호칭이 불린 것은 대회를 주도했던 한설야의 충성 표시였다. 그러나 이 열성자 대회로써 소련계 비판은 일단 수습되었다.

3월 20일 소련공산당 제20차 대회 참가보고를 위해서 당중앙위 전원회의가 개최되었다.83) 회의에서 보고자인 최용건은 제20차 대회에서 "거대한 의의를 부여한 현 국제적 발전에 관한 몇 가지 원칙적 문제"로서 "사회주의제도와 자본주의제도의 평화적인 공존에 대한 문제, 현시기에 있어서의 전쟁을 방지할 수 있는 가능성에 대한 문제, 각이한 나라들에서의 사회주의에로의 이행 형태들에 관한 문제, 당의 레닌적 집체적 지도에 관한 문제, 제국주의 시기에 자본주의 발전의 절대적 정체성에 대한 문제" 등을 언급하고, 대회는 "소련공산당의 … 집단적 지도자인 레닌적 중앙위원회의 지도의 현명성을 명백히 중시하였다"고 전하였다. 그 내용은 알려지지 않았지만, 김일성의 "주요발언"이 있었다고 보도되었다.84) 이 3월 전원회의 결정에는 선전부문에 존재하는 개인숭배 경향을 시정할 데 대한 당 단체의 과업이 지적되었다. 또한 "각급 당 단체들은 소련공산당 제20차 대회문헌들을 심오하게 연구"하며, "문헌 침투를 위한 조직-정치사업을 당중앙위원회 조직지도부와 선전선동부에 위임한다"고 결정하였다.85) 전원회의 이후「소련공산당 제20차 대회

---

82)『로동신문』, 1956.3.19.

83)『로동신문』1956.3.22.

84)『로동신문』1956.3.22. 소련공산당 제20차 대회 직후에 개최된 당 중앙위 정치위원회에서 김두봉, 최창익이 김일성 개인숭배를 비판하였으며, 김일성 자신이 과오를 인정하고 시정을 약속했다는 증언이 있지만, 이것이 김일성의 '주요발언'과 관련이 있을지 모른다. 林隱, 앞의 책, 210쪽.

결정서」와 「조선로동당 중앙위원회 3월 전원회의 결정」이라는 2개의 문헌이 대외비로 지방당 조직에서는 리당위원장 이상의 간부와 도당대표대회의 대표에게, 군대 내에서는 정치부중대장 이상의 간부에게 배포되었다.86) 『로동신문』 4월 2일자에는 소련 『프라우다』지 3월 28일자 논설인 「왜 개인숭배는 맑스-레닌주의 사상과 무관한가」가 게재되었다.87) 공식적으로는 스탈린 비판이 일반에게 공개된 것은 이것이 처음이었다. 제3차 당대회를 준비하기 위해 각 군당, 도당의 대표대회가 한창 개최되고 있던 중이었다.

그러나 김일성 등 당 지도부가 소련공산당 제20차 대회 결정을 전면적으로 수용한 것은 아니었다. 우선 스탈린 비판 이전 단계에서 이미 박금철이 시도한, 개인숭배의 책임을 타인에게 전가하는 것을 보강하는

---

85) 「3월 전원회의 결정 1956.3.20」,『결정집 1956년도 전원회의, 상무-정치-조직위원회』, 2쪽. 이 결정집에 수록된 3월 전원회의 결정서에는 최용건의 보고나 김일성의 발언 등 로동신문 보도 내용은 전혀 실려 있지 않다. 또한 개인숭배와 관련된 내용도 일절 포함되어 있지 않다. 그러나 이 부분은 8월 전원회의 결정서에 실린 다음 내용에서 확인된다. "본 전원회의는 1956년 3월 전원회의에서 지적된 바와 같이 우리나라에서도 약간한 정도의 개인숭배가 존재하였다고 인정한다. 이는 주로 우리 당 사상사업에서 한 개인의 역할과 공로를 지나치게 찬양하는 데서 표현되었다. …… 1956년 3월 전원회의에서 이러한 표현들을 신속히 더욱 철저하게 시정하기 위하여 신중한 조치들을 취한 것이 정당하였다고 인정한다." 「형제적 제국가를 방문한 정부 대표단의 사업 총화와 우리 당의 당면한 몇 가지 과업들에 대하여-전원회의 결정 1956년 8월 30~31일」,『결정집 1956년도 전원회의, 상무-정치-조직위원회』, 7~8쪽. 결정서에는 명기하지 않고 구두로만 개인숭배 문제를 인정한 것인지, 앞으로 시정할 것을 약속하고, 과거 잘못을 결정서에 명기하는 것은 피하기로 양해가 된 것인지, 좀더 확인이 필요하다.

86) 그 결과 개인숭배 문제는 전 사회적으로 파급되었다. 여정, 앞의 책, 68쪽. 여정은, "스탈린의 개인숭배와 그 결과"라는 표제의 흐루시초프 비밀보고가 배포되었다고 증언하고 있지만, 제20차 대회 공식 보고문의 착오일 것이다. 흐루시초프 비밀보고가 소련 외부로 유출된 것은 1956년 6월 4일 미국무성이 전문 영역을 발표하고 나서부터였으며, 각국 공산당은 엄청난 충격을 받았다.

87) 『로동신문』 1956.4.2. "Pochemu kul't lichnosti chuzhd dukhu marksizma-lenizma?", Pravda, 28 Mar. 1956. 소련 내부의 맥락에서 이 논설이 갖는 의미에 관해서는, 和田春樹, 앞의 논문, 92~93쪽.

작업이 추진되었다. 3월 29일~4월 1일 평양시당대표회가 개최되어 오기섭이 "자기 자신이 한때 종파사상에 중독되어 적지 않은 오류를 범하였다"고 자기비판을 하였다.[88] 박금철이 제기했던 개인숭배의 오류는 언급하지 않았으나 일단 과오를 인정한 것이다. 더욱이 다음날인 4월 5일 『로동신문』에 남로당계로서 생존해 있던 허성택의 논문이 게재되었다. 그는 "우리들은 (박헌영, 리승엽 등) 간첩 도당들과 종파분자들이 그들의 범죄적 행동을 감행함에 있어서 맹동, 맹종이 얼마나 그들에게 큰 도움을 주었는가 하는 것을 똑똑히 알아야 하며, 개인숭배사상과 보신주의가 바로 맹종, 맹동의 중요한 요인으로 되고 있다는 것을 깊이 인식"해야 한다고 쓰면서, "나 자신도 역시 과거에 간첩 종파분자 박헌영의 영향하에서 사업할 때에 범한 과오를 시정하기 위하여 노력"하고 있다고 고백하였다.[89] 개인숭배의 오류를 범했던 것은 김일성이 아니라, '다른 일당들'이라는 근거가 당사자들의 입을 통해서 만들어진 것이다. 개인숭배의 책임을 박헌영에게 돌린 점은 오기섭과 허가이에게 전가했던 박금철의 논리보다 한 걸음 더 나아간 것이었다.

『로동신문』 4월 7일자에 실린 「소련공산당 제20차 대회 문헌을 깊이 연구하자」라는 제목의 사설은 당시 김일성과 당 수뇌부의 사고방식을 말해 주고 있다. 사설은 소련공산당 제20차 대회 문헌을 연구함에 있어서 "교조주의적, 형식주의적 오류를 반복하지 말아야 한다. 우리나라 혁명에는 자체에게 구체적 특수성이 있다"고 하며, 소련공산당의 방침이 그대로 북조선에 적용될 수는 없음을 시사하였다. 더욱이 사설은 조선로동당은 "당 창건 첫날부터 당적 지도의 최고원칙인 레닌적 집체

---

88) 『로동신문』 1956.4.4. 로동신문은, 대표회에서는 토론들을 통해서 "사상사업에서 주체를 견지"해야 한다는 것, "맑스─레닌주의의 보편적 진리를 우리 나라 현실에 창조적으로 구현한 당의 정책, 당중앙위원회의 결정, 지시들과 김일성 동지의 제 노작을 계통적으로 연구"한다는 것 등이 강조되었다고도 전하고 있다.

89) 허성택, 「종파주의 잔재요소를 극복하자」, 『로동신문』 1956.4.5. 교통부상으로 좌천되어 있던 허성택은 제3차 당대회에서 당 중앙위원, 검열위부위원장이 되었고, 남로당계로 숙청된 류축운의 후임으로 1957년 9월 석탄공업상이 되었다.

적 원칙을 고수"해 왔다고 강변하고, 김일성을 중심으로 하는 당중앙위원회의 노선과 정책이 집단지도의 원칙을 철저히 준수했다고 주장하였다.[90] 『로동신문』 4월 8일자에는 중국공산당 중앙위원회의 공식입장인 『인민일보』 4월 5일자 논설 「프롤레타리아독재와 관련된 억사적 경험에 관하여」가 제재되었다.[91] 그러나 소련과 중국의 문헌을 공식매체에 게재하는 간접적인 방식을 취하되, 스탈린에 관해 직접 의견을 표명한 조선로동당의 공식 견해는 일절 발표되지 않았다. 유일한 견해 표명은 제3차 당대회가 끝나고 나서 1개월이 지난 5월 31일 김일성이 인도 기자와 가진 개인 인터뷰였다. 여기서 김일성은 기본적으로 위에 거론한 『인민일보』 논설의 입장에 따르고 있었다고 할 수 있지만, 형식은 어디까지나 김일성 개인의 견해이지 당의 공식 입장은 아니었다.[92]

2) 제3차 당대회

1956년 4월 23일부터 7일간 제3차 당대회가 개최되었다. 1948년

---

90) 『로동신문』 1956.4.7.

91) 『로동신문』 1956.4.8, 『인민일보』 1956.4.5. 이 논설은 4월 7일 『프라우다』에도 게재되었다. 와다 하루키에 따르면, 이 논설은 지나친 스탈린 비판을 우려하고 있던 소련지도부에게는 유리한 내용이었다. 와다 하루키, 앞의 논문, 94면. 이 논설은 "어떤 사람들은 스탈린이 모든 점에서 다 잘못되었다고 생각한다. 이것은 엄중한 오해인 것이다 … 우리들은 력사적 관점에서 스탈린을 보아야 하며, 그의 옳고 그릇된 점을 전면적으로 적절히 분석하고, 이로부터 유익한 교훈을 얻어야 할 것이다"라고 쓰고 있다.

92) 「조선민주주의인민공화국 내각수상 김일성 원수가 인도기자 브. 브. 프라사드의 질문에 대하여 준 대답」, 『로동신문』 1956.5.31. 김일성은 "우리 공산주의자들은 개인숭배란 맑스―레닌주의 사상과 또한 레닌의 집체적 지도원칙에 배치하는 것으로서 그를 규탄한다. 그러나 이것은 력사에 있어 개인의 역할을 무시하는 것을 의미하는 것은 아니다. 맑스―레닌주의는 력사에서 지도자들이 주요한 역할을 한다는 것을 인정한다 … 소련공산당이 이. 브. 스탈린의 거대한 공로를 인정하는 한편, 그가 범한 오류의 본질을 대담하게 폭로하고 그 후과들을 퇴치하기 위하여 투쟁하고 있는 것은 당연한 일이다"라고 말했다.

3월 이후 8년 만이었다.[93] 대회에는 전체 당원 116만 4천 945명을 대표해서 선출된 916명의 대표 중 914명이 참가하였고, 제1, 2차 대회 때와는 달리 소련공산당, 중국공산당, 일본공산당 등을 포함한 13개국 공산당 대표가 참가하였다. 대회는 당 위원장 김일성의 중앙위원회 사업총결 보고와 토론, 중앙검사위원회의 총결 보고와 토론, 당 규약 개정에 관한 보고와 토론, 중앙지도기관의 선거 등 순서로 진행되었다.

중앙위원회 사업총결 보고를 담당한 김일성은 국제정세, 국내정세, 당의 3개 분야에 걸쳐 연설하였다.[94] 먼저 국제정세에 대해서는 간단하게 언급하였다. 국제적으로 상이한 사회경제체제의 평화공존이 가능하며 전쟁이 불가피하지는 않다고 하는, 소련공산당 제20차 대회에서 확인된 일반적인 가능성을 언급하고는 있으나, "특히 아시아에 대한 미제국주의의 침략과 일본군국주의의 재생을 견결히 반대하여 투쟁할 것이며 … 아시아 인민들의 식민지 민족해방투쟁을 적극 지지 성원하여야 하겠습니다"라고 결론지었다. 국제정세 전반에서 평화공존 정책을 지지는 하지만, 아시아와 한반도에 그대로 적용할 수는 없다는 표현이었다.

다음으로 국내정세에 대해서 가장 많은 비중이 두어졌다. 북조선에 관한 혁명 단계가 규정되었는데, 김일성은 1946년 북조선임시인민위원회 수립과 민주개혁 수행에 대하여 민주주의민족통일전선에 기초한 인민정권으로서 '인민민주주의독재'의 기능을 수행했다고 위치시켰다. 나아가 1947년 북조선인민위원회 수립과 함께 점차 사회주의로 이행하는 과도기의 임무를 수행하기 시작했다고 위치시켰다. 다만 북반부에서는 사회주의로의 과도기에 진입했지만, 조선 전체에서는 "반제반봉건민주혁명단계"에 있다고 규정하고, 이 혁명을 수행하는 데 "북반부의 인민민

---

93) 원래 당 규약에는 1년에 1회 개최하게 되어 있었지만, 앞에서 언급한 바와 같이 전쟁과 전후 복구사업 및 당내 숙청 등 정세가 작용하여 규약대로 개최할 수 없었다. 제3차 당대회에 관해서는 『로동신문』 1956년 4월 24~30일에 보도되고 있다. 대회 자료를 묶은 자료집으로 『조선로동당 제3차 대회 문헌』, 조선로동당출판사(평양), 1956.

94) 이하는 『로동신문』 1956년 4월 24일에서 인용.

주주의제도를 더욱 강화하는 동시에", 남반부의 "일체 애국적 민주주의 세력을 단결"시켜야 하겠다고 강조하였다. '프롤레타리아독재' 문제는 언급하지 않았지만, 사회주의 단계를 전쟁 전으로 소급하여 적용한 것이다. 특히 진후 경제복구긴설과 제1차 5개년 계획의 내용에 관해서 대부분이 할애되었다. "중공업의 우선적 장성을 보장하면서 동시에 경공업과 농업을 급속히 복구 발전시킨다"는 것을 당의 "전후 경제발전의 총노선"으로 위치시키고, 제1차 5개년 계획에서도 "경제발전의 주도적 역할은 우선 중공업이 담당한다"는 방향을 시사하였다. 농업부문에서도 전후 가장 중요한 것은 "농업에 있어서 사회주의적 개조를 위한 농업협동화운동이 급격히 장성되고 있는 사실"이라고 기술하여 급속한 농업협동화정책이 정당함을 역설하였다. 농업부문은 "멀지 않은 장래에 완전한 사회주의 경제형태로 개조될 것"이라는 자신감을 보여 주었고, 5개년 계획 기간 중 "농촌 경리의 전반적 협동화를 완료할 수 있다는 전망"을 제시하였다.

정치적으로는 당 부문에 관한 보고가 가장 미묘한 것이었다. 당 부문에서는 식민지 시대부터 현재까지의 당 역사를 "당의 공고화를 위한 투쟁"이라 명명하고 제일차적인 의의를 부여하였다. 식민지시대의 민족해방운동사와 공산주의운동사를 둘러싸고는 여전히 많은 쟁점들을 남겨놓고 있었으나, 당내에서 일정한 타협에 이를 수 있었는데, 그것은 해방 후의 당 역사에 대해서는 근본적인 난점을 해결했기 때문이다. 1925년에 창립된 조선공산당에 대해서는 "우리나라 로동운동에 일정한 영향을 주었다"고 평가하였고, 1928년에 해소된 원인에 대해서는 "당내의 반맑스주의적 파벌 투쟁과 일제의 가혹한 탄압"이라고 봄으로써 전면 부정을 피하고 절충적 해석을 꾀하였다. 그 대신 1930년대의 무장투쟁과 반일통일전선에 대해서 "견실한 공산주의자들에 의하여 지도된 조선인민의 항일해방투쟁은 장차 조선에서 맑스─레닌주의적 당 창건을 위한 조직적, 사상적 준비를 하였다"고 평가함으로써, "그러나 우리는 자기의 통일적 당을 가지지 못한 채 해방을 맞이하게 되었다"는 조건부이긴 하지만, 역사적 정통성을 부여하였다. 해방 후의 문제는 이미 박헌영의 '재건파 조선공산당 중앙'과 남로당을 '종파분자'와 '미제의 스파이'라고 하여 당사에서 말살함으로써 해결되어 있었다. 우선 1945년 10월 창립된 '조선공산당북부조선분국'을 '조선공산당북조선조직위원회'로 명칭을 바꾸고, 이것이 해방 후 공산당의 실질적인 중앙이었다는 해석을 내렸다. 박헌영의 '서울 당 중앙'의 창립에서 남로당의 결성까지를 화요파와 엠엘파의 종파투쟁으로 결론짓고, 남조선 혁명운동이 파괴된 원인으로 간주하였다. 이에 따라 1949년의 남북로동당 합당에 대해서는, "그들의 정체를 몰랐으며", "남로당 사업을 총화 분석한 토대 위에 합당 사업을 진행하지 못한 것은 당중앙위원회의 잘못이었다"고 자기비판하는 형식을 취했다.[95]

그러나 시기적으로 현안이 되고 있던 개인숭배 문제에 대해서는 당과 김일성 자신과 관련해서는 직접적인 언급을 회피하였다. 오히려 "당내에 종파분자가 오랫동안 존재하여 활동할 수 있었던" 원인으로 박헌영에 대한 "우상화"와 "무원칙한 개인숭배 사상"을 들어 그 책임을 남로당계에 전가하는 수법을 취했다. 집단지도의 원칙에 대해서도 거의 언급하지 않았다.[96] 그 대신 소련계에 대한 암묵적인 비판으로서 당 사상 사업 분야의 "교조주의와 형식주의"를 배격하고 "주체"를 확립할 것을 강조하였다. "우리나라 력사에 대한 연구와 선전이 망각되거나 무시되고

---

95) 최종적으로 '조선공산당북조선조직위원회'라는 명칭에 도달하기까지에는 우여곡절이 있었다. 1955년까지는 '북조선분국'이라는 명칭이 살아 있었고 "1945년 10월 중순 평양에 당 중앙을 창설함으로써 통일된 당을 건설했다"는 견해를 갖고 있었다. 최영환, 「해방 후 조선혁명에 있어 북반부 민주기지」, 『력사과학』 1955년 제10호. 1956년 2월 당부위원장 박정애가 '조선공산당북조선중앙국'이라고 명칭 자체를 바꾸었고, 그것이 대회 직전까지 쓰이고 있었다. 박정애, 「당 규약은 당원들의 활동과 생활의 기초」, 『로동신문』 1956.2.27, 권두언, 「당 대렬의 통일과 단결을 위한 우리 당의 투쟁」, 『근로자』 1956.4.25. 제1장 제1절의 4. 보론을 참조할 것.

96) "각급 당 단체들의 일체 활동에서 집체적 지도 원칙을 확고히 준수함으로써 당원들의 적극성과 창발성을 제고하여야 하겠습니다"라는 문장이 전부였다.

있다"고 비판하며, 앞으로 당원 교양 사업에서는 "우리나라 혁명의 실제적 문제의 연구가 중심으로 되어야 한다"고 주장하였다. 다만 당내 종파 문제에 대해서는 박헌영, 리승엽의 사상적 영향과 엠·엘파, 화요파가 미친 영향의 잔재가 완전히 사라진 것은 아니지만, 관련자들이 과거를 뉘우치고 자신을 부단히 개조하여 종파 잔재는 소멸돼 가고 있다고 유화적인 자세를 나타냈다. 개인숭배 문제로 김일성이 수세에 몰리고 있었기 때문에 공격할 입장은 아니었던 것이다. 이미 박금철, 박정애, 리일경, 한상두, 허성택 등 일련의 논문을 통해서 진행되고 있던 사전 작업을 답습하였으며, 3월 20일의 당 중앙위 전원회의 결정은 일절 반영되지 않았다.

대회 이틀째인 24일 오전에는 리송운, 강영창, 고봉기, 정준택, 리태화, 서춘식, 김병수 등이 토론에 참가하였다. 전원이 천편일률적으로 해당 분야에서 당은 중앙위원회의 집단적 지도하에서 훌륭한 성과를 거두어 왔다고 주장하였다.97) 오전 일정의 마지막에 소련공산당 대표인 브레즈네프가 축하연설을 하였다. 연설은 소련 측의 명백한 요구사항을 포함하고 있었다. 우선 "앞으로의 5개년 계획을 수행함에 있어서 당신들은 아마 적지 않은 난관에 부딪치게 될 것입니다. 당신들의 대회는 이 난관을 보다 용이하게 또 보다 급속히 극복할 수 있게 할 그러한 결정들을 작성할 것입니다… 조선민주주의인민공화국은 사회주의국가들의 협조와 형제적 호상 원조에 의거하고 있습니다"라고 발언하여 5개년 계획을 작성하는 데 소련 측과의 조정이 필요함을 노골적으로 요구하였다. 박창옥이 국가계획위원장에서 해임된 상태에서 계획이 작성된 데에 대한 불만의 표시라고도 볼 수 있다. 더욱이 초점이 되고 있던 개인숭배 문제에 대해서도 강한 표현을 사용하였는데, "제3차 대회와 조선로동당 전 당은 소련공산당 제20차 대회의 결정들에 대하여 거대한 의의를 부여하고 있으며, 로동당원들은 이 결정들을 광범히 연구하고 있습니다…

---

97) 『로동신문』 1956.4.25.

대회는 각 당단체들 속에서 우로부터 아래까지 집체적 령도의 레닌적 원칙을 완전히 수립하도록 방조할 것입니다. 이 원칙의 실천은… 당으로 하여금 개인숭배와 관련된 오류를 범하지 않도록 합니다"라고 언급하였다.98) 대회가 개인숭배 문제를 더욱 적극적으로 다루도록 요구한 것이다.

오후에는 김두봉, 리종옥, 김광협, 유광렬이 토론에 참가하였고, 김두봉, 리종옥은 당 중앙위원회가 당 창건 당일부터 당 지도의 최고원칙인 레닌적인 집단적 지도를 정확히 지켜왔다고 주장하였다.99) 2일째 토론자들의 공통점은 개인숭배를 박헌영에 전가하는 것을 자제하는 한편, 당이 집단적 지도 원칙을 충실히 지켜왔다고 주장한 점이다. 다만 김두봉의 토론 내용은 개인숭배 문제는 언급하지 않았지만, 당의 다른 과오를 엄격하게 지적한 점에서 다른 토론자들과는 달랐다.100) 그는 "량곡수매사업 행정에서 일부의 일군들의 관료주의적 작풍으로 인하여 발생된 엄중한 오류"를 인정하였다. 특히 최고인민회의 상임위원장으로서 그가 제기한 것은 지방인민회의 문제였다. 당시 적지 않은 지방인민회의가 정상적으로 소집되지 않았으며, 1949년의 선거 이후 전시 상황 중에 그리고 행정구역의 개편 때문에 많은 변동이 있었음에도 불구하고, 대의원을 선거를 통해서가 아니라 구성되지도 않은 대의원회의에서 선거하거나 임명하는 사실까지 있었다. 그는 이러한 예를 "민주주의에 대한 란폭한 위반이며 헌법의 요구로부터 탈리되는 것"이라고 엄중히 비판하였다. 더욱이 그는 "국가관리에서의 민주주의의 발전을 법적으로 보장하는 중요한 수단"으로서 "민주주의적 법률을 강화"하고, "인민 대중 속에서 인민민주주의적 준법 사상의 교양을 강화"할 것을 주장하였다.101) 1948년 이후 최고인민회의선거가, 1949년 이후 지방인민회의

---

98) 위의 신문.

99) 위의 신문.

100) 김두봉은 허가이와 박헌영, 리승엽을 비판하면서도 연안계인 박일우는 거론하지 않았다.

선거가 실시되지 않은 데 대한 비판이었다.

오후의 마지막 순서로 중국공산당 대표인 녜룽전(聶榮臻)이 축하연설을 하였다.102) 브레즈네프의 연설과 전혀 다르게 우호적이었으며, 북조선의 전후 인민경제 복구발전, 그중에서도 농업집단화의 성과를 높이 평가하였다. 그리고 북조선의 전후 경제 복구발전과 농업집단화를 중국의 이미 완료한 농업집단화 및 진행중인 제1차 5개년 계획과 동일선상에 위치시켰다. 개인숭배 문제뿐 아니라, 소련공산당 제20차 대회 자체에 대해서도 일절 언급하지 않았다.103) 이러한 중국의 태도가 김일성과 조선로동당 지도부를 고무시켰다.

대회 3일째인 25일 최용건이 토론에 출석해서 브레즈네프의 '요구'에 답하였다. 최용건의 토론 내용은 김일성의 보고 속에서는 회피된 집단지도 문제를 보완하는 의미를 가지고 있었다.104) 그는 "지난 기간 우리 당이 걸어 온 력사는 중앙위원회가 지도의 집체성에 관한 맑스-레닌주의적 당 생활 원칙을 소홀히 하지 않았을 뿐만 아니라, 당과 혁명 앞에 제기되는 모든 문제들을 정상적으로 토의, 결정하는 집체적 지도자로서의 역할을 능숙하게 수행하여 왔다는 것을 보여 주고 있습니다"라고 전제한 연후에, 총결 기간 중 행해졌던 수차례의 당 중앙위원회 전원회의 중에는 "전당대회를 소집할 수 없었던 환경 속에서, 그 역사적 의의로 보아 대회와 류사한 성격을 가졌던 수차의 전원회의들도 포함되어 있습니다. 우리 당 력사에서 유명한 당 중앙위원회 제3차, 제4차, 제

---

101) 『로동신문』, 앞의 일자. 김두봉의 토론 내용에서는 소련이나 중국에서 스탈린 비판 움직임과 더불어 전개되던 '사회주의 적법성'에 관한 논의로부터의 영향도 감지할 수 있다. 이와 관련한 북조선 내 움직임에 관해서는, 졸고, 「1950년대 북한의 정치 갈등과 이데올로기 상황」, 역사문제연구소편, 『1950년대 남북한의 선택과 굴절』, 역사비평사, 1998, 333~337쪽.

102) 6·25전쟁 당시 녜룽전은 중국인민해방군 총참모장대리였다. 朱建榮, 『毛澤東の朝鮮戰爭』, 岩波書店(東京), 1991, 13·27쪽.

103) 『로동신문』, 앞의 일자.

104) 『로동신문』 1956.4.26.

5차 전원회의들은 전쟁의 가열한 불길 속에서 소집되었으며, 그 집체적 지도의 현명성에 의하여 어려운 전쟁의 시련을 극복할 수 있게 되었다는 것은 우리가 다 아는 사실입니다"라고 변명하였다. 그도 개인숭배의 책임은 박헌영에게 있다는 '명제'를 반복하였다.

대회 전체를 통해서 개인숭배와 집단지도 문제에서 김일성의 입장을 적극적으로 옹호한 것은 리종옥, 최용건, 리일경, 김창만, 한상두, 한설야, 박금철, 박정애였다. 김일성을 중심으로 그들이야말로 대회의 주역이었다. 김일성은 비교적 유화적 제스처를 보여 주었지만, 그들은 당내 이견에 대한 공격적인 자세를 누그러뜨리지 않았다. 교조주의와 형식주의를 비판하고 주체를 확립하는 문제에서는 리일경이 선전선동부문, 김창만이 교육부문, 한설야가 문학·예술부문을 담당하여 격렬한 비판을 펼쳤다.105)

특히 김일성에 대한 극존칭이 거의 없어진 대회 분위기 속에서 한설야 혼자서만 모든 성과를 김일성의 '교시' 덕택으로 돌리는 충성을 보여 주었다.106) 박금철은 경제 복구건설에서 소비재중시 노선을 비난하는 역할을 담당하였다.107) 한상두는 개인숭배의 책임을 박헌영에게 전가하는 논리를 더욱 체계화하여, "우리나라에 있어서 개인숭배 사상은 종파주의에 복무하는 사상적 온상이며 출발점"이라고 규정하며, 개인숭배는 이미 1920년대의 각종 종파그룹들 속에 존재하고 있었다고 역사적 기원으로까지 거슬러 올라갔다. 그는 "개인숭배 사상에 반대하는 투쟁과

---

105) 리일경, 김창만의 토론에 관해서는,『로동신문』1956.4.27. 이데올로기분야에서는 당 과학부장인 하앙천, 과학원상무위원 겸 역사연구소장인 리청원도 토론에 참가하였다. 이데올로기 분야에서 5명이나 토론자가 나섰던 것은 사상사업에서의 '주체' 확립 문제가 대회에서 가장 중요시되었기 때문이다. 리청원의 토론내용은 이후 북조선의 역사학의 발전에서 중요한 의미를 갖는 몇 가지 과제를 제기하였다. 다만 개인숭배 비판의 영향으로 리청원은 김일성의 빨치산투쟁은 언급하지 않은 채, 1930년대 노동자, 농민투쟁 연구의 필요성을 강조하였다. 두 사람의 토론에 관해서는,『로동신문』1956.4.26・4.28.

106)『로동신문』1956.4.29.

107) 위의 신문.

정에서 발생했던 불건전한 요소가 이번 기회를 악용하였으며, 개인의 역할을 부정하고 당의 엄격한 중앙집권제를 반대하고 무정부주의적 상태를 조성하는 경향에 반대해서 투쟁하여야 한다"고 경고하였으며, 역사에서 개인과 지도자의 일정한 역할을 부정하는 것은 커다란 오류라고 주장하였다.108) 박정애는 우선 당내에는 종파사상의 잔재를 완전하게 청산하지 않은 사람들이 존재하고 있으며, '적들'은 이러한 잔재요소를 이용하고자 하는 시도를 포기하지 않을 것이라고 주의를 환기시켰다.109)

그리고 개인숭배의 책임을 박헌영에게 전가시키기 위하여 산 증인의 역할을 담당하도록 동원되었던 것이 정태식이었다.110) 정태식은 해방 이후 박헌영의 '종파행위'와 '간첩행위'를 직접적인 목격담의 형태로 상세하게 증언하였다. 더욱이 경성 콤그룹 시절부터 박헌영에 대한 개인숭배를 했다고 고백하며 자기비판하였다.111)

한편 유일하게 당의 과오를 엄격하게 비판했던 24일 김두봉의 발언에 대해서는, 26일 같은 연안계인 현정민이 양곡수매 사업과 관련된 부분을 들어 반박하였다. 김두봉은 당이 양곡수매 사업의 과오를 인식하고 그것을 시정한 결과 농업현물세징수방식이 개정되었다는 견해를 취한

---

108) 『로동신문』 1956.4.28.

109) 『로동신문』 1956.4.29.

110) 정태식은 1934년 경성제대 조교로서 이재유 사건에 연루, 투옥되었고, 출옥 후 1939~41년 박헌영, 김삼룡 중심의 '경성 콤그룹'에 가입하였다. 해방 후 공산당 계로서 인공의 경제부장대리, 민전 중앙위원, 남로당 조사부장을 역임하였고, 1950년 3월에 검거되었다. 김준엽·김창순, 『한국공산주의운동사』 제5권, 346~358·383~385쪽, 김남식, 『남로당연구』, 542쪽. 이후의 행적은 명확하지 않지만, 전쟁 발발 후 석방되어 월북한 것으로 추측된다. 박병엽의 증언에 따르면 정태식은 박헌영사건 이후 '강습'과정을 겪은 후 55년경 자신의 상관인 대남연락부 과장으로 복귀했다고 한다.(정창현 기자의 전언) 이 대회 참가가 전쟁 후 최초로 공식무대에 등장한 것이 된다. 이후 정태식은 연구자의 길을 택하여 몇 가지 저작을 남기고 있다. 『정치경제학독본(사회주의편)』, 조선로동당출판사(평양), 1960, 『우리 당에 의한 속도와 균형문제의 창조적 해결』, 조선노동당출판사(평양), 1964.

111) 『로동신문』 1956.4.28.

반면, 현정민은 양곡수매 사업에서 생긴 문제는 부농과 빈농 간에 계급적 대립이 점차 노골화되고 적대분자의 음해활동이 적극화된 결과이며, 첨예화되어 가던 농촌의 계급적 모순이 3월 실시된 농촌조사 사업에서 증명되어 4월 전원회의에서 이를 해결하기 위한 계급사상교양운동이 전개된 것이라고 반론을 폈다.112) 연안계인 김두봉에 대하여 같은 연안계를 이용해서 비판하도록 했던 김일성 측의 전술이었던 것이다.113)

대회에서는 박정애의 당 규약 초안에 관한 보고에 기초하여 새로운 당 규약이 채택되었다. 당 규약 초안에서는 제1장에서 "조선로동당은 맑스, 엥겔스, 레닌, 스탈린의 불패의 학설에 의하여 지도된다"고 되어 있지만, 소련에서의 스탈린 비판 여파 때문에 당 규약에서는 스탈린이 삭제되어 "맑스-레닌주의의 학설"로 변경되었다.114) 대표적인 조항은 제4장의 제25절로서 "당의 각급 지도기관은 당적 지도의 최고원칙인 사업에 있어서 집체적 지도에 대한 레닌적 원칙에 엄격하게 기초해서 자기의 모든 활동을 전개한다"고 규정하였다.115)

공식발표를 통해서 916명의 대표자의 직업별 구성을 보면, 당 일꾼 316명(34.5%), 정권기관 일꾼 120명(13.1%), 사회단체 일꾼 27명(3.0%), 산업운수부문 일꾼 142명(15.5%), 임산수산부문 일꾼 19명(2%), 농촌경리부문 일꾼 107명(11.7%)(그중 농업협동조합 75명,

---

112) 『로동신문』 1956.4.27. 제4장 제6절의 2에 있는 관련 서술을 참조.

113) 최용건 외에 빨치산파의 김일, 김광협은 이 문제에 대해 전혀 언급하지 않았다. 연안계로서 당 상무위원이 된 최창익, 소련계로서 당 상무위 후보위원이 된 박의완도 개인숭배와 집단지도 문제는 일절 언급하지 않았다. 그들이 침묵을 지키는 대신, 김일성 스스로가 거기에 상응하는 조치를 취한다는 타협이 사전에 이루어졌을지도 모른다. 그러나 두 사람이 상무위원회에 들어 간 것을 제외하고는 모든 것이 반대로 나타난 결과가 되었다.

114) 「조선로동당규약 초안해설 제1장 『당』에 대하여」, 『로동신문』 1956.2.3. 「조선로동당규약」, 『로동신문』 1956.4.29.

115) 「조선로동당규약 초안해설 제5장 『당의 구조, 당내 민주주의』에 대하여」, 『로동신문』 1956.2.8. 초안에는 "집체성을 철저히 준수하면서 … "라는 표현으로 다른 항목에 부차적으로 삽입되어 있던 것을 별도로 독립된 항목을 마련하였다. 「조선로동당규약」, 『로동신문』, 앞의 일자.

국영농업 29명, 개인농민 3명), 생산 및 수산협동조합 5명(0.5%), 유통상업부문 12명(1.5%), 교육·문화·보건부문 46명(5.0%)이었다. 대표자들 중 221명(24.1%)이 "항일해방투쟁" 참가자, 270명(29.4%)이 6·25전쟁 참가자였고, "과거 일본제국주의와 해방 후 미제와 리승만 반역자"와 투쟁했던 투옥자는 221명(24.1%)이었다. 대표자의 연령별 구성은 26세까지 16명(1.8%), 27~30세가 57명(6.2%), 31~40세가 470명(51.4%), 41~50세가 301명(32.9%), 51세 이상이 70명(7.7%)이었다. 당 경력별 구성은 8·15해방 이전 당 경력자가 90명(9.8%), 해방 후 당 창립 이전에 입당한 사람이 471명(51.5%), 당 창립 후 전쟁 전에 입당한 사람이 300명(32.8%), 전쟁시기에 입당한 사람이 52명(5.7%), 전쟁 후에 입당한 사람이 1명(0.1%)이었다. 5년 이상의 당 경력자는 94.1%였다.[116)]

　제2차 당대회 시기와 그 비율을 비교해 보면, 직업별로는 당기관 일꾼이 22.3%에서 34.5%로 성장하였고, 그만큼 당 기구의 확대를 반영하고 있다. 연령별로는 20, 30, 40대가 97.3%로 조금 감소하였고, 51세 이상이 2.7%에서 7.7%로 다소 증가했지만, 제2차 대회부터 8년이 경과했다는 점을 감안한다면, 고연령층의 비율은 오히려 적어졌다고 생각된다. 제2차 대회부터의 시간적인 경과는 41~50세가 14.4%에서 32.9%로 증가했다는 점에서 반영되었다. 제2차 대회 때 30대였던 김일성도 40대가 된 것이다. 그러나 당은 여전히 30대가 50% 이상의 최대비율을 차지하는 젊은 조직이었다. 주목해야 할 점은 전시 기간 및 전후 입당자가 전체 당원의 거의 절반(51.7%)을 점하고 있음에도 불구하고, 5.8%밖에 대표로 반영되지 않았다는 사실이다. 이는 단기간에 대량으로 입당했던 전쟁 시기의 입당자는 정치적 수준이 낮고, 당 중견간부의 대부분이 전전 입당자로 구성되어 있음을 말해 주는 지표이다. 한편 민족해방운동 참가자의 비율은 253명(25.6%)에서 221명(24.1%)

---

116) 림해, 「조선로동당 제3차 대회 대표자자격심사위원회보고」, 『로동신문』 1956.4. 26.

으로 크게 변하지 않았다. 남로당계의 숙청에 따른 영향은 그다지 보이지 않으며, 당 정통성의 근거가 되는 이러한 비율은 유지되고 있었다. 다만 제2차 대회의 경우, 일제에 의한 투옥자 수가 206명(20.8%)이었던 데 반해, 이번에는 일제와 이승만 정부에 의한 투옥자를 합하여 221명(24.1%)으로 집계되었다. 과거 민족해방운동 참가자의 인적 구성은 큰 폭으로 변화한 것이다.

당 규약 개정에 따라 당기구가 크게 변화하였다. 우선 "당 중앙위원회의 사업을 통일적으로 지도하기 위하여, 종래의 당 중앙위원회 정치위원회를 없애고, 그가 하던 사업을 당 상무위원회에 집중"시키기로 하였다.117) 당의 최고 의사결정기구가 당 상무위원회로 통일된 것은 당 내 권력의 집중을 의미하였다. "당 결정 집행의 조직과 검열, 간부의 선발 배치 등 당면 사업을 집행하기 위하여" 당 조직위원회를 설치하였지만, 1953년 8월 철폐되었던 과거 기구의 성격과는 다르며, 조직지도부에 집중되기 쉬운 조직부문을 당 지도부의 집단적 관할하에 두기 위해서였다. 필요에 따라 변화시킨다는 이유로 당 중앙위원회 내 집행부서는 규약에 규정하지 않고 당중앙위원회 결정사항으로 하였는데, 당 중앙위 부장의 비중이 축소되는 의미였다.118)

이 대회에서 선출된 당 지도부를 보면, 당 위원장은 김일성이며, 부위원장이 종래의 3명에서 5명으로 늘어나 최용건, 박정애, 박금철, 정일룡, 김창만이 선출되었는데, 5명이 해당 부문을 분담하는 것으로 부위원장 직의 지위가 저하된 것이기도 하였다. 전원이 김일성의 직계 추종자였다. 당 상무위원에는 김일성, 김두봉, 최용건, 박정애, 김일, 박금철, 림해, 최창익, 정일룡, 김광협, 남일 등 11명, 후보위원에는 김창만, 리종옥, 리효순, 박의완 등 4명이 선출되었다. 빨치산파는 김일성, 최용건, 김일, 김광협의 4명으로 상무위원회 안에서 최고 다수를 점하

---

117) 박정애, 「조선로동당 규약개정에 대한 보고」, 『로동신문』 1956.4.29. 소련공산당
　　과 비교하면 각각 정치국과 서기국에 해당한다고 생각된다.

118) 앞의 신문.

였고, 그 밖에 박정애(국내계·북), 박금철(갑산계), 정일룡(테크노크라트), 남일(소련계)과 김창만(연안계), 리종옥(테크노크라트), 리효순(갑산계)은 김일성의 권력 강화에 기여해 왔던 추종자들이었다. 1955년 12월부터 56년 1월에 걸쳐 일어난 세력관계 변화가 그대로 유지되어 소련계 박창옥, 박영빈은 제외되었다. 소련계는 남일과 박의완이 각각 들어왔으나, 남일은 외교실무가로서 김일성에 충실한 인물이며 박의완은 정치적 비중이 낮은 경제전문가였다. 소련계를 배제하는 대신 연안계와의 타협이 이루어졌으며, 연안계는 김두봉, 림해, 최창익의 3명과 김창만이 들어와서 일정한 비율을 점하였으나, 초기부터 김일성에 대한 충성에서 타의 추종을 불허했던 김창만은 별개로 하더라도 3명 사이에 서로 횡적인 유대가 존재하는 관계는 아니었다. 당 조직위원회도 김일성, 최용건, 박정애, 박금철, 정일룡, 김창만, 한상두 등 김일성 직계로 구성되었다.119)

　당 중앙위원회 부장 직은 주요 부서의 경우 대개 유임되었다. 조직지도부장 한상두, 간부부장 리효순, 선전선동부장 리일경, 과학부장 하앙천, 농업부장 박훈일, 산업부장 김황일, 공업부장 백홍권, 상업재정협동단체부장 정두환 등이었다. 연락부장에는 소련계 박일령을 대신해서 림해가 임명되었다.120) 학교교육부가 신설되어 리신팔이 부장에 임명되었다.121) 학교교육부가 설립되어 당내 이데올로기 담당부서는 선전선동부, 과학부와 함께 3개가 되었다. 이것은 당이 사상사업에서 '주체'를 확립하는 데 얼마나 부심하고 있었는지를 잘 말해 주고 있다. 검열위원장 김익선과 검사위원장 리주연도 유임되었다. 당 중앙위원회의 주요간부 직에서 소련계는 완전히 배제되었고, 연안계 3명 이외에 전원

---

119) 명부는 『로동신문』 1956년 4월 30일호에 게재되었다.

120) 박일령은 불가리아 주재대사로 임명되었다. 유영구, 『남북을 오고 간 사람들』, 108·153·173쪽.

121) 리신팔은 해방 직후 신의주에서 공산청년동맹의 결성을 주도한 국내계였다. 중앙일보특별취재반 편, 『비록: 조선민주주의인민공화국』, 304쪽.

이 국내 출신이었다.

당 중앙위원 71명의 구성은 다음과 같다.[122]

- 빨치산파 : 8명 (김일성, 최용건, 김일, 김광협, 최현, 류경수, 김경석,
  리영호)
- 갑산계 : 3명 (박금철, 리효순, 리송운)
- 연안계 : 19명 (김두봉, 최창익, 하앙천, 박훈일, 서휘, 림해, 진반수,
  김창만, 허정숙, 리권무, 리림, 김창덕, 김용진, 현정민, 고봉기,
  조영, 리유민, 윤공흠, 박무)
- 소련계 : 9명 (박창옥, 박의완, 박일령, 남일, 방학세, 김승화, 최종학,
  한일무, 허빈)
- 국내계 (북) : 13명 (박정애, 한상두, 김황일, 한설야, 송봉욱, 김덕영,
  오기섭, 강진건, 김원봉, 한전종, 김익선, 김만금)
- 국내계 (남) : 7명 (전원 남로당계) (류축운, 허성택, 박문규, 리인동,
  최원택, 김상혁, 송을수)
- 테크노크라트 : 7명 (정일룡, 리종옥, 정준택, 김회일, 문만욱, 강영창,
  김두삼)
- 기타·불명 : 5명 － 리일경(당료 출신), 김천해(일본 출신), 정성언(민
  주당 출신), 김직현(노동자 출신 : 노력영웅), 김상철(노동자 출
  신 : 초기 직업동맹간부)

후보위원 45명의 구성은 다음과 같다.[123]

- 빨치산파 : 6명 (석산, 오진우, 최광, 최용진, 김창봉, 서철)
- 연안계 : 4명 (양계, 최일, 장평산, 리상조)
- 소련계 : 7명 (서춘식, 최철환, 장하일, 리문일, 고희만, 김봉률, 김철우)

---

122) 중앙위원과 후보위원의 명부는 『로동신문』 1956년 4월 30일에 게재. 빨치산파
   에 관해서는 和田春樹, 『金日成と滿洲抗日戰爭』, 370~372쪽. 연안계에 관해서
   는 和田春樹, 앞의 책 및 여정, 앞의 책. 소련계에 관해서는 『비록 : 조선민주주
   의인민공화국』, 177~183·371~372쪽. 남로당계에 관해서는 김남식, 『남로당연
   구』, 532~552쪽. 중앙위원과 후보위원의 현직에 관해서는 [부표 2 : 역대 당대
   회 간부직업명]을 참조.
123) 최일에 관해서는 김남식, 『북한 내 노동당의 존재』, 국토통일원조사연구실, 11쪽.

- 국내계 (북) : 11명 (유철목, 리달진, 정연표, 리필규, 조훈, 최돈근, 유승철, 백순제, 리태화, 허국봉, 리북명)
- 국내계 (남) : 6명 — 리청원(장안계), 최선규(남로당계 ; 남조선선출 최고인민회의 대의원), 박광희(남로당계), 정칠성(남조선부녀동맹 : 남조선선출 최고인민회의 대의원), 백남운(남조선 신민당 ; 남조선선출 최고인민회의 대의원), 고경인(남조선선출 최고인민회의 대의원)
- 테크노크라트 : 5명 (백홍권, 리재천, 오동욱, 리지찬, 리천호)
- 기타 · 불명 : 6명 — 김태근(당료 출신), 박용국(당료), 강덕일(불명), 정두환(당료), 김현봉(불명), 리규한(초기 직업동맹간부)

제2차 대회 당시의 중앙위원 중 재선된 사람은 30명에 지나지 않으며, 후보위원에서 승격된 사람이 5명(하앙천, 강영창, 남일, 고봉기, 리효순), 후보위원에 유임된 사람은 1명(리지찬), 중앙위원에서 후보위원으로 강등된 사람은 1명(리북명), 검사위원으로 강등된 사람은 6명(박효삼, 박창식, 김교영, 리희준, 김민산, 리순근)이었다.124) 특히 변화가 컸던 것은 당 검열위원회로서 위원장은 다섯 번이나 교체되었고, 위원은 전원이 교체되었다. 그 사이에 정치 변동이 격렬했음을 말해 주고 있다.

중앙위원과 후보위원의 구성을 보면, 먼저 제2차 대회 당시 당내에서는 미미한 존재였던 빨치산파의 진출이 두드러지고 있다. 다만 김일성, 김일, 김경석과 서철 외에 전부 군인인 빨치산파는 아직 다른 계파보다 우세한 세력은 아니었다. 빨치산파의 당내 진출은 양적으로 성장한 군대의 대표라는 직능적 성격이 강했다고 생각된다.125) 다음으로 연안계는 제2차 대회에 비해 약간 증가하여 최대 다수를 점하고 있다. 이 대회가 연안계와의 일정한 타협하에 이루어졌기 때문이다. 지금까지

---

124) 검사위원은 7명에서 17명으로 늘어났는데, 중앙위원에서 탈락한 사람들을 배려할 목적이었다고 생각된다. 특히 연안계가 3명, 소련계가 2명이었다. 검사위원장 리주연, 위원 현칠종, 류문화가 유임되었다.

125) 제4장 제3절의 1에 있는 군내 세력관계에 관한 서술을 참조.

연안계와 비슷한 비중을 점하고 있던 소련계는 당 지도부로부터 축출된 결과, 중앙위원과 후보위원 수에서도 감소하고 있다. 단지 연안계와 소련계가 일정한 수를 유지하고 있었다고 해도 교체된 사람도 많았다. 제2차 당대회의 중앙위원에서 연안계는 4명이 탈락하였고 3명이 검사위원으로 강등되었다. 탈락자는 박일우, 무정, 김웅, 김한중이며 강등자는 김교영, 김민산이다. 소련계는 9명이 탈락하였고, 2명이 검사위원으로 강등되었다. 탈락자는 허가이, 김재욱, 김렬, 장철, 기석복, 태성수, 리동화, 김영수, 김찬이며, 강등자는 리희준, 박창식이다. 한편 주목해야 할 점은 과거 민족해방투쟁에서 북조선 지역에 연고와 기반을 갖고 활동했던 인물들의 진출이다. 김황일, 오기섭, 김덕영 등 초기부터 명성이 높은 인물 이외에 한상두, 송봉욱, 김원봉, 한전종, 김익선(이상 중앙위원)과 유철목, 리달진, 정연표, 리필규, 조훈, 최돈근, 유승철, 백순제, 리태화, 허국봉(이상 후보위원) 등이다. 검사위원의 황세환, 조성모도 같은 범주에 속한다. 남로당계 숙청과 소련계 비판에 따른 공백이 그들의 상승으로 메워졌지만, 농업집단화 과정에서 그들의 역할이 반영된 측면도 있었다고 볼 수 있다. 전후 경제복구건설 과정에서 그 역할이 커짐에 따라 국내에서 성장한 테크노크라트의 진출도 두드러졌다. 이것은 산업경제 부문에서 당의 역할이 증대된 점도 반영하고 있다. 이 두 범주에 속하는 사람들은 강한 민족주의적 성향을 가진 사람들로서 김일성이 제기한 '주체'의 기반을 이루고 있었다고 여겨진다.

당 상무위원회를 중심으로 한 지도부 내에서는 정파 연합의 일각을 이루어 왔던 소련계가 붕괴되고, 김일성의 헤게모니가 확립되었다. 당 지도부 내에서는 김일성 직계를 제외하고는 연안계만이 자기 목소리를 낼 수 있는 위치에 있었다고 할 수 있다. 그러나 연안계 중앙위원의 면면을 보면, 하앙천은 이데올로기부문에서 소련계를 비판하는 데 김창만과 유사한 역할을 맡았던 자이고, 림해는 박헌영 재판에서 재판관을 맡은 자이며, 김창덕은 박일우 숙청에 협력한 자이고, 현정민은 김두봉의 양곡수매사업 비판을 반박한 자로서, 오히려 김일성에 충실한 인물들이었다. 소련계 중에서도 남일은 박헌영의 후임 외무상, 방학세는 박헌영 숙청을 지휘했던 수사책임자로서 김일성의 측근이었다. 남로당계도 박헌영에 반대했거나 관련을 갖지 않았기 때문에, 혹은 그 숙청과 비판에 협력했기 때문에 살아남을 수 있었던 인물들이나. 김일성의 의지내로 된 제3차 당대회의 결과는 이와 같은 당내 세력관계가 반영된 것이었다. 그러나 김일성의 당내 헤게모니에는 한계도 존재하였다. 당 중앙위원회 구성은 표면적으로는 지금까지의 정파 연합적인 측면을 유지하지 않을 수 없었다. 당내 종파의 규정은 이미 제거된 박헌영, 허가이, 박일우에게는 적용할 수 있었으나, 현존하는 다른 인물들에게는 적용할 수 없었고, 비판받고 있던 소련계에도 미칠 수 없었다. 비판당하고 있던 박창옥은 소련계 중에서 가장 높은 위치인 당 중앙위원회 서열 제7위와 부수상직을 유지하고 있었다. 개인숭배 문제를 둘러싸고 당내를 침묵시키기 위해서는 연안계와의 일정한 타협이 불가피하였고, 소련계에도 조금이나마 배려를 해야 했던 것이다. 소련공산당 제20차 대회부터 불기 시작한 개인숭배 비판의 바람은 정전 후부터 1955년 말까지 진행되고, 특히 1955년 말부터 56년 초에 걸쳐 세를 얻고 있던 김일성의 당내 권력 강화 흐름을 일시적으로 중단시켰다고 할 수 있다.

3) 반대파의 반격―'8월 전원회의'

김일성은 개인숭배 비판의 분위기를 일단 모면하기는 하였으나, 제3차 당대회에서 그것을 처리한 방식에 대해서는 내외로부터 비판이 고조되고 있었다. 이후 반대파는 김일성에 대한 반격을 계획하였고, 그것은 김일성이 소련을 방문하는 틈에 무르익어 8월 당중앙위 전원회의126)에서 폭발하고 말았다.

---

126) 8월 전원회의의 전말에 관해서는, 여정, 앞의 책, 80~85쪽. 안드레이 란코프,『소련의 자료로 본 북한현대정치사』, 오름, 1995, 187~251쪽, 정태수, 정창현, 「평양

먼저 김일성은 제1차 5개년 계획을 실행하기 위하여 소련과 동유럽으로부터 원조를 구해야 하였다. 당 내부는 어떻게든 억누를 수 있었다고 해도 이 점은 소련의 요구에 어느 정도 응하지 않을 수 없는 요인이었다. 3차 당대회가 끝나고 5월 11일 소폭으로 개각이 이루어져 내각기계공업국과 제1국이 통합, 신설된 기계공업상에 부수상 박창옥이 임명되었다. 중공업우선 정책의 핵심인 기계공업상에 문제의 박창옥을 임명한 것은 소련과의 관계를 고려한 인사였다. 내각수매국과 양정국이 통합, 신설된 수매양정상에 오기섭이 임명되었고, 내각석탄공업국이 석탄공업성으로 승격되어 그 상(相)에 남로당계의 석탄공업국장 류축운이 임명되었다.127) 개인숭배의 책임을 오기섭과 남로당계에게 전가한 데 대하여 당내에서 생기고 있던 불만을 누그러뜨리기 위한 제스처였다. 다만 박창옥 비판을 주도하며 개인숭배 비판 움직임에 반대했던 한설야를 교육상에 임명하여 견제 역할을 맡게 하였다.

개인숭배 비판은 소련에서도 진행 중이었지만, 북조선 내에서도 연안계를 중심으로 문제가 제기되고 있었다.128) 앞에서 언급한 것처럼

주재 소련대사 이바노프 비망록이 전하는 북조선 최대의 권력투쟁 '8월 종파사건'의 전모」, 『Win』 1997년 6월 등을 참조할 것. 특히 란코프의 책은, 소련대사관 필라토프 참사관과 최창익, 리필규, 박창옥, 김승화, 윤공흠과의 대담록, 페트로프 대리대사와 남일 외무상과의 대담록 등, 월간 Win의 기사는 북조선 주재 소련대사관 이바노프 대사의 비망록, 소련 외교관 측과 북조선 요인들의 대담록을 근거로 하고 있다는 점에서 중요한 사실들을 전하고 있다.

127) 『민주조선』 1956.5.13. 1958년 3월 제1차 당대표자회에서 김일성은 김두봉과 박의완의 종파 음모에 오기섭이 비밀리에 가담했다고 비판하고, 류축운도 종파주의자라고 격렬하게 비난하였다. 두 사람 모두 상에 임명되었음에도 불구하고 당을 배반했다고 비난하였다. 김일성, 「제1차 5개년 계획의 성과적 수행을 위하여－조선로동당 제1차 대표자회에서 한 결론」, 『김일성선집(1960년판)』 제5권, 385~386・392쪽.

128) 직맹위원장 서휘, 상업상 윤공흠, 내각건재공업국장 리필규는 직접 김일성과 최용건, 김일, 박금철, 박정애, 김창만에게 제3차 당대회의 방침에 찬성할 수 없다고 명백히 밝혔다고 한다. 여정, 앞의 책, 77면. 제3차 당대회 이후 8월 당 중앙위 전원회의까지의 전말에 관해서는 여러 가지 증언이 있다. 여정, 앞의 책, 77~87쪽, 임은(林隱), 앞의 책, 207~214쪽, 한국일보편, 『증언 : 김일성을 말한

개인 의견이라는 형태였지만, 5월 30일 김일성은 처음으로 스탈린을 지명하여 그의 개인숭배를 비판하였다.[129] 직접적으로는 소련 방문을 앞두고 소련 측 요구를 충족시켜야 했던 것이다.『로동신문』6월 7일자에는 제2면에서 제4면까지 소련의『역사의 세문제』지에 실린 논문인「소련공산당 제20차 대회와 당 력사 연구의 제과업」이 게재되었다. 이 논문은 3월 29일에 간행된 것으로 "스탈린 숭배는 역사적 진실의 직접적 왜곡을 초래하였다"고 명확하게 비판하고 있었다.[130]

김일성이 스탈린 비판을 언급한 다음날인 5월 31일 소련 정부는 김일성을 비롯한 북조선 정부 대표단을 초청한다고 알려 왔다.[131] 초청장이 온 다음날인 6월 1일 김일성을 포함한 10명의 대표단이 소련을 시작으로 9개국 방문 여행을 출발하였다.[132] 출발 직전까지 빠듯한 절충이 있었음을 엿볼 수 있다. 김일성으로서는 굴욕적인 조건이었을 것이다. 김일성은 최초의 방문지인 베를린으로 가기에 앞서서 그 '관문'인 모스크바에 들러야 했다. 모스크바에는 유고슬라비아의 티토가 방문 중이었다.[133] 6월 6일 김일성은 소련공산당 중앙위원회를 방문하여 당 지도부와 중요한 회담을 가졌다. 북조선 대표단에서는 김일성, 박정애, 리종옥이, 소련공산당에서는 당 제1서기 흐루시초프, 당 중앙위 상임위원 미코얀, 당 서기 브레즈네프가 참석하였으며, 소련공산당 국제부장 포노마료프와 주소대사 리상조가 배석하였다.[134] 참가자의 면면에서 회

다』, 181~185쪽, 안성규,「중국에 망명한 연안파 거물들의 원한과 충격 증언」,『월간중앙』1994.5, 556~569쪽. 이들 증언은 주로 망명한 서휘, 윤공흠, 리상조와 리필규의 말을 정리한 것이다.

129)「조선민주주의인민공화국 내각수상 김일성 원수가 인도기자 브. 브. 프라사드의 질문에 대하여 준 대답」,『로동신문』1956.5.31.

130) XX s`ezd KPSS i zadachi issledovaniia istorii partii, Voprocy istorii, 1956, No 3, p.3. 和田春樹,『スターリン批判』, 91~92쪽.

131)『민주조선』1956.6.1.

132)『민주조선』1956.6.2. 여행은 7월 19일까지의 긴 일정이었다.

133) 이 방문에 관해서는,『민주조선』1956.6.6~9, Pravda, 5-7 June에 보도되었다. 김일성의 소련 공식방문 일정은 7월 6~16일이었다.

담의 성격은 명백히 드러난다. 흐루시초프는 스탈린 비판의 비밀보고를 단행한 소련공산당의 대표이며, 미코얀은 제20차 대회에서 공개적으로는 가장 엄격하게 개인숭배를 비판한 인물이고, 브레즈네프는 조선로동당 제3차 대회에 참가하여 개인숭배 비판을 요구한 인물이다.135) 일부 증언에 따르면, 소련 측이 김일성에게 인민생활이 안정되어 있지 않다는 점, 김일성에 대한 개인숭배가 지속되고 있다는 점, 당 역사를 김일성의 개인 역사로 만들고 있다는 점 등을 들어 비판하자, 김일성은 "동지적 비판을 접수한다"고 동의했다고 한다.136) 이 증언을 그대로 신뢰하기는 어렵지만, 이러한 문제를 둘러싸고 소련이 김일성에게 일정한 요구를 했다는 것은 충분히 있을 수 있는 일이며, 이에 대한 김일성의 '접수'야말로 소련, 동유럽 방문의 조건이었을 것이다.137)

김일성은 이러한 경위를 귀국 후에도 당내에서는 비밀로 하였지만, 주북조선 소련대사와 평양주재 타스통신 특파원을 통해 소련계 건설상 김승화를 매개로 연안계의 부수상 최창익(당 상무위원), 상업상 윤공흠(당 중앙위원), 내각기계공업국장 리필규(당 중앙위 후보위원)에게 전해졌다. 주소대사 리상조(당 후보위원)도 소련 내 김일성 비판 움직임을 북조선 내로 확산시키는 데 중요한 역할을 담당하였다. 김일성 반대운동은 김일성이 소련, 동유럽을 방문하여 평양을 비운 사이에 최창익이 중심이 되어 당내 비판세력을 결집하는 데 적극적으로 나서기 시작하면서 무르익게 되었다.138) 7월 하순부터 8월 초에 걸쳐 내각건재국

---

134) 『민주조선』 1956.6.8, Pravda, 7 June.

135) 이 회담에 관해서는 리상조의 증언이 있지만, 내용이 이 보도와는 다르다. 김일성은 리상조를 빼고 박정애와 남일만을 동행, 남일이 통역했다는 증언도 있다. 한국일보사 편, 앞의 책, 183쪽, 林隱, 앞의 책, 209쪽.

136) 여정, 앞의 책, 77쪽, 林隱, 앞의 책, 209쪽.

137) 후일 『로동신문』의 사설은 소련공산당이라 지칭하지는 않았지만, 소련 당이 "'개인미신 반대'운동을 다른 당들에 내리 먹이려 하며, 그것을 간판으로 하여 형제당, 형제국가들의 내정에 간섭하고 이 나라들의 당 지도부를 전복하기 위한 활동을 감행"했다고 비난하였다. 사설 「사회주의 진영을 옹호하자」, 『로동신문』 1963.10.28.

장 리필규, 부수상 최창익, 건설상 김승화, 부수상 박창옥, 상업상 윤공흠 등이 소련대사관 측과 면담을 하여 자기 그룹의 존재를 분명히 하고, 김일성 개인숭배 비판 계획을 밝혔다.[139] 연안계의 직맹위원장 서휘(중앙위원), 황해남도 당위원상 고봉기(중앙위원)도 당초부터 이 계획에 참가하고 있었다. 그러나 이러한 연안계와 소련계의 움직임은 소련대사관을 통해 본국으로 전해졌으며, 거꾸로 김일성도 이러한 흐름을 파악하게 되는 결과를 초래하였다. 또한 소련계도 박창옥, 김승화를 제외하고는 가담하지 않았으며, 반김일성 운동은 연안계가 주도하는 형국이었다.[140]

이러한 당내 반김일성파의 결집과 함께 해외의 개인숭배 비판 흐름도 북조선 내에 알려지게 되었다. 6월 17일 『로동신문』에는 6월 13일 『인민일보』에 실린 중국공산당 선전부장 룩띵이(陸定一)의 「백화제방」(百花齊放), 「백가쟁명」(百家爭鳴)에 관한 연설의 요지가 게재되었다.[141] 6월 30일 발표된 소련공산당 중앙위원회 결정서 「개인숭배와

---

138) 김일성의 각국 방문기간은 다음과 같다. 소련 6월 1~7일, 동독 6월 7~13일, 루마니아 6월 13~17일, 헝가리 6월 17~20일, 체코슬로바키아 6월 21~25일, 불가리아 6월 25~29일, 알바니아 6월 29~7월 2일, 폴란드 7월 2~6일, 소련 7월 6~16일, 몽골리아 7월 16~19일. 『국제주의의 친선』, 조선로동당출판사 (평양), 1957.

139) 소련대사관의 페트로프 대리대사, 필라토프 참사관 등이 이들을 상대하여, 면담록을 남기고 있다. 란코프, 앞의 책, 208~213쪽. 연안계의 반김일성파들은 집단지도체제하에서 김일성이 수상직만 맡게 하고, 후임 당 책임자로서 최창익을 구상하고 있었다고 한다. 안성규, 앞의 기사, 564쪽. 정태수, 정창현, 앞의 기사, 153쪽.

140) 적어도 입수 가능한 소련 측 자료만을 근거로 하는 한, 소련대사관은 신중한 반대 입장이었다고 한다. 또한 아직 이 시점에서 최창익 등 반대파도 소련대사관과 면담하면서 소련의 직접 개입을 요청한 것은 아니었다. 란코프, 앞의 책, 221~222쪽. 란코프는 연안계 인사들이 소련대사관과 접촉할 정도였다면, 당연히 중국대사관 측과도 접촉했을 것이라고 추정하고 있지만, 그 사실 여부나 중국 측의 입장 등을 확인할 자료는 공개되고 있지 않다. 이에 반해, 이종석은 반김일성세력 결집을 적극적으로 부추긴 것은 소련이었다고 본다. 다만 중국지도부도 사전에 알고 있었을 것이며, 최소한 반대는 하지 않았을 것이라고 본다. 이종석, 『북한-중국 관계 1945~2000』, 210~211쪽.

그 후과들을 극복할 데 관하여」가 7월 2일 『프라우다』에 게재되었고, 그것이 즉각 7월 6일 『로동신문』에 전재되었다.142) 이 결정서는 스탈린 비판에 관하여 소련공산당이 발표한 기본문서가 되었으며, 미국 국무성이 흐루시초프의 '비밀보고'를 영역, 발표한 이후 국제여론에 대한 변명으로 나온 것이다.143) 이 시점이 되면, 국제적으로 스탈린 비판은 부정할 수 없는 추세가 되어 있었고, 이러한 흐름은 김일성 반대파를 고무시켰음에 틀림없을 것이다.144)

---

141) 4월 28일 마오쩌뚱은 예술의 「백화제방(百花濟放)」, 학술의 「백가쟁명(百家爭鳴)」을 제창하였고, 이를 받아들여 룩띵이는 5월 26일 북경에서 열린 과학자, 작가 및 예술인회의에서 이러한 연설을 하였다. 이 연설이 뒤늦게 6월 13일 『인민일보』에 게재된 것이다. 룩띵이는 문학에서는 "사회주의리얼리즘이 창작의 가장 좋은 방법"이지만, "모든 작가들은 자기가 가장 좋다고 생각하는 어떤 방법으로도 사용할 수 있다"고 언급하였으며, 작가, 예술가, 과학자는 "우리들의 원쑤들로부터도 그들의 반동적 태도가 아니라 … 가치 있는 것을 배우는 것이다"라고 주장하였다. 『인민일보』 1956.6.13. 『로동신문』 1956.6.17.

142) 『로동신문』 1956.7.6. Postanovlenie TsK KPSS "O Preodolenii Kul`ta Lichnosti i ego Posledstvii", Pravda 2 July 1956. 7월 2일자 『프라우다』의 사설도 함께 게재되었다.

143) 이 시점이 1953년 스탈린의 죽음으로부터 시작된 스탈린 비판 과정이 정점에 달한 때이다. 和田春樹, 앞의 논문, 99~101쪽. 이것은 6월 28일 발생한 폴란드의 포즈난 폭동에 대한 소련지도부의 우려를 반영한 문서이기도 하다. 소련은 포즈난 폭동을 '제국주의 앞잡이'의 음모로 이해하고 있었다. Francois Fejto, Histoire Des Democraties Populaires : Apres Staline, 1953~1975 (Editions du Seuil, 1972), F・フェイト, 『スターリン以後の東歐』, 岩波現代選書(東京), 1978, 74, 101.쪽.

144) 1956년 4월경부터 11월경까지 스탈린 비판과 관련하여 전개된 소련, 중국과 동구의 움직임을 간단히 정리하면 다음과 같다. F・フェイト, 『スターリン以後の東歐』, 53~139쪽, 中嶋嶺雄, 「ソ連共産党第二十回大會と中國共産党」, 『歷史學研究』 1980년 3월호를 참조. 1956년 4월 2~6일 불가리아 당 중앙위원회에서 수상 체르벤코프를 비판, 부수상으로 물러남. 4월 28일 마오쩌뚱, 백화제방(百花濟放), 백가쟁명(百家爭鳴)을 제창. 5월 26일 중국공산당 선전부장 룩띵이, 백화제방, 백가쟁명에 관해 보고. 6월 28일 폴란드에서 포즈난 폭동 발생. 7월 17일 미코얀, 스슬로프는 헝가리 방문, 당 제일서기 라코시를 해임, 후임에 에르네스트 게레. 7월 18~20일 폴란드 당중앙위원회 제7차 총회, 당내 대립 폭발, 고물카의 당내 복귀, 22일 소련에서 불가닌, 쥬코프 파견. 8월 30~31일 조선로동당 중앙위원회 전원회의 '8월 종파사건', 9월 15~27일 미코얀이 중국공산당

한편 조선로동당의 공식입장은 제3차 대회 이후 변하지 않았다.145) 당 상무위원회를 장악하고 있던 김일성과 그 직계들 사이에는 그의 부재 중 어떤 새로운 결정에도 참여하지 않겠다는 합의가 있었을 것이다. 더욱이 6월 하순 당 중앙상무위원회는 9월 1일부터 12월 밀까지 당증교환사업을 실시하기로 결정하였다.146) 당증교환을 통해서 당내에 확산되고 있던 개인숭배 비판 분위기를 억제할 의도였다. 또한 김일성이 귀국하기 직전인 7월 16일 『로동신문』 사설은 "3차 당 대회는 개인숭배를 반대하며 집체적 지도를 강화하기 위한 투쟁이 당내에서 종파주의적 사상잔재를 끝까지 청산하는 데로 돌려져야 한다고 강조하였다"고 주장하고, "집체적 지도를 강화하기 위한 투쟁이 당내에서 중앙집권제와 당 규률이 갖는 의의를 저하시키며, 지도자의 역할을 과소평가하여 … 소부르죠아적 무정부주의적 견해를 조장하지 않도록 정확한 지도를 주어야 한다"고 경고하였다.147) 김일성 부재 중 당내에서 고조되고 있던 개인숭배 비판 분위기를 의식한 내용이었다.

그러나 김일성도 귀국하고 나서는 더 이상 당의 공식입장을 천명하는 것을 피할 수 없었다. 김일성이 방문하는 동안에 동유럽 국가들은 스

제8차 대회에 참석, 미코얀과 펑떠화이가 북조선을 방문하여 사태 수습, 9월 23일 조선로동당 중앙위원회 전원회의에서 최창익, 박창옥의 중앙위원 복귀를 결정. 10월 19일 폴란드 당 중앙위원회에서 고물카를 당 제일서기에 선출, 10월 19~20일, 흐루시쵸프, 미코얀이 폴란드 방문, 폴란드 당 중앙위원회 대표와 회담. 10월 23일 헝가리 민중봉기, 10월 24일 미코얀, 수슬로프가 헝가리 방문, 임레 나지와 회담, 25일 타협에 도달하여, 게레 해임, 야노슈 카다르 제일서기에 취임. 10월 29일 미코얀, 수슬로프 다시 헝가리 방문, 25일의 타협안 재확인. 11월 4일 소련군 무력 개입, 카다르 '노동자·농민 혁명정부' 수립 선언.

145) 신호근, 「당 생활의 레닌적 규범의 철저한 준수를 위하여」, 『로동신문』 1956.6.8, 김병기, 「집체성은 우리 당 지도의 철칙이다」, 『로동신문』 1956년 6월 18일의 두 개의 논문은 모두 박헌영에게 개인숭배의 책임이 있다는 논리였다.

146) 「조선로동당 당증교환사업 실시에 대하여―상무위원회 결정 1956.6.19」, 『결정집 1956년도 전원회의, 상무―정치―조직위원회』, 94~97쪽, 사설 「당증교환사업을 영예롭게 맞이하자」, 『로동신문』 1956.6.29.

147) 사설 「집체적 지도와 중앙집권제」, 『로동신문』 1956.7.16.

탈린 비판의 여파로 한창 동요하고 있었다. 김일성이 6월 17~20일 헝가리를 방문했을 때 회담을 가진 라코시는 김일성이 귀국도 하기 전인 7월 17일 실각하였다. 더욱이 김일성은 6월 28일에 일어난 폴란드의 포즈난 폭동 직후인 7월 2일 바르샤바에 도착하였고, 그가 귀국하고 나서 얼마 안 되어 그를 전송했던 폴란드의 당 지도부는 7월 18~20일 폴란드 당중앙위원회 총회에서 대립을 드러내어 고물카의 당내 복귀가 실현되었다. 양국 모두 소련이 직접 개입하여 간신히 조정을 이끌어낸 상황이었다. 김일성은 직접 자신의 눈으로 스탈린 비판을 둘러싼 동유럽 각국의 실태와 그 대응을 목격하고, 소련 지도부로부터 그 대응 방침도 직접 들은 것이다. 더욱이 김일성은 귀국 후 최창익, 박창옥 등 당내 반김일성 운동의 흐름에 대해서도 전모를 파악하게 되었다.

　　일단 김일성 등 당내 주류파는 타협적인 자세로 사태의 수습을 꾀하려 하였다. 7월 30일 당중앙위원회의 부장 및 부부장 회의가 개최되어 김일성의 최측근인 당부위원장 박금철과 박정애가 개인숭배 문제와 관련하여 당 활동상의 잘못을 인정하고, 이를 점진적으로 수정해 갈 것을 약속하는 연설을 하였다고 한다.148) 당의 새로운 입장이 나온 것은 그 직후인 8월 1일 『로동신문』의 사설이었다. 이 사설은 6월 30일자 소련공산당 결정서인 「개인숭배와 그 후과들을 극복할 데 관하여」에 답하는 형태로 나온 것이다. 사설은 김일성이 인도기자와의 인터뷰에서 언급했던 "개인숭배를 규탄한다"는 부분을 인용하면서 소련공산당이 개인숭배와 그 결과를 극복하기 위해서 투쟁하는 것은 정당하다고 썼다.149) 다만 당 기관지의 사설을 통한 의사 표명은 김일성의 개인의견이라는 형식보다 일보 전진한 것이지만, 당 중앙위원회의 공식 입장은 아니며, 내용에서도 김일성과 당의 과오를 인정한 것은 아니었다. 이 정도로 반김일성파를 만족시킬 수는 없었던 것이다.

---

148) 「필라토프와 윤공흠과의 대담록」, 란코프, 앞의 책, 224~226쪽.

149) 사설 「국제로동운동의 새로운 앙양과 프로레타리아 국제주의 사상의 위력」, 『로동신문』 1956.8.1.

끓어오르던 동유럽의 두 나라보다 북조선 쪽이 먼저 폭발하였다. 8월 30~31일 당중앙위원회 전원회의가 개최되었다. 원래 회의 의제는, 첫째로 소련, 동유럽 방문에 관한 정부대표단의 사업 총결(김일성 보고), 둘째로 인민보건사업을 개선, 강화할 데 관한 것(박금철 보고)이었다.150) 김일성과 박금철의 보고가 끝난 뒤 당 중앙위원 겸 상업상인 윤공흠이 예정에도 없던 발언권을 요청, 단상에 섰다. 윤공흠은 제3차 당대회에서의 개인숭배에 관한 처리방식과 개인숭배와 관련된 김일성의 과오를 비판하였다. 인민생활의 저하, 양곡수매 사업의 문제점 등을 지적하였고, 건설자금이 중공업에 편중되어 투입되고 있다는 점을 비판하였다. 최용건의 당 부위원장 임명을 비롯하여 당 간부정책도 비난하였다. 최용건, 허성택 등 당 주류파가 윤공흠의 발언을 저지하여 회의에서는 큰 소동이 벌어지고 말았다. 최창익, 서휘 등이 반론했지만 역부족이었다. 연안계의 현정민을 포함하여 대부분의 중앙위원이 김일성을 옹호하고 반대파를 비난하였다. 윤공흠, 서휘, 리필규, 김강(문화선전성 부상) 등 반대파 4명이 신변의 불안을 느끼고 당일 북조선을 탈출하여 중국으로 망명하였다. 4명의 망명은 당내에 엄청난 파문을 불러 일으켰다.151)

당 전원회의 결정 내용은 5일 후인 9월 5일 발표되었다.152) 우선 정부대표단의 소련, 동유럽 등 방문에 관한 결정서153)는 개인숭배에 관한 조선로동당의 입장을 다음과 같이 정리하였다.

---

150)「조선로동당 중앙위원회에서」,『로동신문』 1956.9.5.

151) 여정, 앞의 책, 81~82쪽, 란코프, 앞의 책, 227~231쪽.

152)「조선로동당 중앙위원회에서」, 사설「경제건설에 대한 당적 지도의 강화와 우리 당의 사상의지의 가일층의 공고화를 위하여」, 각각『로동신문』 1956.9.5. 전원회의 결정서의 핵심 내용을 간추린 것이다.

153)「형제적 제국가를 방문한 정부 대표단의 사업 총화와 우리 당의 당면한 몇 가지 과업들에 대하여－전원회의 결정 1956.8.30~31」,『결정집 1956년도 전원회의, 상무－정치－조직위원회』, 8쪽.

조선로동당중앙위원회는 쏘련공산당 중앙위원회의 결정서 ≪개인숭배와 그 후과를 퇴치할 데 관하여≫를 전폭적으로 지지 … 본 전원회의는 이미 1956년 3월 전원회의에서 지적된 바와 같이 우리나라에서도 약간한 정도의 개인숭배가 존재하였다고 인정한다. 이는 주로 우리 당 사상 사업에서 한 개인의 역할과 공로를 지나치게 찬양하는 데서 표현되었다. … 또한 1956년 3월 전원회의에서 이러한 표현들을 신속히 더욱 철저하게 시정하기 위하여 신중한 조치들을 취한 것이 정당하였다고 인정한다. … 우리는 쏘련공산당의 쓰딸린의 개인숭배와 관련한 쓰라린 경험을 교훈삼아 우리 나라에서 존재하였던 개인숭배를 철저히 근절하기 위하여 당원들과 대중들을 계속 꾸준히 교양하여야 할 것이다. 그러나 당의 지도자들에 대한 대중의 신임과 존경을 개인숭배와 혼동함으로써 당의 령도를 훼손하려 하며, 당의 중앙집권제를 무시하며, 당 지도부에 대한 불신임을 조성하며, 당의 통일을 방해하려는 옳지 않은 경향에 대하여 당은 경계하여야 한다.

다음으로 전원회의는 최창익, 윤공흠, 서휘, 리필규, 박창옥에 대하여 별도의 결정서를 채택하였는데, 당이 규탄하는 그들의 행위는 다음과 같다.154)

(이들은) 특히 최근 공화국 정부 대표단이 형제 국가들을 방문하여 당과 정부의 중요 지도자들이 없는 틈을 리용하여, 당과 정부의 지도부를 반대하는 종파적 음모를 로골적으로 감행하는 길에 들어섰다. … (이들은) 빈번한 비밀회담을 진행하여 자기들의 측근자들과 불순분자들을 규합하여 … 자기들과 결탁한 평양시당위원회 내의 일부 추종분자들과 평양시내 일부 성, 국, 기관들에 있는 그들의 측근자들을 사촉하여, 당중앙위원회의 지시를 의식적으로 거부케 하였으며, … 반당적 경향을 인민군대 내부에까지 침식시키려고 시도하였다. … (이들은) 당중앙위원회 8월 전원회의에서 당중앙위원회를 불의에 공격하기 위하여 비밀리에 공동으로 작성한 반당적 토론을 들고 나왔으며, 당중앙위원회에 혼란과 분렬이 야기될 경우에는 자기들의 추종분자들을 발동시켜 평양시에서 당열성자회의를 소집케 하고, 황해남도에서는 이에 호응하여 일제히 당과 정부를 공격하여 나서게

---

154) 「최창익, 윤공흠, 서휘, 리필규, 박창옥 등 동무들의 종파적 음모 행위에 대하여 ─전원회의 결정 1956.8.30~31」, 『결정집 1956년도 전원회의, 상무─정치─조직위원회』, 12~13쪽.

하는 음모를 획책하였다. 이와 같은 반당적 음모의 기본 목적은 이들이 항상 야망하여 오던 당내에서 '헤게모니야'를 쟁취하기 위한 것이었다.

전원회의는 최창익(상무위원 겸임), 박창옥, 윤공흠, 서휘, 리필규(후보위원)에게서 당상무위원, 당중앙위원, 후보위원직을 박탈하고, 망명한 윤공흠, 서휘, 리필규는 당에서도 제명하였다. 최창익, 박창옥, 윤공흠, 리필규는 내각의 현직에서, 서휘는 직총위원장에서 파면되었다. 이들에 대하여 전원회의는 다음과 같이 비난하였다.155)

> '민주주의의 발양'과 '비판의 자유'라는 간판 하에서 당의 규률을 와해하며, 당의 중앙집권제를 무시하며, 당의 통일 단결을 약화시키는 일체 자유주의적 무정부주의적 행동은 맑스—레닌주의당인 우리 당내에서 추호도 용납될 수 없다 … 정전 상태에서 우리와 직접 대치하고 있는 적들은 우리에게서 조그마한 틈이라도 찾아내어 우리 당을 파괴하기 위한 적대행위에 리용하려고 책동하고 있다는 데 대하여 전당은 항상 혁명적 경각성을 견지할 것이다.

당내 김일성 반대파는 일거에 붕괴되고 말았다. 즉각 후속조치도 취해 졌다. 9월 11~12일 "8월 전원회의 결정 실행대책을 토의"하기 위한 평양시 당열성자 대회가 소집되었다.156) 당부위원장 박금철, 김창만, 조직지도부장 한상두가 참석한 가운데 김창만은 "사소한 종파적 행동이라도 당은 추호도 용허할 수 없다"고 발언하였다.157) '조직문제'가 다루어졌는데, 박창옥, 최창익, 윤공흠, 리필규, 서휘, 김강 등의 당적(黨籍) 문제가 처리되었을 것이다. 9월 27일에는 황해남도당 전원회의가 개최되었다고 보도되었다. 여기서도 김창만이 발언에 나서 "당 대렬을 약화시키려는 그 어떠한 시도도 용허하지 말아야 한다"고 말했다.158)

---

155) 위의 결정서, 같은 책, 16~17쪽.

156) 평양시당은 중앙당 간부들이 소속된 당 단체였다.

157) 『로동신문』 1956.9.15.

158) 『로동신문』 1956.9.27.

최창익, 박창옥에 대한 취조가 진행되어 연안계의 황해남도당위원장 고봉기가 관련되었다는 새로운 사실이 드러난 결과, 고봉기를 축출하기 위한 조치였다. 연안계에 대하여 연안계 김창만이 비판하는 방식을 취하고, 이 시점까지는 관련자의 범위도 확대시키지 않으려 했다고 생각된다.159)

한편 9월 15~27일 중국공산당 제8차 전국대회(8전대회)가 베이징에서 개최되어 소련에서 미코얀이 대표로 참가하고 있었다. 북조선에서는 최용건을 단장으로, 림해, 리주연, 하앙천을 대표로 파견하였다.160) 만주파 중에서도 중국공산당과 가장 밀접한 관계를 유지하고 있던 최용건, 연안계의 림해, 하앙천, 초대 주중대사 리주연을 파견한 것은 4명의 망명사태를 수습하기 위한 것이었다. 망명자들을 통해 평양의 사태가 중국에 직접 알려진 데 더하여, 이미 9월 3일 주소대사 리상조도 소련 수상 흐루시초프에게 조선로동당의 사태에 직접 개입을 요청하는 서한을 보냈다.161) 소련 측 증언에 따르면, 당초 이 사태에 대한 개입을 적극 주장한 것은 마오쩌뚱이었다고 한다. 마오는 중국에 와 있던 미코얀과 상의, 평양에서 발생한 사건을 조사하고 필요하다면 김일성을 보다 적당한 인물로 바꾸기 위하여 공동대표단을 파견하자고 제안하였다. 미코얀도 사태에 대한 개입을 주장하며 이를 모스크바에 문의하였고, 이미 흐루시초프도 김일성을 축출한다는 생각을 가지고 있었다.162) 이에 따라 미코얀과 펑떠화이(彭德懷)가 직접 북조선으로 향하게 되었다. 이

---

159) 9월에는 후속인사가 실시되었다. 2명의 부수상이 공석이 되었기 때문에, 부수상에 정일룡이 복귀하였다. 무역성이 폐지되어 상업성에 통합됨으로써 대내외상업성이 설치되고, 상에 연안계의 무역상 진반수가 임명되었다.

160) 『로동신문』 1956.9.13, 『인민일보』 1956.9.15.

161) 이 서한은 소련 외무차관 페도렌코의 비망록에 첨부되어 있다. 정태수, 정창현, 앞의 기사, 153~154쪽. 리상조는 김일성에게도 개인숭배 문제를 시정하도록 요청하는 사신을 보냈다고 한다.

162) 소련은 일부 동유럽 국가들에서처럼 북조선의 권력구조를 집단지도체제로 재편하고, 당과 정부의 수반을 분리하여 김일성을 당위원장이나 수상 직에만 앉도록 하는 구상을 가지고 있었다고 한다. 정태수, 정창현, 앞의 기사, 154쪽.

미 미코얀은 김일성이 소련을 방문했을 때 개인숭배 문제를 비판한 적이 있으며, 동유럽 국가들에 대해서도 이러한 문제를 둘러싸고 생긴 사태를 수습하기 위해 분주하게 뛰어다녔던 일선 책임자였다. 앞에서 언급한 것처럼, 평떠화이는 6·25전쟁 당시 조중연합사령부의 총사령으로서 김일성을 대신하여 전황을 총지휘한 인물이다. 김일성에게는 흐루시초프와 마오쩌뚱을 제외하고 두 나라에서 가장 대하기 어려운 상대들이었다.

그런데 대표단이 평양에 도착하자, 당초 이들이 예상했던 것과 사태는 전혀 판이하게 전개되고 있었다. 김일성 세력이 압도적으로 강하여 당중앙위원회를 완전장악하고 있었던 것이다. 대표단은 김일성 축출 계획을 단념하고, 8월 전원회의에서 처벌당한 사람의 복권 문제만을 다루는 선으로 후퇴하였다. 두 사람이 직접 김일성을 설득하여 9월 23일 당 중앙위 전원회의가 개최되었다. 최창익, 윤공흠, 서휘, 리필규, 박창옥에 대한 처분을 둘러싼 "8월 전원회의 결정을 재심의"하여 최창익, 박창옥은 당 중앙위원 직에 복귀하고, 윤공흠, 서휘, 리필규는 당적을 회복하게 되었다. "비록 이들의 과오가 엄중하다 할지라도 그들을 관대하게 포용하여 그들로 하여금 자기의 과오에 대하여 반성할 기회를 주며, 그들이 과오를 시정하고 올바른 길에 들어서도록 계속 꾸준하게 교양하기 위하여"라는 이유에서였다.[163] 9월 전원회의에서는 연안계 당 농업부장 박훈일이 8월 전원회의의 방식을 비난했다고 한다.[164] 이리하여 김일성은 일단 소련, 중국의 압력에 굴복하지 않을 수 없었다.[165] 우선

---

163) 「최창익, 윤공흠, 서휘, 리필규, 박창옥 동무들에 대한 규률 문제를 개정할 데 대하여―전원회의 결정 1956.9.23」, 앞의 결정집, 24쪽. 이에 대한 보도는 「조선로동당중앙위원회에서」, 『로동신문』 1956.9.29.

164) 여정, 앞의 책, 87쪽.

165) 당 중앙위원회 결정내용과 함께 「해석, 설복, 교양은 우리 당 지도의 기본방법이다」라는 제목이 붙은 장문의 사설이 게재되어, "당내 생활에서 제기되는 문제들에 대하여 정상적인 절차를 거쳐 더욱 활발하게 토론하는 분위기를 조성하며, 비록 그릇된 문제가 제기된다 할지라도, 조직 행정적 방법으로 처리할 것이 아니라 광범한 비판과 토론의 방법으로 사리를 규명하며, 정확한 결론에 도달

국제공산주의운동에서 개인숭배를 비판하는 분위기가 대세를 점하고 있었고, 중공 8전대회에서도 당 규약에서 '마오쩌뚱 사상'이라는 말이 삭제될 정도였다.166) 10월 12일 『로동신문』에는 10월 9일 『인민일보』의 사설 「집체적 령도는 상이한 견해의 자유로운 토론이 없이는 존재할 수 없다」가 게재되었다. "상이한 견해를 가진 동지들에 대한 직권 람용 및 박해가 당원의 권리를 침범하고 당의 규률을 위반하는 것으로 된다는 것은 명백한 일이다"라고 쓰여 있었다.167)

나아가 김일성 반대파에 대한 국내의 호응도 상당하였다. 당 중앙위 8월 전원회의 결정을 집행하기 위하여 각도 당위원회가 소집되어야만 했으나, 일련의 사태 때문에 지연되었고, 10월에 들어와서야 겨우 개최되었다. 김일성은 이 자리를 빌려서 신중하게 반대파 비판을 시도하였다. 함경남도, 함경북도, 강원도 당 전원회의의 경우, 토론자들은 "'민주주의의 확장'이라는 미명하에 당의 규률을 문란시키며, 당의 중앙집권적 지도를 무시하며, 당의 통일을 저해하는 각종 자유주의, 무정부주의적 행동은 허용할 수 없다"는 발언을 하며, "당내에 아직 남아 있는 종파사상의 잔재를 숙청하기 위하여 완강한 투쟁을 전개"해야 할 것을 주장하였다.168) 그런데 위의 세 도당 전원회의를 보도하는 기사 바로 밑

하도록 할 것"이라고 하고 있다. 『로동신문』, 위의 일자. 이 결정서는 이 문제를 처리함에 있어서 "응당한 심중성이 부족"하였고, "그 처리방법이 간단"하였으며, "교양적 방법으로 시정시키기 위한 인내성 있는 노력이 부족"하였음을 인정한다고 하였다.

166) 1945년 중공 7전대회에서 채택된 규약에서는 "중국공산당은 맑스-레닌주의의 이론과 중국혁명 실천의 통일사상인 마오쩌뚱 사상을 가지고, 당의 모든 공작의 지침으로 한다"고 규정하였지만, 8전대회에서는 "중국공산당은 맑스-레닌주의를 그 행동의 지침으로 한다"고만 규정하였다. 덩샤오핑은 「당 규약 개정에 관한 보고」 속에서 "집단지도의 원칙을 지켜나가며, 개인숭배반대가 갖는 중요한 의의에 관해서는 소련공산당 제20차 대회가 유력한 해명을 부여하고 있다"라고 말했다. 「中國共産黨規約」, 『新中國資料集成』 제5권, 266~283쪽.

167) 『로동신문』 1956.10.20.

168) 이 지역의 도당위원장은 각각 현정민, 김태근, 김원봉이었다. 『로동신문』 1956.10.5

에 실린 평양시당 전원회의에 대한 기사에서는 인민보건사업 개선대책
에 관한 토의 내용만이 보도되었다. 평양시당위원회의 분위기는 위의 3
개 도당위원회와는 달라서 당 지도부에 대한 반론이 많았을 것이다. 더
욱이 그 밖의 평남도, 평북도, 황남도, 황북도, 자강도, 량강도, 개성시
의 당위원회에 대해서는 일절 보도되지 않았다. 평양시당위원회보다 당
지도부의 방식에 대한 반론이 더 많았기 때문일 것이다. 결국 세 도당위
원회에서만 김일성의 의사가 관철되었던 것이다. 또한『로동신문』10월
22일자에는 상업성 당위원회를 비판하는 기사가 게재되어 전상업상인
윤공흠을 아래로부터의 비판을 억압해 온 "관료주의자", 성당위원장 김
종간을 여기에 영합한 "아첨분자"라고 비난하였다.169) 그러나 이것은
내부에서 나온 비판이 아니라, 외부에서 보도를 통해서 비판하는 방식
이었다.170)

4) 외부 정세 변화와 당내 숙청의 개시

김일성 반대파 4명의 중국망명은 중국과 소련에 대한 김일성의 입
장을 난처하게 만들었지만, 대내적으로는 김일성 반대파의 명분을 박탈
한 결과가 되어 김일성의 입장을 강화시키게 되었다. 김일성은 후일 당
시를 회고하며 이를 외부세력의 개입으로 단정함으로써 자신을 정당화
하였다.171) 반대파 일부의 망명과 중소 양국의 개입은 명분상 개인숭

---

169)『로동신문』1956.10.22.

170) 적어도 헝가리 동란이 발발하기까지 당내 논조는 당 규율을 위반하면서까지 이
루어지는 지나친 '자유주의'적 경향을 비판하는 동시에, 아래로부터의 비판을
억압하여 자유로운 당내 분위기를 약화시켜서도 안 된다고 하는 절충적인 것이
었다. 이러한 입장을 나타내는 대표적인 논설로서「당내 민주주의와 중앙집권
제」,『로동신문』1956.11.1.

171) 김일성,「우리의 인민군대는 로동계급의 군대, 혁명의 군대이다. 계급적 정치교
양사업을 계속 강화하여야 한다」,『김일성저작집』제17권, 99쪽. 김일성,「당 사
업에서 형식주의와 관료주의를 없애며, 일군들을 혁명화할 데 대하여―조선로

배 비판이 갖는 국내적 근거를 약화시켰던 것이다. 더욱이 헝가리 동란이 발발하여 국제정세가 변화함으로써 반대파가 의지하던 중소 양국의 지원도 단절되고 말았다. 이러한 사태를 계기로 중국과 소련의 정책이 급격히 반전했기 때문이다. 김일성 반대파는 대외적, 대내적으로 고립되는 곤란한 처지에 빠지게 되었다. 10월 23일 부다페스트 시민봉기에서 시작된 헝가리 동란은 11월 4일 소련군이 무력진압을 개시함에 따라, 나지 정부가 붕괴하고, 카다르를 수상으로 하는 '노농혁명정부'가 수립되어 결정적인 전기를 맞게 되었다. 헝가리 사태에 대해 일체의 보도를 삼가고 있던 북조선의 공식매체도 침묵을 깨고 11월 6일부터 카다르 정부의 수립을 "인민민주주의제도를 고수한 웽그리야 인민의 승리"라고 보도하기 시작했다.172) 6일 개최된 러시아 10월 혁명 39주년 기념 평양시 경축대회에서 김창만은 헝가리 사태에 대해 헝가리의 "혁명세력은 소련의 방조 밑에 이미 반동분자들의 파괴적 음모책동을 타파"하였다고 하며, "경험은 혁명의 원쑤들이 우리의 대렬 내의 사소한 빈틈이라도 찾아서 그를 자기들의 적대행위에 리용하려고 책동한다는 것을 보여주고 있다"고 단언하였다.173) 11월 12일에는 수상 김일성 명의로써 "웽그리야 로농혁명정부 수상 야노슈 까다르 동지" 앞으로 보내는 "반혁명을 타승한 웽그리야 인민에게 열렬한 축하와 지지를 보낸다"는 제목의 성명

동당 중앙위원회 조직지도부, 선전선동부 일군들 앞에서 한 연설」 1966.10.18, 『김일성저작집』 제20권, 496쪽. 김일성, 「조선로동당 창건 스무 돐에 즈음하여 —조선로동당 창건 스무 돐 경축대회에서 한 보고」 1965.10.10, 『김일성저작집』 제19권, 504쪽. 김일성은 "우리 당에 대한 기회주의자들의 공격은 1956~57년 무렵에 가장 로골적으로 나타났습니다. 그 때에는 당 안에 숨어있던 소수의 반당종파분자들과 완고한 교조주의자들이 수정주의의 기초 우에서 서로 결탁하여 외부세력을 등에 업고 우리 당에 달려들었습니다. 그들은 우리 당의 로선과 정책을 비방하였을 뿐만 아니라, 우리 당 지도부를 뒤집어엎기 위한 음모활동을 감행하였습니다"라고 주장하였다.

172) 『로동신문』 1956.11.6, 1·6쪽. 5쪽에는 「웽그리야에서 반동에로의 길을 저지시키라」라는 『프라우다』 사설이 게재되었다.

173) 『로동신문』 1956.11.7.

을 발표하였다.174) 헝가리 사태 진압 이후 소련에서는 흐루시초프도 자신은 스탈린주의자라고 주장하기 시작했다.175) 중국의 변화는 중국 공산당 중앙위 정치국 확대회의에서의 토론에 기초하여 집필된 1956년 12월 29일 『인민일보』 사설 「프로레타리아트 녹재의 력사적 경험에 관하여 다시 한번 론함」에서 나타났다. 이 사설은 1957년 1월 5일 『로동신문』에 게재되었다.176)

　김일성은 본격적으로 9월 전원회의 결정을 뒤집는 작업에 착수하였다. 11월 중순부터 김일성은 최창익, 윤공흠, 리필규, 서휘를 '반당종파분자'로 공격하기 시작하였다.177) 11월 21일에는 주소대사 리상조를 소환하였다.178) 리상조는 응하지 않고 중국 측 주선으로 소련으로 망명하는 길을 택하였다.179) 당 중앙 상무위원회는, 당내 분위기를 단속하기 위하여 9월부터 착수하려고 했으나 당내 사정 때문에 실시할 수 없었던, 당증 교환 사업을 12월부터 재개한다는 결정을 내렸다.180) 군

---

174) 판유리 10만 평방미터, 시멘트 1만 톤, 담배 10톤 등 물자도 제공하기로 하였다. 『로동신문』 1956.11.14.

175) 和田春樹, 앞의 논문, 102~103쪽. 和田春樹, 『社會主義の20世紀』 第4卷, 日本放送出版協會, 1991, 182~183쪽. Adam B. Ulam, Expansion and Coexistence : Soviet Foreign Policy 1917~1973, Praeger Publisher(New York), 1974, アダム・ウラム, 『膨脹と共存 : ソヴェト外交史』 第3卷, サイマル出版會, 1979, 764쪽.

176) 『로동신문』 1957.1.5. 제목은 로동신문에 번역된 것을 그대로 옮겨 놓았음. 그 요지가 『민주조선』 1956년 12월 31일자에 게재되었다.

177) 김일성, 「민청단체들 앞에 나서는 당면한 몇 가지 과업에 대하여—새로 선거된 민청중앙위원회 위원들 앞에서 한 연설」 1956.11.9, 『김일성저작집』 제10권, 345~347쪽, 김일성, 「현 시기 당 조직원들 앞에 나서는 몇 가지 과업에 대하여—당 조직원 강습회에서 한 연설」 1956.11.25, 앞의 책, 382~385 · 388쪽. 이 두 가지 문헌은 당시에는 발표되지 않았고, 1980년 판에 처음 수록되었다는 점에 주의하야 한다. 이 문헌들에서는 최창익 등에 대하여 '반당반혁명종파분자'라는 표현도 사용하고 있으나, 아직 이 시기에는 '반당종파분자'와 '반혁명분자'는 엄밀히 구분되어 뒤의 것은 적용되지 않았다. 1958년 이후 반혁명분자라고 규정된 데 맞추어 소급하여 고친 표현이다.

178) 후임대사로는 당 학교교육부장인 리신팔이 임명되었다. 『로동신문』 1956.11.26.

179) 한국일보사 편, 앞의 책, 185쪽.

당위원회에 '당증교환사업 그룹'을 조직하고, 이 그룹이 하급 당 단체의 당원 한 사람 한 사람과 면담을 통해 사상 상태를 확인하면서 당증을 발급하는 방식이었다.181) 당증 교환 사업은 전국적으로 약 4개월 이상에 걸쳐서 철저하게 실시되었다.182) 당중앙 상무위원회는 당증 교환 사업 과정에서 관철되어야 할 일련의 조직적·정치적 과업을 제시하였다. 무엇보다도 "8월 전원회의에서 폭로된 종파분자들의 정체와 그들의 죄상을 전체 당원들 속에 철저히 인식시킬 것"이 강조되었다.183) 사업은 당원의 문제점을 엄격하게 다루는 방식으로 실시되었다. 당시의 문헌을 보면, 당증 교환 사업에서 가장 핵심적 과정인 개별 당원과의 면담이 '조사'와 '시험'이라는 방식으로, 혹은 이미 비판, 시정된 과거의 과오를 다시 문제시하는 방식으로 이루어져 당원 대중을 위축시키고 있다고 지적하고 있다.184)

12월 11~13일 당 중앙위 전원회의가 개최되어 1957년도 인민경제계획을 확정하였다. 13일 김일성은 회의의 결론을 통해서 '반당종파분자'를 철저히 공격하였다. 9월 전원회의에서 복권된 최창익 등을 다시 '반당종파분자'로 신랄하게 비난하는 발언이었다. 8월 전원회의의 영향을 받아 입안된 제1차 5개년 계획의 내용을 백지로 돌리고 새로운 방침에 기초하여 1957년 계획을 수립하였다. 김일성은 "치렬한 계급투쟁의 환경 속에서 사회주의를 건설"할 것을 강조하고, "계급적 원쑤"에 대하여 "조금도 타협하지 말고 단호히 법적 제재를 가하여야 한다"고 촉구하

---

180) 사설 「당증교환사업을 높은 정치적 수준에서 진행하자」, 『로동신문』 1956.12.1.

181) 「당증 교환 사업 진행에서 무엇이 중요한가－평북도내 몇 개 군당 단체 사업에서」, 『로동신문』 1956.12.5, 「당원 료해 사업을 철저히 하여 당증 교환 사업을 성과 있게 진행－신의주시 당 위원회에서」, 『로동신문』 1956.12.19.

182) 「우리는 당증교환사업을 이렇게 진행한다－평안북도 박천군 당위원회에서」, 『로동신문』 1957.1.7.

183) 김하룡, 「당증 교환 사업 진행에 대한 몇 가지 문제」, 『로동신문』 1957.1.16.

184) 김하룡, 앞의 논문. 「당증교환사업을 어떻게 진행하고 있는가－강원도 고산군 당위원회에서」, 『로동신문』 1957.2.9.

며, "준법성"을 운운하는 것은 "우리 국가의 프로레타리아 독재 기능을 약화"시키는 책동이라고 비난하였다.[185]

12월 14일 최고재판소 법정에서 1천3백여 명이 참석한 가운데 "반인민적 소란을 일으키려고 잠입한 미제간첩에 대한" 공개재판이 진행되어 극형이 언도되었다. 피고인은 헝가리에서 미제의 사주에 의해 폭동이 일어났기 때문에, 북조선에서도 폭동을 일으키도록 이승만 정권에 의해 파견되었다고 진술하였다.[186] 12월 24일 리필규의 '종파적 행동'이 모두 '폭로'되고, 건재공업국 내부의 당원들은 초급 당단체 전원회의를 통해 자신들의 비원칙적 태도에 대하여 차례로 상호 비판했다고 보도되었다.[187] 12월 28일 건설성 당위원회가 비판 대상으로 떠올라, 김승화가 당의 정책을 왜곡하는 "주관주의적, 관료주의적 독단"을 부렸으며, 부상 리병제, 성당위원장 박원섭은 그 추종자라고 하여 비난받았다.[188] 1957년 2월 25일 직맹 중앙위원회에 대하여 수개월 동안 집중지도를 편 중간결과가 발표되어, 서휘는 '반당종파분자'로 재단되고, 서기장 주남칠, 건설산별위원장, 경공업산별위원장, 직맹당위원장 및 일부 당 위원 등도 비판받았다.[189]

당 역사 차원에서 최창익 등이 종파분자라는 논증 작업도 추진되었다. 선두에 서게 된 인물이 리청원이었다. 리청원의 「우리나라 로동운

---

185) 이 회의에서 행한 김일성의 결론이라는 문서가 『김일성저작집(1980년판)』 제10권에 처음으로 수록되었다. 김일성, 「사회주의 건설에서 혁명적 대고조를 일으키기 위하여―조선로동당 중앙위원회 전원회의에서 한 결론」 1956.12.13, 『김일성저작집』 제10권. 여기서도 '반당반혁명종파분자'라는 수식어를 붙이고 있으나, 이것도 이후 바뀐 규정에 맞게 소급해서 고친 것이다. 아직 당시의 문헌에서는 '반당종파분자'라는 표현에 머무르고 있었다.

186) 『로동신문』 1956.12.15.

187) 『로동신문』 1956.12.24.

188) 『로동신문』 1956.12.28. 김일성, 「건설분야에서 당 정책을 관철할 데 대하여―북조선로동당 중앙위원회 전원회의에서 한 결론」, 1957.10.19, 『김일성저작집』 제11권, 169·184·230·342쪽.

189) 『로동신문』 1957.2.25. 상세한 내용은 제4장 제5절의 5에 있는 직업동맹에 관한 서술을 참조

동에서 종파가 끼친 해독성」이라는 논문이 1957년 1월 9일자『로동신문』에 게재되었다.190) 그는 1920년대 조선공산당의 조직적 기반이었던 각종 사상단체를 '종파분자'로 규정하고, 그들도 "맑스─레닌주의사상을 전파하는 데 일정한 역할을 놀았다"고 하는 사람들도 있지만, "이러한 견해에 대하여 우리는 전혀 이해할 수 없다"고 전제한 뒤에, "당 8월 전원회의에서 폭로된 종파분자들"은 "반일해방운동 투쟁시기 종파들의 활동에 '긍정적 의의'를 부여하려고 하며, 당시 종파행동이 '유익'하였다고까지 하였다. 그러나 이것은 터무니없는 공담이다"라고 하며, 이것은 "과거의 종파행동과 또 오늘날의 반당적, 반정부적 종파적 진출을 '합리화'하기 위하여 '종파유익설'을 들고 터무니없는 궤변을 늘어놓았다"고 주장하였다.191) 이러한 논조는 지금까지의 자기 주장을 번복하는 것이었다. 최창익, 리청원에 의해 형성되어 온 북조선 역사인식의 축이 무너지는 순간이었다.192)

　　당증 교환 사업과 동시에 중앙당 집중지도 사업이 개시되었다. 원래

---

190) 리청원은 1956년 4월 제3차 당대회 이후 과학원 역사연구소장에서 물러나 있었고, 이 시점에는 역사 이데올로그로서 위치는 약화되고 있었다. 1956년 10월경부터 이미 그의 저작은 비판 대상이 되기 시작하였다. 이것은 그와 최창익의 관계 때문이라고 추측된다.「서적합평회『조선에서 있어서 프로레타리아트의 헤게모니를 위한 투쟁』」,『조선과학원통보』1957년 제1호.『력사과학』1957년 제1호. 김상룡,「반일민족해방투쟁에서의 프로레타리아트의 헤게모니를 위한 투쟁과 민족 부르죠아지에 대한 문제」,『력사과학』1957년 제2호. 황장엽,「민족 부르죠아지의 개념에 관한 몇 가지 문제」,『력사과학』1957년 제4호.

191)『로동신문』1957.1.9.

192) 리청원은 자기에게 다가오는 비판의 예봉을 피하기 위하여 1957년 5월「조국광복회의 역사적 의의」라는 논문도 썼다.『로동신문』1957.5.19. 그러나 그의 생존을 위한 노력에도 불구하고, 이러한 그의 '종파유익설' 비판은 인정되지 않았고, 이전의 논리가 근거가 되어 최창익과 같은 부류에 속한다는 이유로 1957년 9~10월 집중적인 비판을 받아 숙청되었다. 리청원의 조어인 '종파유익설'은 최창익의 역사인식을 비난하는 명칭으로 유행하게 되지만, 리청원 자신에게도 적용되는 얄궂은 결과가 되었다. 황장엽·김후선,「리청원저『조선에서의 프로레타리아트의 헤게모니를 위한 투쟁』에 관하여」,『근로자』1957.12, 최웅철,「1920년대 조선에서의 로동계급의 상부구조 형성에 미친 종파분자들의 해독성에 대하여」,『력사과학』1958년 제1호.

농업집단화를 위한 수단으로 쓰이기 시작했던 중앙당 집중지도는 이미 당내를 단속하기 위한 목적으로 활용되고 있었다. 제3차 당대회 직후 약 2개월간 평안남도 당 단체에 대한 중앙당 '집중지도 검열'이 실시된 것이 그것이다. 시·군 당 수준까지 실시된 이 사업은 당시 검열을 받는 당원에게 "공포감을 주는" "심문식 방법"을 사용했다고 비판받을 정도였다.193) 여기서 일단 중단되었던 집중지도가 본격화되었다. 주요 부처가 집중되어 있던 평양시당의 경우, 건설성, 상업성, 내각건재공업국, 직업동맹중앙위원회 등 망명자를 낸 문제의 성 및 기관 당 위원회에 대하여 전면적으로 실시되기 시작했다.194) 해당 부처와 단체 내 관련자를 적발함과 동시에, 평양시 주변의 정치적 동요를 막고 사상적으로 통제하겠다는 의도였다.195)

더욱이 1957년 1월 하순부터는 당증 교환 사업은 초급 당 단체의 결산, 선거와 결합되었다.196) 당증 교환 사업이 평당원 대중에 대한 단속이었다고 한다면, 초급 당 단체의 결산, 선거는 초급 당 단체의 당위원장, 부위원장, 당위원 등 기층 당 간부에 대한 단속이었다.197) 선거를 위한 결산회의에서는 "종파주의, 가족주의, 관료주의, 자유주의 및 기타 낡은 사상잔재들과의 투쟁을 강력히 전개하며, 당 정책의 정확한 집행과 그의 관철을 위한 투쟁에서 소극적 태도를 취하거나 그를 왜곡하는 등 현상들과의 사상투쟁을 전개해야 한다"는 과제가 부여되었다.198) 군당위원회가 주도하는 당증 교환 사업과 당 전체에 걸친 초급

---

193) 「교훈적인 지도 검열」, 『로동신문』 1956.7.30.

194) 「평양시당 열성자회의에서」, 『로동신문』 1957.3.22.

195) 「당적 지도를 현지에 접근시키자」, 『로동신문』 1957.1.4. 건설성에 대한 중앙당 집중지도에 관해서는, 『로동신문』 1957.2.28.

196) 사설 「초급 당 단체의 결산 – 선거」, 『로동신문』 1957.1.27.

197) 제3차 당대회에서 채택된 규약 제57조에는 당원 15명 이상의 초급 당 단체는 1년 임기의 집행위원회를 선출하게 되어 있었다. 「조선로동당규약」, 『로동신문』 1956.4.29.

198) 결산 – 선거에서는 당증 교환 사업을 지도, 감독하는 당증 교환 그룹으로부터의

당단체 결산-선거가 중앙당으로부터의 직접적인 집중지도와 3중 결합
하여, 전면적인 단속이 진행되었다. 전체 당원 및 초급 당 단체에 대하
여 중앙당으로부터 사상적, 조직적 점검을 실시한다는 계획이었다.[199]
　　1957년 2월 11~14일 전국상업일군 열성자대회가 개최되었다. 이
대회는 양곡수매사업에서 통제를 완화하고, 수매가격에 대해 시장의 역
할을 높인다는 유화정책을 내놓음과 동시에, 직전까지 상업상이었던 윤
공흠을 비난하는 무대였다. 다만 김일성은 연설에서 윤공흠 비판은 전
혀 하지 않고 수매정책만 언급하였다.[200] 비판의 역할은 다른 인물에
게 맡겼던 것이다. 이 대회에 맞추어 14일 국영상업 부문 노동자에 대
한 훈장 및 메달식이 개최되었는데, 여기서 김두봉이 등단, 종파분자 비
판을 하였다. 그는 "반당종파분자들"은 "제국주의 반동 계층들이 … 사회
주의 진영 제국가들 간의 리간을 조성하기 위하여 발광적인 소동을 일
으키며, 우리 당과 정부에 대한 원쑤들의 파괴활동과 비방, 중상이 격화
되고 있을 때 … 우리 당을 내부로부터 비난, 반대하여 나섰습니다"라고
비난하며, "당중앙위원회는 이미 작년 8월 전원회의와 9월 전원회의를
통하여 이런 사람들의 정체를 폭로, 비판하였는데 … 이것은 전적으로
올바른 조치"였다고 말했다.[201] 지금까지 김창만이 연안계에 의한 연
안계 비판이라는 역할을 해 왔지만, 그는 모두가 인정하는 김일성 추종
자였기 때문에, 연안계의 장로이자 김일성 반대파의 원로격인 김두봉의
비판만큼 반대파의 정당성을 박탈하는 데 효과적인 수단은 없었다. 김
두봉은 이러한 발언 덕분에 최고인민회의상임위원장직을 당분간 유지

───────────────

의견이 반영되어야 한다고 강조하였다. 사설 「초급 당 단체의 결산-선거」, 『로
동신문』, 앞의 일자. 박종순, 「초급 당 단체 지도기관 결산-선거에서 제기된
몇 가지 문제」, 『로동신문』 1957.2.17.

199) 「당증교환사업 총화를 위한 전원회의 준비를 어떻게 하고 있는가-강원도 문천
군 당위원회에서」, 『로동신문』 1957.3.11.

200) 「전국 상업일군 열성자대회에서 한 김일성 수상의 연설」, 『로동신문』 1957.2.15.

201) 최고인민회의 상임위원장 김두봉, 「조선로동당의 정확한 정책은 승리하고 있다」,
『로동신문』 1957.2.15.

하기는 했으나, 정치적, 도덕적으로 거의 '시체'와 다름없는 존재가 되었다. 4명의 중국망명도 국내적으로 치명적인 결과를 초래했지만, 김두봉의 행동이야말로 반대파의 몰락을 극적으로 상징하였다.202)

3월 17~18일 이틀간 평양시당 열성자회의가 개최되어 약 2개월간에 걸친 중앙 부처에 대한 중앙당 집중지도가 총괄되었다. 박금철, 김창만 등 두 당부위원장, 정일룡, 정준택 등 두 부수상, 외무상 남일, 국가계획위원장 리종옥, 당간부부장 리효순, 조직지도부장 한상두, 그 밖의 당 부장들, 평양시당위원장 리송운, 각성의 상, 부상을 비롯하여 중앙기관의 간부, 초급당위원장 등 1천 4백여 명이 운집하였다. 한상두가 보고를 하고, 박금철이 결론을 내렸으며, 최창익, 박창옥, 윤공흠, 서휘, 리필규, 김승화가 공식적으로 '반당종파분자'로서 격렬한 비판을 받았다.203) 1956년 8월 29일부터 약 6개월 반에 걸친 당내 투쟁이 일단락된 것이다. 그러나 당 내부 단속이 여기서 끝난 것은 아니었다. 권력 중심부의 숙청은 외곽을 향해 확대되어 나갔다.

그런데 평양에서 8월 종파사건에 대한 수습 및 후속 조치가 한창 진행되고 있던 1956년 말부터 57년 초에 걸쳐 지방에서 심각한 사태가 발생하였다. 황해남도와 개성시 등 6·25전쟁 이전 38선 이남에 속했다가 전쟁 후 이북으로 편입된 이른바 '신해방지구'에서 부농, 중농층이 농업협동조합으로부터 이탈하는 사태가 잇달아 일어난 것이다.204) 농업협동조합에 가입하기 이전에 부농과 중농층에 속한 농민들은 1956년 결산분배가 끝나자마자 조합을 탈퇴할 움직임을 보였다. 특히 이러한 현상은 신해방지구에서 심하게 나타났다. 배천[白川]군에서 탈퇴운동이 공공연하게 발생함으로써 이것은 '배천바람'으로 불렸으며, 이 움직

---

202) 김두봉은 동료에 대한 비판을 강제당한 끝에, 거기에 견디지 못하고 직위의 온존을 대가로 동의했을 것이다. 그러나 그도 1958년 3월 숙청당하는 처지가 되고 말았다.

203) 「평양시당 열성자회의에서」, 『로동신문』 1957.3.22.

204) 김남식, 「북한의 공산화과정과 계급노선」, 173~175쪽.

임은 순식간에 개성 일대와 황해도 일부로 확대되었다. 당은 이 움직임을 불순한 정치적 저항으로 보고 탄압정책을 폈다. 농민들은 당의 정책에 더욱 반발하여 1957년도 영농 준비로의 동원을 전적으로 기피하였다. 지방 당 차원에서 수습에 적극 나섰으나, 이미 해결 불가능한 상태로 악화되자, 중앙당은 조합에 가입하지 않은 악질 부농이 조합원과 결탁하여 조합을 내부에서 파괴하려 한다고 주장하고, 나아가 남조선 측과 내통한 '반혁명분자'가 조직적으로 조합 파괴를 꾀했다고 선전하였다. '반혁명분자'를 적발, 처단하기 위하여 중앙당 집중지도가 전개되었고, 조합에 아직 가입하지 않은 개인 부농과 가입한 과거 부농들 속에서 몇 명을 반혁명분자로 날조하여 공개재판을 벌였다. 일반 농민들에 대해서는 매일 사상검토가 실시되었다. 중앙당은 조합 탈퇴가 전국적으로 확대될 것을 두려워하여 이른바 '악질 부농'에 대한 일제 단속에 나섰다.

황해남도당위원장 고봉기가 최창익 등이 주도한 반김일성 운동에 가세한 것은 단순히 같은 연안계라는 이유뿐 아니라, 이러한 지역적 사정을 배경으로 하고 있었다고 생각된다. 그들뿐 아니라 황해남도인민위원장인 백순제, 개성시인민위원장 리달진도 숙청의 운명에 처하였다.205) 주목해야 할 점은 연안계의 당농업부장 박훈일의 행방으로 그는 2월 21일 이후 공식 석상에서 자취를 감추었다.206) 그는 북조선로동당 창립 당시부터 1949년경까지 황해도당위원장을 역임하였다. 황해도 사정에 밝은 박훈일이 당 중앙의 방침에 반대하여 해임된 것으로 추측된다.207) 후임 농업부장직은 같은 연안계인 현정민이 수행하게 되었

---

205) 백순제의 경우, 고봉기와 같은 시기에 해임되었다. 1956년 11월 13경에는 각각 농업성 농산국장인 전태환과 개성시 당위원장인 유철목으로 교체되었다. 『민주조선』 1956.11.13. 리달진은 1957년 6~7월 사이에 해임되었다. 『로동신문』 1957.6.16, 『민주조선』 1957.7.20을 참조.

206) 2월 14일 관개수리 부문 열성자회의, 21일 반농반어・수산협동조합 열성자회의에 참석한 후, 공식매체에는 일절 등장하지 않았다. 『로동신문』 1957.2.15・22.

207) 박훈일은 9월 전원회의에서 8월 전원회의의 방식을 비판하였다고 말해지는데, 같은 연안계로서 최창익 등의 숙청에 연루되어 해임되었을지도 모른다. 여정, 앞의 책, 87쪽, 『로동신문』 1959.7.11 참조. 박훈일의 숙청사실은 몇 가지 증언에

다고 말해진다.208) 그러나 당농업부장이라는 직책은 농업집단화가 완료된 1958년 9월에 전평안남도당위원장 김만금이 당농업부장으로 등장할 때까지 발표되지 않았다.209) 중앙당이 농업협동조합 이탈사태를 얼마나 심각하게 받아들이고 있었는가를 보여 주는 하나의 예리고 할 수 있다.

4월 9일부터 황해남도 당 단체에 대한 중앙당 집중지도가 착수되었다.210) 집중지도는 중앙에 결성된 지도 그룹의 교육과 해당 지역에 관한 자료 수집 등 상당 기간의 준비작업을 가진 후, 집중지도 요강을 작성하고 도당 간부들과 함께 도당위원회 집행위원회를 개최하여 도·시당 간부와 군당위원장들을 교육하였다. 이어서 군 집중지도 그룹을 조직하고 군당위원회 집행위원회를 개최하여 군당 간부 및 리당위원장을 교육하고, 해당 리당에 파견하는 수순으로 진행시켰다.211) 집중지도의 초점은 청단(靑丹), 연안(延安)군 등 신해방지구의 경우, 박헌영, 리승

서도 확인된다. 여정, 앞의 책, 101·162쪽, 김남식, 앞의 논문, 200~201쪽.

208) 여정, 앞의 책, 83쪽. 8월 전원회의 직후 현정민이 임명되었다고 하고 있으나, 공식매체의 보도와는 일치하지 않는다. 박훈일은 『로동신문』 1957년 2월 22일자까지 당농업부장으로서 등장하기 때문이다. 또한 현정민은 『로동신문』 1957.7.17, 『민주조선』 같은 일자에는 함경남도당위원장으로 등장하였다. 다만 그 사이에 현정민은 함경남도당위원장으로서 직무 수행을 하지 않고, 부위원장 리택근과 장익성이 대리로 수행하고 있었다. 『로동신문』 1957.4.4·6.11. 따라서 『로동신문』 1957년 9월 27일자에 현무광이 새로운 함경남도당위원장으로 등장할 때까지, 현정민이 함경남도당위원장을 겸임하는 식으로 임시로 당농업부장을 맡다가, 그 후 정식으로 취임한 것으로 추측된다.

209) 『로동신문』 1958.9.19. 현정민은 1958년 3월 당 중앙위 전원회의에서 해임, 김만금으로 교체되었다고 한다. 여정, 앞의 책, 95면. 평안남도당위원장인 김만금의 교체가 확인되는 것은 『로동신문』 1958년 4월 13일자이기 때문에 이것은 사실이라고 생각된다. 그러나 현정민이 당농업부장의 직함으로 공식적으로 표면에 나타나지 않은 것은 그가 연안계라는 점과 관련이 있을지도 모른다. 나중에 그도 숙청의 몸이 된 것이다. 현무광, 「지방주의, 가족주의 여독을 청산하고 당 정책을 철저히 관철하기 위하여」, 『로동신문』 1959.4.27, 「자강도당위원회 전원회의에서」, 『로동신문』 1959.8.2.

210) 『로동신문』 1957.4.18, 『민주조선』 1957.4.30.

211) 『로동신문』, 앞의 일자.

엽 영향의 잔재를 비판하고, 전 지역에 걸쳐서 전도당위원장 고봉기의 '반당행위'를 폭로하도록 압력을 가하는 데 있었다.212) 집중지도는 2개월 이상 계속되었고, 적발된 문제점들은 전부 고봉기의 종파행위 탓으로 돌려졌다. 전도당부위원장, 옹진군당위원장, 재령군당위원장도 비판받았다.213) 황해북도 황주군에 대해서도 중앙당 집중지도가 실시되었다. '열성분자'로 위장한 '불순분자'들이 부분적으로 당내에 잠입하여 초급 당단체와 리인민위원회, 농업협동조합의 간부로 등용되었다고 하는 사실이 적발되었다. "정치적으로 불견실"한 이른바 "농촌유지"들이 마을의 실권을 장악한 경우도 극히 소수지만 존속하고 있다고 지적되었다. 8월 전원회의 문헌토의에서 반당종파분자의 죄행과 해독을 폭로하는 문제가 군당회의에서는 거의 취급되지 않았다고 비판되었다.214)

5월 11일 김일성은 "혁명적 경각성을 높이며 반혁명분자들과의 투쟁을 강화"해야 한다고 주장하기 시작하였다.215) 김일성은 "적들은 … 우리 내부에 간첩, 파괴음해분자들을 계속 잠입"시키고 있으며, 그들은 "극소수의 청산된 지주, 자본가들과 일시적 후퇴 시기 적의 앞잡이가 되

---

212)『로동신문』 1957.5.15.

213) 7월 18일부터 3일간 집중지도를 총괄하는 황해남도당 전원회의가 열렸다.『로동신문』 1957.7.27.

214)『로동신문』 1957.5.29. 양강도 혜산시 당위원회로도 지적되고 있다.『로동신문』 1957.4.21. 평안북도 운전(雲田)군 당위원회에 관해서는『로동신문』 1957.4.2. 평안남도 증산(甑山)군 당위원회에서도 문동리 농업협동조합에 대한 집중지도과정에서 불순한 관리 간부와 작업반장을 교체하였다.『로동신문』 1957.4.27. 황해북도 당전원회의에서의 당증 교환 사업의 총괄에 관한 보도-황주군, 봉산군, 평산군, 서흥군 등에서 불순분자를 적발, 제대군인, 애국열사유가족, 인민군후방가족 등의 계급적 입장이 확실한 계층을 등용, 농촌의 핵심으로 키운다고 하였다.『로동신문』 1957.5.13. 자강도당 전원회의에 관해서는『로동신문』 1957.5. 23・5.27~28. 평양시당 전원회의에 관해서는『로동신문』 1957.6.2,「당의 군중노선을 관철하자」,『로동신문』 1957.5.15.

215) 김일성,「제1차 5개년 인민경제계획 수행에서 함경북도 앞에 나서는 몇 가지 과업에 대하여」1957.5.11,『김일성저작집』제11권, 158쪽. 이 시기에 김일성은 각종 집회를 통해 이 문제를 제기하고 있었다.『김일성저작집』제11권, 169・184・230쪽.

어 인민 앞에 엄중한 죄를 지은 자들, 일부 반동적 종교인들, 일부 견실치 못한 계층들과, 우리 제도에 대하여 불평불만을 품고 있는 자들을 그러모아 비밀리에 반동단체를 조직하고 ··· 파괴음모를 감행하며, 우리의 사회주의 건설을 파탄시키려고 책동"하고 있다고 말했다. 최근 황해남도 연안군에서 간첩으로 전락한 몇 명의 반혁명분자들이 반동단체를 조직하여 비밀리에 적대행동을 감행하며 폭동까지 기획한 사실이 있다고 밝히고, 헝가리 사태 당시 이승만과 미제의 책동을 잊어서는 안 될 것이라고 강조하며, "반혁명분자들과의 투쟁"을 "전군중적인 운동으로 조직, 전개"해야 한다고 밝혔다.216)

5월 18일 황해남도 배천군의 야외 공판정에서 "간첩, 파괴, 암해도당들"에 대한 현지 공개재판이 수천 명의 현지 농민들이 방청하는 가운데 진행되었다. 4명의 피고인은 전쟁 당시 피점령 시기에 "적의 반동단체"에 가입, 주민의 학살, 고문에 협력하고 간첩 활동을 하였으나, 당국에 허위 자수한 후 농민을 가장해서 그중 1명은 농업협동조합관리위원장이 되는 등 농업협동조합에 잠입하여 간첩 활동을 계속하면서 농업협동화 정책에 반대하는 선동을 했다는 혐의였다. 4명에게는 사형이 언도되고, 방청자들이 지켜보는 가운데 현장에서 처형되었다.217) 또한 황해남도를 중심으로 간첩을 체포했다는 보도가 잇달았다.218) 6월 16일에는 개성시의 야외운동장에서 "미제의 간첩, 파괴분자"에 대한 공개재판이 수만 명의 방청자가 집결한 가운데 실시되었다. 피고인은 미 정보기관 HID소속으로 무장폭동을 일으키도록 파견된 혐의로 사형이 언도되었다.219)

더욱이 5월 30일 "남조선에 신형 병기를 반입하려는 미제의 책동과

---

216) 김일성, 앞의 책, 158~159쪽.

217) 「극악한 원쑤 미제의 간첩, 파괴, 암해분자들에 대한 배천군 현지 공개재판」, 『민주조선』 1957.5.19.

218) 『로동신문』 1957.5.20·22·29·6.11.

219) 『민주조선』 1957.6.17.

관련하여" 이에 항의하는 외무상 남일의 성명이 발표되었다.220) 6월 27일 다시 정부성명이 발표되어 "신형 병기의 반입"과 관련한 "미제의 정전협정 파괴책동"을 비난하고, 이 성명에 호응하여 30만 명이 모인 평양시 군중대회를 필두로 전국적으로 군중대회가 개최되었다.221) 실제로 1957년 초 미국의 국가안전보장회의는 군사원조 삭감과 관련한 한국군의 병력 수준 감축에 대비하여 한국에 대한 핵무기 배치를 검토하고 있었다. 1958년 1월에는 어니스트존 로케트와 280밀리 원자포를 장비한 2개 대대가 한국으로 이동하도록 하는 명령을 받았다.222)

이처럼 '미제'로부터의 위협의 분위기를 선동하는 가운데 1957년 5월 30일 당중앙상무위원회는 '반혁명분자와의 투쟁을 전군중적 운동으로 전개할 데 대하여'라는 결정을 채택하였다. 이 시기에 들어선 농업집단화의 완성단계는 이러한 부농과 중농층에 대한 숙청작업과 병행하여 수행된 것이다.223) 그러나 이와 같은 김일성의 발언과 당의 방침은 일절 밖으로는 발표되지 않았다. 당중앙은 이 문제를 심각한 사태로 간주하며 매우 신중하게 접근하고 있었다.

한편 평양시를 중심으로 최창익, 윤공흠, 리필규, 서휘, 박창옥, 김승화 등의 영향력을 뿌리 뽑기 조치가 잇달아 취해졌다. 평양지구 건설기계 임경소에서는 지배인, 기사장이 김승화의 영향하에서 "건설의 공업화는 시기상조"라고 발언하고, 직업동맹위원장 서휘의 영향하에서 "작업조건이 없으면 경쟁하지 말라"고 주장했다고 하여 비판, 숙청당했다.224) 평양시인민위원회 상업관리국과 민영상공부는 윤공흠이 남긴

---

220) 『로동신문』 1957.5.31.

221) 『로동신문』 1957.6.27.

222) Foreign Relations of United States, 1955~1957, Vol. ⅩⅩⅢ, Part 2. Korea, pp.394~395 · 448~449 · 533.

223) 김남식, 앞의 논문, 174쪽. 공식적으로는 1957년 5월 말로 기술되어 있다. 『조선전사』 제29권, 57쪽. 1957년 1년간 황해북도, 함경북도를 비롯하여 여러 도인민위 소재지와 군인민위 소재지에서 수많은 군중이 모인 가운데 적발된 '간첩도당과 반혁명분자'에 대한 공개재판이 진행되었다.

해독을 완전하게 청산하지 못하고 개인상공업자의 투기적 요소를 조장하였다고 비판받았다.[225] 대내외상업성에서 연안계인 부상 변동윤이 윤공흠에 이어서 반당종파분자로 몰렸다. 평양시에서 상반기 야채 생산량의 80%가 개인상인을 통하여 높은 가격으로 공급되고 있었다는 점, 개인상업에 대한 지도를 하지 않은 결과, 일부 악덕상인의 탈세, 업종위반, 모리투기적인 행위 등이 발생했다는 점이 윤공흠, 변동윤의 책임으로 전가되었다.[226] 9월 26일 전국 선동원 및 민주선전실장 열성자대회가 개최되어 선전선동부장 리일경의 보고를 통하여 전문화선전부상 김강이 반당종파분자로 비난받았다. 여기서 망명한 전주소대사 리상조도 처음으로 반당종파분자로 몰렸다.[227] 11월 11~12일 작가동맹중앙위원회 제2차 회의에서 부위원장 홍순철을 비롯하여 몇 명의 '불건전분자들'이 반당종파분자를 추종했다고 비난받았다.[228]

8월 초순 3개월간에 걸친 김일성대학에 대한 중앙당 집중지도를 총괄하는 대학당 전원회의가 개최되었다. 총회에서는 김일성대학의 교직원, 학생, 국내 각 대학학장, 학부장, 당위원장, 민청위원장, 교육성 등 관련 부서의 교육관계 간부, 과학원의 각 연구소 간부, 각 도당위원회 학교교육부장 등 2천여 명이 참가하여 3일간 진행되었다.[229] 참가자의 규모와 기간에서 볼 때, 당중앙이 이 전원회의를 지식인을 단속하는 데 얼마나 중요시했는지를 엿볼 수 있다. 김정도, 송군찬, 임해, 송택영, 리동식 등 교원이 "반당종파분자로 폭로, 규탄"되었다. 그들은 "'종파의 유익설'을 고창하면서 자기들의 종파 행동을 리론적으로 합리화하려 하였고, '학파 구성의 자유', '토론의 자유'라는 허울 좋은 막 뒤에 숨어서

---

224) 『로동신문』 1957.9.6.

225) 『로동신문』 1957.9.12.

226) 『로동신문』 1957.9.17.

227) 『로동신문』 1957.9.27.

228) 『로동신문』 1957.11.13.

229) 『로동신문』 1957.8.6.

자기들의 반당적 음모를 실현하려고 하였다"고 비난받았다. 그들은 최창익, 박창옥, 서휘, 윤공흠과 결탁하여, '토론의 자유'라는 간판하에서 그들의 종파 행동을 이론적으로 뒷받침하려 했다고도 비난받았다. 대학 당위원장 홍락응과 당위원회 간부 심재윤, 송군찬도 서휘의 '졸개'라 하여 반당종파분자로 낙인찍혔다.230)

이처럼 숙청작업이 부분적으로 확대되는 가운데 소련에서부터 '희소식'이 전해졌다. 6월 22~29일 소련공산당 중앙위원회는 말렌코프, 카가노비치, 몰로토프의 '반당 그룹'에 관한 결정을 내리고 그 내용을 북조선 측에 전달하였다. 7월 6일 조선로동당 중앙위원회는 "이 결정에 대한 전적인 지지와 동의를 표명"하는 서한을 채택, 소련공산당 중앙위원회 앞으로 보냈다. 서한은 소련공산당의 결정을 "당의 사상의지 및 행동 상 통일을 파괴하려는 종파적 행위를 과감하게 극복하고, 당 대렬의 순결성을 수호하기 위한 정당한 조치"라고 찬양하였다.231) 이러한 소련공산당의 결정은 조선로동당의 8월 전원회의 결정을 정당화하는 조치로서 대대적으로 선전되었다. 7월 6일 각 도당의 부위원장, 시·군당의 위원장, 각 성·국의 초급당위원장, 주요 생산직장의 당 조직원들에 대한 강습회가 소집되고, 9일 도·시·군인민위원회 서기장, 행정 책임지도원, 행정 지도원, 심의원 등 지방행정 간부에 대한 강습회가 소집되었다. 박금철이 배경 설명을 담당하였다.232) 그는 "당내에서 종파 행위는 그 어떠한 사소한 것이라 할지라도 용납될 수 없다"는 것, "8월 전원회의에서 종파분자들에게 타격을 가한 것은 현명한 조치였다"는 것을 강조하였다. 같은 날 9일 평양시당에 소속된 각성·국 및 중앙의 각 기관, 사회단체의 책임간부, 평양시당 책임간부, 출판보도기관 책임간부, 각

---

230) 위의 신문.

231) 『로동신문』 1957.7.7.

232) 『로동신문』 1957.7.9 · 7.10 · 7.5 · 7.6일 직업동맹중앙위원회 제8차 전원회의가 열렸는데, 여기서도 박금철이 잭맹 중앙위원, 주요 기업소의 직맹 초급단체 위원장, 직맹 및 각 산별위원회 지도간부를 상대로 강연을 하였다.

대학 교원들에 대한 강연회가 소집되어 김창만이 강연하였다. 그는 소련공산당의 이번 결정은 "각국 형제 당들로 하여금 당 대렬의 사상의지 및 행동 상 통일을 더욱 강화할 필요성을 더욱 깊이 인식케 하였다"고 발언하였다.233) 소련도 똑같은 식으로 행동하였기 때문에, 북조선의 내부 사정과 관련해서 더 이상 외부의 시선을 의식할 필요는 없다는 뜻이었다.

그러나 물밑에서 추진되고 있던 '반혁명분자와의 투쟁'이 전면으로 부상하였다. 9월 28일 『로동신문』에 「반혁명분자들을 철저히 진압하자」라는 제목의 사설이 게재되었다. 매우 강경한 논조였다.234)

"최근 시기에 원쑤들의 공화국 북반부에 대한 간첩, 파괴, 암해 책동은 더욱 악랄하여지고 있다 … 일부 우리 국가기관의 책임일군들의 해이되고 안일하고 무감각한 사업태도를 리용하여 적대분자들이 그 발 밑으로 기어들고 있다 … 중요한 것은 반혁명분자들에 발붙일 곳을 주지 말아야 한다 … 반혁명분자들과의 투쟁은 반드시 전 군중적으로 되는 대중투쟁으로 전개해야 한다 … 중요한 고리는 모든 국가기구의 하부 말단기관들의 사업을 강화하는 데 있다 … 반혁명분자들을 진압하기 위한 우리들의 투쟁은 장기적이다 … 승리는 전체 근로인민들의 계급적 각성과 불타는 애국심에 달려 있다 … 반혁명분자들을 철저하게 진압하라! … 혁명의 승리는 반혁명에 대한 나사못을 더욱 바싹 죄울 것을 요구하고 있다".

1957년 10월 17~19일 당 중앙위 전원회의가 개최되었다. 건설부문의 당 사업 문제가 표면적인 의제였으나, 더 중요하게는 제1차 당대표자회 소집 문제에 관하여 토의하고 조직 문제에 관한 결정도 내려졌다.235) 그러나 건설부문의 당 사업에 관한 보고만 발표되고, 제1차 당대표자회 소집에 관한 내용은 일절 공표되지 않았다.236) 당 인사에 관

---

233) 『로동신문』, 같은 일자.

234) 『로동신문』 1957.9.28.

235) 『로동신문』 1957.10.22.

236) 박금철, 「기본건설사업을 개선할 데 대하여 – 조선로동당 중앙위원회 전원회의

해 중요한 결정이 내려졌다. 이 회의 이후 당조직지도부장과 직업동맹 위원장을 겸임하고 있던 한상두는 직맹위원장의 직함만으로 등장하게 되었다.237) 그가 당조직지도부장 직에서 물러난 것은 확실하다. 그러나 누가 당조직지도부장에 임명되었는지는 1960년 3월경까지 발표되지 않았다. 실제로는 김일성의 동생인 김영주가 조직지도부장이 되었으나 외부에는 숨기고 있었던 것이다.238)

그런데 이 인사에는 당시 당내에 새로운 강경 기류가 부상하고 있다는 세력 관계가 반영되어 있었다. 당시에 당 조직지도부 내에는 김영주를 중심으로 강경 소장 그룹이 형성되고 있었다고 말해진다.239) 강경 그룹은 조직 부문만이 아니라, 사상선전 부문과 대남 부문에도 형성되었으며, 김영주를 축으로 하여 횡적인 연계를 유지하고 있었다. 사상선전 부문에서는 당 선전선동부 부부장인 김도만, 과학 및 학교교육부 부부장인 고혁, 대남 부문에서는 당 연락부 부부장 어윤갑 등이며, 이들은

에서 한 보고」, 『로동신문』 1957.10.18. 김일성, 「건설분야에서 당 정책을 관철할 데 대하여－조선로동당 중앙위원회 전원회의에서 한 결론」, 『김일성선집(1960년판)』 제5권, 186~204쪽. 박금철의 보고와 김일성의 결론도 제1차 당대표자회에 대해서는 언급하지 않았다.

237) 『로동신문』 1957.11.26 · 11.28 · 12.28.

238) 1957년 후반 김영주가 당조직지도부장이었다는 증언은 여정, 앞의 책, 89 · 96쪽, 김남식, 앞의 논문, 203쪽. 조직지도부 '제1부부장'이었다는 설도 있다. 신경완, 앞의 책, 402쪽. 1958년 3월 리효순이 조직지도부장이 되었다는 정보도 있지만, 북조선 공식자료를 통해 확인할 수는 없다. 『북한총람』, 1044쪽. 이 회의 이후 권영태가 '당부장'이라는 직함을 가지고 등장하지만 직책은 확인할 수 없다. 『로동신문』 1957.12.11 · 1961.2. 그는 동독대사로 임명되었기 때문에 대외관계와 관련된 직책이었다고 생각된다. 권영태는 함경남도 홍원 출신으로 1930년 홍원농조사건으로 도피, 1932년 모스크바 동방노동자대학을 졸업하고 1934년 '적색노조 및 적색농조 준비공작 등의 사건'으로 투옥되었다. 해방 직후 함경남도 당조직부장, 정부 수립과 동시에 내각양정국장, 전후에는 당부부장을 역임하였다. 『사상휘보』 제4호, 54쪽, 김준엽 · 김창순, 『한국공산주의운동사』 제5권, 356~358쪽, 『독립유공자공훈록』 제7권, 63면, 磯谷季次, 『わが靑春の朝鮮』, 405쪽, 『해방 후 4년간 국내외 중요일지』, 199쪽, 『북한총람』, 1020쪽.

239) 신경완, 앞의 책, 394쪽.

모스크바와 동유럽에 유학한 뒤 당 관료로 성장한 새로운 세대에 속한다.240) 당시 '반종파투쟁'과 '반혁명분자와의 투쟁' 방침을 둘러싸고 두 개의 흐름이 형성되고 있었다고 추측된다. 하나는 '반혁명분자와의 투쟁'을 전국적으로 전개하여 전면화하려고 한 강경 흐름으로서 9월 28일 『로동신문』 사설을 통해서 표면화하였으며, 그 뒤에서 김영주의 진출이 뒷받침하고 있었다. 다른 하나는 '반종파투쟁'의 범위를 반김일성운동을 적극적으로 주도한 소수에 한정시키고, 이를 '반혁명분자와의 투쟁'과는 분리시켜 지나친 행동을 억제하려고 한 온건 흐름이다. 한상두를 중심으로 한 과거의 적색 농조와 노조 출신의 국내계 및 반김일성운동과 관계가 없었던 림해 등 잔존하는 연안계가 이 흐름에 속한 것으로 생각된다.241) 원래 이러한 강경 소장 그룹은 갑산계의 일정한 비호하에서 성장했다고 보인다.242) 그러나 그들이 성장함에 따라 갑산계와 다른 북조선 지역의 토착 국내계 사이에 형성되어 왔던 유대 관계에 거리가 생기기 시작하였다.

『로동신문』 1957년 11월 16일자에 사설 「해석과 교양과 비판은 우리 당 공고화의 기본 방법이다」가 게재되어, "당내 사상투쟁-이것은 적아 간의 투쟁인 것이 아니라, 당내에서 정확한 사상과 그릇된 사상 간의 시비를 가리는 투쟁이다. 따라서 당은 당원들이 오류를 범하였을 경우에, 교양적 입장에서 투쟁을 진행하는 것과, 당내에 잠입한 반혁명분자, 계급적 적대분자들을 적발, 폭로하기 위하여 투쟁을 진행하는 것과는 전혀 다른 것이므로, 양자를 명확하게 구별하고 있다"고 주장하였다. 이 사설은 강경파의 지나친 행동을 견제하고자 하는 온건파적 입장이었다.

---

240) 林隱, 앞의 책, 189쪽.

241) 당 연락부 내에도 통일전선 정책과 관련하여 김영주와 연계를 맺은 부부장 어윤갑 등 강경파와 부장 림해, 부부장 최달곤 등 온건파의 대립이 심했다고 한다. 신경완, 앞의 책, 394~399쪽.

242) 1967년 5월 당 중앙위 제4기 제15회 전원회의에서 박금철, 리효순 등 갑산계가 숙청될 때, 고혁, 김도만도 함께 숙청되었다. 갑산계 숙청의 전말에 관해서는 이종석, 앞의 책, 260~265쪽을 참조.

이러한 와중에 예정되어 있던 최고인민회의 선거가 실시되었다. 1948년 이후 9년 만의 일이었다. 8월 27일 제2기 최고인민회의 선거가 실시되어 전체 선거자의 99.99%가 투표에 참가하였고, 참가자의 99.92%가 찬성 투표를 하였다.243) 9월 18일 최고인민회의 제2기 제1차 회의가 개최되었다. 제2기 대의원의 총수는 215명이었다. 남북조선 전체를 대표한다는 1948년도 제1기 대의원의 총수는 572명, 그중 남조선 대표가 360명, 북조선 대표가 212명이었으므로, 북조선 대표의 수로 볼 때, 대의원수는 거의 변하지 않았다. 자격심사위원회의 보고에 따르면, 제1기부터 재선된 사람은 74명이었다.244) 재선자가 적었던 것은 무엇보다도 전쟁의 영향과 분단의 고착화 때문이었다. 우선 해주에서 열린 '남조선인민대표자대회'에서 선출된 대의원 360명 가운데 재선자는 1할도 안 되는 33명밖에 되지 않았다. 한반도를 대표하기 위하여 남한 지역 대표도 선출한다는 원칙은 실현 불가능해졌다. 더욱이 나머지 상당수는 전쟁 중 희생당했거나 남로당계 숙청에 연루되었을 것으로 생각된다.245) 남로당계와 남한의 중간 및 좌익 출신들은 전원이 재선되지 않았다. 남한 대표가 북조선 지역에서 새로이 충원될 수 있는 인적 자원은 고갈되었다. 한편 민족해방투쟁에 참가하다 투옥된 경험이 있는 대의원은 61명으로 28.3%에 달하였다. 제1기와 비교해 보면, 248명,

---

243) 『민주조선』 1957.8.30.

244) 리효순, 「조선민주주의인민공화국 최고인민회의 자격심사위원회 보고」, 『민주조선』 1957.9.20.

245) 360명의 명부는 『남조선인민대표자대회 자료』, 『북한관계사료집 VI』에 수록, 159~160쪽, 김남식, 『남로당연구』, 530~531쪽. 확인되는 희생자는 빨치산투쟁 중 전사하거나 투옥 중 처형된 김점권, 김달삼, 김삼룡, 송언필, 리관술, 리주하, 리호제 등이며, 병사자와 노령자는 허헌, 홍남표, 리구훈, 리능종, 유해붕, 리용, 강응진 등이다. 숙청된 사람들은 강문석, 안막, 구재수, 권오직, 김광수, 김남천, 김순남, 안회남, 문두재, 박세영, 박헌영, 송성철, 안기성, 리승엽 등이다. 당과 정부, 사회단체에 근무하고 있던 사람들은 황태성, 리여성, 김계림, 박기호, 윤행중, 윤경식, 최선규, 최성환, 홍기문 등이다. 이 소수의 현역과 33명의 재선자를 제외하고는 누구도 공식무대에 등장하지 않았다.

43.3%에서 대폭 감소하였으나, 체제의 정통성을 나타내는 지표로서
이 숫자는 이전에 못지않게 중요한 의미를 지니고 있었다.246)

　　대의원 215명 중 141명, 전체의 거의 3분의 2가 초선자였다.247)
정당별로는 로동당의 경우, 중앙위원 60명, 후보위원 17명, 검사위원
7명, 합계 84명 이상으로 미확인자까지 포함하여 압도적 다수를 차지하
였다. 다만 로동당 출신자의 구성을 보면, 만주파 8명, 갑산계 4명, 연
안계 15명, 소련계 12명, 북조선 출신 국내계 27명, 남로당계 13명 등
계파별로 안배되고 있다. 이 시점에서는 아직 숙청의 회오리는 최고인
민회의까지는 미치지 않았다고 할 수 있다. 그렇지만 과거의 숙청을 반
영하여 남로당계가 대폭 감소하였고, 연안계, 소련계, 북조선 국내계에
도 교체가 많았다.248) 최고인민회의가 갖는 통일전선적 성격을 부분적
으로 유지하기 위하여 민주당 11명, 청우당 11명, 사회단체 20명과 그
밖에 일부 남한 군소정당 출신자들도 선출되고, 조국전선의 의장단 등
고위간부 9명은 그 속에 포함되었다.

　　상임위원회와 의장단의 면면을 살펴보면, 명목상 국가원수에 해당
하는 상임위원장이 김두봉에서 최용건으로 교체되었다. 노쇠한 김두봉
의 임무 수행이 어렵다는 이유에서였지만, 무엇보다도 최창익 등 연안
계 숙청의 영향이 컸다.249) 북조선임시인민위원회 수립 당시 위원장

---

246) 대의원 선거 기간 중 후보자 추천과정에서 각 후보자의 항일경력은 중요한 추천
　　이유로 소개되었다. 아직 이 단계에서는 김일성의 빨치산투쟁도 다양한 항일투
　　쟁 중 하나로 취급되고 있었다. 『민주조선』 1957.7.15~22일에 게재된 대의원 후
　　보자 추천에 관한 보도를 참조.

247) 지금까지 숙청과 사망 등 이유로 공석이 된 대의원에 대하여 일절 개선은 이루
　　어지지 않았다. 1953년에 최고인민회의 상임위원회의 일부를 교체한 것이 전부
　　였다. 허가이의 자살, 박일우의 숙청, 박헌영 등 남로당계의 숙청, 8월 종파사건
　　등 정변에 따른 대의원의 보선은 일절 실시되지 않았다.

248) 제1기 대의원에서 연안계는 5명이 탈락하고, 4명이 재선자, 11명이 새로운 인물
　　이었다. 소련계는 10명이 탈락하고, 6명이 재선자, 6명이 새로운 인물이었다. 북
　　조선 국내계도 13명이 탈락하고, 12명이 재선자, 15명이 새로운 인물이었다.

249) 『민주조선』 1957.9.21. 이후 김두봉은 숙청될 때까지 당중앙상무위원의 직함만
　　으로 공식 석상에 등장하였다.

(김일성), 부위원장(김두봉), 북조선로동당 창립 당시 위원장(김두봉), 부위원장(김일성)으로서 젊은 실력자 김일성-원로 얼굴 역할 김두봉이라는 만주파-연안계의 분담 체제가 붕괴된 것이다. 실력자-명목상 대표라는 분담체제는 유지되었으나, 이제부터는 만주파 체제였다.[250] 서기장에는 강량욱이 유임되었다. 상임위원과 의장단 24명의 소속은 로동당이 12명, 비로동당이 12명으로 통일전선의 성격은 유지되었다.

수상, 부수상 6명, 상 26명 등 겸임자 3명을 포함한 총 30명의 내각 명부도 발표되었다.[251] 내각은 정치적 성격이 엷어지고 거의 실무 전문가로 충원되었다.[252] 만주파는 3명으로 김일성 다음으로 서열 제1위인 부수상에 김일이 유임되었고, 민족보위상에 인민군 총참모장 김광협이 승격, 임명되었다. 연안계는 사법상 허정숙, 대내외상업상 진반수의 2명, 소련계는 부수상 겸 외무상 남일, 부수상 겸 국가건설위원장 박의완, 내무상 방학세의 3명이 되었다. 남로당계는 국가검열상 박문규, 석탄공업상 허성택, 보건상 리병남의 3명, 북조선 국내계도 농업상 한전종, 재정상 리주연, 교육문화상 한설야, 노동상 김응기의 4명이었다. 특정 계파에 치우치지 않도록 신중을 기하였지만, 그들 중 다수는 해당 분야의 전문가였다.[253] 한편 홍명희가 비로동당계를 대표하는 최고 원로로서 부수상직을 유지하였고, 민주당에는 체신상 고준택(부위원장), 무임소상 홍기황(위원장)이, 청우당에는 수산상 주황섭(부위원장), 무임소상 김달현(위원장)이 안배되었다.[254] 부분적으로 통일전선적 요소

---

250) 김일성-최용건 체제는 1972년 헌법 개정과 동시에 김일성이 국가주석과 당 총비서를 겸임할 때까지 유지되었다.

251) 『민주조선』 1957.9.21.

252) 특히 산업관계 성이 세분화되어 증가하였지만, 상의 대부분이 테크노크라트들이었다.

253) 김광협은 군인, 남일은 외교의 베테랑, 박의완은 경제전문가, 리병남은 의사, 한전종은 농업전문가, 리주연은 당 창립 당시부터 당 검사위원장을 역임한 재정전문가, 한설야는 대표적인 작가였다.

254) 지방경리상에는 최용건과 함께 민주당 출신으로 로동당에 입당한 정성언이 임명되었다. 무임소상 직이 두 개 마련된 것은 민주당과 청우당에 대한 배려였다.

가 가미되었지만, 압도적으로 로동당 중심 내각이었다. 이 5명을 제외한 25명이 로동당 출신이며, 그중 보건상 리병남과 건설건재공업상 최재하를 제외한 23명이 로동당 중앙위원과 후보위원이었다.255)

1957년 12월 18~19일 조국통일민주주의선선 제2회 내회가 개최되어, 의장단, 상임위원, 중앙위원이 새로 선출되었다. 당대회, 최고인민회의 선거에 이어서 체제의 정당성을 확립하기 위한 마지막 수순이었다. 의장단 7명, 상무위원 25명, 중앙위원 87명이 선출되었다.256) 김일성이 조직 창립 이래 처음으로 의장단에 들어가게 되었다.257) 로동당 출신은 상무위원에 12명, 중앙위원에 30명 이상으로 압도적 다수를 차지하였다. 남한 출신은 의장단에 2명, 상무위원 25명 중 6명, 중앙위원 87명 중 20명에 지나지 않아, 4분의 1에도 미치지 못하였다. 북조선 지역을 중심으로 한다는 정책상의 변화가 반영되었을 뿐만 아니라, 최고인민회의의 경우와 마찬가지로 남한을 대표하는 인적 자원도 고갈된 것이다. 그 대신 의장단에 일본 출신 김천해 외에 재일 조선총련 의장 한덕수가 선출되었고, 상무위원에 한덕수, 황봉구 등 2명, 중앙위원에도 3명이 선출되었다. 통일전선과 해외 거점으로서 재일 조선인을 중시하는 정책이었다. 남한 출신자들은 남한에 아무런 정치적 기반을 갖고 있지 못하였으며, 북조선에 뿌리를 내릴 수도 없었다. 조국전선은 대남용보다 북조선 내부의 다양한 요소를 통합하기 위한 목적으로 그 역할을 전환하였다.

---

255) 리주연은 당 검사위원장이었음.

256) 명부는 『로동신문』 1957.12.20 게재.

257) 창립 당시 김일성과 박헌영은 남북조선로동당의 위원장이 아니었기 때문에, 의장단에 들어 있지 않았고, 김두봉, 허헌이 들어가 있었다.

3 전후의 당·군관계

1) 정전 이후 당 · 군관계 및 군내 세력관계

6 · 25전쟁 중 급격하게 이루어진 군의 성장은 만주파뿐 아니라 연안계의 세력 강화를 의미했지만, 김일성은 전쟁 중에 박일우를 당정치위원과 조중연합사령부 부정치위원 및 내무상직에서 해임시킴으로써 그 영향력을 제거할 수 있었다.258) 전쟁 중 소련고문단이 완전히 철수함으로써 소련의 직접적인 영향력은 감소했으나 군사원조의 비중 때문에 그 영향력은 아직도 상당하였다. 김책과 강건이 전사한 만주파는 종래의 군내 헤게모니를 유지할 수 있었지만 전투능력이 우수한 연안계에 비해 군내 위신은 떨어져 있었다. 정전 당시, 군 지휘부는 민족보위상 최용건, 부상 겸 전선사령과 김웅, 총참모장 김광협, 부총참모장 장평산, 민족보위부상 겸 해군사령관 한일무, 공군사령관 왕련 등 전시하의 기본 골격은 유지되고 있었다. 군의 성장을 반영하여 이전의 사단장급은 군단장, 여단장, 연대장급은 사단장급으로 승진하였다. 군단사령관은 제1군단 리권무, 제2군단 최현, 제3군단 류경수→ 정병갑, 제4군단 장평산, 제5군단 방호산→ 최용진 등이었다. 집단군체제가 실시되면서부터 제1집단군사령관 류경수, 제2집단군사령관 최용진, 제3집단군사령관 리권무가 승진했고 후임 군단장에는 김창봉, 최광 등 만주파의 사단장들이 임명되었던 것으로 보인다.259)

---

258) 이 시기의 권력관계에 대해서는, 제3장 제2절의 4를 참조.

259) 군 인사에 관해서는 여정의 수기 『붉게 물든 대동강 : 전인민군사단정치위원의 수기』, 동아일보사, 1991, 林隱, 『北朝鮮王朝成立秘史』, 自由社(東京), 1982에서 언급된 직명으로 재구성했지만 그 시기는 정확치 않다. 김운석, 『북한괴뢰전술문헌집』, 대한반공단, 1957, 219쪽도 참조.

당군 관계에서는 군대 내에 당조직이 만들어지고 난 후, 군사단일제가 유지되는 가운데 당의 영향력이 작용하기 시작했다. 1953년 7월 당중앙위 전원회의는 소련계인 허가이의 자살과 박헌영, 리승엽 등 남로당파의 숙청, 그리고 연안계 박일우의 낭성치위원식 해임을 확인하는 무대였다. 이미 1953년 3월까지는 연안계 진반수가 당간부부장직에서 밀려나고 김일성의 직계인 갑산계의 박금철이 연락부장으로서 후임간부부장 역할을 수행했다고 보여진다. 창당 당시부터 이 자리는 연안계가 맡아 왔고 중국공산당으로부터 조선로동당으로의 전당사업과 밀접한 관련을 가졌던 만큼 그 군사적 의미도 컸다. 김일성은 중국공산당과 조선로동당의 접점을 장악하고 연안계 군인이 유지했던 당과의 제도적 통로를 차단했다. 박금철은 1954년 3월 전원회의에서 당정치위원, 11월 전원회의에서는 소련계의 박영빈을 대신하여 당조직지도부장이 되었다. 창당 당시 허가이 이래 소련계가 맡아 왔던 당조직 부문도 김일성이 장악한 것이다. 이리하여 전쟁시기에 제도화된 당이 군에 대해 갖는 영향력 행사의 조건은 세력관계의 변화를 통해 실질화되어 가게 된다.

1955년 4월 당중앙위 전원회의에서 박일우가 비판됨과 동시에 6·25전쟁의 이중영웅으로서 연안계 야전사령관의 상징이던 방호산이 숙청된다. 이 회의에서 김일성은 박일우가 스스로 중국 출신자의 대표적 인물로 자임하며 자기 둘레에 중국 출신자들을 규합하려 했다고 공격의 화살을 겨누었다. 당시 김일성고급군관학교(이후의 육군대학)의 교장인 방호산도 공격을 받았다. 그는 전쟁의 막바지에 전투의 실책을 비판받은 때부터 당과 정부의 정책에 불만을 나타내기 시작했고 박일우는 방호산의 이러한 불평을 이용하여 자기 측에 끌어들였다고 비난받았다. 김일성은 중국 출신자의 거의 전부가 박일우를 '반당분자'로 폭로했고 예컨대 박일우는 김창덕도 끌어들이려 했으나 김창덕은 박의 행동에 반대하여 투쟁했다고 지적하여 두 사람을 중국 출신자 일반과 분리시켰다.260)

방호산에 대한 심문은 박금철이 직접 담당했다고 한다.261) 방호산도 김창덕도 중국내전에 참가하고 북조선에 들어온 부대의 사단장이었고 인민군에 당단체가 설치되었을 때 총정치국 내 당위원회(코밋치아)의 성원이었다. 이 사건은 6·25전쟁 동안에 만들어진 연안계 군인들의 군사적 긍지에 치명상을 입히는 것이었고 연안계 군인들의 분열이기도 했다. 군대 내에 연안계는 광범위하게 분포해 있었으나 군내 연안계의 중심이 될 수 있는 인물은 제거된 것이다. 주목해야 할 인사는 이 전원회의에서 1946년부터 오랫동안 민주당위원장 자리에 있던 민족보위상 최용건이 로동당 정치위원이 된 것이다. 인민군의 톱이 로동당원이 됨으로써 완전한 의미에서 인민군은 당의 군대가 되었다. 나아가, 최용건은 소련계가 비판을 받은 1955년 12월 당중앙위 전원회의에서 당부위원장이 되었다.262) 이는 주로 군에 머물고 있던 만주파들의 당내 진출을 예고한 인사였다.

이후 연안계 군인으로서 민족보위부상 김웅, 공군사령관 왕련 이외에 군단장, 사단장 등 주요 야전지휘관은 리권무, 장평산, 리익성, 최인(왕자인) 정도에 지나지 않게 되었다. 군내 중국 출신자의 비중에 비해서 고위직에로의 진출은 멀어지고 있었다. 소련계는 군내 정치간부로 많이 진출하고 있던 연안계를 견제하기 위해 총정치국장에 최종학이 임명된 이외에는 이전대로 사령부 내 행정, 참모직을 유지하고 있었다. 소련계는 출신병사도 없고 서로 간에 횡적 연계도 약한 상태에서 전시하의 직위를 그대로 유지하고 있었다. 인민군 총참모장 남일이 외무상이 된 후 주요인물을 보면 민족보위부상 겸 해군사령관 한일무, 작전국장 유성철, 포병사령관 김봉률, 참모장 정학준, 공병국장 박길연, 병기국장 리황룡, 해군참모장 김칠성 등이다.263)

---

260) 김일성, 「사회주의혁명의 현계단에 있어서 당 및 국가 사업의 몇 가지 문제들에 대하여」, 『김일성선집(1960년판)』, 267~268쪽.

261) 여정, 앞의 책, 48쪽.

262) 당내 인사는 당대회 때 중앙위원 및 후보위원 명단을 발표하는 경우를 제외하고 일절 공식적으로는 발표되지 않는다. 최용건과 관련된 당내 인사는 당시 『로동신문』 등 공식매체에 등장하는 그의 직위를 통해 확인할 수 있다.

1956년 4월의 제3차 당대회에서 수정된 당규약에는 제38조에 "당 중앙위원회는 당적 지도를 강화할 목적으로 특수한 기관 속에 정치국을 조직"하고 정치국은 "당중앙위원회의 직접적인 지도를 받아 당중앙위원회에 자신의 사업상황을 정상적으로 보고하며 당중앙위원회의 잎에서 책임을 진다"고 규정했다. 정치국이 설치된 부서는 민족보위성, 내무성, 교통성 등이었다. 군내 정치기관에 관한 별도의 규정을 두지 않고 타 부서의 정치기관과 동일한 지위를 부여함으로써 기존의 군사단일제라는 틀 속에서 당사업을 수행하도록 하였으나 최초로 군내 정치기관이 당규약에 규정되었다는 의미는 적지 않았다.264)

제3차 당대회에서 선출된 중앙위원과 후보위원 중에서 군인으로서는 만주파가 민족보위상 최용건, 총참모장 김광협, 군단장 최현, 류경수, 해군사령관 리영호(이상 중앙위원), 민족보위성 정치안전국장 석산, 사단장 오진우, 군단장 최광, 최용진, 김창봉(이상 후보위원) 등 10명, 연안계는 군단장 리권무, 사단장 김창덕, 인민군 간부국장 리림(이상 중앙위원), 장평산(후보위원) 등 4명, 소련계는 총정치국장 최종학, 공군사령관 한일무(중앙위원), 포병사령관 김봉률, 군단정치위원 김철우(이상 후보위원) 등 4명이었으며, 만주파가 압도적으로 군을 대표했다. 당내에 진출하기 시작한 만주파는 군내의 주도권을 당내에 반영시킨 것이다. 전체 중앙위원 71명 중 10명, 후보위원 45명 중 8명이 현역 군인으로 군의 성장을 대변했지만 그것은 무엇보다도 만주파의 '당적 성장'이었다. 제3차 당대회에서 군을 대표하여 토론에 참가한 것은 최용건과 김광협 2명이었다.265)

1957년 8월 27일 선거에 의해 제2기 최고인민회의 대의원 215명이 선출되었지만 이 중에서 군인은 부수상 겸 민족보위상 최용건, 인민

---

263) 林隱, 앞의 책, 여정, 앞의 책을 각각 참조.

264) 「조선로동당규약」(제3차 당대회 개정), 『로동신문』 1956.4.29.

265) 제3차 당대회에 관해서는 『로동신문』 1956.4.24~30일호에 보도되고 있다. 『조선로동당 제3차대회문헌』, 조선로동당출판사(평양), 1956도 참조.

군총참모장 김광협, 민족보위부상 최현, 집단군사령관 류경수, 최용진, 군단장 최광(이상 6명 만주파), 집단군사령관 리권무, 군단장 장평산, 간부국장 리림(이상 3명 연안계), 총정치국장 최종학(소련계), 여단장 강태무(한국군 출신) 등 11명이었다.266)

　　이렇게 휴전 당시부터 지속된 세력관계가 당군 관계에서는 어떠한 작용을 하고 있었는지를 보기로 하자. 6·25전쟁은 1951년 7월부터 전선이 고착화되고 진지를 구축하는 방어전으로 전환되면서 통치기반을 정비하고 후방을 안정시키기 위한 후방사업에도 중점이 놓여지게 되었다. 군으로 동원된 당, 행정간부도 복귀하기 시작했다. 소련계의 남일은 1953년 3월부터 숙청된 박헌영의 후임으로 외무상이 되었다. 김열은 1951년 11월경 황해남도위원장으로 복귀하여 1954년 오직혐의로 숙청될 때가지 재임했다. 김찬은 상업부상, 김재욱은 농업부상, 김영수는 노동부상, 내각수산국장, 수산부상을 역임했다. 정률은 1953년부터 55년 12월 숙청될 때까지 문화선전성부상에 재임했다. 만주파의 김일은 1952년 12월 평안남도당위원장으로 복귀하여 1953년 8월 당전원회의에서 부수상 겸 농업상이 되어 농업집단화를 총지휘하게 되었다. 서철은 1953년 3월부터 권오직의 후임으로 주중대리대사를 지내고 1955년 2월부터 1958년 8월까지 주베트남대사에 재임했다. 김경석은 1953년 8월 전원회의에서 당검열위부위원장으로 복귀했다. 연안계의 김창만은 당선전선동부장, 황해남도당위원장이 되었다. 박훈일은 1954년 11월 전원회의에서 당농업부장이 되었다. 윤공흠은 1952년 9월경 평양시당위원장으로 복귀하여 11월 재정상, 1954년 3월 상업상이 되었다. 서휘는 정전 이전부터 직업동맹부위원장이 되고 국가검열부상을 역임한 후 1954년 5월부터 직업동맹위원장이 되었다. 림해는 남로당 숙청에 연루된 주녕하의 후임으로 1953년 2월부터 주소대사직을 역임했고 1955년 12월부터 당검열위원장에 취임했다. 리상조는 인민군부총참모장으로

---

266) 『민주조선』 1957.8.30.

정전회담의 대표가 되어 정전 이후 군사정전위원회수석대표에 취임했고 1956년 11월 종파사건으로 망명하기까지 주소대사를 지냈다. 김강은 1953년부터 당선전선동부 부부장, 1955년부터 문화선전부상을 역임했다.

복귀한 사람들의 역할은 정군 관계, 당군 관계에서 볼 때 복합적이었다. 정전 이후 북조선의 정책기조는 경제발전을 우선으로 하였고 군사부문의 돌출은 억제되었다. 예컨대 당시 군인들 앞에서 한 김일성의 연설은 대부분이 경제에 관한 내용으로 일관돼 있고 군사문제에 관한 것은 적었다. 제3차 당대회에서 군인들이 당중앙위원으로 진출한 경우가 전쟁시기 군의 비약적 성장에 비하면 상대적으로 두드러지지 않았던 것은 경제우선주의라는 정책기조 이외에 군에서 당, 정으로 복귀한 인사들의 역할이 존재했기 때문이다. 그들이 군에서 한 역할이 주로 군에 대한 정치적 통제를 담당하는 정치간부직이었다는 점은 전체적으로 군에 대한 당, 정의 견제를 용이하게 했다고 할 수 있다. 그들의 군사적 경험은 현역군인의 당내 진출을 억제하는 효과를 가지고 있었다.[267]

2) 새로운 '민주기지론'

1953년 7월 28일 정전협정 체결에 즈음하여 김일성은 전체 인민에 대한 방송연설을 통해 전쟁 중 파괴된 인민경제를 급속히 복구하자고 호소하였다. 여기서 제시된 구호는 "모든 것을 민주기지 강화를 위한 전후 인민경제 복구발전으로"였다. 6 · 25전쟁은 공식적으로는 남한의 북침에 대한 정당방위적인 반격으로 개시되었다고 설명되었으나 적어도 북조선의 의식 속에서 1950년 9월까지는 남한을 해방시키기 위한 민족

---

267) 박금철, 리효순 등 갑산계가 연안계와 소련계를 견제함으로써 만주파의 당내 진출을 용이하게 했던 역할을 무시할 수 없지만 갑산계는 1967년 당시 만주파에 대립하면서 군비 증강에 반대하고 경제우선 노선을 주장하여 실각하게 된다.

해방전쟁이었다. 북조선에서 수행된 '민주개혁'을 통해 해방 후 5년간 구축된 '민주기지'를 토대로 하여 전 한반도로 혁명을 확대하려고 한 '혁명전쟁'이었다. 그것은 당시 남한에 대한 이념적, 체제적, 군사적 우월감에 기초하여 계획된 공격으로 시작되었다. 그러나 유엔군의 반격과 북조선 지역의 일시 점령, 중국군의 참전에 의한 전세의 역전, 전선의 교착 등 가혹한 전쟁 과정을 거쳐 남은 것은 휴전선과 막대한 물적, 인적 피해, 그리고 비참한 피해를 가져온 '미 제국주의'에 대한 적개심이었다. 정전 끝에 얻은 실제 감정은 당초 목적인 민족해방의 좌절보다도 제국주의 침략으로부터 '조국을 지켰다'는 안도감이었다. 정전 후 북조선의 '공식적 6·25전쟁관'은 기본적으로 '미 제국주의 침략으로부터 조국을 수호한 조국해방전쟁'이 되어 있었다.268) 전쟁 개시의 동기보다는 전쟁의 결과에 지배된 전쟁관으로 '방어'의 성격을 강조한 것이다.

이 전쟁을 '방어'로 규정하지 않을 수 없었던 이유는 무엇보다도 전쟁의 참화로부터 북조선 주민 대다수가 느끼게 된 위와 같은 실제 감정이었다. '민주기지'는 철저하게 파괴되었고 더욱이 중국군과 함께 지켜야만 하는 상태였다. 따라서 전쟁 전의 민주기지는 이른바 '기동전'을 위한 것인데 반해, 전쟁 후의 민주기지는 장기적인 '진지전'을 위한 것으로 전환하였다고 할 수 있다. 또한 전쟁 전의 민주기지가 북조선의 질서를 전국으로 확대한, 북조선의 민주개혁을 전 한반도에서 실시한다는 '전국성(全國性)'과, 선후는 있지만, 그것을 가까운 시일에 실현한다는 '동시성'을 가지고 있는 데 반해, 전쟁 후에는 먼저 북반부에 한해서 민주기지를 새롭게 재구축한다는 의미를 가지고 있었다. 전쟁 전에는 한반도 전체의 발전 가능성을 먼저 조건이 갖추어진 북조선에서 실현시킨다는 발전 논리, 즉 북조선의 내적 발전은 전 한반도적 발전에 보조를 맞추어 그 속도와 단계를 조정한다는 발전 논리를 갖고 있었으나 전쟁 후에는 북조선만의 내적 발전 논리를 우선시하고 있다. 특히 이것은 전쟁

---

268) 북조선의 공식적인 전쟁관은 전쟁 개시로부터 정전 시기에 걸쳐 변화해 갔다. 한국정치연구회 편, 『북한정치론』, 백산서당, 1989, 209~211쪽.

해석의 '방어'적 성격과 결합하여 이미 전쟁 전에 새로운 단계로 북조선이 내적 발전을 할 수 있었는데 '미제 침략'에 의해 방해받았다는 논리로 연결된다. 즉 1946년부터 사회주의에의 과도기로 들어섰다고 하며 과거로 거슬러 올라가 사회주의 단계를 규정한 공식 '혁명단계론'은 이러한 측면을 포함하고 있었다.

전후 '민주기지론'의 초점은 농촌의 사회주의적 개조, 농업집단화의 시기와 속도 문제로 좁혀져 있었다. 민주기지를 강화하는 데 인구 비율에서 비중이 큰 '농촌 진지' 강화가 가장 중요하며 농촌 진지를 강화하기 위해서는 농촌에서 사회주의 성분을 발전시켜 농촌을 사회주의적으로 개조해야 한다는 논리가 전개되었다.269) 민주기지론의 입장에서 볼 때 농업집단화는 사회주의 '농촌 진지'를 구축하는 것을 의미하였다.270) 이 농촌 진지의 '핵심'은 제대군인, 인민군 후방가족, '애국열사' 유가족, 피살자 가족 등으로 구성되었다.271)

3) 전후 인민경제복구건설과 군

1951년 7월부터 전선이 고착화되어 전투는 진지를 구축하는 방어전으로 전환되면서 통치기반을 정비하고 후방을 안정시키기 위한 후방사업에 중점이 놓여지게 되었다. 군에 동원된 당, 정 간부도 복귀하기 시작하였다. 앞에서 언급했듯이 주요인물은 남일, 김일, 김창만, 박훈

---

269) 이 논리가 처음으로 제시된 것은 농업집단화의 대중적 전개를 결의한 1954년 11월 3일 당중앙위원회 전원회의였다. 김일성, 「농촌 경리의 금후 발전을 위한 우리 당의 정책에 관하여 — 조선로동당 중앙위원회 전원회의에서 한 결론」 1954.11.3, 『김일성선집(1960년판)』, 178~179쪽.

270) 농업집단화가 완료된 뒤 1959년 1월 9일 열린 '전국 농업협동조합대회'에서 "당의 농촌 진지는 철벽으로 다져졌다"고 선언되었다. 「전국 농업협동조합대회 선언」, 『로동신문』 1959.1.9.

271) 농업집단화에 관한 해당 서술을 참조.

일, 박금철, 윤공흠, 서휘, 김열, 김찬, 김재욱, 김영수, 서철, 리상조, 김경석, 김강, 정률 등이다.

고위 인사들이 복귀했을 뿐 아니라 수많은 병사들도 제대하여 농촌에 배치되었다. 원래 전쟁 전부터 공장의 숙련 노동력이 부족했기 때문에 노동자의 징집은 농민보다 억제되었으며 인민군 병사의 대부분은 농촌 출신자였다. 제대군인은 전쟁시기에 부녀자와 노인이 맡았던 농촌 노동력의 중심이 되었을 뿐 아니라 농촌 당 조직의 간부와 '핵심 당원'이 되었다. 군대 내 기술 인력도 상당수가 제대하여 공장에 보내졌다. 북조선의 전후 경제 복구건설에서 최대 애로 사항은 노동력 부족이었다. 농업집단화가 완료된 1958년 10월까지 중국군이 주둔했던 가장 큰 이유는 전후 경제 복구건설를 위해 군사비와 병력 수준을 억제하기 위해서였다. 인민군뿐 아니라 중국군 부대도 복구건설 작업과 농경 작업에 중요한 노동력으로 동원되었다. 정전 후 중국과 북조선에서는 동시에 전 사회의 사회주의적 개조가 진행되고 있었다. 휴전선에서 미군과 한국군과 대치하면서 중국군과 인민군은 양국에서 동시에 진행 중인 '사회주의 혁명'을 '제국주의의 방해'로부터 '공동으로 수호'하고 있었던 것이다. 북조선에서 농업집단화을 비롯하여 사회주의적 개조가 완료된 시점에 중국군이 철수한 사실은 이 점에서 매우 상징적이다. 6·25전쟁이 중국혁명의 연속이었고, 6·25전쟁에서의 미국과 중국의 대결이 중국혁명에 결말을 짓는 결전이라고 할 수 있는 측면이 존재한다면, 전후 사회주의 개조과정에서 북조선과 중국 간의 긴밀한 관계도 그 연장전상에 있었다고 할 수 있다.272)

군사부문의 억제는 병력수준과 군사비라는 두 가지 측면에서도 나타나고 있었다. 1950년대 인민군의 병력수준에 관한 정확한 통계는 존재하지 않지만, 한국 측 자료에 따르면 정전 당시 약 25만 2천 명이던 육군병력은 1년 이내에 약 10만 명이 증강하여 1955년 초에 42만 명을

---

272) 이러한 6·25전쟁관에 관해서는, 和田春樹, 『歷史としての社會主義』, 岩波書店, 1992, 148쪽, 같은 저자의 『朝鮮戰爭』, 岩波書店, 1995도 참조.

돌파하였는데 1956년 5월 정부성명을 통해 8만 명이 감축되어 34만 명 내외를 유지하였다.[273] 1954년 당시 북조선 측은 남한의 이승만 정부가 병력을 20개 사단에서 30개 사단으로 증강시켰다고 보고 있었다.[274] 그러나 이에 대한 대응으로써 경제적 계산 없이 군대를 양직으로만 증대시킬 수는 없고 경제발전에 의거하여 질적으로 향상시키는 데 노력해야 한다는 방침이 취해졌다.[275] 특히 노동력 부족에 따른 병력 부족 문제를 타개하기 위하여 인민군을 정예화하여 '간부군대'로 만드는 정책이 채택되었다. 전쟁 발발 시에 동원할 수 있는 청년은 얼마든지 있었지만 예비장교가 부족했기 때문에 병력 부족을 가져왔다는 경험을 반성하여 평상시에 예비장교를 준비해 놓은 뒤 유사시에는 일반 청년을 동원하여 단기간에 대량의 신규부대를 편성한다는 것이었다.[276] 그러

---

273) 『북한총람』, 1968, 538쪽. 당시 중국군의 주둔병력은 약 8만 명 정도였다.

274) 김일성, 「인민군의 간부화와 군종, 병종의 발전전망에 대하여 [발취]—조선인민군군정간부회의에서 한 연설」, 『김일성저작집』 제9권, 189쪽. 실제로 한국군의 병력은 정전 당시의 약 57만 명에서 1957년의 72만 명으로 증대하였다. 하영선, 『한반도의 전쟁과 평화』, 청계연구소, 1989, 41~42쪽. 미군의 핵무기 배치는 1957년부터 1년 사이에 72만 명의 한국군병력수준을 62만으로 감축하는 계획과 관련하여 억지력의 비용을 절감함과 동시에 한국정부와 그 밖의 동맹국을 안심시키려는 조치였다. FRUS, 1955~1957, Vol.ⅩⅩⅢ, Part 2 Korea, pp.394~395·444~453·531~532.

275) 김일성, 「현 시기 우리 인민의 투쟁임무와 해군을 강화하기 위한 과업—해군군관학교에서 한 연설」, 앞의 책, 9쪽.

276) 간부군대 육성이란 모든 장교, 하사관, 병사가 자기보다 일등급 높은 직무를 수행할 수 있도록 준비하는 것, 즉 병사는 분대장, 분대장은 소대장, 소대장은 중대장, 중대장은 대대장, 대대장은 연대장, 연대장은 사단장, 사단장은 군단장의 임무를 수행할 수 있도록 하는 것이었다. 이 정책은 조선전쟁의 경험에 대한 반성에 따라 정전 후에 제기되어 1962년 이후 4대 군사노선 중 하나인 '전군의 간부화'로 정립되었다. 인민군의 간부군대화에 관한 김일성의 발언은 다음과 같은 연설에서 엿볼 수 있다. 「지휘관들은 부대관리를 잘하여 부대의 전투력을 강화하여야 한다—조선인민군 대대장, 정치부대대장회의에서 한 연설」 1953.10.29, 『김일성저작집』, 제8권, 158~170쪽, 「인민군대를 질적으로 강화하여 간부군대로 만들자—조선인민군 제4차 선동원대회에서 한 연설」 1954.5.27, 앞의 책, 427~449쪽, 「인민군의 간부화와 군종, 병종의 발전전망에 대하여 [발취]—조선인민군 군정간부회의에서 한 연설」, 『김일성저작집』 제9권, 170~198쪽.

나 병력의 상당수는 농촌과 건설현장 등 노력 협조에 동원되어 전후 3개년간 연인원 160여만 명에 달하고 있었다.277) 군부대에서는 참모부가 일정한 노동일을 정하여 노동력 동원에 참가하도록 방침을 정하였으며 군부대 중 일부 부대는 거의 전적으로 노동력 동원에만 투입되었다.278) 군사비의 수준도 전전과는 달라서 정전 후부터 발표되기 시작하여 1954년부터 61년까지 연평균 국가예산의 5% 정도로 억제하고 있었다.279) 중국군의 주둔 외에 소련의 군사원조가 이를 보충한 것으로 생각되지만 군사비의 비중이 매우 낮았음에는 틀림없다. 그 반면에 전후 경제복구건설과 농촌의 사회주의적 개조가 전시동원체제하에서의 전사회적 긴장을 이완시키지 않고 그 연장전상에서 새로운 총력전체제를 건설하려고 한 계획이라고 한다면, 전 인민의 전쟁체험과 함께 군에서 복귀한 사람들의 군사적 경험은 경제, 사회의 운영에서 군사적 색채를 짙게 남기지 않을 수 없었다. 이것이 '새로운 민주기지론'과 '사회주의농촌진지론'에 반영된 것이다.

---

277) 리권무, 『영광스러운 조선인민군』, 57쪽.

278) 1954년 12월경에 군부대의 노력동원이 과중하다는 문제점이 제기되어 대대와 연대 단위로 노력동원과 군사훈련을 교체하면서 병행하도록 하였다. 김일성, 「인민군의 간부화와 군종, 병종의 발전전망에 대하여」, 앞의 책, 194쪽. 군 병력의 노력동원정책은 1980년대 이후 경제가 악화되는데도 불구하고 오히려 북조선군의 병력수준은 급증했다고 하는 모순적인 경향을 설명하는 데 하나의 단서를 제공한다. 서방 측의 대표적인 군사통계인 IISS의 Military Blance에 따르면 북조선의 군 병력은 1975년 46만 7천 명, 1980년 70만 명, 1987년 83만 명, 1990년 111만 1천 명으로 되어 있다. Military Balance의 각 연도판을 참조. IISS의 통계에는 북조선군대의 규모를 과장하는 정책적 의도가 포함되어 있지만, 가령 그 통계를 받아들인다고 하면 실제로 상당수의 병력은 전투부대가 아니라 건설동원용부대라고 해석할 수 있다. 거의 임금을 지불하지 않아도 되는 군대로 편성하는 쪽이 비용절감 효과가 크고 군의 성격상 돌격전형 동원방식을 통해 대형공사에 투입하기 용이하기 때문이다. 이러한 견해를 취하지는 않지만 인구학적으로 북조선의 군 병력 규모를 논한 연구로는 Nicholas Eberstadt, Korea Approaches Reunification, UP of California, 1994, 국역 『한반도통일로 가는 길』(서울, 한국경제신문사, 1994년), 112~129쪽.

279) 한승주, 「안보정책과 군사전략」, 한국공산권연구협의회 편, 『북한의 오늘과 장래』, 법문사, 1982, 250~251쪽.

4) 전후 창군이념의 추이

창군이념은 휴전 당시와 변화 없이 전후에도 그대로 유지되고 있었다. 인민군총정치국장은 김재욱에서 같은 소련계인 최종학으로 교체되어 1958년 초까지 재임했다. 1954년도에는 인민군 창건기념 논문을 『근로자』 1954년 2월호에서 최종학이, 『인민』 같은 호에서는 만주파인 김광협과 류경수가 담당했다.280) 매년 인민군총참모장과 총정치국장이 대표적으로 기념연설과 기념논문을 집필하고 여기에 만주파와 연안계의 장군이 가세하는 형태가 1957년까지 계속되었다. 1955년 2월 인민군창건 7주년을 맞이하여 평양시 경축대회에서 기념보고를 했던 최종학은 『근로자』에 이 보고와 같은 논지의 논문을 기고했다. 그는 "조선인민의 진정한 무장력"인 조선인민군은 "조선로동당과 김일성원수에 의해 창건되었다"고 하면서 인민군은 "김일성원수의 항일빨치산의 빛나는 애국적 전통을 계승하고 그 투사들을 골간으로 하여 조직"되었으며 "선진적 소련군대와 소련군사과학으로 무장된 현대적 군대"라고 덧붙였다.281)

『인민』지의 논설은 조선인민군은 "우리 민족의 절세의 애국자이고, 전설적 영웅이며, 강철의 령장인 경애하는 수령 김일성원수와 조선로동당의 직접적 지도하에서 창건"되어 "김일성원수의 항일유격투쟁의 빛나는 혁명적 전통과 선진적인 소련군대의 제원칙과 풍부한 경험에 의거하여 조직되었다"고 주장하였다. 『로동신문』의 사설도 같은 표현을 되풀이했다.282) 총참모장 김광협도 『로동신문』에 로동당과 김일성원수는

---

280) 최종학, 「전쟁의 불길 속에서 조선인민군은 무적의 군대로 강화되었다」, 『근로자』 1954.2. 김광협, 「위대한 조국해방전쟁에서 발현된 조선인민군의 전술적 우월성」, 류경수, 「소련군대는 전 세계평화와 안전의 위대한 수호자」, 『인민』 1954.2.

281) 「조선인민군창건 제7주년 기념 평양시경축대회에서 한 최종학 중장의 보고」, 『로동신문』 1955.2.8. 최종학, 「조선인민군은 조선인민의 이익의 진정한 수호자」, 『근로자』 1955.2.25, 90~93쪽.

282) 「영웅적인 조선인민군」, 『인민』 1955.2, 13쪽. 「평화의 초병―조선인민군」, 『로동신문』 1955.2.8.

"레닌의 교시"에 따라서 인민군을 창건했다고 썼다.[283] 김일성과 로동 당에 정식으로 인민군의 창건자로서의 위치를 부여하고 있으나 그에 못 지않게 소련의 역할도 강조되고 있었다. 1956년 2월의 8주년에는『로 동신문』에 총정치국장 최종학, 소장 리익성,『인민』에 총참모장 김광협, 『근로자』에 총정치국부국장 윤군창이 전년도와 같은 논지의 논문을 집 필했다.[284] 이와 같이 창군이념에는 군내 세력관계와 소련의 군사원조 와 관련된 소련과의 관계가 정확히 반영되어 있었다.

---

283) 김광협, 「조선인민군은 우리 인민의 진정한 무장력이며 조국보위의 강력한 성 벽」,『로동신문』 1955.2.7.

284) 최종학, 「조선인민군은 불패의 전투력을 소유한 새 형의 군대이다」,『로동신문』 1956.2.3, 리익성, 「조선인민군은 진정한 인민의 무장력이다」,『로동신문』 1956.2.6, 김광협, 「영광스러운 인민무력-영웅적 조선인민군」,『인민』 1956.2, 윤군창, 「조선인민의 영웅적 무력」,『근로자』 1956.1.25.

4　전후 경제건설에서 중공업중시 노선의 추이와 성장속도 문제

1) 전후 복구 3개년 계획과 중공업우선노선의 진퇴

박헌영 등 남로파의 숙청, 소련계 허가이의 자살, 연안계 박일우의 좌천 등 세력관계의 변화에 따라 휴전 직후 53년 8월 5~9일 당중앙위 제6차 전원회의에서는 새로운 당지도부의 진용이 짜여졌다. 경제와 관련을 갖는 당정치위원에는 박창옥, 김일이, 상무위원에는 최창익, 정일룡, 김황일, 김승화가, 공업부문의 당사업을 담당하는 노동부장에는 김황일이 선출되었다. 1953년 8월 당시 내각의 주요 경제각료는 부수상 최창익, 정일룡, 국가계획위원장 정준택, 중공업상 김두삼, 화학건재공업상 백홍권, 경공업상 리종옥, 재정상 윤공흠, 상업상 리주연, 국가건설위원장 김승화, 농업상 박문규 등이었다. 내각에서는 공업부문을 맡고 있는 기술자 출신의 정일룡, 정준택, 김두삼, 백홍권, 리종옥, 당내에서는 김일, 김황일이 중공업우선론자로서 김일성을 지지하고 있었다고 생각된다. 그러나 전후 경제복구 노선를 둘러싸고 당내에는 새로운 대립이 생겨나 이것이 스탈린 사후 소련의 경제노선 변화와 맞물려 복잡한 양상을 보이기 시작하였다.[285] 당중앙위 제6차 전원회의 보고에서 김일성은 다음과 같이 말했다.[286]

---

285) 이 대립에 관해서는, 小此木政夫, 「北朝鮮における對ソ自主性の萌芽 1953~1955」, 『アジア經濟』 1972년 7월호가 자세히 밝히고 있다.

286) 김일성, 「정전협정체결과 관련하여 전후 인민경제복구 발전을 위한 투쟁과 당의 금후 임무－1953년 8월 5일 조선로동당중앙위원회 제6차 전원회의에서 진술한 보고」, 『전후 인민경제 복구발전을 위하여』, 조선로동당출판사(평양), 1956, 3~5쪽.

전쟁에 의한 인민경제의 파괴의 범위가 지극히 거대하며 혹심하므로 우리
는 인민경제의 각 분야를 전반적으로 동시에 다 복구 건설하기에는 도저히
불가능합니다 … 공업 복구건설에서 선후차를 규정함이 없이는 인민 경제
의 전반적 복구 발전을 지연시키며 막대한 재정, 자재, 원료, 로력의 랑비
를 초래할 수 있으며 그를 사장시킬 수 있습니다. 그렇기 때문에 우리는
공업을 건설함에 있어서 인민경제의 전반적 복구 발전을 촉진시킬 수 있는
기본 공업시설부터 건설하여야 하겠습니다.

뒤이어서 우선적으로 복구해야 할 공업시설을 열거하고 있지만 그
분야는 제철공업을 비롯하여 기계공업, 조선공업, 광업, 전기공업, 화
학공업, 건설자재공업 등이고 경공업에 관해서는 마지막으로 이들 각
개별공업과 동격으로 약간 언급했을 뿐이다. 전 농가의 30%를 차지하
는 영세농민에 대해서는 토지의 적절한 이용과 비옥한 지방으로의 이
전, 부업협동조합의 조직, 공업과 국영목장으로의 흡수 등 대책이 제시
된 데 그치고 있다. 1954년부터 토지와 생산도구의 사유원칙하에 일부
지역에 경험적으로 농업협동조합을 조직할 방침이 신중히 내려지지만
이미 착수하고 있던 평남관개공사도 1955년으로 늦춰지는 등 농업에
대한 투자에는 전혀 언급되지 않았다. 이것은 당시까지 지배적이던 스
탈린주의적 중공업 우선주의에 입각해 있었다.

회의는 4일간이나 계속되어 전후 경제복구 방향과 관련하여 격론이
오갔다고 생각된다. 주된 쟁점은 중공업중시노선과 농업집단화의 추진
문제였다. 일단 김일성이 보고를 통해 제시한 방침은 이 회의에서 채택
되었다. 그러나 회의 결과 김일성의 보고는 공개되지 않고 공식매체에는
『로동신문』 8월 30일 호에 회의에서 한 김일성의 결론만이 게재되었다.
회의 종료 직후 공개되지 않고 발표까지 상당한 시간이 걸린 것은 회의
결정에도 불구하고 논쟁이 꼬리를 끌며 내연하고 있었기 때문일 것이다.

당전원회의 4일째인 8월 8일에 한 김일성의 결론은 공업부문에서
"가장 중심적인 고리"를 고르는 것이 중요하고 자원과 인력의 "평균할당
식" 사용은 낭비가 된다는 원칙만을 밝혔다. 보고의 내용에 대해서는 전

혀 언급하지 않고 내부자원의 동원, 노동력의 확보, 기술문제, 자금의
확보, 당·정부·경제기관의 지도수준 등 복구를 위한 방법론으로만 일
관하였다.287) 김일성 보고의 내용은 그의 결론과 함께『인민』1953년
9월호에 게재된 당노동부장 김황일의 논문을 통해 간접적으로 소개되
었다. 김황일은, "자립적인 경제, 그것은 우선 무엇보다도 강력한 공업
을 말하는 것이다. 즉 필요한 생산수단들을 자력으로 생산할 수 있는 금
속기계공업을 가짐이 없이는 자립적인 경제를 론할 수 없다"고 전제한
다음, 김일성이 보고에서 복구건설 대상으로 제시한 공업분야를 거의
그대로 열거하였다.288)

전원회의에서 제시된 중공업중시노선의 주된 자금원은 소련이 약속
한 10억 루블의 원조이고 원조액의 사용과 관련해서 소련과의 조정이
필요하였다. 그러나 당시 소련에는 스탈린 사후 중공업과 경공업·농업
의 균형 있는 발전을 주창하는 말렌코프 노선이 등장하여 동유럽 국가
들에 구체적인 영향을 미치고 있었다.289) 소련과의 교섭과정에서 견해
차이가 생길 수밖에 없었다. 북조선 내부의 논쟁은 이와 직접적인 관련
을 갖고 있었다. 김일성을 단장으로 하는 정부대표단은 9월 10~25일
소련을 방문하였다. 부수상 정일룡, 국가계획위원장 정준택이 수행하였
다.290) 또한 경제원조를 끌어내기 위하여 김일성은 정준택, 재정상 윤

---

287)『인민』1953년 9월호에도 김일성의 결론만이 게재되었고『조선중앙연감(1954~
　　 55년판)』에서도 마찬가지였다. 김일성의 보고가 최초로 공개된 것은 1956년 2월
　　 에 간행된 연설집『전후 인민경제 복구발전을 위하여』에서였다. 더욱이 1960년
　　 간행된『김일성선집』제2판에서부터는 보고와 결론이 하나의 문서로 합쳐져 김
　　 일성의 보고라는 체제가 되어 있고 내용도 약간 바뀌었다.

288) 김황일, 「인민경제의 복구건설에 있어서 로동계급의 역할」, 『인민』1953.9, 64~
　　 72쪽.

289) 스탈린 사후 동유럽 국가들에서의 경제적 변화에 관해서는, Wlodzimierz Brus,
　　 Economic History of Communist Eastern Europe, 1983, 鶴岡重成譯,『東歐經濟史』,
　　 岩波現代選書, 1984, 71~110쪽을 참조. 북조선과의 관계에 관해서는, 小此木政
　　 夫, 앞의 논문을 참조.

290) 당부위원장 박정애, 외무상 남일, 철도상 김회일도 동행하였다.

공흠과 함께 10월 12~27일 중국을 방문하였다.[291] 한편 상업상 리주연을 단장으로 하는 대표단이 6월부터 11월까지 5개월에 걸쳐 동유럽 5개국을 순방하였다.

경제복구 노선의 변화는 일련의 방문경과를 보고하기 위해 열린 12월 20~22일 제6차 최고인민회의에서 나타나기 시작하였다. 김일성은 회의에서 보고를 통해, "아직 각종 기계를 생산하는 대규모의 기계공장들을 신설할 수 없"지만, "멀지 않은 장래에" 이러한 기계를 생산할 수 있는 공장을 가지게 될 것이라고 말한 뒤, 전후 복구건설에서 중요한 특징의 하나는 "우리의 인민생활을 급속히 개선, 향상시키기 위한 경공업 부문의 많은 공장들을 확장…또는 신설하게 된 것"이라고 덧붙였다.[292] 당초의 중공업우선 노선으로부터 후퇴가 보이기 시작한 것이다. 그것은 소련과의 교섭과정에서 반대에 부딪치면서 조선 내부로 투영되어 세력 간 정치적 대립으로 발전하였다.

그러나 중공업우선의 방침은 그 후도 완전히 힘을 잃은 것은 아니었다. 예컨대『로동신문』1954년 2월 10일호에 게재된 중공업상 김두삼의 논문에서는 스탈린의 경제이론이 "귀중한 교시"로서 인용되고 있었다.[293] 이는 전후 복구계획의 작성을 둘러싸고 지도부 내 의견 대립이 나타난 하나의 예라 할 수 있다. 1954년 3월 21~23일 당중앙위 전원회의에서 김일성이 한 보고는, "당중앙위원회 제6차 전원회의에서 규정한, 전후 인민경제건설의 기본노선에 입각하여 작성된", 1954~56년도 전후 인민경제복구발전의 "예비적 초안"에 따르면, "3개년 계획의 마지막 해인 1956년에 가서는 전쟁 전 1949년에 비하여 대략 산업은 153%, 그 중

---

291) 그 밖의 대표는 당부위원장 박정애, 부수상 홍명희, 외무상 남일, 철도상 김회일, 도시경영상 주황섭이며 김일성의 비서 하앙천도 수행하였다.『人民日報』1953.11.13.

292) 김일성,「소련, 중화인민공화국 및 인민민주주의제국을 방문한 조선민주주의인민공화국정부대표단의 사업경과보고」,『조선중앙연감(1954~55년판)』,『북한연구자료집』제2집에 수록, 440쪽.

293) 小此木政夫, 앞의 논문, 40쪽에서 간접 인용.

중공업은 120%, 경공업은 137%, 화학건재공업은 90%로 될 것인 바, 거의 전반적 인민경제부문들이 전전 수준에 도달하든지, 혹은 그를 훨씬 능가하게 될 것"이라고 전망하고 있었다.294) 자신의 노선이 반대에 부딪치자 김일성은 "예비적 초안"이 당중앙위원회 제6차 전원회의에서 규정된 기본노선에 근거하고 있다고 반박한 것이다. 그러나 김일성의 보고는 전적으로 산업부문에서 생기고 있는 여러 문제점을 분석하며 산업부문에 대한 당과 정부의 지도방식을 개선하기 위한 여러 대책에 돌려져 있고, 3개년 계획의 내용에 관해서는 일절 논하지 않았다.

　　다만 이 회의에서는 '조직문제'에 관해 토의되고 당직이 대폭 개편되었다. 경제부문과 관련한 인사로, 박창옥와 김일이 당에서 내각으로 자리를 옮겼기 때문에 그들이 맡고 있던 부위원장직은 결원이 되었고, 소련계인 조직지도부장 박영빈과 갑산계인 간부부장 박금철이 새롭게 당정치위원이 되어 정치위원은 7명이 되었다. 갑산계 리효순이 당검열위원장에 선출되고 당노동부장은 김황일에서 김승권으로 교체되었다.295) 나아가 이 당중앙위원회 전원회의는 전후 경제발전계획을 수행하기 위한 새로운 경제각료의 진용을 짠 점에서도 중요하였다. 회의 직후 3월 23일 발표된 명부에 따르면 국가계획위원장 박창옥, 농업상 김일, 재정상 최창익, 중공업상 정일룡, 화학건재공업상 정준택(전 국가계획위원장), 신설된 전기상 김두삼(전 중공업상), 경공업상 박의완, 상업상 윤공흠(전 재정상), 신설된 수산상 주황섭이 임명되었다. 부수상에는 기존의 최창익, 정일룡, 최용건, 박의완에 박창옥, 김일이 추가 임명되었다. 전 화학건재공업상 백홍권은 국가계획위부위원장, 전 농업상 박문

---

294) 김일성, 「산업운수부문에서의 제 결함들과 그를 시정하기 위한 당, 국가 및 경제기관들과 그 일꾼의 당면과업—1954년 3월 21일 조선로동당중앙위원회 전원회의에서 진술한 보고」, 『전후 인민경제복구발전을 위하여』, 127~128쪽.

295) 당선동선전부장은 같은 연안계의 김창만에서 하앙천으로, 당사회부장도 같은 연안계의 김민산에서 김용진으로 교체되었다. 당직개편은 정식으로 발표된 것이 아니고 회의 직후 공식매체에 등장한 인물들의 직명을 조사하여 정리한 것이다. [부표 1: 당·도인민위원회·사회단체 간부직업 경력]을 참조.

규는 농업부상이 되고, 전 경공업상 리종옥과 전 상업상 리주연은 각료로부터 제외되었다. 당부위원장 겸 정치위원 박창옥이 당부위원장을 사임, 국가계획위원장이 된 것이 특기할 만한 인사로써 경제복구발전 노선의 변화를 예고하는 일이었다. 특히 박창옥의 국가계획위원장 취임은 경제원조를 소련의 의도대로 집행하도록 보장받기 위한 소련 측의 조건이었다고 여겨진다. 최창익이 2년 만에 재정상에 복귀한 것, 박의완이 경공업상에 임명된 것은 경공업을 중시하는 맥락의 인사였다. 1953년 9월 발표된 김황일의 논문 내용을 보면, 당노동부장이 교체된 것도 중공업중시노선의 후퇴와 결부되어 있었다고 생각된다. 김황일은 새로운 중공업 공장이 많이 건설된 자강도당위원장이 되어 당의 경제지도에 관해 발언을 계속하게 된다. 김창만이 당선전선동부장에서 해임된 것도 박창옥과의 관계로 인해 기피되었을 가능성이 크다. 다만 농업상에 김일이 임명된 것은 농업집단화를 적극 추진하기 위한 포석으로 박문규를 부상으로 낮추어 김일을 보좌토록 한 것은 그러한 정책을 좀 더 부각시키는 조치였다. 박창옥, 최창익, 박의완, 윤공흠과 국가건설위원장 김승화 등은 중공업우선 노선에 대한 수정을 지지하는 입장으로서 내각 안에 새로운 세를 형성하게 되었다. 그 반면에 종래의 노선을 대표한다고 생각되는 정일룡이 중공업상으로 복귀하고, 정준택, 김두삼이 각각 중공업부문의 상으로 내각에 잔류하며, 백홍권이 국가계획위부위원장이 됨으로써 일정한 균형이 취해지고 있었다.296)

그런데 1954년 4월 20일 제7차 최고인민회의에서 국가계획위원장 박창옥이 발표한 3개년 계획에 관한 보고는 1956년도 공업총생산액을 1949년에 비해 1.5배, 인민소비품 생산액을 약 2배로 전망하면서도 중공업에 관해서는 숫자를 밝히지 않았다.297) 채택된 3개년 계획에 관한 법령에 따르면, 앞의 숫자는 보고대로 확정되고, 1956년도 중공업생산

---

296) 각료인사에 관해서는, Dae-sook Suh, Korean Communism, pp.458~483.

297) 박창옥, 「1954~56년 조선민주주의인민공화국 인민경제복구발전 3개년계획에 관한 보고」, 『근로자』 1954.5, 『북한연구자료집 제2집』에 수록, 532쪽.

액은 1949년의 1.3배로 전망되었다. 특히 법령은 인민소비품 생산을 급속히 발전시켜 "전체 식료품과 공업상품의 배급제를 철폐하고 자유상업에로 리행하기 위한 온갖 필수조건들을 조성할 것"을 규정하였다. 공업총생산액과 중공업생산액의 목표는 거의 예비적 초안의 그것과 변함이 없으나 소비품생산액 쪽이 훨씬 증가한 것은, 3월 당전원회의에서 예비적 초안에 대해 김일성이 언급한 내용조차 부정한 결과가 되었다. 중공업우선 노선으로부터의 명백한 후퇴였다. 박창옥의 보고나 채택된 법령에서는 당중앙위 제6차 전원회의에 관해서는 전혀 언급조차 되지 않았다.

『근로자』 1954년 5월호에 박창옥의 보고 및 3개년 계획에 관한 법령과 함께 게재된 농업경제학자 김한주의 논문은 법령의 이론적 배경을 설명해 준다. 김한주는 소련 경제건설에서 얻은 역사적 경험을 전후 북조선 3개년 계획의 근거로 삼고 있는데, 첫째로 내전 후 신경제정책(NEP)에서 경제복구가 농업으로부터 개시되었다는 것, 둘째로 1925년 소련공산당 제14차 대회에서 결정된 '국가공업화의 총노선'의 경험, 셋째로 제2차 세계대전 후 경제복구는 농업이나 공업의 어느 한 부문에서 개시된 것이 아니라 중공업에 중점을 두면서 경공업과 농업을 포함하여 경제 전체의 전반적 발전 방향을 취했다는 것 등 세 가지 예를 들었다. 특히 세 번째 예와 관련하여 소련공산당 제19차 대회에서 행한 말렌코프의 보고를 인용하면서, 북조선의 전후 3개년 경제복구계획에 관한 법령도 소련의 제2차 세계대전 후와 같이 "중공업과 경공업을 동시적으로 발전"시키면서 공업과 농업을 "균형적으로 발전"시키는 방침을 취하고 있다고 설명하였다.298) 그러나 김한주는 동유럽의 인민민주주의국가들에서 나타나고 있는 공업발전 수준과 농업발전 수준 사이의 불균형을 '귀중한 교훈'으로 들고 있다. 이들 나라에서 공업은 1952~53년 각각 전쟁 전 수준의 2~4배 이상으로 성장하였으나, 농업은 전쟁 전 수준을 약간 초과한 정도에 지나지 않는다고 하면서, 이러한 공업과

---

298) 김한주, 「농촌경리의 발전은 전후 경제건설의 중요한 고리」, 『근로자』 1954.5, 101~103쪽.

농업의 성장속도 차이는 불가피하게 경제 각 부문 간에도 불균형을 가져온다고 우려를 표명하였다.[299]

2) 중공업중시노선의 '반격'과 '확대균형노선'의 문제

앞에서 설명했듯이 1954년 11월 1일부터 3일까지 열린 당중앙위 전원회의를 전후하여 농업집단화의 대중적 확대-양곡 국가수매의 전면 실시-농촌 당조직의 선거-지방통치체계의 개편으로 이어지는, 북조선 농촌을 밑바닥에서부터 바꾸고자 하는 야심적 계획이 준비되어 이 회의에서는 대중운동을 대대적으로 전개하기 위한 당직 개편도 이루어졌다.[300] 박금철, 한상두, 김황일, 리효순 등 김일성을 지지하는 새로운 국내계가 당지도부 내에 형성되어 경제부문에서 김일성의 발언력을 강화시키고 있었다. 나아가 농민동맹과 직업동맹 사업을 당조직지도부가 직접 장악하게 되어 근로단체에 대한 당내 관할 부서가 바뀌는 데 그치지 않고 근로단체에 대한 당의 통제가 더욱 강화되었다.

1954년 11월 18일에는 최창익이 재정상, 1955년 1월에는 박의완이 경공업상에서 각각 해임되었다. 1954년 3월 경공업을 중시하는 개각이 이루어졌을 당시 경공업상과 상업상에서 경질된 리종옥과 리주연이 경공업상과 재정상으로 복귀하였다.[301] 12월 14일『로동신문』에는 1955년도 인민경제복구발전계획에 관한 내각결정이 채택되었다고 발표되었다. 김일성은 당과 내각의 인사에서 반격에 성공한 것이다. 이것은 중공업 우선 문제를 둘러싸고 대립해 온 경제개발노선에 관한 논의에 결론이 지어진 것을 의미한다. 이는 한마디로 말하면 성장가속화 노선이었다. 이 계획의 내용은 정식으로 발표되지는 않았으나 12월 14일

---

299) 김한주, 앞의 논문, 106~107쪽.

300) 제4장 제6절의 2에 있는 농업집단화의 대중적 단계에 관한 서술을 참조.

301) Dae-sook Suh, op. cit, pp.458~483.

자『로동신문』사설은 그 개략적 방향을 가리켜 주고 있다. 우선 이 계획은 김일성이 1953년 8월 당 제6차 전원회의에서 제시한 '강령적 교시'에 의거한다고 하였다. 4월의 최고인민회의에서 통과된 3개년 계획에 근거한 것이 아니라 이미 3개년 계획을 채택힘으로써 수정되었다고 생각된 당 제6차 전원회의에서의 김일성 '교시'로 거슬러 올라가게 되었다. 중대한 재수정이었다. 1955년도의 공업총생산고 도달 목표를 1954년도 실적에 비해 159.8%로 성장한다고 설정하고 있었다. 더욱 중요한 것은 공업총생산고에서 3개년 계획 마지막 년도인 1956년도 수준을 102.4%로 능가한다는 전망이었다. 계획의 기본방향은 중공업기업소의 확장과 인민생활안정을 위해 경공업과 농촌경리를 동시에 복구·발전시킨다고 설정되었다. 소비재중시노선을 흡수하면서도 이전의 중공업우선 노선을 관철시키는 내용이었다.[302]

1954년 11월 당중앙위 전원회의 결정이 게재된『인민』1954년 12월호에는 부수상 정일룡의 논문이 함께 게재되었다. 정일룡은 "공업화라는 말은 우선 우리 나라에 중공업을 발전시키는 것으로서 리해하여야 하며, 특히 공업 전체의 중추신경인 우리들 자신의 기계제조업을 발전시키는 것으로 리해되어야 한다"고 하는 스탈린의 이론을 인용하면서, "오직 중공업과 그 핵심인 기계제조공업만이 최신 기술의 토대 위에서 공업과 농업과 운수를 재건할 수 있다"고 주장하였다. 그는 건설 대상이 될 개별 중공업으로서 기계공업, 금속공업, 야금공업, 광업, 석탄·전기공업, 화학공업을 든 다음, 경공업에 관해서는 중공업의 각 개별부문 중 하나와 같은 비중으로 논했을 뿐이다. 즉 당과 정부가 취한 "중공업과 경공업의 동시적 발전" 방침은 "생산수단 생산의 우선적 발전"에 의해서만 가능하게 된다는 것이었다.[303] 분명히 김일성의 중공업 우선 노선의 부활이었다.

"중공업의 우선적 성장을 보장하면서 경공업과 농업을 동시에 발전시킨다"는 소위 "전후 경제건설의 기본노선"은 아직 공식적으로 표현은

---

302) 「1955년 인민경제계획」, 『로동신문』 1954.12.14.
303) 정일룡, 「인민경제발전에 있어서의 공업의 역할」, 『인민』 1954.12, 49~58쪽.

되지 않았으나 내용은 여기서 확정되었다고 할 수 있다. 간단히 말하면 그 의도는 3개년 계획의 목표를 기한 전에 완수 또는 초과 완수함으로써 계획을 실질적으로 수정하는 데 있었다. 연말에 전국 각지의 공장, 기업소에서 잇달아서 종업원 궐기대회가 열려 1955년도 생산계획을 초과 완수, 즉 3개년 계획을 기한 전에 단축 실행한다고 맹세하였다. 중심 구호로서 "3개년 계획의 기한 전 완수로!"가 연일 로동신문의 제1면을 장식하고 있었다.304)

　　이것은 '확대균형노선'이라고도 할 수 있지만 새로운 추가 투자를 예정하지 않고 위로부터 대중적 열의를 조직적으로 동원함으로써 생산의 증대를 꾀하려고 한 것이다.305) 그러나 공업과 농업생산의 목표는 지나치게 높이 설정되어 있었다. 농업에서는 양곡수매사업이 농민의 대중적 반발에 부딪침으로써 그 무모함이 일찍부터 드러났다. 1954년도까지 순조롭던 공업생산도 1955년도 후반에 들어서서 문제가 생기기 시작하였다. 농산계획에 관해서는 1955년 2월 2일 당중앙상무위원회와 4월 1~4일 당중앙위전원회의에서 비판되어 목표가 하향 수정되었지만, 대외적으로는 발표되지 않았다. 수정된 목표조차도 과도하다는 것이 점차 분명해짐에 따라 10월경부터 1956년도 계획을 수립하는 작업에 직면하여 문제점이 본격적으로 지적되기 시작하였다. 『근로자』 1955년 10월호에 김한주가 논문을 발표, "1955년도 농촌경리발전계획을 작성함에 임하여", "제반 영농조건이 아직 전전 수준까지 회복되지 못한 불리한 상태에 놓여 있음에도 불구하고", 총수확고를 전쟁 전 최고 수확연도인 1948년에 비해 117.8%로 성장한다고 예정하는 "심각한 주관주의적 과오를 범했다"고 비판하였다.306) 『경제건설』 10월호에도 백

---

304) 『로동신문』 1954.12.16・17・26・28・29. 「머리말―3개년 계획의 기한 전 완수 및 초과완수는 전 인민적 전투적 과업」, 『근로자』 1955.1.

305) 小此木政夫, 앞의 논문, 42쪽.

306) 김한주, 「공화국북반부에 있어서 공업과 농업의 균형적 발전를 위하여」, 『근로자』 1955.10, 45쪽.

홍권이 논문을 발표, 1955년도 농산계획에 대하여 김한주와 같은 논지의 비판을 가하였다. 그는 공업부문의 계획에 대해서도, "일부 성과 계획기관에서 조급성과 기관본위주의로부터 출발하여 일거에 전부를 해결하려 하는 무원칙성을 발로하고 역량을 분산시켜 결과적으로 이떤 부문에서도 결말을 짓지 못하는 현상"이 생겼다고 지적하고, "중점이 없는 사업방식"을 지양하며 "사업의 선후차와 경중을 제대로 구분하여, 특히 건설대상 순위를 올바로 규정"할 것을 주장하였다.307) 이것은 국가계획위원장 박창옥에 대한 비판의 서곡이었다.

3) 경제부문에서 소련계 비판과 반대파의 반발

10월 21일 '당 및 정부의 지도일꾼회의'에서 김일성은 국가계획위원회에 공격의 화살을 겨누고 공업부문에서 범한 여러 과오를 비판하였다.308) 김일성은 "객관적 조건을 타산하지 않고 탁상에서 아래 실정에 맞지 않게 생산과 건설 계획을 세웠다"는 것, "중앙에서 계획을 잘못 세워 그것을 하부에 관료주의적으로 내려 먹였다"는 것, "기본건설계획에 있어서 중요한 부문과 부차적 부문, 먼저 해야 할 공사와 나중에 해야 할 공사를 구분하지 않고서 일거에 모든 대상의 건설을 예정하거나 평균주의적으로 투자하도록" 계획이 세워진 것 등을 문제점으로 지적하였다. 그는 "기계공업 같은 주요부문에 중점적으로 투자했다면" 많은 어려운 문제를 해결할 수 있었을 것이라고 단언하였다.309)

문제 발생 원인으로서 첫째, 국가계획위원회의 권한이 지나치게 크고 하부의 기업지배인뿐 아니라 각 성의 상, 부상조차도 국가계획위원

---

307) 백홍권, 「1955년 인민경제계획의 정확한 작성을 위하여」, 『경제건설』 1955.10.

308) 김일성, 「인민경제계획을 세우는 데 나타난 결함과 이를 고치기 위한 몇 가지 과업에 대하여」, 『김일성저작집』 제9권.

309) 김일성, 위의 책, 411~412・418쪽.

회 간부에게 저자세인 것, 둘째, 성, 국에 기관본위주의가 심하기 때문에 성, 국 간의 문제가 국가계획위원회나 부수상을 통하지 않으면 해결되지 않는 것, 셋째, 중앙의 정부나 경제기관에 대한 당산업부와 상업재정협동단체부의 당적 통제가 약하고 지방 당단체에서도 산업부문에 대한 당적 통제가 잘 되지 않고 있는 것 등이 거론되었다. 김일성은 계획의 방향에 관해 건재 및 화학공업, 금속공업, 기계공업부문에 중점적으로 투자하고 교육성, 문화선전성 같은 비생산분야 성에 할당한 건설계획은 삭감하도록 주장하였다. 그리고 정부와 당의 경제관련 부서의 사업에 관해서는, 첫째, 국가계획위원회는 계획을 세우고 그 실행 여하를 감독·통제하는 데 업무를 한정하며 성은 국가계획위원회에 직속하는 것이 아니라 내각의 직속기관임을 인식시킬 것, 둘째, 내각 부수상과 내각 참사의 권한을 확대하여 국가계획위원회가 월권할 수 없도록 할 것, 셋째, 국가계획위원회에 일임하고 있는 자재분배 권한을 각성에도 부여, 상의 권한을 확대할 것, 넷째, 생산에 대한 지도를 강화하기 위하여 당중앙위원회의 경제관련 부서를 중공업부, 경공업 및 유통부, 건설운수부로 개편할 것 등을 지시하였다.310) 이 김일성의 연설은 당시 공식 매체에는 공개되지 않고 공업부문에서의 계획 수립상 오류에 관해서도 공식적으로는 문제삼지 않았다.

12월 2~3일 당중앙위전원회의가 열려 1954년 "당중앙위원회 11월 전원회의 결정의 집행상황에 대하여" 김일이 보고하고 토론이 이루어졌다. 또 이 회의에서 김일성의 "중요발언이 있었다"고 보도되었으나 보고도 중요발언도 공개되지 않았다. 12월 10일 『로동신문』의 사설은 "당중앙위원회 12월 전원회의가 지적한 것처럼" 1955년도 농산계획을 작성하는 데 "농촌현실을 구체적으로 타산 하지 않고 주관주의적 욕망

---

310) 김일성, 위의 책, 426~440쪽. 당부서의 개편 방침은 그대로는 실시되지 않아 기존의 당산업부와 상업재정협동단체부는 존속되고 당공업부와 건설건재운수부가 신설되었다. 제3차 당대회에서 한 박금철의 토론을 참조할 것. 『로동신문』 1956년 4월 29일. 그런데 공업부장직은 1955년 12월부터 임명되고 있으나 건설건재운수부장직은 1958년까지 임명된 흔적이 없다.

에 사로잡히거나 공명주의에 사로잡혀 계획을 높이 세워 하부에 내려 먹었다"고 비판하였다.311) 앞에서도 언급했듯이 이 회의에서는 제3차 당대회의 일정과 의제가 결정되고 대회에 임하는 당직 인사가 대폭 단행되었다. 국가계획위원회를 견제하기 위하여 당공업부가 신설되고 리종옥이 공업부장이 되었다. 다만 이 회의에서는 농산계획의 오류에 대한 책임 소재는 물어지지 않았다. 박창옥의 책임으로 돌리려 한 김일의 보고에 대하여 박창옥은 김일의 책임이 크다고 반박하여 김일의 보고는 통과되지 못하고 결정도 채택되지 못했다고 여겨진다.

그러나 12월 20일 최고인민회의 제10차 회의가 열려, '농촌경리를 더욱 발전시킬 데 대한 보고'를 부수상 겸 농업상 김일이 담당하였다. 김일은 3개년 계획에 예정된 농산부문 계획과제가 실행에서 멀리 떨어져 있다고 인정한 다음, 그 이유를 "계획 자체가 현실과 유리되고 실현 가능성이 없는, 지나치게 높은 계획이었던 데 있다"고 밝혔다. 1955년 4월 전원회의에서 3개년 계획에 예정된 1955년도 계획과제를 수정한 것처럼 동계획에 예정된 1956년도 계획과제도 수정해야 한다고 주장하였다. 수정에 따라 1956년도 곡물수확고의 목표는 273만톤으로 하향 조정되고 1956년도 농촌부문에 대한 총투자액은 당초 계획보다 26.7% 증가한 총 32억원 이상으로 정해졌다.312) 1955년도 농산계획수행의 실패는 1954년 11월 당중앙위전원회의에서 나온 확대균형 방침이 아니라 3개년 계획 자체에 원천적 책임이 돌려지는 결과가 되었다. 당중앙위전원회의에서 실패한 박창옥 비판을 무대를 바꾸어 다시 시도한 것이다.

공업부문에 생긴 무리에 관해서는 책임을 묻지 않은 것은 확대성장의 기조를 계속해서 견지하기 위해서였다. 1956년도 계획과제는 "그 규모에 있어서 1954년 및 1955년 계획과제보다도 방대하고 특히 최초로 작성된 3개년 계획 속의 1956년도 계획과제를 훨씬 능가"하도록 작성되었다.313) 1956년도 경제계획에서 공업총생산액은 당초 3개년 계획의

---

311) 「1956년도 농산계획의 정확한 수립」, 『로동신문』 1955.12.10.

312) 김일, 「농촌경리를 더욱 발전시킬 데 대한 보고」, 『민주조선』 1955.12.21.

1949년 대비 1.5배에서 49년 대비 1.8배로 성장하도록 예정되었다. 3개년 계획의 당초 목표는 총생산량에서는 1956년 7월에, 생산수준에서는 1956년 1월에 달성하도록 짜여졌다.[314] 1956년도 계획은 "투자에 있어서의 평균주의와 주관적 욕망 등의 편향을 극복하고 힘에 맞게 인민경제의 확대재생산을 촉진하는 방향에서 중점적으로" 작성되어, "인민경제를 복구발전시키는 데 있어서 중요하고 우선적 의의를 가지는 금속, 기계, 건재 및 화학공업부문과 채굴공업부문, 그리고 농촌경리의 발전을 위한 부문에 중점적 투자를 예정하였다".[315] 당초 계획의 목표를 넘는 공업 성장의 증가분은 중공업에 대한 중점적인 추가 투자에 의해 실현되도록 하여 당초의 투자예정액보다 16억 6천만 원이 증가되었다. 특히 기계공업이 전체 공업 내에서 차지하는 비중은 1949년의 8.1%로부터 1955년의 17.2%, 1956년의 17.4%로 높아지도록 예정되었다. 국가계획위부위원장 백홍권은, 1956년도 계획에 대하여 "중공업의 우선적 발전에 중점을 두면서 경공업과 농촌경리를 동시적, 균형적으로 발전시키는 방향을 취하고 있다"고 표현하였다.[316] 이것이 1956년 4월 제3차 당대회에서 김일성의 보고를 통하여 "중공업의 우선적 성장을 보장하면서 경공업과 농업을 급속히 발전시킨다"는 '전후 경제발전의 총노선'으로서 위치를 부여받은 것이다. 56년 1월 박창옥은 국가계획위원장에서 해임되고 후임에는 당공업부장 리종옥이 임명되었다.

전후 경제복구건설 3개년 계획은 김일성의 중공업우선 노선이 관철되는 모습이 되어 56년 8월 중순까지 그 양적 목표가 기본적으로 달성되었다. 1957년부터는 제1차 5개년 계획에 들어가도록 예정되어 있었다. 제1차 5개년 계획의 기본방침은 제3차 당대회에서 김일성의 보고를

---

313) 머리말, 「1956년 인민경제계획의 성과적 수행를 위하여 생산준비를 철저히 하자」, 『경제건설』 1955.12.

314) 백홍권, 「1956년 인민경제계획과 그 완수 및 초과완수를 위하여」, 『경제건설』 1956.2, 17쪽.

315) 「1956년 인민경제계획의 완수 및 초과완수를 위하여」, 『로동신문』 1955.12.31.

316) 백홍권, 앞의 논문, 17~19쪽.

통해 제시되었다. 그 내용은 일관되게 종래의 노선을 계속 추진하는 것이었다. 그는 "중공업의 우선적 발전에 의거하면서 농업과 경공업을 보다 급속히 발전시켜야 한다"고는 했으나 "주도적 역할은 우선 중공업, 즉 생산수단의 생산이 담당한다"고 밝혔나. 그것은 '사회주의공업회'에 본격적으로 나서겠다는 뜻이었다. 보고는 금속공업, 기계공업·전력생산, 석탄업, 화학 및 건재공업·임업을 열거한 다음, 개별 공업부문과 같은 비중으로 경공업·수산업을 취급하였다. 이것은 3개년 계획의 기본방침을 발표한 1953년 8월 당중앙위전원회의 당시의 방식과 똑같았다. 단지 이미 농업생산의 침체가 문제시되어 있었고 제1차 5개년 계획 기간에 농업집단화를 완료시킨다는 방침이 나와 있었기 때문에, "주요 공업부문의 건설에 중점적으로 투자하고 농촌경리의 급속한 발전을 위한 농업건설에 상당한 투자를 계속한다"고 하며 농업부문을 중시한다는 점만이 달랐다.317)

　이미 1955년 말에 교조주의 비판을 통해 소련계를 제압하고 박창옥을 국가계획위원장직에서 해임함으로써 당내 기반을 굳힌, 김일성은 56년 2월 소련공산당 제20차 대회에서 본격화된 개인숭배 비판의 여파를 교묘히 극복하면서 보고의 내용을 당대회 결정으로 관철시켰다. 김두봉이 "알곡의 국가수매사업 과정에서 일부 일꾼들의 관료주의적 작풍으로부터 발생한 중대한 과오를 즉각 시정"하고 "농업현물세 법령을 고친다는 정당한 대책을 취할 수 있었다"고 지적한 이외에는, 최창익, 박의완도 경제부문에 관한 토론자로 발언하면서도 김일성의 보고에 이의를 제기할 수는 없었다. 공업부문 전반에 관해서는 리종옥, 농업부문에 관해서는 김일이 김일성의 보고를 지지, 보완하는 토론을 맡았다. 그러나 경제부문과 관련하여 주목할 만한 것은 당조직지도부장 박금철의 토론이었다. 그는 "일부 당, 국가 및 경제기관의 지도적 일꾼들은 우리 당정책의 정당성을 올바로 인식할 수 없었기 때문에, 중공업의 우선적 성장을

---

317) 김일성, 「조선로동당 제3차 대회에서의 중앙위원회 사업총결보고」, 『조선로동당 제3차 대회문헌』, 조선로동당출판사(평양), 1956.

곡해하여 '마치 우리 당이 인민생활 향상을 위한 인민소비품의 생산에는 무관심'한 것처럼 생각하고 있다"고 비판하며 최창익 등 연안계를 공격하였다. 또 3개년 계획에서 기본건설 투자를 "평균주의적으로 할당"한 결과, 일부 금속공장의 복구건설을 늦추거나 일부 기계공장의 조업에 지장을 가져오고 있고 농촌경리의 복구발전에도 문제를 일으켰다고 비판하여, 박창옥에 공격의 화살을 겨누었다.318) 이 토론은 당조직지도부의 경제부문에 대한 발언권이 강화된 증거이기도 하였다.

당대회 후 5월 소폭의 개각이 행해져 부수상 박창옥이 금속공업성에서 분리·신설된 기계공업상을 겸임하게 되었다. 화학공업상에는 부상 리천호가 임명되어, 겸임하고 있던 정준택은 부수상직에 전념하게 되었다. 내각석탄공업국이 석탄공업성으로 승격, 국장 류축운이 상에, 내각양정국과 수매국이 통합, 수매양정성이 되고 오기섭이 상에 임명되었다. 당공업부장에는 백홍권이 임명되었다.319)

제3차 당대회 때는 표면화되지 않았던 갈등은 내연하고 있었다. 스탈린 비판 이후 국제공산주의 흐름이 배경으로 작용하여 연안계와 소련계를 중심으로 당내 불만세력이 광범하게 형성되고 있었다. 그 밑바닥에는 인민생활 수준에 대한 북조선 주민의 불만이 깔려 있었다. 제3차 당대회가 끝나며 일반 주민과 당내의 불만을 완화하기 위한 조치가 취해지기 시작하였다. 4월 30일 내각결정 제37호「로동자, 사무원의 부양가족에게 보충미를 증가시키고 경로동에 종사하는 로동자, 사무원 및 전문, 대학생에게 식량을 증배할 데 관하여」가 발표되어 보충미를 1일 1인당 100그램, 식량배급을 700그램으로 늘렸다.320) 8월 11일 내각결정 제75호「로동자, 기술자, 사무원의 임금을 인상할 데 관하여」가 채택되어 11월 1일부터 기본임금을 평균 35% 인상하게 되었다.321) 같은 날짜로

---

318)『조선로동당 제3차 대회문헌』에 수록된 여러 토론을 참조할 것.

319) 백홍권은 그 해 12월에 사망하였다.『現代朝鮮人名辭典』참조.

320)『로동신문』1956.5.1. 이 조치는 당시 김일성대학에서 일어났다는 학교급식에 대한 항의사건과 관련되어 있다고 추측된다. 이 사건으로 총장 유성훈이 해직되었다고 한다. 여정, 앞의 책, 78쪽.

내각결정 제76호「소비품의 국정소매가격을 인하할 데 관하여」가 채택되어 14일부터 일부 공업상품의 경우 평균 10.3% 인하하게 되었다.[322]

또한 제1차 5개년 계획을 수립하기 위해서는 축적자금원 문제도 해결해야 하였다. 1956년 6월 1일부터 7월 19일까시 김일싱은 10명의 대표단을 이끌고 소련, 동유럽 9개국을 방문하였다.[323] 정전 직후 3개년 계획을 위한 방문 때에는 소련에서 10억 루블의 원조를 끌어냈으나 이번은 3억 루블에 머물렀고 동유럽국가들에서는 거의 성과가 없었다.[324]

8월 14일 전후 3개년 계획을 기한을 앞당겨 초과 달성했다는 발표가 나오면서 제1차 5개년 계획 입안작업이 본격적으로 개시되었다.[325] 이 시점에는 "평균적으로 공장, 기업소의 복구건설을 늘어 놓을 뿐 집중적으로 완성, 준공시킬 수 없는 경향은 오히려 장래의 경제발전에 왜곡을 가져온다"고 하는 중공업우선의 입장이 나오고는 있었지만 "인민 생활을 급속히 향상시킬 대책을 강구, 반영해야 한다"고 하는 소비 중시의 입장도 병행하지 않을 수 없었다.[326]

그러나 드디어 불만은 당내에서 폭발해 버렸다. 8월 30~31일 당중앙위전원회의는 김일성의 해외방문에 관한 보고가 주요 의제였기 때문에 당면한 경제발전 문제에 관해서도 논의가 나올 수밖에 없었다. 공개적으로 김일성 비판에 나선 상업상인 당중앙위원 윤공흠의 발언 내용은 경제적 측면에 한해서 보면 중공업의 우선적 발전을 보장하면서 동시에

---

321)『로동신문』1956.8.12.

322)『로동신문』1956.8.14.

323) 대표단은 김일성 외에 당부위원장 박정애, 외무상 남일, 국가계획위원장 리종옥, 민주당부위원장 고준택, 청우당 부위원장 김병제, 민족보위부상 최현, 김책공업대학장 조금송, 노동영웅 한기창, 전성복이었다.

324) 서대숙,『북의 지도자 김일성』, 131쪽. Natalia Bazhanova, Between Dead Dogmas and Practical Requirement ; External Econominc Relations of North Korea, Moscow, Russia, 1992, 양준용 역,『기로에 선 북한경제 : 대외경협을 통해 본 실상』, 한국경제신문사, 1992, 22쪽.

325) 사설「제1차 5개년계획의 정확한 작성을 위하여」,『로동신문』1956.8.25.

326) 위의 사설을 참조.

경공업과 농업을 발전시킨다는 노선조차도 액면대로 집행되지 않고 당이 중공업에 치중하여 인민생활 향상을 무시하였기 때문에 인민의 불만이 고조되고 있다는 것이었다.327)

8월 전원회의의 전말을 보도한『로동신문』1956년 9월 5일호에는 이 회의에 관한 당의 입장을 밝히는 장문의 사설이 함께 게재되었다.328) 사설은, 5개년 계획을 수립하는 데 "힘을 분산하지 않고, 집중적·중점적으로 역량에 알맞게 계획을 작성한다"고 하면서 "엄격한 절약제도를 실시함으로써 일체의 내부원천을 동원하는 과제를 신중히 예정"해야 하고 공업부문 가운데 "사회주의진영 내 국제적 분업의 기초 위에서 우리 힘에 겨운 것과 그 수요가 적은 것은 그만두어야 한다"고 주장하였다. 전원회의에서는 관개사용료를 인하하고 빈농민에 대해 현물세와 대여곡을 감면하며 농산물을 수매하는 방법·체계·가격제정 방식을 개선하는 등 농민의 생산의욕을 높이기 위한 대책이나, 개인상공업자로부터 세금징수 상황을 재검토하고 개인상인에게 국가상품을 위탁판매하는 등 소상인, 수공업자, 중소기업가에게 활동조건을 보장하기 위한 대책, 나아가 국가 사회보장사업 및 보험사업을 개선하고 주택건설에 투자를 확대하는 등 인민생활 향상을 위한 대책 등이 강구되었다고 보도되었다.329)

8월 전원회의는 북조선 건국 이래 발생한 최대의 정변으로 이후 수년간 북조선의 정치구조를 밑바닥부터 뒤흔드는 대대적인 숙청의 회오리를 몰고 왔다. 다만 단기적으로 경제에 미친 영향에서 보면 원조조달액의 감소에 맞추어 중공업우선 노선을 견지함과 동시에 인민생활향상책을 구체화하여 당내 반발에도 대응하지 않을 수 없는 상황이 조성된

---

327) 윤공흠이 임금 문제를 거론하여 노동자, 농민은 너무나도 가혹한 대우를 받는 반면, 인민군장교의 급료는 지나치게 높다고 비판했다고 한다. 김창순, 앞의 책, 156~157쪽. 그 밖에 1956년 8월 당중앙위전원회의에 관해서는 여러 증언이 있다. 여정, 앞의 책, 81~82쪽. 유성철, 리상조의 증언, 林隱, 앞의 책 등도 참조. 제4장 제2절의 3에 있는 '8월 종파사건' 관련 서술을 참조.

328) 사설「경제건설에 대한 당적 지도의 강화와 우리 당 사상의지의 가일층 공고화를 위하여」,『로동신문』1956.9.5.

329) 위의 사설.

것이다. 양면 대응이라는 절충적 방향으로 5개년 계획 작성은 진행되어 갔다.330) 중국과 소련의 외압에 의해 9월 23일 최창익, 박창옥은 당중앙위원으로 복귀하고 윤공흠, 서휘, 리필규는 당적이 회복되었다.331) 10월 3일 내각결정 「빈농민에 대하여 농업현물세와 국가대여곡 및 미납곡을 감면할 데 관하여」가, 10월 6일 최고인민회의상임위원회 정령 「영세한 상공업자, 수공업자 및 자유직업자로부터 징수하는 세금을 감액할 데 관하여」가 발표되었다.332) 상업성 당위원회 내에서 윤공흠에 대한 비판도 아직 9월 전원회의의 결정대로 "설복과 교육"의 원칙하에 진행할 것이 강조되고 있었다.333) 그러나 11월 항가리동란이 발발함으로써 국제공산주의 내 지각변동은 북조선 정세에 급격한 변화를 가져왔다. 당과 정부 내에서 숙청작업이 본격화하였다. 내각건재공업국 당위원회에서 전 국장 리필규에 대한 비판, 건설성 당위원회에서 전 건설상 김승화에 대한 비판이 잇달아 벌어지고 비판의 강도도 윤공흠 비판 때와는 완전히 달라졌다.334) 종래의 방침에 따라 진행되어 온 5개년 계획의 입안 작업도 전면 재검토에 들어가며 연기되었다.

4) 제1차 5개년 계획 수립 지연과
생산에 대한 현지지도의 본격화

1956년 12월 11~13일 당중앙위전원회의가 열려 1957년도 인민경제계획에 관한 결정이 채택되었다.335) 1957년에 제1차 5개년 계획

---

330) 「5개년계획 작성에 대한 당적 지도상의 몇 가지 문제」, 『로동신문』 1956.9.14.

331) 당중앙위 9월 23일 전원회의에 관한 보도는, 「조선로동당중앙위원회에서」, 『로동신문』 1956.9.29.

332) 『로동신문』 1956.10.4 · 10.8.

333) 『로동신문』 1956.10.22.

334) 『로동신문』 1956.12.24 · 12.28.

335) 「조선로동당중앙위원회에서」, 『로동신문』 1956.12.15.

을 실행하는 첫 해의 위치를 부여하면서도 일단 5개년 계획을 보류하고 우선 1957년도 1년간 계획만을 작성하였다. 8월 전원회의의 영향으로 소비재 중시의 방침을 어느 정도 받아들이는 선에서 다듬어 온 5개년 계획 작업을 백지화하고 새로운 방침에 따라 계획을 작성하기 위함이었다. 최창익 등에게도 '반당종파분자'라는 낙인이 찍히게 되었다. 회의는 "인민경제의 주도적 부문인 중공업, 특히 금속, 석탄, 화학, 기계, 전력 공업의 급속한 복구발전"을 꾀하며 "기본건설에 있어서 투자의 분산성을 방지"하고 "집중적이고, 중점적인 투자대책을 강화한다"고 결정하여 중공업우선 노선을 더욱 강화하였다. 또한 회의는 인민의 수요를 충족하기 위하여 "경공업 및 지방산업기업소는 로동생산능률의 제고, 현존 생산설비의 최대한 이용에 의해 상품생산의 현저한 증가를 보장한다"고 결정하여 인민생활 향상대책도 언급하고 있었다.[336] 다만 회의는 "공업부문에서 국가계획과제에 예정된 과업 이외에 40억원 내지 50억원 이상의 상품을 더 증산하고 농업부문에서도 국가계획과제에 예정된 알곡생산을 5만톤 이상 더 증산할 것을 전체 당원과 근로자의 애국주의적 열의에 호소한다"고 결정하였다.[337] 국가의 공식 계획과제 이외에 당의 계획과제를 별도로 설정한다는 새로운 방식이었다. 이것은 국가계획 안에는 예정되어 있지 않은 인민생활 향상을 위한 소비품생산은 추가투자 없이 당이 대중적 열의를 동원함으로써 조달한다는 뜻이었다. 회의는 "내부원천을 적극 탐구, 동원하고 물자소비와 재정지출에서 엄격한 절약제를 확립하며 로동력을 절약하는 운동을 전 당적이고, 전 인민적으로 추진할 것"도 결의하여 외화획득과 외화절약을 중요한 과업으로 강조하였다.[338]

　5개년 계획의 작성이 지연된 데에는 대체로 두 개의 큰 요인이 작용하였다. 우선 원조액이 삭감되어 자금원을 주로 국내에 의존하지 않을

---

336) 위의 보도.

337) 사설 「1957년 인민경제계획의 성과적 실행을 위하여」, 『로동신문』 1956.12.16.

338) 『로동신문』 1956.12.15.

수 없게 된 것이다.[339] 국가예산수입총액 속에서 대외원조수입이 차지하는 비중은 3개년 계획 기간 중 평균 23.6%였는데 1957년에는 12.2%, 58년에는 4.5%로 격감하고 있었다.[340] 다음으로 명목임금 상승에 의한 화폐구매력의 증대에 상응하도록 소비품 공급을 보장하지 않으면 안 되게 되었다.[341] 경제논리상 인민소비생활 문제에 더 이상 눈을 감을 수 없게 된 것이다. 금액으로 연평균 200억 원 이상이던 대외원조수입이 1957년에는 140억 원으로 감소하였으나 1956년도 임금인상 및 신규노동자수 증가에 의한 추가임금 지출액이 100억 원, 농민에 대한 추가 수매자금 지출이 80여억 원에 달할 전망이었다.[342] 그러나 중공업우선 노선에 기초를 둔 높은 성장률은 경제계획에서 양보할 수 없는 대전제가 되어 있었다.[343] 최창익, 박창옥 등 중심인물은 제거되었지만 아직 이러한 노선에 반대하는 의견도 만만치 않았다.[344] 이 딜레마로부터의 출구를 제공한 것이 이른바 '내부원천의 동원', 특히 '생산 내부예비의 동원'이라는 발상이었다.[345] 이것은 보통 기업 내에 보유기준을 초과하여 보유하고 있는 대량의 예비물자를 적발, 동원하고 특히

---

339) 이 점에 관해서는 공식 매체를 통해 1956년 말부터 줄곧 지적되고 있었다. 서린섭, 「기본건설자금의 효과적 이용을 위하여」, 『로동신문』 1956.12.28, 장세기, 「전후 3개년 인민경제계획의 예비적 총화와 1957년 인민경제발전계획에 대하여」, 『근로자』 1957.1, 21쪽, 안광즙, 「제1차 5개년계획과 자금문제」, 『로동신문』 1957.4.5.

340) 리주연, 「조국의 평화적 통일독립과 사회주의 건설 도상에서의 1958년 국가예산」, 『경제건설』 1958.3, 24쪽.

341) 장세기, 앞의 논문, 21쪽.

342) 안광즙, 앞의 논문.

343) 3개년 계획 기간 중 중공업부문에 대한 투자가 총공업투자의 81.1%를 차지하였는데, 1957년도에는 약 84%가 예정되었다. 리종옥, 「1957년도 인민경제발전계획의 성과적 수행을 위한 제과업」, 『경제건설』 1957.1, 3쪽.

344) 머리말 「사회주의건설의 대고조」, 『근로자』 1958.8, 11쪽.

345) 내부원천이나 생산내부예비의 개념에 관한 자세한 설명은, 리중원, 「내부원천의 적극적 탐구와 합리적 이용은 사회주의 경제건설의 강력한 물질적 력량이다」, 『경제건설』 1957.1.

경공업부문에서 활용되지 않고 있는 지방원료를 동원하여 일용소비품의 생산을 확대하면 추가투자 없이도 상당한 증산이 가능하다는 생각이었다.346) 단지 그 동원을 위한 기본조건으로 "로동생산능률을 높이는 것"이 요구되고 특히 "지도간부의 경제지도수준을 높이는 것"과 "로동자 대중 속에 계급적, 정치적 사상교양을 강화하는 것"은 "내부예비를 탐구, 이용하기 위한 무진장한 동원력량"이라고 설명된 점이 중요하다.347) 1957년도 공업총생산액 성장의 47%는 노동생산능률을 성장시킴으로써 보장한다고 계획되었다.348)

12월 전원회의 후 경제부문에 대한 당의 지도가 한층 더 강조되어 갔다. 공석이었던 당산업부장이 다시 임명되었다. 소련계이지만 해방 후 성진제강소지배인, 공업기술연맹부위원장을 역임하고 전후 중공업부상을 역임한 고희만이 당산업부장, 김태현이 부부장에 임명되었다. 중앙의 당, 국가, 경제기관 간부들은 '현지지도'에 적극적으로 나서도록 하고 도·시·군 당위원회도 산업에 더욱 눈을 돌려 현지지도를 강화하며 생산기업소 내 초급당단체는 생산에서 "조직동원자적 역할"을 한층 더 높이도록 독려되었다.349) 김일성은 '혁명적 군중관점'을 강조하기 시작하였다.350) 김일성을 중심으로 당, 정부의 지도간부들은 지역을 분담하여 정력적으로 북조선 전역의 공장, 기업소를 누비고 다녔다. 당, 정부의 고위간부 및 집중지도그룹의 지도하에 각지의 대규모 생산 현장에서 종업원총회, 열성자회의가 소집되어 1957년도 계획의 완수 및 초

---

346) 이미 북조선에서도 코르나이(J. Kornai)가 말하는 '부족의 경제'가 만연하여 물자에 대한 과다한 요구와 물자수급상의 불균형으로 인하여 기업 내 예비물자의 재고, 퇴장이 일상화하고 있었다.

347) 리중원, 앞의 논문, 17쪽.

348) 장세기, 앞의 논문, 27쪽.

349) 사설 「경제건설에 대한 당적 지도의 강화를 위하여」, 『로동신문』 1956.12.12.

350) 김일성, 「현시기 당조직원 앞에 제기되는 몇 가지 과업에 대하여―당조직원 강습회에서 행한 연설」 1956.11.25, 『김일성저작집』 제8권, 385~388쪽. 동 「당사업을 개선·강화하기 위하여 제기되는 몇 가지 문제에 대하여―조선로동당중앙위원회 지도원 이상 일꾼과의 담화」 1956.12.17, 앞의 책, 429~433쪽.

과완수가 결의되었다. 중소 규모의 생산기업소에는 도당위원장을 중심
으로 하는 도당의 집중지도그룹이 파견되어 근로자의 결의를 끌어냈다.
계획을 초과 수행하겠다는 결의를 알리는 보도가 연일 신문 지면을 장
식하였다.351) 딩지도부가 현지지도를 한 결과, 각 공장 및 농촌을 단위
로 계획보다 94억 원의 상품, 2만 8천 톤의 강재 증산, 알곡 생산목표
340만 톤 달성 등이 결의되었다. 이것은 12월 전원회의에서 호소한 당
의 증산목표도 초과하여 국가계획에 예정된 공업생산액을 15%, 알곡
생산량을 19%나 넘어서는 숫자였다.352) 이리하여 국가계획의 작성,
당의 증산과제 설정, 현장근로자의 증산 결의라는 3단계를 거쳐 생산목
표가 늘어나는 메커니즘이 완성되었다. 5개년 계획을 수립하는 과정에
서 완성 이전의 작성단계부터 이 메커니즘이 작동하여 우선 당과 정부
의 예비안을 준비하고 공장, 기업소, 생산협동조합 등 생산현장의 종업
원총회에 내거는 방식이 취해졌다.353) 이것이 "계획작성에 있어서 군
중노선"이라 명명되었다.

　북조선에서는 공식적으로 1956년 12월 당중앙위전원회의를 '천리
마운동'의 기점으로 할 만큼 중요시하고 있다. 실제로 '천리마운동'은
1959년 3월 '천리마작업반운동'으로 개시되었지만 그 시점을 거스러 올
라가 이 회의에서 단서가 시작되었다고 간주한다.354) 정치적 난관을

---

351) 『로동신문』 1957년 12월 말~1월 말까지를 참조.

352) 리석심, 「조선로동당중앙위원회 12월 전원회의 결정의 위대한 생활력」, 『경제
　　건설』 1957.12, 11쪽.

353) 평안북도의 경우 부수상 최용건, 당산업부장 고희만을 중심으로 한 중앙위 집중
　　지도그룹의 지도하에 59개 사업소에서 토의되어 도의 계획예비안보다 41억 원
　　이상의 증산과 5억 원 이상의 원가 저하가 가능하다고 확인되었다. 『로동신문』
　　1957.7.6.

354) 김일성은 1961년 제4차 당대회에서 "국내외적으로 대단히 어려운 시기에 열린
　　1956년 12월 전원회의 결정을 실행하는 투쟁을 통하여 대중의 창조적 열의는
　　더욱 높아지고 우리 나라 사회주의건설에 있어서 대고조가 일어나 근로자들의
　　역사적인 천리마운동이 시작되었다"고 말했다. 『조선로동당 제4차 대회 주요문
　　헌집』, 조선로동당출판사, 1961년, 116~117쪽. 『우리 나라 사회주의건설에 있어
　　서 천리마작업반운동』, 조선로동당출판사(평양), 1961년, 28~29쪽, 백재욱, 『천

경제건설에 대중을 동원함으로써 돌파했다는 점을 적극 평가하고 있다.

1957년도 공업생산은 국가계획을 117%로 초과 달성하고 증산과제도 105%로 초과 달성했다고 발표되었다. 작년도에 비해 44%의 성장[355]으로 눈부신 성과였다. 1957년도 실적에 근거하여 최창익 등이 "당 경제정책의 정당성을 부인하였다"고 비난하는 것이 가능하게 되었다.[356] 1958년도 계획도 5개년 계획보다는 앞당겨 작성되었다. 1957년도 실적에 비하여 공업총생산액목표는 122.1%로 전망하고 공업건설 총투자액의 78.7%를 중공업, 21.3%을 경공업에 배정하도록 예정하였다.[357] 당중앙상무위원회 결정에 의해 1957년 12월 하순부터 58년 1월 말까지 중앙당 집중지도그룹의 지도하에 각 공업부문별로 "1956년 12월 전원회의 결정의 실행총괄과 1958년도 계획의 실행대책을 토의"하는 열성자회의가 광범하게 열리고 당중앙위상무위원이 중심이 되어 각 공업부문을 현지 지도하였다. 김일성은 전기와 건설부문을, 최용건과 정준택은 화학공업부문을, 박정애는 생산협동조합부문을, 김일은 경공업부문을, 정일룡은 금속공업부문을, 김창만은 철도·운수부문을, 박의완은 임업부문을, 리종옥은 기계공업부문을, 한상두는 석탄공업부문을 각각 담당하였다.[358] 각 성·국·생산현장의 열성자회의에서 증산 및 절약 목표가 결의되고 3월 21일 내각은 각 부문에서 결의된 목표를 승인하며 해당 대책을 발표하였다.

리마운동은 사회주의건설에 있어서 우리 당의 총로선』, 조선로동당출판사(평양), 1965, 29쪽.

355) 「1957년 조선민주주의인민공화국 인민경제발전계획 실행총화에 관한 국가계획위원회 중앙통계국의 보도」, 『경제건설』 1958.2, 69쪽. 알곡 생산고도 320만 톤으로 전년에 비해 33만 톤 증산된 111.4%였다.

356) 머리말, 「당과 정부의 경제정책을 더욱 철저히 옹호하여 관철시키자」, 『경제건설』 1958.1, 3쪽.

357) 리종옥, 「1958년도 인민경제발전계획의 성과적 수행을 위한 제과업」, 『경제건설』 1958.1, 9쪽.

358) 『로동신문』 1958.1.17.

5 전후 산업부문에서 당·직업동맹

1) 전후의 노동문제와 공장관리체제

해방 후 노동력 부족상태는 전쟁 전 북조선경제를 규정하는 기본조건이지만 이 사정은 전쟁을 거치면서 더욱 심각해졌다. 기업소, 공장에서 많은 노동자가 동원되어 전쟁 중 희생되었다. 예컨대 흥남비료공장에서만도 1950년 9월 말 전체 종업원의 약 60%를 넘는 2,422명이 전선에 출동하여 51년 12월 말 현재 종업원 수는 1,690여 명, 그중 노동자는 1,389명에 지나지 않았다.[359] 전쟁의 영향은 전후 노동자구성에서도 나타나 1958년 8월 31일 현재 전체 종업원 중 제대군인 수는 2,414명이나 되었다.[360]

앞에서 언급했듯이 1953년 8월 8일 당중앙위 제6차 전원회의는 김일성이 전후 인민경제 복구발전을 위한 기본노선을 밝힌 중요한 모임이었다. 이 회의에서의 결론을 통하여 김일성은 노동력 부족을 큰 곤란요인으로서 들면서 그 해결책을 다음과 같이 구체적으로 제시하였다. 가장 긴급한 부문으로 노동력을 재배치할 것, 비생산적 노동력을 축소하고 기관을 간소화할 것, 여성 노동력을 광범히 끌어들여 가능한 분야에서 남성을 여성으로 교체하고 생산직장으로 돌릴 것, 노동력을 절약하기 위해 작업을 기계화할 것, 노동기준량을 더욱 높일 것, 화전민을 공업부문으로 이전시킬 것, 대중의 '애국적인' 노력동원사업을 광범히 전개할 것 등이다.[361]

---

359) 리국순, 앞의 논문, 216·218쪽. 흥남비료공장의 노동자 증가상황 및 구성에 관해서는 같은 논문, 229~230쪽.

360) 위의 논문, 232쪽.

361) 김일성, 『전후 인민경제복구발전을 위하여』, 조선로동당출판사(평양), 1956,

1954년 3월 21일 당중앙위원회 전원회의에서 한 김일성의 보고는 당시 북조선경제가 직면한 여러 문제를 구체적으로 지적한 중요한 문서이다.[362] 여기서도 김일성은 당시의 노동력 문제를 심각하게 여기고 있었다. 특히 전쟁 전에도 골치를 썩이고 있던 노동력의 유동성은 더 빈번해져 예컨대 경공업성의 경우 1953년도 전체 종업원 수를 100이라 하면 직장에서 이동한 수는 107%를 넘어서고 있었다. 그 원인을 일부 기업에서 기능노동자와 무기능노동자 사이, 중노동과 경노동 사이에 거의 차이를 잃은 '임금평균주의'가 지배하여 공업과 건설부문에서 도급제의 비율이 전 노동자의 42%밖에 되지 않는 것, 숙련된 '핵심노동자' 집단을 정착시키지 않고 있는 것, 노동자의 물자공급 및 주택조건을 개선하는 데 소홀히 한 것 등에서 찾고 있다. 이 밖에도 경제계획을 작성하는 데 노동력의 이동을 전제로 하며 생산계획의 성장을 생산조건도 고려하지 않고서 절대노동력의 증가만으로 보장하려고 하고 매분기 초, 연초에는 반드시 노동력의 축소와 또한 그에 따른 노동력의 이동이 발생하는 것 등을 들고 있다.[363]

김일성은 많은 기업소 내에서 "무질서, 무규율, 무정부상태"가 지배하고 있다고 지적하였다. 한 명의 노동자가 하루 동안에 할 수 있는 일을 20여 명의 노동자가 맞붙어 반나절 동안에 할 수 있으면 시간을 단축했다고 좋아하고 5~6명의 노동자가 2~3일에 완성할 수 있는 일을 100여 명의 노동자가 하루 안에 끝내면 계획의 초과완수라고 기뻐하고 있다고 비판하였다.[364] 노동규율을 세우기 위하여 김일성은 '유일관리제'를 강화할 것을 다시금 강조하였다. 기업소 지배인을 경제 분야에서 군대의 지휘관에 비유하여 기업소의 유일관리자로서 기업소 내 일체의

80~88쪽.

362) 김일성, 「산업운수부문에서의 제 결함들과 그를 시정하기 위한 당, 국가, 및 경제기관들과 그 일군들의 당면과업—1954년 3월 21일 조선로동당중앙위원회 전원회의에서 진술한 보고」, 『전후 인민경제복구발전을 위하여』에 수록.

363) 위의 책, 157~162쪽.

364) 위의 책, 144~145쪽.

재산을 위임받고 생산 및 건설과 경제계획을 실행하는 책임을 위임받은 존재로 규정하였다. 유일관리제란 지도자 수중에 전 관리계통을 집중시키는 것을 의미하며 위임된 사업에 대한 개별적 책임성을 의미한다고 정의하였다.365) 다만 유일관리제를 강화한나는 것은 기존 공장관리체제의 원칙을 재확인하여 지배인의 역할을 환기한 것으로 공장 내 최고 책임자로서 지배인의 권한을 새롭게 추가하는 의미는 없었지만「로동내부질서표준규정」이 개정되어 노동규율 위반에 제재를 가하기 위한 엄격한 제도가 도입되었다.

동시에 김일성은 유일관리제에는 사업에서 당단체와 적극적 핵심분자에 의거해야 한다는 또 다른 의미도 포함되어 있다고 말했다.366) 그는 산업에 대한 당적 지도를 강화해야 한다고 하면서 전시기 이후 농촌에 집중해 온 당 역량의 주력을 산업과 건설부문으로 전환시키도록 촉구하였다.367) 이는 공장 내 질서와 규율을 확립하기 위하여, 즉 유일관리제를 강화하기 위하여 당의 역량을 동원한다는 뜻이었다. 기존 공장관리체제 안에서 지배인을 중심으로 하는 관리 쪽 역량만으로는 산업부문 내 노동규율을 확립하는데 한계가 있다는 인식이 깔려 있었다. 이 회의 후 생산직장 내 초급당단체에는 생산활동에 대한 '통제 권한'이 정식으로 부여되었다. 유일관리제를 강화한다는 전제가 있기는 하지만 산업부문에 대한 당과 행정의 이원적 통제계통이 실시되기 시작한 것이다.

그러나 새로운 조치를 실행하기란 쉬운 일이 아니었다. 지배인에 의한 유일관리제를 강화하기 위하여 당조직을 활용한다는 모순된 조치였기 때문이다. 이미 공장, 기업소의 초급당위원장이나 당조직원이 당의 권한을 가지고 지배인을 억누르며 그 사업을 대행하는 경향이 나타나 기업관리를 둘러싸고 지배인과 초급당위원장 사이에 갈등이 생기고 있었다.368) 이른바 '당의 행정대행' 현상은 특히 산업부문에서 두드러졌

---

365) 위의 책, 139~142쪽.

366) 위의 책, 143쪽.

367) 위의 책, 146쪽.

다. 새로운 조치는 이러한 경향을 오히려 조장하고 있었다. 그런데 당의
역량도 생산활동을 직접 통제하는 데는 한계가 있었다. 공장당위원회의
상급조직인 시·군당위원회의 기업, 공장 담당 인원은 매우 적었고 공
장당위원회의 상근자도 소수였다. 김일성은 도·시·군 당단체는 공장,
기업소에 대한 지도를 위원회 중심으로 전환하여 당위원회를 핵심당원
으로 구성하도록 하였다. 특히 함경남도 같은 공업지대에는 공장당 간
부, 지배인, 현장의 핵심노동자를 위원으로 선출할 것, 공장이 많은 지
역의 군당위원장에는 해당 지역의 노동계급 출신자를 배치할 것 등을
지시하였다.369) 당에 의한 통제권한이 새롭게 부여되었으나 상임집행
기구인 당집행위원회의 기구 확대는 뒤따르지 않고 의결기구인 당위원
회 위원의 구성상 변화만이 이루어졌다.

　　3월 21일 당중앙위원회 전원회의에서의 김일성 보고에 따라서 3월
30일 내각결정 제55호 「로동내부질서표준규정」이 새롭게 제정되었다.
유일관리제를 더욱 엄격히 강화하는 내용이었다.370) 1950년 1월 31
일 내각결정 제27호의 구규정이 폐지되고 새로운 규정은 구규정보다
상세히 노동규율을 정하였다.371) 신규정은 전전의 구규정과 같이 무
단결근, 지각, 조퇴나 태만행위 등에 대하여 '주의', '경고', '엄중경고',
'3개월까지의 감금', '강직', '철직' 등 행정적 벌칙조항을 마련하고 있
다.372) 그러나 이미 전시를 통하여 형법 제18장의 노동관계 위법행위

---

368) 김일성, 「조선로동당중앙위원회 3월전원회의에서 한 결론」, 『김일성저작집』 제
　　8권, 349~350쪽.

369) 위의 책, 349쪽.

370) 정교섭, 「『로동내부질서표준규정』의 정확한 실시를 위한 몇 가지 문제」, 『인민』
　　1954.7.

371) 새로운 규정은, (1)"로동규률의 의무성과 규정이 갖는 목적", (2)"로동시간과 그
　　이용에 대한 문제", (3)"로동자, 사무원의 기본임무", (4)"기업소 및 기관책임자
　　의 기본적 의무", (5)"로동자, 사무원의 채용 및 해직수속의 구체적 제 문제",
　　(6)"규률위반자에 대한 처벌방책" 등으로 분류되어 있다. 정교섭, 앞의 논문,
　　97~98쪽.

372) 위의 논문, 107쪽.

에 대한 벌칙조항이나 「전시로동에 관하여」, 「기업소 및 기관의 로동자, 사무원이 임의로 직장을 이탈하는 행위를 금지할 데에 관하여」 등 규정의 벌칙조항이 종합적으로 적용되고 있었다. 주목해야 할 것은 새로운 규정이 직장에서 노동규율의 '세속적 위반자'에 내해서는 '동지적 군중재판제'를 적용하도록 한 사실이다. 이 조항에 대해서는 그 이상의 구체적 내용은 정해지지 않았으나 신규정을 해설한 정교섭의 논문은 그 운용에 관하여 소련의 제도를 소개하여 설명하고 있다.373) 그의 설명에 따르면, "동지적 군중재판은 로동규률의 위반 및 파괴행위와의 투쟁에 광범한 로동자, 사무원대중을 끌어넣는 것"을 의미하며 재판은 "직장총회나 협의회로부터 선거된 재판원에 의해 구성되어 진행"하게 되어 있었다. 즉 "국가재산에 대한 계속적으로 불성실한 태도, 로동규률을 위반한 때, 규정된 기준을 위반하고 불합격품을 생산한 때, 언사상, 또는 서면, 행동적으로 남에게 모욕적 불량행위를 감행한 때, 기업소 및 기관 재산의 약탈행위, 기타 국가, 사회적 요구에 전혀 응하지 않는 행위 등에 대하여 군중적, 동지적 비판을 준다"고 설명되었다. 해당 행위에 대해서는 경고, 사회적 공개, 제재, 물질적 손실의 변상 등을 시키고 행정 측에 해직을 제의하거나 직업동맹에 일정 기간의 출맹을 제의할 수도 있다고 하였다.374)

전시 노동통제가 극심한 노동력 부족 상황하에서 전후에도 계속 적용되었다고 할 수 있다. 더욱이 전전에는 관리 측과 직맹 사이에 맺어지고 있던 단체계약이 전후에는 1957년 체결 준비작업에 들어가기 시작할 때까지 정지되었다. 예를 들어 증산경쟁운동에서도 노동자의 생산의무만이 일방적으로 서약되고 관리 측의 책임은 문제가 되지 않았다.

---

373) 소련의 '동지재판소'에 관해서는, 塩川伸明, 『「社會主義國家」と 勞動者階級』, 東京大學出版會, 1984, 432~435·493~499쪽을 참조.

374) 정교섭, 앞의 논문, 108쪽.

2) 생산에 대한 당의 통제권한 부여

우선 생산에 대한 당의 통제권한이 부여되기 전에 유지되던 기존의 당에 의한 기업통제 체계를 보면 대규모 공장, 기업소도 기본적으로는 시·군당위원회의 지도 아래 놓여져 있었다. 그 이유는 당조직을 행정구역 단위로 보고 생산 단위로는 보지 않은 데 있다. 그러나 시·군당위원회는 기구나 지도 수준에서 경제적 지도를 수행하기에는 힘이 부쳤다. 대규모 공장 수준에서도 공장당위원회가 생산에 대한 당적 통제를 가하는 데는 역량상 한계가 있었다.375) 시·군당에는 공장당을 담당하는 부서가 없고 조직부 지도원 1명이 공장당 사업을 담당하고 있었다. 도당위원회에는 공업부가 설치되어 있었지만 중앙의 정책을 시달하는 역할에 머물고 조직관계에서도 공장당의 직접적인 상급 당단체가 아니었다. 당원 수 1,700명, 세포 수 40개를 넘는 대안전기공장의 경우 유급 당간부는 위원장, 부위원장, 지도원 2명을 합쳐 4명밖에 없었다.376) 사업 범위는 원칙적으로 정치, 사상사업에 한정되지 않을 수 없었다. 이러한 기본조건에는 변함이 없이 당에 의한 통제권한만이 주어진 것이다.

새로운 권한이 부여된 당단체는 행정 측에 대하여 공장, 기업소의 사정을 이해하기 위해 필요한 자료를 요구하여 행정간부로부터 사업상황을 청취할 수가 있고 사업상 결함을 시정하기 위해 구체적 방침을 직접 제시하거나 사업을 개선하기 위한 대책의 수립을 권할 수 있게 되었다. 특히 지배인은 생산활동 상황에 대하여 당위원회에 보고할 의무를 지게 되었다. 초급당위원회나 상무위원회는 정기적으로 지배인의 보고를 청취하고 또한 해당 결정서를 채택하여 지배인에게 사업을 개선하기

---

375) 박영근, 「우리나라에서 공장관리운영체계의 가일층의 완성」, 『경제연구』 1962년 제2호, 56쪽.

376) 김일성, 「새로운 경제관리체계를 내올 데 대하여―조선로동당 중앙위원회 정치위원회확대회의에서 한 연설」 1961.12.15, 앞의 책, 452~455쪽.

위해 구체적 대책을 수립하도록 권고할 수 있었다. 지배인 이외에도 직맹 간부나 주요 생산노동자로부터도 의견을 청취할 수 있게 되었다.[377] 당의 통제는 유일관리제와 대치되는 것이 아니라 반대로 유일관리제를 보강한다는 위치가 주어졌다. 당단체는 지배인의 지시를 전체 당원과 비당원에게 침투시켜 그 철저한 실행을 보장하고 그 과정에서 나타난 결함을 적발, 시정해야 한다고 강조되었다.[378] 그러나 당의 통제와 유일관리제 사이의 갈등관계는 해결되지 못하고 끊임없이 마찰을 일으키고 있었다.

한편 당내 부서 사이의 임무 분담 문제도 간단치 않았다. 공장당위원회를 직접 지도하는 상급 당단체는 해당 지역의 시·군당위원회이며 주요 관련부서는 노동부, 조직부, 선전선동부였다. 먼저 생산부문에 대한 당의 통제에서 중심이 되는 부서는 당노동부였다. 노동부는 도당 및 공장, 기업소가 많은 시·군당에 설치되어 있었다. 생산에 대한 당의 통제권한이 주어짐으로써 강화된 것은 노동부의 권한이었다고 할 수 있다. 그 명칭이 가리키듯이 노동부는 직맹에 대한 직접적 관할부서이지만 생산활동과 관련하여 지배인, 기사장, 직장장 등 관리 측 간부와의 사업이 새로운 임무로써 추가된 것이다. 종래 직맹이 전개하던 증산경쟁운동에 대한 지도, 통제 외에도 생산과 관련하여 행정간부로부터의 의견 청취, 생산계획수행 상황의 파악, 각종 생산관련 통계의 수집, 오작품 생산이나 사고, 생산계획의 미수행에 대한 원인 분석 및 대책 수립 등이 노동부의 임무였다.[379] 다음으로 조직부는 공장 내 초급당위원회의 당 내부 조직사업을 지도, 통제하는 사업을 담당해 왔다. 당회의의 진행 상황, 사업계획서 및 회의록의 작성 상태, 당비납부 상황 등을 점검하였다. 그 밖에 선전선동부도 주요 관련부서였다.[380]

---

377) 강심, 「정치사업과 경제사업의 올바른 결합은 당사업 성과의 기초」, 『근로자』 1954.5, 74~75쪽.

378) 위의 논문, 76~77쪽.

379) 위의 논문, 79쪽.

당의 통제권한을 도입하는 조치는 유일관리제와의 관계에서 마찰을 일으켰지만 직맹과의 관계에서도 문제가 되지 않을 수 없었다. 노동규율의 확립이 이 조치의 목적이었던 만큼 직맹의 권한이 약화되는 것이 불가피하였다. 8월 29~31일 '산업, 운수 및 건설직장 내 선동원회의'가 열렸다. 당선전선동부장 하앙천이 보고를 하였다.381) 하앙천은 종래 초급당단체의 지도 아래 직맹이 관장해 온 생산기업소 내 '정치선동사업'을 당단체가 직접 조직, 집행해야 한다고 주장하였다. 기업소 내의 직장민주선전실장 및 '브리가다 선동원'과 강사 그룹을 초급당위원회나 세포로부터 선발, 배치하고 선동활동을 위한 세미나, 경험교환회, 협의회 등도 직접 지도하도록 제안하였다.382) 당선전선동부의 지도 밑에서 이기는 해도 종래 직맹의 직접적 관할 아래 속해 있던 직장 내 선동사업을 당조직에 이관하는 조치였다. 국가사무기관, 교육문화기관, 협동단체, 유통부문에서도 생산기업소에 준하여 '선동원체계'를 새롭게 개편하게 되었다.383) 특히 '브리가다 선동원'은 생산의 가장 기초적 단위에서 노동자와 일상적으로 접촉하며 생산활동과 밀접한 관계를 가지고 있었기 때문에 그 선발, 배치 및 교육, 훈련사업이 직맹에서 초급당단체로 이관된다는 것은 직맹사업의 대폭 축소를 의미하였다.384)

그러나 직맹의 역할 축소에 대해서는 반론도 제기되고 있었다. 당노동부장에서 자강도당위원장으로 옮겨 간 김황일은 『근로자』 1954년 8

---

380) 위의 논문, 79~80쪽. 권희경, 「당단체의 경제사업 지도에서 나타나는 결함」, 『로동신문』 1955.6.4.

381) 『로동신문』 1954.8.30.

382) '작업반'의 의미를 갖는 러시아어 브리가다(Brigada)라는 용어를 그대로 쓰고 있었다.

383) 「산업, 운수 및 건설 직장 내 선동원회의에서 한 조선로동당중앙위원회 선전선동부장 하앙천동지의 보고」, 『로동신문』 1954.8.30.

384) 개편에 따른 '브리가다 선동원'의 새로운 임무에 관해서는, 사설 「선동원은 생산계획실행의 적극적 추진자」, 『로동신문』 1954.8.28, 사설 「브리가다 선동원에 대한 당단체의 지도를 강화하자」, 『로동신문』 1954.12.16.

월호에 생산직장 내 직맹의 역할에 관한 논문을 게재하였다. 김황일은 논문의 결론 부분에서 당단체는 인민경제 복구건설에서 직맹 등 근로단체의 역량에 의거해야 하여 근로단체의 특성과 자립성을 높여야 한다고 수장하였다. 그는 근로단체의 특성을 활용하여 그 자립적 역할을 높인다고 해서 그 사업에 과도하게 간섭하거나 대행하는 것을 의미하지는 않는다고 강조하였다.385) 김황일은 직맹을 직접 관장하고 있던 당내 실력자로서 직맹의 약화에 불만을 표명하였다고 생각된다.

더욱이 1954년 11월 당중앙위원회전원회의에서는 당농민부가 농업부로, 노동부가 산업부로 그 명칭이 바뀌고 농민동맹과 직업동맹 사업을 당조직지도부가 직접 장악하게 되었다. 근로단체에 대한 당내 관할부서가 바뀐 데 머물지 않고 근로단체에 대한 당의 통제가 한층 더 강화된 것이다. 노동부의 주된 사업 대상은 종래 직맹이 대표하는 노동자 쪽에서 지배인 등 관리 쪽으로 바뀐 것이라고 할 수 있다. 전체적으로 당의 경제부문에 대한 영향력이 확대되면서 근로단체의 자립성이 감소하고 당내 부서 간의 역할관계에도 변화가 생긴 것이다. 또한 1949년도 유일관리제가 실시되기 이전에 허가이에 의해서 도입되었으나 유일관리제 실시로 유명무실화해 있던 '당조직원제'가 활성화되었다. 일부 대규모 생산공장에 파견된 당조직원은 자기의 활동상황을 정기적으로 당중앙위원회에 보고하여 경제계획과제를 완수하는 임무에 대해 당중앙위원회 앞에 직접 책임을 지게 되었다.386) 당조직원은 당중앙위 조직지도부 소속이었다.

당시 당내 경제부서의 인사 변동 상황을 보면 1954년 3월 전원회의에서 중공업중시노선이 후퇴함으로써 당노동부장은 김황일에서 김승권으로 교체되고 김황일는 자강도당위원장에 임명되었으나 생산부문에

---

385) 김황일, 「생산직장 내 근로단체의 역할」, 『근로자』 1954.8, 46~47쪽.

386) 강심, 앞의 논문, 86~87쪽. 사설 「생산직장 내 당조직원」, 『로동신문』 1955.1.30. '당조직원' 제도는 1956년 4월 제3차 당대회에서 개정된 규약 제38조에 정식으로 규정되었다. 「조선로동당규약」, 『로동신문』 1956.4.29.

대한 당의 통제에 관해서 김황일은 여전히 적극적으로 발언하였다. 이 분야에서 김황일의 영향력은 손상을 받으면서도 유지되고 있었다.387) 자강도는 새로운 대규모 중공업공장이 다수 건설된 지역이기도 하였다. 함경북도당위원장 한상두도 이 분야와 관련하여 영향력을 행사한 간부였다고 할 수 있다.388)

1954년 11월 전원회의에서 김황일은 노동부에서 개편된 산업부장으로 복귀하고 한상두는 간부부장에 발탁되었다. 1954년 11월 당중앙위원회전원회의에서는 당조직지도부장 박금철, 간부부장 한상두, 산업부장 김황일과 3월 전원회의에서 검열위원장이 된 리효순을 중심으로 하여 김일성을 지지하는 새로운 국내계가 당지도부 내에 형성되었다고 앞에서 언급한 바 있지만 이 인사가 경제부문에서 당의 영향력이 증대하는 움직임과 관련하여 갖는 의미도 적지 않았다. 특히 박금철이 부장에 취임한 조직지도부의 역할 증대가 두드러졌다. 우선 당조직지도부는 당조직원제를 통하여 일부 대규모 공장을 직접 통제하고 또한 새롭게 근로단체를 직접 담당함으로써 경제부문에 대해 영향력을 확대하였다. 생산에 대한 당의 통제에 관해 적극적으로 발언해 온 김황일이 복귀하고 한상두가 중용되었다. 다만 조직지도부의 강화로 인하여 복귀한 김황일의 비중은 이전보다 낮아졌다. 한편 리효순은 개인상공업의 사회주의적 개조와 밀접한 관련을 갖는 반탐오·반낭비운동을 지도하게 된다.

---

387) 김황일은 다음과 같은 논문을 쓰고 있다. 「생산직장 내 근로단체의 역할」, 『근로자』 1954.8, 「당중앙위원회 3월전원회의 결정 실행을 위한 투쟁에서 얻은 경험」, 『로동신문』 1954.9.26, 「생산기업소들에서의 대중정치사업의 개선·강화를 위한 몇 가지 문제」, 『근로자』 1954.10. 김승권은 그전까지 당중앙위원에도 오른 기록이 없는 간부였다.

388) 한상두는 「생산기업소에서 초급당단체의 역할」, 『근로자』 1954.8, 「기업소 내 초급당단체의 생산에 대한 지도와 통제」, 『로동신문』 1954년 8월 20일 등 논문을 쓰고 있다.

3) 개인상공업의 사회주의적 개조와 '반탐오·반낭비투쟁'

1954년 11월 당중앙위 전원회의에서 농업협동화의 대중적 전개 방침이 나오면시 진 사회의 사회주의적 개조가 일정에 오르게 되었다. 당연히 혁명단계 규정과 관련하여 여러 견해가 분출하였다. 북반부만의 사회주의혁명은 남반부와 어떤 관련을 가지는가, 전 조선적으로 혁명단계는 어디쯤 와 있는가, 북반부만의 사회주의혁명 추진은 조국통일에 어떤 영향을 줄 것인가 등 복잡한 주제가 논점으로 떠올랐다.389) 이것은 농업집단화의 추진 템포, 경제복구노선의 방향과 얽히면서 정치적 대립의 요소도 잉태하고 있었다.

1955년 4월 1~4일 당중앙위전원회의는 이 문제에 결론을 내리고 북반부의 사회주의적 개조에 착수한다고 선언하였다. 이 회의에서는 "당원들의 계급적 교양사업을 더욱 강화할 데 대하여", "당 및 정권기관 내 일부 일꾼들에게 아직 남아 있는 관료주의를 퇴치할 데 대하여", "경제절약, 재정 및 자재 통제규율과 반탐오·반랑비 투쟁 강화에 대하여" 토의하고 해당 결정을 채택하였다.390) 이 회의에 맞추어 김일성 명의로 혁명단계에 관한 당중앙의 공식 테제가 발표되어 문헌토의 사업의 연구문헌으로 채택되었다.391) 당원의 계급의식을 높이고 계급투쟁을 치열히 전개할 필요성도 제기되었다. 우선 농업집단화는 개인농민의 토지소유권을 이전하는 것을 의미하였기 때문에 필연적으로 저항이 예상되었다. 이미 양곡수매사업에서 농민의 심한 반발에 부딪치며 우려는

---

389) 김일성, 「현계단에 있어서의 우리나라 혁명의 성격과 제1차5개년계획의 기본방향에 대하여─조선로동당 중앙위원회 정치위원회에서 한 결론」 1954.12.29, 『김일성저작집』 제9권.

390) 한천일, 「당중앙위원회 4월전원회의 문헌을 더욱 깊이 연구하자」, 『근로자』 1955.5, 19쪽.

391) 김일성, 「모든 힘을 조국의 통일·독립과 공화국북반부에서의 사회주의 건설을 위하여─우리 혁명의 성격과 과업에 관한 테제」 1955.4, 『김일성선집(1960년판)』 제4권. 『조선로동당력사교재』, 340쪽.

현실이 되고 있었다. 특히 치열한 계급투쟁을 강조하게 된 것은 1954년 말에서 1955년 초에 걸쳐 양곡수매사업의 경험이 크게 작용하였다. 원래 소농경영과 소상품생산 및 유통 양곡은 직접적인 관계에 있었던 만큼 농업집단화와 동시에 개인상공업의 사회주의적 개조도 현실적 일정에 오르게 되었다. 개인상공업자를 협동경리에 편입시키기거나 노동자, 사무원으로 개조하는 정책이 취해지는 한편 양곡수매사업의 개시와 함께 개인 양곡상을 금지한 정책에서도 알 수 있듯이 농업집단화 과정에서 소농경리와 소상품생산 및 유통과의 관계를 차단하는 것이 가장 중요한 작업이었다.

또한 전 사회의 사회주의적 개조가 일정에 오른 이상 '새로운 생산관계'에 적합한 소유의식을 확립하는 것도 절실한 과제였다. 무엇보다도 국영기업이나 협동단체 내에서 재정규율과 통제를 강화하는 일이 중요하였다. 더욱이 개인상공업이 아직 허용되고는 있으나 사회주의적 개조에 장해가 되는 사적 소유욕이나 소유관념을 직접 재생산하는 근원이기도 하기 때문에 구체적인 소비 및 생활과정을 통해 일반노동자, 사무원에 대한 개인상공업자의 영향을 차단하는 것도 요구되었다. 4월 전원회의에서 김일성은 이른바 '반탐오·반낭비 운동'을 제창하였다.[392] 김일성은 탐오, 낭비를 범한 사람에 대해 교화소에 넣는 것을 중심으로 삼지 말고 '자백운동'을 전개하는 데 중점을 두어야 한다고 주장하였다.[393] 이 운동은 1951~52년 사영상공업을 규제하기 위해 중국에서 실시한 바 있는 '3반·5반 운동'을 참고로 하였으며 1952년 당시 북조선에서도 전시 재정 규율 확립을 위하여 유사한 운동을 전개한 바 있다.[394] 4월

---

392) 김일성, 「사회주의혁명의 현계단에 있어서 당 및 국가사업의 몇 가지 문제들에 대하여-조선로동당중앙위원회전원회의에서 한 결론」 1955.4.4, 『김일성선집(1960년판)』 제4권, 276쪽.

393) 위의 책, 276쪽.

394) 김일성은 4월 전원회의에서 행한 결론 속에서 마오쩌뚱을 인용하여 중국의 영향을 암시하고 있다. 김일성, 위의 책, 262쪽. 『로동신문』 1952년 2월 25일에 게재된 「중국에서의 반탐오·반랑비·반관료주의운동」이라는 제목의 기사는 중

전원회의 이후 계급의식을 높이기 위한 각종 집회가 전당적으로 진행되었다. 종래의 당원학습회도 강화되고 학습 체계와 내용이 전면 개편되어 '비판'과 '자기비판'이란 형식으로 '비계급적' 현상과의 '사상투쟁'이 연일 행해졌다.[395] 당초 김일성의 결론이나 4월 전원회의에 관한 그 밖의 논문 속에서 '자백운동'이 강조되고는 있었으나 초기부터 적극적으로 추진된 것은 아니었다.[396] 반탐오·반낭비운동은 경제활동에 대한 통제와 검열을 강화하고 경제절약의 효과를 극대화하는 데 의도가 있었다. 전체 생산비와 건설비 중에서 자재 및 설비에 대한 지출이 76.6%에 달하여 자재 및 설비의 절약이 절실히 요청되고 있었다. 극심한 노동력 부족 상태에서 약간의 노동력 절약에도 큰 경제적 효과가 기대되고 있었다.[397] 초기에는 경제기관 내 근무자 상호 간의 '비판'과 '반비판'이란 형식을 통하여 일부 간부의 부정을 폭로, 적발하는데 중점이 놓여졌다.[398]

당시 국가검열상은 최창익, 부상은 서휘로서 반탐오·반낭비운동을 지도하는 내각 쪽 책임자의 위치에 있었고 당검열위원장은 리효순으로서 당 쪽 책임자의 위치에 있었다고 할 수 있다. 연안계 최창익이 중국의 경험을 참고로 이 운동을 추진했다고 생각된다. 일찍이 1952년 6·25전쟁 시기에 그는 재정상으로서 중국의 3반·5반운동을 참고로 하여

국의 '3반·5반운동'에 관해서 상세히 전하고 있다. 다만 1952년도의 경우 북조선에서는 자백운동이란 방법은 쓰지 않았다.

395) 김남식, 「북한 공산화과정과 계급노선」, 『북한공산화과정』, 고려대아세아문제연구소, 1972, 166쪽. 『조선로동당력사교재』, 341쪽. 『조선전사』 제28권, 257~258쪽.

396) 한천일, 앞의 논문, 28쪽.

397) 머리말, 「경제절약과 반탐오·반낭비투쟁을 전군중적 운동으로 전개하자」, 『경제건설』 1955.6, 6~7쪽.

398) 김태근, 「반탐오·반낭비투쟁은 사상투쟁이다」, 『로동신문』 1955.7.3. 4월 전원회의 이후 당원학습회에서는 당원의 결함을 수집하고 비판하며 당원 상호 간에 비판과 반비판을 전개하는 것이 일상화되었다. 「당생활문답─4월 전원회의 문헌연구 그루빠에서 학습을 어떻게 진행할 것인가」, 『로동신문』 1955.6.16. 머리말, 「경제절약을 강화하여 엄격한 관리질서를 확립하자」, 『인민』 1955.5.

재정규율을 확립하기 위해 반탐오·반낭비운동을 추진한 경험을 갖고 있었다. 초기 운동은 최창익이 주도했을 것이다. 그러나 반탐오·반낭비운동과 관련하여 당과 정부 내에 이견이 생기고 있었다. 『근로자』 1955년 7월호에 '4월 전원회의 문헌연구사업'의 실태를 비판하는 논설이 게재되었다. 논설은 "당원들의 준비정도, 생산활동, 개인생활들에 대한 고려도 없이 밤을 밝혀 가면서 며칠씩 회의와 학습을 계속"하는 경우도 있어 "자기의 과오를 고백하도록 당원들에게 강요하는 경향"과 "많은 간부를 단꺼번에 교체하는 것으로써 사업을 개선하여 보려는" 경향도 파생하고 있다고 비판하였다.399) 또한 『근로자』의 같은 호에는 연안계인 평양시당위원장 고봉기도 진행 중인 반탐오·반낭비운동의 여러 문제점을 비판하는 글을 게재하였다. 고봉기는 탐오, 낭비, 횡령, 절취행위를 적발하는 데 급급한 나머지 "부정확한 근거를 가지고 일꾼들의 범행을 운운하거나 이에 대한 무원칙한 트집을 일삼으며 호상간에 의심의 분위기를 전파, 조장"하는 경향이 생겼다고 지적하였다.400) 그는 진행 중인 4월 전원회의 문헌연구사업이 재정, 경제 활동에서 "결함의 적발과 그에 대한 추궁만"으로 끝나고 "범행에 대한 적발 건수의 다소로써 회의의 성과를 평가하려고까지" 한다고 비판하였다. 일부 당단체는 회의를 "일꾼들을 의심하여 중상하는 방향에서 진행"함으로써 "마치도 공판정과도 같은 분위기를 조성하였으며 회의 연단을 진술과 고백의 장소로 만들었고" 이러한 당단체는 "지목된 당원들에 대하여 탐오, 랑비한 범행의 진상을 추궁하며 또 진술과 고백을 강요하며 혹은 지나친 권고와 호소로써 결함을 토론하도록 압력을 가했다"는 것이다. 그는 "탐오, 랑비는 사람들에 의하여 감행된 것만은 사실"이지만 "탐오, 랑비, 횡령할 수 있는 틈을 조성하여 준 것은 재정, 경제 활동에서의 제도의 결여

---

399) 「당중앙위원회 4월전원회의 결정 집행을 위한 몇 가지 문제」, 『근로자』 1955.7.25, 12쪽.

400) 고봉기, 「반탐오·반랑비투쟁과 당단체」, 『근로자』 1955.7.25, 67쪽. 당시 고봉기는 '중앙반탐오·반낭비투쟁위원회'의 위원이었다. 고봉기는 이에 대해 소극적인 태도를 취했다고 한다. 『김일성의 비서실장 고봉기의 유서』, 76쪽.

와 무규률과 무질서"라고 그 원인을 분석하며 운동의 방향을 제도와 질서의 확립에 돌려야 한다고 주장하였다.401) 그것은 반탐오·반낭비운동을 "증산과 절약을 위한 전 군중적 운동"으로 전개하여 운동의 경제적 효과를 극대화시키자는 방향이었다.

그러나 운동 개시 후 4개월 만인 8월 5일 최창익이 국가검열상에서 경질되고 당검열위원장 리효순이 국가검열상이 되어 운동을 총지휘하게 되었다.402) 당검열위원장에는 주소대사에서 귀국한 연안계의 림해가 취임하였다. 8월 20일『로동신문』과『민주조선』에 각각 '자백운동'의 대중적 전개를 주장하는 사설이 게재되었다. 리효순이 운동의 총지휘자가 됨으로써 반탐오·반낭비운동을 새로운 방향에서 전개, 확대한다는 신호였다.403) 반탐오·반낭비투쟁은 "전 인민적 사상개조운동" 내지 "심각한 사상투쟁"이라고 규정되고 당분간 운동은 "관대한 교양 및 징벌의 방침"을 결합하여 "자기의 죄행을 양심적으로 자백하여 투쟁에 열성적으로 참가하는 사람에 대해서는 관대히 취급하며 범한 죄과를 자백하지 않는 자, 범한 죄과를 허위 자백하는 자, 자백한 후 과오를 반복하는 자들에 대하여서는 엄중히 취급하는 원칙 위에" 진행한다고 하였다. 특히 "자백하지 않는 자들에 대하여 당회의, 군중회의, 개별적 검토 등 각종 방법을 적용하여 범죄행위들을 제때에 적발, 처리하여야 한다"고 강조되었다.404) 7월경 나온 비판과는 다른 방향을 향하고 있었다.

새로운 운동방향은 "탐오, 랑비분자들에 대한 광범한 대중의 밑으로부터의 폭로와 적발운동을 조직함과 동시에 위로부터의 통제와 검열과 단속을 강력히 조직, 전개하여야 한다"는 것, 즉 "위로부터와 밑으로부터의 이중의 압착"을 조직함으로써 탐오, 낭비분자가 "자기의 정체를 국

---

401)『김일성의 비서실장 고봉기의 유서』, 68~71쪽.

402) 그 직전에 리효순은『로동신문』에 논문을 게재하였다. 리효순,「당원들의 신소는 제때에 정확히 처리되어야 한다」,『로동신문』1955.8.4.

403) 사설,「자백운동을 대중적으로 전개하자」,『로동신문』1955.8.20. 사설,「탐오·랑비에 대한 자백운동을 군중적 투쟁으로 전개하자」,『민주조선』1955.8.20.

404) 위에서 인용한『로동신문』,『민주조선』의 사설.

가와 인민 앞에 솔직히 드러내 놓지 않고는 견딜 수 없게" 하는 것이었
다.405) 리효순도 『로동신문』 9월 2일자에 논문을 써서 운동을 독려하
였다.406) 그의 논문을 통하여 운동을 강력히 추진하기 위해 '반탐오반
낭비투쟁위원회'가 조직되었음이 밝혀졌다. 반탐오반낭비투쟁위원회는
관할지역 내 투쟁에서 발생하는 제반 문제를 해결할 목적으로 도, 시,
군당에 조직되어, 탐오, 낭비분자를 최종적으로 심사, 결정하는 권한이
주어졌다.

자백운동은 격렬하게 진행되었다. 절취, 횡령, 사기 등 일체의 탐오
와 낭비는 부르주아적 이기주의의 표현이기 때문에 반탐오·반낭비투
쟁은 "로동계급 의식과 자본계급 의식과의 투쟁"이고, "일제 사상잔재와
자본주의적 영향을 퇴치하는 사상개조운동"이라고 규정되었다. 자백운
동이 한창일 때 나온 논설은 다음과 같이 쓰고 있다.407)

> 국가와 인민의 재산을 략취, 횡령, 도적질하는 탐오, 랑비분자들의 주위에
> 군중의 도덕적 총 뽀이꼬트와 증오의 분위기를 조성하여 이자들로 하여금
> 전 인민적 모욕과 제재와 저주를 받게하며 그들의 죄행은 반혁명적이고 비
> 렬하며 수치스러운 행동이라는 전인민적 락인을 받도록 계급적 사상교양
> 사업과 사상동원사업을 전개해야 한다.

자백운동은 개인상공업의 제한정책과 결부되어 수행되었기 때문에
상업유통분야에서 가장 활발하게 진행되었다.408) 자백운동이 전개되

---

405) 조명신, 「자백은 국가에 대한 정직과 성실의 표시이다」, 『민주조선』 1955.9.1.

406) 리효순, 「전인민적 운동으로 반탐오·반낭비투쟁을 강력히 조직·전개하자」,
『로동신문』 1955.9.2.

407) 「반탐오·반랑비투쟁과 자백운동」, 『인민』 1955.10, 20쪽.

408) 김남식, 앞의 논문, 181~183쪽. 공식매체에 소개된 몇 개의 예도 이 점을 강조하
였다. 국가 및 소비조합상업부문의 예는, 김찬, 「재정규률 및 반탐오·반랑비투
쟁의 강화를 위한 지도사업」, 『인민』 1955.9 참조. 강계시당의 예로는, 「엄격한
제도와 질서의 확립은 탐오·랑비를 방지한다」, 『로동신문』 1955.10.29, 사리원
시당의 예는, 「자백운동을 강력히 추진하고 있다」, 『로동신문』 1955.12.1.

는 와중에 8월 23일 「개인상공업허가에 관한 규정」이 공포되어 금지업
종과 허가업종을 새롭게 정하고 새로 상공업을 경영하고자 하는 사람에
게 신규허가를 실시하며 이미 허가, 등록된 사람에게는 재교부하는 조
치를 9월 1일부터 실시하기로 하였다.[409] 이 규성의 목적은 개인상공
업자가 지방원료를 사용하여 일용품생산을 더욱 확대할 수 있도록 하는
데 있었으나 개인상공업 전반을 정리하는 효과도 노리고 있었다. 8월경
에는 당중앙위에 상업재정협동단체부가 신설되고 사회부장 김용진이
임명되었다.[410] 상업, 재정부문의 규율과 통제를 강화함과 동시에 개
인상공업의 사회주의적 개조를 본격화하기 위한 것이었다. 상업재정협
동단체부가 설치됨으로써 가장 직접적으로 영향을 받은 것은 연안계의
윤공흠이 상직에 있던 상업성이었다. 윤공흠은 국영상업과 개인상업을
동시에 발전시키자고 주장하여 개인상공업의 사회주의적 개조에는 소
극적이었다고 말해진다.[411] 김용진은 같은 연안계의 윤공흠을 견제하
는 역할을 했다고 할 수 있다.[412]

수공업자 및 개인상공업자의 사회주의적 개조는 1955년 1년간 총
수 기준으로 39.5%에서 59.4%로 급격히 증가하였지만 1956년에는
거의 증가하지 않았다.[413] 이것은 개인숭배 비판을 통한 연안계와 소
련계의 반격과 관련되어 있다. 더욱이 상업부문에서 자백운동이 얼마나
심했는지는 1954년도에 국영상업망은 1,628개에서 2,842개로 급증하

---

409) 『민주조선』 1955.9.4.

410) 사회부는 조국전선 산하의 사회단체를 담당하는 부서로서 종래 통일전선 공작
의 측면에서 소비조합, 생산협동조합 등도 지도해 왔다. 그러나 사회부를 폐지
하고 경제적 측면으로 중점을 옮겨 소비조합, 생산협동조합도 포함하여 상업,
재정부문까지 지도하는 부서를 신설한 것이다.

411) 지운섭, 『우리나라에서 개인상공업의 사회주의적 개조』, 조선로동당출판사(평
양), 1960, 120쪽.

412) 김용진도 1955년 12월 정두환으로 교체되었다. 김용진은 연안계 숙청 후에도 살
아남은 드문 예에 속한다. 그 후 그는 자강도당위원장, 평양시인민위부위원장,
위원장, 황해북도인민위원장 등을 역임하였다.

413) 지운섭, 앞의 책, 119쪽의 표.

였는데 1955년도에는 거꾸로 감소한 사실에서도 나타난다. 자백운동의 결과 상업부문에 종사하기를 꺼리고 전직을 희망하는 현상이 생겼기 때문이다. 1955년도에 소비조합 상업망이 증가한 것은 개인상공업의 사회주의적 개조가 진행되었기 때문이다.414) 리효순은 1955년 12월 당 간부부장으로 영전하였다. 자백운동의 공적이 인정되었을 것이다. 당시 반탐오·반낭비운동이 얼마나 격심했는지는 예컨대 평안북도에서 1956년 4월 현재 과거 2년간 '도당 취급대상 간부'의 59%가 인사 이동되었다는 사실에서도 알 수 있다.415) 농업집단화를 위한 중앙당 집중지도가 동시에 진행되고 있었기 때문에 지방당, 인민위원회 간부가 대대적으로 교체되고 있었다. 양강도당 내 시·군당위원회의 지도원급 간부 가운데 정치사업 경험 2년 미만자가 53%, 전체의 현직 연한은 평균 1년 2개월, 반수가 6개월 정도였다.416)

4) 당경제부서의 변화와 당사업에서 '행정대행' 문제

1954년 11월 전원회의에서 노동부로부터 개편된 산업부는 가장 중요한 당내 경제부서였으나 중앙의 경제 관계 각성을 통제하는 권한은 부여받지 못하였다. 여전히 경제정책을 실행하는 데 중앙 성·국이 주도권을 가지고 있었고 특히 국가계획위원회의 영향력이 절대적이었다. 생산에 대한 당의 통제권은 공장, 기업소 등 생산직장 내에 한정되고 있었다. 1955년 10월 21일 '당 및 정부의 지도일꾼회의'에서 김일성은 국가계획위원회를 공격의 도마 위에 올려 공업부문에서 여러 과오를 비판하였다.417) 중앙의 정부나 경제기관에 대한 당산업부와 상업재정협동

---

414) 김남식, 앞의 논문, 183쪽의 표. 출전은 『조선중앙연감(1954~55년판)』, 30쪽.

415) 「김일성동지 림석하에 평안북도 당대표회를 진행」, 『로동신문』 1956.4.12.

416) 량강도당위원장 조영, 「시·군당위원회 기관사업을 더욱 강화하기 위하여」, 『로동신문』 1956.8.31.

단체부의 당적 통제가 약하고 지방 당단체에서도 산업부문에 대한 당적 통제가 잘 되지 않는 점 등을 지적하였다.418) 김일성은 생산에 대한 지도를 강화하기 위하여 당중앙위원회의 경제관련 부서를 중공업부, 경공업 및 유통부, 건실운수부로 개편하도록 제안하였다.419)

　실제로 당부서의 개편조치는 김일성의 제안대로는 실시되지 못하며, 1955년 12월 2~3일 당중앙위전원회의에서 종래의 당산업부가 폐지되고, 공업부와 건설건재운수부로 분리, 신설되었다. 경공업과 중공업 일반을 공업부가 담당하되, 중공업에서 건설건재운수부문만을 분리하여 건설건재운수부가 신설된 것이다.420) 이 당내 경제부서의 확대조치는 실무적 필요성 이외에 소련계 박창옥이 위원장이던 국가계획위원회를 견제하려는 정치적 의도가 더 강했다고 할 수 있다. 공업부장직에는 리종옥이 임명되었고, 건설건재운수부장직에는 노동부장을 역임하고 산업부장직에 있던 중공업 중시론자 김황일이 임명되었다. 더욱이 1956년 1월 국가계획위원장이 박창옥에서 리종옥으로 교체되어 일단 박창옥 제거의 목적은 달성되었기 때문에, 후임 공업부장에는 정치적 비중이 낮은 백홍권이 임명되었다.421) 1956년 12월 백홍권이 사망한 뒤 1956년 12월 전원회의에서 공업부와 건설운수부는 산업부로 다시 통합되어 이후 당내 경제부서는 1955년 12월 이전 상태로 되돌아가게 되었다고 생각된다. 한편 지방 당 수준에서 경제부서의 추이를 보면 1955년 말까지 도당에는 산업부, 농업부, 상업재정협동단체부가 설치

---

417) 김일성, 「인민경제계획을 세우는 데 대응하여 나타난 결함과 그것을 고치기 위한 몇 가지 과업에 대하여」, 『김일성저작집』 제9권. 제4장 제4절의 3에 있는 경제부문에서 소련계 비판에 관한 서술을 참조.

418) 김일성, 위의 책, 426~429쪽.

419) 위의 책, 438~440쪽.

420) 「조직문제에 대하여－12월 전원회의 결정서 1955년 12월 2~3일」, 『결정집 1955년도 전원회의, 정치－상무위원회』, 60쪽. 이미 1955년 중반에 사회부가 폐지되고 상업재정협동단체부가 신설된 조치도 추인되었다.

421) 백홍권은 국가계획위부위원장을 역임한 실무형관료로서 제3차 당대회에서 처음 당중앙위 후보위원에 선출되었다.

되어 1957년 당시까지도 유지되고 있었다.422) 도당의 경우 사업범위
가 넓기 때문에 경제부서는 당중앙위원회의 직제와 일치하고 있었다.
따라서 중앙에서의 직제 개편은 직접 도당의 직제에 반영되었다. 단지
1955년 12월 경제부서 개편이 지방 당에서 어떻게 행해졌는지는 명확
하지 않다. 산업부가 분리, 재통합된 1956년도 1년간 지방 당 경제부서
의 실태를 보여 주는 기록은 공식매체에도 나타나지 않는다. 개편이 이
루어졌다 해도 시간상의 제약 때문에 실제 운영은 이전과 변함이 없었
다고 생각된다.

시·군당 수준을 보면 공장, 기업이 많은 지역의 경우 산업부가 설
치되어 있었지만 일반적으로는 경제부서가 별도로 설치되지 않았다. 대
부분의 군당은 조직부 지도원을 통하여 해당 지역 내 공장당위원회를
지도하였다. 그러나 군당 수준에서 조직부 지도원은 일반 정치간부로서
부문별로 전문화되어 있지 않았다. 대부분의 경우 군당 자체의 판단에
따라 사업상 효율을 올리기 위해 산업, 농업, 사무직장 등 부문별로 지
도원을 분담, 배치한 정도였다.423) 군당 내에 경제부서를 설치해야 한
다는 요구는 계속 제기되었지만 하부 수준으로 내려갈수록 당의 행정대
행이 격심하기 때문에 실시되지 않았다. 오히려 1958년 3월경 공장이
많은 일부 지역에서 군당의 산업부도 폐지되었다.424)

한편 생산에 대한 당의 통제권한이 부여되고 나서 당의 행정대행에
대한 비판도 잦아졌다. 새로운 방식을 도입하면서도 기존 지배인 측 저
항을 무시할 수 없었다. 함경북도당위원장 한상두는 "생산사업 지도를
경제기관의 손을 거치지 않고 경제문제를 직접 가로맡아 가지고 그를
대행"하며 "광범한 당원대중에 의거하여 사업하지 않고 몇몇 행정측 간
부들만을 대상으로 하여 생산통계를 받으며 생산정형을 문의하고 독촉"

---

422) 『김일성저작집』 제11권, 96·162쪽.

423) 「군당위원회지도원의 사업」, 『근로자』 1956.11, 129쪽.

424) 김일성, 「당사업을 개선할 데 대하여-도·시·군당위원장들과 인민위원회위
    원장들 앞에서 한 연설」 1958.3.7, 『김일성선집(1960년판)』 제5권, 404쪽.

하는 등 "그릇된 방법"이 유행하고 있다고 비판하였다. 옳은 방법은 "부
과된 경제과업의 성과적 수행을 정치적으로 보장하는 것", 즉 "지배인의
사업을 정치적으로 협조·보장하는 것"으로 그것이 "경제사업과 정치사
업을 올바로 결합시키는 것"이라고 설명하였다.425)

유일관리제의 원칙은 여전히 전면에 내세워져 "기업관리운영에 대한
일체의 책임이 위임되어 있는 기업소지배인의 유일한 지도에 의하여 전
체 집단이 지배될 것을 요구한다"고 강조되고 당의 지도와 통제를 강화하
는 목적은 어디까지나 유일관리제의 확립에 두어졌다. 단지 유일관리제
를 확립한다고 하여 당 일군이나 노동자의 창의적 제의를 묵살하거나 단
독적 주관에만 의존하는 것은 "관료주의"이며 유일관리제를 집단적 협의
와 결합시켜야 한다고 주장되었다.426) 당의 통제권을 부여한 당초부터
마찰이 일어나 실시 이후에도 문제는 끊임없이 생기고 있었다.

유일관리제와 당적 통제의 관계를 둘러싸고 당지도부 내에서도 논
란이 일어나 잠정적으로 결론이 내려졌다고 생각된다. 1954년부터 55
년에 걸쳐서 이 문제는 공식매체에서 가장 많이 거론된 쟁점이었지만
1954년 8~9월경부터는 일정한 견해가 정착하기 시작하였다. 경제에
대한 당의 지도에서 두 가지 잘못된 방법을 모두 물리쳐야 한다는 논리
였다. 하나는 당의 지도는 정치적 지도라고 하여 경제에 대해 무관심하
거나 경제로부터 물러나 당의 정치사업을 경제사업으로부터 분리하는
것이고, 또 하나는 생산에 대하여 책임이 있다고 하여 당의 정치사업을
방치하고 경제간부의 사업을 대행하여 관리 측 사업에 간섭하는 것이었
다.427) 당단체는 "정치적 지도기관"이라 하여 국가 및 경제기관에 대한
지도는 "자기에게 고유한 방법", 즉 "정치적 방법"으로 해야 한다고 강조

---

425) 한상두, 「생산기업소에서 초급 당단체의 역할」, 『근로자』 1954.8, 49쪽 ; 동 「기
   업소 내 초급 당단체의 생산에 대한 지도와 통제」, 『로동신문』 1954.8.20.

426) 김호, 「기업관리에서의 유일관리제」, 『로동신문』 1954.8.31.

427) 사설 「당일꾼은 경제사업으로부터 물러설 수 없다」, 『로동신문』 1954.8.29, 사설
   「정치사업과 경제사업은 분리할 수 없다」, 『로동신문』 1954.9.2, 사설 「생산에
   대한 당적 지도를 개선하자」, 『로동신문』 1954.9.23.

되었다.428)

위에서 말한 두 가지 잘못된 방법이란 각각 당이 행정을 대행해서는 안 된다는 지배인 쪽 입장과 당은 경제지도로부터 물러서서는 안 된다는 당 쪽 입장을 대변하고 있었다. 이것을 지배인 측 태도로부터 설명하면, 하나는 당의 통제를 유일관리자의 권한 약화나 위신 훼손으로 간주하여 그것을 기피, 반대하는 경향이고 또 하나는 당의 통제를 받는다고 해서 수동적으로 되어 유일관리자로서의 권한과 임무를 수행하려 하지 않는 경향이었다.429) 공장관리와 관련하여 당단체와 지배인의 불화는 일반화하여 1955년 3월 『로동신문』도 '당생활문답'이라는 난에서 이 문제를 취급할 정도였다.430) 이 난에서 기업소 지배인은 "자기가 유일관리자라 하여 그들의 사업 수행에는 누구든지 간섭할 수 없다"고 주장하는 데 대하여 초급당단체 간부는 "행정일꾼이 당원이면 당원으로서 응당 당단체에 복종해야 한다"고 하며 당단체에는 "행정에 대한 당적 통제의 권리가 있다"고 주장한다. 이러한 실정하에 당간부와 행정 간부가 "서로 자기가 더 높다고 싸운다"는 쟁점을 거론하고 있다. 특히 생산계획 수행을 위한 공장 종업원의 인사이동과 관련하여 노동자인 당원에 대한 인사권이 초급당위원회에 있는 것인가, 유일관리자로서의 지배인에게 있는 것인가 하는 논란이었다. 결론은 유일관리자는 공장 내 사업에 대하여 완전한 책임을 지지만 당단체의 의견을 무시하여 단독으로 처리해서는 안 된다는 절충적인 것이었다. 유일관리제의 확립과 집행은 당단체, 사회단체, 광범한 열성자에 의거하여 비로소 가능하고 경제간부와 당간부가 진정으로 올바르게 행동하면 둘 사이에 본질적인 의견 차는 생길 리가 없다는 것이었다.431) 처음부터 유일관리제

---

428) 사설 「정치사업과 경제사업은 분리할 수 없다」, 『로동신문』 1954.9.2.

429) 리일경, 「경제사업에서의 유일관리제와 당적 통제의 강화를 위하여」, 『근로자』 1955년 9월호, 57쪽.

430) 「당생활문답」, 『로동신문』 1955.3.28.

431) 위의 글.

와 당의 통제 사이에 모순은 없다는 대전제가 성립하여 일관해서 유지
되고 있었던 것이다.

그러나 두 가지 잘못된 방법이 존재한다는 기본적 입장이 견지된 채
로 1957년 초에 큰 변화가 일어날 때까지 이 문제는 계속해서 낭, 정부
내의 쟁점이 되었다.432) 오히려 어떤 의미에서 그것은 관리 측과 당 측
둘 사이에 긴장과 상호견제를 유지하려는 의도의 산물이기도 하였다.
유일관리제와 당적 통제는 경제에 대한 "국가행정적 지도"와 "당적 지도"
의 두 측면으로 이는 "서로 융화하지도 않고 대립하지도 않는다"는 견해
였다. 바꿔 말하면 당단체와 행정 측이 각각 부여된 권한과 임무를 수행
하지 않고 사업상의 결함을 상호 "융화, 묵과"하면서 "무원칙한 연계를
맺는" 경향에 대하여 경계하는 것이기도 하였다.433) 우선 일부 초급당
단체 간부는 지배인의 사업상 잘못에 대하여 당적 책임을 추궁하지 않
는다고 비판되었다. 예컨대 지배인이 생산계획 목표를 낮게 세우고 필
요 이상으로 높은 자재소비 기준을 작성하여 재정을 낭비하는 행위에
대하여 묵과하며 지배인의 위신을 손상시키려 하지 않는 등 경향이다.
또한 지배인 측에도 일부 당간부의 무원칙한 행정간섭 행위에 대하여
무조건 복종함으로써 당단체와 원만한 관계를 유지하려 하는 경향이 있
다고 지적되었다.434) 일부 기업간부가 "기관본위주의"에서 불필요한

---

432) 1955년도에도 이 문제는 『로동신문』, 『근로자』지상에 가장 빈번히 등장한 주제였
다. 수많은 기사 이외에 주요 사설과 논설 및 논문은 다음과 같다. 「당사업에서의
행정화란 어떤 것인가」, 『로동신문』 1955.2.26, 「당생활문답-행정사업에 대한 당
적 통제와 유일관리제」, 『로동신문』 1955.3.28, 정봉구, 「경제계획 실행과 생산직
장 내 초급당단체」, 『로동신문』 1955.4.14, 사설 「당일꾼들은 경제사업 지도에서
물러설 수 없다」, 『로동신문』 1955.5.31, 권희경, 「당단체들의 경제사업 지도에서
나타나는 결함」, 『로동신문』 1955.6.4, 사설 「생산에 대한 당적 통제」, 『로동신문』
1955.8.22, 정지환, 「경제사업에 대한 당적 통제」, 『로동신문』 1955.9.22일, 리일경,
「경제사업에서의 유일관리제와 당적 통제의 강화를 위하여」, 『근로자』 1955.9,
사설 「경제에 대한 당적 지도의 개선」, 『로동신문』 1955.10.30, 김태근, 「대중에의
의거는 생산사업에 대한 당적 통제의 기본조건」, 『근로자』 1956.2.

433) 리일경, 앞의 논문, 『근로자』 1955.9, 63쪽.

434) 위의 논문, 64쪽.

원료, 자재를 숨기고 과대한 청구서를 제출하거나 생산량에 대한 허위 숫자를 보고하는 등 행위를 당간부가 "융화, 묵과"하는 움직임에 대해서도 비판이 이루어졌다.435) 당과 정부 상층부는 경제목표 달성을 위해 지배인과 당단체를 서로 감독, 견제시키면서 생산을 독려하려 하는 데 대하여 중간관리자로서의 지배인과 당간부는 서로 타협적 관계를 맺음으로써 상호 안전을 꾀하여 위로부터의 요구에 대응하려고 한 것이다. 이러한 타협을 막기 위해서 유일관리 책임자로서의 지배인과 당적 통제 실행자로서의 당단체가 경제적 성과를 달성하기 위하여 "서로 다른 기능과 권한을 남김 없이 발휘, 행사"해야 한다고 촉구되었다.436) 또한 당단체가 행정간부의 사업상 결함과 오류에 대하여 융화, 묵과하는 것이 지배인의 위신과 유일관리제를 강화하는 것 같이 간주하는 경향을 버리고 그것을 대담히 폭로, 비판하도록 독려되었다.437)

한편 당의 통제는 "위로부터의 행정적 지시"에 대한 "밑으로부터의 대중적 통제"라고 하는 견해도 등장하였다. 당의 통제란 생산과제의 수행에서 지배인과 동등한 권한과 책임을 공장당위원장에게도 부여한다는 내용을 가지고 있었지만 공장 행정관리기구의 규모에 비하면 상근자 수 등에서 공장당위원회의 규모는 훨씬 작았기 때문에 행정적 방법을 가지고 권한을 행사하는 데는 당단체의 조직역량상 한계가 있었다. 또한 당의 행정대행이나 행정추종 등 또 다른 관료주의를 야기하고 있었다. 행정조직을 통한 명령계통 이외에 당조직을 통한 별도의 통제계통을 마련한다고 해도 양자 간에는 질적 차이가 요구된 것이다. 당의 정치적 지도에 대해 "생산 및 경영관리 활동에의 대중의 인입, 그들의 집단적 지혜와 대중적 창조력의 동원"이라는 위치를 부여하며 당의 통제는 당조직과 광범한 대중의 집단성에 의거해야 한다고 하는 주장은 행정조

---

435) 김태근, 「대중에의 의거는 생산사업에 대한 당적 통제의 기본조건」, 『근로자』 1956년 2월호, 102~103쪽.

436) 리일경, 앞의 논문, 64쪽.

437) 김태근, 앞의 논문, 103쪽.

직과의 차이에 대한 요구를 만족시키기 위한 것이었다.438) 대중을 당
적 통제에 끌어들이는 수단으로서 공장, 세포의 각종 '당회의', 공장, 직
장의 '종업원회의', '행정기술협의회', '생산협의회' 등을 활발히 진행하
도록 권장하였다. 밑으로부터의 신소, 제의나 직장신문, 벽신문을 통한
비판 등도 중요한 수단으로 들어졌다.439)

이러한 견해는 당단체의 직접 관할하에 있는 각종 당회의 이외에도
공장 경영, 관리나 생산기술상의 문제를 토의하기 위해서 지배인 직속
의 자문협의기구로서 운영되어 온 행정기술협의회, 직맹의 주도하에 증
산 결의나 생산현장의 문제해결을 위해 직장, 작업공정별로 진행하고
있는 생산협의회 등 기존의 대중적 회의형식에 당이 적극적으로 관여하
는 것을 뜻하였다. 이것은 당은 행정관료조직이 아니라 대중적 정치조
직이라는 인식에 의거하고 있지만 근본적으로 "밑으로부터의 자율적 요
구"에 의해 통제를 가한다는 것이기보다는 "위로부터" 대중동원 수단을
적극 활용한다는 것이었다. 다만 "밑으로부터의 대중적인" 측면을 강조
하는 이상 부분적으로는 직맹의 기능이 활성화되는 효과를 가져왔다.

5) 전후 직업동맹의 변천

전후 직업동맹의 위상은 전시 생산체제를 반영하여 전전에 비해 분
명히 약화되었다. 우선 직맹위원장직이 공석이었다는 것은 당의 직접적
통제를 받는 것과 다름이 없었다. 제도적인 측면에서 직맹의 약화를 상
징하는 사실은 전후 단체계약이 체결되지 않고 있었다는 것이었다. 노
동기준의 준수, 노동보호나 사회보험 등에 대한 감독, 검열에서 전전의
직맹의 권한은 유지되고 있으나 노동자의 이익을 대변한다는 직맹의 위

---

438) 정지환, 「경제사업에 대한 당적 통제」, 『로동신문』 1955.9.22, 김태근, 앞의 논문,
   92~93쪽.

439) 정지환, 앞의 논문, 김태근, 앞의 논문, 94~97쪽.

치를 상징하는 가장 대표적인 기능이었던 단체계약은 증산경쟁운동에서 "경쟁의무의 체결"로 대체되어 있었다.440) 관리 측과의 관계에서 보면 이것은 노동자 측만이 일방적으로 의무 선서를 하는 것에 지나지 않았다.

그러나 전후 경제복구가 궤도에 오르면서 직업동맹위원장에 김익선, 서휘가 임명됨으로써 점차 전시 생산체제로부터 평시적인 것으로의 회복을 지향하는 움직임이 나타나기 시작하였다. 특히 서휘는 직맹 부위원장을 역임한 경험을 배경으로 당시 개인숭배 비판 분위기 속에서 전전의 '트레우골리니크(Treugolinik)' 관계의 회복을 의식적으로 추구한 것 같다. 서휘는 "직맹, 당, 행정의 삼각동맹설"을 주장했다고 말해진다.441) 실제로도 서휘가 직맹위원장이 되고 나서 직맹의 권한을 강화하는 조치가 두드러지게 나타난다.

우선 1956년 4월 10일 열린 직맹 중앙위원회 제5차 회의에서는 국가사회보험, 노동보호 및 노동규율 등 사업에 대한 관리기능이 직맹 중앙위로 이관되는 것과 관련, 그 제반 대책을 토의하고 있다. 더욱이 각급 직맹단체 지도기관의 결산·선거문제를 토의하여 7월 1일부터 10월 10일까지 직맹 초급단체와 각 산별 직맹 대회의 개최를 예정하였다.442) 종래 노동성 업무가 직맹에 이관된 것은 어느 정도 직맹의 권한이 강화되는 것을 의미하였다.

제3차 당대회에서는 직맹 대표의 발언이 없었다. 이것은 제2차 당대회 때와 비교하면 직맹의 위상이 저하되었음을 말해 준다. 그뿐 아니

---

440) 전후 직맹의 기능에 관해서는, 김익선, 「로동대중 속에서의 직업동맹의 활동」, 『로동신문』 1955.11.30, 노동보호사업에 대한 직맹의 권한에 관해서는, 머리말 「로동보호사업을 철저하게 하자」, 『경제건설』 1955.10, 증산경쟁운동에서 직맹의 역할에 관해서는, 건설부상 박경득, 「건설기업소에서 증산경쟁운동의 광범한 전개를 위하여」, 『경제건설』 1955.6, 김익선, 「8·15경축경쟁의 성과를 계속 확대하자」, 『로동신문』 1955.8.22.

441) 『로동신문』 1957.2.25.

442) 『로동신문』 1956.4.13.

라 김일성에 대한 개인숭배 비판과 관련 연안계와의 갈등이 원인이었을 지도 모른다. 당시 서휘의 직맹관을 엿볼 수 있는 자료로 『로동신문』 1956년 6월 21일자에 증산경쟁운동의 문제점을 지적한 그의 논문이 게재되어 있다.443) 서휘는 "일정한 생산시표와 생산조직과 작업조선의 보장 없이 덮어 놓고 증산경쟁을 조직하며 경쟁의무를 위에서 내려 먹이는 관료주의 방법과 어디서나 일률적으로 진행하는 형식주의를 범하고 있다"고 비판하며 "행정관리 측에서의 생산조건의 보장과 생산자 측의 로동생산능률 제고를 위한 목표를 호상 합의, 계약하여 그를 법적 보장 하에 의무적으로 책임지게 하는 단체계약을 실시하도록 하는 방향"에서 증산경쟁을 추진해야 한다고 주장하였다. 단체계약 체결을 주장한 것은 새로운 요구였다. 기본적으로 전전의 노동관계로의 복귀, 즉 전시체제의 연장선상에 있었던 전후의 노동관계를 평시상태로 이행할 것을 요청한 것이다.

4월 10일 직맹중앙위 제5차 회의에서 각급 조직의 결산·선거를 7월부터 실시하기로 결정하였다.444) 이와 관련하여 『로동신문』 7월 7일호 사설은 "지난 시기 조국에 조성된 주객관적 조건"으로 인하여 결산·선거를 정기적으로 실시할 수 없었고 1947년도에 결산·선거를 실시하고 나서 9년이 경과하는 동안, 동맹활동 및 조직상 많은 변화가 있어 대부분의 산별 직맹중앙위원회, 연맹 도·시평의회 및 초급단체에서 선거에 의하지 않고서 "중앙집권적 방법"으로 임명된 위원이 적지 않았다고 선거 실시 이유를 밝히고 있다. 또한 사설은 종래 당사업에서 직맹단체를 행정적 캄파니아사업에만 동원하고 협의 없이 직맹단체 사업을 대행하면서 그 기능을 침범하는 등 그 독자성과 책임성을 약화시키는 결과를 가져왔다고 비판하며 결산·선거사업을 이러한 경향을 시정하는 계기로 삼아야 한다고 주장하였다.445)

---

443) 서휘, 「제3차 당대회 결정 실행을 위한 직업동맹단체의 과업」, 『로동신문』 1956.6.21.

444) 사설 「직맹단체의 결산·선거사업과 당단체」, 『로동신문』 1956.7.7.

그러나 1956년 8월 당전원회의에서 정변이 발생하여 직맹위원장 서휘는 상업상 윤공흠, 내각건재공업국장 리필규, 문화선전부상 김강과 함께 중국으로 도피하고 나중에 건설상 김승화는 소련으로 망명하였다. 실시되고 있던 결산·선거도 중단되고 서휘가 주장한 단체계약도 실행에 옮겨질 수 없게 되었다. 노동성으로부터 직맹에 이관된 업무도 원래로 되돌아가게 되었다. 이후 수개월간에 걸쳐 직맹 내에서는 서휘 비판이 전개되면서 그 측근 간부들에 대한 숙청작업이 진행되었다. 직맹의 기능은 거의 마비상태에 빠졌다.

『로동신문』 1957년 2월 25일자는 서휘가 중국에 도피하고 나서 수개월간 직맹중앙위원회 안에서 진행해 온 내부 숙청작업의 경과를 보도하였다. 보도에 소개된 서휘의 언행을 재구성하면 다음과 같다.446)

> 서휘가 직맹에 부임하자마자 입에 담은 말은 "시집살이로부터 벗어나자"는 것이었다. 그가 "로동계급의 총괄적인 자치적 조직체"인 직맹에는 "모든 부문의 당원들과 정무원들이 망라되어 있다"고 강조한 결과 직맹 지도부에는 "당과 직맹의 동격론", "직맹, 당, 행정의 삼각동맹설" 등 "서휘식 직업동맹설"이 나타났다. 서휘가 말하는 "자치적 조직체"의 본질은 직맹이 "그 어떠한 외부로부터의 일체의 지도와 통제를 받지 않는, 궁극 당의 지도를 거부한다"는 데 있다. 그는 당뿐 아니라 행정에 대해서도 노골적으로 도전하였다. 그는 "직맹은 성, 국을 틀어쥐어야 한다", "초급단체에서도 행정과 투쟁하라"며 노동자가 정권에 대립하도록 선동하였다. 서휘는 "조건 없이는 증산경쟁을 하지 말라", "다기대(多機臺)운동도 좋으나 우선 충분히 먹어야 한다"고 하며 생산의 성장과 분리하여 생활의 개선을 운운하였다.

서휘의 '추종분자'도 함께 비난받았다. 서기장 주남칠을 비롯하여 건설산별중앙위원장, 경공업산별중앙위원장 등 직맹간부, 직맹초급당위원장 김형옥과 3명의 당위원들이 숙청되고 그 대신에 과거 서휘가 좌천

---

445) 위의 글.

446) 「당성을 옹호하며 당적 원칙으로부터의 리탈을 반대하여—직총 중앙위원회 사업에서」, 『로동신문』 1957.2.25.

시킨 적이 있었다는 전 직업동맹당위원장 리종수, 직맹부위원장 강설모, 국제부장 윤완희 등이 찬양받았다.447)

1957년 5월 30일 당중앙상무위 결정 「반혁명분자와의 투쟁을 전군중적 운동으로 선개할 네 대하여」가 재택되어 소위 '중앙당 집중시도'가 북조선 전역에 휘몰아치게 된다. 직맹중앙위원회는 이 집중지도가 가장 철저하게 실행된 기관이라 할 수 있다. 6월 14일 당중앙상무위에서 직맹사업에 대한 결정이 별도로 내려졌다.448) 결정의 내용은 공개되지 않았지만 이 회의에서 서휘를 중심으로 한 직맹 내 '반당반종파분자'에 대한 비판이 중간 총괄되어 새로운 직맹위원장이 내정되었다고 생각된다. 신임위원장에게는 당조직지도부장 한상두가 겸임하는 형태가 되었다. 당조직지도부가 전면에 나서서 직맹 조직을 철저히 재정비하기 위해서였다. 이후 당중앙위의 직접 지도하에서 "서휘가 뿌려 놓은 반당적 사상여독"을 청산하기 위하여 직맹 내 전 조직에 걸쳐서 "간부에 대한 전반적 료해사업"이 진행되었다.

7월 5~6일 당부위원장 박정애, 박금철이 참석한 가운데 직맹 중앙위 제8차 전원회의가 열렸다. 이 회의는 당상무위 결정에 근거하여 직맹 차원에서 서휘 비판을 중간 총괄하는 장이었다. 신임 직맹위원장으로서 이 회의에서 최초로 공식석상에 등장한 한상두가 보고를 하였다. 한상두는 서휘가 "반맑스주의적 리론과 극단한 자유주의 사상"을 유포하고 "당의 령도를 공공연히 거부하며 직맹을 당 및 국가, 경제기관들과 대립시키며 나아가서는 직맹을 당 위에 올려세우려고까지 로골적으로 획책하였다"고 비난하였다. 직맹을 "당의 령도 하에 있는 로동계급의 대중적 교양의 조직"으로 보지 않고 직맹을 "권력화", "행정화"하려 했다고도 비난하였다. 전평 이래의 활동가로서 1951년부터 오랫동안 직맹부위원장을 역임해 온 문두재도 서휘에 "맹종한 오류"를 자기비판하는 대

---

447) 위의 글.

448) 리효순, 「조선직업총동맹 제3차 전국대회에서의 중앙위원회 사업총결 보고」, 『로동신문』 1959.11.3.

신 애매한 태도를 취했다고 비판되었다.449)

문두재의 후임으로 부위원장이 된 박상홍은『근로자』7월 25일호에 논문을 게재, "서휘의 설"을 더욱 상세히 반박하였다. 직맹은 "전체 로동계급을 포괄한 조직체로는 될 수는 있으나 로동계급의 모든 조직을 총괄한 조직체로는 될 수는 없다"고 하며 "당의 령도를 떠난 어떠한 '자치'적 조직체"가 아니라 "당의 령도 하"에 활동하는 "자립적 조직체"라고 그 위치를 규정하였다.450) 그는 일부 직맹단체는 서휘의 영향을 받아 "생산계획의 달성에는 무관심하면서도 관리 측에 부당한 요구조건만을 일방적으로 제기"하고 "로동자들의 애국적 발기에 의하여 진행되는 시간외 로동"에 대해서도 트집을 잡았다고 비판하였다. 또한 행정관리 측이 "로동자의 생활에 무관심한 관료주의적 태도"를 취하면 노동자 측은 "관리행정에 대립시키는 방향이 아니라 행정 측과 적극 단결하여 협조하는 원칙 하에 개별적인 관리일꾼들에 대한 동지적인 충고와 비판의 방법"으로 대응해야 한다고 권하였다. 더욱이 일부 간부들은 직맹을 "권력화"하려고 직맹은 "반(半)국가적 조직체"라는 그릇된 견해에 따라 직맹의 "감독기능"만을 일면적으로 과도히 부각시켰다고 지적하였다.451) 서휘의 재임 중 강화되어 온 직맹의 권한을 전면 부정하는 내용이었다.

회의에서는 중앙기구가 불필요하게 팽창했다고 비판되어 이것이 직맹 조직체계의 전면 개편으로 이어졌다. 중앙산별위원회를 통합·축소하고 도산별위원회를 폐지하며 도평의회를 도위원회로 개편함으로써 산별 조직원칙이 약화되고 지역별 조직원칙이 강화되었다. 중앙기구가 대폭 축소되어 많은 간부가 하급단체로 이동되었다.452) 특히 "조건 없

---

449)「직맹단체 사업을 개선·강화하자―직맹 중앙위원회 전원회의 진행」,『로동신문』1957.7.8.

450) 박상홍,「직업동맹 사업에서 제기되는 몇 가지 문제」,『근로자』1957.7.25, 41쪽.

451) 위의 글, 42~43쪽.

452) 위의 글, 44쪽, 박영근,「우리나라 공업관리형태 및 방법의 가일층의 완성」, 과학원경제법학연구소 편,『8·15 해방 15주년기념 경제론문집』, 과학원출판사(평양), 1960, 150쪽.

이는 증산경쟁운동을 하지 말라"는 서휘의 주장이 가장 격렬하게 비난을 받고 앞으로 직맹의 임무는 무엇보다도 제1차 5개년 계획을 수행하기 위해 증산경쟁운동을 광범히 전개하는 것이라고 되풀이하여 강조되었다.453) 한편 식맹은 "대중 속에서 당의 정책을 집행하며 비당원 로동자대중을 당과 연결하는 인전대"이며 "당의 령도가 그 활동과 생활의 확고한 기초로 된다"고 되풀이해서 선전되었다.454)

직맹 내 "반당종파분자" 비판작업은 중앙이나 도, 산별조직의 범위를 넘어 공장이나 기업소 차원에서까지 진행되었다.455) 직맹 내 단속작업은 1957년 11월부터 12월경에 걸쳐 어느 정도 정리단계에 들어가 1956년 7월로 예정된 채로 중단되었던 각급 직맹단체의 결산·선거가 실시되어 이전보다 훨씬 철저한 당 통제하에 진행되었다.456) 이전의 중단된 선거가 직맹을 조직적으로 강화하는 데 목적이 있었다고 한다면, 이번 선거는 직맹을 조직적으로 억제하여 숙청작업을 완료하는 데 목적이 있었다고 할 수 있다.

---

453) 강설모, 「증산경쟁지도사업을 개선, 강화하자」, 『경제건설』 1957.5, 32쪽, 박상홍, 앞의 논문, 44쪽. 서휘는 다양한 경쟁형태를 인정하지 않고 총괄 평가가 곤란하다는 이유로 기업소 상호간 경쟁을 좁은 범위에 한정하였으며 또한 '집단적 혁신운동'도 무시했다고 비판되었다. 한상두, 「공화국창건 10주년기념 증산경쟁운동의 강력한 전개를 위하여」, 『경제건설』 1958.5, 6쪽.

454) 「직업동맹사업의 개선·강화를 위하여」, 『로동신문』 1957.7.6.

455) 평양지구 건설임대소에서는 지배인, 기사장, 직맹위원장이 비판받았다. 『로동신문』 1957.9.6. 본궁화학공장에서는 공장당위원회 지도하에 직맹사업에서의 '반당종파분자'를 비판하기 위한 선동·해설이 수개월간 진행되었다. 『로동신문』 1957.10.26.

456) 사설 「근로단체에 대한 당적 지도를 강화하자」, 『로동신문』 1957.12.5.

6 농업집단화의 전개와 완료

1) 농업집단화의 의사결정과 초기단계

1953년 8월 당중앙위원회 제6차 전원회의

북조선에서 농업집단화가 공식석상에서 최초로 제기된 것은 전후 경제복구건설의 방향을 논의한 1953년 8월 5~8일 당중앙위원회 제6차 전원회의에서였다. 5일 김일성은 보고를 통하여 "전체농가의 30%"에 달하는 "토지가 적은 영세농민의 문제"를 해결할 것을 농업부문의 첫째 과제로 삼고 1954년부터 "사유토지와 사유생산도구를 가지는 원칙 아래 일부지역에서 경험적으로 농업협동조합을 조직한다"고 말했다. 대단히 신중한 접근이었다. 그러나 김일성은 8일 회의에서 한 결론에서는 농업부문은 전혀 언급하지 않았다.457) 5일의 보고도 당시에는 일절 공개되지 않았다. 농업집단화에 대해서는 시기상조론이 강했기 때문이다.458) 김일성이 보고에서 주장한 농업집단화 방침은 통과는 되었으나, 정책의 우선순위에서는 뒤쳐지게 되었다. 회의에서 채택된 결정서에서는 "땅이 적고 땅이 나쁜 농민들"의 생활을 안정시킬 대책으로서, (ㄱ)그들을 토지가 많은 새로운 지역으로 이주시킬 것, 일부 영세농민들과 화전민들

---

457) 김일성, 「정전협정 체결과 관련하여 전후인민경제복구발전을 위한 투쟁과 당의 금후 임무―1953년 8월 5일 조선로동당중앙위원회 제6차 전원회의에서 진술한 보고」, 동 「모든 것을 전후인민복구발전을 위하여―1953년 8월 8일 조선로동당 중앙위원회 제6차 전원회의에서 진술한 결론」, 김일성, 『전후인민경제발전을 위하여』, 조선로동당출판사(평양), 1956에 수록.

458) 농업집단화를 둘러싼 노선 대립과 관련하여 그 토대를 이루는 북조선 내 이론적 논의를 정리한 연구로, 김성보, 『남북한경제구조의 기원과 전개―북한 농업체제의 형성을 중심으로』, 277~304쪽. 김성보는 당내 비주류파의 전진적 농업집단화 노선에 이론적 토대가 되는 '시장중시론', '과도기장기지속론'을 주장한 송례정, 김광순 등의 논리를 발굴, 정리하였다.

을 국영 농목장에 끌어들일 것, (ㄴ)부업합작사를 광범히 조직할 것, "사유토지와 사유생산도구를 보유하는 원칙 하에서 협동적 농업생산합작사를 광범히 조직하고, 1954년부터 일부 경험적으로 운영할 것" 등을 결정하였다.[459] 어디까지나 전체 농민을 대상으로 한 것이 아니라 빈농 대책으로 한정하고 있었고, 아직 구체적인 정책도 다듬어지지 않은 상태였다.

농업부문에서도 경제원조를 기대하고 있었지만 김일성의 소련 방문 성과는 농업집단화에는 직접 도움이 되지 않았다. 9월 29일 소련 방문 결과를 보고하면서 김일성은, "농민들의 생산을 보장하기 위하여 많은 축력과 뜨락또르와 비료들을 공급하며 관개시설사업들 급속히 복구하는데 주의를 돌려야" 한다고 하며 모스크바회담의 결과 소련에서 많은 축력과 뜨락또르를 받게 됨과 동시에 뜨락또르 수리공장을 건설하고 비료공장을 복구함으로써 "농촌경리 발전에 있어 긴급한 문제들이 해결되었다"고 말했다.[460] 여기서도 농업집단화에 관해서는 언급하지 않았다. 이 발언에는 농업의 기계화 없이 집단화는 있을 수 없다고 하는 소련의 사고방식이 반영되어 있다.

그러나 12월 20일 최고인민회의에서 김일성은 중국 및 동유럽 국가들을 방문한 후 소련도 포함해서 그간의 해외 방문 결과를 보고하게 된다. 여기서 김일성은, "농업부문에 있어서 국영농장을 점차적으로 더욱

---

459) 「정전협정 체결과 관련한 전후 인민경제 복구발전을 위한투쟁과 당의 근후 임무─전원회의 제6차 회의 결정서 1953.8.5~9」, 『결정집 1953년도 전원회의, 정치─조직─상무위원회』, 17쪽. 더욱이 이 결정서에서는 "개인 농촌경리는 장구한 시간으로 계속될 것"이 예상된다고 하고 있다. 같은 책, 18쪽.

460) 「소련방문 조선민주주의인민공화국 정부대표단 환영 평양시 군중대회에서 하신 김일성원수의 귀환보고」, 『조선중앙연감(1954~55년판)』, 『북한연구자료집』 제2집에 수록, 405쪽. 김일성의 소련방문에 관한 보도는 Pravda, 11-26 September 1953을 참조. 김일성은 모스크바의 무이치시치에 있는 MTC와 '일리이치기념' 콜호즈를 방문하고 복구건설의 경험을 배우기 위해 방문한 스탈린그라드에서는 트랙터공장을 시찰하였다. Pravda, 18·23 September 1953. 그러나 MTC나 트랙터공장은 북조선의 현실과는 동떨어진 곳으로 일정한 공업 성장 없이 농업집단화는 어렵다고 설득하기 위하여 소련 측이 설정한 견학 코스였다고 생각된다.

확대, 강화하며 적당한 지방들에 농업합작사를 자원적 원칙 위에서 조
직하며 농민들의 창발에 의하여 이미 조직된 농업합작사들을 옳게 지도
함으로써 특히 전쟁으로 인하여 부족되는 농업노력을 합리적으로 조직
하여 축력, 농기계 및 농구 등을 효과적이고 합리적으로 이용할 수 있는
조건들을 조성"하고, "우선 명년도에는 한 군에 몇 개씩 경험적으로 농
업합작사와 부업합작사들을 조직함으로써 앞으로의 농촌경리를 한결음
높은 방향으로 발전"시킨다고 말하였다.461) 소유관계의 변화보다는 노
동력과 축력 등의 합리적 조직화나 이용 등의 관점에서 농업집단화에
접근하고 있었다. 이는 북조선과 조건이 닮은 중국 방문을 통해 농업집
단화의 현장을 접하고 이에 고무된 결과였다.462)

 농업집단화의 시점을 집단화 완료 이후 나온 공식문헌에서는 1953
년 8월 당중앙위 제6차 전원회의로 잡고 있지만, 앞에서 말했듯이 어느
정도 통일적인 국가 정책으로 추진되었는지 당시 문헌에서는 반드시 명
확하지 않다.463) 12월 20일 최고인민회의에서의 김일성의 보고는 "농
민들의 창발에 의하여 이미 조직된 농업합작사"가 존재한다고 인정하고
있지만, 집단화 완료 뒤의 공식통계에 따르면 1953년 말 현재 가입농가

---

461) 「소련, 중화인민공화국 및 인민민주주의제국가들을 방문한 조선민주주의인민
　　공화국 정부대표단의 사업경과보고」, 『조선중앙연감(1954~55년판)』, 『북한연
　　구자료집』 제2집에 수록, 449쪽.

462) 김일성은 1953년 11월 12일부터 26일까지 거의 2주간 중국을 방문하였다. 그러
　　나 당시 『인민일보』에는 12~14 · 23~26일의 동정밖에 보도되지 않았다. 15일
　　에서 22일까지 김일성을 비롯한 대표단에 대해서는 아무것도 보도되지 않았다.
　　원조교섭은 막대한 금액이 걸려 있는 작업이었다고 해도 이 기간 동안 김일성
　　이 중국의 집단화현장을 직접 시찰했을 가능성은 충분히 있다. 소련이 북조선
　　의 농업집단화를 그다지 달가워하지 않는 조건하에서 마오쩌뚱의 지지는 중요
　　한 국제적 보장이었다.

463) 梶村秀樹, 「北朝鮮における農業協同化運動(1953~58年)についての一考察」,
　　『朝鮮學報』 第39/40輯, 283 · 299~301쪽. 가지무라 히데키는 이 문제에 대해서
　　의문을 제기한 유일한 연구자이지만 기본적으로는 북조선의 공식입장을 인정
　　하고 있다. 그러나 공식문헌이 당의 발의를 중시하는 데 반해, 그는 농민 측으로
　　부터의 자발성을 강조한다. 그는 농민주체의 관점을 유지한다는 의미로 '농업
　　집단화'를 '농업협동화운동'이라고 이해하고 있다.

수 11,879호에 총수 806개가 조직되어 있었다고 한다.464) 이 숫자가 1953년 8월 당중앙위 제6차 전원회의를 시점으로 잡는 근거로 되어 있으나 이 통계에는 의문이 있다. 1954년 4월 20~23일 최고인민회의 제7차 회의에서 박창옥이 한 인민경제복구발전 3개년 계획에 관한 보고에서 "우리 공화국에는 벌써 1만2천호의 농가를 통합한 약 800개소의 농업협동조합이 있다"고 되어 있기 때문이다.465) 이 숫자야말로 당시의 문헌에서 최초로 나온 농업협동조합의 조직 현황에 관한 통계였다. 이 시기는 이미 농업집단화에 대해 당과 정부가 적극적인 지원방침을 내놓은 뒤였다. 1953년 말 현재라는 숫자는 54년 4월 당시의 숫자를 앞당긴 것이라고 할 수밖에 없다.

그런데 1958년 8월 집단화의 완료를 기념하여 간행된 총 6권의「농업협동조합경험집」시리즈『농업협동화운동의 승리』에는 부분적으로 1953년 8월부터 53년 말까지 사이에 조직된 몇 가지 예가 소개되어 있다.466) 사례의 전부가 1953년 8월 전원회의를 계기로 집단화가 본격적으로 개시되었다고 설명하고 있으나, 실제 1953년 말까지 조직된 예는 극소수였다. 8월 전원회의에서는 당의 방침으로서 집단화가 결정되기는 하였으나, 매우 신중하게 접근되고 있었다. 더욱이 논의는 당 레벨에 한정되어 행정적 조치로써 내각이나 농업성의 지시도 발표되지 않았

---

464) 金漢周,『朝鮮における農業協同化運動の勝利』, 外國文出版社(平壤), 1959, 40쪽.

465) 박창옥,「1954~56년 조선민주주의인민공화국 인민경제복구발전 3개년계획에 관한 보고」,『근로자』1954.5.25,『북한연구자료집』제2집, 544쪽.

466) 량강도 운흥군 '모정농업협동조합' 1953년 가을 노력협조반, 1954년 9월 제3형태로 이행, 평안남도 순안군 '상양농업협동조합' 1953년 12월, 평안북도 용강군 '전진농업협동조합' 1953년 초가을 제2형태－리당위원회의 지도, 황해북도 금천군 '친선농업협동조합' 1953년 가을 당세포위원장의 발기－실패, 1954년 9월 조직, 개성시 '10월농업협동조합', 1953년 7월 시인민위원회의 지도 아래 부업협동조합, 1953년 11월 관리간부의 발기에 의하여 제2형태. 최초로 이 경험집에 주목한 연구자는 가지무라 히데키이지만, 집단화의 추진 과정 전체에 걸쳐서 주요 쟁점별로 활용, 정리한 연구로는, 김성보,『남북한경제구조의 기원과 전개』, 역사비평사, 2000, 209~348쪽.

기 때문에, 지방의 인민위원회가 어느 정도 움직였는지도 확실치 않다.
각 도당에 따라서, 도당 내에서도 각 군당에 따라서 대응하는 자세는 가
지가지였다고 생각된다.467) 나아가 1953년 10월 김일성이 강원도와
함경남도를 현지지도하면서 말한 연설문이『김일성저작집(1980년판)』

---

467) 경험집 제6권에 소개된 각 도의 사례를 보면, 평안남도에서는 1954년 1월 14일
    당중앙위원회 지시「농업협동경리의 조직문제에 대하여」가 나오고 나서 당중
    앙위원회의 직접 지도 아래 중화지구에 14개를 시범적으로 조직하기 시작했다
    고 한다. 조선로동당중앙위원회농업협동조합경험집편집위원회,『농업협동화운
    동의 승리(6) : 농촌정책관철을 위한 당 및 정권기관의 투쟁』, 조선로동당출판사
    (평양), 1958, 22쪽. 함경남도의 경우, 1953년 8월 말경 이미 16개 군에 32개의
    각종 부업협동조합이 조직되어 있었지만 6차전원회의의 방침이 제시된 이후 도
    당위원회는 농업협동화의 우월성을 해설, 선전하여 기존의 협동경리에 기초하
    여 핵심당원, 애국열사가족, 인민군후방가족, 빈농민을 중심으로 한 개 군에 수
    개의 협동조합을 조직하도록 하여 1953년 말 각지에서 협동조합이 조직되기 시
    작했다고 한다. 그러나 조직사업은 무계획적이고 조직된 조합에 대한 지도능력
    도 모자랐다고 한다. 1954년 1월 당중앙위원회지시가 나오고 나서 지도에 대한
    기본원칙과 구체적 방법이 하달되었다고 한다. 앞의 책, 140~141쪽. 량강도의
    경우, 6차전원회의 이후 농촌실태 조사사업을 실시하고 이에 의거하여 하나의
    시, 군에 2~5개의 농업협동조합을 경험적으로 조직, 운영하여 1953년 9월에 운
    흥군 로훈협동조합이 조직되고 1954년 봄까지 30개가 조직되었다. 앞의 책, 194
    쪽. 개성시의 경우, 제6차 전원회의 이후 시당위원회는 광범한 해설, 선전사업
    을 전개, 소거리반, 품앗이반을 제1형태의 노력협조반으로 개편하고 경험적으
    로 제2, 제3형태의 조합을 조직하기 시작하였다. 1954년 초에는 1천여 개가 노
    력협조반으로 개편되어 개성 1개, 판문점 3개, 개풍군 2개 등 6개의 조합이 조직
    되었다. 앞의 책, 220~221쪽. 평양시에서는 시당위원회의 방침에 의하여 1953년
    가을 빈농민을 중심으로 하여 경험적으로 북구역에 봉화농업협동조합, 남구역
    에 신풍농업협동조합이 조직되었다. 앞의 책, 234쪽. 군 단위로서는 평안남도
    문덕군에서 군당위원회 주도하에 군내에 제3형태의 조합이 조직되기 시작하여
    박비리에 1953년 10월 1일, 만흥리에 1954년 1월 25일 조직되고, 1954년 초 7개
    의 제3형태조합이 조직되며, 나머지 농호는 거의 노력협조반에 망라되었다. 앞
    의 책, 260~261쪽. 강원도 철원군의 경우, 당중앙위원회의 방침이 하달된 뒤 군
    당위원회가 열성자회의를 소집, 협동조합의 조직대책을 강구하여 전선지역으
    로서의 특성을 살려 '전선공동작업대'를 발전시켜 농업협동조합을 조직하고,
    이 경험에 따라서 군내에 확대할 방침을 세웠다. 백로산, 림진강농업협동조합
    등이 조직되었다. 앞의 책, 297쪽. 함경남도 신상군의 경우, 제6차 전원회의 방
    침에 호응, 열성당원, 애국열사가족, 인민군후방가족, 빈농민을 중심으로 하여
    3개의 조합을 경험적으로 조직하였다. 앞의 책, 321쪽.

제8권에 게재되어 있지만, 농업집단화는 일절 언급하지 않고 있다.468) 결국 김일성을 중심으로 하는 추진파가 집단화를 적극 지지하는 일부 도당, 군당조직을 움직여, 한정된 일부 지역에서 조합을 조직해 갔다고 하는 편이 정확한 실태일 것이다.

집단화의 개시

8월 전원회의 이후 당내에서 김일성이 처음 농업집단화를 언급한 것은 1953년 12월 8일 당중앙위정치위원회에서였다. 공식문헌에 게재되어 있는 김일성의 결론이라는 문서의 텍스트에는 내용상 약간 의문이 있지만, 김일성은 "1954년부터 일부 지역에 경험적으로 농업협동조합을 조직하여 운영해야 한다"고 주장하고 있다.469) 이 정치위원회 결정에 따라 12월 20일 최고인민회의에서 한 보고를 통해 집단화방침이 나왔을 것이다.

1954년 1월 14일 당중앙위원회지시 「농업협동경리의 조직문제에 관하여」가 나오면서 농업협동조합의 조직·운영상 기본원칙이 제시되고, 각 조합이 선택해야 할 3종류의 표준형태가 처음 제시되었다.470) 농업집단화가 통일적인 당과 정부의 정책이 된 것은 이때부터였다. 이

---

468) 김일성, 「전후복구건설에서 함경남도 앞에 나서는 몇 가지 과업—함경남도 당·정권기관·사회단체 및 경제기관일군협의회에서 한 연설」 1953.10.21, 동 「강원도 앞에 나선 당면과업—강원도 당·정권기관·사회단체 및 경제기관일군협의회에서 한 연설」 1953.10.23, 『김일성저작집』 제8권 수록.

469) 그는 "당중앙위원회 제6차 전원회의에서 결정한대로" 실시한다고 말하고 있다. 그는 "적들이 '콜호즈'를 조직한다고 떠들어 댈" 우려가 있지만 "적들의 반동선전이 두려워 현실이 절박하게 요구하는 농업협동화를 뒤로 미룰 수는 없다"고 말했다. 다음 해 농업성에서 농업협동조합기준규약을 만들어야 한다고 했으나, 잠정적인 기준규약은 1954년 8월에야 제정되었다. 김일성, 「전후인민경제복구건설사업을 성과적으로 진행할 데에 대하여—조선로동당 중앙위원회 정치위원회에서 한 결론」 1953.12.8, 『김일성저작집』 제8권, 175~176·190쪽.

470) 이 지시의 전문은 발표되지 않았다. 한결, 「공화국농업협동조합법의 발전」, 『우리나라의 법의 발전』, 국립출판사(평양), 1960, 92쪽.

세 가지 형태는 1958년의 완료시점까지 줄곧 표준이 되어 있었으나 처음부터 제1형태에 관한 통계는 잡지 않고 제2, 제3형태의 조합 수만을 계산하고 있었기 때문에 기본적으로 제2, 제3형태만으로 유도하는 정책적 지침이 존재하였다고 생각된다. 우선 제1형태는 '농촌노력협조반'이라고 하여 종래의 '소겨리반' 및 '품앗이반'보다 조금 더 발전한 형태이다. '소겨리반'이나 '품앗이반'이 3~4호로 구성되고 계절적 성격을 가지고 있는데 대하여 농촌노력협조반은 10여 호로 구성되어 연간 유지된다. 생산수단인 토지와 농기구는 사적소유로 남아 있고 노동력만이 공동으로 이용되며 분배문제는 달리 생기지 않는 가장 낮은 단계의 협동경영형태이다. 다음으로 제2형태는 '토지협동조합'이라 하여 토지는 사적소유로 남지만 협동조합에 가입할 때 토지를 출자한다는 특징을 갖는다. 20%를 넘지 않는 토지에 대한 분배, 80% 이상의 노동력에 대한 분배가 행해진다. 반(半)사회주의적 형태라고 할 수 있다. 마지막으로 제3형태는 조합원의 전체 토지, 농기구, 축력을 조합에 통합하고 분배는 오로지 노동의 질과 량만으로 행해진다. 완전한 사회주의적 형태이다.471) 그 밖에 이 지시에서는 조합의 민주주의적 조직원칙, 농민의 자원원칙, 상호이익의 원칙, 당 및 국가로부터 원조의 필요가 강조되어 있었다.472)

---

471) 1954년 당시 농업협동조합 형태에 관해서는, 최중극, 「농촌경리의 발전방향과 제기되는 몇 가지 과업」, 『인민』 1954.12, 68~69쪽. 농업협동화의 논리에 관해서도 참조할 것. 소련과 비교하면, 토즈는 제2형태와 닮은 것이며, 당시의 콜호즈, 즉 아르텔리가 제3형태와 같은 것으로 이해되었다. 김일성, 「농촌경리의 금후 발전을 위한 우리 당의 정책에 관하여」, 『김일성선집(1960년판)』 제4권, 185쪽. 다만 같은 문서가 1956년 2월 간행된 『전후인민경제복구발전을 위하여』에도 게재되어 있지만, 여기에는 들어 있는 "농업협동조합의 최고 형태는 농업 꼼무나인데 이것은 우리나라에서는 아직 조직할 수가 없다"고 하는 문장이 1960년판에서는 삭제되었다. 김일성, 『전후인민경제복구발전을 위하여』, 351~352쪽. 소련에서 콜호즈의 세 가지 형태에 관해서는, 奧田央, 『コルホ―ズの成立過程』, 岩波書店(東京), 1990, 141~142 · 425쪽. 북조선에서 조합의 세 가지 형태와 토지소유권 문제에 관해서는, 김성보, 앞의 책, 317~320쪽.

472) 한결, 앞의 논문, 92쪽.

이 지시에 따라서 1954년 3월 11일 농업협동조합에 대한 각종 우대 조치를 규정한 내각결정 제40호 「농업협동조합의 강화발전대책에 관하여」가 나오게 되었다. 이 결정이 농업집단화 대책과 관련해서 정부 레벨에서 이루어진 최초의 조치였다.473) 농업협농경리의 국가경영에 내한 규정 초안을 4월 말까지, 「농업협동조합기준규약초안」을 4월 15일까지 제정할 것이 지시되었다. 농업협동조합관리간부양성을 위한 교육과정의 설치, 표준부기계산체계의 확립과 양식의 작성 등 조치 이외에 농기계임경소, 우마임경소에 의한 우선적 기경, 우량종자의 우선적 교환, 종돈, 가금류의 우선적 분양, 펌프, 원동기 등의 우선적 대여, 휴경지 복구 및 신규 개간 등 경지확장에 대한 적극적 방조, 영세농가대책으로 영농자금의 우선적 융자, 역축, 시설자금의 장기대부, 양잠, 목축 등 부업경영의 장려, 경영의 다각화에 의한 수익성의 향상, 일용품이나 공업제품의 직접 공급 등 농업협동조합에 대한 여러 가지 우대 대책이 취해졌다.474) 이러한 조치는 한정된 농업부문용 복구건설자금 중에서 우선적으로 농업협동조합에 상당 부분을 투여하게 함으로써 개인농에 대한 차별정책으로 작용하여 농업협동조합 가입을 촉진하는 데 상당한 효과를 발휘했다고 생각된다.

5월 4일 농업성령 제2호 「농업협동경리의 국가등록에 관한 규정」이 나왔다.475) 그러나 4월 15일까지 작성하기로 되어 있던 기준규약은 상당히 늦어져 8월에야 발표되었다. 작성과 관련해서 논란이 벌어진 결과였다. 농업성령으로 나온 「농업협동조합기준규약」은 제2, 제3형태에 대해서만 내용이 규정되었다.476) 제1형태를 거쳐서 단계적으로 추진하는 방식을 채용하지 않고, 일거에 제2, 제3형태로 진행하는 정책이 확정된 것이다. 이 기준규약도 공표되지는 않았으나, 다른 자료를 통하

---

473) 『조선중앙연감(1954~55년판)』, 63~64쪽.

474) 위의 책, 63~64쪽.

475) 한걸, 앞의 논문, 93쪽.

476) 위의 논문, 93~94쪽.

여 어느 정도 내용을 알 수가 있다.477) 제2, 제3형태에 공통된 내용으
로서 분배와 관련된 것을 보면, 조합은 일정한 비용을 공제하고 남은 순
수입 속에서 10~15%의 공동축적폰드와 2~3%의 사회문화폰드를 조
성하게 되어 있다. 조합원의 개인경영으로 남게 되는 자가용의 토지를
1농호당 가족 수에 따라서 평야지대에서는 70~150평, 산간지대에서
는 100~200평으로 하고, 개인용으로 소유할 수 있는 가축 및 가금도
한 마리의 소, 두 마리의 돼지, 두 마리의 양, 약간의 가금류 등으로 하
였다. 규약의 제정에 참여하고 그 직후에 당농업부장이 되는 박훈일은
이러한 내용에 대하여 "농업협동조합에 사회적 경리와 동시에 조합원의
개인경리가 존재하는 것이 그 특징이다"라고 설명하였다. 조합원의 의
무노동일은 연간 150일 이상을 수득해야만 하게 되었다. 의무노동일이
연간 노동일의 반도 되지 않은 것은 자가용 토지의 경작이나 개인부업
의 여지를 남기기 위한 것이었다. 제1형태를 생략하는 대신에 분배나
의무에 관한 규정은 비교적 느슨해졌다고 할 수 있다. 그 밖에 "국가경
제계획이 요구하는 방향으로 자체계획을 수립하고 또한 그에 따라서 협
동경리를 운영할 의무"가 있을 것, 노동조직의 기본형태는 '고정작업반'
으로 할 것, 작업정량에 따른 '도급제'를 원칙으로 할 것 등이 정해졌다.
또한 최고의사결정기구로서 '조합원총회'를 두고 상시적 관리기관으로
서 5~9명을 성원으로 하는 '관리위원회'와 조합의 활동을 검열하는 '검
사위원회'를 설치할 것 등도 규정되었다.478)

집단화는 당초의 예상을 넘어 순조롭게 진행되었다. 무엇보다도 전
시하의 가혹한 조건 밑에서 노동력, 축력의 절대적인 부족에 허덕이고
있던 빈농을 중심으로 하여 전재민, 전쟁유가족, 군인가족 등의 큰 호응

---

477) 기준규약은 하나의 지침으로써 이것을 기계적으로 적용하는 것이 아니고, 개별
    조합의 구체적 실정에 맞추어 적용한다고 하였다. 박훈일, 「농업협동조합규약
    은 조합생활의 기본이다」, 『인민』 1954.10, 「전국농업협동조합대회에서 농업협
    동조합기준규약(잠정)에 대한 박정애 동지의 보고」, 『로동신문』 1959.1.10.

478) 박훈일, 앞의 논문, 97~102쪽. 그러나 느슨한 내용의 분배나 의무규정은 실제
    실행과정에서 점차로 엄격해져 기준규약의 형해화가 진행되었다.

이 있었기 때문이다. 1954년 봄 영농기에 1091개(전 농호의 2.0%, 경지면적의 1.7%)가 조직되어 있었는데 9~10월에 3배 이상 증가하고 10월에는 4200개(전 농호의 10.9%, 경지면적의 10.7%)로 증가했다.[479] 11월 1일 당중앙위 전원회의에서는 7100개, 전 농호의 21.5%가 협동조합에 망라되었다고 보고되었다.[480] 이 숫자를 보면 10월부터 11월까지 1개월간 거의 2배로 급증한 결과가 된다. 당전원회의를 전후하여 대대적인 조직 캄파니아가 전개되었다고 생각된다. 10월에 중앙 및 도, 시, 군의 간부로 구성된 지도그룹이 조직되어 중앙으로부터 도로, 도에서 군으로, 군에서 리로 파견되었다고 한다.[481] 집단화를 위해 중앙으로부터 간부들이 직접 파견된 것은 이것이 처음이었다. 그 이전에는 각 도 차원에서 각 도당과 인민위원회의 조직력이나 행정력이 동원되고 있었고 직접 중앙의 힘이 행사된 것은 아니었다.

3월 23일 부수상 겸 농업상에 만주파의 김일이 취임하여 농업협동화 사업을 진두지휘하게 되었다. 11월 당중앙위 전원회의에서 당농민부가 농업부로 바뀌고 당농업부장에 연안계의 박훈일이 취임했다. 농업상 박문규, 당농업부장 박경수는 농업성 부상으로 강격되었다. 신중한 집단화정책의 전환을 상징하는 인사였다. 다만 노선전환 과정에서도 김일이 김일성을 대변하여 급진적 정책을 대표하고, 박훈일은 온건노선을 대표했다고 할 수 있다. 당조직지도부장에 박금철, 간부부장에 한상두가 취임하여 농업집단화를 일대 대중운동으로 펼치기 위한 포진을 갖추었다.

---

479) 『조선전사』 제28권, 214쪽.

480) 김일, 「농촌경리의 급속한 복구발전을 위한 로동당의 금후 투쟁대책에 대하여 ―조선로동당중앙위원회 1954년 11월 전원회의에서 한 보고」, 『로동신문』 1954.11.4.

481) 『조선전사』 제28권, 207쪽.

2) 농업집단화의 대중적 단계로의 전개

당중앙위 11월 전원회의

11월 1일부터 3일까지 당중앙위 전원회의가 열려 농업집단화를 대중적 단계로 확대하기로 결정하였다. 동시에 이 회의는 각 지방당 조직—결산선거를 실시할 것은 결의하였다. 이 회의에서 김일이 보고을 하고 김일성은 결론을 말했다.[482] 김일의 보고는『로동신문』의 제2면에서 제6면까지 전면 5쪽에 달하는 긴 글로 농촌경리의 복구와 농업집단화에 임하는 조선노동당의 기세를 나타내고 있었다. 보고에는 농업정책 전반에 걸쳐서 상세한 내용이 집약되어 있다. 토지복구 및 관리대책, 수확고를 높이기 위한 제반 기술적 대책, 축산업 및 잠업발전을 위한 대책, 농기계임경소의 개선·강화대책, 농업협동경리의 강화·발전을 위한 여러 가지 대책, 국영농·목장의 발전대책, 농업기술간부의 양성대책 등이 자세히 제시되었다. 농업집단화는 전체의 일부분과 같은 모습으로 포함되어 있었지만 이것이야말로 보고의 가장 긴요한 곳이었다. 농촌을 사회주의적 발전의 방향으로 이끄는 것을 농촌정책에서 가장 중요한 문제의 하나로 인정하고 농업집단화를 전면적으로 추진할 것을 선언하였다. 농업집단화에 대하여 "농업과 공업의 균형적 발전을 보장하고 농촌에서 착취와 빈궁을 낳는 사회적 근원을 청산하며 농민들의 물질, 문화생활을 근본적으로 개선, 향상시키는 유일한 길"이라는 위치를 부여하였다. 특히 1955년부터 협동조합에 완전한 국가적 계획과제를 주고 개인농민경리에 대해서는 리까지 계획과제를 시달하기로 하였다. 양곡수매사업에 관해서는 "농촌의 잉여 량곡을 국가가 효과적으로 통

---

482) 김일, 「농촌경리의 급속한 복구발전을 위한 로동당의 금후 투쟁대책에 대하여—조선로동당중앙위원회 1954년 11월 전원회의에서 한 보고」,『로동신문』 1954.11.4,『인민』1954.11,「농촌경리의 급속한 복구발전을 위한 로동당의 금후 투쟁대책에 관하여—11월 전원회의 결정서 1954.11.1~3」,『결정집 1954년도 전원회의, 정치—상무위원회』, 5~39쪽, 또한『인민』1954.11.

제, 장악하고······ 량곡시장에서 중간착취 요소를 근절하고 인민들의 장성하는 식량수요를 더욱 충족시키기 위하여 농민들의 여유 량곡수매사업을 더 광범히 조직해야 한다"고 주장하였다.483)

회의의 3일째에 김일성이 결론을 말했지만 당시에는 발표되시 않고 "김일성동지의 중대발언이 있었다"고만 보도되었다.484) 김일성의 결론은 1956년 2월 간행된 경제관계 저작집『전후인민경제복구발전를 위하여』에 수록, 공개되었는데, 대단히 민감한 부분을 언급하고 있다. 이 책이 발간된 것은 사상사업에서 '주체'를 제기하여 소련계를 비판한 직후 시점이었다.485) 김일성의 결론은 '농촌의 사회주의적 개조'를 개시한다고 하는 선언의 성격을 가지고 있었다. 김일이 농업집단화를 경제적 측면으로부터만 접근한 데 대하여, 김일성은 경제적 측면뿐 아니라 민주기지나 농촌 진지의 강화 등 조국통일의 과제, 영세농민과 부농의 문제 등 계급투쟁의 측면에도 언급하였다. 그는 "아직 통일도 못되었는데 북반부에서만 농촌의 사회주의적 개조를 실시하면 어떻게 하는가"라고 하는 사고방식을 반박하여, 조국통일에 가장 중요한 과제는 '민주기지'를 강화하는 것이며, 농촌이 큰 비중을 차지하고 있는 이상 그것은 '농촌진지'의 강화를 의미하고, 그러기 위해서는 농촌을 점차로 "사회주의적으로 개조"해야만 한다고 주장하였다. 더욱이 "부농들이 부단히 산생되고 있는데 대해서 묵과할 수 없다"고 하면서 "농촌에서 계급투쟁은 있으며, 또 그것이 앞으로 점차 첨예화될 수도 있다"고 말했다. 또한 농업협동조합 형태의 선택문제도 언급, "첫째 형태를 거쳐서 둘째 형태, 셋째

---

483) 김일, 앞의 보고.

484)『로동신문』1954.11.4.

485) 이 저작집의 간행은 전후 경제복구노선과 관련한 정치투쟁에서 김일성의 승리를 상징하는 것이었다. 1953년 8월 당중앙위전원회의에서 한 보고, 1954년 11월 전원회의에서 한 결론, 1954년 12월 평안남도당전원회의에서 한 연설 등 발언 시점에는 공표되지 않은 몇 개의 보고나 연설문이 수록되어 있다. 이하의 인용은, 김일성「농촌경리의 금후 발전을 위한 우리 당의 정책에 대하여─1954년 11월 3일 조선로동당 중앙위원회 전원회의에서 진술한 결론」,『전후 인민경제복구발전을 위하여』, 조선로동당출판사(평양), 1956, 329~363쪽.

형태로 점차 계단적으로 넘어 가야 한다"는 사고방식은 잘못이라 하고, 문제는 "농민들의 각오 정도와 그들의 의식수준"에 달려 있다고 단언하였다.486) 이제까지의 소극적인 집단화정책으로부터 전환한다는 것은 분명해졌다.

농업집단화에 대해서는 소련 측이 그것을 급격히 확대하는 데 반대하고 있었기 때문에 소련의 의견을 거스르는 결과가 되었다.487) 김일성이 북조선의 집단화를 소련의 경우와 비교하기도 하고 자신의 발언이 공개되는 것을 피한 것은 소련 측 반응을 의식하지 않을 수 없었기 때문이다.488) 다만 아직 소련의 경제원조를 필요로 하는 상황에서 농업집단화와 관련하여 소련의 간섭을 비판하는 일은 피하고 있었지만, 우회적으로 소련의 평화공존론과 관련하여 이를 한반도에 적용할 것을 주장한 소련계 박영빈을 비판하게 된다. 이름까지는 들지 않았지만, "어떤 동무들은 자본주의체계와 사회주의체계가 서로 공존한다고 하니까 남조선과 북조선이 공존할 수 있다고 생각"하는데 그것은 "대단히 위험한"

---

486) 다만 협동조합의 규모에 대해서는 조건이 성숙함에 따라서 확대해야 하며 처음은 너무 크지 않은 편이 바람직하다고 말했다. 집단화의 템포의 문제도 거론했지만 반드시 농민의 자원성을 지켜야한다고 강조하는 한편, 자연발생성에 맡겨서도 안 된다고 하며 농민에게 적극적으로 선전, 교양하고 설복시켜야 한다고 주장했다. 김일성, 앞의 책, 351~352쪽. 당시 적당한 규모는 50~60호 정도라고 말했다. 김일성, 앞의 책, 384쪽.

487) 당시 농업집단화에 대한 소련 측의 간섭이나 그 영향 아래 있던 반대파의 견해에 관해서는, 1960년대 소련과 관계가 악화된 이후 공식매체나 김일성의 발언을 통하여 자세히 폭로하고 있다. 「사회주의진영을 옹호하자」, 『로동신문』 1963. 10.28, 「자주성을 옹호하자」, 『로동신문』 1966.8.12, 美濃部亮吉, 「金日成首相會見記」, 『世界』 1972.2.

488) 김일성, 앞의 책, 356~357쪽. 그러나 이 회의 직후 평안남도당전원회의에 참석하여, "어떤 사람들은 우리 조선에는 아직 기계도 없고 아무 것도 없는데 어떻게 협동조합을 조직하겠는가고 말하고 있습니다. 그러나 우리나라는 소련과 달리 농호당 차례지는 토지가 적기 때문에 로력조직만 잘 하면 기계화를 하지 않더라도 얼마든지 협동조합을 조직하여 운영해 나갈 수 있습니다"라고 주장하였다. 농업집단화에 대한 소련 측의 견해를 비판한 것이다. 김일성, 「농촌경리의 발전을 위한 평남도 당단체들의 과업」, 『전후 인민경제복구발전을 위하여』, 384쪽.

사고방식으로서 "조국의 분열을 정당화하며 그것을 영구화하려는 것밖에 되지 않는다"고 비난하였다.[489]

회의에서 채택된 결정서에는 김일의 보고에서는 언급되어 있던 양곡수매사업에 관한 부분이 포함되지 않았다.[490] 양곡수매사업은 농산물수매사업이란 포괄적인 표현으로 수정되어 있었다. 김일성의 결론도 양곡수매사업은 전혀 언급하지 않았다. 양곡에 대한 최초의 국가수매로서 농업생산의 근간에 관련된 문제였던 만큼 이상한 일이었다. 회의에서 반론에 부딪치게 되어 당초의 방침이 관철되지 않은 것이 분명하였다. 그러나 10월 15일 개인양곡상을 금지하는 내각결정이 나오게 되어 이미 당중앙위전원회의가 개최된 11월 1일 당일부터 양곡의 국가수매사업은 개시되고 있었다.[491] 양곡의 국가수매사업을 위한 대대적인 캄파니아가 전개되고 있었다.[492] 김일성은 당중앙위원회를 통하지 않고 내각을 통하여 양곡수매사업을 직접 실행에 옮긴 것이다. 그러나 수매사업은 농민들의 완강한 저항에 부딪쳤다.

양곡수매사업과 농민의 반발

이 양곡수매사업에 관해서는 당사나 공식역사 속에도 전혀 언급되고 있지 않기 때문에 그 실태는 아직 베일에 싸여 있다. 그러나 1955년 4월 당중앙위 전원회의에서 김일성 자신이 사업의 과정에서 과오를 범했다고 엄중히 비판하고 있고, 1956년 4월 제3차 당대회에서 김두봉이 그 과오를 언급한 사실에서 보더라도 대단히 중요한 사태였다.[493] 이

---

489) 박영빈의 '남북평화공존론'에 대해서는 1955년 12월 사상사업에서 소련계 비판의 일환으로서 직접 지명하여 다시 공격을 가하였다. 김일성, 『사상사업에서 교조주의와 형식주의를 퇴치하고 주체를 확립할 데 대하여』, 9쪽.

490) 앞의 결정서, 『결정집 1954년도 전원회의, 정치-상무위원회』, 32~33쪽.

491) 1954년 10월 15일 내각결정 제130호 「개인 량곡상을 금지할 데 관하여」, 『로동신문』 1954.10.21.

492) 『로동신문』 1954.11.2 · 11.5 · 11.26 · 1955.1.6.

493) 이에 관한 자료로서는 양곡수매사업이 끝나고 나서 그 문제점을 비판한 1955년

사업의 준비작업으로서는 1954년 6월 당중앙위 정치위원회에서 양곡수매사업을 전개할 데에 대하여 토의하고, 8월 23일 내각전원회의에서 논의된 바에 따라 9월에 실태조사를 위하여 지방에 관계자를 파견했다고 하지만, 그 상세한 내용은 밝혀지지 않고 있다.494)

사업이 개시된 것은 1954년 11월 1일부터 개인양곡상이 금지되고 동시에 곡물수매 캄파니아가 전개되면서부터였다. 『로동신문』에는 연일 수매에 관한 기사가 실리고 있었다. "농민들이여! 여유량곡을 국가에 판매하라", "국가의 량곡수매에 호응하는 농민들", "나는 국가에 쌀을 팔았다", "량곡수매에 열성적으로 응하는 것은 애국심의 표현이다", "나는 여유량곡을 전부 국가에 팔았다"고 하는 구호가 차례차례 등장하였다. 벼를 몇 섬 판 농민의 사진과 현금을 얼마 벌어 상품을 구입했다고 하는 기사가 실리고 있었다.495) 어떤 회상에 따르면 신문기사에 실린 몇 섬이라는 판매량은 다른 농민에게 의무수매량으로 적용하기 위한 중요한 기준 역할을 하였다고 한다.496) 개인양곡상이 폐지된 대신에 국영상점에서 쌀을 염가로 팔고 있다고 하는 기사도 실리고 있었다.497) 더욱이 로동신문에는 연말까지 수매사업을 독려하는 논설이 빈번히 나오고 있었다.

앞에서 말했듯이 10월 30일 최고인민회의에서는 「지방주권기관구성법」이 채택되어 지방인민위원회-인민회의체계를 갖추기 위한 법적 정비가 이루어지고 있었고 11월 1일부터 3일까지 당중앙위전원회의가 열려 농업집단화를 대중적 단계로 확대하고, 각급 당지도기관의 결산·

2월 당중앙위 상무위원회에서 한 김일성의 결론이 『김일성저작집』 제9권에 게재되어 있다. 그 밖의 증언으로서는 여정의 수기, 57~62쪽, 김남식의 회상, Lee & Scalapino, Vol. 2, p.1059 등이 있다.

494) 김일성, 「조선민주주의인민공화국 내각 제30차 전원회의에서 한 결론」 1954.8.23, 『김일성저작집』 제9권, 84~86쪽.

495) 『로동신문』 1954.11.2 · 11.5 · 11.26 · 1955.1.6.

496) 여정, 앞의 책, 59쪽.

497) 『로동신문』 1954.11.15.

선거를 실시할 것도 결정되어 있었다. 이러한 야심 찬 계획에 맞추어 당직 개편도 진행되고 있었다.

우선 당중앙위 11월 전원회의 이후 겨우 2개월 사이에 농업협동조합 수는 3배 이상으로 불어나 1954년 말까지 전국에는 1만 98개가 조직되어 총농호수의 31.8%, 총경지면적의 30.9%가 망라되었다. 당초 계획단계에서부터 양곡수매사업은 농업집단화와 동전의 양면 같은 관계를 가지고 있었음을 알 수 있다. 양곡수매는 현금수매와 비료교역수매의 방법으로 실시되었다. 동시에 수매에 응하는 농민에게는 생활필수품(면직물, 의류, 고무신 등)에 대한 우선 판매를 실시하기로 하였다. 11월 8일 『로동신문』 사설은 수매사업은 "강력한 당 정치사업이 진행되는 기초 위에서 어디까지나 농민들의 자원적 의사에 의하여 진행되어야 한다"고 명시하고 있었다. 그러나 농민의 자원적 의사에만 기대하여 수매를 "자연성장성에 방임"하는 현상과는 강력히 투쟁해야 한다고도 덧붙였다. "농민의 자원적 의사을 빙자하고 소극적으로 활동하는 일군들과는 추호도 타협하지 말며 그들에게 계획 미달성의 책임을 추궁하는 엄격한 규율과 통제가 있어야" 한다고 하고, 각 당단체와 당간부는 양곡수매의 성과를 보장하기 위하여 "강한 당적 통제와 세심한 당의 시선을 돌려야 한다"고도 주장하였다.498) 실제로는 의무수매 내지 강제수매에 가까운 방법으로 밀어 붙이고 있었던 것이다.

11월 22일자의 『로동신문』에는 "량곡수매를 자연생장성에 방임하지 말라"는 제목이 붙은 경고성 사설이 실렸다. 사설에 따르면 양곡수매가 적지 않은 지방에서 느슨하게 진행되고 있었다. 수매에 필요한 수매장, 곡물보관, 자금보장 등의 준비가 소홀히 되어 있고 일부 지방의 간부는 "탈곡과 추경이 바쁘다", "현물세나 내고 보자", "기일이 많다"고 하면서 수매를 뒤로 미루고 있었다. 다만 많은 지방에서는 시장판매를 목적으로 하는 농민들의 곡물만을 사들이고 있었다. 이와 같이 사설은 "수

---

498) 「량곡수매사업과 당단체들」, 『로동신문』 1954.11.8.

매사업을 농민들의 자원적 원칙에 의하여 진행한다 하여 팔려고 오는 량곡이 있으면 사고 없으면 앉아 있는 안일하고 무사태평하고 책임성 없는” 방식은 더 이상 묵과할 수 없다고 하며 마지막 부분에서 중요한 경고를 하고 있다. 당의 일군은 “지금 국가량곡수매를 파탄시키려는 반동들의 책동이 있다는 것을 타산하여야 한다“고 하는 경고는 수매가 농민들의 반발에 직면해 있음을 나타내는 것이었다.499)

11월 25일자 『로동신문』에는 경제적 측면에서 수매사업의 필요성을 논하는 상업상 윤공흠의 논설이 실렸다.500) 상황은 양곡 국가수매의 필요성에 대해 당초보다 더 설득력 있는 설명을 요구했을 것이다. 우선 1952년부터 곡물증산이 계속되어 왔다고 하여 전쟁 시기이던 1952년에도 51년에 비하면 곡물생산량이 113%로 늘어나 전쟁 전의 최고수확연도인 1948년에 비하여 13만 톤이나 증산되었다는 것이 전제가 되어 있었다. 1954년도의 농산물 총수확고도 함경북도 등 일부 지역에서의 자연재해에도 불구하고 예년보다 훨씬 증가하여 인민의 식량수요를 충족할 수 있는 성과를 거두고 국가수중에는 풍부한 식량예비가 확보되어 있다고 설명되었다. 설명은 계속되어 다만 전후 경제가 급속히 발전함에 따라 1~2년 안에 곡물 총수확고를 전전의 최고수준인 1948년에 비하여 40% 이상 증가시켜야 하고 주민의 증대하는 식량수요를 보장할 뿐만 아니라 일정한 국가예비를 조성해야 한다. 수년간에 걸친 농민생활의 개선에 의해 적지 않은 농민이 여유양곡을 가지게 되었지만 자유시장의 존재와 개인양곡상의 투기적 영향 아래 곡물을 저장하여 시장의 움직임을 지켜보면서 가격의 등귀를 기다리는 실리적 경향도 조장되었다. 도시와 농촌의 투기분자의 해독적 행위에 의하여 양곡시장의 가격에 파동성이 초래되어 많은 농민이 중간착취에 노출되어 왔다. 이처럼 양곡에 대한 시장가격을 안정시킬 필요성과 함께 동해안지대, 특히 함

---

499) 「량곡수매를 자연생장성에 방임하지 말라」, 『로동신문』 1954.11.22.

500) 윤공흠, 「국가건설과 인민생활안정에 있어서 량곡수매사업이 가지는 정치경제적 의의」, 『로동신문』 1954.11.25.

경북도지방에서의 자연재해와 관련, 산지와 비산지, 곡식이 풍부한 지대와 부족한 지대 간에 양곡을 계획적으로 조절할 필요성도 제기되었다. 이상과 같은 필요성이 국가수중으로의 곡물 집중이 요구되는 이유로 들어지고 있었다. 그러나 여기서 수매사업은 "새로운 량곡시장을 조직하는 것"이라고 해석되었다. 개인양곡상이 폐지되는 대신에 국가상업과 소비조합상업에 의해 도시와 농촌 사이에 새로운 시장이 조직된다는 것이다. 그리하여 "가치법칙의 정확한 인식"에 기초하여 생산원가를 보장하고 식량증산을 자극하기 위한 "량곡기준수매가격"을 설정했다고 하였다. 여기서도 경고는 발해져서 "투기분자들이 국가수매사업을 파탄시키려는 반국가적 행동"을 범하고 있기 때문에 이러한 "암해행동을 감행하고 있는 모리간상배들"에 대해서는 군중적 투쟁을 통하여 적발, 폭로해야 한다고 촉구되었다.

이 논리도 현실과는 일치하지 않고 있었다. 윤공흠은 1954년도에도 곡물생산량은 증가했다고 주장했지만 숫자는 분명히 하지 않았다. 이미 생산량 통계에 문제가 있음을 깨닫고 있었던 것이다. 실제로 1955년 2월 2일 당중앙위상무위원회에서 김일성도 1954년도 곡물생산에 관한 보고가 거짓이었다고 인정했듯이 1954년도 곡물생산량은 1953년에 비해서 감소하고 있었다. 아직 이 시점에서는 공개적으로 잘못을 인정할 수는 없었다. 결국 투기분자의 중간착취로부터 농민의 이익을 보호하고, 양곡가격의 안정을 꾀하며, 함경북도 등의 자연재해에 의한 영향을 막기 위하여, 곡물의 국가집중이 필요하고, 그것은 개인양곡상보다 더 농민의 이익에 합치하는 새로운 시장의 조직이라는 설명이었다. 다만 "반동의 책동"이 아니라 "투기분자"나 "간상모리배"를 언급한 데 그친 것은 표현을 완화시킨 것이었다.501)

여전히 12월 3일, 17일자『로동신문』사설에는 수매를 농민의 자연성장성에 방임하여 성과를 거두지 못하고 있다는 비판이 계속되고 있었

---

501) 위의 글.

다. 12월 12일부터 20일에 걸쳐 각 도당에서는 도당위원회 전원회의나 도당 열성자회의가 잇달아 열렸다. 어느 도당에서도 당중앙위 11월 전원회의 결정「농촌경리의 급속한 복구발전을 위한 로동당의 금후 투쟁대책」에 따라서 각 도당단체의 과업을 토의하기로 되어 있었다. 중앙당으로부터도 김일성을 비롯하여 정치위원과 부장들이 각 도를 분담, 참석하였다. 일부 지방에서 농업협동조합을 무원칙하게 양적으로 확대하는 데만 힘을 기울이고 있다고 비판되었다. 그러나 양곡수매에 관해서는 어디에서도 전혀 보도되지 않았다.502) 이상상태가 생긴 것은 확실하였다. 그 진상은 아직 밝혀지지 않고, 매우 단편적인 증언이 있을 뿐이었다. 어떤 증언에 따르면, 1954~55년 겨울은 농민에게 가장 어려운 시기였다. 황해도의 "황주비행장 부근 건설공사에 동원된 많은 농민이 굶주림 때문에 쓰러지는 것을 목격하였다. 과거 보릿고개 때처럼 소나무 껍질이 식용으로 벗겨졌다. 위기는 전국에 미치고 있었다."503) 다른 증언에 따르면, 중앙으로부터 농촌에 독촉관이 직접 파견되어 농민의 양곡 숨기기와 당 및 국가간부의 강제적인 양곡 색출과의 공방이 계속되었다. 농민의 항의, 농민에 의한 간부 구타 및 농민의 체포, 부녀자의 자살 등 사건이 일어났다.504) 수습책으로써 일부 농업성간부가 해임되고 전체 농민에게 사과하는 강연회도 개최되었다. 농민의 불평, 불만을 누그러뜨리기 위하여 수매가 다시 실시되었다.505)

---

502) 황해남도에 관해서는『로동신문』12월 18일, 평안북도는 12월 20일, 평안남도는 12월 22일, 강원도, 함경남·북도는 12월 23일, 황해북도, 량강도, 자강도는 12월 26일. 황해남도에는 내각부수상 겸 당정치위원 김일, 평안북도에는 당농업부장 박훈일, 평안남도에는 당위원장 김일성, 부위원장 박정애, 선전선동부장 박영빈, 간부부장 한상두, 농업부장 박훈일, 함경남도에는 부수상 겸 당정치위원 박창옥, 함경북도에는 당사회과학부장 하앙천, 량강도에는 당정치위원 겸 조직지도부장 박금철, 자강도에는 당정치위원 겸 선전선동부장 박영빈이 각각 참석했다.

503) Lee & Scalapino, Communism in Korea, Vol. 2, p.1059, 김남식의 증언.

504) 여정, 앞의 책, 59~62쪽.

505) 김진계, 앞의 책, 243~244쪽.

1955년 2월 2일 당중앙상무위원회에서 사업의 문제점에 대하여 토의하고 대책을 세우게 된다.『김일성저작집』제9권에는 이 회의에서 한 김일성의 결론이 게재되어 있는데, 김일성은 그 원인에 대해서 다음과 같이 솔직하게 밀하고 있다. 일부 간부가 공명심에 사로잡혀 농업현물세를 판정할 때 단위면적당 생산고를 실제보다 높이 잡고 또한 그에 따라 곡물 총생산고를 산출하여 위에 보고하였다. 이번 수매과정에서 지금까지의 곡물생산고에 관한 보고가 거짓이었음이 판명되었다. 농업성이나 도인민위원회가 보고한 작년도의 곡물생산고가 정확했다면 농촌의 양곡수매원에 부족을 가져오고 양곡수매에 곤란을 초래하는 것 같은 일은 없었을 것이다. 현재의 농업생산조건은 전쟁 전보다 뒤떨어진다. 화학비료를 예로 들어도 자급비료, 노동력, 축력의 면을 보더라도 지금의 조건으로는 농업생산을 전쟁 전 수준이상으로 높이는 것은 곤란하다. 양곡수매를 시작하기 전에 미리 농민이 구하는 상품을 준비하지 않은 것은 이번 양곡수매에서 나타난 주된 결함의 하나이다. 3년간에 걸친 전쟁을 겪어 온 농민이 생활 개선에 필요한 각종 상품을 구하고 있는 것을 제대로 고려할 수 없었다. 실제로 상품이 없으면 화폐는 그림에 그린 종잇조각에 지나지 않는다.506)

그러나 김일성은 위의 원인분석과는 다른 상황인식도 다음과 같이 보이고 있었다. 첫째로, 당 및 정권기관의 일군들은 수매사업을 관료주의적 방법으로 진행하여 농민을 교양하고 납득시키는 것이 아니라 억지로 강요했다. 당 및 정권기관의 일군들은 미리 사상동원도 하지 않고 함부로 농민에게 내려 먹이는 방식으로 양곡을 수매했다. 그 결과 국가가 사들인 양곡을 빈농에게 다시 공급해야 하는 결과를 초래하여 비싼 가격을 지불하면서도 양곡수매를 순조롭게 할 수 없었다. 둘째로, 일부 일군이나 당원들은 적대분자의 책동에 대한 경계심이 없다. 이번 수매를 통하여 농촌에 계급 적이 적지 않게 남아 있어 당과 정부의 정책을 파탄

---

506) 김일성,「농촌사업을 강화하기 위한 몇 가지 대책에 대하여―조선로동당중앙위원회 상무위원회에서 한 결론」1955.2.2,『김일성저작집』제9권, 222~224쪽.

시키기 위하여 교활하게 책동하고 있다는 사실이 구체적으로 드러났다. 그런데 일부 일군과 당원은 계급 적에 대하여 무원칙하게 "관대한 태도"를 취했다. 셋째로, 농촌당원과 농민의 혁명성과 계급성이 높지 않은 것이다. 적지 않은 농촌 당원과 농민 사이에서는 혁명의 이익보다 자기의 몇 가마니 쌀을 귀중하게 생각하게 되었다. 당과 혁명의 이익보다 자기의 몇 가마니 쌀을 소중히 여기는 사람이 곤란한 때에 당과 혁명의 이익을 배반하지 않는다고 단언할 수 없다. 요컨대 문제의 원인은 중앙당의 정책 내지 방침에 있는 것이 아니라 당 및 정권기관 일군의 사업방법, 일부 계급적대분자의 책동, 농민의 이기주의에 있다는 것이다.[507]

우선 수매사업에 관한 구체적인 원인 분석에 의거한 제도적 개선이 취해졌다.[508] 이러한 조치는 농민에 대한 일종의 양보로써 1955년 중반에서 1956년 초에 걸쳐 실시되어 갔다. 일단 1954년산 양곡 국가수매사업은 1955년 2월 10일로 전면 종식하기로 하였다. 양곡수매사업은 매년 계속하지만, 앞으로 곡물수매는 예약수매 방법으로 하기로 결정하였다. 또한 농민에게 수매계획을 적게 주고 자발적으로 수매에 참가시키기로 하였다.[509] 다음으로, 현물세 징수제도도 일부 고치기로 하였다. 내년에는 농업협동조합에 대하여 미리 현물세 양을 정하고 그것을 고정시키되, 그 양은 최근 3년간의 평균수확고에 따라서 정하기로 하였다. 다만 개인농민에 대해서는 종전대로 판정에 따라서 현물세량을 부과하기로 하였다. 그 밖에 농촌에서 부농을 제한하는 데 주의를 기울일 것, 식량절약운동을 강화할 것 등의 조치를 포함하고 있다.[510] 내용

---

507) 위의 책, 216~219쪽.

508) 「량곡수매사업 총화와 농촌사업 강화 대책에 대하여—상무위원회 제1차 회의 결정서 1955년 2월 1~2일」, 『결정집 1955년도 전원회의, 정치—상무위원회』, 109~120쪽.

509) 내각양정국에서 다음 해 수매계획을 25만 톤으로 계상했지만, 이는 지나치게 많다고 하여 수정된다. 계획을 10만 톤으로 하고, 그중 6~7만 톤은 농업협동조합으로부터, 3~4만 톤은 개인농민으로부터 예매할 것, 수매가격은 올해의 가격대로 할 것 등 조치가 취해졌다.

을 보면 양보는 선택이었음이 분명하다.

다음으로 더욱 근본적인 계급대책이 취해지고 있다. 중앙상무위원회의 결정서에는 다음과 같은 내용이 들어가 있다.511)

"농촌에서 부농화하는 부유한 농민들과 빈농민들 간의 계급적 대립이 점차로 골화하고 있으며, 당과 정부의 정책을 파탄시키기 위한 적대분자들의 암해 준동이 더욱 적극화되고 있음"에도 불구하고 "지금까지 일부 당 및 정권기관 일군들은 농촌에서 첨예화한 계급적 모순을 규명하려고 하지 않으며, 적대분자들의 암해 준동에 대하여 예리한 눈초리를 돌리지 않고 있다."

이와 같은 전반적 상황인식은 당원과 주민에 대하여 중앙으로부터 일종의 '공세'를 가하는 것으로 이어졌다. 결정서에는 당원에 대한 계급적 의식과 경각성을 비상히 제고시킨다고 하여, "농촌지역에 잠재하고 있는 반동 요소들과의 투쟁을 적극 조직, 전개하며 적들에 대한 정치 공세와 제약정책을 강력히 추진시킴으로써 농촌에서의 적대 요소들을 철저하게 적발 숙청하도록 한다"는 조치가 포함되었다. 나아가 "전당적, 전인민적 반간첩 투쟁을 조직, 전개할 데 대한 대책도 강구한다"고 하였다.512)

이러한 인식에 따라서 전국적으로 '농촌조사사업'이 실시되었다. 예컨대 1955년 3월 함경남도당위원회가 실시한 조사에 따르면 조사대상 90개 리의 1만 9천 개 농호 중에서 약 0.9%에 해당하는 부농이 존재한다고 하였다. "부농사상 발현"의 예로 다양한 수단을 가지고 빈농을 착취하는 것, 농촌의 사회주의적 개조를 은밀한 방법에 의해 반대하는 것, 정미업, 소장사 등 투기적 방법을 쓰는 것, 양곡을 시세를 보아 판매하는 것, 빈농의 농업협동조합 가입에 반대하는 것 등이 지적되었다. 또한 함주군 내 20여 명의 당원이 사람을 고용하여 고리대를 하거나 소속 당

---

510) 위의 결정서, 앞의 책, 115~116쪽.

511) 위의 결정서, 앞의 책, 112쪽. 1956년 4월 제3차 당대회에서 한 함남도당 대표 현정민의 토론 내용에도 인용되어 있다. 『로동신문』 1956.4.27.

512) 위의 결정서, 앞의 책, 115쪽.

원의 4.3%가 부농생활을 동경하고 있다고도 비난하였다.513) 이 조사
사업 결과는 1955년 4월 당중앙위전원회의에서 계급교양사업을 전개
할 방침을 결정하는 근거가 되어 이후 자본주의사상 잔재에 대한 투쟁
을 전개하게 된다.

한편 1955년 3~4월경 이른바 춘궁기에는 식량부족 상황이 조성되
고 있었다.514) 소련에서 1955년 5월 말까지 밀가루 4만 5천 톤이 도입
되고, 중국에서는 1954년의 13만 톤에 이어 1955년 6월에도 이미 13
만여 톤이 지원되었다.515)

3) 집단화에 대한 당 역량의 집중 투입과 당내 대립

조합의 양적 성장과 당조직에 대한 조합 통제권한의 부여

1954년 10월부터 당전원회의를 앞에 두고 대대적인 집단화 캄파니
아가 전개되었다. 회의 후 더욱 박차가 가해져 12월 말쯤에는 전국에
10,098개가 조직되어 전농호의 31.8%, 경지면적의 30.9%가 망라되
었다. 이 시기의 집단화정책은 조합의 양적 성장에 주력했다고 할 수 있
다. 양적으로는 10~12월에 걸쳐 3배 이상 증가한 결과가 되었다. 형태
별로는 이 시기부터 제3형태가 압도적으로 많아지지만 아직 제2형태도
전체의 21.5%로 상당 부분을 차지하고 있었다. 계층적으로 집단화의
주체는 1954년 말까지는 빈농층이 대부분이었다고 여겨진다.516) 빈농

---

513) 좌경, 우경적 경향으로서 부농적 요소를 과대평가하는 경향, 그것이 미약하다고
하여 농촌에는 아무런 계급투쟁이 없는 것 같이 간주하는 경향 모두가 문제라
고 비판되었다. 현정민, 「과학적 령도방법의 확립을 위하여」, 『근로자』 1956.6,
64~65쪽.

514) 사설 「식량절약을 전인민적 운동으로!」, 『로동신문』 1955.4.1.

515) 『로동신문』 1955.4.9 · 6.7.

516) 함경남도의 경우 1954년도에 영농한 농업협동조합의 구성원은 90% 이상이 빈
농이었다. 함경남도당위원장 현무광, 「농업협동화운동에서 당정책 관철을 위하

층은 특히 노동력이나 축력의 부족 때문에 자력으로 영농이 불가능한 층으로 이 면에서 협동조합으로 가능하게 된 공동작업이나 협동조합에 대한 국가적 방조는 절대적인 이점이었다. 토지소유관계에서 '경작권지' 제도도 큰 역할을 하였다.517) 이 경작권지는 전쟁시기에 급증하여 1953년 7월 현재 53만 정보, 농민경영 면적의 4분의 1을 훨씬 넘고 있었다.518) 법적으로 전 경지의 4분의 1 이상에 대한 소유관계를 국가가 좌우할 수 있다고 하는 조건이 집단화에 결정적인 작용을 한 것은 말할 필요도 없다.

빈농층을 대상으로 하는 단계가 성공적으로 수행됨에 따라 광범한 중농층 이상을 대상으로 하는 대중적 운동이 전개되었다.519) 1954년 10월 이후 행사되기 시작한 중앙 당, 정부의 조직력과 행정력이 1954년 11월 전원회의를 계기로 본격적으로 가동되었다. 1955년 1월에는 전국 다수확모범농민대회, 농업협동조합관리활동가대회 등 캄파니아가 조직되었다.520)

1955년 2월 2일 당중앙상무위원회가 열려 양곡수매사업 문제에 대해 토의가 된 데 이어, 그 후속대책으로 2월 5일 당정치위원회 제3차

여」,『농업협동화운동의 승리(6)』, 143~144쪽.

517) "토지개혁 후 조선로동당은 …… 토지소유자가 직접 경작하는 것이 불가능하게 된 토지에 대해서는 이것을 지방인민위원회에 이관하여 그 경작권을 토지가 적은 농민에게 주는 등 국가적 관리 제도를 실시했다. 이것은 실질적으로는 국유지와 동일한 성격을 가지고 있으며 '경작권지'라고 불렸다." 김한주,『조선민주주의인민공화국에서 농업협동화운동의 승리』, 조선로동당출판사(평양), 1959, 8쪽, 동『우리나라에서 맑스·레닌주의 농업강령의 승리적 실현』, 조선로동당출판사(평양), 1960, 45~46쪽.

518) 홍달선,「우리나라에서 농촌의 사회주의적 개조」,『8·15해방 15주년기념 경제론문집』, 과학원출판사(평양), 1960, 70쪽. 전전에 국유지를 개간한 경우, 전쟁 당시 "적에게 협력한 반역자", 남으로의 "도주자" 등의 토지가 몰수된 경우, 경작자의 사망이나 유고에 의하여 경작이 불가능하게 된 경우, 전쟁 시기 파괴되어 버려진 토지를 복구한 경우 등.

519) 梶村秀樹, 앞의 논문, 285쪽.

520)『로동신문』1955년 1월분을 참조.

회의 결정 「농업협동조합들의 조직적 강화를 위한 제 대책에 관하여」가 채택되었다.521) 내용은 대외적으로 공개되지 않았지만, 3월부터 농업협동조합에 대한 주요 조치가 이루어졌다. 이는 당중앙상무위원회가 농업협동조합에 대한 현물세 부과방식을 변경한 데 이어,522) 급진적 농업집단화의 방침을 일부 완화하는 조치였다. 이는 농업협동조합에만 관심을 기울인 나머지 개인경영농민을 과소평가해 온 그간의 정책을 반성하는 내용이었다. 개인농민들 속에 품앗이반, 소겨리반을 더욱 강화시키고, 농민들이 쉽게 받아들일 수 있는 노력협조반을 광범하게 조직할 것을 강조하는 조치였다.523) 그동안 제2, 제3형태만 농업집단화로 간주하며 거의 무시해 온 가장 초보적 형태로서의 노력협조반을 다시 중시하는 것이었다.

하지만 정치위원회 결정은 집단화의 완화만을 의도한 것은 아니며, 이를 더욱 강화하는 내용도 포함하고 있었다. 이에 따라 농촌 초급당단체의 조직개편이 단행되었다.524) 총농호의 3분의 1이 농업협동조합에 망라된 현실에 맞추어 개인농을 기준으로 편성되어 있던 농촌 당조직체계를 농업협동조합과 개인농으로 이원화하는 조치였다. 지역적 단위를 기준으로 한 조직원칙을 생산적 단위로 바꾸는 것이기도 하였다. 하나의 리가 전부 하나의 농업협동조합에 망라된 경우 종래의 리당위원회를 농업협동조합초급당위원회로 개칭하고, 하나의 리 내 몇 개의 농업협동조합에 당원이 분산된 경우 협동조합 단위로 분세포를 조직하여 리당위

---

521) 「농업협동조합들의 조직적 강화를 위한 제대책에 관하여-정치위원회 제3차 회의 결정서 1955년 2월 5일」,『결정집 1955년도 전원회의, 정치-상무위원회』, 64~74쪽. 이에 대한 해설로서는, 김한주,『조선에 있어서 농업협동화운동』, 41~42쪽, 한걸, 「공화국농업협동조합법의 발전」,『우리나라의 법의 발전』, 98쪽, 박인하, 「농업협동조합의 공고화를 위한 집중적 지도와 방조」,『로동신문』 1955.7.2.

522) 김국훈, 「농업협동조합에 대한 현물세부과를 정확히 하자」,『로동신문』 1955.3. 16.

523) 위의 결정서, 앞의 책, 73~74쪽.

524) 사설 「농촌에서의 일부 초급 당단체의 조직적 개편」,『로동신문』 1955.3.17.

원회에 소속시켰다. 중요한 것은 하나의 리 내 일부 당원만이 협동조합에 가입한 경우 협동조합 내에 별도로 분세포를 조직하도록 한 것이다.[525] 1954년 11월 당중앙위전원회의에서 당농민부가 농업부로 개칭될 때 예상된 일이시만, 이 시기에 개편이 이루어진 데는 양곡수매사업의 후유증이 크게 작용하였다고 생각된다.

이 조치는 두 가지 효과를 노리고 있었다. 우선 농업협동조합 내에 당단체를 조직함으로써 직접적인 당의 통제를 가하는 것이었다. 농업협동조합당위원장에게는 "생산에 대한 통제권한"이 부여되어 관리위원회 간부의 선발, 배치에도 영향력을 행사할 수가 있게 되었다. 나아가 이 조치는 농민당원을 더 이상 개인농으로 남아 있을 수 없게 하는 조직적 압력으로 작용한 것이다. 해당 리의 농업협동조합에 별도의 당단체가 조직되는 이상 협동조합밖에 남아 있는 것은 당원으로서의 자격이 의심되는 행위였을 것이다. 당시 농촌지역의 당원 수는 약 45만 명이었기 때문에 이 조치는 집단화를 위한 강력한 조직적 수단이 되었다.[526] 또한 이 결정은 농민동맹의 조직원칙도 수정하였다. 농민동맹은 기본적으로 개인농을 회원으로 하는 단체이기 때문에 협동조합농민은 농민동맹의 조직 대상이 아니게 된 것이다.[527] 이미 전쟁 전부터 약화되고 있던 농민동맹은 결정적으로 위축되어 간다. 한편 당농민부가 당농업부로 개

---

525) 김국훈, 앞의 글.

526) 당시 농촌당원 수는 당중앙위 11월 전원회의에서 한 김일의 보고에 나와 있다. 김일, 앞의 글,『로동신문』1954.11.4. 1952년 12월 당중앙위전원회의 당시 당원 총수는 약 100만 명, 제3차 당대회에서의 김일성 보고에 따르면 1956년 1월 1일 현재 당원총수는 116만 4천 945명에 달하고 있었기 때문에 1954년 11월 당시 당원총수는 그 중간 정도였다고 추측된다. 당원총수를 약 108만으로 잡으면 전체의 41.7%에 해당한다.『朝鮮民主主義人民共和國國民經濟發展統計集 : 1946~1963』에 따르면 농촌인구의 비율은 1953년 12월 현재 전인구의 82.3%, 1956년 9월 현재 71.0%였다.

527) "협동조합 내에서 그 존재와 역할이 필요 없게 된 농맹은 개인경리농민들 사이에서 자기사업을 더욱 강화해야 한다." 황강,「농촌사업에 있어서 근로단체의 역할」,『근로자』1955.4.25, 44~45쪽.

편되고 나서 당농업부도 역할이 축소되었다. 특히 농민동맹에 대한 지도권한은 당농민부에서 당조직지도부의 소관이 되었다.528)

오히려 이후 집단화는 더욱 가속화되어 1955년 봄 영농기에는 11,535개의 조합에 전농호의 44.7%, 경지면적의 44.9%가 망라되었다. 1955년도에는 주로 신규조직보다는 기존조직에 대한 중농층의 가입이 진행되었다. 그러나 양적 성장에 급급한 나머지 당지도부에 의해서도 농업집단화에서 좌경적 편향이 반성되고 있었다. 주로 농업협동조합의 조직과 조합원의 신규가입에서 "자원적 원칙"을 위반하는 경향이 문제였다. 예컨대 조합 조직률을 높이는 데에 급급하여 농민의 각오와 의식수준에 대한 고려 없이 다른 지방보다 앞서고자 하는 공명심에서 "당과 정부의 방침이기 때문에 모두 들어가야 한다", "들어가지 않는 사람들은 낙후한 분자이다", "협동조합에 들어가면 식량도, 비료도 국가에서 전부 해결해 준다"는 등 위협적 또는 기만적 방법으로 준비가 안 된 농민까지 조합에 망라시키는 것, 지방의 구체적 실정과 농민의 요구도 무시하고 일부 간부가 자기의 주관적 의도에 의해 지나치게 큰 규모의 조합을 조직하는 것, 낮은 형태의 조합을 도외시하고 일거에 높은 형태의 조합만을 조직하려고 하는 것 등의 경향이 전국적으로 생기고 있었다.529)

조합의 운영질서도 확립되지 않고 있었다. 당시 함경남도 내 569개 조합을 조사한 바 조합원총회와 관리위원회를 정상적으로 운영하는 조합이 약 27%, 노동의 질과 양에 의해서 노력일을 비교적 정확히 계산하고 있는 조합이 약 42%, 노력일계산장부를 적시에 정리하는 조합이 약 35%, 재정부기장부를 정리하는 조합이 약 20%에 지나지 않았다.530)

---

528) 황강, 위의 논문, 51쪽.

529) 박인하, 「농업협동조합의 공고, 발전을 위한 투쟁에서 제기되는 당면 제문제」, 『근로자』 1955.2.25, 박열수, 「농업협동조합의 새로운 조직사업에서 제기되는 몇 가지 문제」, 『로동신문』 1955.11.29, 김한주, 「농업협동조합의 질적 강화와 량적 성장의 문제에 관하여」, 『로동신문』 1955.12.30.

530) 현무광, 앞의 논문, 『농업협동화운동의 승리(6)』, 146~147쪽, 리종팔, 「농업협동조합을 조직경제적으로 강화하기 위한 집중적 지도사업으로부터 얻은 경험과

조합에 대한 중앙당 집중지도의 전개

6월 당중앙위상무위원회는 당분간 농업협동조합의 양적 성장을 제한하고, 이미 조직된 협동조합의 정리·강화를 전면화해야 한다는 결정을 채택하였다.[531] 여기에는 양적 성장에 따르는 과열을 진정하고 조정기간을 가진다는 측면이 있으며, 동시에 계속해서 양곡수매사업이나 급격한 집단화에 따른 농민들의 불만을 무마하려는 의도가 깔려 있었다. 이 상무위원회 결정은 1955년 7월 1일부터 농업협동조합 및 개인 농민들에게 곡물을 비롯한 일체 농산물을 아무런 제한 없이 국가기관, 소비조합, 개인수요자들에게 판매할 것을 허용하였다. 또한 수리불안전답, 산간지대의 수확이 낮은 밭, 신규개간지 등에 대한 현물세 감하나 면제, 자가용 텃밭에 대한 현물세 면제 등도 포함하였다. 특히 1956년도 곡물 총수확고 목표를 290만 톤 이상으로 잡은 것은, 1954년 11월 무리하게 곡물수확고 목표를 설정한 이후 논란이 되고 있던 이 문제에 공식적인 수정이 가해졌음을 뜻한다.

그러나 더 중요한 것은 다른 측면에 있었다. 그것은 양곡수매사업의 과오 때문에 사회주의개조를 추진하는 데 양보를 하지 않을 수 없었던 김일성이 4월 1~4일 당중앙위전원회의를 기점으로 반격을 개시하여 이 시점에 대대적 공세로 나아간 것이다. 당상무위원회 결정의 일환으로서 6월 10일 「인민군 제대군인들을 인민경제 각 부문에 취업시키며 그들의 생활을 안정시킬 데 관한」 내각명령 제29호가 나오고, 6월 24일 「농촌경리를 급속히 복구발전시키기 위한 제 대책에 관한」 내각결정이 채택되었다.[532] 1954년 3월의 내각결정, 54년 11월의 당중앙위전원

교훈」, 『인민』 1955.12, 124~125쪽.

531) 김한주, 『조선에 있어서 농업협동화운동』, 42쪽. 「농촌경리의 금후 발전에 관하여－상무위원회 제5차 회의 결정서 1955년 6월 15~20일」, 『결정집 1955년도 전원회의, 정치－상무위원회』, 149~157쪽. 결정서에 따르면, "농촌경리를 지도함에 있어서 온갖 형식주의들과 관료주의들과 무자비하게 투쟁"하며, "급속한 기간 내에 농촌경리 지도에 대한 도당위원회들과 그 위원장들의 사업을 근본적으로 개선할 데 대한 조직적 제대책들을 취할 것"을 결정하고 있다.

회의 결정에 이어 세 번째로 포괄적인 농촌경리대책이 발표된 것이다.

우선 농업협동조합 관리간부의 양성문제였다. 1만 2천 개 이상의 협동조합이 조직되고 관리위원회가 구성되며 더욱이 협동조합 내에 당 단체도 조직되는 이상 조직을 운영하는 기층간부가 대대적으로 요구되었다. 그러나 전쟁 시기 당원확대 정책을 실시함으로써 증가한 농촌당원은 대개 정치의식이나 교육수준이 낮은 사람들이고 군대에 동원된 청장년이 부족한 상태도 계속되고 있었다. 전후 동원으로부터 해제된 사람들도 대부분이 공장에 투입되고 있었다. 여성의 발탁에도 한계가 있어 정치의식이나 실무능력을 갖춘 사람들은 절대적으로 부족하였다. 긴급대책으로써 약 8만 명의 인민군이 감축되어 전국의 농촌, 특히 협동조합에 배치된 것이다.[533] 제대군인을 농촌경리, 특히 협동조합에 우선적으로 투입하여 관리간부나 작업반장 등 "핵심적 역할"을 하도록 하고 영농자금대출, 식량대여, 경지알선, 주택보장 등 생활을 정착시키기 위한 도움이 주어졌다.[534]

그러나 제대군인의 농촌배치는 대대적 공세를 위한 사전작업이기도 하였다. 즉 농업협동조합을 정비하기 위하여 전국적으로 전개된 대규모 중앙당 집중지도사업이었다.[535] 이 사업은 "일상적 지도와 집중적 지도, 지방적 지도와 중앙적 지도를 올바로 결합"한다는 원칙 아래 추진되

---

532) 『로동신문』 1955.6.14, 사설 「농촌경리 발전에 많은 힘을 돌리자」, 『로동신문』 1955.6.7, 사설 「제대군인은 농촌경리의 핵심으로 되어야 한다」, 『로동신문』 1955.6.15, 『로동신문』 1955.6.28. 제대군인의 농촌 배치를 포함하여 협동조합 간부 정책은 촌락질서를 재편하는 것이기도 하였다. 김성보, 앞의 책, 342~348쪽.

533) 상급학교에 진학하지 않은 소·중학교 졸업생에게 농업지식을 습득시키기 위하여 농촌의 중학교에 1년제 교육과정도 설치하였다.

534) 『로동신문』 1955.6.14, 「제대군인과 군인민위원장」, 『민주조선』 1955.6.30, 「농촌에 청장년 로동력을 더 많이 고착시키기 위하여」, 『민주조선』 1955.8.4, 「제대군인들은 농촌에서 핵심이 되고 있다」, 『민주조선』 1955.11.16.

535) 박인하, 「농업협동조합의 공고화를 위한 집중적 지도와 방조」, 『로동신문』 1955.7.2, 사설 「농업협동조합에 대한 실무적 지도의 강화」, 『민주조선』 1955.7.5, 「농촌경리의 급속한 발전을 위하여 제기된 당면과업」, 『인민』 1955.8, 23~24쪽.

었다.[536) 6월 23, 24일 전국 각지로 지도방조그룹이 출발하여 중앙 이
외에 각 군 단위로 3~4개의 그룹이 조직, 파견되면서 전국에 약 7백여
개의 그룹이 농촌지역에 파견되었다.[537) 중앙, 도, 시, 군에서 약 4천
명의 지도간부가 동원, 참가하여 해당 시역에서 9월 중순까지 약 3개월
간 지도공작을 진행하고 전체 농업협동조합수의 38%에 해당하는
4,387개 조합을 직접 지도하였다.[538) 전국적 집중지도는 중앙집중지
도그룹이 담당한 해당 도, 시, 군에 내려가 지방그룹을 편성하고 그들과
합류하여 지도하는 방법으로 진행되었다. 지도그룹은 현지에 파견되어
수개월이나 조합에서 숙박하면서 지도활동을 하는 전 기간을 통하여 수
시로 중간총괄을 하고, 지도과정에서 얻은 경험을 일반화하여, 전국적
규모로 지도의 통일성을 확보할 수가 있었다.[539)

집중지도가 가장 주력한 것은 농업협동조합 관리간부의 선발과 배
치였다. 이것은 수차례의 집중지도를 통하여 '농촌진지'의 '핵심'을 형성
한다는 명목으로 계속 추진되었다. '제대군인'을 포함해서 '애국열사유
가족', '인민군후방가족', '혁명투쟁경력자', '열성농민' 등이 관리위원장,
부위원장, 작업반장, 초급당위원장, 분세포위원장, 선동원 등에 배치되
었다. 종래까지 농촌부락에서 영향력을 유지하면서 협동조합의 지도간
부에도 상당히 진출하고 있었던 이른바 농촌 '유지'나 전통적인 씨족의
장로는 배제되어 새로운 '핵심층'으로 교체되었다.[540)

---

536) 과학원경제·법학연구소 편, 『사회주의의 기초건설을 위한 조선로동당의 경제
　　　정책』, 과학원출판사(평양), 1961, 金廣志·高昇孝譯, 『朝鮮における社會主義
　　　の基礎建設』, 新日本出版社(東京), 1962, 43~45쪽.

537) 『민주조선』 1955.6.26.

538) 리종팔, 「농업협동조합의 강화를 위한 몇 가지 문제」, 『민주조선』 1955.11.3, 동
　　　「농업 협동조합을 조직경제적으로 강화하기 위한 집중적 지도사업으로부터 얻
　　　은 경험과 교훈」, 『인민』 1955.12, 119쪽. 지도성원에 대하여 중앙, 도, 시, 군에
　　　서 4~5일간의 실무강습, 7~10일간의 집중적 실습을 실시하고 각 지방에서 세
　　　미나와 경험교환사업을 진행하여 모두 합쳐서 14~24일간의 준비작업을 하였
　　　다. 리종팔, 앞의 논문, 121쪽, 박인하, 앞의 논문.

539) 金廣志·高昇孝譯, 앞의 책, 44쪽.

　　집중지도의 큰 성과의 하나는 조합 내부의 노동규율의 확립이었다. 예컨대 황해북도의 경우 집중지도사업 이전인 1~6월에는 농업협동조합의 평균가동율이 44.6%였으나 그 후 85%로 증가하고, 조합원이 수득한 일인당 노력일수도 1~6월에는 67.4일(1개월에 11.2일)이었으나 7~10월에는 95일(1개월에 24.3일)로 증가하였다.[541] 이 통계는 자기 노력일의 반도 조합에 투여하지 않던 조합원들이 휴일을 제외하고 거의 모든 노력일을 투여하게 되었음을 말해 주고 있다.[542] 다음으로 집중지도는 조합의 형태를 거의 제3형태로 수렴시키는 데 결정적인 역할을 하였다. 집중지도는 조합의 운영이나 기구 등을 표준화하여 전국적으로 통일시키는 효과를 낳았다. 1955년 11~12월 겨우 1회의 집중지도를 거치고 나서 제2형태는 1954년 12월 당시 전체의 21.5% (2,171개)에서 3%(440개)로 급격히 떨어지고 있었다.

　　집중지도의 결과 농업협동조합은 농촌사회 내에 확고한 위치를 확립하게 되었다. 이후 집중지도는 중앙으로부터 1년에 1회, 각 지방으로

---

540)　함경남도신상군당위원장 김석현, 「농업협동조합관리일꾼의 질적 구성을 개선하고 그들의 정치실무수준을 높이기 위하여」, 『농업협동화운동의 승리(6)』, 325~326・333~334쪽. 평안남도당위원장 피창린, 「전후 당의 농업정책 관철을 위한 평안남도당단체의 투쟁」, 앞의 책, 26쪽. 사설 「제대군인에 대한 적극적 지도와 방조」, 『민주조선』 1955.11.25.

541)　황해북도당위원장 문석불, 「농촌경리의 사회주의적 개조를 위한 사상사업」, 『농업협동화운동의 승리(6)』, 106쪽.

542)　협동조합간부의 정치실무수준을 높이기 위하여 시, 군 단위로 실무강습을 570회 실시, 3만여 명이 참가하고 리 단위로 4,669회에 8만여 명이 참가하였다. 또한 부문별로, 즉 관리위원장, 부기원, 검사위원장, 작업반장, 근로단체책임자, 선동원별로 실무강습을 실시하고 모범농업협동조합에 대한 견학, 조합관리운영에 대한 실습도 조직하였다. 그 결과 불합리한 노동조직이 개편되어 노력일 평가계산에서의 결함이 시정되고 노동규율과 질서가 확립되어 재산관리와 부기질서도 확립되었다. 리종팔, 앞의 논문, 122・124~125쪽. 그 밖에 농업협동조합에 대하여 동요하고 있는 주민들을 안착시키기 위한 주민정치교육사업에도 주력, 자연부락, 작업반, 인민반 단위로 강연회, 좌담회, 개별담화 등 대중정치선동공작을 진행하여 5천여 회의 강연회, 좌담회를 개최하고 4,270여 명의 작업반선동원을 새롭게 선발하였다. 위의 논문, 126쪽.

부터 연 2~3회 조직되어 항상화하게 되었다. 6~9월의 지도사업에 이어서 1955년 말부터 다음 해 초에 걸친 겨울철 2개월간 먼젓번의 2배 이상인 8천여 명이 동원되어 다시 집중지도가 실시되었다. 1만여 개에 달하는 절대다수의 조합이 중앙의 지도 아래 1955년 겨울에 처음 연말결산·분배사업을 진행하였다. 북조선의 공식연구는 집중지도를 통하여 "농업지도에 언제라도 동원할 수 있는, 정치적·실무적으로 훈련된 약 1만 명에 가까운 대부대를 길러 냈다"고 평가하고 있다.543) 이 '대부대'는 1956년 12월 이후의 "생산에 대한 중앙당의 현지지도"나 1957년 5월 이후의 "반혁명분자를 진압하기 위한 대중적 투쟁"에서도 위력을 발휘하였다. 그들은 전사회의 사회주의적 개조과정에서 선봉대의 역할을 하였다.

한편 앞에서 언급했듯이, 1954년도까지는 빈농층이 주로 농업협동조합에 가입하고 1955년도에는 주로 중농층이 가입했지만, 특히 1955년도에는 중농층을 가입시키기 위하여 개인농과 협동조합에 대한 차별정책을 적극적으로 활용하였다. 예컨대 평안남도의 경우 1954년 말에서 1955년 말까지 집단화율은 총농호수 36.2%에서 53.2%로(경지면적으로는 35%에서 52%로) 증가한 데 대하여 이 기간 중 협동조합에 대한 식량대여는 총대여량의 61%, 종자대여는 전체의 60%, 화학비료 공급량은 전체공급량의 67%를 차지하고 있었다. 영농의 다각화를 위한 가축이나 가금류의 공급은 돼지가 전체의 96%, 말 95.9%, 염소 100%, 오리 97.8%로써 거의가 협동조합에만 공급되었다.544) 영농자금의 지원, 봄갈이, 모내기, 가을걷이 등의 작업에 대한 외부노동력의 동원, 농기계임경소의 이용 등 면에서도 협동조합에 대한 우대가 많았던 것은 말할 필요도 없다. 후일 김일성 스스로 이러한 차별은 경쟁정책

---

543) 金廣志·高昇孝譯, 앞의 책, 44쪽.

544) 리상준, 「조선로동당의 농업협동화정책과 평안남도에 있어서 그 승리적 실현」, 과학원력사연구소 근세 및 최근세사연구실편, 『력사론문집(4) : 사회주의건설편』, 과학원출판사(평양), 1960.

이나 계급정책이라는 면에서 합리적이었다고 술회하였다. 협동조합에
는 장기대부을 하고 개인농에는 단기대부밖에 주지 않은 것, 세금도 협
동조합에는 적게 지우고 개인농에는 많이 지운 것, 트랙터임경소를 통
해 협동조합에는 생산도구를 공급하고 개인농은 소로 경작하게 한 것
등을 들고 있다. 그는 이렇게 한 결과 가난한 생활을 하고 있는 사람들
로 조직된 협동조합의 생활수준이 부유한 개인농보다 빠르게 향상했다
고 설명하였다.545) 현물세 징수방식의 차이도 크게 작용하였다.546)

양적 확대의 재개와 관련된 당내 대립

6개월의 조정기간을 거쳐 1955년 11월 8일자로 당중앙위원회지시
「농업 협동조합의 조직적 강화를 위한 제 대책에 대하여」가 나오게 되
어 협동조합의 양적 확대를 재개하기로 결정하였다.547) 이어서 1955
년 11월부터 1956년 초까지 동기집중지도를 실시할 것도 결정되었
다.548) 이미 지방당단체지도기관의 결산·선거사업을 11월 중순부터
시행할 것도 예정되어 있었다.549) 이번의 중앙집중지도는 협동조합의
양적 확대를 목표로 하면서 이를 지방당단체의 결산·선거와 결부시키
는 강력한 조치였다. 그러나 이렇게 중요한 방침이 결정된 것은 당중앙
위원회가 아니었다. 이를 확인할 수 있는 기록이 없기 때문에 당정치위
원회나 상무위원회였는지도 확실치 않다.550)

---

545) 美濃部亮吉, 「金日成首相會見記」, 『世界』 1972.2, 52~53쪽.

546) 사설 「조기작물 현물세의 정확한 부과와 징수」, 『민주조선』 1955.7.2, 사설 「국
     가수매사업을 가일층 개선·강화하자」, 『민주조선』 1955.9.15.

547) 현무광, 앞의 논문, 『농업협동화의 승리(6)』, 151쪽.

548) 사설 「농업협동조합의 새로운 발전과 강화를 위하여」, 『로동신문』 1955.11.17,
     박열수, 「농업협동조합의 새로운 조직사업에서 제기되는 몇 가지 문제」, 『로동
     신문』 1955.11.29.

549) 초급당단체의 결산·선거회의는 11월 15일~12월 말까지, 도·시·군당단체대
     표회는 1956년 1월부터 3월까지. 『민주조선』 1955.10.18.

550) 1955년도의 중요한 당내 결정서를 정리, 수록한, 『결정집 1955년도 전원회의, 정

당중앙위원회가 개최된 것은 이미 농업협동조합에 대한 중앙집중지
도와 지방당단체의 결산·선거가 진행 중이었던 12월 2~3일이었다. 이
회의의 주된 의제는 1954년 11월 당중앙위전원회의 결정의 실행 상황을
총괄하는 것이었다.[551] 이 회의 이후 농업협동조합의 양적 성장의 방침
에 관한 언급은 공식매체로부터 사라져 버렸다.[552] 채택된 전원회의 결
정서는 공표되지 않고, 일부 내용이 단편적으로 논문이나 논설, 신문기
사를 통해 인용하는 식으로 보도되었다. 우선 결정서는 그동안 농산계획
수립에서 과도한 목표를 설정해 왔음을 정면 비판하고 있다.[553]

국가계획위원회와 농업성은 지난 기간에 농촌경리 부문 상산계획을 작성
함에 있어서 혹심한 전쟁 피해로 인하여 전쟁 전보다 경지면적이 적지 않
게 감소되고, 로력, 축력, 농기구 및 화학비료 등이 현저히 부족되어 전후
에 있어서 농촌경리의 물질적 및 기술적 토대들이 용이하게 회복되기 어려
운 실정을 옳게 타산하지 않고 과장된 통계 보고들과 단순한 주관적 욕망
에 근거하여 현실과 유리된 높은 계획들을 작성하여 하부에 내려 먹임으로
써 농촌경리 부문 일군들과 국가농목장 로동자들과 농민들의 생산의욕을
저하시키고 우리 당과 대중과의 련계에까지 영향을 주는 엄중한 결과를 초
래하였다. 당중앙위원회 정치위원회의 비판과 지적에 의하여 국가계획위
원회와 농업성은 금년도 농촌경리 부문 생산계획을 수차 수정하게 되었으
나, 의연히 관료주의적 사업작풍이 계속됨으로써 변경된 계획도 또한 농촌
실정과 부합되지 않게 되었다.

치-상무위원회』에도 이에 관한 자료는 실려 있지 않다.

551) 「농촌경리의 급속한 복구 발전을 위한 당중앙위원회 11월 전원회의 결정 실행
에서 나타난 결함들과 그를 시정하기 위한 투쟁 대책에 관하여-12월 전원회의
결정서 1955년 12월 2~3일」, 『결정집 1955년도 전원회의, 정치-상무위원회』,
23~51쪽.

552) 김한주, 「농업협동조합의 질적 강화와 량적 성장의 문제에 대하여」, 『로동신문』
1955.12.30, 「농업협동조합 조직사업에서 개선할 점-평안남도 내 수 개 군에서」,
『민주조선』 1955.12.17.

553) 위의 결정서, 앞의 책, 23~24쪽. 사설 「1956년도 농산계획의 정확한 수립」, 『로
동신문』 1955년 12월 10일에도 유사한 내용이 실려 있다.

분명히 1954년 11월 당중앙위전원회의에서 정한 생산량목표가 지나치게 높았으며, 이후 하향 수정된 목표도 비현실적이었다는 비판이었다.554) 이를 둘러싸고 국가계획위원회와 농업성 양쪽 모두의 공동책임으로 돌리고 있다.

농업협동조합의 조직방침에 관해서는 "농업협동조합에만 치중하는 나머지 아직 중요한 비중을 차지하고 있는 개인농 경리에 대한 지도사업을 등한히 하는 경향"을 비판하고 "개인경리 농민들을 농업협동조합의 가장 낮은 형태이며 사회주의의 싹인 로력협조반에 광범히 망라시킴으로써 …… 그들의 사상의식의 준비 정도에 따라 점차적인 방법에 의하여 더욱 높은 형태의 조합에로 인도할 것"을 제시하였다.555) 양적 성장의 방침을 부정은 하지 않았으나, 그 내용이 노력협조반, 즉 제1형태의 확대로 바뀐 것이다. 김일의 보고는 지방당단체 결산·선거와 중앙집중지도를 협동조합의 양적 확대 방침과 결부시켜 1954년 11월의 시도와 같은 대중적 확대로 되돌아가려고 하였으나 반대에 부딪치고, 당시의 곡물생산량 목표까지 비판된 것이다. 김일의 보고나 김일성의 발언이 공개되지 않은 것은 그 때문이었다.

발표된 농업정책은 곡물생산의 증가에 총력을 기울일 것을 목표로 하여 주로 경지면적의 확장, 관개, 수리면적의 확대, 옥수수를 중심으로

---

554) 곡물생산량 목표와 관련된 좀더 상세한 설명은 이 장 제7절의 1 속에 있는 '오류 및 책임소재의 추궁 문제'를 참조할 것.

555) 박동욱, 「농촌경리의 발전을 위한 당과 정부의 정책」, 『인민』 1956.3, 75쪽. "로력협조반을 …… 과소평가하는 그릇된 경향을 극복할 필요가 있다. 로력협조반은 농업협동조합 운동 발전의 출발점이며 개인농민들에게 협동 로력의 우월성을 체득시키는 학교이다 …… 로력협조반을 과소평가하는 경향은 무조건 옳지 않은 것이기 때문에 반드시 청산되어야 한다는 것과 로력협조반 운영을 백방으로 지지하고 강화시켜야 할 필요성을 옳게 리해하여야 한다." "다른 하나의 편향은 …… 농업협동조합에 대한 지도에만 치우치고 개인농민들에 대한 생산 지도를 등한히 하거나 조합원들과 개인농민들을 차별하여 보는 경향이다. 오늘 실정은 개인농민이 아직 농촌에서 적지 않은 비중을 차지하고 있고 그들의 생산은 대단히 중요한 문제로 남아 있다." 권두언, 「농촌경리의 가일층의 발전을 위하여 지도사업을 개선·강화하자」, 『인민』 1956.1, 15쪽.

하는 다수확작물 재배면적의 확대, 선진영농방법의 보급, 화학비료생산의 증가 등 물질적이고 기술적인 대책에 중점을 두었다.[556] 특히 물질적 대책으로서 가장 긴요한 내용은 농업현물세제의 개정이었다. 회의는 "전쟁 시기에 혹심한 피해를 당한 전체 농민들의 검세 형편을 인정, 향상시키며 그들의 생산의욕을 가일층 제고시킴으로써 농촌경리의 발전을 촉진시키기 위하여 1956년도부터 현물세 비율을 낮추어 농업협동조합들과 개인농민들에게 평년작 수확고에 기준하여 현물세를 평정, 부과하며 이것을 수년간 고정시키는 방향에서 현행 현물세법을 개정하는 것이 필요하다고 인정하면서 이에 대한 구체적 안을 작성하여 최고인민회의에 제출할 것을 내각에 제의한다"고 결정하였다.[557] 이것은 1955년도부터 농업협동조합에 대해 적용한 현물세부과방식을 개인농민에게도 확대함과 동시에 협동조합에 대해서는 현물세를 5% 인하하는 조치였다. 차별정책을 계속 채용하면서 개인농민에게도 배려한다는 내용이었다.

한편 회의에서는 "농업협동조합에서 고정작업반을 편성하여, 일정한 토지, 역축 및 생산수단을 고착시킴과 동시에, 년간생산과제를 부과하여, 계획실행에 대한 책임제와 물질적 이해관계를 설정하는 방법을 광범히 도입, 실시"할 것을 결정하였다. 고정작업반을 생산의 기본 단위로 하여 노동력조직의 기본형태와 위치를 부여하였다. 조합 사정에 맞추어 일반적으로 보통규모 조합의 경우, 인원을 20명 내외로 하여 하나의 조합에 3~4개 정도의 작업반을 조직하고, 하나의 작업반에 7~9명 정도의 분조를 둘 수 있도록 하며, 100호 이상의 큰 조합의 경우, 작업반인원을 30~40명 정도로 하고, 소규모조합에서는 15명 정도로 하였다.[558]

그러나 박창옥과 김일이 책임을 나눠지던 상황은 반전되고 있었다. 12월 20일 최고인민회의가 열려 김일이 보고를 하였다.[559] 김일의 보

---

556) 『인민』 1956.1, 9~15쪽, 『인민』 1956.3, 73~74쪽.

557) 김한주, 「농민의 복리증진을 위한 우리 당의 시책」, 『근로자』 1956.1.25, 66쪽.

558) 『민주조선』 1955.12.21.

559) 내각부수상 겸 농업상 김일, 「농촌경리를 더욱 발전시킬 데 대한 보고」, 『민주

고는 당전원회의에서 한 자기의 보고를 수정하고 당전원회의에서 결정된 내용을 공개하는 의미를 가지고 있었다. 보고에는 위에서 언급한 방침이 거의 다 나오고 있으나, 다만 농산계획수립에서 비판된 과오에 관한 내용은 바뀌어 있었다. 김일은 "우리들이 농촌경리부문의 계획과제를 실행할 수 없었던 이유는 그 계획자체가 현실을 떠나 실현성이 없고 지나치게 높은 계획이었던 데에 있다"고 비판하면서도 3개년 계획을 수립할 당시 "농촌경리부문에서 전쟁피해 상황을 충분히 고려하지 않고" "부정확한 통계자료"에 따라 "오직 전전 수준을 초과해야만 한다고 하는 주관적 견지에서 계획을 작성했다"고 지적하였다. 지난 2년간의 경험을 통하여 당초의 3개년 계획이 비현실적인 것이었다고 알게 되어 1955년 4월 전원회의에서 3개년 계획에서 기대된 1955년도 농촌경리부문의 계획과제를 일부 수정하였으며, 다시 1956년도 과제도 수정한다고 말했다. 이것은 김일 자신의 주도 아래 3개년 계획을 상향 수정한 1954년 11월 전원회의에서의 결정을 문제 삼지 않고, 당초의 3개년 계획으로 거슬러 올라가 거기에 원천적으로 문제가 있었다고 간주함으로써, 김일 자신에 대한 비판을 국가계획위원장 박창옥에 대한 것으로 바꿔치는 것이었다.

12월 28일과 다음 해 1월 초 사상사업에서 교조주의 비판을 통하여 박창옥, 박영빈이 좌천되는데, 소련계 비판은 농업정책과 관련한 지도부 내 대립과도 얽혀 있었던 것이다. 집단화방침도 어느새 양적 성장에 주력하는 방향으로 되돌아가고 있었다.560) 노력협조반 조직도 집단화

조선』1955.12.21.

560) 1955년 말에는 양적 성장의 방침을 비판했던 농업경제학자 김한주는 2월 중순쯤에는 금후 농업의 급속한 발전은 "그 물질적 및 기술적 토대를 강화하는 것만으로는 부족하다 …… 여기에는 반드시 개인농경리 형태의 협동경리에로의 이행—농촌경리의 사회주의적 개조가 더욱 성과적으로 진행되어야 한다 …… 농업의 전반적 발전에 관한 문제는 농업협동경리의 장성·강화에 대한 문제와 분리시켜서는 생각할 수 없다"고 주장하기 시작했다. 김한주, 「공업과 농업의 균형적 발전」, 『로동신문』 1956.2.17.

의 일종이기보다는 종래의 상호부조조직으로서의 소거리반이나 품앗이
반의 연장으로 받아들여지고, 협동조합과는 질적으로 다른 개인농민의
공동노력조직으로 간주되었다.561) 이처럼 1955년 11월 8일 당중앙위
원회 지시-12월 2~3일 당중앙위원회 전원회의-12월 20일 최고인민
회의로 이어지며, 농업집단화를 둘러싼 공방은 엎치락뒤치락하고 있었
다. 이 상황은 마침내 사상사업에서 소련계 비판으로 치달았던 것이다.

　1956년 4월 제3차당대회에서 김일성은 56년 2월 말 현재 1만
4,651개의 농업협동조합이 조직되어 전농호의 65.6%와 경지면적의
62.1%가 망라되고 거의 전체가 제3형태로 96%를 차지하고 있다고 보
고했다.562) 노력협조반은커녕 제2형태도 언급하지 않았다. 이미 이 시
기에는 일부 지역을 제외하고 조합형태는 제3형태로 일률화되었다. 김
일성은 1957년부터 개시되는 "제1차5개년계획기간에 농촌경리의 전반
적 협동화를 완료할 수 있는 전망"이 열렸다고 선언하였다. 간접적으로
곡물수매사업에서 생긴 문제를 언급한 김두봉 이외에 아무도 농업집단
화에 대하여 이의를 제기할 수 없었다.563) 집단화의 완성이 처음으로
시야에 들어오게 된 것이다.

집단화의 지방별 편차

　1954년 춘경기 현재 함경남도의 경우 전체 조합 수 119개 중 제2형
태 96개, 제3형태 23개로 압도적으로 제2형태가 많았다. 함경북도의
통계는 존재하지 않지만 거의 비슷했다고 추측된다. 1955년 6월 현재
북조선 전체에서 제2형태가 11%인데 함경남도는 1,400개 중 336개

---

561) 한상두, 「당 건설에서의 몇 가지 문제」, 『로동신문』 1956.3.12, 김일, 「농업협동
　　조합을 조직적 및 경제적으로 더욱 공고·발전시킬 데 대한 보고-전국농업협
　　동조합 관리일군 열성자대회에서」, 『로동신문』 1956.2.2.
562) 김일성, 「조선로동당 제3차 대회에서의 중앙위원회사업 총결보고」, 『로동신문』
　　1956.4.24.
563) 중국 대표 덩샤오핑(鄧小平)이 집단화를 극구 칭찬한 데 대하여 소련 대표 브레
　　즈네프는 '집단화'란 말을 쓰는 것조차 회피하였다.

(25%), 함경북도는 1,159개 중 394개(34%)로써 아직 상당한 비율을 차지하고 있었다. 예컨대 1955년 12월 현재 함경북도 길주군에서는 129개의 제2형태와 8개의 제3형태가 조직되어 제2형태가 절대다수를 차지하고 있었다.564) 길주의 경우 해방 이전 적색농민조합운동이 활발했다고 하는 지역적 특성이 작용했다고 생각된다. 함경남·북도는 전체적으로 적색농조운동이 강하던 지역이고 길주군은 이러한 특성이 전형적으로 나타난 지역이었을 것이다. 여기는 중앙에 대한 지역적 독자성에 의거해서 점진적 집단화를 목표로 하고 있었다고 생각된다. 개성도 초기에 제2형태가 많았으나 여기는 전쟁 전 남한에 속했던 '신해방지구'라는 특성이 작용하여 집단화에 대한 소극적 태도 내지 거부가 나타났을 것이다. 개성의 경우 전국적으로 제3형태가 97%에 달한 1956년 6월 현재에도 147개의 조합 중 제2형태가 93개, 제3형태가 54개였다. 1956년까지는 당이나 정부도 이와 같은 개성 지역의 특성을 고려하여 신중히 접근하였다.

1956년까지 가장 변화가 심하던 지역은 함경남도였다. 1955년 봄 영농기의 전국평균 집단화비율이 전농호수에 대해 44.7%였는데 함경남도는 개성(11.1%), 평양(28.4%)에 이어 32.2%였다. 산간지대의 특성을 가지는 자강도(32.7%)보다 낮은 숫자였다. 그런데 1955년 6~9월, 1955년 11월~56년 2월, 1956년 5~6월의 3차례에 걸친 중앙집중지도를 받으면서 1956년 6월 현재 집단화율은 전국 최고인 81.5%에 달했다. 이번은 전국 평균인 70.5%를 훨씬 넘는 숫자였다. 이 1년간 함경남도 전농호의 거의 반수가 새롭게 집단화된 것이다. 중앙집중지도의 효과가 가장 크게 나타난 지역이 함경남도였다고 할 수 있다. 중앙집중지도의 역량이 이 지역에 가장 집중적으로 투입된 결과

---

564) 심영균, 「길주군 인민위원회 행정지도사업의 개선 강화」, 『인민』 1955.11, 154~155쪽. 이 논문은 "사정은 농업협동조합들에 대한 군인민위원회의 지도의 신중성과 구체성을 요구"하고 있는데, 그러나 군인민위원회와 농업협동조합 관리일군들은 "제2형태 농업협동조합들에서 제기되는 문제들을 분석, 료해하지 못하고 있다"고 비판하고 있다.

이다.

이 심한 변화를 설명하는 열쇠는 양곡수매사업에서 발생한 사태에 있다. 이미 집단화가 대중적 단계에 들어선 1954년 12월 말 현재 집단 화율은 농호수 대비 전국평균 31.8%인데 평균에 크게 뒤지는 도·시는 평양 16.9%, 개성 6.4%, 자강도 18.8%, 량강도 24.2%, 황해남도 25.5%, 황해북도 26.9%, 함경남도 27.1%였다. 1955년 봄 영농기에 는 황해남도, 북도는 평균집단화율에 달하였으나 다른 지역은 평균 미 달의 상태가 계속되어 특히 증가가 가장 둔한 곳이 함경남도였다 (27.1%에서 32.2%로). 평양에는 도시근교의 상업적 농업이 발달한 이유로, 개성은 종래 상업지구이던 데 더하여 신해방지구로서의 특성 때문에, 자강도, 량강도는 산간지대로서의 특성 때문에 평균보다 낮았 으므로 지도부도 용인하지 않을 수 없었다고 생각된다. 그러나 지도부 에게 충격적인 지역은 함경남도였다. 이 지역에서 집단화가 진행되지 않은 이유는 양곡수매사업에 대한 반발이었다는 것이 명약관화했다.

당시 함경남도당위원장 현정민은『근로자』1956년 6월호에 55년 3 월 함경남도당위원회가 실시한 농촌조사사업에 관해서 쓰고 있다.[565] 이 조사는 시기적으로 양곡수매사업의 실패가 원인이 되어 실시되었다 고 생각된다. 조사 결과 조사 대상 90개 리의 1만 9천 개 농호 중에서 약 0.9%에 해당하는 부농이 존재한다고 하여 "부농사상 발현"의 예로서 다양한 수단을 가지고 빈농을 착취하는 것, 농촌의 사회주의적 개조를 은밀한 방법으로써 반대하는 것, 정미업, 소 장사 등 투기적 방법을 쓰 는 행위, 곡물을 쌓아놓고 시세를 보면서 판매하는 행위, 빈농의 농업협 동조합가입에 반대하는 것 등이 지적되었다. 또한 함주군 내 20여 명의 당원이 사람을 고용하여 고리대를 하기도 하고 소속당원의 4.3%가 부 농생활을 동경한다는 것도 거론되었다. 부농적 요소를 과대평가하는 좌 경적 경향도 잘못이지만 부농이 미약한 농촌에는 아무런 계급투쟁도 없

---

565) 현정민, 「과학적 령도방법의 확립을 위하여」, 『근로자』 1956.6, 64~65쪽.

는 것처럼 간주하는 경향도 잘못이라고 비판하였다.

1955년 4월 당전원회의에서 김일성이 자본주의사상 잔재에 대한 계급투쟁을 선언한 배경에는 양곡수매사업의 과오에 대한 함경남도 지역 농민의 반발이 작용했다고 생각된다. 농촌조사의 결과는 이 방침의 근거로 이용되었을 것이다. 두 번째의 중앙집중지도가 진행 중이던 1955년 12월 말 현재 이미 함경남도의 집단화율은 54.4%(전국평균 49.0%)로써 전국최고를 기록하기 시작하여 앞에서 말한 1956년 6월 의 81.5%(전국평균 70.5%), 12월의 90.4%(전국평균 80.9%)로 계속해서 최고를 기록하였다. 1956년 4월 제3차당대회에서의 토론을 통하여 함경남도당위원장 현정민은 이러한 경험과 실적에 근거하여 김두봉이 한 양곡수매사업 비판 발언을 반박한 것이다.[566]

그러나 함경남도 지역에서 전개된 집단화의 급성장은 '폭주'하여 협동조합의 대규모 통합으로 내달리게 되었다. 북조선의 공식견해는 이를 도당 및 정권기관의 "일부지도간부"가 집단화의 실적에 "자만하여" 범한 과오라고 간주하고 있으나 통합사업이 단기간 내에 도 전역에 걸쳐서 대대적으로 추진된 사실로부터 당초 김일성을 비롯한 지도부의 방침과 전혀 무관하게 개시되었다고는 보기 어렵다. 가령 지방간부들의 발의로 시작되었다고 해도 최소한 지도부의 승인이나 묵인 없이는 불가능하였다고 생각된다. 『농업협동화운동의 승리(6)』에 게재된 함경남도의 집단화경험에 관한 현무광의 논문에는 통합운동의 간단한 경위가 다음과 같이 소개되어 있다.[567]

1956년 5~6월의 집중지도사업이 끝나고 나서 일부 도당이나 인민위원회 간부는 집단화의 대중적 성장을 "사회주의의 고조", "사회주의의 고양"이라고 부르면서 통합을 꾀하여 "연합관리위원회" 같은 기구를 조직하기 시작하였다. 예컨대 "도적 모범"이라고 해서 함주군 대성리와 전길리 내 18개 농업협동조합을 통합하여 약 1천호에 달하는 대규모 조합

---

566) 『로동신문』 1956.4.27.

567) 현무광, 앞의 논문, 152~155쪽.

을 조직하고 견학과 경험교환회도 추진하였다. 8월부터 본격적으로 개시된 "통합운동"은 9월 이전에 통합 완료를 서둘러 약 2개월간 도내 2,154개 조합이 935개 조합으로 통합되었다. 단천군, 수동군에서는 "1개리, 1개조합운동"이 선개되어 많은 지역에서 "통합하는 이상, 통합구역 내의 개인농민을 남김없이 망라하자"는 구호를 내걸고 억지로 조합에 가입시켰다. 그 결과 관리간부들이 조합에서 이탈하거나 조합 내 무질서, 공동재산의 축소나 처분 등을 일으키는 극도의 혼란상태가 조성되었다. 결국 당중앙위원회가 사태 수습에 착수하여 약 2개월 사이에 935개 조합은 1,967개로 다시 복구되었다.

그런데 당시 공식매체에는 통합운동에 관해서는 일절 보도되지 않았다. 최초로 이 문제가 거론된 것은 『로동신문』 1956년 12월 14일호에 게재된 논문에서였다.568) 이 논문은 황해도 지역의 강제적인 집단화 확대와 함경남도 지역의 통합운동을 비판하였다. 함경남도에서 일어난 통합운동의 편향은 어느 정도 수습단계에 들어가 있었지만,569) 황해도 지역에서는 농민들의 광범한 조합이탈 움직임으로 확대되고 있었다.570) 두 가지 문제의 원인은 모두 양적 성장의 폭주였다. 김일성은 1957년 1월 23일 평안남도 농업협동조합관리일군대회에서 처음 통합문제를 언급하였다. 그는 평안남도에서 극히 일부가 생기고 함경남도에서 많이 일어난 통합운동은 위험한 경향이라고 경고하고, 협동조합의 규모는 "우리나라의 조건에서 40호로부터 100호 좌우가 적당하다"고 하며 "새로 조직할 때에는 너무 크게 하지 말아야 하겠으며 또한 이미 있는 조합들을 합치는 일들을 하여서는 안 된다"고 단언하였다. "협동조합들을 합치는 '운동'은 적어도 앞으로 3~5년간은 그만두어야 한다"고

---

568) 전창석, 「농업협동조합 조직지도 사업에서 바로잡아야 할 문제들」, 『로동신문』 1956.12.14.

569) 「경제사업에 대한 당적 지도에서 주관주의를 극복하자 ― 함경남도당위원회 전원회의에서」, 『로동신문』 1957.1.23.

570) 본 장 제6절의 4에 있는 '배천바람'에 관한 서술을 참조.

주장하였다.571) 여기서 "3~5년간"이라는 기간은 "농촌경리의 기술적 개조"는 적어도 제2차 5개년 계획이 수행되고 나서야 일정한 수준에 도달할 것이라는 전망에 의거해서 설정한 것이다.572)

1956년도 곡물 총생산고는 287만 톤에 달했다고 발표되었지만 국영 및 협동경영이 생산한 곡물이 72%를 차지하고 있었다. 농업협동조합의 정당 수확고는 개인농에 비하여 19%가 더 높다고 하였다.573) 그러나 집단화비율은 1956년 6월 당시 농호수의 70.5%, 경지면적의 66.4%였고 12월 당시 각각 80.9%, 77.9%였기 때문에 협동경리의 수확고는 어떤 시점을 기준으로 한 것인가에 따라서 크게 달라진다. 연말을 기준으로 하면 협동조합의 생산고는 개인농 분보다도 낮아지는 결과가 된다. 가령 1956년 6월을 시점으로 한다고 해도 정당 수확고가 개인농 분을 19%나 웃돈다는 수치는 믿기 어렵다.

4) 이탈 움직임과 집단화 완성의 강행

배천바람

평양에서 8월 종파사건에 대한 수습과 후속조치가 진행되고 있는 가운데 1956년 말에서 57년 초에 걸쳐 지방에서는 심각한 사태가 발생

---

571) 김일성, 「농촌경리의 금후 발전을 위한 몇 가지 문제들에 대하여 — 평남도 농업 협동조합 관리일군 대회에서 한 연설」, 『조선중앙연감(1958년판)』, 8쪽. 발언의 이 언저리가 나중 판에서는 수정되어 "협동조합들을 합치는 운동은 적어도 앞으로 1~2년 후에 가서 하여야 한다"는 것으로 바뀌었다. 『김일성선집(1960년판)』 제5권, 27쪽. 1958년 집단화종료 후 바로 실시된 리 단위 통합은 1957년 1월 당시의 발언을 뒤집는 조치였기 때문에 1958년의 통합시점에 맞추어 개찬한 것이다.

572) 김한주, 「현 시기 농업협동조합들의 규모와 형태에 관한 몇 가지 문제」, 『근로자』 1957.3.25, 57~58쪽. 김한주는 소련의 경험에 비추어 보더라도 아직 통합의 조건은 성숙해 있지 않다고 썼다.

573) 사설 「농업협동화운동에서 우리 당 정책의 빛나는 승리」, 『로동신문』 1957.3.11.

하였다. 황해남도나 개성시 등 '신해방지구'에서 부농, 중농이 농업협동조합으로부터 대거 이탈한 것이다.574) 이른바 '배천바람'이라 불리는 배천군에서 생긴 탈퇴운동은 공공연하게 되어 이 움직임은 순식간에 개성 일대와 황해도 일부로 확대되었다.

배천군에서의 탈퇴 움직임에 관해 최초로 전한 것은『로동신문』1956년 12월 14일자에 게재된 전창석의 논설「농업협동조합조직지도에서 바로잡아야 할 문제들」이었다. 이 글이 전하는 바에 따르면 배천군 금성리, 운산리, 추정리를 비롯하여 일부 지방에서는 지방의 특성을 고려하지 않고 "100% 협동화"의 구호를 내걸고 조합을 무리하게 조직하였다. 추정리의 경우 1956년 9~10월의 2개월간에 집단화율을 40%에서 90%로 증가시켰다. 조합이 깨지거나 가입한 농민들이 탈퇴하는 사태가 발생하여 추파 맥류의 파종이 전에 없이 뒤떨어지거나 일부 농민은 역축을 팔아버리는 현상도 생겼다.575) 그러나 이 보도 이후 협동조합 이탈 움직임에 관해서는 일절 보도되지 않았다. 사태가 심각해진 것이다. 1957년 4월부터 황해남도당에 대한 2개월간의 중앙당 집중지도가 착수되어 '반당종파분자'라 하여 전당위원장 고봉기를 비롯하여 일부 지방 간부를 비난하는 기사가 보도되었을 뿐이다. 이 4개월간 사태는 악화되고 있었던 것이다.

5월 18일 황해남도 배천군의 야외공판정에서 "간첩, 파괴, 암해도당들"에 대한 현지공개재판이 진행되고 나아가 황해남도와 개성을 중심으로 간첩을 체포했다고 하는 보도가 잇달았다. 1957년 1년 동안 황해북도, 함경북도를 비롯하여 여러 도소재지와 군소재지에서 수많은 군중이 모인 가운데 적발된 '간첩도당'과 '반혁명분자'에 대한 공개재판이 진행되었다. 사회 전반에 걸쳐서 '미제'로부터의 위협의 분위기를 부채질하

---

574) 제4장 제2절의 4에 있는 관련 서술을 참조. 김남식,「북한의 공산화과정과 계급노선」, 173~175쪽. 조합 이탈 움직임을 포함해서 농업집단화에 대한 농민들의 저항을 유형별로 정리한 연구로, 김성보, 앞의 책, 328~335쪽.

575)『로동신문』1956.12.14.

는 가운데 5월 30일 당중앙상무위원회는 '반혁명분자와의 투쟁을 전군 중적운동으로 전개할 데 대하여'라는 결정을 채택하였다. 탈퇴농민에 대하여 초강경책을 꺼내 든 것이 분명하였다.

당시 당지도부의 상황인식은 사태가 수습된 뒤 황해남도당위원장 유철목이 한 보고에서 잘 나타나고 있다. 그는 다음과 같이 설명하고 있다.576) 황해남도는 지리적 사정 및 일시적 후퇴 시기 적의 만행과 민족 분열정책에 의하여 사회적 상황에서 일련의 복잡성이 조성되었다. 당의 통일전선정책을 정확히 집행해야 했으나 원만히 수행되지 못하였다. 김렬, 박성삼, 박사현 등 '정치적 타락분자'에 의한 해독도 컸지만 최근에는 '반당종파분자' 고봉기에 의한 나쁜 영향도 컸다. 반당종파분자 고봉기와 그 추종자 백순제는 1956년 6월부터 9월까지 농업협동조합 조직의 성장을 위한 일대 캄파니아를 전개했으나 당초 '불순한 층'에 의해서 조합을 강제적으로 조직해 놓고 나서 잠시 "유지들"이라고 부유한 농민들이 탈퇴를 요구한다고 해서 즉시 해산을 지시함으로써 적지 않은 빈농민들의 농업협동조합을 계속 운영하자고 하는 요구도 제멋대로 거절해 버렸다. 황해남도 당단체에 대한 중앙당 집중지도과정에서 고봉기에 의한 여독이 분명히 규명되었다. 그는 당의 핵심과 기본군중을 교묘한 방법으로 공격하고 당 내외로 각종 '불건전한 요소'를 끌어들이며 '악질적인 적대분자'에 대해서도 '관대함'을 적용하여 '용서'함으로써 당과 대중의 혁명적 각성을 마비시켰다. 우리 제도에 반대하는 '반혁명분자'와 '간첩'에 대해서도 '단결'을 위하여 '관대함'으로 대해야 하며 그들을 껴안기 위해 노력하라고 주장하였다. 그는 노동계급의 영도적 역할을 약화시켜 노농동맹의 강화에 손상을 주는 책동을 하고 당간부들이 주로 농촌유지들과의 사업에 몰두하도록 하였다. 이상의 내용은 매우 자의적인 설명이라 하지 않을 수 없다.

배천군의 사태에 관해서는 사태수습 후 김일성도 언급하고 있었다.

___

576) 황해남도당위원장 유철목, 「당원들의 계급적 관점 확립과 당 핵심진지 공고화를 위하여」, 『로동신문』 1957.10.29.

김일성은 농업집단화는 전반적으로 농민들의 자발적 원칙에 따라서 성공적으로 수행되었지만 배천군에서는 고봉기의 책동 때문에 잘할 수 없었다고 설명하였다.577)

사태의 책임을 전부 고봉기에게 선가하고 있는데 실제 그의 관어 여부는 명확하지 않다. 1956년 6월부터 10월까지 무리하게 집단화가 강행된 것은 분명하며 그것이 직접적인 이탈의 원인이었다고 생각된다. 이러한 사태에 대하여 도당위원장 고봉기와 도인민위원장 백순제는 온건책으로 대처했을 것이다. 다만 배천바람이 고봉기나 최창익 등의 반김일성운동 가담과는 반드시 직접적 인과관계는 없었다고 보인다. 이미 배천바람이 일어나기 전에 반김일성운동은 시작되었고 그가 배천바람과 관련해서 온건책을 주장하여 당중앙의 강경책과 대립했기 때문에 두 가지가 사후적으로 결부되었을 것이다. 그러나 고봉기가 최창익 등의 반김일성운동에 가담한 것은 단순히 같은 연안계였다는 사정뿐만 아니라 농업집단화와 관련한 지역적 사정이 넓은 의미에서 상황적 배경으로 작용했다고 추측할 수 없는 것은 아니다. 그뿐만 아니라 황해남도인민위원장 백순제, 개성시인민위원장 리달진도 숙청의 운명이 되었다. 주목해야 할 것은 연안계인 당농업부장 박훈일의 행방으로 그는 2월 21일 이후 공식석상에서 종적을 감추었다.578) 그는 북조선로동당창당 시기부터 1949년경까지 황해도당위원장을 역임했다. 황해도 사정에 밝은 박훈일이 당중앙의 방침에 반발했기 때문에 해임되었다고 추측된다. 박훈일은 1956년 9월 전원회의에서 8월 전원회의의 방식을 비판했다고 말해지지만 같은 연안계라 하여 최창익 등과의 관계도 해임의 배경으로 작용했을 것이다.579)

---

577) 김일성, 「당단체를 튼튼히 꾸리며 당의 경제정책을 관철할 데 대하여－도・시・군 당일군들과 당조직원들 앞에서 한 연설」 1957.7.5, 『김일성저작집』 제11권, 188쪽.

578) 2월 14일 관개수리부문 열성자회의, 21일 반농반어・수산협동조합 열성자회의에 참석한 이후 공식매체에는 일절 등장하지 않았다. 『로동신문』 1957.2.15・22.

579) 여정, 앞의 책, 87쪽, 『로동신문』 1959.7.11 참조. 박훈일이 숙청된 사실은 몇 사

'간첩분자'에 대한 공개재판이 전 지역에서 진행된 사실이나 '반혁명분자에 대한 전군중적 투쟁'이 전개된 사실 등으로 볼 때 배천군의 예는 황해남도와 개성지구뿐만 아니라 북조선 전역에 동요를 가져왔다고 생각된다. 1956년 8월 중앙에서 당내 종파사건이 일어나고 나서 1956년 말과 1957년 초에 농촌지역에서 '배천바람'이 발생하기까지의 시기가 농업집단화를 그 무리에도 불구하고 완성을 향해서 강행할 것인가, 잠시 후퇴할 것인가의 기로였다. 그러나 당내 권력투쟁이 국내적 범위를 넘어 소련, 중국까지 끌어들이는 형태로 확대한 이상 후퇴는 있을 수 없었다. 집단화로부터의 대량이탈이 생긴 지역이 휴전선과 인접한 신해방지구였던 점도 당내 긴장을 높이는 요인으로 작용했다. 1957년 5월 당내 숙청이 북조선 전역에 걸친 '반혁명분자와의 투쟁'으로 확대됨과 동시에 농업집단화는 급속히 완성으로 향하지 않을 수 없었다. 원래 완전히 별개이던 두 개의 움직임은 하나로 결합하였다.

황해남도에 대한 당집중지도의 결과 1956년 말에서 58년 초까지 농업집단화 비율은 배천군이 50.9%에서 97.4%로, 연안군이 41.4%에서 96%로 도의 평균수준까지 증가하였다.580) 1년 사이에 거의 2배로 성장했다는 것은 위에서 강행적으로 추진하였기 때문이다. 황해남도 전체의 농업집단화 비율은 1956년도 말 2,420개의 농업협동조합에 총농호의 76.1%, 총경지면적의 76%였지만 1년도 채 안 된 1957년 11월 20일 현재 2,570개의 농업협동조합에 총농호의 97.2%, 총면적의 95.3%가 망라되었다.581) 개성시의 경우 1956년 6월 말 집단화율은 농호수로 42.3%(전국평균 70.5%)였지만 1956년 말에는 농호수로 76.7%, 경지면적으로 80.1%에 달하고 있었고 당시 전국평균을 보면

람의 증언을 통해서도 확인된다. 여정, 앞의 책, 101·162쪽, 김남식, 앞의 논문, 200~201쪽.

580) 황해남도인민위원장 전태환, 「당 정책을 관철하기 위한 우리 당의 행정, 조직지도사업」, 『민주조선』 1958.1.18.

581) 『로동신문』 1957.12.7.

농호수로 80.9%, 경지면적으로 77.9%였기 때문에 농호수에서는 전국 평균에 미치지 못하지만 경지면적에서는 넘어서고 있었다. 전국적으로 는 아직 부농이나 중농층이 협동조합에 가입하지 않고 있었으나 오히려 개성시에서는 부농층이 대거 가입한 결과였다.

경제부문에서 이제 '비사회주의적 요소'는 '착취적'이라고 규정되게 되었다. 1957년 9월 농업경제학자 김한주는 다음과 같이 쓰고 있 다.[582]

"농촌에서 '누가 누구를' 하는 과도기의 기본문제는 사회주의에 결정적으로 유리하게 해결"되고 있으나 그것은 "현재 우리 농촌에서 사회주의의 완전 한 승리를 의미하는 것은 아니다." "우리 농촌에는 비록 그 범위는 매우 좁 아졌으나 착취의 근원이 여전히 잔존하고 있다." "농촌경리에 내부에 남아 있는 비사회주의적인 요소인 개인농민"에는 "부유한 농민들이 적지 않은바 가난한 농민들을 착취할 뿐만 아니라 그 손길을 일부 협동조합원들에까지 뻗치고 있다."

집단화의 완성단계와 개인상공업의 사회주의적 개조

1957년부터 집단화는 '완성단계'라고 불리고 개인상공업의 사회주의 적 개조와 밀접한 관련 아래 추진되었다. 1956년 12월 현재 총농호수의 80.9%, 경지면적의 77.9%가 집단화되었지만 1년 뒤인 1957년 12월 에는 각각 95.6%, 93.7%로 급속도로 확대되었다. 마지막 남은 20%의 농호는 경지면적의 23%를 차지하였고 대개 부농층이나 중농층이었던 만큼 농업협동조합에 소극적이거나 완강히 거부하는 경우가 많았다고 생각되지만 집단화의 속도는 늦춰지지 않았다. 특히 '완성단계'에서 집단 화는 강력한 '집중지도'의 힘을 가지고 강행되었다고 할 수 있다. 부농층 이나 중농층은 '착취적 요소', '반혁명분자'로 낙인찍히게 된 것이다.

11월 1일 1957년도산 양곡수매사업에 관한 내각결정 제96호가 채

---

582) 김한주, 「농촌에 남아 있는 착취적 현상과의 투쟁을 위하여」, 『로동신문』 1957.9.24.

택되어 "국가수매사업기관은 식량이 여유가 있는 농업협동조합에 대하여 자원적 원칙에서 조합의 불분할폰드와 조합원들의 여유량곡을 조합 관리위원회를 상대로 하여 집체적 수매의 방법으로 1958년 3월 말까지 수매"한다고 결정되었다.583) 이 조치는 일체의 양곡에 대한 개인 상행 위를 금지하는 조치와 함께 실행되었다. 12월 1일부터 농업협동조합원 뿐만 아니라 개인농민도 국가기관 이외에는 여유곡물을 판매할 수가 없 게 되었다. "량곡의 수매와 판매에서 국가유일체계의 확립"이었다.584) 곡물의 판매루트를 국가가 완전 장악함으로써 여유곡물의 환금성을 박 탈한다는 의도였다.

11월 14일 '개인상공업에 대한 지도를 개선할 데 관한' 내각결정 제 104호가 채택되어 12월 1일 현재 개인상공업에 대하여 이미 발급한 허 가를 일체 갱신하도록 하였다. 나아가 12월 1일부터 국가제품과 그것을 원료로 하는 가공품을 판매하는 모든 개인상인과 생산판매협동조합에 대해서는 '유일국정소매가격'에 따라서 판매를 실시하도록 하며, 국정소 매가격이 결정되어 있지 않은 상품에 대해서는 각 시, 군인민위원장이 결정하도록 하였다. 1958년 1월 1일부터 개인기업가 및 수공업자의 생 산제품에 대하여 '검사제'를 실시하도록 하였다. 또한 개인상인을 "점차 로 생산적 방향으로 인도하기 위하여" 생산판매협동조합을 확대하고 생 산판매협동조합과 개인상인에 대하여 일부 국가상품을 특약 판매하도 록 하였다.585) 개인상공업을 완전히 국가의 통제 아래 두는 조치로서 아직 개인상공업을 완전 금지하는 것은 아니지만 실질적으로 개인상공

---

583) 집단적 수매계약을 체결할 때, 곡물대금의 15% 이내에서 선불금을 지불하도록 하고, 실적이 우수한 농업협동조합에는 상품을 우선적으로 판매하도록 하였다. 「내각에서 1957년산 곡물수매사업에 대한 결정을 채택」, 『로동신문』 1957.11.2.

584) 사설 「량곡수매와 판매에서의 국가적 유일체계 확립을 위한 당면과업」, 『로동 신문』 1957.11.10.

585) 「공화국 내각에서 개인상공업에 대한 지도를 개선할 데 관한 결정을 채택」, 『로 동신문』 1957.11.15, 사설 「개인상공업에 대한 지도를 개선하자」, 『로동신문』 1957.11.19.

업자로부터 영업의 자유를 박탈하는 내용이었다. 국영경제나 협동경제의 손이 못 미치는 곳에서 기대되고 있던 개인상공업의 역할은 필요치 않게 되어 "개인상인들의 앞에는 사회주의적 개조를 접수하는 유일하게 정당한 길이 있을 뿐"이라고 말해지게 되었다.586) 개인상공업자의 영업을 통제, 제한하면서 그들을 생산협동조합에 가입시켜 사회주의적으로 개조하는 방책이 모색되었다.

농업생산을 개인상인의 유통 루트로부터 차단하여 개인상공업자를 사회주의적으로 개조하는 작업은 평양 등 개인상공업이 발달하여 그것이 개인농과 밀접한 경제적 연관을 가지고 있는 지방에서 효과를 올려 이 지방에서의 농업집단화도 급속히 진행되었다. 1956년 말 평양시의 집단화율은 농호수에서 53.8%, 경지면적에서 56.9%에 지나지 않고 1957년 6월에도 농호수로 66%에 지나지 않았으나 12월 말에는 96%에 달하였다.587) 농업집단화의 완성은 중국군의 완전철퇴 일정과 연동하여 진행되었다. 사회주의농촌진지의 구축도 완료한 것이다. 특히 중앙집중지도를 통하여 부족하던 농업협동조합관리간부가 대거 농촌에 투입, 배치되었는데 이 조치는 기본적으로 조합원총회에서 뽑아야 한다는 선거원칙을 무시하는 결과가 되었다. 1956년 11월~1957년 3월의 집중지도 이후 관리간부 구성에서 빈농층을 기본으로 하여 제대군인, 애국열사유가족, 인민군후방가족, 열성농민이 절대다수를 차지하게 되었다. 또한 1957년 4월 19일자 당중앙위원회지시에 따라 '애국열사유가족'이 관리위원장 등 간부직에 다수 등용되었다. 나아가 농업협동조합관리위원장을 군이나 도의 조직적 비준하에 배치, 이동하는 제도를 마련하여 조합간부를 하나의 조합에 고정시키는 방침을 세웠다.588)

---

586) 김광순, 「개인상공업의 사회주의적 개조에 관한 몇 가지 문제」, 『로동신문』 1957.12.26.

587) 신해방지구의 집단화비율도 1957년 3월 82%에서 58년 3월 99.3%로 성장하였다. 『조선전사』 제29권, 67쪽.

588) 『조선전사』 제29권, 62~63쪽.

1957년 말쯤에는 집단화는 거의 완성되었다. 12월 말 총농호수의 95.6%, 경지면적의 93.7%가 협동조합에 망라되었다. 1957년 9월 20일 새로운 내각에서 농업상에는 평안북도인민위원장인 농업전문가 한전종이 임명되었다.[589] 당농업부장은 박훈일이 숙청되어 현정민으로 교체되었다는 증언이 있으나 공개는 되지 않았다.[590] 집단화를 진두지휘해 온 김일의 정치적 역할은 끝나고 내각부수상으로서 내각을 통할하는 위치에 취임했다. 1957년 12월 10일부터 58년 1월 9일까지 1개월간 진행된 각도 농업협동조합열성자대회는 각 도별로 집단화의 성과를 총괄하여 농촌의 사회주의적 개조에서 성공의 기세를 올린 대대적인 집회였다. 열성자대회에는 김일성을 비롯하여 당상무위원인 최용건, 박정애, 김일, 남일, 김창만, 림해, 후보위원인 리효순, 리종옥 등이 각 지역을 분담하여 지도에 임하였다. 이는 1956년 12월 당중앙위 전원회의부터 본격화한 생산에 대한 지도부의 현지지도의 일환이기도 하였다. 각 도 회의는 산간, 중간, 평야, 해안 등 지대별로 3~4개 그룹으로 나뉘어 각각 4일간 3~4회에 걸쳐 진행되었다. 여기에는 전체 농업협동조합관리위원장 및 초급당단체위원장이 참가하고 기타 최고인민회의상임위원들, 조국전선의장단성원들, 사회단체책임자들, 당중앙위원회부장, 부부장, 정부 각 성의 상, 부상, 외국주재대사, 학자와 기술자, 각 도·시·군당 및 인민위원장, 부위원장, 부장, 각 리당 및 인민위원장, 기타 각급당, 국가 및 농촌경리부문의 지도간부 등 4만여 명이 참가하였다.[591] 1956년 4월 제3차 당대회 이후 최대의 집회였다.

1월 14일 「당중앙위원회 1956년 12월 전원회의 결정 실행에 대한 농촌경리부문의 사업총화와 1958년도 과업에 대하여」 당중앙위원회통

---

589) 한전종은 수원고등농림학교(현 서울대농대의 전신) 출신의 국내계공산주의자로서 내각사무국부국장, 당농민부부부장, 국영제5호종합농장지배인, 평안북도인민위원장을 역임하였다.

590) 제4장 제2절의 4에 있는 당내숙청에 관한 서술, 이 장 제6절의 4에 있는 배천바람에 관한 서술을 각각 참조.

591) 『로동신문』 1957.12.11~16.

보가 발표되었다.[592] 각 지역의 열성자회의에서는 고조되는 열광적 분위기 속에서 1958년도 농업부문의 국가생산목표를 넘어서는 초과생산목표가 결의되고 당중앙위원회가 그것을 지지하는 형태로 목표숫자가 제시되었다. 예를 들어 곡물 생산목표는 국가목표의 119.9%로 정해졌으나 두드러지게 높은 곳은 황해남도 130.2%, 함경남도 129.3%, 개성시 140.6%로 집단화과정에서 무리가 생긴 지역이었다.[593] 집단화가 거의 완료되고 있는 이 시기에 김일성은 농민생활의 장래에 대하여 지극히 소박한 꿈을 다음과 같이 이야기하였다.[594]

우리 인민들은 멀지 않은 앞날에 이밥에 고기국을 먹으며 비단옷을 입고 기와집을 쓰고 살게될 것입니다. 이것은 공상이 아니라 래일의 현실입니다.

9월 26~27일 당중앙위전원회의에서 농업집단화의 완료가 선언되었다.[595] 이 회의에서 완료가 선언된 것은 농촌의 수리화를 집단화 이후 새로운 과업으로 제시하기 위함이었다. 밭 관개 및 논 관개면적을 확장하기 위하여 제1차 5개년 계획기간 내에 70만 정보의 밭 관개면적을 확장하고 33만 정보의 논 관개면적을 확장하며 22만 정보의 토지를 홍

---

592) 『로동신문』 1958.1.16.

593) 위의 당중앙위원회 통보.

594) 김일성, 「농업협동조합을 정치적, 경제적으로 강화하기 위하여 ─ 황해북도농업협동조합열성자회의에서 한 연설」 1957.12.20, 『김일성저작집』 제11권, 472쪽. 김일성은 이 꿈을 4년 뒤에도 되풀이하였고 90년대까지도 계속 이야기했다. 김일성, 「농업부문일군은 혁명가적 기풍을 가지고 농촌경리지도사업을 더욱 개선해야 한다 ─ 황해남도 해주지구 농업협동조합관리일군회의에서 한 연설」 1962. 2.1, 『김일성저작선집(1967년판)』 제3권, 258쪽, 김일성의 1992년도 신년사.

595) 공식적으로 집단화는 8월에 100% 완료되었다고 하지만 당시의 문헌에 따르면 이 전원회의에서 처음 완료가 선언되었다. 이 회의에서 "이미 완성되었다"는 표현을 썼기 때문에 8월로 거슬러 올라가 완성의 시점을 잡았다고 생각된다. 그러나 당시 문헌을 보면 1958년 9월 3일 현재 집단화율은 총농호수로 98.6%, 경지면적으로 99.1%였다. 농업상 한전종, 「우리나라 농촌에서 사회주의적 집단경리의 승리」, 『로동신문』 1958.9.3.

수의 피해로부터 보호하기 위한 공사를 완수한다고 하였다. 특히 1959
년도에는 밭 관개면적을 23만 8천 정보, 논 관개면적을 6만 6천 정보,
토지보호면적을 3만 정보 이상 확장할 계획을 세웠다. 국가가 담당, 수
행하는 대규모의 건설공사뿐 아니라 농업협동조합이 자체 역량을 갖고
수행해야 할 중소규모 공사도 상당수 예정되어 있었다.596) "천리마를
탄 기세로 달리는 우리나라 농업"이라는 표제가 신문의 전면에 등장하
여 "100만 정보의 관개면적 확장"이 구호로 내세워졌다.597) 지금까지
의 관개공사 규모를 훨씬 넘는 대대적인 공사의 전개에 나선 것이다. 전
국 각지에서 1만개 이상의 관개공사가 착수되었다.598)

농업협동조합의 리 단위 통합

이 전원회의와 거의 같은 시기에 농업협동조합의 리 단위 통합이 강
구되고 있었다. 기록상으로는 이 전원회의 직전 9월 25일에 열린 '당,
국가, 경제기관, 사회단체책임일군협의회'에서 김일성이 농업협동조합
을 통합하고 리행정기구를 개편할 방침을 제시했다고 되어 있다.599)
또한 9월 19일 평안남도 문덕군 입석리를 현지지도 한 김일성이 조합의
리 단위 통합을 시험적으로 연구, 실시하여 볼 것을 시사하고 있었
다.600) 그러나 26~27일 당중앙위전원회의의 결정서에 이 통합방침은
나와 있지 않다.601) 공식적으로 '농업협동조합을 통합할 데 대하여' 결

---

596) 「조선로동당중앙위원회 전원회의 결정서 : 밭 관개 및 논 관개면적을 더욱 확장
　　할 데 대하여」, 『로동신문』 1958.9.28.

597) 『로동신문』 1958.9.24, 사설 「사회주의건설에서의 결정적 전진을 위하여」, 『로
　　동신문』 1958.9.30, 사설 「모든 힘을 100만 정보의 관개면적 확장에로!」, 『로동
　　신문』 1958.10.5.

598) 『조선로동당력사교재』, 409쪽.

599) 김일성, 「사회주의건설의 새로운 앙양을 위하여 나서는 몇 가지 문제」, 『김일성
　　저작집』 제12권, 527~531쪽.

600) 리상준, 「립석농업협동조합의 연혁」, 『력사과학』 1960년 제1호, 63쪽, 梶村秀樹,
　　「農業協同組合の里單位統合に關して」, 『朝鮮研究』 第38號, 1965.4, 30쪽.

정이 채택된 것은 10월 4일 당중앙위상무위원회에서였다.602) 이에 따라 11일 내각결정 제125호 '농업협동조합을 통합하여 그의 규모를 확장할 데 대하여'가 채택되어 실시되기에 이르렀다.603) 리 안에 있는 복수의 농업협동소합을 리 단위로 1개의 조합에 통합하여 리인민위원장을 조합관리위원장과 겸임시키고 리인민위원회에는 통계원을 두어 리 행정사무를 취급하도록 하였다. 조합관리위원회에는 생산담당부위원장, 부기장, 생산지도원, 통게원 등을 그 규모에 따라서 적당히 배치하기로 하였다. 또한 농촌소비협동조합, 신용협동조합, 농촌진료소를 농업협동조합에 이관하였다.604) 통합사업은 10월 15일부터 11월 20일 전에, 일체의 공동재산의 등록과 이관사업은 12월 15일까지, 결산·분배사업은 12월 말까지 완료토록 지시되었다. 일정은 매우 단기간으로 정해졌다. 그러나 통합사업은 예정보다 20일이나 빠른 10월 31일 완료되어 1만 3천 309개의 조합이 3천 880여 개로 통합되었다.605) 조합 규모도 농호수로는 80호에서 약 300호로, 경지면적으로는 130정보에서 500정보로 확대되었다.606)

통합 결정은 전격적으로 이루어지고 급속히 완수되었다. 그러나 조합 통합에 신중하던 지도부가 전격적으로 통합을 단행한 데에는 몇 가

---

601) 가지무라 히데키는 이 전원회의에서 통합방침이 결정되었다고 하는데 이는 잘 못이다. 梶村秀樹, 앞의 논문, 30쪽.

602) 박연백, 「농촌경리의 사회주의적 개조를 위한 우리 당의 방침과 그 승리적 실현」, 『력사과학』 1959년 제2호, 28쪽, 『조선전사』 제29권, 71쪽.

603) 『로동신문』 1958.10.15.

604) 조합 규모가 확대됨에 따라 작업반을 원칙적으로 40~50명 내외로 구성하고 하나의 부락에 1개 또는 수개의 작업반을 조직하기로 하였다.

605) 「전국적으로 농업협동조합의 통합 확장사업 완료」, 『로동신문』 1958년 11월 5일. "이는 매우 복잡한 사업임에도 불구하고 당의 구체적인 지도와 농민의 높은 정치적 자각성에 의하여 1958년 10~12월간의 짧은 기간 내에 순조롭게 끝났다" 고 설명되었다. 『조선로동당력사교재』, 410쪽.

606) 「우리나라에서 사회주의적 농업협동화의 승리와 농촌경리의 금후 발전에 대하여 – 전국농업협동조합대회에서 한 김일성동지의 보고」, 『로동신문』 1959.1.6.

지 배경이 있었다. 우선 앞에서 말했듯이 집단화의 완료와 동시에 관개
면적의 대대적 확장에 나선 것이다. 소규모 조합은 대규모 건설에는 적
합하지 않았다. 다음으로 통합은 소비조합 상업망체계를 농업협동조합
상업망으로 흡수시키고 소비조합의 상설기구를 전부 철폐하여 상업망
체계를 국가 상업과 농업협동조합 상업만으로 구성하는 조치이기도 하
였다. 리행정기구, 상업유통기구, 농촌보건부문기구를 개편하여 수만
명의 국가기구 노동력을 축소하는 효과도 노리고 있었다.607) 그 밖에
도 많은 경제적 이유가 작용했겠지만608) 중국의 인민공사운동의 영향
도 있었음을 부정할 수 없다.

통합작업이 완료된 직후 11월 20일 김일성은 "공산주의 교양에 대
하여" 언급하기 시작하였다.609) 이미 공업부문에서는 '사회주의건설의
대고조'가 선언되어 열광적인 집단적 혁신운동이 한창 전개되는 중이었
다. 소련에서는 '공산주의의 전면적 건설 시기'라는 새로운 시대에 들어
간다고 하여 다음 해 2월 소련공산당 제21차 대회에서 구체적 전망이
제시되고 있었다. 이 대회에서는 발전단계에 차이가 있는 사회주의제국

---

607) 김일성, 앞의 책, 530쪽.

608) 홍달선은 통합 이유를 소규모조합의 불이익이나 불합리에서 구하여 다음과 같
이 열거하였다. 소규모 조합에서 곡물을 자급자족해야 하기 때문에 경영의 다
변화·적지적작이 불가능한 것, 관개 등 대공사는 노력조직이나 재정의 면에서
소조합에서는 곤란한 것, 트랙터 등 대기계의 도입이 재정이나 경지면적상 용
이하지 않은 것, 수리문제나 포전경계의 착종 때문에 경지의 정리·통합이 곤
란한 것, 조합 내 노동력을 합리적으로 배분, 이용하여 협업의 우월성을 충분히
발휘시킬 수 없는 것, 생산·문화시설의 중복투자가 생겨 낭비가 되는 것, 간부
가 부족한 상황에서 조합마다 지도수준의 차가 생기는 것, 조합의 자연적 조건
이나 역사적 주민구성 등 차이 때문에 소규모조합에서는 조합 간의 경제적, 문
화적 차이라는 모순을 해결할 수 없는 것, 각종 경제기구가 규모를 달리하여 착
종하는 가운데 비능률을 가져오는 것, 말단행정 단위인 리인민위원회가 기능하
지 않게 된 것. 홍달선, 「농업협동조합의 통합은 우리 사회의 성숙한 요구」, 『근
로자』 1958.11.15, 18~21쪽, 梶村秀樹, 앞의 논문, 31쪽.

609) 제5장 제4절의 1에 있는 해당 서술을 참조. 김일성, 「공산주의 교양에 대하여—
전국 시·군당위원회선동원들을 위한 강습회에서 한 연설」, 『김일성선집(1960
년판)』 제6권, 116~146쪽.

이 동시에 공산주의단계로 이행하는 것이 가능하다는 명제가 인정되었다.610) 중국에서는 1958년 8월 인민공사화 방침이 나와 장래 공산주의사회의 기초조직으로 발전한다고 규정되었다.611) 김일성은 "사회주의건설을 하루 빨리 완성하여 형제국의 인민이 공산주의사회로 들어 설 때 우리들도 뒤떨어지지 말고 그들과 함께 공산주의로 들어서야 한다"고 주장하였다.612)

김일성을 비롯한 정부대표단은 11월 21일부터 12월 9일까지 중국과 베트남을 방문했다.613) 중국을 방문할 때 김일성은 호북성 응성현(湖北省 應城縣)의 '홍기(紅旗)인민공사'와 광주(廣州)의 '황포(黃埔)인민공사'를 직접 참관하고 홍기인민공사를 방문한 기념축사에서 인민공사는 "농업생산합작사보다 선진적"이고 "생산력의 급속한 발전뿐 아니라 국방에 있어서도 공헌"하고 있다고 극구 찬양하였다.614) 중국에서 김일성은 대약진운동이 고조되고 있는 모습을 직접 관찰하고, 크게 고무되었다. 그는 "커다란 흥미를 가지고 인민공사를 참관"했다고 하면서 "인민공사운동은 중국에서 사회주의건설을 촉진시키고 공산주의에로의

---

610) 김일성, 「공산주의건설자의 대회 – 소련공산당 제21차 대회에 참가한 조선로동당대표단의 사업에 대한 보고」, 앞의 책, 222~246쪽. 이 문제를 이론적으로 다룬 논문으로서, 조재선, 「사회주의진영제국의 공산주의로의 이행의 동시성과 우리나라에서의 사회주의건설의 몇 가지 문제」, 『경제연구』 1959년 제2호, 76~88쪽.

611) 中國共産黨中央委員會, 「農村の人民公社設立に對する決議」, 『中國大躍進政策の展開』 上卷, 246~249쪽.

612) 김일성, 앞의 책, 125쪽.

613) 수상 김일성, 당부위원장 박정애, 부수상 겸 외무상 남일, 민족보위상 김광협, 교육문화상 리일경 등이다. 김광협을 단장으로 하는 군사대표단도 따로 구성되었다. 방문 일정은 11월 21~28일 중국, 11월 28일~12월 2일 베트남, 다시 12월 2~9일 중국. 방문의 상세한 내용에 관해서는, 『영원한 친선 : 우리나라정부대표단의 중화인민공화국 및 베트남민주공화국 친선방문관계문헌집』, 조선로동당출판사(평양), 1959 참조. 방문의 군사적 의미에 관해서는 제5장 제1절의 1에 있는 해당 서술을 참조.

614) 『人民日報』 1958.11.27 · 28.

이행을 준비함에 있어서 주요한 의의를 가진다"고 평가했다. 또한 '대약진운동'에 관해서도 언급하여 "대담하게 생각하고 대담하게 일하는 작풍을 확립하는 것은 대중의 창발성을 발양시키는 데 있어서 중요한 의의를 가진다"고 말했다.615)

김일성의 중국 방문 기간 중인 11월 24일 '농업협동조합기준규약(잠정)초안'이 작성, 발표되었다.616) 지극히 상징적인 조치였다. 통합된 농업협동조합을 기준으로 새로운 규약이 제정된 것이다. 초안은 1959년 1월로 예정된 전국농업협동조합대회에서 확정시킬 것을 목표로 하여 전국의 조합에서 토의에 붙여졌다. 규약의 총칙에 따르면 "조합의 목적은 … 사회주의건설을 완성하며 점차로 각자는 그 능력에 따라 일하고 수요에 따라 분배를 받는 공산주의사회의 건설을 준비하는 데 있다"고 되어 "조합원들을 공산주의사상으로 교양하여 … 공산주의를 지향하여 견결히 투쟁하도록 한다"는 데 두어졌다. 조합원의 개인 '터밭'은 종래의 70~150평(산간지대는 100~200평)보다 축소되어 30~50평으로 제한되었다. 조합원의 연간 의무노동일도 확대되어 종래의 150일로부터 남자 230일, 여자 180일로 늘어났다. 공동축적 폰드는 종래의 10~15%에서 15~30%로, 사회문화 폰드는 2~3%에서 3~7%로 확대되었다. 종래 1마리의 소, 2마리의 돼지, 2마리의 양, 약간의 가금류 등에 허용되고 있던 가축 및 가금류의 개인소유도 2~3마리까지의 돼지, 약간수의 닭, 오리, 토끼 등으로 제한되었다. 조합은 현물로 조성된 공동폰드와 일체의 여유양곡을 국가에 판매하며 공예작물, 유지작물, 축산물, 누에고치, 과실, 채소 등 농업생산물에 대한 국가수매 과제를 의무적으로 이행하게 되었다. 통합을 통하여 농업협동조합은 "전인민적 소유에 접근하는 방향으로 거보를 내딛었다. 그것은 제3형태의 농업협동조합의 성격을 더욱 넘어섰다"고 평가되었다.617) 12월 20일자 『로동

---

615) 「김일성수상 중국 및 베트남을 친선방문한 공화국정부대표단의 사업에 대하여 보고—내각전원회의에서」, 『로동신문』 1958.12.21.

616) 『로동신문』 1958.11.28.

신문』에 '인민공사에 관한 일부문제들에 대한 중국공산당 제8기 중앙위원회 제6차전원회의의 결정'이 전문 게재되었다.618)

질적으로 한 단계 더 새로운 공산주의로의 이행을 준비한다는 원칙은 당시 전인민적 소유＝국가적 소유라는 도식이 지배적 인식이었던 만큼 협동적 소유의 약화와 국가적 소유의 강화로 이어졌다. 종래 협동조합 내부에서 상당수준까지 허용되어 있던 소유, 노동, 시간, 분배의 측면에서 개인적 영역은 현저히 축소되었다. 협동조합이 국가에 대하여 보유하고 있던 인사, 생산계획, 수매, 분배의 측면에서 자율성도 축소되었다. 특히 국가행정체계로서의 리인민위원장과 자율적 생산조직으로서의 농업협동조합관리위원장이 결합된 것은 농업협동조합의 전반적 '국가화'를 준비하는 것이었다. 인민공사와 같은 '정사합일(政社合一)'에는 달하지 않고 양자 사이의 형식적 분리는 유지되었지만 경제적 내용의 '콜호즈화'에다 농업협동조합에 대한 국가행정기능 편입이 더해진 것이다. 아직 법적 차원에 머무르고 있던 이러한 측면은 군농업협동조합경영위원회가 설립됨으로써 실질화하게 된다.

농업협동조합의 통합과 동시에 10월 18일 소비협동조합이나 생산, 수산협동조합을 국가에 이관하여 실질적으로 협동조합의 기능을 폐지하는 조치가 나오게 되었다. 농촌소비협동조합의 상업망이 농업협동조합에 이관됨에 따라 읍과 노동자구의 소비조합상업망 및 소비협동조합이 수행하고 있던 수매사업이 각 도인민위원회에 이관되어 소비협동조합중앙연맹이 수행하고 있던 그 밖의 기능이나 시설도 상업성에 이관되었다. 각 시·군소재지에 도인민위원회 산하 시·군도매소를 조직하여 이 도매소가 농업협동조합상업망에 대한 상품공급을 담당하도록 하였다.619) 상업의 전면적인 국영화였다. 더욱이 생산협동조합에 대한 중

---

617) 홍달선, 「우리나라에서 농촌의 사회주의적 개조」, 『8·15해방15주년기념경제론문집』, 과학원출판사(평양), 1960에 수록, 74쪽.

618) 이 결정서는 12월 10일 채택된 것이다.

619) 「농촌상업에 대한 지도와 상품공급 및 수매체계를 일부 개편할 데 관한 내각결

앙연맹의 지도기능과 그 담당 인원이 경공업성에, 해당 도(평양시, 개
성시)연맹의 지도기능과 인원이 해당 지역의 인민위원회에 이관되었다.
수산 및 반농반어협동조합에 대해서도 같은 조치가 취해졌다. 이러한
협동조합들은 점차로 국영기업으로 발전하도록 지도한다는 방침이 나
오게 되었다.620) 개인상공업의 사회주의적 개조에 큰 역할을 한 소비
협동조합이나 생산협동조합도 농업협동조합과 마찬가지로 국가화된 것
이다.

<별표 1> 농업집단화의 전국적 추세

시기	조합수	농호수비율(%)	경지면적비율(%)
53년 7월	174	0.2	0.2
53년 12월	806	1.2	0.6
54년 봄영농기	1,091	2.0	1.7
54년 10월	4,200	10.9	10.7
54년 12월	10,098	31.8	30.9
55년 봄영농기	11,535	44.7	44.9
55년 12월	12,132	49.0	48.6
56년 2월	14,651	65.6	62.1
56년 6월	14,777	70.5	66.4
56년 12월	15,825	80.9	77.9
57년 3월	15,893	85.5	84.0
57년 12월	16,032	95.6	93.7
58년 3월		98.6	99.1
58년 8월	13,309	100.	100.0

출처 : 김한주, 『조선민주주의인민공화국에서 농업협동화운동의 승리』, 조선로동당출판
    사(평양), 1959년, 42쪽, 『조선전사』 제28권, 214~235쪽, 제29권, 60~70쪽.

정 채택」, 『로동신문』 1958.10.26. 최근환, 「개편된 농촌상업망들에 대한 지도를
    강화하자」, 『로동신문』 1958.12.16.
620) 「생산 및 수산협동조합들에 대한 지도사업을 경공업성, 수산성 및 각 도(평양시,
    개성시)인민위원회에 이관할 데 관한 내각결정 채택」, 『로동신문』 1958.10.26.

<별표 2> 지역별 농업집단화비율의 추세(농호기준 %)

도·시	53/12	54/12	55봄	55/12	55봄	56/12	57/12	58/3
평양	0.7	16.9	28.4	39.4	44.6	53.8	96.1	96.7
평남	1.1	34.3	47.7	53.2	78.3	86.0	97.5	99.5
평북	2.0	42.3	53.8	54.0	74.0	78.6	93.7	98.8
자강	1.1	18.8	32.7	33.2	55.8	73.4	94.2	97.8
황남	0.4	25.5	43.9	44.6	64.5	76.8	97.1	98.9
황북	–	26.9	47.8	47.2	68.2	86.4	95.6	98.8
강원	1.5	40.7	54.3	52.7	71.6	82.2	94.6	97.7
함남	1.0	27.1	32.2	54.4	81.5	90.4	96.0	98.7
함북	1.7	43.3	48.1	51.6	63.4	72.9	95.6	98.3
량강	–	24.2	36.9	38.5	63.7	66.2	89.4	93.6
개성	0.5	6.4	11.1	15.8	42.3	76.7	94.6	99.3
계	1.2	31.8	44.7	49.0	70.5	80.9	95.6	98.6

출처 : 김한주, 「우리나라에서 농업협동화운동의 발생과 발전」, 『농업협동화운동의 승리(1)』, 34쪽 ;『우리나라에서 사회주의경제건설』, 과학원출판사(평양), 1958, 240·243~244쪽 ;『조선전사』 제28권, 219·231쪽.

<별표 3> 농업협동조합의 형태별 구성의 추이

연월	조합총수	제2형태	%	제3형태	%
54/ 6	1,091	502	46.0	589	54.0
54/12	10,098	2,176	21.5	7,922	78.5
55/ 6	11,529	1,268	11.0	10,261	89.0
55/12	12,132	950	7.8	11,182	92.2
56/ 6	14,777	440	3.0	14,337	97.0
56/12	15,825	392	2.5	15,433	97.5
57/ 3	15,893	350	2.2	15,543	97.8
57/12	16,032	193	1.2	15,839	98.8
58/ 3	13,336	55	0.4	13,281	99.6

출처 : 김한주, 「우리나라에서 농업협동화운동의 발생과 발전」, 『농업협동화운동의 승리(1)』, 35쪽 ; 金漢周, 『朝鮮における農業協同化運動』, 外國文出版社(平壤), 1958, 67쪽.

<별표 4> 1954년도 춘경기 함경남도에 있어서 농업집단화 현황

조합수				계층별			
총수	제2형태	제3형태	평균규모	빈농	중농	기타	계
119	96	23	14호	1,574	69	31	1,674

출처 : 조선로동당함경남도위원장 현무광 「농업협동화운동에서 당정책 관철을 위하여」,
『농업협동화운동의 승리(6)』, 141쪽.

<별표 5> 제2형태조합의 지역별 조직비율 추이(구성 %)

도·시	54년	55년	56년	57년
평양	-	-	-	-
평남	2.4	0.3	-	-
평북	8.0	3.7	0.2	0.2
자강	2.1	-	-	-
황남	21.1	5.4	4.5	0.7
황북	25.8	12.5	0.4	0.1
강원	1.7	-	-	-
함남	60.3	11.9	2.4	0.6
함북	40.7	27.5	11.2	6.9
량강	32.8	7.9	2.0	-
개성	97.9	66.6	68.2	31.4
전국	21.5	7.8	2.5	1.2

출처 : 김한주, 『조선민주주의인민공화국에서 농업협동화운동의 승리』, 조선로동당출
판사(평양), 1959년, 44쪽.

<별표 6> 농업협동조합형태의 지역별 조직상황 ≪1955년 봄≫

도·시	조합총수	제2형태	제3형태	집단화비율
평양	48	-	48	28.4
평남	1,999	11	1,988	47.7
평북	936	96	1,840	53.8
자강	546	-	546	32.7
황남	1,601	114	1,487	43.9
황북	1,383	210	1,173	47.8
강원	1,019	9	1,010	54.3

도·시	조합총수	제2형태	제3형태	집단화비율
함남	1,400	336	1,064	32.2
함북	1,159	394	765	48.1
량강	379	53	326	36.9
개성	65	49	16	11.1
계	11,535	1,272	10,263	44.7

출처 : 『우리나라에서 사회주의경제건설』, 과학원출판사(평양), 1958년, 240쪽, 『조선전사』 제28권, 219쪽.

≪1956년 봄≫

도·시	조합총수	제2형태	제3형태	집단화비율
평양	59	–	59	44.6
평남	2,659	–	2,659	78.3
평북	2,272	19	2,253	74.0
자강	792	–	792	55.8
황남	2,104	10	2,094	64.5
황북	1,612	32	1,598	68.2
강원	1,158	–	1,158	71.6
함남	2,154	87	2,069	81.5
함북	1,238	186	1,052	63.4
량강	582	13	569	63.7
개성	147	93	54	42.3
계	14,777	440	14,337	70.5

출처 : 『우리나라에서 사회주의경제건설』, 과학원출판사(평양), 1958년, 243~244쪽, 『조선전사』 제28권, 231쪽.

7 농업집단화의 중요 측면

1) 곡물생산량통계의 수수께끼

1957년 2월 22일 국가계획위원회 중앙통계국 보고 「1954~56년 전후인민경제복구발전 3개년 계획의 실행총화」에서 1946년 이래 곡물 공식통계가 확정된다. 이 시점까지는 매년 곡물 총수확고에 대해서 전 전이나 작년과의 대비 등을 나타내는 상대숫자만을 공개하고 그 절대숫 자에 관해서는 일절 밝히지 않았다. 매년 곡물 총생산고 실적과 장래 목 표숫자는 농업정책 수립에서 결정적인 기준이 되었기 때문에 당시 통계 를 확정하는 것이 중요한 정책적 의미를 가지고 있었다. 또한 사회주의 개조과정에서 농업으로부터의 경제잉여 추출 여부를 규명하는 하나의 단서를 제공해 준다. 특히 매년 농작물 실수확고 판정에 기초한 농업현 물세제를 채택하고 있는 1955년까지는 곡물 총생산고와 현물세의 징수 액이 직결되었던 만큼 정치적·정책적으로도 민감한 쟁점이며 농업집 단화 속도를 둘러싼 지도부 내 정치적 갈등과 얽혀 있는 문제이기도 했 다. 작황(作況)이 좋은 때는 작년과 비교하여 무엇이 몇 %, 혹은 몇 만 톤 증가라고 발표하지만 좋지 않은 때는 수년 전의 기준연도와 비교하 는 방법을 사용하고 있었다. 그러나 상대숫자의 표시방식이나 기준이 때때로 변하고 김일성의 발언을 통하여 공개된 숫자는 수록자료의 간행 시기에 따라 내용이 개찬되는 경우도 있기 때문에 그 확정작업에는 상 당한 곤란이 따른다. 이 문제에 대해서는 일찍이 이정식(李庭植)·스칼 라피노의 저작에서 비교적 계통적으로 분석되었으나 주로 경제적 측면 으로부터 1957년 이후에 집중되어 있고 그 이전 시기는 물론 전체적으 로 정치적 배경이나 농업정책과의 관련은 추적되고 있지 않다.621)

기점으로서의 전시 곡물생산량통계

전쟁 발발 이후 처음으로 곡물 수확고를 공개한 것은 1952년 12월 15일 열린 당중앙위 제5차 전원회의에서 한 김일성의 보고였다. 「조선 중앙연감(1953년판)」과 54년판『김일성선집』제4권에 수록된 문서에서 김일성은 "1952년도의 곡물 총수확고는 1951년에 비하여 113%로 장성되었는바 그것은 지난해에 비하여 34만 톤이 증산"되었으며 전전 최고수확연도 "1948년에 비하여서는 13만 톤이 증산"되었다고 말하고 있다.622) 『조선중앙연감 : 1951~52년 판』에서는 전전의 곡물통계가 공표되어 있기 때문에 이것을 기준으로 계산하여 보면 1952년도는 293.9만 톤, 51년도는 260.1만 톤이 된다.623) 1953년 2월 8일 조선 인민군창건 5주년기념식전에서 민족보위상 최용건도 연설에서 동일한 숫자를 인용하고 있는 사실을 보면 당시 이 숫자가 통용되고 있었다고 생각된다.624) 그러나 전시의 파괴상황을 고려하면 이것은 지나치게 높은 숫자였다. 이 총수확고 숫자가 농민의 노동의욕을 높이기 위한 선전 목적 이외에도 식량이 절대적으로 필요하던 전시 상태의 현물세 징수기준이 된 것은 확실하다.625) 문제는 『김일성저작선집(1967년판)』제1

---

621) 곡물 통계의 확정치에 관해서는, 「1954~56년 전후인민경제복구발전3개년계획의 실행총화에 관한 국가계획위원회 중앙통계국보고」, 『경제건설』1957.3, 85~86쪽, 『조선중앙연감(1958년판)』, 196쪽. 이 통계에 관한 논의로는, 이정식・스칼라피노, 『한국공산주의운동사』제3권, 666쪽, Lee & Scalapino, Communism in Korea, Vol. 2, pp.1089~1099・1111~1114.

622) 김일성, 「로동당의 조직적 사상적 강화는 우리 승리의 기초－조선로동당 중앙위원회 제5차 전원회의에서 진술한 보고」, 『김일성선집(1954년판)』제4권, 272쪽.

623) 『조선중앙연감(1951~52년판)』, 347・357쪽. 1945년도 : 218.7만 톤, 1946년도 : 199.8만 톤, 1947년도 : 217.8만 톤, 1948년도 : 280.9만 톤, 1949년도 : 279.5만 톤이다. 이 숫자를 역산해 보면 1951년도에는 261.5만 톤(34만/13%), 1952년도에는 295.5만 톤이 되어 거의 일치한다.

624) 이 숫자는 1954년 10월에도 통용되고 있었다. 박인하, 「우리나라에서의 농업협동경리의 발생, 발전과 그 우월성」, 『근로자』1954.10.25, 92쪽.

625) 최용건, 「조선인민군창건 5주년기념보고」, 『인민』1953.2, 『자료조선문제연구』 1953년 제6호에 수록, 53쪽. 1953년 곡물 생산목표는 1952년의 105%로 잡고 있

권과 『김일성저작집(1980년판)』 제7권에 게재된 같은 문서에서는 이 부분이 "1951년에 비하여 113%로 장성"이라는 구절 이외에는 삭제되어 있는 점이다.626) 이는 당시 실제로 파악하고 있던 절대숫자를 숨기기 위해서 삭제한 것이다.

『김일성저작집(1980년판)』 제8권에 1953년 12월 8일 당중앙위원회 정치위원회에서 한 김일성의 결론이라는 문서가 처음으로 수록되어 있다.627) 여기서 그는 공업과 농업생산이 전전보다 현저히 줄어 곡물도 전전에는 279만 톤을 생산했는데 1952년과 53년에는 220만 톤밖에 생산할 수 없었다고 인정하고 있다. 이 당중앙위 정치위원회에서는 전후인민경제복구 3개년 계획과 관련하여 1954년도 인민경제계획을 작성할 데 대하여 토의하고 있었다. 이 문서에서 김일성은 전후 인민경제 복구건설에서 농촌부문에서는 곡물생산고에서 전쟁 이전의 최고수확연도 수준에 도달할 뿐만 아니라 그것을 넘어서서 300만 톤을 생산해야 한다고 주장하였다.628) 이 정치위원회에서 농산부문 계획 작성의 기준이 되는 과거의 곡물생산고와 관련하여 논란이 되었을 가능성은 있다. 그런데 전전의 279만 톤이라는 숫자는 『조선중앙연감(1951~52년판)』의 통계와 일치하지만 뒤의 220만 톤과 300만 톤이라는 숫자에 관해서는 의문점이 있다.

우선 이 정치위원회에서 한 김일성의 결론이 당시에는 공개되지 않았고 계획 작성에서 가장 중요한 기준이 될 1953년도 곡물 총생산고의 경우 그 상대숫자조차 당시에는 어디에서도 공식적으로 발표되지 않았다. 단지 1952년도에 관해서는 기존의 숫자가 1954년 당시에도 통용되어 정부기관지에서도 인용되고 있었다. 1951년도에 비하여 34만 톤의

었다.

626) 『김일성저작집(1980년판)』 제7권, 394쪽.

627) 김일성, 「전후 인민경제복구건설사업을 성과적으로 진행할 데 대하여―조선노동당 중앙위원회 정치위원회에서 한 결론」 1953.12.8, 『김일성저작집』 제8권.

628) 위의 책, 172・179쪽.

증대라는 부분적인 절대숫자는 제외하고 있지만 1951년도에 비하여 113% 성장, 1948년 수준보다 13만 톤 증대라는 숫자는 그대로 쓰이고 있었다.[629] 김일성이 전전 수준이라고 한 279만 톤이라는 기준도 292만 톤이 되어 실제로 1952년도 생산량을 220만 톤으로 잡고 있었다고 가정하면 이중의 숫자가 존재한 결과가 된다. 그렇지 않으면 그것은 나중에 개찬한 숫자이다.

양곡수매사업과 곡물생산량 통계의 부풀림

다음으로 1954년 4월 23일 최고인민회의에서 채택된 「1954~56년 조선민주주의인민공화국 인민경제복구발전 3개년계획에 관한 법령」에서는 계획 목표인 1956년도 곡물 생산량을 1949년에 비하여 19% 성장시킬 것을 기대하고 있었다. 이 법령과 그 초안에 해당하는 국가계획위원장 박창옥의 보고 속에 그 절대숫자가 나와 있지 않지만, 『조선중앙연감(1951~52년판)』의 숫자 279.5만 톤을 기준으로 하면 332.6만 톤이 된다. 당시 일반적으로는 약 330만 톤으로 통용되고 있었다.[630] 법령의 기초가 된 박창옥의 보고는 1953년도 곡물 총수확고에 대하여 처음으로 언급하였는데, 그 절대숫자는 분명히 하지 않았지만, 1949년에 비해 저하했다고 말했다. 또한 기준연도로 빈번히 쓰이고 있는 전전의 총생산고와 관련된 숫자도 3개년 계획이 채택된 후 발표되고 있었다. 1954년 5월 『근로자』에 게재된 유명한 농업경제학자 김한주의 논

---

629) 리형, 「조국해방전쟁에서 발휘된 우리 인민정권의 조직자적 기능」, 『인민』 1954.7, 28쪽. 박인하, 「우리나라에서의 농업협동경리의 발생발전과 그 우월성」, 『근로자』 1954.10, 92쪽. 김원봉, 「우리 당의 정책은 인민대중의 근본적 리해의 표현」, 『근로자』 1954.10, 26쪽. 윤공흠, 「국가건설과 인민생활안정에 있어서 량곡수매사업이 가지는 정치경제적 의의」, 『로동신문』 1954.11.25.

630) 「1954~1956년 조선민주주의인민공화국 인민경제복구발전 3개년계획에 관한 법령」, 박창옥, 「1954~1956년 조선민주주의인민공화국 인민경제복구발전 3개년계획에 관한 보고」, 각각 『인민』 1954.5, 33~36·37~66쪽. 3개년 계획 법령에 의거하여 개성과 평양을 제외한 각 도의 생산과제를 집계하면 326.94만 톤이다.

문에서는 곡물생산고에서 1946년을 100%로 하면 1947년에는 109%, 1948년 140.6%, 1949년 139.9%로 성장하였다고 되어 있다.[631] 이것은『조선중앙연감 : 1951~52년 판』에 나오는 전전 통계와 비율상 일치하고 있다.[632] 여기서 확인할 수 있는 것은 일단 전전 수준에 대해서는 3개년 계획이 채택된 시점에서 잠정적으로 합의가 이루어졌다는 점이다. 김일성이 3개년 계획의 목표치로 제시하였다는 300만 톤이 아니라 330만 톤이 실제의 목표치였다.

1953년 12월 8일 당중앙위 정치위원회에서 김일성이 한 결론에서 제시된 숫자 중 적어도 1952년도 총생산고와 3개년 계획의 목표치는 실제와는 큰 거리가 있다.[633] 김일성의 주장에도 불구하고 그것이 통과되지 않았던 것일까, 혹은 나중에 사실에 부합하게 개찬한 것일까. 어째서 1953년도 통계는 공개되지 않은 것일까.

그러나 1954년 10월 처음으로 1953년도 곡물 총수확고에 관한 숫자가 돌연히 등장한 것은 이상한 일이다.『인민』지에 게재된 국가계획위원회 국장 남인호의 논문에는 1953년도 곡물 총수확고는 1951년에 비하여 126.4% 성장했다고 밝혀져 있다. 이것은 1953년도 생산고에 대한 당시 유일한 통계숫자로 앞에서 기술한 기준연도의 통계에 변화가 없다면(1951년도 : 260.1만 톤) 328.8만 톤을 생산한 결과가 된다.[634] 3개

---

631) 김한주, 「농촌경리발전은 전후 경제건설의 중요한 고리」, 『근로자』 1954.5, 112쪽.

632) 박경수, 「해방 후 10년간의 공화국 농촌경리의 발전」, 『인민』 1955.7, 17쪽에도 같은 숫자가 나온다. 1949년에는 알곡작물 면적의 일부를 축소하고 채소, 저류(蓍類), 공예작물의 면적을 확장했음. 다만 1952년도 곡물 총수확고는 1951년에 비하여 107.7% 성장했다고 하였다. 위의 논문, 21쪽. 1957년에 최종적으로 확정된 통계에서 절대숫자는 수정되었지만 이 비율만은 유지되었다.

633) 다른 자료와 대조해 보아도 같은 결과이다. "1947년 곡물 총수확고는 1946년보다 18만 톤이 증가하여 해방 이전의 수준을 능가하였다. 1948년에는 280.8만 톤으로 일제시대의 최고 수준인 1939년의 수확고를 10.4% 초과하였다."『우리나라의 인민경제발전 : 1948~1958』, 국립출판사(평양), 1958, 155쪽. 계산하면 1949년에는 279.4만 톤이 된다. 전전 수준에 대해서는 김일성의 1953년 12월 및 55년 4월의 발언과 거의 일치한다.

634) 남인호, 「조국의 륭성발전을 위한 공화국의 경제정책」, 『인민』 1954.10, 41쪽.

년 계획에 관한 박창옥의 보고를 뒤집는 숫자로서 정책적 의도가 포함되어 있는 것은 확실했다. 김일성이 1953년의 생산량으로서 '인정'했다는 220만 톤과는 무려 100만 톤 이상의 차이가 생긴다. 이중통계가 존재하고 있었다고 가정하거나 김일성의 주장이 통과되지 못했다고 가정하더라도 100만 톤이란 차이는 너무 크다. 220만 톤이란 숫자는 나중에 개찬한 것이 틀림없다. 이것을 뒷받침하는 일들이 계속 일어나고 있었다. 1954년 11월 3일에는 당중앙위 전원회의가 열려 농업협동화의 대중적 전개와 곡물 수매사업의 실시가 결정되었다. 이 회의에서 보고를 통하여 부수상 겸 농업상의 김일은 1954년도 곡물생산은 동해안 지방의 자연재해에도 불구하고 다른 지방의 수확고 증가에 따라 계획을 거의 달성하여 기후조건이 괜찮다면 계획을 초과할 것이라고 전제한 뒤, 1955년도 총수확고를 3개년 계획에서 예정한 330만 톤으로부터 360만 톤 이상으로 증가시키자고 주장하였다.[635] 더욱이 이 회의에서 채택된 결정서에서는 최근 1~2년 안에 곡물 총수확고를 전전의 최고 수준에 비하여 적어도 40% 이상 증가시켜야 한다고 되어 있다.[636] 기간을 1년 늘려 잡고 있었지만, 절대숫자로 계산하면 360만 톤보다 훨씬 증가하여 무려 393.3만 톤이 된다. 앞에서 언급한 남인호의 발표 숫자가 부풀어 올라 근거가 된 것이 확실하다. 그러나 보고에서 360만 톤이라는 명백한 목표가 제시되었다가 결정서에서 없어진 것은 미묘한 표현의 변화였다. 곡물통계와 관련하여 다른 견해가 제시되었지만, 이를 흡수하면서 당초의 방침을 관철하려고 했을지도 모른다.

이 당중앙위전원회의와 관련하여 검증을 필요로 하는 것으로서 김

---

635) 논벼는 기본계획의 154만 7천 톤에서 170만 톤 이상으로, 밭 곡물은 166만 톤에서 190만 톤 이상으로, 채소는 154만 톤에서 180만 톤 이상으로. 김일, 「농촌경리의 급속한 복구발전을 위한 로동당의 금후 투쟁대책에 관하여 ─ 조선로동당 중앙위원회 1954년 11월 전원회의에서 한 보고」, 『로동신문』 1954.11.4.

636) 전시에는 퇴보한 것이 아니고 전전의 수준을 견지하였다고 주장하였다. 「농촌경리의 급속한 복구발전을 위한 로동당의 금후 투쟁 대책에 관한 조선로동당중앙위원회 11월 전원회의의 결정」, 『인민』 1954.12.

일성의 발언이 나중에 문서화된 예가 있다. 『김일성선집(1960년판)』 제4권에는 이 회의에서 발표된 김일성의 결론이라는 문서가 게재되어 있다. 여기서 김일성은 가까운 시일에 곡물 생산량을 290만 톤 내지 300만 톤까지 올려야 한다고 말하고 있다. 이 회의에서의 결정이 김일성의 결론에 따라서 채택되었다고 보면 결정된 목표는 김일성의 숫자를 훨씬 넘어서고 있다. 김일성과 김일의 깊은 관계를 고려하면, 김일성이 김일에 대해 이의를 제기하여 목표를 낮게 잡았다고 하는 것은 부자연스런 일일 것이다. 이 숫자의 신빙성도 의심하지 않을 수가 없다.

1955년 1월 7일 열린 전국다수확모범농민대회에서 당농업부장 박훈일은 1954년에는 불리한 기후조건에도 불구하고 다른 지방의 순조로운 작황에 힘입어 1953년에 비하여 20만 톤의 곡물을 더 수확했다고 보고하였다. 단지 1953년 수확고의 절대숫자에 관해서는 언급하지 않았다. 그는 이 대회에서 3개년 인민경제복구발전계획에 예정된 곡물생산 목표 330만 톤을 1955년도에 초과 수행해야 한다고 농민들을 독려하였다. 당중앙위전원회의에서 김일이 제시한 360만 톤이라는 목표를 부정하는 것은 아니지만, 1955년도 인민경제계획에서 곡물생산 목표로서 360만 톤을 내건 것도 아니었다. 중점은 3개년 계획에 제시된 1956년도 목표를 1955년도에 앞당겨 초과 완수하는 데에 있었다. 따라서 당중앙위전원회의에서 결정된 목표 달성은 언급하지 않았다.[637] 그러나 1955년도에 330만 톤이라는 목표는 남인호가 발표하고 김일이 제시한 목표의 근거가 된 1953년도의 328.8만 톤이라는 실적을 부정한 결과가 되었다. 이미 1954년 12월부터 양곡 수매사업에서 발생하고 있던 혼란이 이 숫자 속에 반영되어 있었던 것이다. 이와 달리 『로동신문』 1955년 1월 7일에 실린 전국다수확모범농민대회에 관한 사설은 당중앙위전원회의 결정, 즉 1~2년 안에 곡물생산고를 전전 최고 수준에 비해 40% 이상 증가시킬 것을 강조하며, 3개년 계획의 목표에 대해서는 전

---

637) 『로동신문』 1955.1.9.

혀 언급하지 않았다.638) 한편 위의 『로동신문』에는 "3개년 계획의 실행에 있어서 결정적 해인 1955년도의 농촌경리부문 과업은 어렵고 중요한" 것이라고 하면서 당중앙위원회 11월 전원회의 결정대로 "가까운 1~2년 안에 알곡 총수확고를 전전 최고 수준에 비하여 40% 이상 증가"시켜야 한다고 주장하는 논설도 게재되었다. 양쪽의 목표를 절충시키려는 논조였다.639) 당과 정부 내에 대립이 생긴 것은 분명하였다. 다만 이 단계에서는 1955년도 곡물생산 목표가 정식으로 공개되지 않았기 때문에 1955년도 목표가 330만 톤과 360만 톤 중 어느 쪽인지를 확인할 수는 없다. 당시 김일성의 말과 대조해 보자.

1955년 2월 2일 열린 당중앙위 상무위원회에서의 결론이라는 『김일성저작집(1980년판)』 제9권에 처음 수록된 문서에서 김일성은 양곡 수매사업의 문제점을 비판하면서 곡물 수확고의 통계에 대해 다음과 같이 언급하고 있다.640) 이번 수매과정에서 지금까지의 곡물 생산고에 관한 보고가 거짓이었던 것으로 판명되었다. 농업성이나 도인민위원회에 보고한 작년의 곡물 생산고가 정확했으면 농촌의 곡물 수매원에 부족을 초래하여 곡물 매입에 곤란을 초래하는 일은 없었을 것이다. 올해 당초 360만 톤의 곡물 생산계획을 세우고 있었지만, 이것은 탁상에서 작성한 허위숫자였다. 올해에는 300만 톤의 곡물생산 목표를 세워야 한다. 우리가 260~280만 톤만 생산한다면 대단한 일이다. 현재의 농업 생산조건은 전전보다 뒤떨어진다. 화학 비료의 경우도 전전에는 매년 18~22만 톤씩 공급하였으나, 지금은 5만 톤밖에 공급되고 있지 않다. 자급비료, 노동력, 축력의 면을 보더라도 지금 조건으로는 농업생산을 전전 수준 이상으로 높이는 것은 곤란하다. 이상의 내용으로 보면 이 시점에서 곡물 생산고를 둘러싼 논쟁에 결론이 난 듯 하다. 그러나 김일성

---

638) 「전국다수확모범농민대회」, 『로동신문』 1955.1.7.

639) 고창운, 「1955년 농촌경리의 전망」, 『로동신문』 1955.1.7.

640) 김일성, 「농촌사업을 강화하기 위한 몇 가지 대책에 대하여―조선로동당 중앙위원회 상무위원회에서 한 결론」 1955.2.2, 『김일성저작집』 제9권.

이 수정 제안했다고 하는 300만 톤이라는 숫자 역시 이후의 실제와는 일치하지 않는다.

농업성 부상 박문규는『경제건설』1955년 3월호에서 1955년도 곡물생산 과업은 1949년 대비 118.2%로 설정하였다고 썼다. 이것은 3개년 계획의 최종목표인 1949년 대비 19% 성장이라는 수치를 밑돌고 있다. 당시 통용되던 1949년도 생산량 280.9만 톤을 기준으로 계산하면 330.4만 톤이 된다.641) 이에 따라 3개년 계획의 목표로 다시 되돌아온 결과가 된 것은 명확하다.642)

이처럼 1955년도 목표가 변동하고 있었고, 그 기준이 되는 1954년도 실적에 관한 통계도 흔들리고 있었다. 우선 1월 7일에는 1955년도 농촌부문 경제계획에서 곡물 생산과업은 1954년도 실적과 비교하여 112.1%(소채는 208.9%) 성장을 기대하고 있었다.643) 1월 25일자로 국가계획위원회 중앙통계국이 보도한「조선민주주의인민공화국 인민경제복구발전 1954년 국가계획 실행총화」는 1954년도 곡물 총수확고가 1953년에 비해 3% 증가했다고 발표하였다. 여기에서도 1954년도를 포함하여 1953년도 수확고의 절대숫자에 관해서는 분명히 하지 않았다.644)

나중에 확정된 1955년도 목표숫자 330만 톤을 기준으로 역산하면, 1955년 1월 7일 당시까지 공식적으로 잡고 있는 1954년도 총수확고는 294.1만 톤이 된다. 거의 같은 시기에 발표된 박훈일의 보고에 따라 계산하면(20만 톤을 빼고서), 1953년도 수확고를 274.1만 톤으로 잡고 있는 셈이 된다. 이 숫자를 기준으로 1955년 1월 25일자 국가계획위원

---

641) 박문규,「우리나라 농업생산의 가일층의 앙양을 위하여」,『경제건설』1955.3, 15쪽. 1948년에 비해서는 117.8%로 되어 있다. 백홍권,「1956년 인민경제계획의 정확한 작성을 위하여」,『경제건설』1955.10, 16쪽.

642) 1955년 2월경부터 3개년 계획의 목표 실행이 강조되기 시작하였다.「인민경제의 강력한 발전은 조국의 평화적 통일의 튼튼한 담보」,『경제건설』1955.2, 9쪽.

643) 주 19)의 사설 및 논설을 참조.

644)『로동신문』1955.1.28.

회 보도대로 3% 증가했다고 한다면, 282.3만 톤이 된다. 요컨대 1월 7일 박훈일은 294.1만 톤으로 잡고 있었던 데 비해, 1월 25일 국가계획위원회는 282.3만 톤으로 바꾸고 있었다. 이와 같이 실적과 목표의 통계가 몇 차례 변동해 왔음에도 불구하고 숫자의 변동은 여기서 끝난 것이 아니었다.

1955년 4월 4일 당중앙위전원회의에서 한 김일성의 결론에는 곡물 생산고와 관련해서 몇 가지 숫지가 나와 있다. 다만 이 김일성의 발언 자체도 당시에는 공개되지 않고, 1960년도에 간행된 『김일성선집』 제4권에 처음 수록, 문서화된 점에 주의해야 한다.645) 이 회의에서 김일성은 1949년도 곡물 총생산고를 279만 톤으로 잡고 있었다. 김일성은 여기서 당시 곡물통계의 허위성에 관해 이 1949년도 생산량 통계를 기준으로 본격적으로 문제를 제기하였다. 김일성의 지적에 따르면 농업 부문과 인민위원회 간부들은 처음에는 300만 톤을 생산할 계획이었지만 290만 톤을 생산했다고 말했고, 결국은 280만 톤을 생산했다고 말했다는 것이다. 그러나 그는 전전에는 10만 톤을 수출하여 5만 톤을 예비로 비축한 데 비하여, 1954년도에는 전전보다 많이 생산했다고 주장함에도 불구하고 식량부족을 느끼고 있었고, 오히려 소련과 중국에서 22만 톤을 수입하고 있었다고 의문을 표시하였다. 김일성은 이러한 수확고 계산에 잘못이 있음에도 불구하고, 농업부문 간부들이 1955년도에는 360만 톤을 생산하겠다고 보고한 데 대하여, 당중앙위 정치위원회는 이를 반대하고 생산목표를 낮게 잡았다고 해명하였다. 그리고 1954년도에는 230만 톤 정도 생산했던 것 같다고 추정하고, 1955년도 농업생산계획을 재검토하여 잘못된 것은 고쳐야 한다고 주장하였다.

숫자를 종합해 보면 우선 1954년도 실적의 경우 1월 7일의 294.1만 톤과 김일성이 제시한 290만 톤, 1월 25일의 282.3만 톤과 김일성

---

645) 김일성, 「사회주의혁명의 현계단에 있어서 당 및 국가사업의 몇 가지 문제들에 대하여」, 『김일성선집(1960년판)』 제4권.

의 280만 톤이 각각 거의 일치하는 것으로 판명된다. 또한 1955년도 계획에서 당정치위원회가 생산 목표를 낮게 잡았다는 것은 1954년 11월 3일자 김일의 목표숫자 360만 톤을 가리키고 있다고 생각된다. 위에서 보았듯이 360만 톤으로부터 몇 만톤 감소한 것인지에 대해서는 물론이고 확정된 목표를 다시 몇 만 톤 수정해야 하는지에 관해서도 분명히 하지 않았다. 낮게 잡아 확정된 결과는 1949년 실적의 118.2%라는 숫자임에 틀림없지만, 거기에 도달하기까지의 중간과정은 생략되어 있고 책임소재도 애매하게 되어 있다. 또한 문제는 1955년 4월에 김일성이 추정하였다고 하는 1954년도 곡물 생산고 230만 톤이라는 숫자의 신빙성이다. 이 숫자는 1957년도 시점에서 확정된 통계에 근접하고 있으나, 이후에도 목표가 계속 변화했기 때문에 이 시점에 제시된 것이라고 믿기는 어렵다.

오류 및 책임소재의 추궁 문제

1955년 4월 당중앙위전원회의 직후 내각결정 제37호 「1955년 농촌경리부문 인민경제계획을 변경할 데 관하여」가 제출되어 농촌경리부문 지도간부들이 농촌경리계획을 수립하는 데 많은 결함을 범하였다고 엄격히 지적되었다. 1955년도 곡물 수확목표량이 수정된 것은 확실하지만, 그 내용은 발표되지 않았다.[646] 더욱이 1955년 4월 이후 전시 및 전후기의 곡물 수확고에 대한 통계는 모든 공식매체로부터 사라져버렸다. 그 대신 "농촌경리는 아직도 혹심한 전쟁의 피해를 완전히 회복하지는 못하고 있으며 급속히 장성하는 공업의 발전 속도에는 멀리 뒤떨어지고 있으며 증대되는 국내의 식량 수요와 공업원료를 충족시키지 못하고 있다"고 설명할 수밖에 없게 되었다.[647] 공업생산은 이미 1954년

---

646) 리용석, 「농촌경리부문 인민경제계획화 사업에서 제기되는 몇 가지 문제」, 『인민』 1955.8, 50쪽.

647) 최영일, 「농촌경리에 대한 당적 지도수준 제고를 위한 몇 가지 문제」, 『근로자』 1955.9, 24쪽.

에 전행 전인 1949년 수준을 능가하였지만, 농업생산은 아직 그 수준까지 회복되지 않고 있다고 하였다.[648] 인민경제복구발전 3개년 계획에서 농업생산부문의 전체 목표는 아직 유지되고 있으나, 3개년 계획의 곡물 총생산 목표를 1956년도에 달성한다는 전제하에 1955년도 목표는 하향 조정된 것이다.[649] 그러나 수정된 1955년도 목표치도 지나치게 높다는 것이 명확해지고 있었다. 1955년 6월 15~20일 당중앙상무위원회는 1956년도 곡물 총수확고를 290만 톤 이상으로 제고시킬 국가적 대책을 취할 것을 내각에 제의한다고 결정하였다.[650]

1955년 10월 21일에 열린 당·정권기관간부회의에서 했다고 하는 김일성의 연설이 『김일성저작집(1980년판)』 제9권에 수록되어 있다.[651] 이 회의는 1955년도 경제계획 실행과정에서 생긴 문제점 및 1956년도 경제계획 수립과 관련한 과제를 토의하였다. 김일성은 공업, 농업을 비롯한 산업 전반에 걸쳐 1955년도 인민경제계획을 엄격히 비판하였다. 특히 1955년도 계획목표를 과도히 높게 책정하여 예정목표를 수행할 수가 없게 되었다고 하는 이유로 국가계획위원장을 비난 대상으로 올렸다. 계획이 실패한 예로 농업계획도 들 수 있으며 330만 톤이란 곡물생산목표는 조건과 가능성을 고려하지 않고 탁상에서 세운 계획이라고 지적하였다.[652]

다음 해 경제계획을 작성하는 시기인 1955년 10월쯤부터 55년도

---

648) 김한주, 「공화국 북반부에서의 공업과 농업의 균형적 발전을 위하여」, 『근로자』 1955.10, 37쪽.

649) 박경수, 「해방 후 10년간의 공화국 농촌경리의 발전」, 『인민』 1955.7, 21쪽.

650) 「농촌경리의 금후 강화 발전에 관하여—상무위원회 제5차 회의 결정서 1955.6. 15~20」, 『결정집 1955년도』, 151쪽.

651) 김일성, 「인민경제계획을 세우는 데서 나타난 결함들과 그것을 고치기 위한 몇 가지 과업에 대하여—당 및 정권기관 지도일군회의에서 한 연설」 1955.10.21, 『김일성저작집』 제9권, 410~440쪽.

652) 박창옥 비판으로 주목할 필요가 있다. 경제발전 노선을 둘러싼 논쟁과 관련한 중요한 회의로서 1955년 12월 전원회의로 이어진다. 또한 12월 말 주체 이데올로기의 등장과 소련계 비판의 일환이기도 하였다.

계획이 공공연히 비판되기 시작하였다. 『경제건설』 1955년 10월호에
게재된 국가계획위원회부위원장 백홍권의 논문이나 『근로자』 1955년
10월호에 게재된 농업경제학자 김한주의 논문에서는 1955년도 생산목
표를 전쟁 전 최고수확연도인 1948년도에 비하여 117.8%로 설정한 것
은 심각한 과오였다고 하는 비판이 제시되었다.653) 즉 1955년도 농촌
부문 계획을 작성하는 데 짧은 시간으로는 복구하기 어려운 전쟁피해지
와 휴한지를 파종면적 계획에 포함시키고, 또한 1955년도 총수확고를
정하는 데에도 노동력, 축력, 비료 등 영농에 필요한 여러 가지 조건이
불리한 상태인 것을 고려하지 않았다는 것이다. 여기서 주목할 것은 처
음에 360만 톤의 목표가 제안된 사실은 언급하지 않고, 수정된 목표인
330만 톤에 책임을 전가하고 있는 점이다. 이는 김일은 비판을 면하게
된다는 의미였다.

　1955년 12월 당중앙위 전원회의에서는 1954년 11월 전원회의 결
정 실행 문제가 본격적으로 다루어졌다. 그 내용은 발표되지 않았으나,
이 회의에서 「1954년 11월 당중앙위원회 전원회의 결정 실행에서 나타
난 결함들과 그를 시정하기 위한 투쟁대책에 관한 결정」이 채택되었다.
결정서는 국가계획위원회와 농업성을 똑같이 비판의 대상으로 삼고 있
다.654) 지난 기간 농촌경리부문 인민경제계획 수립에서 현실에 맞지
않는 과도한 계획과제를 예정함으로써 계획의 법적 성격과 그 동원적
역할을 약화시키는 결과를 초래하였다고 비판하고, 농촌경리가 전쟁에

---

653) 김한주, 「공화국 북반부에서의 공업과 농업의 균형적 발전을 위하여」, 『근로자』
　　 1955.10, 백홍권, 「1955년 인민경제계획의 정확한 작성을 위하여」, 『경제건설』
　　 1955.10.

654) 「농촌경리의 급속한 복구 발전을 위한 당중앙위원회 11월 전원회의 결정 실행
　　 에서 나타난 결함들과 그를 시정하기 위한 투쟁대책에 관하여ㅡ12월 전원회의
　　 결정서 1955.12.2~3」, 23~51쪽. 이 결정이 채택된 사실은 권두언 「제3차 전당대
　　 회를 앞두고」, 17쪽, 홍달선, 「토지는 농업에서의 기본 생산수단」, 105쪽에도 나
　　 와 있다. 그러나 이 회의와 관련한 김일성의 발언은 『김일성선집』이나 『김일성
　　 저작집』 어디에도 수록되어 있지 않다.

의해 혹심하게 파괴된 현실을 고려하지 않고 농촌경리부문에 대한 상당
한 국가투자 없이도 생산을 높일 수 있다는 그릇된 경향이 존재해 왔다
고 지적하였다.655) 전원회의 결정은 1955년 6월 하향 조정된 56년도
곡물 총수확고 목표를 다시 수정하고, 적어도 알곡 270~280만 돈을
생산 보장한다고 설정하였다.656) 이 회의에서는 국가계획위원회와 농
업성을 똑같이 비판하여 과도한 곡물 수확고 설정의 잘못을 박창옥과
김일의 공동책임으로 돌린 것이다. 그런데 이후 표적은 인민경제복구 3
개년 계획에서 채택된 농촌경리부문의 계획 자체로 바뀌어 간다. 더욱
이 그 이유는 1954년 11월 전원회의 결정을 실행하는 데 잘못을 범했
다는 것이다.657)

　　1955년 12월 20~22일 열린 최고인민회의 제10차 회의에서 김일
이 보고하여 3개년 계획에서 농업부문 생산과제가 과도하게 높이 설정
되어 계획을 수행할 수 없었다고 비판을 가하였다. 그는 3개년 계획은
부정확한 통계에 기초하여 전전수준을 훨씬 넘어서야 한다는 주관적 관
점에서 세워지고, 전시 피해상황을 충분히 고려하지 않은 비현실적 계
획이기 때문에, 3개년 계획의 농촌부문 목표는 수정해야 한다고 주장하
였다. 김일의 보고에 따라서 1956년도 농촌경리의 계획과제를 일부수
정하고, 곡물 총수확고 목표는 273만 톤(1953년 대비 채소는
208.9%, 서류 175.5%, 과일 122.4%)으로 설정하였다.658) 더욱이
이 1956년도 계획과제를 수행했다고 해도 겨우 전쟁 전 수준을 회복하
는 정도에 이를 것으로 예상되었다.659) 이리하여 1956년도 계획에서

---

655) 박문규, 「농촌경리의 가일층 발전을 위한 전인민적 과업」, 『경제건설』 1956.1,
　　21쪽.

656) 위의 결정서, 앞의 책, 32쪽.

657) 이리하여 박창옥 등 소련계는 이데올로기와 경제의 양면에서 공격을 받게 되었다.

658) 『민주조선』 1955.12.21.

659) 장세기, 「공업과 농업의 균형적 발전을 위하여」, 『경제건설』 1956.3, 78쪽. 숫자
　　는 박문규, 앞의 논문, 21쪽에도 나와 있다.

목표의 기준은 전전 수준의 회복으로 하향 조정되었다. 최초의 3개년 계획 목표인 330만 톤으로부터 약 60만 톤의 삭감이지만, 1954년 11월 김일이 제시한 360만 톤으로부터 90만 톤, 390만 톤으로부터 120만 톤의 삭감이었다. 1955년 12월 당중앙위전원회의, 제10차 최고인민회의를 거치면서 비판받아야 할 입장이던 김일이 반대로 공격을 가하는 위치로 선 것이 당시 정치적 역학관계를 상징한다.

곡물 통계 확정과 이후 추이

1956년 1월 14일 국가계획위원회 중앙통계국이 보도한 「1955년 조선민주주의인민공화국 인민경제복구발전 국가계획 실행총화」에서는 1955년도 곡물 생산고에 대하여 서쪽 해안지대와 기타 일부 지역에 자연재해가 있었음에도 불구하고 "1954년에 비하여 훨씬 증가"하였지만, "계획은 실행하지 못하였다」라고 발표하였다.[660] 그러나 여기서도 1954년과 55년 실적의 절대숫자에 대해서는 명확히 하지 않았다.

1956년 2월에는 56년도 곡물 총수확고 목표를 1955년 대비 108.2%, 거의 1949년 수준에 도달할 것으로 예정하였다.[661] 1955년 12월 당시 목표숫자 273만 톤으로부터 역산하면(273 / 108.2%), 1955년도 실적은 252.3만 톤이 된다. 그러나 1956년 4월이 되면 곡물 총수확고 목표를 285만 톤으로 설정하게 된다. 곡물 생산 목표를 높이는 이유를 "공업 생산은 그 주요 부문들에서 이미 1954년에 전전 수준을 릉가하였으나, 알곡을 비롯한 일련의 중요 농업생산물은 아직 전전 수준에 도달하지 못하고" 있기 때문이라고 설명하였다.[662] 곡물 생산

---

660) 『경제건설』 1956.2, 138쪽.

661) 농업부문 투자액을 3개년 계획의 예정투자액보다 5억 2천만 원 증액하였다. 백홍권, 「1956년 인민경제계획과 그 완수 및 초과 완수를 위하여」, 『경제건설』 1956.2, 18쪽.

662) 농촌경리 부문 총투자액을 3개년 계획에서의 1956년도 예정액보다 26.7% 증대시켜 총 32억 원 이상으로 예정하였다. 한희성, 「공화국 농촌경리 발전에서 조

목표를 높게 설정한 것은 다수확 곡물로서 옥수수 재배의 확대와 관련이 있었다고 생각된다.

그런데 1957년도 곡물 생산목표는 처음에는 1956년도 대비 102.5%로 설정되어 있었다.663) 절대숫자는 분명히 하지 않았지만, 1957년 2월에 발표된 통계에 따르면 1956년도 곡물 생산고는 287만 톤이기 때문에 294.2만 톤이 된다.664) 그러나 1956년 12월 전원회의 이후 당지도부의 생산현장 현지지도에 고무되어 증산결의에 나선 노동자들에게 호응하여 1957년 4월이 되면 농업부문에서는 어느새 처음 계획보다 50여만 톤 증산할 것이 결의되고, 340만 톤이 목표로 설정되어 있었다.665) 방대한 양의 증산을 목표로 내건 것은 열광적 분위기를 부채질하는 가운데 가능하게 되었지만, 비현실적으로 보이는 급격한 증산목표 증가는 옥수수 재배면적의 확대정책과 밀접히 결부되어 있었다. 1956년도부터 애초의 정부 생산목표가 설정되고 나서 그 목표를 넘어서는 농민의 '자발적'이란 증산목표가 더해지면, 정부가 그것을 목표로 승인하는 형태로 이중의 목표치가 설정되었다.

1957년 2월 22일 국가계획위원회 중앙통계국 보도 「1954~56년 인민경제복구발전 3개년 계획 실행총화」에 의거하여 1946년도 이래 56년까지의 공식 곡물통계는 확정되었다.666) 이후 내부적으로 통계의 폭주나 조작을 견제할 수 있는 비판세력이 제거되었기 때문에 잘못된 통계가

선로동당이 쟁취한 거대한 성과」, 『경제건설』 1956.4, 25~26쪽.

663) 리종옥, 「1957년도 인민경제발전계획의 성과적 수행을 위한 제 과업」, 『경제건설』 1557.1, 4쪽.

664) 조선민주주의인민공화국 국가계획위원회 중앙통계국 보도 「3개년 인민경제계획 실행에서 조선인민이 쟁취한 위대한 성과」, 『로동신문』 1957.2.24.

665) 권두언 「경제사업에 대한 지도를 경제건설의 새 임무에 더욱 접근시키자」, 『경제건설』 1957.4, 7쪽. 1956년 생산량 대비 약 118%에 이른다. 김운종, 「1957년도산 량곡 수매사업의 성과적 보장을 위한 제 방도」, 『경제건설』 1957.10, 37쪽.

666) 「1954~56년 조선민주주의인민공화국 인민경제복구발전 3개년 계획 실행총화에 관한 국가계획위원회 중앙통계국의 보도」, 『로동신문』 1957.2.24, 『경제건설』 1957년 3월 및 『조선중앙연감(1958년판)』.

도중에 수정되거나 과도한 목표가 비판되어 시정되는 예는 거의 없어졌다. 1957년도 곡물 생산실적은 320만 톤, 1956년 대비 111.4%, 33만 톤 증산으로 발표되었다.667) 다만 추가된 증산목표와의 관련에 대해서는 전혀 언급되지 않았다.

1958년에도 처음 국가계획은 330만 톤으로 설정되었으나, 각 도 농업협동조합 열성자대회에서 각 부문 증산과제가 결의되고, 그것을 내각 결정을 통해 승인하는 형식으로 곡물 생산목표는 처음 계획보다 65만 8천 톤 증가한 395만 8천 톤으로 설정되었다.668) 다음 해 1월 곡물 총수확고는 "심한 한재가 있었음에도 불구하고 계획을 112%로 초과 수행하여 370만 톤에 달하였다"고 발표되었다. 사상 최고의 수확고로 대대적으로 선전되었다.669) 계획의 112% 달성은 처음 목표 330만 톤을 기준으로 한 숫자로 이번에도 추가된 목표와의 관계에 대해서는 언급되지 않았다.

1956년도 287만 톤, 57년도 320만 톤, 1958년도 370만 톤으로 절대숫자에는 의문이 있지만, 추세로서 곡물 생산량은 확실히 비약적으로 증가하였다고 보인다. 증가의 가장 큰 요인은 옥수수 재배면적의 확장으로 1954년 23만 6천 정보에서 1958년 82만 6천 정보까지 확장되었다.670)

1959년도에는 신년사에서 김일성이 "금년에 우리는 알곡 생산을 500만 톤 이상에 도달하게 하여야 하겠다"고 말했다.671) 1월 9일 농업

---

667) 「1957년 조선민주주의인민공화국 인민경제발전 실행총괄에 관한 국가계획위원회 중앙통계국의 보도」 1958.1.18, 『로동신문』 1958.1.19.

668) 「조선로동당중앙위원회 1956년 12월 전원회의 결정 실행에 대한 농촌경리부문의 사업총화와 1958년도 과업에 대하여―1958년 1월 14일」, 『로동신문』 1958.1.16, 『로동신문』 3.27.

669) 「1958년 조선민주주의인민공화국 인민경제발전계획 실행총화에 관한 국가계획위원회 중앙통계국의 보도」, 『로동신문』 1959.1.17.

670) 김일성, 「우리나라에서 사회주의적 농업협동화의 승리와 농촌경리의 금후 발전에 대하여―전국농업 협동조합대회에서 한 연설」, 『로동신문』 1959.1.6.

집단화를 기념하는 전국 농업협동조합 대회에서 참석자들은 김일성의 연설에 따라 2~3년 내에 곡물 생산고를 700만 톤 이상으로 달성하자고 결의하였다.672) 과다한 목표를 설정하는 방식이 다시 폭주하기 시작한 것이다. 김일성의 신년사와 마찬가지로 1959년도 곡물 생산과세는 500만 톤으로 설정되어 있었다.673) 1958년도 생산량 370만 톤보다 무려 130만 톤 많은, 35.1%의 증가를 목표로 한 것이다. 1959년도에는 천리마운동도 발기되어 북조선 건국 이래 열광적인 분위기가 최고조에 달한 시기였던 만큼, 목표 설정이 과도해진 것이다. 6월까지 제1차 5개년 계획의 공업 생산목표 달성에 전력을 집중하여 농업 노동력의 상당부분도 공업에 투입되었다. 공업 생산 증대와 맞추어 원료를 공급한다고 하는 이유로 농업생산의 다변화도 시도되어 곡물 생산에 부정적 영향을 미치는 결과가 되었다. 결국 이해 곡물 총수확고는 340만 톤으로 발표되었다. 사료작물 및 공예작물 재배면적의 확장과 관련하여 밭곡물의 파종면적이 작년보다 감소했기 때문이라고 설명되었다.674) 500만 톤 목표 미달성의 구체적 이유는 설명되지 않았다.

1959년도에는 곡물 생산의 저조로 인한 충격이 커서 1960년도 곡물 생산목표는 발표되지 않았다. 1960년은 완충기로 설정된 만큼 내부적으로는 비교적 완화된 목표가 정해져 380만 톤 정도에 그쳤다.675) 금후 2~3년 내 곡물 생산목표도 700만 톤에서 300만 톤을 삭감한 400만 톤으로 수정되었다.676) 실적이 목표량 500만 톤에서 160만 톤

---

671) 김일성, 「천리마의 기수들에게 새해의 축하를 드린다-1959.1.1」, 『로동신문』 1959.1.1.

672) 「전국 농업협동조합대회 선언-1959.1.9」, 『로동신문』 1959.1.10.

673) 최고인민회의에서 한 수매량정상 정성언의 「농업현물세에 관한 보고」, 『로동신문』 1959.2.21.

674) 「1959년 조선민주주의인민공화국 인민경제발전계획 실행총화에 관한 국가계획위원회 중앙통계국의 보도」, 『로동신문』 1960.1.17.

675) 오성묵, 「완충기 당 농업정책 관철을 위한 몇 가지 문제」, 『근로자』 1960.2, 27쪽.

676) 「조선인민의 민족적 명절 8·15해방 15주년 경축대회에서 한 김일성동지의 보

미달되었어도 정치적으로 문제가 되지 않았기 때문에, 700만 톤에서 300만 톤을 삭감하는 목표 수정에 대해서도 책임은 물어지지 않았다. 연말에 1960년도 곡물 생산량 실적은 380만 3천 톤으로 발표되었다.[677] 1년간 제대군인과 초·중·고 졸업생이 농촌에 배치되어 조합원수는 8만 7천여 명 증가하고 1만 3천 명의 관리인원이 축소되어, 비생산부문의 노동력 지출은 11%에서 4%로 감소되었다. 조합의 가동률도 86%에서 94%로 높아지고, 조합원 1인당 수득 노력일이 301일에서 345일로 성장하였다. 작업반은 자연부락이나 지역 단위로 개편되었다.[678] 농촌 노동력 배치에 큰 힘을 기울인 결과였다. 또한 총경지면적은 10만 3천 정보, 총파종 면적도 65만 정보가 확장되어 옥수수의 재배 면적은 29만 7천 정보, 콩 재배면적은 18만 3천 정보가 확장되었다.[679] 옥수수 재배면적의 확장이 가장 큰 증가요인으로 평안북도, 평안남도, 함경북도에서는 밭 면적의 70% 이상이 옥수수를 재배하게 되었다.[680] 1958년까지 저류(薯類)는 별도로 집계되었으나, 1959년도부터는 저류도 곡물 생산에 포함시킴에 따라 또 하나의 생산량 증가 이유가 되었다.

그러나 농업생산에서 거대한 목표를 설정하는 정책은 완화되지 않았다. 1960년 12월 당중앙위 확대전원회의는 1961년도 곡물 생산목표를 100만 톤 이상 증가시키기로 결정하였다.[681] 이는 공업 생산목표를

고」, 『로동신문』 1960.8.15.

677) 「1960년 영농사업에 대한 조선중앙통신사의 보도-청산리정신을 관철시켜 알곡 총수확고를 380만 3천 톤으로 제고」, 『로동신문』 1960.11.18, 「조선민주주의인민공화국 인민경제발전 제1차 5개년계획 실행총화에 대하여-최고인민회의 제2기 제8차 회의에서 한 내각 부수상 리종옥 대의원의 보고」, 『조선중앙연감(1961년판)』, 111쪽.

678) 「농촌경리 부문에서의 청산리교시 실행총화와 1961년도 과업에 대하여 : 전국 농업열성자 대회에서 한 내각 제일부수상 김일 동지의 보고」, 『로동신문』 1960.12.29.

679) 『로동신문』 1960.11.18.

680) 앞의 김일 보고, 『로동신문』 1960.12.29.

낮게 잡는 대신 농업생산을 중시하는 정책의 표현이기는 했지만, 비현
실적인 과도한 목표설정으로 되돌아가는 결과가 되었다. 연말에는 "심
한 가물과 풍수해가 있었음에도 불구하고" 483만 톤의 곡물을 생산하여
"유례없는 대풍작"을 거두었다고 발표되어 "식량을 외국에서 수입하지
않고 능히 자급자족할 수 있는 확고한 토대를 축성"하였다고 설명되었
다.682) 이미 목표설정 단계에서 1960년도에 이어 청산리방식의 효과
가 곡물 생산에 나타나야 한다는 기본전제가 놓여 있었다. 100만 톤 증
산목표의 실패란 있을 수 없는 일이었다.

　1961년 11월 27일~12월 1일 당중앙위원회 제4기 제2차 확대전원
회의가 열려 1962년도 계획의 중심과업을 "6개고지 점령"에 두고 그중
가장 중요한 것을 "알곡 500만 톤 고지"로 정하였다.683) 1961년도 실
적 483만 톤을 전제로 하면 500만 톤 목표는 3.5% 성장에 지나지 않아
너무 낮은 숫자였다. 6개고지 점령은 공업부문에서는 완충기의 저성장
을 지나서 고성장노선으로 복귀하는 것을 의미하였기 때문에 상대적으
로 농업부문의 성장을 낮게 기대했다고 하더라도 지금까지의 추세에 비
하면 지나치게 낮은 숫자였다. 이미 곡물 생산의 양적 증가가 한계에 달
하고 있었다고도 할 수 있다. 1962년도 실적에 대해서는 "혹심한 가뭄
에 뒤이어 3개월 이상 계속된 장마와 4차에 걸친 큰 홍수와 태풍, 냉해
와 병충해 등 극히 불리한 자연조건을 용감히 극복하고 알곡 500만 톤
고지를 성과적으로 점령하였다"고 발표되어 "관개체계와 치산치수시설
의 위력의 시위로 되며 청산리정신과 청산리방법의 위대한 결실"이라고

---

681) 「조선로동당중앙위원회 12월 확대전원회의에 관한 보도」, 『로동신문』 1960.
　　12.24.

682) 내각결정 제157호 「농업협동조합경영위원회를 조직할 데 대하여」, 『로동신문』
　　1961.12.24, 김일성, 「새해의 인사를 드린다」, 『로동신문』 1962.1.1, 재정상 한상
　　두 대의원, 「조선민주주의인민공화국 1961년 국가 예산집행에 대한 결산과
　　1962년 국가 예산에 관한 보고」, 『로동신문』 1962.4.6.

683) 「조선로동당중앙위원회 제4기 제2차 확대전원회의에 관한 보고」, 『로동신문』
　　1961.12.1.

설명되었다.684)

1961년도부터 식량자급의 토대가 생겼다고 주장하지만 사실은 식량은 여전히 수입하고 있었다. 유엔식량농업기구(FAO)의 추정통계에 따르면 1959년에는 밀이나 밀가루 4만 200톤 수입, 쌀 1만 9천 800톤 수출, 1960년도에는 밀이나 밀가루 7만 2천 100톤 수입, 쌀 1만 9천 400톤 수출, 1961년도에는 마찬가지로 48만 톤 수입, 2만 5천 100톤(쌀 : 2만 2천 500톤, 옥수수 : 2천 600톤)을 수출하였다. 1962년도에는 9만 9천 900톤 수입(밀 : 9만 4천 900톤, 옥수수 : 5천 톤), 1만 3천 200톤을 수출(쌀 : 300톤, 옥수수 : 1만 2천 700톤)하였다. 식량자급의 토대가 생겼다는 1961년도에 수입은 급증하고 있다. 보다 가격이 높은 쌀을 팔아 싼 밀을 사는 구조로 되어 있었지만 1963~64년에는 쌀의 수출은 제로가 된다.685)

1963년 10월 내각은 "1963년도 농촌경리 부문 앞에는 알곡 500만 톤 고지 점령에서 달성한 성과를 계속 견지하고 공고히 하며 1964년에 가서 60만 정보의 논 면적을 확보하고 30만 정보에 밭벼를 심어 공화국 북반부 전체 인민들이 이밥을 먹게 하는 새롭고 더 높은 고지를 점령하여야 할 전투적 과업이 제기되고 있다"고 결정하였다.686) 옥수수 증산에 기초를 둔 식량 증산에 한계가 보이자 오히려 양이 많고 가격이 싼 식량 수입을 위해 가격이 높은 수출용 쌀 증산을 꾀하려는 농정의 전환이었다. 전체 인민에게 이밥을 먹게 한다는 명목은 아직 실현 불가능한 눈가림이었다. 1962년 12월 16일 당중앙위 제4기 제5차 전원회의에서

---

684) 「1962년 인민경제발전계획 실행총화에 관한 조선민주주의인민공화국 국가계획위원회 중앙통계국의 보도」, 『로동신문』 1963.1.17.

685) 쌀 수출은 1965년부터 다시 증가하기 시작한다. FAO Trade Yearbook의 각 연도 통계에 의거함. Lee & Scalapino, Communism in Korea, Vol. 2, pp.1126~1127에 수록. 다만 FAO 측에 따르면 이 통계도 추정치에 지나지 않기 때문에 사용에는 주의를 요한다고 한다.

686) 「공화국 내각에서 — 점령한 알곡 500만 톤 고지를 공고히 하며 1963년도 영농준비사업을 성과적으로 보장하기 위한 조치를 강구」, 『로동신문』 1962.10.20.

1963년도 목표를 "이미 점령한 알곡 500만 톤 고지를 확고히 견지하면서 벼 수확을 더욱 증가시켜 알곡 생산의 질적 구성을 높이며 특히 밭벼 면적을 확장하여 명년에는 15만 정보, 1964년에는 30만 정보에 도달시길 것"을 결성하였나.[687] 앙적 목표는 작년과 같았다. 이 해의 실적에 관해서는 "농촌경리의 물질 기술적 토대가 강화되었으며 선진 영농기술이 광범히 보급된 결과 기후조건이 매우 불리하였으나 농업생산에서는 유례 없는 대풍작이 이룩되어 알곡 500만 톤 고지가 더욱 공고화되었으며 특히 벼의 생산이 대대적으로 증가"되었다고 발표되었다. 벼 생산량이 작년에 비하여 48만 톤이 증가, 곡물 생산에서 차지하는 비중이 51%에서 58%로 높아졌다고 하였다.[688]

1963년 9월 6일 당중앙위 제4기 제7차 전원회의는 1964년도 농업 부문의 과제로서 "알곡 특히 벼의 증산을 위하여 논 면적을 확장하여 62만 정보 이상에 도달케 하며 단위당 수확고를 높이고 2모작과 간혼작을 광범히 실시할" 것, "토지를 개량하여 치산치수사업을 전 인민적 운동으로 전개할" 것을 결의하였다.[689] 그러나 1964년도의 경우 어떠한 양적 목표도 제시되지 않았다. 1964년 실적에 대해서는 "장마가 오래 계속되고 일부 지방에 여러 차례의 강한 태풍 피해가 있었으나 알곡 생산에서 1963년 수준을 확고히 견지"하였으며 6만여 정보의 논벼 이앙 면적이 확장되어 곡물 총파종 면적에서 벼의 비중이 3.2% 증가했다고 발표되었다.[690] 1965년도 이후는 곡물 생산에 관해서는 목표와 실적을 포함하여 어떠한 숫자도 발표되지 않았다. 생산량을 추정할 수 있는 단서는 일절 언급되지 않았다.

---

687) 「당중앙위원회 제4기 제5차 전원회의에 관한 보도」, 『로동신문』 1962.12.16.

688) 「1963년 인민경제발전계획 실행총화에 관한 조선민주주의인민공화국 국가계획위원회 중앙통계국의 보도」, 『로동신문』 1964.1.17.

689) 「당중앙위원회 제4기 제7차 전원회의에 관한 보도」, 『로동신문』 1963.9.6.

690) 「1964년 인민경제발전계획 실행총화에 관한 조선민주주의인민공화국 국가계획위원회 중앙통계국의 보도」, 『로동신문』 1965.1.16.

곡물 통계와 농업으로부터의 경제잉여

북조선의 곡물 통계발표에서 결정적으로 빠진 것은 수매량과 가격이다. 이 두 가지 숫자를 공개하지 않은 이유는 가격이 매우 낮았기 때문이었을 것으로 보인다. 이 숫자가 공개되지 않는 한 사회주의 건설과정에서 농업으로부터 경제잉여가 어느 정도 추출되었는지를 정확히 파악할 방법은 없다. 이 문제를 취급한 북조선의 문헌은 적지만 1957년 7월 2일 과학원 경제법학연구소 주최로 「우리나라에서의 가치법칙과 가격형성에 관한 토론회」가 개최되어 그 일부가『경제건설』지에 게재되었기 때문에 그 내용을 약간은 엿볼 수 있다.

이 토론회가 열린 배경은 1954년 말 실시하려고 하였으나 농민의 반발에 직면하여 중단된 곡물의 국가적 수매를 1957년부터 다시 시작하게 되었기 때문이다. 1957년부터 곡물 수매는 집단적 수매방식으로 전환하고 있었다. 현물세 징수사업과 병행하여 실시한 것도 중요한 특징이다. 이러한 조치는 대량으로 한꺼번에 집단적으로 진행하는 수매는 지방경리성에서 담당하도록 하여 종래 소비조합 관할이던 수매사업의 대부분을 지방경리성에 이관하고 나머지 소량의 개별적 수매만을 소비조합이 연중 수시로 하도록 한 것이다. 이 조치는 "량곡 행정은 협동단체에서보다 국가가 담당하는 것이 합리적"이라는 이유로 정당화되고 있었다.691)

토론회 발제자의 한 사람인 정태식의 입장은『경제건설』1957년 10월호에 게재되었다. 그는 "현 단계에 있어서 수매가격은 가치 이하로 제정되면서 농민들이 생산한 순소득의 일부가 공업의 발전을 위하여 인입되어야 한다. 현물세가 징수되고 있다는 사정을 고려하면서 수매가격은 신축성 있게 조절됨으로써 로농동맹을 강화하며 공업과 농업의 균형적 발전을 촉진시켜야 할 것"이라고 주장하였다.692) 뒷부분의 표현에서

---

691) 김운종, 「1957년도산 량곡수매의 성과적 보장을 위한 제 방도」,『경제건설』 1957.10, 37~41쪽.

보면 수매가격을 비교적 높게 설정하려는 입장이었다고 해석되지만 이 이상 깊숙한 발언은 피하고 있다. 과거 남로당계였다는 그의 정치경력이 작용하였을지도 모른다.693) 다만 농업으로부터 공업으로의 소득이전은 당연한 전제로 되어 있다.

그러나 또 한 사람의 발제자 남춘화의 입장이 『경제건설』 1957년 11월 호에 게재되었다. 남춘화는 "사회주의국가는 사회주의 경제법칙들의 요구에 기초하여 가격을 가치로부터 계획적으로 배리시킬수 있다"고 전제하고 "국가는 수매가격을 제정할 때에 농업에서 조성된 순소득의 일부를 전 인민적 수요를 위하여 동원할 목적으로 수매가격을 가치보다 낮게 설정할 수 있다. 사회주의국가가 농촌으로부터 농산물을 수매할 때에 각종 수매가격의 평균가격이 가치보다 낮은 이유가 여기에 있다"고 지적하였다. 또한 "농업에서 조성된 순소득의 압도적 부분"이 "주로 현물세를 통하여 국가에 인입된다"고 하면서도 "현물세 수입만으로써는 사회주의 현 단계에 있어서 경제발전의 요구에 적응하는 순소득의 재분배는 만족히 이루어질 수 없다. 여기로부터 금후 수매가격을 통하여 이 순소득의 재분배를 보충적으로 진행할 대책이 요구된다"고 덧붙인다. 더욱이 1957년 6월 보릿고개에 곡물 수매가격이 인하되었음에도 불구하고 농민이 국가수매에 열성적으로 응한 것은 당과 정부의 인하 정책이 옳았다는 증명이라고 저곡가 정책을 옹호하면서 "금년도 농산물 수매가격이 작년도보다 낮게 설정될 것은 의심할 바 없다 … 금후 농산물의 수매가격은 계속 인하될 수 있다. 국가의 재정형편을 고려함이 없이, 우리 공업의 발전된 현 상태를 고려함이 없이 농산물 수매가격을 계속 높이려는 경향은 용허할 수 없다"고 강하게 주장하였다.694) 당

---

692) 정태식, 「계획가격 형성과 관련한 몇 가지 문제」, 『경제건설』 1957.10, 81쪽.

693) 제3차 당대회에서 정태식은 박헌영을 비난하는 산 증인 역할을 하였다. 제4장 제2절 2의 관련 서술을 참조.

694) 남춘화, 「현 시기에 있어서 농산물 수매가격 제정과 관련된 몇 가지 문제」, 『경제건설』 1957.11, 72~75쪽.

지도부의 정책적 입장을 대변하는 주장이었다고 할 수 있다.

당시 곡물수매와 관련해서는 그것이 소련이나 인민민주주의국가에서도 실시되고 있는 정책으로서 "량곡의 국가납부는 (1) 잉여 곡물의 전량 또는 경우에 따라서는(흉년이나 전쟁 등) 필요 량곡의 일정한 부분까지도 의무적으로 구매되어야 하며, (2) 그것은 가격의 지불에 있어서 등가를 보상할 수가 없다는 일반적 특징을 가진다"고 간주되고 있었다.695) 연안계나 소련계 숙청 이후 "농촌은 공업의 복구·건설을 위한 자원을 응당한 규모에서 공급"해야 한다는 사고방식이 일반화되었다.696)

이러한 흐름이 당의 공식노선이었다는 사실을 김일성 스스로도 인정하고 있다. 1964년 2월 25일 당중앙위 제4기 제8차 전원회의에서 김일성 명의로 발표된 「우리나라 사회주의 농촌문제 테제」에는 "우리나라와 같이 과거에 낙후한 농업국가였던 나라에서는 혁명이 승리한 후 사회주의 공업화를 위하여 농촌에서 일정한 기간 일정한 자금을 얻지 않을 수 없다. 이러한 사회주의 국가에서 현대적 공업을 창설하기 위한 농민들의 자금 지출은 전 사회의 이익을 위한 것이며 농촌경리의 장래 발전과 농민들의 생활향상을 위해서도 필수적인 것"이라고 쓰여 있다.697) 이 테제에서는 도시와 농촌의 차이, 노동계급과 농민계급의 차이를 없애는 문제가 논의되고 가까운 시일 안에 농업 현물세를 폐지할 것이 기대되고 있으며 공업으로부터 농업지원이 주장되고 있으나 실제로 종래의 정책이 전환된 것인지는 입증할 수 없다. 국가가 곡물수매를 통해 잉여 식량의 전량을 수중에 장악한 이상 현물세 폐지는 아무런 의미도 갖지 못하기 때문이다. 중요한 것은 곡물 수매가격 및 공업제품과

---

695) 김춘점, 「공화국 북반부에서의 농촌에 대한 조세의 제 특성과 그 정당한 리용」, 『김일성종합대학학보』 제5호, 1958.9, 5쪽.

696) 위의 논문, 16~17쪽. 이 논문은 "농촌 조세가 농업생산력 발전에 준 강력한 동원적 역할"을 설명하지 못하고 당의 '정당한 정책'을 농민의 부담이 가중된다고 '비방'했다고 하여 '반당종파분자', 즉 반대파의 입장을 비판하고 있다.

697) 『로동신문』 1964.2.26.

농산물의 가격비율이지만 그것은 일절 공개되지 않고 있다.

<별표> 곡물생산량통계

≪57년 이전의 변동≫

시점	57/2	54/10	55/1/7	55/1/25	56/2
45년		218.7			
46년	189.8	199.8			
47년	206.9	217.8			
48년	266.8	280.9			
49년	265.4	279.5			
50년	?	?			
51년	226.0	260.1			
52년	245.0	293.9			
53년	232.7	328.8	274.1		
54년	223.0		294.1	282.3	
55년	234.0				252.3
56년	287.3				

≪확정 이후≫

시점	생산량
57년	320.1
58년	370.0
59년	340.0
60년	380.3
61년	483.0
62년	500.0
63년	500.0
64년	63년도 수준

출처 : 1957년까지의 수정된 생산량에 대해서는, 『조선중앙연감 : 1958년』, 196쪽. 그 밖의 통계에 대해서는 논문에서 기술된 해당 출처를 참조.

2) 농업협동조합·당·인민위원회

농업협동조합과 리인민위원회

1955년부터 집단화가 대중적 단계에 들어가며 농업협동조합 수가 늘어남에 따라 농업협동조합과 리인민위원회, 나아가 당과의 관계가 새로운 문제로 떠오르게 되었다. 농업행정 측면에서 보면 공식적으로는 정부나 지방인민위원회는 자발적 단체로서의 농업협동조합에 대하여 '지도'하는 관계로 되어 있었다. 행정적 지시와 명령을 받는 '국가적 조직체(국가기관, 기업소)'와는 달리 "협동 경리인 농업협동조합에 대하여서는 국가가 관리할 수는 없다"고 하여 "국가는 농업협동조합에 대하여 책임적 인물들을 임면하지 않는다"는 것이 원칙으로 되어 있었다.[698] 이른바 '지도' 기능을 행정계통에서 보면 '일반적 지도'는 내각을 비롯하여 각급 지방정권기관이 실시하고 '전문적 지도'는 농업성에 설치된 '농업협동조합조직지도국'과 도·시·군인민위원회에 설치된 '농업협동조합조직지도부'가 담당하였다.[699] 우선 농업협동조합이 작성한 생산 및 재정계획의 초안은 시·군인민위원회에 제출되어 비준을 받게 되어 있었다. 이미 1955년부터 소련을 모델로 해서 농업협동조합에 대하여 생산계획 과제를 부과하였기 때문에 위로부터의 규제는 강했다고 할 수 있다. 다음으로 선진적 농학기술 도입, 농기구 개량 등과 관련한 농산지도는 군인민위원회 농산부를 중심으로 하여 리(읍)인민위원회가 수행하고, 노동력 조직 문제는 군인민위원회의 농업협동조합조직지도부

---

698) 유인종, 「농업협동조합에 대한 리인민위원회의 지도상 몇 가지 문제」, 『인민』 1955.9, 50쪽.

699) 북조선에서는 소련의 콜호즈에 대한 전문적 경제지도기관으로서 MTS와 같이 단일적이고 완결된 조직체를 가지고 있지 않았다. 당시 대부분의 조직된 농기계임경소도 농업생산에 대한 포괄적 지도기관이 되지는 못했다. 다만 장래 농업협동조합에 대한 국가의 지도를 수행하는 거점으로 발전할 것이라는 전망은 하고 있었다. 소련의 MTS 같은 역할은 많은 부문으로 분산되어 수행되고 있었다. 유인종, 위의 논문, 52쪽.

가 담당하였다. 국가지도체계 내에서 가장 직접적이고 책임적 역할을 하는 기관은 시·군인민위원회였다.700) 시·군인민위원회는 농업협동조합지도에서 국가에 대해 책임을 지는 지도통제기관으로서 농업협동조합의 조직, 폐지를 결정할 권한을 가지며 그 생산계획을 비롯하여 농업협동조합의 활동에 대한 기본 문제를 비준하였다.

그런데 농업생산과 관련하여 종래의 개인농민에 대한 시·군인민위원회의 지도는 리인민위원회를 통하여 수행되었지만 농업협동조합의 경우에는 상당 부분이 조합을 직접 대상으로 하여 수행되게 되었다.701) 당장 농업협동조합과 리인민위원회의 관계가 문제된 것은 이 때문이었다. 지방 간부 사이에서는 농촌에 농업협동조합이 조직된 이후 리인민위원회 역할을 과소평가하는 경향이 생기고 있었다.702) 그러나 당시 군인민위원회가 하나의 군내에 80~100개 정도의 농업협동조합을 포괄하고 있는 상태에서 각각의 조합을 개별적으로 전부 지도하는 것은 무리였다. 이 시점에는 리인민위원회에 의지하지 않을 수 없었다. 리인민위원회가 농업협동조합에 일상적으로 가장 가깝게 접근해 있는 정권기관이란 점을 무시할 수 없었다.703) 다만 리인민위원회의 역량이 농업협동조합을 지도할 수 있는 정도의 수준이 아니었기 때문에 이러한 상태는 오래 지속될 수 없었다.

더 근본적인 문제가 발생하고 있었다. 리인민위원회의 간부가 농업협동조합의 관리간부를 상대로 하여 관할 리내 주민행정을 수행함으로써 주민과의 사업을 대체시키고 있었다. 이것은 농업협동조합간부가

---

700) 위의 논문, 52~53쪽.

701) 위의 논문, 53~54쪽.

702) 이들은 "소련에서 촌소비에트는 콜호즈를 지도하지 않기" 때문에 "우리도 그렇게 해야 된다"거나 "리인민위원회 일꾼의 수준이 낮다"는 등 이유를 들고 있었다. 위의 논문, 55쪽.

703) 리인민회의나 인민위원회에는 영농 준비, 춘기 파종, 제초사업 등 경제 캄파니아의 실행상황, 조합의 생산과제 수행상황, 국가의무 수행상황에 대해 청취하고 권고적인 결정을 채택할 권한이 주어지고 있었다. 위의 논문, 54~57쪽.

행정간부화됨을 뜻하였다. 리인민위원회의 행정업무를 농업협동조합의 관리위원회에 지시하여 처리하기도 하고 농업협동조합 부근에 사는 개인농민의 문제까지 해당 조합관리위원회가 리인민위원회 대신 취급하도록 하고 있었다.704) 그 가장 전형적인 예는 인민위원회의 사회적 협조 단위인 인민반 사업에서 나타나고 있었다. 농업협동조합이 조직된 곳에서는 인민반 사업이 유명무실화하였다. 많은 리인민위원회가 농업협동조합이 조직된 지역에서 인민반을 폐지하거나 인민반 조직을 개편하고 있었다. 한편으로 농업협동조합의 작업반 단위로 인민반을 만들어 작업반장이 인민반장을 겸임하도록 하고, 다른 한편으로는 개인농민만으로 따로 인민반을 조직하였다.705) 어떤 점에서는 농업협동조합이 가장 중요한 기능인 농업생산에서 국가로부터 강한 규제를 받고 있었기 때문에 행정상 편의를 위해서는 당연한 현상이었지만 농업협동조합은 어디까지나 자발적 경제조직이지 행정조직은 아니었다. 이것은 원칙적으로는 리인민위원회의 주민행정 사업체계와 농업협동조합의 조직체계가 혼동되는 결과를 가져왔다. 다시 말하면 농업협동조합의 행정기관화였다. 이러한 문제점이 심각하게 인식되고 있었던 것도 분명하였다.706)

그러나 국가가 주도하여 농촌에서 관개사업, 토지 복구 및 개간사업 등에 대대적으로 대중동원을 추진하고 있는 상황에서 현실적으로 리 단위의 사회적 노력동원 같은 사업은 농업협동조합과 보조를 맞추지 않고 인민반만을 통해서 실시하면 집행이 불가능하였다.707) 실제로 리인민

---

704) 예컨대 신학년도 준비 및 학령아동 조사, 현물세 면제 대상자 조사 등 사업을 농업협동조합관리위원회에 위임, 리인민위원회는 이러한 자료를 집계하여 상부에 보고하는 식을 들 수 있다. 위의 논문, 59쪽.

705) 위의 논문, 60쪽.

706) 위의 논문, 60쪽.

707) 대규모 관개사업의 경우 군 이상의 지역 차원에서 전개되었기 때문이며 대중동원도 행정지역을 단위로 해서 이루어졌다고 보이지만 소유관계 및 농업생산과 결부되어 있는 토지 개간사업의 경우는 대부분 농업협동조합이 추진 주체 또는

위원회에 노력동원이 요청되면 인민반장들과 농업협동조합관리위원회의 협의하에 개인농민에 대해서는 인민반장을 통해 실시하고 협동조합원에 대해서는 해당 농업협동조합을 통하여 실시하도록 권장되었다. 더욱이 인민반에는 농업집단화 주진에서 중요한 과제가 주어지고 있었다. 인민반은 리인민위원회에 대한 사회적 협조 단위로서뿐 아니라 농촌협동경리의 우월성을 선전·보급하는 최말단 단위로서의 역할도 요구되고 있었다. 이와 같이 농촌의 최말단 부분에서 국가와 사회의 구분이 불명료해질 수 있는 사태, 즉 농업협동조합의 '준국가기관화'가 진행되고 있었다.

집단화가 상당히 진행된 1957년경이 되면 정책은 이러한 국가화 추세를 당연시하는 방향으로 나아가고 있었다. 당시 김일성은 "지금 군인민위원장들은 리인민위원회의 유급간부 수를 줄이려고 하지 않는다"면서 이것은 아직 군인민위원장들이 "모든 사업을 리인민위원회를 통하여 하려고 하며 농업협동조합을 직접 대상하여 사업하려 하지 않는 것을 말하여 준다"고 비판하였다. "군인민위원회는 농업생산과 관련한 경제사업은 직접 협동조합을 대상하여 하여야 한다"고 하며 "농업생산에 대한 통계도…… 협동조합에서 직접 받아야 한다"고 주장하였다.[708] 특히 김일성은 인원 문제를 언급하며 "군인민위원회가 농업협동조합을 직접 대상하여 사업하면 리인민위원회에 유급일군을 여러 사람 둘 필요가 없다… 앞으로 리인민위원회에는 전쟁 전과 같이 위원장이나 서기장 가운데서 한사람만 유급으로 두는 것이 좋다"고 지적하였다.[709] 농업집

대상이 되었다고 할 수 있다. 농업협동조합이 조직되면서부터 생산 이외의 주된 집단작업으로서 토지 확장이나 개간에 착수하는 경우도 많았다. 대중동원을 통하여 얻어진 성과물은 국가적 소유와 협동적 소유의 경계가 가장 애매해지는 경향이 있는 곳이었다.

708) 김일성, 「새로운 환경에 맞게 군인민위원회 사업을 개선, 강화할 데 대하여―도·시·군인민위원장 강습회에서 한 연설」 1957.7.12, 『김일성저작집』 제11권, 200~201쪽.

709) 위의 책, 201쪽.

단화 추진 당시 리내 유급상근자 수는 리인민위원회 위원장, 서기장의 2명, 1개 리 평균 5개의 농업협동조합마다 관리위원장, 부기장, 농산기사 또는 농산기수 등의 3~4명, 리당위원회의 위원장 등으로 거의 20명에 달하고 있었다.710) 이미 김일성의 사고에는 리인민위원회 간부, 리당 간부, 농업협동조합 관리간부 사이에 구별이 없이 전부가 동일한 '유급일군'이었다. 농업협동조합의 국가화라는 현실 앞에서 집단화의 진행은 협동조합 관리간부의 증가를 가져와 전체 관료기구 속에 유급간부의 증가를 가져올 수밖에 없었다.

농촌의 당과 협동조합

농촌에 대한 당사업방식은 다음 세 가지 형태의 조직에 의해 구분되고 있었다. 첫째로 국가소유에 기초를 둔 국영농업기업소(국영농목장, 농기계임경소 등)로서 지배인의 '유일관리제'를 취하고 있다. 지배인과 그를 보좌하는 행정기술협의회, 생산협의회가 기능한다. 둘째로 협동적 소유에 기초를 둔 농업협동조합(제2·제3형태)으로서 조합원총회와 관리위원회의 '민주주의적 관리제도'를 원칙으로 하고 있다. 조합원총회와 관리위원회, 검사위원회가 기능한다. 셋째로 개인소유에 기초를 둔 개인농민경영으로 개인농민의 의사와 책임하에 경영하면서 동시에 인민위원회의 행정적 지도 대상으로 되어 있다. 농민총회, 마을별 군중대회, 인민반이 기능한다. 국가농업기업소, 농업협동조합, 개인농민의 경영 및 관리형태의 차이는 당의 지도방식에도 일정한 차이를 가져오고 있었다.711) 국가농업기업소는 도인민위원회와 도당의 소관으로서 기본적으로 공장에서의 당 지도방식에 준하고 있었다. 국영농목장은 소수이고 농업 내 비중도 적기 때문에 큰 문제는 아니었다. 공장의 경우와 같이

---

710) 위의 책, 200쪽. 전쟁 이전 리의 유급상근자는 1명으로, 서기장 유급·위원장 무급, 또는 위원장 유급·서기장 무급이었다.

711) 최영일, 「농촌경리에 대한 당적 지도 수준 제고를 위한 몇 가지 문제」, 『근로자』 1955.9, 28~29쪽.

지배인과의 관계에서 유일관리제의 침범이나 행정대행의 문제가 해결 과제였다. 집단화가 진행되는 가운데 아직 압도적 비중을 차지하고 있는 개인농민에 대해서는 종래의 방식이 적용되고 있었지만 인민위원회와의 관계에서 행정대행의 문제가 생기고 있던 점은 앞에서 시술한 비와 같다.712) 그러나 새로운 과제가 농업협동조합에 대한 당의 지도 문제였다. 개인농민의 경우 농민동맹은 유명무실화하여 조직적 관계로서는 인민위원회와 당단체의 두 가지 조직이 얽히고 있었지만 농업협동조합의 경우 인민위원회와 당단체, 농업협동조합관리위원회라는 세 가지 조직이 얽히게 되었기 때문이다.

앞에서 설명했듯이 1955년 3월 농촌의 당조직 원칙이 종래의 지역단위로부터 생산 단위로 변화하여 농업협동조합에 당단체가 설치되고 농업협동조합당위원장에게는 '생산에 대한 통제권한'이 부여되었다.713) 이 조치는 1954년 3월 당중앙위 전원회의에서 공장당위원회에 생산에 대한 통제권한이 부여된 것과 같은 의미를 가지고 있었다.714) 이 조치의 목적은 협동조합을 "당단체들의 조직적이고 강력한 지도와 통제 하에 둠"으로써 당단체가 "협동조합의 모든 생활에 적극적으로 참가하여 조합의 경제의 세부에 이르기까지 깊이 파고들며 생산의 중요한 부문에 대하여 부단히 통제할 의무"를 진다는 데에 있었다.715) 통제권한은 "초급당단체가 농업협동조합 관리기관에 일군을 정확히 선발, 배치하도록 검열, 통제하는 것"이라고 표현되었다. 그것은 관리위원회의 위원장과

---

712) 농촌 당단체의 행정대행문제는 빈번히 등장한 이슈로서 군당위원회와 군인민위원회, 리당위원회와 리인민위원회 간의 권한 다툼이 나타나고 있었다. 「관료주의를 반대하여」, 『로동신문』 1955.6.2. 리당위원회와 리인민위원회가 서로 우월을 다투는 경우도 생기고 있었다. 「대중생활과 당단체－고원군당위원회사업에서」, 『로동신문』 1955.5.27.

713) 제4장 제6절의 3에 있는 농업집단화에 대한 당조직 역량의 투입과 관련한 서술을 참조.

714) 제4장 제5절의 2에 있는 해당 서술을 참조.

715) 박인하, 「농업협동조합들의 조직적 및 경제적 공고 발전을 위한 우리 당단체들의 지도에 대하여」, 『근로자』 1955.12, 66~67쪽.

위원, 검사위원회의 위원장과 위원, 부기원, 작업반장 등에 적절한 사람들이 선발, 배치되도록 당의 영향력을 행사하는 것이었다.

원칙적으로 농업협동조합 간부에 대해서는 관리위원회나 총회를 통하지 않고서 당단체가 직접 임명 또는 해임, 이동하는 것은 할 수 없게 되어 있었다.716) 그러나 실제로 대부분의 농업협동조합 관리간부의 임면은 상급 당단체, 즉 군당위원회가 좌우했다고 생각된다.717) 특히 농업협동조합 관리간부의 절대 부족이라는 상황하에서 제대군인의 농업협동조합 배치를 포함하여 농업협동조합 관리간부의 배치는 대부분 당조직을 통해 이루어졌다.718) 1956년 초까지 국가양성기관을 통하여 2천여 명의 조합관리간부가 양성·파견되고 4천여 명의 당 및 국가기관 일꾼이 조합 관리간부로 선발·파견되었다.719) 특히 후자의 경우는 주로 당조직을 통해 이루어졌다고 생각된다. 이러한 조치에 의하여 협동조합의 인사권을 군당이 자연스러운 형태로 직접 장악하는 결과가 되었다.720) 여기에는 당초 농업협동조합 조직 작업을 해당 지역 당단체가 주도한 경우가 많았다고 하는 배경도 작용하였다. 농업협동조합은 원칙적으로는 농민의 자발적 단체이므로 행정기관인 인민위원회보다는 '국가화'되었다고는 해도 행정기관이 아닌 당단체가 전면에 나서는 것

---

716) 장익성, 「농업협동조합 내 초급당단체 사업에 대한 몇 가지 문제」, 『로동신문』 1955.6.16.

717) 그러한 예가 많이 기록되어 있다. 「대중생활과 당단체─고원군당위원회사업에서」, 『로동신문』 1955.5.27, 「생활의 조직자─평안남도 은산군 신평농업협동조합 분세포사업 경험」, 『로동신문』 1955.7.29, 「정확한 군중관점의 확립을 위하여」, 『로동신문』 1955.12.11.

718) 사설 「농촌경리 발전에 많은 힘을 돌리자」, 『로동신문』 1955.6.7, 사설 「제대군인은 농촌경리의 핵심으로 되어야 한다」, 『로동신문』 1955.6.15, 리종팔, 「농업협동조합 관리간부 양성사업」, 『로동신문』 1955.9.16, 「핵심들과의 사업을 강화하여」, 『로동신문』 1956.3.31.

719) 내각부수상 김일, 「농업협동조합들을 조직적 및 경제적으로 더욱 공고·발전시킬 데 대한 보고」, 『로동신문』 1956.2.2. 당시 11,543개의 조합이 조직되어 있었기 때문에 평균 2개당 1명이 파견된 셈이 된다.

720) 「농촌경리 발전과 군당위원회」, 『로동신문』 1955.10.9.

이 자연스러웠다. 원칙상 협동조합의 조직 작업은 어디까지나 '농업협
동화운동'으로서 전개된 것이다. 실제 조직사업에 경험이 있는 당세포
위원장의 다수가 농업협동조합관리위원장이 되었고 예컨대 황해북도의
경우 세포위원장이 빈번하게 교체됨으로써 그 80% 이상이 신참자였
다.721) 당조직이 관리간부의 인사권을 행사하는 것은 1955년 6월부터
전개된 중앙집중지도사업을 계기로 더욱 본격화하였다. 집단화 초기에
농촌부락에서 선출된 해당 지역 출신 관리간부의 경우 대부분 실무능력
이나 정치수준이 낮았다. 또한 빈농을 중심으로 하는 당의 계급정책으
로 보아 문제가 있는 '농촌유지'가 뽑히는 경우도 적지 않았다고 보인
다. 정치적으로 문제가 있는 농업협동조합에서 집중지도과정을 통하여
관리간부가 교체되는 것은 당연한 관행이 되었다.722) 앞에서 언급한
제대군인, 인민군후방가족, 애국열사가족, 빈농민을 농업협동조합, 농
촌당단체의 핵심으로 삼는 정책은 주로 중앙집중지도사업을 통해 관철
되어 갔다.723)

　　다음으로 초급 당단체에서는 필요한 경우에 당회의에서 농업협동조
합관리위원장으로부터 관리운영이나 생산활동 전반에 관해서 보고를 직

---

721) 황해북도당위원장 허빈, 「농업협동조합 내 초급당단체사업의 강화를 위하여」,
　　『로동신문』 1956.1.30. 리당이나 군당이 집단화를 주도한 예는 수없이 보고되고
　　있다. 예컨대 평안북도 곽산군당위원장 김용모, 「농업협동화운동과 군당위원
　　회」, 『로동신문』 1956.1.13, 평안남도 안주군 용계리당위원회의 예, 『로동신문』
　　1956.1.27, 평안남도 대동군 원노리, 『로동신문』 1956.1.9, 평안북도 용강군 신서
　　리, 『로동신문』 1956.5.12, 평안남도 숙천군, 『로동신문』 1956.6.9, 황해남도 벽성
　　군, 『로동신문』 1956.6.14.

722) 「농업협동조합 지도방조 그루빠 사업에서 나타나는 몇 가지 결함」, 『로동신문』
　　1955.8.22, 박인하, 「농업협동조합 지도방조 사업에서의 경험, 교훈」, 『로동신문』
　　1955.10.8. 「농촌경리의 사회주의적 개조의 길에서－평안남도 숙천군 당단체 사
　　업」, 『로동신문』 1956.6.9, 「군내 농업협동화운동의 발전과 당면 문제들－황해
　　남도 벽성군당위원회에서」, 『로동신문』 1956.6.14.

723) 황해남도당부위원장 심재익, 「농업협동조합 지도방조 그루빠의 사업 경험」,
　　『로동신문』 1955.8.19, 「당의 농촌정책을 관철시키자－황해남도 벽성군 옥정농
　　업협동조합 분세포에서」, 『로동신문』 1955.11.25. 이러한 층들을 농촌 핵심으로
　　삼는 조치는, 촌락질서의 재편을 의미하였다. 김성보, 앞의 책, 342~348쪽.

접 청취할 권한이 주어졌다. 농업협동조합의 초급 당단체는 당회의에서 조합의 일상적 사업 전반에 걸쳐 토의하고 필요한 조치를 해당 당원에게 분담시켰다. 더욱이 계절적으로 제기되는 캄파니아, 즉 파종, 모내기, 김매기, 벼베기 등 대중동원이 요구되는 사업에 대해서는 공개 당회의를 열고 광범한 비당원농민의 참가하에 토의하여 필요한 대책을 세운다.724) 사상교양사업과 관련해서 초급 당단체는 농업협동조합 내 민주선전실(개인농민의 경우 리민주선전실이나 분실)을 운영, 작업반 단위나 분조 단위로 리당위원회와의 협의하에 선동원을 선발, 배치하였다.

그런데 농업협동조합이 확대됨에 따라 리인민위원회의 행정기능을 농업협동조합이 흡수, 대행하게 되면서 상대적으로 리인민위원회가 약화되어 가지만 그 빈틈을 메우는 것이 당단체의 영향력 증대였다. 특히 리인민위원회와의 관계에서는 협동조합에 의한 행정대행이 표면적으로는 리인민위원회의 기능 소멸로 이어지며 그것이 협동조합의 리 단위 통합에 따르는 리인민위원장과 농업협동조합 관리위원장의 겸임이라는 형태로 나타났다.725) 이러한 농업협동조합과 인민위원회의 관계는 농촌에서 당단체의 영향력 확대로 직결되었다. 지역 단위로 간주되는 개인농민경리와 관련해서는 당단체가 인민위원회의 관리, 행정에 간섭, 대행하는 현상에 대하여 엄격한 비판과 견제가 가해지며 당의 영향력에는 일정한 한계가 있었지만 농민의 자발적 단체로서 경제 단위로 간주되며 행정기능도 겸하게 된 농업협동조합에 대해서는 당단체의 간섭이나 행정대행 비판은 그다지 들리지 않게 되었다.

인민위원회와 당단체 사이에는 행정대행 문제와 관련하여 긴장관계가 조성되어 있었으나 농업협동조합과 당단체의 관계에서는 당단체의 지시, 관여가 어떠한 저항도 없이 당연한 것으로 받아들여지고 있었다. 그것이 당단체의 관료주의 문제로 나타난 것이다. 지금까지 당지도는 자체의 고유한 방식인 '정치적 방법'이 아니라 행정 · 경제기관식의 '행정

---

724) 장익성, 앞의 논문, 『로동신문』 1955.6.16.
725) 공산주의 단계에서 인민위원회 기능의 소멸론과도 결부되고 있었다.

적, 경제적 방법'을 쓴다는 사업방식이 문제였으나 새로이 당 자체가 관료주의를 가지고 있다고 비판받게 되었다. 인민위원회의 행정적 지도에 따라 다니는 관료주의, 명령주의를 시정하는 것이 당의 '정치적 지도'에 맡겨진 임무인데 이제 당 자체가 관료주의의 근원으로 비판되게 된 것이다.726) 당시 농촌에서의 관료주의 현상으로서 "조합을 조직하고 보니 지시만 하면 일이 척척 해결되어 더 편하다"는 기분에서 간부들이 조합을 "관료주의적으로 형식적으로" 취급하는 경향이 나타나고 있다고 지적되고 있는데 이는 주로 당조직에 대한 비판이었다.727) 당단체의 관료주의에 대해서는 당내에서도 "당사업은 행정사업과 달라서 한계를 긋기 어렵다"는 관점에서 주의가 촉구되고 있었다.728)

농업협동조합이 확대되면서 리당위원회의 기능과 권한이 강화됨에 따라 제3차 당대회를 앞두고 작성된 당규약 초안에는 리당위원회에 대한 규정이 마련되었다. 종래 리당위원회는 초급 당단체로 취급되어 별도로 당규약에 그 규정이 포함되지 않았으나 새로운 상황 아래 리당을 중시하는 규정이었다.729) 이 규정은 확정된 당규약에서는 채택되지 않았지만 리당위원회에 해당 "지역적 범위 내에서 제기되는 모든 사업을 조직, 집행하는 집체적 집행기관"이란 위치를 부여하는 내용이었다.730) 전반적인 간부 부족이라는 조건에서 리당이 확대되는 데 따르는 인원 확보가 곤란했기 때문이지만 그 위치 부여는 그대로 효력을 가지게 되었다고 생각된다.731) 또한 당규약 초안 제65조에는 "공장, 기업

---

726) 리호, 「당의 지도원칙에 대하여」, 『근로자』 1955.2.25, 74~76쪽.

727) 사설 「농업협동조합들의 5개년계획 작성 사업을 잘 지도하자」, 『로동신문』 1957.6.29.

728) 리재영, 「당사업체제 확립을 위한 몇 가지 문제」, 『근로자』 1956.10, 77쪽.

729) 초안 제66조에는 하나의 농촌 리행정 단위에 두 개 이상의 초급 당단체가 조직되었을 때 도당위원회의 비준하에 리당위원회를 구성할 수 있다고 되어 있다. 단, 리당 산하 초급 당단체는 군당위원회에 직속되었다. 「조선로동당규약 개정 초안 해설—제9장 『초급당단체』에 관하여」, 『로동신문』 1956.2.12.

730) 『로동신문』, 위의 호.

소, 농목장, 임경소, 생산협동조합, 농업협동조합, 상업기업소 내 초급 당단체들의 책임성과 역할을 제고하기 위하여 그 초급 당단체들에 기업 관리 활동에 대한 통제권을 부여한다. 다만 국가기관사업의 특수성으로 인하여 국가기관 내 초급 당단체들에는 통제권을 부여하지 않는다"는 내용이 들어갔다.732) 이 내용도 확정된 당규약에는 명시되지 않았지만 그 의의는 정책적으로 살려지고 있었다.733)

한편 당조직의 관료주의 문제는 주로 농작업과 관련한 캄파니아를 조직할 때 군당위원회가 의무 숫자를 달성하기 위하여 '전권대표'를 동원, 하부 조직의 감독, 독려를 맡기는 경우에 빈번히 발생하고 있었다. 이러한 현상은 앞에서 언급한 곡물수매사업에서 두드러지게 나타났다. 공식적으로도 개개 농민의 구체적 실정을 고려하지 않고 호령과 강압적 방법으로 대중을 동원, 불만을 조성하였다고 비판되었다.734) 전권대표 파견은 6·25전쟁 당시 일반화된 방식이지만 농작업에서 대중동원식 캄파니아가 상례화하면서 농촌의 당이나 인민위원회가 광범히 활용하고 있었다. 단기간에 높은 성과를 올리고자 하는 무리가 생기기 쉽기 때문에 농민들 사이에 큰 불만의 대상이 되었다고 할 수 있다. 기존의 행정체계나 명령체계를 무시한 점에서 하급간부의 불만도 컸다고 생각된다. 단기간의 독려나 감독이 주된 임무이기 때문에 파견되는 간부가 대부분 그 실무 수준이나 정치적 역량에 대한 고려 없이 뽑히는 것도 큰 문제였다.735)

---

731) 1960년 제4차 당대회에서 개정된 당규약에서 채택되었다.

732) 『로동신문』, 앞의 호.

733) 당조직지도부장 한상두, 「당건설에서의 몇 가지 문제」, 『로동신문』 1956.3.12. 이 규정도 표현은 바뀌었지만 제4차 당대회 개정 당규약에서 채택되었다.

734) 당시 농촌에서 전권대표 방식이 만연되고 있던 사실에 관해서는, 허빈, 「농촌사업에 대한 군당위원회들의 지도수준 제고」, 『근로자』 1955.1, 28~29쪽에 자세히 서술되어 있다. 황해북도 당위원장 허빈, 「하부에 대한 방조는 당적 지도의 기본」, 『로동신문』 1955.5.22, 김만금, 「초급 당단체들의 자립성 제고를 위한 시·군당위원회들의 지도」, 『근로자』 1955.3, 31쪽도 참조.

735) 농업분야의 증산경쟁운동에서는 위에서 강요하는 관료주의가 가장 빈번히 나

당시 농촌 시·군당에는 농업부문을 담당하는 전문부서를 두지 않았다.[736] 농촌경리에 대한 지도는 조직부에 속하는 '지도원'이 담당했으나 지역 단위를 원칙으로 짜여 있는 시·군당위원회 조직부는 기술이나 경제지식을 갖추고 있지 않았다.[737] 아직 지도원은 전문분야별로 임무가 구분되어 있지 않았다. 당의 지도는 정치적 지도이지 행정적, 경제적 지도가 아니라는 이유 때문이었다. 이른바 '유람식' 지도의 폐해를 막기 위하여 담당 리나 세포를 일정 기간 고정적으로 분담시키고 있었지만 지도원에게는 전문적 역할보다는 '정치적' 역할이 요청되었다. 그 부족점을 보충하는 방식으로서 농촌 경제기관, 단체의 간부만을 상대로 하지 말고 그 내부의 당원 및 초급 당단체를 동원하도록 권고되었다.[738] 그러나 당의 행정대행이나 간섭 문제는 해결을 보지 못하고 끊임없이 반복해서 비판되고 있었다.[739] 이러한 경고는 한편으로는 당과 정권기관과의 긴장관계를 유지하면서 관료주의화를 막는 방법이기도 하였다. 인민회의라는 선거기관에 의한 아래로부터의 견제가 형해화한 조건하에서 불가피해진 거대한 관료기구에 대한 위로부터의 견제와 활성화의 시도이기도 하였다.

그러나 1956년 12월 당중앙위 전원회의 이후 김일성과 당상무위원을 비롯하여 당중앙 고위간부의 생산현장에 대한 현지지도가 본격화함에 따라 '행정대행'이나 '간섭'의 문제와 관련하여 당과 정권기관 사이에 나타나고 있던 긴장관계는 느슨해지며 당 우위의 방향으로 기울어 갔다. 사회 전체를 옥죄기 위한 중앙당 집중지도가 본격화하면서 지방당 차원에서도 널리 적용되기 시작하였다. "당적 지도를 현지에 접근시키자"는

타났다. 최영일, 앞의 논문, 37쪽.

[736] 위의 논문, 35쪽. 군인민위원회와 기능이 중복되어 관료주의를 조장한다는 이유였다.

[737] 서춘식, 「시·군당위원회 지도원」, 『근로자』 1955.4, 31~40쪽.

[738] 최영일, 앞의 논문, 35~36쪽.

[739] 사설 「시·군당위원회들의 지도수준을 높이기 위하여」, 『로동신문』 1957.10.5.

구호 아래 상부 당단체의 하부에 대한 현지지도가 강조되고 그 구체적이
고 효과적 방법으로서 "잘 준비된 집중적 지도"가 권장되었다.740) 앞에
서 서술한 평안남도에 대한 당중앙의 집중지도가 모범이 되고 함경남도
대흥군에 대한 도당의 집중지도가 기점이 되어 전국적으로 실시되어 갔
다. 대흥군에서는 40일간에 걸쳐서 50명의 도간부가 투입되어 군당단체
에 대한 철저한 검열이 실시되었다.741) 1957년 초부터 3개월간 진행
된 전당적인 당증 교환 사업은 이러한 집중지도 방식을 통해 완수되었
다.742) 황해남도 당단체에 대한 중앙당 집중지도가 개시되어 지방당
차원의 집중지도에도 더욱 박차가 가해졌다.743) 특히 농업협동조합으
로부터의 이탈 움직임을 막기 위하여 강행된 황해남도에 대한 집중지도
는 평안남도에 이어 새로운 모델이 되어 그 경험을 일반화하도록 독려
되었다.744)

　　나아가 집중지도사업 과정에서 계급정책이 전면에 나서게 되어 '농
촌 당핵심 대렬'을 강화하는 정책이 더욱 철저하게 실시되었다. 지금까
지는 정치적 수준이 낮거나 실무능력이 모자란다는 기준에서 협동조합
의 관리간부나 작업반장이 교체되었지만 새롭게 계급적 기준이 적용되
어 일부 농촌간부에게 "불견실한 자"나 "불순분자"라는 딱지가 붙고 애국
열사유가족, 인민군후방가족, 제대군인 등 "계급적으로 건전한 사람들"
로 교체되었다.745) 도당이나 군당에 대한 중앙당 집중지도가 진행되는

---

740) 황학성, 「당적 지도를 현지에 접근시키자」, 『로동신문』 1957.1.4.

741) 집중지도 그룹이 현지에 도착하면 "이번 집중지도에서는 큰일이 날 것 같다"든
　　가 "이번에는 누가 목이 달아 날 것 같다"고 두려워하는 분위기가 조성되었다
　　고 한다. 『로동신문』, 위의 글.

742) 「당증교환사업 총화를 위한 운전군당위원회 전원회의」, 『로동신문』 1957.4.2.

743) 『로동신문』 1957.4.18.

744) 사설 「시·군당위원회의 지도수준을 높이기 위하여」, 『로동신문』 1957.10.5.

745) 「농촌당 핵심 대렬의 공고화를 위하여―평안남도 증산군당위원회 사업」, 『로동
　　신문』 1957.4.27, 「초급 당단체의 강화와 당 핵심 진지 공고화를 위하여―당증
　　교환사업 총화를 위한 황해북도 당위원회 전원회의」, 『로동신문』 1957.5.13.

가운데 군당위원회에서 리당위원회나 초급당단체에 대한 집중지도도
전국적으로 확대되고 일상화되어 갔다.746) 예컨대 황해북도당의 경우
황주군은 중앙당의 집중지도를 받으면서 도당차원에서는 곡산군, 평산
군에 대한 집중지도를 실시하고 있었다.747) 나만 군당의 하부 당단체
에 대한 집중지도는 단기간에 종료되는 것이 아니라 한 개 리당이나 세
포가 끝나면 다음 곳으로 옮겨가 수개월간에 걸쳐 완수되는 과정을 거
쳤다. 특히 애국열사유가족, 피살자가족, 인민군후방가족, 제대군인 등
당핵심과의 협의회나 열성자회의라는 명목의 집회가 공개적으로 열리
게 되었다.748) 노골적인 계급정책, 주민차별화 정책이었다. 이러한 정
책이 가장 철저하게 실시된 곳은 협동조합으로부터 이탈소동이 발생한
'신해방지구' 황해남도와 개성지방이었다.749)

---

746) 양강도 운흥군,『로동신문』 1957.5.31, 강원도 법동군,『로동신문』 1957.7.24, 자
강도 만포군,『로동신문』 1957.8.21, 함경남도 퇴조군,『로동신문』 1957.10.4, 평
안남도 온천군,『로동신문』 1957.10.20.

747)『로동신문』 1957.5.29・8.31.

748)「당의 농촌진지 공고화를 위한 군당위원회의 사업」,『로동신문』 1957.10.20,「농
촌의 믿음직한 핵심에 의거하여—평안남도 강남군 당위원회 사업에서」,『로동
신문』 1957.10.31.

749) 황해남도당위원장 유철목,「당원들의 계급적 관점 확립과 당 핵심진지 공고화
를 위하여」,『로동신문』 1957.10.29, 황해남도당위원장 유철목・인민위원장 전
태환,「12월전원회의 결정 실천을 위한 황해남도 내 농민들의 투쟁」,『로동신문』
1957.12.7, 개성시당위원장 허학송,「사회주의 길에서 개성지구 농민들이 달성
한 빛나는 성과」,『로동신문』 1957.12.27.

8 소 결

　전쟁 과정에서 김일성의 권력은 강화되었지만 당내 다원성은 유지되고 있었다. 전후 세력관계는 김일성, 김일, 박정애, 박금철, 리효순, 한상두 등 주류파에 대해 박창옥, 최창익 등 연안계와 소련계를 중심으로 한 반대파가 형성되었다. 중요한 정책결정 과정에서 김일성의 의사가 반대에 부딪치는 경우도 나타나고 있었다. 전후 3개년 계획 작성 시기의 중공업중시노선이나 농업집단화 방침 등이 그 예이다. 다만 사태를 더욱 복잡하게 한 것은 소련의 정책적 간섭이었다. 김일성의 방침은 당내 반대파를 압박하든가 소련의 정책을 거스르며 실행될 수밖에 없었다. 당지도부 내 갈등은 심했으나, 이러한 내부 정치투쟁이 정책의 과오를 수정하는 역할을 한 것도 사실이었다. 양곡수매사업, 농업집단화 정책, 공업복구건설의 방향 등과 관련된 정책을 결정하는 시기에는 언제나 당내에서 치열한 논쟁이 전개되었다. 김일성은 남로당파 숙청의 공백을 매우며 진출한 새로운 국내계라는 지지기반에 의지하면서, 반대파를 눌러 자기의 의사를 관철시켜 갔다.

　1955년 12월 김일성과 반대파는 농업정책 상 실책의 책임을 둘러싸고 날카롭게 대립하였다. 김일성 등 주류파는 박일우와 김열을 숙청하여 반대파를 위축시켰으나, 당중앙위원회를 완전히 제압할 수는 없었다. 주류파는 최고인민회의 무대를 빌려 반격하면서, 동시에 김일성 스스로 주체 문제를 제기하여 민족주의에 호소함으로써 소련계를 공격하는 데 성공하였다. 가까스로 유지되고 있던 김일성과 반대파의 관계는 개인숭배 비판과 관련하여 결정적으로 악화되었다. 제3차 당대회에서 반대파의 의견은 전혀 수용되지 않았고, 당시 소련·동구에서의 개인숭배 비판 움직임에 편승하여 반대파는 김일성 비판에 착수하였다. 그러나 반대파에게 사태는 최악의 결과로 나타났다. 사태는 소련, 중국의 개입으로 가까스로 수습되었으나, 헝가리 동란의 여파로 국제공산주의의 흐름이 스탈린주의로 회귀하자, 김일성은 반대파에 대한 공세로 나아갔다.

아직 유지되고 있던 당과 정부 내의 다원성은 8월 전원회의를 계기로 소멸되었다. 이후 북조선의 정치과정은 광범위한 숙청으로 특징지어진다. 8월 전원회의 이전에는 양곡수매 사업, 곡물생산 목표 설정, 농업집단화 속도, 경제복구건설에서 중공업과 경공업의 비율, 공업성장률 목표 설정, 개인숭배 문제 등과 관련하여 김일성의 일방적 독주를 견제할 수 있는 당내 역학관계가 존재하고 있었으나, 그 이후 체제 운용상 자기수정은 내부 비판이나 견제를 통해서는 할 수 없게 되었다. 특히 김일성은 소련계를 제거함으로써 소련의 내정간섭 통로를 차단하여 '점령 사회주의'의 유산을 청산하는 데 성공하였지만, 그 대신 거기에 따른 손실은 컸다. 이 시기에 권력의 중심부에서 진행되고 있던 숙청은 '반당종파분자에 대한 투쟁'에 그치고 '반혁명분자에 대한 투쟁'과는 엄격히 구분되어 있었다. 이 문제의 처리와 관련해서 온건파와 강경파가 대립하고 있었다.

전후 인민군 내에서는 만주파의 헤게모니하에 세력관계의 균형이 유지되고 있었다. 중국군의 주둔과 소련의 군사원조에 의해 군사비는 낮은 수준으로 억제되고, 경제부흥에 총력을 집중할 수가 있었다. 민주기지론은 전전의 '기동전'으로부터 전후의 장기적 '진지전'으로 전환되었다. 민주기지론의 측면에서부터 보면 농업집단화는 사회주의 '농촌진지'의 구축이었다. 이 농촌진지의 '핵심'은 제대군인, 인민군후방가족, '애국열사'유가족, 피살자가족 등으로 구성되었다. 전후 동원에서 해제된 제대군인들은 광범위하게 농촌간부로 배치되었다. 이는 과거 농촌 유지들이 영향력을 갖고 있던 촌락질서의 재편을 가져왔다.

정전 후 중국과 북조선에서는 동시에 전 사회의 사회주의적 개조가 진행되고 있었다. 휴전선에서 미군 및 한국군과 대치하면서 중국군과 인민군은 동시 진행 중인 '사회주의혁명'을 휴전선에서 '제국주의의 방해'로부터 '공동으로 수호'하고 있었다. 중국군이 철수한 것은 북조선에서 농업집단화을 비롯하여 사회주의적 개조가 완료된 시점이었다. 6·25전쟁이 중국혁명의 계속이자 미·중 대결과 중국혁명의 결말을 내는 결전이라는 측면이 있었다고 한다면, 전후 사회주의 개조과정에서 조·중 간의 긴밀한 관계도 그 연장선상에 있었다. 8월 종파사건의 영향이 가장 큰 곳은 군대였다. 인민군 내에서는 연안계와 소련계의 숙청이 훨씬 철저하게 이루어졌다. 중국군의 철퇴에 따른 조·중연합사령부 체제의 종언은 인민군 내 군당제도의 변화를 가져오고 인민군은 명실 공히 항일빨치산의 전통을 계승하는 무장력이 되어 간다.

사회주의적 개조는 기본적으로 위로부터의 강행으로 완수되었다. 중앙당 집중지도 방식이 가장 강력한 수단이었다. 특히 전시기에는 농촌 말단까지 당과 정부의 행정력이 미치게 되어 이 조직력을 움직여서 농업집단화를 강행할 수가 있었다. 1956년 말 생산에서 대중운동을 활성화하는 방식, 이른바 '혁명적 군중노선'이 채택되었지만, 철저하게 상부의 이니셔티브하에 톱다운 방식이 주조를 이루고 있었다. 집단화를 포함해서 사회주의적 개조과정이나 공업건설은 소련을 모델로 하여 실시되었다고 할 수 있다. 집단화는 제1형태를 거치지 않고 바로 제2, 제3형태를 취하는 급진적 방향으로 추진되었고, 지역적으로 제2형태를 중심으로 하는 자율적 움직임도 점차 감소되어 1956년에 들어서는 거의 제3형태, 즉 콜호즈 형태로 수렴하였다. 단기간에 제3형태로 전일화한 집단화는 계급적으로는 중농, 부농을 배제한 빈농 중심의 집단화였다.

그러나 소련처럼 대량의 주민숙청이라는 대규모 희생은 피할 수 있었다. 6·25전쟁 기간 중의 피점령과 수복을 통해서 이미 혁명과 반혁명의 투쟁을 거쳤고, 전쟁을 통해 사회는 크게 동질화해 있었기 때문이다. 전시기의 경험은 토지개혁에 대해서는 '지체된 계급투쟁'이었지만, 집단화에 대해서는 '선행한 계급투쟁'이었다. 전쟁 직후의 남북 대립이라는 상황도 주민의 반발을 억누르는 데 유리하게 작용하였다. 1957년 집단화의 마지막 단계에서 황해도, 개성 등 '신해방지구'에서 발생한 집단화 이탈 움직임은 '반혁명분자와의 군중적 투쟁'과 같은 초강경수단을 동원하여 수습할 수 있었다. 전국적으로 진행된 '미제 간첩'에 대한 군중재판으로 공포 분위기는 조성되었으나, 그것이 광범한 유혈사태로는 확대되지 않았다.

주류파가 당조직 부문을 장악함에 따라서 제제운용에서 딩조직의 역할이 증대하여 갔다. 공장 관리에서 생산에 대한 통제권한이 당조직에 부여되고, 집단화의 비율이 성장함에 따라 농업협동조합 내 당조직에도 농업생산에 대한 통제권한이 주어졌다. 다만 당의 행정대행에 대한 비판은 지속적으로 제기되어, 당조직의 행정에 대한 통제에는 일정한 견제가 작용하였다. 당조직과 행정조직을 이원적으로 운용하여, 서로 견제하도록 하는 방식이 강구되기도 했다. 또한 경제부문에서 당의 역할이 강화되었다고 해도, 1958년 이전에는 당의 경제담당 부서가 부문별로 갖추어진 것은 아니었다. 중앙에서 경제담당 성에 대한 통제 권한도 주어지지 않았고, 공장이나 농촌 수준에서도 조직지도부를 통한 일반적 통제일 뿐 전문적 통제는 아니었다.

농촌에서는 집단화에 대한 중앙당 집중지도가 실시되는 가운데, 당조직의 권한이 간부의 선발, 배치 등 인사 측면에서 강화되고 있었다. 이것이 농촌지역에서 당조직의 관료주의 문제를 가져와 집단화 완료 이후 '청산리방식'이 제기되는 배경이 되었다. 한편 리인민위원회의 기능이 점차로 농업협동조합관리위원회에 흡수되어 농촌 저변에서는 농업협동조합의 행정기관화, 국가화가 진행되고 있었다. 집단화 완료 직후 단행된 리 단위 통합조치에는 '정사합일(政社合一)'을 이상으로 한 중국 인민공사운동의 영향도 있었지만, 이미 진행되고 있던 움직임을 추인하는 성격을 가지고 있었다.

전쟁 시기에 정지되어 있던 관리 측과 직맹 측 간의 단체계약은 전후에도 체결되지 않았다. 전후 복구건설 기간 중이나 사회주의공업화가 개시될 때까지도 노동관계는 전시체제의 연장선상에 있었다고 할 수 있다. 증산경쟁운동에서도 노동자의 생산의무만이 일방적으로 서약되고, 관리 측의 책임은 문제가 되지 않았다. 1956년도부터 직업동맹위원장 서휘 주도로 노동관계에서 평시체제로의 이행이 시도되고 있었지만, 8월 종파사건의 여파로 실현되지 못했다. 8월 종파사건의 영향은 직업동맹을 직격하여 당조직지도부의 직접 관장하에 서휘 세력을 제거하기 위해 광범한 숙청과 개편작업이 추진되었다. 종래의 증산경쟁운동에서 한 단계 더 나아간 '집단적 혁신운동'이나 '천리마운동'이 전개된 것은 직업동맹이 변화한 다음이었다.

전후 복구건설이나 이후 사회주의공업화를 위한 자금원천은 초기에는 소련, 중국, 동유럽국가들의 원조가 큰 역할을 했지만, 농업에서 이전된 경제잉여도 빠뜨릴 수 없었다. 경제복구노선은 당내 노선대립으로 기복을 겪으면서 중공업 중심의 초고속성장 노선으로 귀결되었으며, 주류파가 관철시킨 농업집단화는 농업으로부터 경제잉여를 추출하는 데 크게 기여하였다. 농업 부문에서 경제잉여를 추출하는 것은 곡물생산량 통계의 조작과 곡물수매량의 확대 및 가격 통제 등 정책수단을 통해 이루어졌다. 전후 경제성장은 노동자 및 주민의 저소득 수준, 농산물의 저가격 유지에 기초를 둔 고도의 강행적 축적체제로 실현되었다.

제5장

'국가사회주의'와 당의
'일원적 지도(一元的 指導)' 체제
확립(1958~1961)

1 만주파의 권력 장악과 당의 '일원적 지도' 체제

1) 제1차 당대표자대회와 숙청의 종괄

'반당종파분자'와 '반혁명분자'에 대한 숙청작업 과정에서 당내에 강경한 흐름이 형성되는 가운데 김일성은 10월혁명 40주년 경축행사와 각국 공산당 및 노동당대표회의에 참석하기 위하여 1957년 11월 4~21일 모스크바를 방문했다.[1] 김일성은 굴욕적이었던 1956년 6~7월의 소련, 동유럽 방문 이래 조성된 당내 위기를 의도한 대로 극복한 뒤라 자신감을 가지고 소련과 중국 방문에 임할 수 있었다. 김일성은 그동안 국제공산주의운동에서 일어난 변화가 자기 방침의 정당성을 뒷받침하는 결과가 되었다고 확신했다.[2] 회의에서 채택된 모스크바선언은 "국제공산주의운동에서 주된 위험인 수정주의와 교조주의에 반대하고 맑스·레닌주의의 순결성을 지킨다"는 것을 분명히 하고 "내부의 적에 대한 투쟁"과 "프롤레타리아독재"의 옹호를 강조했다.[3] 이 선언은 반김일성운동이 국제적인 수정주의의 영향을 받았다고 단정지을 수 있는 근

---

1) 김일성을 단장으로 외무상 남일, 당부위원장 김창만, 국가검열상 박문규, 주소대사 리신팔이 수행했다. 『로동신문』 1957.10.31.

2) 모스크바 방문에서 귀국한 후 12월 5~6일 당중앙위 확대전원회의가 열려 김일성이 방문 결과에 대하여 보고했다. 「조선로동당중앙위원회에서」, 『로동신문』 1957.12.8. 김일성, 「소련을 선두로 하는 사회주의진영의 위대한 통일과 국제공산주의운동의 새로운 단계—모스크바회의에 참가한 당 및 정부대표단의 사업에 관한 조선로동당 중앙위원회 확대전원회의에서의 보고」 1957.12.5, 『김일성선집(1960년판)』 제5권, 216~249쪽, 『조선중앙연감(1958년판)』, 37~45쪽.

3) 사설 「강력한 사회주의 진영과 단결된 조선 인민의 승리는 확고 부동하다」, 『로동신문』 1957.12.8. 선언의 국제적 의미에 대해서는, F. フェイト『スターリン以後の東歐』, 158~166쪽, アダ"ム・ウラム, 『膨張と共存 : ソウ"ェト外交史』 제3권, 765~769쪽을 참조.

거를 제공하게 되었다.4) 방문 결과를 보고하며 김일성은 국제공산주의 운동의 조류가 자신의 정책에 정당성을 부여하는 것이라는 확신을 표명하였다. 스탈린 비판과 개인숭배 비판이 가져온 폐해를 통감한 것은 흐루시초프 자신이었기 때문에 굳이 '주체'를 끌어들여 김일성 자신의 독자성을 주장할 필요도 없어졌다.

소련 방문 성과로써 김일성은 소련 측으로부터 국내 소련계를 처분할 수 있는 권한을 확보하는 데 성공했다. 12월 16일 북조선 정부는 소련 정부 대표와 「이중국적자의 공민권조절에 관한 협약」을 체결했다.5) 1945~46년 소련군 점령요원으로서 북조선에 들어온 소련계 조선인들은 대부분 소련 국적과 북조선 국적을 함께 가진 이중 국적자였다. 이 협약에 따라 그들은 1년 이내에 한쪽 국적을 선택하지 않을 수 없게 되었다. 소련 국적의 선택은 소련으로 귀향하는 것을 의미했다. 소련계 조선인들은 소련공산당적과 조선로동당적을 동시에 가진 이중당적자이기도 하였는데 국적 문제가 타결됨과 동시에 당적 문제도 해소되었다고 생각된다. 이리하여 소련계 숙청을 위한 대외적 조건이 갖추어졌다. 이후 불기 시작한 숙청의 폭풍우 속에서 소수의 숙청자를 제외하고 상당수의 소련계는 신변상 위험을 피하여 소련으로 돌아가는 길을 택하였다. 이것은 김일성의 정책이기도 하며 그들에게는 정치적 망명이 아니라 소련 공민으로서의 귀국이었다.

특히 김일성에게 중요한 의미를 가졌던 것은 모스크바를 방문하고 있던 마오쩌둥과의 담판이었다.6) 당연히 8월 전원회의 결정에 대한 중

---

4) 김일성, 앞의 책, 241쪽.

5) 「조선민주주의인민공화국과 소비에트사회주의공화국연맹 간의 법률상 방조 제공에 관한 조약, 이중 국적자들의 공민권문제 조절에 관한 협약 및 영사협약 체결에 관한 콤뮤니케」, 『조선중앙연감(1958년판)』, 86쪽.

6) 방문에서 김일성과 마오쩌둥의 회담이 성사되었다는 증언에 대해서는, 임은, 앞의 책, 213쪽, 여정, 앞의 책, 88쪽. 임은의 책에 따르면, 마오쩌둥이 8월 전원회의 결정에 대한 중국 측의 개입을 사과했다고 한다. 란코프는 전거를 밝히지 않은 채 같은 주장을 하고 있다. 란코프, 앞의 책, 245쪽. 이와 반대로 여정의 책은 마오쩌둥이 망명자 4명의 사면과 귀국을 요청했다고 한다. 앞의 것은 소련정부의

국 측의 개입을 둘러싸고 양국 간에 타결이 이루어졌을 것이다. 그러나 타결이 가능하게 된 것은 북조선 주둔 중국인민지원군의 철수에 관한 합의에 도달했기 때문이었다고 생각된다.[7] 적어도 이 합의를 통해 중국과의 사이에 대등한 관계의 토대가 마련된 것이다. 중국군 철수에 대한 합의는 6·25전쟁 중 만들어진 조중연합군 체제에 종지부를 찍음과 동시에 당과 군 내의 연안계 처우를 둘러싸고 중국 측 반응을 의식하지 않아도 되는 조건을 만들었다.

1958년 초부터 김일성은 인민군 총정치국에 대한 중앙당 집중지도에 착수했다. 중국군 철수에 대비하여 인민군당제도의 재건에 착수한 것이다.[8] 6·25전쟁 당시 중국인민지원군이 참전함과 동시에 1950년 10월 '조중연합사령부'가 설치되었을 때 거의 괴멸상태에 빠진 인민군을 재건하기 위하여 군당제도를 바꾸어 인민군 내에 총정치국과 당조직을 설치한 이래 당시의 군당제도가 그대로 유지되어 왔으나 중국군 철수라는 상황에 직면하여 다시 군당제도의 변화를 꾀한 것이다. 다만 이번 재건은 단순한 제도만의 변화가 아니었다. 인민군 내에서 연안계와 소련계를 추방하여 명실 공히 항일빨치산의 군대를 만들어 내는 작업이었다. 인민군 총정치국장 최종학, 부국장 김을규, 최왈종 등이 해임되었다.[9] 더욱이 김일성은 반당종파분자의 중심인물들은 신민당 출신이라고 공언하며

입장을 의식해서 쓴 것이고 뒤의 것은 중국정부의 의사를 배려하면서 쓴 것이라는 배경이 서로 다르지만 사실을 확인할 수는 없다. 그러나 이러한 증언은 8월 전원회의와 관련한 망명자 처리 문제만을 주목하고 중국군 철수 문제를 놓치고 있다.

7) 남북에서 일체의 외국군 철수에 대한 요구는 1954년 제네바회의에서 처음으로 나온 이후 북조선의 일관된 주장이지만 "중국인민지원군도 포함하여 모든 외국 군대가 조선에서 철수할 것"을 구체적으로 요구한 것은 김일성의 귀국 보고가 처음이었다. 김일성, 앞의 책, 230~231쪽. 북조선에서 중국군의 역할과 철수 문제에 관해서는, 김용현,『북한의 군사국가화에 관한 연구-1950~60년대를 중심으로』, 동국대박사학위논문, 2001, 77~84쪽.

8) 김일성,「조선인민군은 항일무장투쟁의 계승자이다.-조선인민군 제324군부대 관하 장병들 앞에서 한 연설」,『김일성선집(1960년판)』제5권, 340~342쪽.

9) 김일성, 위의 책, 344~345쪽.

연안계를 집중적으로 공격하기 시작하였다.10) 그러나 연안 출신 군인들
은 인민군 내 고위급 지휘관뿐 아니라 광범한 중견 장교층을 포괄하고
있었기 때문에 그 처리는 쉬운 작업이 아니었다. '반혁명적 무장폭동사
건'이 꾸며지고 장평산, 김웅, 최인 등 연안계 군인이 체포되면서 이 사
건을 구실로 인민군 전 부대에 대한 집중지도가 펼쳐졌다.11)

　　한편 지방당 차원의 '반혁명적 무장폭동사건'이나 '반종파투쟁'에도
박차가 가해졌다. 전년도에 이어 1958년 1월부터 3월에 걸쳐 초급 당단
체 지도기관의 결산·선거를 실시한다는 결정이 내려졌다.12) 결산·선
거 과정에서 이미 진행 중인 '반혁명분자와의 전 인민적 투쟁'을 강화할
대책을 강구하도록 하고 1956년 8월 전원회의 결정의 실행 상황을 분석
해야 한다는 방침도 결정되었다. "반당종파분자의 사상적 여독을 청산하
는 방향에서 당지도기관을 구성"하도록 도·시·군당위원회가 지도하기
로 하였다.13) '투쟁' 결과 여하에 따라 기층간부의 교체를 시사하는 방침
이었다. 1년마다 당지도기관 선거를 실시하기로 한 것은 당 창립 이래
처음 있는 일로 기층간부들에게는 상당한 중압으로 작용했을 것이다.

　　초급 당단체 결산·선거가 진행 중이던 2월 중순경에는 시(구역)·
군 당대표대회를 소집하는 결정이 내려졌다.14) 제1차 당대표자회에 참
가할 대표를 선출할 목적이었지만 아직 그 사실은 일절 알려지지 않았
다. 2월 27일 『로동신문』에 2월 28일~3월 2일 조직지도부에서 제1차
당대표자회에 참가할 대표를 등록한다는 공고가 게재되었다.15) 당대회

---

10) 김일성, 위의 책, 344쪽.

11) 제5장 제2절의 1에 있는 군내 숙청에 관한 서술을 참조.

12) 사설 「각급 당단체 지도기관 결산·선거사업」, 『로동신문』 1957.12.24. 당규약 제
　　57조에는 초급 당단체는 1년에 1회 정기적으로 지도기관의 결산·선거사업을 하
　　도록 규정되었다. 「지도기관결산·선거사업과 관련한 질의·문답(1)」, 『로동신
　　문』 1958.1.8.

13) 위의 사설, 『로동신문』 1957.12.24.

14) 사설 「시(구역)·군 당대표대회」, 『로동신문』 1958.2.21.

15) 『로동신문』 1958.2.27. 강서군 당대표대회의 개최가 보도되었을 뿐이다. 『로동신

의 경우 통상 절차를 밟는다고 하면 시·군당대표대회에서 선출된 대표가 모여 특별시·도당대표대회를 열고 거기서 당대표자회에 참가할 대표를 선출한 뒤 그 총화에 기초하여 당대표자회를 개최하노독 되어 있었다.16) 당규약 제41조에 따르면 당내회는 4년에 1회 소집하게 되어 있고 대회와 대회 사이에는 필요에 따라 당대표자회를 소집할 수 있게 되어 있었다. 당대표자회는 당의 정책과 전술에 관련된 긴급한 문제를 토의하고 자기 의무를 수행할 수 없는 당중앙위원을 5분의 1 범위 내에서 소환하여 보선 또는 개선할 권리를 가지고 있으며 대표 선거 절차나 선출 비율은 당중앙위원회가 정한다고 되어 있었다.17) 당규약상 당대표자회는 당대회에 준하는 비중을 가지는 회의 형식이었지만 특별시·도당대표대회를 거치지 않고 시·군당대표대회에서 대표를 선출한다는 약식(略式) 절차를 밟아 개최하였다.18) 더욱이 1957년 10월 당중앙위 전원회의에서 대표자회에 대하여 토의되었다는 보도 이외에 3월 3일 회의 당일까지 개최 결정에 관한 보도나 시기, 일정의 공지 등은 일절 이루어지지 않았다. 제1차 당대표자회는 당상무위원회에서 비밀리에 급히 개최가 결정되어 짧은 시간 내에 전격적으로 소집되었다고 여겨진다. 비상시 소집이라는 극적 연출이 필요한 상황이 조성된 것이다.

3일부터 6일까지 4일간 열린 대표자회에서는 제1차 5개년 계획에 관해 국가계획위원장 리종옥이 보고하고 '당의 통일과 단결을 더욱 강화할 데 대하여' 당부위원장 박금철이 보고했으며 김일성이 최종적으로 보고에 대한 결론을 내렸다. 특히 박금철의 보고와 김일성의 결론은 지금까지의 당내 숙청을 총괄하는 내용이었다.19) 박금철은 보고에서 '8월

문』 1958.2.22.

16) 제3차 당대회는 1955년 12월 당중앙위 전원회의에서 개최가 결정되어 이러한 절차를 통해 개최되었다. 『로동신문』 1956.3.28~4.16 참조.

17) 「조선로동당규약」, 『로동신문』 1956.4.29.

18) 특별시·도 당대표대회는 당대표자회가 종료한 후 그 결정을 지지하기 위하여 열렸다. 『로동신문』 1958.3.27~4.13.

19) 당대표자회에 관한 보도는 『로동신문』 1958.3.4~7 참조.

종파사건'을 다음과 같이 규정했다.[20]

"박헌영, 리승엽 등 미제의 고용간첩 도당"과 "박일우, 허가이 등 일련의 종파분자, 개인영웅주의자"는 당내에서 힘을 잃고 적발, 폭로되었다. 그럼에도 불구하고 최근 "최창익, 박창옥 등의 반당종파분자"가 다시 나타나 "반당종파 행위에 그친 것이 아니라 그 범위를 훨씬 벗어나 당과 혁명을 배반하는 길로 전락"하였다. 그들은 "사회주의 진영에 대한 국제반동들의 『반쏘반공』캄파니아가 우심해지고 남반부를 강점한 미제와 리승만 매국 역도들이 『북진』소동을 요란스럽게 떠벌리고 있던 엄중한 시기에 반당, 반국가적 음모를 획책"하였다. 그들은 "당중앙위원회 전원회의에서 당을 정면으로 공격하는 도전적인 행위를 감행하는 한편 일부 지역에서 당과 정부를 반대하는 시위와 폭동을 비밀리에 조직"했다. "국제, 국내적으로 우리 당이 어려운 시련을 겪고 있는 틈을 리용하여 로골적으로 당과 혁명을 배반하는 반혁명음모까지 획책하는 데 이르렀다". "최창익을 두목으로 한 반당종파집단의 발생"은 오랜 역사적 근원을 가지고 있다. 최창익을 비롯한 종파분자들은 1920년대에 엠·엘파의 주동 인물로 등장하여 조선의 노동운동에 막대한 해독을 끼쳤다.

여기서 주목해야 할 것은 최창익, 박창옥 등이 일부 지역에서 폭동을 조직하고 반혁명음모를 획책했다고 하는 사실이었다. 그들을 종래의 '반당종파분자'라는 수준을 넘어 '반당·반혁명분자'로 규정하는 중대한 비약이었다. 8월 종파사건의 '반당종파행위'와 무장폭동인 '반혁명·반국가행위'가 결합된 것이다. '비상소집'의 주된 목적은 이 두 가지 계기를 결합하는 데 있는 것으로 지금까지 지켜져 온 종파와 반혁명을 구별하는 일선(一線)이 무너지는 것을 뜻했다. 나아가 박금철은 그들의 사상적 내용을 다음과 같이 비판하였다.[21]

그들은 "부르조아 사상의 반영으로서 국제적으로 나타났던 수정주의 이론

---

20) 「당의 통일과 단결을 더욱 강화할 데 대한 조선로동당중앙위원회 부위원장 박금철 동지의 보고」, 『로동신문』 1958.3.6.

21) 위의 보고.

과 구호"를 이용하여 당과 정부를 정면 공격했다. "당의 령도적 역할을 부인"하고 직업 동맹을 당의 우위에 세워 "당내에서 무원칙한『민주주의』와 송파활농의『사유』를 요구"하고 디옥이 "『종파유이설』까지 주장"했다 다른 나라들의 수정주의자처럼 "프롤레타리아 독재에 관한 맑스·레닌주의 학설을 거부하여 나섰으며 부르조아적인『자유에 대한 권리』를 제창하는 등 우경 투항주의로 전락"했다. "『준법성』이니『인권옹호』니 하는 구실 하"에 "반혁명분자들의 무죄석방을 획책"했다. "우리 당과 형제 당 간의 전통적인 국제주의적 친선관계를 훼손하기" 위하여 "리간과 대립을 조성"하려고 했다.

박금철은 "반종파투쟁"을 계속하는 동시에 "지방주의와 가족주의"를 극복하기 위한 투쟁도 전개해야 한다고 주장했다. "종파는 지방주의와 가족주의를 온상으로 하여 뿌리를 뻗친다"는 이유였다. 지방주의와 가족주의의 문제에 대하여 "친척, 친우관계, 동창, 동향관계, 사제관계, 선배 후배관계, 직위관계에 구애되거나 과거에 혁명을 같이 하였다느니, 한 감옥에 있었다느니 하면서 정실관계에 흘러 당적 립장을 고수하지 못하였다"고 지적했다.22) 이것은 김일성을 중심으로 한 항일무장투쟁 이외에 과거의 민족해방투쟁 경험이 정치적 역관계에 반영되는 것을 더 이상 허용하지 않겠다고 선언한 것이다. 나아가 중앙의 숙청작업을 일단락 짓고 지방 차원의 숙청이라는 새로운 단계에 들어섰음을 알리는 것이기도 했다.

김일성의 결론은 자신감에 넘쳐 있었다.23) 1957년도의 경제적 성과로서 중공업우선 노선에 이의를 제기한 세력의 오류는 확증되었다는 자신감이었다. 따라서 연안계와 소련계에 대한 숙청은 경제발전노선을 둘러싼 대립을 총정리하는 의미도 가지고 있었던 것이다. 연안계 거두인 전 최고인민회의상임위원장 김두봉, 소련계 부수상 박의완, 국내계

---

22) 위의 보고.

23) 이하의 내용은 김일성, 「제1차5개년 계획의 성과적 수행을 위하여―조선로동당 제1차 대표자회에서 한 결론」 1958.3.6,『김일성선집(1960년판)』 제5권, 359~393쪽으로부터 인용.

수매양정상 오기섭, 석탄공업상 류축운이 종파분자로서 비난의 화살을 받았다. 이 밖에 연안계는 국립도서관장 한빈, 민족보위부상 김웅도 비난의 도마 위에 올려졌다. 김일성이 강조한 것은 당의 지도와 프롤레타리아 독재로서 그의 주장은 수정주의 비판이라는 논리로 전개되었다. 김일성은 "우리나라에서 수정주의가 체계적으로 나온 것은 없지만 우리 당에 반대하는 자들이 소위『국제사조』에 휩쓸려 수정주의를 퍼뜨렸다"고 말했다. 김일성은 북조선에서 수정주의는 "당의 령도와 프롤레타리아 독재를 거부하는 것으로 표현되었다"고 지적하고 김두봉이 "최고인민회의상임위원회가 당보다 높다"고 한 것, 서휘가 "직맹은 당의 시집살이에서 벗어나야 한다"고 한 것, 인민군총정치국 부국장 김을규가 "인민군대는 당의 군대가 아니고 통일전선의 군대"라고 한 것 등을 대표적으로 거론하며 비난했다. 더욱이 김일성은 사법기관에서는 "적대행위를 한 적지 않은 수감자들을 석방함으로써 사회질서를 문란하게 하였다"고 지적, 이러한 경향은 "프롤레타리아 독재에 반대하는 수정주의적 경향"이라고 비난했다. 다만 이 시점에서 김일성은 최창익, 김웅, 김두봉, 한빈을 비난하면서도 '반혁명폭동음모'를 언급하지 않고 김두봉이 '반혁명폭동음모'에 참가했다는 증거는 아직 없다고 말했다.

그런데 당지도부가 본격적으로 군대 내의 '반혁명폭동음모'에 대해 언급한 것은 1958년 3월 8일 인민군 내 당정치사업을 토의하기 위하여 소집한 당중앙위 전원회의였다. 보고를 담당한 김광협이 1956년 독립 제4군단 내에 반당음모가 있었다고 주장한 것이다.[24] 그런데 회의에서 한 김일성의 결론은 이 문제를 전혀 언급하지 않았다.[25] 당시 3월 8일 당중앙위 전원회의는 전혀 공개되지 않고 군대 내 반혁명폭동음모에 관해서도 비밀로 붙여져 있었다.[26]

---

24) 여정, 앞의 책, 92~93쪽. 여정은 폭동음모는 모두 조작되었다고 자신의 경험에 기초하여 증언하고 있다.

25) 김일성, 「인민군대 내 당정치 활동을 개선·강화하기 위한 과제―조선로동당 중앙위원회 전원회의에서 한 결론」, 『김일성저작집』 제12권, 159~179쪽.

26) 3월 8일 당중앙위 전원회의에 대한 사실이나 문헌은 1981년 간행된 『조선전사』

이처럼 제1차 당대표자회를 통하여 '반당종파행위'와 '반혁명적 폭동음모'가 결합되고 '최창익, 박창옥, 윤공흠, 리필규, 서휘, 김승화, 리상조' 등 7명으로 초점이 맞춰져 '반당반혁명분자'라는 낙인이 정식으로 찍혔다. 이 결합을 주도한 것은 박금철, 리효순, 김일, 김경석, 김영주 등이었다.27) 연안계 군인이 연루된 만큼 김일성은 중국과의 관계를 고려하여 이 문제를 공개적으로 입 밖에 내지는 않았을 것이다. 그러나 이 5명은 각각 갑산계, 빨치산파, 김일성의 동생으로 그의 수족 같은 존재이고 당시 당내에서 핵심 중의 핵심이었다.

당직 개편이 단행되고 김두봉, 박의완이 숙청됨에 따라 당상무위 후보위원인 김창만, 리효순이 당상무위원, 한상두, 하앙천이 새롭게 후보위원이 되었다. 농업부장 현정민도 교체되어 평안남도당위원장 김만금이 임명되었다. 김승화, 리필규, 박의완에 대한 숙청의 후유증이 남아 있던 건설부문에 대한 당적 통제를 강화하기 위하여 산업부에서 건설운수부가 분리·신설되고 강원도당위원장 김원봉이 임명되었다. 행정부가 신설되어 김경석이 부장이 되고 간부부는 폐지되었다.28) 연안계 숙청의 여파로 연락부장 림해가 해임되고 강경파인 부부장 어윤갑이 임명되었다.29) 박의완의 후임 부수상에는 재정상 리주연이 임명되었다.30)

제29권, 242~245쪽과 『김일성저작집』 제12권에 처음으로 게재되었다.

27) 당시 일절 표면에 나서지 않고 뒤에서 움직이고 있던 김영주를 제외하고 4명은 이 결합을 정당화하는 중요한 보고나 논문을 발표했다. 박금철, 앞의 보고, 리효순, 「당 통일의 강화를 위한 투쟁은 매개 당단체와 당원들의 고상한 임무」, 『로동신문』, 1958.3.21, 김일, 「당의 령도는 우리 혁명 승리의 기초」, 『근로자』 1958.4.15, 김경석, 「로동당원은 혁명가이며 정치활동가이다」, 『로동신문』 1958.3.3.

28) 당직 개편은 대표자회 직후 3월 8일 소집된 당중앙위 전원회의에서 이루어졌다. 여정, 앞의 책, 95쪽. 『북한총람』, 1044쪽에 따르면 리효순이 조직지도부장이 되었다고 하지만 신문 등 제1차 자료에서는 확인되지 않는다. 그는 1958년 3월 당대표자회 이후 10월 직맹위원장에 임명될 때까지는 당상무위원이라는 직함만으로 등장했다. 그는 당상무위원으로서 조직부문을 관장했다고 생각된다. 현정민의 해임에 대해서는 여정, 앞의 책, 95쪽.

29) 당시 연락부 내에서는 구 상해임시정부계의 재북 인사를 중심으로 하는 재북평화통일촉진협의회의 활동에 관련하여 온건파인 부장 림해와 강경파인 부부장 어

당규약상 당대표자회에서는 중앙위원과 후보위원도 5분의 1 범위 내에서 소환, 개선할 수 있게 되어 있었기 때문에 최소한 제3차 대회 당시 중앙위원 71명 중 15명, 후보위원 중 9명은 교체되었을 것이다.31)

9월 26~27일 당중앙위 전원회의가 개최되어 전 당원에게 5개년 계획을 1년 반 앞당겨 완수하도록 "호소"하는 "당중앙위원회의 편지"를 채택했다. 회의에서는 "조직문제"가 토의되어 당내 부서 개편과 당직 인사가 실시되었다. 백홍권이 사망한 후 1957년부터 공업부가 산업부에 통합되었지만 그것이 중공업부와 경공업부로 분리되어 중공업부장에 금속공업상 강영창, 경공업부장에 경공업부상 림계철이 각각 임명되었다. 이리하여 당의 경제부서는 중공업부, 경공업부, 건설운수부, 농업부, 상업재정협동단체부의 진용을 갖추고 5개년 계획의 조기완수에 임하게 되었다. 직맹위원장 한상두가 금속공업상이 되고 후임 직맹위원장에는 리효순이 내정되었다. 소련계의 당산업부장 고희만은 임업상으로 좌천되었다. 1958년 8월 말에 농업집단화와 개인상공업의 사회주의적 개조가 완료되었기 때문에 당내를 일신하는 의미도 포함된 인사였다. 당검열위원장 김익선이 상무위 후보위원이 되었고 당선전선동부장이 부부장 김도만으로 교체되었으며 부장 리일경은 교육문화상이 되었다. 신설된 국제부장에 빨치산파의 외무성 부상 박성철이 임명되었다.32) 선전선동부장 김도만은 조직지도부장 김영주, 연락부장 어윤갑, 문화부

윤갑이 심하게 대립하고 있었다. 조직지도부 내에서 '반혁명분자와의 투쟁'을 주도한 김영주와 연계하고 있는 강경파가 김영주의 권력 부상과 함께 승리한 것이다. 신경완 증언·이태호 기록, 『압록강변의 겨울』, 393~402쪽. 다만 림해는 당 상무위원직을 유지하고 9월 무역상에 임명되었다.

30) 『로동신문』 1958.3.9.

31) 새롭게 선출된 사람들은 확인할 수 없지만 이미 배제된 사람들도 상당수에 달하고 있었다. 중앙위원으로는 김두봉, 박창옥, 최창익, 박의완, 박훈일, 서휘, 류축운, 김승화, 최종학, 고봉기, 현정민, 조영, 리유민, 오기섭, 윤공흠, 박무, 후보위원으로는 양계, 리달진, 리청원, 리문일, 장평산, 리필규, 김철우, 백순제, 리상조 등이 있다.

32) [부표 1 : 당·도인민위원회·사회단체 간부직업 경력]을 참조.

장 김중린으로 이어지는 소장 강경파의 진출을 의미했다.

10월 당중앙상무위원회에서 김일성은 "반혁명분자들을 더욱 철저히 진압할 것"을 제기했다.[33] 여기서 연안계인 평양 위수사령관 장평산 등이 쿠데타를 시도했다는 사건을 문제 삼게 되는데 연안계 군인에 대한 숙청 구실을 만들기 위함이었다.[34] 1958년 10월 30일 김일성은 김두봉, 최창익, 한빈, 리유민, 김민산 등 신민당 출신자들이 폭동 음모를 꾀했다고 밝혔다.[35] 이미 최창익, 김두봉, 한빈은 숙청되어 있었고 리유민, 김민산이 추가되었다. '반혁명음모'가 처음 밝혀진 이후 7개월 만에 '확인'되었다고 할 수 있다. '반당종파행위'에 머물러 있던 것이 '반혁명음모'와 본격적으로 결합된 것이다. 이로써 당내 숙청은 새로운 단계로 비약하게 되었다.

그 직후 김일성을 단장으로 하는 정부대표단이 1958년 11월 21~28일, 12월 2~10일 중국, 11월 28일~12월 2일 베트남을 방문하였는데 특히 중국 방문에는 군사대표단이 동행했다. 군사대표단 명단은 북조선 공식매체에는 민족보위상 김광협(대장) 외에는 발표되지 않았으나, 중국『인민일보』에는 김광협을 단장으로 하여 부단장에 김일성군사대학장 허봉학(중장), 단원에 김창덕(소장), 지병학(소장), 장서환(소장), 장봉진(대좌)으로 보도되었다.[36] 김광협은 만주파로서 인민군의 정상에 있는 자이고 허봉학은 만주파 군인 중 새로운 실력자였다. 연안계 야

---

33) 이 김일성의 '교시'에 대해서는 아무런 배경 설명이 되고 있지 않다.『조선전사』제29권, 59쪽.

34) '쿠데타'설은 한국정부의 문헌이 채택하고 있지만 많은 증언은 이것을 부인하고 날조된 것으로 간주한다. '쿠데타'설에 대해서는 내외문제연구소편,『북괴의 파벌투쟁사』, 1962, 101~102쪽, 한국일보사 편,『증언 : 김일성을 말한다』, 184쪽. 조작설에 대해서는, 임은, 앞의 책, 224~225쪽, 여정, 앞의 책, 92~93쪽·144~158쪽, 서대숙, 앞의 책, 132~133쪽. 소련, 중국 망명자의 증언을 정리했기 때문에 조작설 쪽 설명이 훨씬 구체적이고 자세하다고 할 수 있다.

35) 김일성, 「군인들 속에서 공산주의 교양과 혁명전통교양을 강화할 데 대하여ー조선인민군 각급 군사학교 교원대회에서 한 연설」1958.10.30,『김일성저작집』제12권, 573쪽.

36)『인민일보』1958.11.22.

전지휘관으로서 유일하게 살아남은 김창덕은 1949년 제1차로 이관된 국공내전 참가 조선인부대의 사단장, 만주파 지병학은 1950년 인도된 다른 부대의 참모장이었다. 장서환은 군내 민청조직의 책임자로 중국 출신이며 1949년 중공 신민주주의청년단 제1차 대표자회의에 참가한 경력을 가지고 있었다. 당시 주중대사는 만주파 리영호, 주베트남대사도 만주파 전창철이었다. 중국군이 철수한 후에도 양국 간에 군사적 관계는 변함이 없음을 확인하는 방문이었지만 연안계 군인에 대한 숙청이 군사쿠데타를 구실로 확대되고 있었던 만큼 이러한 북조선군 내 사태가 양국의 군사적 우호관계에 영향을 미치지 않음을 확인하는 방문이기도 했다. 이 방문에 맞추어 『인민일보』는 이례적으로 「김일성장군 약력」을 소개하고 그가 1931년 중국공산당에 입당한 사실을 밝혔다.37)

1958년 3월부터 9월까지 당내 인사에서 주목해야 할 것은 한상두의 좌천이었다. 이미 1957년 10월 당조직지도부장직에서 해임된 그는 직맹위원장직도 리효순으로 교체된 상태가 되었다. 이는 한상두의 출세기반이던 식민지시대 적색농조운동 경력이 점차 장애로 작용하기 시작한 것을 의미한다. 1958년 3월 당대표자회에서 김일성은 사법부문을 비판하였는데 이는 최고재판소장 황세환과 검사총장 조성모, 사법부상 박용숙을 겨냥한 것이었다. 그 직후 김일성은 당간부정책의 잘못을 지적하여 "지난날에 혁명을 좀 했다거나 감옥생활을 좀 했다고 하면 무조건 믿어 왔습니다. 그런데 알고 보면 어떤 사람들은 혁명을 했다는 것은 오래전 일이고 오랫동안 혁명사업에서 떨어져 장사도 하고 술집도 경영"하였다고 비판하고 그 실례로 조성모, 황세환, 박용숙을 들었다.38) 조성모는 한상두, 조훈과 함께 함경남도의 북청 적색농조사건의 수모자이고, 황세환은 1931년 함경남도의 제1차 영흥 적색농조사건의 수모자였다.39) 박용숙은 '제2차 범태평양노동조합조직사건'으로 2년을 복역했

---

37) 위의 신문.

38) 김일성, 「당사업을 개선할 데 대하여」, 제2판 『김일성선집』 제5권, 399~400쪽. 1955년 12월 박헌영 재판 당시 조성모는 최고재판소장으로서 5명 재판부 중 한 사람이었고 박용숙은 1953년 8월 리승엽 재판 시 판사로서 관계했다.

다.40) 그들의 몰락은 연안계와 소련계의 숙청과는 다른 성격을 띠고 있었다. 이번의 오기섭 숙청도 그동안 그가 거듭해서 비판을 받으면서도 살아남아 온 점을 감안하면 북조선에 기반을 가지면서 김일성에 협력한 국내계의 몰락을 예고한 것이다. 한성두의 정치적 위치가 저하한 것은 조성모, 황세환의 숙청과 직결되어 광범한 북조선 국내계의 숙청으로 이어졌다. 한상두는 당상무위 후보위원과 금속공업상직을 유지, 다수의 적색농조 출신자들이 숙청되는 가운데 숙청만은 면하였지만 그의 정치적 상승은 여기서 멈추지 않을 수 없었다.41)

제1차 당대표자회 문헌을 널리 침투시키기 위하여 전국적으로 도, 시, 군 대표대회나 전원회의, 초급 당단체 총회가 개최되었다. 주로 제1차 당대표자회 때까지 숙청된 사람들과 관계가 깊은 간부들을 지방당 차원에서 색출하는 작업이 계속되었다. 평안남도당에서 순천군인민위원회, 남포유리공장, 도인민위원회상업처42), 국내계(북)인 황해남도인민위원장 백순제43), 함경북도당에 국내계인 석탄공업상 류축운, 청진철도관리국장 전금석44), 기자동맹에서 연안계인 중앙통신사장 박무, 국내계인 중앙방송위원장 박만식45), 평안북도당에서 운전군당위원장 백문제, 연안계인 신의주고무공장 지배인 홍림이 비판, 숙청되었다.46) 함경남도당에서 "반당종파분자이며 지방할거주의자"로 오기섭이 공격받고47) 황해북도당에서 마동공업건설트레스트 지배인으로 좌천되어

---

39) 조성모, 한상두, 조훈 등에 대해서는,『思想彙報』제2호, 46~57쪽, 제23호, 61~63쪽. 이기하, 앞의 책, 1135쪽. 황세환에 대해서는,『思想月報』제4권, 제5호, 13~44쪽. 이기하, 앞의 책, 1086~1096쪽.

40) 이기하, 앞의 책, 1070쪽.

41) 이후 그는 기계공업상, 재정상을 역임, 경제전문가로서의 길을 걷게 되었다.

42)『로동신문』1958.3.27.

43)「반당종파분자 고봉기의 추종자」,『로동신문』1958.4.3.

44)『로동신문』1958.3.29.

45)『로동신문』1958.4.4.

46) 위의 신문.

47)『로동신문』1958.4.6. 출판보도간부 열성자회의에서 한 김창만의 연설,『로동신문』

있던 박창옥이 다시 비판, 숙청되었다.[48]

민족해방운동에 대한 역사 서술을 수정하기 위한 작업도 적극적으로 추진되었다. 특히 북조선 국내계의 주요 투쟁무대이던 1920년대 말~30년대 초 반일농민운동에 관해서는 지금까지 "소극적 투쟁형태로부터 새로운 적극적 투쟁형태로 이행하는 력사적 전제조건의 중요한 구성부분"이며 "민족해방운동의 새로운 단계인 반일무장투쟁의 전제의 하나"였다는 적극적인 평가가 내려지고 있었다.[49] 당초 비판은 종파분자들이 소위 '당재건운동'에 함경도 일대의 좌익농조운동을 이용함으로써 운동의 발전을 저해했다고 하는 측면에 한정되어 있었다.[50] 우선 1920년대와 연결된 당재건운동과 1930년대의 농민운동을 분리시키기 위한 시도가 이루어졌다. 1958년 5월에는 당부위원장 김창만의 지도 아래 당중앙위원회가 직접 조직한 '근·현대사 및 조선로동당투쟁 관계 일꾼들과의 좌담회'에서 "1930년대 항일무장투쟁과 국내투쟁과의 연계, 전자의 후자에 대한 거대한 영향에 대한 구체적인 자료에 기초를 둔 보다 다방면적인 연구를 추진할 데에 관한 과업이 강조되었다".[51] 이어서 역사기술은 "1930년대 이후 국내에서의 로동자, 농민의 반일혁명운동과 폭동적 진출은 김일성동지가 령도한 항일무장투쟁을 중심으로 하는 위성적 운동이 되었다"는 식으로 변화했다. 그중 가장 대표적인 명천농조

1958.4.8. 오기섭은 숙청 직전 수매양정상이었기 때문에 그에 대한 공격은 이 부문에서도 행해졌다. 1959년 3월 9일 전국 수매양정간부 열성자회의가 열려 수매양정상 정성언은 과거 수매양정 부문에 대하여 "반당반혁명종파분자 최창익과 오기섭"이 "막대한 해독을 끼쳤다"고 비난하고 "그 사상적 여독을 극복, 청산하는 투쟁"을 전개하도록 촉구했다. 『로동신문』 1959.3.10.

48) 『로동신문』 1958.4.9.

49) 고정수, 「1920년대 말~30년대 시작한 반일농민운동의 새로운 고양」, 『력사과학』 1958년 제2호, 55~56쪽. 이러한 입장은 김일성이 1957년 10월 22일자 『프라우다』 에 게재한 논설 「위대한 사회주의 10월혁명 40주년을 맞이하면서」의 내용을 기본적으로 답습한 것이다. 『로동신문』 1957.10.29.

50) 고정수, 앞의 논문, 55~56쪽.

51) 김석형, 「우리 당 과학정책의 정당성과 력사학계의 임무―공화국창건 10주년에 제하여」, 『력사과학』 1958년 제4호.

운동에 관해서는 "김일성동지가 령도한 항일무장투쟁의 직접적 영향 하에 전개되었을 뿐만 아니라 김일성동지에 의한 국내에서의 새 형의 당 창건을 위한 투쟁의 일환을 이룬 1930년대의 혁명적인 반일농민운동의 하나였다"고 규정되었다.[52] 1930년대 농민운동을 김일성의 항일무장투쟁 및 '새 형의 당 창건운동'과 직결시켜 그 직접적 영향하에 들어 있었다고 만드는 작업이었다.[53]

1959년 6월부터『항일빨치산 참가자들의 회상기』가 간행되기 시작했다. 역사서술에서 핵심적인 사료문제를 직접적인 운동 참가자의 증언을 통해 해결하려고 한 것이다.[54] 이 시기에 당중앙위 직속으로 당역사연구소가 설치되었다. 1959년 12월 25일 당중앙위 직속 당역사연구소가 주최한 '『당력사집필요강』토론회'에서 김창만이 연설을 통해 "인민의 진출이 전라도, 함경도, 혹은 경기도의 어디에서 일어난 것이건, 그것은 김일성동지의 항일빨치산투쟁의 영향과 지도하에 일어난 것이다. 1930년대의 총본부가 여기 항일빨치산부대에 있었고, 그것은 김일성동지가 지도했다"고 결론지었다.[55] 이후 이 지침은 역사 서술의 부동의 전제가 되었다. 이 김창만의 연설을 시초로 1960년도 한 해 동안『근로자』에는 '조선로동당 력사 및 혁명전통'에 관한 일련의 논문이 게재되어

---

52) 김정숙, 「1934~37년 명천농민의 혁명적 진출」,『력사과학』1958년 제3호, 9~10쪽.

53) 앞에서 인용한 고정수의 입장도 변해 갔다. 「위대한 사회주의 10월혁명과 조선에서의 농민운동의 새로운 고양(1930년대 후반의 처음 시기까지)」,『력사과학』1958년 제6호.

54) 전 사회에서 학습해야 하는 도덕교과서 역할을 한다는 목적이 더 중요했다. 이 점에 대해서는 제5장 제2절의 3과 제4절의 3에 있는 혁명전통교양에 대한 서술을 참조.

55) 김창만은 "최창익과 그 수하가『국내투쟁』,『국외투쟁』이라고 하면서 우리들의 혁명투쟁을 인공적으로 분리시켜 서로 대립시킴으로써 종파분자의『업적』을 더 세울 목적으로 항일무장투쟁은 국외의 것이고, 국내에서는 다른 사람들, 바꿔 말하면 자기들이 투쟁했다는 흐름으로 기술해 온 여독이 아직 영향을 미치게 하고 있다"고 주장했다. 김창만, 「조선로동당 력사연구에서 제기되는 몇 가지 문제」,『근로자』1960.1, 17쪽.

『회상기』를 학술적·이론적으로 뒷받침하는 작업이 진행되었다.

한편 통일전선 방침에서도 전환이 생겼다. 1958년 10월경 당중앙위 상무위원회에서 통일전선에 관해 토의되어 "북반부에서의 통일전선의 형성은 오직 사회주의를 찬성하는 조건에서만 가능하다"는 방침이 결정되었다. 이미 사회주의개조 과정에서 민주당과 청우당 내 하층당원은 협동조합이나 경제기관에 망라되어 당원 수도 감소하고 당원도 얼마 남지 않은 상태였다.[56] 양당은 지방조직과 하층당원은 없고 간판과 지도부만이 존재하는 간부정당화하고 있었다. 남한의 월북인사, 또는 북조선의 중간파 인사로 구성된 재북평화통일촉진협의회 내에도 1957년 말경 당세포가 설치되어 직접적인 간섭과 통제가 가해지게 되었다. 1958년 3월 당연락부장 림해가 교체되는 등 강경노선이 힘을 얻어 "통일전선 내에서도 사회주의혁명, 사회주의건설을 지지하지 않는 사상경향은 허용할 수 없다", "당의 통일전선 정책은 조국의 통일독립을 지지하는 동시에 반드시 사회주의사상을 지지하는 사상에 의해 통일되어야 한다"는 원칙하에 민주당, 청우당, 재북평화통일촉진협의회에서 '사상투쟁', 즉 숙청사업이 진행되었다.[57]

2) 당기구 확대와 세력관계의 변화

전 사회의 사회주의적 개조가 완료되고 당내 숙청도 마무리됨으로써 다음 당면과제는 통치기구의 전면적 개편이 되었다. 이미 김일성은 이 작업을 군대 내에서 착수하기 시작했다.[58] 3월 7일 제1차 당대표자

---

56) 김일성, 「군인들 속에서 공산주의 교양과 혁명전통교양을 강화할 데 대하여―조선인민군 각급 군사학교 교원대회에서 한 연설」 1958.10.30, 『김일성저작집』 제12권, 569쪽.

57) 김일성, 위의 책, 571쪽, 오윤수, 「현 시기 우리나라 계급투쟁에서의 긴절한 문제」, 『근로자』 1958.11, 40쪽. 재북평화통일촉진협의회 내의 경위에 대해서는, 신경완 증언·이태호 기록, 『압록강변의 겨울』, 394~433쪽.

회가 열리던 도중 이 회의에 참석하기 위해 평양에 모인 각 지방의 도·시·군당위원장들과 인민위원장들을 별도로 소집하고 김일성은 당사업 전반에 관해 연설했다.59) 김일성의 연설을 통해 당시 당기구 확대와 연관된 당사업방식의 문제점, 당산부사업의 변화, 지방당, 득히 군당의 기구 및 사업방식 등을 엿볼 수 있다.

 1958년 1월 당간부부가 폐지되고 부문별 간부사업이 각각의 해당 부서에 이관되어 당중앙 및 지방 각급 당위원회에 각 행정부문의 간부를 관리하는 권한이 주어졌다.60) 각 당부서가 간부사업을 관장하고 조직지도부가 각 부서의 간부사업을 종합하게 되었다. 조직지도부는 주로 당단체와 근로단체의 간부사업을 관장하게 되었다. 더욱이 당 행정부가 신설되어 최고인민회의상임위원회, 재판소, 검찰소, 내무성, 군대 내 간부사업을 담당하게 되었다.61) 당중앙에 내각에 완전히 대응하는 일련의 행정적 관리기구가 형성되고 부문별 지도체계가 확립되었기 때문에 간부사업을 하나의 부서가 담당하는 것은 불가능하게 된 것이다. 특히 경제규모가 확대됨과 동시에 당중앙위원회의 경제부서가 확대되어 1958년 3월 제1차 당대표자회 이후 산업부에서 건설운수부가 분리되고 9월 당중앙위 전원회의에서 산업부가 중공업부, 경공업부로 나누어져 농업부, 상업재정협동단체부와 아울러 경제부서가 부문별로 갖추어지게 되었다.62) 이 시기에 이르러 중국에서와 같은 '대구(對口)지도체제'가 확립된 것이다.63)

---

58) 김일성, 「조선인민은 항일무장투쟁의 계승자이다」, 『김일성선집』 제5권, 308~358쪽. 제5장 제2절의 2에 있는 당·군관계 부분을 참조.

59) 김일성, 「당사업을 개선할 데 대하여—도·시·군당위원장들과 인민위원장들 앞에서 한 연설」 1958.3.7, 『김일성선집』 제5권, 394~415쪽.

60) 사설 「당 조직·정치사업 수준의 가일층의 제고를 위하여」, 『로동신문』 1958.1.22. 예컨대 공장, 기업, 협동단체 등 경제기관의 인사권이 당 경제부서에 부여되었다. 공장, 기업소의 규모에 따라 당중앙위 산업부와 도당 산업부에 간부 인사에 관한 권한이 분담되었다.

61) 김일성, 앞의 책, 399~403쪽.

62) 제5장 제3절의 1에 있는 당경제부서 개편에 대한 서술을 참조.

당의 지도원칙이 강조되고 특히 지방당위원회의 인민위원회에 대한 우위가 내세워지던 가운데 군당의 조직 확대에 대한 요구도 거세지고 있었다. 다만 지방당의 경우 도당까지는 중앙당의 체계에 맞춰서 부문별 지도체계가 갖추어져 있었지만 그것이 군당 수준까지 배치되자 방대한 조직 확대로 이어질까 우려되고 있었다.64) 특히 군당에 농업부와 산업부를 신설하라는 요구가 가장 강했다. 김일성은 군당에는 조직부와 선전선동부 외에는 전문부서를 갖출 필요는 없다고 주장했다.65) 당의 행정대행에 대한 비판이 높아지던 중에 지방 당기구의 확대는 관료주의를 생산할 뿐이라는 문제인식이었다.

여기서 지방에서 당위원회와 인민위원회의 관계를 언급, 김일성은 "군인민위원회는 조직상으로는 도인민위원회에 속하지만 당적으로는 군당의 지도를 받는다"고 말하고 "군인민위원회는 군당위원회 앞에 책임을 지는 행정 기관"으로서 "군인민위원회가 도인민위원회로부터 어떤 지시를 받았다고 하면 군인민위원장은 그 지시를 집행하기 위하여 반드시 군당위원장과 협의하여야 한다"고 주장했다.66) 군당은 당조직을 통하여 인민위원회, 내무기관, 검찰소, 재판소 등 기관을 통제하고 군 내 "모든 사업을 통제"하게 되었다. 군당의 인력을 최대한으로 활용하기 위하여 약 30여 명의 정원 중 1~2명을 남기고 전원을 하부지도에 동원시키도록 하였다.67) 그러나 당 우위 원칙을 내세우고 있지만 아직 그 제도화가 완성된 것은 아니었다.

1959년 8월 28일 당중앙위 상무위원회는 「당 정치사업을 모든 사

---

63) 중국의 경우에 대해서는, 田中信行, 「中國－『黨政分離』と法治の課題」, 和田春樹・近藤邦康編, 『ペレストロイカと改革・開放 : 中ソ 比較分析』, 東京大學出版會, 1993, 253~257쪽.

64) 중국의 경우도 거의 같은 시기에 유사한 문제에 직면하고 있었다. 田中信行, 앞의 논문, 254쪽.

65) 김일성, 앞의 책, 403~410쪽.

66) 김일성, 위의 책, 411쪽.

67) 김일성, 위의 책, 408~409쪽. 군인민위원회의 정원은 약 100여 명이었다.

업에 선행시킬 데 대한 결정」을 채택했다. 이 결정은 당시 북조선에서의 '전(專)·홍(紅)' 문제에 대한 해답으로서의 성격을 지니고 있었다. 특히 경제부문을 담당하는 행정관리기관에서 사업 수행은 해당기관의 "행정·기술적 지도만으로는 부속하고" "정치사업의 선행에 기초를 둔 당조직의 당적 지도 및 통제를 결합시키는 데서야말로 보장된다"는 사고방식이었다. "행정사업에 대한 당의 지도를 거부하는 태도"나 "기술신비주의적 태도"가 강하게 비판받게 되었다. 거의 모든 행정간부가 당원인 만큼 그 지위에 관계없이 당원에 대한 조직적 통제를 강화하는 조치이기도 했다. 행정간부는 "당생활에 적극 참가하고 당의 결정과 지시에 무조건 복종한다"는 것이 강조되었다. "정치도덕적 기준"이 "실무적 기준"에 우선하게 되었기 때문에 간부의 정치의식을 높인다는 목적으로 매일 3~4시간의 정치학습이 의무화되었다.[68]

당 우위 원칙은 더욱 구체화되어 제도화도 착착 진행되었다. 지방공업이 급속히 성장하고 경제 각 부문의 많은 권한이 지방으로 이관된 것과 관련, 지방인민위원회의 사업 범위가 확대되었다. 이것은 어느 정도까지는 지방 분권이라고도 할 수 있다.[69] 그러나 동시에 지방정권기관에 대한 당의 '지도와 통제'도 한층 더 강조되었다. 1959년 12월 1~4일 당중앙위 확대전원회의가 열려 "도·시·군(구역) 인민위원회를 비롯한 국가기관, 경제, 문화기관 등 모든 기관, 단체들은 해당 당위원회의 통제 하에서" 활동해야 한다는 원칙이 세워졌다.[70] 간부들에 대한 통제도 강화되어 1960년 1월부터 모든 기관에서 간부들은 매일 4시간의 학습을 의무화하고 매주 토요일 오후 시간을 전적으로 학습시간으로 돌리도록 결정되었다.[71] 이 회의에서의 결론을 통하여 김일성은 황해

---

68) 김서경, 「모든 사업에서 당 정치사업을 선행시켜야 한다」, 『근로자』 1959.11, 39~40쪽, 김영남, 「국가기관 및 경제, 문화기관에 대한 당의 령도와 통제」, 『근로자』 1960.2, 17쪽.
69) 윤종섭, 「사회주의건설의 현 단계에서의 지방정권기관의 기능과 역할」, 『근로자』 1959.12.
70) 「조선로동당중앙위원회 12월 확대전원회의에 대한 보도」, 『로동신문』 1959.12.6.

제철소나 강선제강소와 같은 공장에서 "유일관리제라고 하니 행정책임자가 당조직까지도 타고 앉아 관료주의를 부리게 된다"고 하고 그것은 "지배인들이 당의 통제에서 벗어나 있기" 때문이라고 비판하며 지방인민위원회의 경우에도 같은 경향이 생기고 있다고 지적했다. 그는 "인민위원회는 해당 도·시·군당 집행위원회의 통제 밑에서 자기사업을 하며 공장에서는 공장당위원회의 지도 밑에서 모든 일을 하여야 한다"고 일반적 원칙을 강조한 다음, 특히 공장 내 사업방식에 관해서 언급, "공장 안에서 최고지도기관은 지배인이 아니라 공장당위원회"이며 "공장당위원회의 지도 밑에서 지배인과 당위원장이 일"하게 되어 "공장당위원회 결정에 따라 지배인은 행정사업을 하고 공장당위원장은 당사업을 하여야 한다"고 말했다. 김일성은 이러한 제도는 인민군 내에서 시험해 보았는데 좋은 결과가 나왔기 때문에 다른 기관에서도 적용하는 것이 바람직하다고 설명했다.72)

이러한 방침은 1960년 1월 5~12일 각 도당에서 토의를 거쳐 1월 15일 당중앙위 상무위 결정 「국가기관 및 경제, 문화기관에 대한 당의 령도와 통제를 강화할 데 대하여」로 구체화되어 간다.73) 중앙 성 내 당위원회에도 통제 권한이 부여되었다.74) 당의 행정대행을 막기 위하여 사무직장에 대한 당단체의 통제를 허용하지 않던 종래의 원칙이 근본적으로 수정된 것이다. 더욱이 성참의원제와 당조직원제가 폐지되어 당위

---

71) 사설 「모든 것을 12월 확대전원회의 결정 관철에로!」, 『로동신문』 1959.12.7. 리찬선, 「간부학습에 대한 당위원회들의 지도를 개선하자」, 『당사업』 1962.2, 12쪽.

72) 김일성, 「사회주의경제건설에서 나서는 당면한 몇 가지 과업―조선로동당 중앙위원회 전원회의에서 한 결론」 1959.12.4, 『김일성선집(1960년판)』 제6권, 527~529쪽.

73) 『로동신문』 1월 9일부터 16일까지를 참조. 김영남, 「국가기관 및 경제, 문화기관에 대한 당의 령도와 통제」, 『근로자』 1960.2, 17쪽. 「당의 령도와 통제란 어떤 것이며 그것은 어떻게 하는 것을 말하는 것인가」, 『당간부들에게 주는 참고자료』 1960.12, 2쪽. 김창모·김영찬, 「사회주의건설의 모든 부문에서 당의 령도적 역할 제고」, 『근로자』 1961.8.

74) 김영남, 앞의 논문, 17쪽.

원회와 집행위원회의 위원수가 증가되었다.[75] 정부 수립 이래 유지되어 온 성참의원제가 폐지된 것은 성참의원이 떠맡고 있는 중앙정부 부서 내 집단적 협의기능이 당위원회로 이관되었기 때문이다. 당중앙으로부터 수요 대기업에 파견하는 당조직원제의 폐지는 낭위원회에 의한 우위가 전반적으로 확립됨에 따라 유일관리제에 대한 예외로서 그 제도적 의미가 없어졌기 때문이다.

당 우위의 제도화는 김일성도 말한 바와 같이 우선 군대 내에 도입되고 이후 지방경제지도체계의 개편과 함께 농촌에서는 '청산리방식'으로, 공장에서는 '대안의 사업체계'로 2년 정도 걸려 실현되어 간다.[76]

한편 당과 정부 내 숙청은 광범한 범위에 미치면서 북조선 내부 세력관계나 권력구조의 근본적 변화로 이어졌다. 연안계의 거의 전원이 숙청되었다. 중국에 망명한 윤공흠, 서휘, 김강, 양계, 소련에 망명한 리상조 외에 각료 경험자 및 제1, 2, 3차 당대회의 중앙위원이나 후보위원, 검사위원으로서 김두봉, 최창익, 박훈일, 김민산, 진반수, 리권무, 김웅, 리림, 고봉기, 조영, 리유민, 현정민, 박무, 림해, 장평산, 박효삼, 김교영, 류문화, 한빈, 김한중 등이 숙청 또는 행방불명되고 허정숙은 당에서 제명되었다. 살아남은 인물은 김창만, 하앙천, 김용진, 김창덕 정도였다. 소련계는 대부분이 이중국적을 유지하였기 때문에 일부는 숙청이나 행방불명이 되고 상당수는 소련으로 돌아갔다. 박창옥, 박의완, 박일영, 최종학, 허빈, 고희만, 최철환, 김철우, 박창식, 리희준, 김렬, 서춘식 외에 김동철, 허익, 김춘삼, 김택영, 리용석이 숙청이나 행방불명이 되고 김승화, 한일무, 박영빈, 김재욱, 김찬, 유성철, 유성훈, 강상호, 정률, 기석복, 박길룡, 최일, 리문일 등이 망명 또는 귀국했다. 살아남은 고위지도자는 남일과 방학세 정도였다.[77] 국내계의 숙청

---

75) 김창모·김영찬, 앞의 논문, 17쪽.

76) 제5장의 제4절과 제5절에 있는 공업부문과 농업부문에 대한 서술을 참조.

77) 방학세도 1960년 11월 내무상에서 해임, 최고재판소 부소장으로 좌천되어 1961년 제4차 당대회에서는 중앙위원에도 뽑히지 않았다. 그는 1966년 10월 당대표자회

은 양적으로도 연안계나 소련계를 훨씬 능가했다. 숙청이나 행방불명이
된 사람은 김황일, 류축운, 허성택, 송봉욱, 김덕영, 오기섭, 김원봉, 한
전종, 김상혁, 송을수, 김응기, 유철목, 리달진, 정연표, 리청원, 조훈,
정칠성, 유승철, 백순제, 리태화, 허국봉, 고경인, 황세환, 현칠종, 김창
흡, 리순근, 조성모 외에 문태화, 장순명, 김학걸, 문두재, 리인동, 현
훈, 조홍희, 김재규, 박성삼, 장해우 등이다. 리필규는 국내계로서 중국
에 망명한 드문 경우에 속한다. 홍기주, 홍기황, 김달현, 주황섭 등 노
동당 이외의 민주당이나 청우당 출신 각료도 숙청되고 김원봉, 성주식
등 군소정당 출신자도 숙청되었다. 리병남도 해임되어 남로당 출신자로
서 살아남은 자는 박문규, 최원택 정도였다.[78] 갑산계 이외에 과거 공
산주의운동 참가자로서 살아남은 사람은 박정애, 리주연, 한상두, 김익
선, 한설야, 강진건, 권영태, 이북명 등이고 중간파 출신으로서는 백남
운, 홍명희, 정로식 정도였다.

3) 제4차 당대회 : 「승리자의 대회」

1961년 9월 11일부터 18일까지 8일간 제4차 당대회가 개최되었
다. 대회는 같은 해 3월 20~22일 당중앙위원회 전원회의에서 결정되
어 약 6개월간의 준비작업을 거친 행사였다. 9월 11일자『로동신문』사
설은 「영광스러운 승리자들의 대회」[79]라는 제목하에 "실로 우리나라
방방곡곡, 어느 지방, 어느 부문을 막론하고 당의 령도가 미치지 않는
곳이 없으며 우리가 달성한 모든 성과는 그 어느 하나도 김일성 동지의

에서 부활하여 1972년부터 오랫동안 중앙재판소장을 역임했다.

78) 리병남의 경우 사망 후 '애국열사능'에 묻혔기 때문에 정치적 숙청이 아니었다고
생각된다. 안동일, 「최초공개 : 평양 애국열사능에는 누가 묻힌 것인가」,『역사비
평』 1991년 가을, 112쪽.

79)『로동신문』 1961년 9월 11일 대회에 관한 보도는『로동신문』 1961년 9월 11~20
일에 실려 있다.

이름과 연결되어 있지 않은 것이 없다"고 하며 "전 당이 김일성 동지를 수반으로 하는 당중앙위원회의 주위에 하나의 사상의지로 철통같이 통일 단결"되어 있고 "100여만 당원이 일치하게 숨을 쉬며 … 전진하고 있다"고 하였다. 나아가 대회는 "우리나라 로동운동에서 처음으로 종파의 뿌리를 뽑아버리고 혁명대렬의 완전한 통일을 이룩한 기초 위에서 진행되는 대회"이고 "조선의 공산주의자들이 평화와 사회주의 진영의 동방 초소에 얼마나 위력한 진지를 꾸려 놓았으며 얼마나 자신만만하게 나아가고 있는가를 과시한 승리자의 대회"라고 표현하였다.

대회 첫째 날인 9월 11일 김일성은 6시간 이상에 걸친 장문의 보고를 하였다.[80] 보고는 사회주의 개조와 건설에 관한 「빛나는 총화」, 7개년 계획에 관한 「위대한 전망」, 「조국의 평화적 통일을 위하여」라는 제하의 남한정세와 통일정책에 관한 총괄, 당사업에 관한 총괄, 국제관계에 관한 총괄의 다섯 부분으로 나뉘어 있다. 김일성은 "도시와 농촌에서 사회주의적 개조를 완성하고 사회주의의 기초를 건설할 데 대한 력사적인 혁명과업은 승리적으로 완성되었다"고 선언했다. 그는 북조선에서 사회주의적 개조가 "생산력의 발전수준이 비교적 낮고 기술이 낙후한 조건하에서 전후 불과 4~5년이라는 짧은 기간에 완성되었다"고 특징짓고 그 배경에 대해서 "생활이 낮은 생산관계의 개조를 절실히 요구하며 또한 그것을 담당할 만한 혁명력량이 준비되었을 때에 사회주의적 개조를 지연시킬 수는 없다"고 하고 "우선 생산관계의 사회주의적 개조를 수행함으로써 생산력의 급속한 발전을 보장"한다고 설명했다. 남북이 통일될 때까지 북에서의 "혁명을 더 전진시키지 말아야 한다"는 "시기상조론"을 반박하고 북에서의 사회주의적 개조가 "북반부 사회발전의 억제할 수 없는 요구"뿐 아니라 "북반부 민주기지를 정치경제적으로 공고화해야 할 조선혁명의 절박한 요구"라고 정당화하며 "조선혁명의 승리를

---

80) 『로동신문』 1961년 9월 12일. 보고는 『로동신문』의 전면 8개 면, 국판 자료집 약 150면을 차지하고 있다. 『조선로동당 제4차 대회 주요문헌집』, 조선로동당출판사(평양), 1961.

위한 가장 중요한 담보"라는 위치를 부여하였다.

김일성은 1957년부터 60년까지 이루어진 경제성장을 자부심을 갖고 총괄했다. 공업총생산액을 2.6배 성장시킨다는 목표를 정한 5개년 계획을 2년 반 만에 완수하고, 1957년부터 60년까지 공업총생산액은 3. 5배로 성장했다. 연평균 성장률은 36.6%에 달하여 60년도의 공업생산수준은 1944년에 비하여 7.6배가 되었다. 특히 중공업을 우선적으로 성장시키는 노선하에서 기계제작공업을 창설하고 국내 기계자급률이 46.5%에서 90.6%에 달한 점을 들어 '민족경제의 자립적 토대'가 구축되었다고 강조하였다. 농업 부문에서도 1960년도에는 곡물생산량이 380만 3천 톤, 1956년 대비 32% 증가하여 가장 곤란한 과제였던 식량문제를 기본적으로 해결했다고 주장했다. 이 같은 성과는 "사회주의 건설의 대고조 속에서 천리마운동의 발전과정에서 이루어졌다"고 말했다. 천리마운동은 "공산주의 교양과 혁명전통교양을 결부시켜" 진행했던 결과로서 "생산에서의 집단적 혁신운동과 근로자들을 교양 개조하는 사업과를 유기적으로 결합"시킨 것으로 정의되었다. 계급구성에서도 근본적 변화가 진행되어 노동자, 사무원이 전체 인구의 52%를 점하고 "이미 착취계급도 피착취계급도 없다"고 선언되었다. 따라서 북조선의 노동자는 "사회주의와 공산주의의 락원을 건설할 수 있다는 신심으로 충만되어 있다"고도 간주되었다.

사회주의 개조와 건설 과정에서 얻어진 경제적 성과가 보고의 중심이었기 때문에 그것은 야심적인 7개년 계획을 제시하는 데 직접 연결되어 있었다. 16일부터 18일까지 대회의 후반부는 7개년 계획에 관한 보고와 토론으로 돌려졌다. 7개년 계획에 대해서는 김일성의 보고에 추가해서 16일 내각 제1부수상인 김일이 별도의 보고를 하였다.[81]

4·19 학생혁명, 신정부의 발족, 대중운동의 고양, 5·16 군사쿠데타로 이어지는 일련의 남한 내부의 정세변동은 김일성 보고에도 반영되

---

81) 김일의 보고는 『조선로동당 제4차 대회 주요문헌집』에 수록. 제5장 제3절의 4에 있는 7개년 계획에 대한 서술을 참조.

지 않을 수 없었다. "4월 봉기는 남조선 인민들의 반미구국투쟁에서 새로운 전환점이 되었다"고 규정하였다. 4·19는 '혁명적 당'과 '명확한 투쟁강령'이 없었기 때문에 실패했다고 분석하고 "남조선 인민은… 맑스·레닌수의를 지침으로 하며 로농자, 농민을 비롯한 광범한 인민대중의 리익을 대표하는 혁명적 당을 가져야 한다"고 강조하였다. 통일은 "어떠한 외세의 간섭도 없이 민주주의 원칙에 기초한 전 조선 자유선거를 통하여 통일정부를 수립"함으로써 실현해야 한다고 주장하고 그 선결조건은 "미제국주의자의 남조선 강점"을 철폐하는 것이며 그를 위해서는 "남조선에서 모든 애국적 력량을 망라하는 반미구국통일전선을 형성"할 것을 요구하였다.

당사업에 대해서도 보고의 많은 부분을 할애하였다. "당은 모든 시련들을 이겨냈으며 투쟁의 모든 전선에서 승리"하였다고 자신 있게 단언하였다. 1956년 8월 전원회의와 58년 3월 당대표자회를 계기로 당내에서 "종파를 뿌리 채 청산하고 당의 통일과 단결을 결정적으로 강화하였으며 조선공산주의 운동의 완전한 통일을 실현하는 력사적 위업을 달성"하였다고 하였다. "교조주의의 해독적 영향을 극복하는 사상적 투쟁을 계속 강력히 진행함으로써… 모든 분야에서 주체를 더욱 튼튼히 수립"하였다고 하고 "오늘과 같이 전 당과 전체 인민이 하나의 사상의지로 굳게 통일 단결된 때는 없었다"고 말했다. 정당원 116만 6359명, 후보당원 14만 5204명을 합쳐 당원 총수는 131만 1563명이 되어 제3차 당대회 때와 비교하여 14만 6618명이 증가했다. 노동자 당원비율도 17.3%에서 30%로 성장하였다. 당중앙의 하부 당단체에 대한 집중지도가 "당사업에서 근본적 전환"을 일으키는 데 가장 중요한 역할을 달성했다고 강조하고, 집중지도를 통하여 "당의 의도와 정책이 하부 당단체들에서까지 더욱 잘 관철되도록 유일한 사상체계와 사업체계를 확립"하였고 말했다. 당의 지도체계와 사업방법에서도 변화가 이루어져 당간부들은 '혁명적 군중관점'으로 무장하여 '군중로선'을 확립했고 특히 청산리에서의 현지지도를 일반화하는 과정에서 당사업방식과 체계에서 획기적 전환이 일어났다고 설명했다. 이 결과 "당은 정치, 경제, 군사, 문화의 일체 부문과 인민생활의 전반적 분야에서 완전한 책임을 지고 있다"고 선언하고 "모든 분야에서 각급 당위원회의 지도와 통제를 더욱 강화할 것"을 요구했다. 당의 지도라는 것은 "당원 대중의 통제와 당위원회들의 집체적 령도를 강화한다는 것을 의미한다"고 강조했다.

중소갈등이 표면화하기 시작한 시기인 만큼 국제관계는 가장 미묘한 부문이었다. 표현은 대단히 신중하고 소련과 중국 어느 쪽에도 치우치지 않고 동등하게 배려하였다. 다만 소련이 내세우고 있던 평화공존에 대해서는 거의 언급하지 않고 "미제국주의가 침략과 전쟁의 주되는 세력이며 인류의 가장 흉악한 원수"라고 격렬하게 규탄하고 "제국주의가 남아있는 한 전쟁의 근원은 사라질 수 없다"고 단언했다. 특히 "미국은 아시아에서 전쟁의 근원으로 되는 일본군국주의를 재생시켜 극동침략의 돌격대로 내세우려 한다"고 경고함과 동시에 당시 진행되고 있던 한일국교 움직임에 대해서 "일본군국주의자들은 미제의 추동 하에 남조선에 대한 경제적 침략을 획책하는 한편, 남조선을 끌어넣어 침략적인 군사동맹을 조작하려고 책동하고 있다"는 정세인식을 보였다. 더욱이 북조선의 대외적 자세에 대해서는 확신에 찬 입장을 표명하였다. "수정주의와 교조주의를 반대하는 두 전선에서의 투쟁을 강력히 전개할 것임"을 분명히 하고 각국의 공산당은 "맑스·레닌주의 원칙과 자기 나라의 구체적 실정으로부터 출발하여 독자적으로 자기의 정책을 규정"한다고 주장했다. 중소 대립에 대하여 직접 언급하는 것은 피하고 있지만 국제공산주의운동의 단결을 강력히 호소함으로써 이에 대한 자신의 입장을 드러냈다.

김일성의 보고에 대해서는 41명, 김일의 보고에 대해서는 15명이 토론에 참가했다.[82] 각 토론은 김일성 보고의 일부분을 강조하거나 반복하였지만 가장 중요한 토론은 박금철, 김창만, 리효순 등 3인 부위원

---

82) 『로동신문』에 게재된 모든 토론은 『조선로동당 제4차 대회 토론집』, 조선로동당 출판사(평양), 1962에 정리되어 있다.

장의 토론이었다. 세 사람은 각각 당조직 부문, 이데올로기와 국제관계 부문, 대남정세 및 통일관련 부문을 담당하였다. 그 밖의 토론은 상급(相級)은 담당부문별로, 도·시·군당위원장은 담당 지역별로 김일성 보고의 내용이 자기 분야에 어떻게 적용될 것인가에 관해 말했나. 한 치의 흐트러짐도 없는 통일과 단결을 과시하기 위하여 각 보고의 내용은 전체적으로 유기적 일체를 이루도록 조직되었다. 제3차 당대회 때까지와 달리 토론 내용에서 조금이라도 당내 갈등이나 불협화음은 엿볼 수 없었다.

대회에는 각급 당단체에서 선출된 1,157명의 대표자(1,160명의 대표자와 73명의 발언권 대표자 중 실제 참가자 수)가 참석했고 외국에서도 코즐로프를 단장으로 하는 소련대표단, 덩샤오핑(鄧小平)을 단장으로 하는 중국대표단, 미야모토 겐지(宮本顯治)를 단장으로 하는 일본대표단 등 32개국의 공산당대표단이 참가했다. 1,160명 대표자의 직업별 구성으로 보면 당 일꾼 384명(33.1%), 국가기관 일꾼 202명(17.4%), 사회단체 일꾼 40명(3.4%), 산업 및 국영농업 부문 일꾼 326명(28.1%)(그중 현직 노동자 255명 : 22%), 농업협동조합원 100명(8.6%), 산업유통부문 일꾼 10명(0.9%), 과학·교육·문화·예술 및 보건부문 일꾼 27명(2.3%), 인민군 복무자 71명(6.2%)이었다. 대표자 중 172명(14.6%)이 "항일무장투쟁을 비롯한 일제를 반대하는 정치투쟁" 참가자, 396명(34.1%)이 '조국해방전쟁(6·25전쟁)' 참전자였다. 대표자의 연령별 구성은 28세까지 58명(5%), 29~49세가 1,015명(87.5%), 50~59세가 74명(6.4%), 60세 이상이 13명(1.1%)이었다. 당경력별 구성은 8·15해방 이전의 당경력자가 57명(4.9%), 해방 후 당 창립 이전 입당자가 366명(31.6%), 당 창립 후 6·25전쟁 전 입당자가 546명(47.1%), 전쟁시기 입당자가 151명(13%), 전후 입당자 40명(3.4%)이었다. 10년 이상 당경력자는 83.6%였다.[83]

1956년 제3차 당대회의 대표자 916명과 비교하면 '항일해방투쟁 참가자' 221명(24.1%)에서 '항일무장투쟁을 비롯한 일제를 반대하는 정치투쟁' 참가자 172명(14.6%)으로 감소했고 6·25전쟁 참전자가 270명(29.4%)에서 396명(34.1%)으로 증가했다. 제3차 당대회에서는 과거 일제 때와 남조선에서의 투옥자가 221명(24.1%)이었던 데 대하여 제4차 대회에서는 발표되지 않은 것은 국내계나 연안계 숙청이 반영된 결과였을 것이다. 제3차 대회에서는 인민군 복무자를 별도로 발표하지 않았는데 이번에 발표한 것은 참전자 비율의 증대와 함께 군대 내 당원수 증대나 군사부문의 당내 영향력 확대의 반영일 것이다. 제3차 당대회에는 5년 이상 당경력자가 94.1%, 전후 입당자가 1명(0.1%)이던 터라 당은 그만큼 성숙한 것이지만 연령별로 보면 여전히 당은 젊은 조직이었다. 아직 김일성 자신이 50세가 되지 않은 40대였다.[84]

대회 마지막 날인 9월 18일 당규약이 약간 수정되어 채택되었다.[85] 대회의 수정 규약은 공개되지 않았지만 중요한 변화는 최고의사결정기구로서 당상무위원회 명칭이 정치위원회로 바뀌고 당조직위원회가 폐지된 것이다. "간부사업 및 그 외의 당면 사업을 토의하고 조직하기 위하여 부장회의를 조직한다"고 되어 있지만 당부장은 선출직이 아니라 임명직이었다. 당정치위원회에 모든 권한이 집중되었다고 할 수 있다.[86] 주목해야 할 것은 민주청년동맹과 조선인민군에 대한 별도의 장이 각각 설정된 점이다. 이들 부문 간부 속에서 새로운 당간부를 충원하는 정책이 반영되었다고 할 수 있다.[87] 민주청년동맹은 '조선로동당의 후비대'로, 인민군은 '조선로동당의 무장력'으로 확실히 명시되었다. 그러나 가장 중요한 변화는 규약 전문 내용에 나타났다. "조선로동당은 조

---

83) 김익선, 「조선로동당 제4차대회 대표자 자격심사위원회 보고」, 『로동신문』 1961.
   9.14.

84) 김익선, 위의 보고, 림해, 「조선로동당 제3차 대회 대표자 자격심사위원회 보고」,
   『로동신문』 1956.4.26.

85) 『로동신문』 1961.9.19.

86) 수정규약은 『북한총람 : 1945~68』, 672~678쪽에 수록되어 있다.

87) 서대숙, 앞의 책, 148쪽.

선공산주의자들이 항일무장투쟁에서 이룩한 영예로운 혁명전통의 직접적 계승자이다"라고 규정한 점이다. 여러 민족해방 투쟁의 전통에서 김일성의 빨치산투쟁과 직접 관련이 없는 투쟁 전통은 배제되고 빨치산투쟁으로 일원화된 결과였다.

당 이념의 변화는 당내 세력관계에서 가장 노골적으로 나타났다. 정치위원 11명은 김일성, 최용건, 김일, 박금철, 김창만, 리효순, 박정애, 김광협, 정일룡, 남일, 리종옥이었다. 후보위원은 김익선, 리주연, 하앙천, 한상두였다. 같은 해 12월 1일 당중앙위 제4기 제2차 확대전원회의에서 현무광이 후보위원에 추가로 임명되었다. 만주파는 김일성, 최용건, 김일, 김광협 4명, 갑산계 박금철, 리효순 2명, 그 밖의 국내계는 박정애 1명, 연안계는 김창만 1명, 소련계도 남일 1명으로 전원이 오랫동안 김일성의 개인적 추종자였으며, 정일룡, 리종옥은 경제 테크노크라트였다. 위원장 김일성 다음으로 최용건(최고인민회의), 김일(내각), 박금철(당조직), 김창만(선전선동), 리효순(대외사업) 5인이 각 부문을 관장하는 부위원장으로 선출되었다. 가장 중요한 변화는 85명의 당중앙위원과 50명의 후보위원 구성에서 나타났다. 중앙위원으로 제3차 당대회부터 재임자는 28명, 후보위원으로부터 승격자는 12명에 지나지 않고 반 이상인 45명이 신입자였다. 제3차 당대회의 중앙위원 71명 중 반 이상인 43명, 45명의 후보위원 중 3분의 2 이상인 32명이 사라졌다. 당내 세력관계의 변동이 얼마나 격렬했는지를 말해 준다. 중앙위원과 후보위원을 정파별로 구분해 보면 다음과 같다.[88]

- 만주파 : 30명(김일성, 최용건, 김일, 김광협, 서철, 최현, 석산, 김경석, 김창봉, 허봉학, 최용진, 박성철, 오진우, 전문섭, 리영호, 전창철, 최광, 안영, 한익수, 김대홍, 김동규, 박영순, 최기철, 오백룡, 김병식, 김옥순, 임철, 최민철, 김좌혁, 지병학)
- 만주파 자제 : 1명(김영주)
- 갑산계 : 6명(박금철, 리효순, 리송운, 김왈룡, 허석선, 허학송)

---

88) 당지도부의 명부는 『로동신문』 1961년 9월 19일자에 게재되어 있다.

> ・연안계 : 3명(김창만, 하앙천, 김창덕)
> ・소련계 : 1명(남일)
> ・국내 출신 : 13명(박정애, 정일룡, 리종옥, 김익선, 리주연, 한상두, 정
>   준택, 한설야, 강진건, 최원택〈남로계〉, 백남운, 박문규〈남로계〉,
>   권영태)

사라져 버린 사람들의 자리는 주로 만주파가 메우게 되었다. 만주파
는 사망한 류경수를 제외하고는 7명 전원이 유임되고 승격자 12명 중
6명이 상승하여 중앙위원 서열 17위부터 31위까지 포진하면서 신입자
중 17명을 점하였다. 제4차 당대회의 '승리자'는 바로 만주파였다. 갑산
계도 3명에서 6명으로 수를 늘렸다. 연안계와 소련계는 계파로서의 비
중을 완전히 상실하였다. 국내 출신도 경제전문가인 정일룡, 리종옥, 정
준택 3명을 제외한다면 김일성의 항일무장투쟁과 직접 관련이 없는 과
거 일제시대의 국내 좌익민족운동경력자는 10명에 지나지 않았다. 남
로계는 2명 정도가 살아남았다. 후보위원은 만주파 9명(백학림, 류창
권, 태병렬, 박우섭, 정병갑, 리국진, 황순희, 박경숙, 리영순) 외에 송
창렴(일본 출신), 리덕현(국내계)의 2인 정도가 과거 좌익운동경력자
였다. 중앙위원과 후보위원의 신입자는 대부분이 새로운 세대의 당료,
관료였다. 김일성의 빨치산투쟁과 직접 관련이 없는 과거 민족해방운동
의 전통은 정치적 의미를 갖지 않게 된 것이다.

중앙위원과 후보위원을 직능과 부문별로 분석해 보면 만주파 중앙
위원 30명 중 14명은 현역군인, 2명이 직업군인 출신자이며 후보위원
9명 중 6명이 현역군인이었다.[89] '중앙위원회의 만주파화'는 '당과 군
의 일체화'가 되었다고도 할 수 있다.[90] 더욱이 당중앙위원과 후보위원
서열이 중요한 정치적, 정책적 의미를 띠게 되었다. 중앙위원 서열 제1

---

89) [부표 2 : 역대 당대회 간부직업명]을 참조. 和田春樹, 『金日成と滿洲抗日戰爭』,
  374~376쪽도 참조.

90) 외교관이 다섯 명 있는 것은 외교와 군사 사이의 거리가 가까움을 나타내고 있다.
  和田春樹, 앞의 책, 376쪽.

위에서 15위까지는 당정치위원 및 후보위원이 차지하고 제16위의 정준택을 포함하여 내각의 부수상도 전부 망라되었다. 그들만이 당, 정부의 최고수뇌부에 뽑혔다고 할 수 있다. 제17위부터 34위까지 빨치산파가 집중 배치되어 그들이 제 1, 2, 3위의 김일성, 최용건, 김일, 제8위의 김광협을 포함하여 빨치산파의 중핵 집단임을 분명히 하였다. 그들은 정치위원회로 대표되는 당내 공식적인 기구와 병행하여 '비공식적'인 최고 세력집단이었다고 생각된다. 제41위부터 51위까지는 당부장직이 집중 배치되었다. 그들이 김일성의 동생 김영주를 필두로 한 소장그룹으로 당 정치위원회를 실제 업무에서 떠받치면서 '부장회의'라는 기구를 구성하고 있다. 제73위부터 81위까지는 평양시당을 제외한 각 도당 및 개성시당의 위원장이 집중 배치되었다. 부수상 정일룡이 겸임하고 있는 평양시 인민위원장을 제외한 각도 인민위원장의 당내 서열은 당위원장보다 하위에 주어졌다. 중앙위원회에 선출된 것은 평양시 인민위원장과 평안남도 인민위원장 2명뿐으로 함경남도, 황해도, 자강도, 강원도, 개성직할시 인민위원장의 경우 중앙위 후보위원뿐 아니라 검열위원이나 검사위원에도 선출되지 않았다. 도를 비롯한 각급 당위원회의 해당 인민위원회에 대한 우위원칙을 확인하기 위한 배치였을 것이다.[91] 후보위원 서열 제36위부터 50위까지는 대규모 공장의 당위원장이나 공장장이 집중 배치되었다. 중화학공업 중시정책의 표현이었다. 그 밖의 내각 각료나 당, 정부, 사회단체 고위간부는 개인의 당경력을 기준으로 배치되었다.

1962년 10월 8일 383명을 선출한 제3기 최고인민회의 대의원 선

---

91) 평양시 외에는 자강도당위원장이 평안남도인민위원장보다 서열이 낮은 것이 유일한 예외였다. 각 도인민위원장은 농업부문만을 담당하게 되어 청진시, 함흥시가 직할시로 승격, 도에서 독립함에 따라 종래 공업중심지이던 함경북도, 함경남도 인민위원회의 비중은 더 낮아졌다. 함경북도, 함경남도 인민위원장의 당내 서열은 청진시나 함흥시 인민위원장보다 낮았다고 할 수 있다. 정치적인 문제가 작용한 경우도 있었다. 제3차 당대회 때에 중앙위원이던 황해북도인민위원장 김용진은 연안계라는 이유로 뽑히지 않았다고 생각된다.

거가 실시되었다. 전체 유권자의 100%가 선거에 참여, 100%가 찬성 투표하였고 투표결과를 보도한 『로동신문』 1962년 10월 11일자는 '위대한 력사적 승리!'라고 전했다.[92] 10월 22일 최고인민회의 제3기 1차 회의가 개최되었다. 대의원 총수는 제2기의 215명에서 383명으로 대폭 증가되었다. 자격심사위원회 보고에 따르면 제2기부터 재임자는 112명이지만 제2기의 최초 선출자와 비교하면 실제는 71명이었다. 격심했던 숙청과정에서 41명의 중간 개선(改選)이 이루어진 결과였다. 383명 중 312명, 80% 이상이 초선자였다.[93] 제2기 215명 중 144명이 교체되었지만 그들 중 상당수가 숙청되었다고 생각된다. 제2기와 제3기 대의원을 계파별로 비교해 보면 연안계는 15명에서 3명으로, 소련계는 12명에서 1명으로, 남로계는 12명에서 3명으로, 남로계 이외의 남한 중도 및 좌익 제파는 22명에서 8명으로, 북조선의 국내계는 21명에서 3명으로, 북조선의 중간 제파는 11명에서 4명으로 감소되었다. 감소된 대부분이 숙청자였을 것이다. 증가된 것은 말할 것도 없이 빨치산파로서 6명에서 41명, 관련자도 포함하면 44명이 된다. 갑산계도 4명에서 6명으로 증가했다.[94] 당내 세력관계 변화는 그대로 최고인민회의 대의원 구성에도 나타나게 된 것이다. 대의원의 정당별 구성을 비교하면 민주당은 11명에서 4명으로, 청우당도 11명에서 4명으로 감소, 거의 이름만 올려놓은 상태가 되었다. 대의원 대부분은 로동당 출신이라고 생각되지만 로동당적이 확인된 131명 중 당

---

92) 『로동신문』 1962.10.11.

93) 최용진, 「조선민주주의인민공화국 최고인민회의 자격심사위원회 보고」, 『로동신문』 1962.10.23.

94) [부표 4 : 역대 최고인민회의 명부 및 직업명] 중에서 제3기 최고인민회의에 대한 부분을 참조. 자격심사위원회 보고에 따르면 '항일빨치산투사'는 34명이 있지만 실제 집계하면 41명이다. "34명의 항일빨치산투사를 비롯하여 일제에 반대하여 투쟁해 온 혁명활동가가 80여 명"이라고 보고되었다. 1962년 8월 28일부터 각지에서 대의원 후보 추천을 위한 집회가 보도되고 후보자 개인에 대하여 짧은 소개가 나지만 21명에 대해서는 소개되지 않았다. 21명은 전원 현역군인으로 그중 18명이 빨치산파였다. 『로동신문』 1962.8.28~9.7. 미소개자의 명부는 부표를 참조.

정치위원 전원, 당중앙위원 85명 중 75명, 후보위원 50명 중 28인이 대의원이 되었다.

최고인민회의 상임위원회도 구성되어 위원장에는 최용건이 재선되고 박정애가 내각에서 이동하여 서열 제1위의 부위원장이 되었으며 박금철도 부위원장을 겸임하게 되었다. 서기장에는 빨치산파 림춘추가 임명되었다. 다른 부위원장 3명(홍명희, 강량욱, 백남운)은 명예직이었다고 할 수 있다. 상임위원에도 빨치산파는 최현, 리영호, 김옥순 3명, 갑산계는 리효순(당부우원장), 김왈룡(직맹위원장) 2명이 들어갔다. 총 23명으로 구성된 상임위원회는 대개가 로동당 출신자로서 당정치위원 4명과 정치위 후보위원 2명을 포함하여 당중앙위원 12명, 후보위원 1명, 검사위원 2명이 들어갔다. 군소정당 출신자는 4명에 지나지 않았다. 종래 지녔던 통일전선적 성격을 상실하고 최고인민회의 상임위원회와 로동당의 일체화가 나타났다.[95]

김일성을 수상으로 하는 새로운 내각이 출범하였다. 제1부수상 김일을 비롯한 8명의 부수상과 35명의 각료, 부수상과 각료의 겸임자를 합쳐 총 40명의 명부가 발표되었다. 당정치위원 중 최고인민회의 상임위원장, 부위원장이 된 최용건, 박정애, 당내 조직부문과 대외부문을 담당하는 박금철, 리효순을 제외하면 전원이 부수상이며 정치위 후보위원으로부터는 리주연이 부수상에 임명되었다. 내각은 당정치위원회에 완전히 포괄된 모습이 되었다. 빨치산파는 부수상 서열 제1, 2위로 내각을 통할하는 제1부수상 김일, 군사부문을 담당하는 부수상 김광협, 각료 서열 제 1, 2, 3위로서 민족보위상 김창봉, 사회안전상 석산, 외무상 박성철이 요직을 장악하였다. 그 밖에 수산상에 최용진, 체신상에 박영순이 입각했지만 각료의 거의 전원이 전문관료들이었다.[96] 내각에 로

---

95) 『로동신문』 1962.10.24. 민주독립당의 홍명희, 근로인민당의 리만규, 민주당의 강량욱, 청우당의 박신덕 등 4명, 나머지 계응상, 리재복, 도유호는 저명한 학자였다.

96) 내각 명부는 『로동신문』 1962.10.24 게재.

동당 이외의 정당 출신자는 한사람도 없었다. 40명 중 5명을 제외한 전원이 당중앙위원, 후보위원, 검사위원 가운데 어딘가에 속했다. 당, 내각, 최고인민회의 상임위원회의 일체화가 완성된 것이다.

2 만주파의 당·군 장악과 당·군 일체화

1) 군내 연안계 및 소련계 숙청

1956년 8월 종파사건 이후 당내 연안계와 소련계 숙청의 폭풍우 속에서 1957년 8월 제2기 최고인민회의가 출범, 새롭게 내각을 구성하였다. 연안계 김두봉을 대신하여 최고인민회의 상임위원장에는 최용건이 취임하였다. 그 뒤를 이어 민족보위상에는 김광협, 부상에 김웅과 최현, 총참모장에 리권무가 각각 임명되었다. 다만 이것은 잠정적 조치에 지나지 않았다. 당내 연안계와 소련계의 중심인물들에 대한 숙청작업이 마무리 단계에 들어간 1958년 초부터 당내 숙청 바람은 군내에도 불기 시작하였다. 1958년 1월 말 총정치국장 최종학이 해임되고 전시에 군 정치장교로 있다가 전후에 문화선전부상을 역임한 뒤 당시 함경북도 당 위원장이던 당 중앙위 후보위원 김태근이 임명되었다.[97] 당중앙위 상무위원회는 직접 인민군 총정치국에 대한 검열에 착수하여 그 검열 결과를 발표할 기회를 인민군 창건 10주년 기념일인 1958년 2월 8일로 잡았다. 이에 맞추어 김일성이 현지지도를 위해 인민군 제324부대를 방문하였다.

이 부대에서 김일성은 이후 인민군의 기본 성격을 규정하는 인민군 창건 이래 가장 중요한 연설을 했다.[98] 우선 김일성은 인민군이 항일무장투쟁의 계승자라는 이전부터 해 오던 주장을 더욱 구체화했다. 그것은 "자산계급의 리익을 옹호하던 『독립군』이나 『의렬단』, 혹은 일본놈들과 한번 맞서도 보지 못하고 일본놈만 오면 달아나던 김두봉의 『독립

---

97) 『로동신문』 1958.1.30. 김태근의 약력에 대해서는, 『민주조선』 1956.11.29 참조.
98) 「조선인민군은 항일무장투쟁의 계승자이다―조선인민군 제324군부대 관하 장병들 앞에서 한 연설」, 『김일성선집(1960년판)』 제5권, 308~349쪽.

동맹』이나 『의용군』과 같은 "비맑스주의 군대"와는 구별되어야 하는 존재가 되었다. 계승해야 할 유일한 전통은 "맑스-레닌주의의 기발 밑에 근로인민의 리익을 옹호하여 투쟁한 항일유격대의 혁명전통"이 되었다. 이 기준에 따라 김일성은 인민군이 길주, 명천 농민운동을 계승해야 한다고 주장했다는 이유로 총정치국 부국장 김을규를 비판하였다. 이 농민운동은 무장투쟁으로 발전할 수 없었던 소작쟁의에 지나지 않았으며 오히려 모든 농민투쟁이 항일무장투쟁의 영향 아래 일어난 것이라고 반박하였다.

이어서 김일성은 인민군은 "당의 혁명적 무장력으로서 조선로동당에 의하여 조직된 군대"라고 선언하였다. 이것은 인민군은 "통일전선의 군대"라는 입장에 대한 공격이었다. 인민군 창건 당시 군내에 당 조직을 두지 않았다고 해서 인민군을 통일 전선의 군대라고는 할 수 없다고 주장하였다. 현재에는 두 개의 군대, 즉 자산계급의 군대와 노동계급의 군대밖에 있을 수 없으며 "자산계급의 군대도 아니요 로동계급의 군대도 아닌 그 어떤 중간군대"란 있을 수 없다고 단언하였다. 인민군은 청우당이나 민주당의 군대가 될 수는 없으며 인민군 내에는 로동당 이외의 다른 당 단체는 절대로 허용되지 않고 오로지 로동당에 의해서만 영도된다고 주장하였다.

더욱이 김일성은 위와 같은 "잘못된 이론"을 확산시킨 것은 "반당종파분자"라고 단정 짓고 그 중심인물들은 신민당 출신이라며 군내 연안계에 공격의 화살을 겨누었다. 군내에도 숙청 개시가 선언된 것이다. 숙청은 연안계뿐 아니라 소련계에도 미치고 있었다. 김일성은 군내 당 종파분자의 죄행을 철저하게 폭로, 규탄하지 않았다고 해서 총정치국장 최종학에게 그 책임을 물었다. 당중앙의 결정과 지시가 군내에 침투하지 않고 군내 당조직 체계도 잘 되어 있지 않기 때문에 많은 군관이 당의 통제 밖에 놓여져 있다고 비난하였다. 최종학에 대한 비판은 소련식 군내 정치사업 방식, 종래의 군사단일제(유일관리제)에 대한 비판이었다. 김일성은 민족보위성에서 사단, 연대에 이르기까지 '당위원회 제도'

를 마련한다고 하였다. 당내 반대파 숙청을 통하여 당 중앙을 완전히 장악한 김일성은 당 조직을 동원하여 군내 숙청작업에 착수한 것이다. 연설 말미에서 김일성은 "적들은 우리 군대를 내부로부터 와해시키려고 책동"하고 있기 때문에 군대의 규율을 강화하여 경계심을 높이고 "반혁명분자와 투쟁하며 반간첩투쟁을 강화"해야 한다고 경고했다. 숙청이 어떤 성격의 것일지는 이미 암시된 것이다.

1958년 3월 군내에 "반혁명폭동음모"가 적발되었다고 하여 평양 위수를 맡고 있는 제4군단장 장평산 이하 참모들이 체포되고 민족보위성 부상 김웅도 연루, 숙청되었다. 이후 군내 숙청은 반당 폭동음모와의 관련이라는 혐의를 구실로 진행되었다.[99] 3월 6일 그동안의 당내 숙청작업 및 종파주의를 총괄하는 당 제1차 대표자회가 열려 김두봉, 박의완, 오기섭 등이 숙청되고 군인으로는 김웅이 비판을 받았다.[100] 2일 뒤인 3월 8일 인민군 내 당 정치사업을 토의하기 위하여 당중앙위 확대전원회의가 소집되었다. 오직 군내 문제를 토의할 목적으로 당중앙위 전원회의가 열린 것은 창당 및 창군 이래 최초의 일이었다. 군내 '사상투쟁'을 위한 시범적 의미를 가지고 있는 이 회의에는 중앙위원 외에 많은 장교들도 참석했다. 당부위원장 박정애가 사회를 맡고 총참모장 김광협이 보고를 한 뒤 김일성이 결론을 맺었다. 김광협은 1956년 일부 부대에서 "군사 폭동음모"가 있었다고 정식으로 보고했다.[101]

---

99) 이 쿠데타 음모에 대해서는 꾸며냈다는 설이 지배적이다. 이에 대해서는 앞에서 인용한 여정의 수기에 자세히 기록되어 있다. 92~94·144~145쪽을 참조. 또한 林隱, 앞의 책, 224~225쪽 및 Scalapino & Lee, Communism in Korea Vol. 1, p. 622도 참조. 실제 쿠데타가 꾀해졌다는 설에 대해서는 한국일보사 편,『증언 : 김일성을 말한다』, 184쪽을 참조. 그러나 시기가 틀려 있으며 또한 같은 책에 나오는 유성철의 증언은 조작설을 취하고 있다.

100) 이 대표자회에서 한 김일성의 결론은『김일성선집(1960년판)』제5권, 359~393쪽에 수록되어 있다.

101) 이 회의의 모습에 관해서는, 여정, 앞의 책, 92~96쪽을 참조. 쿠데타 음모가 조작되었다는 설에 따르면 헝가리 폭동 직후인 1956년 겨울 평양 위수를 담당하고 있는 독립 제4군단이 민족보위상 명령에 따라서 폭동진압을 위한 긴급 군사동원

이 회의에서의 김일성의 결론이『김일성저작집(1980년판)』제12권에 수록되어 있다. 김일성은 당중앙위 상무위원회가 군내정치사업에 대한 검열을 실시한 결과, "반당분자들이 인민군대 내에도 수정주의의 사상적 독소를 적지 않게 뿌려 놓았다"는 것이 판명되었다고 하고 그것은 총정치국장 최종학을 비롯한 총정치국 내 일부 간부의 사상적 동요에서 기인한다며 다시 최종학에게 공격의 화살을 겨누었다. 인민군 내 당 사업이 '수정주의자', '반당분자'와의 사상투쟁을 전개하는 데서 전 당과 보조를 맞추지 않는다고 비난하고 당 정치사업을 개선하기 위해서 군내 당 조직체계를 개편하고 군내에 전반적으로 당위원회제도를 마련할 것을 주장하였다. 특히 부대의 조직편제, 훈련, 군사전법 등에서 "다른 나라의 것을 기계적으로 본 따서는 안 된다"고 하고 정치교양에서도 "교조주의를 철저히 반대해야 한다"고 강조했다.102) 이 결론에서는 아직 폭동음모에 대해서는 언급하고 있지 않지만 10월경부터 김일성은 김두봉, 최창익, 한빈, 리유민, 김민산 등이 폭동음모사건과 관련이 있다고 비난하기 시작하여 그 범위는 확대일로에 있었다.103)

군내 숙청은 1958년 말에는 고위간부에게, 그리고 1959년부터는 전 부대로 확대되었다. 요주의 인물에 대한 '사상검토'와 각급 부대에 대

계획을 작성했는데 이것이 쿠데타 음모로 탈바꿈한 것이라 한다. 이를 작성하기 위한 군사회의 참가자들은 빨치산파의 제5사단장 최민철을 제외하고 전원이 체포되었다고 한다. 위의 책, 93쪽. 더욱이 1956년 11~12월 총참모부가 대규모 기동훈련을 조직, 진행했는데 이 기동훈련이 나중에 무장 폭동음모로 조작되고 이 훈련의 총지휘관을 맡은 민족보위부상 김웅, 동원된 독립 제4군단사령관 장평산, 공군사령관 왕련 등이 체포되었다고 한다. 위의 책, 144~145쪽. 유사한 증언으로 김광협 주도에 의해 총참모부 수준에서 작성된 "폭동진압작전 계획서"가 김웅 주도하에 작성된 "쿠데타 계획서"로 조작되었다는 설명도 있다. 유성철의 증언,『증언: 김일성을 말한다』, 130~131쪽, 林隱, 앞의 책, 224~225쪽.

102) 김일성, 「인민군대 내 당정치사업을 개선 · 강화하기 위한 과업—조선로동당 중앙위원회 전원회의에서 한 결론」, 앞의 책, 160 · 174~175쪽.

103) 김일성, 「군인들 속에서 공산주의 교양과 혁명전통교양을 강화할 데 대하여—조선인민군 각급 군사학교 교원대회에서 한 연설」 1958.10.30,『김일성저작집』제12권, 573쪽.

한 '집중검열'이 일상적으로 이루어졌다.104) 체포, 숙청되거나 행방불명이 된 군인의 전체 수는 불명확하지만 증언이나 자료를 통해 판명된 군내 장성급 고위간부들은 다음과 같다.

> 연안계─민족보위부상 김웅(대장), 총참모장 리권무(상장), 부참모장 최인(중장), 총정치국 부국장 김을규(소장), 공군사령관 왕련(중장), 참모장 최아립(소장), 제2집단군 부사령관 심청(소장), 제4군단장 장평산(중장), 사단장 리익성(소장), 간부국장 리림, 소장 박창림, 김홍, 주연 등. 소련계─총정치국장 최종학(상장), 통신국장 리종인(소장), 군사과학국장 최원(소장), 해군참모장 김칠성(소장), 제4사단장 김만석(소장), 군단 군사위원 김철우(소장), 포병사령부 참모장 정학준(소장) 등.

대부분이 이중국적을 소지하고 있던 소련계 군인의 상당수는 소련으로 돌아가는 길을 선택하여 숙청비율은 연안계보다 매우 낮았다.105)

> 소련으로 망명 또는 자원 '귀국'한 사람들─ 작전국장 유성철(중장), 공병국장 박길남(소장), 병기국장 리황룡(소장), 군사교육처장 황성복(소장), 군단 군사위원 리춘백(소장), 김세학(소장) 등.

군내 연안계와 소련계 숙청이 만주파 군인들에게 상승의 기회를 준 것은 말할 필요도 없다. 더욱이 아직 소련과 중국과의 관계에서 대외적으로 표현되지 않았지만 김일성은 군을 완전히 독자적으로 통제할 수 있는 기반을 확보하였다. 그 제도적 표현이 인민군 당위원회의 설치이며, 이념적 표현이 군 정치사업에서 '교조주의' 비판이었다. 1958년 2월 중국 정부와의 협의하에 10월까지 중국인민지원군의 철수가 예정된 만

---

104) 사상검토와 집중검열에 관한 체험으로서 유성철의 증언, 『증언 : 김일성을 말한다』, 122~127쪽, 여정, 앞의 책, 141~158쪽.

105) 페레스트로이카 이후 생존자들의 증언을 통해 소련계 숙청자나 망명자의 신원이 거의 밝혀졌다. 중앙일보특별취재반 편, 『비록 : 조선민주주의인민공화국』, 중앙일보사, 1992, 177~184·369~373쪽. 연안계의 경우 아직 상당수가 불명이다. 여정, 앞의 책, 101~102쪽, 林隱, 앞의 책, 183~190쪽을 참조.

큼 6·25전쟁 당시 1950년 10월 조중연합사령부 체제가 만들어짐과 동시에 인민군 내에 당 단체가 설치되어 괴멸한 인민군이 재건된 이후 또다시 인민군의 재편이 시도된 것이다. 그러나 숙청에 따른 인적 교체, 당군 관계에서 제도적 전환, 군대 내 사상·정치사업 방식의 변화 등 점에서 보면 이러한 재편은 전쟁 당시보다 훨씬 철저한 것이었다.

2) 당·군관계의 전환과 인민군당위원회 설치

앞에서 언급한 바와 같이 1958년 3월 8일 당중앙위 전원회의에서 한 김일성의 결론은 인민군 내 당위원회 제도를 전면적으로 실시한다고 밝혔다. 이 회의에서는 군내 정치사업에 관한 결정서가 채택되고 그 조직적 조치를 당조직위원회에 위임한다고 하였다.106) 인민군 전체에 대해서는 '인민군당위원회'를 마련하여 당중앙위 상무위원회의 지도 아래 활동하도록 하고 군단, 사단, 연대에도 각각 당위원회를 설치하여 대대에는 초급당위원회, 중대에는 초급당단체를 조직하도록 하였다. 인민군당위원회는 집단군, 군단, 총정치국의 정치간부와 군사간부에 의해 구성하고 연대당위원회는 연대장과 정치부연대장도 망라하도록 하였다. 종래 군사단일제 원칙하에 각급 당위원회에는 부대장과 정치부대장이 포함되지 않았지만 새로운 제도에서는 모든 간부가 당위원회에 소속되고 당의 통제를 받게 되었다. 당위원회의 책임자는 정치부장도 될 수 있고 부대장도 될 수 있도록 정해졌다. 인민군당위원회의 토의와 결정에 따라 총정치국장이 활동하도록 하고 총정치국에는 인민군당위원회의 결정을 집행하는 의무밖에 주어지지 않도록 군당위원회의 사업부서와 위치가 부여되었다. 이와 같이 군단, 사단, 연대의 당위원회도 각급 부대의 정치부를 통제하게 되었다. 특히 군내 각급 당위원회에는 간부들의 당 생활에 대한 통제를 강화하여 모든 군사간부가 당의 통제를 받도

---

106) 여정, 앞의 책, 95~96쪽.

록 하는 권한이 부여되었다.107)

3월 중에 당조직위원회 확대회의가 열려 새로운 제도의 원칙이 확정되었다. 여기서 김일성은 '소련식 군사단일제'와 '중국식 정치위원제'가 북조선의 실정에는 맞지 않는나는 이유로 '이원제'를 실시하도록 제안하여 이원제가 채택되었다. 즉 최고사령관－민족보위상－총참모장－각급지휘관의 군사 명령계통, 당중앙위－인민군당위원회－총정치국의 당 명령계통을 병치(倂置)하는 원칙이었다. 김태근의 총정치국장 임명이 당내에서 공식화되었다. 이원제를 적용하기 위하여 군 외부에서 불러들인 것이다. 전 군의 모든 단위에 당위원회가 결성되고 선거사업이 진행되었다. 인민군당위원장에는 김광협, 부위원장에게는 김태근이 선출되고 빨치산 출신자가 있는 부대에는 그들이, 그렇지 않은 경우에는 정치책임자가 당위원장에 뽑혔다.108) 정치부책임자가 아닌 군사지휘관도 당위원장이 될 수 있도록 정한 것은 야전지휘관이 많은 빨치산 출신자들을 위한 배려였을 것이다. 군내 숙청과 관련 군내 정치간부직에 다수 진출하고 있는 연안계 군사간부를 교체 및 통제하려는 의도가 개입된 것이 분명하였다.

그러나 새로운 이원제는 명령계통의 혼란을 가져오고 군내규율을 어지럽혔다.109) 숙청의 영향도 적지 않았을 것이다. 1958년 10월경 수습을 위해 빨치산 출신으로서 당시 베트남 주재대사인 당중앙위 후보위원 서철이 군에 복귀하여 총정치국장(중장)에 임명되었다.110) 당을 가지고 군을 통제한다고 하는 원칙에서 군 경험자이더라도 군 외부에 있는 당 간부를 임명하여 여전히 이원제는 고수하려 한 것이다. 서철이 총정치국장에 임명됨에 따라 김일이 1950년 10월 민족보위성 문화부

---

107) 김일성, 「인민군대 내 당정치사업을 개선·강화하기 위한 과업－조선로동당 중앙위원회 전원회의에서 한 결론」, 앞의 책, 166~168쪽.
108) 여정, 앞의 책, 96쪽.
109) 위의 책, 96쪽.
110) 『로동신문』 1958.10.18.

상에서 해임된 이후 처음으로 만주파가 군의 정치책임자가 되었다. 항일빨치산투쟁의 혁명전통을 계승하기 위한 군내 정치사상 교양도 본격화되었다. 그러나 군내 당위원회제도가 정착하는 것은 1960년에 접어들어서였다. 이른바 '청산리 방법'을 농촌에, '대안의 사업체계'를 공장에 적용하여 전국적으로 '당위원회에 의한 일원적 통제체제'를 시행하게 되지만 우선 시험적으로 군내에 당위원회에 의한 일원적 통제제도를 실시해 보게 된 것이다.

1960년 3월 민족보위성 부상(중장)인 허봉학이 상장으로 진급하여 총정치국장에 임명되었다. 야전지휘관 출신인 그는 만주파의 새로운 군내 실력자였다. 군내 당 간부직도 만주파가 장악한 이상 외부에서 당간부를 불러들여 군을 통제할 필요는 없어진 것이다. 9월 8일 '조선로동당 인민군위원회'의 전원회의확대회의가 소집되어 군내 정치사업에 관해 토의되었다. 이 회의에서 김일성은 다음과 같이 당과 군의 관계를 전면적으로 재규정하였다.111) 군대는 "로동자, 농민, 근로인텔리들의 군사적 군중조직"이고 다른 대중조직과 같이 당의 지도 밑에서 존재할 수밖에 없다. 인민군은 "당의 혁명적 무장대오"이다. 군대에서 최고조직은 당위원회이다. 사단에서는 사단당위원회, 군단에서는 군단당위원회가 최고조직이며 사단장의 사단이나 군단장의 군단이라고 하는 것은 있을 수 없다. 민족보위상은 "당중앙위원회의 군사부장", 총정치국은 "군대 내 당 조직들을 지도하는 당중앙위원회의 조직부"에 비유할 수 있다. 군대 내 당위원회는 "집체적인 군사정치적 령도기관"이다. 군사, 정치, 간부, 후방, 문화, 안전사업 등 모든 사업을 당위원회의 지도 아래 진행하여야 한다. 당위원회에서 토의한 뒤 군사문제는 군사지휘관의 명령에 의해, 정치문제는 정치지휘관의 명령에 의해 하달하고 다른 사업도 전부 같은 절차에 의해 처리해야 한다. 군내 당위원장은 군사간부가 해도 정치간부가 해도 좋으며 반드시 정치부장이 한다는 원칙은 있을 수 없

---

111) 김일성, 「인민군대 내에서 정치사업을 강화할 데 대하여」, 『김일성저작집』 제14권, 345~383쪽.

다. 이와 같이 김일성은 군에 대한 당의 지도를 극도로 강조하였다. 군
내 반당종파분자들은 군대에 대한 당의 지도를 거부하는 자들이고 최종
학, 김을규, 김웅 등은 이 점에서 같은 부류였다.

김일성이 북조선 독자의 제도로 내놓은 낭위원회에 의한 군몽세세
도는 사실상 1956년부터 중국에서 실시되어 온 "군중당위제도"(軍中黨
委制度)에 기초를 둔 "당위원회의 집단적 지도하의 분담책임제"(黨委集
體領導下的首長分工負責制)를 참고로 한 것이다.112) 이것은 상호 대
립적 관계에 있는 군사단일제와 정치위원제를 당위원회라는 집단적 지
도체계 속에 융합시키는 의미를 가지고 있었다. 단지 군사간부와 정치
간부를 확실히 구분해 온 종래의 분업적인 통제관계가 당위원회를 통하
여 뒤섞임으로써 무너질 수 있는 가능성도 안고 있었다. 허봉학의 총정
치국장 취임이 그것을 상징하고 있었다.

제4차 당대회에서 개정된 당 규약은 제8장에 별도로 '조선인민군 내
당 조직'에 관한 규정을 두고 있다.113)

> 제66조 : 조선인민군은 조선로동당의 무장력이다. 조선인민군내에 산하의
> 각급 당 조직을 유일적으로 망라하는 조선인민군당위원회를 조직
> 한다. 조선인민군 당위원회는 조선로동당중앙위원회에 직속하여
> 그 지도 밑에 활동한다.
> 제67조 : 조선인민군내의 각급 당조직은 당중앙위원회가 비준한 지도서에
> 따라서 활동한다. 조선인민군내의 당사업을 조직 · 집행하기 위해
> 서 조선인민군 총정치국을 설치한다.
> 제68조 : 조선인민군내의 각급 당조직은 지방당조직과 사업상 연계를 강화
> 해야 한다. 조선인민군의 각급 당위원회는 필요한 경우에 해당 당
> 위원회의 위원 또는 간부를 주둔지역의 도(직할시), 시(구역), 군
> 당위원회의 위원 또는 후보위원에 추천할 수가 있다.

---

112) 川島弘三, 『中國党軍關係の研究(上)』, 慶応通信(東京), 1988, 129~191쪽. 항일전
　　쟁기인 1929년 마오쩌뚱에 의해서 창안 · 채택된 이 제도는 1931년 '정치위원
　　제'가 실시됨에 따라 개폐되었지만 1956년 이후 본격적으로 실시되기에 이르
　　렀다.

113) 「조선로동당규약」(제4차 당대회 개정), 『북한총람: 1945~68』에 수록, 678쪽.

군에 당의 무장력으로서의 위치가 부여되고 있고 인민군당위원회가 당중앙위원회에 직속한다고 규정되어 있지만 이것은 아직 완전한 의미에서 당에 의한 군 통제라고는 할 수 없는 내용이었다. 인민군당위원회는 어디까지나 군인으로 구성된 군내 당조직으로 군인 이외의 당간부가 들어갈 수 없고 그 자율성이 유지되고 있었기 때문이다. 당중앙위를 만주파가 장악하고 있는데도 별도로 당중앙위원회에 군통제조직을 만든 것은 옥상옥(屋上屋)이 되기 때문이었을지도 모른다.

군사부문에서 최고의사결정기구로서 '당군사위원회'가 설치된 것은 1962년 12월 당중앙위 제4기 제5차 전원회의였다. 이 회의에서는 "전체 인민이 무장하고 우리의 방위력을 철벽같이 강화하며 우리의 온 강토를 란공불락의 요새로, 진지로 전변시킬 것", "인민군대를 간부군대로 육성할 데 대한 당의 방침을 관철함으로써 인민군대열을 정치사상적으로, 군사기술적으로 더욱 강화할 것"이 강조되고, "전체 당원들과 근로자들은 한 손에 무기를 들고 다른 한 손에 낫과 망치를 들고 원쑤들의 침해로부터 우리의 거리와 마을, 우리의 사랑하는 향토를 믿음직하게 보위하면서 사회주의를 더욱 성과적으로 건설하여야 한다"고 결의했다. 이에 따라 "경제발전에 있어서 일부 제약을 받더라도 우선 국방력을 강화하여야 한다"는 방침을 결정하였다.114) 소위 '4대 군사노선'이 제시되어 경제건설과 군사력 강화의 병진정책이 채택된 것이다.115) 이러한 정책의 전환은 한편으로 남한에서 군사쿠데타 발생과 군사정권 수립, 한일국교정상화 움직임에 대응한 것이고, 다른 한편으로는 중소 대립의 표면화와 쿠바 미사일위기에 대한 소련의 자세 등 외적 정세에 대한 대응이었다. 뒤에서 설명하겠지만 그 이면에는 6·25전쟁 이래 군의 비대화, 만주파의 당·군 장악에 따른 당과 군의 일체화가 가로놓여 있었다.

당군사위원회는 중앙뿐 아니라 지방의 도, 시(구역), 군까지 조직되

---

114) 「당중앙위원회 제4기 제5차 전원회의에 관한 보도」, 『로동신문』 1962.12.16.
115) 4대 군사노선은, '전 인민의 무장화', '전 국토의 요새화', '전 군의 간부화', '무기의 현대화'로 요약된다.

었다. 도, 시(구역), 군 당위원회에 군사위원회가 설치되고, 해당 당위
원장이 위원장을, 현역군인(도의 경우, 대좌)이 부위원장을 담당하게
되어 당·군관계의 기본골격은 여기서 완성되었다고 할 수 있다.116)
당중앙군사위원회는 인민군, 군사동원, 군수산입 등 군사정책 전반에
걸친 최고의사결정기구로서 한편으로는 인민군당위원회를 통하여 인민
군을 지휘하고 다른 한편으로는 지방당군사위원회를 통하여 로농적위
대를 지휘하는 일관된 통제체제를 갖추게 되었다.117)

3) 군사부문에서 민족주의의 강조

군내정치사업에 있어서의 전환은 세 단계로 추진되었다. 첫째로 교
조주의 비판, 즉 소련 비판이었다. 이것은 당정치사업 방식뿐만 아니라
부대의 조직편성, 전법 등 군사부문 전반에 걸쳐 소련식에 대한 청산을
의미하였다. 1958년 초부터 김일성은 가는 곳마다 최종학을 비판하고
군대 내 유일관리제도 소련의 것을 교조적으로 받아들인 것이며 교육체
계나 영창제도조차도 그대로 본 딴 것이라고 비난하였다.118) 예컨대
"1954~55년경에 어떤 나라 사람들은 최종학을 통하여 인민군대 신문
에서『미국침략자들을 소멸하라!』라는 구호를 없애자는 의견을 제기"해

---

116) 당군사위원회에 관한 조항은 1970년 제5차 당대회에서 개정된 규약에 담겨 있다.

117) 1969년 1월 인민군당위원회 제4기 제4차 전원회의에서 군내 만주파 일부가 숙
청된 것과 관련, 군내 당통제체제는 더욱 강화되었다. 당비서국에서 각급 부대
에 '정치위원'이 파견되어 기존의 통제체제에 새로운 통제선이 추가되었다.『북
한총람』, 북한연구소, 1983, 1469쪽. 이 숙청을 계기로 만주파 내에서도 제1로군
계가 부상했다고 하는 설이 있다. 和田春樹,『金日成と滿洲抗日戰爭』, 平凡社
(東京), 1992, 377~379쪽.

118) 김일성,「인민군대 내 당정치사업을 개선·강화하기 위한 과업―조선로동당 중
앙위원회 전원회의에서 한 결론」,『김일성저작집』제12권, 160·174~175쪽.「인
민군 내 당정치사업에서 교조주의를 반대하고 주체를 세울 데 대하여―인민군
군단 이상 군사, 정치 일군들과 한 담화」1959.5.16,『김일성저작집』제13권,
295~306쪽.

왔지만 당중앙위원회는 이것을 "단호히 거부하였다"고 밝혀 소련의 평
화공존정책을 적용하기를 거부하였다.119) 김일성은 소련계를 과거 식
민지시대 공산주의운동 당시 "이르꾸쯔크파"의 후손으로서 소련에 들어
갔다 해방 후 다시 조선에 나온 사람들이라고 간주하고 연안계를 같은
식민지시대의 "엠엘파"가 연안에 들어가 종파활동을 계속한 사람들이라
고 단정했다. 특히 연안계는 "대부분은 일제군대에 뽑혀 갔다가 중국팔
로군에게 포로된 자들이며 그 나머지는 민족주의자들로서 적공선전대
에 들어가 남의 만투나 얻어먹다 온" 사람들이라 중상하고 "연안에서 나
온 엠엘파는 다른 대국주의자들에게 아부하기 위하여 우리 민족의 자부
심을 거세"하려 했으며 "소련에서 나온 이르꾸쯔크파도 그러한 야심을
가지고 있었다"고 비방했다.120)

소련과의 관계에 대해서도 "교조주의를 반대한다고 해서 소련과의
단결이 약화되지 않는다", "큰 나라 사람들도 과오를 범할 수 있다", "소
련과 단결한다고 하여 모든 것을 소련사람들이 하는 대로 따라 갈 수는
없다"고 직접 언급하기 시작했다.121) 아직 중소분쟁이 전면화되어 국
제공산주의 내에서 소련 노선 자체를 문제 삼을 정도로까지 소련과의
갈등이 표면화되기 이전 단계로, 비판은 국내 소련계의 행동과 국내 전
반의 소련에 대한 자세, 그리고 소련의 대북조선 정책에 한정되어 있고
김일성의 발언도 당시 공식매체에까지 활자화되지는 않았다. 그러나 대
내적으로는 독자적인 군사노선을 걷는다는 것을 선언한 것이다.

둘째 군내 정치사상교육, 즉 공산주의 교양, 계급 교양을 강화했다.
이는 전 사회의 사회주의적 개조가 추진되는 가운데 군도 그 예외일 수
없음을 뜻하는 정책이었다. 인민군은 사회주의개조작업의 추진자인 당

---

119) 김일성, 「인민군 내 정치사업을 강화할 데 대하여」, 『김일성저작집』 제14권,
377쪽.

120) 김일성, 「인민군대는 공산주의학교이다―조선인민군 제109군부대 군인들과 한
담화」 1960.8.25, 앞의 책, 273~274쪽.

121) 위의 책, 294~295쪽.

의 '무장력'으로서 위치가 부여되어 그 첫째 임무는 "사회주의 전취물"을 지키고 "사회주의와 공산주의를 향하여 나아가는 인민"을 보위하는 것이 되었다. 김일성은 사회주의제도를 무력으로 보위하기 위해서는 장교와 병사는 "자기 머리를 사회주의, 공산주의 사상으로 개조해야 한다"고 역설했다.122) 1960년 8월부터 이른바 '붉은기중대운동'이 전개되었다. 지금까지 군사면을 중심으로 한 부대간 경쟁포상제도인 '모범중대운동'이 실시되어 왔지만 이것을 "한 계단 더 높은 공산주의 교양을 위주로 하는" 운동으로 전환시킨다는 것이었다. 당시 전 사회적으로 추진되고 있던 '천리마운동'을 군으로 확대하는 것으로서 "한사람도 뒤떨어진 사람이 없도록 다 공산주의사상을 가진 사람으로 교양 개조한다"는 것이 목표였다. "집단적으로 생활하는" 군대는 군인이 "정치적으로 단련하는 공산주의학교"에 비유되었다.123)

셋째 항일무장투쟁의 전통을 '혁명전통'으로 승격시켜 '소련식'을 대체하는 공산주의 교양의 정신적 내용으로 삼는 것이었다. 이리하여 항일무장투쟁은 군의 범위를 넘어서 로동당의 혁명전통의 중심에 놓여지고 당연히 당의 무장력인 인민군도 항일무장투쟁의 계승자가 되었다. 종래는 김일성이 인민군의 창건자이고 항일무장투쟁 출신자가 '인민군의 골간'이기 때문에 인민군이 항일무장투쟁의 계승자라고 말해졌다. 이제 김일성은 "항일유격투쟁을 한 사람이 있든지 없든지 간에 인민군대는 항일유격투쟁의 계승자"라고 주장하였다. 혁명전통을 계승한다는 것은 항일유격대의 '사상체계', '사업방법', '사업작풍'을 계승하는 것을 뜻하게 되었다.124)

매년 인민군창건 기념일을 전후해서 공식매체에 등장하는 군에 관한

---

122) 김일성, 「군인들 속에서 공산주의 교양과 혁명전통교양을 강화할 데 대하여 — 조선인민군 각급 군사학교 교원대회에서 한 연설」 1958.10.30, 『김일성저작집』 제12권, 566~567쪽.
123) 김일성, 「인민군대는 공산주의학교이다」, 앞의 책, 265·282~283쪽.
124) 김일성, 「조선인민군은 항일무장투쟁의 계승자이다」, 앞의 책, 64~65쪽.

논조에도 변화가 보이기 시작했다. 1956~57년은 북조선 건국 이래 최대의 정치적 격동기에 해당한다. 소련공산당 제20차 대회에서 스탈린 비판의 여파가 북조선에도 파급되어 이것을 계기로 하여 전후 사회주의건설과정에서 누적되어 온 당내 불만이 표면화하고 개인숭배 비판 등 다양한 의견이 분출되기 시작하였다. 군내에도 이러한 분위기가 확산되어 앞에서도 김일성이 비판한 바인, 인민군은 "통일 전선의 군대", "길주, 명천 농민투쟁의 계승자", 또는 "독립군과 의열단의 무장투쟁을 계승하고 있다"는 등 다양한 주장들은 이때 표명되었다. 이러한 배경하에서 1956년 8월 23일 당중앙위 전원회의에서 윤공흠, 최창익, 박창옥 등 일부 연안계와 소련계에 의해 김일성 비판이 꾀해졌지만 실패로 끝나고 역으로 그들이 당에서 숙청되는 결과가 되었다. 소련과 중국은 미코얀과 펑떠화이를 파견하고 수습을 꾀하여 9월 전원회의에서 3명의 복당(復黨)이 인정되었으나 10월 헝가리 동란의 발생과 동시에 정세가 급변, 1956년 말 다시 숙청이 개시되어 1957년 3월부터 본격화되어 갔다.

그런데 1957년 3월부터 당내에 불기 시작한 숙청의 회오리도 1958년 초까지는 군 내부에는 미치지 않고 있었다. 1957년 2월에는 아직 군내에 비판적 분위기가 살아 있었다고 보아도 좋을 것이다. 1957년에 『인민』지는 폐간되었고 『근로자』 1월호에만 포병사령관 김봉률이 기념논문을 실었다. 인민군을 사회주의건설과정에 맞추어 '혁명의 전취물'과 '혁명의 리익'을 보위하는 '혁명적 군대'로 규정하는 표현이 새롭기는 하지만 논리의 기본구조는 이전과 동일하였다.125) 그러나 『로동신문』 2월 2일자에 게재된 만주파 최현(상장)과 『민주조선』 2월 6일자에 게재된 연안계 최인(중장)의 논문에는 인민군은 "우리의 애국선렬들과 항일빨치산의 혁명전통을 계승"했다고 되어 있다. 기존의 논조와는 달리 소련과의 관계는 전혀 언급하지 않았지만 동시에 항일빨치산의 혁명전통도 창군이념의 일부로 위치시키는 표현이었다.126) 『로동신문』 2월 7일

---

125) 김봉률, 「조선인민군은 민족의 보위자이며 혁명의 보위자」, 『근로자』 1957.1,
   30~31쪽.

에 게재된 연안계 김창덕(소장)의 논문에는, "조선로동당은 인민무장력 건설에 관한 레닌적 원칙과 소비에트 군대의 선진경험, 그리고 항일유격투쟁의 실제경험에 기초하면서 조선인민군을 창건"하고 "조선인민군은 우리 인민의 애국적 전통, 특히 조국청사에 길이 빛날 김일성원수 항일빨치산의 애국적 혁명전통을 직접 계승한 혁명군대"라고 쓰여 있다. 기존 논조와의 절충적 표현이었다. 대신에 김일성 유격투쟁에 관해서는 별도로 길게 기술하였다.127)

그런데 총참모장 김광협은 2월 8일 인민군창건 제9주년기념 경축대회에서 한 보고를 통해 소련의 역할은 언급하지 않고 인민군은 "우리 선렬들의 애국전통, 특히 항일무장투쟁의 혁명적 애국전통을 직접 계승했다"고만 말했다.128) 『로동신문』과 『민주조선』 2월 8일자의 사설도 거의 비슷한 내용으로 되어 있다. 이 2월 8일자 논조가 군내의 주류를 이루고 있었다고 할 수 있다.129) 미묘한 표현의 변화로부터 군내 여러 의견의 분출을 감지할 수 있으며 그 주된 내용은 '애국적 혁명전통'의 강조라는 민족주의적 요구였다. 이러한 분출에 따라 소련과 인민군을 관련시키는 논조는 쇠퇴하였으나, 동시에 김일성 항일유격투쟁도 애국적 전통의 일부로 간주하지 않을 수가 없게 된 것이다. 특히 인민군창건과 혁명전통의 관계에 관한 이전과 다른 포괄적인 표현은 다양한 전통을 포함한다는 뜻을 함축하고 있고, 만주파의 최현과 김광협 조차도 이러한 표현을 쓴 것은 그 분출의 기세가 상당히 강했음을 반영하고 있었다. 일례로서 주목해야 할 것은 『민주조선』 2월 8일자에 갑오농민전쟁에 관한

---

126) 최현, 「조선인민군은 조국보위의 초소에 굳게 서 있다」, 『로동신문』 1957.2.2, 최인, 「평화의 믿음직한 초병」, 『민주조선』 1957.2.6.

127) 김창덕, 「조선인민군은 애국적 혁명전통을 계승한 진정한 인민무력이다」, 『로동신문』 1957.2.7. 앞에서 서술했듯이 김창덕은 박일우와 방호산 숙청에서 일정한 역할을 한 인물이다.

128) 『로동신문』 1957.2.8.

129) 「사설－우리 조국의 믿음직한 수호자」, 『로동신문』 1957.2.8, 「사설－인민군은 혁명적 전취물의 믿음직한 보위자」, 『민주조선』 1957.2.8.

논문이 게재되어, 이 전쟁 중에 "유격전이 전개"되어 "1905~07년 반일 의병무장투쟁은 갑오농민전쟁의 혁명적 전통과 경험이 교훈이 되었다"고 서술한 것이다.130) 항일무장투쟁의 전통을 더 과거로 거슬러 올라가 폭넓게 규정하고자 하는 움직임의 일각이었을 것이다.

그러나 그동안 억눌려 잠재되어 있던 요소가 되살아남에 따라 생긴 1957년 2월까지의 논조 변화는 막간극에 지나지 않았다. 앞에서 서술한 바와 같이 1958년 초부터 총정치국에 대한 중앙의 검열을 기점으로 군내의 사상적 단속이 개시되었다. 1월 24일자『민주조선』에는 포병사령관 김봉률이「조선인민군은 김일성원수 항일빨치산의 혁명적 애국전통을 계승한 군대」라는 제목의 논문을 발표했다. 1년 전에『근로자』에 실은 글과는 완전히 논조가 달라져 인민군의 창건이념은 김일성항일무장투쟁으로 단일화되고, 동시에 소련의 역할에 대해서는 전혀 언급하지 않았다. 그는 최종학에 이어 소련계 군인을 대표하고 있었던 만큼 의미심장한 내용이었다.131) 1월 24일과 25일자『로동신문』에는 인민군에 관한 선전활동의 지침이라고 해야 할 강연자료가 게재되었다.132)

1월 30일자『로동신문』에 총정치국장 명의로 김태근이 논문을 게재한 것은 최종학이 해임되어 그를 대신한다는 것을 알리는 신호였다. 김태근은 인민군은 "김일성동지의 직접적 지도 밑에 조선로동당에 의해 창건"되었고, 로동당은 인민군을 창건함에 있어서 "우리나라의 혁명적 인민무력의 첫 대오인 김일성원수의 항일빨치산을 그의 기본 토대로 하였다"고 썼다. 김일성-로동당-항일무장투쟁-인민군을 하나로 잇는 기본도식이 만들어졌다. 역시 소련에 대해서는 언급하지 않고 대신 "사회주의적 애국주의"가 강조되었다. 또한 주목해야 할 것은 인민군이 "인

---

130)「조선인민의 해방투쟁사상에 빛나는 혁명적 갑오농민전쟁」,『민주조선』 1957.2.8.

131)『민주조선』 1958.1.24. 소련계 군인 중에는 이 김봉률과 김학인, 두 사람만이 숙청으로부터 살아남아 활동하였다.

132)「강사・선전원에게 주는 참고자료-영웅적 조선인민군 창건 10주년에 제하여」 (1)・(2),『로동신문』 1958.1.24~25.

민민주주의독재의 도구"라고 규정된 점이다.133) 2월 1일호『근로자』에
는 최종학의 논문이 게재되었다. 이제 막 총정치국장직에서 해임된 직
후로 김일성으로부터 전면적인 비판을 받기 직전 시점이었다.134) 김태
근이 제시한 기본노식이 되풀이 되고 김일싱의 항일무장투쟁의 역힐에
관해 길게 기술되었다. 인민군 창설을 "인민민주독재의 강화"와 결부시
켜 군을 "계급투쟁의 도구이며 당의 정치적 임무를 충실히 수행하는 무
장집단"이라고 규정했다. 더욱이 당이 "최창익, 박창옥을 비롯한 반당
반국가적 종파분자들을 폭로・분쇄하면서 그들의 영향을 반대하여 결
정적으로 투쟁"했으며 전체 군인들이 "반당 반국가적 종파분자들을 반
대하고 당대렬의 통일과 순결성을 위한 투쟁을 지지하여 한 사람 같이
나섰다"고 인정했다. 당중앙의 검열에 대한 자기비판의 성격이 짙은 내
용이었다.135)

또한『근로자』지 같은 호에는 총참모장 리권무가「쏘베트 군대 창설
40주년에 제하여」라는 논문을 발표했다. 로동당은 "조선인민군을 건설
함에 있어서 쏘베트 군사과학의 제 원칙과 쏘베트 군대건설의 경험들을
우리나라 실정에 맞게 창조적으로 적용하였다"고 썼다.136) 이것은 소
련계 군인을 대표하는 최종학의 논문 속에서 소련에 관하여 간단하게만
언급한 것과 논리적 연장선상에 있는 논조로 인민군과 소련의 영향과의
관계를 새롭게 재규정한 것이다. 민족보위상 김광협이 인민군 창건 10
주년 기념대회에서 한 보고나 만주파의 군단장 최광이 2월 7일자『민주
조선』에 게재한 논문, 2월 8일자『로동신문』사설 등에도 같은 논조가
되풀이되었음은 말할 필요도 없다.137)

---

133) 김태근,「조선인민군은 사회주의적 애국주의 사상으로 무장한 불패의 무력」,
『로동신문』1958.1.30.

134) 1월 21일자 국기훈장 제1급의 수여자 명부에는 최종학이 두 번째로 들어가 있었
다. 발표는 거의 2주 후에 이루어졌다.『로동신문』,『민주조선』1958.2.6.

135) 최종학,「조선로동당은 조선인민군의 창건자이며 그의 승리의 조직자」,『근로
자』1958.2, 15~19쪽.

136)『근로자』, 앞의 글, 31~32쪽.

서철이 총정치국장에 임명되고 나서 맞이한 1959년의 인민군 창건 제11주년에는 어느 해보다도 김일성항일무장투쟁의 혁명전통이 전면에 내세워졌다. 서철이 1월 15일 간행『근로자』에 게재한 논문은「조선인민군이 계승한 혁명적 전통」, 2월 1일자『로동신문』에 발표한 논문은「조선인민군은 항일무장투쟁의 빛나는 혁명전통을 계승한 인민의 무력」, 김봉률이 2월 7일자『민주조선』에 실은 논문은「조선인민군은 영광스러운 항일빨치산의 혁명전통의 계승자」로서 제목이 나타내는 것처럼 내용은 김일성의 항일무장투쟁 일색이었다. 기념 경축대회의 보고도 서철이 담당했다.138) 창군이념의 일원화, 순화작업은 이 시점에서 완료되었다.

1958년 8월에 농업집단화가 완료되자 전 사회의 사회주의적 개조에 맞춰 인간의 정신적 개조를 위한 '공산주의 교양'을 강화하는 조치가 취해진다. 김일성이 1958년 11월 20일 전국 시·군당위원회 선동원들을 위한 강습회에서 한 연설「공산주의 교양을 위하여」가 기본 문헌이 되고 "당원들과 근로자들 속에서 공산주의 교양을 강화하자!"가 주요 구호가 되었다.139) 당부위원장 김창만, 선전선동부장 김도만, 과학 및 학교교육부장 하앙천이 주도하여 12월 1일에는 전국 출판보도관계자 열성자대회, 5일에는 전국작가예술인협의회가 열려 이 사업에 박차가 가해졌다.140) 이미 같은 해 10월 30일 조선인민군 각급 군사학교 교원대회에서는 김일성이 연설을 통하여 공산주의 교양과 혁명전통교양을 결부시켜 실시하도록 촉구하였다.141) 그리고 12월에 직업동맹 중앙위 상

---

137)「조선인민군 창건 10주년 기념 평양시 경축대회에서 한 김광협 대장의 보고」,「사설―조선인민의 불패의 무장력」, 각각『로동신문』1958.2.8, 최광,「조선인민군의 찬란한 승리의 역사」,『민주조선』1958.2.7.

138)「조선인민군 창건 11주년 기념 평양시 경축대회에서 한 서철 중장의 보고」,『로동신문』,『민주조선』1959.2.8.

139)「공산주의 교양의 강화를 위하여」,『로동신문』1958년 12월 7일 사설 및 11월 19일, 26일의 관련 기사.「공산주의 교양의 강화를 위하여」,『민주조선』12월 8일 사설 및 4일, 6일의 관련 기사.

140)『로동신문』1958.12.3·7.

141) 김일성,「군인들 속에서 공산주의 교양과 혁명전통교양을 강화할 데 대하여」,

무위원회는 근로자 속에서 혁명전통교양을 강화하는 결정을 채택하여 생산노동현장의 대중선전사업과 연결시켰다. 1958년 말에서 59년 상반기까지 전국의 모든 기관, 기업소, 농업협동조합, 학교에 '김일성원수 혁명활동 연구실'이 설치되고 혁녕선동교양을 위한 학습, 토론이 추진되었다.[142] 1959년 3월부터 본격화되는 '천리마작업반운동'에서는 "천리마 기수들은 우리 시대의 영웅이고 당의 붉은 전사"라고 불렸지만 이 천리마 기수의 모범은 형상화된 '항일빨치산전사'였다.

1959년 2월 4일 '김일성원수 항일빨치산투쟁 혁명전적지 청년학생 답사대'가 김일성대학 등 7개 대학 학생으로 선발되어 기념비와 추모탑 건립, 숙영지 복구를 위한 준비에 착수했다.[143] 1959년 5~9월 빨치산 참가자인 당중앙위 부장 박영순을 단장으로 하는 '항일무장투쟁답사단'이 조직되어 전적지 170개소를 답사, 주민과의 인터뷰 및 사료수집 작업이 전개되었다.[144] 1961년 1월 24일 기존의 조선혁명박물관이 항일무장투쟁을 중심으로 새롭게 정비, 개관되었다.[145] 1960년 4월 15일 김일성의 생일에는 평양 시내 1만 명의 소년단원들이 김일성 생가 만경대에 모여 혁명전통학습을 위한 모임을 가졌다.[146] 1959년 6월부터 『항일빨치산참가자들의 회상기』가 간행되기 시작했다. 1969년까지 전10권이 간행된 이 시리즈는 혁명전통교양과 공산주의 교양의 교과서 역할을 하였다. 1957~60년 동안에 『항일빨치산참가자들의 회상기』제1~4권을 비롯하여 111종 9,581만 부의 혁명전통교양자료가 보급되고 1961년에는 『항일빨치산참가자들의 회상기』만 810만 부가 보급되었다.[147]

앞의 책, 560~579쪽.

142) 『조선전사』제29권, 171쪽. 주관옥, 「공산주의 교양을 실생활과의 련계 속에서 진행하기 위하여」, 『로동신문』12월 13일 논설, 11월 19일, 26일, 12월 28일의 관련 기사.

143) 『민주조선』 1959.2.5.

144) 『로동신문』 1959.11.30.

145) 『로동신문』 1961.1.25.

146) 『로동신문』 1960.4.16.

인민군 창군이념의 일부로 시작된 항일무장투쟁의 전통은 유일의 창군이념, 유일의 로동당 창당이념이 되었고 나아가 '건국이념'으로서 정식화되었다. 1961년 9월 제4차 당대회에서 개정된 당규약 전문에는 "조선로동당은 조선공산주의자들이 항일무장투쟁에서 만들어 낸 영예로운 혁명전통의 직접적 계승자이다"라고 규정되었다.148) 채택된 결정서는 "근로자들에 대한 공산주의 교양은 혁명전통과 결부되어야 한다. 장구한 기간 모든 간난신고를 겪으면서 일제를 반대하여 싸워 이긴 항일빨치산들의 투쟁과 생활은 근로자들을 영웅적 투쟁으로 고무하는 산 모범으로 되며 특히 혁명의 간고성을 체험하지 못한 젊은 세대들을 혁명정신으로 교양하는 가장 훌륭한 교과서가 된다"고 하였다.149)

4) 만주파의 군 장악과 당·군 일체화

소련계와 연안계 숙청은 용이한 작업이 아니었다. 군내 세력을 재편하는 데에는 1958년 3월부터 59년 말까지 거의 2년 가까운 시간이 소요됐다. 1956년 4월 제3차 당대회 당시 세력분포에서는 만주파가 당내에 상당히 진출하고 있었지만 숙청 직전까지 군내 연안계와 소련계의 비중도 만만치 않았기 때문이다. 조선인민군 창건 10주년을 기념하여 장령(장성)과 군관(장교)에 수여한 1958년 1월 21일과 2월 5일의 훈장수여자 명단은 그러한 사실을 반영하고 있다.150) 우선 1월 21일의

---

147) 『조선중앙연감 : 1961년』, 234쪽, 『조선중앙연감 : 1962년』, 286쪽.

148) 「조선로동당규약」(제4차 당대회 개정), 『북한총람』, 672쪽.

149) 「조선로동당 중앙위원회 사업총결 보고에 대한 결정서」, 『조선로동당 제4차 대회 주요문헌집』, 조선로동당출판사(평양), 1961, 204~205쪽.

150) 각각의 명부는 『민주조선』 1958년 2월 6일, 2월 9일에 게재되었다. 만주파의 분류에 대해서는, 和田春樹, 『金日成と滿洲抗日戰爭』에 의거하였다. 연안계와 소련계에 대해서는, 여정, 앞의 책, 林隱, 앞의 책, 유성철의 증언, 『증언 : 김일성을 말한다』, 중앙일보사 편, 『비록 : 조선민주주의인민공화국』 등을 참조하였다.

'국기훈장 제1급'은 군 수뇌부에 수여되었다.

> 만주파(12명) : 김광협, 최현, 류경수, 최용진, 지병학, 정병갑, 김창봉, 김대홍, 최굉, 허봉학, 오진우, 전문섭.
> 연안계(6명) : 리권무, 리림, 리방남, 전우, 김창덕, 박창림
> 소련계(7명) : 최종학, 김봉률, 김철우, 김학천, 한일무, 유성철, 정학준

2월 5일의 제1,2,3급 훈장은 하위장성과 고위장교에 수여되었다.[151]

> 〈국기훈장제1급〉
> 장령 – 만주파(2명) : 김철만, 최민철
> 연안계(2명) : 김흥, 왕련
> 소련계(5명) : 리동화, 리종인, 박길남, 최흥국, 최영한
> 불명 – 기타(2명) : 리덕원, 최봉록
> 군관 – 만주파(8명 전원) : 김성국, 김양춘, 리두익, 리재운[152], 서철, 유창권, 김충렬, 전문욱

> 〈국기훈장제2급〉
> 장령 – 연안계(3명) : 강병찬, 최봉준, 리철용
> 소련계(5명) : 김일, 김태근, 천률, 천이환, 김단
> 불명 – 기타(15명)

> 〈국기훈장제3급〉
> 장령 – 연안계(1명) : 허섭
> 한국군계(1명) : 강태무
> 불명 – 기타(3명)

이 훈장수여자 중 연안계, 소련계로서 숙청을 피하고 살아남은 사람은 소련계 방학세, 김봉률뿐이다. 당내 숙청보다 인민군 내 숙청이 더욱

---

151) 내무상 방학세에게도 제1급훈장이 별도로 수여되었다.

152) 리재운은 빨치산 출신이지만, 리권무의 남동생으로서 형과 함께 숙청된 이례적인 경우이다. 여정, 앞의 책, 206쪽.

철저히 이루어졌다. 그만큼 만주파의 군 장악도 철저한 것이었다. 군의 요직은 완전히 만주파가 차지하게 되었다. 1961년 9월 제4차 당대회는 김일성이 명명한 대로 '승리자의 대회'였고 그것은 만주파의 대회였다. 만주파는 중앙위원 85명 중 30명, 후보위원 50명 중 8명으로 압도적 다수를 차지했다. 중앙위원 중 연안계는 3명, 소련계는 1명밖에 남지 않았다. 만주파의 중앙위원과 후보위원 38명 중 현역군인은 다음과 같다.153)

> ・중앙위원(14명) : 김광협(내각부수상 겸 민족보위상), 김창봉(인민군총참모장), 허봉학(인민군총정치국장), 오진우(제1집단군사령관), 전문섭(제2집단군사령관), 최광(제2군단장→ 공군사령관), 한익수(민족보위부상), 김대홍(군사대학교장), 최기철(내무성정치국장), 오백룡(내무부상 겸 호위총국장), 서철(제13사단장→ 군사정전위원회대표), 최민철(제4군단장), 김좌혁(인민군정찰국부국장), 지병학(제2군단장)
> ・후보위원(5명) : 백학림(제5사단장), 유창권(민족보위부상 겸 해군사령관), 태병렬(당중앙위부부장 : 소장), 박우섭(군단장), 정병갑(제3군단장)

당중앙위원 및 후보위원 중 현역군인 전원이 만주파였다. 중앙위원 중 예비역 군인으로서 최현은 민족보위상에서 체신상, 최용진은 집단군사령관, 민족보위부상에서 수산상이 되고 리영호는 민족보위부상 겸 해군사령관에서 주중대사가 되었다. 이 3명을 합치면 만주파 중앙위원 30명 중 반 이상인 17명이 군인인 것이다. '군의 만주파화'와 '당중앙위원회의 만주파 주류화'는 '당과 군의 일체화'를 나타내는 것이었다.154)

역대 민족보위상(1972년 12월부터 인민무력부 부장으로 개칭)은 최용건(1948년 9월), 김광협(1957년 9월), 김창봉(1962년 10월), 최현(1968년 12월), 오진우(1976년 5월부터 1995년 2월), 최광(1995

---

153) 和田春樹, 앞의 책, 372~376쪽. 『북한총람』, 1019~1057쪽. 중앙일보사 편, 『북한인명사전』도 참조.
154) 和田春樹, 앞의 책, 376쪽.

년 10월부터 1997년 2월) 등 전원이 만주파였다. 1962년 12월 성립 당시 당군사위원회 위원도 위원장 김일성을 비롯하여 최용건(최고인민회의상임위원장 : 당부위원장 겸 정치위원), 김광협(부수상 : 당정치위원), 김창봉(민족보위상), 최현(체신상), 석산(사회안전상), 리영호(당행정부장) 등 전원이 만주파였다. 연안계인 리권무가 숙청되고 나서 인민군총참모장도 김창봉(1959년 7월), 최광(1962년 10월), 오진우(1969년 2월), 오극렬(1979년 9월), 최광(1988년 2월부터 1995년 10월) 등 만주파만이 임명되었다. 제4차 당대회 이후 항일무장투쟁 당시 대원이던 만주파 군인은 대개 사단장이나 군단장이 되었다.[155]

이러한 추세와 병행하여 군민관계에서 군대의 사회에 대한 영향도 증대하고 있었다. 당과 군의 일체화는 민군관계에서 군대의 영향력 증대와 깊이 연관되어 있었다. 그것은 두 가지 수준에서 나타났는데 하나는 군 주둔지역 내 지방당조직과 군당조직의 결합이고, 또 하나는 '로농적위대' 창설에 따른 민병조직의 개편이었다.

우선 가장 문제가 되는 것은 위에서 인용한 것처럼 제4차 당대회에서 채택된 로동당 규약 제68조에 규정되어 있다.[156] 이 조항은 주둔지역의 지방당 사업에 군부대가 참가할 수 있도록 용인하고 있다. 새로운 제도의 본보기라고 할 수 있는 중국 인민해방군에서는 지방당위원회가 해당 지역 내 군대를 관리, 통제하는 권한을 갖고 있었고 이것은 강서(江西)소비에트 시기 이래 존재하여 항일전쟁기에 가장 강력하게 운영되고 있었다. 이 정신은 1956년 이후의 군중당위제(軍中黨委制)에도 계승되어 각급 군중당위원회는 지방당위원회의 집단지도를 받았다. 또한 군중당위원회는 집단지도를 집행하는 지방당위원회의 하나의 부문(군사부) 형태를 이루고 있고, 최고 단계의 군중당위원회는 '중공중앙

---

155) 김일성, 「우리나라의 정세와 몇 가지 군사과업에 대하여—조선로동당 인민군위원회 제2기 제2차 전원회의 확대회의에서 한 연설」 1961.12.25, 『김일성저작집』 제15권, 626쪽.

156) 「조선로동당규약」 제68조, 『북한총람』, 678쪽.

군사위원회'로서 당중앙위원회의 군사부문이 되어 있었다.157) 그러나 조선로동당의 경우는 지방당에 의한 군 통제에 관한 규정을 두지 않고 오히려 지방당 사업에 대한 군의 영향력 행사를 강조하고 있었다.

전후 경제복구건설 과정에서 제대군인뿐 아니라 군부대 자체의 노동력 동원이 노동력 부족을 타개하는 데 큰 역할을 한 것은 주지의 사실이다. 그러나 1960년경부터 김일성은 군부대가 주둔지역에 대한 정치사업을 전개하도록 다음과 같이 주장하였다. 군대가 주둔지역 주민에 대하여 "끊임없이 영향을 주어야" 하며 군대가 "주민들의 락후한 영향을 받을 것이 아니라 군대가 그들에게 좋은 영향을 주어야 한다".158) 정치간부와 군사간부는 어느 지방에 가든지 먼저 그 고장 사정을 잘 파악하여 주둔지역 주민과의 연계를 강화하며 부대 주변 지방 당조직 강화에 도움을 주어야 한다. 인민군과 그 지방의 주민, 그 지방의 당조직 간에 서로 "혈연적 관계"를 맺어야 한다.159) 군대의 주민과의 사업에 있어서 두 가지 과제는 주민들이 좋은 생활을 할 수 있도록 하는 것과 주민들을 계급적으로 눈뜨게 하는 것이다. 지방당을 도와주는 데 노동력 등 경제적 도움만으로는 문제를 근본적으로 해결할 수 없다. 군대는 부대 내 정치적 역량을 동원하여 지방당 사업을 정치적으로 도와야 한다. 당회의에도 참가하여 대중 속에 당정책을 해설·침투시키는 활동도 해야 한다.160)

1962년 12월부터 도, 시(구역), 군당위원회에 군사위원회가 설치되어 해당 당위원장이 위원장, 현역 군인(도의 경우, 대좌)이 부위원장

---

157) 川島弘三, 앞의 책, 167~168쪽.

158) 「인민군대는 공산주의학교이다―조선인민군 제109군부대 군인들과 한 담화」, 『김일성저작집』 제14권, 298쪽. 사회의 군사적 동원과 관련해서는, 김용현, 앞의 논문, 118~121쪽.

159) 「인민군대 내에서 정치사업을 강화할 데 대하여―조선로동당 인민군위원회 전원회의 확대회의에서 한 연설」, 앞의 책, 382쪽.

160) 「우리 인민군대는 로동자 계급의 군대, 혁명의 군대이다. 계급적 정치교양사업을 계속 강화하여야 한다―인민군부대 정치부연대장 이상 간부 및 현지 당, 정권기관 일군들 앞에서 한 연설」, 『김일성저작집』 제17권, 122쪽.

을 담당하도록 하여 당의 형식적 우위가 규정되었으나 이것은 지방당의 군부대에 대한 통제를 의미하는 것이 아니라 지방당에 현역 군인이 파견되어 로농적위대 등 군 관련 사업을 조정, 지도하도록 하는 조치였다. 북조선에서 민병조직이 본격적으로 조직된 것은 6·25전쟁 중인 1951년 11월경이었다.[161] 17~30세의 군무자 이외에 전체 남성에게 군사훈련을 실시함에 따라 농촌, 공장, 기업 등에 민간 군사훈련조직이 편성되어 전 지역에 인민자위대가 조직되었다.[162] 인민자위대는 인민군총사령부 민간군사훈련부의 지도하에 각 도·시·군 인민위원회의 군사동원부가 관할하였다. 기본적으로는 내무성 관할이었다고 할 수 있다.

전 사회의 사회주의적 개조가 완료된 1959년 1월 종래의 인민자위대가 로농적위대로 개편되어 민병조직의 지휘체계는 당군사위원회로 이관되었다. 도, 시(구역), 군, 리 등의 행정단위 및 직장 단위로 각급 로농적위대가 조직되어 지방당군사위원회가 담당하도록 하고 로농적위대의 각급 부대장은 각급 당위원장이 담당하도록 하였다. 예컨대 군 단위로 편성되는 연대급의 경우 연대장은 군당위원장, 정치부연대장은 군당선전담당 부위원장, 군사부연대장은 군인민위원회 군사동원부장, 후방부연대장은 군인민위원장이 임명되었다.[163] 이처럼 4대 군사노선에서 전인민의 무장화라는 정책은 지방차원에서 당·군의 일체화를 꾀하기 위한 정책으로 나타났다.

---

161) 농촌지역에서는 전쟁 이전인 1949년 '조국보위위원회'가 조직되고 나서 자원적 명목아래 민간 군사훈련이 실시되었다. 『조선전사』 제24권, 282쪽 참조.

162) 1951년 11월 9일 군사위원회명령 제194호 「조선민주주의인민공화국 군대 외 공민에 대한 일반적 군사훈련에 관하여」 및 별지 「조선민주주의인민공화국 군대 외 공민에 대한 일반적 군사훈련에 관한 규정」, 『조선민주주의인민공화국 내각공보』 1952년 1월 15일호에 수록. 1951년 11월 17일 조선인민군최고사령관명령 제00606호 「공장, 기업소, 제조소의 로동자에 대한 군사훈련을 조직·실시할 데 대하여」, 『김일성저작집』 제6권, 512~513쪽 수록.

163) 『북한총람』, 47~48쪽.

3 사회주의대고조에서 「자력갱생」·「국방·경제 병진」으로

1) 제1차 5개년 계획과 사회주의의 대고조

1958년도 계획 수립에 근거하여, 1958년 3월 3~6일 당 제1차 대표자회가 열려 「조선민주주의인민공화국 인민경제발전 제1차 5개년(1957~61)계획안」이 채택되었다. 5개년 계획에 관한 보고는 국가계획위원장 리종옥이 하였다. 채택된 결정서는 "제1차 5개년계획 기간에 사회주의적 공업화의 토대를 확고히 축성함으로써 우리 공업의 식민지적 편파성과 기술적 락후성을 완전히 퇴치하고 민족경제의 자립적 토대를 더욱 공고히 하며" "농업협동화는 물론 개인상공업의 사회주의적 개조도 완성함으로써 인민경제의 모든 분야에서 사회주의적 경제 형태의 유일적 지배를 보장"한다고 선언하였다. '자립적 민족경제'라는 표현이 처음 공식화된 것인데 그 내용은 "사회주의 경제형태의 유일적 지배"와 같은 의미를 갖게 되었다.164) 1958년도 국가 예산수입 구성에서 사회주의 경리로부터의 수입이 92.5%, 주민으로부터의 세금수입이 3%, 소련, 중국 등 국가로부터의 원조 수입이 4.5%를 차지하게 된 경제현실을 반영한 것이다.165)

김일성은 1956년 12월 전원회의 이후 거둔 경제적 성과에 근거하여 자신감을 갖고 대회에 임할 수 있었다.166) 1957년도 경제적 성과로

---

164) 「조선로동당 제1차 대표자회 결정서」, 『로동신문』 1958.3.8.

165) 리주연, 「조국의 평화적 통일 독립과 사회주의 건설 도상에서의 1958년 국가예산」, 『경제건설』 1958.3, 24쪽.

166) 김일성, 「제1차 5개년 계획을 성과적으로 수행하기 위하여—조선로동당 제1차 대표자회에서 한 결론」 1958.3.6, 『김일성선집(1960년판)』 제5권, 359~393쪽.

써 중공업우선 노선에 이의를 제기한 세력의 오류는 확증되었다는 것이다. 따라서 이 대표자회는 그동안 추진해 온 연안계와 소련계에 대한 숙청작업을 총괄하는 대회이자 경제발전 노선을 둘러싼 대립을 총괄하는 대회이기도 하였다. 김일성은 "우리 당이 지금까지 견지하여온 방침, 다시 말하여 중공업을 위주로 하고 경공업과 농업을 동시에 발전시키는 방침을 계속 견지"해야 한다고 하며 "중공업이 없이는 경공업과 농업을 도저히 발전시킬 수 없다"고 말하였다.167) 당직이 개편되어 김두봉, 박의완이 숙청됨에 따라 당상무위 후보의원인 김창만, 리효순이 당상무위원, 한상두, 하앙천이 새롭게 후보위원이 되었다. 행정부가 신설되어 김경석이 부장이 되고 간부부는 폐지되었다. 숙청된 박훈일의 후임 농업부장에는 평안남도 당위원장 김만금이 임명되었다. 김승화, 리필규, 박의완 숙청의 후유증이 남아 있는 건설부문에 대한 당적통제를 강화하기 위하여 산업부에서 건설운수부가 분리·신설되어 강원도당 위원장 김원봉이 임명되었다. 이미 1957년 9월 당중앙위전원회의 이후 부상하고 있던 김영주를 비롯한 소장 그룹이 숙청으로 인한 공백을 메우기 시작하였다.

6월 11일 최고인민회의 제2기 제3차 회의에서 정식으로 통과된 제1차 5개년 계획 법령에 따르면 계획 기간에 중공업 생산은 2.6배, 그중에서 생산수단 생산은 2.9배, 소비재 생산은 2.2배로 성장한다고 예정하고 투자총액에서 공업 비중이 55% 이상, 공업 투자총액에서 중공업의 비중은 83% 이상 차지한다고 예정하였다. 공업 생산액 증가의 63% 이상을 새로운 노동력을 투입하지 않고 노동생산능률만을 높임으로써 보장하도록 하였다.168) 김일성의 노선은 아무도 거부할 수 없는 북조선 경제의 '법칙'이 되어 이후 경제발전 과정을 지배하게 되었다. 이것은

---

167) 위의 책, 365쪽.

168) 지방의 원료 원천을 적극 동원하여 도영(道營)공업 생산을 2.6배, 생산협동조합 공업 생산을 2.7배 이상으로 성장시키고 특히 일용품과 식료품 생산을 확대하도록 하였다. 『로동신문』 1958.6.12.

테크노크라트로서 이 노선을 뒷받침한 정일룡, 리종옥, 정준택, 강영창, 김두삼 등 중공업 중시론자들의 승리이기도 하였다.

1958년 6월 11일 최고인민회의 제2기 제3차 회의에서 김일성은 "우리나라에서 사회주의혁명과 사회주의건설은 고조에 들어섰다"고 선언하였다. 그는 "전체 근로자들은 당의 부름 따라 천리마를 타고 사회주의를 향하여 앞으로서 달리고" 있고 "모두가 우리나라 역사에서 일찌기 볼 수 없었던 일대 혁명적 고조를 보여 준다"고 기세 높게 발언하였다.169) 이미 6월 5~7일 당중앙위 전원회의가 열려 식료품 가공업과 일용품 생산을 확대하기 위하여 '전 인민적 운동'을 전개할 것을 결정하였다. 이것은 국가 투자 없이 각 지방마다 자체 힘으로 지방 원천을 동원하여 소형공장을 세우도록 한 것으로 각 군에 1개 이상 지방산업 공장을 건설하도록 하였다.170)

이와 아울러 종래의 증산경쟁운동 대신 '집단적 혁신운동'이 제창되었다. 8·15를 전후로 열광적 분위기를 띄우기 위해 많은 공장, 기업소에서 종업원 총회나 열성자대회가 열려 5개년 계획 과제를 1년 반, 또는 그 이상 기한을 단축하여 수행하자고 결의되었다.171) 개별적인 공장, 기업소의 결의를 정리하기 위하여 9월 13~16일에는 전국생산혁신자대회가 열려 직맹위원장 한상두가 보고를 하였다. 9월 현재 전국에 지방산업 공장이 445개 만들어져 국가투자 없이 1년 동안 580억 원의 생활필수품과 공업제품이 추가 생산될 것이라고 전망하였다.172) 대회에서 채택된 결의문은 5개년 계획을 1년 6개월 앞당겨 완수하도록 결정했다.173)

---

169) 김일성, 「모든 것을 조국의 융성 발전을 위하여」, 앞의 책, 560~561쪽.

170) 김일성, 「시·군 인민위원회의 당면한 몇 가지 과업에 대하여─시·군 인민위원회위원장 강습회에서 한 연설」 1958.8.9, 『김일성선집』 제6권, 17쪽.

171) 사설 「집단적 혁신운동을 일층 확대 발전시키자」, 『로동신문』 1958.8.14.

172) 「집단적 혁신운동을 가일층 확대 발전시킬 데 대하여─전국생산혁신자대회에서 한 조선직업총동맹위원장 한상두 동지의 보고」, 『로동신문』 1958.9.14.

173) 「전국생산혁신자대회 결의문」, 『로동신문』 1958.9.17.

지방산업 공장의 대부분은 개인상공업의 사회주의적 개조를 폐업이 된 과거 가내공업 및 수공업장을 복구한 것이다.[174] 더욱이 평안남도 개천군, 강서군에서 드럼통 내부에 내화벽돌을 쌓아 소형 용광로를 제조하고 무쇠 생산을 개시하였다고 대대적으로 보도되었다.[175] 순천군, 승호군에서는 높이 8~10미터, 직경 1.5~2 미터 정도의 소형 소성로(燒成爐)에서 시멘트 생산에 성공하였다고 보도되었다.[176] '기술신비주의'를 타파한 대표적 사례라고 극구 찬양되었다.[177] 공화국 창건 10주년을 맞이하여 김일성은 '로력영웅' 칭호를 수여받았는데 지방산업 발전의 공로로 경공업상 문만욱도 노력영웅 칭호를 수여받았다.[178] 6·25전쟁 종전 시 '공화국 영웅' 칭호를 수여받아 '전쟁영웅'이 된 김일성은 스스로 '산업전선의 영웅'이란 위치를 부여하였다.

9월 26~7일 당중앙위 전원회의가 개최되어 전 당원에게 5개년 계획을 1년 반 앞당겨 완수하도록 호소하는 '당중앙위원회 편지'를 채택하였다. 회의는 2~3년 내에 100만 정보의 농촌 관개면적을 확장할 것, 다음 해에 무쇠와 입철(粒鐵) 100만 톤, 강철 80만 톤, 철광석 400만 톤을 생산할 것, 4~5년 내에 무쇠와 입철 400만 톤 이상, 강철 300~400만 톤을 생산하기 위한 토대를 만들 것도 결정하였다.[179] 회

---

174) 함경남도 허천군, 단천군의 예,『로동신문』1958.8.31. 평안남도 령원군, 양덕군, 남포시, 순천군 및 덕천군의 예를 참조,『로동신문』1958.9.5.

175) 높이2.2 미터, 직경 0.6미터 정도이다.『로동신문』1958.9.5 · 12.

176) 자강도 장강군, 황해북도 봉산군에서도 개시하였다.『로동신문』, 위의 일자.

177) 김일성은 1958년 11월 21~8일, 12월 2~10일 중국을 방문할 때 인민공사를 참관하면서 중국대약진기의 '土法燒鋼', 즉 소형 토법화로에 의한 '철 만들기' 현장을 시찰하였다.『인민일보』1958.11.28. 그러나 중국의 경우 토법화로에서 만들어진 철은 품질이 나빠 쓸모가 없었다. 矢吹晋·小林弘二·宇野重昭,『現代中國の歷史 : 1945~1985』, 有斐閣(東京), 1986, 174~175쪽.

178) 당과 정부 수뇌들과 내각 경제 각료 거의 전원이 국기훈장 제1급과 노력훈장을 수여받았다.『로동신문』1958.9.8.

179)「조선로동당 중앙위원회에서」,『로동신문』1958.9.28. 사설「사회주의건설에서의 결정적 전진을 위하여」,『로동신문』1958.9.30.

의에서는 '조직문제'가 토의되어 당 부서 개편과 당직 인사가 실시되었다. 백홍권 사망 후 1957년부터 공업부가 산업부에 통합되어 있었으나 그것이 중공업부와 경공업부로 분리되어 중공업부장에 금속공업상 강영창, 경공업부장에게 경공업부상 림계철이 각각 임명되었다. 이리하여 당 경제부서는 중공업부, 경공업부, 건설운수부, 농업부, 상업재정협동단체부의 진용을 갖추고 5개년 계획 조기 완수에 임하게 되었다. 직맹 위원장 한상두가 금속공업상이 되고 후임 직맹위원장에는 리효순이 내정되었다. 소련계인 당 산업부장 고희만은 임업상으로 좌천되었다. 1958년 9월 말에 농업협동화와 개인상공업의 사회주의적 개조가 완료되었기 때문에 당내를 일신하는 의미도 포함된 인사였다.

당중앙위 9월 전원회의 결정을 실행하기 위한 당수뇌부와 당중앙집중지도그룹의 현지지도가 다시 시작되었다. 최용건은 함경남도, 김일은 평안남도, 박정애는 황해남도, 남일은 황해북도, 리효순은 평안북도, 농업상 한전종은 강원도, 김만금은 함경북도로 가고 김일성도 전국을 돌아다녔다.180) 각 도당과 사회단체에서는 당중앙위 '편지'가 제시한 과제를 실행하기 위한 대책이 강구되어 각 도당별로 생산현장에 대한 현지지도를 실시하기 시작하였다. 전 당적으로 각 공장, 기업소에서는 당중앙의 지도하에 또는 자체적으로 초급 당단체 공개총회나 종업원총회를 열어 '편지토의사업'을 전개하였다. 노동생산능률이나 노동력기준량을 2~3배 높여 노동력 증가 없이 생산을 2배 또는 수배로 증가시킨다는 각 공장, 기업소의 결의가 잇달았다. "낡은 기준량을 타파하고 새롭고 높은 기준량을 창조하자"가 구호였다.181) 이와 같은 움직임에 맞추어 직맹 중앙위원회는 종래보다 2배 이상의 '새로운 로동기준량 창조 운동'을 대중적으로 전개하기로 결정하였다.182)

---

180) 『로동신문』 1958.10.10.

181) 평양고무공장―노동생산능률 3배 증가, 생산 4배 증가, 평양제사공장―2배, 2배, 강선제강소―2.8배, 2.4배 등 수많은 예가 보도되었다. 사설 「우리 로동계급의 위대한 발기를 지지한다」, 『로동신문』 1958.10.11. 『로동신문』 10월의 각 호를 참조.

그러나 이 시기의 높은 성장률은 외연적 성장 단계이기 때문에 가능한 것이어서 성장에는 일정한 노동력 증가가 따라 주어야만 하였다. 기술혁신의 효과가 있다고 해도 단기간에는 한계가 있을 수밖에 없었다. 이미 노동력의 긴장은 예상되고 있었다. 농업협동화도 완료되어 농촌에서는 대규모 관개공사가 계획되어 있고 여성이나 부양가족의 노동력도 지방산업 공장의 설치, 운영에 동원되어 있었다. 출구는 사무노동의 간소화에서 찾아졌다. 10월 중순부터 “당의 부름에 따라 생산현장으로!”라는 구호가 신문의 일면에 등장하여 각 사무직장에서 공개집회가 열리고 정원의 반수가 생산현장에 나가기로 결의하였다.[183] 노동력뿐 아니라 에너지 소비의 긴장도 발등에 떨어진 불이었다. 10월 27일 당중앙위원회 상무위원회 확대회의가 소집되어 「전력의 증산과 절약을 위한 투쟁을 전인민적운동으로 전개할 데 대하여」 결정서가 채택되었다. 수력, 화력, 풍력, 조수력 등 모든 가능성을 동원하고 이용하여 농촌, 공장의 도처에 중소 규모의 발전소를 건설하도록 하였다.[184]

열심히 일하자 하는 것만으로는 모자랐다. 노동자의 사기를 올리는 별도 조치도 필요하였다. 10월 29일 내각결정 제129호가 발표되어 1959년 1월 1일부터 노동자, 사무원의 임금을 평균 40% 인상하기로 결정하였다.[185] 다만 이 조치가 실제 경제적 효과보다 선전적 효과가 큰 것은 대부분의 생활필수품이 아직 배급제였기 때문이다. 11월 14일 최초의 국산 트랙터 ‘천리마호’가 생산, 전시된 것을 시초로 며칠 사이에 최초의 국산굴착기 ‘천리마호’가 평양시 건설장에 등장하고 최초의 국산 오토바이 ‘천리마호’의 시제품, 최초의 화물트럭 ‘승리58호’가 잇달아 전시되었다.[186] 이 시기에 맞추어 근로자의 사기를 올리면서 동시에 중

---

182) 『로동신문』 1958.10.12.

183) 교통성 당공개총회―55.1%, 화학공업성―50.3%, 『로동신문』 1958.10.14. 금속공업성―50%, 평양시 중구역인민위원회―54%, 『로동신문』 1958.10.15.

184) 「조선로동당 중앙위원회 상무위원회 확대회의 결정서」, 『로동신문』 1958.11.11.

185) 『로동신문』 1958.10.30.

공업, 특히 기계공업 중시 정책을 부각시키는 전시였다.

편지토의사업의 성과는 높아지는 일로에 있었다. '반혁명분자에 대한 투쟁', 집단적 혁신운동의 고조, 중앙당 집중지도 등이 서로 상승작용을 하면서 열광적 분위기를 조성하고 5개년 계획을 1년 반이 아니고, 2년 이상 앞당겨 완수할 수 있다는 결의가 확산되어 갔다. 1959년도 공업총생산 목표를 1958년도 실적의 2배로 전망하고 알곡총생산고 목표를 무려 500만 톤으로 설정하는 결의도 있었다.187) 누구보다도 김일성 자신이 이러한 열광적 분위기의 한가운데에서 그것을 체현하고 있었다. 11월 20일 전국 시·군당위원회 선동원을 위한 강습회에서 김일성은 " 『각자는 능력대로 각자에게는 수요대로』라는 원칙이 실현되는 공산주의사회"가 "먼 장래의 일이 아니라 가까운 장래의 일"이라는 전망을 제시하기 시작하였다.188) 김일성은 1959년도에 "인구 일인당 중요 공업제품 생산량에서 능히 일본을 따라 잡을 수 있다"고 기세를 보였다. "사회주의혁명을 빨리 완성하고 형제국가 인민들이 공산주의사회로 들어갈 때 우리들도 뒤떨어지지 말고 그들과 함께 공산주의로 들어가야 한다"고 하며 "매개 근로자를 사회주의와 공산주의의 열렬한 건설자로 철두철미 붉은 사상으로 무장된 공산주의 전사로 교양하여야 한다"고 독려했다.189) 공산주의 의식은 생산관계의 개조를 의미할 뿐 아니라 생산력 증대를 위한 결정적 수단으로 간주된 것이다. 이 공산주의 교양운동

---

186) 『로동신문』 1958.11.15 · 18 · 19.

187) 「당중앙위원회 편지토의사업의 성과를 더욱 공고 발전시키자」, 『로동신문』 1958.11.29.

188) 김일성, 「공산주의 교양에 대하여—전국 시·군당위원회 선동원을 위한 강습회에서 한 연설」, 『김일성선집(1960년판)』 제6권, 128~129쪽. 이 연설문은 1981년도에 간행된 『김일성선집』 제12권에도 수록되어 있으나 상당 부분이 생략되었다. 특히 이 구절은 물론 공산주의사회가 "4~5년 후 또는 좀더 빨리 3~4년 후이면" 실현될 수 있다는 전망도 생략되었다. 당시 공업제품이나 농산물의 생산량에 관한 구체적 수치도 나중 판에서는 빠져 있다. 81년도판 『김일성선집』 제12권, 592~593쪽.

189) 김일성, 앞의 책, 119 · 125 · 138쪽.

은 작업반을 단위로 하여 집단적 혁신운동과 결합하여 천리마운동으로 발전해 갔다.

2) 계획의 조기 달성과 경제성장 속도 문제

앞에서 서술했듯이 1958년 9월 전원회의에서 결정된 5개년 계획 목표를 1년 반 앞당겨 달성한다는 목표가 11월까지의 편지토의사업 과정에서 1년 반 내지 2년 앞당겨 달성하는 것으로 바뀌었다. 더욱이 1959년 1월에 들어서 김일성은 5개년 계획을 2년 앞당겨 달성하자고 말했다.190) 김일성은 1958년보다 32%만 더 성장해도 5개년 계획은 완수된다는 숫자를 제시하였다.191) 그러나 1월 16일 1958년도 경제실적에 관한 국가계획위원회 통계가 발표되어 1958년도 공업총생산액은 1957년에 비하여 140%, 1956년에 비하여 2배로 성장하였다고 하였다. 이 발표는 1958년도 경제계획 실행 성과에 입각하여 5개년 계획을 “2년 이상 앞당겨 능히 완성할 수 있다는 것을 입증하여 준다”고 결론지었다.192) 계획 실행기간을 더 단축할 수 있다는 근거가 주어진 것이다.

1월 24일 『로동신문』 사설은 1958년도 계획실행을 총화하고 1959년도 계획을 접수할 데 관하여 내각 전원회의가 열려 김일성이 ‘중요발

---

190) 김일성, 「우리나라에서 사회주의적 농업협동화의 승리와 농촌경리의 금후 발전에 대하여 – 전국농업협동조합대회에서 한 연설」 1959.1.5, 『로동신문』 1959.1.6. 「사회주의건설의 완성을 위하여 부단히 전진하며 부단히 혁신하자」, 『근로자』 1959.1, 45쪽. 「새해에도 사회주의건설의 모든 전선에서 일대 비약을 이룩하자」, 『경제건설』 1959.1, 27쪽.

191) 김일성은 알곡 생산목표로 500만 톤이나 잡고 있었다. 김일성, 「천리마의 기수들에게 새해의 축하를 드린다 – 신년 축하연에서 한 연설」, 『로동신문』 1959.1.1. 1958년도 곡물생산고는 저류(芋類)도 곡물로 환산하면 390만 톤이 된다고 기대되었다. 『근로자』 1959.1, 위의 글, 45쪽.

192) 「1958년 조선민주주의인민공화국 인민경제발전계획 실행 총화에 관한 국가계획위원회 중앙통계국의 보도」, 『로동신문』 1959.1.17.

언'을 했다고 보도하였다.193) 여기서 5개년 계획을 "2년 이상 앞당겨" 1959년 안에 초과 완수한다고 확정한 것이다.194) 국가계획위 부위원장 남인호는 "5개년 계획을 완수하기 위하여서는 1959년에 작년보다 32%만 더 장성시키면 된다. 그러나 충천의 기세로 나아가는 근로자들의 결의는 이러한 숫자의 범위를 훨씬 벗어나고 있다", "금년에는 전년에 비하여 2배나 더 많이 생산할 것을 결의하여 나섰다"고 설명하였다.195) 당, 정부 지도간부, 성·국 간부, 각 도당위원회와 도인민위원회 간부들로 구성된 지도그룹이 파견되어 현지지도에 나서고 각지에서 김일성 연설을 전달하는 강연회가 열렸다.196) 김일성을 중심으로 한 당, 정부 지도자들이 이러한 열광적인 분위기를 부채질하는 가운데 생산에서 대중적 열의를 동원하기 위한 새로운 대중운동이 치밀한 계획하에 준비되고 있었다. 3월부터 천리마운동이 발기되고 이후 전국적으로 확대되어 '사회주의건설의 총노선'이란 위치를 부여받게 된다.

그런데 5월 4~6일 당중앙위 상무위원회 확대회의가 열려 1959년도 경제계획 실행상황에 관해 토의하고 1·4반기 계획실행 과정에서 나타난 결함을 엄격히 비판하였다. 채택된 결정은 이미 3월 말에 1961년에 예정된 공업수준 목표의 87%에 달했다고 지적하고 8·15해방 14주년까지 5개년 계획을 완수하여 1959년도 계획을 초과 달성한다는 전망을 표명하였다.197) 계획이 너무 높게 설정되어 실행에 이상이 생긴 것이다. 특히 강재(鋼材)를 비롯하여 건재(建材)와 노동력 수급에 중대한 차질이 초래되었다. 일하는 노동자 수도 9월까지 계획보다 12만 명 이

---

193) 사설 「모든 힘을 금년도 인민경제계획의 승리적 완수에로!」, 『로동신문』 1959.1.24.

194) 김익근, 「1959년 인민경제계획의 성과적 보장을 위한 전투적 과업」, 『경제건설』 1959.2, 8쪽. 김익근은 국가계획위원회 부위원장이었다.

195) 남인호, 「1959년 인민경제계획의 승리적 완수를 위하여」, 『근로자』 1959.2, 84~85쪽.

196) 『로동신문』 1959.1.29.

197) 「조선로동당 중앙위원회 상무위원회에서」, 『로동신문』 1959.5.8.

상이 증가하고 있었다. 증가분은 노동력 부족이 심각하던 농촌에서 끌어들일 수밖에 없었다.[198] 당시 발표나 신문보도는 "우리의 전진 속도를 잠시도 늦출 수 없다"고 강조하고 성장목표 실행을 견지하여 갈 것을 촉구했다.[199] 회의는 당초의 성장목표를 설정한 '당중앙위원회의 편지'를 '재토의'하는 사업을 전개할 것을 '권고'하였다. 단지 이 시점에는 계획목표가 지나치게 높았다는 책임은 정식으로 문제 삼지 않았다. 금속공업부문에서 건설 대상을 많이 늘어놓은 결과, 역량을 분산시켜 특히 황해제철소의 경우 건설 대상 중 한 개도 조업기일을 지킬 수 없었다고 비판되었다.[200] 7월 1일 국가계획위원장이 경질되어 후임에는 당경공업부장 림계철이 임명되었다. 림계철은 지방산업부문에서 거둔 양적 성장 실적이 인정되었을 것이다.[201] 그러나 이 인사가 계획수립의 잘못을 문책한 것은 아니었다. 국가계획위원장 리종옥은 당부위원장에 임명되어 각 성과 생산현장의 열성자대회에 참석하여 생산 독려를 계속하였다. 그는 당부위원장으로서 7월 2~3일 전기성 열성자대회에 참석, 1959년도 공업생산이 2배로 성장할 전망이라고 발언하였다.[202] 리종옥의 발언은 김일성의 의사였을 것이다.

---

198) 연말에 김일성은 이때를 뒤돌아보면서 또 한번 비판하였다. 김일성, 「사회주의 경제건설에서 제기되는 당면한 몇 가지 과업―조선로동당 중앙위원회 전원회의에서 한 결론」 1959.12.4, 『김일성선집(1960년판)』 제6권, 460~461쪽.

199) 사설 「사회주의건설의 고조를 계속 견지하며 더욱 높이자」, 『로동신문』 1959. 5.11. 이 상무위원회 확대회의에서 한 김일성의 연설이라는 문서가 『김일성저작집(1980년판)』 제13권에 수록되어 있는데, 여기서도 김일성은 "매우 방대하고 긴장한 계획"이지만 "그렇다고 하여 계획을 낮추어서 실행하려 하여서는 안 된다"고 주장하였다. 김일성, 「사회주의건설에서 혁명적 고조를 계속 견지하며 올해 인민경제계획을 성과적으로 수행할 데 대하여―조선로동당 중앙위원회 상무위원회 확대회의에서 한 연설」 1959.5.5, 『김일성저작집』 제13권, 265쪽.

200) 『로동신문』 1959.5.8·5.11·12월이 되서는 금속공업상 한상두가 제철부문에 대한 문책을 당하며 엄격히 비판되었다. 김일성, 「사회주의경제건설에서 제기되는 당면한 몇 가지 과업―조선로동당 중앙위원회 전원회의에서 한 결론」, 앞의 책.

201) 후임 당경공업부장에는 전기성 부상 강희원이 임명되었다.

202) 『로동신문』 1959.7.5.

  7월 15일 국가계획위원회 중앙통계국이 1959년도 상반기 경제계획 실행상황에 관하여 6월 말에 5개년 계획 목표가 공업총생산액 수준에서 달성되었다고 발표하였다. 그러나 작년도 같은 시기에 비하여 175%가 되지만 1959년도 공업 생산목표에 비추어 보면 2배가 되어야 했기 때문에 계획의 미달은 분명해졌다.[203] 1959년도 계획의 수정은 5개년 계획 달성을 기다리고 나서 실행에 옮겨진 것이다. 수정 사실은 일절 발표되지 않았지만 실제로는 당초 1958년 대비 성장률 100%라는 무모한 목표는 48.5% 정도로 반 이상 조정되었다.[204] 연말에 김일성은 성장목표를 낮춘 사실을 밝히고 계획목표는 공업에서 30~40%, 농업에서 5~6% 성장이 현실적이었다고 술회하였다.[205]

3) 「완충기」의 설정 : 저성장과 소비재 중시

  8월 중순 몇 차례에 걸쳐 당중앙위 상무위 확대회의가 열려 공업관리 체계를 개편하고 중앙공업과 함께 지방공업체계를 확립할 데 대한 결정을

---

203) 『로동신문』 1959.7.16.

204) 1959년도 공업총생산액은 1958년 대비 153%이며 계획의 103%로 초과 달성되었다고 발표되었다. 계산해 보면 목표는 당초의 200%에서 148.5% 정도로 수정된 결과가 된다. 「1959년 조선민주주의인민공화국 인민경제발전계획 실행 총화에 관한 국가계획위원회 중앙통계국의 보도」, 『로동신문』 1960.1.17.

205) 김일성, 앞의 책, 461쪽. 알곡생산 목표는 500만 톤이지만 실적은 340만 톤에 머물렀다. 『로동신문』 1960년 1월 17일자 중앙통계국의 보도를 참조할 것. 곡물생산의 차질에 대해서는 1959년 10월 22일 당중앙위 상무위원회 확대회의에서 비판되었다. 김일성, 「경제사업에 대한 지도와 문화혁명 수행에서 제기되는 몇 가지 문제에 대하여」, 『김일성저작집』 제13권, 423쪽. 1959년 7월경 농업성 당총회가 열려 농업상 한전종과 부상 리용석이 '반당종파분자'라는 비난을 받고 숙청되었다. 시기적으로 당시 진행되던 국내계, 연안계, 소련계 숙청의 일환이던 것은 확실하지만 숙청의 명목은 농정에 관한 당 지시를 이행하지 않았다는 것이다. 당시 곡물생산의 차질과 어떤 관련이 있는지는 분명치 않다. 『로동신문』 1959.7.20.

채택하였다. 더욱이 1960년도 경제계획의 기본방향을 제시하고 1960년
도를 '완충기'로 규정하며 제2차 5개년 계획을 준비하는 해로 정했다. 급
속한 경제발전과정에서 생긴 부문 간 불균형을 시정하고 기존 시설을 정
비하여 새로운 공장건설을 나열하지 않고 진행 중인 선설을 완성시켜 기
존 설비의 이용률을 높임으로써 성장을 보장한다는 방침이었다.[206]

1958년 6월 전원회의 이후 동년 말까지 국가투자 없이 1천여 개의
지방산업 공장이 만들어지고 1959년 말까지 2천여 개, 각 시, 군에 평
균 11개의 공장이 만들어질 것으로 전망되었다. 그 비중은 공업총생산
액에서 27.5%, 소비품 생산에서 45.1%에 달하게 되었다. 5개년 계획
이 2년 반 앞당겨 완수된 데에는 지방산업의 급속한 성장이 중요한 역
할을 한 것이다.[207] 이는 경공업부문에 더 힘을 쏟는 것을 의미하는 조
치로 국가계획위원장 림계철, 경공업상 문만욱, 당경공업부장 강희원
등이 부상하며 주도한 것으로 생각된다. 기존의 공업관리체계는 "머리
가 무겁고 다리가 가는 것"이 되었다는 반성에 근거하여 몇 개의 중앙의
성, 국을 통폐합·축소하여 20~30%의 관리간부와 기술자를 지방에
파견토록 하였다.[208]

12월 1~4일 당중앙위원회 확대전원회의가 열려 1960년도 경제발
전계획 방침이 결정되었다. 국가계획위원장 림계철의 보고에 기초하여

---

206) 「조선로동당 중앙위원회 상무위원회 확대회의의 보도」, 『로동신문』 1959.8.31.

207) 위의 보도.

208) 그러나 "지방의 예비와 가능성들을 광범히 동원하여 소비품생산을 급격히 장성
시킬 수 있는 까닭에 현대적 중공업의 발전에 더 많은 국가투자를 돌릴 수 있
다"는 설명이 붙어 반드시 중공업중시 정책에 수정을 가한 것은 아니라는 점을
보여 주고 있다. 위의 보도. 8월 31일 내각전원회의가 열려 지방공업체계를 확
립하고 중앙 성, 국의 기구와 관리체계를 개편할 데 대한 결정을 채택하였다.
중앙 각 성에서 건재 기업소, 대부분의 식료품과 일용품공장, 수산사업소, 중소
발전소, 일부 탄광, 기타 지방적 의의를 가지는 공장, 기업소 등이 도인민위원회
로 이관되었다. 더욱이 전기성, 석탄공업성, 화학공업성이 통합되어 동력화학공
업성이 되고 경공업성에 수산성, 상업성에 수매양정성이 각각 통합되며 노동부,
지방행정성, 사법성이 폐지되어 사법성의 일부 기능이 최고재판소로, 노동부의
일부 기능이 직업총동맹중앙위원회로 각각 이관되었다. 『로동신문』 1959.9.2.

1960년을 완충기로 규정, 공업총생산액 목표를 1959년 대비 112.5%, 그중 생산수단 생산은 115.1%, 소비재 생산은 109.6%로 설정하였다.209) 지금까지의 성장속도와 비교하면 신중한 수치였다. 1959년 경제계획 실행과정에서 높은 공업생산 성장에는 대중동원에 의한 노동생산성 증대만으로는 한계가 있기 때문에 그 몫만큼 노동력 증가가 따르지 않을 수 없다는 교훈을 얻었다고 볼 수 있다. 1957년도에 84만 4천 명이던 종업원 수는 1958년도에 119만 8천명, 1959년도에 138만 1천 명으로 급증하여 2년간 53만 명 이상이 증가하였다.210) 증가분의 상당수는 여성 종업원이지만 농촌에서도 상당수가 유입되어 거꾸로 3만 명 정도는 노동력 사정이 긴장되어 있는 농촌으로 되돌려야만 했다.211) 1960년도의 가장 중요한 과제를 농촌경리의 기계화에 두고 농기계 생산을 전년 대비 356%로 증대시키도록 한 것은 급증한 도시 노동자의 식량 수요에 대응하고 긴장된 농촌노동력 부족을 해결하기 위해 불가피한 조치였다. 1959년도 곡물 총생산고는 340만 톤에 머물렀고 그 원인에 대해서는 사료작물과 공예작물의 재배면적 확장과 관련이 있다고 설명되었지만 500만 톤이라는 목표를 고려하면 심각한 사태였다.212) 이 전원회의에서는 1959년도 곡물생산 실적에 관해서는 정보당 수확고 이외에 일절 언급되지 않았다. 게다가 국가투자에 의한 주택건설을 전년 대비 2배로 한 것도 급증한 노동자의 주택사정을 개선하기 위한 것이었

---

209) 「조선로동당 중앙위원회 12월 확대전원회의에 대한 보도」, 『로동신문』 1959. 12.6.

210) 1956년도 총종업원 수는 80만 8천 명으로 1957년도 총종업원 수는 1956년 대비 104.5%, 1958년도는 57년 대비 142.1%이며, 이 숫자를 기준으로 계산하면 1957년도 84만 4천 명, 1958년도 119만 8천 명이 된다. 과학원경제법학연구소 편, 『해방 후 우리나라의 인민경제발전』, 과학원출판사(평양), 1960, 250쪽. 1959년도에 관해서는, 『조선민주주의인민공화국 인민경제발전 통계집 1946~63』, 28쪽.

211) 김일성, 앞의 책, 495쪽. 여성 종업원 수는 1956년도 16만 9천 명에서 1959년도 51만 명으로 급증하였다. 『조선민주주의인민공화국 인민경제발전 통계집 1946~ 63』, 28쪽.

212) 제4장 제7절의 1에 있는 곡물통계에 관한 서술을 참조.

다. 이후 "있는 로력, 있는 설비를 가지고 더 많이 생산하자!"가 주된 구호가 되었다.213)

12.5%라는 공업 성장률은 낮은 수치가 아니지만 지금까지의 성장 속도에 비하면 급격한 수성이었다. 김일성은 "그 내와 같이 40~50%씩 증가하기는 힘들다 하더라도 20~25%는 증가할 수 있다고 생각"한다고 하며 높은 성장에 대한 미련을 버리지 않았다.214) 김일성은 "완충기라는 것은 전쟁에 비유하여 말하면 어떤 한 고지를 점령하기 위한 전투가 끝났을 때에 소모된 병력과 식량, 피복, 무기, 탄약 등을 보충하고 전투 대오를 정비하고 재편성하며 이미 쟁취한 진지를 더욱 공고히 함으로써 다음 고지를 점령하기 위한 새로운 전투를 준비하는 시기"로 정의하며, "명년에는 제1차 5개년 계획이라는 고지에서 제2차 5개년 계획이라는 더 높은 고지로의 진군을 준비하는 해"라는 위치를 부여하였다.215) 김일성에게는 수정이 아니라 새로운 도약을 위한 준비였다.

1960년 4월 4일 동력화학공업성과 기계공업성이 중공업위원회로 통합되고 경공업성은 경공업위원회로 개편되었다. 산업관계성은 두 개가 되어 표면상으로는 경공업의 상대적 중시가 더 부각되었지만 중공업위원장에 리종옥, 경공업위원장에 정준택, 양쪽 모두 중공업중시론자가 임명되고 비판받은 한상두는 중공업부위원장, 경공업상 문만욱은 경공업부위원장이 되었다.216) 같은 해 11월 리종옥은 부수상을 겸임하게 되었다. 1960년도 공업총생산 실적은 계획의 103%, 1959년 대비 16% 성장했다고 발표되었다.217)

1961년도 공업생산목표는 1960년 대비 116%이며, 그중 소비재생

---

213) 『로동신문』 1959.12.29.

214) 김일성, 앞의 책, 496쪽.

215) 위의 책, 473~475쪽.

216) 각각의 위원회에는 복수의 부위원장직이 배치되었다.

217) 「조선로동당 중앙위원회 12월 확대전원회의에 관한 보도」, 『로동신문』 1960.12. 24.

산 목표는 1960년 대비 125.3%로 설정되었다. 1960년과 마찬가지로 성장률 목표를 높지 않게 정하여 경공업을 상대적으로 중시하는 정책으로서 림계철이 주도했다고 생각된다. 대신 곡물생산에서 100만 톤 증산 목표가 설정되어 1961년도의 최우선 과제가 되었다. 그러나 회의 직후 12월 27일 정준택이 국가계획위원장, 림계철이 경공업위원장으로 서로 교체되었다. 다시 종래의 중공업 중시론자가 경제의 키잡이 역할을 하게 되었다. 다만 1961년도 공업 생산실적은 당초 목표인 16%에는 미달하였다. 1961년도 공업총생산액은 1960년 대비 14%로 성장하고 그 중 생산수단 생산은 9%, 소비재생산은 21%로 성장하였다. 계획의 102.5%가 초과 수행된 것으로 발표되었다.[218] 1961년 중 어느 시점에 발표는 되지 않은 채 목표는 수정된 것이다.[219]

4) 7개년 계획과 고성장노선으로의 복귀

1961년 9월 11~17일 제4차 당대회가 개최되었다. 이 대회는 만주파에게 '승리자의 대회'였다. 대회에서는 '인민경제발전 7개년 계획'이 채택되었다. 7개년 계획에 관한 보고는 내각 제1부수상 김일이 담당하였다. 만주파의 정치적 승리는 보고자 선정에서도 나타나고 있었다. 7개년 계획도 "중공업의 우선적 성장을 보장하면서 경공업과 농촌경리를 동시에 발전시킨다"는 노선을 견지하는 것이었다. 7개년 계획을 전반기 3년, 후반기 4년으로 나누어 전반기에는 경공업과 농업을 발전시켜 인민생활을 개선하는 데 역량을 집중하고, 후반기에는 중공업기지를 확장

---

218) 「1961년 조선민주주의인민공화국 인민경제발전계획 실행총화에 관한 국가계획위원회 중앙통계국의 보도」, 『로동신문』 1962.1.19. 「자료 : 1961년 우리나라 인민경제발전」, 『경제지식』 1962년 제2호, 39쪽.

219) 1961년 12월 1일 시점에는 계획의 104% 초과 수행으로 1960년 대비 116%로 기대되고 있었다. 「조선로동당 중앙위원회 제4기 제2차 확대전원회의에 관한 보도」, 『로동신문』 1961.12.1.

하여 그 기술적 장비를 개선하는 데 집중토록 계획하였다. 7개년 계획에는 "사회주의적 공업화와 전면적인 기술개건"을 이룩한다는 위치가 부여되었다. 공업총생산액의 연평균 증가율은 18%, 최종연도에는 생산수단 생산이 3.2배, 소비재 생산이 3.1배가 된다고 예정되었다.[220] 기본건설 투자액을 보면 투자총액 중 공업건설이 58%, 그중 중공업이 75%를 차지하는 만큼 전체적으로 중공업을 중시하고 경공업의 성장은 추가 투자 없이 지방공업에 의존한다는 종래의 방침이 견지되었다. 5개년 계획에 비하면 처음 3년간은 경공업을 중시하는 내용이었다고 할 수 있다. 계획기간 중 공업생산 증가의 75~80%를 노동생산성 증대로 보장한다고 하여 노동자의 대중적 동원이 계속해서 성장의 원동력으로 기대되었다. 따라서 "근로대중의 사상동원"을 계획수행의 "가장 중요한 담보"라고 규정하고 근로자에 대한 공산주의 교양과 혁명전통교양을 강화하여 천리마작업반운동을 더욱 적극화하도록 하였다.[221] 다만 연평균 성장률 18%는 다시 이전의 높은 성장률을 시도하기 위한 숫자였다.

완충기 설정을 통하여 완화된 고성장노선은 다시 부활하였다. 김일성이 정의한 대로 완충기란 "새로운 고지를 점령하기" 위한 준비기였다. 11월 27일~12월 1일 당중앙위원회 제4기 제2차 확대전원회의가 열려 1962년도 계획의 중심과업을 "6개고지", 즉 "알곡 500만 톤, 직물 2억5천만 미터, 수산물 80만 톤, 주택 20만 세대, 강철 120만 톤, 석탄 1500만 톤의 고지"를 "점령"하는 데 두었다. 특히 1962년도 공업총생산액 목표를 1961년 대비 125.6%로 설정, 7개년 계획의 연평균성장률 목표 18% 보다 훨씬 높이 잡았다.[222] 이 전원회의는 5일 동안 계속되었는데 회의에서 김일성이 한 결론은 국판 70쪽 이상에 달하는 긴 내용

---

220) 김일, 「조선민주주의인민공화국 인민경제발전 7개년 계획에 대하여」, 『로동신문』 1961.9.17.

221) 김일, 위의 보고.

222) 「조선로동당 중앙위원회 제4기 제2차 확대전원회의에 관한 보도」, 『로동신문』 1961.12.1~2.

으로 김일성이 이 회의를 얼마나 중요시했는지를 잘 알 수 있다.223)
1961년 11월 말 이 시점에서 공업성장률은 16%로 추계되었는데 실제
로는 14%에 머물렀기 때문에 다시 성장 드라이브 정책에 착수한 것은
분명해졌다. 이 회의에서 공장관리체제를 전면 개편한다고 결정한 것도
성장정책에 박차를 가하기 위한 것이었다.

5) 「자력갱생」과 「국방 · 경제 병진」 노선

그러나 경제성장을 위해 주어진 제반 조건은 과거보다 그다지 좋은
것이 아니었다. 7개년 계획을 발표하는 제4차 당대회 개최를 앞두고 김
일성은 6월 29일~7월 10일 소련, 7월 10일~15일 중국을 방문하여 각
각 '상호 협조 및 원조 조약'을 체결하고 7개년 계획 발표 후 같은 해 10
월 15일~11월 3일 소련공산당 제22차 대회에 출석하기 위하여 다시 소
련을 방문하였다. 이러한 소련 방문의 주된 목적은 7개년 계획에 대한
지원을 이끌어내는 데 있었다. 그러나 내연(內燃)하고 있던 중소분쟁이
이 대회를 계기로 공연히 폭발하여 알바니아가 중국 측에 동조함에 따라
소련과 알바니아와의 관계에도 심각한 대립이 발생하였다.224) 북조선

223) 김일성, 「모든 힘을 여섯 개 고지의 점령을 위하여－조선로동당 중앙위원회 제4
기 제2차 확대전원회의에서 한 결론」 1961.12.1,『김일성저작집』 제15권, 354~
428쪽. 회의에서는 첫째로 소련공산당 제22차 대회에 참가한 조선로동당 대표
단의 사업에 대하여 김일성이 보고하고, 둘째로 1962년도 인민경제발전 계획에
대하여 부수상 겸 국가계획위원장 정준택이 보고하며, 셋째로 농촌에서 60만
동의 문화 주택을 건설할 데 대하여 농촌건설상 김병익이 보고하고 토의가 진
행되었다. 마지막으로 김일성이 결론을 지었다.『로동신문』 1961.11.28 · 12.1 ·
12.2.

224) 중소대립과 북조선의 관계에 관해서는, Chung, Chin O, P'yongyang Between Peking
and Moscow : North Korea's Involvement in the Sino-Soviet Dispute, 1958~75, the
Unive rsity of Alabama Press, 1978, 정진위,『북방삼각관계 : 북한의 대중소관계를
중심으로 하여』, 법문사, 1985, 市川正明, 「中ソ對立と北韓の經濟建設」, 同
「中ソ對立と北韓の軍事戰略」, 각각 山本登編,『中ソ對立と亞細亞諸國』上 ·

은 소련에 동조하지 않고 표면상으로는 중립을 지켰지만 내심으로는 중국과 알바니아를 지지하고 있었다. 소련과의 냉각관계가 시작되어 1963년부터는 본격적인 대립으로 발전하였다. 일련의 소련 방문에서 김일성은 어떤 원조 약속도 얻을 수 없었다. 당중앙위원회 제4기 세2차 확내회의에서 김일성은 방소 결과에 관해 보고하면서 중소분쟁에 대해서는 직접 언급하지 않았지만 소련과 알바니아의 관계를 언급하고 국제공산주의 내부에 조성된 정세가 복잡하다고 주의를 환기시켰다. 김일성은 방소 보고에서 '자력갱생'이란 말을 처음으로 사용했다.225)

당시 대외적으로는 공개되지 않은 확대전원회의에서 한 결론을 통해 김일성은 다음과 같이 '자력갱생'에 대하여 좀더 길게 설명하였다.226)

> "자력갱생이란 자기의 힘으로 일떠서자는 말인데 이 정신이 무엇보다도 우리들에게 필요"하다. "누구에게나 다른 나라에 의존하려는 사상이 없어야 합니다 … 의존심으로부터 자기를 낮추 보고 남을 높이 보는 사대주의가 발생할 수"도 있다. "공산주의자들은 언제나 자기 나라 인민의 힘을 동원하여 혁명을 승리에로 이끌어야 되며 어떠한 난관도 자체의 힘으로 뚫고 새로운 사회를 건설할 줄 알아야 합니다", "자기 나라에 있는 것을 가지고 공업과 농업을 비롯한 모든 경제부문들을 발전시키려는 사상을 견지하는 것이 중요합니다", "자력갱생을 하고 자립적 경제체제를 확립하여야만 국제분업에 더 효과적으로 참가할 수 있습니다."

'자력갱생'이란 당을 중심으로 하여 대중적 동원을 최대화하고 높은 성장률을 계속 견지함으로써 악화된 대외환경을 참고 견뎌내려고 하는

下卷, 日本國際問題研究所(東京), 1971을 참조.

225) 김일성, 「소련공산당 제22차 대회에 참가하였던 조선로동당 대표단의 사업에 대하여」, 『로동신문』 1961.11.28.

226) 김일성, 「모든 힘을 여섯 개 고지의 점령을 위하여—조선로동당 중앙위원회 제4기 제2차 확대전원회의에서 한 결론」, 앞의 책, 424~426쪽. 이 결론은 김일성 『사회주의경제관리 문제에 대하여』 제2권, 조선로동당출판사(평양), 1970에 일부가 처음 수록되었지만 자력갱생과 관련된 부분은 1980년 위 저작집에 처음 수록되었다.

정책으로 이 시기까지는 경제우선 정책의 연장이었다. 당중앙위 제4기 제2차 확대전원회의 이후 김일성은 빈번히 '자력갱생'을 말하게 되었다. 1962년 3월 8일 당중앙위 제4기 제3차 확대전원회의에서는 직접 지명은 피했지만 '현대수정주의'를 강력히 비판하면서 자력갱생을 소련 비난과 결부시켰다.227)

"어떤 사람들은 자력갱생이 민족주의라고 시비하는데 이것이 왜 민족주의이겠습니까? … 제 힘으로 혁명을 하며 제 손으로 사회주의를 건설하는 것이 무엇이 나쁩니까? … 자력갱생이란 어떻게 하나 자체의 힘으로 사회주의를 건설하며 혁명을 완성하자는 것입니다 … 우리는 형제 나라들의 원조를 환영합니다 … 그러나 원조를 주지 않는데야 어떻게 하겠습니까? 남의 원조가 없어도 혁명은 해야 하며 사회주의는 건설해야 합니다 … 원조는 주지 않으면서 자력갱생하자는 것을 민족주의라고 시비를 하는 사람들의 심보를 어떻게 리해하여야 할 것입니까?"

1962년도 공업생산 실적은 1961년 대비 120%라고 발표되어 "대안의 사업체계의 위대한 생활력이 발양된 결과"로 설명되었다. 이것은 높은 성장률이기는 하지만 당초 계획목표에는 미달이었다. 그러나 종래 발표와는 달리 처음으로 계획의 수행 여하는 언급하지 않았다.228) 이전과 같이 당초의 계획을 도중에 수정하지 않은 것은 대안의 사업체계나 청산리방식의 체면에 관계되기 때문에 마지막까지 계획 달성에 집착했기 때문일지도 모른다. 한편으로는 이미 계획 미달성을 암묵적으로

---

227) 김일성, 「당조직사업과 사상사업을 개선 강화할 데 대하여―조선로동당 중앙위원회 제4기 제3차 전원회의 확대회의에서 한 결론」 1962.3.8, 『김일성저작선집』제3권, 329쪽. 당시 자력갱생을 강조한 김일성의 연설은, 「조선민주주의인민공화국 정부의 당면 과업에 대하여―최고인민회의 제3기 제1차 회의에서 한 연설」 1962.10.23, 앞의 책, 397~399쪽, 「대안의 사업체계를 더욱 발전시킬 데 대하여―대안전기공장 당위원회 확대회의에서 한 연설」 1962.11.9, 앞의 책, 434~436쪽.

228) 「1962년 조선민주주의인민공화국 인민경제발전계획 실행총화에 관한 국가계획위원회 중앙통계국의 보도」, 『로동신문』 1963.1.17.

인정하는 것을 허용하는 조건이 조성되었기 때문이기도 하였다.

1962년 12월 10~14일 열린 당중앙위원회 제4기 제5차 전원회의는 북조선의 경제발전 노선에 근본적 전환을 가져온 중요한 회의였다. 이 회의에서는 "경제발전에서 일부 제약을 받더라도 우선 국방력을 강화하여야 한다"는 방침이 결정되었다.229) 이른바 '4대 군사노선'이 나오고 경제건설과 군사력강화의 병진정책이 채택된 것은 6·25전쟁 이래 경제우선정책의 근본적 전환이었다. 당시 외부 정세에 대한 대응이지만 그와 같은 전환을 가능하게 한 내적 배경에는 6·25전쟁 이후 군의 비대화, 만주파의 당·군 장악에 따르는 당과 군의 일체화가 가로놓여 있었다. 이 제4기 5차 전원회의에서 '자력갱생'이 갖는 의미에는 군사적 성격이 추가되었다. 이 회의에서는 1963년도 경제계획이 확정되어 공업총생산액은 1962년 대비 111%, 그중 생산수단 생산은 113%, 소비재 생산은 108%로 각각 성장시킨다는 목표가 정해졌다.230) 처음 3년간 소비재 공업을 중시한다는 7개년 계획의 방침은 후퇴하지 않을 수 없었다. 무엇보다도 변화는 전체의 성장률 목표를 낮게 잡은 점에서 나타났다.

이해 계획 실행 상황은 1962년 대비 5% 성장, 계획의 101.5% 초과 달성으로 발표되었다. 국가계획위원회 발표에는 "제4기 제5차 전원회의 결정을 높이 받들고 나라의 방위력을 일층 강화하여 전국을 요새화하면서 사회주의건설을 더욱 촉진"하였다는 설명이 붙었다.231) 공개는 되지 않았으나 당초의 성장 목표는 대폭 하향 조정되었다. 이전에는 믿어지지 않을 정도의 저성장이었다. 이것은 7개년 계획기간 중 마지막으로 발표된 숫자이며 이후 성장률은 공개적으로 발표되지 않았다.

---

229) 「당중앙위원회 제4기 제5차 전원회의에 관한 보도」, 『로동신문』 1962.12.16. 제5장 제2절의 4에 있는 당·군관계에 관한 서술을 참조.

230) 『로동신문』, 위의 보도.

231) 「1963년 조선민주주의인민공화국 인민경제발전계획 실행총화에 관한 국가계획위원회 중앙통계국의 보도」, 『로동신문』 1964.1.17.

4 공업부문에서 직업동맹 및 당사업체계의 전환

1) 집단혁신운동에서 천리마운동으로

집단적 혁신운동과 공산주의 교양

1956년 12월 전원회의 이후 "최대한의 절약과 증산"이 산업 전반을 지배하는 구호가 되어 제1차 5개년 계획을 확정한 1958년 3월 제1차 당대표자회에 와서 그러한 슬로건은 한층 더 강조되었다. 직업동맹 내 숙청이 일단락되자 직업동맹 사업의 중심을 생산 방면으로 돌리고 제1차 5개년 계획 이행을 위하여 대중적 열의를 동원하는 데 집중하려고 하였다. 당시 농업협동화와 개인상공업의 사회주의적 개조가 대체로 완료되고 있었기 때문에 노동력의 수요와 공급 사이에는 상당한 긴장이 조성되리라 예상되었다.232) 특히 5개년 계획에서 공업생산 성장액의 63%를 신규 노동력의 공급 없이 노동생산성의 향상만으로 달성하도록 예정된 만큼 이 방면에서 직맹의 역할은 불가결하였다.

제1차 당대표자회 결정을 집행하기 위해 1958년 3월 10일 직맹 중앙위 제9차 확대전원회의가 개최되었다. 이 회의의 보고는 한상두가 맡았다. 보고에 기초하여 채택된 결정은 증산 과제를 달성하기 위하여 일단 증산경쟁운동을 새롭게 전개할 것을 강조하고 "경쟁의 기본형태인 개인 및 브리가다 경쟁은 물론 동일산업 부문 내에서의 기업소간 호상 경쟁, 동일산업 부문 내 여러 기업소를 포괄한 지역 호상 경쟁, 동일산업 부문 전국 직종별 경쟁, 지방산업의 지역적 경쟁" 등 다양한 경쟁형태를 조직할 것을 결의하였다.233) 이른바 '대중적 혁신운동'의 개시를

---

232) 김응기, 「로력 문제 해결을 위한 긴절한 제 과업」, 『경제건설』 1958.3, 30~33쪽.

알리는 것이었다.

1958년 6월 김일성은 사회주의건설의 대고조를 선언하면서 이를 당의 부름 앞에 천리마에 올라탄 기세로 사회주의 건설을 향해 가장 선두에서 달려가는 것에 비유했다. 많은 기업소에서는 종업원 총회와 열성자 회의가 열려 그 자리에서 5개년 계획의 과제를 1년 반, 또는 그 이상의 기한으로 단축하여 해방 15주년이 되는 1960년 8월 15일 이전까지 수행할 것이 결의되었다. '집단적 혁신운동'이란 말이 등장하여 종래의 증산경쟁운동을 대신하게 되었다.234) 이것은 기술혁신과 노동생산성의 성장을 급속히 촉진하기 위한 집단차원의 대중운동으로서 기계설비의 기존 '공칭능력(公稱能力)'과 노동자의 기존 '노력기준량'을 타파하고 새로운 능력과 기준을 '창조'해 가는 과정이라 일컬어졌다.

집단적 혁신운동을 추진하는 데 주도적 역할을 수행한 직맹위원장 한상두에 따르면 그것은 "온갖 낡고 보수적인 것, 소극적인 것, 침체적인 것과의 심각한 사상투쟁 속에서 발전"하며 "대중의 힘을 믿고 대중에 의거하여 그들의 창의성과 무진장한 힘을 옳게 동원한다면 해결 못할 일이 없다"는 자세로 임하는 운동이었다. 그는 "보수주의와 소극성에 사로잡힌 일부 지도일꾼들"은 "이미 낡아버린 공칭능력과 낡은 기준을 방패로 하여 근로자들의 거센 전진운동을 가로막으려 하고 있다"고 비난했다.235) 공장 내에서는 창의·고안 경쟁이 전개되고 생산에서 '기적적 성과'가 신문에 연일 소개되었다. 김일성은 생산현장을 순방하면서 "우리는 지금 어렵게 산다, 우리는 빨리 잘 살기 위해서 남보다 더 빨리 가야 한다, 왜 쏘련 노르마에 딱 매달려야만 하겠는가……공연히 쏘련 노

---

233) 「조선로동당 제1회 대표자회 결정을 진행하기 위한 직업동맹단체들의 과업─조선직업총동맹 중앙위원회 제9차 확대전원회의에서 한 한상두 동지의 보고」, 『로동신문』 1958.3.11, 「조선직업총동맹 제9차 확대전원회의 결정서」, 『로동신문』 1958.3.14.

234) 사설 「집단적 혁신운동을 일층 확대 발전시키자」, 『로동신문』 1958.8.14.

235) 한상두, 「집단적 혁신운동을 가일층 확대·발전시키기 위하여」, 『로동신문』 1958.9.8.

르마의 그늘 밑에서 어물어물하지 말라"고 역설하였다.236)

9월 13일~16일에는 전국 생산혁신자 대회가 개최되어 직맹위원장 한상두가 보고하고 김일성도 격려 연설을 했다.237) 김일성은 "혁신"을 저지하는 "보수주의자"를 "일제 때의 공칭능력"으로 근로자를 억누르거나 "선진국의 기준량"을 가지고 근로자의 창의성을 마비시키는 자로 지탄하면서 "남이 한 걸음 걸으면 우리는 열 걸음을 걸어야 한다"고 독려했다.238) 이 대회에서 채택된 결의문은 5개년 계획을 1년 6개월 앞당겨 수행할 것을 결정했다.239)

집단적 혁신운동이 한창 고양되고 있을 때 '반혁명분자에 대한 투쟁', 중앙당 집중지도 등이 서로 상승작용을 함으로써 열광적인 분위기가 조성되어 5개년 계획을 1년 반이 아니라 2년 이상 앞당겨 완수할 수도 있다는 결의가 일반화되어 갔다. 1959년도 공업총생산 목표를 1958년도 실적의 2배로 전망하고 곡물 총생산고 목표도 500만 톤으로 설정하는 결의도 제출되었다. 소극적 간부들은 "궐기한 대중을 옳게 지도하여 더 큰 일을 하려고 하지 않고" "계획을 높이 세웠다가 실행하지 못할 때의 책임, 혁신운동을 발기했다가 실현하지 못했을 때의 책임" 등을 운운하는 "보수주의자"라고 비난받았다.240) 누구보다 김일성 자신이 그와 같은 열광적인 분위기를 가장 중심에서 체현하고 있었다. 11월 20일 전국 시·군 당위원회 선동원을 위한 강연회에서 김일성은 "『각자는 능력대로, 각자에게는 수요대로』라는 원칙이 실현되는 공산주의사회"는

---

236) 김일성, 「시·군 인민위원회의 당면한 몇 가지 과업에 대하여—시·군 인민위원회위원장 강습회에서 한 연설」, 1958.8.9, 『김일성선집(1960년판)』 제6권, 9쪽.

237) 「집단적 혁신운동을 가일층 확대 발전시킬 데 대하여—전국 생산혁신자 대회에서 한 조선직업총동맹위원장 한상두 동지의 보고」, 『로동신문』 1958.9.14.

238) 김일성, 「사회주의건설에서 소극성과 보수주의를 반대하며—전국 생산혁신자 대회에서 한 연설」, 앞의 책, 111~112쪽.

239) 「전국 생산혁신자 대회 결의문」, 『노동신문』 1958.9.17.

240) 「당중앙위원회 편지토의사업의 성과를 더욱 공고 발전시키자」, 『로동신문』 1958.11.29.

"먼 장래의 일이 아니라 가까운 장래의 일"이라고 언급하기 시작했다.241) 김일성은 1959년도에 "인구 1인당 중요 공업제품의 생산량에서 능히 일본을 따라잡을 수 있다"는 전망을 강한 의지로 제시했다. 현재 진행 중인 혁명은 "새 것과 낡은 것과의 투쟁, 진보와 보수와의 투생, 적극과 소극과의 투쟁, 집단주의와 개인주의와의 투쟁, 총체적으로 사회주의와 자본주의와의 투쟁"으로 규정하면서 근로자에게는 "자본주의에 대한 사회주의와 공산주의의 우월성에 대하여 교양하는 것이 중요"하고 남·북조선의 예는 "사회주의와 자본주의와의 좋은 대비가 될 것"이라 주장했다. "사회주의 건설을 빨리 완성하고 형제 나라 인민들이 공산주의 사회에 들어갈 때 우리도 뒤떨어지지 말고 그들과 함께 공산주의에 들어가야 한다"고 하며 "매개 근로자를 열렬한 건설자로, 철두철미 붉은 사상으로 무장된 공산주의자로 교양해야 한다"고 독려했다. 공산주의 의식은 생산관계의 개조를 의미할 뿐 아니라 생산력 증대를 위한 결정적 수단이라고 간주한 것이다.

천리마작업반운동

집단적 혁신운동이 한창 고조되고 있던 1958년 9월 26일~27일 당 중앙위원회가 개최되어 전 당원에게 5개년 계획을 1년 반 앞당겨 완수하도록 호소하는 '당중앙위원회 편지'가 채택되었다.242) 이 회의에서는 당내 부서 개편 및 인사가 이루어졌다. 당산업부가 중공업부와 경공업부로 분리되어 당내 경제부서는 중공업부, 경공업부, 건설운영부, 농업부, 산업재정협동단체부의 진용을 갖추고 5개년 계획의 조기 완수에 임하게 되었다. 직맹위원장 한상두가 금속공업상이 되고 후임 직맹위원장에는 당상무위원 리효순이 내정되었다. 리효순은 역대 직맹위원장 중

---

241) 아래 내용은, 김일성, 「공산주의 교양에 대하여－전국 시·군당위원회 선동원을 위한 강습회에서 한 연설」 1958.11.20, 앞의 책, 128~129쪽으로부터 인용.

242) 「조선로동당 중앙위원회에서」, 『로동신문』 1958.9.28, 사설 「사회주의건설에서의 결정적 전진을 위하여」, 『로동신문』 1958.9.30.

최고의 당내 서열에 있는 인물이다. 직맹위원장 비중을 그와 같이 높인 것은 집단적 혁신운동을 한 단계 끌어올리기 위한 인사였다.

리효순은 이미 '반탐오·반랑비운동'을 통해 발휘했던 수완을 인정받은 것이지만 동시에 이 인사는 항일빨찌산 혁명전통을 전 사회적으로 확대하기 위한 시도의 일환이기도 하였다. 1958년 3월 제1차 당대표자회에서 '반당종파분자' 숙청작업에 대한 총괄 보고를 담당한 것은 박금철이며 이 대표자회에서 리효순은 당상무위원으로 승진하였다. 또한 9월 당 중앙위원회에서는 선전선동부장으로 김도만이 리일경을 대신하여 임명되었다.243) 소련계와 연안계가 숙청될 때 만주파는 군과 내무기관을 장악했고 당, 행정 전문가가 부족한 상황에서 갑산계가 급부상하였다. 1958년 8월 말 농업협동화와 개인상공업의 사회주의적 개조가 완료됨에 따라 새로운 혁명전통을 확립하기 위한 과제가 제시되었고 이를 갑산계가 주도적으로 담당하게 되었다. 갑산계 이외에 연안계로서 살아남은 당부위원장 김창만, 당과학및학교교육부장 하앙천도 중요한 역할을 수행했다. 특히 김창만과 하앙천은 당선전선동부장을 역임한 바 있고 당내 선전부문에서 그들의 영향력은 타의 추종을 불허할 만큼 이 분야의 베테랑이었다. 이 작업은 '천리마작업반운동'을 매개로 이루어졌다.

천리마작업반운동은 1959년 3월 9일 강선제강소 제강직장 소속 진응원 작업반의 발기와 더불어 개시된 것이라고 이야기되지만 앞에서 설명한 바와 같이 1958년 9월 당직 개편 이후부터 치밀한 준비하에 추진된 것으로 생각된다. 운동 발기 현장인 11명의 작업반 총회에는 노동자와 그 가족을 포함하여 1천여 명 정도가 참석하였다. 작업반 총회에서는 "나는 집단을 위하여, 집단은 나를 위하여"라는 구호가 등장했다.244) 3월 13~15일 직맹 중앙위원회 제12차 확대전원회의가 개최되어 위원장 리효순은 보고를 통해 "천리마작업반운동"은 "사회주의의 높은 봉우

---

243) 만주파는 3월 당대표자회에서 당행정부장으로 김경석, 9월 당중앙위 전원회의에서는 당국제부장으로 박성철이 임명되었다.

244) 『로동신문』 1959.3.10.

리를 향하여 천리마를 탄 기세로 내달리는 우리나라 근로자들의 고상한 애국주의의 발현이며 로동에 대한 공산주의적 태도의 표현"이라고 규정했다. 회의의 결정서는 운동이 "개개의 작업반으로부터 전 직장, 기업소, 모든 집단에 이르기까지 확대 발전되도록" 하며 동시에 "근로자들 속에 김일성 동지를 선두로 하는 견실한 공산주의자들의 애국적 혁명전통으로 또 공산주의 붉은 사상으로 튼튼히 무장시키기 위한 사상교양사업을 더욱 강화"한다고 결정했다.245) "하나는 전체를 위하여, 전체는 하나를 위하여"라는 구호도 이때 채택되었다.246)

당초 '천리마작업반운동'은 '사회주의경쟁운동'의 한 형태로 출발하여 이후 '집단적 혁신운동'의 발전 형태로 간주되고 있었다. 그 특징은 '작업반'이라는 생산현장의 노동 단위를 거점으로 삼았다는 점이다. 또한 천리마운동은 생산의 부단한 확대와 노동생산성의 성장을 일차적 목적으로 삼았으며 특히 노동자의 '사상의식'이 기본적으로 생산능률을 높이는 데 적극적 요인이 된다는 사고방식이 주목할 만한 점이다. 다시 말해 노동에 대하여 '물질적 유인'뿐 아니라 '정신적 유인'도 중시한다는 의미였다. 천리마운동의 주요 목적은 생산력 증대를 위해 사상의식을 공산주의적으로 개조하는 것으로 생산활동뿐 아니라 일상생활에서도 공산주의적 관계를 확립하는 데 있었다.247) 이미 1958년 8월 전 사회적인 사회주의적 개조가 완료되었음을 선언했고 하부구조에서는 생산관

---

245) 『로동신문』 1959.3.16.

246) 사설 「≪천리마작업반운동≫의 확대 발전을 위하여」, 『로동신문』 1959.3.18.

247) 허재수, 「우리 로동계급의 공산주의적 발기-≪천리마작업반≫운동」, 『근로자』 1959.5, 19~20쪽 참조. 천리마운동을, 사회주의경쟁운동의 새로운 전환으로서 경쟁에서 "사회·도덕적 관심성이 더욱 큰 많은 의의를 차지해" 가는 흐름의 일환으로서 파악하는 논자로는, 박영근, 「우리나라 공업관리 형태 및 방법의 가일층 완성」, 과학원경제법학연구소 편, 『8·15해방 15주년기념 경제론문집』, 과학원출판사(평양), 1960, 153쪽. 그 밖에 천리마운동에 관해서는, 『우리나라 사회주의건설에서 천리마작업반운동』, 조선로동당출판사(평양), 1961, 백재욱, 『천리마운동은 사회주의건설에서 우리 당의 총로선』, 조선로동당출판사(평양), 1965 등을 참조.

계의 '국가적 소유'가 확립되었다는 부동의 전제가 성립되어 있었다. 그러나 상부구조에 해당하는 사회주의적 의식, 나아가 공산주의적 사상의식은 마르크스·레닌주의 세계관이라고 정의되고는 있었지만 그 구체적 내용이 무엇인가 하는 문제가 생기지 않을 수 없었다.[248]

1958년 11월부터 김일성이 공산주의 교양을 강화하기 시작한 것은 그와 같은 배경하에서 이루어진 것이다. 다만 그러한 공산주의 교양은 자동적으로 생길 수도, 외부에서 가져올 수도 없고 북조선 내부에서 스스로 만들어 내야 할 것이었다. 여기서 새로운 차원이 결합하게 되어 공산주의적 관계, 사상의식의 모범은 "김일성 동지를 선두로 하는 견실한 공산주의자들에 의해 이룩된 혁명전통" 즉 항일빨찌산 혁명전통을 구현한다는 데서 찾아졌다. 항일빨찌산 전통을 계승하는 것은 그 마르크스·레닌주의 사상체계뿐 아니라 그 '공산주의 도덕품성'도 계승하는 것을 의미하였다. 그 예로 "인민대중과의 혈연적 련계, 겸손성과 소박성, 혁명적 동지애, 혁명적 규률에 대한 자각적 태도" 등 "품성"이 들어졌다.[249] 천리마운동을 도식적으로 말한다면 집단적 혁신운동에 공산주의 교양운동을 결합시켜 그 내용을 항일빨찌산 혁명전통으로 채운 것이다.

1958년 8월에 이르러 농업협동화와 개인상공업의 사회주의적 개조가 완료된 후 전 사회적인 사회주의적 개조에 발맞춰 인간의 정신적 개조를 위한 공산주의 교양을 강화하는 조치가 취해졌으며 "근로자에 대한 공산주의 교양을 강화하자!"가 주요 구호가 되었다. 1958년 10월 30일 조선인민군 각급 군사학교 교원대회를 기점으로 11월 20일 전국 시·군 당위원회 선동원들을 위한 강습회[250], 12월 1일 전국 출판보도

---

248) 리홍종, 「공산주의 도덕교양의 강화를 위하여」, 『근로자』 1959.7, 31쪽을 참조. Brus Cumings, "Kim's Korean Communism", Problems of Communism, March~April 1974.

249) 이홍종, 위의 논문, 31쪽.

250) 이 강습회에서 김일성의 연설 「공산주의 교양을 위하여」가 기본문헌이 되었다.

관계자 열성자대회, 5일 전국 작가예술인협의회 등 일련의 대중집회가 개최되어 공산주의 교양사업에 박차가 가해졌고 공산주의 교양과 혁명전통교양을 결부시켜 실시하도록 권장되었다. 같은 해 12월에는 직업동맹 중앙위 상임위원회는 근로자에 대한 혁명선동교양을 강화하는 결정을 채택하여 생산노동현장에서의 대중선전사업과 결합시켰다. 1958년 말부터 1959년 상반기까지 전국의 모든 기관, 기업소, 농업협동조합, 학교 등에 '김일성수령 혁명활동 연구실'이 설치되었고 이곳을 거점으로 혁명전통교양을 위한 학습, 토론이 추진되었다.

천리마작업반운동은 공산주의 교양운동과 결합되어 "낡은 사상 잔재와 생활 인습을 공산주의적으로 개조하고 새 형의 인간들을 창조하기 위한 대중적 운동"이란 위치를 부여받으며 전면적으로 추진되어 갔다.[251] 1960년 8월 현재 17만 8,406명이 망라된 8,620개 작업반이 이 운동에 참여하였고 1만 7,396명이 망라된 766개 작업반이 천리마작업반 칭호를 부여받았으며 그중 343명을 포괄하는 14개 작업반이 2중 천리마작업반 칭호를 받았다.[252] 1960년 8월 22일에는 '전국 천리마작업반 선구자대회'가 열려 운동의 중간 정리가 이루어졌다. 김일성은 연설에서 "천리마 기수들은 우리시대의 영웅이며 당의 붉은 전사"라고 규정하고 천리마작업반운동을 "공업부문 뿐만 아니라 농업, 건설, 운수, 상업, 교육, 보건, 과학, 문학, 예술 등 경제와 문화의 모든 분야"로 확대하도록 촉구하였다.[253]

이처럼 증산경쟁운동이 집단적 혁신운동으로 변화하고 나아가 천리마운동으로 확대되는 과정에서 당과 정부, 사회단체가 총동원되었는데 그 가운데 직업동맹이 전면에 나서서 주도적 역할을 수행하였다. 무엇

---

251) 리효순, 「천리마작업반운동의 확대 발전을 위하여」, 『로동신문』 1959.6.10.

252) 『조선중앙연감(1961년판)』, 197쪽.

253) 김일성, 「천리마기수들은 우리 시대의 영웅이고 당의 붉은 전사이다－전국 천리마작업반운동 선구자대회에서 한 김일성 동지의 연설」, 『조선중앙연감(1961년판)』, 1~4쪽. 천리마작업반운동의 참가 상황에 관해서는, 『조선전사』 제29권, 186쪽, 『조선중앙연감(1961년판)』, 199쪽.

보다도 한상두와 리효순 등 거물급 위원장이 재임하고 있었기 때문이며 표면적으로는 직맹의 위상이 상승한 듯이 보였다. 그러나 이러한 역할은 그들이 당조직을 움직일 수 있는 당내 위치를 확보했기 때문에 보장받은 것이다. 오히려 직맹은 노동자를 생산목표 달성이나 초과 달성으로 몰아세우는 기능만을 극대화하고 권익보호라는 기능에는 거의 눈을 돌리지 않았다. 반대로 경제관리체제 전반과 공장관리체제 개편 과정에서 직업동맹은 아무런 역할도 할 수 없었다.

2) 직업동맹의 성격 변화

1958년 3월 10일 직맹 중앙위 제9차 확대전원회의에서는 1958년도부터 "경험적으로 중요한 기업소에서 단체계약을 체결"하고 "필요한 경험을 얻은 기초 위에서 최근 1~2년 내에 전반적 기업소들에서 단체계약을 체결한다"는 결정을 내렸다. 단체계약 체결은 서휘가 1956년 6월경 주장했으나 사실상 이루어지지 않은 채로 있었다. 회의에서는 생산협의회 운영에 결함이 많다고 지적하고 빠른 시일 안에 생산협의회의 체계를 확립하고 획기적으로 개선할 대책을 강구하도록 하였다.254) 이 시점에 단체계약 체결을 허용할 수 있게 된 것은 직맹 내 서휘 숙청의 후유증이 어느 정도 매듭지어지고 조직이 안정상태로 들어가고 있음을 보여 주는 것이었다. 서휘의 숙청과 함께 중지되었던 국가사회보험 및 노동보호에 관한 관리사업을 노동성으로부터 직맹으로 이관하는 조치도 1958년 2월 10일 최고인민회의 정령 및 2월 22일 내각명령 제21호로 다시금 실행되었다.255) 그러나 단체계약 체결사업은 그 직후부터

---

254) 「조선로동당 제1차 대표자회 결정을 집행하기 위한 직업동맹 단체들의 과업－조선직업총동맹 중앙위원회 제9차 확대전원회의에서 한 한상두 동지의 보고」, 『로동신문』 1958.3.11. 「조선직업총동맹 중앙위원회 제9차 확대전원회의 결정서」, 『로동신문』 1958.3.14.

255) 조몽우, 「공화국 로동법의 발전」, 『우리나라 법의 발전』, 156쪽.

집단적 혁신운동, 그에 뒤이은 천리마운동이 고양되는 가운데 더 이상 진전되지 못했다.

리효순이 직맹위원장에 취임하고 천리마운동이 전개되면서 표면적으로는 직맹의 위상이 전에 없이 높아졌다. 59년 8월 31일 내각전원회의 결정에 따라 노동성이 폐지되고 노동성이 수행하던 노동규준량과 임금의 사정 업무 등 노동행정 사업 일부를 직맹 중앙위로 이관하는 조치가 취해졌다.256) 이러한 조치는 일련의 중앙기관 축소 및 개편작업의 일환으로 이루어진 것으로 노동 분야에만 한정된 별도의 정책으로 볼 수 없지만 직맹에 중대한 성격 변화를 초래하였다. 그것이 직맹의 권한을 강화한 것은 확실하지만 사회단체로서의 직맹 강화가 아니라 직맹의 '국가화'를 의미하는 것이었기 때문이다.257) 직맹의 국가화를 둘러싼 비판은 서휘에 대한 비판 속에서도 등장했는데 그것은 서휘의 재임 중에 이루어진 국가사회보험 및 노동보호를 관장하는 관리사업을 노동성으로부터 직맹으로 이관하는 조치를 지적한 것이었다. 서휘에 대한 숙청기간 중에도 직맹을 사회단체로 보는 견해가 지배적이었던 것이다. 그러나 이번 조치는 누구도 부정할 수 없는 명백한 국가화였음에도 불구하고 일절 반론이 표명되지 않았다. 그것이 가능할 만큼 사회단체로서 직맹의 힘은 남아 있지 않았던 것이다.

1959년 11월 2~6일 조선직업총동맹 제3차 대회가 열렸다.258) 이는 1947년 12월 제2차 대회가 개최된 이후 12년 만에 열린 대회였다.259) 정상적으로 진행되었다면 제3차 당대회 직후인 1956년 7월부

---

256) 『로동신문』 1959.9.2. 노동력의 모집과 배치 등 노동력의 수급을 조절하는 기능은 기업관리 측에 이관되었다고 생각된다.

257) 소련의 경우 1933년 6월 노동인민위원부를 해체하여 그 제반 권한을 노동조합에 이관하는 조치가 취해졌다. 사회단체로서의 노동조합의 성격이 강할수록 노동 측과 관리 측의 조정기구로서의 노동행정 기관의 필요성도 커지지만, 노동조합이 노동자 이익을 대표하는 기능이 약해짐에 따라 노동행정 기능이 노동조합과 일체화하는 역설적 현상이 나타났다. 塩川伸明, 『ソブエト社會政策史硏究』, 東京大學出版會, 1991, 246~55쪽.

258) 『로동신문』 1959.11.3.

터 예정되었던 결산·선거를 통해 당연히 개최되었어야 했으나 정치적 상황이 이를 허락하지 않았다. 그러나 1956년 7월부터 3년 이상 경과한 이 시점에는 직맹의 성격과 위상이 본질적으로 변화해 있었다. 이 대회는 변화한 직맹을 상징하는 집회이기도 하였다. 대회에서는 리효순이 위원장으로 유임되었고 부위원장에는 박상홍, 리인동, 문치수가 유임, 리종수, 백선일이 새로 선출되었다. 문치수는 산업성 노력임금처장, 중공업부상, 노동부상 등을 역임한 노동행정 전문가이며 백선일도 문치수처럼 노동성의 업무를 직맹으로 이관하기 위해 선출된 경우로 보인다. 1961년 2월 노동성의 부활과 함께 문치수는 노동부상으로 자리를 옮겼고 백선일은 평안북도 인민위원장, 농촌경리위원장을 역임한 후 1962년 10월 노동상으로 임명되었다.[260]

제3차 대회에 앞서 각도 직맹의 사업 총화를 위한 대표회가 개최되었다.[261] 각도 연맹에서는 그 사이 직맹 내 '반당종파분자' 숙청에 관한 총괄 작업이 진행되었다. 예를 들어 황해북도 대표회, 함경남도 대표회의 경우 1958년도에 이루어졌던 당중앙위원회의 도 직맹위원회에 대한 집중지도를 계기로 최창익, 박창옥, 서휘 등 '반당 반혁명 종파분자'의 '추종분자'의 죄행을 폭로하고 그 '사상여독'을 청산하기 위한 '투쟁'을 전개하였다.[262] 도 직맹을 "당의 충실한 간부"로 조직하고 증산경쟁운동에 대한 "반당적 견해를 분쇄"하여 새로운 사회주의 경쟁운동인 천리마운동을 적극적으로 추진하였다. 또한 평안북도 대표회의 경우는 최근,

---

259) 리효순, 「사회주의건설의 앙양기에 있어서 직업동맹의 과업」, 『근로자』 1959.11, 18쪽. 제2차 대회는 1947년 12월 20~23일 개최되어 행동강령 및 규약을 개정하고 중앙위원을 선거하였다. 『해방 후 4년간 국내외 중요일지』, 143쪽.

260) 125명의 중앙위원, 55명의 중앙위 후보위원, 13명의 상무위원회, 7명의 조직위원회가 각각 선출되었다. 『민주조선』 1959.11.7. 대회의 상세한 보도는, 『로동신문』 1959.11.3~11.6.

261) 9월 27~29일 황해북도, 함경남도, 황해남도, 자강도, 개성시의 대표회가 개최. 『로동신문』 1959.10.2.

262) 『로동신문』 1959.10.3·10.15.

당중앙의 직접지도를 받아 도 직맹위원장 리덕석 등 도 직맹 지도부 내 '바당종파분자'를 폭로, 비판하였다.263) 1958년 중반 경 일단락된 직맹에 대한 중앙당 집중지도는 이후에도 중단되지 않고 이 시기까지 계속되고 있었던 것이다.264)

직맹 제3차 대회에서 보고를 통해 리효순은 "단체계약의 체결과 실행에서 얻은 지난 기간의 경험을 살려 그를 더욱 완성시켜야 하며 그의 목적을 완전히 달성하도록" 해야 한다고 주장했다.265) 더욱이 1960년 2월 직맹중앙위 제2차 전원회의에서도 리효순은 일부 기업소에 한정되었던 단체계약 체결을 1960년 2월부터 기업소 전반에 걸쳐 실시하기 위한 준비작업을 추진한다는 과제를 제시했다.266) 1958년 3월 한상두가 경험적으로 일부 기업소부터 실시해 보도록 제안하고 나서 2년 만에 단체계약의 확대 실시를 시사한 것이다. 이는 그동안 단체계약 체결에 대한 요구가 끊임없이 제기되어 왔기 때문인 것으로 생각된다. 그러나 이 체결사업도 실현되지 못하고 유야무야되어 버렸다. 왜냐하면 1959년 말에서 61년 말에 걸쳐 경제관리체제, 특히 공장관리체제가 전면적으로 개편됨에 따라 공장관리에서 직맹의 위상이 근본적으로 변화했기 때문이다.

3) 공업부문에서 당 우위 원칙 확립

1958년 당간부부가 폐지되고 각 부문별 간부사업이 각각 해당 부서

---

263) 『로동신문』 1959.10.21.

264) 지방 당에 대한 이른바 '지방주의', '가족주의' 비판은 1959년에 절정에 달하고 있었다.

265) 조선직업총동맹위원장 리효순, 「조선직업총동맹 제2차 전국대회에서의 중앙위원회 사업총결 보고」, 『로동신문』 1959.11.3.

266) 리효순, 「로동생산능률 제고를 위한 직업동맹 단체들의 과업에 대하여―조선직업총동맹 제2차 전원회의에서 한 보고(요지)」, 『로동신문』 1960.2.19.

로 이관되어 공장, 기업, 협동단체 등 경제기관의 인사권은 당 경제부서에 주어졌다. 공장, 기업소의 규모에 따라 당중앙 산업부와 도당 산업부로 간부인사에 관한 권한이 분담되었다. 당중앙위원회 경제부서의 권한이 확대됨에 따라 1958년 3월 제1차 당대표자회 이후 산업부에서 건설운수부가 분리되고 9월 당중앙위원회에서 산업부는 중공업부, 경공업부로 분리되어 농업부, 상업재정협동단체부와 함께 경제부서가 부문별로 갖추어지게 되었다.267) 우선 중앙의 당내 경제부서가 강화되었지만 그와 같은 흐름이 도당, 시·군당, 나아가 공장의 초급당 수준에 이르기까지 미치는 데는 3년여의 시간이 걸렸다. 공장관리 시스템 전체의 재정비가 필요했기 때문이다.

당경제부서의 확대, 정비뿐만 아니라 당중앙상무위원회가 김일성이 중심이 되어 생산부문에 대하여 직접 현지지도에 나선 것이 생산에서 당의 역할을 확대하는 데 크게 기여했다. 당중앙상무위원과 주요 당간부 및 각료가 지역을 분담, 현지 생산현장를 방문하여 종업원총회나 당단체 회의, 열성자대회 등 집회를 개최하고 열광적 분위기를 조성하는 가운데 생산목표 달성 및 초과 달성을 호소하거나 독려하면서 노동자 스스로가 그것을 맹세하게 하였다. 누구보다도 김일성 자신이 정력적으로 전국을 누비고 다녔다. 이 점에서 김일성 자신이 노력영웅이 된 것 이상의 상징적 사실은 없었다. "당의 지도를 더욱 현지에 접근시키자"는 구호 아래 추진된 이러한 방식은 생산의 실행뿐만 아니라 이후 생산의 계획단계에도 적용되었다. 1956년 12월 당중앙위 전원회의 이후 본격화된 현지지도 방식은 북조선 사회주의 동원체제의 중요한 특징이 되었다.268)

---

267) 제5장 제3절의 1에 있는 당내 경제부서 개편에 관한 서술을 참조.

268) 이 점과 관련해서는 다음의 논설이나 보도를 참조.「조선로동당 중앙위원회 12월 전원회의에 관한 보도」,『로동신문』 1956.12.15. 사설「3개년 계획 실행에서의 위대한 혁명적 전취물을 자랑한다」,『로동신문』 1956.12.31. 사설「경제건설에 대한 당적 지도의 강화를 위하여」,『로동신문』 1956.12.29. 리봉학,「기업소들에서의 계획 작성에 대한 당적 지도」,『근로자』 1956.9. 사설「경제건설에 대한 당적 지도를 개선하기 위하여」,『로동신문』 1957.3.3.「당의 군중로선을 관철

한편 지방공업이 급속히 성장하여 경제 각 부문의 권한이 상당 부분 지방으로 이관됨에 따라 지방인민위원회의 사업 범위가 확대되었다. 그것은 일정한 정도 지방분권을 의미하였다.269) 그러나 동시에 지방정권 기관에 대한 당의 '지도와 통제'도 더욱 강화되었다. 1959년 12월 1~4일 당중앙위 확대전원회의가 개최되어 도·시·군 인민위원회를 비롯하여 국가기관, 경제, 문화 등 모든 기관, 단체는 해당 당위원회의 통제 아래에서 활동해야 한다는 원칙이 천명되었다.270) 간부들에 대한 통제도 강화되어 1960년 1월부터 모든 기관의 간부에게 매일 4시간 학습을 의무화하고 매주 토요일 오후를 모두 학습시간으로 돌리도록 결정되었다.271) 이 회의에서 결론을 통해 김일성은 황해제철소나 강선제강소와 같은 공장에서 "유일관리제라고 하니까 행정책임자가 당조직까지도 타고 올라앉아 관료주의를 부리게" 되었고 이는 "지배인들이 당의 통제에서 벗어나기" 때문이라고 비판하며 지방인민위원회의에서도 같은 경향이 발생하고 있다고 지적하였다. 그는 "인민위원회는 해당한 도·시·군 당집행위원회의 통제 밑에 자기 사업을 해야 하며 공장에서는 공장 당위원회의 지도 밑에 모든 일이 수행되어야" 한다는 일반적 원칙을 강조하였다. 특히 공장 내 사업방식에 관해 언급하여 "공장 내에서 최고 기관은 지배인이 아니라 공장당위원회"로서 "공장당위원회의 령도 밑에 지배인과 당위원장이 일하게" 되며 공장당위원회의 결정에 따라 "지배인은 행정사업을 집행하고 공장당위원장은 당사업을 수행해야 한다"고 정리하였다. 김일성은 이러한 제도를 인민군 내에서 시범적으로 실시해

시키자」, 『로동신문』 1957.5.15. 「당적 지도를 현지에 접근시키자」, 『로동신문』 1957.1.4. 「각 도당 전원회의 계속 진행」, 『로동신문』 1957.1.18.

269) 윤종섭, 「사회주의건설의 현 단계에 있어서 지방 정권기관들의 기능과 역할」, 『근로자』 1959.12.

270) 「조선로동당 중앙위원회 12월 확대전원회의에 대한 보고」, 『로동신문』 1959.12.6.

271) 사설 「모든 것을 12월 확대전원회의 결정 관철에로!」, 『로동신문』 1959.12.7. 리찬선, 「간부학습에 대한 당위원회들의 지도를 개선하자」, 『당사업』 1962.2, 12쪽.

보니 좋은 결과가 나왔기 때문에 다른 기관에도 적용하는 것이 바람직하다고 설명하였다.272) 그러나 이 시점에서는 당의 우위가 활동방식의 원칙으로서만 강조된 것이지 아직 제도화된 것은 아니었다. 김일성은 당의 우위라고 하여 유일관리제가 취소된 것은 아니라고 덧붙였다. 1959년 12월 당중앙위 전원회의 결정은 1960년 1월 5~12일 각 도당의 토의를 거쳐 1월 15일 당중앙위 상무위원회 결정 「국가기관 및 경제 문화기관에 대한 당의 령도와 통제를 강화할 데 대하여」로서 더욱 구체화되어 갔다.273)

특히 주목할 것은 이러한 당의 지도에 관한 결정 내용이 국가법령으로 성문화된 점이다. 북조선의 문헌도 지적한 것처럼 이러한 움직임은 전에 없던 새로운 현상이었다. 이미 '당=국가체제'가 형성되어 있었으나 지금까지 당과 국가의 권한에서 형식적 구분은 엄격히 지켜져 왔기 때문이다. 1960년 4월 29일 「도·시·군·구역 인민위원회에 관한 잠정적 규정」이 제정되어 "도·시·군·구역 인민위원회는 자기 사업활동을 해당 도·시·군·당위원회의 집단적 지도와 통제 아래 수행한다"고 규정하였다. 이와 유사한 규정이 성, 국 및 중앙기관에 대해서도 제정되었다.274) 당시까지는 국가기구에 대한 당의 지도원칙이 당내 규정에 머무르고 있었으나 이때부터 국가법령에 의하여 당이 국가기구의 상위에 있음이 정식으로 규정된 것이다.

우선 도당 수준에서 제도적 개편이 이루어졌다. 도당위원회는 중앙 성, 국의 직접적 관할하에 있는 대규모 중앙공업기업소의 경영활동과

---

272) 김일성, 「사회주의 경제건설에서 제기되는 당면한 몇 가지 과업－조선로동당 중앙위원회 전원회의에서 한 결론」 1959.12.4, 『김일성선집(1960년판)』 제6권, 527~529쪽.

273) 『로동신문』 1960년 1월 9일부터 16일까지 참조. 김영남, 「국가기관 및 경제 문화 기관들에 대한 당의 령도와 통제」, 『근로자』 1960.2, 17쪽. 「당의 령도와 통제란 어떤 것이며, 그것은 어떻게 하는 것을 말하는가」, 『당간부들에게 주는 참고자료』 1960.12, 2쪽.

274) 김종일, 「현 시기 우리나라 국가관리에서 민주주의 중앙집권제의 강화」, 『공화국 법은 사회주의건설의 강력한 무기(론문집)』, 과학원출판사(평양), 1964, 72~73쪽.

경제계획 수행상황에 대하여 직접 책임을 지게 되었다. 중앙 공업기업소는 해당 성의 지도를 받을 뿐 아니라 도당위원회의 지도와 통제도 받게 된 것이다. 성 참의원제와 당 조직원제가 폐지되어 당위원회와 집행위원회 위원수가 증가되었다.[275] 노당위원회는 "해딩 도내의 정치, 경제, 문화생활의 전반적 령역에서, 생산으로부터 시작하여 소비, 분배에 이르기까지 모든 사업을 책임지고 조직하며 지도·통제하여야 할 정치적 참모부"라고 정의되었다.[276] 동시에 도인민경제지도위원회(약칭 : 도경제위원회)를 설치하여 중앙공업에 대한 '지도와 통제' 기능을 수행하면서 종래 도·시·군 인민위원회의 관리하에 있던 지방 공업 및 수산기업소와 임업성 산하의 기업소를 이관하여 직접 관리하게 하였다.[277] 당초 도경제위원장은 도당위원장이 겸임하도록 하여 도에 주재하는 "당과 국가의 상설적인 전권대표"라는 위치가 부여되었다.[278] 이와 같이 도경제위원회 설치는 경공업을 중심으로 하는 지방공업의 관리라는 측면에서 보면 지역별로 조직된 내각 직속의 지방 경제관리기관으로서 권한을 분산시키는 것이었지만, 중앙공업에 대한 당의 통제라는 측면에서 보면 지역경제 전체에 대한 당의 통일적 관리를 강화하는 것이었다. 따라서 이 조치는 중앙공업관리체계와 지방공업관리체계가 병존하던 체계로부터 통일적 관리를 강화하는 방향으로 다시 전환하는 의미를 가지고 있었다.[279]

---

275) 김일성, 「평안남도 당단체들의 과업에 대하여-평안남도 당위원회 전원회의에서 한 결어」 1960.1.7, 『김일성저작집』 제14권, 40쪽.

276) 사설 「도당위원회들은 도내 모든 경제과업 수행에 대하여 책임져야 한다」, 『로동신문』 1960.1.7.

277) 김상학, 「인민경제발전에서 도경제위원회의 역할」, 『근로자』 1960.7, 16쪽.

278) 김일성, 앞의 책, 41쪽. 그러나 이후 도경제위원장에는 중앙으로부터 주요 경제간부가 파견, 임명되었다. 황해북도경제위원장에는 국가계획위부위원장인 남인호, 강원도경제위원장에는 도인민위원장인 허창렬, 함경남도경제위원장에는 리규봉, 평안북도경제위원장에는 석탄공업부상인 전호성, 량강도경제위원장에는 국가계획위부위원장인 김익근이 각각 임명되었다. 도경제위원장직은 성의 부상급이었던 것으로 보인다.

나아가 공장과 상급기관과의 관계도 재규정되었다. 도당위원회가 공장당위원회를 지도하고 공장에 대한 행정적 지도는 해당 성이 담당한 다고 하는 이중적 틀은 유지되고 있었다. 그러나 공장당위원회는 도당 위원회의 결정, 지시를 토의, 집행하지만, 지배인은 성에서 받은 과제를 공장당위원회에 보고하여 공장당위원회에서 토의, 결정한 뒤 지배인이 당 결정에 따라서 명령, 집행하게 되었다.280) 이것은 당의 행정대행 속 에서도 유지되어 온 '유일관리제'가 '당위원회의 집단적 영도제'로 완전 히 전환되는 것이었다. 또한 '공장관리운영체계'와 '당정치사업체계'라는 이원적 틀이 당위원회에 의한 '단일공장지도체계' 속의 두 측면이 되어 당위원회에 의한 일원적 틀로 이행하게 되었다.281)

그런데 중앙의 도당 차원에서 제도적 개편이나 조직적 강화는 실행 에 옮겨졌으나 하부 공장에서는 아직 당 우위 원칙이 선언적 수준에만 머물러 공장 내 당사업 방식이 완전히 제도화하는 데에는 2년 가까운 시간이 필요하였다. 먼저 농촌에서 당 우위 제도가 확립되고 나서 이것 이 공장에 도입되는 순서로 이루어졌다. 이른바 '청산리정신·청산리방 식'의 확립이었다. 청산리방식은 농촌지역에서 군당위원회 우위 원칙의

---

279) 김상학, 앞의 논문, 16쪽. 지방산업의 지방 이관에 따라 1959년 9월까지 북조선 의 공업관리체계는 중앙공업관리체계와 지방공업관리체계의 병존, 배합 및 지 방기관의 권한과 역량의 강화로 특징지을 수 있다. 김상학·박영근, 「현 시기 공업관리체계 개편의 객관적 필연성과 그의 인민경제적 의의」, 『근로자』 1959.9. 시기적으로 도경제위원회는 1957년 흐루시초프가 설치한 소련의 소브 나르호즈를 참고로 하였다고 생각된다. 다만 성의 폐지와 중요 공업의 이관도 포함한 소련의 소브나르호즈에 비하면 공업관리의 지방 이관이란 면에서 북조 선의 도경제위원회는 부분적 조치에 지나지 않았다. 소련의 소브나르호즈에 관 해서는, Alec Nove, An Economic History of the U.S.S.R. Penguin Books, London, 1976, 石井規衛外譯 『ソ聯經濟史』, 414~416쪽, Alec Nove, The Soviet Economy, F. A. Praeger, N. Y., 1969, pp.72~82.

280) 김일성, 앞의 책, 40쪽.

281) 김구식, 「기업관리에서 공장당위원회를 최고지도기관으로 하는 당적 령도체계」, 『경제연구』 1966년 제1호, 4쪽. 현무광, 「공업에 대한 도당위원회의 정치적 및 조직적 지도의 강화를 위하여」, 『근로자』 1962.5, 22쪽.

제도적 확립이며 공장당위원회는 군당위원회에서 유추된 것이다. 그러나 공장 내 지배인 측과 직맹 측을 새로운 제도 아래 통합하는 것은 용이한 일이 아니었다.

이미 1959년 초부터 일련의 공상들에서 지배인을 숙청, 해직시킴으로써 공장지배인에 대한 당 우위를 확립하기 위한 사전 정지작업이 추진되고 있었다. 개별적으로 보면 직접적인 이유는, 소련계 숙청과 관련한 조치로서, 또는 혁명전통 확립에 장애로 간주된 국내 토착공산주의자를 제거하기 위해서, 나아가 과도한 생산의무에 대한 반발을 억누르려는 목적 등등 복합적이지만, 결과적으로는 공장지배인에 대한 당 우위의 확립이며 전반적인 당 강화의 흐름 속에서 그러한 암묵적인 의도가 내재된 조치였다고 할 수 있다.[282]

---

282) 공장 내 당 우위 확립과 관련한 공장간부 숙청에 관해서는, 『로동신문』 1959년 초부터 11월경까지 보도되고 있다. 평양정밀기계공장의 예, 『로동신문』 1959.1.29. 청진방적공장의 예, 『로동신문』 3.7. 강선제강소에 대한 당중앙의 집중지도는, 『로동신문』 3.21. 성진제강소에서는, 1959년 3월 6일 김일성의 현지지도 결과, 당위원장이 해직되었다. 『로동신문』 4월 8일. 본궁화학공장에서는 지배인 장철이 당의 지시 미이행이란 이유로 해직되었다. 『로동신문』 6월 3일. 장철은 황해도당부위원장, 인민군후방국장을 지낸 소련계이다. 흥남비료공장 지배인 장광익은 "공작기계 새끼치기운동"에 대한 부정적 태도를 취했다는 이유로 해직되었다. 장광익은 오랫동안 지배인으로 종사한 1950년대의 대표적 공장지배인의 한 사람이었다. 『로동신문』 8월 31일. 청진제강소 지배인 김재수는 입철(粒鐵) 생산에 대한 당의 지시를 이행하지 않았다는 이유로 해직되었다. 『로동신문』 9월 17일. 9월 16~17일 강선제강소 당위원회 확대회의가 김일성의 직접 지도하에 소집되어 지배인 리재천이 "당에 의거하지 않을 뿐 아니라" "당의 위에 올라서려고까지" 하는 사업방식을 취했다는 이유로 비판, 해직되었다. 리재천도 대표적 공장지배인의 한 사람으로서 1956년 제3차 당대회에서 당중앙후보위원에 선출된 바 있다. 『로동신문』 9월 21일. 락원기계공장 지배인 김치도는 생산의 파동성과 생산역량의 분산을 초래하여 관료주의적 지도작풍을 취했다는 이유로 해직되었다. 『로동신문』 9월 23일. 농기계생산에서 트랙터 생산으로의 이행에 대응하지 못했다는 이유로 기양기계공장 지배인 리장균이 숙청되고 당위원장 김병후는 해직되었다. 『로동신문』 1959년 11월 1일. 리장균은 1932년 5월 흥남적색 노조사건으로 투옥된 토착공산주의자로서 해방 직후 흥남시장, 1947년 북조선인민회의 대의원을 역임한 바 있다. 이 생산상의 실책은 표면상 문제이고 혁명전통 확립과 관련하여 국내계 숙청에 연루되었을 것으로 추측

4) 공장관리에서 당의 일원적 통제체제 확립

직맹의 독자성 부정과 단체계약의 소멸

처음에는 공장관리운영에서 당위원회의 집단적 지도는 공장관리체제의 제도적 개편을 수반하지 않고 활동방식 변화를 통하여 수행되고 있었다. 농촌의 '청산리방법'을 공장에도 적용한다는 발상에 머무르고 있었다. 사업상 중점은 공장당위원회가 최고의 책임 조직이 되어 당위원장, 지배인, 기사장, 직맹위원장, 민청위원장 등 공장 내 주요 간부에게 사업상 분담을 통일적으로 명확히 하는 데 두어졌다. 당위원회의 통제하에 분담된 사업이 통일적으로 집행되어 중심 목표를 향해 일사불란하게 움직이도록 한다는 것이었다. 특히 당위원장, 지배인, 직맹위원장 간의 명확한 임무 분담과 그 통일적 수행이 강조되어 '삼위일체적 관계'라고 정의되었다.283) 종래 명목적이라도 조직상 독자성을 유지할 수 있었던 각 조직이나 직위가 당위원회의 일부서와 같이 간주된 것이다. "근로단체는 당과 대중과의 관계에서 볼 때 당의 인전대이며 내적으로는 각급 당지도기관의 일개 부서"라고 규정되었다. 그 기능 면에서도 "직맹, 민청, 여맹단체는 본질에 있어서 교양단체"라고 격하되었다.284)

이 점에서 직맹의 지위 격하는 결정적이었다. 당부위원장 겸 정치위원인 리효순이 위원장으로서 천리마운동을 주도하여 활동범위를 확대하고 있던 직맹 조직으로서는 천리마운동이 고조됨에 따라 거꾸로 비중이 약화되는 결과가 초래된 것이다. 1960년 당시 전 공장, 기업에 걸쳐 실시하기로 예정된 단체계약 체결도 어느새 유야무야되었다. 지배인 측

된다.

283) 사설 「공장, 기업소 지도 일꾼들의 관리운영 수준을 더욱 제고하기 위하여」, 『로동신문』 1961.3.13. 「청산리방법을 관철시켜 지도 일꾼들의 기업관리 수준을 높이기 위한 사업에서의 경험－검덕광산에서」, 『로동신문』, 앞의 호.

284) 장승성, 「근로단체들에 대한 당적 지도에서 제기되는 몇 가지 문제」, 『당사업』 1961년 1호, 27~28·31쪽.

이 대표하는 행정 측에 대하여 노동자 측을 대표하는 직맹의 위치를 상징하던 단체계약 제도가 소멸한 것만큼이나 직맹의 약화를 말해 주는 사실은 없을 것이다.[285] 1961년 8월 직맹위원장은 리효순에서 김왈룡으로 교체되었다. 9월 제4차 당대회에서 리효순은 당내 서열 제6위로서 당부위원장에 임명되었지만 이미 직맹위원장은 그의 지위에 맞지 않는 자리가 되었다. 리효순은 직맹위원장직을 성공적으로 수행하여 당내 고위직으로 진출하였으나 반대로 직맹위원장 지위는 약화되었다. 김왈룡은 박금철, 리효순을 중심으로 하는 갑산계의 일원이지만 당시 평안북도 당위원장이면서도 당중앙위원은 아니었다.[286] 김왈룡은 같은 해 9월 제4차 당대회에서 처음 중앙위원으로 선출되었다. 중앙위원 85인 중 서열 52위로서 최경덕, 현훈, 김익선, 서휘, 한상두, 리효순 등 쟁쟁한 역대 직맹위원장에 비하면 그는 과거의 투쟁이나 직위 경력 면에서 비중이 떨어지는 인물이었다.

노동자에 대한 혁명전통교양의 강화

1959년도 내내 각 지방 당 수준까지 진행된 지방주의, 가족주의 비판으로 인하여 국내 공산주의운동의 전통이 강하던 지방에서는 토착운동가 출신 간부들이 다수 숙청됨으로써 항일빨찌산 투쟁으로 혁명전통

---

285) 1964년 6월 당중앙위 제4기 제9차 전원회의에서 기업관리에 대한 직맹의 ‘감독통제적 기능’은 폐지되었다. 이 회의에서는 농민동맹도 해체되어 새로이 ‘농업근로자동맹’을 결성할 방침이 결정되었다. 『조선전사』 제30권, 195~197쪽. 이 회의에서 김일성은 공식적으로 “직맹 조직과 지배인이 생산계약을 맺는 것은 불합리”하다고 선언하였다. 김일성은 직맹과 행정 측의 이해관계는 완전히 일치하기 때문에 그것은 노동자들이 자기 자신과 계약을 맺는 것과 같이 “무의미”하고 “자본주의사회에서의 … 낡은 형식”에 지나지 않는다고 단언하였다. 김일성, 「근로단체사업을 강화할 데 대하여－조선로동당 중앙위원회 제4기 제9차 전원회의에서 한 결론」 1964.6.26, 『김일성저작집』 제18권, 381쪽. 이 당중앙위 전원회의 결정을 토의하기 위하여 10월 직맹 중앙위 제11차 전원회의가 열려 새로운 「직업동맹 행동규범」을 제정하고 종래의 산업별 지도체계는 실정에 안 맞게 되었다는 이유로 개편하였다. 『조선전사』 제30권, 197쪽.

286) 김왈룡은 1967년 갑산계 숙청 당시 박금철, 리효순과 함께 숙청된다.

을 일원화하는 데 대한 장애가 제거되었다. 중앙과 지방, 농촌과 공장을 막론하고 전국에 걸쳐 혁명전통에 대한 교양이 전개되었다. 공장노동자에 대해서는 주로 천리마운동을 매개로 직맹에 의해 추진되었다. 1961년 6월 직맹중앙위원회 제5차 전원회의에서는 공장 내 작업반에 조직되어 있는 직맹의 분(分)초급 단체나 반(班)을 노동자를 "교양 개조"하기 위한 "교양단위"로 결정하였다.287) 해당 당위원회 지도하에 각 공장에서 사상교양 단위를 생산 단위에 맞추어 개편하는 작업이 진행되었다.288) 그리고 천리마작업반 칭호를 받은 작업반 중에서 전형을 만들어 다른 작업반으로 일반화하는 방식이 널리 활용되었다. 모든 작업반을 단위로『항일빨찌산 참가자들의 회상기』를 학습하는 것이 일과가 되었다. 농촌, 공장 수준에서는 기존의 민주선전실을 중심으로 하여 '김일성원수 혁명활동 연구실'이 설치되고 작업반에까지 '작업반선전실'이 설치되어 혁명전통교양을 위한 거점이 되었다.289)

긍정적 모범을 통하여 부정적인 사람을 감화시킨다는 것이 모토가 되었다. 회상기 속의 내용은 긍정적 모범의 교과서적인 실례가 되었으며 그러한 실례는 따라 배워야 하는 전형으로 극구 찬양되었다. 개인마다 '공산주의품성 기록장'을 지니게 하여 개인의 일상적 품행을 기록하도록 하는 방식이나, 작업반마다 '영예 등록장'을 비치하여 새로운 모범을 기록시키는 방식도 일반화되었다.290) 공장건설 현장에서는 건설 속

---

287)『로동신문』1961.6.28.

288) 룡성기계공장 제1조기의 직장부문 당위원회에서는 35~40명으로 구성된 직장의 교대 단위를 사상교양의 기본 단위로 개편하였다.「당 사상사업을 생산의 기본 단위에 더욱 접근시켜―룡성기계공장 제1조기 직장부문 당위원회에서」,『로동신문』1961.8.22.

289)『로동신문』1961.8.21.

290) 박상홍,「천리마작업반운동을 가일층 확대 발전시키자」,『로동신문』1961.7.5, 박상홍은 직맹부위원장이다. 평안북도당위원장 정지환,「당원들과 근로자들 속에서 공산주의 교양을 강화하기 위하여」,『로동신문』1961.9.8. 평안북도 직맹위원장 김성철,「천리마작업반운동의 확대 발전을 위하여」,『로동신문』1961.12.12.

도를 앞당기기 위하여 죽은 빨찌산 전사인 '리제순', '마동희', '박도송' 등의 이름을 붙여 '작업돌격조'가 만들어지기도 하였으며, 생산현장에서는 생산에서 부딪치는 곤란을 타개하기 위하여 상황에 맞는 적절한 예를 회상기로부터 인용하여 생산을 독려하는 등 실례가 선전매체에 수없이 등장하였다.291) 빨찌산 전사는 생산의 확대를 위해 일하는 '산업전사'의 모범이 되었다. 작업반을 단위로 하여 작업 개시 전이나 종료 후, 또는 휴식 시간에 『회상기』를 학습하는 것은 생산 작업에 따르는 일상적 일과로 정착하였다.

군사적 비유

김일성은 경제부문을 지도하면서 자주 경제를 군사에 비유하여 설명하였다. 그러한 설명은 만주파가 당, 정부 내 실권을 장악하고 나서 더욱 빈번해졌다. 이는 군사지도자로서의 김일성이 경제부문에서도 절대적인 영향력을 행사하고 있다는 증거이기도 하였다. 이것은 당 최고 지도부에 빨찌산 출신자가 다수 진출하였기 때문이지만 경제부문에서 확립되고 있는 일원적 지도체계가 군대의 지휘체제와 가장 유사하기 때문이기도 하였다.

국가정책의 전반적인 방향을 나타내는 '국가계획'은 군대의 '전략적 계획', 성, 관리국, 도경제위원회의 계획은 '작전계획', 공장, 기업소, 직장의 실제 생산계획은 '전투계획'으로 비유되었다.292) 김일성은 생산 목표 달성을 고지 점령에 빗대어 여섯 개의 고지를 점령해야 한다는 과업을 제시하였다.293) 즉 공장에서의 생산을 '전투'에 비유하여 지배인은

---

291) 『로동신문』 1961년 5월 7일에 실린 비날론공장 준공식에 관한 기사. 『로동신문』 1961년 3월 6일 평양방직공장 당대표회에 관한 기사. 『로동신문』 3월 13일 검덕 광산에 관한 기사. 초급간부에게 배포하는 잡지인 『당간부들에게 주는 참고자료』나 그 제목을 바꾼 후속 잡지 『당사업』에도 매월 수많은 예가 실려 있다.

292) 김일성, 「모든 힘을 여섯 개 고지의 점령을 위하여—조선로동당 중앙위원회 제4기 제2차 확대전원회의에서 한 결론」 1961.12.1, 『김일성저작집』 제15권, 356쪽.

293) 위의 책, 378~419쪽.

'지휘관'이고 공장을 관리, 운영하는 것은 "생산을 지휘하여 그 기업소에 맡겨진 전투임무를 집행한다는 것"이라고 간주되었다. 공장당위원회는 기업소의 '최고지휘부'에 해당된다고 하였다.294) 이 여섯 개 고지 점령과 관련하여 '고지 점령'에서 높은 성과를 수행한 공장에는 '근위칭호'를 수여하는 제도가 제안되었다. 김일성은 군대에도 근위연대, 근위사단이라는 것이 있지만 공장에는 군대에 갔다 온 사람들이 많기 때문에 큰 자극이 된다고 하여 천리마작업반운동을 전개하면서 공장 수준에서는 '근위공장 쟁취운동'을 전개해야 한다고 주장하였다.295) 그리고 기한 내 생산목표를 달성 및 초과 달성하기 위하여 '20일 전투', '50일 전투' 등 '돌격전'을 전개하는 것이 일반화되어 돌격전을 목적으로 편성되는 작업반에는 「OOO 돌격대」라는 6·25전쟁의 영웅이나 빨찌산투쟁의 영웅 이름이 붙여졌다. 이후 확립된 새로운 공장 관리 시스템인 '대안의 사업체계'의 경우 군대조직에 빗대어 모든 조직과 기능이 설명되었다.

새로운 공장관리체제 : '대안의 사업체계'

우선 여섯 개 고지 점령이라는 목표가 정해진 1961년 12월 제4기 제2차 당중앙위원회 확대전원회의에서는 도당위원회의 경제 부서를 보강하기 위한 조치가 취해졌다. 도내에 있는 중앙공업기업 수의 다소에 비례하여 도당 경제부서의 규모를 정하고 각각의 공장에 '담당지도원제'를 마련하기로 하였다. 도당위원회에는 도내 공장의 생산 활동에 대한 구체적이고 상세한 지도를 할 임무가 부여되었다. 도의 경제발전을 지도하는 것이 도당위원회의 제1차적 과업이 되어 도내 공장, 기업소의 생산과제 수행에 대하여 도당위원회가 책임을 지게 된 것이다.296)

탄광, 발전소, 중공업공장이 배치되어 있는 시·군 당위원회를 강화

---

294) 위의 책, 372쪽.

295) 위의 책, 427~428쪽.

296) 김일성, 위의 책, 366~367쪽. 「조선로동당 중앙위원회 제4기 제2차 확대전원회의에 관한 보고」, 『로동신문』 1961.12.1 · 2일.

하기 위한 조치도 이루어졌다. 그와 같은 시·군당의 위원장에게는 도당 부위원장급 간부를 임명하여 시·군당위원장과 도당부위원장을 겸임하거나 도당위원회상무위원을 겸임하도록 하였다. 이는 도당위원회가 공장 지대의 사업상황을 남당시도원뿐 아니라 시·군당위원회를 통해서도 통제하기 위한 것이다. 이리하여 도당위원회의 전반적 통제하에 도인민위원회는 농업을, 도경제위원회는 지방공업을, 도당위원회의 경제부서는 중앙공업을 지도하도록 업무가 분담되었다. 특히 도당위원장은 중공업부문을 직접 지도하는 것이 바람직하다고 여겨졌다.297) 이에 앞서 1960년 2월 군당에도 경제부서를 설치해야 한다는 요구가 있었지만 당중앙 상무위원회에서 비준되지 못하고 그 대신 군당 조직부 내에 군당위원장 직속의 경제담당지도원제가 마련되어 재정·계획, 공업, 농업 담당 등 3인의 경제지도원이 배치되었다.298)

 이 확대전원회의 직후 공장관리체제의 전면 개편이 착수되었다. 김일성을 비롯한 당정치위원회의 위원, 후보위원이 직접 대안전기공장, 평양방직공장, 중공업성 기계공업총국 등에 현지지도에 나섰다. 대안전기공장이 시범 케이스로 뽑혀 12월 6~16일 김일성이 직접 현지지도에 임하였다. 대안전기공장은 전동기, 변압기 등 전기설비를 생산하는 주요 공장이었다. 김일성은 15일 당중앙 정치위원회 확대회의를 열어 공장과 농촌에 새로운 경제관리체계를 마련할 방침을 확정한 뒤 다음날 16일 대안전기공장의 공장당위원회 확대회의를 소집하여 공장관리체제를 개편하였다. 공장 관리기구 개편이라고 해도 당의 일원적 지도체계를 수립하는 조치이기 때문에 해당 결의도 당기구를 통해 이루어졌다.299) 종래의 지배인에 의한 유일관리제는 "사회주의경제의 본질 자

---

297) 김일성, 위의 책, 377쪽,『로동신문』, 위의 호.

298) 김일성,「새 환경에 맞추어 군 당단체의 사업방법을 개선할 데 대하여―강서군 당위원회 전원회의에서 한 연설」1960.2.18,『김일성저작선집(1968년판)』제2권, 492쪽.

299) 김일성,「새로운 경제관리체계를 내올 데 대하여―조선로동당 중앙위원회 정치위원회 확대회의에서 한 연설」1961.12.15,『김일성저작집』제15권, 429~472쪽.

체와 모순"되는 "자본주의적 잔재"라고 규정되어 "생산에 대한 행정기술적 지도와 당적, 정치적 지도를 결합"한 "공장당위원회에 의한 집체적 령도체계"로 이행한다는 것이 정식으로 선언되었다.300)

우선 공장당위원회가 조직적으로 확대되었다. 특급, 제1급, 제2급까지 큰 공장의 당위원회는 군당과 같은 수준으로 승격되어 도당에서 직접 지도를 받도록 하였다.301) 대규모 공장이 입지한 군의 당위원회와의 관계에서 공장당위원회의 간부 문제, 입당 문제, 책벌 문제 등은 군당위원회의 비준을 받지 않고 직접 도당위원회의 비준을 받게 되었다. 군당위원장에는 도당 부위원장급의 간부를 임명하고 군당부위원장은 공장당위원장이나 공장지배인이 겸임하여 반드시 군당집행위원직도 맡게 하였다.302) 또한 공장당위원회에 새로운 부서가 설치되고 인원도 늘어났다. 선전부와 조직부가 설치되고 기존 공장 관리기구 내 기술양성부를 분리하여 당위원회의 교육부로 개편하였다. 부위원장도 종래의 1명에서 유급부위원장 2명을 포함하여 3명으로 늘려 조직담당부위원장이 조직부장을 겸임하면서 교육부도 지도하고 선전담당부위원장은 선전부장을 겸임하면서 종래 직맹관할하의 문화사업도 지도하도록 하였다. 나아가 다른 1명의 부위원장에게는 지배인을 겸임시켜 당위원회의 직접적인 명령계통 밑에 속하도록 하였다.303) 당위원회 기구를 확대하

김일성, 「새 환경에 맞게 공업에 대한 지도와 관리를 개선할 데 대하여 ─대안전기공장 당위원회 확대회의에서 한 결론」 1961.12.16, 앞의 책, 473~529쪽. 대안의 사업체계에 관해서는 많은 경험이나 해설, 논문 등이 나와 있다. 대안전기공장 종업원에 의한 경험집으로는, 『승리한 대안의 경험』, 조선로동당출판사(평양), 1962. 연구서로는, 사회과학원경제연구소공업경제연구실, 『사회주의경제관리에서 대안의 사업체계』, 사회과학출판사(평양), 1969. 『경제지식』 1964년 8월호에서 12월호까지 매호 3편의 논문이나 경험이 연재되었다.

300) 김일성, 위의 책, 487·510쪽.

301) 제3급 이하 공장의 당위원회는 종래와 같이 군당위원회의 지도를 받도록 하였다.

302) 김일성, 위의 책, 518~519쪽.

303) 김일성, 위의 책, 455~457쪽. 교육부는 노동자 지구 내 인민학교, 중학교, 공장 내 기술학교, 전문학교, 공장대학 등을 담당하였다.

더라도 전체적으로 공장의 관리 인원은 줄어들기 때문에 당위원회의 확대는 실질적으로는 종래 지배인 관할 밑에 있던 행정조직 및 직맹 등 근로단체로부터 인원 및 조직이 이관되는 것을 의미하였다.

공장의 행정체계, 생산지도체계노 전년 개편되있다. 기사장의 역할을 강화하여 지배인의 '제1대리인'으로서 생산을 통일적으로 지도하도록 하였다. 기사장 밑에 생산지도부, 계획부, 기술부를 배속시켜 '공장참모부'를 구성하고 부기사장직 2명을 신설, 1명은 생산지도부장과 계획부장을, 다른 1명은 기술부장을 겸임하도록 하였다. 특히 '생산지도부'는 군대의 '작전부'에 비유되어 기사장이 직접 통제하도록 하였다. 생산현장의 단위인 '직장'의 조직도 개편되어 관리인원이 대폭 축소되고 '독립단위'가 아니라 군대의 '소대와 같은 전투단위'로서의 위치가 부여되었다.304) 이러한 개편은 행정관리부서의 권한 확대이자 생산현장의 재량권 축소이기도 하였다.

이미 북조선 경제에도 '부족의 경제' 현상이 일반화되어 '자재공급체계'의 개편도 중요시되었다.305) 종래 자재공급체계는 모든 책임을 성이나 관리국이 지는 것이 아니라 공장이 지고, 나아가 공장 내에서는 직장장이 책임을 지게 되어 있었다. 반면 새로운 공급체계는 성이나 관리국이 위에서 아래까지 책임을 지고 운반해 주는 체계로 바뀌었다. 성과 관리국 내에 '자재상사'를 설치하여 공장에 원자재를 공급하도록 하였다. 공장 내 자재공급체계는 업무부(副)지배인 밑에 자재공급부, 판매부, 운수부를 두고 자재공급사업과 판매사업을 담당하도록 하였다.306)

---

304) 종래 직장에는 직장장, 직공장, 계획원, 경제원, 계산원, 통계원, 기술지도원, 공정원, 노동정량원 등이 배치되어 있었는데 직장장과 부직장장 1~2명, 생산지도원과 자재공급원 각각 몇 명, 부기원과 통계원 각각 1명 정도로 축소하도록 하였다. 종래 직장의 계획원이나 노동정량원의 업무는 각각 계획부, 생산지도부나 노동임금부로 이관되어 생산지도원은 직장장보다 생산지도부의 직접적 지휘를 받게 되었다. 김일성, 위의 책, 492~494쪽.

305) 부족(不足)의 경제에 관해서는, 헝가리의 Kornai Janos의 여러 저작을 참조. 盛田常夫編譯 『「不足」の政治經濟學』(東京, 岩波現代新書, 1984년), 盛田常夫・門脇延行編譯, 『反均衡と不足の經濟學』, 日本評論社(東京), 1983.

'후방공급체계'도 새로이 만들어졌다. 후방부(副)지배인을 신설, 그 관할하에 경리계획부, 식량부, 부식물공급부, 노동보호물자공급부, 주택관리부, 편의시설부를 설치하였다. 후방공급사업을 전반적으로 통제하는 노동자구 경영위원회가 설치되어 위원장에는 공장 후방부지배인이, 부위원장에는 노동자구 인민위원장이, 위원에는 상업도매소장, 매입상점지배인, 상점지배인, 농목장지배인 등이 취임하였다. 공장을 중심으로 한 노동자구의 소비생활, 후생, 편의사업 전체를 유일적으로 운영하도록 한 것이다.307) 이는 당의 일원적 지도라는 원칙하에 행정과 경제의 결합, 생산 단위와 소비 단위의 일체화를 꾀한 것이다. 동시에 추진 중이던 농촌에서의 군협동조합경영위원회 설립과 더불어 중국의 인민공사 같은 코뮌형 사회를 목표로 한 조치라고도 할 수 있다.

그러나 놓치지 말아야 할 것은 공장당위원회의 집단적 지도하에 강조된 것이 공장당위원장, 지배인, 기사장의 협의관계라는 점이다. 공장당위원장은 당위원회의 부서와 공장 내 당조직, 근로단체조직 등을 통하여 종업원의 정치조직생활을 지도하고, 지배인은 행정조직사업을 하면서 공장 내 생산을 지휘하며, 기사장은 생산을 직접 지도, 관리한다고 하는 위치가 각각 부여되었다.308) 종래 공장 직맹에는 위원장, 증산부장, 문화부장, 공장신문주필, 도서주임, 구락부주임을 비롯하여 여러 명의 유급간부들이 있었으나 도서주임이나 구락부주임 같은 직책은 직맹에서 분리되어 당기구로 이관되었다.309) 직맹의 선전사업과 군중문화사업을 당이 직접 담당함에 따라 직맹이 약화되어 일부 기능이 당으로 흡수된 것을 의미하였다. 종래의 지배인, 공장당위원장, 직맹위원장 간의 삼각관계(이른바 '트레우골리니크 Treugolinik')가 새로운 삼각

---

306) 김일성, 앞의 책, 495~500쪽.

307) 위의 책, 501~509쪽.

308) 위의 책, 511쪽.

309) 위의 책, 515~516쪽. 공장당위원회의 유급간부가 위원장, 부위원장, 지도원 2명 등 모두 4명이었기 때문에 직맹의 유급간부 수가 더 많았다.

관계로 교체된 것이다.310)

대안전기공장에 대한 김일성의 지도가 이루어진 후 이 모델을 일반화하기 위한 중앙당 집중지도가 각 공장에서 전개되었다. 대표적으로 최용건, 김일, 박금철, 김창만 등 4명의 당부위원장들이 각각 북중기계공장, 성진제강소, 아오지탄광, 홍남비료공장을 지도하였다.311) 각각의 생산현장에서 10일 이상에 걸친 현지집중지도가 끝난 뒤 해당 생산현장의 간부 및 핵심당원뿐 아니라 해당 지역 내 도당, 행정, 경제기관의 간부, 시, 군당위원장, 중요 공장당위원장 등이 참가한 가운데 공장당위원회 확대회의가 개최되어 관리체계 개편사업을 총괄하였다.312) 이미 개편사업을 전후하여 대안전기공장에서는 '20일 전투'가 개시되고 이를 위한 '12월 5일 돌격대'가 조직되자 다른 공장, 탄광에서도 또한 이에 호응하여 '40일 전투', '2개월 전투' 등이 시작되어 수십 개의 '40일 돌격대', '불사조 돌격대', '1211고지 돌격대' 등이 조직되었다.313)

이후 대안전기공장의 공장관리 경험은 공식매체를 통해 적극 선전되어 전 공장, 기업소가 따라 배워야 하는 모델이 되었다. 그것은 공식적으로 '대안의 사업체계'라고 명명되어 '천리마운동', '청산리방법'과 함께 북조선을 대표하는 독자적인 경제건설 및 관리 방식으로 공식화되었다. 1962년 11월 8~9일 김일성을 비롯한 당중앙정치위원과 후보위원 및 내각 구성원 전원, 당부장, 도당위원장, 중요 공장당위원장과 지배인이 참가한 가운데 대안전기공장 당위원회 확대회의가 열려 거의 1년간에 걸쳐 진행된 대안의 사업체계를 확립하기 위한 노력을 총괄하였다.314) 김일성은 "대안의 사업체계"는 "공산주의적 기업관리의 요소를

---

310) 대안전기공장의 경우, 25명의 당위원에 기술자를 더 많이 보강하는 조치도 취해짐에 따라 당위원은 35명으로 증가되었다. 김일성, 위의 책, 512쪽. 『로동신문』 1962.12.24.

311) 『로동신문』 1961.12.31.

312) 『로동신문』, 위의 호.

313) 12월 5일은 김일성의 현지지도 개시일을 기념한 것이고 1211고지는 6 · 25전쟁 당시 격전지를 가리킨 것이다.

많이 가지고 있는 우월한 사업체계"로서 "『하나는 전체를 위하여, 전체
는 하나를 위하여』라는 집단주의적, 공산주의적 생활원칙을 훌륭히 구
현"하고 있다고 찬양하였다.315) 대안의 사업체계는 "공산주의적 사업
체계"라고 선언된 것이다. 이후 대안의 사업체계는 헌법상의 위치로까
지 승격되어 오늘에 이르고 있다.316)

---

314) 『로동신문』 1962.11.10.

315) 김일성, 「대안의 사업체계를 더욱 발전시킬 데 대하여 – 대안전기공장당위원회
　　확대회의에서 한 연설」 1962.11.9, 『김일성저작집』 제16권, 497쪽.

316) 1972년 12월에 채택된 「사회주의헌법」 제30조에 "국가는 생산자 대중의 집체적
　　힘에 의거하여 경제를 과학적으로, 합리적으로 관리운영하는 선진적인 사회주
　　의경제관리 형태인 대안의 사업체계와 농촌경리를 기업적 방법으로 지도하는
　　새로운 농업지도체계에 의하여 나라의 경제를 지도 관리한다"고 규정되었다.
　　福島正夫, 『朝鮮民主主義人民共和國社會主義憲法』, 日本評論社(東京), 1974,
　　201~202쪽. 1992년 4월 약 20년 만에 개정된 헌법에서도 이 조항은 제33조에
　　그대로 남아 있다. 大內憲昭, 「朝鮮民主主義人民共和國の憲法・條文と解說」,
　　『關東學院大學文學部紀要』, 第66号, 1992, 111쪽.

5 농촌당제도의 전환

1) 지방 토착공산주의자의 숙청과 혁명전통 확립

집단화의 완료는 '반혁명분자와의 투쟁'이란 명목하에 협동조합 가입을 완고히 거부하고 있던 부농층이나 중농층을 억압함으로써 완수되었다. 동시에 개인상공업의 사회주의적 개조를 강행하여 농촌과 개인상인의 경제적 관계를 차단함으로써 그 효과를 보았다. 그러나 집단화가 완료되어 국가화를 위한 제도적 틀은 완성되었다고 해도 그 실질화는 용이한 작업이 아니었다. 농업협동조합의 리 단위 통합은 비교적 순조롭게 진행되었지만 협동조합의 독자성에 대한 각 지역농민의 집착은 뿌리 깊은 것이었다. 한편 천리마작업반운동 과정에서 항일빨치산투쟁을 중심으로 한 혁명전통교양을 전면적으로 전개할 방침이 제기되었지만 각 지방의 토착적 운동전통과의 관련이 문제가 되지 않을 수 없었다.

집단화가 거의 완료에 접근하고 있던 1958년 7월경 함경남도 홍원군당위원회에 대하여 '지방주의와 가족주의'를 근절하기 위한 중앙당집중지도가 실시되었다. 홍원군은 오기섭의 출신지로서 이미 전전에 대표적인 '종파의 본거지'라고 비난되어 온 지역이었다. 집중지도의 결과가 보도되어 군당위원회가 "향토사 편찬"에서 "인민사의 일환으로서의 향토사가 아니라 무원칙하게 자기 지방을 내세우는 협소한 입장에서 사실을 왜곡"하고 "타격 받아야 할 낡은 것, 『미신적인 우매한 전설』에 대해서조차 비호"하는 경향이 조성되었다고 비판을 받았다. 간부 선발·배치에서도 지방주의적이라고 하여 "적지 않은 타지방 출신 간부들을 철직시키거나 조동시켰다"고 지적되었다.[317] 당의 지시보다도 지방 출신 간부의 개

---

317) 「지방주의 잔재를 극복하며 당적 사상체계를 확립—함남도 홍원군 당위원회 사업에서」, 『로동신문』 1958.7.31.

인의견에 따르는 경향이 강한 예로서 당시 전 지역적으로 다수확품종으로 권고되고 있던 냉상모를 1.6%밖에 실행하지 않은 사실이 거론되어 홍원군에서는 냉상모보다 육모가 낫다고 주장한 전 도인민위 부위원장 강충국의 지시에 따른 결과라고 비난되었다. 강충국은 1934년 홍원농민조합사건의 관련자였다.318)

　　가족주의와 지방주의비판은 이미 앞에서 언급한 1958년 3월 제1차 당대표자회에서 박금철의 보고 속에서 예고되고 있었지만 그것이 본격화된 계기는 '공산주의 교양'과 '혁명전통교양'을 결부시키는 작업이었다. 이러한 움직임은 사상 선전부문에서 부상한 당선전선동부장 김도만, 과학 및 학교교육부장 고혁 등 강경 그룹이 갑산계와 협력하에 주도하였다고 생각된다. 1958년 10월부터 김일성은 혁명전통을 강조하면서 낡은 사상 잔재를 공격하는 일련의 연설을 하였다.319) 그러나 혁명전통교양은 쉬운 일이 아니었다. 1958년 말에서 59년 초에 걸쳐 초급 당단체 결산·선거가 전 당적으로 진행되며 11월에 나온 김일성 연설 「공산주의 교양에 대하여」가 '강령적 문헌'으로 채택되어, 토의에 붙여졌다.320) 당연히 빨치산투쟁의 전통과 각 지역의 토착적 운동의 연관성이 문제되지 않을 수 없었을 것이다. 지방에 따라서는 반발도 있었을 것이다. 이미 함경남·북도를 중심으로 하여 각 지방별로 '향토사'라는 이름 아래 토착운동에 대한 정리작업이 이루어지고 있었던 것이다. 여기서 혁명전통을 항일무장투쟁으로 단일화하는 데 방해가 되는 장애를 제거하기 위한 필요성이 제기되었다.

---

318) 『독립유공자공훈록 제7권 : 국내독립운동』, 국가보훈처, 1990, 54쪽.

319) 김일성, 「작가, 예술인들 속에서 낡은 사상 잔재를 반대하는 투쟁을 힘 있게 벌릴 데 대하여—작가, 예술인들 앞에서 한 연설」 1958.10.14, 『김일성저작집』 제12권, 551~559쪽, 동 「군인들 속에서 공산주의 교양과 혁명전통교양을 강화할 데 대하여—조선인민군 각급 군사학교 교원대회에서 한 연설」 1958.10.30, 앞의 책, 560~579쪽, 동 「공산주의 교양에 대하여—전국 시·군당위원회 선동원들을 위한 강습회에서 한 연설」 1958.11.20, 앞의 책, 580~606쪽.

320) 사설 「초급 당단체들에서의 결산·선거사업」, 『로동신문』 1958.12.17.

농촌에서 지방주의와 가족주의를 청산하기 위한 작업은 천리마작업 반운동이 발기되면서 동시에 착수되었다. 전국농업협동조합대회가 종료한 직후이기도 하였다. 1959년 3월 21~3일 김일성의 직접 지도하에 함경북도당위원회 확대전원회의가 열렸다.[321] 이미 약 1개월 이상 당 중앙위원회의 집중지도가 실시되어 이를 총괄하는 장소였다.[322] 3일 째에 김일성이 연설하였다. 그는 과거 15년 동안 함경북도 당단체 내에는 관료주의와 지방주의가 청산되지 않고 여전히 지속되고 있다고 하며 가장 큰 문제는 당중앙의 결정이 침투되지 않고 집행되지 않는 것이라고 지적하였다. 그 원인은 "과거 장순명을 비롯한 종파분자들이 차려 놓은 지방주의, 가족주의, 관료주의의 틀을 청산하지 않은" 데 있으며 그들이 추방된 뒤에도 "그 종파여독이 남아 있는" 데 있다고 분석하였다. 김일성은 이후 도당위원장을 역임한 한상두, 김태근, 서을현은 "당정책을 실천하려고 노력한 사람들"이었으나 지방주의와 가족주의의 "포위 속에 들어 당정책을 원만히 잘 집행할 수 없었다"고 비호하고 그 대신 함경북도에서 오랫동안 종파분자와 지방주의자가 "과거에 혁명투쟁을 하였다느니 감옥생활을 하였다느니 하면서 당도 국가도 안중에 없이 행동하였다"고 공격하였다. 그는 "과거 감옥생활이나 했다고 그것만 자랑하면서 일은 하지 않는 자들이 틀고 앉아 있는 데서는 모든 과업이 거의 다 집행되지 않고 있다"고 비난하며 대표적 예로서 반일투쟁의 전통이 가장 깊은 길주, 명천, 김책군이 도내에서 인민생활이 가장 뒤떨어져 있다고 거론하였다. 김일성은 간부문제를 언급, 이제는 과거 혁명사업을 한 사람들이라고 해서 따로 가를 때가 아니며 과거 반일투쟁에 참가한 것도 혁명투쟁이고 6·25전쟁 때 싸운 것도 혁명투쟁이라고 규정하여, 8·15 이전 혁명가만이 혁명가이고 8·15 이후에 투쟁한 사람들은 혁명이 아니라고는 할 수 없고 문제는 혁명을 좀더 오래한 사람과 조금 뒤에 시작한 사람이 있을 뿐이라고 주장하였다. 그는 "과거에 혁명을 하였

---

321) 『로동신문』 1959.3.26.

322) 함경북도 당위원회에 대한 집중지도에 관한 보도는, 『로동신문』 1959.3.21.

다는 턱을 대고" "아무 것도 안하고서 밥을 먹는 사람들이 있는데" "일을
못하겠으면 젊은 사람들에게 자리를 내어 주어야 한다"고 경고하였
다.323) 김일성은 인민위원회와 당위원회의 관계도 언급, 한 개의 리는
한 가정이 되어 그 호주가 리인민위원회, 당단체, 협동조합관리위원회
라고 비유하여, 함경북도 인민위원회가 당의 지도를 잘 받지 않고 당과
'동격'이라고 주장하는 것은 잘못이며 인민위원회는 당의 지도를 받아야
한다고 단언하였다.324) 김일성의 연설에 기초하여 회의는 "우리 당의
혁명력사를 왜곡하고 소위 『향토사연구』라는 구실하에 지방주의적 요
소를 부식하려는 유해로운 경향"을 비판하고 당의 혁명전통교양을 강화
할 것을 결의하였다.325)

　함경남·북도에서부터 지방주의, 가족주의 비판이 개시된 데에는
이유가 있었다. 이 곳은 김일성의 항일빨치산투쟁이 직접 국내와 연계
를 가지고 전개된 지역이었다. 1937년 6월 김일성 부대가 함경북도 혜
산군 보천보(普天堡)에 진공 작전을 벌였을 때 거기에 국내에서 호응한
것이 갑산군의 공산주의자, 즉 갑산계였다. 그러나 길주, 명천, 성진의
농민투쟁은 완전한 독자의 투쟁전통을 갖는 국내 농민운동의 상징적 존
재였다. 오히려 관계가 있었다고 하면 함남 지역의 적색노조운동 쪽이
었다. 따라서 이 지역의 투쟁전통은 김일성의 무장투쟁으로 민족해방운
동을 대표시키는 데 성가신 존재가 될 가능성이 있었다. 4월 27일자
『로동신문』에는 함경남도 당위원장 현무광의 논문이 게재되었다.326)
초기 당책임자를 역임한 오기섭, 주녕하를 "지방할거주의적 반당종파분
자"라 하고 역대 당위원장이나 인민위원장이었던 김렬, 현정민, 리유민
을 "개인영웅주의자와 공명출세주의자"로 규정, 비난하였다. 논문은 그

---

323) 김일성, 「함경북도 당단체들의 과업」, 『김일성선집(1960년판)』 제6권, 317~333쪽.

324) 위의 책, 344~352쪽.

325) 『로동신문』 1959.3.26.

326) 현무광, 「지방주의, 가족주의의 여독을 청산하며 당정책을 철저히 관철하기 위
　　　하여」, 『로동신문』 1959.4.27.

들이 "함남이 제일", "함남에서는 홍원이 제일"이라는 등 "함남제일주의"
을 유포시켜 당중앙의 노선을 대신하여 "함남의 로선"을 제창하며 간부
를 지방주의적으로 동향, 정실관계에 따라 배치하였다고 비판하였다.
"견실한 공산주의자들에 의하여 이룩된 우리 당의 빛나는 혁명전통 대
신에 소위 함남의 『지방전통』을 설교"했다고도 하였다. 다만 이 시점에
는 이미 숙청된 소련계나 연안계, 숙청 또는 비판된 국내계로서 해당 지
역의 당이나 인민위원장을 역임한 인물들을 들어 비난하는 단계에 머무
르고 새로운 인물들을 거론한 것은 아니었다.327)

그러나 6월 22일자 『로동신문』에는 「지방주의, 가족주의의 사상여
독을 청산하기 위하여」라는 표제로 함경북도 김책(구성진)군당위원회
를 다루는 기사가 게재되었다. 일제시대의 성진적색농조사건의 수모자
로서 해방 후 성진군당위원장이 되어 전국농민조합총연맹 결성을 주도
하고 전농 중앙상임위원, 북조선농민동맹 중앙상무위원을 역임한 김학
걸, 똑같이 성진적색농조사건의 수모자로서 김학걸과 함께 1950년대
함경북도 인민위원장을 역임한 허국봉이 대표적인 지방주의자, 가족주
의자로 "당과 혁명에 불충실한 사람"이란 낙인이 찍혔다.328) 당의 결
정, 지시를 "지방 특성에 맞지 않는다"고 하여 따르지 않거나 "당의 빛나
는 혁명전통을 엄중히 왜곡하면서 소위 '향토사 연구'라는 미명 하에 지
방주의적 사상을 고취"했다는 이유였다. "우리 군에는 혁명가가 많다"고
하며 "지방주의, 가족주의자들을 추켜 주었다"는 이유로 군당위원장이
해임되고, 앞에서 언급한 함경북도당위원회 확대전원회의에서의 김일

---

327) 예컨대 함경북도당의 경우, 과거 당위원장을 역임한 장순명 · 고봉기, 평양시당
의 경우, 과거 당위원장을 역임한 윤공흠 · 고봉기가 비난받았다. 『로동신문』
1959.5.12 · 5.25.

328) 『로동신문』 1959.6.22. 성진적색농조사건에 관해서는, 『思想彙報』 제1호, 4쪽,
제15호, 12쪽을 참조. 李起夏, 『韓國共産主義運動史 1』, 1048~1053쪽. 『해방일
보』 1945.11.12, 『전국농민조합총연맹결성대회 회의록』, 11쪽, 『조선중앙연감
(1949년판)』, 91쪽. 허국봉(許國奉) 즉, 허현보(許鉉輔)는 1951년 2월경, 김학걸
(金鶴傑)은 1956년 7월경 함경북도 인민위원장을 역임한 바 있다. 『근로자』
1951.2, 『민주조선』 1956.7.15.

성 연설을 대중에게 알리지 않았다는 이유로 군당부위원장이 해임되었다. 23일자 『로동신문』에는 22일자 김책군당위원회 기사를 이론적으로 뒷받침하는 당사 연구자의 논문이 게재되었다. 함경북도 지방주의자들이 "함북혁명전통", "명천혁명전통"을 내세운 것은 "자기지방 제일주의"로서 "당적 사상체계"와 정면 배치된다고 비난하며 "조선인민이 계승한 혁명전통의 기본을 이루는 것은 김일성 동지를 비롯한 견실한 공산주의자들이 지도한 항일무장투쟁의 전통"이라고 주장하였다.329)

평양시인민위원회에서는 위원장을 역임한 바 있는 정연표가 "종파 여독을 철저히 청산하지 않았다"는 이유로 비판되었다.330) 그는 '문천좌익농조재건 사건'의 수모자로서 오랫동안 강원도인민위원장, 평양시 인민위원장을 역임하였다.331) 황해남도당위원회에서는 연안계로서 당위원장을 역임한 박훈일이 추가되어 이미 숙청된 고봉기와 함께 '반당종파분자'가 되었다.332) 더욱이 황해도의 대표적인 국내계 공산주의자로서 해방 직후 황해도 지역 공산당의 조직을 주도한 김덕영도 종파분자 대열에 들어가게 되었다.333) 7월 10일에는 당부위원장 김창만의 지휘 하에 강원도당위원회 확대전원회의가 열려 1953년경부터 58년경까지 오랫동안 각각 도인민위원장과 도당위원장을 역임한 문태화와 김원봉이 '반당반혁명종파분자'라는 낙인이 찍혔다. 문태화는 함경북도 명천

---

329) 김시중, 「지방주의, 가족주의 여독의 철저한 극복을 위하여」, 『로동신문』 1959.6.23. 지방주의, 가족주의의 기원이 해방 직후 함경남도의 오기섭, 함경북도의 장순명, 원산의 리주하, 평안남도의 장시우 같은 '지방할거주의들'에 있다고 강조하였다.

330) 『로동신문』 1959.6.29.

331) 1949년 4월경 강원도인민위원장, 『최고인민회의 제3차 회의 회의록』, 1954년 8월경 평양시인민위원장, 『로동신문』 1954.8.13. 문천좌익농조재건사건에 관해서는, 『思想彙報』 제24호, 5쪽.

332) 『로동신문』 1959.7.11. 박훈일은 1947년 2월경, 고봉기는 1956년 5월경 당위원장을 역임하였다. 각각 『북조선 도·시·군인민위원회 대회 회의록』, 『북한인명사전』을 참조.

333) 김덕영은 1933년 '해주적색노조황해도재건준비위원회' 사건의 수모자였다. 이기하, 앞의 책, 1152쪽. 『로동신문』 1959.10.22.

출신으로 1931년 '제2차 간도공산당 사건'으로 2년, 1934년 '재건공산
당적위대 사건'으로 3년을 복역한 역전의 공산주의자로서 1947년 2월
당시 함경남도인민위원장에 재임하고 있었다.[334] 김원봉은 1935~36
년 '제2차 명천농조 사건'의 수모자였다.[335] 김원봉은 도낭 책임사로서
"종파적 사상여독을 청산하기 위한 투쟁"을 거의 하지 않고 특히 1956
년 8월 종파사건 당시 "우리 도에는 종파가 없다"고 하며 당의 결정을
형식적으로 취급하였다고 비판되었다. 두 사람 모두 "리주하가 만들어
놓은 종파적 틀 위에 앉아 이를 자기들의 종파적 목적에 리용"하고 "자
기의 『혁명력사』를 날조"했다고 단죄되었다.[336] 함경도 길주군의 당위
원회와 인민위원회도 벗어날 수 없었다. 도당 확대전원회의 결정이 집
행되지 않고 지방주의, 가족주의 여독을 청산하는 작업을 진행하지 않
았다고 하여 김학걸, 허국봉의 "사상여독에 물들은" 전군당위원장과 전
군인민위원장이 책임을 추궁 받았다. "『길주 제일주의』를 제창하면서
당적 사상으로 사고하고 행동하지 않고" "혁명전통교양 사업이 거의 진
행되지 않았다"고 지적되었다.[337]

숙청작업은 계속 확대되어 다른 도당에도 미쳤다. 자강도당에서는
연안계인 현정민과 양계가 도마 위에 올랐다. 그들은 1952년경부터
1953년경까지 당위원장을 역임한 만큼 최근 사태와는 직접 관계가 없
었으나 그들이야말로 종파의 '력사적 근원'이라고 간주되었다. 그 밖에
도 도인민위원회부위원장 박지국이 "당과 정권기관은 동격"이라 주장했
다고 비판되고, 인민위원회서기장, 관개관리사업소장 등도 문책되었
다.[338] 평안북도당 전원회의가 열려 소련계 당위원장 서춘식이 종파분

---

334) 김준엽·김창순, 『한국공산주의운동사』 제4권, 389~391쪽, 이기하, 앞의 책,
    1195~1196쪽, 『북조선 도·시·군인민위원회 대회 회의록』을 참조.
335) 제2차 명천농조 사건에 관해서는, 「농민조합후계명천좌익사건」, 『思想彙報』 제
    8호, 20~22쪽.
336) 『로동신문』 1959.7.14.
337) 『로동신문』 1959.7.16.
338) 『로동신문』 1959.8.2.

자 사상여독을 청산하는 투쟁을 진행하지 않았다고 비판, 해임되고 박천군당위원장이 서춘식의 '아첨분자'라 하여 해임되었다.339) 황해북도당에서는 소련계의 전 위원장 허빈이 김렬과 함께 거론되었다. 일부 인민위원회간부가 "정권기관의 독자성" 운운하면서 당의 지도를 받으려 하지 않았다고 비난되었다.340) 함경북도당에 대해서는 집중지도가 몇 개월간이나 계속되었다. 아직 종파주의, 지방주의 여독과의 투쟁이 불만족스럽고 독려되는 한편 전도당부위원장 주영봉이나 명천, 길주군당이 혁명전통교양 사업을 게을리 하고 있다고 비판되었다.341) 개성시당에서는 전인민위원장 리달진이 가족주의적으로 행동하며 당과 정권기관의 동격론을 주장했다고 거론되고 시인민위원회부위원장, 판문군인민위원장 등도 가족주의자로 비판되었다.342) 리달진은 함남 함흥 출신의 국내계 공산주의자로서 해방 직후 함흥시당 비서를 지냈다.343) 량강도에서는 연안계 도당위원장 조영이 반종파투쟁을 게을리 했다는 이유로 비판받고 백암군이 대표적인 문제 군으로 취급되고 초대 군인민위원장 리완재와 군당위원장 허봉환이 가족주의자로 간주되었다.344)

　가족주의, 지방주의 비판은 정부 부서 차원에서도 전개되었다. 7월 20일 농업성 당총회에 관한 보도가 게재되어 "종파주의, 가족주의 여독을 청산하지 않고서는 당의 축산정책을 철저히 관철할 수가 없다"고 강조되었다. 농업상 한전종, 부상 리용석, 국영농업관리국기사장 장인순이 농업성 내 "반당종파분자"라고 하여 이미 해임된 것이 알려지게 되었다. 당의 농업정책을 비방, 왜곡하며 철저히 집행하지 않았다는 이유였다.345) 1950년 9월경부터 농업부상에 재임해 온 농업전문가 리용석은

---

339) 『로동신문』 1959.8.4.

340) 『로동신문』 1959.8.7.

341) 『로동신문』 1959.8.10.

342) 『로동신문』 1959.8.14.

343) 磯谷季次, 『わが青春の朝鮮』, 227~229쪽.

344) 『로동신문』 1959.8.27.

소련계 숙청의 일환이기도 하였다.346) 한전종은 국내계 공산주의자 출신으로 함경남도의 적색노조나 명천 지역의 적색농조운동과 관련을 갖고 있었다.347) 한전종이 1955년 3월부터 57년 8월까지 위원장을 지낸 평안북도인민위원회도 비판의 화살을 받게 되었다. 1956년 8월 선원회의 결정을 7개월 동안이나 실행하지 않고 지방주의를 조장하며 당의 혁명전통을 왜곡하였다고 비난되었다. 한전종 외에 전인민위원장인 리유민, 김승섭도 '반당종파분자'가 되고 서기장 윤종찬도 비판되었다.348) 수매양정성에 대해서도 상인 오기섭과 부상인 연안계 박효삼을 '반당반혁명종파분자'라고 규탄하는 집회가 열렸다.349) 이미 제거되어 숙청된 인물을 다시 거론하여 비판하는 경우도 있고 새로운 인물을 거론하여 비판하는 경우도 있었다.

군당, 시당 수준에서도 숙청작업은 추진되었다. 문태화, 김원봉에 의해 "농산사업을 잘 하는 모범 군당위원회"라고 높은 평가를 받았다는 철원군당위원회가 대상이 되었다. 군당위원장, 부위원장, 문화선전부장, 군인민위원장, 부위원장 등 고위간부 거의 전원이 비판되었다. "당과 정권기관의 동격론을 주장하며 당의 령도를 거부하였다"는 이유도 지적되었다.350) 황해남도 해주시당도 비판되어 고봉기의 "사상적 영향을 받았다"는 시당위원장 최만주가 "종파여독을 청산하기 위한 투쟁에 관심을 돌리지 않았다"고 비판되고, 시인민위원장 전해운도 "당정책을

---

345) 『로동신문』 1959.7.20.

346) 『비록 : 조선민주주의인민공화국』, 371쪽. 행방불명이 된 소련계의 명단을 참조.

347) 한전종은 1928~31년 '조선공산당재건설준비위원회'와 '조선좌익노동조합전국평의회조직준비회'의 활동에 참가하였고 1931년 중국공산당만주성위원회에서 조선 국내공작을 목적으로 파견되어 활동하다가 체포되었다. 그의 활동에 관해서는, 김준엽・김창순, 『한국공산주의운동사』 제5권, 284~318쪽. 한전종은 수원고등농림학교(서울농대의 전신) 출신으로서 내각간부국부국장, 당농업부부부장, 평안북도인민위원장을 역임하였다.

348) 『로동신문』 1959.7.24.

349) 『로동신문』 1959.8.29.

350) 『로동신문』 1959.7.26.

철저히 집행하지 않고 왜곡하였다"고 비판되었다.351) 강원도 원산시당도 거론되어 문태화, 김원봉의 영향을 받은 대표적 간부로서 1956년 8월 당시 당위원장 안중록이 최창익 반당종파분자의 죄행을 전혀 언급하지 않는 등 8월 전원회의 결정이 하부에 침투하는 것을 의식적으로 방해했다고 하여 비판되었다.352) 함경북도 청진시당에서는 시인민위원장 리종식이 당과 정권기관의 동격 운운하였다고 비판되고 관개수리사업소장 채수종은 장순명의 '졸개'로 간주되었다.353) 평안남도에서는 덕천군당위원장과 숙천군당위원장이 문제가 되었다.354)

강원도에서는 적색농조운동의 중심지 문천군당이 도마 위에 올라 적색농조운동 지도자로서 해방 직후 군당위원장이던 정연표가 종파의 기반을 닦아 그 '졸개'인 군당위원장 김홍국, 군인민위원장 권녕화가 종파여독을 청산하는 투쟁을 게을리 했다고 비난되었다.355) 평안북도에서는 가장 모범적이라고 알려진 운전군이 집중지도를 받았다. 특히 운전군 금계리는 윤공흠의 고향이기 때문에 주목을 받았다. 군당위원장 백문제와 군인민위원장 최규식은 한전종과 서춘식의 "비호 하에" "군당위원회의 지시가 있을 때까지 8월 전원회의 문헌을 침투시키지 말라"고 하부에 지시했다는 이유로 "반당반혁명종파분자"가 되었다. 백문제가 해임된 뒤에도 후임 군당위원장 김권형은 한전종, 서춘식에 "추종"하여 반종파 투쟁을 게을리 하고 오히려 비판적인 당원들을 이동, 해직시켰다고 비난되었다. 여기서도 '향토사' 연구라는 미명하에 당의 혁명전통을 왜곡했다는 사실이 강조되었다.356) 황해북도에서는 린산군이 거론

---

351) 『로동신문』 1959.7.30. 최만주는 1934년 '함경북도공산주의자동맹 사건'의 관련자였다. 『思想彙報』 제7호, 이기하, 앞의 책, 1032~1035쪽.

352) 『로동신문』 1959.8.1. 시인민위원장 조원행은 동향 출신을 간부로 중용했다고 비판되었다.

353) 『로동신문』 1959.8.3.

354) 『로동신문』 1959.8.17.

355) 『로동신문』 1959.8.22. 권녕화는 북로당 창립대회에 발언자로서 참가하고 있었다. 『북조선로동당창립대회회의록』, 84~86쪽.

되어 이미 전군당위원장 오영환과 전인민위원장 변창식의 죄행이 "적
발, 폭로"된 것이 알려지게 되었다.[357]

최대의 적색농조운동 지역이던 길주, 명천 현지에서도 '지방주의,
가속수의 여독을 정산하기 위한' 총화가 진행되있다. 함북 화대군딩위
원회(화대군은 명천군과 길주군의 일부를 편입, 신설한 군)에서는 전함
경북도당위원장 유승철(兪承哲)이 들어올려져 "해마다 두세 번 씩 이
지방에 래왕하면서 과거 일제에게 투항, 변절한 자기의 죄과를 은폐하
고 자신의 '혁명업적'을 력설"하며 "『누가 뭐라고 해도 이 지방의 전통을
잊어서는 안 된다』고 설교"했다고 규탄되었다. 일부 지방간부는 유승철
의 "추종분자"로서 "향토사연구라는 명목 하에 각종 『이야기 모임』을 조
직하고 유승철의 혁명업적을 허위 선전"했다고 비판되었다.[358] 유승철
도 명천농조 사건의 수모자로서 1954~56년 함경북도인민위원장을 거
쳐 농업부상에 재임하고 있었다.[359] 유승철과 함께 1946년 11월 도인
민위원회 서기장을 역임, 1955년부터 57년까지 체신상을 지낸 김창흡,
인민군총정치국부국장 김을규, 최왈종도 거론되었다.[360] 특히 과거 군
당 간부들이 당의 지시를 "무조건 집행하는 대신에" 타 지방에 가 있는
유승철과 김을규에게 물어 "그들의 지시에 의하여 당의 정책, 결정을 지
연, 또는 왜곡"시켰다고 지적되었다. 과거 군당 간부나 군당위원장을 지
낸 다수의 간부가 가족주의와 투쟁하지 않고 오히려 조장했다고 비판되
었다.[361] 무산군당에서는 전군당위원장 허석필, 군인민위원장 최준문

---

356) 『로동신문』 1959.8.30.

357) 『로동신문』 1959.9.1.

358) 『로동신문』 1959.9.8.

359) 「농민조합후계명천좌익사건」, 『思想彙報』 제8호, 20~22쪽. 여기서는 劉升哲로
     표기되어 있다. 9월 21일 평양시당위원회 전원회의가 열려 그동안 농업성 당단
     체 내에서 한전종, 유승철이 적발, 폭로되지 않은 데 대하여 책임 추궁이 있었
     다. 『로동신문』 1959.9.24.

360) 김을규, 최왈종은 인민군이 길주, 명천의 농민투쟁을 계승해야 한다고 주장하여
     인민군 내 숙청이 초점이 되었다. 제5장 제2절의 1에 있는 해당 서술을 참조.

이 장순명, 고봉기의 사상적 영향을 받았다고 비판되었다.362) 허석필
은 성진적색농조운동의 수모자였다.363)

평안남도 순천군당에서는 순천석회질소비료공장의 전 지배인 전대
범이 "반당종파분자의 졸개"로 비판의 화살을 받게 되었다.364) 전대범
은 1932년 원산 지역에서 리주하와 함께 '제2차범태평양노동조합조직
사건'으로 2년 6개월을 복역, 1939년 역시 리주하와 함께 '조선민족해
방통일전선결성사건'에 관련(특히 문천농조를 담당), 검거된 인물이었
다.365) 함경남도 수동군당에서는 전군인민위원장 김채룡이 현정민, 리
유민과 "사상적 공통성을 가지고 있다"고 비판되었다.366) 김채룡은 김
학결과 함께 성진전색농조 운동의 수모자로서 북조선로동당 창립대회
에서 당검열위원으로 뽑힌 바 있다.367)

지방 당, 인민위원회에 대한 정리, 숙청작업은 1959년 11월경 마무
리 단계에 들어섰다. 종파여독, 가족주의, 지방주의의 청산을 위한 투쟁
으로부터 당 사업방식이나 인민위원회 사업방식의 문제로 강조점이 변
해 갔다. "당과 행정 기관은 동격"이란 견해, 당과 인민위원회의 "분업합
작론" 등이 인민위원회 활동을 저해하는 주요 사상적 원인으로 지적되어
당의 "행정대행" 문제도 극복되어야 한다고 강조되었다.368) 더욱이 혁명

---

361) 『로동신문』, 앞의 호.

362) 『로동신문』 1959.9.18.

363) 이기하, 앞의 책, 1048~1054쪽.

364) 『로동신문』 1959.9.12.

365) 『思想彙報』 제21호, 181쪽, 제22호, 3쪽, 제26호, 168~169쪽.『高等外事月報』 제
1호, 27~28쪽. 해방 직후 전대범은 원산시 당조직위원회의 멤버이자 원산시 공
산청년동맹의 지도자로서 활동하였다. 소련과학아카데미동양학연구소 편, 국
토통일원번역, 『조선의 해방』, 1987, 272쪽. 그는 북로당 제2차 대회에서 강원도
문천군당 대표로서 발언하였는데 그 내용은 철저히 실무적이었다. 『북조선로동
당 제2차 전당대회 회의록』, 74 · 102~106쪽.

366) 『로동신문』 1959.9.22.

367) 이기하, 앞의 책, 1048~1052쪽.『독립유공자공훈록』, 111쪽.『북조선로동당 창
립대회 회의록』, 110쪽. 김채룡은 청진제철소 지배인을 지냈으나 이미 1958년
3월 숙청되었다고도 한다. 『북한인명사전』 참조.

전통교양 사업이 개선된 예로서 량강도 보천군당위원회의 사업 내용이 소개되었다. 김일성의 항일무장투쟁이 국내와 관련을 갖고 전개된 상징적 지역이기 때문이었다. 군당 이하 지방 당단체에서는 당위원장이 직접 당역사연구실 운영에 책임을 지게 되었다. 군당집행위원회 석상에서 리당위원장과 초급당위원장으로부터 혁명전통교양 사업에 관하여 직접보고를 청취, 토의하는 제도가 마련되었다. 혁명전통교양을 당원이나 근로자의 실생활과 밀접히 결부시켜 진행할 것이 강조되었다.[369]

2) 청산리방법 : 당의 일원적 지도체계

지방의 당과 인민위원회에서 가족주의와 지방주의를 청산하는 작업이 진행 중이던 1959년도 인민경제계획은 과도한 생산목표 설정과 자재, 원료 및 노동력 부족 때문에 수행과정에서 큰 무리를 낳게 되었다. 특히 공업부문의 노동력 부족을 해소하기 위하여 농촌지역에서 대량의 인력이 동원되어 원래 충분치 않던 농촌지역에도 심각한 노동력 부족상황을 가져왔다. 협동조합 규모의 급속한 확대나 협동조합 성격의 질적 변화에 따르는 조합의 자율성 약화와 개인적 영역의 급격한 축소도 농업협동조합의 관리운영에 심각한 영향을 주었다. 집단화가 완료된 1958년도 곡물 총수확고는 격심한 한발임에도 불구하고 계획의 112%, 370만 톤에 달했다고 발표되었지만[370], 1959년도 곡물 총수확고는 340만 톤으로 곤두박질쳤다. 공식적으로는 사료작물 및 공예작물의 재배면적 확장과 관련, 밭곡물의 파종면적이 작년보다 감소하였기 때문이

---

368) 함경북도 종성군당위원회 사업에 관한 『로동신문』 1959년 10월 21일자 보도.

369) 『로동신문』 1959.11.8.

370) 「1958년 조선민주주의인민공화국 인민경제발전계획 실행총화에 관한 국가계획위원회 중앙통계국의 보도」, 『로동신문』 1959.1.17. 사상 최고의 수확고로 대대적으로 선전되었다.

라고 설명되었지만371), 당시 북조선에서 손꼽는 농업경제학자 홍달선은 "사회주의적 분배원칙을 철저히 관철시키지 못 함으로써 근로자들의 앙양된 정치·도덕적 관심에 물질적 관심을 옳게 결합시켜 그들의 생산의욕을 더욱 제고시키지 못하였다"는 것에서 원인을 구하였다. 그에 대한 대책은 "사업체계와 지도방법을 개편"하는 것밖에 없었다고 분석하였다.372) 일찍부터 홍달선의 연구에 주목, 그의 저서를 번역까지 한 일본의 가지무라 히데키는 홍달선은 농업의 부진을 솔직히 인정한 매우 드문 예에 속한다고 평가하면서 "양·질적으로 급격히 고도화한 경영형태에 그 관리·운영능력이 따라 갈 수 없었다"는 데에서 농업 부진의 원인을 찾는 것이라고 해석하였다.373)

이미 1959년 12월 당중앙위 전원회의에서 인민경제 전반에 걸친 부진을 타개하기 위한 대책으로서 생산에 대한 지도에서 당 우위 원칙이 명확히 되었지만 김일성 스스로 이 원칙을 농업부문에 구체화하기 위한 작업에 직접 착수하였다.374) 하나의 시범 케이스로 선정된 것이 강서군 청산리였다.375) 김일성이 이끄는 중앙지도 그룹은 1960년 2월

---

371) 「1959년 조선민주주의인민공화국 인민경제발전계획 실행총화에 관한 국가계획위원회 중앙통계국의 보도」, 『로동신문』 1960.1.17.

372) 홍달선, 『우리나라 농촌경리부문에서 물질적 관심의 원칙의 창조적 적용』, 과학원출판사(평양), 1963, 3~4쪽.

373) 梶村秀樹, 「朝鮮の郡協同農場經營委員會について」, 『東洋文化硏究所紀要』 제41호, 1966.10, 135쪽. 그는 홍달선이 공식적으로 농업 부진의 원인으로 간주되는 재해가 단순한 천재(天災)가 아닌 인재(人災)로 보았다고 해석한다.

374) 사설 「청산리 당총회에서 얻은 교훈」, 『로동신문』 1960.2.11, 「농촌 당단체 사업을 결정적으로 개선하자－김일성 동지의 지도 하에 진행된 평남도 강서군 청산리 당총회에서」, 『로동신문』, 위의 일자.

375) 청산리는 697개 농호를 망라한 평균 규모의 농촌지역이었다. 『로동신문』 1960.2.11. 김일성이 현지지도를 하고 나서 1년 후 1961년 2월경 평안남도당 농업부지도원으로 집중지도를 위해 이곳을 방문한 김진계의 증언에 따르면 아직 청산리는 매우 낙후한 농촌부락이었다고 한다. 모범적이지 않고 낙후한 지역이기 때문에 시범 케이스로 선정되었다고 한다. 김진계 구술, 『조국－어느 북조선 인민의 수기(하)』(서울, 현장문학사, 1990년), 18~20쪽.

4~7일 리당사업과 리당총회 준비를 지도하고 8~9일 직접 리당총회를 개최하였다. 이 총회에서 한 김일성의 연설「사회주의적 농촌경리의 정확한 운영을 위하여」가 농업협동조합 운영과 리당위원회 사업의 지침이 되었다. 더욱이 김일성과 중앙지노그룹은 17일까시 강서군 당위원회 사업과 당총회 준비를 지도하면서 15일 강서군당 산하 초급 당단체총회를 소집하고 동시에 지도그룹의 지도하에 각 리당총회가 개최되어 청산리당의 문제는 모든 리당에 들어맞는다는 것이 확인되었다. 이러한 경험에 기초하여 18일 강서군당 전원회의가 열려 김일성의 연설「새로운 환경에 맞게 군당단체의 사업방법을 개선할 데 대하여」가 군당위원회 사업운영의 지침이 되었다. 23일 당중앙 상무위원회에서 김일성은 강서군당 사업지도의 경험을 총괄하고 이것을 '농촌 리와 군의 전형'으로 삼아 리당위원회, 농업협동조합관리위원회, 군당위원회, 군인민위원회의 사업을 개선하기 위하여 각 군, 리 전체에 대한 집중지도를 전개하기로 하였다.376)

우선 리 수준의 농업협동조합에 관한 내용을 보자. 첫째로 농산작업반에 노동력의 약 50%만이 돌려지고 나머지 노동력은 다른 작업반이나 사업에 동원되고 있던 노동력 배치상태를 변경하여 농산작업에 집중하도록 작업반 조직을 개편하였다. 작업반 수를 줄여 한 개 리에 한 개의 작업반만을 두고 그 대신 작업반 내에 분조를 조직하도록 하였다. 둘째로 계획화 수준이 낮기 때문에 조합운영의 계획화를 구체화하였다. 관리위원회뿐 아니라, 작업반 수준에서도 계획을 세워 운영하도록 하였

---

376) 김일성,「사회주의적 농촌경리의 정확한 운영을 위하여―강서군 청산리 당총회에서 한 연설」,동「새 환경에 맞게 군당단체의 사업방법을 개선할 데 대하여―강서군당 전원회의에서 한 연설」, 동「강서군당 사업지도에서 얻은 교훈에 대하여―조선로동당 중앙위원회 상무위원회 확대회의에서 한 연설」, 각각『김일성 저작선집』제2권, 446~479・480~504・505~541쪽에 수록. 김일성의 현지지도에 관한 보도는,「농촌 당단체 사업을 결정적으로 개선하자―김일성 동지의 지도 하에 진행된 평안남도 강서군 청산리 당총회에서」,『로동신문』1960.2.1,「새 환경에 적응하도록 군당위원회의 사업을 결정적으로 개선하자―김일성 동지의 지도 하에 진행된 강서군 당위원회 전원회의에서」,『로동신문』1960.2.21.

다. 셋째로 사회주의적 분배원칙이 침해되고 있었기 때문에 노동의 질과 양에 의한 분배가 정확히 이루어지도록 노동정량을 토의하여 표준정량표를 작성하도록 하였다. 또한 생산계획을 초과 수행했을 때 상금을 주는 '작업반상금제'를 실시하기로 하였다.377) 작업반을 부락 단위로 개편한 것은 리 단위 통합 이전의 농업협동조합을 중심으로 작업반을 재조직한 것이다. 통합 조치가 역사적으로 형성되어 온 부락의 '전통적 집단주의'를 무시하여 그 장점을 살릴 수 없었던 점을 반성한 것이다.378)

특히 유급상근자가 리당위원장 1명밖에 없는 상태에서 거의 기능하지 못한 리당위원회를 활성화하도록 하여 적어도 1주일에 1회 리당위원회를 개최하고 영농사업, 관리위원회 사업, 당원과 조합원의 정치생활 상황에 대하여 토의한 다음, 각 당원에게 적당한 임무를 부여하고 그 집행을 검열하여 총화하는 것을 일상적으로 실행하도록 하였다. 조합에서 수립된 농산계획은 리당총회에서 통과되지 않으면 안 되게 하였다.379)

다음으로 군당위원회와 군인민위원회의 사업에 관해서도 조치가 취해졌다. 우선 군인민위원회와 리인민위원회의 관계가 재규정되었다. 농업협동조합이 통합되어 리 전체가 하나의 생산 단위로 되었기 때문에 리는 과거와 같이 행정단위가 아니라 생산 단위로 간주되고 군인민위원회가 말단 행정단위로서 역할을 하게 되었다. 리인민위원회를 경유하여 농업생산을 지도하여, 각 농업협동조합에 대하여 제삼자적 입장에 서는 것이 아니라 당사자 입장에서 직접 지도를 맡도록 하였다. 군인민위원회 기구도 도인민위원회 같은 부서제를 개편, 생산부문에 대해서는 지도원제를 마련하도록 하였다. 이 조치는 부족한 행정간부나 농업전문

---

377) 상금제는 농산작업반뿐 아니라 축산작업반이나 트랙터 운전수에도 적용하도록 하였다. 김일성, 「사회주의적 농촌경리의 정확한 운영을 위하여—강서군 청산리 당총회에서 한 연설」, 『김일성저작선집』 제2권, 446~459쪽, 『로동신문』 1960.2.11.

378) 홍달선, 앞의 책, 25~26쪽.

379) 『로동신문』 1960.2.11, 김일성, 「새 환경에 맞게 군당단체의 사업방법을 개선할 데 대하여—강서군당 전원회의에서 한 연설」, 앞의 책, 485쪽.

가, 기술자를 하부까지 배치할 수 없는 조건하에서 상대적으로 상부에 집중되어 있는 간부 및 기술인력을 하부에 내려 보내 사업을 돕도록 한 것이다. 이는 "중앙이 도를 도와주고 도가 군을 도와주며 군이 리를 도와주는 사업체계"라고 불리며 종래의 관료주의적 명령, 집행체계 및 방식의 근본적 개선이라고 설명되었다.380)

군당위원회와 리당위원회와의 관계도 재규정되었다. 군당위원회에는 말단 지도기관의 위치가 부여되어 리당위원회를 통하지 않고 직접 군내 초급 당단체를 지도하게 되었다. "밑으로 내려가는" 사업체계와 방식이 강조되어 군당 내 산업부, 농업부, 상업유통부를 없애고 산업부문, 농업부문, 기타 상업, 재정을 담당하는 경제지도원 3명을 두기로 하였다. 특히 중요한 것은 군당위원회가 "군내에서 생기는 모든 일에 대하여 완전히 책임을 지는 집단적 지도기관"이라 하여 "군내 최고지도기관"으로 규정된 것이다. 군당위원회와 군인민위원회의 관계를 재규정하여 군당위원회의 집단적 지도 아래 사업을 분담, 군당위원장은 당사업을, 군인민위원장은 행정, 경제사업을 수행하도록 하며 군인민위원회는 모든 사업에서 군당위원회의 지도를 받도록 하였다. 군당위원장과 군인민위원장이 함께 모여 협의하지만 더 중요한 것은 당위원장의 의견이며 결론은 당위원장이 하도록 하였다. 농업, 지방산업, 기본건설, 노동력조직, 재정 지출 등 인민경제계획의 모든 항목이 군당위원회의 집단적 심의를 거쳐 군인민회의를 통과하고 나서 집행되게 되었다. 중앙의 모든 기관, 단체와 당상무위원회의 관계와 같이 군내의 모든 기관, 단체에는 군당위원회의 지도를 받을 의무가 지워졌다. 당시 강서군당에는 35명의 일꾼이 있고 군인민위원회에는 113명의 일꾼이 있었지만 군당과 군인민위원회의 인원을 합쳐 군내 20개 리에 대하여 매 리당 7명 이상이

---

380) 김일성, 「새 환경에 맞게 군당단체의 사업방법을 개선할 데 대하여-강서군당 전원회의에서 한 연설」, 앞의 책, 483~484쪽, 동 「강서군당 사업지도에서 얻은 교훈에 대하여-조선로동당 중앙위원회 상무위원회 확대회의에서 한 연설」, 앞의 책, 516~519쪽.

"내려가 도와 줄 수 있다"고 설명되었다.381)

이 김일성과 중앙지도그룹의 현지지도는 '청산리방법'으로 명명되어 전국 농촌이 배워야 할 모범이 되었다. 김일성 스스로 현지지도에 나서 하나의 모델을 만들고 그것을 하나의 군 내로, 나아가 전국으로 확산시키는 방식이 일반화되어 간다. 평안남도와 평양시에서는 강서군 청산리가 뽑혀 김일성이 현지지도에 임하였는데 함경남도와 강원도에서는 함남 영흥군 룡흥리가 뽑혀 당부위원장 김창만이 현지지도를 담당하였다.382) 황해남도에서는 연안군 발산리를 최고인민회의 상임위원장 최용건이 현지지도하였다.383) 평안북도에서는 염주군 남압리를 당부위원장 박금철이384), 함경북도에서는 경흥군 장안리를 당조직지도부장 김영주가385), 황해북도와 개성시에서는 황해북도 서흥군 봉하리를 당선전선동부장 김도만이 각각 담당하여 현지지도를 하였다.386) 모든 경우 현지지도 그룹이 약 1주일간 해당 리를 집중지도한 뒤 리당총회에서 집중지도의 경험을 총괄하고 그것을 전형화하여 군내 다른 리로 일반화하며 마지막으로 군당 전원회의를 열어 총괄하는 방식이었다. 해당 리에 대한 현지지도에 들어가 군 전체로 일반화할 때까지 2주 정도가 소

---

381) 김일성, 「새 환경에 맞게 군당단체의 사업방법을 개선할 데 대하여—강서군당 전원회의에서 한 연설」, 앞의 책, 491~493쪽, 동 「강서군당 사업지도에서 얻은 교훈에 대하여—조선로동당 중앙위원회 상무위원회 확대회의에서 한 연설」, 앞의 책, 524~530쪽, 『로동신문』 1960.2.21. 김일성은 군당위원회의 사업 절차에 관해 다음과 같이 설명하고 있다. "상급 당에서 지시가 내려오면 군당집행위원회나 협의회를 열어 토론하여 대책을 세우고 그것이 군인민위원회의 집행사항이면 군인민위원회의 당단체 회의를 소집하여 토의한 뒤 군인민위원회를 개최하여 직접 사업을 조직한다. 군인민위원회의 사업을 조직한 후 그 집행을 보장하기 위하여 군당위원회에서 해당 지도원이 리당으로 내려간다." 김일성, 「새 환경에 맞게 군당단체의 사업방법을 개선할 데 대하여」, 앞의 책, 497쪽.

382) 『로동신문』 1960.3.9 · 3.15.

383) 『로동신문』 1960.3.10.

384) 『로동신문』 1960.3.12 · 3.19.

385) 『로동신문』 1960.3.13 · 3.17.

386) 『로동신문』 1960.3.14 · 3.16.

요되었다. 이러한 방식은 "일점을 관통하여 그 경험을 일반화"하는 방법이라고 불리며 하나의 단위에서 구체적 경험을 얻어 전형을 창조하여 그것을 광범히 일반화하는 방법이 각 도당, 군당 수준에서도 당사업 방식으로 전면 채용된다. 1960년부터 61년까지 연일 『로동신문』이나 『민주조선』에는 전국의 각 군당이나 리당에서 얻어진 청산리방법에 의한 사업경험이 소개되었다.

일련의 부수조치도 취해졌다. 모든 조합에서 현재의 관리인원 수를 30~40% 축소하여 관리위원장은 50일, 기타 상근 일꾼은 70일, 작업반장은 150일씩 생산노동에 의무적으로 참가하도록 조합표준관리규정을 제정하고 관리인원 수도 제한하였다.[387] 사회주의적 분배원칙을 강화한다는 취지로 앞에서 말한 작업반상금제 이외에 노력일 평가제도를 정비하여 매 작업반별로 2~3명의 '로력일평가그루빠'을 만들어 매일 작업현장에서 당일의 노동을 정확히 평가하고 매월 1차례 이상 작업반원의 노동일을 공시하도록 하였다.[388] 수매기업소에 대한 독립 채산제를 실시하여 수매 일꾼에게는 '보수제'를 적용, 수매 일꾼의 노임을 수매 실적량에 기초하여 지불하도록 하였다.[389]

1년간 다수의 제대군인과 초중고 졸업생이 배치되어 8만 7천여 명의 조합원이 증가하였다. 1만 3천여 명의 관리인원이 축소되어 80~90%의 인력이 농산작업에 집중하게 되었다. 조합 가동률이 86%에서 94%로, 조합원의 1인당 수득노력일은 301일에서 345일로 증가하게 되었다. 작업반도 자연부락 단위로 개편되어 전국적으로 4만 8천 420개의 작업반이 3만 5천 758개로 통합되었다. 작업반우대제에 따라서 우대를 받은 작업반은 1만 2천 600여 개, 63만여 명에 달하였다. 1년간 농업협동조합에

---

387) 주승오, 「농업협동조합관리기구의 간소화를 위한 몇 가지 문제」, 『로동신문』 1960.4.9.

388) 홍종철, 「사회주의 분배원칙을 철저히 관철하기 위하여」, 『로동신문』 1960.3.30. 『로동신문』 9월 14일자의 관련 기사.

389) 사설 「수매사업의 개선 강화를 위하여」, 『로동신문』 1960.4.8.

의한 토지의 복구, 개간도 진행하여 10만 3천 정보의 경지면적이 새롭게 확장되었다. 토지이용률이 150%에서 174%로 높아지고 총파종면적이 36만 정보, 곡물파종면적이 65만 3천 정보나 증가하였다. 13만 3천여 정보에 달하는 포전정리사업이 실시되어 파종면적이 확장되고 기계화에 유리한 조건이 조성되었다. 특히 다수확작물인 옥수수의 파종면적이 30만 정보나 증가하여 총면적은 48만 4천 정보에 달하였다.[390] 이 숫자로부터 공예작물이나 채소작물 등의 파종면적을 대폭 곡물파종면적으로 전환하여 특히 옥수수 파종면적을 급격히 늘린 것을 알 수 있다.

1960년도 곡물생산고는 기록적으로 증가하여 380만 3천 톤에 달했다고 발표되었다. 전전 최고수확연도의 1.4배 이상, 해방 직후인 1946년도의 2배가 되어 제1차 5개년 계획의 곡물 생산목표를 1년 앞당겨 달성했다고 한다.[391]

12월 20~23일 당중앙위 확대전원회의가 열려 "알곡생산에서 전례 없는 다수확"을 거둔 데 대하여 "청산리방법의 위대한 생활력은 금년도 농촌경리의 물질 기술적 토대를 더욱 강화하고 통합된 대규모 협동경리의 우월성을 충분히 발휘시킴으로써 우리 농촌에 일찌기 없었던 거대한 성과를 가져왔다"고 총괄하였다. 1961년도 농업생산 목표를 "100만 톤의 알곡증산"으로 정하고 그것을 실현하기 위한 기본 고리는 농업의 기계화에 있다고 하고 또한 경지의 확장과 개량에도 계속 주력할 것을 결의하였다.[392] 작업반우대제 등 물질적 유인의 역할을 높임에 따라 조합 가동률이 올라 경지면적 확장이나 토지이용률 확대에 큰 효과가 생겼다. 옥수수 등 다수확 곡물의 파종면적 확장에도 협동조합은 힘을 발

---

390) 「농촌경리부문에서의 청산리교시 실행총화와 1961년도 과업에 대하여 ─ 전국농업열성자대회에서 한 내각 제1부수상 김일 동지의 보고」, 『로동신문』 1960. 12.29.

391) 「청산리정신을 관철시켜 알곡 총수확고를 380만3천 톤으로 제고 ─ 1960년 영농사업에 대한 조선중앙통신사의 보도」, 『로동신문』 1960.11.18.

392) 「조선로동당 중앙위원회 12월 확대전원회의에 관한 보도」, 『로동신문』 1960.12.24.

휘하였다. 1960년도 수확고에 고무되어 지도부는 일거에 대담한 목표를 내걸게 되었다. 12월 28~31일 전국농업협동조합열성자대회가 열려 100만 톤 알곡 증산과제의 실행대책을 토의하고 단위당 수확고를 의무조항으로 하는 광범한 승산경쟁을 결의하며 조합 간의 경쟁계약을 체결하였다.393)

1960년 6월 4일 강서군 청산농업협동조합 '문정숙작업반'의 발기에 따라 천리마작업반운동은 농촌에서도 전개되기 시작하였다.394) 1960년도는 전국적으로 청산리방법을 확산시키며 군당, 리당 사업체계의 정비나 작업반의 개편에 중점을 두었기 때문에 농촌의 천리마운동은 그다지 확대되지 않았다. 특히 물질적 유인을 강조하는 작업반우대제 실시는 정신적 유인을 강조하는 천리마운동과는 서로 어긋나는 면이 있었다. 1961년 3월 30일 「농업협동조합에서 천리마운동을 전개할 데 관한 내각결정 제51호」가 채택되어 「농업협동조합천리마작업반칭호 수여에 관한 규정」을 승인하고 중앙 및 도·시·군지도위원회를 조직하여 평가기준을 정하였다. 운동참가 작업반 수는 6월 발기 때 207개로부터 연말에는 1천 695개로 증가, 1961년 4월경 2천 191개 작업반의 12만 9천 900여 명이 참가하고 있다고 보고되었다. 4월 25일에는 중앙지도위원회 제1차 회의가 열려 30개의 작업반에 '천리마작업반칭호'가 수여되었다.395) 운동참가 작업반에서는 "조합원들의 사상 의식생활에서와 그 도덕적 풍모에서 심각한 변화"가 일어나 "김일성 동지를 선두로 한 공산주의자들에 의하여 이룩된 우리 당의 빛나는 혁명전통을 체계적으로 학습하고 그것을 생활에 구현하면서 자신들을 철저한 혁명투사로 단련하고" 있으며 "로동과 공동재산에 대한 공산주의적 태도, 보수를 위하여서가 아니라 집단을 위하여 어려운 일에 서로 앞장서려는 고상한 미풍이 발양"되었다고 평가되었다.

---

393) 『로동신문』 1960.12.29~12.31.

394) 『로동신문』 1960.6.16.

395) 『로동신문』 1961.4.27.

1961년 5월 하순경 「전체 당원에게 보내는 당중앙위원회의 붉은 편지」가 배포되어 "당사상사업은 반드시 군중들이 공동적으로 일하며 생활하는 단위인 작업반을 거점으로 전개하여야 한다"고 강조하였다.396) 이것은 청산리방법을 천리마작업반운동과 결합하는 조치였다. 편지에는 다음과 같은 표현도 포함되어 있었다.397)

"당사업에서 제1차적인 것은 사람들과의 사업이다. 당단체들은 모든 일에서 무엇보다 먼저 사람들과의 사업을 잘 하여야 한다. 사회를 개조하며 사회의 모든 물질 문화적 부를 창조함에 있어서 그의 성과 여부는 결국 사람들이 어떻게 자각적으로 동원되는가에 달려 있다. 우리의 당단체들이 사람들과의 사업 을 잘 할 때 혁명 과업의 모든 문제는 원만히 풀릴 것이다." "당단체들과 당원들은 군중 속에서 계속 공산주의 교양을 혁명전통과 결부하여 적극적으로 진행하여야 한다." "우리들의 심장이며 뇌수인 김일성 동지를 수반으로 하는 당중앙위원회 주위에 굳게 단결하여 그를 튼튼히 보위하여야 한다."

종래 리 단위로 조직되어 있던 당의 선전선동사업체계가 생산현장, 포전에서 직접 진행한다는 취지에서 작업반 단위로 개편되었다.398) 선전사업의 단위가 작업반까지 확대되어 지금까지 리 단위로 설치되어 있던 민주선전실이 작업반 단위에도 설치되었다.399) 당단체위원장, 작업반장, 당분조, 학습강사, 당선동원, 노농통신원 등을 중심으로 하여 매

---

396) 「포전에서의 당정책교양」, 『로동신문』 1961.5.23. 당중앙위원회가 붉은 편지를 당원 개개인에게 보내는 방식은 1958년 9월 당중앙위 전원회의에서 채택되고 나서 이번이 두 번째였다. 당시에는 사회주의건설의 대고조에서 소극성과 보수주의를 타파한다는 취지였다. 사설 「당의 붉은 편지 정신의 철저한 관철을 위하여」, 『로동신문』 1961.5.25.

397) 위의 사설 및 「당사업은 사람들과의 사업이다」, 『로동신문』 1961.5.25.

398) 한히룡, 「작업반을 거점으로 선전선동사업체계를 개편하기 위하여」, 『로동신문』 1961.6.10, 박상모, 「당사상사업을 청산리방법으로」, 『로동신문』 1961.7.9.

399) 「군중문화사업을 생산현장에서 진행하자! - 전국군중문화일꾼회의 진행」, 『로동신문』 1961.7.15, 「사상사업의 거점으로서의 포전선전실」, 『로동신문』 1961.8.24.

작업반에 2~3명의 '선전핵심'을 구성, 그들이 작업반에서 혁명전통 학
습을 주도하도록 육성하는 조치도 취해졌다.400) 군당, 리당 수준의 선
전사업은 공장이나 농촌의 생산현장에서 작업반을 단위로 '혁명전통 학
습을 생활화'하는 데에 집중되었다.

3) 군협동농장경영위원회와 농업지도체계 개편

전반적인 경제관리체계의 개편작업은 1959년경부터 진행하여 우선
도 수준에서 착수되었지만 군 수준에서는 1961년 12월부터 본격화하
였다. 그것이 공업 분야에서는 '대안의 사업체계' 창설로, 농업 분야에서
는 '군농업협동조합경영위원회' 창설로서 나타났다. 1960년 초부터 지
방 군·리당, 인민위원회에 적용된 '청산리방법'은 경제적으로는 주로
농업생산과 관련되었지만 농업뿐 아니라 공업도 포함한 포괄적인 의미
에서의 사업방식에 관련된 것으로 농업분야 경제관리체계의 제도적 개
편까지는 이르지 않았다.

1961년 12월 15일 당중앙정치위원회에서 김일성은 '대안의 사업체
계'를 제안하면서 '새로운 농업지도체계'를 수립하는 것을 천명하였다.
공업관리체계 개편을 위한 모델로서 대안전기공장이 선정된 것처럼 농
업지도체계 개편을 위해 뽑힌 곳이 평안남도 숙천군이었다.401) 숙천군
을 현지지도한 뒤 12월 18일 군내 농업협동조합관리위원장, 작업반장,
열성조합원들과의 집회에서 김일성은 군농업협동조합경영위원회를 창
설할 방침을 구체적으로 제기하였다.402) 당정치위원회 결정과 김일성
의 현지지도 결과에 기초하여 12월 22일 내각결정 제157호 「농업협동

---

400) 정지환, 「당원과 근로자들 속에서 공산주의 교양을 강화하기 위하여」, 『로동신
문』 1961.9.8.

401) 『새로운 농업지도체계의 우월성―숙천경험』, 조선로동당출판사(평양), 1963.

402) 「농촌경리 발전을 위한 중대한 조치」, 『로동신문』 1961.12.24.

조합경영위원회를 조직할 데 관하여」가 발표되었다.403)

농촌경리를 효과적으로 지도하는 데에는 군인민위원회의 '행정적 방법'만으로는 부족하기 때문에 전문적인 농업지도기관의 '기업적 방법'이 필요하게 된다는 이유로 군인민위원회에서 농촌경리에 대한 지도기능을 분리하여 전문적인 농업지도체계를 확립하고 군내 농업기관, 기업소를 직접 장악, 통일적으로 운영하여 농업협동조합에 대한 지도를 보장한다는 목적이었다. 종래 군인민위원장이 농업도 지도하고 행정도 담당하는 상태에서는 농촌경리에 역량을 집중할 수가 없다는 이유에서 군을 단위로 전문적 농업지도기관을 설치하여 군인민위원회는 교육, 보건, 상업유통, 수매, 양정, 도시경영 같은 기능만을 맡도록 하였다. 따라서 군인민위원회에서 농촌경리부와 축산부, 계획위원회의 농업계획 담당 인원을 분리, 그들을 중심으로 '군농업협동조합경영위원회'를 만들어 군내 농기계작업소, 농기계공장, 관개관리소, 자재공급소, 가축방역소 등을 직접 운영하게 하였다. 군농업협동조합경영위원회는 '농업기업체'임과 동시에 '농업관리기관'이란 위치가 부여되었다. 농업협동조합에서 농산계획의 수립, 선진농업기술의 도입 등 영농사업의 지도, 노동행정과 재정부기사업의 지도, 검열, 농기계, 화학 비료, 농약 등 농산에 필요한 기자재의 공급, 농촌경리에 대한 군 전망계획의 수립, 농업협동조합의 수리화, 기계화, 화학화 사업, 토지개간, 토지정리, 농촌건설 등 기타 농촌경리 전반에 대한 책임을 지도록 하였다.404)

법률상 군농업협동조합경영위원회는 도인민위원회의 지도하에 군

---

403) 『로동신문』 1961.12.24, 사설 「농촌경리 발전을 위한 중대한 조치」, 『로동신문』 1961.12.25. 군농업협동조합경영위원회에 관한 포괄적인 연구로는, 梶村秀樹, 「朝鮮の郡協同農場經營委員會について」, 『東洋文化研究所紀要』 제41호, 1966.10. 북조선의 연구로는, 앞에 들은 『새로운 농업지도체계의 우월성－숙천경험』 외에 김승준, 『군협동농장경영위원회와 농업문제』, 조선로동당출판사(평양), 1963, 김일성종합대학경제학부교원일동, 『청산리교시와 사회주의경제건설』, 조선로동당출판사(평양), 1962 등을 참조 그 밖에 당시의 『근로자』, 『경제지식』, 『경제연구』 등 잡지에는 많은 연구논문이 게재되어 있다.

404) 『로동신문』 1961.12.24.

의 규모에 따라 11~17명의 위원으로 구성되며 '집단적 합의제'에 의하
여 운영되는 국가기관이었다.405) 위원에는 경영위원장, 기사장, 행정
부위원장, 업무부위원장, 군당부위원장, 군인민위원장, 농기계작업소
지배인, 경영위원회계획부장, 군급 근로단체책임자, 리당위원장, 협농
조합관리위원장, 농업과학기술자 등을 포함하게 되어 있었다.406) 기구
는 위원장, 기사장, 부위원장 2명과 해당 부서로 구성되었다.407) 경영
위원장은 공장의 지배인과 같은 지위로 위치 지워져 군의 농업생산과
농업협동조합의 관리운영사업 전반에 책임을 지게 되었다. 기사장은 농
업생산에 대한 기술지도를 담당하며 1명의 부위원장은 업무사업, 특히
영농자재의 공급을 맡고 또 1명의 부위원장은 노동행정, 재정부기, 건
설 등을 맡도록 하였다. 부서에는 우선 계획부가 군내 국영농업기업소
의 생산계획이나 작업계획, 농업협동조합의 농산계획, 군의 농촌경리
발전의 전망계획을 세운다. 생산지도부는 농업협동조합의 농업생산을
직접 지도하는 임무를 맡아 군내 농산기술자와 축산기술자를 집중시켜
농산지도원과 축산지도원을 농업협동조합에 파견, 현장지도에 임하도
록 한다. 기술부는 영농기술의 연구, 보급, 종자개량, 토양연구, 농약을
담당하고 육종지도원, 과수지도원, 공예작품지도원, 잠업지도원, 토양
지도원, 화학지도원 등을 거느린다. 농기계부는 중소농기구나 역우 등
군내 모든 농기계를 등록하여 그 사용을 관리, 지도한다. 계획부, 생산
지도부, 기술부, 농기계부는 기사장의 지도하에 활동하며 업무부위원장

---

405) 도농촌경리위원회가 설치된 후에는 그 지도의 밑에 속하게 되었다.

406) 내각사무국 기구정원부, 「참고자료 : 농업협동조합경영위원회의 임무와 역할」,
    『민주조선』 1962.2.3 · 2.6 · 2.10, 『경제지식 : 1963년 판』, 288~290쪽, 梶村秀樹,
    앞의 논문, 147쪽, 高昇孝, 「朝鮮における農業指導機構の改革」, 『世界經濟評
    論』 1962.9, 38쪽.

407) 기구 전반에 관해서는, 김일성, 「군농업협동조합경영위원회를 내올 데 대하여
    —평안남도 숙천군 지도일군들과 한 담화」 1961.12.18, 『김일성저작집』 제15권,
    536~545쪽, 『민주조선』, 앞의 글, 高昇孝, 앞의 논문, 38~39쪽을 참조. 「농업협
    동조합경영위원회 사업지도서」와 「농업협동조합경영위원회 표준기구」가 제정
    되어 기구와 인원이 정해졌다.

하에는 자재보장 부서로서 농업협동조합자재부와 국영기업소자재부를
설치함과 동시에 운수부를 두도록 하였다. 행정부위원장 산하에는 노동
부, 부기지도부, 가축방역부, 건설부를 설치하도록 하였다.

　군농업협동조합경영위원회의 기구와 인원 규모는 공업부문 기업소
에 준하여 군의 경지면적과 생산량에 따라 1급, 2급, 3급, 4급으로 등급
을 나누기로 하였다. 곡식 10만 톤을 생산하는 군에는 1급, 7만 톤 군에
는 2급 등으로 예컨대 10만 톤 군을 목표로 하는 숙천군에는 1급 경영위
원회가 설치되어 공업 부문의 1급기업소와 같은 비중을 갖도록 하였
다.408) 군협동조합경영위원장에는 거의 해당 군인민위원장이 수평 이
동하는 형태로 임명되었다.409) 농촌 군내에서의 농업 중시임과 동시에
군인민위원장이 군농업협동조합경영위원장보다 격하된 것이었다.

　그러나 청산리방법에 의해 모든 부문에서 당 우위 원칙이 관철되고
있었기 때문에 군농업협동조합경영위원회도 군당의 지도를 받지 않을
수 없었다. 군당위원회의 주요 임무가 농촌경리와 농업협동조합에 대한
지도와 통제인 이상 당연한 것이기도 하였다. 1급 경영위원회가 조직되
는 군에는 군당 기구를 확대하여 좀더 유능한 간부를 배치하도록 하고
군당위원장에게는 적어도 도당부위원장급을 배치하도록 하였다. 나아
가 군 단위에서 군인민위원회와 농업협동조합경영위원회가 분리되기
때문에 업무한계를 명확히 구분할 필요도 생겼다. 군인민위원회와 리인
민위원회의 관계에서 농업협동조합관리위원장이 리인민위원장을 겸임
한다고 해서 군인민위원장이 리인민위원장 즉 농업협동조합관리위원장
을 상대로 명령, 지시하지 않도록 상하관계를 규정하였다. 리의 농업협
동조합관리위원장은 군농업협동조합경영위원장에게만 복종하도록 하

---

408) 다만 1급 경영위원회의 경우, 짧은 기일 안에 10만 톤에 도달할 수 있는 군에
　　한해서 조직하기로 하여 10만 톤 군의 경우에도 시험적으로 2급이나 3급경영위
　　원회를 두 개 정도 조직해 보고 1급경영위원회를 한 개 조직한 예와 비교하도록
　　하였다. 김일성, 앞의 책, 546~549쪽.

409) 김일성, 「군농업협동조합경영위원회를 더욱 강화·발전시키기 위하여」, 『김일
　　성저작선집』 제3권, 447쪽.

여, 군인민위원회는 리인민위원장이 아니라 리인민위원회 서기장을 상대로 사업을 수행하도록 하였다.410)

농업관리체계의 개편은 군에서 개시되어 1962년 7월에는 중앙과 도 수준에서도 실시되었다. 도인민위원회에서 농촌경리부문이 분리되어 도농촌경리위원회가 설치되었다. 이리하여 도·시·군인민위원회에서 농촌경리에 대한 지도·관리기능이 분리됨으로써 인민위원회와 지방 농업지도기관 사이의 업무가 명확히 구분되어 일관된 농업지도체계가 갖추어졌다.411) 도농촌경리위원장에는 군농업협동조합경영위원장의 경우와 같이 대개 해당 도인민위원장이 수평이동 형태로 임명되었다.412) 도인민위원장은 기능과 권한이 축소된 만큼 지위도 저하하여 도농촌경리위원장보다 격하되었다. 더욱이 농업성이 농업위원회로 개편되어 농업성의 권한이나 해당 인원의 상당 부분이 도농촌경리위원회로 이관되었다. 농산지도사업 및 자재공급사업과 관련된 집행권한이나 인력이 농업성에서 도로 이관되어 경리위원회가 전적으로 도내 농업생산에 대한 책임을 지게 되었다.413) 도농촌경리위원회는 내각에 직속하여 농업위원회의 행정, 기술적 지도를 받아 도내 국영농목장을 직접 관리하고, 협동조합에 대해서는 군협동조합경영위원회를 통하여 국가적 지도를 실현함으로써, 도내 농촌경리에 대한 통일적 관리와 지도를 실현하는 전문적인 농업지도기관의 위치가 부여되었다.414)

---

410) 김일성, 앞의 책, 550~551쪽.

411) 「전국농촌경리부문지도일꾼회의에서 한 내각 제1부수상 김일 동지의 연설」, 『로동신문』 1962.7.24.

412) 평안남도-로익명, 평안북도-백선일, 함경북도-황순천(전인민위원장), 함경북도-정종기, 강원도-한창순, 황해남도-장윤필, 황해북도-최성국 등이다. 량강도, 자강도, 개성시 등 농업의 비중이 적은 지역에는 도당부위원장급이 임명되었다. 자강도농촌경리위원장에는 강원도당부위원장 류영섭, 개성시농촌경리위원장에는 개성시당부위원장 김의환이 임명되었다.

413) 농업위원회는 농업기술의 발전대책, 농업 관련 연구사업, 농업계획의 작성, 대규모 자연개조사업, 간부양성 사업 등을 담당하게 되었다. 김일성, 앞의 책, 457~460쪽.

　　도농촌경리위원장에 도인민위원장이 임명된 것은 중앙의 권한이 하방되어 그만큼 지방의 권한이 커졌기 때문이다. 그러나 이 조치가 어느 정도 권한의 분산을 의도했다 하더라도 중앙집권적 원칙이 완화된 것은 아니었다. 여기서도 당 우위 원칙은 관철되어 도당위원회의 지도, 감독, 조정을 받아야만 하였다. 기능적으로 종래의 도인민위원회는 농촌경리위원회, 경제위원회, 인민위원회의 세 개로 분할되었다고 할 수 있지만 도당위원장이 삼자에 대한 통제권한을 행사하며 삼자 간의 조정 기능도 수행하였다. 도내 기관장의 서열은 도당위원장을 선두로 도농촌경리위원장, 도인민위원장, 도경제위원장의 순서로 되어 있었다고 생각된다.

　　새로운 농업관리체계에서 가장 긴요한 부분은 군농업협동조합경영위원회 창설이었다. 도경리위원회 창설은 군경영위원회 창설에 맞춘 후속적인 기능분리의 성격을 띠고 있었다. 군농업협동조합경영위원회는 복잡한 농업관리 문제에 대한 북조선의 독특한 창조적인 해결책으로 자찬하고 있었으나 일견 모순된 체계이기도 하였다. 리 단위에서는 행정기구와 경제조직을 일체화하면서 거꾸로 군 단위에서는 양자를 분리했기 때문이다. 여기에는 우선 상황적 배경이 작용하고 있었다. 농업협동조합의 리 단위 통합을 실행할 당시에는 사회주의국가들의 공산주의에의 동시적 이행 가능성에 관한 흐루시초프의 명제나 중국의 인민공사화 운동으로부터 영향을 받아 협동조합과 리인민위원회 양자의 형식적 분리를 견지하면서도 ‘정사합일(政社合一)’의 이념에 접근하고 있었다. 농업협동조합기준규약에 ‘공산주의에의 준비’를 내세운 것도 그 영향이었다. 북조선 내에서도 사회주의의 대고조를 외치며 열광적 분위기가 지배하고 있던 시기였다. 그러나 1960년도부터 과도한 공업 생산목표에 따르는 완충기의 설정, 농업생산의 부진으로 인한 물질적 유인의 강조에서 나타나듯이 급격한 성장 드라이브에 브레이크를 걸고 조정국면에

---

414) 과학원경제법학연구소, 『조선민주주의인민공화국의 국가·사회제도』(평양), 1963, 在日朝鮮人科學者協會社會科學部門法政部會譯, 日本評論社(東京), 1965, 156쪽.

들어가지 않을 수 없는 상황이 조성되었다.

중국의 경우에도 인민공사화의 무리는 참담한 결과를 낳게 되어 평떠화이(彭德懷)의 숙청 등 사정으로 정책 변화가 늦춰졌지만 1960년 중반부터는 인민공사의 급신주의로부터 전환하여 조정국면에 들어가기 시작하였다.[415] 더욱이 군농업협동조합경영위원회의 설립에는 1959~61년 소련에서 흐루시초프가 시행착오를 되풀이 하고 있던 농업관리기구 개편작업도 영향을 미쳤다고 할 수 있다.[416] 1961년 6월 29일~7월 10일 김일성은 소련, 7월 10일~15일 중국을 방문하여 각각 「우호협조 및 상호원조조약」을 체결하였다. 특히 소련 방문 시 키에프에 들러 콜호즈를 참관하였다.[417] 김일성은 소련, 중국 방문 결과를 보고하면서 "소련에서는 농촌경리도 기계화되어 있으며 사회주의적 농촌경리제도는 거대한 우월성을 보여주고 있다"고 말했으나 중국의 인민공사는 언급하지 않았다. 소련에 대해서는 "전면적 공산주의건설에서 위대한 성과를 달성하고 있다"는 위치를 부여하고, 중국에 대해서는 "낡은 사회로부터 넘겨받은 력사적 락후성을 성과적으로 극복하고 있다"고 평가하였다.[418] 1958년 11월 말~12월 초 중국 방문 시 인민공사와 대약진운동을 극구 찬양한 것과는 완전히 대조적이었다. 김일성은 본격화하고 있던 중소대립에 대해서는 심정적으로 중국 측에 기울어지면서도

---

415) 중국 대약진운동의 파탄과 조정정책에 관해서는, 矢吹晋外, 『現代中國の歷史』, 157~224쪽을 참조.

416) 당시 소련에서는 지구 내 콜호즈와 소포즈의 쌍방을 통제하기 위하여 약 1000개의 지역생산관리국을 설치하였다. 또한 당조직을 공업과 농업부문으로 이분하는 조치도 취하였다. A・ノーヴ, 『ソ連經濟史』, 489~490쪽, A. Nove, The Soviet Economy, pp.100~101, 이 문제에 관해서는 梶村秀樹도 지적하였다. 앞의 논문, 137~138쪽.

417) 소련 방문에 관해서는, 『로동신문』 1961년 7월 1~10일을 참조. 김일성이 우크라이나의 농촌지대를 참관하고 키에프의 '친선 druzhba' 콜호즈를 방문하는 모습은 『로동신문』 1961년 7월 5일 및 Pravda, 4 July 1961에 보도되었다. 중국 방문에 관해서는, 『로동신문』 1961.7.12~16.

418) 「평양시군중대회에서 한 김일성 동지의 연설」, 『로동신문』 1961.7.16.

중립을 지키려고 노력하였지만, 배워야 할 사회주의제도로서는 보다 '선진적인' 소련 쪽에 더 관심을 쏟고 있었던 것이다. 1961년 10월 14일~11월 2일 김일성은 소련공산당 제22차 대회에 참가하기 위해 다시 소련을 방문하였다. 소련은 흐루시초프가 단행한 농업관리기구 개편의 와중에 있었다. 김일성은 이번 방문 시에도 모스크바 근교의 '투사' 콜호즈를 시찰하였다.419) 그가 소련의 개편작업으로부터 힌트를 얻는 것은 충분히 있을 수 있는 일이었다. 군농업협동조합경영위원회 창설이 소련 방문 직후인 12월에 시행된 것은 우연이 아닐 것이다.420)

이러한 상황적 배경 이외에 더 복잡한 문제도 얽혀 있었다. 군농업협동조합경영위원회는 소유형태로서는 전 인민적 소유에 속하는 국영기관인데 그것이 협동적 소유에 속하는 농업협동조합을 지도, 관리한다고 하는 문제였다. 집단화 완료 이후 북조선에서도 협동적 소유의 전 인민적 소유에의 이행이 문제가 되어 1959년 초부터 논쟁이 벌어졌는데 '접근-융합론'과 '통합-전환론'의 대립으로 발전하다 일단 정책은 접근-융합론의 방향으로 정리되고 있었다.421) 이 논쟁 과정에서 과학원농

---

419) 김일성의 콜호즈 방문 기사는 『로동신문』 1961년 10월 28일자 및 Pravda, 27 October 1961에 게재되었다. 소련공산당대회 참가에 관한 보고 속에서 김일성은 소련의 경제적 성과를 찬양하면서 공산주의사회 건설이 실현되어 10년 안에 중공업 생산에서 미국을 능가할 것이란 전망을 하였다. 또한 "농업생산력의 발전과 함께 농촌에서의 협동적 꼴호즈 소유는 점차 전 인민적 소유에로 접근하게 될 것"이라고도 기대하였다. 「소련공산당 제22차 대회에 참가하였던 조선로동당대표단의 사업에 대하여」, 『로동신문』 1961.11.28.

420) 그러나 북조선의 제도는 중국이나 소련의 단순한 모방이 아니었다. '천리마운동', '청산리방법', '대안의 사업체계' 등의 명명뿐 아니라 그 내용에서 보더라도 북조선의 독자성에 대한 강한 지향성을 엿볼 수 있다. 물론 독자의 것이라 하더라도 그것은 국가사회주의 틀 안의 것이다.

421) 「『농업협동조합적 소유의 전 인민적 소유에로의 이행방도』에 관한 토론회」, 『경제연구』 1959년 2호, 홍달선, 「농업협동조합적 소유의 전 인민적 소유에로의 접근방도」, 『경제연구』 1959년 2호, 신영빈·김정국, 「농업협동조합적 소유의 전 인민적 소유에로의 이행방도」, 『경제연구』 1959년 4호, 櫻井浩, 「農機械作業所について」, 『朝鮮研究』 제38호, 1965.4, 27쪽, 梶村秀樹, 앞의 논문, 234~239쪽을 참조.

업경제연구실장 홍달선이 접근–융합의 구체적 형태로서 협동조합 상호 간의 '군연맹'이란 구상을 제시하였지만 이것은 구상의 제시로만 끝나고 실현되지 못하였다.422) 한편 이 문제를 둘러싼 전반적인 논조나 정책은 1961년 중반부터 '선 인민적 소유=국가적 소유'의 시도적 역할을 강조하는 방향으로 기울어져 갔다. 이 협동적 소유끼리의 상호연계라는 군연맹 구상이 그 성격이 변질되어 국가적 소유에 속하는 군협동조합경영위원회로 구체화된 것이다.423) 홍달선 자신도 이전 입장을 바꿔 국가적 소유의 지도적 역할을 더욱 강조하게 되었다.424)

협동조합의 국가화라는 방향에서 볼 때 리 단위 통합이 최초의 전환이었다고 한다면 1961년도의 군경영위원회 창설은 두 번째의 정책전환이었다고 할 수 있다. 우선 여기에는 소여조건으로서 현대적인 기계, 기

---

422) 홍달선, 「농업협동조합적 소유의 전 인민적 소유에로의 접근방도」, 『경제연구』 1959년 2호. 홍달선은 헝가리에 유학한 경험이 있다고 한다. 홍달선 『우리나라 농촌경리 부문에서 물질적 관심의 원칙의 창조적 적용』, 과학원출판사(평양), 1963, 梶村秀樹·鎌田隆譯, 『朝鮮社會主義農業論』, 日本評論社(東京), 1971의 역자 서문을 참조.

423) 이 논점에 관한 포괄적인 정리로서는 梶村秀樹, 앞의 논문, 231~245쪽을 참조. 이 군연맹 구상은 완전히 사라진 것은 아니었다. 약 10년 뒤인 1973년 1월 군협동농장경영위원회의 위원장, 부위원장, 각부장 등 책임간부를 협동농장 대표가 선출하게 되었다. 김일성, 「농업생산에서 일대 전환을 일으키기 위하여–황해남도, 평양시, 평안남도, 평안북도 농업일군협의회에서 한 연설」 1973.1.17·1.22~24, 『김일성저작집』 제28권, 72~75쪽. 이 조치는 농업관리기구의 관료주의 폐해를 시정하고 벽에 부딪친 곡물생산을 타개하기 위하여 과거 실현되지 않은 구상을 일부 살리는 의미를 가지고 있었다고 볼 수 있다. 다만 조치는 간부선출 방식의 변화에 머무르고 군경영위원회는 여전히 군연맹이 아니라 계속 국가기구로 남았다. 더구나 이 조치에 따라서 군경영위원회의 간부는 국가에서 임금을 받는 것이 아니라 군내 협동농장의 생산결과에 따라서 곡물과 현금을 분배받게 되었지만 거꾸로 군경영위원회 간부에 대한 임금 지불 부담을 협동조합에 전가할 우려도 있었다.

424) "국가가 협동경리를 방임해 둘 것이 아니라 사회주의경리의 주인으로서 그것을 책임적으로 방조하며 국가적 소유와 협동적 소유의 련계를 부단히 강화하며 국가적 소유의 주도적 역할을 백방으로 제고"해야 한다는 논리였다. 홍달선·전용식·류기원, 「군농업협동조합경영위원회의 거대한 우월성」, 『로동신문』 1962.12.25.

술수단은 농민 수중에 있는 것이 아니라 국가가 장악하고 있었다는 사정이 있었다. 이미 1946년도부터 기간산업이 국유화되어 관개, 수리시설도 완전히 국가소유로 되어 있었다. 15마력 환산으로 1만여 대의 트랙터가 보유되고 있던 1960년 현재 그중 5%가 협동조합에 속해 있었다고 알려져 있다. 국가적 소유=전 인민적 소유라는 기본전제하에 국가적 소유를 확대해 가는 것이 바람직하다고 하는 당시의 지배적인 사고방식 이외에도 국가적 소유의 역할을 강조하지 않을 수 없는 물적 조건도 작용한 것이다.425) 그러나 이때까지는 협동적 소유의 성장, 발전이 전체적인 생산력의 발전뿐 아니라 '접근－융합론'의 입장에서도 전 인민적 소유와 모순 없이 그 하나의 접근방법으로서 지지되고 있었다. 이러한 관점에서 협동조합에 트랙터나 트럭을 매도하는 것이 실현될 것으로 기대되고 있었다.426)

농업협동조합 기준규약에 조합이 트랙터나 트럭을 비롯한 현대적인 농기계 및 운반수단을 소유하고 그것을 계속 증대시킬 것을 규정한 것은 국가적 소유에 속하는 농기계임경소(작업소)만을 통하여 농촌기계화를 수행하는 것이 아니라 조합의 자체 축적에 의한 대규모 농기계나 운반수단의 소유를 예정한 정책의 표현이었다.427) 1958년 2월 소련에서 실시된 MTS의 폐지와 콜호즈에 대한 기계의 매도를 염두에 둔 전망이기도 하였다.428) 또한 리 단위 통합을 전후하여 협동조합의 범위를

---

425) 梶村秀樹, 앞의 논문, 236쪽.

426) 김승준, 「우리나라 농촌경리발전의 새로운 단계」, 『경제연구』 1959년 제1호, 51쪽, 홍덕일, 「우리나라에서의 농업기술혁명의 특성」, 앞의 잡지, 69쪽, 조재선, 「농업협동경리발전에서의 사회주의 공업의 방조」, 『근로자』 1959.2, 122~123쪽, 동 「사회주의진영 제 국가들의 공산주의에로의 이행의 동시성과 우리나라에서의 사회주의건설의 몇 가지 문제」, 『경제연구』 1959년 제2호, 84쪽.

427) 홍달선, 「협동적 소유의 전 인민적 소유에로의 줄기찬 지향」, 『경제연구』 1959년 제1호, 74쪽.

428) 김승준, 앞의 논문, 51쪽. 그러나 소련에서는 이 조치가 콜호즈에 구입자금의 지불 부담을 가중시켜 좋은 결과를 가져온 것이 아니었다. A·ノーヴ『ソ連經濟史』, 409~410·438쪽.

넘어 공동으로 토지정리, 개간, 하천제방 공사 등이 진행되고 군내 협동조합 간의 '횡적 연계'가 중시되고 있었다.[429] 홍달선이 제창한 군연맹이란 "협동조합의 연합체"로서 협동조합 간의 공동출자에 의한 각종 사업을 추진하기 위하여 "군단위의 협동조합의 공동출자를 치리히는 중간기업체"의 성격을 띠고 있었다.[430]

협동조합 간의 횡적 연계를 중시하는 입장은 군경영위원회가 창립된 후에도 초기에는 권장되고 있었으나 점차로 국가와 협동조합의 '직접적 생산적 연계'가 강조되어 '종적 관계'를 더욱 중시하는 입장이 힘을 얻어간다.[431] 이러한 흐름은 정책적으로는 협동조합의 자율성 축소로서 나타났다. 특히 농업협동조합 측의 자율성 축소는 농산계획과 노력행정 면에서 두드러지고 있었다. 모델케이스로 지정되어 있던 숙천군경영위원회는 1962년 2월부터 '월작업지령제'를 실시하였는데 그것은 경영위원회가 협동조합의 노동력 실태를 파악한 뒤 매월 협동조합마다 월간에 해야 하는 작업 종류와 지출노동력을 정하고 동시에 사용 물질수단도 아울러 기입한 '월간작업지령서'를 의무화시키는 것이었다. 군내 협동조합의 노동력 관리를 통제하기 위하여 '월작업지시'를 시달하는데, 당초에는 협동조합이 수행해야 할 작업량의 70%만을 지시하고 나머지 30%는 협동조합에 맡기고 있었으나 3월부터는 경영위원회가 조합노동력의 80%를 장악하고 조합 자체가 15%, 작업반이 5% 정도를 조절하도록 수정하여 정착시켰다.[432] 이 월간지령제는 점차로 각 군에도 받

---

429) 관개공사에서 '국영관개'와 '민영관개'의 구분을 분명히 해야 한다고 하며 하천공사에서도 개별조합이 단독으로 할지, 몇 개의 조합이 합동으로 할지에 관해 군이 결론을 내려 관련된 협동조합을 유기적으로 연계해 주어야 한다고 하였다. 과학원경제법학연구소농업경제분과위원회, 「농촌경리 지도일꾼들에게 주는 참고자료(5)―군은 협동조합 호상간의 유기적 련계를 옳게 지어 주어야 한다」, 『로동신문』 1957.9.14.

430) 梶村秀樹, 앞의 논문, 234~235쪽, 홍달선, 앞의 논문, 『경제연구』 1959년 제2호, 92쪽.

431) 梶村秀樹, 위의 논문, 235쪽.

432) 『새로운 농업지도체계의 우월성―숙천경험』, 96~99쪽, 오성묵, 「농업협동조합

아들여져 간다. 이 월간지령제를 시행하는 데 협동조합 측에서 저항이 없었던 것은 아니지만 군경영위원회가 대규모 농기계나 운반수단, 관개시설, 기타 국가적인 생산, 기술수단을 장악하고 있는 이상 받아들이지 않을 수 없었다.433)

역시 군경영위원회가 정착하기까지는 중앙당의 군에 대한 집중지도와 각 군당 수준에서의 협동조합에 대한 집중지도가 큰 역할을 하였다. 숙천군이 평야지대에 위치한 군의 전형으로 선정되었다고 한다면 산간지대의 모델로 선정된 것이 평안북도 창성군 일대였다.434) 우선 평야지대의 경험을 일반화하기 위해 김일성은 1962년 1월 말~2월 말 약 1개월간 황해남도를 현지지도하였다. 현지지도 도중 열린 황해남도 해주시 농업협동조합관리일꾼회의에서 한 연설을 통하여 김일성은 군경영위원회와 농업협동조합관리위원회의 권한관계에 관해 언급하였다. 우선 협동조합관리위원장에게는 작업반의 노동력을 마음대로 이동시킬 권한이 없다고 하여 군경영위원회 노동부가 이 문제를 엄격히 통제하도록 강력히 요구하였다. 또한 협동조합관리위원회가 종자와 사료 이외에 어떠한 곡물도 보유해서는 안 된다고 하며 관리위원장에게는 농산을 지도할 권한은 있으나 곡물을 처리할 권리는 없다고 단언하였다. 조합원이 먹는 곡물을 제외하고 나머지는 전부 국가에 판매해야 한다고 주장하였다.435)

황해남도에 대한 현지지도의 총화가 3월 6~8일 당중앙위 제4기 제3차 확대전원회의에서 진행되었다. 회의에서는 당조직지도부장 김영주

경영위원회들의 역할을 더욱 제고하기 위하여」, 『로동신문』 1962.3.19, 梶村秀樹, 앞의 논문, 192쪽.

433) 梶村秀樹는 1962~64년 기간 중 『로동신문』이나 『민주조선』에 게재된 개별 경영위원회의 사례를 정리하고 있다. 梶村秀樹, 앞의 논문, 192~194쪽.

434) 창성군을 비롯하여 삭주군, 벽동군 등 압록강변의 조중 국경지대이다.

435) 김일성, 「농업부문 일군들은 혁명가적 기풍을 가지며 농촌경리지도사업을 더욱 개선하여야 한다-황해남도 해주시 농업협동조합관리일군회의에서 한 연설」 1962.2.1, 『김일성저작선집』 제3권, 287~288쪽.

가 보고하고 김일성이 결론을 말했다.436) 김일성은 "농촌에서 계급투쟁이 끝난 것은 아니며 농촌에서 반혁명분자들의 준동에 대하여 경각심을 늦추어도" 안 된다고 하며 "지난 날의 지주들은 지금에 와서도 우리 농촌에서의 첫째가는 투쟁대상"이라고 규정하였다. 그 이유로서 남북으로 나뉘어 미제가 남조선에 존재하는 한 토지를 빼앗긴 지주는 과거의 상태를 되찾는 희망을 버리지 않는다고 설명하며 특히 황해남도에서 심하지만 전반적으로 농촌에서 계급투쟁에 관심을 기울이지 않고 있다고 비판하였다.437) 새로운 농업관리체계의 확립은 농촌사회의 분위기를 단속하는 가운데 수행되었다.

산간지대의 모델이 된 평안북도 창성군 일대에 대해서는 8월 2일부터 5일까지 국가경제기관 간부, 각 도당위원장, 도인민위원장, 도경제위원장, 시·군당위원장, 지방공업경리국장, 산간지대의 농업협동조합 경영위원장 등을 망라한 견학이 조직되었다.438) 창성군의 경우 군내 지방산업의 공업 총생산고는 1959년에 비하면 1962년에 5.8배, 이윤총액은 1961년에 6. 5배, 곡물수확고는 1959년에 비하면 1961년에 2. 5배, 1인당 저금액은 1959년에 비하면 1961년에 5. 1배에 달하고 있었다. 이러한 숫자는 다른 군을 훨씬 넘어서는 실적으로서 당과 정부 방침에 충실한 경영의 모범으로 선전된 것이지만 정책적 의도를 가지고 이 지역에 대한 집중적인 지원과 투자를 투입한 결과라고 생각된다.

4일간 견학 후 김일성의 직접 지도하에 7~8일 '지방 당 및 경제일꾼들의 창성련석회의'가 창성군에서 열렸었다. 창성군당위원장 한영옥

---

436) 『로동신문』 1962.3.9, 사설 「당사업에서 청산리교시를 철저히 관철하자!」, 『로동신문』 1962.3.11.

437) 김일성, 「당조직사업과 사상사업을 개선, 강화하기 위하여─조선로동당 중앙위원회 제4기 제3차 전원회의확대회의에서 한 결론」 1962.3.8, 『김일성저작선집』 제3권, 311~321쪽. 1961년 당중앙이 일시적으로 반혁명에 가담했다는 이유로 처벌을 받은 사람들을 사면하여 포용하라는 지시를 내렸지만 황해남도 내 각 당단체가 하루에 수천 명씩 사면한 결과 "도저히 용서할 수 없는 적대분자들"이 다수 포함되었다고도 한다.

438) 『로동신문』 1962.8.3·8.4·8.5·8.6.

이 「산간지대 인민생활을 획기적으로 향상시킬 데 대한 김일성 동지의 교시 집행상황에 관하여」 보고하고 김일성이 결론을 말했다.439) 김일성은 지방의 경제와 문화를 발전시키는 데 군의 역할이 가장 중요하다면서 군에 대하여 다음과 같은 위치를 부여하고 있다.440)

"직접 농촌과 로동자구를 지도하며 농민들과 로동자구 주민들의 살림에 직접 접근하고 있는 행정적인 말단 지도단위", "정치, 경제, 문화의 모든 분야에서 도시와 농촌을 연결시키는 거점", "당정책의 집행을 직접 조직하고 지도하는 말단단위이며 당의 정책을 농촌에 침투시키는 정치적 거점", "지방경제를 발전시키는 거점이며 농촌에 대한 공급기지", "농촌문화혁명의 기지"

경제적 규모의 관점에서 협동조합의 다음 단계의 통합 단위로 설정된 군은 정치, 경제, 문화 등 모든 측면에서 농촌정책의 거점이란 위치를 부여받게 되었다.

특히 김일성이 가장 강조한 것은 군당위원회의 역할이었다. 그는 "군의 일이 잘되고 못되는 것은 전적으로 군당위원회에 달려 있다"고 하며 군당위원회를 "군의 참모부"에 비유하였다. 군당위원회는 "농촌경리를 비롯하여 군의 모든 사업을 직접 책임지고 조직지도하며 집행하는 말단기관"으로서 "군내 로동자, 농민들과 모든 주민들의 생활에 대하여 직접 책임을 지고 있다"고 하며 "군인민위원회와 군농업협동조합경영위원회를

---

439) 『로동신문』 1962.8.8・8.9.

440) 김일성, 「군의 역할을 강화하며 지방공업과 농촌경리를 더욱 발전시켜 인민생활을 훨씬 높이자」, 『김일성저작선집』 제3권, 333~334쪽. 군을 사회주의농촌건설의 거점으로 하는 관점은 1964년 발표된 「사회주의농촌문제테제」로 이론화되어 더욱 체계화되어 간다. 「우리나라 사회주의농촌 문제테제」, 『로동신문』 1964.2.26. 사회과학원경제연구소농업경제연구실 편, 『사회주의건설에서의 군의 위치와 역할』, 사회과학출판사(평양), 1969. 1964년 3월 18일 발표되었다고 하는 김정일의 64년도 김일성대학 졸업논문이 같은 제목의 「사회주의건설에 있어서의 군의 위치와 역할」이었던 사실이 상징하듯이 이 문제는 1960년대 농촌정책의 중심 주제였다. 『근로자』 1985년 3월호.

잘 지도하고 모든 부문을 잘 움직여 나가야 한다"고 강조하였다.441) 군경영위원회 설치에 맞추어 당 우위 원칙을 다시금 확인한 것이다. 이러한 과정을 통하여 군경영위원회는 지령·지시·권고의 형태로 농업협동조합 안의 깊은 곳까지 규제할 수 있게 되었다고 할 수 있나.442)

한편 이 시기 농정의 책임자는 농업정책의 변동만큼 빈번히 교체되었다. 1959년 9월 한전종이 숙청되고 당농업부장 김만금이 농업상이 되었으나 1960년 11월 농업상은 다시 교체되어 무역상 림해가 임명되었다. 김만금이 농업상에 재임 중 당농업부장은 임명된 흔적이 없기 때문에 당농업부장은 공석이었다고 추측된다. 지금까지 농업분야와는 인연이 없던 림해가 농업상에 임명된 이유는 확실치 않지만 1961년 9월 림해는 숙청되고 이번에는 똑같이 농업분야와 별 관계가 없던 박정애가 임명되었다. 두 사람 모두 오랫동안 당무에 관계해 온 '당전문가'이기 때문에 농업분야의 기술적 측면보다 농업관리체계의 정비에 주력하기 위한 인사였다고 생각된다. 그 사이에 당농업부장에는 김만금이 복귀하였다. 그러나 1962년 10월 농업성이 농업위원회로 개편되고 농업관리체계 전반이 변화하면서 농업위원장에는 다시 김만금이 임명되었다. 1957년 2월경 박훈일이 당농업부장에서 해임, 숙청되고 1957년 9월 한전종이 농업상으로 되고 나서부터 농업부문의 당, 정부 책임자는 가장 빈번하게 교체되었다고 할 수 있다.

다만 1958년 3월경 김만금이 당농업부장이 된 것을 시발로 농업상, 당농업부장, 농업위원장을 잇달아 역임하여 농업정책결정의 중추에 앉게 되었다. 빈번한 인사이동에도 불구하고 농정의 연속성은 김만금에 의해 유지되고 있었다. 내각 제일부수상으로서 김일도 농정에 관계하고

---

441) 김일성, 위의 책, 338·370~371쪽.

442) 홍달선의 군연맹 구상으로 대표되는 협동적 소유의 성장, 발전 방향을 부정하는 '국가적 소유 우위'의 원칙은 「사회주의농촌문제테제」의 다음과 같은 표현에 집약되어 있다. "협동적 소유는 그것이 어떻게 강화되며 또한 서로 연합, 통합하여 대규모화하더라도 전 인민적 소유와는 다르다", "농민의 창발성이라는 것을 핑계로 국가의 기능을 약하게 하여서는 안 된다." 『로동신문』 1964.2.26.

있었지만 집단화 완료 이후 약간의 공백기를 제외하고 북조선 농정의 최고책임자는 김일에서 김만금으로 실질적으로 바톤터치되었다고 할 수 있다. 이후 김만금은 1973년 8월까지 계속 농업위원장에 유임되었다. 거의 15년간에 걸친 장기 재임이었다. 북조선의 농업정책을 대표적인 인물과 결부시킨다면 토지개혁과 리순근, 정부 수립과 전시기 농정의 박문규, 농업집단화와 김일, 사회주의농업경영과 김만금으로 정리할 수 있다.[443]

청산리방법의 실시나 농업관리체계의 개편이 경제적, 정치적으로 농업부문의 중시였는가 하면 반드시 그렇지는 않았다. 1961년 9월 제3차 당대회에서 뽑힌 중앙위원과 후보위원 속에 농업부문 담당자가 어느 정도 들어가 있는지를 기준으로 보면 중앙위원에 내각 제1부수상 김일(서열 제3위), 농업상 박정애(민주여성동맹위원장 ; 7위), 농민동맹위원장 강진건(35위), 당농업부장 김만금(46위), 평안남도인민위원장 로익명(83위) 등 5명이 들어갔지만 김일과 박정애는 정치적 인물로서 농업만 관련한 것이 아니기 때문에 공업, 특히 중공업 전문가가 대거 포진한 것과는 대조적이었다. 후보위원에 황해남도인민위원장 장윤필, 평안북도인민위원장 백선일(이상 2명과 평남인민위원장 로익명은 도농촌경리위원장이 된다), 농업제1부상 렴의재 등 3명밖에 들어가지 않은 것도 대규모 공장의 당위원장이나 지배인이 상당수 등용된 것과는 격차가 있었다.

---

443) 김만금 이후는 이른바 '주체농법'의 시대이며 대표적인 인물은 서관희였다. 그는 1973년부터 농업위원회 위원장, 1982년부터 농업담당 당비서를 역임하였다. 그러나 그는 1998년 3월경 간첩혐의로 처형된 것으로 알려졌다. 『북한의 주요 인물』, 통일원, 2003을 참조.

6 소 결

1958년 3월 당 제1차 대표자회를 개최하여 당내 '종파주의 및 수정주의' 청산을 총결하였다. 종래 당단체가 조직되지 않았던 최고인민회의 상임위원회, 재판소, 검찰소, 내무성에 대한 당 통제를 제도화하기 위하여, 중앙당에 행정부가 신설되었다. 또한 이 대표자회를 전후하여 '프롤레타리아독재론'이 공식화되었다. 이 회의에서 박금철, 리효순 등 갑산계 주도하에 '반종파투쟁'과 '반혁명분자에 대한 투쟁'이 정식으로 결합되었다. 이미 1957년부터 당내에서는 김일성과 갑산계의 비호하에 김영주, 김도만 등 모스크바 유학 출신의 소장 강경파가 부상하고, 한상두 등 적색농조운동 출신 국내계는 쇠퇴하기 시작하였다. 1958년 9월 말에 농업협동화와 개인상공업의 사회주의적 개조가 완료되자, 새로운 혁명전통 확립이라는 과제를 갑산계가 주도적으로 수행하였다. 이때 갑산계의 비호하에 성장한 소장 강경파나 연안계로서 살아남은 김창만, 하앙천도 중요한 역할을 하였다.

농업협동화가 완료한 시점에서 숙청은 지방 당이나 인민위원회로 확대되었고, 이와 함께 김일성의 항일무장투쟁이 민족해방투쟁의 정통성을 대표하도록 하기 위한 정지작업이 펼쳐졌다. 일제시대에 적색농민조합운동이 강했던 지역을 대상으로 중앙당 집중지도가 전개되었다. 전국적으로 토착 좌익운동 출신인 당, 인민위원회 간부가 상당수 숙청되었다. 1958, 59년경에는 전 사회, 국가에 대한 당 우위는 누구도 부인할 수 없는 대원칙이 되었으며, 이후 당 우위 원칙을 제도화하는 과제만 남았다. 제도화는 군대 내에서 시작되어 '당위원회에 의한 일원적 지도'로서 정착하며, 이것을 모델로 하여 농촌으로, 이어서 공장으로 확대되어 갔다. 당의 일원적 지도를 제도화하는 작업은 김일성 스스로 선두에서 추진하였다. 특히 군대 내에서 당의 일원적 지도의 제도화는 연안계와 소련계 숙청작업과 결부시켜 진행하였다. 제도화는 대체로 중국식을 참고로 하였지만, '천리마운동' 같은 대중운동뿐 아니라, '청산리방식', '대안의 사업체계', '새로운 농업지도체계' 등에서도 북조선 독자의 모델을 강력히 추구하였다. 물론 이 시기에 독자성이라고 해도 소련형 '국가사회주의'라는 기본 틀을 벗어난 것은 아니었다.

1961년 4월 제4회 당대회는 모든 측면에서 김일성에게 '승리자의 대회'였다. 그는 단순한 권력자가 아니라, 당, 정부, 군, 경제, 이데올로기 등 북조선 체제 전체를 직접 구상, 실현하는 설계자가 되었다. 동시에 제4회 당대회는 만주파의 대회이기도 하였다. 만주파는 당내 최대 다수로서 유일한 정파가 되었다. 만주파는 중앙위원과 후보위원의 압도적 다수를 차지하였으며, 연안계와 소련계는 소수만 남아 정파로서의 의미를 잃었다. 중앙위원 중 원래 군 출신을 합치면, 만주파 중앙위원의 절반 이상이 군인이었다. '군의 만주파화' 또는 '당중앙위원회의 만주파화'는 '당·정·군의 일체화'를 나타내는 사건이었다.

군내 숙청작업은 중국군이 철수함에 따라, 조·중 연합사령부체제로부터 인민군의 인적, 제도적 틀을 만들어 내는 것과 연관되어 진행되었다. 이는 소련식 군내 정치사업방식, 즉 종래의 '군사단일제'에 대한 비판과 더불어 이루어졌다. 나아가 군내 숙청은 반혁명폭동음모가 꾀해졌다는 혐의하에 진행되었다. 이러한 군내 연안계와 소련계 숙청은 만주파 군인들에게 상승 기회를 주었다. 김일성은 군을 완전히 독자적으로 통제할 수 있는 기반을 확보한 것이다. 1958년 3월부터 개시된 인민군 내 당·군제도의 개편작업은 많은 혼란을 수반하면서, 1960년 9월경 인민군당위원회에 의한 일원적 통제제도로서 정착되어 갔다. 군대에서 최고 조직은 당위원회가 되었으며, 민족보위상은 '당중앙위원회의 군사부장', 총정치국은 '군내 당조직을 지도하는 당중앙위원회의 조직부'에 비유되고, 군대 내 당위원회는 '집단적인 군사정치적 영도기관'이라고 정의되었다. 이것은 중국식 군당제도를 참고로 한 것으로 제4회 당대회에서 개정된 당 규약에 별도로 「조선인민군 내 당조직」에 관한 규정이 마련되었다.

인민군총정치국장도 서철, 허봉학 등 만주파가 역임하게 되었다. 김일이 1950년 10월 민족보위성 문화부상에서 해임된 이래 만주파가 군의 정치 책임자로 다시 복귀한 것이다. 1962년 12월 군사부문의 최고 의사결정 기구로서 '당군사위원회'가 설치되어 '4대군사노선'이 제시되고, 경제건 설과 군사력 강화의 병진정책이 채택되었다. 이러한 정책의 전환은 대외 적으로는 한편으로 남한에서 군사 쿠데타 발생과 군사정권 수립, 한일 국교정상화 움직임 등 남방 삼각관계, 다른 한편 중·소 대립의 표면화 와 쿠바 미사일 위기 등 북방 삼각관계에 동시에 대응한 것이었다. 내부 적으로는 6·25전쟁 이래 군의 비대화, 만주파의 당·군 장악에 따른 당 과 군의 일체화라는 배경이 깔려 있었다. 인민군 창군이념의 일부로 출 발한 항일무장투쟁의 전통은 유일한 창군 이념, 유일한 로동당 창당 이 념으로, 나아가 건국 이념으로 정식화되었다. 만주파의 군 장악 또한 철 저하였다. 역대 민족보위상, 1962년 12월 성립 당시 당군사위원회위원, 인민군총참모장 전원이 만주파였던 것이다.

경제복구건설과정에서 구축된 '강행적 축적체제'는 자체 논리를 가 지고 작동하고 있었다. 1958년 3월 제1차 5개년 계획이 확정되고 나서 중공업중시에 기초를 둔 '초고도 성장노선'은 보다 더 강화되었다. 대중 의 열의를 동원하는 방식도 한 단계 상승하여 1958년 6월 '집단적 혁신 운동'에서 1959년 3월 '천리마작업반운동'으로 한층 더 비약하였다. 공 업성장 목표도 터무니없이 높은 수준으로 설정되어, 제1차 5개년 계획 의 공업 생산목표는 2년 반 앞당긴 1959년 상반기에 이미 달성되었다 고 발표되었다. 1959년도 공업성장률 목표는 100%로 설정되었고, 1958년도 실적 370만 톤에 대하여 곡물생산량 목표도 500만 톤으로 설정되는 등 폭주는 극에 달하고 있었다. 그러나 내부에서 이러한 폭주 를 견제할 수 있는 비판세력은 존재하지 않았다. 결국 1959년도 계획은 수정되었으나, 수정된 사실은 일절 발표되지 않았다. 실제로는 당초 1958년 대비 성장률 100%라는 무모한 목표는 48.5% 정도로 반 이상 하향 조정되었다. 그리고 1959년도 곡물 총생산고도 340만 톤에 머물렀다.

1959년도의 과열을 반성하여 1960년도 경제계획의 기본방향은 '완충기'로 규정되었다. 1960년도 공업성장 목표는 지금까지의 성장 템포에 비하면, 급격한 수정이었다. 1961년도 공업생산 목표도 1960년과는 달리 그다지 높지 않은 성장률을 설정하며, 경공업을 상대적으로 중시하였다. 그 대신 곡물생산에서 100만 톤 증산 목표가 설정되어, 이를 1961년도의 최우선 과제로 삼았다. 공업생산 목표는 완화되고 있었지만, 결국 과도한 목표를 설정하는 방식으로 다시 되돌아간 결과가 된 것이다. 과도한 목표가 미달성된 사실을 감추는 방식도 부활하였다. 1961년 9월 제4회 당대회에서는 '인민경제발전 7개년 계획'이 채택되었다. 연평균성장률 목표 18%는 다시 이전의 높은 성장률을 시도하는 숫자였다. 고성장노선이 다시 살아난 것이다. 1962년도 공업총생산액 목표는 1961년 대비 125.6%로 설정, 7개년 계획의 연평균성장률 목표 18%보다 훨씬 높이 잡아 다시 성장 드라이브 정책에 착수하였다.

그러나 경제성장을 위한 제반 조건은 과거보다 좋은 상태가 아니었다. 1961년 10월 소련공산당 제22차 대회에서 중소분쟁이 공공연히 폭발함에 따라, 그 영향으로 소련과의 냉각관계가 시작되었다. 7개년 계획과 관련하여 소련에서 어떠한 원조 약속도 얻어 낼 수 없게 된 것이다. 1990년대에 김일성이 사용하던 '자력갱생'이란 용어도 이때 처음 쓴 것이다. '자력갱생'이란 대중적 동원을 최대화하여 계속해서 높은 성장률을 견지하기 위한 목적에서, 악화한 대외적 환경을 참고 견뎌 내기위한 정책으로서 이 시기까지는 '경제우선' 정책의 연장이었다. 1962년도 공업생산 실적은 1961년 대비 120%로 발표되었다. 이것은 높은 성장률이기는 하지만, 당초의 계획목표에는 미달되는 것이었다. 1962년 12월 북조선의 경제발전노선은 근본적으로 전환되었다. 경제건설과 군사력 강화의 병진정책이 채택되어, 정전 이래 견지해 온 경제우선 정책이 변경된 것이다. 이때 '자력갱생'이 가지는 의미에는 군사적 성격이 추가되었다. 7개년 계획의 내용도 후퇴하지 않을 수 없었다. 그해의 계획수행 정도는 1962년 대비 105% 성장, 계획의 101.5% 초과 달성이라고 발표되었다. 이전에는 믿어지지 않을 정도로 저성장이었다. 이것은 7개년 계획기간 중 최후로 발표된 숫자이며, 이후 성장률은 공개되지 않았다.

1958년 초 직맹 내 숙청작업은 일단락되었지만, 제1차 5개년 계획 수행과정에서 직맹의 위상은 근본적으로 변화하였다. 우선 직업동맹의 위상에 큰 영향을 미치게 한 것은 무엇보다도 천리마작업반운동이었다. 1959년 3월 발기된 '천리마작업반운동'은 개개의 작업반으로부터 전 직장, 기업소, 모든 집단에 이르기까지 확대, 발전하게 되었다. "하나는 전체를 위하여, 전체는 하나를 위하여"라는 구호도 만들어졌다. 천리마운동의 주요 목적은 생산력 증대를 위해 사상의식을 공산주의적으로 개조한다는 데 있었다. 리효순이 직맹위원장에 취임하고 천리마운동이 전개되면서 직맹의 위상은 전에 없이 높아졌다. 1959년 8월 노동부를 폐지, 노동부가 수행하고 있는 노동규준량과 임금의 사정업무 등 노동행정사업의 일부 기능을 직맹중앙위원회에 이관하는 조치가 취해졌다. 이것이 직맹의 권한 강화인 것은 확실하지만, 사회단체로서 직맹의 강화가 아니라, 직맹의 '국가화'를 의미하였다.

그러나 천리마작업반운동이 확대됨에 따라 공장 내부에서 노동관계의 중심이 작업반으로 이동되어 갔다. 1961년 6월부터 해당 당위원회 지도하에 각 공장에서 사상교양 단위를 생산 단위와 합쳐서 개편하는 작업이 진행되었다. 모든 작업반 단위로『항일빨찌산참가자들의 회상기』를 학습하는 것이 일과가 되었다. 작업반이 혁명전통교양을 위한 거점이 된 것이다. 빨찌산 전사는 생산의 확대를 위해 일하는 '산업전사'의 모범이 되었다. 이러한 이미지 속에 노동자의 권리관계나 계약관계 따위는 끼어들 여지가 완전히 없어졌다. 한편 공장 관리에서 당 우위의 제도화가 진행함에 따라, 종래 명목적이라도 조직상 독자성을 유지할 수 있었던 직업동맹은 점차로 당조직의 한 부서처럼 간주되었다. 직업동맹이 '교양단체'의 일부로 격하된 것이다. 직맹조직은 천리마운동이 고조됨에 따라 거꾸로 그 비중이 약해지는 결과가 되었다. 1958년 3월부터 60년에 걸쳐 단체계약 체결을 전반적으로 확대하기 위한 시도가 있었으나, 천리마운동이나 공장관리체계의 전면적 개편작업이 진행되는 와중에 흐지부지되고, 이후 단체계약은 실질적으로 소멸하였다.

공업부문에서 당 우위의 제도화는 중앙으로부터 도, 도에서 군이나 공장수준까지 실현되어 갔다. 1958년 9월 전원회의에서 당내 부서가 개편되어, 산업부가 중공업부와 경공업부로 분리되고, 당의 경제부서로서 중공업부, 경공업부, 건설운수부, 농업부, 상업재정 협동단체부가 갖추어지게 되었다. 각 부문마다 각각 내각의 경제담당 성에 대한 통제가 가능하게 되었다. 다음으로 1959년 12월 도당 수준에서 제도적 개편이 이루어지고 나서, 공장의 당사업방식이 완전히 제도화하기까지는 2년 정도의 시간이 걸렸다. 공장 내 지배인 측과 직맹 측을 새로운 제도 아래 통합하는 것은 용이하지 않았다. 이미 1959년 초부터 일련의 공장 지배인을 숙청, 해직함으로써 공장지배인에 대한 당 우위 확립을 위한 사전 정지작업이 추진되고 있었다. 김일성은 공장관리제도 개편에 직접 착수하는 과정에서 그것을 군사에 비유, 설명하곤 하였다. 이러한 비유적 설명은 빨찌산파가 당, 정부 내 실권을 장악하고 나서 더욱 빈번해지며, 김일성이 경제부문에서도 절대적인 영향력을 행사하고 있음을 보여주었다. 새로운 공장관리제도인 '대안의 사업체계'의 경우 군대조직에 비유하여 모든 기능이 설명되었다.

1961년 12월 도당위원회의 경제 부서를 보강하기 위한 조치가 취해지면서 각 공장에 대한 '담당지도원제'가 마련되었다. 도내 공장, 기업소의 생산과제 수행에 대해 도당위원회가 책임을 지게 된 것이다. 군당조직부에도 군당위원장 직속의 경제담당 지도원제가 마련되었다. 이후 바로 공장관리체제를 전면 개편하기 위한 조치가 이루어지기 시작하였다. 대안전기공장이 시범케이스로 뽑혀 그곳에서 김일성이 직접 진행한 현지지도에 따라 공장관리체제가 개편되었다. 종래의 지배인에 의한 유일관리제는 "사회주의경제의 본질과 모순"되는 "자본주의의 잔재"라고 규정되면서, "공장당위원회에 의한 집단적 지도체계"로의 이행이 정식으로 선언되었다. 우선 공장당위원회가 조직적으로 확대되었다. 공장의 행정체계, 생산지도체계도 전면 개편되었다. 지배인의 '제일 대리인'이라는 기사장 밑으로 생산지도부, 계획부, 기술부를 배속시켜 '공장참모부'를 구성하였고, 이를 군대의 '작전부'에 비유하였다. 생산현장 단위인 '직장'의 조직도 개편되어, 군대의 '소대와 같은 전투단위'라는 위치가 부여되었다. '후방공급체계'도 새롭게 만들어지고, 당의 일원적 지도라는 원칙하에 행정과 경제와의 결합, 생산 단위와 소비 단위의 통일이 꾀해졌다. 공장당위원회의 집단적 지도에서 강조된 것은 공장당위원장, 지배인, 기사장과의 협의관계이었다. 종래의 지배인, 공장당위원장, 직맹위원장의 삼각관계(트레우골리니크 Treugolinik)가 새롭게 일변하였다. 대안전기공장에 대한 김일성의 지도가 이루어진 뒤, 이 모델을 일반화하기 위한 중앙당집중지도가 각 공장에서 전개되었다. 그것은 '대안의 사업체계'라고 명명되어 북조선만의 경제관리방식이라고 극찬되었다.

집단화가 완료되어 국가화를 위한 제도적 틀은 완성되었다고 해도, 그것을 실질화하는 것은 쉬운 작업이 아니었다. 천리마작업반운동 과정에서 항일빨찌산투쟁을 중심으로 하는 혁명전통교양을 전면적으로 전개할 방침이 제기되었지만, 각 지방의 토착적 운동전통과의 관련이 문제시 되지 않을 수가 없었다. 1959년 3월 함경남·북도에서부터 지방주의, 가족주의 비판이 개시되었다. 이 지역 내 길주, 명천, 성진 등의 농민투쟁전통은 국내 농민운동의 상징적 존재로서 김일성의 무장투쟁을 민족해방운동을 대표하는 것으로 격상시키는 데 성가신 존재가 되었다. 1959년 11월까지 지방 당, 인민위원회에 대한 정리, 숙청작업이 전국적으로 전개되었다. 지방 토착간부에 대한 숙청은 지방 당사업에서 당 우위 원칙을 확립하는 작업의 일환으로서도 이루어졌다. "당과 행정기관은 동격"이라는 견해와 당과 인민위원회의 "분업합작론" 등이 공격받았다.

이미 1959년 12월 생산에 대한 지도에서 당 우위 원칙은 명확해졌지만, 김일성 스스로 이 원칙을 농업부문에 구체화하기 위한 작업에 착수하였다. 시범 케이스로 선정된 곳이 강서군 청산리였다. 1960년 2월 김일성이 이끄는 중앙지도그룹은 집중지도를 통하여 리당 및 군당 사업방식에 대한 현지지도를 수행하여 전국적인 모범으로 삼기 위한 사례를 만들어 냈다. 리당위원회를 활성화하도록 하고, 군인민위원회와 리인민위원회, 군당위원회와 리당위원회의 관계도 재규정되었다. 군당위원회는 말단 지도기관으로서 그 위치가 부여되어 리당위원회를 통하지 않고서도 직접 군내 초급 당단체를 지도하도록 하였다. "밑으로 내려간다"고 하는 사업체계와 방식이 강조되었다. 특히 군당위원회는 "군내에서 일어나는 모든 일에 대하여 완전히 책임을 지는 집단적 지도기관"이라고 하여 "군내 최고지도기관"으로 규정되었다. 군당위원회와 군인민위원회의 관계도 재규정되었다. 군당위원회의 집단적 지도하에 사업을 분담, 군당위원장은 당사업을, 군인민위원장은 행정, 경제사업을 수행하도록 하여, 군인민위원회는 모든 사업에서 군당위원회의 지도를 받도록 하였다. 군내 모든 기관, 단체에는 군당위원회의 지도를 받는 것이 의무가 되었다. 이 김일성과 중앙지도그룹의 현지지도는 '청산리방법'이라고 명명되어 전국의 농촌이 따라 배워야 할 모범이 되었다. 하나의 단위에서 전형을 창출하여 그것을 광범위하게 일반화하는 방식이 각 도당, 군당 수준까지도 전면 채용되었다. 1960년 6월 천리마작업반운동은 농촌에서도 전개되기 시작하여 1961년 3월부터 본격화되었다. 5월 하순경 청산리방법을 천리마작업반운동과 결합하는 조치가 취해지며, 종래 리 단위로 조직되어 있던 당의 선전선동사업체계가 작업반 단위로 개편되었다.

전반적인 농업관리체제 개편작업은 군 수준에서는 1961년 12월부터 본격화되어, 1962년 7월에 이르러 중앙과 도 수준까지 실시되었다. 군인민위원장에게서 농업지도기능을 분리하여, 군을 단위로 하는 전문적 농업지도기관인 '군농업협동조합경영위원회'를 창설하였다. 도인민위원회에서 농촌경리 부문이 분리되어 '도농촌경리위원회'가 설치되었다. 인민위원회와 지방농업지도기관 사이의 업무가 명확히 구분되어 일관된 농업지도체계가 갖추어졌다. 이러한 조치는 어느 정도 권한의 분산을 의도한 것이었지만, 중앙집권적 원칙이 늦추어진 것은 아니었다. 청산리방법에 의해 모든 부문에서 당 우위 원칙이 관철되었기 때문에, 군협동조합경영위원회도 군당의 지도를 받지 않을 수 없었다. 내규모 경영위원회가 조직되는 군에는 군당 기구를 확대하였다. 도의 경우도 도당위원회의 지도, 감독, 조정을 받아야 하게 되었다. 기능적으로 종래의 도인민위원회는 농촌경리위원회, 경제위원회, 인민위원회 등 세 개로 분할되었지만, 도당위원장이 삼자에 대한 통제 권한을 행사하며 삼자 간의 조정 기능도 수행하게 되었다.

새로운 농업관리체계에서 가장 긴요한 부분은 군농업협동조합경영위원회의 창설이었다. 군농업협동조합경영위원회를 설립하는 데는 소련의 농업관리기구 개편 움직임도 영향을 미쳤다. 1959년 초 협동적 소유에서 전 인민적 소유로의 이행문제와 관련된 논쟁이 벌어지며, 협동조합 상호 간의 '군연맹'이란 구상이 제시되었으나, 실현되지는 못하였다. 이 협동적 소유 간의 상호 연계라는 군연맹 구상은 그 성격이 변질되어 국가적 소유에 속하는 군협동조합경영위원회로 구체화된 것이다. 협동조합의 국가화라는 방향에서 볼 때, 리 단위 통합이 최초의 전환이었다고 한다면, 1961년도 군경영위원회의 창설은 두 번째 정책 전환이었다고 할 수 있다. 이 전환에 따라 협동조합의 자율성은 더욱 축소되었다. 특히 자율성의 축소는 농산계획과 노동행정의 면에서 눈에 띄게 진행되고 있었다. 군경영위원회가 조합 노동력의 80%를 장악하고, 조합 자체가 15%, 작업반이 5% 정도를 조절할 수 있게 되었다. 역시 군경영위원회가 정착하기까지는 중앙당의 군에 대한 집중지도와 각 군당 수준의 협동조합에 대한 집중지도가 큰 역할을 하였다.

이와 같이 북조선의 국가사회주의체제화는 제4차 당대회를 기점으로 성립하였다. 당정 관계 및 군대, 공장, 농촌의 말단에 이르기까지 당의 일원적 지도체계를 관철시킴으로써 '사회'를 생산 단위의 작업반 수준까지 국가사회주의 안으로 포섭한 것이다.

종 장

각 장의 소결에서 정리해 왔듯이, (1) 느슨한 '인민위원회체제', (2) 기간산업 부문은 국유화되었지만, 광범한 농업부문과 유통부문은 사적 경영이 지배하는 다(多)우클라드 위에 내부의 여러 이질적인 요소를 품은 '당＝국가체제'가 올라서 있는 '인민민수수의국가', (3) '당＝국가체제'가 농촌 말단까지 침투하게 된 '전시체제', (4) '당＝국가체제'의 행정력, 조직력을 움직여 농촌과 개인상공업의 사회주의적 개조를 완수하고, (5) 당의 일원적 지도체계가 정·군·공·농의 전 부문에 걸쳐 관철되어, '당＝국가체제'가 전 사회를 포섭한 '사회주의국가', 이상의 다섯 단계를 지나 북조선의 사회주의체제는 성립하였다. 이렇게 성립한 북조선사회주의체제는 그 모델이 된 소련보다도 철저한 국가사회주의, 즉 '국권(國權)사회주의'였다. 냉전의 최전선에 위치한 북조선사회주의는 군사적 색채를 짙게 띠지 않을 수 없었다. 그러나 국가사회주의체제에는 고도의 동원체제적 측면이 내재해 있는 만큼, 군사적 색채는 사회주의를 보다 철저화시키는 요소로서 작용하였다. 그것은 사회주의체제에 이질적인 요소는 아니었다. 군사적 색채는 북조선사회주의체제가 안고 있는 '전시체제적 성격'과도 관련되어 있다.[1] 1960년대 이후 여러 변화에도 불구하고, 기본적으로 61년을 전후하여 성립한 사회주의체제가 근저에서는 변하지 않고 보다 강화된 형태로 지속되어 왔다.

북조선 체제의 성립을 로동당의 세력구성에서 보면, 여러 가지 요소의 복합체였던 로동당에서 점차로 당내의 다양한 요소가 배제되어 만주파로 순화하는 과정을 밟아갔다. 정권의 기반을 이루고 있던 여러 구성요소에서 보더라도, 남한 출신이나 중간파적 요소를 철저하게 배제해 갔다. 당의 전통, 국가의 혁명전통도 김일성을 중심으로 한 항일무장투쟁으로 단일화해 갔다. 전 사회를 당의 일원적 지도체계 아래 묶어내며,

---

1) 빨치산파를 매개로 한 당·정·군의 일체화 외에도 본문에서 설명했듯이, 전후 사회주의 복구 이후에도 북조선은 식량 등 주요 생필품의 배급제를 지속시켰다. 또한 공장관리에서 전쟁 시기에 일시 중단된 단체계약을 부활시키지 못하고 오히려 천리마운동 과정에서 유야무야되며 대안의 사업체계 확립 이후 단체계약은 완전 폐지되고 말았다.

대외적으로는 일사불란한 모습을 보이고 있었으나, 그 결과 체제의 경직화는 피할 수 없게 되었다. 로동당 내부에 복수의 분파가 존재했다는 것은 마이너스 측면에도 불구하고, 체제 내 다양성을 보장하여 체제운영의 자기 수정을 가능케 한 플러스의 측면도 가지고 있었다. 56년 8월의 정변이 일어나기 이전에는, 정책상의 폭주는 내부 비판을 통하여 완화되고 있었다. 그러나 58년 이후는 공업성장률이나 곡물수확고의 목표를 설정하는 데에 나타나듯이, 정책상의 폭주는 사후적으로 실패에 봉착하고 나서 수정할 수밖에 없었다. 북조선의 체제 운영에서 장애는 이미 체제 형성이 거의 완료된 시점인 1962~63년부터 나타나기 시작하였다. 특히 경제 운영에서는 현실을 무시한 과도한 목표 설정을 특징으로 하는 주관주의가 지배하여, 터무니없는 시행착오를 거듭한 결과, 가장 기초적인 경제통계조차 공표할 수 없는 상태에 빠지고 있었다. 사태의 결과로써 검증되기에 앞서, 사전에 정책이나 지시의 타당성이 판단될 수 있는 내부 메커니즘은 완전히 결여되어 있었다. 더욱이 사후적으로 결과에 책임을 지는 것도, 실패의 책임을 묻는 것도 불가능한 체제가 되어 버렸다.

이렇게 '일원적 체제'로 귀결된 체제형성 과정이 군사, 공업, 농업의 각 부문에서 어떻게 나타났는지를 정리해 보기로 하자. 우선 완성된 북조선사회주의체제는 당·정·군이 일체화된 데에다 군사적 색채가 매우 짙은 것이었다. 이 측면이 세력관계에서는 만주파의 군·당·정 장악으로 나타났다. 완성된 당·정·군의 일체화를 그 결과에서 보면, 북조선은 반일(反日)민족해방전쟁이나 국공내전을 통해 국가가 성립한 중국, 항불(抗佛), 항미(抗米) 민족해방전쟁을 통해 국가가 형성된 베트남 같은 아시아사회주의국가와 공통점을 지니고 있다. 다만 그 성립과정에서 보면, 중국이나 베트남의 경우 헤게모니를 확립한 당의 통일적 지도 아래 군대를 형성하고, 당의 군사부문을 가지고 전쟁을 수행하였다. 이에 대하여 북조선의 경우는 성립과정에서 군대는 세 가지 이질적 부분으로 나뉘어져 있었으며, 당은 군사부문을 통일적으로 장악하지 못하고 있었다. 6·25전쟁 과정에서 군은 당의 군대가 되지만, 실질적인 의미에서 당·정·군의 일체화는 이미 전쟁이 끝나고 나서 사회주의적 개조가 종료하는 시점에 만주파의 권력 장악을 매개로 하여 이루어졌다는 특징을 갖는다. 만주파의 권력 장악이란, 군대를 장악했으나 당의 중추에서는 떨어져 있던 만주파가 당권도 쥐게 되었다는 의미를 가지고 있다. 중국이나 베트남보다 북조선사회주의에서 군사적 색채가 전면에 나오게 된 이유는, 무엇보다도 전쟁으로 군대가 비대화한 토대 위에 남북분단이나 정전 이후에도 계속된 한국군—미군과의 군사적 대치라는 외적 조건에 있었다. 그뿐 아니라 중요한 이유는 당·군관계가 역사적으로 형성, 변화해 가는 과정에서 만주파의 존재가 강화되며 고착된, 내적 구조에도 있다고 할 수 있다.

공업부문에서는 6·25전쟁 직전에 소련식 '유일관리제'가 도입되어, 전시기 생산을 지탱하였으며, 전후 복구건설 과정에서도 유지되었다. 해방 직후 일본인 관리의 공백을 메운 인민위원회체제하에서 공장관리위원회의 유산이 남아 노조, 직업동맹의 힘이 강했으나, 전시생산체제가 확립됨으로써 직업동맹의 힘은 현저히 약화되었다. 그 결과 전쟁이 끝나고 나서도 단체계약의 권리는 부정되고 있었다. 56년경부터 단체계약 체결도 포함하여 '전시체제'적인 것으로부터 '평시체제'적인 것으로 되돌리고자 하는 움직임이 본격화되었으나, 8월 종파사건 이후 당내 숙청의 영향으로 중단되었다. 이후 단속적으로 시도가 있었지만 실현되지 못하고, 오히려 대중동원형 생산방식이 일반화하는 가운데 전시체제적 성격이 강화되는 방향으로 나아갔다. 천리마운동은 모범적인 노동자상을 빨치산 전사에서 구함으로써, 전시체제적 요소를 작업반을 단위로 하여 노동자의 의식 속에 내면화하는 역할을 했다고 볼 수 있다. 전 사회에 당의 일원적 지도를 관철시키는 과정에서 당의 일원적 지도에 의한 공장관리체제, 즉 '대안의 사업체계'가 성립하였다. 이 체제는 당시까지 명목적이나마 유지되어 온 지배인·당·직업동맹의 삼각구조를 유기적 관계 아래 통합하여, 각 부문의 형식적 독자성조차 부정하는 것이었다. 북조선의 공장관리체제는 소련식보다 중국식과 유사한 것이지만, 중국보다 철저하게 중앙과 기업의 관계에서 중앙집권적이며, 당, 관리부문, 노동자의 삼각관계에서는 유기적이고, 통합적이라는 특징을 지니고 있었다.

농촌에서 토지개혁 이후 농민조합을 계승한 농민위원회는 급속히 약화되어 농촌 말단의 인민위원회에 흡수되었다고 생각된다. 근로농민적 소농체제를 토대로 하여 6·25전쟁 이전의 농촌 통치체제는 리 단위에서는 중앙의 행정력에 대하여 자율성을 유지하고 있었고, 농업 노동력의 조직화도 중앙 행정력에 의해 이루어지지 못하고 전통적인 상호부조 형태에 의존하고 있었다. 농촌 통치체제가 크게 변화하는 것은 6·25전쟁 당시 지방인민위원회 체계가 개편되어 농촌 말단까지 중앙의 행정력이 침투하면서부터였다. 당의 조직력이 리 단위까지 미치게 된 것도 이 시기였다. 이 개편은 전후 농업집단화를 추진하는 데 중요한 조직적 기반이 되었다.

전후 농업집단화는 처음부터 일거에 고급한 제3형태를 목표로 하는 급진적인 방식으로 진행되었다. 집단화는 우여곡절을 거치면서도 단기간 내에 완료되었다. 집단화 과정을 통해 농촌사회 저변에서 농업협동조합은 전반적으로 '준국가기관화'되어 갔다. 농업협동조합은 소련형을 기본으로 콜호즈화하여, 집단화의 철저화라는 면에서 북조선의 집단화는 집단화가 후퇴하거나, 어중간하게 끝난 중국과 베트남보다 소련에 가깝다고 할 수 있다. 더욱이 자류지(自留地)의 비중이 작은 점에서 소련보다 철저한 집단화였다. 집단화가 완료된 직후에는 농업협동조합의 리 단위 통합에 따라 중국의 인민공사 같은 '정-사합일'형의 요소를 받아들였다. 한편 당에 의한 통제계통에 대하여 일정한 독자성을 유지하면서 별도의 통제계통을 이루고 있던 인민위원회 체계도 형해화하여, 당 우위 체계가 관철되어 갔다. 당의 일원적 지도에 의한 농촌통치 체계, 즉 '청산리방법'이란 해당 행정단위 내 모든 부문에 대하여 당의 일원적 통제를 실현시킨 것이었다.

이상과 같은 북조선사회주의체제 성립상의 여러 특징을 근거로 하여, 이 체제의 앞으로의 변화 및 전망과 관련된 논의에 관하여 약간 언급하고 넘어가기로 한다. 사회주의체제 성립 이후에도 북조선은 내부에서 만들어진 다양한 모순에 대하여 소련이나 중국과는 달리, 국가사회주의의 여러 특징을 보다 강화함으로써 대응하려고 하였다. 중국에서 배운 주자학이 조선시대 후기가 되어 오히려 본산인 중국에서는 쇠퇴하고 있음에도 불구하고, 철저화·정통화하고 있던 역사를 상기하게 된다. 90년대 '종주국' 소련에서 사회주의는 붕괴하고, 이미 80년대 중국에서도 사회주의가 크게 변용하고 있음에도 불구하고, 북조선은 '우리식 사회주의'를 완강하게 고수하였다.

60년대 중소분쟁이나 미·일·한 삼각관계의 움직임 속에서 북조선의 대응은 바로 군사적인 독자노선으로 나타났다. 중소분쟁으로 국제공산주의운동 내 다양성이 증대하고, 각국 공산당이 중소의 틈새에서 어느 정도 자신의 독자성을 확보할 수 있는 공간이 주어지는 시기이기도 하였다. 군사적 독자노선은 주체노선으로 체계화되어 갔다. 베트남전쟁으로 아시아와 한반도에서 냉전이 더욱 첨예화되는 상황에서 북조선의 독자노선은 '찌를 듯한 기세'를 올리게 되었다. 그와 같은 국제정세도 60년대 말에서 70년대 초에 걸쳐 미중 화해로 이어졌다. 그러나 와다 하루키도 지적했듯이, 60년대 초에 성립한 체제는 일정한 자기논리와 동력을 가지고 70년대에는 제2차적 구조를 형성한다. 바로 '유격대국가', '수령제', '사회주의적 코포라티즘(corporatism)', '유일지도체계' 등 여러 명칭으로 불리는 현상이다.[2]

전환의 배경에는 엄중한 대외적 조건이 지속적으로 작용하여, 체제에 항상적 위기상태가 내재하며 구조화하게 되었다. 권력구조의 면에서 보면, 여기에는 김일성을 지탱해 온 만주파에 의한 일종의 집단적 지도

---

2) '유격대국가'는 와다 하루키, '수령제'는 스즈키 마사유키(鐸木昌之), '사회주의적 코포라티즘'은 브루스 커밍스, '유일지도체계'는 이종석의 용어이다. 서장의 주를 참조.

의 성격이 완전히 불식되고, 김일성 일인의 초월적, 절대적 지위 확립으로 전환하는 변화가 생겨났다. 물론 1961년도에 성립한 국가사회주의 체제 속에서 이미 김일성은 부동의 최고지도자였다. 이러한 전환이 이루어진 것은 체제의 자기모순이 최고지도자를 한층 더 절대화하지 않고서는 체제 안정을 보장할 수 없는 지점에 달하고 있었기 때문이라고 여겨진다. 본문에서 검토한 바와 같이, 1958년부터 62~63년까지 되풀이되고 있던 실책은 이후에도 체제의 속성상 더욱 증폭되지 않을 수 없었던 것이다.

이러한 1960년대 이후 현재에 이르기까지 북조선사회주의의 변화를 설명하기 위하여, 이 책 내용에서 이끌어 낼 수 있는 방법적 단서는, 첫째로 변화를 북조선사회주의의 국가사회주의로서의 철저화, 자기 유지, 그리고 수정과 관련시켜 보는 것, 둘째로 상부구조의 정치적 측면뿐 아니라 체제의 심층적 측면까지 들여다보는 것이다.[3] 우선 1960년대 말~70년대 초에 형성되는 제2차적 구조는 사회주의체제로부터의 이탈이 아니라, 그 기저에 있는 국가사회주의체제의 유지 내지 보다 강화된 결과였다고 할 수 있기 때문이다. 또한 그렇기 때문에 향후 북조선의 내부 체제개혁도 바로 이 국가사회주의체제의 변화에 다름 아닌 것이다.

그러나 이 책은 북조선 내부의 체제형성 과정에 초점을 맞춘 만큼, 몇 개의 과제를 남기고 있다. 우선 북조선사회주의에 '분단체제'란 위치를 부여하는 논리와의 관련성이다.[4] 특히 남북관계의 변화, 남한자본

---

3) 이종석은 1960년대 말 이후 전환의 기원을 정치적 상부구조를 중심으로 한 '사회문화적 공간의 굴절이동'이라고 이해하지만, 체제 전체의 성격과 결부시켜 설명할 필요가 있다고 생각된다. 이종석,『조선노동당 연구―지도사상과 구조변화를 중심으로 하여』(역사비평사, 1995). 이러한 관점에서 1960년대 말~70년대 초의 변화를 설명하려는 시도로서, 김연철,『북한의 산업화 과정과 공장관리의 정치 : 수령제 정치체제의 사회경제적 기원』(역사비평사, 2000), 이태섭,『북한의 집단주의적 발전전략과 수령 체계의 확립』(서울대학교박사학위논문, 2001).

4) 백낙청은 북조선사회주의가 띠고 있는 '비정상적' 모습을 '분단체제'로서의 자기인식을 잃은 결과로 본다. 백낙청,『분단체제 변혁의 공부 길』(창작과 비평사, 1994), 동「분단시대의 최근정세와 분단체제론」,『창작과 비평』1994년 가을, 백

주의체제의 형성 및 변화과정과 관련하여 북조선사회주의를 바라보는 작업이 중요한 과제가 된다. 상호대립 속에서 양 체제 간 상호침투 및 적대관계 속에서 양 체제의 자기재생산 등을 비교, 검토하는 것이다.[5] 나아가 북조선의 내셔널리즘, 남한의 내셔널리슴과의 관련하에 북조신사회주의를 재검토하는 작업이다. 이러한 작업은 북조선 내셔널리즘이 북조선사회주의의 변용과 관련하여 어떠한 역할을 할 것인지에 관한 평가, 남북관계의 변화와 관련하여 남북의 내셔널리즘이 어떻게 상호 재규정되어 가야 할 것인지에 관한 전망하에 수행되어야 할 것이다.[6]

1990년대 초 소련, 동유럽 사회주의가 붕괴한 이래 북조선의 사회주의체제는 시대적 변화를 요구받고 있다. 북조선사회주의의 위기는 한

낙청과의 인터뷰 기사, 『월간사회평론길』 1994.10, 42~43쪽. 백낙청은 북조선체제에 관해 '분단체제'라는 개념을 가지고 독특한 논점을 제시하고 있다. 그는 '농성체제'라는 비유도 쓰고 있다.

5) 남한에 관한 연구이지만, '적대적 상호의존관계'로서 남북한을 관련시키려는 시도로는 최장집, 「통일의 조건과 전망」, 『한국민주주의의 조건과 전망』(나남, 1996). 6 · 25전쟁과 관련하여 북조선 체제 형성에 이 문제의식을 전개한 연구로, 박명림, 『한국전쟁의 발발과 기원』 제1,2권(나남, 1997). 70년대 남북한의 체제 변화에 적용한 연구로는, 이종석, 「유신체제의 형성과 분단구조—적대적 의존관계와 거울영상효과」, 이병천 편, 『개발독재와 박정희시대』(창비, 2003).

6) 북조선의 '주체형사회주의'가 갖는 강한 내셔널리즘은 사회주의의 고유화라는 측면에서 중국이나 베트남을 포함한 아시아사회주의의 특징을 공유하고 있다. 소련, 동유럽 붕괴 이후에도 북조선사회주의체제가 보이고 있는 생존력은 엄중한 대외적 조건을 배경으로 한 이 내셔널리즘에 있는 것은 확실하다. 다만 중국이나 베트남 사회주의가 갖는 내셔널리즘이 80년대 이후 사회주의를 희석시켜 가는데 큰 역할을 한 데 반해, 북조선의 경우는 거꾸로 사회주의를 정통화하고 강화하는 작용을 해 온 것처럼 보인다. 북조선의 '우리식 사회주의'는, '우리식'의 그림자에 숨어 국가사회주의로서의 자기인식을 보기 어려울 정도로 자기의 독자성을 강조하지만, 그 핵심내용은 철저한 국가사회주의였다. 그 원인은 북조선 내셔널리즘이 갖는 폐쇄성에도 있었다. 이것이 북조선 사회주의의 문제점과 별개로 북조선 내셔널리즘이 재검토되어야 하는 까닭이다. 초기 북조선 사회주의와 내셔널리즘의 관계에 대해서는, Charles K. Armstrong, *The North Korean Revolution 1945~1950*, Cornell University Press, 2003, 아시아사회주의 일반과 내셔널리즘의 관계에 대해서는, 古田元夫, 「ベトナムにおける『社會主義の道』の堅持」, 『社會主義を哲學する』(大月書店 : 東京, 1992), 62~65쪽.

반도 전체의 위기를 초래할 수밖에 없다. 북조선사회주의의 변화 여하에 북조선뿐 아니라 한반도 전체의 운명이 걸려 있다. 이미 이 위기는 북조선 독자의 역량만으로는 해결할 수 없는 상태에 와 있다. 북조선사회주의에 가능한 앞으로의 변화 방향은, 중국, 베트남 등 다른 아시아사회주의국가가 취하고 있는 것 같은 개혁·개방노선으로 갈 수밖에 없다고 생각된다. 이를 위해서는 우선 북조선을 둘러싼 엄중한 외적 제약이 제거되어야 한다. 북조선사회주의체제가 띠고 있는 군사적 색채[7]를 탈색시키고 전시체제적 성격에서 벗어나는 것이 본격적인 개혁·개방을 위해 필수적이기 때문이다. 그러나 외적 환경의 호전은 필요조건에 지나지 않는다. 열쇠는 변화를 지향하는 북조선 스스로의 노력에 있으며, 거기에는 내부적으로도 상당한 진통이 따르지 않을 수 없을 것으로 예상된다. 미국과의 대결 속에서 '개혁 없는 개방'으로 대응하며 미루어지고 있던 북조선의 개혁도 2002년 7월 1일 이른바 '7·1 경제조치'로 가시화하고 있다.

이 책의 내용과 관련하여 북조선의 향후 변화 전망에 관해 간단히 언급해 보면, 북조선사회주의는 중국·베트남보다 훨씬 집권적인 구조를 가지고 있으며, 변화의 앞길에 낙관은 허용될 수 없다. 80년대 초부터 본격적으로 개혁·개방을 추구한 중국·베트남과 비교하면, 잃어버린 시간이 너무 크며, 과거와 같은 사회주의권도 더 이상 존재하지 않기 때문이다. 개혁·개방이란 기본적으로 국가사회주의체제 그 자체의 변화를 의미하며, 이를 위해서는 국가사회주의체제로서의 자기인식이 출발점이 된다. 역사적 형성과정에서 보면, 국가사회주의체제라는 출발점에 서는 데에는 그 위에 형성되어 있는 제2차적 구조로부터 탈각이 기본전제가 된다. 이는 권력승계와 함께 김일성으로부터 김정일에게 고스

---

7) 와다 하루키가 말하는 60년대 말~70년대 초 '항일무장투쟁 전통'을 표방한 '유격대국가', 김일성 사후 김정일 시대에 '선군정치'를 표방한 '정규군국가'는 이러한 군사적 색채의 시대적 변모로서 그것이 지속되고 있음을 보여 주는 것이다. 와다 하루키 저 / 남기정·서동만 역, 『북조선 : 유격대국가에서 정규군국가로』(창비, 2002), 서동만, 「북한 정치체제 변화에 관한 시론」, 『정치비평』 제5호(1998.12).

란히 물려진 초월적 권력 체제가 어떠한 방향으로 변화해 갈 것인가의 문제이다. 하지만 현실적으로 양자의 변화는 시간적인 선후 관계에 있기보다는, 동시적으로 진행하지 않을 수 없는 절박성을 띠고 있다. 공업이나 농업 등 경세부문에서 전시체세적 싱걱을 완화하고, 당 이외의 관리부문이나 생산자단체에 최소한의 형식적 자율성이라도 부여하는 것은 이후 개혁을 위한 최소한의 출발점이다. 그러기 위해서는 자기의 체제형성 과정에 대한 전반적이고 세밀한 재검토가 요청된다. 국가사회주의 형성과정에서 나타났다가 내버려진, 다양한 변종과 선택지를 되살려 재음미할 필요가 있다. 특히 경제적으로는 시장적 요소를 적극 도입하고 시장경제로 이행하는 과정에서 상품경제, 시장경제와의 공존을 이루어 내야 하며, 정치적으로는 당의 역할을 축소시켜 가야 한다는 측면에서 과거 '인민민주주의 단계'의 경험을 되새겨 보는 것이 필수불가결한 작업이 될 것이다.[8] 그 제1차적 과제는 자기의 역사를 올바로 뒤돌아 보는 데 있다. 현실을 정확히 인식하는 첫걸음은 과거를 직시하는 데서 시작해야 한다.

---

8) 중국 개혁·개방의 이론적 근거가 된 사회주의상품경제론, 사회주의시장경제론은 과거 신민주주의론과 유사한 논리구조를 갖고 있다. 물론 개혁·개방은 새로운 단계로의 변화이지 과거로의 회귀일 수는 없다. 이 점과 관련해서는, 서동만, 「북한 사회주의에서 전통과 근대」, 역사문제연구소편,『한국의 '근대'와 '근대성' 비판』(역사비평사, 1996). 농업부문을 중심으로 한 것이지만, 북조선 인민민주주의의 논리와 정책에 관해서는, 김성보,『남북한경제구조의 기원과 전개─북한농업체제의 형성을 중심으로』(역사비평사, 2000).

■ 부표 1 : 당·도인민위원회·사회단체 간부직업 경력

당위원장	김두봉(46.8.28~30. 북로당창립대회), 김일성(49.6.24. 남북로동당합당)
당부위원장	김일성(북로당창립대회), 주녕하. 김일성(48.3.27~30. 제2차 당대회), 주녕하. 허가이(48.9.24~5. 중앙위 제3차 회의). 박헌영(49.6.24. 합당), 허가이. 박정애(53년 8월전원회의), 박창옥(→부수상, 54년 3월 전원회의), 김일(→부수상, 54년 3월 전원회의). 최용건(55년 12월2~3. 전원회의), 박근철. 최용건(56.4.23~9. 제3차 당대회), 박정애, 박금철, 정일룡, 김창만. 리종옥(59.7.5. 로). 최용건(61.9.11~8. 제4차 당대회), 김일, 박금철, 김창만, 리효순
당비서	49.6.24. 남북로동당합당(허가이, 리승엽, 김삼룡), 51년 11월 전원회의(박정애, 박창옥), 52년 12월 전원회의(김일)
당정치위원	창립대회(김두봉, 김일성, 주녕하, 허가이, 최창익), 제2차 대회(김두봉, 김일성, 허가이, 김책, 최창익, 박일우, 주녕하), 49.6.24. 남북로동당합당(김일성, 박헌영, 김책, 박일우, 허가이, 리승엽, 김삼룡, 김두봉, 허헌), 51년 11월 전원회의(박정애), 53년 8월 전원회의(김일성, 김두봉, 박정애, 박창옥, 김일), 54년 3월 전원회의(박금철, 김일, 박영빈), 55년 4월 전원회의(최용건) → 당상무위원 : 제3차 대회(김일성, 김두봉, 최용건, 박정애, 김일, 박금철, 림해, 최창익, 정일룡, 김광협, 남일) (후보위원 : 김창만, 리종옥, 리효순, 낙의완) (후보위원 : 한상두 58.1.1. 로) 58년 3월 제1차 당대표자회(상무위원 : 김창만, 리효순) (후보위원 : 한상두, 하앙천) (후보위원 : 김익선 58.9.18. 로) → 당정치위원 : 제4차 대회(김일성, 최용건, 김일, 박금철, 김창만, 리효순, 박정애, 김광협, 정일룡, 남일, 리종옥) (후보위원 : 김익선, 리주연, 하앙천, 한상두. 현무광 : 61년 12월 1일 당중앙위 제2차 확대전원회의)
당상무위원	창립대회(김두봉, 김일성, 주녕하, 허가이, 최창익, 박일우, 김창만, 김책, 박정애, 박효삼, 박창식, 김일, 김재욱). 제2차 대회(김두봉, 김일성, 허가이, 김책, 최창익, 박일우, 박정애, 방창옥, 김일, 김재욱, 진반수, 기석복, 정준택, 정일룡, 주녕하), 48년 9월 당중앙위 제3차 회의(김열, 박영성). 53년 8월 전원회의(김일성, 김두봉, 박정애, 박영빈, 최원택, 최창익, 정일룡, 김일, 강문석, 김승화, 김광협, 박금철, 남일)

당조직위원	48년 9월 당중앙위 제3차 회의(김일성, 허가이, 김열, 박창옥, 박영성). 49년 6월 24일 남북로동당합당(김일성, 박헌영, 김책, 박일우, 허가이, 리승엽, 김삼룡, 김두봉, 허헌, 최창익, 김열). 56년 4월 제3차 대회(김일성, 최용건, 박정애, 박금철, 정일룡, 김창만, 한상두)
당검열위원장	김용범(북로당창립대회), 허가이(제2차 당대회), 장순명(48.9. 당중앙위 제3차 회의), 김응기(53년 8월 전원회의), 리효순(54.10. 전, 55.3.5. 로→55년 12월 전원회의 : 당간부부장), 림해(55.12.18. 로), 김익선(국가검열상 ; 55.12.18. 로→제3차 당대회), 김익선(제4차 당대회)
당검사위원장	리주연(제2차 당대회), 리주연(제3차 당대회), 리희준(61.3.~9. 전), 김려중(제4차 당대회)
당조직(지도)부장	허가이(46년 8월 북로당창립대회), 김열(48.9. 당중앙위 제3차 회의, 49.3.15. 근)→조직지도부장 : 박영빈(51년 11월 전원회의), 박금철(54년 11월 전원회의), 한상두(55.12.18. 민), 김영주(57년 10월 전원회의?, 60.3.13. 로)
당간부부장	무정, 박일우, 허정숙(47.2. 록), 리상조, 진반수(49.11. 근, 52.3.31. 로), 박금철(53년 7월 전원회의), 한상두(54년 11월 전원회의), 리효순(55년 12월 전원회의, 56.2.3. 민, 58.1.5. 로)→58.3. 폐지
당선전선동부장	김창만(북로당창립대회), 박창옥(48.2,51.2. 근), 최철환(52.4.17. 로, 당선전선동부부장→53.3.9. 로), 김창만(53년 8월 전원회의), 하앙천(54.8.18. 로), 박영빈(54년 11월 전원회의), 리일경(55년 12월 전원회의, 56.2.9. 로), 김도만(58.11.30. 로)
당연락부장	림해, 리주상, 배철(51.8.31.→52.12. 숙청), 박금철(52년 12월), 박일영(54.10.→주동독대사 ; 58.7.17. 로), 림해(56.4.→58.9.29. 무역상)
당부장 (대외연락부?)	권영태(57.12.11. 로→주동독대사 ; 61.2.17. 로), 서철(62.8.30. 로), 김동규(62.8.29. 로), 김중린(62.9.2. 로, 문화부장 ; 57.9.)
당농민(업)부장	박창식(북로당창립대회), 리유민(북로당제2차대회), 리구훈(50.3. 근→51.2. 농민동맹위원장), 박경수(51.2. 근, 당농민부부장→52.5.30. 로)→농업부장 : 박훈일(54년 11월 전원회의, 54.12.20. 로), 김만금(58.5.8. 로)
당노동부장	김황일, 한국모, 박영성(북로당제2차대회), 김인춘(49.10. 근→50.12.11. 내, 교통부상 겸 정치국장), 한국모(51.11.15. 내, 52.3.12. 로), 김황일(53년 8월 전원회의), 김승권(54.8.30. 로)→폐지
당사회부장	김응기, 김천해(51.11.4. 51년 11월 전원회의), 김민산(53.8.6. ; 53년 8월 전원회의), 김용진(54.8.30. 로, 55.6.27. 로)

당상업재정 협동단체부장	김용진(55.8.25. 민→56. 자강도당위원장), 정두환(56.2.7. 민)→상업재정 계획부장 : 정두환(59.3.10. 로), 한대영(59.8.29. 로), 정두환(61.3.26. 로)→ 계획재정부장 : 정두환(62.9.3. 민)
당사회과학 부장	리정원(53.8.6. ; 53년 8월 전원회의), 하앙천(54년 11월 전원회의)→과하 부장 : 하앙천(56.1.22. 로, 56.6.2. 로)
당학교 교육부장	리신팔(외무부상→56.5. 전, 56.6.2. 로→56.11. 주소대사)→당과학및학 교교육부장 : 하앙천(57.1.21. 로), 고혁(60.6.24. 로)
당통신부장	박영순(56.10. 전, 59.11.30. 로)
당행정부장	김경석(58.3. ; 제1차 당대표자회, 58.10.31. 로), 리영호(62.4. 명)
당국제부장	박성철(57.7. 전?→외무부상 58.5.4. 로→58.10.10. 로→외무상 59.10.), 박용국(59.10. 전)
당산업부장	김황일(55.2. 전), 고희만(57.1.19. 민→58.9. 임업상)
당공업부장	리종옥(56.1.7. 로), 백홍권(56.6.21. 민→ 사망 ; 56.12. 전), 김태현(57.1.8. 민, 당산업부부장→58.2. 전?)
당중공업부장	강영창(58.10.7. 로), 현무광(61.5.15. 로)
당경공업부장	림계철(58.9.20. 로), 강희원(61.5.15. 로)→경공업상업부장 : 안승학(62.10. 18. 로)
당건설 운수부장	김원봉(58.4.6. 민), 김태근(59.9.5. 로)
당수산부장	로수억(61.5.15. 로)
조선직업 총동맹위원장	최경덕, 현훈(51.1. 전, 52.9.24. 로), 김익선(55.3.28. 로, 55.11.30. 로), 서휘 (55.12.31. 로, 56.1.17. 로), 한상두(당조직지도부장겸 ; 57.6.28. 로→58.9. 금 속공업상), 리효순(당조직지도부장겸? ; 58.10.31. 로), 김왈룡(61.10.22. 로)
부위원장	문두재(51.1.→58.3. 노동부상?), 원동근(51.1.→전기부상), 서휘(53.5. 전, 54.8.7. 로→인민검열위부위원장), 강설모(54.11.18. 로, 55.6.27. 로→주캄 보디아총영사), 윤응룡(55.10.13. 민), 리인동(55.10. 총, 58.9. 전→62.10., 59.11.1. 로), 박덕화(주소대사관참사관→57.4.27. 로, 58.11.29. 로→60.2. 주소임시대리대사), 문치수(중공업부상, 노동부상→59.8. 총), 리종수(교 통・운수・체신직맹위원장→59.5. 전, 59.9.21. 로), 박상홍(60.5. 전), 백선 일(→61.8.14. 로, 평안북도인민위원장), 한금린(사무직맹부위원장→ 59.11. 전)

중앙위원	허성택(57.4.27. 로), 김형섭(57.4.27. 로)
농민총동맹 위원장	리구훈(51.1.), 강진건(46.3~51.1~61.9. 명)
부위원장	현칠종(52.3.1. 로), 김시재(51.1., 53.3.31. 로), 한홍국(51.1.), 로익명(61.3. 전)
민주여성동맹 위원장	박정애(45.11~65.9. 명)
민주청년동맹 위원장	김욱진(46.8., 52.1.16. 로), 현정민(48.11.15. 지), 박용국(56.1. 전), 오현주(59.10. 전)
중앙당학교장	김승화(50. 전), 박무(50.), 박태화(중), 허익(54~59.8. ; 중앙일보 92.11.17.), 양형섭
평양시당 위원장	서휘, 윤공흠(52.9.1. 로), 고봉기(53.12. 전, 54.8.13. 로), 리송운(56.4.4. 로→주소대사 ; 60.5.23. 로), 김경석(60.8.9. 로)
평양시인민 위원장	면수(47.2. 록), 김성학(52.3.6. 로), 정연표(53.8.~58.1. 전, 54.8.13. 로), 김용진(부위원장→58.4.13. 로), 정일룡(부수상겸 ; 60.11.24. 로), 강희원(62.8.30. 민)
평안남도당 위원장	김재욱(47.2. 록), 박영성(52.3.22. 로), 김일(52.12.1. 로→52.12. 전원회의, 당비서→54.3.23. 부수상겸농업상), 김만금(52.9.24. 로, 당조직지도부부장→54.12.1. 로), 피창린(58.4.13. 로), 리민수(62.9.17. 로)
평안남도인민 위원장	홍기주(47.2. 록), 송참렴(49.4.19. 회, 52.3. 29. 로), 리일경(54.12.22. 로), 리태화(56.10.20. 로), 장윤필(55.1.10. 로, 부위원장→56.11.16. 민), 로익명(61.16. 로→도농촌경리위원장 62.9.17. 로), 류기익(62.9.17. 로)
평안북도당 위원장	윤공흠(47.2. 록), 허빈(50. ; 56.1.16. 민), 서춘식(54.1. ; 56.11.23. 민), 김왈룡(59.8. 전, 59.9.26. 로), 정지환(61.8.14. 로)
평안북도인민 위원장	정달헌(47.2. 록), 리유민(49.4.19. 회), 김승섭(52.8.18. 로), 한전종(55.3. ; 56.11.23. 민), 송참렴(58.6.24. 로), 백선일(61.8.14. 로→도농촌경리위원장 62.8.31. 로), 리찬선(62.9.2. 로)
함경북도당 위원장	장순명(47.2. 록→48.9. 당검열위원장), 고봉기(49.), 한상두(함경남도당부위원장 51.7.25. 근→52.3.31. 로), 김태근(54.12.23. 로→인민군총정치국장 58.1.), 서을현(58.5.8. 로), 리광실(60.9.26. 로), 현무광(62.4.27. 로)

함경북도인민 위원장	김영수(47.2. 록, 49.4.19. 회), 허국봉(52.3.31. 로), 유승철(54.10.22. 로), 김학걸(56.7.15. 민), 황순천(57.7.18. 민 → 함경북도농촌경리위원장), 김원풍(59.3.9. 로), 김세봉(60.10. 전, 61.1.21. 로), 정광록(62.9.3. 로)
함경남도당 위원장	김열(47.2. 록), 박영(50.4. 근, 개인영웅주의비판 ; 53.4.? 로), 현정민(53.3.14. 로), 현무광(57.9.27. 민), 리재윤(61.5.17. 로)
함경남도인민 위원장	문태화(47.2. 록), 김민산(49.4.19. 회, 52.3.19. 로), 유영기(53.3.14. 로), 리유민(55.12.21. 민), 박인하(58.6. 전, 58.10. 로), 정종기(61.5.17. 로 → 도농촌경리위원장 62.9.17. 로), 김희준(62.8.31. 로)
양강도당 위원장	조영(54.12.26. 로), 리택근(57.12.21. 로), 림진규(61.1.20. 로)
양강도인민 위원장	송창렴(54.10. ; 56.11.13. 민), 정동철(58.5.10. 로)
자강도당 위원장	김승섭(50.5. 근), 현정민(52.7.3. 로), 양계(53.3.14. 로), 김황일(54.9.26. 로), 리일경(55.8.18. 민), 김용진(56.1. ; 56.11.16. 민), 김관섭(58.8.3. 로), 유건양(62.9.1. 로)
자강도인민 위원장	리효순(49.2. 지, 52.5.~3. 로), 박창식(54.3. ; 56.11.16. 민), 류응정(59.8.11. 로 → 농촌경리위원장 64.11.), 김병모(62.9.3. 로)
황해도당 위원장	박훈일(47.2. 록), 계동선(50.6. 근), 김열(51.11. 근, 52.12.2. 로), 리상조
황해도인민 위원장	김응기(47.2. 록), 송봉욱(52.5.3. 로)
황해남도당 위원장	김창만(54.12.18. 로), 고봉기(56.5. 명), 유철목(56.11.13. 민 → 수산상 58.9.29.), 허학송(59.5.24. 로)
황해남도인민 위원장	백순제(55.8.18. 민), 전태환(56.11.13. 민), 장윤필(61.1.15. 로 → 농촌경리위원장 62.8.31. 로), 정인선(62.9.1. 로)
황해북도당 위원장	허빈(54.12.10. 로), 문석불(58.3.16. 민), 리재영(60.5.13. 로)
황해북도인민 위원장	박성삼(55.1. 인), 송봉욱(56.8.12. 로), 곽서(58.5.21. 로), 리재영(60.3.16. 로), 김용진(60.5.13. 로), 최만국(61.10.21. 로 → 농촌경리위원장 62.9.28. 로), 박찬제(62.9.3. 로)

강원도당 위원장	한일무(47.2. 록), 북강원도당위원장 림춘추(49.6. 명 – 50.12.), 김인춘(52.3. 23. 로), 김원봉(53.9.2. 로), 김종항(58.3.10. 민), 로용삼(60.6.26. 로), 오제룡(62.9.5. 로)
강원도인민 위원장	최봉수(47.2. 록), 정연표(49.4.19. 회, 52.5.4. 로), 문태화(53.9. ; 56.11.23. 민), 윤상만(58.8.26. 로), 허창렬(59.10.23. 민 → 강원도경제위원장 60.11. 전), 로수억(60.6.26. 로), 한창순(원산시당위원장 ; 60.11. 전 → 61.1.17. → 농촌경리위원장62.9.3. 로)
개성시당 위원장	리기혁(52.4.3. 로), 리상조, 유철목(53.2. 총, 56.11.1. 로), 허학송(56.12.8. 민), 오제룡(60.3.16. 로), 윤형식(62.9.4. 로)
개성시인민 위원장	리달진(54.9.20. 로, 55.8.18. 민), 김명호(57.7.20. 민)

■ 부표 2 : 역대 당대회 간부직업명

*** 1946년 8월 북조선로동당 창립대회**

위원장	김두봉
부위원장	김일성, 주녕하
정치위원	김두봉, 김일성, 주녕하, 최창익, 허가이
중앙위원	김두봉(당위원장, 임시인민위부위원장), 김일성(당부위원장, 임시인민위원장), 주녕하(당부위원장), 최창익(당정치위원), 허가이(당조직부장), 박창식(당농민부장→평양시인민위부위원장), 김창만(당선전선동부장), 허정숙(분국선전부장대리→당간부부장), 김영태(당청년사업부장), 박정애(당부녀사업부장, 여성동맹위원장), 김책(평양정치군사학원장), 무정(분국간부부장→보안간부훈련대대부부사령관), 리춘암(경비대간부), 안길(보안간부훈련대대부참모장), 김려필(?), 김일(보안간부훈련대대부문화부사령관), 박효삼(보안간부학교장), 장순명(함경북도당위원장), 김열(함경남도당위원장), 김재욱(평안남도당위원장), 윤공흠(평안북도당위원장), 한일무(강원도당위원장), 김민산(?), 박훈일(황해도당위원장), 박일우(당간부부장→임시인민위보안국장), 태성수(『로동신문』, 『근로자』 주필), 한설야(당문화인부장, 문화예술동맹위원장), 최경덕(직업동맹위원장), 강진건(농민동맹위원장), 장시우(소비조합위원장→임시인민위상업국장), 정두현(김일성대학의학부장), 임도준(?), 임해(당대남연락실장), 오기섭(임시인민위선전부장→노동부장), 김욱진(민주청년동맹위원장), 리순근(임시인민위농림국장), 김교영(당재정부장), 명희조(?), 한빈(김일성대학부총장), 리종익(애국투사후원회위원장), 전성화(중앙당학교장), 김월송(?), 장종식(임시인민위교육국장)
검열위원	김용(검열위원장), 진반수(?), 방우용(?), 김승훈(임시인민위간부부장), 리동화(임시인민위보건부국장), 김찬(분국강원도당책임비서→중앙은행총재), 최용달(임시인민위사법국장), 김채룡, 박춘섭, 유영기, 박응익

· 연령(『북조선도·시·군인민위원회대회회의록』에는 조선식 계산에 따라 1~2세 많아져 있기 때문에 만 나이로 환산하였음)

만주파	김일성(34), 김책(43), 안길(39), 김일(36), 최용건(46)

연안계	김두봉(57), 최창익(48), 박일우(34), 허정숙(37), 무정(41), 김창만(34), 윤공흠(32), 박훈일(31)
소련계	허가이(38), 박창식(41), 김재욱(33), 김열(28), 김영수(31), 한일무(34)
국내계	주녕하(34), 김용범(45), 박정애(39), 한설야(45), 최경덕(34), 강진건(62), 오기섭(44),리순근(46), 장종식(40), 최용달(41), 장순명(46), 최봉수(40), 김응기(46), 문태화(39), 정달헌(48), 한면수(42)

* 1948년 3월 제2차 당대회

위원장	김두봉
부위원장	김일성, 주녕하, 허가이(48년 9월 주녕하와 교체)
정치위원	김두봉, 김일성, 허가이, 김책, 최창익, 박일우, 주녕하
상무위원	김두봉, 김일성, 허가이, 김책, 최창익, 박일우, 박정애, 박창옥, 김일, 김재욱, 진반수, 기석복, 정준택, 정일룡, 주녕하, 김열(48년 9월 당중앙위 제3차 회의), 박영성(〃)
조직위원(48년 9월 당중앙위 제3차 회의)	김일성, 허가이, 김열, 박창옥, 박영성
중앙위원	김두봉(당위원장, 북조선인민위원회부위원장), 김일성(당부위원장, 북조선인민위원회위원장), 주녕하(당부위원장), 허가이(당조직부장→당부위원장), 김책(인민위민족보위국장), 최창익(인민위검열국장), 박일우(인민위내무국장), 박정애(여성동맹위원장), 김교영(당재정부장), 정준택(인민위기획국장), 박창옥(당선전부장), 김일(인민군문화국장), 김재욱(평안남도당위원장), 김황일(당노동부부부장), 김열(한경남도당위원장), 최경덕(직업동맹위원장), 김민산(?→49.4. 함경남도인민위원장), 최숙양(성흥광산노동자), 진반수(당간부부장), 강진건(농민동맹위원장), 한일무(강원도당위원장), 박훈일(황해도당위원장), 최제린(농민동맹중앙위원), 한설야(문화예술동맹위원장), 리희준(인민위간부국부국장), 강건(인민군총참모장), 김승화(중앙당학교장), 기석복(→노동신문주필), 허정숙(인민위선전부장), 리중근(함남고원선철도기관사), 태성수(노동신문주필→교원신문주필), 장순명(함경북도당위원장→48.9. 당검열위원장), 김응기(황해도인민위원장), 김고망(사동탄광모범노동자), 무정(인민군포병사령관), 박창식(평앵시인민위부위원장), 리북명(문학동맹상무위원), 박효삼(인민군), 김상철(평양자동차공장선반공, 직업동맹상무위원, 북조선인민회의상임위원), 장시우(인민위상업국장), 정두현(김일성대학의학부장), 오기섭(인민위노동국장)

중앙위원	송제준(안악군모범농민), 김직현(아오지탄광노동자), 리순근(인민위농림국장), 김광협(인민군), 리종익(애국투사후원회위원장), 장해우(인민검찰소장), 리동화(인민위보건부국장), 림해(당연락부장), 정일룡(인민위산업부국장), 방학세(인민위내무국정보처장), 조영(여성동맹부위원장), 김웅(인민군), 박무(조선통신사장), 김영수(함경북도인민위원장), 장철(황해도당부위원장), 김태련(길주펄프공장노동자 → 최고인민회의대의원), 리권무(인민군), 김경석(남포시당위원장 → 인민군), 김한중(인민위내무국간부), 박영성(당노동부장), 리유민(황해도인민위서기장 → 당농민부장 → 49.4. 평안북도인민위원장), 김광빈(인민위내무국간부), 리송운(?), 박금철(?), 김찬(중앙은행총재)
후보위원	박원술(직업동맹상무위원, 신창탄광모범노동자), 리영화(흥남비료공장모범노동자), 김진여(?), 채규형(인민검찰소부소장), 하앙천(함경남도당선전부장), 박영화(황해제철소당간부), 박동초(인민위외무국간부), 강영창(성진제강소기사), 최광렬(덕산탄광모범노동자, 북조선인민회의대의원), 리규한(직업동맹상무위원), 남일(인민위교육부국장), 장위삼(당조직부부부장), 고봉기(평안북도당부위원장 → 48.9. 함경북도당위원장), 김태화(보건연맹상무위원), 계동선(? → 50.6. 황해도당위원장), 김두용(?), 리효순(? → 49.2. 자강도인민위원장), 리지찬(수풍발전소기사), 리영섬(민주청년동맹상무위원), 최봉수(강원도인민위원장)
검열위원(중앙위원겸임)	허가이(위원장 → 48.9. 조직위원장), 장순명(부위원장 → 48.9. 위원장), 장해우, 김고망, 방학세, 장철, 리종익
검사위원	리주연(위원장 ; 인민위총무부장), 김서호, 현칠종(농민동맹부위원장), 차순철, 류문화(민주조선주필), 한홍국(농민동맹부위원장), 양영순(직업동맹상무위원)

* 1956년 4월 제3차 당대회

위원장	김일성
부위원장	최용건, 박정애, 박금철, 정일룡, 김창만
상무위원	김일성, 김두봉, 최용건, 박정애, 김일, 박금철, 림해, 최창익, 정일룡, 김광협, 남일(후보위원 : 김창만, 리종옥, 리효순, 박의완)
조직위원	김일성, 최용건, 박정애, 박금철, 정일룡, 김창만, 한상두
중앙위원	김일성(수상), 김두봉(최고인민회의상임위원장), 최용건(부수상겸민족보위상), 박정애(당부위원장), 김일(부수상겸농업상), 박금철(당부위원장), 박창옥(부수상 → 겸기계공업상), 최창익(부수상), 박의완(부수상), 정일룡(부수상), 한상두(당조직지도부장), 하앙천(당과학부장), 김황일(당산업부장)

중앙위원	박훈일(당농업부장), 리효순(당간부부장), 박일영(당연락부장 → 주동독대사), 리일경(당선전선동부장), 한설야(작가동맹위원장 → 교육상), 서휘(직업총동맹위원장), 림해(당연락부장), 김천해(조국전선의장단), 리종옥(국가계획위원장), 남일(외무상), 정준택(부수상), 진반수(대내외상업상), 방학세(내무상), 김창만(당부위원장), 류축운(석탄공업상), 김회일(교통상), 문만욱(경공업상), 정성언(내각정보국장 → 무역부상·조국전선중앙위원),허성택(검열위부위원장·조국전선중앙위원), 박문규(국가검열상), 허정숙(문화선전상), 김승화(건설상), 강영창(금속공업상), 김광협(인민군총참모장), 최현(민족보위부상), 최종학(인민군총정치국장), 한일무(공군사령관), 리권무(집단군사령관), 류경수(집단군사령관), 리림(군사정전위원·인민군간부국장), 김경석(전당검열위부위원장), 리영호(해군사령관), 김창덕(사단장), 김용진(자강도당위원장), 현정민(함경남도당위원장), 고봉기(황해남도당위원장), 조영(량강도당위원장), 리유민(함경남도인민위원장), 송봉욱(황해북도인민위원장), 리송운(평양시당위원장),김덕영(소비조합중앙연맹이사장), 김만금(평안남도당위원장), 리인동(직업총동맹부위원장), 오기섭(수매양정상), 강진건(농민총동맹위원장), 김원봉(강원도당위원장), 최원택(최고인민회의상임위원·평화옹호전국위원회부위원장), 허빈(황해북도당위원장), 한전종(평안북도인민위원장), 김두삼(전기상), 김상혁(해운관계간부), 김익선(당검열위원장), 송을수(농림수산기술총연맹부위원장), 김직현(아오지탄광지배인 : 59.12.6. 로), 윤공흠(상업상), 박무(조선중앙통신사장), 김상철(공장지배인), 김응기(최고인민회의상임위부위원장)
후보위원	유철목(개성시당위원장), 김태근(함경북도당위원장), 박용국(민주청년동맹위원장),강덕일(→ 당부장), 정두환(당상업재정협동단체부장), 서춘식(평안북도당위원장), 양계(내각사무국장), 최철환(→ 내각사무국장), 리달진(개성시인민위원장), 백홍권(국가계획위부위원장 → 당공업부장), 정연표(평양시인민위원장), 최일(주중국대사), 리재천(강선제강소지배인), 오동욱(과학원화학공업연구소장), 리청원(과학원상무위원·사회과학부문위원장), 장하일(민주조선주필), 리문일(로동신문주필), 김현봉(김일성대학부총장), 고희만(→ 당산업부장), 석산(민족보위부상겸정치안전국장), 오진우(사단장), 장평산(군단장), 최광(군단장), 김봉률(포병사령관), 최용진(군단장), 리필규(내각건재국장), 조훈(내각산림국장), 김창봉(군단장), 최선규(김책공업대학부학부장), 박광희(평양시인민위부위원장), 최돈근(당검열위원), 정칠성(민주여성동맹부위원장), 리지찬(전기부상), 리천호(화학공업상), 김철우(인민군·소장), 유승철(함경북도인민위원장), 백순제(황해남도인민위원장), 리태화(평안남도인민위원장), 리상조(주소련대사),서철(주베트남대사), 허국봉(주폴란드대사), 리규한(원직업총동맹상무위원), 리북명(작가동맹상무위원 → 위원장), 백남운(과학원원장), 고경인(보건성외사부장 → 적십자사부위원장)

검열위원	김익선(위원장), 허성택(부위원장), 윤응룡(부위원장, 직업총동맹부위원장), 리효순(당간부부장), 김려중, 최돈근(중앙위원), 허학송(→ 개성시당위원장)
검사위원	리주연(검사위원장), 박효삼(내각수매양정국장 → 수매양정부상), 박창식(자강도인민위원장), 김교영(중앙은행이사장 · 국제무역촉진위원장), 황세환(최고재판소장), 정로식(조국전선의장단), 현칠종(농민동맹부위원장), 김창흡(체신상), 리희준(국가검열부상), 김민산(국가건설위부위원장), 김계림(검사위부위원장), 류연화(검사위부위원장), 정목(인민군후방국장), 김영수(민주여성동맹부위원장), 리순근(원산농업대학장), 조성모(최고검찰소검사총장), 류문화(국립출판사장)

* 1961년 9월 제4차 당대회

위원장	김일성
부위원장	최용건, 김일, 박금철, 김창만, 리효순
정치위원	김일성, 최용건, 김일, 박금철, 김창만, 리효순, 박정애, 김광협, 정일룡, 남일, 리종옥(후보위원 : 김익선, 리주연, 하앙천, 한상두. 현무광 : 61.2.당중앙위 제2차 확대전원회의)
중앙위원	김일성, 최용건(당부위원장 · 최고인민회의상임위원장), 김일(당부위원장 · 제1부수상), 박금철(당부위원장), 김창만(당부위원장), 리효순(당부위원장), 박정애(농업상 · 민주여성동맹위원장), 김광협(부수상겸민족보위상), 정일룡(부수상겸평양시인민위원장), 남일(부수상겸국가건설위원장), 리종옥(부수상겸중공업위원장), 김익선(당검열위원장), 리주연(부수상겸무역상), 하앙천(김일성대학총장), 한상두(재정상), 정준택(부수상겸국가검열위원장), 서철(당연락부장?), 최현(체신상), 석산(내무상), 김경석(평양시당위원장), 김창봉(인민군총참모장), 허봉학(인민군총정치국장), 최용진(수산상), 박성철(외무상), 오진우(제1집단군사령관), 전문섭(제2집단군사령관), 한설야(문화예술총동맹위원장), 리영호(주중국대사), 전창철(주베트남대사), 리송운(주소련대사), 최광(공군사령관), 안영(주알바니아대사), 한익수(민족보위부상), 김대홍(군사대학교장), 강진건(농민동맹위원장), 최원택(최고인민회의의장), 백남운(최고인민회의상임위부위원장), 리일경(보통교육상), 강영창(과학원장), 김동규(주나호트카총영사), 김영주(당조직지도부장), 박용국(당국제부장), 김도만(당선전선동부장), 현무광(당중공업부장), 김태근(당건설운수부장), 김만금(당농업부장), 정두환(당상업재정계획부장), 고혁(당과학및학교교육부장), 강희원(당경공업부장), 로수억(당수산부장), 박영순(당통신부장), 김왈룡(직업총동맹위원장), 최기철(내무성정치국장), 오백룡(내무부상겸호위총국장), 양군옥(?), 신대식(?), 김종항(고등교육상), 림계철(경공업위원장), 박세창(최고검찰소검사총장)위원장)

중앙위원	박문규(최고인민회의상임위원회서기장), 권영태(당부장→주동독대사), 김병식(건설상), 오현주(민주청년동맹위원장), 김회일(교통상), 김창덕(검열위부위원장), 허석선(로동신문주필겸기자동맹위원장), 김옥순(민주여성동맹부위원장), 임철(사단장), 최민철(군단장), 김좌혁(인민군정찰국부국장), 지병학(사단장), 리장수(인민군총정치국부국장), 허학송(황해남도당위원장), 오제룡(개성시당위원장), 림진규(량강도당위원장), 리재윤(함경남도당위원장), 피창린(평안남도당위원장), 리재영(황해북도당위원장), 리광실(함경북도당위원장), 로용삼(강원도당위원장), 정지환(평안북도당위원장), 채희정(당부부장), 로익명(평안남도인민위원장), 리북명(작가동맹위원장), 오동욱(중공웝위부위원장)
후보위원	백학림(사단장), 김중린(당부장), 한대영(상업상), 최창석(보건상), 김응상(국가건설위부위원장), 박웅걸(문화상), 최재우(중공업위부위원장), 로태석(내각물자공급총국장), 송창렴(임업상), 김관섭(자강도당위원장), 리근모(당부부장), 오태봉(내각사무국부국장), 리면상(음악가동맹위원장), 황원보(당검열위부위원장), 로태준(청진시당위원장), 안승학(함흥시당위원장), 유창권(민족보위부상겸해군사령관), 김태현(군건설사단장→민족보위부상), 장윤필(황해남도인민위원장), 백선일(평안북도인민위원장), 태병렬(당부부장·소장), 박태진(남포시당위원장), 박우섭(군단장), 정병갑(군단장), 최종건(공군정치국장), 염상기(?), 김성근(청진시인민위원장), 리양숙(함흥시인민위원장), 리국진(당부부장), 리덕현(최고재판소부소장), 최학선(당부부장), 황순희(인민군·여자군), 박경숙(평양제사공장당위원장), 렴의재(농업제1부상), 리영순(인민경제학원원장), 김명선(청진화학섬유공장당위원장), 리홍균(무산광산당위원장), 윤창순(신창탄광당조직원 : 58.10. 근→신창청년탄광당위원장 : 60.9. 당), 한경숙(?), 송복기(순천화학비료공장지배인), 김용석(황해제철소당위원장 : 56.12.30. 로→김책제철소당위원장), 김홍관(용성기계공장당위원장), 김기두(?), 김병삼(전기석탄공업부상), 박인혁(?), 김형삼(황해제철소지배인), 홍원길(덕천자동차공장지배인), 양충겸(성진제강소지배인), 리지찬(전기석탄부상), 김병수(기양트랙터공장지배인)
검열위원	김익선(위원장), 황원보(부위원장), 김창덕(부위원장), 박춘혁(부위원장), 리민수(평안북도당부위원장→62.9. 평안남도당위원장), 오영봉(내무성국장→송림시인민위원장→ 사회안전부상), 리승우(내무성정치국부국장→사회안전부상)
검사위원	김려중(위원장), 김계림(부위원장), 송영(대외문화연락위원장), 인태홍, 리봉수(인민군의무부대장), 림춘추(주불가리아대사), 김자린(내무성국장→사회안전부상), 양태근(노동상), 정동철(양강도인민위원장), 김세봉(함경북도인민위원장), 김국훈(김책공업대학장), 배기준(조선중앙통신사장), 강석산, 리호철(부위원장), 김홍옥(상업성국장→상업부상), 황해영, 리상운

■ 부표 3 : 내각상·부상, 기타 고위간부직업 경력

수상	김일성
부수상	박헌영(48.9.~53.3.), 김책(48.9.~51.1.), 홍명희(48.9.~57.9.), 허가이(51.11.~53.3.), 최창익(52.11.~56.9.), 정일룡(52.11.~57.9.), 최용건(53.7.~57.9.), 박의완(53.7.~57.9.), 박창옥(54.3.~56.9.), 김일(54.3.~57.9.), 정준택(56.5~57.9.)(이상 제1기 내각) 김일(57.9.~62.10.), 박의완(57.9.~58.3.), 홍명희(57.9.~62.10.), 정일룡(57.9.~62.10.),남일(57.9.~62.10.), 리주연(58.3.~62.10.), 리종옥(60.1.~62.10.), 김광협(60.10.~62.10.)(이상 제2기 내각)
국가계획 위원장	정준택(48.9.~54.3.), 박창옥(54.3.~56.1.), 리종옥(56.1.~57.9.) → 리종옥(57.9.~59.7.), 림계철(59.7.~60.12.), 정준택(60.12.~62.10.~67.12.)
국가계획위 부위원장	백홍권(54.3. 전), 김익근(56.3. 전), 최재우(57.4. 명), 로태석(57. 총),장영진(58.10. 전), 남인호(58.5.8. 로, 59.3. 명), 렴의재(60.12. 명), 박풍식(61. 7. 전), 최만현(61.8. 전), 박인하(61.9. 총)
민족보위상	최용건(48.9.~57.9.) → 김광협(57.9.~62.10) → 김창봉(62.10~67.12.)
민족보위부상	김일, 무정, 한일무(겸해군총참모장 : 50. 전), 김웅(53.7. 전, 57.6.22. 민), 리영호(겸해군사령관 : 53.9. 총), 최종학(54.10. 전), 최현(56.6. 전), 김봉률(58. 2. 전, 62.10.25. 로), 유창권(겸해군사령관 : 58.6. 명), 한일무(58.10.7. 로), 석산(59.7. 명, 60. 10.28. 로), 허봉학(60.2. 전), 최용진(60.10.31. 로), 한익수(61.9. 명), 김대홍(62.10.25. 로),박광선(62.10.25. 로), 김태현(62.10.25. 로), 최광(62.10.25. 로)
내무상	박일우(48.9.~52.10.), 방학세(52.10.~57.9.) → 방학세(57.9.~60.11.), 석산(60.11.~62.10.) → 박문규(62.10.~64.12.)
내무부상	방학세(겸정치보위국장 : 50. N), 박훈일(50.3. 총), 박용삼(겸보안국장, 철직 : 50.12.11. 내), 주광무(51.3.12. 내), 리필규(내무상대리겸 : 52.5.23. 내), 김춘삼(53.2. 인, 58. 1. 전), 강상호(겸정치국장 : 54.5. 총, 58.1. 전), 송춘백(56.5~7. 이), 박응익(57.10. 전), 오백룡(겸호위총국장 : 61.2. 명)
사회안전상	방학세(51.3.~52.10.), 석산(62.10.~67.12.)
사회안전부상	오영봉(64.5. 명), 리승우(64.12. 명)

외무상	박헌영(48.9.~53.3.), 남일(53.3.~57. 9.) → 남일(57.9.~59.10.), 박성철(59.10.~62.10.~67.12.)
외무부상	권오직, 고봉기(53.10. 전), 기석복(54.8.11. 로), 리동건(54.9. 전), 리신팔(55.11.12. 민, 56.2.25. 민), 박성철(56.11. 전, 58.5.4. 로), 박길룡(57.5. 전, 58. 9. 16. 로), 허국봉(58.8.26. 민), 박광선(58.9. 전), 김태희(60.10. 전), 류장식(61. 3. 전)
재정상	최창익(48.9.~52.11.), 윤공흠(52.11.~54.3.), 최창익(54.3.~54.11.), 리주연(54.11.~7.9.) → 리주연(57.9.~8.4.), 송봉욱(58.4.~0.11.), 한상두(60.11.~2.10~7.12.)
재정부상	김찬(49.7.), 리장춘(50.3. 인), 박윤형(54.12. 전), 윤형식(55.12.24. 로), 전세웅(56.3.18. 로), 김인순(61.9. 전), 최윤수(59.11.4. 로, 61.9. 전)
산업상	김책(48.9.~1.1.), 정일룡(51.2.~1.7)
산업부상	정일룡(50.1. 인), 리종옥(50.4. 인)
중공업상	정일룡(51.7.~52.11. 부수상), 김두삼(52.11.~54.3.), 정일룡(54.3.~55.6.)
중공업부상	백홍권(?), 고희만(53.9.20. 인민일보,53.10. 전), 한국모(54.10. 전), 김열(54.5. 전, 54.9.6. 로→55.4. 숙청), 한지섭(54.10.19. 로, 55.1.5. 로), 문치수(54.12.16. 로), 림병선(54.12.16. 로), 조동섭(55. 총)
화학건재 공업상	백홍권(52.5.~54.3.), 정준택(54.3.~55.1.)
화학건재 공업부상	주종의(54.7. 전), 리필규(54.9.11. 로), 리천호(54.12.16. 로)
화학공업상	정준택(화학건재공업상→55.1.~56.5.), 리천호(56.5.~57.9.) → 리천호(57.9.~58.8.)
화학공업부상	정원모(55.1. 전), 리천호(56.4. 전), 오동욱(58.3. 전, 59.7.24. 로)
동력화학 공업상	김두삼(전기상→58.8.~60.4.)
동력화학 공업부상	리지찬(59.6. 총), 김병삼(59.8. 총)
전기상	김두삼(54.3.~57.9.) → 김두삼(57.9.~58.8.)

전기부상	최재하(55.5. 전), 리지찬(55.9. 총, 56.9.14. 로), 원동근(55.11. 전 → 55.12. 직업동맹중앙위원), 강희원(58.7. 총, 59.3.14. 로), 김형섭(59.7.5. 로)
석탄공업상	류축운(56.5.~57.9.), 허성택(57.9.~58.9.), 김태근(58.9.~59.8.)
석탄공업부상	김영목(58.9. 전, 59.3.14. 로), 전호성(57.8. 전)
금속공업상	정일룡(55.6.~11.), 강영창(55.11.~57.9.) → 강영창(57.9.~58.9.), 한상두(58.9.~60.4.)
금속공업부상	강영창(55.6. 명), 최진해(55.11.15. 로, 58.5.8. 로), 한국모(55.11.15. 로, 58.2. 전), 윤승과(김책제철소기사장 → 58.11. 전, 59.3.14. 로), 김익근(59.3. 전), 허영일(59.6. 전)
기계공업상	박창옥(56.5.~9.) → 정일룡(57.9.~58.2.), 최재우(58.2.~60.4.)
기계공업부상	한지섭(56.5~7. 이), 박원구(56.5~7. 이, 57.1.19. 로), 김재규(56.7.18. 민, 58.2. 전), 이시현(56.11. 전), 최재우(57.9. 명), 정유호(57.10. 명), 김형섭(직업동맹중앙위원 → 58.11. 전)
중공업위원장	리종옥(60.4.~62.8.) → 해체분리
중공업위 부위원장	정유호(60.4.~11.), 김두삼(동력화학공업상 → 60.4.~60.8.), 로태석(60.4.~61.10., 제1부위원장 : 61.11. 명), 한상두(금속공업상 → 60.11.~62.8.), 오동욱(60.12. 전), 최재우(기계공업상 → 61.9.~62.8.)
전기석탄 공업상	정일룡(62.8.~62.10.~64.12.), 김태근(64.12.~67.12)
전기석탄 공업부상	김병삼(62.10.~67.12. 총)
금속화학 공업상	리종옥(62.8~10. →64.11.)
기계공업상	한상두(62.8.~10.), 조동섭(62.10.~63.7.) → 기계공업위원장 : 현무광(63.7.~64.12.) → 기계공업상 : 현무광(64.12.67.1.)
경공업상	리종옥(51.12.~54.3.), 박의완(54.3.~55.1.), 리종옥(55.1.~11.), 문만욱(55.11.~57.9.) → 문만욱(57.9.~60.4.)
경공업부상	문만욱(52.6.16. 로), 김점권(52.6.24. 로), 유영준(54.10.19. 로, 58.9. 명), 안한식(55.5. 전), 림계철(56.10.21. 로, 58.9. 명), 김복진(58.9. 전)
경공업위원장	정준택(60.4.~12.), 림계철(60.12.~62.10) → 박룡성(62.10.~64.1.)

경공업위 부위원장	문만욱(경공업상→60.4.~64.1.), 박룡성(60.9.~62.10.), 강점구(60.10. 전), 김복진(61.5. 전), 안한식(61.8. 전), 허순(61.8. 전, 62.2.21. 로)
농림(업)상	박문규(48.9.~52.11.)→농업상 : 박문규(52.11.~54.3.), 김일(54.3.~57.9.)→한전종(57.9.~숙청 ; 59.7.20. 로), 김만금(59.9.~60.11.), 림해(60.11.~61.9.), 박정애(61.9.~62.10.)
농림(업)부상	김재욱(50.4. 인→인민군총정치국장→54.10.19. 로), 문석구(50.8.18. 내), 리용석(임명 : 50.9.29. 내, 57.4.11. 민→숙청 ; 59.7.20. 로), 송봉욱(53.2.12. 로, 54.12. 전), 리승철(55.8.20. 민), 박문규(55.3. 경, 56.1.7. 로), 박경수(55. 3. 경, 56.10.19. 민), 유승철(56.10.19. 민→숙청), 조훈(56.10.19. 민), 최봉세(57.9.24. 로, 당농업부부부장→58.10. 전), 고창운(55.8.14. 로, 당농업부부부장→수산부상→59.1. 전), 최광렬(59.6. 전), 리종팔(61.6. 전), 전태환(61.7. 전), 렴의재(제1부상 ; 61.7.31. 민), 계형순(62.7.24. 로)
농업위원장	김만금(62.10.~67.12.)
수매양정상	오기섭(56.5.~57.8.)→폐지(57.8.)→부활 : 정성언(58.11.~59.8.)→상업성과 통합(59.8.)→부활 : 한대영(62.7.~62.10.)→한대영(62.10.~67.12.)
수매양정부상	박효삼(56.5. 전), 한홍정(56.7. 전), 최인석(58.11. 전)
지방경리상	정성언(57.8.~9.)→정성언(57.9.~58.11.)→폐지
수산상	주황섭(54.3.~57.9.)→주황섭(57.9.~58.9.), 유철목(58.9.~59.8.)→경공업위원회와 통합→부활 : 최용진(60.12.~63.3.)
수산부상	김영수(내각수산국장→54.4. 전, 54.9.19. 로, 58.8.29. 민), 김제필(54.10. 19. 로, 56.3.14. 로), 고창운(58.7. 전), 강점구(61.12. 명)
임업상	고준택(58.4.~9.), 고희만(58.10.~60.4.)→폐지(60.4.)→부활 : 송참렴(61. 1. ~62.10)→정동철(62.10.~67.12.)
임업부상	고용대(58.2. 전, 58.5.8. 로)
노동상	허성택(48.9.~52.5.), 김원봉(52.5.~57.9.), 김응기(57.9.~59.8.)→폐지(59.8.) →부활 : 량태근(61.2.~62.10.)→백선일(62.10~67.12.)
노동부상	박임선(49.12. 인), 김영수(52.3.28. 로), 박태준(56.5~7. 이), 문치수(51.4. 26. 안 : 산업성노력임금처장→54.12.16. 중공업부상→노동부상 : 56.11.27. 로, 58.3. 전→직업총동맹부위원장), 문두재(직업총동맹부위원장→58.3. 총?)
상업상	장시우(48.9.~52.10.), 리주연(52.10.~54.3.), 윤공흠(54.3.~56.9.)→무역성과 통합・대내외상업상 : 진반수(56.9.~58.9.)→부활 : 진반수(58.9.~59.5.), 정두환(59.5.~60.5.), 한대영(60.5.~62.7.), 리양숙(62.7.~8.), 김세봉(62. 8.~ 10. →67.12.)

상업부상	리상조(50.), 김광수(50.6. 인), 유도승(51.11.8. 내), 림하운(52.3.26. 로), 리주연(52.4.6. 로), 리달진(53.7. 전), 변동윤(54.12.2. 로, 56.2.19. 민), 김찬(54.9. 경, 55.10. 전), 김영철(56.5~7. 이), 리상춘(59.3.16. 로, 60.7. 총)
대내외 상업부상	리장춘(56.10. 전), 빅영빈(56.11.25. 민, 58.1.22. 로), 김현국(57.9. 전), 긴최선(57.12. 전), 리상선(58.8. 명)
무역상	진반수(52.10.~56.9.) → 상업성과 통합·대내외상업성 → 부활 : 림해(58.9.~60.8.), 리주연(60.8.~61.11.), 리일경(61.11.~62.10. → 64.4.)
무역부상	황태성(54.12. 전, 55.1.5. 로), 김광(55.3.5. 로), 리장춘(56.2.19. 민), 김현국(54.8. 전, 56.2.19. 민, 58.9. 전), 정성언(56.4. 전 → 56.2. 내각정보국장), 리상선(58.4. 명), 김최선(58.9. 전), 박영빈(58.11. 전), 리장춘(58.12., 61.3. 총), 계응태(61.5. 전)
도시경영상	리용(48.9.~51.12.) → 개칭·도시건설상 : 김승화(51.12.~53.6.), 주황섭(53.10.~54.3.) → 부활 : 리기석(55.1.~57.8.) → 지방경리성과 통합·폐지 → 부활 : 럼태준(62.10.~64.4.)
도시경영부상	리주봉(해임 : 50.9.29. 내) → 도시건설부상 : 리주봉(52.4.17. 로) → 도시경영부상 : 리희준(56.5~7. 이), 김하운(56.10.5. 로, 56.5.~7. 이), 리윤식(59.3.14. 로)
건설부장관	김승화(55.1.~56.8.), 최재하(56.12.~57.8.) → 개칭·건설건재공업상 : 최재하(57.8.~58.10.), 김병식(58.10~11.) → 개칭·도시건설경영상 : 김병식(58.11.~59.8.) → 부활 : 김병식(61.1.~62.10.) → 해체
건설부상	김익근(55.6.14. 로), 박경득(55.6. 경), 리병제(56.12.30. 로, 55.12.~57. 2. 전), 김형칠(56.12.30. 로, 56.5~7. 이), → 도시건설경영부상 : 리윤식(59.3.14. 로), 김성균(59.8.8. 로), 김한중(59.3.14. 로, 59.8.14. 로) → 건설부상 : 리승철(61.8. 전)
도시및산업 건설상	김병식(62.10.~63.1.) → 폐지
농촌건설상	김병익(61.9.~62.10. → 63.1.) → 폐지
건재공업상	김병식(63.1.~65.1.)
국가건설위원장	김승화(53.6.~55.1.), 박의완(55.1.~57.9.) → 박의완(57.9.~12.), 김응상(57.12~60.8.), 남일(60.8.~62.10.) → 남일(62.10.~12.), 김두삼(62.12.~67.12.)
국가건설위 부위원장	김민산(54.9.9. 로 → 55.1. 건설부상), 김광현(54.12.22. 로), 김상인(57.5. 명), 김응상(제1부위원장 : 60.8.~65.1.)

문화선전상	허정숙(48.9.~57.8.) → 교육성과 통합
문화선전부상	김오성, 태성수(50.1. 인, 해임 : 50.12.11. 내), 기석복(52.4.17. 로→ 해임 ; 56.1. 전), 정률(53.11. 전, 54.11.28. 로, 55.11.12. 민 → 해임 ; 56.1. 전), 김태근(54.9. 전, 54.9.21. 로), 김강(54.10.1. 로 ; 당선전선동부부부장→ 55.8.25. 민), 안막(56.2.24. 민), 김종항(56.12. 전)
교육상	백남운(48.9.~56.1.), 김창만(56.1.~5.), 한설야(56.5.~57.8.) → 문화선전성과 통합→ 교육문화상
교육부상	남일(50.1. 인, 해임 : 50.9.29. 내) → 박영빈(50.12.11. 내) → 박형식(51.8.30. 내), 장익환(53.11. 전, 55.4.24. 로→58.9. 교육문화부상), 조금송(54.11. 전), 리낙언(55.6. 전→60.4. 고등교육부상)
교육문화상	한설야(57.8.~9.) → 한설야(57.9.~58.9.), 리일경(58.9.~60.4.) → 해체 : 고등교육, 보통교육, 문화성
교육문화부상	김웅상(57.10. 전), 안막(58.1.3. 로), 양인선(58.7. 전, 59.7.16. 로), 장익환(58.9. 전), 리창수(59.5. 전, 59.7.16. 로), 황철(59.7.16. 로)
고등교육상	김종항(60.4.~62.10→67.11.)
고등교육부상	리낙언(60.4. 전), 황종태(60.11. 전), 송정우(61.7. 전)
보통교육상	리일경(61.1.~11.), 윤기복(62.8.~10. →67.12.)
보통교육부상	조성구(61.7. 전), 리신팔(61.8. 전)
문화상	박응걸(61.1.~62.10→66.9.)
문화부상	조영출(61.7.15. 로)
사법상	리승엽(48.9.~51.12.), 리용(51.12.~53.12.), 홍기주(53.12~57.7.), 허정숙(57.8.~9. →59.8.) → 폐지
사법부상	리종갑(50.5. 인), 김택영(52.3.31. 로, 55.8.14. 로, 56.5. 전), 박용숙(55.12.13. 로, 56.5.~7. 이)
체신상	김정주(48.9.~53.3.), 박일우(53.3.~55.11.), 김창흡(55.11.~57.9.) → 고준택(57.9.~58.4.), 최현(58.4.~62.10.) → 박영순(62.10.~67.12.)
체신부상	박세영(52.4.16. 로), 신천택(53.9.~61.9. 전), 박병섭(52.3.24. 로, 54.4.~57. 전), 조홍연(60.11.15. 로)

교통상	주녕하(48.9.~10.), 박의완(48.11.~51.7.) → 개칭·철도상 : 박의완(51.7.~53.7.), 김회일(53.7.~12.) → 부활 : 김회일(53.12.~59.7. →64.2.)
교통부상	박의완, 김인춘(겸정치국장 : 50.12.11. 내), 김두삼(51.3.28. 내), 허성택(54.11. (54.12.6. 로), 김지노(61.8. 선)
철도부상	김동철(53.9.8. 로 : 겸정치국장), 남학룡(53.9. 전, 53.9.8. 로)
보건상	리병남(48.9.~57.9.) → 리병남(57.9.~59.10.), 최창석(60.5.~62.10. →67.12.)
보건부상	류기춘(49.12. 名, 56.1.7. 로), 리동화(50. 전), 조영철(53.10.~60.1. 전), 최창석(55.3. 전), 백기성(61.8. 전), 리동화(61.8. 전)
국가검열상	김원봉(48.9.~52.5.) → 개칭·인민검열위원회 : 리승엽(52.5.~53.3.), 리기석(53.3.~55.1.) → 부활 : 최창익(55.1.20.~8.5.), 리효순(55.8~11.), 김익선(55.11.~56.5.), 박문규(56.5.~57.9) → 박문규(57.9.~59.5.) → 폐지·지방행정상
국가검열부상	김열(50. 전), 공률(50.4. 인), 서휘(54.8. 전), 리희준(55.11. 경), 김민산(55.11. 총), 박기호(56.5.~7. 이)
지방행정상	박문규(59.5.~8.) → 폐지
무임소상	리극로(48.9.~53.12.), 주황섭(53.7.~10.), 리용(53.12.~55.3.), 김달현(53.12.~57.9.) → 김달현(57.9.~59.3.), 홍기주(57.9.~59.3.)
국가과학기술 위원장	오동욱(62.7.~62.10. →67.12.)
과학원장	홍명희(53.9.~56.1.), 백남운(56.1.~61.3.), 강영창(61.4.~65.8.)
내각사무국장	한병옥(48.10.2. 지), 김열(49.11. 명, 해임 : 50.9.29. 내), 김승화(임명·겸군사위원회서기장 : 50.9.29. 내), 한국모(53.3. 인), 김창흡(53.11.28. 인민일보), 양계(55.11. 총), 최철환(서기장 : 53.11.23. 인민일보 →57.8. 전), 최재우(제1사무국 : 62.4.~67.12.), 오태봉(제5사무국 : 62.9.~67.12.)
내각사무국 부국장	한전종(51.3.15. 내, 52.4.17. 로), 리희준(53. 총), 윤응룡(58.6.3. 민)
내각간부국장	장종식(48.10.2. 지)
내각간부국 부국장	리희준(49.2.10. 지)
내각정보국장	정성언(56.2.7. 민), 리희준(58.1. 명)

내각건재 공업국장	리필규(56.5.31. 로)
내각기계공업 국장(55.6.24)	김재규(56.2.10. 로, 56.5. 전)
내각석탄 공업국장(55. 6. 24. 설립)	류축운(55.9.18. 민)
내각양식정 국장	권영태(48.10.2. 지), 문태화(52.3.23. 로), 한홍정(54.10.22. 로, 55.12. 전)
내각수매국장	한홍정(48.10.2. 지), 박효삼(55.5. 전)
내각산림국장	조훈(56.3.18. 로)
내각임산국장	고용대(54.11. 전)
내각수산국장	김영수(53.9.8. 로)
내각자동차및 도로국장	천치억(54.10.3. 로)
내각설비 및 물자총국장	김양률(61.9.~63.12.)
내각경공업 총국장	리양숙(62.10.)
최고재판소장	김익선(48.9.~55.3.), 조성모(55.3.~56.1.), 황세환(56.3.~57.9.), 김하운(57.9.~59.10.), 허정숙(59.10.~60.11.), 김익선(60.11.~66.9.), 리국진(66.9.~67.11.)
최고검찰소 검사총장	장해우(48.9.~52.6.), 리송운(52.6.~56.1.), 조성모(56.3.~57.9.), 박세창(57.9.~62.10. →64.5.), 리국진(64.5.~66.6.), 리송운(66.9.~67.7.)
조선중앙통신 사장·책임 주필	한설야(조선통신사장 : 46.12.5. 법), 박무(조선통신사책임주필 : 46.12.5. 법), 리문일(책임주필 : 50.2. 연감), 서춘식(51.3.12. 내, 52.10. 전), 박무(56.7. 전), 배기준(61.3. 전)
로동신문· 근로자주필	태성수(정로주필→46.8.), 박창옥(47.12. 근, 48.3. 근), 기석복(48. 4. 근, 50.8.15. 근), 박창옥(책임주필대리 : 51.2.25. 근), 리문일(51.3.), 현필훈(겸기자동맹위원장 : 57.2. 전), 허석선(겸기자동맹위원장 : 61.2. 전)

민주조선 · 인민주필	리청원(46.11. 인), 허정숙(47.4. 인), 류문화(48.7. 인, 50.7.), 기석복(51. 4. 내), 장하일(54.4. 전~57. 겸기자동맹위원장 : 55.7. 전)
중앙은행 이사장	김찬, 김교영(53.10. 명, 54.10.22. 로), 김병도(58.5. 전), 정성언(59.8. 전~)
농민은행총재	서석필(54.10. 전), 조홍희(55.11.4. 로), 현칠종(56.5. 전)
생산협동조합 중앙연맹 위원장	현훈(53.5. 전, 54.10.26. 로-58.12. 숙청, 총)
소비조합중앙 위원장	장시우, 조홍희(53.5.25. 로, 54.10.22. 로→농민은행총재 : 55.11. → 수산협동조합중앙연맹위원장 ; 57.2. 전), 김덕영(56.5.20. 로, 57.2. 전)
부위원장	최호민(55.11.4. 로)
국제무역촉진 위원장	김교영(55.5.20. 로)
김일성대학 총장	허헌(48.10.1. 지), 김두봉, 유성훈(56.7.1. 민, 인민경제대학총장→57.2.명)

* 약자 : 로 -『로동신문』, 민 -『민주조선』, 근 -『근로자』, 인 -『인민』, 경 -『경제건설』, 내 -『내각공보』, 전 - 霞關會編『현대조선인명사전』(1962년), 명 -『북한인명사전』 중앙일보사(1990년), 총 -『북한총감』 공산권문제연구소(1968년), 록 -『북조선시 · 도 · 군인민위원회회의록』(1947년), 회 -『최고인민회의제3차회의회의록』(1949년), 집 -『북한관계자료집』 국사편찬위원회, 이 - 이상조 작성 명부(56.5~7.), 속 - 중앙일보사『비록 : 조선민주주의인민공화국』.

· 그 밖의 참고자료 :『朝鮮勞動黨第3次大會文獻』, 外國文出版社(平壤), 1956,『민주조선』 57년 7월 15일~9월 23일,『로동신문』 62년 8월 9일~10월 24일, 와다하루키,『김일성과 만주항일전쟁』, Dae-Sook Suh, Korean Communism 1945~1980 ; A Reference Guide to the Political System, 1981.

■ 부표 4 : 역대 최고인민회의 명부 및 직업명

* 1948년도 제1기 최고인민회의대의원

의장단	허헌(의장), 김달현, 리영(부의장)
상임위원회	김두봉(위원장), 홍남표, 홍기주(부위원장), 강량욱(서기장), 강진건, 성주식, 구재수, 리구훈, 박정애, 김창준, 장순명, 장권, 유영준, 박윤길, 라승규, 최경덕, 리능종, 김병제, 리기영, 강순, 조운
「대의원자격심사위원회보고」	
정당, 사회단체별	북조선로동당(102), 민주당(35), 북조선청우당(35), 남조선로동당(55), 인민공화당(20), 전평(27), 전농(28), 민애청(7), 여성동맹(9), 문연(6), 유교연맹(6), 기독교민주동맹(7), 근로인민당(20), 사회민주당(11), 신진당(11), 민주한독당(10), 민중동맹(8), 민주독립당(20), 근로대중당(7), 민족자주연맹(6), 남조선청우당(5), 민족대동회(2), 건민회(6), 호국청년회(1), 한국독립당(3), 건국청년회(2), 학병거부자동맹(2), 불교도총연맹(2), 불교청년회(2), 애국부녀동맹(1), 조선농민당(1), 무소속(114)
과거경력별	
만주파(6명)	김일성, 김책, 강건, 최용건, 최광, 김일
연안계(9명)	김두봉, 박일우, 최창익, 박훈일, 김민산, 김한중, 리유민, 허정숙, 조영
소련계(16명)	허가이, 리동화, 김재욱, 김영수, 김열, 김찬, 박영성, 박창옥, 태성수, 박일영, 리청송, 한일무, 박창식, 방학세, 고희만, 남일
남로계	허헌, 홍남표, 구재수, 리구훈, 리승엽, 김오성, 김삼룡, 박세영, 강문석, 윤형식, 리여성, 김광수, 황태성, 리주하, 김남천, 최선규, 리강국, 김계림, 김순남, 김점권, 송언필, 홍증식, 길진섭, 문두재, 박진홍, 리관술, 권오직, 안기성, 김달삼, 송성철, 안회남, 리호제, 조복례, 박문규, 리기석, 홍증식, 최원택, 리병남, 리인동, 김상혁, 송을수, 허성택, 유영준, 정칠성, 정로식, 현훈
남조선제 좌익계	리영, 하필원, 최익한, 정백, 백남운, 신남철, 윤행중, 홍기문, 최성환, 조중곤, 리만규, 리여성, 고경인

남조선제 중간계	라승규, 윤징우, 김원봉, 성주식, 홍명희, 리극로, 고경흠, 김병제, 김창준, 리종만, 김해진, 김병제, 김일선, 최승희, 라윤출, 강순, 리능종, 박윤길, 장권, 조운, 리용, 신진우, 채백희
국내계(북)	박정애, 강진건, 한설야, 리기영, 리주연, 천칠종, 긴웅기, 김황일, 송봉욱, 오기섭, 김상철, 장해우, 장순명, 최경덕, 장시우, 주녕하, 한효삼, 최봉수, 리영섬, 김성학, 최용달, 계동선, 윤상만, 안신호, 최숙량
북조선 중간제파	홍면후, 리동영, 김정주, 김달현, 강량욱, 홍기황, 리홍렬, 정성언, 주황섭, 원홍구, 김세율, 고준택, 림택
기술계	리문환, 허남희, 리지찬, 정일룡, 정준택
기타	김득란, 리만수, 김태련

* 1953년 12월 20~22일 제1기 최고인민회의(의장단 및 상임위원회 개선)

의장	리영
부의장	리유민, 홍기황
상임위원장	김두봉
부위원장	김웅기, 리극로
서기장	강량욱
상임위원	강진건, 성주식, 리구훈, 박정애, 김창준, 장순명, 장권, 유영준, 라승규, 김병제, 리기영, 최원택, 원홍구, 강응진(사망 → 리만규), 전윤도, 류해붕

* 1957년도 제2기 최고인민회의

의장단	최원택(의장), 리기영, 김창준(부의장)
상임위원회	최용건(위원장), 리극로, 현칠종, 김원봉(부위원장), 강량욱(서기장), 박정애, 강진건, 성주식, 김병제, 원홍구, 리만규, 리송운, 한상두, 김창덕, 정로식, 김천해, 하앙천, 장해우, 계응상, 리주상, 송영
평양시	김광협(군), 김두봉(최고인민회의상임위원장), 김명준(민주당평양시위원장), 리남이(평양제13인민학교장), 리송운(평양시당위원장), 리정숙(평양제19인민학교장), 박영섭(서평양철도공장화차직공장 ; 모범노동자), 박영신(공훈배우), 유성훈(김일성대학총장), 정연표(평양시인민위원장), 주병선(평양방직공장직포공 ; 노력혁신자), 최경휘(제1인민시장식료품생산판매협동조합위원장), 최상화(천도교청우당평양시위원장), 홍기황(민주당중앙위원장)

평안남도	강량욱(최고인민회의상임위원회서기장), 강준국(안주군송학리제5호농업협동조합관리위원), 강진건(농민동맹위원장), 김두삼(전기상), 김락희(개천군봉화농업협동조합관리위원장), 김만금(평안남도당위원장), 김일성, 김창덕(군), 류수연(순천석회질소비료공장운반공),류축운(석탄공업상), 류현규(남포제련소용광로공), 리기영(조소문화협회위원장), 리만규(조선문자개혁연구위부위원장), 리영(최고인민회의의장), 리일경(당선전선동부장), 리재천(강선제강소지배인), 리종만(조국전선의장단), 림근상(룡강군옥도리농업협동조합관리위원장), 박도화(신창탄광 공훈탄부), 박무(조선중앙통신사장), 박성국(승호리시멘트공장 노력영웅), 박용국(민주청년동맹위원장), 송영(작가), 윤봉진(기독교도연맹평안남도위원장), 윤치일(순천군삼룡리'삼룡'농업협동조합관리위원장), 장윤필(평안남도인민위원장), 장평산(군), 장해우(조국보위후원회위원장), 정두환(당재정협동단체부장), 정준택(부수상), 최두찬(청우당평안남도위원장),최승희(인민배우), 최철환(내각사무국장), 한일무(군), 한동백(민주당평안남도위원장), 홍증식(조국전선서기국장)
평안북도	강영창(금속공업상), 계응상(농업과학원장), 고준택(민주당부위원장), 권오길(천도교청우당평안북도위원장), 김득란(태천군인민위원장), 김석룡(민주당평안북도위원장), 김성문(북중기계공장제관공 노력혁신자), 김세률(불교도연맹위원장), 김회일(교통상), 라승규(소비조합중앙검사위원장), 량신영(인민학교교원), 로영세(룡강군'전진'농업협동조합관리위원장 ; 노력영웅), 리동화(군), 리면상(작곡가동맹위원장), 리승기(화학원원사), 리천호(화학공업상),서춘식(평안북도당위원장), 신봉현(낙원기계공장재단직장직공장), 안병수(구장군룡등탄광 공훈탄부), 어한상(수풍발전소기사장), 원홍구(김일성대학동물학강좌장), 윤징우(외국문출판사중문부주필), 정로식(평화옹호전국민족위부위원장), 정칠성(민주여성동맹부위원장), 조인국(신의주식료품생산판매협동조합관리위원장), 최용건(부수상겸민족보위상), 하앙천(당과학 및 학교교육부장), 한인섭(김일성대학이론물리학강좌장), 한전종(평안북도인민위원장), 현훈(생산협동조합중앙연맹위원장)
함경남도	강초순(단천군검덕광산고속도굴진공), 고히만(당산업부장), 김달현(무임소상·청우당위원장), 김문금(본궁화학공장전로공), 김병제(과학원언어문학연구소장), 김영수(민주여성동맹부위원장), 김원봉(노동상), 라윤출(체육선수), 리규호(장진강발전소기계수리직장직공장), 리병남(보건상), 리봉춘(신군호남포리'호남포'농업협동조합 ; 모범작업반장), 리여성(김일성대학역사학부강좌장), 리유민(함경남도인민위원장), 리인동(→ 직업동맹부위원장), 리화섭(홍원군'봉화'농업협동조합관리위원장), 박금철(당부위원장), 박의완(부수상), 성주식(최고인민회의상임위원), 유경삼(흥남비료공장합성직장운전공), 윤기호(요덕군룡평리'룡평'농업협동조합관리위원장), 전상근(총우당함경남도위원장), 조정현(민주당함경남도위원장)

함경남도	주황섭(수산상), 진반수(대내외상업상), 최용진(군), 한설야(교육상), 한후방녀(함주군흥보리‘붉은별’농업협동조합관리위원장), 현정민(함경남도당위원장), 홍명희(부수상), 황명종(?)
함경북도	강태무(군), 권영우(청우당함경북도위원장), 김복진(길주썰프공상시배인), 김상혁(해운관계간부), 김익선(당검열위원장), 김창만(당부위원장), 김태근(함경북도당위원장), 김후남(어랑군봉강리‘봉강’농업협동조합원 ; 리여맹위원장), 김홍일(김책제철소용광로직장용해공, 모범노동자), 남일(외무상), 류영준(적십자회부위원장), 리극로(최고인민회의상임위부위원장), 리기석(도시경영상), 리남연(민주당함경북도위원장), 박용태(청진제강소회전로공, 노력영웅), 백생금(무산군차유리‘수침’농업협동조합원), 송을수(농림수산기술총연맹부위원장), 최봉순(회령군학포탄광 공훈탄부), 한상두(당조직지도부장겸직업총동맹위원장), 허성택(당검열위부위원장), 허정숙(문화선전상), 황순천(함경북도인민위원장), 황중업(청진수산사읍소간부, 노력영웅)
자강도	김기준(만포기관구기관사, 노력영웅), 김병선(자성군상평리제일농업협동조합관리위원장), 김상철(공장지배인), 김와룡(랑림군임산사업소, 노력영웅), 김용진(자강도당위원장), 김일선(청우당자강도위원장), 리만수(희천공작기계공장주물직장장), 리효순(당간부부장), 림택(민주당자강도위원장), 박창식(자강도인민위원장), 신홍례(민주여성동맹만포군위원장), 정일룡(부수상), 최광(군)
량강도	고경인(보건성외사부장), 김병련(운흥군‘모정’농업협동조합관리위원장), 림해(당연락부장), 송참렴(량강도인민위원장), 전승도(신파뗏목사업소뗏목공, 노력혁신자), 조영(량강도당위원장), 추윤엽(삼수읍신파고급중학교장)
황해남도	구자성(장연군락연광산암반공, 노력영웅), 김덕영(소비조합중앙연맹이사장), 김상신(송화군다암리대횅농업협동조합초급당위원장, 작업반장), 김원규(신천군새길농업협동조합관리위원장, 노력영웅), 김응기(최고인민회의상임위부위원장), 김정혁(민주당황해남도위원장), 김창준(조국전선의장단), 김해진(불교도연맹부위원장), 리상춘(조선문자개혁연구위원장), 리주연(재정상), 림귀녀(배천군추정리가래돌농업협동조합관리위원장), 문만욱(경공업상), 박문규(국가검열상), 박정애(당부위원장겸민주여성동맹위원장), 백남운(과학원장), 신남철(김일성대학철학강좌장), 신중순(?), 안달수(벽성군상동농업협동조합관리위원장), 유만욱(안악군유성리농업협동조합관리위원장), 유철목(황해남도당위원장), 전태환(황해남도인민위원장), 정성언(→ 지방경리상), 최원택(평화옹호전국민족위부위원장), 한관옥(재령군동화농업협동조합관리위부위원장)

황해북도	김병제(청우당부위원장), 김일(부수상겸농업상), 김황일(전당산업부장), 리권무(군), 리림(군), 리석남(토산군합탄리농업협동조합관리위원장), 리시하(만년광산암반공, 노력혁신자), 리찬화(신계국영농장, 노력영웅), 리창도(청우당황해북도위원장), 손철(민주당황해북도위원장), 송봉욱(황해북도인민위원장), 오기섭(수매양정상), 조성모(최고검찰소검사총장), 추상수(황해제철소용해공, 노력혁신자), 한길룡(봉산군선정리해당농업협동조합관리위원장, 공화국영웅), 허빈(황해북도당위원장), 현칠종(농민은행총재), 황철(인민배우)
강원도	강덕녀(문천기계공장심형공), 김명균(원산철도공장, 노력영웅), 김원봉(강원도당위원장), 김천해(조국전선의장단), 도봉섭(과학원후보원사, 의학연구소약학연구실장), 리계산(평강군'과연'농업협동조합관리위원장), 리종옥(국가계획위원장), 리홍렬(조국전선서기국부국장, 강원도인민위부위원장), 문태화(강원도인민위원장), 방학세(내무상), 오제영(민주당강오운도위원장), 유경수(군), 유광열(김화군창도리근로농업협동조합, 노력영웅), 정운복(청우당강원도위장), 최재하(건설상), 최종학(군), 최현(군)
개성시	김명호(개성시인민위원장), 정락선(판문군흥왕리'흥왕'농업협동조합관리위원장), 허학송(개성시당위원장)

#분석 : 총 215명
・자격심사위원회보고(위원장 : 리효순)
　계층별 – 노동자대표 : 84명, 농민대표 : 68명, 사무원 및 인텔리대표 : 60명, 기업가 및 상인
대표 : 3명, 여성 : 27명
　일제 체포, 감금자 – 61명(총 380여 년)
　칭호 및 서훈 – 공화국영웅 : 5명, 노력영웅 : 12명, 공훈탄부 : 3명, 인민배우 : 2명, 공훈배우 : 1명, 총 서훈자 : 180명
연령별 – 18~30세 : 5　　　　　학력별 – 대학졸 정도 : 60
　　　31~40세 : 34　　　　　　　전문졸 : 17
　　　41~50세 : 99　　　　　　　중학졸 : 43
　　　51~60세 : 54　　　　　　　소학졸 : 95
　　　61세 이상 : 23

재선자 : 74명	만주파(4), 연안계(4), 소련계(6), 국내계(북)(14), 북조선제중간계(10), 기술계(2), 남로계(12), 남조선제좌익계(7), 남조선제중간계(12), 기타(3)
해주선출 남조선대표 중 재선자 : 33명	방문규, 리기석, 홍증식, 최원택, 리병남, 리인동, 김상혁, 송을수, 허성택, 유영준, 정로식, 현훈, 리영, 리만규, 정칠성, 백남운, 신남철, 리여성, 고경인, 라승규, 윤징우, 김원봉, 성주식, 홍명희, 리극로, 김병제, 김창준, 리종만, 김해진, 김일선, 김병제, 라윤출, 리정숙

과거경력별	
만주파(8)	김일성, 최용건, 김광협, 최광, 김일, 류경수, 최현, 최용진
언안세(15)	김두봉, 김창만, 김창덕, 박무, 장평산, 하앙천, 김용진, 리권무, 리림, 리유민, 진반수, 현정민, 허정숙, 림해, 조영
소련계(12)	유성훈, 리동화, 최철환, 한일무, 서춘식, 박창식, 허빈, 방학세, 최종학, 고히만, 박의완, 남일
갑산계(4)	리송운, 리효순, 박금철, 허학송
남로계(13)	박문규, 리기석, 홍증식, 최원택, 리병남, 리인동, 김상혁, 송을수, 허성택, 류영준, 정칠성, 정로식, 현훈
남조선제 좌익계(6)	리영, 리만규, 백남운, 신남철, 리여성, 고경인
남조선제 중간계(11)	라승규, 윤징우, 김원봉, 성주식, 홍명희, 리극로, 김병제, 김창준, 리종만, 김해진, 김일선
국내계(북)(27)	현칠종, 김응기, 박정애, 정연표, 강진건, 김익선. 한설야, 리기영, 리면상, 송영, 한전종, 김덕영, 리주연, 유철목, 김황일, 송봉욱, 오기섭, 조성모, 김원봉, 문태화, 한상두, 김상철, 장해우, 송참렴, 김만금, 장윤필, 전태환
북조선제 중간계(10)	김달현, 강량욱, 홍기황, 리홍렬, 정성언, 주황섭, 원홍구, 김세률, 고준택, 림택
일본출신(1)	김천해
테크노크라트 (9)	김두삼, 정준택, 강영창, 김회일, 리천호, 리재천, 정일룡, 문만욱, 리종옥
・학자, 예술가, 체육인, 기타 : 계응상, 리승기, 김병제, 최승희, 라윤출, 리정숙	

* 1962년 제3기 최고인민회의

의장단	최원택(의장), 리기영(부의장), 김창준
상임위원회	최용건(위원장), 리극로(부위원장), 현칠종, 김원봉, 강량욱(서기장), 박정애(위원), 강진건, 성주식, 김병제, 원홍구, 리만규, 리송운, 한상두, 김창덕, 정로식, 김천해, 하앙천, 장해우, 계응상, 리면상, 송영

평양시	강희원(평양시인민위원장), 허봉학(군), 렴경재(남산고급중학교장, 노력영웅), 신중순(?), 김경석(평양시당위원장), 김국훈(김책공업대학장), 최창석(보건상), 최운학(군), 리송운(주소련대사), 박세창(최고검찰소검사총장), 박경숙(평양제사공장당위원장), 강량욱(민주당중앙위원장, 최고인민회의 상임위부위원장), 김병식(건설상), 송덕훈(서구지구공공건물건설트러스트지배인, 노력영웅), 리정숙(모란봉고등의학학교장), 태병렬(군), 리창도(청우당부위원장), 리응원(평양전기관차공장부직공장, 노력영웅), 리재복(평양의과대학외과학임상강좌장), 윤병권(평양시서구공공건물건설트러스트청년직장장), 백의명(평양견직공장지배인), 김원빈(평양시인민위제1부위원장), 전경화(평양방직공장당위원장), 김수복(창전중학교교원, 노력영웅), 최상화(평양시대중식료가공생산협동조합관리위원장), 고혁(당부장), 김태현(군), 황순희(전량강도여맹위원장), 최광(군), 김창봉(군), 김종항(고등교육상), 권영태(주동독대사), 김응상(국가건설위부위원장), 전창철(전주베트남대사), 박금옥(?), 김동규(당부장), 오동욱(국가과학기술위원장), 김성률(평양시인민위부위원장), 량정태(내각제4사무국장), 박성국(승호리시멘트공장부직장장, 노력영웅)
평안남도	한동백(민주당부위원장), 박신덕(청우당중앙위원장), 도유호(과학원고고학및민속학연구소장), 송영(대외문화연락위원장), 김원점(남포제련소설비부기사장), 황재선(남포수산사업소저인망선장), 지장건(대안전기공장당위원장), 오례선(남포시인민위원장), 강위준(룡강고등경제학교장), 최현(체신상), 김상환(?), 김원전(온천군당위원장), 고정익(광량만제염소생산지도부장), 문정숙(강서군청산농업협동조합관리위부위원장), 림윤식(강선제강소부직장장, 노력영웅), 김금산(기양트랙터공장천리마기수, 노력영웅), 정병갑(군), 류기익(평안남도인민위원장), 오태봉(내각제5사무국장), 리만규(과학원학술용어사정위원회서기장), 고준택(조국전선의장단), 렴태준(도시경영상), 박광선(군), 로익명(평안남도농촌경리위원장), 황중업(수산부상, 노력영웅), 박용국(당부장), 김창준(숙천군농업협동조합경영위원장), 최창도(숙천군농기계작업소중대장), 안재승(문덕군조선-웰남친선농업협동조합관리위원장), 김만금(당부장), 리영호(당부장), 김병수(안주탄광채탄공, 공훈광부), 강준국(안주군송학농업협동조합원), 박영순(당부장), 최춘섭(개천탄광지배인), 한찬옥(개천군광명농업협동조합관리위원장, 노력영웅), 김락희(개천군농업협동조합경영위원장), 김현수(김일성대학역사학강좌장), 김영주(당부장), 조명화(순천군은산목장관리공), 손원동(순천석회질소비료공장노동자), 리정삼(순천군은산읍신창지구종합탄광굴진공, 노력영웅), 리창복(평안남도지방산업총국장), 안숙용(불교도연맹위원장), 리민수(평안남도당위원장), 조응섭(흑령탄광중앙갱부대대장, 공훈탄부), 정두환(당부장), 진병무(성흥광산착암공), 김관섭(주몽고대사), 리태우(북창군인민위부위원장), 박성철(외무상), 강중연(덕천군평화농업협동조합관리위원장, 노력영웅), 최태선(맹산읍형봉탄광, 공훈탄부), 박동관(덕천자동차공장프레스직장부직장장)

평안북도	지명관(구장군룡철농업협동조합관리위원장), 최기원(룡등탄광이중천리마굴진중대장), 리일경(무역상), 리덕현(최고재판소부소장), 현창룡(박천직물공장천리마작업반장), 김석룡(민주당부위원장), 백선일(평안북도농촌경리위원장), 오백룡(군), 김득란(태천군인민위원장, 최고인민회의부의장), 리단(국립연극극장, 공훈배우), 김춘성(구성목장, 공훈사양공), 석산(내무상), 리춘룡(정주군대산농업협동조합원), 고금순(구성방직공장천리마작업반장), 김양률(내각물자총국장), 김석형(과학원역사연구소장), 한대영(수매양정상), 한익수(주중국대사), 정지환(평안북도당위원장), 계응상(농업과학위원장, 과학원원사), 리찬선(평안북도인민위원장), 김룡호(총우당부위원장), 서철(당부장), 리원준(염주군인광농업협동조합관리위원장), 림봉언(북중기계공장제관직장장), 로영세(룡천군전진농업협동조합관리위원장, 노력영웅), 김덕복(비현군농기계생산협동조합관리위원장), 고인걸(비현군인민위부위원장), 김승원(락원기계공장이중천리마작업반장), 림계철(경공업위원장), 류명호(신의주수산사업소선장, 노력영웅), 김명경(북중기계공장주물직장천리마작업반장, 노력영웅), 김태련(신의주화학섬유공장지배인), 석칠보(수풍발전소지배인), 김봉선(덕현광산, 공훈광부), 김성철(직맹평안북도위원장), 강우식(총수화학공장, 노력혁신자), 강중한(삭주군당위원장), 강호신(수풍발전소기계직장부직장장), 황원택(구성광산기계탄닌공, 노력영웅), 한영옥(창성군당위원장), 림영균(평안북도인민위교육국장, 노력영웅), 장명준(대유동광산본갱중대장), 김영욱(운산공구공장지배인), 원홍구(과학원생물학연구소장)
자강도	김무회(희천군당위원장), 김재운(희천기관구이중천리마기관사), 김천황(룡림군임산사업소뗏목공), 유락종(전천농기계제작소지배인), 최창걸(송원군농업협동조합경영위원장), 양택건(우시군북상중학교장, 공훈교원), 남선옥(희천군지소농업협동조합관리위원장), 서을현(주기니아, 말리대사), 김석만(위원군고성목장, 노력혁신자), 강운성(전천탄광운탄직장장), 유건양(자강도당위원장), 리용선(자강도인민위원장, 노력혁신자), 연복길(강계연필공장, 노력영웅), 조동섭(?), 김중린(당부장), 김원청(만포군고산진농업협동조합관리위원장), 김동식(장강군승로광산기사장), 송참렴(임업상), 김병모(자강도인민위원장), 김달준(화평광산굴진공), 한승운(자성목장촌리마작업반장), 류녕섭(자강도농촌경리위원장)
량강도	장경순(량강도농촌경리위원장), 김와룡(신파뗏목사업소지배인, 노력영웅), 오경애(삼수직물공장지배인), 김억준(혜산공산대학당위원장), 한상순(갑산광산지배인), 김원설(풍서군인민위부위원장), 김원삼(갑산광산착암공, 공훈광부), 림진규(량도당위원장), 백성학(임산철도기관사, 천리마작업반장, 노력영웅), 김병순(보천군농업협동조합경영위원장), 정동철(량강도인민위원장), 최성락(삼지연군당위원장)

함경북도	김원형(무산광산선광직장천리마작업반장), 장청택(무산광산착암공, 공훈광부), 한수현(무산광산탄광사업소천리마작업반장), 박정열(류선읍지방산업직조공장지배인), 최봉순(회령군학포탄광갱지령장, 공훈광부), 문창석(신유선탄광채탄중대장, 공훈광부), 백성국(종성군동관탄광갱장, 노력영웅), 최봉산(온성탄광갱장, 공화국영웅), 김진화(경원국영목장축산분조장), 주원생(고건원탄광기사장), 허필수(?), 양복원(아오지탄광지배인), 김세봉(상업상), 김옥순(여맹제1부위원장), 김학순(청진수산사업소선장, 노력영웅), 량태근(노동상), 한기창(김책제철소지배인), 정광록(함경북도인민위원장), 문성술(강서군당위원장 → 함경북도농촌경리위원장), 김왈룡(직맹위원장), 리량숙(경공업위경공업총국장), 리광선(명천군고참탄광굴진공, 공훈광부), 박룡성(당부부장), 최기철(내무성정치국장), 도종호(김책수산사업소어선기관장, 노력영웅), 리기철(김책시상평농업협동조합관리위원장), 양충겸(성진제강소지배인), 최중산(성진제강소강철직장용해공)
청진시	리재근(청진시인민위원장), 최중석(성진기와생산협동조합문화부위원장, 공화국영웅), 김홍일(김책제철소용광로직장노체작업반장, 노력영웅), 김상국(성진제강소회전로직장천리마작업반장), 홍시학(청진시당위원장), 황화복(청진화학섬유공장지배인), 김동혁(김책제철소강철직장전로장), 리병부(라남탄광기계공장전기로천리마작업반장), 유창권(군)
함경남도	강초순(검덕광산고속도굴진공, 이중천리마작업반장, 노력영웅), 리상운(검덕광산지배인), 고민순(만덕광산갱장, 공훈광부), 최칠갑(허천강발전소전기기계직장천리마작업반장), 리송련(룡대수산사업소여성호선장, 노력영웅), 윤기복(보통교육상), 리봉남(여맹함경남도위원장), 김회일(교통상), 강영창(과학원장), 리국진(당부부장), 윤련환(흥남비료공장지배인), 리연(북청군룡전리문화농업협동조합관리위원장), 림춘추(주불가리아대사), 리영구(함흥의과대학천리마병원장), 최용진(수산상), 권윤일(류대수산사업소저인망천리마선장), 최상을(신포수산종합기계공장기술공정원), 양형섭(중앙당학교장), 리경룡(신흥목장초급당위원장), 리광실(당부부장), 김기수(내각체육지도위원장), 리재윤(함경남도당위원장), 김양춘(군), 한후방녀(함주군홍보리붉은별농업협동조합관리위원장, 노력영웅), 정종기(함경남도농촌경리위원장), 박승서(대흥군경수탄광갱장, 공훈광부), 한수동(내각제3사무국장), 김이순(정평군선덕국영농장축산분조장), 최학선(당부부장), 김려중(당검사위원장), 김동현(외무부상), 김희준(함경남도인민위원장), 황원보(당검열위부위원장), 유재훈(요덕군인민위원장), 심상의(함흥철도관리국부국장), 장병수(고원탄광채광중대장, 노력혁신자)
함흥시	박홍순(퇴조구역세포리농업협동조합원, 리여맹위원장), 박홍걸(서호수산사업소저인망어선장), 주성일(룡성기계공장이중천리마작업반장, 노력영웅), 박봉조(흥남비료공장수리공, 노력영웅), 리승기(과학원원사, 인민상계관인, 노력영웅)

함흥시	박홍순(퇴조구역세포리농업협동조합원, 리여맹위원장), 박홍걸(서호수산사업소저인망어선장), 주성일(룡성기계공장이중천리마작업반장, 노력영웅), 박봉조(흥남비료공장수리공, 노력영웅), 리승기(과학원원사, 인민상계관인, 노력영웅), 최정(함흥목재가공공장부지배인), 리동성(2-8비날론공장부식장장), 최빈환(함흥시인민위도시경영관리국부국장, 재일귀국동포), 전자련(시건설트러스트제관직장장, 노력영웅), 김문근(본궁카바이트공장원료직장장), 려경구(과학원함흥분원부원장), 안승학(함흥시당위원장), 리학빈(함흥중학교장,공훈교원), 김경회(함흥시인민위원장)
강원도	리매춘(천내초등학원장, 노력영웅), 강덕려(문천기계공장주물직장천리마작업반장), 정기환(문평제련소공무직장천리마기계화작업반장), 김철만(군), 황원준(원산수산사업소직장장), 로수억(당부장), 리성남(원산조선소인양대장, 노력영웅), 박영신(국립연극극장총장), 리마익(안변규미현농업협동조합관리위원장), 박승학(원산기관구기관사, 노력영웅), 황장엽(당부부장), 한창순(강원도농촌경리위원장), 리면상(음악가동맹위원장), 김좌혁(군), 류병련(강원도인민위원장), 박태진(군), 리기영(최고인민회의부의장), 양준혁(회양군창도광산갱장, 공훈광부), 오진우(군), 남춘화(국가계획위중앙통계국장), 김봉률(군), 오제룡(강원도당위원장), 리을설(군), 김억수(교통성당위원장), 리계산(평강군복계농업협동조합관리위원장), 장정환(군), 최성집(철원군당위원장), 리순영(조국전선서기국부국장, 재일귀국동포), 리두익(군), 배기준(조선중앙통신사장), 정기만(문천탄광부갱장)
황해북도	김금실(만년광산선광부직장장, 노력혁신자), 박문규(최고인민회의상임위서기장), 김재구(연산군홀동광산착암공, 공훈광부), 한홍식(과학원연료연구소가스화연구실장), 박영수(수안광산지배인, 노력영웅), 심형식(순아농기계작업소중대장, 노력영웅), 박정근(황해제철소강철직장부직장장, 노력영웅), 채희정(당부부장), 전문섭(군), 박찬제(황해북도인민위원장), 리찬화(신계종합농장작업반장, 노력영웅), 안영(주알바니아대사), 윤영경(?), 리석남(토산군합탄농업협동조합관리위원장), 정정만(?), 최만국(황해북도농촌경리위원장), 리재영(황해북도당위원장), 김창덕(당검열위부위원장), 박재필(황해제철소노체공), 리달영(황해제철소용광로지령장), 승신범(마동시멘트공장지배인, 노력영웅), 최순남(사리원시인민위부위원장, 재일총련출신), 임귀빈(황해제철소평로용해공), 김대홍(군), 주종명(황해제철소코크스연구실장, 인민상계관인, 노력영웅), 김도만(당부장), 강욱극(황주군농업협동조합경영위원장), 박승흡(황해제철소지배인), 추상수(황해제철소평로장, 노력영웅)
황해남도	림순녀(은천군송봉농업협동조합원), 리영순(인민경제학원장), 허석선(로동신문주필겸기자동맹위원장), 김경인(당역사연구소장), 유만옥(안악군오국리오로리농업협동조합관리위원장, 노력영웅), 김시중(맑스 - 레닌주의학원당역사강좌장), 백남운(최고인민회의상임위부위원장)

황해남도	전만영(재령광산지배인), 리창준(재령농기계작업소트랙터운전수, 노력영웅), 허학송(황해남도당위원장), 홍도학(신천군농업협동조합경영위원장), 정월산(신천군우산농업협동조합관리위원장), 리극로(조국전선의장단), 김석태(황해남도검찰소검사장), 오현주(민청위원장), 박병국(락연광산갱건설작업반장, 공훈광부), 리근송(룡연군종합농장작업반부반장), 최재우(내각제1사무국장), 장윤필(황해남도농촌경리위원장), 김병제(과학원언어문학연구소장),리화영(여맹황해남도위원장), 안달수(벽성군서원농업협동조합관리위원장, 노력영웅), 정인선(황해남도인민위원장), 신명철(신원군하성광산직장장), 신고송(민족예술극장총장), 박경순(해주수산사업소기사장), 주도일(군), 최원택(최고인민회의의장), 김태근(당부장), 정성언(중앙은행이사장), 리석심(맑스-레닌주의학원정치경제학강좌장), 김기선(연안군당위원장), 주창준(내각출판총국장), 황원남(연안군봉덕농업협동조합관리위원장), 신진식(평천군봉암농업협동조합관리위원장), 김병익(농촌건설상), 권영우(청우당조직부장), 최억준(배천군제1농촌건설대장)
개성시	김의환(개성시농촌경리위원장), 리영순(개성직물공장이중천리마작업반장), 윤형식(개성시당위원장), 박응걸(문화상), 김재숙(송도정치경제대학장), 지병학(군), 김명호(개성시인민위원장), 리창순(판문군동창농업협동조합관리위원장)

#분석(총 383명)
· 자격심사위원회보고(위원장 최용진)
   재선자(중간개선자 포함) : 112명
   항일투사 : 80여 명(항일빨치산투사 : 34명)
   계층별 : 노동자대표(215), 농민대표(62), 사무원-지식인대표(101), 기타(5), 여성(35)
   칭호-서훈 : 노력영웅(62), 공훈광부(17), 공훈사양공(1), 공훈교원(2), 인민상계관인
      (6), 인민배우(3), 천리마작업반장(23), 서훈자 총수(352)

연령별 : 18~29세 : 12
      30~39세 : 99
      40~49세 : 181
      50~59세 : 71
      60세 이상 : 20
      3선자 : 71명

과거경력별

만주파41명(6명→41명 ; 공식집계 34명)
   김일성, 박경숙(평양제사공장당위원장), 최용건(최고인민회의상임위원장, 당부위원장), 김일(내각제1부수상, 당부위원장), 김동규(당부장), 최현(체신상), 서철(당부장), 림춘추(주불가리아대사), 김광협(부수상겸민족보위상, 당정치위원), 리영순(인민경제학원장)

안영(주알바니아대사), 김경석(평양시당위원장), 석산(내무상), 한익수(주중국대사), 박영
순(당통신부장), 리국진(당부부장), 최기철(내무성정치국장), 최용진(수산상), 박성철(외무
상), 리영호(당부장), 김려중(당검사위원장), 김옥순(여맹제1부위원장), 황순희(여맹량강도
위원장), 허봉학, 박광선, 태병렬, 최광, 김창봉, 전창철, 정병갑, 오백룡, 유창권, 김철만,
김좌혁, 오진우, 리을설, 리두익, 전문섭, 김대홍, 주도일,지병학(이상 민속보위성간부 또
는 군인)
　만주파 관련 : 3명
　　　최성락(량강도삼지연군당위원장, 조국광복회지방지부책임자), 김원설(량간도풍서
　　　군인민위부위원장, 김일성 지도 하 반일투쟁 참가), 김영주(당조직지도부장, 김일
　　　성의 동생)

연안계 : 3명(15명 → 3명)
　　　김창만, 하앙천, 김창덕

소련계 : 1명
　　　남일

갑산계 : 6명(4명 → 6명)
　　　박금철(당부위원장), 리효순(당부위원장), 리송운(주소대사), 허학송(황해남도당
　　　위원장), 허석선(로동신문주필겸기자동맹위원장), 김왈룡(직맹위원장)

남로계 : 3명(12명 → 3명)
　　　박문규(최고인민회의상임위서기장), 최원택(최고인민회의의장), 윤형식(개성시
　　　당위원장)

남조선중간및좌익제파 : 8명(22명 → 8명)
　　　홍명희, 리만규, 리극로, 백남운, 김병제, 김석형, 도유호, 려경구

국내계(북) : 8명(21명 → 8명)
　　　박정애, 김익선, 리기영, 리면상, 송영, 리주연, 한상두, 정동철

북조선중간제파 : 4명(11명 → 4명)
　　　강량욱, 정성언, 원홍구, 고준택

일본출신 : 1명(＋재일귀국동포 3명)
　　　송참렴

테크노크라트 : 8명
　　　정준택, 강영창, 김회일, 정일룡, 리종옥, 계응상, 리승기, 원홍구

■ 부표 5 : 조국통일민주주의전선 명부

* 1949년 6월 제1차 대회

의장단	김두봉, 허헌, 김달현, 리영, 유영준, 정로식, 리극로
서기국장	김창준
기관지주필	홍순철
중앙상무위원 (27명)	김일성, 김두봉, 허헌, 박헌영, 김달현, 김원봉, 리영, 리용, 최용건, 박창옥, 라승규, 홍명희, 리극로, 김병제, 최경덕, 강진건, 박정애, 한설야, 리기영, 유영준, 김남천, 강량욱, 현정민, 서창섭, 리구훈, 리종만, 정로식 (북 : 남 = 13 : 14)
중앙위원(99명)	북조선민전(50명), 남조선민전(49명)

* 1954년 5월 일부 개편

의장단	김원봉, 리영, 리극로, 김창준, 홍기황, 김달현, 김천해, 유영준, 정로식, 리종만
서기국장	홍증식

* 1957년 12월 제2차 대회

의장단	김일성, 홍명희, 홍기황, 김달현, 한덕수, 김천해, 리영
기관지주필	최성환
중앙상무위원 (25명)	김일성, 최용건, 홍기황, 김달현, 박정애, 박금철, 홍명희, 김천해, 한덕수, 강량욱, 김세율, 한설야, 김원봉, 리영, 김창준, 리극로, 리기영, 강진건, 한상두, 박용국, 장해우, 권영태, 리면상, 홍증식, 황봉구. 재선자수(13명), 남조선출신(6명)
중앙위원(87명)	재선자수(35명), 남조선출신(20명)

참 고 문 헌

1. 북조선자료

1) 정기간행물

『정로』, 『로동신문』, 『민주조선』, 『조선인민군』, 『근로자』, 『인민』, 『경제건설』, 『경제지식』, 『경제연구』, 『력사제문제』, 『력사과학』, 『당간부들에게 주는 참고자료』, 『당사업』, 『법령공보』, 『조선민주주의인민공화국내각공보』

2) 사전, 일지, 연감

『대중정치용어사전(증보판)』(평양, 조선로동당출판사, 1959).
『대중정치용어사전(제3판)』(평양, 조선로동당출판사, 1964).
『력사사전』 1, 2권(평양, 사회과학출판사, 1971).
류문화 편, 『해방 후 4년간 국내외 중요일지』(평양, 민주조선사, 1949).
『조선중앙연감』 각년도판(평양, 조선중앙통신사).
『해방 후 10년 일지(1945~1955)』(평양, 조선중앙통신사, 1955).

3) 북조선 간행 결정집, 회의록, 자료집

『黨의 政治路線 及 黨事業總結과 決定－黨文獻集(1)』(平壤, 正路社出版部, 1946).
『미소공동위원회에 관한 제반자료집(증보판)』(평양, 북조선민주주의민족통일전선중앙위원회서기국편, 1947).
『북조선로동당 창립대회 회의록』(평양, 북조선로동당중앙위원회, 1946).
『북조선로동당 제2차 전당대회 회의록』(평양, 북조선로동당중앙위원회, 1948).
『조선로동당 제3차 대회 문헌』(평양, 조선로동당출판사, 1956).

『조선로동당 제4차 대회 주요문헌집』(평양, 조선로동당출판사, 1961).

『조선로동당 제4차 대회 토론집』(평양, 조선로동당출판사, 1962).

『북조선법령집』(북조선인민위원회사법국편, 1947).

『북조선 도·시·군인민위원회대회 회의록』(1947).

『북조선인민회의 회의록』 제1~5차, 특별회의(1947~48).

『조선민주주의인민공화국 최고인민회의 회의록』 제1~4차 (1948~49).

『남북조선제정당·사회단체연석회의회의록』(1948).

북조선인민위원회기획국, 『1946년도 북조선 인민경제통계집』(평양, 1947).

『朝鮮民主主義人民共和國國民經濟發展統計集 : 1946~1963』(東京, 日本朝鮮
　　　　研究所, 1965).

『결정집 : 1946.9~1948.3 북조선로동당중앙상무위원회』.

『결정집 : 1947.8~1953.7 당중앙정치위원회』.

『결정집 : 1949.7~1951.12 당중앙조직위원회』.

『결정집 : 1946.9~1951.11 당중앙위원회』.

『결정집 : 1947.8~1953.7 당중앙조직위원회』.

『결정집 : 1953년도 전원회의, 정치 – 조직 – 상무위원회』.

『결정집 : 1954년도 전원회의, 정치 – 상무위원회』.

『결정집 : 1955년도 전원회의, 정치 – 상무위원회』.

『결정집 : 1956년도 전원회의, 상무 – 정치 – 조직위원회』.

4) 자료집(한국에서 간행된 것)

국사편찬위원회 편, 『북한관계사료집』 1~47권(1982~2004).

김준엽·김창순 공편, 『북한연구자료집』 제1~6집(고려대아세아문제연구소,
　　　　1969~81).

정경모·최달곤 편, 『북한법령집』 제1~8권(대륙연구소, 1990).

한홍구·이정식·김남식 편, 『한국현대사자료총서』 제1~15권(돌베개, 1986).

한림대아시아문화연구소, 『朝鮮共産黨文件資料集』(한림대출판부, 1993).

『독립유공자공훈록 제7권 : 국내독립운동』(국가보훈처, 1990).

5) 미공간문서

U.S. National Records Center

United States, Far East command, Record Group 242, "Captured Enemy Documents"('노획북한문서').

「조선인민군 제825군부대 사업철」 SA 2012, BOX 5.

「강원도인제군당관계문서」

북조선로동당강원도인제군당농민부, 『농민부사업철 1946년』, 『농민부사업철 1947년』.

강원도인제군당부, 『농민부통계철 1946~48년』.

북조선로동당인제군당부, 『선거사업통계철 1948년 8월 25일』.

6) 김일성저작집, 연설집, 회상

김일성장군술, 『민족대동단결에 대하여』(조선공산당청진시당위원회, 1946.3. 15 발행).

『중요보고집 — 민주주의인민공화국 수립의 길』(평양, 북조선인민위원회선전부, 1947).

『조국의 통일·독립과 민주화를 위하여』 1~2권(평양, 국립출판사, 1949).

『자유와 독립을 위한 위대한 해방전쟁』(평양, 조선로동당출판사, 1951).

『김일성선집(1953~54년판)』 1~3권(평양, 조선로동당출판사).

『김일성선집(1960년판)』 1~6권(평양, 조선로동당출판사).

『김일성저작선집』 1~8권(평양, 조선로동당출판사, 1967~72).

『김일성저작집』 1~35권(평양, 조선로동당출판사, 1979~87).

김일성, 『세기와 더불어』 1~8권(평양, 조선로동당출판사, 1992~98).

『김일성전집』 1~50(평양, 조선로동당출판사, 1995~2004).

김일성, 『사상사업에서 교조주의와 형식주의를 퇴치하고 주체를 확립할 데 대하여 — 당선전선동 일군들 앞에서 한 연설(1955년 12월 28일)』(평양, 조선로동당출판사, 1960).

김일성, 『전후 인민경제 복구발전을 위하여』(평양, 조선로동당출판사, 1956).

7) 단행본, 팜플레트

『국제주의의 친선』(평양, 조선로동당출판사, 1957).

김승준, 『군협동농장경영위원회와 농업문제』(평양, 조선로동당출판사, 1963).

김일성종합대학경제학부교원일동, 『청산리교시와 사회주의경제건설』(평양, 조선로동당출판사, 1962).

김재욱, 『군사단일제를 강화함에 있어서 군대내 로동당단체들의 제과업 : 지휘관 및 정치일꾼들에게 주는 참고자료』(조선인민군총정치국, 1951.9), SA 2016, Box 5, No. 114.

金漢周, 『朝鮮における農業協同化運動』(平壤, 外國文出版社, 1958).

김한주, 『조선민주주의인민공화국에서 농업협동화운동의 승리』(평양, 조선로동당출판사, 1959).

김한주, 『우리나라에 있어서 마르크스 · 레닌주의 농업강령의 승리적 실현』(평양, 조선로동당출판사, 1960).

『당건설 : 상학재료』제1, 2, 3, 4부(평양, 조선인민군제528군부대, 1949~50).

『당의 공고화를 위한 투쟁』(평양, 조선노동당출판사, 1956).

내무성보안간부학교 편, 『해방후조선 — 강의요강』제1~2분책.

로동당중앙위원회조직부, 『유일당증 수여에 관하여』(1946.11.6), 『북한관계사료집 Ⅰ』.

리권무, 『영광스런 조선인민군』(평양, 조선로동당출판사, 1958).

문화선전성문화국 편, 『군중문화사업 지도요강』(간행시기 미상).

민족보위성문화훈련국, 『정치상학교재(종합편)』(1950.5).

『민청강연자료 제2집 : 인민군대와 청년』(평양, 청년생활사, 1949).

박영근, 『우리나라에서의 공업관리조직 형태의 개선 강화』(평양, 과학원출판사, 1961).

白峰 著, 金日成伝飜譯委員會 譯, 『金日成伝』第1, 2卷(東京, 雄山閣, 1969).

백재욱, 『천리마운동은 사회주의건설에 있어서 우리 당의 총로선』(평양, 조선로동당출판사, 1965).

『북조선 토지개혁의 력사적 의의와 그 처음 성과』(강연자료 제4집, 1947), 『북한관계사료집 Ⅴ』.

사회과학원경제연구소공업경제연구실, 『사회주의경제관리에서 대안의 사업체계』

(평양, 사회과학출판사, 1969).

사회과학원경제연구소농업경제연구실 편, 『사회주의건설에서의 군의 위치와 역할』(평양, 사회과학출판사, 1969).

『새로운 농업지도체계의 우월성—숙천경험』(평양, 조선로동당출판사, 1963).

손전후, 『우리나라 토지개혁사』(평양, 과학백과사전출판사, 1983).

＿＿＿＿, 『산업국유화경험』(평양, 사회과학출판사, 1985).

『승리한 대안의 경험』(평양, 조선로동당출판사, 1962).

『영원한 친선 : 우리나라정부대표단의 중화인민공화국 및 베트남민주공화국 친선방문관계문헌집』(평양, 조선로동당출판사, 1959).

『우리나라 사회주의건설에 있어서 천리마작업반운동』(평양, 조선로동당출판사, 1961).

『우리나라의 인민경제발전 : 1948~1958』(평양, 국립출판사, 1958).

『정치학교용참고자료』(평양, 조선로동당출판사, 1955), 日譯, 『朝鮮解放運動史』(東京, 湖北社).

정태식, 『정치경제학독본(사회주의편)』(평양, 조선로동당출판사, 1960).

＿＿＿＿, 『우리 당에 의한 속도와 균형문제의 창조적 해결』(평양, 조선노동당출판사, 1964).

『조선로동당략사』(평양, 조선로동당출판사, 1979).

『조선로동당력사교재』(평양, 조선로동당출판사, 1964).

조선로동당중앙본부선전선동부, 『새로운 환경과 새로운 조건에 있어서 새로운 사업방식』(평양, 조선로동당출판사, 1950).

＿＿＿＿＿＿＿＿＿＿＿＿＿＿, 『로력 류동성의 방지를 위하여 무엇을 해야 할 것인가』(평양, 조선로동당출판사, 1950).

조선로동당중앙위원회농업협동조합경험집편집위원회, 『농업협동화운동의 승리』 제1~6권(평양, 조선로동당출판사, 1958).

조선력사편찬위원회 편, 『조선민족해방투쟁사』(김일성종합대학, 1949), 日譯, 『朝鮮民族解放鬪爭史』(東京, 三一書房, 1952).

조선민주주의인민공화국과학원경제법학연구소 편, 『사회주의의 기초건설을 위한 조선로동당의 경제정책』(평양, 과학원출판사, 1961), 金廣志 저 / 高昇孝 譯, 『朝鮮における社會主義の基礎建設』(東京, 新日本出版社, 1962).

조선민주주의인민공화국과학원경제법학연구소, 『조선민주주의인민공화국의 국

가·사회제도』(평양, 1963), 在日朝鮮人科學者協會社會科學部門法政部
　　　會 譯(東京, 日本評論社, 1965).
조선민주주의인민공화국과학원경제법학연구소 편,『해방 후 우리나라의 인민경
　　　제발전』(평양, 과학원출판사, 1960).
조선민주주의인민공화국과학원력사연구소,『조선통사(하)』(동경, 학우서방,
　　　1958).
조선민주주의인민공화국최고재판소,『미제국주의의 고용간첩 박헌영, 리승엽 도
　　　당의 조선민주주의인민공화국 정권전복음모와 간첩사건 공판문헌』(평양,
　　　국립출판사, 1956).
사회과학원력사연구소,『조선전사』 제23~33권(평양, 과학백과사전출판사,
　　　1979~82).
주녕하,『로동당 창립 1주년과 조선의 민주화를 위한 투쟁에 있어서 그 역할』
　　　(평양, 로동당중앙본부 선전선동부, 1947),『북한관계사료집 Ⅰ』.
지운섭,『우리나라에서 개인상공업의 사회주의적 개조』(평양, 조선로동당출판
　　　사, 1960).
한임혁,『김일성 동지에 의한 조선공산당 창건』(평양, 조선로동당출판사, 1961).
한재덕,『김일성장군개선기』(평양, 민주조선사, 1948),『해방 후 조선 : 강의요
　　　강』.
홍달선,『우리나라 농촌경리부문에서 물질적 관심의 원칙의 창조적 적용』(평양,
　　　과학원출판사, 1963), 梶村秀樹 著·鎌田隆 譯,『朝鮮社會主義農業論』
　　　(東京, 日本評論社, 1971).

8) 논문, 보고, 연설

강 건,「김일성 장군 항일유격부대는 조선인민군의 전투적 골간이다」,『근로자』
　　　1950.1.31.
＿＿＿,「김일성장군 반일빨치산부대의 애국조직을 계승한 우리 인민군대」,『로
　　　동신문』1950.2.6.
강상호,「로동당원은 맑스레닌주의로 무장한 정치 활동가이다」,『로동신문』
　　　1955.5.3.
강설모,「증산경쟁지도사업을 개선, 강화하자」,『경제건설』1957.5.

강　심, 「정치사업과 경제사업의 올바른 결합은 당사업 성과의 기초」, 『근로자』
　　　1954.5.

강영탁, 「1945년 10월 우리 당 창립대회에서 채택된 당정치로선과 조직로선에
　　　대하여」, 『근로자』 1959.10.15.

강진건, 「1947년도 농업증산과 농민동맹」, 『인민』 1947.4.

고봉기, 「반탐오・반랑비투쟁과 당단체」, 『근로자』 1955.7.25.

고정수, 「1920년대 말－1930년대 시작한 반일농민운동의 새로운 고양」, 『력사
　　　과학』 1958년 제2호.

＿＿＿, 「위대한 사회주의 10월혁명과 조선에서의 농민운동의 새로운 고양
　　　(1930년대 후반의 처음 시기까지)」, 『력사과학』 1958년 제6호.

고창운, 1955년 농촌경리의 전망」, 『로동신문』 1955.1.7.

과학원경제법학연구소농업경제분과위원회, 「농촌경리 지도일꾼들에게 주는 참고
　　　자료(5)－군은 협동조합 호상간의 유기적 련계를 옳게 지어주어야 한다」,
　　　『로동신문』 1957.9.14.

권희경, 「당단체의 경제사업 지도에서 나타나는 결함」, 『로동신문』 1955.6.4.

김　강, 「조선인민군은 조선인민의 절대한 지지와 원호 속에서 장성 강화되고 있
　　　다」, 『근로자』 1950.1.31.

김경석, 「로동당원은 혁명가이며 정치활동가이다」, 『로동신문』 1958.3.3.

김광순, 「레닌의 신경제정책에 관한 학설과 그의 세계사적 의의」, 『경제건설』
　　　1954.6.

＿＿＿, 「우리나라 인민민주주의 제도의 확대 공고화를 위한 조선로동당의 경제
　　　정책」, 『경제연구』 제2호, 1956.

＿＿＿, 「개인상공업의 사회주의적 개조에 관한 몇 가지 문제」, 『로동신문』
　　　1957.12.26.

김광협, 「위대한 조국해방전쟁에서 발현된 조선인민군의 전술적 우월성」, 『인민』
　　　1954.2.

＿＿＿, 「조선인민군은 우리 인민의 진정한 무장력이며 조국보위의 강력한 성벽」,
　　　『로동신문』 1955.2.7.

＿＿＿, 「영광스러운 인민무력－영웅적 조선인민군」, 『인민』 1956.2.

「조선인민군 창건 10주년 기념 평양시 경축대회에서 한 김광협 대장의 보고」,
　　　『로동신문』 1958.2.8.

김구식, 「기업관리에서 공장당위원회를 최고지도기관으로 하는 당적 령도체계」, 『경제연구』 1966년 제1호.

김국훈, 「농업협동조합에 대한 현물세부과를 정확히 하자」, 『로동신문』 1955. 3.16.

김두봉, 「북조선 민주선거의 총결과 로동당의 당면과업」, 『근로자』 1946.11.

______, 「건국사상총동원운동과 그 대상」, 『인민』 1947.1.

김량제, 「조선로동당투쟁사연구자료 : 북조선에서 토지개혁 실시를 위한 우리 당의 투쟁」, 『근로자』 1958.4.

김만금, 「초급 당단체들의 자립성 제고를 위한 시·군당위원회들의 지도」, 『근로자』 1955.3.

김민도, 「민주주의 로동규률의 강화에 대하여」, 『근로자』 1948.7.

김병기, 「집체성은 우리 당 지도의 철칙이다」, 『로동신문』 1956.6.18.

김봉률, 「조선인민군은 민족의 보위자이며 혁명의 보위자」, 『근로자』 1957.1.

김삼룡, 「남반부의 현 정세와 남반부 제정당·사회단체의 과업」, 『근로자』 1950.2.28.

______, 「반일민족해방투쟁에서의 프로레타리아트의 헤게모니를 위한 투쟁과 민족 부르죠아지에 대한 문제」, 『력사과학』 1957년 제2호.

김상학·박영근, 「현 시기 공업관리체계 개편의 객관적 필연성과 그의 인민경제적 의의」, 『근로자』 1959.9.

김상학, 「인민경제발전에서 도경제위원회의 역할」, 『근로자』 1960.7.

김서경, 「모든 사업에서 당 정치사업을 선행시켜야 한다」, 『근로자』 1959.11.

김석형, 「우리 당 과학정책의 정당성과 력사학계의 임무－공화국창건 10주년에 제하여」, 『력사과학』 1958년 제4호

김성용, 「최근의 중국정세」, 『근로자』 1949.3.31.

김성철, 「천리마작업반운동의 확대 발전을 위하여」, 『로동신문』 1961.12.12.

김승준, 「우리나라 농촌경리발전의 새로운 단계」, 『경제연구』 1959년 제1호.

김시중, 「지방주의, 가족주의 여독의 철저한 극복을 위하여」, 『로동신문』 1959.6.23.

김 열, 「당사업 지도방법에 대한 몇 가지 문제」, 『근로자』 1949.1.15.

______, 「반관료주의 투쟁 행정에서 얻은 우리 도당단체의 몇 가지 경험」, 『로동신문』 1952.8.12.

김영남, 「국가기관 및 경제, 문화기관에 대한 당의 령도와 통제」, 『근로자』
    1960.2.

김용모, 「농업협동화운동과 군당위원회」, 『로동신문』 1956.1.13.

김운종, 「1957년도산 량곡 수매사업의 성과적 보정을 위한 제 방도」, 『경제건설』
    1957.10.

김　웅, 「조선인민군은 필승불패의 력량으로 장성 강화되었다」, 『로동신문』
    1952.2.5.

김원봉, 「우리 당의 정책은 인민대중의 근본적 리해의 표현」, 『근로자』 1954.
    10.

김익근, 「1959년 인민경제계획의 성과적 보장을 위한 전투적 과업」, 『경제건설』
    1959.2.

김익선, 「8·15경축경쟁의 성과를 계속 확대하자」, 『로동신문』 1955.8.22.

_____, 「로동대중 속에서의 직업동맹의 활동」, 『로동신문』 1955.11.30.

_____, 「조선로동당 제4차대회 대표자 자격심사위원회 보고」, 『로동신문』 1961.
    9.14.

김인춘, 「4·4분기 계획량 초과 달성을 위한 당단체의 투쟁」, 『근로자』
    1949.10.31.

김　일, 「조선인민군은 진정한 인민의 군대이다－조선인민군 창립 1주년을 맞이
    하여」, 『근로자』 1949.2.15.

_____, 「프로레타리아트독재 시기에 있어서의 무력의 강화에 대한 레닌－쓰딸
    린의 학설」, 『근로자』 1950.1.31.

_____, 「조선인민군은 신형태의 군대이다」, 『인민』 1950.2.

_____, 「위대한 조국해방전쟁에서 발휘한 영웅적 조선인민군의 혁혁한 위훈」,
    『근로자』 1951.2.

_____, 「농촌경리의 급속한 복구발전을 위한 로동당의 금후 투쟁대책에 대하여
    －조선로동당중앙위원회 1954년 11월 전원회의에서 한 보고」, 『로동신
    문』 1954.11.4.

_____, 「농촌경리를 더욱 발전시킬 데 대한 보고」, 『민주조선』 1955.12.21.

_____, 「농업협동조합을 조직적 및 경제적으로 더욱 공고·발전시킬 데 대한
    보고－전국농업협동조합 관리일군 열성자대회에서」, 『로동신문』 1956.
    2.2.

______, 「당의 령도는 우리 혁명 승리의 기초」, 『근로자』 1958.4.15.

「농촌경리 부문에서의 청산리교시 실행총화와 1961년도 과업에 대하여 : 전국
　　　농업열성자대회에서 한 내각 제일부수상 김일 동지의 보고」, 『로동신문』
　　　1960.12.29.

______, 「조선민주주의인민공화국 인민경제발전 7개년 계획에 대하여」, 『로동
　　　신문』 1961.9.17.

「전국농촌경리부문지도일꾼회의에서 한 내각 제1부수상 김일 동지의 연설」, 『로
　　　동신문』 1962.7.24.

김일성, 「모든 힘을 조국의 통일·독립과 공화국 북반부에서의 사회주의 건설을
　　　위하여-우리 혁명의 성격과 과업에 관한 테제」(1955년 4월), 『김일성선
　　　집(1960년판)』 제4권.

______, 「레닌의 학설은 우리의 지침이다」, 『근로자』 1955.4.

______, 「조선민주주의인민공화국 내각수상 김일성 원수가 인도기자 브. 브. 프
　　　라사드의 질문에 대하여 준 대답」, 『로동신문』 1956.5.31.

______, 「위대한 사회주의 10월혁명 40주년을 맞이하면서」, 『로동신문』 1957.
　　　10.29.

______, 「우리나라 사회주의농촌문제 테제」, 『로동신문』 1964.2.26.

김일수, 「조국보위후원회 사업과 군무자가족 원호사업의 강화는 조선인민군의
　　　무장력을 부단히 장성, 강화시킨다」, 『인민』 1950.2.

김장열, 「2개년 인민경제계획과 로동규률」, 『인민』 1949.9.

김재욱, 「조선인민군은 조국해방전쟁 행정에서 더욱 단련 장성되었으며 조선인
　　　민의 강력한 무장력으로 되었다」, 『로동신문』 1952.2.7.

김정숙, 「1934~1937년 명천농민의 혁명적 진출」, 『력사과학』 1958년 제3호.

김정일, 「사회주의건설에 있어서의 군의 위치와 역할」, 『근로자』 1985.3.

김종일, 「현 시기 우리나라 국가관리에서 민주주의 중앙집권제의 강화」, 『공화
　　　국법은 사회주의건설의 강력한 무기(론문집)』(평양, 과학원출판사,
　　　1964).

김주현, 「북조선로동당의 탄생」, 『근로자』 창간호, 1946.10.

김　찬, 「독립채산제 문제와 유일관리제」, 『근로자』 1948.12.

______, 「재정규률 및 반탐오·반랑비투쟁의 강화를 위한 지도사업」, 『인민』
　　　1955.9.

김창덕, 「조선인민군은 애국적 혁명전통을 계승한 진정한 인민무력이다」, 『로동
　　　신문』 1957.2.7.

김창만, 「이론과 실천」, 『근로자』 1947.12.

＿＿＿, 「당시업령도방법에 있어서의 몇 가지 문제」, 『근로자』 1948.1.

＿＿＿, 「조선로동당 력사연구에서 제기되는 몇 가지 문제」, 『근로자』 1960.1.

김창모·김영찬, 「사회주의건설의 모든 부문에서 당의 령도적 역할 제고」, 『근
　　　로자』 1961.8.

김　책, 「만기현물세 징수사업과 1949년도 농산물증산 준비에 대한 당단체의 과
　　　업－북조선로동당 중앙위원회 제3차 회의에서 한 보고」, 『근로자』 1948.
　　　10.

＿＿＿, 「조선민주주의인민공화국 1949년－1950년도 2개년 간 인민경제계획
　　　실시에 있어서의 당단체의 과업에 대하여」, 『근로자』 1949.3.15.

김철수, 「책임일꾼들의 지도수준 제고를 위한 몇 가지 문제」, 『로동신문』 1952.
　　　4.10.

＿＿＿, 「반관료주의 투쟁을 강력히 추진하자」, 『로동신문』 1952.8.31.

김춘점, 「공화국 북반부에서의 농촌에 대한 조세의 제 특성과 그 정당한 이용」,
　　　『김일성종합대학학보』 제5호, 1958.9.

김태근, 「반탐오·반랑비투쟁은 사상투쟁이다」, 『로동신문』 1955.7.3.

＿＿＿, 「대중에의 의거는 생산사업에 대한 당적 통제의 기본조건」, 『근로자』
　　　1956.2.

＿＿＿, 「조선인민군은 사회주의적 애국주의 사상으로 무장한 불패의 무력」,
　　　『로동신문』 1958.1.30.

김하룡, 「당증 교환 사업 진행에 대한 몇 가지 문제」, 『로동신문』 1957.1.16.

김한주, 「농촌경리의 발전은 전후 경제건설의 중요한 고리」, 『근로자』 1954. 5.

＿＿＿, 「공화국북반부에 있어서 공업과 농업의 균형적 발전을 위하여」, 『근로
　　　자』 1955년 10월호.

＿＿＿, 「농업협동조합의 질적 강화와 량적 성장의 문제에 관하여」, 『로동신문』
　　　1955.12.30.

＿＿＿, 「농민의 복리증진을 위한 우리 당의 시책」, 『근로자』 1956.1.25

＿＿＿, 「공업과 농업의 균형적 발전」, 『로동신문』 1956.2.17.

＿＿＿, 「현 시기 농업협동조합들의 규모와 형태에 관한 몇 가지 문제」, 『근로자』

1957.3.25.

______, 「농촌에 남아 있는 착취적 현상과의 투쟁을 위하여」, 『로동신문』 1957. 9.24.

김 호, 「기업관리에서의 유일관리제」, 『로동신문』 1954.8.31.

김황일, 「인민경제의 복구건설에 있어서 로동계급의 역할」, 『인민』 1953.9.

______, 「생산직장 내 근로단체의 역할」, 『근로자』 1954.8.

______, 「당중앙위원회 3월전원회의 결정 실행을 위한 투쟁에서 얻은 경험」, 『로동신문』 1954.9.26.

______, 「생산기업소들에서의 대중정치사업의 개선·강화를 위한 몇 가지 문제」, 『근로자』 1954.10.

김후선, 「≪조국의 평화적 통일과 공화국북반부에서의 사회주의건설≫에 관한 과학토론회에서 제기된 몇 가지 이론적 착오에 대하여」, 『력사과학』 1957년 제2호.

______, 「반당종파분자들의 반맑스주의적 사상의 반동성과 해독성」, 『력사과학』 1958년 제3호.

남인호, 「조국의 륭성발전을 위한 공화국의 경제정책」, 『인민』 1954.10.

______, 「1959년 인민경제계획의 승리적 완수를 위하여」, 『근로자』 1959.2.

남춘화, 「현 시기에 있어서 농산물 수매가격 제정과 관련된 몇 가지 문제」, 『경제건설』 1957.11.

내각사무국 기구정원부, 「참고자료 : 농업협동조합경영위원회의 임무와 역할」, 『민주조선』 1962.2.3·6·10.

류경수, 「소련군대는 전 세계평화와 안전의 위대한 수호자」, 『인민』 1954.2.

리국순, 「흥남비료공장 로동자들이 걸어 온 승리의 길」, 과학원역사연구소근세 및최근세사연구실 편, 『력사론문집 제4집(사회주의건설편)』(평양, 과학원출판사, 1960).

리나영, 「조선공산당북조선조직위원회 제3차 확대집행위원회의 력사적 의의」, 『근로자』 1956.12.25.

리봉학, 「기업소들에서의 계획 작성에 대한 당적 지도」, 『근로자』 1956.9.

리상준, 「조선로동당의 농업협동화정책과 평안남도에 있어서 그 승리적 실현」, 과학원력사연구소 근세 및 최근세사연구실 편 『력사론문집(4) : 사회주의건설편』(평양, 과학원출판사, 1960).

______, 「립석농업협동조합의 연혁」, 『력사과학』 1960년 제1호.

리석심, 「조선로동당중앙위원회 12월 전원회의 결정의 위대한 생활력」, 『경제건설』 1957.12.

리석채, 「『공화국 북반부에서의 사회경제적 발전의 력사적 제조건과 맑스－레닌주의 리론의 몇 가지 명제들에 대하여』(『인민』 1956.11)에 대한 몇 가지 의견」, 『근로자』 1957.1.

리수태, 「1948년도 인민경제계획 실행에 있어서의 새 경험과 과업(二)－농림수산부문」, 『인민』 1948.9.

리순근, 「1947년도 농산계획과 그 실행에 대하여」, 『인민』 1947.4.

리승엽, 「조국통일을 위한 남반부 인민유격투쟁」, 『근로자』 1950.1.15.

______, 「원쑤들의 『동기토벌』을 완전 실패시킨 영용한 남반부 인민유격대와 그들의 당면 임무」, 『근로자』 1950.3.31.

리용석, 「농촌경리부문 인민경제계획화 사업에서 제기되는 몇 가지 문제」, 『인민』 1955.8.

리익성, 「조선인민군은 진정한 인민의 무장력이다」, 『로동신문』 1956.2.6.

리일경, 「경제사업에서의 유일관리제와 당적 통제의 강화를 위하여」, 『근로자』 1955년 9월호.

______, 「사상사업의 개진을 위하여」, 『로동신문』 1956.2.29.

리장춘, 「2개년 인민경제계획과 기업재정」, 『인민』 1949.4.

리재영, 「당사업체제 확립을 위한 몇 가지 문제」, 『근로자』 1956.10.

리종옥, 「1957년도 인민경제발전계획의 성과적 수행을 위한 제과업」, 『경제건설』 1957.1.

______, 「1958년도 인민경제발전계획의 성과적 수행을 위한 제과업」, 『경제건설』 1958.1.

______, 「조선민주주의인민공화국 인민경제발전 제1차 5개년계획 실행총화에 대하여－최고인민회의 제2기 제8차 회의에서 한 내각 부수상 리종옥 대의원의 보고」, 『조선중앙연감(1961년판)』.

리종팔, 「농업협동조합 관리간부 양성사업」, 『로동신문』 1955.9.16.

______, 「농업협동조합의 강화를 위한 몇 가지 문제」, 『민주조선』 1955.11.3.

______, 「농업협동조합을 조직경제적으로 강화하기 위한 집중적 지도사업으로부터 얻은 경험과 교훈」, 『인민』 1955.12.

리주연, 「조국의 평화적 통일독립과 사회주의 건설 도상에서의 1958년 국가예산」, 『경제건설』 1958.3.

리중원, 「내부원천의 적극적 탐구와 합리적 이용은 사회주의 경제건설의 강력한 물질적 력량이다」, 『경제건설』 1957.1.

리찬선, 「간부학습에 대한 당위원회들의 지도를 개선하자」, 『당사업』 1962.2.

리창수, 「계급적 교양의 강화와 출판물의 질적 개선을 위한 몇 가지 문제」, 『근로자』 1955.6.

리청원, 「건국사상총동원운동의 사회적 근원」, 『인민』 1947.1.

______, 「김일성장군 빨치산투쟁의 력사적 의의」, 『력사제문제』 제2집, 1948. 8.

______, 「반일민족해방투쟁에 있어서 프롤레타리아트의 헤게모니를 위한 투쟁(하)」, 『력사과학』 1955년 10호.

______, 「조국광복회의 역사적 의의」, 『로동신문』 1957.5.19.

리 형, 「조국해방전쟁에서 발휘된 우리 인민정권의 조직자적 기능」, 『인민』 1954.7.

리 호, 「당의 지도원칙에 대하여」, 『근로자』 1955.2.25.

______, 「계급적 의식의 제고는 당의 주요과업이다」, 『로동신문』 1955.4.29.

리홍종, 「공산주의 도덕교양의 강화를 위하여」, 『근로자』 1959년 7월호.

리효순, 「2월연설의 역사적 의미」, 『인민』 1955.2.

______, 「당원들의 신소는 제때에 정확히 처리되어야 한다」, 『로동신문』 1955.8.4.

______, 「전인민적 운동으로 반탐오・반랑비투쟁을 강력히 조직・전개하자」, 『로동신문』 1955.9.2.

______, 「간부사업은 당조직사업의 기본문제이다」, 『로동신문』 1956.5.20.

______, 「조선민주주의인민공화국 최고인민회의 자격심사위원회 보고」, 『민주조선』 1957.9.20.

______, 「당 통일의 강화를 위한 투쟁은 매개 당단체와 당원들의 고상한 임무」, 『로동신문』 1958.3.21.

______, 「천리마작업반운동의 확대 발전을 위하여」, 『로동신문』 1959.6.10.

______, 「사회주의건설의 앙양기에 있어서 직업동맹의 과업」, 『근로자』 1959. 11.

______, 「조선직업총동맹 제3차 전국대회에서의 중앙위원회 사업총결 보고」, 『로동신문』 1959.11.3.

______, 「로동생산능률 제고를 위한 직업동맹 단체들의 과업에 대하여－조선직업총동맹 제2차 전원회의에서 한 보고(요지)」, 『로동신문』 1960.2.19.

림　해, 「역사적 2월 연설은 인민정권 강화를 위한 투쟁의 지침」, 『인민』 1956.2.

______, 「조선로동당 제3차 대회 대표자자격심사위원회보고」, 『로동신문』 1956.4.26.

민　생, 「경제건설 지도사업에서의 몇 가지 문제」, 『근로자』 1947.7.

박경득, 「건설기업소에서 증산경쟁운동의 광범한 전개를 위하여」, 『경제건설』 1955.6.

박경수, 「전시하 춘경 파종사업의 성과적 보장을 위한 농촌 당 단체들의 전투적 과업」, 『근로자』 1951.2.

______, 「금년도 춘기파종 및 이앙사업은 난관과의 투쟁 속에서 승리하였다」, 『근로자』 1951.7.

______, 「해방 후 10년간의 공화국 농촌경리의 발전」, 『인민』 1955.7.

박금철, 「당의 공고화를 위한 투쟁에서 당원들의 당성 단련」, 『로동신문』 1956.2.16.

______, 「기본건설사업을 개선할 데 대하여－조선로동당 중앙위원회 전원회의에서 한 보고」, 『로동신문』 1957.10.18.

「당의 통일과 단결을 더욱 강화할 데 대한 조선로동당중앙위원회 부위원장 박금철 동지의 보고」, 『로동신문』 1958.3.6.

박동욱, 「농촌경리의 발전을 위한 당과 정부의 정책」, 『인민』 1956.3.

박두일, 「사무기관 내 초급 당단체 사업에 대한 몇 가지 문제」, 『근로자』 1950.2.15.

박문규, 「우리나라 농업생산의 가일층의 앙양을 위하여」, 『경제건설』 1955.3.

______, 「농촌경리의 가일층 발전을 위한 전인민적 과업」, 『경제건설』 1956.1.

박상모, 「당사상사업을 청산리방법으로」, 『로동신문』 1961.7.9.

박상홍, 「직업동맹 사업에서 제기되는 몇 가지 문제」, 『근로자』 1957.7.25.

______, 「천리마작업반운동을 가일층 확대 발전시키자」, 『로동신문』 1961.7.5.

박연백, 「조선로동당투쟁사연구자료 : 조선공산당북조선조직위원의 창건과 그 력사적 의의」, 『근로자』 1958년 1월호.

______, 「농촌경리의 사회주의적 개조를 위한 우리 당의 방침과 그 승리적 실현」, 『력사과학』 1959년 제2호.

박열수, 「농업협동조합의 새로운 조직사업에서 제기되는 몇 가지 문제」, 『로동
　　　신문』 1955.11.29.
박　영, 「중앙위원회 제3차 회의 결정 집행을 위한 함남도 당단체의 투쟁」, 『근
　　　로자』 1949.1.31.
＿＿＿, 「당정치사업을 강화함으로써 경제과업을 정치적으로 보장하자」, 『근로
　　　자』 1949.5.31.
박영성, 「생산직장 내 당단체들은 어떻게 사업할 것인가」, 『근로자』 1949.4.15.
박윤민, 「면 당부 및 초급 당부 사업 강화를 위한 강원도 당단체의 조직적 지도사
　　　업」, 『근로자』 1950.6.30.
박인하, 「우리나라에서의 농업협동경리의 발생, 발전과 그 우월성」, 『근로자』
　　　1954.10.25.
＿＿＿, 「농업협동조합의 공고, 발전을 위한 투쟁에서 제기되는 당면 제문제」,
　　　『근로자』 1955.2.25.
＿＿＿, 「농업협동조합의 공고화를 위한 집중적 지도와 방조」, 『로동신문』 1955.
　　　7.2.
＿＿＿, 「농업협동조합 지도방조 사업에서의 경험, 교훈」, 『로동신문』 1955.
　　　10.28.
＿＿＿, 「농업협동조합들의 조직적 및 경제적 공고 발전을 위한 우리 당단체들의
　　　지도에 대하여」, 『근로자』 1955.12.
박정애, 「김일성 동지는 조선인민의 수령」, 1952.4.15.
＿＿＿, 「당 규약은 당원들의 활동과 생활의 기초」, 『로동신문』 1956.2.27.
＿＿＿, 「당규약은 당원들의 활동과 생활의 기초」, 『근로자』 1956.3.25.
＿＿＿, 「조선로동당 규약개정에 대한 보고」, 『로동신문』 1956.4.29.
「전국농업협동조합대회에서 농업협동조합기준규약(잠정)에 대한 박정애 동지의
　　　보고」, 『로동신문』 1959.1.10.
박종순, 「초급 당 단체 지도기관 결산－선거에서 제기된 몇 가지 문제」, 『로동신
　　　문』 1957.2.17.
박창옥, 「북조선로동당규약해설」, 『근로자』 1947.3.
＿＿＿, 「현단계에 있어서 대중정치사업의 강화」, 『근로자』 1951.2.
＿＿＿, 「김일성 동지는 조선로동당의 창건자이며 조직자」, 『로동신문』 1952.
　　　4.12.

_____, 「1954~1956년 조선민주주의인민공화국 인민경제복구발전 3개년계획에 관한 보고」, 『근로자』 1954.5.25.

「당원의 사상정치교양사업 강화와 당단체의 과업 : 로동당중앙위원회에서 한 박헌영동시의 보고(1949.12.17)」, 『근로자』 1949.12.31.

박헌영, 「남조선 현 정세와 애국적 정당, 사회단체들의 임무」, 『인민』 1950.2.

「5·1절 평양시 경축대회에서 진술한 박헌영 동지의 보고」, 『인민』 1950.5.

「조선인민군창설3주년기념평양시경축대회에서 한 박헌영동지의 보고」, 『근로자』 1951.2.25.

_____, 「김일성 동지의 탄생 40주년에 제하여」, 1952.4.15.

박형식, 「프롤레타리아 국제주의와 조선혁명」, 『근로자』 1955.8.

박훈일, 「농업협동조합규약은 조합생활의 기본이다」, 『인민』 1954.10.

백홍권, 「1955년 인민경제계획의 정확한 작성을 위하여」, 『경제건설』 1955.10.

_____, 「1956년 인민경제계획과 그 완수 및 초과완수를 위하여」, 『경제건설』 1956.2.

서린섭, 「기본건설자금의 효과적 이용을 위하여」, 『로동신문』 1956.12.28.

서응선, 「당 초급단체 사업방법에 대한 몇 가지 문제」, 『근로자』 1950.1.15.

「조선인민군 창건 11주년 기념 평양시 경축대회에서 한 서철 중장의 보고」, 『로동신문』, 『민주조선』 1959.2.8.

서춘식, 「시·군당위원회 지도원」, 『근로자』 1955.4.

서 휘, 「제3차 당대회 결정 실행을 위한 직업동맹단체의 과업」, 『로동신문』 1956.6.21.

송예정, 「소련 군대에 의하여 일본 제국주의 기반으로부터 해방된 이후에 있어서의 북조선 사회경제의 제 개혁(하)」, 『근로자』 1952.8

_____, 「조선에서의 인민민주주의의 발생과 발전」, 『인민』 1954.8.

_____, 「세계 민주력량의 지지는 우리 혁명 승리의 위력한 담보」, 『근로자』 1955.10.

_____, 「현단계에서의 우리나라의 경제정책의 성격」, 『경제연구』 1956년 1호.

_____, 「공화국 북반부에서의 사회-경제적 발전의 력사적 제 조건과 맑스-레닌주의 리론의 몇 가지 명제에 대하여」, 『인민』 1956.11.

신영빈·김정국, 「농업협동조합적 소유의 전 인민적 소유에로의 이행방도」, 『경제연구』 1959년 4호.

신호근, 「당 생활의 레닌적 규범의 철저한 준수를 위하여」, 『로동신문』 1956.
    6.8.

심영균, 「길주군 인민위원회 행정지도사업의 개선 강화」, 『인민』 1955.11.

심재익, 「농업협동조합 지도방조 그루빠의 사업 경험」, 『로동신문』 1955.8.19.

안광즙, 「제1차 5개년계획과 자금문제」, 『로동신문』 1957.4.5.

오기섭, 「북조선림시인민위원회로동행정부의 사명」, 『인민』 1947.1.

오성묵, 「완충기 당 농업정책 관철을 위한 몇 가지 문제」, 『근로자』 1960.2.

_____, 「농업협동조합경영위원회들의 역할을 더욱 제고하기 위하여」, 『로동신
    문』 1962.3.19.

오윤수, 「현 시기 우리나라 계급투쟁에서의 긴절한 문제」, 『근로자』 1958.11.

위찬길, 「조선공산당북조선조직위원회 제3차 확대집행위원회와 당의 조직적 강
    화에 있어서 그 의의」, 『근로자』 1958.2.1.

유인종, 「농업협동조합에 대한 리인민위원회의 지도상 몇 가지 문제」, 『인민』
    1955.9.

유철목, 「당원들의 계급적 관점 확립과 당 핵심진지 공고화를 위하여」, 『로동신
    문』 1957.10.29.

유철목·전태환, 「12월전원회의 결정 실천을 위한 황해남도 내 농민들의 투쟁」,
    『로동신문』 1957.12.7.

윤공흠, 「당중앙위원회 제5차 전원회의 문헌은 우리들의 행동강령이다」, 『근로
    자』 1953.1.

_____, 「국가건설과 인민생활안정에 있어서 량곡수매사업이 가지는 정치경제적
    의의」, 『로동신문』 1954.11.25.

윤군창, 「당 정치사업과 경제사업을 옳게 결합시키자」, 『근로자』 1950.2.15.

_____, 「조선인민의 영웅적 무력」, 『근로자』 1956.1.25.

윤세평, 「8·15해방과 김일성장군의 항일무장투쟁」, 『력사제문제』 제11집,
    1949.9.

윤종섭, 「사회주의건설의 현 단계에 있어서 지방 정권기관들의 기능과 역할」,
    『근로자』 1959.12.

윤행중, 「2개년 인민경제계획과 1950년도의 보다 높은 성과를 위하여 제기되는
    몇 가지 문제」, 『인민』 1950.1.

임　해, 「1949년 인민경제계획 제1·4분기 예정숫자 실행에 있어서의 몇 가지 경험과 금후 과업에 대하여」, 『인민』 1949.5.

장세기, 「공업과 농업의 균형적 발전을 위하여」, 『경제건설』 1956.3.

＿＿＿, 「진후 3개년 인민경제계획의 예비적 총화와 1957년 인민경제발전계획에 대하여」, 『근로자』 1957.1.

장승성, 「근로단체들에 대한 당적 지도에서 제기되는 몇 가지 문제」, 『당사업』 1961년 1호.

장익성, 「농업협동조합 내 초급당단체 사업에 대한 몇 가지 문제」, 『로동신문』 1955.6.16.

전석담, 「조선에 있어서 마르크스 레닌주의 당창건을 위한 김일성 동지를 비롯한 견실한 공산주의자의 투쟁」, 『력사과학』 1959년 제5호.

전창석, 「농업협동조합 조직지도 사업에서 바로잡아야 할 문제들」, 『로동신문』 1956.12.14.

전태환, 「당 정책을 관철하기 위한 우리 당의 행정, 조직지도사업」, 『민주조선』 1958.1.18.

정가원, 「홍남시 당단체의 증산경쟁운동의 조직 경험」, 『근로자』 1949.1.15.

＿＿＿, 「인민경제실행에 있어서 직업동맹 단체들의 역할」, 『근로자』 1950.3.31.

정교섭, 「『로동내부질서표준규정』의 정확한 실시를 위한 몇 가지 문제」, 『인민』 1954.7.

정봉구, 「경제계획 실행과 생산직장 내 초급당단체」, 『로동신문』 1955.4.14.

「최고인민회의에서 한 수매량정상 정성언 동지의 농업현물세에 관한 보고」, 『로동신문』 1959.2.21.

정일룡, 「기업소에서의 로동규률과 유일관리제의 강화를 위하여」, 『인민』 1950.1.

＿＿＿, 「인민경제발전에 있어서의 공업의 역할」, 『인민』 1954.12.

정준택, 「1947년도 인민경제발전에 관한 예정수자 실행에 대한 전망」, 『인민』 1947.4.

＿＿＿, 「조선민주주의인민공화국 북반부의 인민경제 부흥발전을 위한 1948년 계획 실행 총 결과 1949~1950년 2개년계획」, 『인민』 1949.2.

정지환, 「경제사업에 대한 당적 통제」, 『로동신문』 1955.9.22.

______, 「당원들과 근로자들 속에서 공산주의교양을 강화하기 위하여」, 『로동신문』 1961.9.8.

정태식, 「계획가격 형성과 관련한 몇 가지 문제」, 『경제건설』 1957.10.

조명신, 「자백은 국가에 대한 정직과 성실의 표시이다」, 『민주조선』 1955.9.1.

조몽우, 「공화국 로동법의 발전」, 『우리나라 법의 발전』(평양, 국립출판사, 1960).

조 영, 「시·군당위원회 기관사업을 더욱 강화하기 위하여」, 『로동신문』 1956.8.31.

조재선, 「사회주의진영제국의 공산주의로의 이행의 동시성과 우리나라에서의 사회주의건설의 몇 가지 문제」, 『경제연구』 1959년 제2호.

______, 「농업협동경리발전에서의 사회주의 공업의 방조」, 『근로자』 1959.2.

주관옥, 「공산주의교양을 실생활과의 련계 속에서 진행하기 위하여」, 『로동신문』 12.13.

주녕하, 「선거운동의 의의와 당의 당면과업」, 『근로자』 창간호, 1946.10.

______, 「면 및 리(동)인민위원회위원 선거의 총결에 대하여」, 『인민』 1947. 4.

주승오, 「농업협동조합관리기구의 간소화를 위한 몇 가지 문제」, 『로동신문』 1960.4.9.

진상원, 「춘기파종의 성과적 보장 위한 우리 군당위원회의 지도사업」, 『로동신문』 1952.4.12.

최 광, 「조선인민군의 찬란한 승리의 역사」, 『민주조선』 1958.2.7.

최근환, 「개편된 농촌상업망들에 대한 지도를 강화하자」, 『로동신문』 1958. 12.16.

최영일, 「농촌경리에 대한 당적 지도수준 제고를 위한 몇 가지 문제」, 『근로자』 1955.9.

최영환, 「해방 후 조선혁명에 있어서 북반부민주기지」, 『력사과학』 1955년 제10호.

최용건, 「조국통일독립의 강력한 담보로 되는 조선인민군은 적을 소탕하기에 항상 준비되어 있다」, 『인민』 1950.2.

______, 「조선인민군 창건 5주년기념 평양시 경축대회에서 한 보고」, 『인민』 1953.2. 『資料朝鮮問題研究』(東京, 朝鮮問題研究所, 1953) 第6號.

최용진, 「조선민주주의인민공화국 최고인민회의 자격심사위원회 보고」, 『로동신문』 1962.10.23.

최웅철, 「1920년대 조선에서의 로동계급의 상부구조 형성에 미친 종파분자들의 해독성에 대하여」, 『력사과학』 1958년 제1호.

최 인, 「평화의 믿음직한 초병」, 『민주조신』 1957.2.6.

최종학, 「전쟁의 불길 속에서 조선인민군은 무적의 군대로 강화되었다」, 『근로자』 1954.2.

「조선인민군창건 제7주년 기념 평양시경축대회에서 한 최종학 중장의 보고」, 『로동신문』 1955.2.8.

최종학, 「조선인민군은 조선인민의 이익의 진정한 수호자」, 『근로자』 1955.2.25.

______, 「조선인민군은 불패의 전투력을 소유한 새 형의 군대이다」, 『로동신문』 1956.2.3.

______, 「조선로동당은 조선인민군의 창건자이며 그의 승리의 조직자」, 『근로자』 1958.2.

최중극, 「농촌경리의 발전방향과 제기되는 몇 가지 과업」, 『인민』 1954.12.

최창익, 「건국사상 운동을 재음미하면서」, 『근로자』 1947.2.

______, 「인민은 력사의 추진력」, 『근로자』 1947.9.

______, 「조선민족해방투쟁에 대한 사적 고찰」, 『력사제문제』 제6집, 1949.5.

______, 「조선민주주의인민공화국 1948년도 국가종합예산 총결과 1949년도 국가종합예산에 관한 보고」, 『인민』 1949.5.

______, 「김일성 동지는 항일유격투쟁의 조직지도자이다」, 1952.4.18.

최 현, 「조선인민군은 조국보위의 초소에 굳게 서 있다」, 『로동신문』 1957.2.2.

최호민, 「근로인민의 창발성과 생산경쟁운동」, 『인민』 1949.4.

______, 「증산경쟁운동은 인민경제계획 실행의 승리를 보장하는 전 인민적 애국운동이다」, 『근로자』 1950.5.15.

______, 「기업소들에서 생산경쟁운동의 옳바른 조직을 위하여」, 『인민』 1950.4.

「산업, 운수 및 건설 직장 내 선동원회의에서 한 조선로동당중앙위원회 선전선동부장 하앙천동지의 보고」, 『로동신문』 1954.8.30.

학 민, 「민주주의민족통일전선과 로동당」, 『근로자』 1947.2.

한 걸, 「공화국농업협동조합법의 발전」, 『우리나라의 법의 발전』(평양, 국립출판사, 1960).

한국모, 「리인민위원회의 사업 강화를 위하여」, 『인민』 1953.3, 『資料朝鮮問題
    研究』(東京, 朝鮮問題研究所), 1953년 제7호.

한길언, 「위대한 조국해방전쟁과정에서의 조선민주주의인민공화국 인민정권의
    가일층의 강화, 발전에 대한 력사적 고찰」, 『8·15해방 10주년기념 법학
    론문집』 제2집(평양, 조선민주주의인민공화국과학원, 1955).

한락규, 「공화국 형사입법의 발전」, 『우리나라 법의 발전』(평양, 국립출판사,
    1960).

한상두, 「생산기업소에서 초급당단체의 역할」, 『근로자』 1954.8.

_____, 「기업소 내 초급당단체의 생산에 대한 지도와 통제」, 『로동신문』
    1954.8.20.

_____, 「당 건설에서의 몇 가지 문제」, 『로동신문』 1956.3.12.

「조선로동당 제1차 대표자회 결정을 집행하기 위한 직업동맹 단체들의 과업-조선
    직업총동맹 중앙위원회 제9차 확대전원회의에서 한 한상두 동지의 보고」,
    『로동신문』 1958.3.11.

_____, 「공화국창건 10주년기념 증산경쟁운동의 강력한 전개를 위하여」, 『경제
    건설』 1958.5.

_____, 「집단적 혁신운동을 가일층 확대·발전시키기 위하여」, 『로동신문』
    1958.9.8.

「집단적 혁신운동을 가일층 확대 발전시킬 데 대하여-전국생산혁신자대회에서
    한 조선직업총동맹위원장 한상두 동지의 보고」, 『로동신문』 1958.9.14.

_____, 「조선민주주의인민공화국 1961년 국가 예산집행에 대한 결산과 1962
    년 국가 예산에 관한 보고」, 『로동신문』 1962.4.6.

한전종, 「우리나라 농촌에서 사회주의적 집단경리의 승리」, 『로동신문』 1958.
    9.3.

한천일, 「당중앙위원회 4월 전원회의 문헌을 더욱 깊이 연구하자」, 『근로자』
    1955.5.

한희성, 「공화국 농촌경리 발전에서 조선로동당이 쟁취한 거대한 성과」, 『경제
    건설』 1956.4.

한히룡, 「작업반을 거점으로 선전선동사업체계를 개편하기 위하여」, 『로동신문』
    1961.6.10.

허가이, 「로동당 유일당증 수여에 대하여」, 『근로자』 1946.11.

______, 「당장성과 당조직 및 당정치사업에 대한 제과업－북조선로동당 제3차 중앙위원회에서 보고」, 『근로자』 1947.2.

______, 「북조선로동당 하급낭난제(세포·초급딩·면당)의 9개월간 사업총결에 관한 총화와 당지도사업의 강화에 대하여」, 『근로자』 1949.3.15.

______, 「2개년 인민경제계획 실행을 위한 투쟁에 있어서 산업부문 내 당단체들의 사업개선방침에 관한 보고」, 『근로자』 1949.12.31.

허　빈, 「농촌사업에 대한 군당위원회들의 지도수준 제고」, 『근로자』 1955.1.

______, 「하부에 대한 방조는 당적 지도의 기본」, 『로동신문』 1955.5.22.

______, 「농업협동조합 내 초급당단체사업의 강화를 위하여」, 『로동신문』 1956.1.30.

허성택, 「종파주의 잔재요소를 극복하자」, 『로동신문』 1956.4.5.

허재수, 「우리 로동계급의 공산주의적 발기－≪천리마작업반≫운동」, 『근로자』 1959.5.

허정숙, 「소비에트군대에 의한 조선의 해방과 조선 인민의 창조적 투쟁」, 『근로자』 1955.6.

허학송, 「사회주의 길에서 개성지구 농민들이 달성한 빛나는 성과」, 『로동신문』 1957.12.27.

허　헌, 「조국통일민주주의전선의 기치 밑에 통일위업에 더욱 힘차게 전진하자」, 『인민』 1950.6.

현무광, 「지방주의, 가족주의 여독을 청산하고 당 정책을 철저히 관철하기 위하여」, 『로동신문』 1959.4.27.

______, 「공업에 대한 도당위원회의 정치적 및 조직적 지도의 강화를 위하여」, 『근로자』 1962.5.

현정민, 「인민군대는 근로청년들의 정치－기술 및 전투적 학교이다」, 『근로자』 1950.1.31.

______, 「관료주의·탐오·랑비를 반대하는 투쟁에서의 몇 가지 경험」, 『로동신문』 1952.7.3.

______, 「김일성동지의 2월교시 실천을 위한 투쟁의 계속 강화」, 『근로자』 1955.2.

______, 「과학적 령도방법의 확립을 위하여」, 『근로자』 1956.6.

홍달선, 「농업협동조합의 통합은 우리 사회의 성숙한 요구」, 『근로자』 1958.
    11.15.

______, 「협동적 소유의 전 인민적 소유에로의 줄기찬 지향」, 『경제연구』 1959
    년 제1호.

______, 「농업협동조합적 소유의 전 인민적 소유에로의 접근방도」, 『경제연구』
    1959.2.

______, 「우리나라에 있어서 농촌의 사회주의적 개조」, 『8·15해방15주년기념
    경제논문집』(평양, 과학원출판사, 1960).

홍달선·전용식·류기원, 「군농업협동조합경영위원회의 거대한 우월성」, 『로동
    신문』 1962.12.25.

홍덕일, 「우리나라에서의 농업기술혁명의 특성」, 『경제연구』 1959년 제1호.

홍종철, 「사회주의 분배원칙을 철저히 관철하기 위하여」, 『로동신문』 1960.3.
    30.

홍진규, 「북조선임시인민위원회의 창건을 위한 당의 투쟁」, 『근로자』 1958.3.

황 강, 「농촌사업에 있어서 근로단체의 역할」, 『근로자』 1955.4.25.

황장엽, 「조선에 있어서 사회주의적 토대와 상부구조의 발생과 발전의 특수성」,
    『력사과학』 1958년 제1호.

______, 「민족 부르죠아지의 개념에 관한 몇 가지 문제」, 『력사과학』 1957년 제
    4호.

『로동신문』 1957.1.9.

황장엽·김후선, 「리청원 저 『조선에서의 프로레타리아트의 헤게모니를 위한 투
    쟁』에 관하여」, 『근로자』 1957년 12월호.

황학성, 「당적 지도를 현지에 접근시키자」, 『로동신문』 1957.1.4.

9) 사설, 무기명논설, 기사

권두론, 「현단계에서의 당사업에 대하여」, 『근로자』 1947.3.

______, 「대중과의 긴밀한 련락은 간부의 지도적 중요 요소다」, 『근로자』
    1947.12.

______, 「간부들의 사상·정치적 수준을 제고시키자」, 『근로자』 1948.1.

권두언, 「조선인민군창건 2주년에 제하여」, 『근로자』 1950.1.31.

______, 「조선인민군창건 2주년에 제하여」, 『인민』 1950.2.

______, 「맑스－레닌주의 리론의 창조적 습득을 위하여」, 『근로자』 1955.10.

______, 「농촌경리의 가일층의 발전을 위하여 지도사업을 개선·상화하사」, 『인민』 1956.1.

______, 「당 대렬의 통일과 단결을 위한 우리 당의 투쟁」, 『근로자』 1956.4. 25.

______, 「경제사업에 대한 지도를 경제건설의 새 임무에 더욱 접근시키자」, 『경제건설』 1957.4.

머리말, 「경제절약을 강화하여 엄격한 관리질서를 확립하자」, 『인민』 1955.5.

______, 「3개년 계획의 기한 전 완수 및 초과완수는 전 인민적 전투적 과업」, 『근로자』 1955.1.

______, 「경제절약과 반탐오·반랑비투쟁을 전군중적 운동으로 전개하자」, 『경제건설』 1955.6.

______, 「로동보호사업을 철저하게 하자」, 『경제건설』 1955.10.

______, 「1956년 인민경제계획의 성과적 수행을 위하여 생산준비를 철저히 하자」, 『경제건설』 1955.12.

______, 「당과 정부의 경제정책을 더욱 철저히 옹호하여 관철시키자」, 『경제건설』 1958.1.

______, 「사회주의건설의 대고조」, 『근로자』 1958.8.

사 설, 「관료·탐오분자에 대한 인민의 준엄한 심판」, 『로동신문』 1952.7.3.

______, 「당 앞에 솔직하지 않은 사람은 우리들의 대렬에 설 자리가 없다」, 『로동신문』 1953.2.15.

______, 「당내 민주주의의 강화」, 『로동신문』 1953.2.16.

______, 「선동원은 생산계획실행의 적극적 추진자」, 『로동신문』 1954.8.28.

______, 「자백운동을 대중적으로 전개하자」, 『로동신문』 1955.8.20.

______, 「당일꾼은 경제사업으로부터 물러설 수 없다」, 『로동신문』 1954.8.29.

______, 「정치사업과 경제사업은 분리할 수 없다」, 『로동신문』 1954.9.2.

______, 「생산에 대한 당적 지도를 개선하자」, 『로동신문』 1954.9.23.

______, 「정치사업과 경제사업은 분리할 수 없다」, 『로동신문』 1954.9.2.

______, 「생산직장 내 당조직원」, 『로동신문』 1955.1.30.

______, 「당일꾼들은 경제사업 지도에서 물러설 수 없다」, 『로동신문』 1955.5. 31.

______, 「탐오·랑비에 대한 자백운동을 군중적 투쟁으로 전개하자」, 『민주조선』 1955.8.20.

______, 「생산에 대한 당적 통제」, 『로동신문』 1955.8.22.

______, 「경제에 대한 당적 지도의 개선」, 『로동신문』 1955.10.30.

______, 「량곡수매사업과 당단체들」, 『로동신문』 1954.11.8.

______, 「량곡수매를 자연생장성에 방임하지 말라」, 『로동신문』 1954.11.22.

______, 「농촌에서의 일부 초급 당단체의 조직적 개편」, 『로동신문』 1955.3.17.

______, 「식량절약을 전인민적 운동으로!」, 『로동신문』 1955.4.1.

______, 「계급교양사업의 강화를 위한 당 단체들의 과업」, 『로동신문』 1955.5.20.

______, 「농촌경리 발전에 많은 힘을 돌리자」, 『로동신문』 1955.6.7.

______, 「제대군인은 농촌경리의 핵심으로 되어야 한다」, 『로동신문』 1955.6.15.

______, 「조기작물 현물세의 정확한 부과와 징수」, 『민주조선』 1955.7.2.

______, 「농업협동조합에 대한 실무적 지도의 강화」, 『민주조선』 1955.7.5.

______, 「국가수매사업을 가일층 개선·강화하자」, 『민주조선』 1955.9.15.

______, 「농업협동조합의 새로운 발전과 강화를 위하여」, 『로동신문』 1955.11.17.

______, 「제대군인에 대한 적극적 지도와 방조」, 『민주조선』 1955.11.25.

______, 「1956년도 농산계획의 정확한 수립」, 『로동신문』 1955.12.10.

______, 「당증 교환 사업을 영예롭게 맞이하자」, 『로동신문』 1956.6.29.

______, 「직맹단체의 결산·선거사업과 당단체」, 『로동신문』 1956.7.7.

______, 「집체적 지도와 중앙집권제」, 『로동신문』 1956.7.16.

______, 「국제로동운동의 새로운 앙양과 프로레타리아 국제주의 사상의 위력」, 『로동신문』 1956.8.1.

______, 「제1차 5개년계획의 정확한 작성을 위하여」, 『로동신문』 1956.8.25.

______, 「경제건설에 대한 당적 지도의 강화와 우리 당의 사상의지의 가일층의 공고화를 위하여」, 『로동신문』 1956.9.5.

______, 「해석, 설복, 교양은 우리 당 지도의 기본방법이다」, 『로동신문』 1956.9.29.

______, 「당증 교환 사업을 높은 정치적 수준에서 진행하자」, 『로동신문』 1956.

12.1.

______, 「경제건설에 대한 당적 지도의 강화를 위하여」, 『로동신문』 1956.12. 12.

______, 「1957년 인민경제계획의 성과적 실행을 위하여」, 『로동신문』 1956. 12.16.

______, 「경제건설에 대한 당적 지도의 강화를 위하여」, 『로동신문』 1956.12. 29.

______, 「3개년 계획 실행에서의 위대한 혁명적 전취물을 자랑한다」, 『로동신문』 1956.12.31.

______, 「초급 당 단체의 결산－선거」, 『로동신문』 1957.1.27.

______, 「우리 조국의 믿음직한 수호자」, 『로동신문』 1957.2.8.

______, 「인민군은 혁명적 전취물의 믿음직한 보위자」, 『민주조선』 1957.2.8.

______, 「경제건설에 대한 당적 지도를 개선하기 위하여」, 『로동신문』 1957.3. 3.

______, 「농업협동화운동에서 우리 당 정책의 빛나는 승리」, 『로동신문』 1957. 3.11.

______, 「농업협동조합들의 5개년계획 작성 사업을 잘 지도하자」, 『로동신문』 1957.6.29.

______, 「시·군당위원회들의 지도수준을 높이기 위하여」, 『로동신문』 1957. 10.5.

______, 「량곡수매와 판매에서의 국가적 유일체계 확립을 위한 당면과업」, 『로동신문』 1957.11.10.

______, 「개인상공업에 대한 지도를 개선하자」, 『로동신문』 1957.11.19.

______, 「근로단체에 대한 당적 지도를 강화하자」, 『로동신문』 1957.12.5.

______, 「강력한 사회주의 진영과 단결된 조선 인민의 승리는 확고 부동하다」, 『로동신문』 1957.12.8.

______, 「각급 당단체 지도기관 결산·선거사업」, 『로동신문』 1957.12.24.

______, 「당 조직·정치사업 수준의 가일층의 제고를 위하여」, 『로동신문』 1958.1.22.

______, 「조선인민의 불패의 무장력」, 『로동신문』 1958.2.8.

______, 「시(구역)·군 당대표대회」, 『로동신문』 1958.2.21.

______, 「집단적 혁신운동을 일층 확대 발전시키자」, 『로동신문』 1958.8.14.

______, 「사회주의건설에서의 결정적 전진을 위하여」, 『로동신문』 1958.9.30.

______, 「모든 힘을 100만 정보의 관개면적 확장에로!」, 『로동신문』 1958.10. 5.

______, 「투쟁과 승리로 빛나는 우리의 당의 영광스러운 길」, 『로동신문』 1958. 10.10.

______, 「우리 로동계급의 위대한 발기를 지지한다」, 『로동신문』 1958.10.11.

______, 「공산주의교양의 강화를 위하여」, 『로동신문』 1958.12.7.

______, 「공산주의교양의 강화를 위하여」, 『민주조선』 1958.12.8.

______, 「초급 당단체들에서의 결산·선거사업」, 『로동신문』 1958.12.17.

______, 「모든 힘을 금년도 인민경제계획의 승리적 완수에로 !」, 『로동신문』 1959.1.24.

______, 「≪천리마작업반운동≫의 확대 발전을 위하여」, 『로동신문』 1959.3. 18.

______, 「사회주의건설의 고조를 계속 견지하며 더욱 높이자」, 『로동신문』 1959.5.11.

______, 「모든 것을 12월 확대전원회의 결정 관철에로!」, 『로동신문』 1959.12.7.

______, 「도당위원회들은 도내 모든 경제과업 수행에 대하여 책임져야 한다」, 『로동신문』 1960.1.7.

______, 「청산리 당총회에서 얻은 교훈」, 『로동신문』 1960.2.11.

______, 「수매사업의 개선 강화를 위하여」, 『로동신문』 1960.4.8.

______, 「공장, 기업소 지도 일꾼들의 관리운영 수준을 더욱 제고하기 위하여」, 『로동신문』 1961.3.13.

______, 「당의 붉은 편지 정신의 철저한 관철을 위하여」, 『로동신문』 1961.5. 25.

______, 「농촌경리 발전을 위한 중대한 조치」, 『로동신문』 1961.12.25.

______, 「당사업에서 청산리교시를 철저히 관철하자!」, 『로동신문』 1962.3.11.

______, 「사회주의 진영을 옹호하자」, 『로동신문』 1963.10.28.

______, 「자주성을 옹호하자」, 『로동신문』 1966.8.12.

「위대한 조국해방전쟁에서의 리권무 군부대의 혁혁한 위훈」, 『로동신문』 1952. 2.6.

「중국에서의 반탐오·반랑비·반관료주의운동」, 『로동신문』 1952.2.25.

「김일성장군략전」, 『로동신문』 1952.4.10.

「민주주의중앙집권제란 무엇인가」, 『로동신문』 1953.2.22.

「1955년 인민경제계획」, 『로동신문』 1954.12.14.

「농촌경리의 급속한 복구발전을 위한 로동당의 금후 투쟁 대책에 관한 조선로동
　　　당중앙위원회 11월전원회의의 결정」, 『인민』 1954.12.

「전국다수획모범농민대회」, 『로동신문』 1955.1.7.

「영웅적인 조선인민군」, 『인민』 1955.2.

「평화의 초병－조선인민군」, 『로동신문』 1955.2.8.

「당사업에서의 행정화란 어떤 것인가」, 『로동신문』 1955.2.26.

「당생활문답－행정사업에 대한 당적 통제와 유일관리제」, 『로동신문』 1955.3.
　　　28.

「력사가는 김일성 선집을 깊이 연구하자」, 『력사과학』 1955년 제4호.

「계급적 교양사업을 더욱 강화하기 위한 투쟁에 있어서 력사가들의 전투적 과업」,
　　　『력사과학』 1955년 제5호.

「관료주의를 반대하여」, 『로동신문』 1955.6.2.

「제대군인과 군인민위원장」, 『민주조선』 55.6.30.

「농촌경리 발전과 군당위원회」, 『로동신문』 1955.10.9.

「반탐오·반랑비투쟁과 자백운동」, 『인민』 1955.10.

「제대군인들은 농촌에서 핵심이 되고 있다」, 『민주조선』 1955.11.16

「1956년도 농산계획의 정확한 수립」, 『로동신문』 1955.12.10.

「정확한 군중관점의 확립을 위하여」, 『로동신문』 1955.12.11.

「1956년 인민경제계획의 완수 및 초과완수를 위하여」, 『로동신문』 1955.12.
　　　31.

「핵심들과의 사업을 강화하여」, 『로동신문』 1956.3.31.

「조선로동당규약」, 『로동신문』 1956.4.29.

「농촌경리의 사회주의적 개조의 길에서－평안남도 숙천군 당단체 사업」, 『로동
　　　신문』 1956.6.9.

「당적 지도를 현지에 접근시키자」, 『로동신문』 1957.1.4.

「조선인민의 해방투쟁사상에 빛나는 혁명적 갑오농민전쟁」, 『민주조선』 1957.
　　　2.8.

「당성을 옹호하며 당적 원칙으로부터의 리탈을 반대하여－직총 중앙위원회 사업
　　　에서」, 『로동신문』 1957.2.25.

「당의 군중로선을 관철시키자」, 『로동신문』 1957.5.15.

「극악한 원쑤 미제의 간첩, 파괴, 암해분자들에 대한 배천군 현지 공개재판」,
　　『민주조선』 1957.5.19.
「직맹단체 사업을 개선·강화하자－직맹 중앙위원회 전원회의 진행」, 『로동신
　　문』 1957.7.8.
「당의 농촌진지 공고화를 위한 군당위원회의 사업」, 『로동신문』 1957.10.20.
「지도기관결산·선거사업과 관련한 질의·문답(1)」, 『로동신문』 1958.1.8.
「강사·선전원에게 주는 참고자료－영웅적 조선인민군 창건 10주년에 제하여」
　　(1)·(2), 『로동신문』 1958.1.24~25.
「지방주의 잔재를 극복하며 당적 사상체계를 확립－함남도 홍원군 당위원회 사
　　업에서」, 『로동신문』 1958.7.31.
「전국적으로 농업협동조합의 통합 확장사업 완료」, 『로동신문』 1958.11.5.
「전국 농업협동조합대회 선언－1959년 1월 9일」, 『로동신문』 1959.1.10.
「농촌 당단체 사업을 결정적으로 개선하자－김일성 동지의 지도 하에 진행된 평
　　남도 강서군 청산리 당총회에서」, 『로동신문』 1960.2.11.
「새 환경에 적응하도록 군당위원회의 사업을 결정적으로 개선하자－김일성 동지
　　의 지도 하에 진행된 강서군 당위원회 전원회의에서」, 『로동신문』 1960.
　　2.21.
「당의 령도와 통제란 어떤 것이며, 그것은 어떻게 하는 것을 말하는가」, 『당간부
　　들에게 주는 참고자료』 1960.12.
「포전에서의 당정책교양」, 『로동신문』 1961.5.23.
「당사업은 사람들과의 사업이다」, 『로동신문』 1961.5.25.
「군중문화사업을 생산현장에서 진행하자!－전국군중문화일꾼회의 진행」, 『로동
　　신문』 1961.7.15.
「사상사업의 거점으로서의 포전선전실」, 『로동신문』 1961.8.24.
「농촌경리 발전을 위한 중대한 조치」, 『로동신문』 1961.12.24.
「자료 : 1961년 우리나라 인민경제발전」, 『경제지식』 1962년 제2호.
「1954~56년 조선민주주의인민공화국 인민경제복구발전 3개년 계획 실행총화
　　에 관한 국가계획위원회 중앙통계국의 보도」, 『로동신문』 1957.2.24.
「조선로동당중앙위원회 1956년 12월 전원회의 결정 실행에 대한 농촌경리부문
　　의 사업총화와 1958년도 과업에 대하여－1958년 1월 14일」, 『로동신문』
　　1958.1.16.

「1957년 조선민주주의인민공화국 인민경제발전 실행총화에 관한 국가계획위원
　　　회 중앙통계국의 보도」(1958년 1월 18일), 『로동신문』 1958.1.19.
「1958년 조선민주주의인민공화국 인민경제발전계획 실행총화에 관한 국가계획
　　　위원회 중앙통계국의 보도」, 『로동신문』 1959.1.17.
「1959년 조선민주주의인민공화국 인민경제발전계획 실행총화에 관한 국가계획
　　　위원회 중앙통계국의 보도」, 『로동신문』 1960.1.17.
「1960년 영농사업에 대한 조선중앙통신사의 보도 ― 청산리정신을 관철시켜 알
　　　곡 총수확고를 380만 3천 톤으로 제고」, 『로동신문』 1960.11.18.
「1961년 조선민주주의인민공화국 인민경제발전계획 실행총화에 관한 국가계획
　　　위원회 중앙통계국의 보도」, 『로동신문』 1962.1.19.
「1962년 인민경제발전계획 실행총화에 관한 조선민주주의인민공화국 국가계획
　　　위원회 중앙통계국의 보도」, 『로동신문』 1963.1.17.
「1963년 인민경제발전계획 실행총화에 관한 조선민주주의인민공화국 국가계획
　　　위원회 중앙통계국의 보도」, 『로동신문』 1964.1.17.
「1964년 인민경제발전계획 실행총화에 관한 조선민주주의인민공화국 국가계획
　　　위원회 중앙통계국의 보도」, 『로동신문』 1965.1.16.
「조선혁명의 성격에 관한 토론」, 『민주조선』 1956.12.28.
「조국의 평화적 통일독립과 공화국북반부에서의 사회주의건설과 관련된 몇 가지
　　　이론적 문제에 대하여」, 『근로자』 1957.1.
「서적합평회 『조선에서 있어서 프로레타리아트의 헤게모니를 위한 투쟁』」, 『조
　　　선과학원 통보』 57년 제1호, 『력사과학』 1957년 제1호.
「『농업협동조합적 소유의 전 인민적 소유에로의 이행방도』에 관한 토론회」, 『경
　　　제연구』 1959년 2호.

2. 해방 직후 남조선자료

『민주주의민족전선대회회의록』(조선정판사, 1946).
『전국농민조합총연맹결성대회회의록』(조선정판사, 1946).
『전국인민위원회대표자대회회의록』(조선정판사, 1946).
민주주의민족전선 편, 『조선해방연보』(문우인서관, 1946).

『옳은 노선』(동경, 민중신문사출판부전간, 1946).

김기석, 『북조선의 현상과 장래』(조선정경연구사, 1947).

이석태, 『사회과학대사전』(문우인서관, 1948).

『해방일보』, 『노력인민』, 『전국노동자신문』, 『조선인민보』.

3. 한국자료

1) 사전, 자료집

공산권문제연구소 편, 『북한총감 : 1945~68년』(1968).

『북한의 주요인물』(통일원, 2003).

『북한인명사전』(중앙일보사, 1990).

역사문제연구소 편, 『일제하사회운동인명색인집』(상)(하)(여강출판사, 1992).

김운석, 『북한괴뢰전술문헌집』(대한반공단, 1957).

국가보훈처, 『독립유공자공훈록』 제7권(1990).

2) 회상, 수기

강상호, 「내가 겪은 북한 숙청」, 『중앙일보』 1993.1.11~10.12 연재.

김광운, 『통일독립의 현대사』(지성사, 1995).

김중생, 『조선의용군의 밀입북과 6·25전쟁』(명지출판사, 2000).

김진계 구술·김응교 기록, 『조국－어느 '북조선 인민'의 수기』(현장문학사, 1990).

『김일성의 비서실장 : 고봉기의 유서』(천마출판사, 1989).

『증언 : 김일성을 말한다－유성철, 이상조가 밝힌 북한정권의 실태』(한국일보사, 1991).

안성규, 「중국 망명한 연안파 거물들의 한과 충격 증언」, 『월간중앙』 1994.5.

여 정, 『붉게 물든 대동강－전 인민군 사단정치위원의 수기』(동아일보사, 1991).

유영구, 『남북을 오고 간 사람들』(도서출판 글, 1993).

육철식, 「강동정치학원과 지리산유격대」, 『역사비평』 1988년 가을.

중앙일보사특별취재반, 『비록 조선민주주의인민공화국』(상)(하)(중앙일보사,

1992).

신경완 증언·이태호 기록, 『압록강변의 겨울』(다섯수레, 1991).

「6·25전쟁 발발의 실상을 밝힌다 : 8로군 출신 방호산사단 정치보위부 최태환
　　의 증언」, 『역사비평』 1988년 가을.

정태수·정창현, 「평양주재 소련대사 이바노프 비망록이 전하는 북조선 최대의
　　권력투쟁 '8월 종파사건'의 전모」, 『Win』 1997.6.

3) 연구문헌

강정구, 『좌절된 사회혁명』(열음사, 1989).

국방부전사편찬위원회, 『한국전쟁사』 제1권(1977).

권영진, 「북한의 남한점령정책」, 『역사비평』 1989년 여름.

기광서, 「1940년대 전반 소련군 88독립보병여단 내 김일성 그룹의 동향」, 『역
　　사와 현실』 제28호(1998.6).

______, 「소련의 대한반도, 북한 정책 관련기구 및 인물분석 : 해방－1948.12」,
　　『현대북한연구』 제1호(1999).

______, 「러시아연방 국방성중앙문서보관소 소재 해방 후 북한정치사 관련 자료
　　개관」, 정신문화연구원 편 『해방전후사사료연구Ⅱ』(선인, 2002).

______, 「해방 후 김일성의 부상과 집권과정」, 『역사와 현실』 제48호(2003.6).

김광운, 「전쟁 이전 북한 인민군의 창설 과정」, 국방부군사편찬연구소 편, 『한국
　　전쟁의 새로운 연구1』(2001).

______, 「북한 정치체제 형성 관련 1945~50년 출판물에 대하여」, 정신연구문
　　화연구원 편 『해방 전후사 사료 연구Ⅱ』(선인, 2002).

______, 『북한정치사연구1 － 건당, 건국, 건군의 역사』(선인, 2003).

김근식, 『북한 발전전략의 형성과 변화에 관한 연구－ 1950년대와 1990년대를
　　중심으로』(서울대학교박사학위논문, 1999).

______, 『남로당연구』(돌베개, 1984).

______, 「북한의 공산화과정과 계급노선」, 『북한공산화과정』(고려대아세아문제
　　연구소, 1972).

김남식, 『북한 내 노동당의 존재』(국토통일원조사연구실).

김성보, 『북한의 토지개혁과 농업협동화』(연세대박사학위논문, 1996).

______, 『남북한 경제구조의 기원과 전개-북한농업체제의 형성을 중심으로』(역사비평사, 2000).

______, 「50년대 북한의 경제건설 논쟁과 귀결」, 역사문제연구소 편 『1950년대 남북한의 선택과 굴절』(역사비평사, 1998).

김성칠, 『역사 앞에서-한 사학자의 6·25일기』(창작과 비평사, 1993).

김연철, 『북한의 산업화 과정과 공장관리의 정치 : 수령제 정치체제의 사회경제적 기원』(성균관대학교박사학위논문, 1996).

김용복, 「해방 직후 북한인민위원회의 조직과 활동」, 『해방전후사의 인식 5』(한길사, 1989).

김용현, 『북한의 군사국가화에 관한 연구 : 1950~60년대를 중심으로』(동국대학교박사학위논문, 2001).

김재용, 『북한 문학의 역사적 이해』(문학과 지성사, 1994).

______, 「북한의 남로당계 작가 숙청」, 『역사비평』 1994년 겨울.

김점곤, 『한국전쟁과 노동당전략』(박영사, 1973).

김주환, 「해방 직후 북한의 대미인식과 민주기지론」, 『역사비평』 1990년 봄.

______, 「한국전쟁 중 북한의 대남한정책」, 최장집 편 『한국전쟁연구』(태암, 1990).

김준엽·김창순, 『한국공산주의운동사』 제1~5권(청계연구소, 1986).

김창순, 『북한15년사』(지문각, 1961).

김창우, 「한국전쟁 초기 미국의 전쟁정책과 북한점령」, 최장집 편 『한국전쟁연구』(태암, 1990).

김학준, 『이동화평전』(민음사, 1987).

내외문제연구소 편, 『북괴의 파벌투쟁사』(1962).

도진순, 「북한의 종파문제와 1920년대 민족해방운동에 대한 인식」, 『역사비평』 1989년 가을.

류길재, 「북한정권의 형성과정 : 인민위원회의 조직과 활동에 관한 연구」, 『북한체제의 수립과정 : 1945~48』(경남대극동문제연구소, 1991).

______, 『북한의 국가건설과 인민위원회의 역할 1945~1947』(고려대박사학위논문, 1995).

박명림, 『한국전쟁의 발발과 기원』 제1, 2권(나남, 1997).

______, 『한국전쟁의 발발과 기원』(고려대박사학위논문, 1994).

방선주, 「1946년 북한 경제통계의 일연구」, 『아시아문화』 제8호(1992.12).

백낙청, 『분단체제 변혁의 공부 길』(창작과 비평사, 1994).

______, 「분단시대의 최근정세와 분단체제론」, 『창작과 비평』 1994년 가을.

「백낙청의 인터뷰」, 『월긴사회평론길』 1994.10.

북한연구소 편, 『북한군사론』(북한연구소, 1978).

서동만, 「조선공산당북북조선분국 창설에 관하여」, 『역사비평』 1995년 가을.

______, 「북한의 전통과 근대」, 역사문제연구소 편 『한국의 근대와 근대성 비판』
       (역사비평사, 1997).

______, 「1950년대 북한의 정치 갈등과 이데올로기 상황」, 역사문제연구소 편
       『1950년대 남북한의 선택과 굴절』(역사비평사, 1998).

______, 「북한 정치체제 변화에 관한 시론」, 『정치비평』 제5호(1998.12).

______, 「북한연구에 대한 반성과 과제 : 90년대 연구 성과와 문제점」, 『현대북
       한연구』 창간호(1999).

성한표, 「8·15 직후의 노동자 자주관리운동」, 『한국사회연구』 1984년 2호.

송남헌, 『해방3년사 2』(까치, 1985).

심지연, 『미소공동위원회연구』(청계연구소, 1989).

안동일, 「최초공개 : 평양 애국열사능에는 누가 묻힌 것인가」, 『역사비평』 1991
       년 가을.

안택원, 「김일성의 라이벌, 허가이의 삶과 죽음」, 『신동아』 1991.11.

염인호, 「해방 후 중국 동북지방 조선인 부대의 활동과 북한 입국」, 국방부군사
       편찬연구소, 『한국전쟁사의 새로운 연구 2』(2002).

이기하, 『한국공산주의운동사』 Ⅰ - Ⅲ, (국토통일원조사연구실, 1976).

이완범, 「한반도신탁통치문제 : 1943~46」, 『해방전후사의 인식 3』(한길사,
       1987).

이종석, 「북한지도집단과 항일무장투쟁」, 『해방전후사의 인식 5』(한길사, 1989).

______, 『조선노동당연구 - 지도사상과 구조변화를 중심으로 하여』(역사비평사,
       1995).

______, 『현대 북한의 이해』(역사비평사, 1995).

______, 『북한과 중국 1945~2000』(중심, 2000).

______, 『조선노동당의 지도사상과 구조변화에 관한 연구 - 주체사상과 유일지
       도체계를 중심으로 하여』(성균관대학박사학위논문, 1993).

______, 「유신체제의 형성과 분단구조— 적대적 의존관계와 거울영상효과」, 이병천 편, 『개발독재와 박정희시대』(창비, 2003).

이주철, 『북조선로동당의 당원과 그 하부조직에 관한 연구』(고려대학교박사학위논문, 1998).

이태섭, 『북한의 집단주의적 발전전략과 수령 체계의 확립』(서울대학교박사학위논문, 2001).

임영태, 「북으로 간 맑스주의 역사학자와 사회경제학자들」, 『역사비평』 1889년 가을.

임재동·최정미 「미국의 전쟁전략과 전쟁정책」, 한국정치연구회 편 『한국전쟁의 이해』(역사비평사, 1990).

장미승, 「북한의 남한점령정책」, 한국정치연구회 편 『한국전쟁의 이해』(역사비평사, 1990).

장준익, 『북한인민군대사』(서문당, 1991).

전현수, 「1947년 12월 북한의 화폐개혁」, 『역사와 현실』 제19호(1996).

______, 「산업의 국유화와 인민경제의 계획화 : 공업을 중심으로」, 『현대북한연구』 제2권 1호(1999).

정진위, 『북방삼각관계 : 북한의 대중소관계를 중심으로 하여』(서울, 법문사, 1985).

조성훈, 「미국 국립문서 보관소 소장 북한 경제정책(1945~50) 자료 연구」, 정신연구문화연구원 편 『해방 전후사 사료 연구Ⅱ』(선인, 2002).

조형·박명선, 「북한출신월남민의 정착과정을 통해서 본 남북한사회의 변화」, 『분단시대와 한국사회』(까치, 1985).

지수걸, 『일제하 농민조합운동연구 : 1930년대 혁명적 농민조합운동』(역사비평사, 1993).

차문석, 『사회주의국가의 노동정책 : 소련, 중국, 북한의 생산성의 정치』(성균관대학교박사학위논문, 1999).

최상룡, 『미군정과 한국민족주의』(나남출판사, 1988).

최완규, 「조선인민군의 형성과 발전」, 『북한체제의 수립과정 : 1945~1948』(경남대극동문제연구소, 1991).

______, 「북한연구방법론 : 연구시각, 자료, 이론틀」, 『계간 북한연구』 1995년 봄.

최장집, 「통일의 조건과 전망」, 『한국민주주의의 조건과 전망』(나남, 1996).

하영선, 『한반도의 전쟁과 평화』(청계연구소, 1989).

한국역사연구회 편, 『일제하사회운동사』(한길사, 1991).

__________, 『북한정치론』(백산서당, 1989).

한승주, 「안보정책과 군사선략」, 한국공산권연구협의회 편, 『북한의 오늘과 장
　　래』(법문사, 1982).

홍인숙, 「건국준비위원회의 조직과 활동」, 『해방전후사의 인식 2』(한길사,
　　1987).

4. 일본자료

1) 사전, 자료집

霞關會, 『現代朝鮮人名辭典』(1962).

梶村秀樹・姜德相 編, 『現代史資料』 第30卷, 別卷(東京, みすず書房, 1976).

2) 식민지시대 관헌자료

金廷柱 編, 『朝鮮統治史料』 第6卷, 第10卷(東京, 韓國史料研究所, 1970).

『思想彙報』, 『思想月報』, 『高等外事月報』.

3) 회상, 증언

磯谷季次, 『わが靑春の朝鮮』(東京, 影書房, 1984).

森田芳夫, 『朝鮮終戰の記錄』(東京, 嚴南堂書店, 1979).

林穩, 『北朝鮮王朝成立秘史』(東京, 自由社, 1982).

4) 연구문헌

饗庭孝典・NHK 取材班, 『朝鮮戰爭』(東京, 日本放送出版會, 1990).

石井明, 『中ソ關係史研究』(東京, 東京大出版會, 1990).

石井規衛, 「革命ロシアにおける 『黨＝國家』體制の成立」, 『社會運動史』 第9号,

1981.

市川正明,「中ソ對立と北韓の經濟建設」, 同「中ソ對立と北韓の軍事戰略」, 각 각 山本登編『中ソ對立と亞細亞諸國』上・下卷(東京, 日本國際問題研究所, 1971).

大內憲昭,「朝鮮民主主義人民共和國の憲法・條文と解說」, 『關東學院大學文學部紀要』, 第66号, 1992.

小此木政夫,「北朝鮮における對ソ自主性の萌芽 1953~1955」, 『アジア經濟』 1772.7.

奧田央,『コルホーズの成立過程』(東京, 岩波書店, 1990).

梶村秀樹,「朝鮮の郡協同組合經營委員會について」, 『東洋文化研究所紀要』第41号, 1966.10.

______,「農業協同組合の里單位統合(1958年)に關して」, 『朝鮮研究』第38号, 1965.4.

______,「北朝鮮における農業協同化運動(1953~58) に關する一考察」, 『朝鮮學報』39/40輯, 1966.4.

上垣彰,『ルーマニア戰後經濟體制の研究 1944~89』(東京大學大學院博士學位請求論文, 1993).

川井伸一,「ソビエト官僚制と中國共産黨：一長制の導入と摩擦」, 『アジア研究』第27卷 第4号.

______,「一長制論再考：1954年~55年の論議を中心として」, 高木誠一朗・石井明 編『中國の政治と國際關係』(東京, 東京大出版會, 1984).

川島弘三,『中國黨軍關係の研究(上)』(東京, 慶應通信, 1988).

金翼漢,「1930年代における朝鮮赤色農民組合運動－地方共産主義者の形成と活動」, 『朝鮮史研究會論文集』第30号, 1992.

金三洙,『韓國資本主義國家の成立とその特質：1945~53年－政治體制・勞動運動・勞動政策を中心として』(東京大大學院經濟研究科博士論文, 1990)

高昇孝,「朝鮮における農業指導機構の改革」, 『世界經濟評論』 1962.9.

高峻石,『金日成體制の形成と危機』(東京, 社會評論社, 1993).

______,『南朝鮮金勞働党史』(東京, 勁草書房, 1978).

______,『朝鮮 1945~1950：革命史への證言』(東京, 社會評論社, 1984).

櫻井浩, 「農機械作業所について」, 『朝鮮研究』 第38号, 1965.4.

櫻井浩 編, 『解放と革命：朝鮮民主主義人民共和國の成立過程』(東京, アジア 經濟研究所, 1990).

佐佐木春隆, 『朝鮮戰爭(中)』(東京, 原書房, 1976).

塩川伸明, 「ソヴィエト史における黨・國家・社會」, 溪內謙外編, 『スターリ ン時代の國家と社會』(東京, 木鐸社, 1984).

________, 『「社會主義國家」と勞動者階級－ソビエト企業における勞動者統轄 ：1929～1933年』(東京, 岩波書店, 1984).

________, 『ソブエト社會政策史研究』(東京, 東京大學出版會, 1991).

下斗米伸夫, 『ソビエト政治と勞動組合－ネップ期政治史序說』(東京, 東京大 學出版會, 1982).

朱建榮, 『毛澤東の朝鮮戰爭』(東京, 岩波書店, 1991).

徐東晚, 「解放朝鮮における 『人民民主主義論』 の形成過程：1945～50年」(東 京大大學院國際關係論專攻修士論文, 1990).

鐸木昌之, 「放直後における金日成路線－史科料批判をとおしてみた'朝鮮共産 黨部朝鮮分局'の創設と金日成」, 『アジア經濟』 第30卷 第2号(1989.2).

________, 「北朝鮮における黨建設」, 櫻井浩 編, 『解放と革命：朝鮮民主主義人 民共和國の成立過程』(東京, アジア經濟研究所, 1990).

________, 『北朝鮮：社會主義と傳統の共鳴』(東京, 東京大學出版會, 1992).

田中信行, 「中國－『黨政分離』と法治の課題」, 和田春樹・近藤邦康編 『ペレスト ロイカと改革・開放：中ソ比較分析』(東京, 東京大學出版會, 1993).

中尾美知子, 「朝鮮解放と全評勞動運動」, 『學習院大學東洋文化研究所調査研究 報告』 第14号, 1982.3.

中尾美知子・中西洋, 「米軍政・全評・大韓勞總」, 『經濟學論集』 東京大, 49-4, 1984.1.

中川信夫, 「8・15解放直朝鮮の左翼－朝鮮共産黨部北五道黨責任熱誠者大會を 中心として」, 『アジア經濟』 第26卷 第1号(1985.1).

中嶋嶺雄, 「ソ連共産党第二十回大會と中國共産党」, 『歷史學研究』 1980.3.

飛田雄一, 「永興農民組合の展開－1930年代の赤色農民組合の一例」, 『朝鮮1930 年代研究』(東京, 三一書房, 1982).

________, 「定平農民組合の展開－1930年代の赤色農民組合の一例」, 『朝鮮史叢』 第5・6号 合集, 1982.

________, 「明川農民組合の展開－1930年代の赤色農民組合の一例」, 『朝鮮民族解放運動史研究』 第5号, 1988.

平松茂雄, 『中國と朝鮮戰爭』(東京, 勁草書房, 1988).

福島正夫, 『朝鮮民主主義人民共和國社會主義憲法』(東京, 日本評論社, 1974).

藤田勇, 「現存社會主義の歷史的位置」, 藤田勇 編, 『權威的秩序と國家』(東京, 東京大學出版會, 1987).

古田元夫, 「ベトナムにおける『社會主義の道』の堅持」, 『社會主義を哲學する』(東京, 大月書店, 1992).

美濃部亮吉, 「金日成首相會見記」, 『世界』 1972.2.

毛里和子, 「毛澤東時期の中國政治」, 同編 『毛澤東時代の中國』(東京, 日本國際問題研究所, 1990).

________, 『現代中國政治』(名古屋, 名古屋大學出版會, 1993).

矢吹晋・小林弘二・宇野重昭, 『現代中國の歷史：1945~1985』(東京, 有斐閣, 1986).

林　哲, 「第2次世界大戰後朝鮮における民主主義民族戰線」, 津田塾大 『國際關係學研究』 第9号, 1983.

_____, 「朝鮮人民共和國に關する若干の問題」, 『朝鮮史研究會論文集』 第23集, 1986.

_____, 「解放直後の朝鮮における『民主基地論』－統一戰線論を手がかりに」, 『朝鮮史研究會論文集』 第31号, 1993.10.

梁文洙, 『北朝鮮の經濟開發：經濟低迷メカニズムの形成と展開』, (東京大大學院經濟學博士學位請求論文, 1999).

和田春樹, 「スターリン批判・1953~56」, 東京大社會科學研究所編, 『現代社會主義－その多元的諸相』(東京, 東京大學出版會, 1977).

________, 「蘇聯の朝鮮政策：1945年 8~10月」, 『社會科學研究』 第33卷 第4号, 1981.

________, 「蘇聯の朝鮮政策：1945年 11月~1946年 3月」, 『社會科學研究』 第33卷 第6号, 1982.

________, 「國家社會主義體制の段階論を」, 溪內謙外 編, 『スターリン時代の國家と社會』(東京, 木鐸社, 1984).

________, 「北朝鮮における蘇聯軍政と共産主義者：1945年 8月～1946年 2月」〔草稿〕.

________, 「朝鮮共産黨北部朝鮮分局の創設」, 『社會科學硏究』 第42卷 第3号(1990.11).

________, 「解放前後史硏究の視覺と課題」, 『朝鮮史硏究會論文集』 第24号(1987.3).

________, 『社會主義の20世紀』 第4卷(東京, 日本放送出版會, 1991).

________, 「朝鮮戰爭について考える(上)」, 『思想』 1990.8.

________, 「朝鮮戰爭について考える(中)」, 『思想』 1993.5.

________, 「朝鮮戰爭について考える(中の二)」, 『思想』 1993.6.

________, 「朝鮮戰爭について考える(下)」, 『思想』 1993.7.

________, 『歷史としての社會主義』(東京, 岩波書店, 1992)

________, 「遊擊隊國家の成立と展開」, 『世界』 1993.10.

________, 『終焉の中のソ連史』(東京, 朝日新書, 1993).

________, 『歷史としての社會主義』(東京, 岩波新書, 1992), 고세현 역『역사로서의 사회주의』(창비, 1995).

________, 『金日成と滿洲抗日戰爭』(東京, 平凡社, 1992), 이종석 역『김일성과 만주항일전쟁』(창비, 1995).

________, 『朝鮮戰爭』(東京, 岩波書店, 1995), 서동만 역 『한국전쟁』(창비, 1999).

________, 『北朝鮮－遊擊隊國家の現在』(東京, 岩波書店, 1998), 남기정 저·서동만 역『북조선－유격대국가에서 정규군국가로』(돌베개, 2002).

________, 『朝鮮戰爭全史』(東京, 岩波書店, 2002).

5. 영미(유럽)자료

1) 미군, 국무성 문서

U.S. Department of State, *Foreign Relations of United States*, 1945, Vol.Ⅵ ; 1946, Vol. Ⅷ ; 1955～57, Vol.ⅩⅩⅢ.

Headquarters of Far Eastern Command, *History of the North*

Korean Army, 31 July 1952.

U.S. Department of State, *North Korea : A Case Study in the Techniques of Takeover*, Washington D.C. 1961.

U.S. Department of State, Office of Intelligence Research, *Intelligence Report*.

U.S. Military Government in Korea, *Intelligence Summary Northern Korea*.

U.S. Military Government in Korea, G-2 Weekly Report.

U.S. Military Government in Korea, "The Evolution of the Armed Forces of the North Korean Peoples Commmittee : August 1945-June 1947", *Intelligence Summary Northern Korea*, #39, 30 June 1947.

U.S. Department of State, Office of Intelligence Research, "Factionalism in the Leadership of the North Korean Regime", *Intelligence Report* No. 6559, 3 January, 1955.

2) 자료집

Dae-Sook Suh, *Korean Communism 1945~1980 : A Reference Guide to the Political System*, UP of Hawaii, 1981.

Chong-Sik Lee, *Materials on Korean Communism : 1945~1947*, Honolulu, University of Hawaii, 1977.

IISS, *Military Blance* 각 년도판.

FAO, *Trade Yearbook* 각 년도 통계.

3) 연구문헌

Armstrong, Charles K., *The North Korean Revolution 1945~1950*, Cornell University Press, 2003.

찰스 암스트롱, 「북한 문화의 형성 : 1945~1950」, 『현대북한연구』 제2권 제1호(1999).

Brugger, William, *Democracy and Organization in the Chinese Industrial Enterprise, 1948~1953*, Cambridge UP, 1976.

Brus, Wlodzimierz, *Socialist Ownership and Political System*, RKP, London, 1975, 大津定美 譯『社會化と政治體制』(東京, 新評論, 1982).

__________, Economic History of Communist Eastern Europe, 1983, 鶴岡重成 譯『東歐經濟史』(岩波現代選書, 1984).

Carr, E. H., *Socialism in One Country, 1924~1926*, Vol. Ⅰ, Ⅱ, Ⅲ, McMillan, 1959, 제1, 2권의 일역, 南塚信吾 譯『一國社會主義：經濟 1924~1926』, 『一國社會主義：政治 1924~1926』(東京, みすず書房, 1977, 1974).

Chung, Chin O, *P'yongyang Between Peking and Moscow : North Korea's Involvement in the Sino-Soviet Dispute, 1958~1975*, the Unive rsity of Alabama Press, 1978.

Cumings, Brus. B., *The Origins of the Korean War, Vol. Ⅰ*, Princeton UP, 1981, 『한국전쟁의 기원』 제1권.

__________, *The Origins of the Korean War, Vol. Ⅱ*, Princeton UP, 1990, 『한국전쟁의 기원』 제2권.

__________, *The Origins of the Korean War, Ⅰ・Ⅱ*, Princeton UP, 1981・1990, "Corporatism in North Korea", *Journal of Korean Studies*, no. 3(1983).

__________, "Kim's Korean Commnunism", *Problems of Communism*(March-April 1974).

Cumings, Brus & Holliday, John, *KOREA : the Unknown War*, Viking Press, 1988. 차성수・양동주 역『한국전쟁의 전개과정』(태암사, 1989).

Eberstadt, Nicholas, *Korea Approaches Reunification*(UP of California, 1994), 국역『한반도통일로 가는 길』(한국경제신문사, 1994).

Fejto, Francois, *Histoire Des Democraties Populaires : Apres Staline, 1953~1975*(Editions du Seuil, 1972), F・フェイト『スターリン以後の東歐』(東京, 岩波現代選書, 1978).

Kim, Ilpyoung, *Communist Politics In North Korea*, Praeger, 1975

Kolkowicz, Roman, *The Soviet Military and the Communist Party*, West View Press, 1985.

Kornai, Janos, *Anti-Equilibrium*, Armsterdam : North-holland, 1971, 盛田常夫・門脇延行 編譯 『反均衡と不足の經濟學』(東京, 日本評論社, 1983).

______, *Economics of Shortage*, Armsterdam : North-holland, 1980, 盛田常夫 編譯 『「不足」の政治經濟學』(東京, 岩波現代新書, 1984).

Kornai J., *The Socialist System : the Political Economy of Communism*, Oxford UP, 1992.

Kuromiya, Hiroaki, "Edinonachalie and the Soviet Industrial Manager, 1928~1937", *Soviet Studies*, Vol.36, No.2, April 1984.

Lee, Suck-Ho, *Party-Military Relation in North Korea : A Comparative Analysis*, Research Center for Peace and Unification of Korea, 1989.

Miller, James, "Soviet Rapid Development and the Agricultural Surplus Hypothesis", *Soviet Studies*, Vol. 22, No. 1 (July 1970).

Miller, James & Nove, Alec, "A Debate on Collectivization", *Problems of Communism*, Vol. 25 (July-August 1976).

Nove, Alec, *An Economic History of the U.S.S.R.* Penguin Books, London, 1976, 石井規衛外 譯 『ソ聯經濟史』(東京, 岩波書店, 1982).

____, *The Soviet Economy*, F. A. Praeger, N. Y., 1969.

Paik, Hak-Soon, *North Korean State Formation 1945~1950*, Ph.D Dissertation, University of Pennsylvania 1993.

Van Ree, Erik, *Socialism in One Jone : Stalin's Policy in Korea*, Berg, 1989.

Scalapino, R. & Lee, Chong-Sik, *Communism in Korea, I・II*, Univ. of California Press, 1972. 제1권의 국역, 한홍구역 『한국공산주의운동사』 1・2・3(돌베개, 1986).

Schurmann, Franz, *Ideology and Organization in Communist China*, Univ. of California Press, 1968.

Strong, Anna Louise, *In North Korea*, New York, 1949, 『기행 : 북한,
　　1947년 여름』, 『해방전후사의 인식 5』에 번역, 수록.
Suh, Dae-Sook, "Communist Party Leadership", Dae-Sook Suh &
　　Chae-Jin Lee ed., *Political Leadership in Korea*, UP of
　　Washington, 1976.
　　　　　　　　, *Kim Il Sung : the North Korean Leader*, Columbia
　　UP, 1988, 서주석 역, 『북의 지도자 김일성』(청계연구소, 1989).
Ulam, Adam B., *Expansion and Coexistence : Soviet Foreign Policy
　　1917~1973*(New York, Praeger Publisher, 1974), アダム・ウラム
　　『膨脹と共存 : ソヴ″ェト外交史』第1~3卷(東京, サイマル出版會, 1979).

6. 러시아자료

1) 신문

Pravda, 8 October 1952., 18, 23 September 1953, 19 December 1955,
　　28 Mar. 1956, 7 April 1956, 2 July 1956, 7 June 1956, 4 July
　　1961, 27 October 1961.

2) 미공간정보문서

로마넨코, 「북조선의 토지개혁에 대한 제안 1945.11.30」(노문), 국방성문서관,
　　민정국 폰드, 목록 433847C, 문서철 1.
「바빌로프가 쉬킨에게」(노문), 국방성문서관, 폰드 32, 목록 11306, 문서철
　　581.
박길룡(Пак В.К.), 「조선로동당의 형성 1945~1950」(소련과학아카데미, 아시
　　아인민연구소, 1967)(노문), 국사편찬위원회 『조선노동당의 형성』(수집
　　번호 : 0103032).
「스탈린과 안토노프가 바실리에프스키 원수, 연해주군관구군사회의, 제25군군
　　사회의에게」(노문), 국방성문서관, 폰드 148, 목록 3225, 문서철 28,
　　『毎日新聞』 1993.2.26.

필자 미상, 「조선의 정치 정세에 관하여」(노문), 러시아현대사문서보관연구센
　　터, 문서군 17, 목록 128, 문서철 1119, 국사편찬위원회『1947년 북조선
　　정치관련보고서』(수집번호 : 0103012).

　　　　　, 「북조선의 정당과 사회단체」(노문), 러시아현대사문서보관연구센터,
　　문서군 17, 목록 128, 문서철 1119, 국사편찬위원회『1947년 북조선정
　　치관련보고서』(수집번호 : 0103012).

사포쥐니코프, 「전소련공산당(볼세비키)중앙위원회 디미트로프 동지 앞 1945.
　　11.5.」(노문), 러시아현대사문서보관연구센터, 문서군 17, 목록 128, 문
　　서철 47.

　　　　　　　, 「전소련공산당(볼세비키) 수슬로프 동지에게 1946.8.24」(노문),
　　러시아현대사자료보관연구센터, 문서군 17, 목록 128, 문서철 205, 국사
　　편찬위원회『1946~47년 조선정치현황관련문서』(수집번호 : 0103029).

쉬킨, 「조회북조선의 정치정세에 대한 보고 1945.12.25.」(노문), 러시아대외정
　　책문서보관소 문서군 013, 목록 7, 문서철 4, 차례 46, 국사편찬위원회
　　『러시아대외정책문서보관소의 1946년 북한정치, 경제, 사회현황 관련자
　　료』(수집번호 : 0103001-0103007).

「정당, 사회단체, 도－군인민위원회 협의회 자료 1946.2.16」(노문), 국방성문
　　서보관소, 민정국 문서철, 목록 106546, 문서철 7, 국사편찬위원회『제정
　　당, 사회단체, 지방인민위원회 대표자회의 자료』(수집번호 : 0103014).

스티코프, 「북조선 정치상황에 대하여」(노문), 국방성문서관, 문서군 172, 목록
　　614631, 문서철 38.

치키치코, 「소련 점령 지역 내 정당 및 사회단체에 관한 보고 1946.5.20」(노문),
　　러시아현대사문서보관연구센터, 문서군 17, 목록 128, 문서철, 205. 국사
　　편찬위원회『1946~47년 조선정치현황관련문서』(수집번호 : 0103029),
　　『동아일보』1993.5.4~7.

필자 미상, 「조선의 정치 정세에 관하여」(노문) 중「북조선의 정당과 사회단체」
　　에 관한 부분, 러시아현대사문서보관연구센터, 문서군 17, 목록 128, 문
　　서철, 1119. 국사편찬위원회『1947년 북조선정치관련보고서』(수집번호
　　: 0103012).

소련공산당(볼세비크)중앙위원회결정, 「조선에서의 미소공동위원회 사업에 대
　　하여」(노문), 대외정책문서보관소, 문서군 07, 목록 11, 문서함 18, 문서

철 280.
「인민군 내에 있어서 로동당단체 설치의 총화와 정치기관들의 사업정형에 관하
여-조선로동당중앙정치위원회 결정 1951년 7월 27일」(노문), 러시아현
내사사료연구보존센터, 문시고 17, 목록 137, 문서철 730, 1. 국사편찬위
원회『소연방외무부총부비서 이바노프가 당 중앙위원회 그리고리얀에게
보내는 1951년 조선노동당 정치회의 및 조직위원회 결정집』(수집번호 :
0103009).
러시아국방성문서보관소, 대외정책문서보관소, 현대사자료연구보존센터, 국립
도서관 등 소장처 별 정보문서 목록-국사편찬위원회 www.history.
org.kr.

3) 자료집, 회상

Institut Vostokovedeniya Akademii Nauk SSSR(소련 과학아카데미 동양
학연구소), *Otnosheniya Sovetskogo Soyuza c Narodnoi Koreei :
dokumenty i materialy, 1945~1980,*(소련과 인민 조선의 관계 : 문
서와 자료) Moskva : Izdatelstvo Nauka, 1981.
B. V. Shchetinin, *V Koree posle osvobozhdeniia,*(해방 후 조선에서)
Moscow, 1976. 국역『레닌그라드에서 평양까지 : 조선해방에 있어서 소
련장성 11명의 회고록』(함성, 1989).
The Cold War International Project, www.wilsoncenter.org.
K. Weathersby, Soviet Aims in Korea and the Origins of the Korean
War, 1945~1950 : New Evidence from Russian Archives, *Cold
War International History Project Working Papers* No.8, pp.
20~22.
K. Weathersby, New Findings on the Korean War, *Cold War
International History Bulletin*, Issue 3(Fall 1993).

4) 연구문헌

볼코고노프,『스탈린』(세경사, 1993).

Natalia Bazhanova, *Between Dead Dogmas and Practical Requirement : External Econominc Relations of North Korea*, Moscow, Russia, 1992, 양준용 역『기로에 선 북한경제 : 대외경협을 통해 본 실상』(한국경제신문사, 1992).

소련과학아카데미동양학연구소 편(국토통일원 역),『북한의 정치·경제』(1987).

안드레이 란코프(김광린 역),『소련의 자료로 본 북한현대정치사』(오름, 1995).

유리 바실리비치 바닌,「러시아대외정책문서보관소 소장 해방 직후 한국관계 자료」,『역사비평』1994년 봄.

전현수,『해방 직후 북조선의 사회·경제 개혁 1945~1948년』(노문), (모스크바대학역사학박사학위논문, 1997).

7. 중국자료

1) 신문

『人民日報』1953.8.10·13, 1953.11.12~14·23~26, 1955.12.19, 1956. 4.5, 1956.9.15, 1958.11.22·27·28.

2) 당결정, 보고, 문서

中共中央政治局,「指導方法に關する決定」(1943年 6月 1日), 日本國際問題研究所編『中國共産党史資料集』第11卷.

「中國共産党党章」(1945年 6月), 日本國際問題研究所 編『新中國資料集成』第1卷.

中國共産党中央委員會,「農業生産互助合作に關する決議」(1953年 2月 15日),『新中國資料集成』第5卷.

毛澤東,「農業合作社問題について」(1955年 7月 31日),『新中國資料集成』第4卷.

『人民日報』編輯部,「プロレタリア獨裁の歷史的經驗について」,『人民日報』1956.4.5.

陸定一党中央宣傳部長,「百花齊放·百家爭鳴について」(1956.6.13.).

「高級農業生産合作社模範定款」(1956.6.30), 『新中國資料集成』第5卷

「中國共産党第8回全國大會における 劉少奇副主席の政治報告」(1956.9.15), 『新中國資料集成』第5卷.

鄧小平, 「第8回党大會党規約改定報告」(1956.9.16), 『鄧小平文選』(北京, 外文出版社, 1992).

「中國共産党規約」(1956.9.26), 『新中國資料集成』第5卷.

『人民日報』編輯部, 「再びプロレタリア獨裁の歴史的經驗について」(1956年 12月 29日), 『新中國資料集成』第5卷.

毛澤東, 「人民內部の矛盾を正く處理する問題について」(1957.2.27), 『毛澤東論文選』(北京, 外文出版社, 1965).

中國共産党中央委員會, 「農村の人民公社設立に對する決議」(1958年 8月 29日), 日本國際問題研究所 編 『中國大躍進政策の展開』上卷.

3) 회상

김창록 외, 『주덕해－조선민족의 큰 별, 잊혀진 혁명가의 초상』(실천문학사, 1992).

杜平, 『在志願軍總部』(北京, 解放軍出版社, 1989).

師哲, 『在歷史巨人身辺－師哲回憶錄』(北京, 中央文獻出版社, 1989).

『조선의용군제3지대』(흑룡강조선민족출판사, 1987).

丁雪松等, 「回憶東北解放戰爭期間東北局駐朝鮮辦事處」, 『遼瀋決戰』(上), (北京, 人民出版社, 1988).

『혁명회상기 리홍광지대』(료녕민족출판사, 1986).

洪學智, 『抗美援助戰爭回憶』(北京, 解放文藝出版社, 1990).

4) 연구문헌

彭施魯, 「在蘇聯北野營的五年」, 『黑龍江黨史資料』第10輯.

齊德學, 『朝鮮戰爭決策內幕』(遼寧大學出版社, 1991).

衡學明, 『生死三八度線－中國志願軍在朝鮮戰場始末』(安徽文藝出版社, 1992).

梁鎭三(Liang Zehnsan), 「전쟁기 중국지도부와 북한지도부 사이의 모순과 갈

등」, 국방부군사편찬연구소 편 『한국전쟁사의 새로운 연구 2』(2002).

Shen Zhihua, Sino-North Korean Conflict and Its Resolution during the Korean War, *Cold War International History Project Bulletin*, Issue 14/15.

軍事科學院軍事歷史硏究部, 『抗美援助戰爭史』第二卷 (北京, 軍事科學出版社, 2000).

王焰主編, 『彭德懷』(北京, 人民出版社, 1998).

"Wicked History of Peng Dehuai", *Current Background*, No. 851 (April 26, 1968).

찾아보기